U0956211

毕节市七星关区年鉴

BIJIE SHI QIXINGGUAN QU NIANJIAN

2017

中共毕节市七星关区委党史研究室
毕节市七星关区地方志编纂委员会办公室
编

方志出版社

图书在版编目（CIP）数据

毕节市七星关区年鉴. 2017 / 中共毕节市七星关区委党史研究室（毕节市七星关区地方志编纂委员会办公室）编 — 北京：方志出版社，2017.11

ISBN 978-7-5144-2774-5

Ⅰ. ①毕… Ⅱ. ①中… Ⅲ. ①区（城市）—毕节—2017—年鉴 Ⅳ. ①Z527.34

中国版本图书馆CIP数据核字（2017）第296777号

毕节市七星关区年鉴（2017）

编　　者：中共毕节市七星关区委党史研究室（毕节市七星关区地方志编纂委员会办公室）

责任编辑：冯　松

出 版 人：冀祥德

出 版 者：方志出版社

地址　北京市昭阳区潘家园东里9号（国家方志馆4层）

邮编　100021

网址　http://www.fzph.org

发　　行：方志出版社图书经销中心

电话（010）67110500

经　　销：各地新华书店

印　　刷：云南速盈印刷有限公司

开　　本：889×1194mm　1/16

印　　张：32.25

字　　数：840千

版　　次：2017年11月第1版　2017年11月第1次印刷

印　　数：001~500册

ISBN 978-7-5144-2774-5　**定价：**360.00元

·版权所有　翻印必究·

毕节市七星关区年鉴编纂委员会

名誉主任：崔英魁　胡敬斌　周　延　吴　坚　葛传彦

主　　任：叶　荣　李　萍

成　　员：丁世远　龙明元　聂登远　陈　跃　林　勇　赵　敏　徐　明　熊　宁
陈家贵　张　健　杨　艳　黎秀禹　申开科　陈　畅　沈成林　聂　婷
雷　燕　徐　庆　胡　欣　周凌祥　林露青　张静梅　李　和　张达宇
唐光启　陈翔宇　陈秋平　张　浩　苏　健　崔国庆　姜　维　王正莲
史大学　路　华　丁文华　申开科　顾　堃　徐永东　毛家兴　廖康富
张建波　徐善权　姜　勇　司静频　丁昭海　肖荣华　张铁军　胡大为
汪　翔　孙　浩　陈亮欢　梁　鸿　宋尚万　张正伦　肖玉明　张珍龙
胡锦怀　吕碧生　卯　洪　朱光伦　夏　冬　张万泽　钟　华　吴道国
邓　涛　潘　登　成名伟　孟天贵　熊家伦　董玉祥　刘　永　赵　乾
付　煜　张志德　柏　侠　李明亮　袁中传　雷　春　张守伟
各乡、镇党委书记，乡、镇长，各街道办事处党工委书记、主任

毕节市七星关区年鉴编辑部

主　编：唐光启

副主编：张正禄　周遵鹏

编　辑：谢安义　徐延娇　孔维勇　赵　敏　胡妍娟

校　对：唐光启　张正禄　周遵鹏　谢安义　徐延娇　孔维勇　赵　敏　胡妍娟

编　务：杨　杰　杨伯祥

编辑说明

一、《毕节市七星关区年鉴（2017）》系统记述本行政区域2016年度自然、政治、经济、文化、社会等方面情况，具有公报性、权威性。其功能是“存史、资政、信息、教化”，其宗旨是“为建设有中国特色社会主义服务，为建设毕节试验区、振兴七星关区服务”。

二、《毕节市七星关区年鉴》从2012年起，每年一卷，本卷为第六卷，总属（含县级毕节市）第十五卷，内容主要是记述2016年七星关区的基本情况、最新成就、重大事件、发展趋势等。本年鉴将为社会各界了解七星关、建设七星关、开发七星关和研究七星关提供全面、详实的区情资料。

三、本卷分为19个部分，即《大事记》《文件选编》《区概况》《领导名录》《政治》《军事》《法治》《经济管理与监督》《财政　税务》《金融　保险》《农业》《工业》《城乡建设　环保》《交通　通信　贸易》《教育　文化　科技》《卫生计生　红十字会》《社会生活》《镇乡办事处概况》《七星关区村（社区）干部名录》。各类目由分目和条目组成，分目在概述后，按“一事一条”的原则设立条目。

四、《毕节市七星关区年鉴（2017）》以马克思列宁主义、毛泽东思想、邓小平理论，“三个代表”重要思想、科学发展观、习近平新时代中国特色社会主义思想为指导，坚持辩证唯物主义和历史唯物主义的立场、观点和方法，按年度时限，客观、准确地记载全区各部门和各镇、乡、办事处贯彻落实党的方针、政策，实现国民经济持续、健康发展和社会全面进步的业绩。着重反映深化体制改革，扩大对外开放，加强三个文明建设的新举措、新发展、新成果、新经验以及出现的新问题，全方位、多角度、客观真实地反映七星关区的新面貌。

五、年鉴编辑力求资料收集、甄别、考证与资料的整理、利用、编辑同步进行。本卷所用稿件，均由区直各工作部门，各镇、乡、办事处及有关单位提供，并经主要领导审阅，单位签章。主要数据由统计部门提供，由于口径与资料来源不同，使用时请以统计部门为准。

六、本卷《七星关区年鉴》因资料报送时限要求和特殊原因限制，个别类目略有缺省。

区领导

2016 年 2 月 28 日，中共毕节市委常委、区委书记崔英魁（左二）到碧海办丁家寨村调研

2016 年 12 月 25 日，七星关区人大常委会主任周延（左三）到水箐镇调研

2016 年 12 月 15 日，中共七星关区委副书记、区长胡敬斌（中）到乡镇走访调研

2016 年 12 月 18 日，中共七星关区政协党组书记吴贤耀当选区政协新一届主席时讲话

2016年12月28日，中共七星关区委副书记颜岭（前排右一）在燕子口镇走访贫困户

2016年8月23日，中共七星关区委常委、常务副区长安旺（左二）调研鸡鸣三省旅游景区

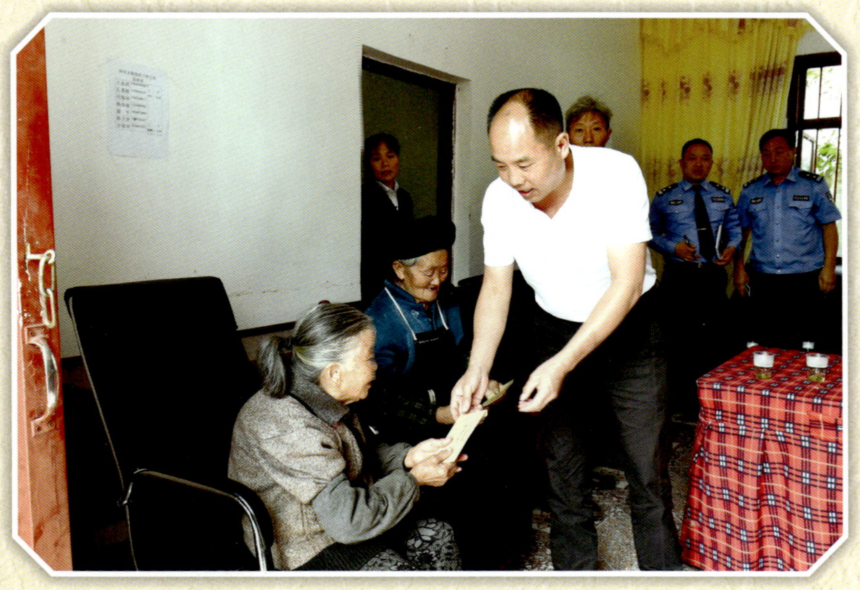

2016年9月21日，中共七星关区委常委、区政法委书记何万学（前排右一）到阿市乡调研、慰问贫困户

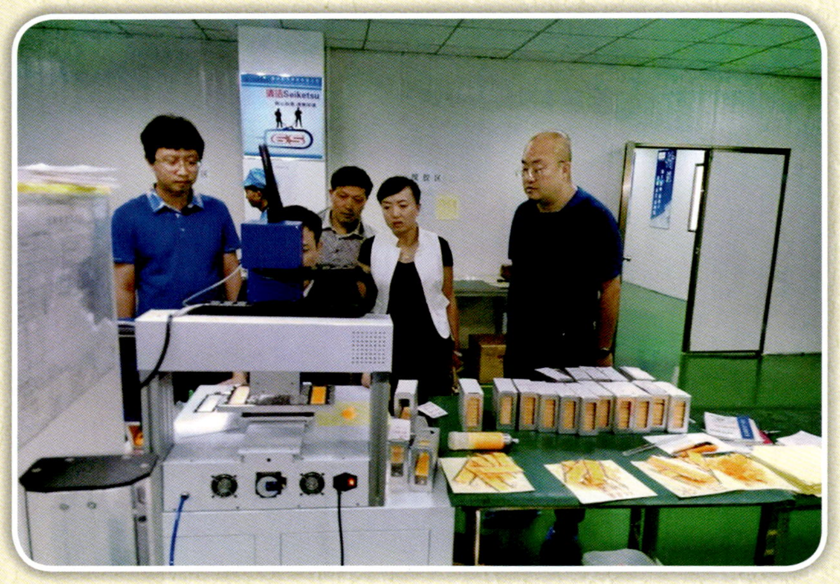

2016年10月20日，中共七星关区委常委、统战部部长袁媛（右二）到致福光谷产业园区调研

2016年6月28日，中共七星关区委常委、组织部部长王晓园（右一）到生机镇调研基层党组织建设并慰问困难党员

2016年9月20日，中共七星关区委常委、区纪委书记易晓华（中）到清水铺镇调研

2016年6月21日，中共七星关区委常委、区委办主任张铭（左一）陪同区委书记崔英魁到何官屯镇调研

2016年11月23日，中共七星关区委常委、宣传部部长叶荣（左二）为何官屯镇猫猫洞村十星级文明户授牌

2016年10月17日，七星关区人大常委会副主任张媛（左二）到三板桥街道办事处调研

2016年7月10日，七星关区人大常委会副主任胡家敬（中）到八寨镇慰问贫困党员

2016年3月24日，七星关区人大常委会副主任张骅（前排中）到八寨镇调研通村公路建设

2016年8月10日，七星关区人大常委会副主任肖世华（右一）走访企业

2016年4月22日，七星关区人大常委会副主任胡卫国（中）调研企业

2016年11月26日，七星关区人大常委会副主任吕艺华（右一）到清水铺镇调研

2016年12月20日，七星关区副区长周祖华（中）到亮岩镇飞轮村红心猕猴桃种植基地进行调研指导

2016年12月8日，七星关区副区长王大庆（右四）查看清水铺产业扶贫项目

2016年9月2日，七星关区副区长刘鑫（中）在大银镇实地调研明钧玻璃项目原料矿区

2016年10月20日，七星关区副区长严琪（左三）在创美农产品批发市场调研

2016年7月9日，七星关区副区长李萍（左二）到拱拢坪调研景区建设情况

2016年9月22日，七星关区政协副主席邹芝桦（右一）在河南省史志办了解毕节路氏家族相关史料

2016年9月22日，七星关区政协副主席燕金祥在查找史料

2016 年 11 月 16 日，七星关区政协副主席王林中（中）调研集体林权制度改革

2016 年 5 月 17 日，七星关区政协副主席周光乔（前排右二）陪同市政协调研组调研七星关区农村思想政治教育工作情况

2016 年 7 月 1 日，七星关区政协副主席江晓燕（左二）在西林县调研蜜蜂产业

2016 年 10 月 16 日，七星关区政协副主席周遵林（右一）到市东街道龙山社区调研社区建设

中共七星关区委

中共毕节市委常委、
区委书记
崔英魁

区委副书记、区长
胡敬斌

区委副书记
聂忠智*

区委副书记
颜　岭

区委常委、区政府
常务副区长
安　旺

区委常委、政法委书
记、公安分局党委书
记、局长　何万学

区委常委、区委统
战部部长
袁　媛

区委常委、区委组
织部部长
郑　荣*

区委常委、区委组
织部部长
王晓园

区委常委、区纪委
书记
何友谊*

区委常委、区纪委
书记
易晓华

区委常委、区委办
主任、区委宣传部
部长
吴贤耀*

区委常委、区委办
主任
张　铭

区委常委、区委宣
传部部长
叶　荣

区委常委、人武部
政委
王华国*

七星关区人大常委会

主任
周　延

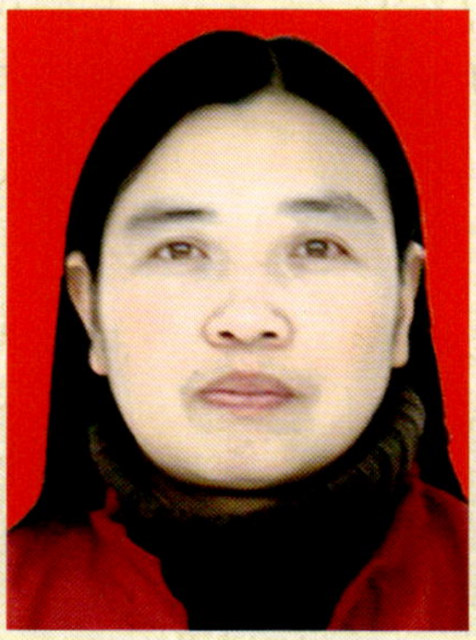
副主任
安　慧*

副主任
张　媛

副主任
胡家敬

副主任
张　骅

副主任
林学方*

副主任
王大庆

副主任
肖世华

副主任
胡卫国

副主任
吕艺华

七星关区人民政府

区委副书记、区长
胡敢斌

区委常委、常务副区长
胡书龙*

区委常委、常务副区长
安　旺

副区长
周祖华

副区长
付　波*

副区长
胡卫国*

副区长
王大庆

副区长
刘　鑫

副区长
严　琪

副区长
李　萍

七星关区政协

主席
吴　坚*

主席
吴贤耀

副主席
邹芝桦*

副主席
燕金祥

副主席
王林中

副主席
周光乔*

副主席
江晓燕

副主席
周遵林

副主席
吕艺华*

副主席
熊　雄

副主席
邓　庆

区直单位领导

区委办

区委常委、区委办
主任　吴贤耀*

区委常委、区委办
三任　张　铭

区委办副主任、信
访局局长　赵　敏

区委办常务副主任
姜　勇*

区委办常务副主任
龙明元

督办督查局局长
丁　胜*

督办督查局局长
王安民

区委办副主任、小
康办主任　徐　明

区委办副主任、机
关事务局局长
林　勇

区委办副主任、区委
政研室主任
支　昕

区委办副主任
胡　海

区委办副主任
林露青*

区委办副主任
唐玉江

区委办机关党委
书记　聂祥瑞

保密局局长
聂登远

机要局局长
陈　跃

区纪委

区委常委、纪委书记
何友谊*

区委常委、纪委书记
易晓华

副书记、监察局局长
周凌祥*

副书记、监察局副局长
刘　贵*

副书记
王　驰

纪委常委
雷朝举

纪委常委
马兴江

纪委常委
刘　敏

纪委常委
李光路

组织部

部长（区委常委）
郑　荣*

部长（区委常委）
王晓园

副部长
熊　宁

副部长(实绩考核办主任）
张万泽*

副部长
刘昂志*

副部长
徐　庆

副部长
胡大为

副部长
黄常坤

副部长（实绩考核办主任）
薛朝端

部务委员
严　红*

部务委员
张林涛

部务委员
沈　吉

纪检组长
张　蕊

机关党委书记
夏　艳

宣传部

部长（区委常委、区委办主任）
吴贤耀*

部长（区委常委）
叶　荣

常务副部长
季善旭

副部长、文联主席
吴晓曦

副部长
卯　洪*

副部长
汤志刚

社科联主席
陈家贵

新闻中心主任
黎秀禹

新闻中心副主任、文联副主席
徐　渠

新闻中心副主任、文联副主席
燕　军

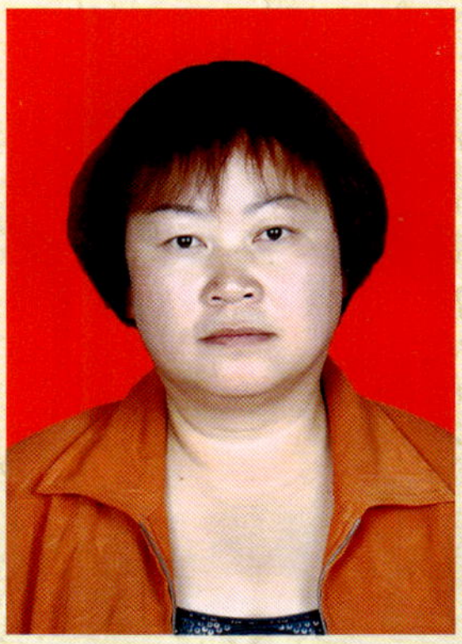

整脏治乱和文明创建办主任
张　健

精神文明建设指导委员会办主任
杨　艳

新闻宣传中心

主任
黎秀禹

副主任
徐　渠

副主任
燕　军

统战部

区委常委、统战部
部长　安　旺*

区委常委、统战部
部长　袁　媛

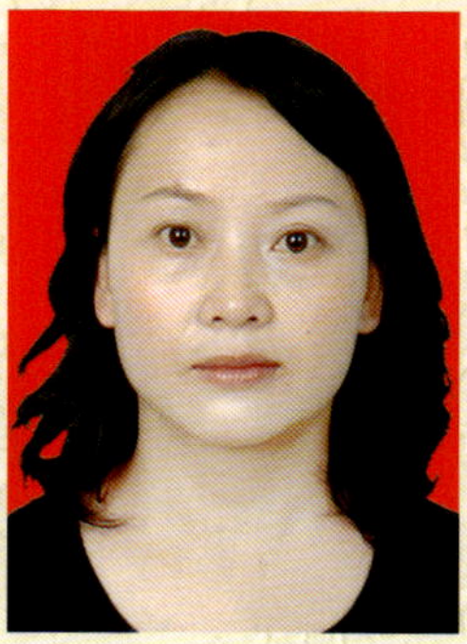
常务副部长
彭春霞*

副部长、台办
主任　王国权*

副部长、台办主任
申开科

副部长、工商联
党组书记　戴沛颜

副部长、民宗局
局长　杨勋坤*

副部长、民宗局
局长　姜　勇

副部长
许志刚*

副部长
刘晓玲

台办副主任
王　富

毕节试验区七星
关区工作联络联
系办公室主任
陈　畅

毕节试验区七星
关区工作联络联
系办公室副主任
胡　丹

七星关区中华职
教社专职副主任
靳　燕

离退干局

组织部副部长、局长
徐　庆

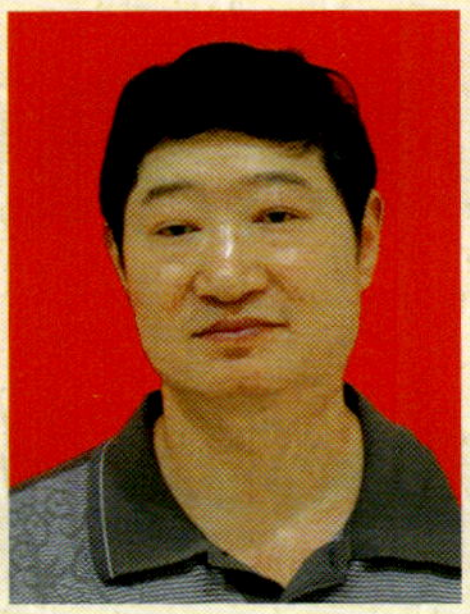

副局长、老年大学
常务副校长
陈祖卫

副局长
张凤春

区委群工部（信访局）

区委办副主任、常务
副部长、局长
赵　敏

副部长、常务副局长
郑　琴

副部长、副局长、接
访中心主任
刘拥政

副部长、副局长
张玉超

副部长、副局长
顾艳华

接访中心副主任
李兴会

接访中心副主任
李德亮

编委办

主　任
宋志刚*

副主任
梁祖敏

副主任
罗　祥

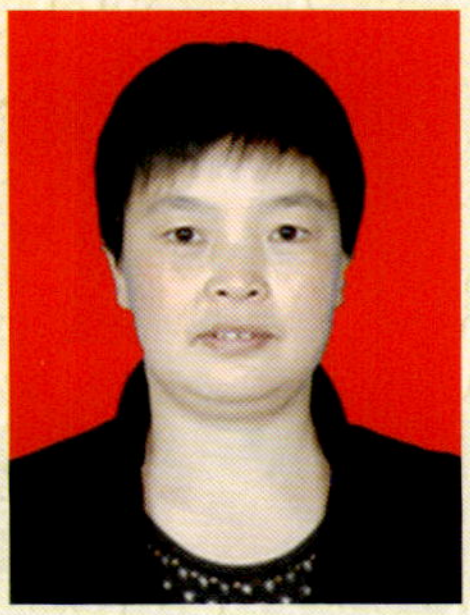

事业单位登记管理局
局长　胡　欣

区直机关工委（国教办）

书记（主任）
雷　燕

副书记（副主任）
潘发顺

副书记（副主任）
潘云重

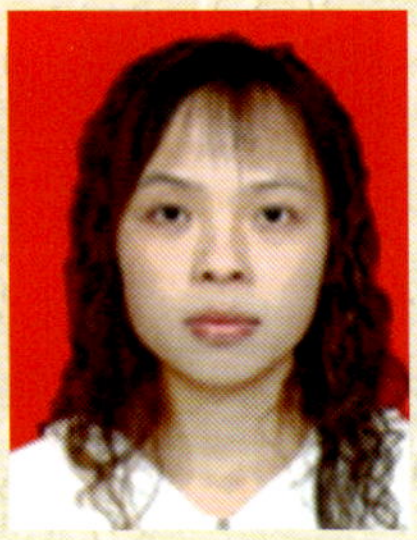

工委委员、纪工
委书记　赵红平

党　校

党校校长
郑　荣*

党校校长
王晓园

行政学校

校长
胡书龙*

校长
安　旺

党委书记、常务副
校长
徐永东*

党委委员、副校长
朱　凯

党委委员、办公室
主任　王　洪

史志办

党组书记、主任
唐光启

党组成员、副主任
张正禄

党组成员、副主任
周遵鹏

人大内设机构

法制委主任委员
徐　永

财经委主任委员
孔维平

常委会党组成员、办公室主任　顾　堃

办公室副主任
周奎礼

农业农村委主任
李启念

农业农村委副主任
张治国

教工委主任
罗亚东

教工委副主任
刘　红

选任联委主任
罗良雁

选任联委副主任
吴传著

法制委主任
吴　让

法制委副主任
罗启林

财经委主任
王　茂

财经委副主任
靳如忠

信访办主任
董群荣

政府办

主任
陈翔宇

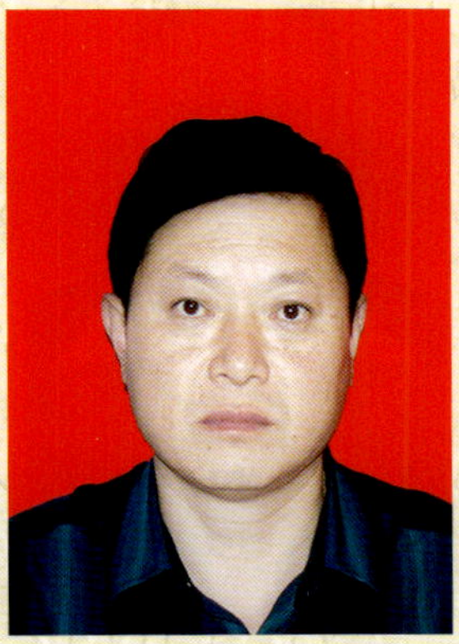

主任
孔维平 *

常务副主任
姜　维

常务副主任
陈亮欢 *

副主任
陈秋平

副主任
谢　洪

副主任
雷　珊

副主任
杨佳昌

副主任
史开骆

机关党委书记
聂　赟

副主任
陈琨 *

副主任
吴道忠 *

民政局

党组书记、局长
司静频

党组成员、常务副局长
张政权

党组成员、老龄办主任
张　炯

党组成员、机关党委
书记　李　静

党组成员、社会救助局
局长　潘永忠

党组成员、副局长
王　查

党组成员、副局长
杨孝雄

党组成员、纪检组长
何能文

残　联

理事长
张达宇

理事长
陈明荣*

副理事长
吴　端

副理事长
刘　娅

投资促进局

党组书记、局长
殷 震*

党组书记、局长
李永红

党组成员、副局长
陈垚邑

党组成员、副局长
路 华

党组成员、副局长
余永富

人社局

党组书记、局长
刘昂志*

党组书记、局长
胡大为

党组成员、常务副局长
肖秋玲*

党组成员、常务副局长
王占勇

党组成员、副局长
胡祥松

党组成员、纪检
组长 施 容

党组成员、副局长
丁 润

党组成员
白建生*

党组成员
张 华

民宗局

局　长
姜　勇

局　长
杨勋坤*

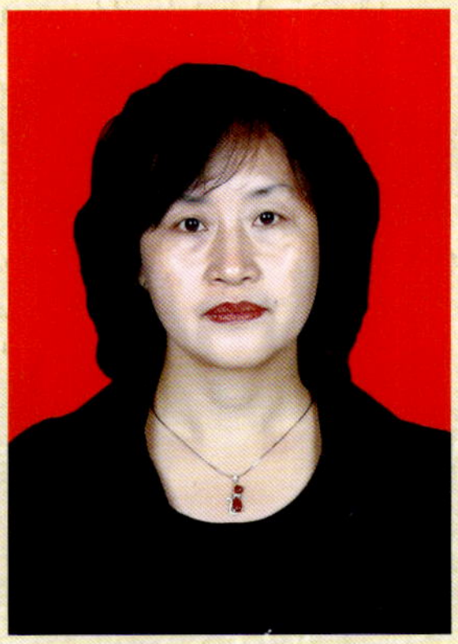
党组成员、副局长
张在琴

党组成员、副局长
杨明学

党组成员、副局长
李晓军

党组成员、纪检组长
洪世群

党组成员
赵高寿

档案局

局　长
熊家伦

副局长
周珍云

副局长
熊　琳

政协内设机构

党组成员、秘书长
王安民*

党组成员、秘书长
徐永东

副秘书长、办公室主任
吴建平

副秘书长
路　朋

提案法制委主任
张贵春

经科委主任
罗晓娟

民宗委主任
李俊莲

人资环委主任
李蒸荣

文教委主任
熊　秀*

文教委主任
杨兴全

智力支边办主任
邓平举

智力支边办副主任
杨旭东

工商联

党组书记、副主席
戴沛颜

主席（会长）
邓　庆*

代主席（副会长）（主持行政工作）　周镔瑜

党组成员、副主席（副会长）
翟德信

党组成员、副主席（副会长）
顾光凯

党组成员、秘书长
潘赛群

党组成员
李瑛*

团区委

书记
聂志祥*

书记
林露青

副书记
赵芳应

副书记
高占武*

妇　联

主席
张静梅

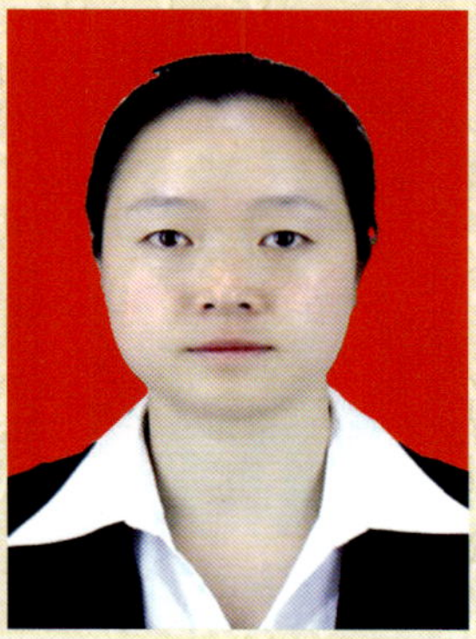
副主席
孙涌权

副主席
刘洪琼

总工会

主席
张　媛

党组书记、副主席
胡永继

副主席
王师伦

副主席
刘　荣

党组成员
梅怀品

人武部

部长
柏　松

政委
王华国

消防大队

教导员
全宏奎

大队长
王　强*

大队长
欧　智

人防办

主 任
史大学

副主任
吴传应

法制办

主 任
董玉祥 *

主 任
崔国庆

法律顾问室专职
副主任 肖仕龙

政法委

区委常委、政法
委书记 何万学

常务副书记、维稳
办主任 沈成林

副书记、国安办
主任 安茂华

副书记、禁毒办
主任 蒋家龙

副书记、综治办
主任 李 兵

委员、纪检
组长 李 杰

委员、政工
科长 王国牛

维稳办副主任
聂宗益

综治办副主任
田兴中

禁毒办主任
杨正中

办公室（研究室）
主任 段 彪

执法监督科科长
王湘黔

信访科科长
杨 琴

维稳（反邪）科
科长 朱世红

综治科科长
罗振民

阳光办主任
聂 婷

风险评估中心
主任 吴学勇

公安局

区委常委、区委政法委书记、公安局党委书记、局长
何万学

党委副书记、政委
尹 平

党委委员、常务副局长
沈承刚

党委委员、副局长
马顺尧

党委委员、副局长
孔德兴*

党委委员、副局长
刘 歆

党委委员、交警大队长
郭正顶

党委委员、纪委书记 刘曙光*

党委委员、纪委书记
杨孝勇

党委委员、戒毒所所长
吉学俊

党委委员、刑侦大队长
王扬波

党委委员、特巡警大队大队长
秦 健

党委委员、禁毒大队大队长
邓成林

党委委员、机关党委书记
曾丽华*

党委委员、机关党委书记
明 凡

党委委员
周晓波*

党委委员
康 海*

检察院

党组书记、检察长
徐　永*

党组书记、检察长
刘　永

党组成员、副检察长
郭正元*

党组成员、副检察长
梁道义

党组成员、副检察长
王　鑫

党组成员、副检察长
金必思

党组成员、纪检组组长
杨大富

党组成员、检察委员会
专职委员
杨时忠

党组成员、公诉科科长
徐仁礼

检察委员会委员、刑事
检察部负责人
李龙兴

党组成员、政工部主任
刘　伟

法　院

党组书记、院长
禄智华

党组成员、常务
副院长　赵　乾

党组成员、副院长
靳　忠

党组成员、执行
局长　周　璟

党组成员、政工
科长　裴干明

党组成员、副院长
聂　健

党组成员、机关
党委书记　胡　强

党组成员、纪检
组长　聂宗映

党组成员、副院长
许晓东

司法局

党组书记、局长
董玉祥

党组成员、副局长
吴　迢

党组成员、副局长
郑朝祖

党组成员、副局长
徐　菊

党组成员、政工
科长　聂雨红

党组成员、法
治办副主任
王　亭

发改局

党组书记、局长
陈　俊*

党组书记、局长
毛家兴

党组成员、常务副局长
许先正*

党组成员、常务副局长
张　浩

党组成员、副局长
高君伦

党组成员、副局长
段国红

党组成员、副局长
丁培鸿*

党组成员、副局长
刘　荣*

党组成员、纪检组长
王　琴

党组成员
吉章文

节能减排大队长
张　伟

国土局

党组副书记、
常务副局长
张仕江

党组成员、副局长
周遵俊

党组成员、机关
党委书记
李晓英

党组成员、
副局长
顾卫华

不动产登记中心
主任　阎　静

地灾办主任
邓成坤

市场监督管理局

党组书记、局长
成名伟

党组副书记、常务
副局长
罗达龙*

党组成员、机关党
委书记
黄仁海*

党组成员、副局长
梁　义

党组成员、副局长
王剑克*

党组成员、副局长
葛　勇

党组成员、副局长
曾建波

党组成员、纪检
组长
胡　江

党组成员、食品
药品稽查局局长
黄亚维

党组成员、经检
大队大队长
陈卫红

党组成员、质量
技术监督稽查
大队大队长
谌贻玲

安监局

党组书记、局长
孙　浩*

党组书记、局长
邓　涛

党组成员、纪检
组长　陈大进

党组成员、副局长
聂　焰

党组成员、副局长
张成述

煤安局局长
蒙　映

审计局

党组书记、局长
肖荣华*

党组成员、副局长
夏　文

党组成员、副局长
孙忠学

党组成员、副局长
欧阳慕兰

党组成员
冯　兵

统计局

局长
潘　登

常务副局长
洪文贤

副局长
李桂琴

副局长
丁晓蓬

党组成员
袁锦碧

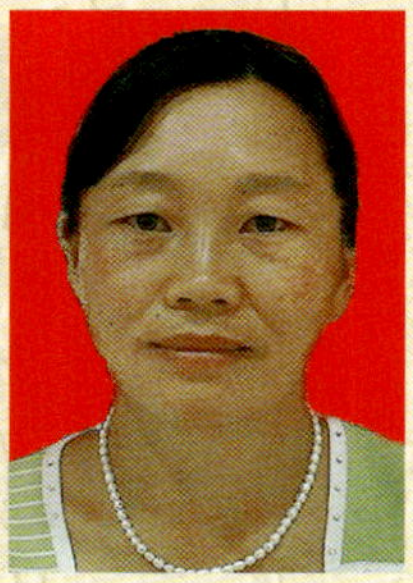
党组成员
刘天津

财政局

党组书记、局长
王　茂*

党组书记、局长
肖荣华

党组成员、常务
副局长
付明忠*

党组成员、副局长、
核算中心主任
桂亚男

党组成员、副局长
王剑克

党组成员、副局长
秦　楠

党组成员、副局长
王友贵*

党组成员、副局长
胡家芬*

党组成员、机关党委
书记
蔡　娟

党组成员、
纪检组长
高　敏

核算中心副主任
武　荣

核算中心副主任
侯　军

核算中心副主任
卢敦举

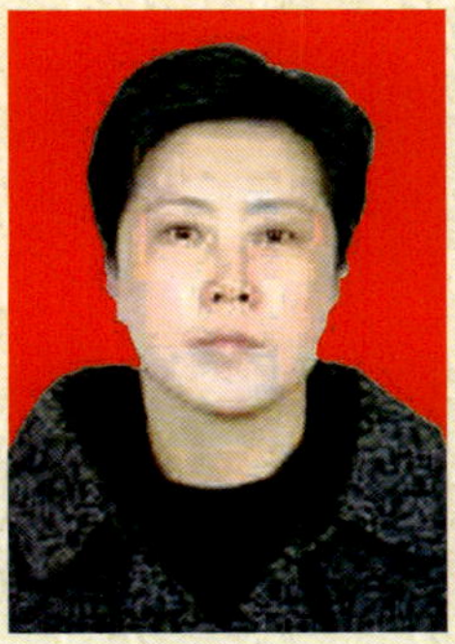
核算中心副主任
张　励*

核算中心副主任
赵世琴*

国税局

党组书记、局长
雷　春

党组成员、副局长
魏宗明

党组成员、副局长
田　径

党组成员、副局长
盖家魁

党组成员、副局长
张　灿

党组成员、纪检组长
王良钦

地方税务局

党组书记、局长
张守伟

党组成员、机关党委书记
陈　莉

党组成员、副局长
陈祥波

党组成员、副局长
姚正东*

小康办

主任（区委办副主任）　徐　明

副主任
梁　俊

副主任
甘祖昌

副主任
邓　永*

副主任
张永坤*

扶贫办

党组书记、主任
钟　华

党组成员、副主任
袁　平

党组成员、副主任
李兴学

党组成员、副主任
付　将

党组成员、核桃办主任　廖世穆

外资中心主任
郑朝勇

农牧局

党组书记、局长
张珍龙

党组成员、常务副局长　张　浩*

党组成员、常务副局长　王　磊

党组成员、副局长
朱启刚

党组成员、副局长
冷付春

党组成员、纪检组组长　王方义

党组成员、机关党委书记　刘发富*

党组成员、机关党委书记　王洪运

党组成员
龚　丹

党组成员
杨　军

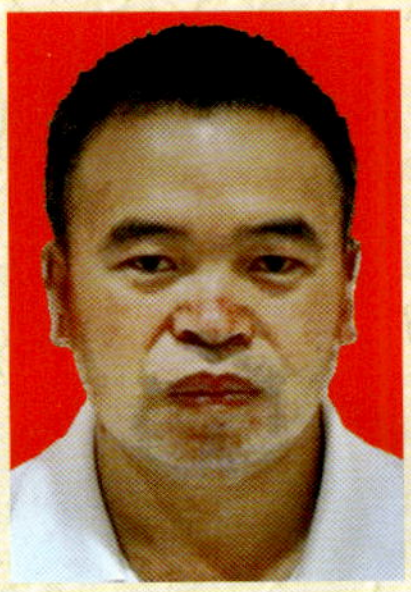
党组成员、动物疫病预防控制中心主任　邱声邦

党组成员、动物卫生监督所所长
王荣美*

党组成员、动物卫生监督所所长
张　品

农牧综合执法大队大队长
舒銮斌

草地畜牧业发展中心主任
许定尧

茶产业发展局局长　吴　馨

农业机械事业局

党组书记、局长
胡锦怀

党组成员、副局长
王瑞荣

党组成员、副局长
吴　刚

党组成员、副局长
李作勇

水务局

党组书记、局长
吕碧生

党组成员、常务副
局长　王　磊*

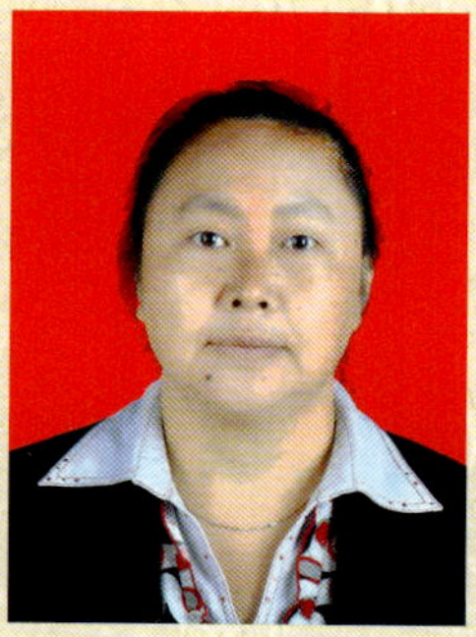
党组成员、副局长
罗志琴

党组成员、副局长
陈章忠

党组成员、副局长
邓时启

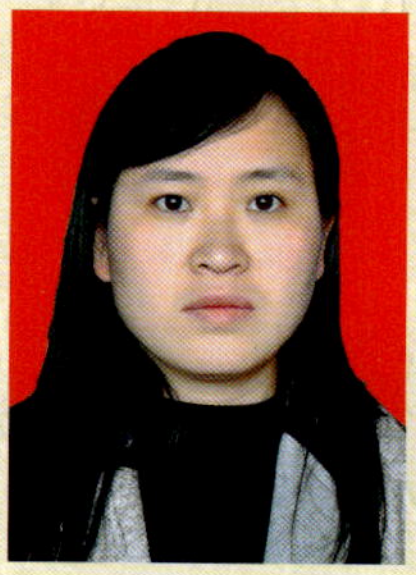
党组成员、机关
党委书记
陈春兰

党组成员
张　杰

党组成员
毛军舰

党组成员、水保
办主任　杨　琼

党组成员、纪检
组长　许　锦

党组成员、倒天
河水库管理所
所长　吴道军

林业局

党组书记、局长
吴道国

党组成员、副局长
潘定华

党组成员、森林公
园管理处处长
周训军

党组成员、副局长
张永平

党组成员、副局长
金玉竹

党组成员、机关
党委书记　武　健

党组成员
薛占军

森林公安局局长
吴学爱

森林公安局政委
王　勇

防治石漠化管理
中心主任
张　庆

烟草办

主　任
熊　雄*

副主任
罗　祥*

开发区

书记
崔英魁

主任
胡敬斌

副主任（区政府党组成员）
陈　俊

副书记
张和国

副主任
严　琪*

副主任
李永红

党政办主任
柏　侠

党政办副主任
吴　刚*

党政办副主任
谭政贵

党政办副主任
徐　毅

规划局局长
高　斌

规划局副局长
孙　忠

规划局副局长
吕拥护

财政局副局长
赵祖亮

安监局局长
孙　超

安监局副局长
吴　湘

投资促进局局长
黄进东

投资促进局
副局长　杨　奎

房屋征收与补偿
局局长　张鲁周

房屋征收与补偿
局副局长
黄虎林

利用外资和招商
引资项目代办服
务中心主任
樊　衍

工能局（商务局）

党组书记、局长
廖康富

党组成员、副局长
邵家盛*

党组成员
傅绍友

党组成员、
副局长　张蜀贵

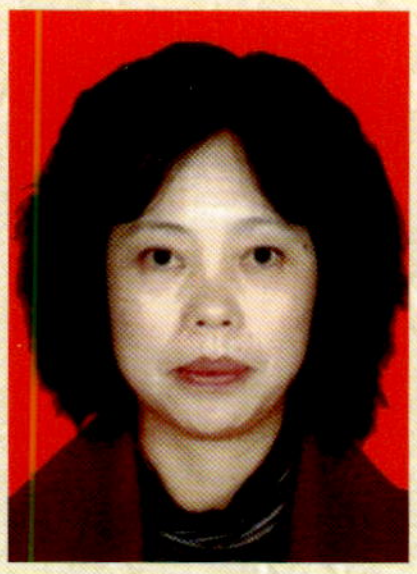
党组成员、
副局长　廖秋灵

党组成员、
副局长　张　琦

党组成员、
副局长　周　亮*

党组成员、纪检
组长　苏传平

党组成员、机关党
委书记　王开禄

中小微企业创业
园管理办主任
张建波

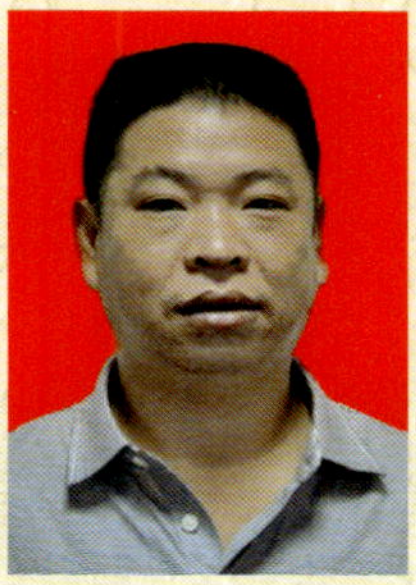
民营经济（中小
企业）发展局
局长　徐善权

综合执法大队长
唐　锦

城镇集体工业
联社主任
赵凤琪*

市郊供电局

局　长
黄　剑*

支书（工会主席）
李顺林*

支书（工会主席）
罗　勇

副局长
姚世璟

副局长
李景伟*

副局长
王廷智

碧海新区管委会

主　任
张志德

副主任
聂　明

德溪新区

主　任
付　煜

副主任
陈丽梅

住房和城乡建设局

党组书记、局长
彭新立*

党组书记、局长
陈亮欢

党组成员、常务副
局长　陈兴明

党组成员、副局长
周　德

党组成员、副局长
陈　永

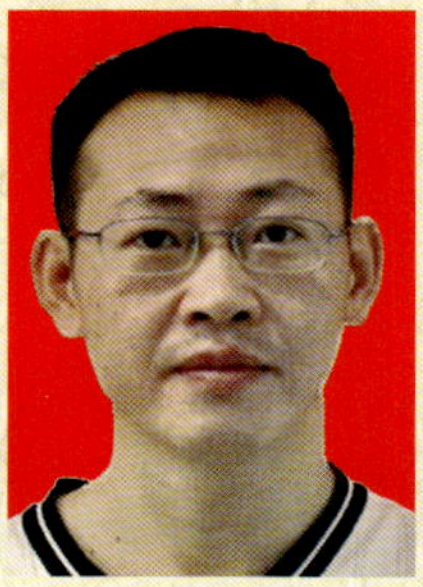
党组成员、纪检组长
王　毅*

党组成员、纪检
组长　王思源

机关党委书记
黄代君*

机关党委书记
支亚琴

房产局

局　长
梁　鸿

副局长
叶宗乾

副局长
宋　璟

副局长
汤继学

副局长
肖明友

副局长
张　榆

城乡规划局

局　长
宋尚万

副局长
张珍勇

副局长
李廷新

副局长
臧诗蓓

房屋征收局

局　长
张正伦

副局长
付　煜

副局长
陈俊杰

副局长
石　林*

副局长
蒋　卫

环保局

党组书记、局长
陈方生*

党组书记、局长
孙　浩

党组成员、
副局长　安　逸

党组成员、
副局长
汤继学*

党组成员、
副局长
崔艳丽

党组成员、
纪检组长
王　擎

党组成员、环境
监察大队队长
陈　熙

天河风景管理处

党委书记
吴荣勇

处　长
丁世远

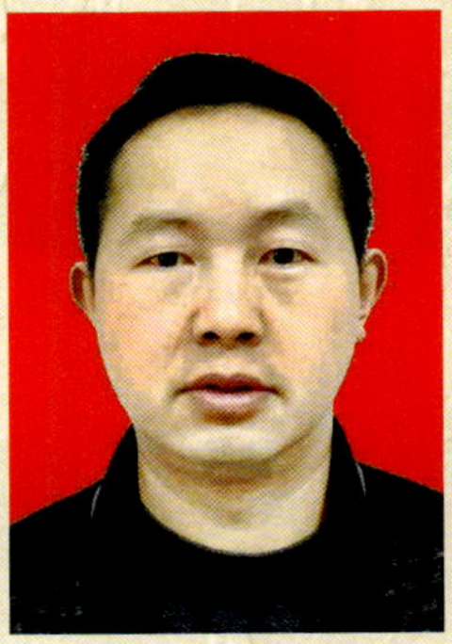
副处长
王　磊

副处长
王义文

党政办主任
吕庆华

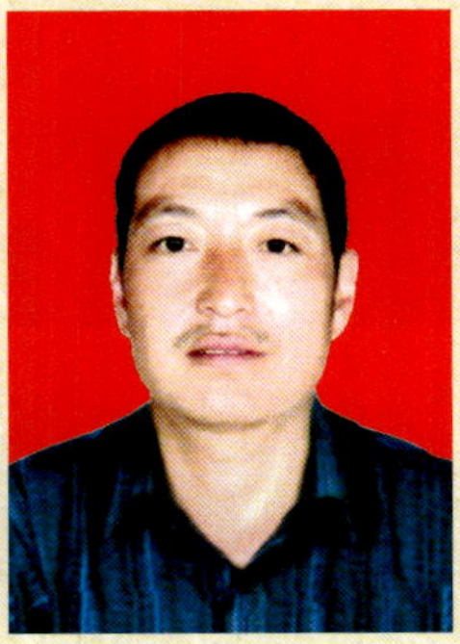
科　长
黄常富

科　长
罗　挺

大队长
陈　鹏

城区河道管理处

处　长
孟天贵

副处长
裴良泉

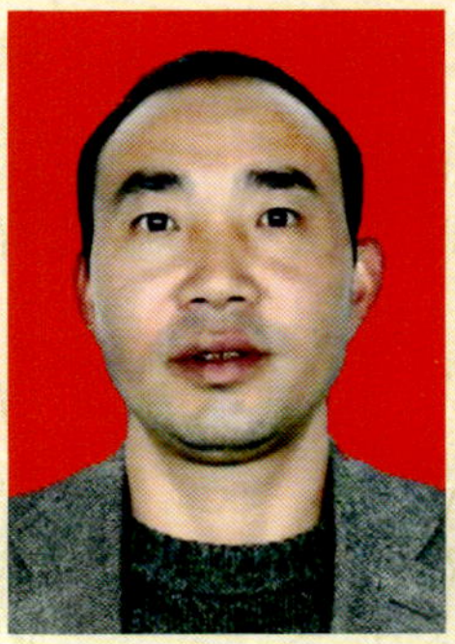
副处长
陈　永*

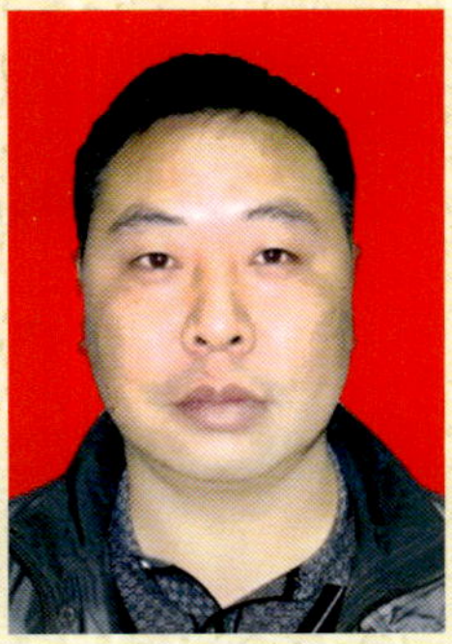
副处长
林文港

交通运输局

党组书记、局长
肖玉明

党组成员、常务副局长
张在翔

党组成员、副局长、海事处处长　孙良德

党组成员、副局长
朱强贵 *

党组成员、副局长
安晋蓉

党组成员、机关党委书记　申　才

党组成员、纪检组组长
曾邦顺

区交通运输局党组成员
王有平

党组成员
岳顶全

党组成员、运管所所长
吴　刚

党组成员、路管所所长
孙天刚

供销社

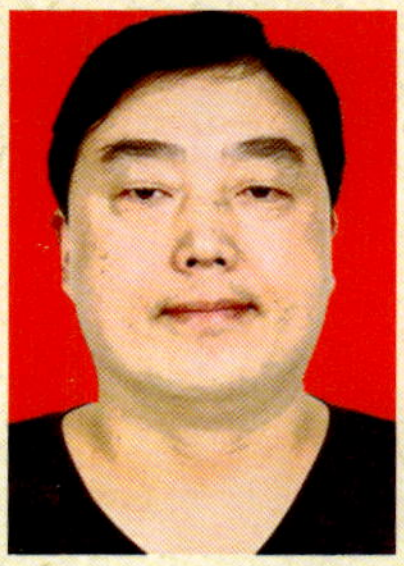
党组书记、主任
张　雷

党组成员、副主任　张万军

党组成员、副主任　翟培祥

党组成员
王　虎

党组成员、机关党委书记　颜　燕

烟草局

局　长
王兴泉

副经理
王　邦

副局长
徐法家

纪检组长
宋　波

教育局

党组书记、局长
叶　荣*

党组书记、局长
张万泽

党组成员、常务副局长　陈　勇

党组成员、营养办主任　卢启霞

党组成员、副局长　杨　健

党组成员、机关党委书记
葛艺洪

党组成员、教师工作股股长、教师培训中心负责人　赵秀梅

党组成员、副局长
曹廷栋

党组成员、纪检组长
赵　碧

党组成员、毕节二中党支部书记、校长　徐　武

文化体育广播电视旅游局

局　长
卯　洪

常务副局长
宋智祥

电视台台长
朱光伦

纪检组长
周方石

副局长
李　琼

副局长
李章淑

机关党委书记
樊国成

党组成员
孙　武

科技办

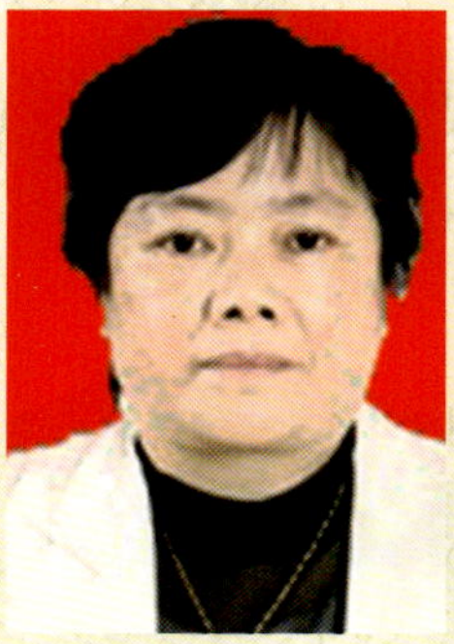
主　任
王正莲

副主任
王玉远

科　协

主　席
李　和

副主席
张在进

副主席
周晓鸿

卫计局

党组书记、局长
陈大顺*

党组书记、局长
夏　冬

党组成员、常务副
局长　张永忠

党组成员、协会专
职副会长　周遵林

党组成员、副局长
汪　涛

党组成员、副局长
喻茂红

党组成员、纪检组长
周方石*

党组成员、纪检组长
张启学

党组成员、机关
党委书记
张怀蓝

党组成员、流管局
局长
石国平

党组成员、妇幼
保健院院长
李亚国

副局长
李　海*

党组成员
谢才敬

副局长
苏方龙

党组成员、执法大
队长　李鸿俊*

红十字会

专职副会长
钟玉莲

政务服务中心

主　任
胡书龙*

主　任
安　旺

副主任
王瑞荣

常务副主任
吴长敏

副主任
余　鑫

副主任
吴玉萍

气象局

局　长
王安林

水库和生态移民局

党组书记、
局长　陈翔宇*

党组副书记、
副局长　谢　勇

党组成员、副局长
杨泽军

党组成员、副局长
李　华

党组成员、纪检
组长
赵举远

城市综合执法大队

党组书记、大队长、
市城管局七星关分局
局长　张治国

党组成员、副大队长
李　吉

党组成员、副大队长
史远英

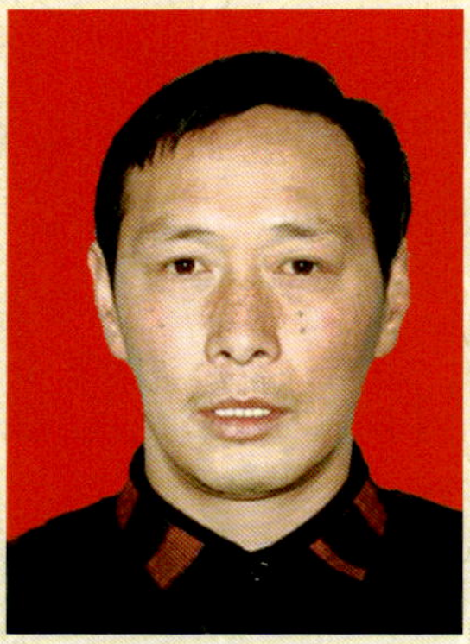
党组成员、副大队长
沈　兴

党组成员、纪检组长
毛仕新

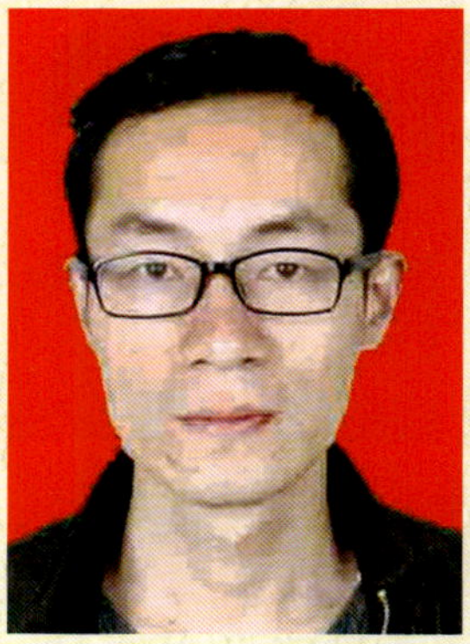
党组成员、园林绿化局
局长　邵　波

党组成员、机关党委书
记　支明彦

党组成员、市城管局七
星关分局副局长
刘熙杰

城管大队教导员
唐寿钢

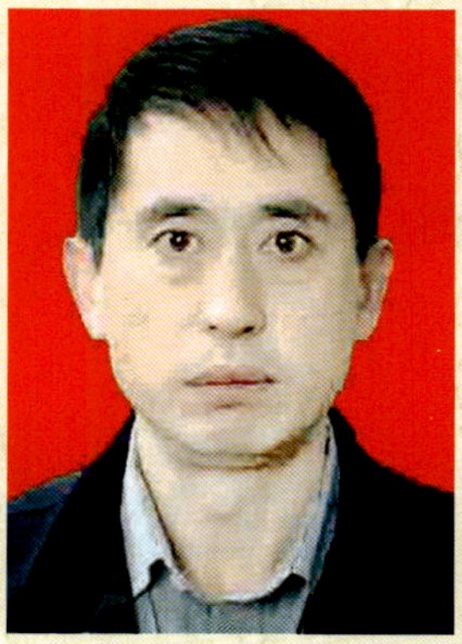
环卫局局长
葛传远

市政管理局局长
张　普

乡镇领导

市西街道

党工委书记
康　海*

党工委书记
王安民

人大工委主任
高鹏程

党工委副书记、主任
王万松*

党工委副书记、主任
高　伟

党工委副书记
刘晓玲*

党工委委员、纪委
书记　孙天珍

党工委委员、组织
委员　卢　鹏

党工委委员、宣传
委员　武孔珍

党工委委员
吉庆才

副主任
郭太贤*

党工委委员、武装
部长、副主任
周　峰

副主任
张　宁

副主任
高　虹

市东街道

党工委书记
周遵林*

党工委书记
聂祥春

人大工委主任
田应碧

党工委副书记、主任
谢永贵

党工委副书记
樊　舡

党工委委员、纪工委书
记　吕东华*

党工委委员、组织委员
王　娟

党工委委员、宣传委员
朱　然

党工委委员、政法
委书记　张　云

武装部长、副主任
顾怀乾

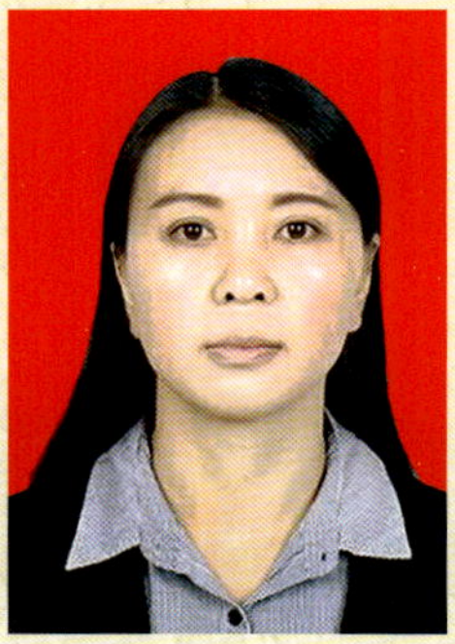
党工委委员、
副主任　张　艳

副主任
廖　凯

计生协会专职
副会长　席　红

麻园街道

党工委书记
毛家兴 *

党工委书记
黄远森

党工委副书记、主任
向胜利

人大工委主任
糜永珍

党工委副书记
陈丽萍

党工委委员、纪工委
书记　袁　野

党工委委员、组织委员
刘　海

党工委委员、政法委
书记　罗　杰

党工委委员、宣传
委员　曹富勇

党工委委员
龙秀学

党工委委员
罗明光

武装部部长、副
主任　孙　兆

副主任
周镔瑜 *

碧海街道

党工委书记
李光俊

人大工委主任
张　鹏

党工委副书记、
主任　许志刚*

党工委副书记、
主任　陆　军

党工委副书记
杨秋菊*

党工委副书记
龚毅龙

党工委委员、
政法委书记
刘世佳

党工委委员
喻永伦

党工委委员、
纪工委书记
张周平

党工委委员、
组织委员
高　曼

党工委委员、副
主任、武装部长
夏　旭

党工委委员
张　竞

党工委委员、宣
传委员
曹　刚*

党工委委员、宣
传委员
潘永发

党工委委员
朱　鸿

副主任
周炜杰

副主任
王　玥

碧阳街道

党工委书记
戴德润

人大工委主任
龙天发

党工委副书记、主任
曾　铸

党工委副书记
聂开龙*

党工委委员、纪工委书记
支亚琴*

党工委委员、组织委员
孟祥瑞

党工委委员、政法委书记
刘　敏

党工委委员、宣传委员
吴道琼

党工委委员、副主任
雷　娟

党工委委员、武装部长
雷　洋

党工委委员
靳玉环

党工委委员
黄　龙

党工委委员
龚　吉

副主任
陈庆乔

大新桥街道

党工委书记 徐　明*

党工委书记 王万松

人大工委主任 佘　鑫*

人大工委主任 李　静*

人大工委主任 许　琴

党工委副书记、主任　石　林

党工委副书记 张晓玲

党工委委员、纪工委书记 阮鹏程

党工委委员、组织委员 王志鑫

党工委委员、政法委书记 李　焱

党工委委员、宣传委员 陈　莉

党工委委员、武装部长、副主任 聂祥剑

党工委委员、副主任　蔡　湛

党工委委员 刘　渊

党工委委员 张兴万

副主任 向　琨*

副主任 朱丽娟

计生协会专职副会长　陈　俊

德溪街道

党工委书记
王　驰

党工委副书记、主任
丁淞江

人大工委主任
周维香

党工委副书记
郭光全

党工委委员、纪工委书记
魏　平

党工委委员、组织委员
彭春鸿

党工委委员、政法委书记
杨顶江

党工委委员、宣传委员
胡汉中

党工委委员、副主任、武装部长
邵继革

党工委委员
祝　云

党工委委员
王方琼

党工委委员
杨　霞

副主任
邓时启*

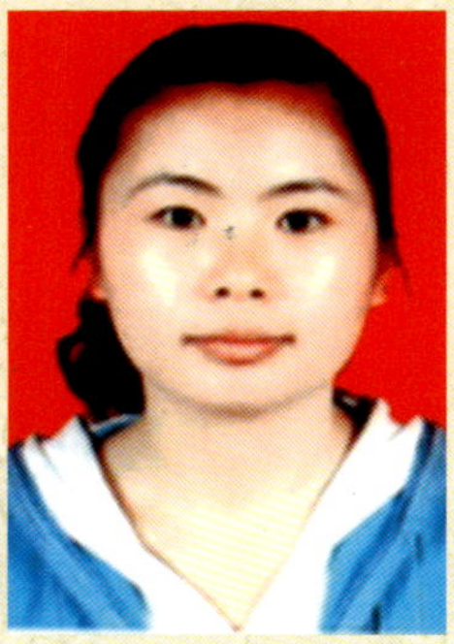
副主任
李红艳

观音桥街道

党工委书记
宋　勇

党工委副书记、主任
付立武

人大工委主任
赵　洪

党工委副书记
雷　洋

党工委委员、纪工
委书记
陈　昕

党工委委员、
政法委书记
刘世军*

党工委委员、副主
任、武装部长
吉庆文

党工委委员、
副主任
雷　娟*

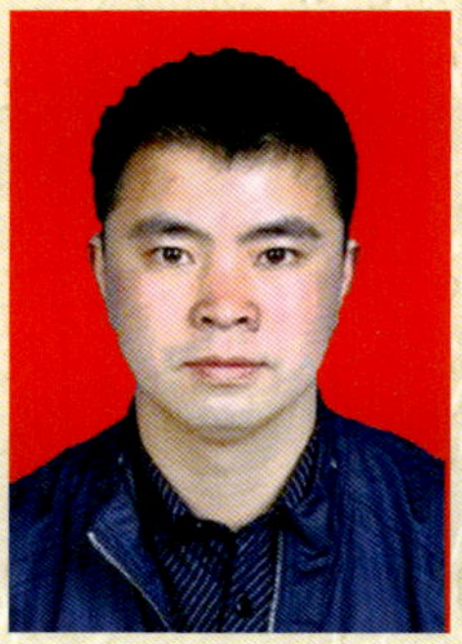
党工委委员、副主任
吴　成

党工委委员、组织委员
邓　诚

党工委委员、宣
传委员　胡汉中*

党工委委员、宣
传委员　周永来

党工委委员
路　杰

党工委委员
刘　芳

副主任
唐丽霞

计生协会专职
副会长
廖常英

洪山街道

党工委书记
夏　冬*

党工委书记
张和国

党工委副书记、主任
葛　龙

人大工委主任
彭吉显

党工委副书记
蔡慧芳

党工委委员、纪工委书记
阮　顺

党工委委员、组织委员
李　梅

党工委委员、政法委书记
薛爱东

党工委委员、宣传委员
薛占琴

党工委委员、副主任、武装部长
阮　春

副主任
邓庭国

副主任
聂　琴

党工委委员
韩盛甲

党工委委员
吴承之

三板桥街道

党工委书记
黄玉龙＊

党工委书记
石明殿

党工委副书记、
主任
路绍丹＊

党工委副书记、
主任
刘青云

人大工委主任
施　容＊

人大工委主任
吴传杰

党工委副书记
曾万年

党工委委员、纪
工委书记
张　梅

党工委委员、
组织委员
付　将＊

党工委委员、副
主任、武装部长
张光伟

党工委委员、
政法委书记
樊　舡＊

党工委委员、
政法委书记
汪　琴＊

党工委委员、政
法委书记
吴正发

党工委委员
王　云

党工委委员
秦　兵

党工委委员
邓　漠

副主任
支　莹

副主任
王思源＊

副主任
胡　华

副主任
林　静＊

海子街镇

党委书记
聂祥春*

党委书记
吴锦煜

人大主席
黄启刚

党委副书记、镇长
张金春*

党委副书记、镇长
史　记

党委副书记
郑　勇

党工委委员、纪委
书记
陈华阶

党工委委员、组织
委员、人大副主席
刘菊香

党委委员、政法委
书记
韩盛甲*

党委委员、副镇长、
武装部长
杨　凯

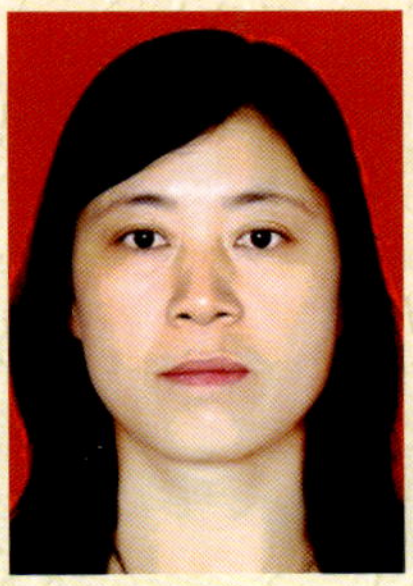
党委委员
唐遇杰

党委委员
周　威

党委委员
吴道洪

副镇长
罗昌欢

副镇长
赵　青

副镇长
王芳叶

田坝桥镇

党委书记
高　斌*

党委书记
肖庆团

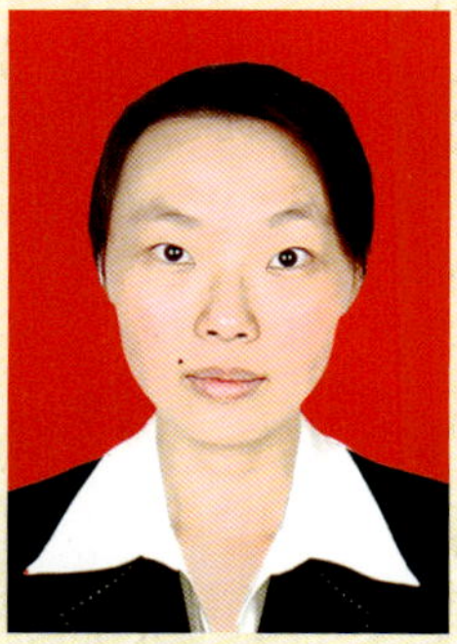

党委副书记、镇长
郭　璇

党委副书记、政法委书记
邓　洁

党委委员、纪委书记
胡　旭

党委委员、组织委员
谢春燕

党委委员、政法委书记
徐　滔*

党委委员、政法委书记
邓　洁

党委委员、宣传委员
李发莉*

党委委员
尹毕天

党委委员
成贞诗

党委委员
李　强

武装部部长、副镇长
赵栋梁*

武装部长、副镇长
王　尹

副镇长
兰继鹏*

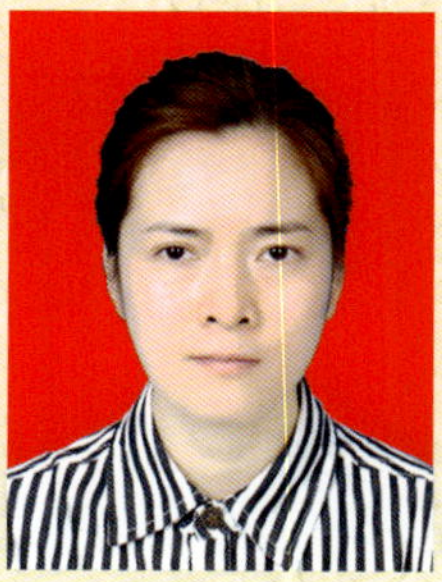

副镇长
付　堃

副镇长
高俊宝

八寨镇

党委书记
张治国*

党委书记
王　涛

人大主席
李兴成

党委副书记、镇长
邹　堃

党委副书记
刘　睿*

党委副书记、
政法委书记
郝永坤

党委委员、
纪委书记
杨其贵

党委委员、
组织委员
张杨彬

党委委员、副镇长、
武装部长
罗　云

党委委员
赵启志

党委委员
杨大成

党委委员
路　涛

副镇长
卢　令

副镇长
聂伊妮

层台镇

党委书记
张合远

党委副书记、镇长
张　讯

人大主席
罗才平

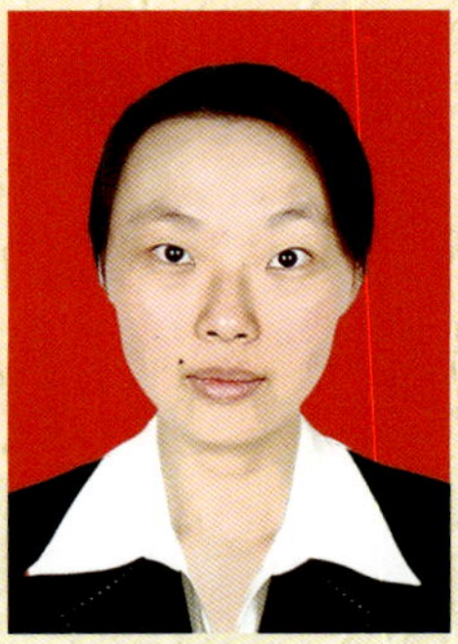
党委副书记
郭　璇*

党委副书记、政法委书记
赵　艳

党委委员、纪委书记
孙　奇*

党委委员、纪委书记
陈宗堉

党委委员、组织委员
张　烈

党委委员
张　楠

党委委员、宣传委员
彭正富

党委委员
张　平

武装部部长、副镇长
周　鑫*

武装部长、副镇长
康圣鸿

党委委员、副镇长
万昌荣*

副镇长
翟　俊

计生协会副会长
刘国勇

小吉场镇

党委书记
赵　耀

人大主席
彭永贵

党委副书记、镇长
刘　晓

党委副书记、政法书记
陈　波

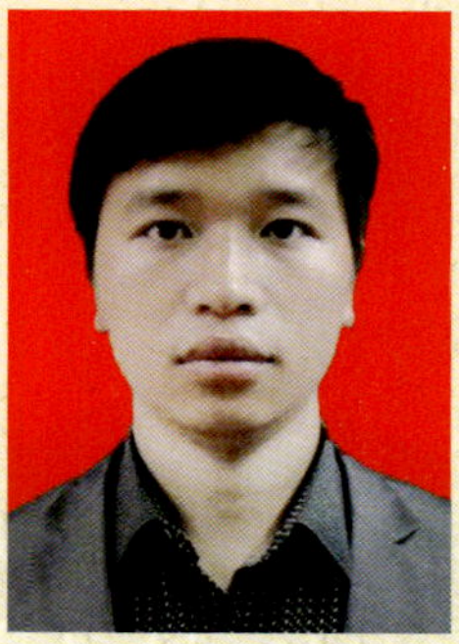

党委委员、纪委书记
李　麒

党委委员、政法委书记
张兴万 *

党委委员、组织委员
付善宇

武装部部长
丁龙清 *

党委委员、副镇长、武装部长
王国军

副镇长
陈　艳

副镇长
廖洪岭

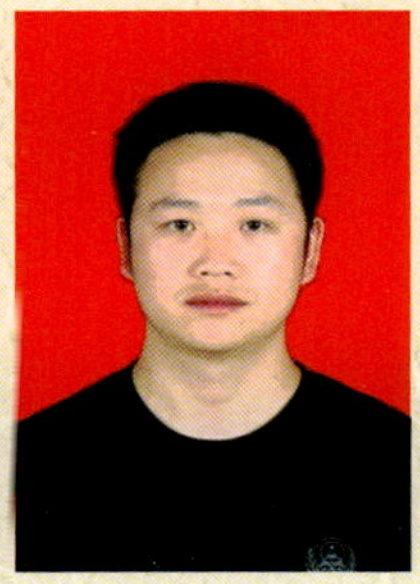

副镇长
孔伟亚

党委委员
蒲　兴

党委委员
向　伟

党委委员
翁继宗

党委委员
刘昌涯

阿市苗族彝族乡

党委书记
宋尚万*

党委书记
周　波

乡长
熊　秀

人大主席
刘智林

党委副书记
朱　勇*

党委副书记、政法委书记　孙　奇

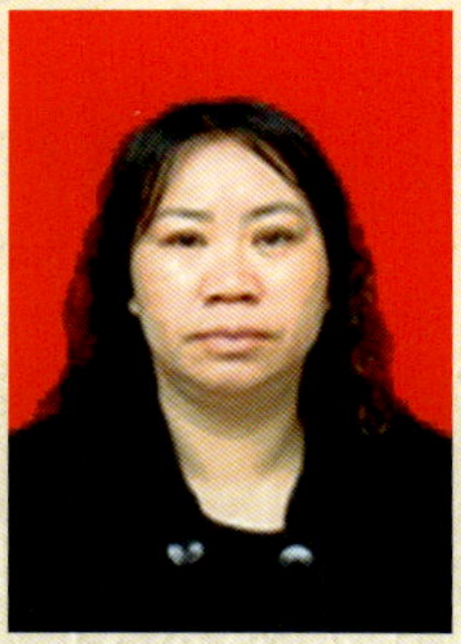
党委委员、纪委书记　陈章琴

党委委员、政法委书记
蒲　兴*

党委委员、组织委员、人大副主席
刘　踊

党委委员、武装部长、副乡长
谢　云

副乡长
范厚武

党委委员
李　编

党委委员
何　平

党委委员
丁龙清

党委委员、副乡长
田孟祥

普宜镇

党委书记
张治国＊

党委书记
沈　颖

人大主席
李昌相

党委副书记、镇长
王　铮

党委副书记、政法委书记
罗云忠

党委委员、政法委书记
朱　鸿＊

党委委员、纪委书记
夏　天

党委委员、组织委员
叶章玲

党委委员、宣传委员
蒲先富＊

武装部长、副镇长
郑慕天＊

党委委员、副镇长、武装部长
郑元忠

党委委员
沈　杰

党委委员
陈忠义

党委委员
赵　鹏

副镇长
何大龙

副镇长
吕　爱

计生副会长
蒙志洪

大屯彝族乡

党委书记
王武

人大主席
程斗文

党委副书记、乡长
陆　军

乡长
胡祥松*

党委副书记、政法委书
记　王吉凤

党委委员、纪委书记
陈华阶*

党委委员、纪委书记
漆俊峰

党委委员、组织委员
高　昆

党委委员、副乡长、
武装部长
张培

副乡长
牟泰来

党委委员
范　云

党委委员
王文才

龙场营镇

党委书记
熊　林

党委副书记、镇长
赵　科*

党委副书记、镇长
朱　勇

人大主席
吴树斌

党委副书记、政法委
书记　赵　旭

党委委员、组织委员、
人大副主席　陈家伟

党委委员、纪委书记
翟　洪

党委委员、副镇长、武
装部长　刘绍森

党委委员
黄　柯

党委委员
陈　塑

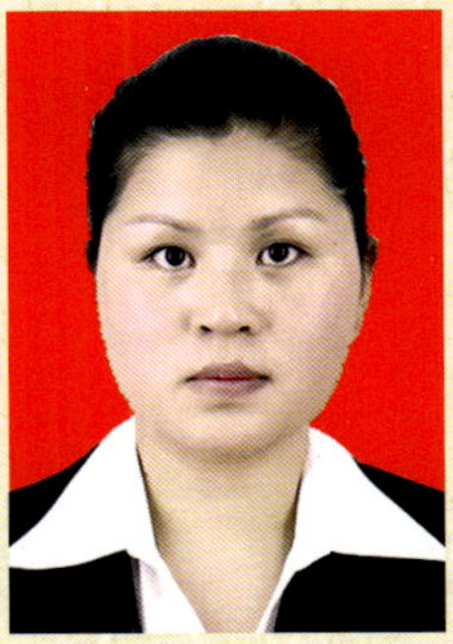

党委委员
杨　娜

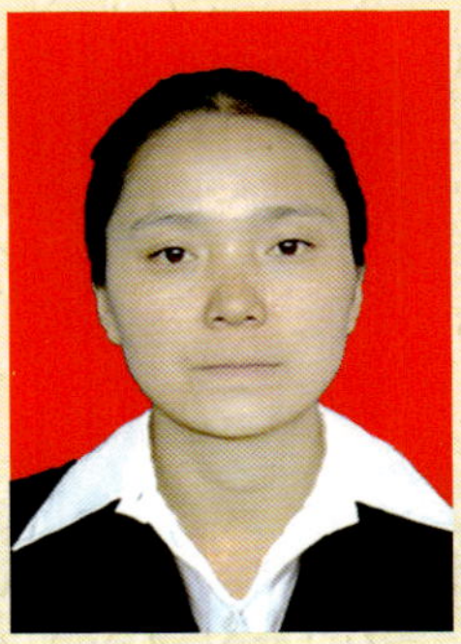

副镇长
何　平

副镇长
吕　重

田坎彝族乡

党委书记
吴锦煜*

党委书记
梁　曙

人大主席
彭廷柱*

人大主席
陈　洺

党委副书记、乡长
赵　耀

党委副书记、
政法委书记
刘　曦

党委委员、
纪委书记
温世宏

党委委员、
组织委员
曾　义

党委委员
薛廷猛

党委委员
李旭东

党委委员
吴孺华

党委委员、计生协
会专职副会长
罗国华*

副乡长、武装部长
李　靖

副乡长
吕　重*

副乡长
白　梅

何官屯镇

党委书记
李　和*

党委书记
张道奇

党委副书记、镇长
汪涛*

党委副书记、镇长
刘礼贵

人大主席
周遵玉

党委副书记、政法委书记
孙　斌

党委委员、纪委书记
余　彪

党委委员、组织委员
孙　剑

党委委员、副镇长、武装部长
朱启迅

党委委员
林文祥

党委委员
聂玉琴

党委委员
张成刚

党委委员
赵　桂

副镇长
郎潇潇

副镇长
徐　荣

副镇长
周　鑫

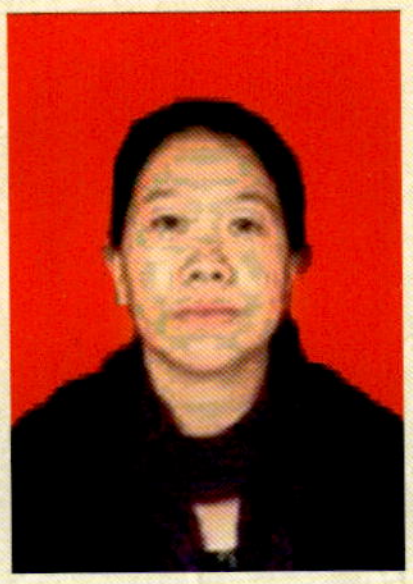

计生副会长
聂淑春

对坡镇

党委书记
钟　华*

党委书记
路绍丹

党委副书记、镇长
黄常坤*

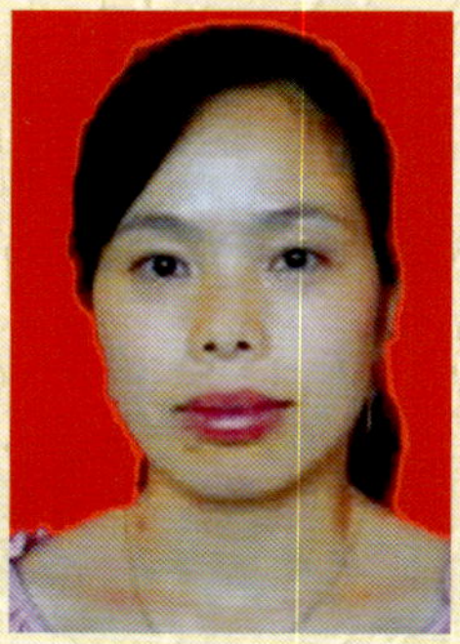

党委副书记、镇长
范　禹

人大主席
李　昕

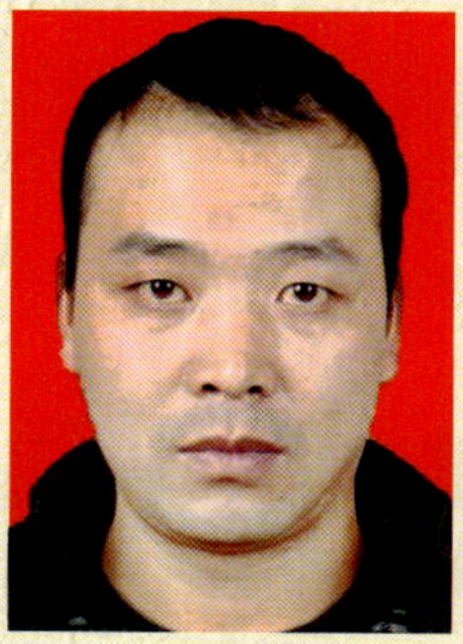

党委副书记
阮孝军

党委委员、纪委书记
余　彪*

党委委员、纪委书记
徐　滔

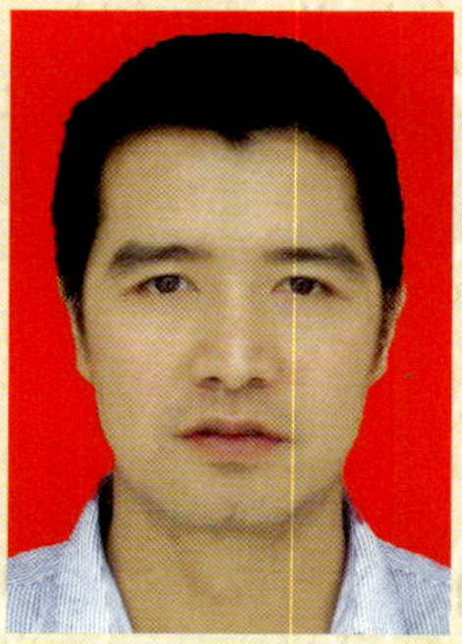

党委委员、组织委员
肖　洋

党委委员、副镇长
张道利

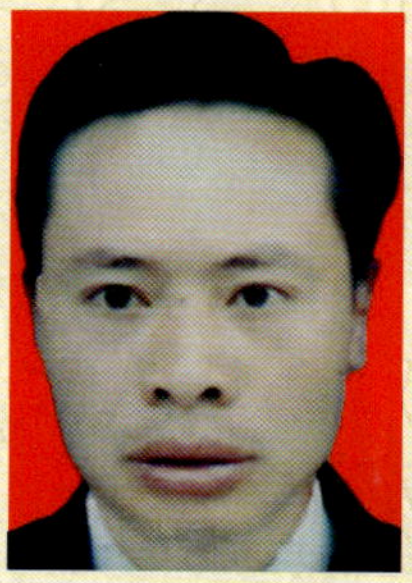

党委委员
史学斌

党委委员
杨　敏

党委委员
陈廷兵

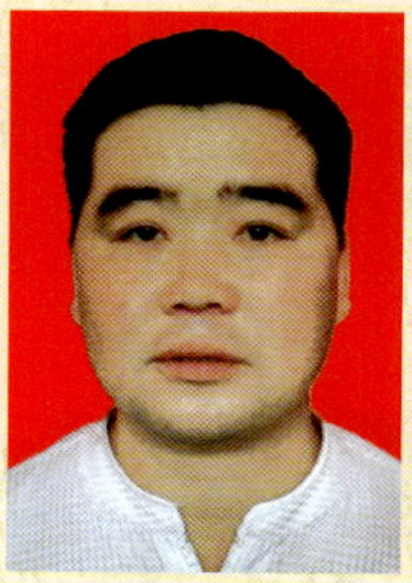

副镇长
刘　君

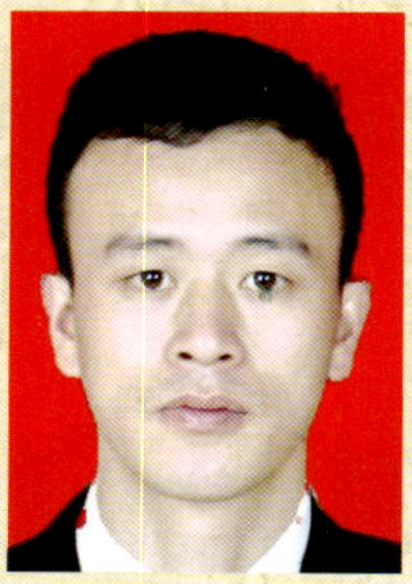

副镇长
叶　燊

计生副会长
陈孝文

水箐镇

党委书记
周晓波*

党委书记
彭华铭

党委副书记、镇长
赵明顺

人大主席
张　健

党委副书记、政法委书记
葛　玮

党委委员、纪委书记
武丽平

党委委员、组织委员
宋　丹*

党委委员、组织委员
赵　扩

党委委员、政法委书记
邓　脺*

党委委员、副镇长、武装部长
靳丽朋

党委委员、宣传委员
胡　旭*

党委委员
周文贤

党委委员
舒銮琴

党委委员
邓　群*

党委委员
张玲琴

副镇长
胡　鹏

副镇长
陶　俊

副镇长
罗　勇*

副镇长
杨　刚*

大银镇

党委书记
万益寿

党委副书记、镇长
龙明元

党委副书记、镇长
聂开龙

人大主席
蒲先富

党委副书记、政法委
书记　漆自勇

党委委员、纪委书记
许明友

党委委员、组织委员
谢　静

党委委员、宣传委员
张志祥

党委委员
孙　颖

党委委员
张和奎

副镇长、武装部长
樊　勇

副镇长
张和江

燕子口镇

党委书记
张达宇*

党委书记
宋家义

人大主席
严 勇

党委副书记、镇长
王义文*

党委副书记、镇长
彭 义

党委副书记
周 峰*

党委副书记
向曼丽

党委委员、组织委员
邓 江

党委委员、副镇长、武装部长
杨德才

党委委员
吴 翀

党委委员
向云呈

党委委员
李建军

副镇长
何学伟

副镇长
王春华

副镇长
宋 敏

亮岩镇

党委书记
崔庆鼎＊

党委书记
林学文

人大主席
张茂良＊

人大主席
成　群

党委副书记、镇长
吴传义

党委副书记
李　昕＊

党委副书记、政法委书记
郑　江

党委委员、纪委书记
袁　野＊

党委委员、纪委书记
陈大江

党委委员、组织委员
聂艳艳

党委委员、政法委书记
孔维勇＊

党委委员、宣传委员
姚　军＊

党委委员、宣传委员
陈梦雨

党委委员
金　鑫＊

党委委员
柴忠鑫＊

党委委员
杨　江

党委委员、副镇长、武装部长
闫　超

副镇长
王春华＊

副镇长
张　俊

林口镇

党委书记
黄明显

党委副书记、镇长
张玉荣

人大主席
龙　刚

党委副书记
王顺福

党委委员、纪委书记
阮鹏程*

党委委员、纪委书记
刘　学

党委委员、组织委员
朱　勇

党委委员、宣传委员
周　璇

副镇长
王娟智

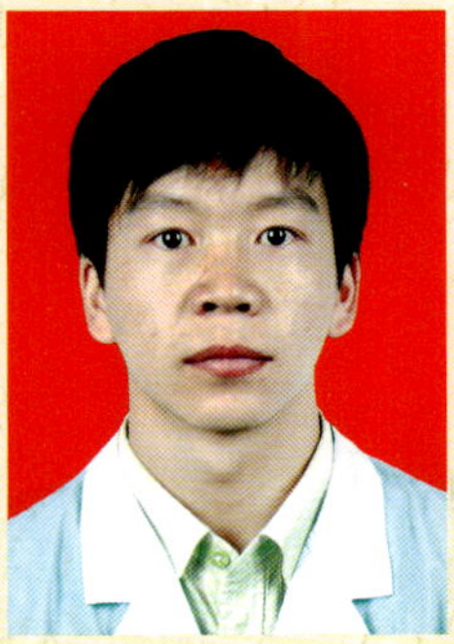
党委委员
赵　江

党委委员
朱仁政

副镇长、武装部长
孔　银

副镇长
吴　涛

副镇长
刘洪松

清水铺镇

党委书记
李　萍*

党委书记
周　华

人大主席
施明泽

党委副书记、镇长
刘　睿

党委副书记
刘礼贵*

党委副书记、政法委书记　周　颖

党委委员、纪委书记
徐　帅

党委委员、组织委员
郑　江*

党委委员、组织委员
吕少学

党委委员、副镇长、武装部长　罗　询

党委委员、宣传委员　叶均平

党委委员
葛　松

党委委员
黄远华

副镇长
孟令权

副镇长
许惇译

副镇长
林露云

生机镇

党委书记
赵仁祥

人大主席
谢曰学

党委副书记、镇长
葛芝洪*

党委副书记、镇长
吴世渊

党委副书记、政法委书记
金　杰

党委委员、纪委书记
刘　学*

党委委员、纪委书记
张　勇

党委委员、组织委员
李元发

党委委员、副镇长、武装部长
刘发勇

党委委员
吴言纲

党委委员
杨　旭

党委委员
曾　波

副镇长
詹会勇

副镇长
陈华进

团结彝族苗族乡

党委书记
闵若梦

党委副书记、乡长
龙中举

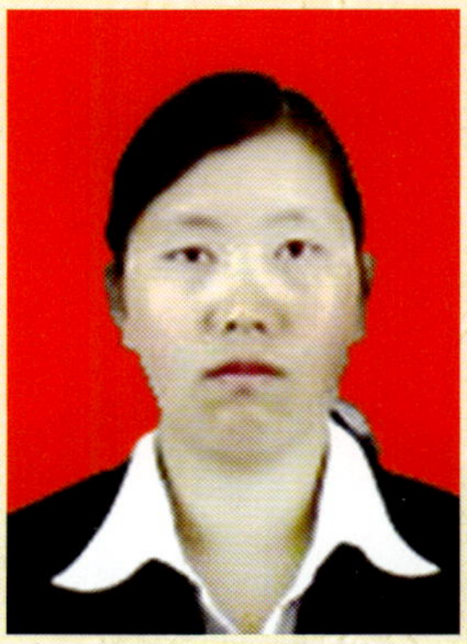
人大主席
杨秋菊

党委副书记、政法委书记
范　杰

党委委员、纪委书记
潘永发*

党委委员、纪委书记
陈荣军

党委委员、组织委员
彭启禄*

党委委员、组织委员
汪国华

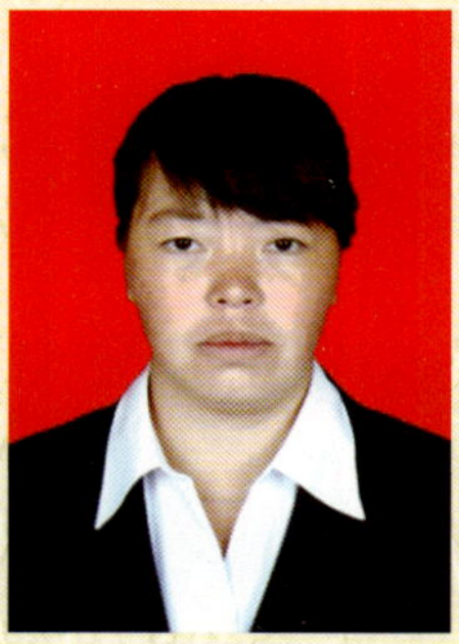
党委委员
刘　琼

党委委员
颜　斌

党委委员
曾　剑

副乡长、武装部长
陈荣军*

副乡长、武装部长
曹　恒

副乡长
杨　杰

鸭池镇

党委书记
邓　涛*

党委书记
庹剑云

党委副书记、镇长
宋家义*

党委副书记、镇长
葛传友

人大主席
向　琨

党委副书记、政法委书记
周　兴

党委委员、纪委书记
韩　明

党委委员、组织委员、人大副主席
邵　兵

党委委员、政法委书记
李晓军*

党委委员、副镇长、人武部长
翟　强

党委委员、副镇长
杨　霞*

党委委员、副镇长
刘钊

党委委员
梁　达

党委委员
申莹滢

党委委员
季春虎

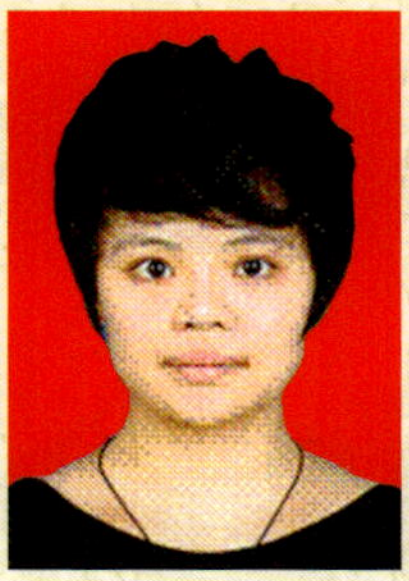
副镇长
周　雪

副镇长
王万贵

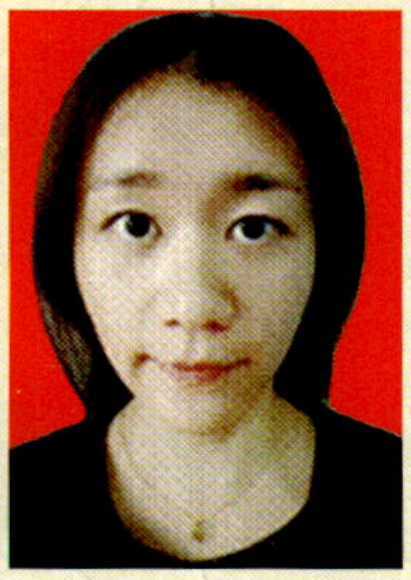
副镇长
徐婧菡

朱昌镇

党委书记
李永红*

党委书记
崔庆鼎

党委副书记、镇长
张政权*

党委副书记、镇长
罗福

人大主席
顾登勇

党委副书记、政法委书记
张　斌

党委委员、纪委书记
胡　辉

党委委员、组织委员
龚　吉*

党委委员、组织委员
胡继元

党委委员、政法委书记
周卫华*

党委委员、宣传委员
刘　芳*

党委委员
王　超*

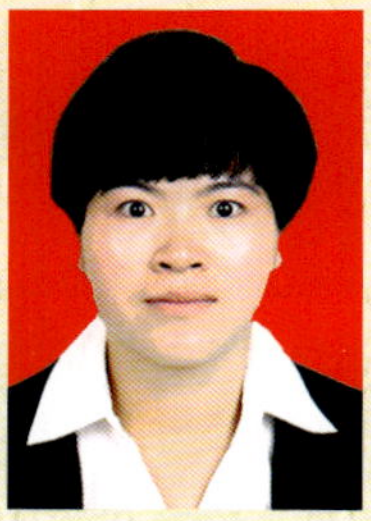
党委委员
陈　琳

党委委员
刘敬华

党委委员
聂　挺

党委委员
潘　驰

党委委员、武装部长、副镇长
罗　龙

副镇长
张　源*

副镇长
龙　升*

副镇长
黎冬华

副镇长
罗　勇

副镇长
唐　薇

田坝镇

党委书记
汤志刚*

党委书记
周进学

党委副书记、镇长
龙　升

人大主席
成　群*

人大主席
武声录

党委副书记
施　华*

党委副书记
周卫华

纪委书记
曾剑弢

党委委员、组织委员
张　斌*

党委委员、组织委员
王　应

武装部长、副镇长
赵　坦

党委委员、宣传委员
王国顶*

党委委员
韦　英

党委委员
聂祥雷

党委委员
邓建华

党委委员
尹秀娟

副镇长
肖星洁*

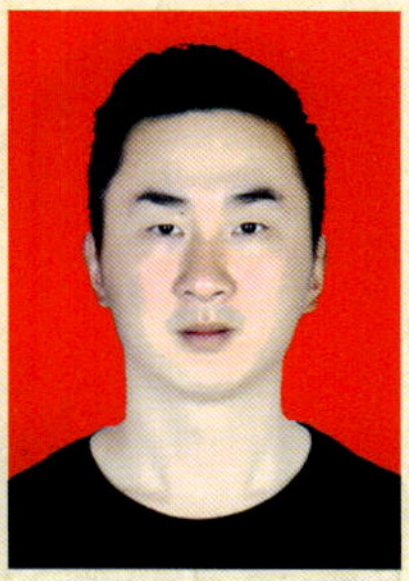
副镇长
肖　亮

阴底彝族苗族白族乡

党委书记
申开科*

党委书记
赵　科

人大主席
邓　永

党委副书记、乡长
清成松

党委副书记、政法委
书记
汪寿军

党委委员、纪委书记
龙秀红

党委委员、组织委员、
人大副主席
杨　靖

党委委员、副乡长、
武装部长
刘　韬

党委委员
胡荣兵

党委委员
陈春雨

党委委员
陈龙海

副乡长
黄先志

副乡长
黎　梅

千溪乡

党委书记
毛 静

党委副书记、乡长
王 武*

乡 长
杨 刚

人大主席
施 华

党委副书记、政法委书记
张 源

党委委员、纪委书记
樊晓林

党委委员、组织委员、
人大副主席
周 婷

党委委员
陈 建

党委委员
胡 鸿

党委委员
朱晓彦

党委委员
王国顶

副乡长
吕 权

武装部长
王成祥

长春堡镇

党委书记
张和国*

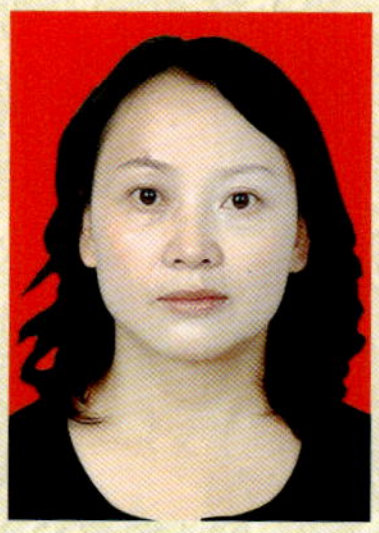
党委书记
彭春霞

党委副书记、镇长
林学文*

党委副书记、镇长
李鸿俊

人大主席
吴传著*

人大主席
陈　余

党委副书记、政法委书记
刘泉位

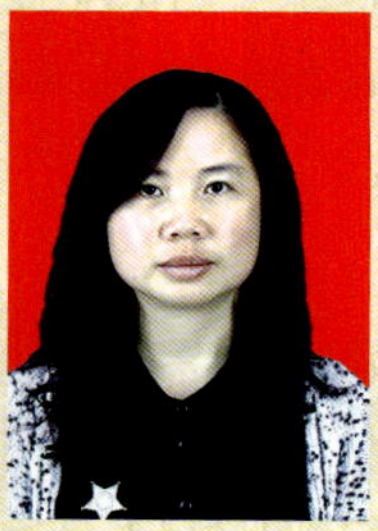
党委委员、纪委书记
吕进萍

党委委员、组织委员
胡思恬怡

党委委员、政法委书记
彭　义*

党委委员、宣传委员
宋　璟*

副镇长、武装部长
张　虎

党委委员
吴勇志

党委委员
吴　奕

党委委员
刘　承

党委委员
熊　鹏

副镇长
陈　晨

副镇长
王　江

副镇长
张万科

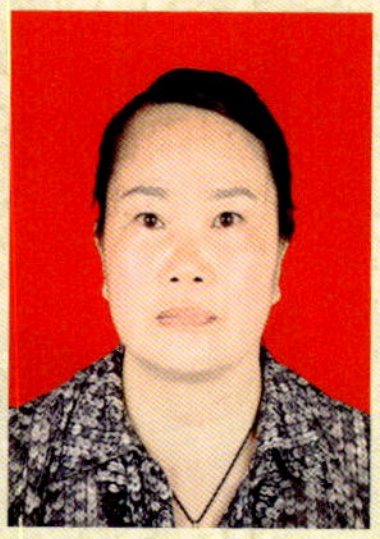
计生副会长
吴　琴

撒拉溪镇

党委书记
李　兵*

党委书记
阮世祥

党委副书记、镇长
聂志祥

人大主席
郭太贤

党委副书记、政法委书记
彭大宇

党委委员、纪委书记
支从国

党工委委员、政法委书记
路杰*

党委委员、组织委员
王亚芬

党委委员、副镇长
丁　军

党委委员、副镇长、武装部长
陈　伟

党委委员
全登梅

党委委员
付红梅

副镇长
吴应环

副镇长
孟　鹏

杨家湾镇

党委书记
陈云峰

党委副书记、镇长
吴学海

人大主席
刘世军

党委副书记
张　竞*

党委副书记
刘烤熔

党委委员、纪委书记
张　华

党委委员、组织委员
胡　洋

党委委员、副镇长、
武装部长
顾　健

党委委员
张同亮

党委委员
张　权

党委委员
李勇斌

党委委员
邓　群

副镇长
周　林

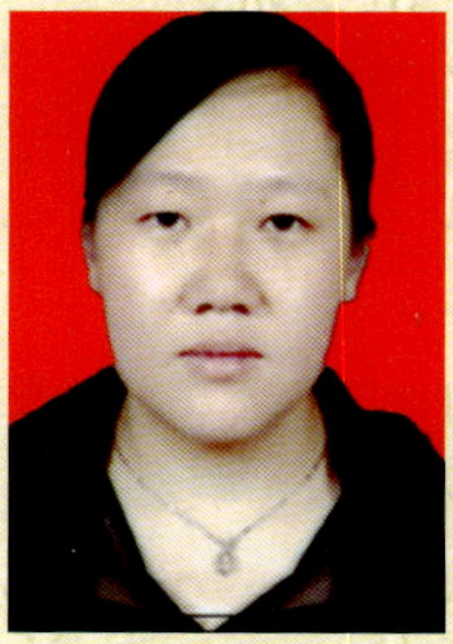
副镇长
聂祥丽

副镇长
金光雄

放珠镇

党委书记
聂登远*

党委书记
张金春

人大主席
周礼俊

党委副书记、镇长
彭　婷*

党委副书记、镇长
朱　江

党委副书记
邓　肸

党委委员、纪委书记
刘天伟*

党委委员、纪委
书记
苏　勇

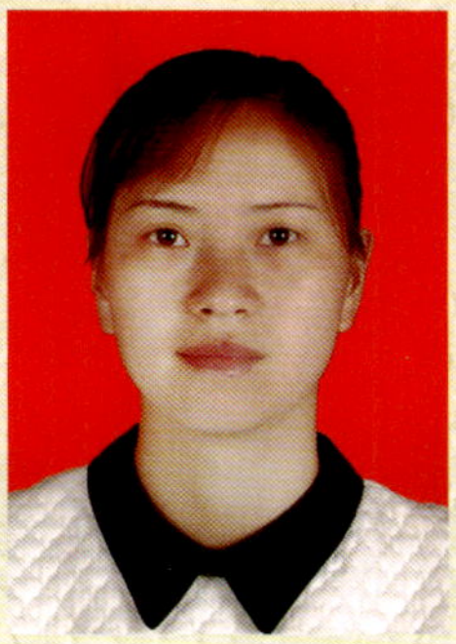
党委委员、组织
委员
阮　艳

党委委员、政法委
书记
葛　玮*

党委委员、副镇
长、武装部长
宋　刚

党委委员
王　军

党委委员
吴传友

党委委员
张达华

副镇长
许维书

副镇长
徐　峰

野角乡

党委书记
张道奇*

党委书记
胡荣华

人大主席
宋家友

党委副书记、乡长
杨秋菊

党委副书记、政法委书记　樊贵章

党委委员、纪委书记
金开健

党委委员、组织委员
李朝智

党委委员、宣传委员
李俊白

党委委员
葛　昆

武装部长
关才明

副乡长
徐　宁

青场镇

党委书记
石明殿*

党委书记
陈文贵

党委副书记、镇长
吴付祥

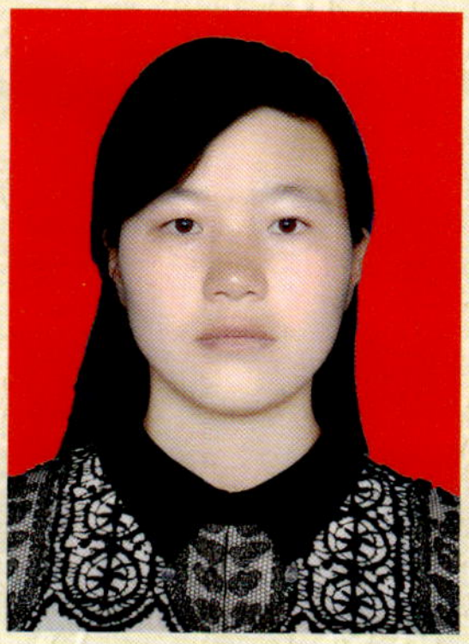

人大主席
吴春梅

党委副书记、政法委书记
李　烈

党委委员、纪委书记
谢雨奇

党委委员、组织委员
吴江涛

党委委员、政法委书记
吴成*

党委委员、副镇长
罗　恽

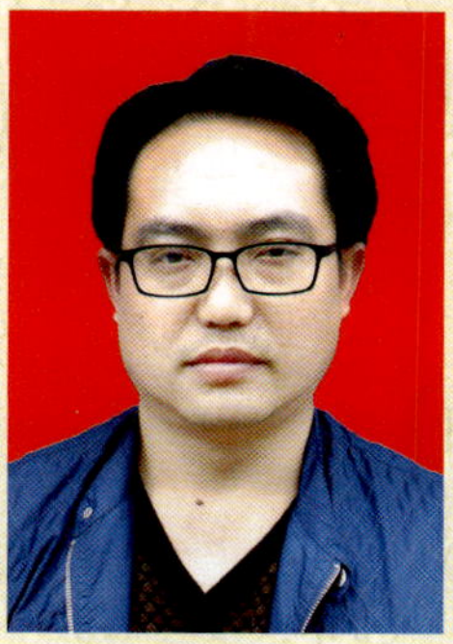

党委委员
葛东杰

党委委员
吴　旭

党委委员
常丽佳

副镇长
徐　谞

副镇长
徐　虎

大河乡

党委书记
路　亮

党委副书记、乡长
何怀新

人大主席
石　淼

党委副书记
吴　奥

党委委员、纪委书记
吕芳乾

党委委员、副乡长、武装部长　吴长义

党委委员
王　坤

武装部长、副乡长
苏　勇*

党委委员、组织委员
付世琴

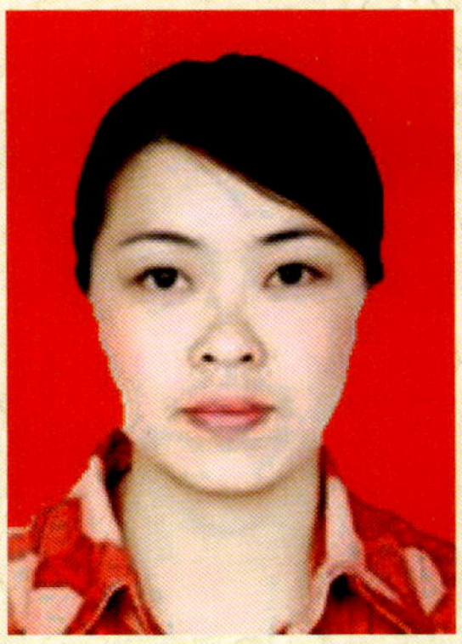
党委委员
郑前飞

党委委员
王　耀

特色亮点工作

机械化清洗路面

城市综合执法大队

2016年，七星关区城市综合执法大队不断提高环境卫生、市容秩序、市政公用设施和园林绿化管理水平，不断提高城市综合执法水平，取得了良好的工作成绩，获得毕节市城管系统2016年业务目标考评一等奖，并在贵州省2016年上半年“文明在行动·满意在贵州”暨“多彩贵州文明行动”一类（市、区、特区）得分排名第一名。

在环境卫生工作方面，2016年清除死角面垃圾和淤泥5600余吨，完成垃圾清运14.2余万吨。启用岔河第二垃圾填埋场，城区生活垃圾无害化处理率达100%，垃圾清运率达100%；环境卫生工作机械化作业率提升到85%以上。对城区主、次干道洒水降尘1800余车次，冲洗道路130000余车次。对城区南关桥、公园路等35座公厕采用政府购买社会服务的方式引入社会资本进行管理，免费开放。

环卫工人普扫保洁

在市容秩序工作方面，2016年与城区沿街商铺签订“门前三包”责任书39000份并督促落实责任。拆除乱搭乱建364处，清理疏导城区占道经营流动摊点2000余个，清理拆除过期、废弃、破损影响市容的广告招牌264块，查处工地不文明施工46起，查处运输渣土车辆污染城市道路740起。

在市政管理工作方面，2016年对排污管道进行清淤，清理、疏通3540余次，零星清理排污沟4370余米，更换检查井264余套、井盖295余块，更换雨箅354余套、雨箅板386余块，修复、改造城区人行道破损缺失地砖15000多平方米，修复城区破损路面13500平方米。维修城区路灯8540盏次，更换路灯电缆线2140余米，确保了城区主干道路灯亮灯率在98%以上、背街小巷亮灯率在95%以上。

在园林绿化工作方面，2016年累计除草面积近100万平方米，累计病虫害防治面积近70万平方米，累计行道树涂白28000余株，累计修剪城区绿化带面积约466000平方米；对城区行道树全面修枝整形9000余株，修复破损行道树树脚花池约2500余个。为缓解城区交通拥堵，改造中央绿化带端头3000余平方米。城区安装花箱护栏5.7公里，替换原有广告护栏，极大地提升城市道路景观品质。对城区行道树编码挂牌14076株。

在城市垃圾处理费征收管理工作方面，2016年在第二垃圾填埋场安装自动化称重系统，减少人工工作量，全面提高垃圾处理费征收水平，超额完成全年350万元垃圾处理费征收任务。

在项目建设工作方面，2016年共投入1550万元新建公厕12座，其中移动公厕5座，固定公厕7座。投入146万元新建一座临时垃圾转运中心，保障垃圾能及时清运到第二垃圾填埋场填埋。

2016年将城区划分为九大网格，每个网格再细化为工作组。区四大班子领导和街道办事处党政主要领导作为网格的联系领导，监督和指导网格内城市管理工作的开展。区城市综合执法大队班子成员、办事处分管城管工作的领导负责统筹网格内城市管理工作的开展。城管干部、社区干部按照相应职责具体负责各块工作开展。通过划分管理网格，区域包干，责任到人，对人员、管控区域与难易程度进行界定和匹配，最大限度增强网格化管理的针对性和实效性，促进城市管理精细化。

2016年组建数字城管办公室，开通微信公众号，打造全民参与的信息沟通平台。市民可以通过微信关注城市管理动态，利用微信语音、图片、视频等方式反映问题，工作人员会实时回复网友的咨询、投诉、举报等业务。微信公众号通过对全城区行道树、路灯、井盖、果皮箱等市政公用设施编号编码，扫描二维码进行数字化管理。另外根据不同时期城管工作重点和宣传活动的特性，有针对性地推送图文，微信公众号图文阅读量超过50万余次，获得了2000余名粉丝关注。同时开通城管QQ群，区分管领导、相关协作单位负责人、城市综合执法大队各级领导和工作人员24小时在线，群内工作人员深入现场，发现问题及时抓拍图片配以文字上传，让工作超前于一般流程。

清毕路设置的新式不锈钢垃圾箱

纪　委

近年来，七星关区纪委结合“三转”要求，围绕主业主责，把案件质量作为纪律审查的关键，通过编发模拟案卷和纪律审查经验交流手册，采取乡案区协审、跟班学习、适时督导抽查等有效措施，用制度的形式进行固化，促进案件审理质量得到提升，确保抓主业有效果有质量。

编发“模拟案卷”，着力规范办案程序。编印了《乡镇办事处纪委监察室（民生项目监督特派组）模拟案卷》200册，分发到9个纪工委（监察分局）、42个民生监督组办案人员手中，并对其进行了专门培训。该模拟案卷共106页，分为“调查取证卷宗”和“审理案卷卷宗”两部分。它不仅对案件线索的获取、初核、立案调查、审理、处分、送达执行、归档等各个环节进行统一和规范，明确文书格式要求和卷宗材料内容、程序等，还对案件中易出错的地方加以注解强调，还附有卷宗排列顺序、审理程序等规范性文书，做到范例与规则、实践与理论相结合。同时，该区纪委还以编发《模拟案卷》为契机，加强对基层办案工作的业务培训，并对办案工作程序、流程、文书书写、常用工作表式进行统一和规范，切实推进了办案工作的规范化。

编发“经验交流手册”，重点传授办案经验。为适应新时期纪律审查工作需要，进一步提高依纪依法进行纪律审查工作的能力和水平，精选11篇来自民生监督组、纪工委、纪检监察室践行纪律审查工作“二十四字”方针的主要做法和体会，编印了《纪律审查工作经验交流手册》，按人手一份进行分发，要求大家认真学习，落实在实际工作中。该《手册》共1万8千余字，从纪律审查工作的策略、方法、技巧等角度出发，为全区纪检监察干部开展纪律审查工作提供参考和借鉴。该《手册》的印发，对于规范我区纪律审查工作行为、提高依纪依法安全文明办案水平有很强的指导作用。

推行“乡案区协审”制度，着力提升案件质量。制定出台了《关于进一步加强和规范“乡案区协审”工作的实施意见》，从组织机构、工作程序、办理原则等方面对全区乡镇街道纪检监察案件审理工作作出规范，切实提升基层案件审理质量。所谓“乡案区协审”，是指对乡镇（街道）纪委（纪工委）调查处理纪检监察对象的案件，按照干部管理权限和批准处分权限的规定，应当由违纪人员所在乡镇（街道）党委（党工委）或行政作出处理，在提交集体讨论作出立案决定或者处分决定前，必须报区纪委（监察局）案件审理室协审的一种案件审理方式。2016年以来，已协审案件246件，协审后的案件均实现“零申诉”。

采取“跟班学习”模式，以案代训提升能力。制定了《关于抽调乡镇（街道）纪检监察干部到区纪委监察局轮流跟班学习的通知》，通过“面对面、手把手”的方式，切实强化对乡镇（街道）纪检干部业务培训，提高履职能力。跟班学习对象为各乡镇街道纪委副书记、监察室主任或专职纪检干事。每年年初区纪委干部室对跟班学习人员基本情况进行调查、分析、研究，并按照“针对性锻炼、科

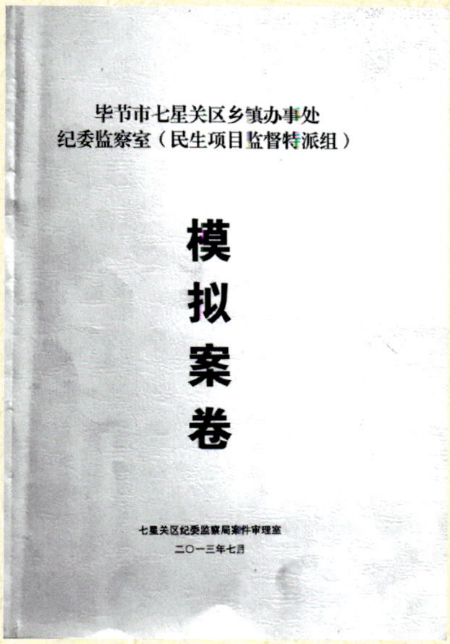

学化安排”的原则，分配到不同科室（中心）。规定跟班学习时间为每期2个月，到期轮换。每期跟班学习结束时，相关室将对培训对象跟班学习情况作出鉴定，并通报其乡镇（街道）党委（党工委）、纪委（纪工委）。截至目前，已有25名乡镇（街道）纪检监察干部到区纪委审理室、党风政风监督室、纪检监察室等进行了跟班学习和实践锻炼。

综合多种督导形式，助推案件质量落实。各常委班子成员按季度到联系的乡镇（街道）就自办案件的程序和档案进行督查，针对存在的问题和不足现场提出整改意见，并定期开展“回头看”，对整改不力者进行严肃处理。此外，由案件审理室牵头，抽调相关业务人员组成督查组到乡镇街道就案件质量进行集中抽查，经认真梳理核实后，将抽查结果进行全区通报。目前，因履职不力和案件质量不合格，区纪委班子成员已对2名乡镇纪委书记进行了约谈。

人民政府办公室

区领导视察农村淘宝运营中心

2016年度，在区委、区政府的正确领导下，区政府办紧紧围绕全区中心工作，不断增强服务意识，积极服务经济社会大局，认真履行“参谋助手、协调服务、高效督办”的工作职责，高标准要求、高效率工作、高质量服务，确保了各项工作正常、有序、高效运转。回顾2016年，政府办在组织协调推进全区项目建设及服务全区工作等方面成绩显著、亮点纷呈。

一、不断提高办文办会水平，保障辅政“服务决策”

严格按照“严细化管理、精细化服务”的标准，在办文、办会上下功夫，使各项工作更加规范有序、优质高效。一是不断规范办文流程，提高公文办理效率。严格执行《党政机关公文处理规定》，做好收文登记、拟办、批转及发文审核、签批、印发等，做到急件急办、特件特办、密件专办。2016年度，共转办国家、省、市文件2200余件，各类传真、电报650余件，同级部门文件4400余件，信访来件600余件；起草各类文件1400余件。二是不断加强办文指导，切实提高公文质量。认真组织乡镇街道和区直各部门公文收发员进行业务培训，进一步规范乡镇街道和区直各部门公文的格式和办理流程。三是精简文件流转过程，推进无纸化办公。2016年11月开始，我区全面接入省电子政务网，实现全省电子政务资源共享，公文传输互联互通。四是规范会议办理程序，确保会议务实高效。办公室承办各类会议时，将任务分解到科室，责任明确到人，严格做好会前登记、材料准备、会场布置、会后跟踪等工作。2016年度，办公室共筹备各类会议1000余场次，较好地提供了优质高效的会务服务，保障了政府各项工作的顺利开展。

二、注重督查督办推动项目，切实推动“服务落实”

2016年度，办公室紧紧围绕区政府工作决策、落实、督查、考核这一主线，注重任务分解、过程跟踪、奖惩挂钩各个环节的衔接，主要对区政府重要会议议定事项、领导批示事项、提案议案办理、重点项目建设等进行了经常性督查，较好地完成了区政府领导交办的各项工作任务。一是建立规范督查台账，高效推进项目落实。结合办公室督查工作实际，建立了“区政府重要会议议定事项督查台账”、“重要文件签批事项督查台账”和“提案议案办理督查台账”，定期梳理需督查的事项，及时更新台账。根据台账上的事项要求、时间节点，采取实地督查、电话催办、文件督办等方式进行跟踪了解和督查督办。2016年度，办公室督办区政府全体会议、常务办公会议、专题会议、领导现场办公会纪要等168期；督促办理领导批示件38件，办结率、及时反馈率均达到100%。督办市、区提案议案160件。二是突出重点督查督办，进一步提升督查落实的质量和水平。区政府的重大决策和重大事项，特别是涉及政策落实的难点问题、群众反映强烈的热点问题、影响经济社会发展的突出问题等，一方面通过电话了解、信息收集等方式进行动态跟踪，了解责任单位是否作出工作安排，是否及时开展调度；另一方面采取定期或不定期明查暗访的形式进行实地督查，督查责任单位落实措施是否得力，工作进度是否按计划推进，工作任务是否按时按要求完成。2016年度，共开展信息收集270余次，电话催办360余次，实地督查30余次。

三、狠抓电子商务和农村淘宝，全力以赴"服务发展"

一是全面启动宣传工作，掀起农村淘宝热潮。2016年度，组织召开了全区农村电子商务暨阿里巴巴农村淘宝项目千人启动大会，完成第一期农村淘宝"村级服务站合伙人"招募工作，推动建成投入运营农村淘宝村级服务站80个，农村淘宝开业至今已实现网上交易额4200万元，累计订单30万笔，在全省村淘中位居前列。并组织参加市举办的2016年"年货节"活动，实现总销售额72.2万元。二是不断加强电商园建设，全面推动电子商务发展。2016年度，成功举办了毕节市首届"互联网+"毕节电子商务高峰论坛；基本完成毕节电子商务产业园第一期建设，引进并入住平台企业7家、服务企业28家、应用企业16家，建成毕节O2O特色体验馆、"乌蒙山宝·毕节珍好"农特产品展示中心、毕节农业大数据中心、阿里巴巴农村淘宝运营中心、毕节颐高电子商务运营中心以及京东、易田等电商体验区。

电商产业园建成现状

政府办督查田坎乡易地扶贫搬迁安置房建设进度

四、创新考核问责机制，全面提高"服务效率"

按照"以制度管人、用机制激励人、靠岗位锻炼人"的思路，完善考核问责体系，以考核促效率，以制度促业绩，全面提高服务效率。一是修订完善了《内部考核管理办法》《加班管理制度》《内部责任追究制度》《公文错情通报制度》《电子公文签收情况通报制度》等。二是注重平时考核，创新考核方式。增加加班、受表彰、发表信息等加分项目，激励干部在"五加二""白加黑"的节奏下仍保持工作积极性。考核以科室为单位，以工作目标和岗位职责为依据，根据日常工作表现和任务完成情况综合确定个人实绩得分，再结合民主评议得分，得出考核结果。三是加强考核问责，奖惩分明。将考核结果通报到组织人事部门，直接与干部任用挂钩。对于平时表现较差的，由分管领导给予诫勉谈话、甚至调换岗位。通过不断创新考核机制，有利于增强干部职工的工作责任感，调动工作积极性，提高工作效率，创造更加公平、和谐的工作格局，真正做到争在平时，评在平时。

政府办承担着连接上下、沟通内外、协调各方的职责，肩负着为领导、部门和基层搞好服务的责任，既要参与政务，又要协调处理事务，搞好服务，工作任务十分繁重。2016年度，在区委、区政府的正确领导下，政府办圆满完成了各项工作任务，开创了办公室工作新局面，树立了务实高效的良好形象。

麻园街道办事处

市委书记周建坤到麻园街道调研社区治理工作

麻园街道办事处于2013年8月由原毕节市七星关区市东办事处撤除划分建成，位于毕节市七星关区开行大道，总面积4.2平方公里，辖5个社区居委会（分别是：麻园社区居委会、双城社区居委会、双树社区居委会、望城社区居委会、杨家塘社区居委会），毕节市同心城市公园坐落于我办望城社区。现有常住人口43020人，13234户。其中户籍人口26736人，流入人口16284人。辖区内有市、区两级行政事业单位61家；学校5所（其中民办学校2所），民办幼儿园11所；有福朋喜来登酒店、蜀都大酒楼、合力超市、创业孵化园两个，各类企业398家，个体工商户2873家。街道办事处主要以服务业为特色、以民营经济和第三产业经济为支撑，是七星关区政治、经济、文化中心。

2016年以来，以“培育睦邻文化、构建和谐社区”为主题，按照“1234”工作思路，以大党建为引领，创新体制机制，有效助推经济社会的发展，提升群众的幸福指数。

一、强班子，打造党建工作“火车头”。建设一支高素质的领导班子，既是我们党建工作的目标之一，也是开展党建工作的重点。为此，我们积极致力于街道班子成员自身的“三强建设”，即强思想、强作风、强肌体。一抓学习武装强思想。学习是提高修养的必要前提。组织学习宣传贯彻党的精神。通过领导讲党课、先进讲事迹、党员讲体会等活动，在全体党员干部中掀起学习新高潮。抓实集中学习、专题辅导、座谈交流等活动。二抓团结务实强作风。我们积极致力于班子的团结协作和求真务实的作风建设，形成了一个强有力的战斗集体。在团结协作方面，努力做到“三分三合”和“四个互相”。“三分三合”即工作上分，思想上合；任务上分，目标上合；职责上分，整体上合。“四个互相”即互相支持不拆台，互想尊重不发难，互相理解不猜疑，互相监督不违纪。三抓反腐倡廉强肌体。公生严，廉生威，无私则刚，无欲则强。一个人如此，一级组织和一个班子也是这样，一律实行三公开（政策公开、过程公开、结果公开），不搞暗箱操作。

二、严管理，练好党建工作“基本功”。一抓制度管理。“无规矩不足以成方圆”。2016年来，街道党工委立足按制度办事、靠制度管理，有机制落实，坚持把制度建设作为一项重要工作紧抓不放，创建各项相关规章制度，进一步强化了党员的宗旨意识，夯实了街道党建工作的群众基础。一是服务承诺制。加强街道党员日常考核，督促党员不断改进工作作风，提升服务不平。二是民三监督制。凡是涉及居民群众生活的热点、难点问题，都要邀请党员群众、居民群众参与决策，自觉地区将街道工作置于群众参与和监督之下。三是帮扶结对制。把街道困难弱势群体作为服务的重点，实行党员干部“三二一”帮扶制度。二抓组织管理。定期研究部署全办党建工作，制订下发党建工作要求，健全党内民主生活制度，在全办开展谈心活动。定期召开专题民主生活会和组织生活会，从实际出发，切实给予关心照顾，尤其是对年老体弱、丧失工作、生活能力的老党员，在生活上给予一定的照顾，在逢年过节期间，街道组织各社区对特困党员进行了慰问。三抓党员管理。我们严把党员入口关，严格按照要求吸纳和发展好党员。2016年，街道办共新发展预备党员6名，预备党员转正6名。同时，加强了对流动党员的管理和党费收缴工作力度，严格按照规定收缴党费，建立党费收缴情况台账，对各党支部党费收缴情况进行检查，发现问题即及时纠正，确保党费收缴工作纳入正常化、规范化、制度化的轨道。认真开展处置不合格党员试点工作，对通过民主评议出的不合格党员将实行“限期改正”处置。

三、重举措，促进党建工作“出实效”。一是“睦邻文化”。以党的建设为引领，着力打造以“睦邻文化”为主题的党建品牌，以共建、共治、共享、共融为原则，制定了《培育睦邻文化，构建和谐社区》实施方案，完善阵地服务功能，切实发挥基层党组织战斗堡垒作用，开展丰富多彩的文化活动，进行法治宣传服务、改善院落小区人居环境，引导和发挥各类社会组织参与到睦邻文化和谐社区创建中，初步形成了邻里乐、邻里亲，社区治理与居民自治民主互动的良好态势。二是“亮身份作承诺”。以“为党旗增辉，为群众服务”为主题，让党员公开亮身份、公开承诺，接受广大群众的监督。在社区阵地建设、环境整治、矛盾纠纷调解等工作中充分发挥党员先锋模范作用，党组织凝聚力和战斗力得到加强，党员群众的文明素质整体得到提高。2016年，社区党员在环境整治、征地拆迁、邻里矛盾纠纷调解、困难家庭帮扶等方面累计为群众办好事实事300余件。三是“守望诚信”。按照“一社区一主题”的思路，在望城社区开展以“守望诚信，绿色和谐”为主题的精品示范社区创建，建成了集便民服务大厅、党员活动室、图书室、文体活动大厅为一体的综合服务阵地，探索实施了“爱心银行”、“公益律师”进社区，望城社区多次迎接市、区“法治毕节”、农村思想政治教育工作、社区治理等现场会观摩，社区“法治毕节”创建经验还代表七星关区参加全市宣讲报告。

四、高要求，推动党建工作“有新意”。一是“大部制改革”创新管理服务模式。从群众服务需求出发，将街道部门进行改革，原来18个站所整合为“四部一中心”，即：党

市委常委、区委书记崔英魁到麻园街道办调研

政工作部、综合管理部、社会事务部、群众工作部、便民服务中心。使全办干部职工多角度多层面熟悉操作各项业务工作，成为多面手，干部能随时为群众办事、群众可随时找人办事，大大提高了办事效率和服务群众能力。二是“公益律师”创新法律服务模式。结合“法治毕节”创建，与辖区律师事务所共驻共建，组织21名公益律师进驻社区，开展法律服务。自公益律师服务进社区以来，公益律师为街道、社区提供法律顾问15次，为2000余群众上法治课20次，开展接访50次，为居民咨询答疑各种问题113件，成功调处矛盾纠纷23起，化解信访积案6件，参与社区矫正帮教6人，通过法律援助为群众追回损失6万元。三是“爱心银行”创新志愿服务模式。借鉴银行“零存整取”的方法，设立志愿者“爱心银行”和“爱心超市”，志愿者通过在“爱心银行”将每次服务积分存入“存折”，积分可在爱心超市兑换生活用品，同时，设立邻里亲公益服务区，为群众提供楼梯、电钻等家用工具使用和其它日常生产生活服务。目前，已经组建志愿者队伍365人，组织开展志愿服务153次，推进了志愿者服务与社区社会治理的有机融合。四是“自治组织”引导社会参与模式。按照“网格＋楼院”的思路，指导新成立了博泰仕府领地小区、金洲大夏等15个业主委员会，对辖区业主委员会、物业公司、协会等居民自治组织进行指导性规范治理形成自我管理、自我服务、自我监督的居民自治格局，提高了辖区院落的治理水平和服务功能，帮助居民组建成立了文体协会4个、志愿者协会2个。使辖区居民在实行自我管理的同时，通过举办运动会和各类文艺演出、比赛，极大地丰富了精神文化生活。

七星关区“113攻坚战”工作现场观摩会在麻园街道办进行实地观摩

野角乡

千方百计谋脱贫，千辛万苦奔小康，为集中力量打好脱贫攻坚这场硬仗，野角乡按照市委提出的“大党建”统揽“大扶贫”“大安全”“大发展”理念和区委提出扶贫攻坚“1136”工作目标要求，在脱贫攻坚上下绣花功夫，积极探索精准绣花“六种”针法，充分发挥全乡领导干部作为脱贫攻坚中“绣花人”的穿针引线作用，共绣扶贫帮困，同步小康的致富花、幸福花。

步线行针开好头。按照党建引领大扶贫战略思想和扶贫攻坚“1136”工作目标要求，用好用活“一市五金多套餐”“特惠贷”、教育扶贫、易地扶贫搬迁等政策，借助“脱贫攻坚讲习所”平台，以“学塘约、赶塘约”致富模式为目的，通过召开脱贫攻坚安排部署会、大走访活动，结合实际提炼出“四到户四把关九措施”“基层党建＋”促改革先锋变强，“村社一体＋”促产业结构转型，“利益联结＋”促合股方式多样，“群众主体＋”促农村社会和美等模式，形成脱贫攻坚上下合力，形成领导带头，干部联动，群众参与的大扶贫格局。

细针密缕抓精准。将全年工作目标梳理形成任务清单、责任清单、时间清单，按照5个专项领导小组分工要求，细化落实到部门到人，围绕每户至少有一个明白人，掌握一门实用技术，拥有一个稳定增收渠道，发展一个项目“四

野角乡成立脱贫攻坚讲习所

个一”目标，对每户贫困户明确1名副科级领导、1名乡干部、1名村干部、1名技术人员进行帮扶，并落实1-2项帮扶措施。对每户贫困户在跟踪服务过程中找准“穷根”，开对“方子”，探索以能人带动“引”，产业支撑“脱”，民政救济“减”和金融支持“扶”为主的“四合一”精准扶贫新模式。

一针一线绣精细。将全乡11个村118个村民组按人进行分配包保，并将全乡1463户贫困户按照每人10户标准分解落实到全乡68名领导身上，落实包保责任人和包保贫困户，做到不重一人，不漏一户，确保全乡1463户贫困户得到同需式扶贫，达到真扶贫、扶真贫。同时，就如何完善一户一档资料培训了600余人次，包村干部和村干部对照一户一档材料清单进行反复多次的核实完善，使“一户一档”资料与贫困户真实情况、明白卡填写的情况一一吻合，实现“三统一”，降低“两率”，提高“一度”。

穿针引线成合力。积极用好惠民政策这根“针”，即充分利用“百企帮千村”和“引凤还巢”工程，引进企业和人才进村帮扶，通过一个企业帮扶一个非贫困村，10个企业结对帮扶1个出列村等帮扶措施，确保所有贫困户帮扶责任人、帮扶措施、扶持项目“三落实”，为脱贫致富找出路。自2016年以来通过多方招商引资，引进嘉富农牧落户乡农业园区，连片种植脆红李、蜂糖李3000亩，已在涉及安置搬迁户的元华村创建猕猴桃采摘园500亩，在白龙村创建蜂糖李基地1500亩，在沙拉槽村创建大棚蔬菜基地100亩，在大麻塘新建藏香猪养殖场1个。

见缝插针补缺漏。以各村包村干部和村干部为宣传主体，通过坝坝会、板凳会等方式到组到户为群众宣传讲解扶贫惠民政策，做到宣传动员工作不留死角，保证扶贫政策宣传率达100%，贫困户对相关扶贫惠民政策知晓率达100%。成立脱贫专项督察组进行督察指导，在精准、精细的基础上查漏补缺，在一户一档、易地扶贫搬迁等方面及时更新和完善资料，见缝插针，查漏补缺，确保扶贫政策和扶贫产业面前人人参与，脱贫致富不漏一户、不少一人。全面落地生根、开

郎家塘村林下养鸡

花结果。

铁杵成针出成效。户户有增收产业，人人有脱贫门路。大力发展休闲农业、山地特色农业、生态农业、观光农业和乡村旅游，打造种养结合、农旅结合的现代观光农业园。通过“公司+基地+农户”“支部+合作社+农户”“合作社+支部+农户”等模式共通过入股、租借等方式流转土地7000亩，林地2000亩，在白龙村种植蜂糖李1500亩并套种荞麦，各类蔬菜500亩；在沙拉槽、西桥、元华等村种植烤烟3300亩；在白山村种植白茶800亩；在沙拉槽发展精品蔬菜大棚100亩；在邓家湾种植天麻2000亩；在大水村种植脆红李1000亩；全乡有各类养殖场近30个，共吸纳238户贫困户，869名贫困人口参与其中，预计每年可为村民增收3000万元。真正实现农村资源活起来、农民富起来、产业强起来、乡村美起来的多彩画卷。

天星村“特惠贷”养牛

长春堡镇

民盟中央副主席龙庄伟到长春堡镇干堰村调研

近年来，长春堡镇干堰村在民盟中央及各级各部门大力帮助下，利用得天独厚的自然景观和人文景观，推动了各项事业快速发展，人民生活水平得到大幅提升。

一、加快基础设施建设步伐。近年来，在民盟中央和各地民盟的帮扶下，共投入资金 270 余万元，新建了约 1 公里的同心路；新建 1.8 公里的环湖旅游观光公路；新建同心广场 1 个，并配置健身器材；2014 年完成村级活动场所建设、2015 年完成路灯安装并投入使用；完成干堰至滑石通村公路 3 公里，干堰至犀牛通村公路 1 公里，方便了群众出行和发展经济。

二、农村环境得以改善。加大了对环境资源的保护，村庄环境综合治理得到治理，民族村寨居住环境得到改善，村容村貌变化显著。

三、群众居住环境日益变化。在民居房屋保护上，对民俗民风进行挖掘包装，完成民居改造 100 余户，最大限度的保护和开发苗族风情资源，加大乡村旅游整体品牌提升力度。切实改善雄嘎塘和干堰塘旅游投资环境和增强少数民族致富造血功能。

四、发展特色产业，带动群众致富。干堰村依靠民盟中央对口帮扶优势，采取“公司＋支部＋专业合作社＋农户（贫困户）”的模式发展食用菌种植，现种植基地已全面建成投产，预计今年产值 150 万元，村级集体经济增加 5 万余元。积极探索“三变”改革模式，发展林下养鸡、食用菌种植，解决贫困户 20 余人就业问题，带动 10 余户贫困户脱贫致富。

五、打造乡村旅游品牌。利用得天独厚的自然风光和民族风情，让人们迷恋这个地方，“看得见山，望得见水，留得住家园，记得住乡愁”。利于保护湿地自然景观和人文景观，发展生态旅游等特色产业，为当地居民带来更多的就业机会，带动当地群众脱贫致富。正在打造市级湿地公园，总面积378.83公顷，其中湿地面积114公顷，占公园总面积的30%。该湿地公园已建设有水泥路、学校、卫生室、便民利民服务站、同心广场、篮球场，雄嘎苗族风景区、雄嘎环湖路等已完成，其余设施尚待进一步开发建设。

干堰村食用菌种植基地

热情好客的雄嘎苗寨人民

目　录

大　事　记

文件选编

区 概 况

领导名录

政　治

军　事

法　治

经济管理与监督

财政　税务

金融　保险

农　业

工　业

城乡建设　环保

交通　通信　贸易

教育　文化　科技

卫生计生　红十字会

社会生活

镇乡办事处概况

七星关区村（社区）干部名录

大 事 记

1月

1日 毕节市委书记陈志刚到七星关区同心城市公园、成贵铁何官屯特大桥项目建设工地，看望慰问一线工人，向广大建设者送去节日问候和新春祝福。

6日 七星关区第一届人民代表大会常务委员会第三十二次会议在区人大五楼会议室召开。会议听取并审议《毕节市七星关区“十二五”国民经济和社会发展规划完成情况及“十三五”规划纲要编制工作情况报告》；讨论通过区一届人代会第五次会议相关事宜；对区人大常委会工作报告及2016年工作要点进行讨论修改；通过暂停个别区人大代表职务的决定，并进行人事任免。

是日 毕节市督查考核组赴七星关区检查指导消防安全工作汇报会在区行政办公中心八楼中间会议室召开。区直各相关部门主要负责人参加会议。

8日 七星关区2015年度目标考核汇报暨民主测评会议在区行政办公中心九楼大会议室召开。

是日 区委副书记、区长胡敬斌在区行政办公中心九楼大会议室主持召开区人民政府2016年第一次全体会议。

9日 全区煤电协调工作会议在区行政办公中心七楼政府第一会议室召开。

10日 七星关区两代表一委员暨各界人士代表座谈会在区行政办公中心九楼大会议室召开。

11日 贵州省林业厅副厅长向守都一行，深入八寨镇茅栗坪村调研刺梨等相关林业发展情况。

是日 毕节市政协党组书记、区委书记宫晓农到生机镇调研易地扶贫搬迁及生态移民工作。

14日 上午9时，政协第一届毕节市七星关区委员会第五次会议在区行政办公中心大礼堂隆重开幕，标志着七星关区“两会”正式拉开。受政协第一届毕节市七星关区委员会常务委员会委托，区政协主席吴坚作常委会工作报告。

15日 毕节市七星关区一届人大五次会议在区行政办公中心大礼堂隆重开幕。区委副书记、区长胡敬斌向大会作《政府工作报告》（以下简称《报告》）。《报告》分为三大部分：一是“十二五”时期发展回顾；二是“十三五”时期的总体要求和主要目标；三是2016年的主要工作。

16日下午 中国人民政治协商会议第一届毕节市七星关区委员会第五次会议圆满完成各项议程后，在区政协五楼会议室胜利闭幕。

是日 毕节市七星关区第一届人民代表大会第五次会议在区行政办公中心大礼堂举行第二次全体会议。受区人大常委会委托，区人大常委会主任周延作《毕节市七星关区人大常委会工作报告》。

是日 毕节市七星关区一届人大五次会议在区行政办公中心大礼堂举行第二次全体会议。会议听取七星关区人民检察院工作报告。

是日 毕节市七星关区一届人大五次会议在区行政办公中心大礼堂举行第二次全体会议。会议听取毕节市七星关区人民法院工作报告。

17日 毕节市七星关区第一届人民代表大会第五次会议圆满完成各项议程后在区行政办公中心大礼堂胜利闭幕。

是日 区委扶贫工作会议在区行政办公中心九楼大会议室召开。市政协党组书记、区委书记宫晓农出席会议并讲话。他强调，“决战贫困、提速赶超、同步小康”是“十三五”时期的中心工作，是七星关区当前最大的政治任务，是必须完成的历史使命，必须摆在经济社会发展的首要位置来抓实抓好。要准确把握形势、总结经验教训，进一步统一思想、凝聚共识，齐心合力、决战决胜，坚决打赢全区脱贫攻坚这场硬仗。

是日 全区2015年乡镇（街道）党委（党工委）书记、区直机关工委书记抓党建工作述职评议会议在区行政办公中心九楼大会议室召开。市政协党组书记、区委书记宫晓农出席会议并讲话，区人大常委会主任周延，区委副书记、区长胡敬斌，区政协主席吴坚及区委常委领导出席会议。市委组织部机关党委书记卢文蔚出席会议并作指导讲话。

18日 市道路交通安全管理工作专项督查组赴七星关区督查交通安全管理工作，并在区政府七二会议室召开督查紧急会议。副区长周祖华出席会议，区直相关部门负责人参加会议。

是日 七星关区道路交通安全联席会暨2016年春运工作安排部署会在区行政办公中心八楼中间会议室召开。

20日 出席市一届人大七次会议的七星关区代表团全体代表及列席人员在七星关区行政办公中心审议政府工作报告，审查“十三五”规划纲要草案和计划、财政报告。

是日 由省综治办、省消防总队和省教育厅组成的省政府考核组赴我区考核2015年度社会消防安全工作，副区长周祖华及相关部门负责人陪同。

23日上午，七星关区召开全区领导干部大会，宣布省委、市委关于七星关区委主要领导的任职决定：崔英魁同志任中共毕节市委常委、七星关区委书记、七星关经济开发区党工委书记。

26日 民盟中央社会服务部部长郭勇、民盟中央美术院画家鲁家宝一行，赴我区经济开发区考察毕节市瑞庆新型墙体材料有限公司发展情况。副区长姜玲玲，区政协副主席邹芝桦，区委统战部及区联络联系办等相关负责人陪同考察。

27日 市委常委、区委书记崔英魁在调研我区城市建设时强调，城市建设要坚持规划先行，高标准、严要求推进，建设与管理并重，进一步提高城市品位，全力打造宜居宜业七星关。

是日 民盟中央社会服务部部长郭勇率考察组赴长春堡镇垭关村寒泊羊养殖基地考察调研，并对民盟中央定向帮扶点长春堡镇干堰村进行慰问。副区长姜玲玲，区政协副主席邹芝桦、周光乔及区委统战部、区联络联系办、长春堡镇相关负责人陪同考察慰问。

是日 “法治七星关”创建工作联席会议在区行政办公中心九楼大会议室召开。

是日 致公党中央社会服务部部长李万通率致公党中央及爱心企业到杨家湾镇调研慰问。

是日 致公党中央赴我区考察调研座谈会在区行政办公中心九楼多媒体会议室召开。

28日 致公党中央社会服务部部长李万通率致公党中央考察组赴生机镇致福大街、清水铺镇橙满园考察。

是日 市委常委、区委书记崔英魁到放珠镇，就全区精准扶贫工作进行调研。

29日 全区公务用车制度改革工作推进会在区行政办公中心九楼大会议室召开。

2月

1日 七星关区党政领导班子党风廉政建设责任制落实情况暨述责述廉述德评议大会在区行政办公中心九楼大会议室召开。市委常委、市纪委书记蒋兴勇出席会议并讲话，市委常委、区委书记崔英魁代表七星关区党政领导班子就党风廉政建设责任制落实情况作述责述廉述德报告。

是日 市委常委、区委书记崔英魁，区人大常委会主任周延，区委常委、常务副区长胡书龙，区委常委、区委办主任、宣传部部长吴贤耀在区离退干局相关负责人的陪同下，走访慰问了我区老领导、老干部，送去了区几大班子对老干部的新春祝福和诚挚问候。

3日 市委常委、区委书记崔英魁，区人大常委会主任周延，区委常委、人武部政委王华国，区委常委、统战部部长安旺，副区长周祖华，区政协副主席江晓燕一行先后到区消防大队、环城北路消防中队、毕节军分区、武警中队、区人武部进行慰问，同时还看望慰问了伤残军人，向他们致以新春的慰问和节日的美好祝福。

是日 省政协秘书长、机关党组书记李月成一行，到省政协机关“同步小康”驻村工作帮扶点朱昌镇开展春节慰问贫困户活动。区政协主席吴坚、区委副书记李光平、省政协机关相关处室负责人及部分青年干部、朱昌镇党政负责人陪同慰问。

3日—4日 七星关区组织专项行动组，就城区食品药品、餐饮、特种设备、危险化学品、烟花爆竹行业及其市场主体进行了为期两天的节前专项大检查。

4日 副市长蒋从跃，区委常委、常务副区长胡书龙，区委常委、区委办主任、宣传部部长吴贤耀，区人大常委会副主任林学方，区政协副主席周光乔代表市、区领导班子对我区环卫工人进行慰问。

是日上午 七星关区在区行政办公中心五楼区委统战部会议室召开社会各界代表人士座谈会。

是日 七星关区在外人才座谈会在福朋喜来登酒店五楼会议厅召开。七星关区籍在国家部委、省直机关、市级机关及在其他地区工作的领导同志、专家学者，在外发展和返乡创业的成功人士，齐聚一堂，共商七星关发展大计，共谋七星关振兴之策，共探七星关崛起之路，为七星关经济社会发展献计献策。

5日上午 由区政协主席吴坚，区委常委、区纪委书记何友谊，区委常委、统战部部长安旺，区人大常委会副主任林学方，副区长刘鑫，区政协副主席燕金祥，区人民法院院长禄智华等组成的慰问组，对区人民法院、110指挥中心、区交警大队、流仓桥派出所、鸭池镇派出所干警和市热电厂工人进行慰问。

13日 新春佳节期间，市委常委、区委书记崔英魁记挂着参与区城市建设的建筑工人，专程到毕节同心城市公园项目建设工地和七星关区电商产业园看望一线施工人员。区委常委、区委办主任、宣传部部长吴贤耀，副区长付波，区委办、区政府办、区直相关部门及各施工单位负责人陪同。

14日 上班第一天，市委常委、区委书记崔英魁，区委副书记、区长胡敬斌，区人大常委会主任周延，区政协主席吴坚及区四大班子领导、区直各部门主要负责人赴撒拉溪镇沙乐村，与当地镇、村干部一起开展义务植树活动，为沙乐村播下新绿。

17日 省经信委副主任杨静率督查组赴我区经济开发区工业园督查节后复工复产情况。副市长蒋从跃，市长助理张涛，区委常委、副区长卜令冲陪同。

是日 市委常委、统战部部长尹恒斌到我区调研并听取相关工作汇报。区委常委、统战部部长安旺陪同调研。市、区相关部门有关负责人参加调研。

19日 全区政法工作会议在区行政办公中心九楼大会议室召开。会议的主要任务是深入贯彻落实中央、省委、市委政法工作会议精神，安排部署我区2016年政法工作，为全区决战贫困、提速赶超、同步小康创造良好的社会环境和法制环境。

22日 正值元宵佳节，市委常委、区委书记崔英魁来到林口镇“鸡鸣三省”会议遗址，缅怀革命先烈的丰功伟绩，学习传承红军艰苦卓绝的革命精神，对“鸡鸣三省”旅游景区建设的相关情况进行实地调研，并在林口镇召开座谈会。区委常委、常务副区长胡书龙，副区长杨黔及区直各有关部门负责人陪同调研。

23日 全区离退休干部经济社会发展情况通报会在区行政办公中心九楼大会议室召开。

是日 省委常委、统战部部长刘晓凯赴区调研。市委常委、统战部部长尹恒斌，区委副书记聂忠智及市、区相关部门有关负责人陪同调研。

是日 全区2016年国土资源工作会在区地质灾害预警预报指挥中心一楼会议室召开。

25日 全区“决战贫困、提速赶超、同步小康”推进大会在区行政办公中心大礼堂召开。大会的主要任务是，深入贯彻落实党的十八大、十八届历次全会和省委十一届六次全会、市委一届七次、八次全会以及中央、省、市经济工作和扶贫工作会议精神，对2015年工作再回顾、再总结，对2016年各项工作再安排、再落实、再部署，特别是精准扶贫脱贫工作，组织动员全区上下统一思想、坚定信心，认清形势、决战贫困，凝心聚力、共建小康，推动全区工作再上新台阶、实现新跨越。

29日 市委书记陈志刚到区调研城市建设工作。他强调，要深入贯彻落实中央城市工作会议精神，加快棚户区改造步伐，全面提升城市管理水平，全力以赴推进城市绿色发展，树立毕节良好形象。

3月

1日 市委常委、区委书记崔英魁在碧阳、洪山街道调研城市建设时强调，要理顺街道工作职能，发挥好上传下达的作用；要正确工作定位，在服务群众中增强执行力和落实力；要强化思想认识，讲政治、顾大局，层层传导压力，形成全区一盘棋，将行动统一到区委、区政府的安排部署上来，奋力实现全区经济社会发展再上新台阶、再创新佳绩。

是日 为进一步规范我区国有土地上房屋征收与补偿工作，提高征收工作人员业务能力水平，增强房屋征收工作行业的生机和活力，保障全区房屋征收工作依法、有序进行，全面完成2016年七星关区棚改任务，3月1日，七星关区在区委党校召开全区2016年棚户区改造工作暨业务培训会。

是日 省司法厅督查组到七星关区督查“法治七星关”创建工作。

1日至2日 七星关区政协主席吴坚到重庆市考察元宝枫种植情况。

1日—2日 七星关政协主席吴坚到重庆市考察元宝枫种植情况。

2日 云南省交通运输厅考察组赴我区考察农村公路建设，并在区行政办公中心九楼多媒体会议室召开座谈会。省、市、区相关部门有关负责人参加座谈。

是日 区委常委、区委办主任、宣传部部长吴贤耀到林口镇大寨村调研“四在农家·美丽乡村”建设工作。

是日 毕节市集团帮扶七星关区驻村工作调度会在区行政办公中心八楼中间会议室召开。

是日 民盟贵州省委秘书长范祖燕一行赴区长春堡镇干堰村考察调研。

4日 昭通市大关县政府组织县人大常委会、民宗局相关负责人，全县26名村级苗族干部及群众，赴大南山考察苗寨建设及苗族群众生产生活情况。

是日 全区老龄工作委员会第二次全体（扩大）会议在区行政办公中心九楼大会议室召开。

6日 区委副书记、区长胡敬斌主持召开全区2016年春耕生产暨板块经济推进会，对全区春耕生产和板块经济进行再安排、再部署、再推动。

7日 市委常委、区委书记崔英魁在麻园街道调研城市建设管理时强调，街道要进一步理顺工作职能，抓好征地拆迁、信访维稳等工作，积极配合相关部门搞好城市建设与管理；要正确工作定位，为党分忧，为民解难，尊重民情民意，创新工作方式方法，做到服务化管理；要强化思想认识，相互团结，相互支持，相互理解，心往一处想，劲往一处使，将思想统一到区委区政府的决策部署上来，共同推进全区经济社会健康、和谐发展。

是日 全区2016年公开选派村第一书记、同步小康驻村干部工作动员会议在区行政办公中心八楼中间会议室召开。

是日 市委常委、区委书记崔英魁在相关人员陪同下对园区建设管理进行专题调研。

是日 区政协主席吴坚到野角乡调研。

8日 市委常委、区委书记崔英魁在七星关经济开发区调研工业园区建设管理工作时强调，要整合资源，合理规划布局，发挥区位优势，探索发展思路，形成产业链条，实现连片发展，加快完善园区建设管理工作；要进一步加大招商引资力度，大力挖掘招商引资线索，广泛观察，重点培养，做到精准招商，重点引进一批高新技术型和劳动密集型企业；要千方百计解决融资难问题，制定时间表，深入企业，深入基层，沉下去、接地气，做到精准服务，努力把资源优势转化为经济优势，加快推进园区建设改造升级，实现建设管理制度化、规范化。

是日 市督查组赴我区检查指导全国“两会”期间安全生产工作，并在区行政办公中心八楼中间会议室召开座谈汇报会。

9日 市长助理李勇在市直相关部门负责人的陪同下到我区水箐镇、何官屯镇调研留守儿童工作。副区长杨黔，区民政局、教育局相关负责人陪同调研。

是日 市委组织部调研组赴七星关区，围绕“党员队伍管理，三会一课开展情况，基层开展‘两学一做’的疑点难点、建议意见”等方面进行调研，并召开座谈会。区委常委、区委组织部部长郑荣出席座谈会，区委组织部、区委党建办相关负责人陪同调研。

13日 副区长、农工党毕节七星关党支部主委胡卫国带领农工党党员赴阿市乡开展义诊和帮扶活动，为当地群众送医送服务。

15日 省环保厅党组书记、厅长熊德威一行深入清水铺镇调研农村环境综合整治工作。市委书记陈志刚，副市长蒋从跃，区委常委、常务副区长胡书龙及市、区环保局有关负责人陪同调研。

是日 市委常委、常务副市长罗建强到撒拉溪镇龙凤村“四在农家·美丽乡村”帮建联系点调研。区委副书记、区长胡敬斌，区政协副主席邹芝桦陪同调研，区直相关部门负责人参加调研。

是日 区委副书记、区长胡敬斌到撒拉溪镇龙凤村、杨家湾镇大埂子村，就“四在农家·美丽乡村”建设、春耕生产、板块经济进行调研，区政协副主席邹芝桦及撒拉溪镇、杨家湾镇主要负责人陪同调研。

是日 为在全社会树立“消费者优先”理念，营造主动聆听消费者意见、满足消费者需求、让消费者满意的良好社会氛围，进一步维护消费者的合法权益，3月15日，由区政府主办，区委宣传部协办，区市场监督管理局等相关单位承办的全区“3·15”消费者权益保护日主题公益活动在爱民广场举行。

是日 省委政法委督查组赴我区督查“法治毕节”创建工作。市委政法委、市维稳办相关负责人陪同督查。

16日 省高级人民法院副巡视员王海一行赴我区督导检查“法治毕节”创建工作，市中级人民法院相关负责人陪同检查。

是日 中国地质科学院岩溶地质研究所专家到大银镇对月亮山石林调研。区政协主席吴坚，区委常委、副区长张建军，区政协副主席邹芝桦陪同调研，大银镇负责人参与调研。

17日 国土资源部地质环境司司长关凤峻率国土资源部调研组到我区调研。市委常委、区委书记崔英魁，副市长蒋从跃，区委副书记、区长胡敬斌，区委常委、副区长张建军，副区长刘鑫陪同调研。

18日 市委常委、区委书记崔英魁，区委副书记、区长胡敬斌，区人大常委会主任周延，区政协主席吴坚及区四大班子领导带领区直机关、企事业单位、社区居民走进市东街道、市西街道、洪山街道和麻园街道背街巷道及楼群院落打扫环境卫生，开展了城区环境卫生“文明在行动、满意在毕节”活动，以实际行动呼吁广大市民共同参与保护环境卫生、改善人居环境工作。

19日 七星关区“新三板”上市专题讲座在区行政办公中心九楼大会议室举行。胡敬斌主持讲座时强调，举行“新三板”专题讲座会，既是一次培训会，也是一次学习会，更是一次思想解放的会议。胡敬斌强调，要实现弯道取直跨越发展，必须从经济发展的最前沿突破。

是日 全区农业板块经济建设及精准扶贫工作第一轮第四次现场观摩会在区行政办公中心九楼大会议室召开。

20日 市督查组赴七星关区就“文明在行动满意在毕节”工作进行督查，并在区行政办公中心八楼中间会议室召开督查工作反馈会。

21日 全区2016年第二次经济运行调度会在区行政办公中心八楼中间会议室召开，会议深入分析研判当前经济形势，研究部署经济运行各项工作。

是日 区妇联一届二次执委（扩大）会议在区政协五楼会议室召开。

23日 省政协副主席、致公党贵州省委主委谢晓尧率致公党贵州省委调研组到区经济开发区贵州致福光谷产业园调研。

22日—24日 民盟中央副主席龙庄伟在民盟中央社会服务部部长郭勇及民盟中央贵州省委秘书长范祖燕的陪同下到我区考察调研。市委常委、区委书记崔英魁，副市长、民盟贵州省委副主委冉霞，区委副书记、区长胡敬斌，区委常委、统战部部长安旺，副区长姜玲玲及市、区相关部门负责人陪同考察。

24日 致公党中央副主席曹鸿鸣在致公党中央社会服务部部长李万通，致公党贵州省委专职副主委、致公党贵阳市委主委宋平，致公党贵州省委副巡视员史武钢的陪同下到区调研。市委常委、七星关区委书记崔英魁，市人大常委会副主任马培译，七星关区区长助理朱雅亮陪同调研。

24日—25日 北京光大公司董事长周建民、光合公司董事长周明荣率考察团到区考察并召开座谈会。市委常委、区委书记崔英魁，区委副书记、区长胡敬斌，区委常委、常务副区长胡书龙，副区长付波、刘鑫及区直相关部门负责人陪同考察或参加座谈会。

25日 古蔺县副县长刘泽军一行赴区就古蔺县与我区交界处渡改桥建设工作进行洽谈。副区长周祖华及区交通局、规划局、水利局等部门相关负责人参加会议。

是日 全区易地扶贫搬迁工作业务培训会在毕节大酒店10楼5号会议室召开。区水库和生态移民局班子成员及相关股室负责人，各有关乡镇街道易地扶贫搬迁工作分管负责人及业务人员参加会议。

28日 全区“文明在行动·满意在毕节”活动安排部署会议在贵州工程应用技术学院秋逸演播厅召开。市委常委、区委书记崔英魁作动员讲话，对相关工作进行了再安排、再部署、再动员。区委副书记、区长胡敬斌，区人大常委会主任周延，区政协主席吴坚等区四大班子领导及市直各部门主要负责人出席会议。区人武部部长，区人民法院院长，区人民检察院检察长，七星关经济开发区副主任，天河风景名胜区管理处书记、处长，各乡镇街道党政主要负责人，区直副科级以上单位主要负责人及城区各社区主要负责人参加会议。

是日 全区道路交通安全联席会议在区行政办公中心八楼中间会议室召开，副区长周祖华出席会议并讲话，区道路交通安全联席会议各成员单位及部分乡镇街道相关负责人参加会议。

是日 按照“条块结合、以块为主、属地管理”的原则，市、区两级单位联动，开展“文明在行动·满意在毕节”环境卫生大扫除活动。

29日 民盟江苏省委社会服务处负责人王震峰携民盟江苏省委一行到七星关区开展捐资助学活动。

30日 市委常委、区委书记崔英魁在城区部分学校调研指导工作。

是日 市委常委、组织部部长文松波到区专题调研“两学一做”（学党章党规、学系列讲话，做合格党员）学习教育前期工作，听取基层党员干部的意见和建议。

是日 区委中心组2016年第一次集中学习在区行政办公中心九楼大会议室举行。

是日 区委副书记、区长胡敬斌赴田坎乡进行蹲点调研。

31日 全区党建工作会议在区行政办公中心九楼大会议室召开。

是日 根据上级组织部门要求，全区2015年度“一报告两评议”会议在区行政办公中心九楼大会议室召开。

是日 中共毕节市七星关区第一届纪律检查委员会第六次全体会议召开。

是日 区政协主席吴坚、副主席江晓燕到田坝镇督导易地扶贫搬迁和关爱留守儿童工作。

4月

2日 亮岩镇被省茶叶协会授予“贵州古茶树之乡”称号，并在该镇太洓村举行授牌仪式。

6日 市委常委、区委书记崔英魁在南山公园、阳山森林公园调研生态旅游建设及环境综合整治项目。

8日 2016年全区组织工作会议在区行政办公中心九楼大会议室召开。

9日 民盟中央聚力毕节试验区脱贫攻坚旅游知识专题讲座在区委党校举行。

11日 民盟中央社会服务部部长郭勇率民盟中央考察组到七星关区电子商务产业园区和朱昌镇兴泰达牧业生猪养殖场进行实地考察。

是日 民盟河北省委聚力七星关区脱贫攻坚座谈会暨捐赠仪式在区行政办公中心八楼中间会议室举行。

12日 民盟中央聚力七星关区脱贫攻坚座谈会在区行政办公中心九楼多媒体会议室召开。

13日 民盟中央社会服务部率杭州富阳商会考察组赴我区考察并召开座谈会。

是日 中国发展研究基金会秘书长卢迈到区调研。

14日 区人武部党委第一书记任职仪式在区行政办公中心九楼大会议室举行。

是日 2016年度全区武装工作会议在区行政办公中心九楼大会议室召开。

15日 七星关区第一批69家农村淘宝服务站正式开业。

是日 区政协主席吴坚到朱昌镇调研。

18日上午 纪念中华苏维埃人民共和国川滇黔省革命委员会成立80周年座谈会在毕节举行。

贵州省政协副主席陈敏，中央党史研究室宣教局副局长任贵祥出席并讲话。中央党史研究室研究一部主任蒋建农，中央文献研究室原副巡视员、任弼时研究专家宋毅军，贵州省委党史研究室主任杜丹、副主任覃爱华，毕节市委书记陈志刚，市委副书记、市长陈昌旭，市领导李建、王开俊、敖卫、崔英魁、杨海琰、李玉平、杜娟，以及红军长征经过的11省（市、区）党史研究室负责人，红二、六军团将士亲属、老红军代表出席。

是日 沈阳市委统战部副部长、市工商联党组书记李书鲤率考察团一行聚力七星关区脱贫攻坚、携手沈阳市爱心企业家到我区朱昌镇开展捐资助学活动，并在朱昌小学举行捐助仪式。

18日—19日 民政部副部长宫蒲光一行到区，就第二次全国地名普查等工作进行调研。

19日 市委常委、区委书记崔英魁到海子街镇、碧海街道调研农业产业结构调整暨镇域经济发展。

19日—21日 区政协主席吴坚、副主席周光乔及相关委室负责人到安徽省、江苏省考察元宝枫种植情况。

20日 市委常委、区委书记崔英魁到大新桥街道、三板桥街道调研产业发展基础设施配套建设。

21日 区人大常委会副主任王大庆到普宜镇宣讲统一战线聚力脱贫攻坚暨多党合作参与毕节试验区建设座谈会和省委常委会议精神。

20日—21日 市质量工作实地考核组及有关专家对区质量工作进行考核。

22日上午 由贵州省国土资源厅、毕节市人民政府主办，毕节市国土资源局、毕节市七星关区人民政府承办的“2016年贵州省地质灾害应急处置演练”活动在区市东街道水西田社区举行。

是日 区人大常委会副主任张骅到杨家湾镇宣讲统一战线聚力脱贫攻坚暨多党合作参与毕节试验区建设座谈会和省委常委会议精神。

是日 副区长胡卫国在区扶贫办、区农牧局相关负责人及相关企业代表的陪同下赴阿市乡，就中药材种植、易地扶贫搬迁工作进行督查指导。

25日 全区“两学一做”学习教育动员部署会议在区行政办公中心九楼大会议室召开。

是日 区政协副主席王林中到层台镇、燕子口镇宣讲统一战线聚力脱贫攻坚暨多党合作参与毕节试验区建设座谈会和省委常委会议精神。

是日 “中国梦·七星大课堂”在区行政办公中心大礼堂开讲，贵州省社会主义学院原巡视员吴愿学作了主题为“深化‘三大主题’认识·推进‘四个高地’建设”的专题讲座。

是日 七星关区精准扶贫4月例会在区行政办公中心九楼大会议室召开。

26日 全区学习讨论市委领导读书班专题辅导报告会议在区行政办公中心九楼大会议室召开。

是日 市人大常委会副主任杨海琰率调研组赴我区燕子口镇大南山苗寨调研非物质文化保护工作。

28日 2016年全区村级警务助理培训会议在区行政办公中心大礼堂召开。

是日 林口镇关工委、妇女联合会成员邀请区关工委到林口镇中学开展“三爱”暨党史、国史主题宣讲。

29日 区政协主席吴坚到朱昌镇宣讲统一战线聚力脱贫攻坚暨多党合作参与毕节试验区建设座谈会和省委常委会议精神。

是日 七星关区纪委下发了《关于严明“五一、端午”期间作风纪律要求的通知》，重申“五一”、端午期间作风纪律要求，敲响节前廉政警钟。

是日 七星关区第二批重大项目集中开工仪式在碧海片区城市棚户区改造项目1号安置点举行。

5月

3日 区委副书记、区长胡敬斌到海子街镇就农村留守儿童关爱保护、精准扶贫、易地扶贫搬迁、美丽乡村建设、法治毕节创建等工作进行调研。

是日 副市长冉霞率调研组到区调研留守儿童工作，检查留守儿童建档立卡情况。

是日 根据2016年区委党校春季干部主体培训班教学计划安排，副区长付波应邀到区委党校为2016年区委党校春季干部主体培训班全体学员开展项目管理专题讲座。

4日 七星关区在爱民广场开展“文明在行动·满意七星关”宣传活动。

5日 区委宣传部党支部召开专题组织生活会，传达学习省委书记陈敏尔在全省“两学一做”学习教育工作部署会上的讲话精神和《关于组织党员积极参加“手抄党章100天”活动的通知》及《区委关于在全体党员中开展“学党章党规、学系列讲话，做合格党员”学习教育实施方案》，并对开展“两学一做”学习教育工作进行部署。

是日 区纪委监察局召开委局机关“两学一做”学习教育动员部署会，深入学习贯彻习近平总书记关于开展“两学一做”学习教育重要指示精神，按照中央、省委、市委的部署和区委要求，对区纪委监察局机关开展学习教育做出安排。

6日下午 市委常委、区委书记崔英魁到千溪乡调研农业产业结构调整暨精准脱贫工作。

是日 区人大常委会机关召开“两学一做”学习教育动员会议。

是日 市委常委、区委书记崔英魁到区政务服务中心调研指导工作。

是日 全区易地扶贫搬迁工作调度会在区行政办公中心九楼电视电话会议室召开。

是日 市政协副主席辜康乐率调研组到区调研财政专项扶贫资金使用情况。

7日 市委常委、区委书记崔英魁在阿市乡、小吉场镇调研农业板块经济建设及易地扶贫搬迁工作。

是日 七星关区首届“最美七星关人”颁奖晚会在贵州工程应用技术学院秋逸演播厅举行。

是日 由市人才办牵头，市人社局、市水务局等部门组成的督查调研组到我区，就开展农业科技人员领办创办山地高效生态农业发展项目工作情况进行调研。

9日 民盟贵州省委秘书长范祖燕、社会服务处处长李智一行深入区长春堡镇干堰村调研精准扶贫工作，与干堰村村民齐聚一堂，共话干堰发展。民盟毕节市委专职副主委吴玲娜及长春堡镇党政负责人陪同调研。

是日 国家林业局原党组副书记、副局长，中国油用牡丹专家委员会主任李育材率调研组到区撒拉溪镇金龙中药材种植农民专业合作社，就油用牡丹产业发展情况进行了专题调研。

10日 安徽省六安市委常委、市纪委书记陈家本一行7人到七星关区考察民生监督、派驻机构管理等工作。

是日下午 七星关区政协一届二十六次常委

会召开。

是日 区委副书记聂忠智率队到野角乡调研指导精准扶贫工作。

是日 全区汛期安全生产工作调度会议在区行政办公中心八楼中间会议室召开。

是日 致公党南京市委赴毕节举行“爱心共建”系列活动。

11日 受市委书记陈志刚委托，市委常委、区委书记崔英魁率七星关区、织金县、百里杜鹃管理区党政考察团赴仁怀市，就仁怀市旅游产业发展、城市建设和茅台古镇建设进行考察学习。

是日 区政协副主席邹芝桦、江晓燕邀请湖南己太项目管理有限公司董事长梅刚到大南山考察调研。

是日 致公党南京市委考察组到毕节工业学校、毕节职业技术学校考察，就学生实习就业相关事宜进行洽谈。

12日16时至夜间，七星关区遭遇大暴雨，多处发生风雹自然灾害。据毕节市气象台发布消息，全市共出现大暴雨1站，暴雨16站，大雨32站，中雨97站。其中七星关区城区降水量达124.4毫米，属全市的1站大暴雨区域。强降水主要集中在毕节中西部，强降水时段是12日16时至13日05时。

是日 区一届人大常委会第三十四次会议在区人大常委会五楼会议室召开。

是日 全区人才资源统计监测工作安排部署会议在区行政办公中心九楼大会议室召开。

是日 七星关区召开省级节水型社会重点区创建启动工作会．会议就创建节水型社会重点区的相关工作进行部署。

是日 市督查组到七星关区督查“法治毕节”创建工作并召开汇报会。

12日—13日 市政协副主席肖远福、秘书长李文汉率视察组到区视察易地扶贫搬迁工作。

13日 全区精准扶贫、留守儿童关爱、易地扶贫搬迁工作调度会召开，区委副书记聂忠智主持，市委常委、区委书记崔英魁发表重要讲话。

13日 七星关区“两学一做”学习教育业务骨干区级示范培训会在区行政办公中心大礼堂举行。

15日 市委常委、区委书记崔英魁在调研区农产品交易市场规划建设及运营管理情况。

16日—17日 全国检察机关队伍建设工作会议暨第六届全国先进基层检察院表彰大会在北京召开。毕节市人民检察院获得第六届“全国检察机关基层检察院建设组织奖”，七星关区人民检察院荣获“全国先进基层检察院”称号，这是七星关区人民检察院继2009年、2011年之后，第三次获得该殊荣。

17日 全区乡镇领导班子换届工作会议在区行政办公中心九楼大会议室召开。市委常委、区委书记崔英魁出席会议并讲话，区委副书记、区长胡敬斌，区人大常委会主任周延，区政协主席吴坚，区委副书记聂忠智，区委常委胡书龙、吴贤耀、郑荣、何友谊、王华国、何万学在主席台前排就座，乡镇领导班子换届工作督导组组长安慧、张媛、胡家敬、张骅、肖世华、刘鑫、燕金祥、江晓燕、周遵林、吕艺华、禄智华、徐永在主席台就座，各乡镇（街道）党政正职、人大主席（主任）和区直部门主要负责人参加会议。

是日 市委常委、区委书记崔英魁在区委领导读书班专题辅导报告会上强调，要严格按照省委、市委的指示要求，不懈努力，踊跃参与，践行“三大主题”，构建“四个高地”，全力打造毕节试验区改革发展升级版，奋力实现跨越振兴“七星梦”，为中华民族的伟大复兴贡献力量。

是日 中国台湾致公党主席、沃华投资集团总裁、全国台企联副会长、中华两岸交流协会副会长陈柏光率中国台湾致公党贵州行代表团到我区朱昌镇考察。

是日 区召开土地例行督察反馈问题整改会议，安排部署全区土地例行督察整改工作。

是日 CCTV-发现之旅频道《谁不说俺家乡好》栏目组导演、栏目总监王英迪，制片主任、编导李聪率摄制组赴我区拍摄纪录片《中国古彝最后的土司庄园》。

18日 市扶贫办调研组到区调研烟草扶贫新村示范项目。

是日 副区长刘鑫到何官屯镇调研小城镇建设。

19日 市长助理李勇在副区长张刃的陪同下到洪山街道调研城市治理、留守儿童关爱救助、基层党建等工作。

是日 全省“文明在行动·满意在贵州”活动暨“多彩贵州文明行动”毕节现场会召开，省文明办专职副主任朱文东率队到区检查调研全区“多彩贵州文明行动”开展情况。

是日 区委常委、区委组织部部长郑荣到麻园街道望城社区，就主题社区打造“两学一做”换届选举工作进行督促指导。

20日 北京城乡建设集团有限责任公司副董事长王幼力，北京城乡中昊建设有限责任公司董事长朱涛，北京城乡房屋建设开发有限责任公司副总经理陈晓蕾，北京京润园林绿化有限公司副总经理许向华一行赴七星关区考察座谈会在区行政办公中心八楼中间会议室召开。市委常委、区委书记崔英魁出席会议并讲话，副区长刘鑫主持会议。

22日 市委常委、区委书记崔英魁到田坎乡、普宜镇调研指导精准脱贫工作。

是日 中国社会科学院经济研究所党委书记、教授王立胜一行深入七星关区长春堡镇垭关村考察调研精准扶贫、精准脱贫工作。

23日 市委常委、区委书记崔英魁到鸭池镇、德溪街道调研指导项目建设及产业发展工作。

是日 七星关区纪委、区委组织部联合召开严肃换届纪律警示教育会议，对干部职工进行警示教育，进一步强化责任意识，严肃换届纪律。

是日 全区2016年“四在农家·美丽乡村”创建工作培训会在区委党校五楼多媒体会议室召开。

是日 由市统计局、市农委组成的督导组到我区开展2015年度人才资源统计工作督导座谈，为我区人才资源统计工作“把脉会诊”。

23日—24日 民盟惠州市委一行到我区八寨镇八寨中学开展“百校扶百校”活动。民盟惠州市委副主委莫瑞斌出席活动，区委统战部、八寨镇相关负责人参加活动。

24日 中国社会科学院经济研究所赴我区调研扶贫工作座谈会在区行政办公中心八楼中间会议室召开。

是日 广东省惠东县政协主席郭王生，副主席李江雁、吴小军一行组成考察组到区长春堡镇垭关村考察精准脱贫工作。

是日 由区委组织部牵头，相关部门配合，组成6个调研组对全区集体经济试点工作进行督查调研。

25日 全区2016年城镇棚户区改造工作推进大会在区行政办公中心九楼大会议室召开。市委常委、区委书记崔英魁出席会议并讲话，区委副书记、区长胡敬斌出席会议并就棚户区改造工作作了安排部署，区人大常委会主任周延，区委常委、区委统战部部长安旺，区委常委、政法委书记、区公安分局局长何万学，区人大常委会副主任肖世华、林学方，副区长周祖华、刘鑫，区政协副主席王林中、江晓燕、周遵林，副县级领导丁世远、赵敏及区直各部门主要负责人、各乡镇街道主要负责人、区棚改办相关人员参加会议。会议由区委常委、区委办主任、区委宣传部部长吴贤耀主持。

26日—27日 市督查组一行3人到七星关区就落实老年人优待情况进行督查。区委常委、副区长张建军及区政府办、区民政局、区老龄办相关人员陪同。

28日 区委副书记颜岭到长春堡镇调研养殖业、种植业产业化发展情况。

30日 区一届人大常委会第三十五次会议在区人大五楼会议室召开，会议由区人大常委会主任周延主持。会议任命王大庆、严琪、李萍为区政府副区长。

是日 副区长严琪在区政府办相关人员的陪同下到区卫生计生局调研。

5月31日至6月1日 市委常委、区委书记崔英魁到江苏省无锡市、浙江省杭州市考察物联网技术应用、电力电缆制造、环保设备制造等企业。市工能委主任张涛，市投资促进局局长胡奇文，副区长严琪，七星关经济开发区管委会副主任陈俊，贵阳银行毕节分行、区投资促进局主要负责人陪同考察。

31日 三板桥街道灵峰小学内一片欢歌笑语，热闹异常，一场特殊的捐赠仪式正在举行。国家统计局贵州调查总队党组副书记、副总队长何永东一行为该校学生们带来了书包、铅笔等文具，并与孩子们联欢。

是日 全区旅游资源大普查业务工作培训会在区国土资源局一楼会议室召开。

是日 区政协副主席邹芝桦赴毕节市民族中学开展《中国古彝最后的土司庄园》彝族文化讲座。

6月

1日 市委副书记李建一行到毕节四小开展“六一”慰问活动。区委副书记颜岭，市、区教育局、妇联及毕节四小相负责人陪同。

是日 正值“六一”儿童节，区政协副主席燕金祥在区妇联、区教育局等部门相关负责人的陪同下到区实验小学及区特殊教育学校开展“六一”慰问活动，看望慰问品学兼优儿童和困境、留守儿童，为他们送上一份节日祝福和礼物。

是日 省老干局副局长张洋、省委党史研究室副主任余雄带领省抢救征集“老红军口述历史”工作领导小组到区阴底乡先锋村六组慰问老红军吴清海。市、区相关部门负责人陪同。

2日 河北省涿鹿县考察组赴杨家湾镇考察产业发展、精准扶贫等工作。

是日 民盟上海市委副调研员应坚一行赴区长春堡镇长春中学开展“同心助学”教学活动。

3日 省民政厅副厅长杨春兴到区视察指导民政项目建设工作。

4日 市委常委、区委书记崔英魁调研督导棚户区改造工作进展情况及项目建设。

是日 市督查组赴区督查煤电经济运行工作，并在区行政办公中心七二会议室召开座谈汇报会。

是日 市委常委、区委书记崔英魁到城区部分学校调研学校改扩建项目。

5日 当第45个世界环境日来临之际，由毕节市人民政府主办，毕节市环境保护局、七星关区人民政府联合承办的“毕节市2016年‘6·5’环境日暨创建国家环境保护模范城市宣传活动”在人民公园举行。

是日 民盟浙江省委专职副主委徐向东，温州市政协副主席、民盟温州市委主委潘长旺及温州市溢香厅大酒店董事长柯五一等到区撒拉溪中学开展“同心助学”活动。

是日 区委副书记、区长胡敬斌到田坝镇、普宜镇，对精准扶贫、留守儿童关爱、易地扶贫搬迁、水库移民搬迁等工作进行调研。

是日 区委副书记、区长胡敬斌在阿市、千溪等乡镇调研易地扶贫搬迁项目。

是日，全区进一步精准识别贫困户工作部署启动会暨业务培训会议在区行政办公中心九楼大会议室召开。

6日下午 区委副书记、区长胡敬斌到毕节四中调研教育工作。

是日 副市长冉霞到区对毕节一中、毕节民中，毕节十二中等高考考点学校进行高考准备工作检查。区委副书记、区长胡敬斌，副区长李萍及市、区相关部门负责人陪同。

是日 全区留守儿童留守妇女留守老人基本信息排查工作培训会在区行政办公中心九楼大会议室召开。

7日 区政协副主席燕金祥巡视区部分高考考点。

8日 中华职教社培训中心主任王平率中房中融社区服务股份有限公司常务副总经理刘振学赴我区市西街道考察调研，探索“中房中融邻里互助社区合作社”与市西社区服务合作新路子。

是日 副区长李萍到区民政局开展调研活动。

12日 区政协副主席燕金祥到阴底乡走访夹岩水利枢纽工程移民搬迁安置农户，阴底乡相关负责人及相关业务人员陪同。

是日 全区2015年度人才资源统计监测工作推进会暨乡镇换届工作业务培训会在区行政办公中心九楼大会议室召开。

是日 全区召开经济运行分析调度会，贯彻落实全市固定资产投资统计工作会议精神，分析总结上半年全区经济运行情况，研究当前经济形势，安排部署下半年经济工作，确保实现上半年“时间过半、任务过半”目标。

12日—13日 区政协主席吴坚到贵州毕节远航商贸物流有限责任公司调研。

13日 区人大常委会副主任林学方一行到对坡镇调研特色小城镇建设情况。

14日 区委常委、区纪委书记易晓华在有关人员的陪同下，深入团结乡调研易地扶贫搬迁、精准扶贫再识别、民生监督等工作，并实地查看了该乡部分小学安全隐患和地质灾害点，针对存在的困难和问题，现场提出整改落实意见。

15日 根据市委安排，市委常委、组织部部长文松波，市政协党组副书记、副主席杜鹃带队到我区调研督导换届工作。

是日下午 全区易地扶贫搬迁工作电视电话调度会议在区行政办公中心九楼电视电话会议室召开。

是日 市人大常委会副主任李克明到何官屯镇调研利民水库环境整治工作。

16日 市、区安委会成员单位在人民公园隆重举行2016年毕节市安全生产宣传咨询日活动。

是日下午 省检察院党组成员、政治部主任渠新建一行在市检察院党组书记、检察长石子友的陪同下，到区检察院调研指导“4+1”工程工作。

17日 市委书记陈志刚在调研区棚户区改造工作进展情况。

是日 民盟中央社会服务委员会委员、民盟深圳市委副主委林良浩，民盟深圳市委秘书长张俞强一行到区中等职业学校开展“同心助学”活动，调研教育帮扶工作。

是日 受市东街道人大工作委员会邀请，省、市、区人大代表、政协委员赴市东教管中心对留守儿童和困境儿童工作开展情况进行调研。

是日 区委常委王晓园到燕子口镇、亮岩镇、生机镇、清水铺镇就乡镇换届和基层党建工作进行调研指导。

18日 致公党天津市委赴七星关区开展“致福送诊”暨“致公百医培训计划”座谈会在区人民医院举行。

是日 市委常委、区委书记崔英魁在全区2016年城镇棚户区改造调度会上强调，全区上下要全面认真学习贯彻市委书记陈志刚在调研区棚户区改造工作时的重要讲话精神，切实将思想统一到区委、区政府的决策部署上来，坚决打赢这场输不起的棚改攻坚战。

是日 全区基本普及十五年教育和两项督导工作迎接省政府督导评估动员部署大会在区行政办公中心大礼堂召开。

是日 全区召开上半年经济运行调度会。

20日 区纪委监察局组织召开全区纪检监察半年工作调度会。

21日 致公党山东省委组织专家赴区开展电子商务培训。

是日 市委常委、区委书记崔英魁到大银、对坡、何官屯等镇调研指导精准脱贫工作。

是日 市委常委、常务副市长罗建强率市政府发展研究中心、市发改局、市统计局等市直有关部门负责人到七星关区调研。

是日 深圳市公立医院管理中心调研组赴区人民医院参观考察。

是日 市档案局局长唐鹏程带领相关科室人员到七星关区档案局专题调研档案工作。

22日 市政府秘书长黄家忠一行到区对2016年全省第二次项目建设现场观摩会前期筹备工作进行督查。

是日 区人大常委会农村水利设施后续管护及作用发挥工作专题询问动员部署会议在区人大常委会五楼会议室召开。

是日 致公党山东省委联引企业助推七星关区脱贫攻坚座谈会议在区行政办公中心九楼多媒体会议室举行。

是日 “七一”前夕，在中国共产党建党95周年到来之际，市委常委、区委书记崔英魁到放珠镇亲切看望慰问生活困难党员和老党员。

是日 市委常委、区委书记崔英魁到拱拢坪国家森林公园调研指导景区建设工作。

是日 北京师范大学公益研究院、中国扶贫基金会调研组赴我区调研“童伴计划”项目工作。

23日 区委常委、宣传部部长叶荣到水箐镇亲切看望慰问部分老党员和困难党员。

是日 区人大常委会副主任张骅到杨家湾镇走访慰问生活困难党员和农村老党员。

是日 全省道路运输行业2016年城市公共交通防暴处突综合应急演练在毕节市公交客运有限

责任公司停车场举行。省道路运输局副调研员、本次演练领导小组组长马元华，副区长、本次演练现场指挥长周祖华出席演练。市交通运输局局长何云军主持演练活动。

是日 区老干局开展十八大以来反腐倡廉暨组织工作宣讲活动。

24日 全区劳动力就业创业信息采集工作暨行政审批服务工作安排部署会议在区行政办公中心九楼大会议室召开。

是日 贵州调查总队总队长钟赛梅到驻村帮扶点七星关区三板桥街道大坡坪村，看望贵州调查总队派驻我区“第一书记”及村支两委工作人员，详细了解驻村工作开展情况，调研贫困村精准扶贫、产业发展、基层党建工作，对贫困家庭表示慰问。

24日 毕节试验区专家顾问组赴区考察了解电厂发电与电煤供应情况，并在鸭池镇头步桥贵州华电毕节热电有限公司召开座谈会。

23日—25日 全区开展2016年第一批中央财政专项扶贫资金项目评审。

24日—25日 区政协副主席燕金祥到鸭朱阴片区中考考点巡视中考工作情况，区教育局相关负责人陪同。

26日 正值第29个国际禁毒日，也是全省三年禁毒人民战争攻坚战的第二年，由市、区禁毒委员会联合主办的“6·26”国际禁毒日禁毒预防宣传活动在人民公园举行。

是日 区委常委、纪委书记易晓华在有关人员的陪同下，深入团结乡看望慰问贫困党员。

是日 第二届九丰农业蔬菜采摘节暨泰丰园开园仪式在七星关区现代高效农业示范园区举行。

27日 全区安全生产道路交通及旅游安全工作调度会在区行政办公中心九楼多媒体会议室召开。

27日至—29日 市委常委、区委书记崔英魁带队前往北京，向致公党中央、农业部发展计划司汇报区2016年上半年工作开展情况和全区经济社会发展情况。

28日 区委常委、组织部部长王晓园到生机镇慰问生活困难党员和老党员，向他们致以节日问候和诚挚祝福，送去党组织的关心和温暖。

28—29日 区政协副主席王林中率区贫困户核查识别工作督导组到阿市、普宜、大屯、龙场营、田坎等乡镇督导精准识别工作，查看各乡镇精准扶贫、精准脱贫工作推进情况。

29日 区委组织部开展建党95周年庆祝活动。区委常委、组织部部长王晓园为全体组工干部、老党员代表上了一堂主题为“认真开展‘两学一做’学习教育争做‘四讲四有’的组工干部”党课。

6月29日至7月2日 区政协副主席江晓燕、提名副主席人选邓庆及政协办、智力支边办，区林业局、农牧局等相关部门负责人到黔西南布依族苗族自治州、广西壮族自治区考察养蜂业发展情况。

是日 市委常委、政法委书记、市公安局局长周全富一行赴七星关区大河乡开展讲党课和慰问老党员活动，为老党员送去节日的祝福和党的关怀。

是日 在“七一”建党节来临之际，区政协主席吴坚到朱昌镇宋伍村开展送党章活动，并召开学习党章座谈会议。

是日 区委副书记颜岭到亮岩镇慰问贫困老党员，为他们带去节日的祝福和党和政府的亲切关怀。

是日 副区长李萍一行前往碧海街道砂锅寨、平桥村等走访慰问老党员，为他们带去党和政府的关心与关怀。

是日 在建党节即将来临之际，副区长李萍前往田坝桥镇螃蟹村向该村25名新老党员发放《党章》，嘱托该村党员干部要认真学习，并落到实处。

是日 省、市、区人大代表就我区招商引资及城市建设情况进行调研并召开座谈会。

是日 省高级人民法院副巡视员王海，省高级人民法院新闻处副处长赵映，市中级人民法院副院长张白灵一行到长春堡镇清塘村调研民主法治创建工作。

是日 致公党中央社会服务部副部长李曼携致公党中央致福慈善基金会、广州名健体育用品有限公司赴区杨家湾镇杨家湾小学开展“致福足球队”体育用品捐赠活动。

是日上午 区委常委、区纪委书记易晓华集中约谈了全区42名乡镇街道党委（党工委）书记，严肃换届纪律，打好预防针，努力营造风清气正的换届环境。

30日 区一届人大常委会第36次会议在区人大五楼会议室召开，区人大常委会主任周延，区人大常委会副主任张骅、肖世华、林学方出席会议。市委提名的区人大常委会副主任人选、区人大常委会党组成员吕艺华，副区长刘鑫，区人民法院院长禄智华，区人民检察院代理检察长刘永，区政府办、区发改局等相关部门负责人，部分乡镇人大主席（街道办事处人大工委主任）应邀列席会议。会议分别由区人大常委会副主任张媛、胡家敬主持。

是日 副区长王大庆到小吉场镇亲切看望慰问困难老党员，为他们送去党和组织的温暖。

是日 为庆祝“七一”建党节的到来，区政协党组书记吴贤耀到洪山街道慰问贫困老党员。

是日 区委常委、区纪委书记易晓华在区纪委、区委组织部有关人员陪同下，到阴底乡指导党委纪委换届工作。

是日 区政协副主席王林中带队深入毕节市垭关煤矿调研。

7月

1日 贵州文艺家“重走长征路”主题采风团走进七星关区，开展“重走长征路”纪念建党95周年暨红军长征胜利80周年采风活动。

是日 全区机关事业单位养老保险数据采集培训会在区人力资源和社会保障局六楼大会议室举行。

是日 安徽省六安市金安区政协主席傅恬一行6人赴我区考察精准扶贫工作。

2日 全区庆祝建党95周年暨“七一”表彰大会在区行政办公中心大礼堂隆重召开。市委常委、区委书记崔英魁发表重要讲话，区委副书记、区长胡敬斌主持会议。区四大班子领导及县级领导干部出席会议。乡镇街道党政正职、组织委员（或分管领导），区直各部门主要领导和分管党务工作的领导，荣获表彰的优秀党支部书记、优秀共产党员、优秀党务工作者及先进基层党组织负责人，离退休老同志代表及非公企业和社会组织负责人代表参加会议。

3日 全区第二届群众文艺大展演总决赛在毕节学院秋逸演播厅举行。

4日 全区2016年禁毒工作会议在区行政办公中心九楼大会议室召开。

是日 全区残疾人工作暨全国残疾人基本服务状况和需求信息数据动态更新工作会议及培训会在区行政办公中心九楼大会议室召开。

是日 七星关区房屋征收管理局在区委党校召开党风廉政建设警示教育大会，邀请区纪委有关负责人为从各部门抽调来的42名房屋征收“新兵”上了一堂警示教育课，课后，又组织大家参观七星关区反腐倡廉警示教育基地。

5日 区政协副主席王林中到燕子口镇、层台镇督查软弱涣散基层党组织的整顿情况。

6日 市督查组赴我区检查指导半年安全生产工作反馈会在区行政办公中心八楼中间会议室召开。

是日 七星关区2016年全省第三批重大项目集中开工仪式在区中水回用工程（一期）施工现场举行。

是日 全区召开户籍制度改革工作推进会。

7日—8日 区委副书记、区长胡敬斌亲自带队到仁怀市美酒河镇及区赤水河流域沿线乡镇考察调研沿河公路建设。

8日 省委组织部人事干部学院副院长荀先茂一行就我区党性教育基地建设工作进行调研。

是日 民盟山东省委赴我区清水铺中学开展援教捐赠暨教学研讨交流活动。

10日 市委常委、区委书记崔英魁到放珠镇督导乡镇换届工作。

是日 市委常委、区委书记崔英魁再次到拱拢坪国家森林公园调研指导景区建设工作。

11日上午 副区长王大庆到长春堡镇松营等村察看灾情、慰问受灾群众，区农牧局、民政局、烟草局等相关部门负责人及长春堡镇主要负责人陪同。

11 日—12 日 《人民日报》、人民网、《中国食品报》、中国网、《农民日报》、中央七台农业频道、《经济日报》、新华网、凤凰网等九家媒体赴七星关区开展为期两天的采访活动。

13 日 由区委组织部组织开展的“学党史、感党恩、跟党走”系列讲座在区思源学校首场开讲。

是日 区政协党组书记吴贤耀到对坡镇调研香葱种植基地情况，该镇主要负责人陪同。

13 日—16 日 区政协主席吴坚、副主席江晓燕率部分政协委员到仁怀市、赤水市、重庆合川区考察调研精准扶贫工作情况，学习产业扶贫、旅游扶贫等方面的先进经验。

14 日 七星关区在区行政办公中心九楼大会议室召开新任领导干部警示教育会议。区委常委、组织部部长王晓园出席会议并讲话，区直相关部门负责人及各乡镇街道新任领导干部参加会议。

是日 全区干部同步小康驻村工作推进会在区行政办公中心大礼堂召开。

15 日 市委宣讲组“两学一做”学习教育科学理论上讲堂宣讲报告会在区行政办公中心九楼大会议室举行。

是日 区委常委、副区长赖平到海子街镇开展“两学一做”学习教育上党课、送党章活动，围绕中国共产党优良作风为该镇党员干部上了一堂深刻的党课。

是日 由区委组织部组织开展的“学党史、感党恩、跟党走”宣讲会走进毕节远大集团。

是日 全区非公和社会组织党建工作座谈交流会在毕节远大集团四楼会议室举行。

15 日 全区进一步精准识别贫困户工作调度会暨精准扶贫工作例会在区行政办公中心九楼大会议室召开。

18 日 全区“学党史　感党恩　跟党走”宣讲会在区行政办公中心九楼大会议室举行。

19 日 2016 年全省第二次项目建设现场观摩会拉开序幕。当日下午，由省委常委张广智、慕德贵、王盛槐、三晓光等省领导率领的观摩团第二组走进我区，实地观摩有关项目建设，以项目为触点感受毕节跨越赶超的最新脉动。

是日 全区城镇残疾人计算机培训开班仪式在区中等职业技术学校举行。

是日 区委副书记、区同步小康驻村工作队队长杨伟率队到田坎乡检查指导驻村工作，并召开座谈会。

18 日 市委常委、区委书记崔英魁带队前往北京，向民盟中央汇报区 2016 年上半年工作开展情况和全区经济社会发展情况。民盟中央副主席龙庄伟、社会服务部部长郭勇亲切接见了崔英魁一行。区委常委、统战部部长袁媛，副区长姜玲玲陪同。

19 日 记者从区委统战部获悉，为支持我区长春堡镇救灾工作，恢复当地生产生活，帮助长春堡镇人民尽快渡过眼下难关，民盟中央于 7 月 18 日向长春堡镇拨付救灾专款 20 万元，全力参与长春堡镇救灾工作。

是日 致公党郑州市总支、致公党毕节市直支部联合组织 13 名大学生志愿者赴团结乡开展暑期支教活动。致公党郑州市总支社会服务部部长郭宇光，致公党毕节市直支部主委吴灵及区委统战部、团结乡相关负责人出席支教活动开营仪式。

20 日 区政协主席吴坚协调贵州德鑫油用牡丹农业发展有限公司负责人，到朱昌镇发启村落实投资油用牡丹种植等项目合作协议签订事项。

是日 区委常委、宣传部部长叶荣到对坡、大银、林口等乡镇调研“四在农家·美丽乡村”建设。区委宣传部、区委办相关负责人陪同调研。

是日 省关工委赴我区调研座谈会在区行政办公中心九楼多媒体会议室召开。省人大常委会原副主任、省关工委副主任徐敬原，地区人大工委原主任、市关工委主任周长琦，区委常委、组织部部长王晓园出席座谈会。

是日 省人社厅调研组到我区就农民工就业和家政服务业基本情况进行调研。市、区人社局及市妇联相关负责人陪同调研。

是日 省委组织部党员教育中心党员教育处调研员、副处长李钢涛一行，到洪山街道调研督导“两学一做”学习教育。

22 日 区政协党组书记吴贤耀到鸭池镇调研棚户区改造房屋征收工作情况。区政协文教委及该镇有关负责人陪同。

23日 由市委副书记、市长陈昌旭率领的全市工业项目建设现场观摩团第二组走进我区，实地观摩智能制造、新型工业、电子商务等项目，聚焦民营经济发展和大数据应用，实地感受企业转型升级后带来的最新成果。

24日 市纪委副书记胡良华到田坝桥镇督查指导党委换届选举工作。

25日 区委副书记、区同步小康驻村工作队队长杨伟到长春堡镇调研基层组织建设、农业产业发展、干部驻村等工作。区文广局、毕节农商行及长春堡镇主要负责人陪同调研。

是日 市政协副主席谢定敏到杨家湾镇调研“四在农家·美丽乡村”建设情况。区政协主席吴坚，市司法局、电信公司相关负责人陪同调研。

是日 市政协调研组到杨家湾镇大埂子村调研“四在农家·美丽乡村”建设情况。

26日 中国共产党七星关区团结彝族苗族乡第二次代表大会召开，区委常委、区纪委书记易晓华亲临会议，全程指导，并作重要讲话。

是日 受区人民医院邀请，香港中文大学生物医学院教授陈小章赴该院开展题为《通往生命之道》学术讲座。

是日 中国共产党七星关区生机镇第二次代表大会召开，区委常委、组织部部长王晓园到会指导。

27日 中国共产党七星关区千溪彝族苗族白族乡第二次代表大会开幕。区委副书记、区长胡敬斌到会指导并作重要讲话。

是日 区委常委、区委宣传部部长叶荣到普宜镇普宜中学新校区督促指导新校区建设及开学准备工作。

是日 省财政厅基财处调研组到杨家湾镇大埂子村调研财政扶持村级集体经济发展试点、美丽乡村小康寨建设等农村综合改革工作推进情况，市、区财政局相关负责人陪同。

是日 “八一”建军节来临之际，中国建设银行毕节分行、毕节四中、毕节七中、毕节职业技术学院及中国移动毕节市分公司等社会各界代表带着对毕节市武警支队官兵的深情厚谊，走访慰问了支队官兵，向官兵们致以节日的问候和诚挚的祝福，谱写“警地共建促和谐、军民鱼水情意深”的生动篇章。

28日 2016年全区上半年暨第三季度安全生产工作会议在区行政办公中心九楼大会议室召开。副区长周祖华出席会议并讲话，区政府办相关负责人主持会议并传达上级有关会议精神，区直相关部门、各乡镇街道主要负责人参加会议。

是日 中国共产党七星关区亮岩镇第二次代表大会召开。区委副书记颜岭到会指导并作重要讲话。

是日 省民政厅基政处处长古丽娅一行到洪山街道调研督导村（居）务公开民主管理、和谐社区示范单位“三级联创”等工作。市、区民政局相关负责人陪同。

是日 市调研组到大新桥街道调研水库移民后期扶持项目实施及大中型水库移民后期扶持“十三五”规划修编工作，并召开座谈会。

29日 带着区委、区政府和全区人民的深情厚谊，市委常委、区委书记崔英魁率区四大班子领导冒着高温酷暑，先后来到驻我区各部队，看望慰问部队官兵，向全体官兵致以节日祝贺和崇高敬意，感谢官兵们为维护地方社会稳定和经济社会发展作出的重大贡献，与官兵们共同庆祝中国人民解放军建军89周年。

是日 中国共产党七星关区长春堡镇第二次代表大会召开，来自全镇95名党员代表参加大会。区政协副主席燕金祥到会指导。

是日 全区2016年征兵工作会议在区行政办公中心九楼大会议室召开。区委常委、区人武部政委、区征兵工作领导小组副组长王华国，副区长、区征兵工作领导小组副组长周祖华，区人武部部长、区征兵工作领导小组副组长柏松出席会议。各乡镇人民政府（街道办事处）主要负责人、武装部部长、派出所所长及区征兵工作领导小组成员单位分管负责人参加会议。

是日 由省卫生计生委主办，市卫生计生委、贵州广播电视台科教健康频道承办的“健康贵州行——走进花海鹤乡”大型主题活动在养生福地、长寿之乡的七星关区举行。

31日 全区城镇棚户区改造工作调度会在区

行政办公中心八楼中间会议室召开。

8月

1日　七星关区中华职教社成立大会在区政协五楼会议室召开。市委常委、区委书记崔英魁出席会议并作重要讲话。市委统战部副部长、市联络联系办主任廖碧江，市中华职教社专职副主任夏青出席会议。区委常委、区委统战部部长袁媛主持会议。

是日　全区市场监管系统2016年干部职工综合知识培训班在市委党校开班，该系统110名干部职工参加开班仪式。

是日　中国国民党革命委员会毕节市七星关区支部委员会成立，民革七星关区支部委员会的成立，标志着我区多党合作事业又取得了新的进展，爱国统一战线实现了新的发展和壮大。

2日　全区2016年上半年经济工作会议在区行政办公中心九楼大会议室召开。市委常委、区委书记崔英魁出席会议并讲话，区委副书记、区长胡敬斌，区人大常委会主任周延，区政协党组书记吴贤耀，区委副书记颜岭、杨伟，区委常委、常务副区长安旺在主席台就座。区四大班子在家领导出席会议。区直各部门主要负责人，各乡镇街道党政负责人，棚改指挥部征收工作组组长参加会议。

是日　2016年全区民政重点工作推进暨业务培训会议在区民政局召开。

是日　山东省威海市副市长、威海市公安局党委书记、局长叶立耘一行赴区育新学校进行考察学习。市委常委、市委政法委书记、市公安局局长周全富陪同考察。

是日　省卫生和计划生育委员会处长伍彪带领专家组一行到区人民医院检查远程医疗中心工作。

3日　区政协主席吴坚到田坎乡调研精准扶贫及易地扶贫搬迁等工作。

是日　省委常委、省纪委书记宋璇涛在省监察厅副厅长申楚，省纪委常委、秘书长梁伟等陪同下，到区调研民生监督和乡镇谈话室建设等工作。

3日—4日　深圳市罗湖区经济促进局副局长赵劲松、教育局副局长禹永青一行赴七星关区考察。

4日　区人大常委会2016年专项工作评议动员大会在区人大五楼会议室召开。

是日　沈阳市委统战部常务副部长任桂芳、致公党沈阳市委主委裴达树率医疗专家组赴区交流考察并开展“致福送诊”活动，致公党贵州省委副巡视员史武钢，致公党省委社会服务处主任科员黄缉华，区委常委、统战部部长袁媛等出席活动。

是日　沈阳市委统战部常务副部长任桂芳、致公党沈阳市委主委裴达树率医疗专家组赴区交流考察并开展“致福送诊”活动，致公党贵州省委副巡视员史武钢，致公党省委社会服务处主任科员黄缉华，区委常委、统战部部长袁媛等出席活动。

5日　七星关区名人录编撰工作推进会议在区行政办公中心九楼大会议室召开，区委常委、宣传部部长叶荣出席会议并讲话，副区长李萍主持会议，各乡镇街道主要负责人参加会议。

是日　全区人口计生工作形势分析会议在区行政办公中心九楼大会议室召开。

是日　贵州工程应用技术学院党委副书记、副教授汤宇华到洪山街道作“学党史　感党恩　跟党走”专题宣讲，该街道全体干部职工参加宣讲会。

是日　区委常委、组织部部长王晓园到三板桥街道调研村级集体经济建设工作。

9日　七星关区召开全区2016年大扶贫战略推进会议暨秋冬季农业工作会议。

是日　“贵州省吴卫华初中名校长工作室”启动仪式在七星关区第三实验学校举行，市教育局、区教育等相关负责人出席仪式。

9日—13日　成都大学附属医院（临床医学院）院长杨德华率医疗专家组一行赴区医院开展帮扶活动，并与区医院签署对口帮扶协议，区卫生局和区医院相关负责人参加活动。

10日　省政府党组成员、省公安厅党委书记、公安厅厅长郭瑞明带领省公安厅部分班子成员、各总队总队长到区育新学校考察指导工作，市委常委、市委政法委书记、市公安局局长周全富，市委常委、区委书记崔英魁陪同。

11日 全区民生监督工作推进会在区行政办公中心九楼会议室召开。

是日 市督查组赴区检查指导2016年上半年消防工作反馈会在区行政办公中心八楼中间会议室召开。

是日 七星关区纪委举办全区纪检监察干部“两学一做”党课、干部业务培训暨警示教育大会。

12日 市委常委、区委书记崔英魁到亮岩镇、燕子口镇调研指导工作。

是日 区政协召开民主评议工作启动会，对区卫计局2015年以来乡镇卫生院工作进行民主监督及评议。

是日 市委常委、常务副市长罗建强到撒拉溪镇调研。

13日 区委常委、区委宣传部部长叶荣到麻园街道调研“和在农家”创建工作。

13日 南昌市委常委、统战部部长乐文红率南昌市统一战线考察组到民盟中央对口帮扶点长春堡镇干堰村参观考察。

15日 全区各乡镇街道分管扶贫工作负责人及相关工作人员，在毕节民中参加贵州扶贫云建档立卡系统管理及贫困户信息录入工作培训会。

16日 市委常委、区委书记崔英魁在调研督导全区2016年城镇棚户区改造工作进展情况。

是日 中华职教社培训中心主任王平赴区调研。

是日 市长助理王俊海一行到区检查夹岩水利枢纽及黔西北供水工程移民搬迁安置工作推进情况，并召开座谈会。

17日 市委常委、区委书记崔英魁到观音桥街道调研党风廉政建设和反腐败工作。

是日 区委常委、区委组织部部长王晓园到洪山街道兰苑社区调研智慧社区建设、党建扶贫工作开展情况。

是日 区委组织部在撒拉溪镇举办农民讲师实用技术培训会，邀请农民讲师就脱毒马铃薯种植技术进行培训和讲解。

是日 七星关区2016年组织委员专题培训班开班仪式在区委党校举行。

19日 全区环境保护及创建国家环境保护模范城市工作推进会在区行政办公中心九楼大会议室召开。

是日 在区人大常委会副主任胡家敬、市工商联相关负责人的带领下，毕节市福建商会走访慰问了鸭池镇岩头村2名家庭贫困大学生，分别为他们每人送去助学金5000元。

20日 在全省电子商务十佳示范县、十佳示范企业和特色网店表彰会上，七星关区榜上有名，被授予“2016年省级电子商务进农村综合示范县”称号。

20日—21日 七星关区领导干部能力提升班培训举行，全区在职县级领导干部，各乡镇街道党政主要负责人和区直单位主要负责人参加培训。

22日 七星关区投资60万元在毕节实验学校流仓分校打造的又一道德讲堂投入使用，至此，全区已建道德讲堂总堂1个，乡镇道德讲堂32个，街道社区道德讲堂11个，文明单位道德讲堂9个，村级和学校挂牌道德讲堂467个，区级“德师”42名，乡镇、村级“德师”665名，实现了道德讲堂建设全覆盖。

是日 区委常委、区委组织部部长王晓园到麻园街道望城社区调研“法治毕节”“和在农家”创建和“两学一做”学习教育工作。

22日—25日 由区林业局、考核办、发改局、财政局、审计局等单位及相关部门组成的荒山造林、退耕还林工程检查验收组对撒拉溪镇2012年至2015年度荒山造林、退耕还林工程实施情况进行检查验收。

23日 全区“法治毕节”“和在农家”创建暨农村思想政治教育工作推进会召开，市委常委、区委书记崔英魁发表重要讲话，区委副书记颜岭主持会议。

是日 全区医疗卫生事业改革发展推进大会在区行政办公中心九楼大会议室召开。

是日 区委常委、组织部部长王晓园到龙场营镇调研党建扶贫工作。

24日 市调研组到我区调研“规范·示范·典范”村（社区）创建工作。区委组织部相关负责人陪同调研。

是日 市委调研组在实地考察、调研区多个村（社区）“规范·示范·典范”村（社区）创建工作后，在区行政办公中心七二会议室召开座谈会，就如何使范本村创建工作更好地助推村集体经济发展展开讨论。

是日 七星关区第一届人大常委会第三十七次会议在区人大五楼会议室召开。

是日 区委副书记、区同步小康驻村工作队队长杨伟到阿市乡调研同步小康驻村、精准扶贫等工作。区扶贫办及阿市乡相关负责人陪同调研。

25日 叙永县委常委、常务副县长申波率该县相关部门负责人赴我区，就共同建设赤水河渡改桥工作进行协商，并召开座谈会。

是日 区人大常委会专题询问农村水利设施后续管护及作用发挥工作会议在区人大五楼会议室召开。

是日 毕节市第二届体育运动会七星关区动员大会在贵州工程应用技术学院召开。

26日 七星关区2016年“精准扶贫·圆梦大学”助学金发放仪式在区行政办公中心政协五楼会议室举行。

是日 区政协在区委党校五楼会议室举办了全区首次蜜蜂养殖技术专题培训班，区政协副主席江晓燕出席开班仪式并讲话。

27日 全区通讯员培训班开班仪式在区行政办公中心九楼大会议举行。

是日 全区2016年秋冬种工作会议在区行政办公中心政协五楼会议室召开。

是日 全区2016年烟叶收购工作会议在区行政办公中心政协五楼会议室召开。

27日—28日 七星关区开展了为期两天的通讯员培训

28日 2016七星关区“中国古茶树之乡”授牌仪式暨太极古茶新闻发布会在福朋喜来登酒店五楼多媒体会议室举行。贵州省茶叶协会会长禄智明、中国茶叶流通协会副会长、贵州省茶叶协会常务副会长张达伟，市政协主席宫晓农，市人大常委会副主任王炳荣，区委副书记、区长胡敬斌，区政协主席吴坚等省、市、区领导、嘉宾、省茶叶协会专家组、媒体记者出席授牌仪式及新闻发布会。

是日 七星关区“中国古茶树之乡”授牌仪式暨太极古茶新闻发布会结束后，贵州省茶叶协会会长禄智明一行实地到亮岩镇太极村考察太极古茶。

30日 第十届毕节旅游产业发展大会第一组代表团在市人大常委会主任吴安玉，市委常委、市委宣传部部长何云江，市政协副主席安顺才等市级领导的带领下，赴我区观摩。区委副书记颜岭，区委常委、区委宣传部部长叶荣，副区长周祖华等区级领导陪同观摩。

是日 七星关区对评选出的100名“美德少年”进行表彰。

31日 区直机关2016年度入党积极分子培训班在区委党校开班，来自区直机关的153名入党积极分子参加了开班仪式。

是日 娄底市政协副主席、民盟娄底市委主委邵瑛一行7人到民盟中央对口帮扶点七星关区长春堡镇干堰村参观考察。

是日 市督查考核组到小吉场镇调研农业产业结构调整工作。

9月

1日 区委常委、组织部部长王晓园到碧阳街道大兰村调研发展壮大村级集体经济工作。

是日 毕节市盲人技能培训学校开学典礼仪式在长春堡镇清丰村校本部举行。

是日 市督办督查局相关负责人率督查组到朱昌镇督查农业产业结构调整工作。

2日 深圳市企业家到我区第三实验学校开展爱心捐赠活动。

是日 深圳市企业家赴区考察座谈会在区经济开发区六楼第一会议室召开。

3日 由共青团毕节市委和七星关广播电视台共同举办的“中鼎华城杯”第二届城区青少年主持人大赛决赛在贵州工程应用技术学院秋逸音乐

厅举行。

4日 区纪委监察局召开2016年第一次月工作例会，研究部署区2016年党风廉政建设和反腐败工作。

是日 全区2016年基层卫生岗位练兵和技能竞赛在区人民医院老院区举行。

5日 市委常委、区委书记崔英魁在调研全区宣传文化系统工作。

5日—8日 2016年全区幼教志愿者体检在区人民医院开展，840余名志愿者参加了体检。

6日 七星关区区乡两级人大换届选举工作培训会在腾龙凯悦酒店会议室召开。

7日 全区2016年扶持微型企业发展工作会议在区行政办公中心九楼大会议室召开。

是日 全国人大常委、教科文卫委员会副主任、致公党中央副主席严以新一行赴区开展学习实践调研活动。

是日 省政府教育督导组到杨家湾镇，对该镇辖区中小学、幼儿园"基本普十五"和"两项督导"工作进行过程督导。

是日 全区非公企业和社会组织党组织集中组建动员部署会议在区委组织部大会议室召开。

7日—9日 深圳市罗湖区卫计局调研组赴区人民医院调研，并在该院新院区医技楼五楼小会议室举行座谈会。

8日 全国人大环资委调研室巡视员何嘉平率领中华环保世纪行新闻采访组赴我区采访。

是日 市委常委、市委秘书长王开俊到鸡鸣三省红色旅游景区指导工作。

是日 市委党建办检查组到麻园街道望城社区检查"两学一做"学习教育工作。

9日 市委常委、区委书记崔英魁在全区庆祝第32个教师节暨表彰大会上发表讲话。

是日 七星关区2016年民盟江苏省委"教师奖励基金"颁发仪式在区行政办公中心人大五楼会议举行。

是日 七星关区2016年"泛海助学行动"助学金发放仪式在区行政办公中心人大五楼会议室举行。

12日 全区2016年精准扶贫档案工作会议在区行政办公中心政协五楼会议室召开。

是日 市调研组到青场镇调研特色小城镇建设和全镇经济社会发展工作。

13日 全区2016年电子商务工作推进会议在区行政办公中心九楼大会议室召开。

是日 市政协主席宫晓农率纳雍县左鸠戛乡考察团到长春堡镇垭关村大湾组"精准扶贫集中养牛示范点"和野角乡天星村半边街组参观考察。

是日 区委常委、组织部部长王晓园到大银镇调研通村油路（水泥路）建设工作。

是日 由贵州省委网信办主办、毕节市委网信办承办的"磅礴乌蒙毕节行·长征路上奔小康"网络媒体"走转改"大型主题采访活动采访团走进我区进行实地采访。

是日 区人民政府召开第67次常务会议，落实全市经济工作运行调度会议精神，分析总结全区经济运行情况，研究当前经济形势，对照各项经济指标进行再安排、再调度、再落实。

是日 区委常委、副区长卜令冲，区领导胡卫国率8个调研组到大河乡，就全区脱贫攻坚工作开展实地抽查走访调研，并召开"减贫摘帽"工作调研部署会议。

是日 市政府副秘书长、发展研究中心主任郭凯一行到麻园街道，就爱心银行、公益律师进社区、党员亮身份做承诺等工作情况进行调研。

13日—14日 民盟中央社会服务部部长郭勇一行赴区考察调研。

13日—14日 区委常委、区纪委书记易晓华在区纪委相关负责人陪同下，到撒拉溪镇和大新桥街道就基层党风廉政建设和反腐败工作进行调研。

14日 全区两节期间安全生产工作紧急会议在区行政办公中心九楼多媒体会议室召开。

18日 省人大常委会副主任周忠良一行到海子街镇调研人大立法和换届选举工作，并就《贵州省乡镇人民代表大会工作条例（草案）（征求意见稿）》征求了修改建议。

是日 区政协在区卫计局召开民主评议区卫计局及乡镇卫生院工作意见建议反馈会。

19日 市人大调研组赴我区调研"法治毕节"

创建工作，并在区行政办公中心八楼中间会议室召开座谈会。

是日 七星关区2016年秋季干部主体培训班在区委党校举行开班典礼。

20日 区委常委、区纪委书记易晓华到清水铺镇督导党风廉政建设和反腐败工作，并就落实“两个责任”和抓好民生监督、正风肃纪、纪律审查、宣传教育等工作进行指导。

21日 副区长李萍到长春堡镇调研。区教育局、长春堡镇主要负责人陪同调研。

是日 区委常委、组织部部长王晓园到阴底乡调研村级集体经济发展工作。

是日 晚报记者从毕节飞雄机场获悉，自今年10月起，机场将开通毕节—长沙、毕节—武汉航线，届时，毕节周边一小时左右21日—25日七星关区2016年中小学校级领导及管理干部培训班开班典礼仪式在贵州工程应用技术学院身修讲堂举行。

22日 副厅级纪检员、监察专员、毕节市纪委副书记龙厚群，带领市纪委调研组到杨家湾、撒拉溪、长春堡等镇调研民生监督工作。

是日 区委副书记杨伟、副区长李萍到阴底乡调研，并召开座谈会。

是日 黔东南州公安局党委委员、凯里市公安局局长傅冬率考察组到七星关区考察特殊人群服务管理工作。

23日 全区扶持微型企业发展工作培训会议在区行政办公中心九楼大会议室召开。

是日 区人大常委会党组成员、副县级领导吕艺华率队到三板桥街道督导人大换届选举工作。

25日 区属国有公司干部会议在区行政办公中心八楼中间会议室召开。

26日 市委常委、区委书记崔英魁在全区“五城同创”“五在农家”暨城乡一体化推进大会上强调，统筹推进城乡发展、加快城乡一体化进程，意义重大、使命光荣、任务艰巨。

是日 市委常委、区委书记崔英魁在区行政办公中心九楼大会议室主持召开区委常委（扩大）会议，全面学习贯彻市委常委会专题听取毕节中部片区工作情况汇报会议精神。

是日 市委常委、区委书记崔英魁在区行政办公中心九楼大会议室主持召开全区“牢记教训·履职尽责”专题预防提醒约谈会议，对各乡镇街道党政主要负责人，区直各部门、区属国有公司主要负责人进行了专题预防提醒约谈。

是日 全市道路交通安全管理工作电视电话会议召开，副市长马炼出席会议并讲话。

是日 市民政局党组成员、市社会救助局局长彭晓刚一行到燕子口镇督查“法治毕节”暨“四在农家·美丽乡村”建设工作。

26—28日 省水库和生态移民局巡视员陈万桥率队赴夹岩水利枢纽工程，就2016年移民工作任务和投资完成情况进行检查，并在毕节洪山酒店会议室召开调度会，对当前工作中存在的主要问题进行研究讨论，就下步工作进行安排部署。

27日 全区第十届村（社区）“两委”换届工作动员部署会议召开。并进行业务培训。

28日 民盟北京市委向长春堡镇干堰小学捐赠300套校服，价值6万元。

是日 省消防总队赴区检查金欧威商场火灾隐患整改工作，并在区行政办公中心八楼中间会议室召开座谈会。

29日 区政协一届二十七次常委会召开。

是日 区委办、政府办组织全体干部职工参加政务协同OA系统培训，这是“两办”开展学习型机关建设的又一重要举措。

30日 在新中国成立67周年前夕，中国工农红军长征胜利80周年之际，毕节市党政领导同全市各族各界干部群众代表一起，来到七星关区烈士陵园，隆重举行公祭烈士活动，缅怀革命先烈的丰功伟绩，弘扬烈士崇高精神，表达全市干部群众决战贫困、提速赶超、同步小康的坚定信心。

是日 区委副书记、区长胡敬斌主持召开区政府党组会议和常务会议，学习贯彻中央、省、市有关会议精神和中纪委有关《通报》精神。

是日 由区纪委开设的“悟知讲堂”第一期正式开讲。

10月

1日 备受瞩目的同心城市公园音乐喷泉表演震撼上演，吸引了上万名观众到场观看。当晚，区委副书记、区长胡敬斌到同心城市公园就音乐喷泉表演安保工作进行调研，并就国庆期间全区安全生产工作进行再安排、再部署。区委常委、区委政法委书记、区公安分局局长何万学，副区长周祖华及区政府办、区公安分局、城投公司等相关单位和部门负责人参加调研。

8日 全区人大严肃换届纪律工作专题会议在区人大五楼会议室召开。

是日 区委常委、区委组织部部长王晓园到市西街道天河社区、松山社区调研，并听取市西街道工作汇报。

是日 区政协副主席王林中带领区人大常委会法工委、区政协办相关人员到阴底乡督查指导乡镇人大换届工作。

9日 是全国第四个法定老年节，市委常委、区委书记崔英魁代表区委、区政府向全区老年朋友们表示节日祝贺，向辛勤工作在老龄战线的同志们致以亲切问候，并祝愿他们节日快乐、健康长寿、生活幸福。

是日 区委副书记、区长胡敬斌带着区委、区政府的亲切关怀到普宜镇敬老院慰问老人，给老人们送去慰问金和慰问品，并致以节日祝福。

是日 区委副书记、区长胡敬斌深入普宜、阿市、小吉场、层台等乡镇对易地扶贫搬迁安置点、农业产业基地、通村公路、学校及敬老院等建设情况进行调研。

是日 市妇联慰问组到放珠镇养老院看望老年人，为他们送去慰问金和慰问品，并致以节日祝贺和问候。

是日 市委常委、区委书记崔英魁到野角乡调研指导精准脱贫工作。

是日 区人大常委会机关召开2016年重阳节座谈会。

10日 区委常委、区纪委书记易晓华主持召开区纪委监察局2016年第二次月工作例会，会议认真总结了9月份工作情况，并就10月份工作进行安排部署。

是日 七星关区邀请省水土保持监测站研究员顾再柯对全区2016年秋季学期主体干部培训班学员作“水土保持”专题讲座。

11日 区政协副主席王林中到层台镇五里村督查软弱涣散基层党组织整顿工作。

12日 黔大高速公路东关至清丰段征地工作启动会在区行政办公中心八楼中间会议室召开。

是日 区委常委、区委组织部部长王晓园到何官屯镇调研，并与部分班子成员座谈，听取该镇工作汇报。

是日 全区群众安全感满意度暨禁毒工作满意度测评工作调度会在区行政办公中心九楼大会议室召开。

是日 七星关区成功企业家创业高峰论坛在区行政办公中心九楼大会议室举行。

13日 区委常委、区纪委书记易晓华到亮岩镇调研党风廉政建设和民生监督工作。

14日 小吉场镇南山村开展农村思想政治教育活动，区人大常委会党组成员、副县级领导吕艺华到场指导，贵州工程应用技术学院教授王瑞富、南山小学校长陶林应邀授课，南山村“两委”成员及该村群众、南山小学师生300余人参加活动。

16日下午 出席中国共产党毕节市七星关区第二次代表大会的代表共计200多人，会前实地观摩全区部分工业、城市建设和部分重点项目建设情况，亲身体验近年来我区重大项目取得的新成就，获得的新成绩。

17日 备受全区共产党员和人民期盼的中国共产党毕节市七星关区第二次代表大会在区行政办公中心大礼堂隆重开幕。

是日上午 中国共产党毕节市七星关区第二次代表大会严肃换届纪律培训和测评会在区行政办公中心大礼堂召开。

是日晚 市委常委、区委书记崔英魁，区政协主席吴坚，区政协党组书记吴贤耀，区委副书记颜岭及区委、区人大、区政府、区政协四大班子领导与中国共产党毕节市七星关区第二次代表大会的参会代表们一道来到同心城市公园，观看音乐喷泉表演及水幕电影，切身感受七星关区日新月异的变化，与市民们一同感受七星关跃动的脉搏。

17日—19日 致公党福建省委联络处处长薛纪达率专家组赴区交流考察并开展“致福送诊”活动。致公党贵州省委、区委统战部相关负责人出席活动。

18日上午 七星关区第二次党代会代表团第三次会议召开，市委常委、区委书记崔英魁，区委副书记、区长胡敬斌，区人大常委会主任周延，区政协主席吴坚，区政协党组书记吴贤耀等区四大班子领导到各代表团与代表们一起讨论一届区委和区纪委工作报告。

19日下午 在圆满完成各项议程后，历时三天的中国共产党毕节市七星关区第二次代表大会在区行政办公中心大礼堂胜利闭幕。

是日下午，中国共产党毕节市七星关区第二届委员会第一次全体会议在区行政办公中心八楼中间会议室召开。会议选举产生了中国共产党毕节市七星关区第二届委员会常委、书记、副书记。崔英魁当选区委书记。胡敬斌、颜岭当选区委副书记。安旺、何万学、袁媛、王晓园、易晓华、张铭、叶荣当选区委常委。会议还通过了中国共产党毕节市七星关区第二届纪律检查委员会第一次全体会议选举结果的报告。

是日下午 中国共产党毕节市七星关区第二届纪律检查委员会第一次全体会议召开，会议应到区纪委委员25名，实到24名，符合规定人数。会议依法选举产生了新一届纪委常委和书记、副书记。易晓华当选纪委书记，刘贵、王驰当选纪委副书记。马兴江、刘敏、李光路、雷朝举当选纪委常委（按姓氏笔画顺序排名）。

20日 区委组织部召开全体干部职工会议，传达学习全区第二次党代会精神。

是日 区委统战部组织召开七星关区政党协商座谈会。

21日 七星关区召开迎接国务院扶贫开发领导小组督查脱贫攻坚工作安排部署会议，会议学习了中央印发《脱贫攻坚督查巡查工作办法》文件，并对迎检工作进行了翔实、全面的安排部署。

是日 全区第三次全国农业普查工作动员部署会议在区行政办公中心九楼大会议室召开。

是日 市委书记陈志刚到我区调研城市建设。

是日 受市人大常委会副主任郭华委托，市人大内司民宗委主任委员庞晓、副主任委员刘红燕到我区调研精准扶贫工作。

是日 市督办督查局督查组到杨家湾镇松山村督查“五在农家·美丽乡村”创建工作，对“贵州民居”建设进度、农村环境综合整治情况、“和在农家”创建情况进行督查。

是日下午 区委常委、区委组织部部长王晓园到野角乡调研。

23日 民政部社会福利和慈善事业司巡视组深入长春堡镇裸依村敬老院调研指导农村基层群众养老工作。

24日 市委书记陈志刚深入我区亮岩镇调研脱贫攻坚、旅游开发等工作。

是日 区委宣传部召开专题会议，传达学习全区第二次党代会精神，并就如何贯彻落实会议精神作安排部署。

是日 全区企业和社会组织领域“两学一做”学习教育现场观摩会在七星关区北大附属实验学校召开。

是日 省直机关工委常务副书记杨华昌率省直机关扶贫攻坚“五千行动”调研督查组到三板桥街道督查“五千行动”落实情况，并召开座谈会。

是日 区委常委、统战部部长袁媛，区领导胡卫国率全区42个乡镇街道负责人到长春堡镇，就“千企帮千村”“千凤还巢”“荣誉村主任”等相关工作进行考察观摩。

是日 区政府窗口部门召开“两学一做”学习教育现场观摩会。

是日 七星关区“千企帮千村”“千凤还巢”“荣誉村主任”工作现场推进会在区行政办公中心五楼人大会议室召开。

是日 区委常委、宣传部部长叶荣，副区长李萍率调研组到田坎乡调研“扯勒姆秘”古彝文化旅游景区打造工作。

24日—28日 七星关区离退休干部到红色圣地韶山和井冈山参观学习。

为了缅怀革命先烈，传承长征精神，颂扬毛主席的丰功伟绩，借纪念长征胜利80周年之际，我区离退休干部到韶山和井冈山革命老区参观学习，为离退休干部凝聚和传承正能量搭建平台，为他们更好地“展示阳光心态，体验美好生活，畅谈发展变化”提供有利机会。

25日 省委常委、副省长慕德贵率省工作组到我区工业“百千万”工程定点联系企业进行调研。他强调，七星关区要按照省委、省政府“既要赶，又要转”的工作目标，不断做大经济总量，转变经济发展方式，以“百千万”工程为抓手，充分利用自身资源优势，盯紧目标任务不放松，着力解决重点难点问题，确保完成全年各项目标任务。

是日 市委常委、区委书记崔英魁到田坝镇、阴底乡调研指导工作。区委常委、副区长卜令冲到林口镇调研板块经济、秋冬种及易地扶贫搬迁等工作。区政协副主席王林中在相关部门负责人的陪同下到小吉场镇督导“五在农家·美丽乡村”示范点建设工作。

26日 省“民主法治村（社区）”检查考核组到我区检查指导民主法治村（社区）创建工作。

26日—28日 致公党江苏省委医务专家、党员企业家赴我区开展“致福送诊”“致福支教”等活动。

27日 市委常委、区委书记崔英魁到何官屯镇、田坝桥镇调研油用牡丹种植情况。

区委常委、区委组织部部长王晓园到青场镇调研。

是日 全区党群部门“两学一做”学习教育现场观摩座谈会召开。区委办、区人大办、区政协办、区委宣传部、区委统战部等党群部门相关负责人参加会议。

28日 区委常委、区纪委书记易晓华主持召开纪委常委会议，深入学习贯彻党的十八届六中全会精神，部署进一步推进纪检监察机关全面从严治党工作。

是日 省政务服务中心主任李荣率检查组到麻园街道望城社区检查指导村级政务服务工作，市、区政务中心相关负责人陪同。

29日 七星关区与北京聚康健康管理有限公司签约仪式在区行政办公中心八楼中间会议室举行。

30日 区政府召开全区脱贫攻坚工作推进会议暨10月份扶贫工作例会，贯彻落实全省脱贫攻坚产业发展暨脱贫攻坚基金启动电视电话会议精神。

31日 全市“法治毕节”创建工作现场观摩会观摩组赴我区观摩。

是日 七星关区启动为期6天的第三次全国农业普查业务培训。

11月

1日 毕节市七星关区第一届人大常委会第38次会议在区人大五楼会议室召开。

是日 七星关区人大常委会专项评议城乡居民医疗保险工作评议会议在区人大五楼会议室召开。

是日 副区长李萍到区疾控中心调研并召开座谈会。

2日 市委常委、区委书记崔英魁到层台镇调研指导精准脱贫工作。区委常委、区委组织部部长王晓园到观音桥街道调研村“两委”换届、村级集体经济建设等工作。

3日 七星关区2016年国土资源重点工作调度会议在区行政办公中心九楼大会议室召开。2016年今冬明春安全生产、道路交通、火灾防控和森林防火工作会议召开。

是日 区人大常委会党组成员、副县级领导吕艺华到小吉场镇调研河道治理及管护工作开展情况，区水务局相关负责人陪同调研。

是日 省残联调研组到七星关区特殊教育学校调研“残疾人青壮年扫盲行动”，市、区残联相关负责人陪同。

4日 2016年全省第四批重大项目集中开工七星关分会场仪式在毕节市倒天河水厂改扩建工程建设项目施工现场举行，此次七星关区集中开工11个重大项目，涉及工业经济、城市建设、基础设施、民生保障等多个领域，总投资达16.93亿元。

是日 农工党七星关区支部第八次会议在区人大二楼会议室召开，会议主要学习党的十八届六中全会和全区第二次党代会精神。副县级领导、农工党七星关区支部主委胡卫国出席并主持会议。

5日 七星关区“村村通”无线广播音柱安装工作部署会议暨培训会在区行政办公中心八楼中间会议室召开。

6日 全区扶持微型企业发展工作推进会在区行政办公中心八楼中间会议室召开，会议通报了今年扶持微型企业工作开展情况，并对下一步工作进行了安排部署。

是日 市委统战部副部长张玉杰率全市各县区联络办主任、联络员到同心展览馆参观学习。

是日 区委常委、宣传部部长叶荣到大新桥街道调研“多彩贵州文明行动”市场化运作模式。

7日 七星关区召开党员领导干部会议，传达学习贯彻党的十八届六中全会精神和全省、全市党员领导干部会议精神，研究我区贯彻落实意见。

是日 区纪委监察局召开11月工作例会。区委常委、纪委书记易晓华强调，新一届区、乡纪委班子已经全部到位，新班子要有新气象、新作为，必须咬定目标，以问题为导向，勇于担当，在新的起点上实现新的目标，创造新的业绩。

11月8日是第17个记者节，这天，区委常委、宣传部部长叶荣饱含着对新闻一线工作者的关爱之情，在区委宣传部相关负责人的陪同下，先后来到区新闻宣传中心、区广播电视台看望慰问新闻工作者。

是日 由中国艺术摄影家协会、重庆企业家摄影协会及“西部摄影报”联合主办的“情系七星关”大型公益系列活动走进七星关区，部分老一辈革命家子女及摄影家在我区中华苏维埃川滇黔革命委员会旧址、“鸡鸣三省”等地进行调研和采风，市、区相关单位负责人陪同调研。

是日 民盟贵州省委副主委、副市长冉霞赴阿市乡调研教育工作。

是日 毕节国贸广场项目签约仪式在区行政办公中心八楼中间会议室举行。贵阳国贸集团董事长吴鹏飞，创美公司总经理严贵林，副区长刘鑫，七星关经济开发区管委会副主任、区投促局局长李永红出席签约仪式。贵阳国贸集团相关负责人、区投促局、区民政局、区卫计局等有关部门负责人参加仪式。

是日 省卫生计生委专家组到区卫生监督所评审工作，并召开考评汇报会议。

是日 七星关区召开制定和调整城镇污水处理费征收标准听证会。听证会代表由消费者、区人大代表、区政协委员、专家学者、区消协、经营管理者、区政府相关部门等方面人员组成。

是日 区老年学学会2016年学术研讨会在区民政局会议室召开。

9日 由中国艺术摄影学会牵头，联合重庆企业家摄影协会、西部摄影报社共同主办的“情系七星关”大型系列公益活动启动仪式在人民公园举行，中国艺术摄影学会主席杨元惺，市委常委、区委书记崔英魁，副市长李玉平，区委常委、宣传部部长叶荣，副区长李萍，部分老革命家子女及爱心企业人士出席仪式。

是日 创美世纪城安置区开工奠基仪式暨创美国际广场·国贸购物中心授牌仪式、“创美·林口鸡鸣三省帮扶行动”启动仪式在创美世纪城举行。区政协主席吴坚出席仪式并讲话。市商务局，区委统战部、区投资促进局、区工商联等相关单位及相关企业负责人参加仪式。

是日 区政协在区卫计局召开民主评议区卫计局总结大会。

是日 省司法厅法律援助工作处处长石梅率督查组到洪山街道督查法律援助点规范化建设工作。市、区司法局相关负责人陪同。

10日 省部分全国人大代表赴我区集中视察。市人大常委会主任吴安玉，市委常委、区委书记崔英魁，市人大常委会副主任杨新江，副市长冉霞，区委副书记、区长胡敬斌，区人大常委会主任周延，区人大常委会副主任张媛，副区长刘鑫及市、区有关部门负责人陪同视察。

是日 苏州毕节商会、民众财行金融控股集团聚力七星关区阿市乡脱贫攻坚捐赠仪式在阿市小学举行。

是日 区人大常委会党组成员、副县级领导吕艺华到何官屯镇调研龙官桥水库建设情况。

区委常委、组织部部长王晓园到海子街镇调研。

11日 农工党毕节市七星关区支部、综合支部联合区卫计局组织农工党医生党员一行18人赴朱昌镇开展第28届“国际科学与和平周”义诊活动。

是日 市政协副主席杜娟率常务副秘书长董安碧及相关委室负责人到我区调研，征求对市政协工作的意见建议。区委常委、组织部部长王晓园到大新桥街道调研指导工作。

11日—12日 致公党上海市委秘书长凤懋伦率医疗专家组赴区调研，并开展医生培训和免费医疗咨询活动。

12日 “2016年七星关区纪念中国工农红军长征胜利80周年广场舞展演”活动在区行政办公中心大楼广场隆重举行。

13日 G246七星关区草堤路口至纳雍县城大新桥段改扩建工程前期工作已经完成，具备开工条件。工程启动会在区行政办公中心八楼中间会议室召开。

是日 民盟七星关区工委组织民盟七星关区二中支部到长春堡中学开展“同心助学、同心送教”活动，并与长春堡中学教师和同学相互交流、学习。

14日 七星关区“中国梦·七星大课堂”开讲，区委党校党委委员、副校长朱凯应邀作了题为“学习六中全会精神、全面推进从严治党”的专题讲座。

是日 七星关区区乡两级人大换届选举工作培训会议在区政协五楼会议室召开。

15日 区政协副主席燕金祥、王林中一行在区林业局相关负责人陪同下，到野角乡邓家湾村泓丰家庭林场，就国有林场经营、制度改革、林区基础设施建设等工作进行实地调研。

15日—17日 区选举委员会在区人大二楼会议室组织听取区乡两级人大换届选举工作情况汇报，依法确保换届选举工作有序开展。

16日 区委2016年第16次常委办公会议召开。

是日 省就业局调研组到我区电子商务产业园调研创业孵化示范基地建设，市、区人社局相关负责人陪同。

是日 七星关区关工委组织开展的优质生态蔬菜种植培训班开班，市区关工委领导陈烈耀、李贵斌、杨国兵、张远武、聂绍伦出席开班仪式，市区关工委相关工作人员参加培训活动，来自全区各乡镇街道的160名学员参加培训。

是日 “万个足球进校园”公益活动暨捐赠仪式在我区长春堡镇长春中学举行，民进毕节市工委副主委杨兵、民进毕节市工委专职副主委莫艳雄出席活动，区委统战部、民进七星关区支部、长春堡镇及相关学校负责人参加活动。

是日 市委常委、副市长杨小强到亮岩镇调研脱贫攻坚、产业发展工作，区直相关部门及该镇相关负责人陪同。

17日 民盟毕节市七星关区工委召开第三次全委（扩大）会议，组织全体委员学习贯彻党的十八届六中全会精神。

是日 全区脱贫攻坚工作推进会在区行政办公中心九楼大会议室召开，区委副书记颜岭出席会议并讲话，区委常委、副区长卜令冲主持会议，各乡镇街道和区直有关部门负责人参加会议。

18日 区委副书记、区长胡敬斌前往南部新区、德溪新区、碧海新区调研教育、卫生项目推进情况。区委常委、宣传部部长叶荣，区人大常委会副主任张骅，副区长李萍陪同调研。

21日 七星关区“乡村旅游提升与全域旅游发展”专题讲座在区行政办公中心九楼大会议室举行，中国旅游报社社长高舜礼应邀作讲座。

是日 七星关区在区行政办公中心九楼大会议室举行“全新舆论生态环境下的舆情引导与危机传播控制”专题讲座。

是日 民盟中央、民盟山东省委在我区清水铺镇清水中学举行“中磁视讯助力天使”帮扶活动启动仪式。

22日 “法治毕节”创建宣讲报告会在区行政办公中心九楼大会议室举行，市“法治毕节”宣讲团到场宣讲。

是日 中国听力医学发展基金会成员到毕节市特殊教育学校，向学生们捐赠了人工耳蜗、助听器、书包等。

23日 区委常委、宣传部部长叶荣到水箐镇调研指导脱贫攻坚工作，并召开座谈会。

是日 区关工委工作组到杨家湾镇营盘村慰问7个身患进行性肌营养不良症（俗称“渐冰人”）的孩子，为他们捐赠1.05万元的善款。

24日 区委常委、副区长卜令冲一行到龙场营镇调研秋冬种工作，实地查看该镇早熟马铃薯种植基地。

是日 广州市荔湾区副区长安建国率荔湾区党政代表团赴区考察。

25日下午 市委常委、区委书记崔英魁在区行政办公中心八楼中间会议室主持召开区委二届2016年第3次常委办公会议，听取区政府党组和区委政法委工作情况汇报，并安排部署下一阶段工作任务。

是日 全区2016年精准扶贫档案管理工作培训会在区行政办公中心九楼大会议室召开。

27日 七星关区召开安全生产工作会议，贯彻落实全国、全省、全市安全生产工作紧急电视电话会议精神，分析当前区安全生产工作情况，对全区岁末年初安全生产工作进行再安排、再部署、再落实。

是日 区委副书记、区长胡敬斌主持召开区政府第72次常务会议，传达区委常委会议听取政府党组工作汇报会议精神，研究部署贯彻落实意见。

28日 市县乡三级冬春造林启动仪式在七星关区碧海街道胡家院村举行。市委书记周建琨，市委副书记、代市长桑维亮，市人大常委会主任吴安玉，市政协主席宫晓农，市委常委、纪委书记蒋兴勇，市委常委、区委书记崔英魁，市人大、市政府、市政协领导出席启动仪式。区领导胡敬斌、吴坚、吴贤耀、颜岭、安旺、何万学、易晓华、卜令冲、赖平及区直各部门，毕节军分区、武警毕节支队、公安消防支队官兵，碧海街道干部等400余人参加启动仪式。

是日 市委常委、区委书记崔英魁，区委副书记、区长胡敬斌调研城市建设时强调，要发挥规划引领作用，逐步完善城市功能，全面提升城市品质，努力树立良好形象，塑造七星关城市名片，让群众生活更方便更舒心更美好。

是日 放珠镇召开第二届人民代表大会第一次会议，受市委常委、区委书记崔英魁委托，区委常委、组织部部长王晓园到会指导。

是日 七星关区大扶贫战略行动监测评价工作部署暨培训会召开。

29日 区委常委、组织部部长王晓园到生机镇大寨村实地调研精准脱贫、村级党组织建设等工作。

30日 区纪委监察局第三期“悟知讲堂”如期开讲，本期主题紧紧围绕纪检监察干部如何深入学习十八届六中全会精神来展开，来自区纪委派驻政府直属园区纪工委监察分局局长何平、区纪委派驻教科文卫纪工委监察分局局长阮开府、市东片区民生监督组组长彭洁分别结合自身工作实际，向大家分享了对全会精神的认识、理解。

是日 区委副书记颜岭带领各乡镇党委书记、相关部门负责人赴黔南布依族苗族自治州惠水县考察学习易地扶贫搬迁工作，惠水县委副书记陈宇陪同考察。

12月

1日 市委常委、区委书记崔英魁在区行政办公中心九楼大会议室主持召开全区领导干部大会，学习贯彻党的十八届六中全会和省委十一届八次全会精神。

是日 全区新型城镇化建设暨城市社区社会治理工作推进会在区行政办公中心九楼大会议室召开，市委常委、区委书记崔英魁出席会议并作重要讲话。

是日 省政协常委、民进贵州省委专职副主委郭子仪携民进企业家赴我区民族中学开展怡口净水同心工程公益活动，向区民族中学、毕节第十二中学、毕节第四中学、区实验小学、区第二十小学捐赠价值10万元的净水设备。

是日 七星关区2016年度社科理论成果暨建言献策优秀成果评选会召开。

2日 区一届人大常委会第三十九次会议在区人大五楼会议室召开。

是日 区政协主席吴坚主持召开区政协一届二十八次常委会议。

5日 市委常委、区委书记崔英魁率队调研全区规划或在建的教育、卫生重点项目建设推进情况。

是日 区委副书记颜岭率工作组到田坎乡调研农业产业结构调整、易地扶贫搬迁等工作。

是日 八寨镇冷水村大雾弥漫，区人大常委会副主任张骅一行深入该村调研指导村“两委”换届选举工作。

6日 市委常委、宣传部部长何云江到区新闻宣传中心和广播电视台调研并组织召开座谈会。

是日 记者获悉，为满足人民群众日益增长的医疗保健需求，我区准备投资建设两所二级甲等医院——七星关区第二人民医院和七星关区中医院。

是日 致公党广东省委考察组到我区杨家湾镇调研，就下一步帮扶该镇三合村相关事宜进行洽谈，并达成具体帮扶事项。

7日 七星关区两代表一委员暨各界人士代表座谈会在区行政办公中心八楼中间会议室召开。

是日 省政府督导评估考核验收组进驻区，对“基本普十五”和“两项督导”工作进行评估考核。

是日 副市长彭容江到林口镇调研指导人口信息管理工作。

8日 全区2016年岁末年初煤矿安全生产紧急会议在区行政办公中心八楼中间会议室召开。

是日 省政府督导验收组到清水铺镇、长春堡镇评估验收“基本普十五”和“两项督导”教育工作。

9日 七星关区赤水河环线公路开工仪式在清水铺镇橙满园村举行。

是日 中国共产党毕节市七星关区代表会议在区行政办公中心大礼堂召开。

是日 记者获悉，区多彩贵州“广电云”户户用工程建设初步取得功能齐全、运行良好的效果，为全面提升我区农村广电公共服务和信息化水平探索了一条路子。

10日 省政府督导验收组赴区考核评估“基本普十五”和“两项督导”教育工作反馈会在区行政办公中心九楼大会议室召开。

是日 区委副书记、区长胡敬斌主持召开区政府第73次常务会议。

是日 广州市委组织部副部长、广州市人力资源和社会保障局党委书记、局长杨秦，副局长陈敏一行在毕节市委组织部副部长、毕节市人力资源和社会保障局党组书记、局长高扬宗等陪同下，到长春堡镇考察调研脱贫攻坚工作。

13日 广州市荔湾区副区长莫伟琼率荔湾区卫计局、广医三院荔湾医院相关负责人赴我区调研对口帮扶工作。

14日 七星关区召开重点人群关爱服务暨校园安全工作安排部署会议，贯彻落实全市民政重点工作人群关爱服务工作推进会和全市学校安全工作暨师德师风建设回头看电视电话会议精神。

15日 毕节市七星关区第二届人民代表大会第一次会议召开碰头会议。

是日 在毕节市七星关区第二届人民代表大会第一次会议召开之际，市委常委、区委书记崔英魁，区委副书记、区长胡敬斌，区人大常委会主任周延，区政协主席吴坚，区政协党组书记吴贤耀及区委、区人大、区政府、区政协四大班子领导到驻地，看望出席会议的人大代表。

是日上午，在庄严的国歌声中，中国人民政治协商会议第二届毕节市七星关区委员会第一次会议在区行政办公中心大礼堂隆重开幕。

是日 副区长周祖华在区安监局等部门相关负责人的陪同下，到杨家湾镇检查煤矿安全生产工作，并对坚守在生产工作一线的工作人员表示亲切问候。

16日 毕节市七星关区第二届人民代表大会第一次会议在区行政办公中心大礼堂隆重开幕。

17日 毕节市七星关区第二届人民代表大会第一次会议在区行政办公中心大礼堂举行第二次全体会议，听取区人大常委会工作报告和区人民法院、区人民检察院工作报告。

18日下午 中国人民政治协商会议第二届毕节市七星关区委员会第一次会议圆满完成各项议程后，在区行政办公中心大礼堂胜利闭幕。

本次大会选举产生了新一届区政协领导班子，吴贤耀当选区政协主席，燕金祥、王林中、江晓燕、周遵林、熊雄、邓庆当选区政协副主席，徐永东当选区政协秘书长，马兴江、王勇等55人当选区政协常委会委员。

是日 全区维稳工作大会在区行政办公中心九楼大会议室召开。

19日 毕节市七星关区第二届人民代表大会第一次会议圆满完成各项议程后，在区行政办公中心大礼堂胜利闭幕。

崔英魁、胡敬斌、周延、吴贤耀、颜岭、安旺、何万学、王晓园、易晓华、张媛、胡家敬、张骅、肖世华、胡卫国、吕艺华在主席台前排就座。大会主席团全体成员在主席台就座。

闭幕式由主席团常务主席、大会执行主席周延主持。会议应到代表357名，实到代表353名，符合法定人数。

经过选举，崔英魁等95名同志当选为七星关区出席毕节市第二届人民代表大会代表。

会议听取议案审查委员会主任委员吕艺华同志作的《毕节市七星关区第二届人民代表大会第一次会议议案审查委员会关于会议期间代表提出的议案审查情况报告》；表决通过《关于毕节市七星关区人民政府工作报告的决议》《毕节市七星关区2016年国民经济和社会发展计划执行情况与2017年国民经济和社会发展计划》《关于毕节市七星关区2016年全区和区级财政预算执行情况及2017年全区和区级财政预算草案报告的决议》《关于毕节市七星关区人大常委会工作报告的决议》《关于毕节市七星关区人民法院工作报告的决议》《关于毕节市七星关区人民检察院工作报告的决议》等。

20日 七星关区2017年文化科技卫生“三下乡” 活动在长春堡镇启动。

是日 区委组织部召开全体干部职工会议，传达学习毕节市七星关区第二届人民代表大会第一次会议和政协第二届毕节市七星关区委员会第一次会议精神。区委常委、组织部部长王晓园主持会议。

是日 七星关区2016年党风廉政建设责任落实暨年度目标执行情况考核培训会在区行政办公中心人大五楼会议室召开，区委常委、组织部部长王晓园，区委常委、纪委书记易晓华出席会议。

是日 全区国有企业党建工作专题调研会召开。

21日 市委常委、区委书记崔英魁在碧海街道调研乐尚家园主题公园规划建设。区人大常委会副主任吕艺华到龙场营镇调研信访维稳、精准扶贫、农业板块经济建设及村“两委”换届等工作。

22日 区委常委、组织部部长王晓园到生机镇宣讲党的十八届六中全会精神。

是日 区委常委、宣传部部长叶荣率考核组到大新桥街道，对该街道2016年党风廉政建设责任制落实暨年度目标执行情况进行考核调研。

是日 区委常委、区纪委书记易晓华率考核组到团结乡，考核调研该乡党风廉政建设责任制暨年度目标执行情况。

24日 市委书记周建琨到区调研社区服务、城市建设、医疗卫生、社会治理等工作时强调，要以“大党建”统领“大安全”“大发展”，加快推进城市公共服务设施建设，夯实社区基层基础，抓实社会治理，确保更好地惠及民生、服务群众。

是日 副市长、市公安局局长彭容江率队深入我区开展消防安全夜查行动，副区长周祖华陪同。

是日 宁夏回族自治区固原市隆德县政协主席王升率考察组到区长春堡镇考察脱贫攻坚工作。

26日 七星关区组织收看中国共产党毕节市第二次代表大会开幕式现场直播。

是日 区委常委、统战部部长袁媛到大银镇宣讲党的十八届六中全会精神。

是日 区委宣讲团到区人民检察院宣讲党的十八届六中全会和省委十一届八次全会精神。

是日 省公安厅“公安文化基层行”文艺分队赴林口镇开展慰问演出。

27日晚 区委副书记、区长胡敬斌在区行政办公中心八楼中间会议室主持召开区第二届人民政府第一次常务会议，传达毕节市七星关区第二届人民代表大会第一次会议及中国人民政治协商会议第二届毕节市七星关区委员会第一次会议精神，研究部署区《政府工作报告》重点工作任务分解落实、人大代表建议和政协委员提案办理等方面的工作。

28日 区委常委、统战部部长袁媛率考核检查组，到八寨镇考核检查2016年度党风廉政建设责任制暨年度目标工作落实情况。

是日 区人大常委会副主任张骅、吕艺华分别到放珠镇和洪山社区宣讲党的十八届六中全会和省委十一届八次全会精神。

是日 区政协副主席燕金祥到生机镇、大银镇督查和调度学校项目建设工作。

30日 区委副书记、区长胡敬斌主持召开区政府党组扩大会议，传达贯彻落实市第二次党代会精神。

是日 区委宣讲团第三宣讲组到水箐镇大湾村宣讲党的十八届六中全会和省委十一届八次全会精神，并且传达学习了市第二次党代会和全区领导干部大会会议精神。

（新闻中心）

文件选编

毕节市七星关区人民政府关于基本普及十五年教育的实施意见

七星府发〔2016〕2号

各乡镇人民政府、街道办事处，区政府各工作部门，各直属机构：

为加快推进我区教育事业改革和发展，全面深化教育领域综合改革，努力办好人民满意的教育，实现基本普及十五年教育，根据《贵州省基本普及十五年教育实施意见》(黔府发〔2015〕5号）和《毕节市人民政府关于深化教育改革加快普及十五年教育的实施意见》（毕府发〔2015〕1号）精神，结合我区实际，特制定本意见。

一、目标任务

全面贯彻党和国家的教育方针，面向全体学生，全面实施素质教育，大力推进教育创新，高标准、高质量普及九年义务教育，加快普及高中阶段教育、学前三年教育，大力发展职业教育、办好优质示范性高中、逐步满足人民群众日益增长的教育需求。

（一）学前教育。2016年，新建（改扩建）公办幼儿园12所、民办幼儿园24所、山村幼儿园100所。基本建成覆盖城乡、布局合理、政府主导、社会力量参与的学前教育公共服务体系，基本解决适龄儿童“入园难”的问题。补充幼儿教师160名，学前三年毛入园（班）率达到85%以上。

（二）义务教育。大力改善中小学办学条件，加快补充学校教育教学设施设备，提升义务教育内涵和教育教学质量；进一步提高义务教育普及程度，确保小学适龄儿童入学率保持在99%以上；初中入学率达95%以上，义务教育巩固率达90%以上，“三残”适龄儿童入学率达90%以上，小学、初中辍学率分别控制在0.3%和1.5%以内；外来务工子女在公办学校就读比例达60%以上。提高义务教育阶段农村学生住宿率，实现小学生寄宿率和初中生寄宿率分别达30%和70%以上。

（三）高中阶段教育。完成高中阶段招生任务，促进普通高中和中职教育协调发展，大力推进毕节二中省级示范性普通高中和区职中省级示范性中等职业学校创建工作。确保高中阶段毛入学率达88%以上。

二、工作重点

（一）学前教育

1. 深入推进第二期学前教育三年行动计划，谋划第三期学前教育三年行动计划。启动实施12所公办幼儿园、24所民办幼儿园、100所山村幼儿园建设。重点建设山村幼儿园，将村级学校闲置校舍和附设学前班全部改建成村级幼儿园，逐步实现山村幼儿园全覆盖。逐步形成覆盖城乡、布局合理的学前教育公共服务网络，实现"广覆盖、保基本"的目标；大力扶持民办幼儿园，鼓励社会力量兴办有规模的幼儿园，不断完善政府主导、社会参与、公办民办并举的办园体制。

2. 进一步规范办园行为。贯彻落实《幼儿园工作规程》《幼儿园教育指导纲要》《3–6岁儿童学习与发展指南》，坚持科学保教育儿理念，规范幼儿园办园行为，逐步取消乡镇以上中心学校学前班，消除学前教育"小学化"倾向。

3. 加快示范性幼儿园创建工作。力争创建省级示范园1所，市级示范园2所，区级示范园5所。建立健全幼儿园评估机制，关注个体差异，以游戏为基本活动形式，寓教于乐，促进幼儿园的办园质量提升。

4. 建立3–6岁幼儿文化户口册和学籍管理系统，以乡镇街道为单位制定普及学前教育实施方案，明确时间表和路线图，组织学龄前儿童入园，确保学前三年毛入园（班）率达85%以上。

（二）义务教育

1. 抓好教育工程建设。全面实施薄改计划，完成2014、2015年薄改项目工程。2016年全面改薄工程要在2016年4月开工，年底完成主体建设任务；2013、2014年学生宿舍建设项目要在2016年6月30日前全部完工，2016年秋季学期投入使用。探索城区九年一贯制学校办学体制改革，完成第一实验学校教学楼扩建、第二实验学校新建、第三实验学校附属工程、第四实验学校新建工程建设。加快城镇义务教育学校工程建设，缓解城区"大班额"现象，毕节二十小要在2016年9月建成招生；毕节二十一小要在2016年6月动工，2016年年底完成主体工程建设；完成二十二小和区民中教学楼扩建工程；加快推动毕节二中、毕节四中迁建等重点教育工程项目建设进度。

2. 改善办学条件。补充班班通、计算机、图书、教学实验仪器和音体美器材，专门配备、建设学校实验室、计算机室、图书室、阅览室、医务室等，实现中小学教学设施设备基本全覆盖；继续按照50%的比例对添置设施设备的学校进行奖补。实施义务教育质量提升工程，提高教师信息化应用水平，推动优质教育资源进课堂；加快缩小区域间、城乡间的教育资源配置差距，基本实现全区教学点数字教育资源全覆盖。加强校园文化建设，创建文明校园，统筹部分生均公用经费打造校园文化先进学校。

3. 提升教育内涵质量。深入实施提升中小学教育教学质量三年行动计划。扎实推进素质教育，开齐开足音、体、美等学科课程，继续在农村寄宿制学校开展"四在学校·幸福校园"创建活动。强化实验教学，开展教师专业技能竞赛、"送教下乡、城乡结对" 等活动，实施课题研究，促进教师专业成长，优化课堂教学，推进有效课堂构建，做好初中抽考及小学教学质量监测，提高教学质量。

4. 开展立德树人活动。培养和践行社会主义核心价值观，加强中国特色社会主义和中国梦的宣传教育，加强理想信念、革命传统教育，提倡优良家风，强化家校教育衔接。完善中小学递进衔接德育体系。开展好"祖国好·家乡美"系列主题实践活动、"爱学习、爱劳动、爱祖国"三爱教育、"节水、节电、节粮"三节教育和"中国梦"主题教育。

5. 全面实施艺、体、美教育。实施学校体育工作"三个办法两个标准"，逐步普及足球运动。做好学生体质健康监测工作。推进学生乐团建设，开展中小学生艺术展演活动。创建语言文字规范化示范性学校，开展普通话培训及师生汉字书写大赛。

6. 落实特殊群体关爱。结合《国务院关于加强农村留守儿童关爱保护工作的意见》（国发〔2016〕13号）精神，继续落实区政府"七长、双线、九平台"关爱工作机制，从区级财政预算中单列500万元作为留守儿童关爱资金，开展留守儿童关爱活动。进一步加强在校留守儿童关爱工作，建立完善留守儿童、“三残”儿童等特殊群体信息台账，加强标准化农村留守儿童之家和心理健康咨询室建设，通过培训配备心理健康教师，认真开好心理健康课；组织教师实施“一对一”“多对一”帮扶机制，开展爱心帮扶结对活动。通过重点实施三类残疾儿童少年在义务教育阶段学校随班就读和突出办好区特殊教育学校的双轨运行模式，扩大特教学校办学规模，努力提升三类残疾儿童少年入学率，确保“三残”适龄儿童入学率达90%以上。

（三）高中阶段教育

1. 加大普通高中和中职招生统筹力度，完善高中阶段学校招生考试录取政策，合理确定普职招生比例，严格执行招生计划，完成市下达的普通高中和中职招生任务，普职在校生比接近1∶1，高中阶段教育毛入学率达88%以上。

2. 强化高中学业水平考试管理，确保考试的统一性和严肃性。做好普通高中联考、诊考工作，整合优质教学资源，共同打造教研平台，完善普通高中教学质量过程监测与评价管理，全面提升教育质量。

3. 大力实施普通高中特色学校创建工程，增强普通高中自主发展能力，鼓励学校立足历史传统、地域文化和学生发展需要，推进办学模式、育人方式多样化、个性化，培育一批具有独特文化和办学特色的普通高中，大力推进毕节二中省级示范性普通高中创建工作。

4. 扎实推进职业教育，加快推进区职中项目建设，配齐配足专兼职教师，实施中职教师培养计划，着力提升教师素质，确保通过省级示范性中等职业学校复评验收。

5. 大力推广“产业园区+标准厂房+职业教育”模式，积极探索和促进职业教育校企深度合作，不断深化“校企、校政、校校”合作，做到培养培训双肩挑，进一步提高职业教育服务地方经济社会发展能力。

（四）强化师资队伍建设

1. 强化教师队伍建设。继续实施“特岗计划”，新增各类教师400名，补充农村艰苦边远地区学校紧缺学科教师。全面推行校长任期目标责任制，将教师职业道德修养和教学实绩作为考评教师的主要依据。实行优秀教师和优秀教学成果奖励制度，开展教师学历提升工程和教师评先选优活动。开展名校名师对口帮扶薄弱学校，引领和带动全区广大教师共同进步、共同提高。设立中等职业技术学校“特聘技能教师”岗位，鼓励聘用高级技能人才到学校从事教学。逐步落实民办幼儿园教师在职称评聘、评先评优、培养培训方面与公办幼儿园教师同等待遇。实行城乡统一的职称结构比例，制定符合农村中小学特别是村级小学和教学点的实际职称评定标准，鼓励广大教师到边远的地方任教。

2. 加大教师培训力度。启动实施“十三五”教师继续教育工程，继续抓好教师尤其是乡村教师、校长的培训，完成国培、省培计划和“职业院校教师素质提升计划”，强化区级培训。严格执行五年一周期的不少于360学时的教师全员培训制度，确保每年将5%的生均公用经费用于教师培训。培养一批省管专家、市管专家和市级专业技术拔尖人才及省、市级名师、名校长。强力推进区职中专业教师特别是“双师型”教师培养培训等教师培训项目。

（五）实施教育领域综合改革

1. 深化办学体制改革。坚持以特色学校建设为抓手，以激活办学动力、落实素质教育为目标，以个性化办学理念为引领，以管理、课程、教学、科研、活动、环境六大要素为着力点，引导校长智慧办学，鼓励学校办出个性、办出特色、办出水平，提升学校内涵，推动学校优质发展，提高学校软实力，促进教育均衡发展。积极探索九年一贯制办学体制，扩建第一实验学校（七星关区实验学校）教学楼，扩大现有办学规模，新建第二实验学校（洪南学校）和第四实验学校，将海子街二中与沙部小学合办为第三实验学校。实施教育集团化办学。进一步推进城乡中小学“学区化办学”模式改革。按照统筹规划、因地制宜、特色发展的原则，科学合理构建教育学区，逐步扩大探索实施覆盖面，把“强校+弱校”的学区化办学模式引向深入，不断缩小城乡间、校际间差距，力促义务教育发展均衡。探索实施“1+X”型的中小学“集团化办学”模式。采取“核心校＋弱校”“核心校＋农村学校”的方式，科学构建8—10个教育集团，启动实施“集团化办学”试点改革。

2. 深化课程改革。全面实施素质教育，坚持立德树人，加强社会主义核心价值体系教育，促进学生全面发展和个性发展。开足上好规定课程，着重增加有助于提升人文和科学素养、提高实践能力的教学内容，加强学生社会责任感、创新精神和实践能力的培养。

3. 深化管理改革。实施学区化管理，实现优质教育资源的共享与互补。大力促进民办教育和公办教育共同发展，缓解优质教育资源短缺矛盾，增加教育选择机会，满足老百姓多样化教育需求。

4. 深化人事改革。建立义务教育教师资源均衡配置运行机制，缩小校际特别是城镇学校与农村学校之间教师资源上的差距。

三、保障措施

（一）加强组织领导。坚持政府主导，部门配合的原则，成立七星关区基本普及十五年教育工作领导小组（见附件1），统筹推进基本普及十五年教育工作，研究解决教育发展过程中存在的困难和问题，确保基本普及十五年教育目标如期完成。各乡镇街道要比照成立相应的领导机构，统筹抓好基本普及十五年教育工作。

（二）切实落实责任。一是由区直各单位对口帮扶乡镇街道实施普及十五年教育工作（见附件2），确保对口帮扶的乡镇街道保质保量完成普及十五年教育推进工作各项指标。二是由区教育局负责基本普及十五年教育工作的具体实施；区财政局负责统筹资金保障基本普及十五年教育工作经费；区编委办负责做好教职工规划编制核定工作；区人社局负责缺编教师的补充工作，在教师职称评定、福利待遇等方面对农村学校、教学点给予政策倾斜；区委宣传部、电视台、新闻中心负责充分利用全区各类媒体平台大力宣传基本普及十五年教育工作，营造全社会参与、支持教育事业发展的良好氛围。

（三）保障经费投入。切实落实教育经费的“三个增长”，将基本普及十五年教育工作经费纳入2016年区级财政预算。区级财政资金优先保障教育事业发展投入。充分用足、用好各级教育专项经费，确保各项教育经费及时足额到位。

（四）强化督查考核。区实绩考核办和区督办督查局要建立完善基本普及十五年教育工作督查考核和问责机制，纳入各乡镇街道、区直各部门年终目标考核体系。实行“月调度、季检查、半年通报、年终考核”制度和督查通报制度，对重视不够、工作不力，影响基本普及十五年教育验收的乡镇街道有关负责人严肃追究责任。

附件：

1. 毕节市七星关区基本普及十五年教育工作领导小组
2. 区直单位联系帮扶乡镇街道实施“普十五”工作一览表

毕节市七星关区人民政府
2016年4月26日

附件 1

毕节市七星关区基本普及十五年教育工作领导小组

组　长：胡敬斌　区委副书记、区人民政府区长
副组长：胡书龙　区委常委、区人民政府常务副区长
　　　　张　刃　区人民政府副区长
成　员：孔维平　区政府党组成员、区政府办主任
　　　　姜　勇　区委办副主任
　　　　王安民　区委办副主任、区督办督查局局长
　　　　熊　宁　区委组织部副部长
　　　　张万泽　区实绩考核办主任
　　　　季善旭　区委宣传部常务副部长
　　　　宋志刚　区编委办主任
　　　　叶　荣　区教育局局长
　　　　周凌祥　区监察局局长
　　　　陈　俊　区发改局局长
　　　　王　茂　区财政局局长
　　　　陈亮欢　区住建局局长
　　　　卯　洪　区文体广旅局局长
　　　　夏　冬　区卫生计生局局长
　　　　肖荣华　区审计局局长
　　　　刘昂志　区人社局局长
　　　　杨勋坤　区民宗局局长
　　　　汪　翔　区国土局局长
　　　　张守伟　区地税局局长
　　　　司静频　区民政局局长
　　　　张珍龙　区农牧局局长
　　　　孙　浩　区安监局局长
　　　　钟　华　区扶贫办主任
　　　　沈承刚　区公安分局副局长
　　　　王正莲　区科技办主任
　　　　董玉祥　区政府法制办主任
　　　　张静梅　区妇联主席
　　　　张达宇　区残联理事长
　　　　聂志祥　团区委书记
　　　　张修德　区规划局局长
　　　　各乡镇人民政府、街道办事处主要负责人

领导小组下设办公室在区教育局，由叶荣同志兼任办公室主任，区教育局副局长卢启霞同志任办公室副主任，负责统筹推进我区基本普及十五年教育日常工作。

附件2

区直单位联系帮扶乡镇街道实施“普十五”工作一览表

序号	区直单位	联系帮扶乡镇街道	序号	区直单位	联系帮扶乡镇街道	备注
1	区委办、扶贫办	放珠镇	2	政府办、市郊供电局	千溪乡	
3	人大办、气象局	大河乡	4	政协办、农牧局	朱昌镇	
5	妇联、住建局	亮岩镇	6	同心新区指挥部、人防办	田坝桥镇	
7	区委办、水务公司	清水铺镇	8	组织部、调查队	生机镇	
9	宣传部、城市综合执法大队	水箐镇	10	纪委（监察局）、民宗局	团结乡	
11	人社局、烟办	林口镇	12	统战部、烟草局	大银镇	
13	教育局、移民局	何官屯镇	14	团区委	小吉场镇	
15	政法委、公安分局	阿市乡	16	编委办、工能局	龙场营镇	
17	人武部、文体广旅局	对坡镇	18	总工会、国土局	野角乡	
19	房产局、卫生计生局（计生协会）	长春堡镇	20	科技办、交警大队	三板桥街道	
21	残联、安监局	青场镇	22	环保局、新闻中心	杨家湾镇	
23	农机局、供销社	撒拉溪镇	24	信访局、城投公司	碧阳街道	
25	交通局、地税局	普宜镇	26	党史办投资促进局	八寨镇	
27	水务局、司法局	层台镇	28	区直机关工委、区机关事务局、碧海新区	观音桥街道	
29	政府办、林业局、财政局（会计核算中心）	田坎乡	30	党校、国税局	鸭池镇	
31	工商联公积金管理部	市西街道	32	审计局	田坝镇	
33	政务中心	德溪街道	34	统计局	海子街镇	
35	红十字会、法制办、市场监管局	市东街道	36	德溪新区、房征局	阴底乡	
37	检察院、农商行	燕子口镇	38	法院、发改局	大屯乡	
39	天河风景管理处 城区河道管理处	大新桥街道	40	规划局、档案局	洪山街道	
41	离退干局、经开区	碧海街道	42	民政局、科协	麻园街道	

毕节市七星关区人民政府
关于进一步加强农村公路养护管理的意见

七星府发〔2016〕3号

各乡镇人民政府、街道办事处，区政府各工作部门、各直属机构：

根据《中华人民共和国公路法》《贵州省公路路政管理条例》《贵州省农村公路建设养护管理办法》等有关法律法规精神，结合《毕节市农村公路养护体制改革实施方案》要求和我区农村公路养护管理实际，为加强和规范我区农村公路养护管理，提高农村公路养护质量，增强农村公路抗灾能力，最大化延长农村公路使用寿命，为群众生产生活提供便捷安全的交通条件，促进农村经济发展。

一、指导思想及目标

（一）指导思想。全面贯彻落实科学发展观，坚持建管养并重原则，明确责任，强化职能，建立稳定的农村公路养护资金筹集渠道，健全农村公路管理养护相关制度，加快农村公路管理养护体制改革进程，促进农村公路持续健康发展。

（二）工作目标。建立符合我区农村实际的农村公路管理养护体制和运行机制，实行“县乡道县管、村道乡管”，做到“有路必养、有路必管”，实现农村公路管理养护的正常化和规范化，保障农村公路的安全畅通。

二、农村公路范围及管理养护内容

（一）农村公路范围。县道、乡道、村道。

（二）农村公路管理养护内容。日常养护和养护工程。

1. 日常养护包括：路面保洁，路肩、边坡修整，沿线设施维护，公路绿化修剪，边沟、涵洞疏通，路面及桥梁病害处置等。

2. 养护工程包括：水泥混凝土（沥青）路面、砂石路面改善及大中修工程、水毁修复，危桥改造、安保，标志标牌和示范路工程等。

（三）规范化养护管理目标。

1. 建立健全农村公路养护的各项规章制度。建立健全乡镇交通运输管理站内部工作职责、农村公路养护安全生产管理制度、农村公路养护巡查制度、农村公路水毁防治应急措施、农村公路养护廉政建设制度及养护人员、路段、联系方式信息公开等制度。

2. 建立健全农村公路养护内外业管理制度。有规范的图标管理、规范的建档立卡，有规范的养护公示牌，有具体养护人员及对应的管养路段、养护承包费支付记录；通村道路有日常养护办法、养护人员基本情况、管养档案、养护承包合同、公路巡查（含路政协管）记录表、公路桥涵巡查检查记录表等。

三、养护管理责任主体、机构设置和职责分工

（一）区交通运输局是县乡道养护和管理的责任主体。负责全区农村公路日常养护管理、协调和指导工作。具体负责县乡道养护登记及本区域内农村公路养护资金使用方案制定，编制实施县乡道养护计划、审核村道养护计划并指导、协调实施；负责县乡道路政管理、指导村道的路产路权保护；定期组织对本辖区内农村公路养护质量的自评和抽查考核；负责农村公路养护资金监督、管理，并接受上级主管部门和财政、审计等部门的监督检查审计。

（二）各乡镇（街道）是村道养护和管理的具体责任主体。充分发挥交通运输管理站职能，明确一名乡镇（街道）负责人分管，配备专、兼职养护管理人员。具体负责本区域内村公路日常养护管理工作，并配合区公路管理部门对乡道实施养护管理；负责村道养护登记，筹集本级养护配套资金，编制村道养护计划，审核村道养护计划，组织实施村道养护计划；定期组织本区域内村道养护质量的自评和抽查考核；协助区公路管理部门开展县乡道路政管理；负责监督、管理村道养护资金，确保资金安全并发挥最大效用。村（社区）配合乡镇（街道）按照“一事一议”的原则，发动群众投工投劳，定期组织本区域内村道养护质量进行自评，保护村道路产路权。村（社区）“两委”成员要兼任农村公路养护管理员，开展对本区域内村道的日常养护管理。

四、强化养护管理措施

农村公路养护管理必须认真贯彻“预防为主，防治结合”的方针，坚持“干部包保、包养到户，全面养护、养护脱贫”的原则，经常保持路面平整、坚实、路拱适度、路肩整洁、边坡稳定、边沟畅通、桥涵构造物完好、标志完善齐备、行道树齐全，使农村公路保持畅通，并逐步建成高标准文明路。

（一）将农村公路管理养护工作纳入对各乡镇（街道）年度目标责任考核的重要内容。

（二）加大人才培训力度，加强对现有管养人员的职业技能培训，鼓励职工参加各种执业资格考试，努力提高管养人员的素质。

（三）建立管理养护规划设计机制，实行统筹规划，编制切实可行的年度养护计划和大中修工程实施方案，要根据管养任务的轻重和管养线路的分布情况，落实养护所需砂石等材料及相关机械设备。

（四）加强县乡油路养护以及农村公路的应急保障，落实摊铺机、压路机、装载机、挖机、运输机械、沥青拌和等相关养护机械设备，并组建一支专业的油路养护及应急抢险队伍，合理配置油路养护及应急抢险工作的社会资源，提高养护效率，降低养护成本。

（五）村公路的养护要“定人员、定里程、定料具、定经费、定奖惩、定时上路”，采取专业养护与群众养护、常年养护与季节性养护相结合的方式进行。根据实际情况，也可以采取委托村民委员会牵头承包、个人分段承包或就近承包的方式进行，促进沿线农民增收，早日脱贫致富。

（六）加大农村公路安保、水毁工程投入。区级财政每年统筹安排一定的专项资金用于农村公路安保、水毁修复工程。由区公路管理部门负责设置桥梁、隧道、急弯陡坡或者容易发生危险路段的标志、标线和安全防护设施；各乡镇（街道）负责统计上报辖区内水毁等突发性灾害农村公路受损情况，区公路管理部门据实统筹安排。

（七）认真做好农村公路养护信息化系统建设工作，区公路管理部门及各乡镇要按照“标准统一、内容完备、结构合理、数据准确、上下衔接”的原则，建立管养档案台账，对辖区内每一条列养线路的建设情况，交竣工验收时间情况、路面状况、防护设施、养护技术等级、养护资金投入、管理责任人等基础性资料实行计算机网络管理和“一条一档”管理，为农村公路管养提供技术支撑和决策服务。

（八）强化路政日常管理，区公路管理部门及各乡镇（街道）交管站要按照“队伍知识化、装备现代化、执法规范化、作业军事化”的要求，认真抓好路政执法队伍建设，牢固树立服务理念，有效解决执法缺位和路政监管难的问题、变被动管理为主动管理、变管理型执法为服务型执法，严格落实巡查制度，建立“有路必管、管必有效”的工作格局，有效维护路产路权。

（九）建立涉路建设（筑）联合审批制度，路边建设（筑）项目须经规划、国土、交通（公路管理）等部门和所在乡镇（街道）联合审批。违反规定审批的，一律报有关部门严肃查处，严格追究相关领导干部的责任，并按“谁审批、谁负责”的原则，责成违规审批者负责落实取缔和恢复原状。

（十）加大路容路貌整治力度，确保公路完好畅通。各乡镇（街道）要采取有力措施，确保辖区内农村公路上的农贸市场、沿街、自然村住户实行门前“三包”，确保无乱停乱放、乱排乱倒，排水设施畅通，路面整洁畅通；确保辖区内所有公路无违章利用、侵占、污染、毁坏路产的行为，继续加大清理非公路标志和对加水点、洗车点、修车点等损害公路违法行为的打击治理力度，确保辖区内农村公路上无“三乱”现象及公路违章建筑等违法行为；加大对农村公路超限运输车辆治理工作，确保恶性超限运输车辆的比例控制在3.5%以内，确保公路路容路貌整洁。

（十一）加快农村公路治超检测站的设置与建设步伐。着力加大对超限运输的源头治理力度，规范治超执法行为，严禁违纪违法现象发生；严格按规定对恶性超限车辆进行卸载处理，将恶性超限运输车辆的比例控制在3.5%以内，按照“站点标准化、运管制度化，管理规范化、装备精良化”的要求，加快我区农村公路超限检测点设置与建设工作。

（十二）乡镇（街道）应指导村（社区）制定村（居）规民约和护路公约，加强对乡村道路产路权的维护，保障公路完好畅通。乡镇交管站实行“一岗双责”，协助做好辖区内农村公路的路政管理工作。

五、农村公路养护资金的筹措和管理

（一）养护资金的筹措。

1. 国家和省补助的养护资金主要用于农村公路大、中修工程和安保工程。

2. 市、区两级财政安排的资金主要用于农村公路的日常养护。采用市、区、乡多渠道共同筹措的方式，按照《毕节市农村公路养护体制改革实施方案》的要求，市、区财政按3：7比例配套拨款。其中：村道每公里不少于600元，区级财政每公里应配套420元，村道油路市交通运输局另补助每公里500元；乡道泥路每公里不少于1000元，区级财政每公里应配套700元；乡道油路每公里不少于3000元，区级财政每公里应配套2100元；县道泥路每公里不少于2000元，区级财政每公里应配套1400元；县道油路每公里不少于6000元，区级财政每公里应配套4200元。

3. 乡镇（街道）筹集单位和个人自愿捐赠的养护资金，弥补资金缺口，相关行政村（社区）筹措必要的养护资金和劳动力。

（二）养护资金的使用范围。

1. 农村公路中、小维修及日常养护。

2. 公路养护人员报酬。

（三）养护资金的管理。农村公路养护管理资金的来源与使用，要坚持“多方筹措、统一领导、分级使用”的原则，建立专账，保证专款专用。

1. 区公路管理部门每年按公路养护管理规定标准编制公路养护管理经费预算，报区财政部门审核后，列入区级财政预算安排；区财政每年将公路养护资金拨至区交通运输局，结合省市配套资金按照计划使用；大中修、小修保养及突发性灾害抢修经费当年结余滚存下年使用。

2. 乡镇（街道）设置农村公路养护资金专用账户，专户只办理和核算农村公路养护资金的拨付，不得发生其他资金的收支。农村公路养护资金实行收支两条线，专款专用，不得挤占、挪用。

3. 农村公路养护管理资金实行财政监督和年度审计制度。区交通运输局和各乡镇（街道）每年初应向区人民政府书面报告上年度养护管理资金使用情况，并接受区财政、审计和监察等部门的监督、检查。村（社区）统筹的公路养护资金由各乡镇（街道）和村（社区）监督使用，实行账务公开，主动接受民主监督。

4. 农村公路管理养护资金应随着农村公路里程的增加和社会发展水平的提高逐步提高；区乡两级财政要逐年加大投入，逐步改善农村公路路况，满足农村公路事业发展需要。

5. 农村公路养护管理机构设立临时应急专项资金，按农村公路养护管理配套总资金的10%，列入区财政预算做好应对抗击自然灾害（如洪水、地震、凝冻等不可抗力事件）的充分准备。若本年度内未发生自然灾害，专项资金可结转入下一年度。

六、考核与奖惩

（一）由区交通运输局按照农村公路管理养

护标准，每半年对全区农村公路管理养护情况进行一次抽查，各乡镇（街道）对村道每月进行一次自查。

（二）由区交通运输局牵头，区实绩考核办配合，制定全区农村公路管理养护标准和考核办法，将农村公路管理养护工作纳入年度目标考核内容。

（三）在农村公路养护和路政管理工作中涌现出的先进个人，可以给予通报表彰。农村公路管理养护奖励资金，在农村公路养护经费中提留。

（四）对农村公路养护和路政管理工作不认真负责，管养质量多次考核评定结果挂末、影响省市配套养护资金下达的，除扣减该乡镇（街道）的养护资金外，还将给予相应的资金处罚。造成管养工作严重被动的，将按干部管理权限追究相关领导和人员的责任。

毕节市七星关区人民政府

2016年9月1日

毕节市七星关区人民政府关于印发《毕节市七星关区2016年乡镇街道财政管理体制改革实施方案》的通知

七星府通〔2016〕10号

各乡镇人民政府、街道办事处，区政府各工作部门，各直属机构：

《毕节市七星关区2016年乡镇街道财政管理体制改革实施方案》已经区委2016年第11次常委办公会议和区人民政府一届（52）次常务会议研究通过，现印发给你们，请认真贯彻执行。

毕节市七星关区人民政府

2016年9月12日

毕节市七星关区2016年乡镇街道财政管理体制改革实施方案

为进一步完善我区乡镇街道财政管理体制，充分调动乡镇街道培植财源、抓好财政收入、推动经济发展的积极性，根据中央、省、市关于深化财税体制改革和建立县乡基本财力保障机制的有关精神，结合我区实际，特制定本方案。

一、充分认识乡镇街道财政管理体制改革的重要性

乡镇街道财政是最基层的一级财政，是促进农村经济建设和社会事业和谐健康发展的重要保障。近年来，乡镇街道财政工作重点任务和职能发生了较大变化，特别是统筹城乡发展战略的实施，需要乡镇街道切实转变职能，强化农村社会管理和公共服务，全面贯彻落实各级党委政府支持新农村建设和强农惠农的政策措施，持续增加对农村经济和社会事业的资金投入。随着城乡一体化和“四在农家·美丽乡村”建设步伐的加快，对乡镇街道财政科学化、精细化、规范化管理要求日益提高，乡镇街道财政收支规模将出现重大变化。加快推进区乡财税体制改革，充分发挥乡镇街道财政职能作用，关系到广大群众的切身利益，关系到党和政府民生政策在基层的贯彻落实，具有重要的现实意义。

二、指导思想和基本原则

（一）指导思想。坚持以党的十八大和十八

届三中、四中、五中全会精神，省委十一届四次全会和市委一届七次全会精神为指导，深入贯彻落实习近平总书记系列重要讲话精神和对毕节试验区的重要批示精神，结合当前经济社会发展形势、现行乡镇财政管理体制运转情况及财政收支的特点，进一步理顺区乡两级政府的财政分配关系，不断优化财政支出结构，建立和完善乡镇街道基本财力保障机制和财税收入激励奖补机制相结合的乡镇街道财政运行机制，巩固基层政权和维护社会稳定，促进县域经济社会全面协调发展。

（二）基本原则

1. 坚持“保工资、保民生、保运转”的原则。正确处理好区乡财政分配关系，确保职工工资正常发放，确保重点民生支出，确保基层政权正常运转。

2. 坚持“财权与事权相统一”的原则。合理确定区乡财政的收支范围和支出责任，规范和完善区对乡镇街道的财政转移支付制度，发挥财政体制的引导、调节作用，进一步提高乡镇街道财政发展经济的能力。

3. 坚持“激励和约束相结合”的原则。将体制分成、奖励与完成收入任务挂钩，并纳入目标考核，进一步提高乡镇街道自我发展的能力，确保财政收入稳步增长。

4. 坚持“因地制宜，分类确定”的原则。综合考虑乡镇街道经济状况、财政收入、财力水平及发展潜力等因素，正确处理和兼顾区乡利益，合理确定乡镇街道收入分配机制和基本支出保障需求。

三、主要内容

完善乡镇街道财政体制的总体要求是：“核定收支、经费包干、超收分成、短收减支”。通过对乡镇街道财政体制的调整和完善，合理确定区、乡镇街道税费分存比例，实现财力适度向乡镇街道倾斜，提高招商引资、争取项目、培植税源的积极性，促进乡镇街道经济和社会事业全面发展。

（一）划分乡镇类型。根据乡镇街道的财力基础、收入增长空间、发展潜力、交通自然条件等因素分类分档划定为四类。

一类乡镇街道12个：市东街道、市西街道、三板桥街道、洪山街道、麻园街道、鸭池镇、朱昌镇、长春堡镇、撒拉溪镇、何官屯镇、大银镇、燕子口镇；

二类乡镇街道17个：德溪街道、碧海街道、碧阳街道、大新桥街道、观音桥街道、杨家湾镇、青场镇、对坡镇、林口镇、亮岩镇、清水铺镇、生机镇、田坝桥镇、海子街镇、八寨镇、小吉场镇、普宜镇；

三类乡镇街道5个：阴底乡、田坝镇、水箐镇、层台镇、龙场营镇；

四类乡镇街道8个：千溪乡、放珠镇、野角乡、大河乡、团结乡、阿市乡、大屯乡、田坎乡。

（二）核定收入基数和公用经费包干基数。按照上一年度收入实际完成数确定收入基数，并实行税源管理，新增税源第一年产生的税收，区级收入部分全部留给乡镇街道；结合区级财政可支配财力状况，充分考虑乡镇街道经济发展水平、行政运行成本（与市区距离、道路交通状况等）和总人口、财政供养人口、区域国土面积、少数民族乡镇、贫困乡镇等多种因素，对乡镇街道分类分档核定公用经费包干基数。

（三）收支挂钩，超收奖励、短收减支。根据核定的收支基数，超收的给予一定的奖励，用于增加乡镇街道公用经费或事业发展支出。短收的，按一定比例扣减包干经费支出指标。

（四）适应转变。在现行的“乡财县管乡用”体制基础上，做好“乡财县管乡用”体制向国库集中收付管理的转轨衔接，以适应新的乡镇街道财政体制的需要。

（五）抓好资金解缴和调拨。我区乡镇街道未设立金库，乡级收入统一缴入区级国库，按归属（经营地）据实划转乡镇街道；人员工资按月据实核拨，运转经费根据核定基数，按季度分配支出指标。

四、具体方案

（一）乡镇街道收入以2015年收入实际数为基数核定。

（二）乡镇街道人员工资、农村义务教育、新型农村合作医疗、城镇居民医疗保险、农村低保、城镇居民低保、抚恤事业费、城乡居民社会养老保险由区级财政承担。

乡镇街道公用经费包干基数包括村（社区）运转经费和乡镇街道公用经费。

1. 村（社区）运转经费包干基数为每村（社区）1.5 万元。

2. 乡镇街道公用经费（含村级目标考核奖励经费）包干基数核定标准为：一类乡镇街道 50 万元、二类乡镇街道 55 万元、三类乡镇街道 60 万元、四类乡镇街道 65 万元。

3. 按各乡镇街道实有人口计算（以统计口径为准），另安排每人每年 1 元工作经费。

（三）超收分成办法：

1. 烟叶税：超基数 50% 以内的，超基数部分区与乡镇街道按 4：6 分成；超基数 50% 以上的，超基数 50% 以上部分区与乡镇街道按 2：8 分成。

2. 烟叶税外的其他税收收入：超基数部分，扣除中央、省、市分成后，区与乡镇街道的分成办法是：一类乡镇街道 4：6 分成，二类乡镇街道 3：7 分成，三类乡镇街道 2：8 分成，四类乡镇街道 1：9 分成。

当年新增税源产生的税收，区级收入部分区财政不参与分成，全部留给乡镇街道。

各乡镇街道农民工返乡创业园和小城镇建设项目产生的税收，区级收入部分区财政不参与分成，全部留给乡镇街道。

3. 非税收入：超收部分，扣除中央、省、市分成后全部归乡镇街道。

（四）短收减支办法：烟叶税短收，按短收数的 15% 扣减乡镇街道公用经费包干基数；烟叶税外的其他税收收入短收，按短收数的 20% 扣减乡镇街道公用经费包干基数。

五、配套措施

（一）完善综合协税护税机制。按照依法征税、协税护税的原则，以财税部门作为财税征收的主体、乡镇街道和有关部门共同协助做好财政税收征管工作。要定期不定期分析税源和综合治税中存在的困难和问题，协调税务等部门加强税收征管，依法征税。要加强对税源的培植、摸排和管控工作，堵塞征管漏洞。

（二）建立和完善协调机制。按照税源管控、综合治税的原则，建立税源信息资源共享机制和财税征管监督约束机制。要建立区乡财政、税务及其他收入征管部门之间的数据共享、信息沟通、纠纷调解及资金解缴和调拨等协调机制。加强乡镇街道财政与区级各收入征管部门的信息化建设，实现乡镇街道与财税部门、其他相关部门之间的信息资源互换、共享。区级财政、税务部门和乡镇街道要建立辖区内的财税收入管控台账，除涉密信息外，要定期提供相关乡镇街道税源和财税收入征缴情况信息资料。

（三）加强调度和督办督查。严格对乡镇街道财政收支完成情况进行考核，加强调度，兑现奖惩。要建立责任倒查制度，坚持依法治税，对财税部门及相关部门财税收入征缴情况、提供涉税信息情况等进行责任倒查，对非因客观原因造成的应收未收或收过头税，要按有关规定追究单位相关领导及责任人的责任。

（四）建立收入台账，强化源头管控。税务部门要建立乡镇街道税收台账，按经营地为依据登记乡镇街道税收完成情况，及时提供税收进度等相关信息。严禁乡镇街道之间不正当的拉税，严禁财政、税务部门空转虚收、随意划转乡镇街道财税收入，严禁区直部门把区级收入违规下划乡镇街道。发行上述违规行为，将严肃追究。

（五）完善乡镇街道预决算编制。在现行区级财政体制框架内，采取“乡镇街道编制、县级审核汇总”等方式，科学编制综合财政预算。要实行预决算公开制度，逐步建立公开透明的财政预算管理机制。

（六）加强监督管理。加强对乡镇街道财政的管理和指导，建立健全财政管理制度，明确乡镇街道和区级各主管部门在财政资金使用和管理中的责任，规范财政资金的监督管理，提高财政资金使用效益和乡镇街道财政财务管理水平。要严格预算管理，加大审计机关、乡镇街道人大等监督机构的监督力度。

附件：毕节市七星关区 2016 年乡镇街道财政收入任务分配表

附件

毕节市七星关区2016年乡镇街道财政收入任务分配表

单位：万元

序号	乡镇街道名称	烟叶税	烟叶税外其他税收（资源税、耕地占用税、城镇土地使用税、房产税）	非税收入	合 计
1	市西街道		3 610	15	3 625
2	市东街道		832	15	847
3	三板桥街道		78	8	86
4	大新桥街道	11	6	8	25
5	观音桥街道		106	8	114
6	洪山街道		138	10	148
7	麻园街道		386	10	396
8	碧阳街道		484	10	494
9	德溪街道		30	10	40
10	碧海街道		7	8	15
11	鸭池镇		440	15	455
12	朱昌镇	202	5	15	222
13	田坝镇	64	4	10	78
14	长春堡镇	195	59	12	266
15	撒拉溪镇	296	37	12	345
16	杨家湾镇	18	24	15	57
17	放珠镇	46	2	8	56
18	青场镇	118	3	15	136
19	水箐镇	177	18	10	205
20	何官屯镇	159	39	10	208
21	对坡镇	162	27	15	204
22	大银镇	525	2	5	532
23	林口镇	144	14	15	173
24	生机镇	122	6	15	143
25	清水铺镇	33	13	12	58
26	亮岩镇	30	25	15	70
27	燕子口镇	165	41	12	218

续 表

序号	乡镇街道名称	烟叶税	烟叶税外其他税收（资源税、耕地占用税、城镇土地使用税、房产税）	非税收入	合 计
28	八寨镇	100	23	15	138
29	田坝桥镇	227	105	10	342
30	海子街镇		6	5	11
31	层台镇		12	12	24
32	小吉场镇		47	15	62
33	普宜镇		6	15	21
34	龙场营镇		2	15	17
35	千溪乡	37	67	5	109
36	阴底乡	88	23	5	116
37	野角乡	300	2	5	307
38	大河乡	320	9	5	334
39	团结乡	175	4	5	184
40	阿市乡	13	6	5	24
41	大屯乡		2	5	7
42	田坎乡		2	3	5
	合 计	3 727	6 752	438	10 917

毕节市七星关区人民政府办公室关于印发《毕节市七星关区2016年农村土地承包经营权确权登记颁证工作实施方案》的通知

七星府办通〔2016〕39号

各乡镇人民政府、街道办事处，区直各有关部门：

为扎实推进我区农村土地承包经营权确权登记颁证工作，现将《毕节市七星关区2016年农村土地承包经营权确权登记颁证工作实施方案》印发给你们，请认真贯彻执行。

毕节市七星关区人民政府办公室

2016年3月14日

毕节市七星关区2016年农村土地承包经营权确权登记颁证工作实施方案

为深入贯彻落实中央和省委关于全面深化农村改革加快推进农业现代化的有关精神，扎实推进我区农村土地承包经营权确权登记颁证工作。按照《中央农村工作领导小组办公室财政部国土部国务院法制办国家档案局印发〈关于认真做好农村土地承包经营权确权登记颁证工作〉的意见》（农经发〔2015〕2号）、《中共贵州省委办公厅贵州省人民政府办公厅印发〈关于认真做好农村土地承包经营权确权登记颁证整省试点工作的实施意见〉的通知》（黔委厅字〔2015〕31号）、毕市农领办〔2016〕1号文件要求，结合我区实际，特制定本方案。

一、总体要求

（一）工作要求。开展农村土地承包经营权确权登记颁证工作，必须准确把握中央和省关于全面深化农村改革精神，坚持和完善农村基本经营制度，按照保持稳定、依法规范、民主协商、因地制宜的原则，积极稳妥推进。要通过土地承包经营确权登记颁证，解决好承包地块面积不准、四至不清、空间位置不明、登记簿不健全等问题，为开展土地经营流转、调处土地纠纷、完善补贴政策、进行征地补偿和抵押担保提供重要依据。

要通过土地承包经营权确权登记颁证，建立涉及土地承包经营权的设立、转让、互换、变更、抵押等内容的登记制度，确认农户对承包地的占有、使用、收益等各项权利，强化对土地承包经营权的物权保护。要通过土地承包经营权确权登记颁证，建立健全土地承包经营权信息应用平台，实现对土地承包合同、登记簿和权属证书管理的信息化，加强土地承包经营权确权登记颁证成果的应用，方便群众查询，利于服务管理，更好地服务于现代农业和新农村建设。

（二）工作目标。2016年上半年启动大新桥街道、观音桥街道、三板桥街道、市西街道、市东街道、洪山街道、麻园街道、碧阳街道、德溪街道、碧海街道、海子街镇、长春堡镇、田坝镇、何官屯镇、鸭池镇、朱昌镇、撒拉溪镇、杨家湾镇、放珠镇、水箐镇的农村土地承包经营权确权登记颁证工作。2016年年底前完成以上乡镇街道和先期试点的清水铺镇与青场镇剩余农户承包地的权属、面积、四至、空间位置、用途等情况登记入薄、入证，把《农村土地承包经营权证》补（换）发到户，确保确权登记颁证率达90%以上。2016年下半年启动八寨镇、燕子口镇、林口镇、亮岩镇、生机镇、大银镇、对坡镇、小吉场镇、层台镇、普宜镇、龙场营镇、田坝桥镇、阿市乡、大屯乡、田坎乡、团结乡、阴底乡、千溪乡、野角乡、大河乡的农村土地承包经营权确权登记颁证工作，2017年年底前全面完成全区农村土地承包经营权确权登记颁证工作。

二、工作原则

（一）坚持稳定土地承包关系的原则。开展确权登记颁证是在二轮土地延包的基础上，在保持现有农村土地承包关系稳定的前提下进行，是对农民土地承包经营权的规范和完善，不是重新调整承包关系，也不是重新组织发包农村土地。开展确权登记颁证，必须坚持“增人不增地、减人不减地”，维持原土地承包关系的延续性和稳定性，严禁借机违法调整和收回农户承包地。对于历史原因造成的实际耕地面积与账证面积不符的，要按照四至范围内实测面积登记账证，并取得承包方和发包放的认可，但集体经济组织内各农户新确权的耕地面积总和不得大于第二次全国土地调查面积，对于擅自侵占林地或其他集体土地种植农作物的，不得作为承包地进行确权登记。已换（发）林权证的林地，不再重复颁发。

（二）坚持实事求是的原则。对二轮土地延包以来，农户之间承包地互换、转让等原因土地流转造成土地承包经营权变化的要及时变更，对农户承包地实际面积与账证不符的要依据事实和有关法律政策记入账证，实现“四统一”“五到户”，即：承包地面积与坐落、承包合同、经营权证登记簿、经营权证书相统一；承包地分配到户、承包地边界四至登记到户、承包合同签订到户、承包经营权证书发放到户、承包地块图斑到户。确权登记后，不得改变原有承包地面积的惠农政策和相关责任义务。

（三）坚持依法依规有序操作。严格执行《物权法》《农村土地承包法》《土地管理法》等法律法规和政策规定，按照农业部制发的相关规定和标准，开展土地承包经营权调查，完善承包合同，建立登记簿，颁发权属证书，确保登记成果完整、真实、准确。对土地承包经营权确权登记颁证中的争议，有法律政策规定的，依法依政策进行调处。对于一些疑难问题，在不违背法律政策精神的前提下，通过民主协商妥善处理。权属争议未解决的，不进行土地承包经营权确权登记颁证。加强土地承包经营权确权登记颁证成果的保密管理，保护土地承包权利人的隐私。

（四）坚持以确权确地为主的原则。土地承包经营权确权，要坚持确权确地为主，总体上确地到户，从严保证确权确股不确地的范围，坚持农地农用。对农村土地已经承包到户的，都要确权到户到地。个别因地处近郊区已经实行土地股份合作或者纳入城市发展规划、土地很少且地界早已打乱的村组确有确权确股不确地需要的，要严格控制，报经区农牧局审核后，由区农牧局报经市农业主管部门同意，报省农委备案。不得违背农民意愿，行政推动确权确股不确地，强迫不愿确股的农民确股。

（五）坚持农民群众为主体的原则。要做深入细致的宣传、动员和解释工作，让农民充分了解土地承包经营权确权登记颁证工作的目的、意义、作用和程序要求，充分发挥农民群众的主体作用，变“要我确权”为“我要确权”。承包地块面积、四至等表格材料要经过农户签字认可。对于外出不在家的农户，要采取多种方式及时通知到户到人，充分保障其知情权、选择权和决策权。

三、主要任务

（一）开展土地承包档案资料清查。依据农村土地所有权确权登记发证材料、土地承包方案、承包台账、承包合同、承包经营权证书等相关权属档案资料进行清查整理、组卷，按要求进行补建、修复和保全，摸清承包地现状，查清承包地块的名称、坐落、面积、四至、用途、流转等原始记载；摸清农户家庭承包状况，收集、整理、核对承包方代表、家庭成员及其变动等信息。把档案清查、整理与土地承包管理信息化结合起来，推进土地承包原始档案管理数字化。

（二）开展土地承包经营权调查。对农村集体耕地开展土地承包经营权调查，查清承包地权利归属。重点是做好发包方、承包方和承包地块调查，如实准确填写发包方调查表、承包方调查表、承包地块调查表，制作调查结果公示表和权属归户表。以农村集体土地所有权确权登记结果为基础，以第二次全国土地调查成果为依据，充分利用现有的图件、影像等数据，绘制工作底图、调查草图，采用符合标准规范、农民群众认可的技术方法，清查农户承包地块的面积、四至、空间位置，制作承包地块分布图。调查成果经审核公示确认，作为土地承包经营权确权的现实依据。对公示内容有异议的，进行补测核实。

（三）完善土地承包合同。根据公示确认的调查结果，完善土地承包合同，作为承包户取得土地承包经营权的法定依据。对没有签订土地承包合同的，要重新签订承包合同；对承包合同丢失、残缺的，进行补签、完善。实际承包面积与原土地承包合同、权属证书记载面积不一致的，要根据本集体通过的土地承包经营权确权登记颁证方案进行确权。属于承包地块原四至范围内的，原则上应确权给原承包农户。未经本集体成员协商同意，不得将承包方多出的承包面积转为其他方式承包并收取承包费。土地承包合同记载期限应以当地统一组织二轮延包的时点起算，承包期限为50年，本轮土地承包期限届满，按届时的法律和保持现有土地承包关系稳定并长久不变的政策规定执行。

（四）规范土地承包经营权登记簿。根据此次土地承包经营权确权登记颁证完善后的承包合同，以承包农户为基本单位，按照一户一簿的原则，明确每块承包地的范围、面积及权利归属，由区级农村经营管理机构制作统一规范的土地承包经营权登记簿，作为今后不动产统一登记的基础依据。登记簿应当记载发包方、承包方的姓名、地址，承包共有人，承包方式，承包地块的面积、坐落、界址、编码、用途、权属、地类及是否基本农田，承包合同编号、成立时间、期限，权利的内容及变化等。承包农户自愿提出变更、注销登记申请的，经核实确认后，予以变更或注销，并在登记簿中注明。

（五）颁发土地承包经营权证。根据完善后的土地承包合同和土地承包经营权登记簿，在确保信息准确无误、责任权利明确的基础上，按规定程序和修订后的土地承包经营权证书样本，向承包方颁发土地承包经营权证书，同时原发的土地承包经营权权属证书收回注销归档。实行确权确股不确地的，也要向承包方颁发土地承包经营权证书，并注明确权方式为确权确股；承包方有意愿要求的，发包方可向承包方颁发农村集体的土地股权证。

（六）建设信息应用平台。加强对农村土地承包、土地承包经营权流转的管理，将登记信息录入系统，逐级汇总，建立完善省、市、区三级土地承包经营权确权登记颁证数据汇总和动态管理制度，实现农村土地承包合同、土地流转合同、土地承包经营权证、土地承包经营权登记薄的智能化管理。相关信息录入省统一建设的农村土地承包经营确权信息管理系统，推动实现土地承包合同管理、权属登记、经营权流转和纠纷调处等业务工作的信息化，并与不动产登记信息平台实现信息共享。

（七）做好土地承包经营权确权登记颁证档

案管理工作。严格执行《农村土地承包经营权确权登记颁证档案管理办法》，坚持统一领导、分级实施、分类实施、分类管理、集中保管的原则，认真做好土地承包经营权登记颁证档案的收集、整理、鉴定、保管、编研和利用等工作。档案管理工作应与土地承包经营权确权登记颁证工作同步部署、同步实施、同步检查、同步验收。建立健全土地承包经营权确权登记颁证文件材料收集、整理和档案保管、利用等制度。土地承包经营权确权登记颁证档案由区农牧局牵头，各乡镇街道配合负责汇总集中，经验收合格后交区档案管理部门统一保管。

四、进度安排

（一）准备阶段（2016年3月1日—3月15日）

1. 成立领导小组。区、乡镇街道成立相应组织领导机构，切实加强对该工作的组织领导。

2. 制定方案。根据中央、省、有关文件精神，在深入调研的基础上，结合各乡镇街道实际，制定切实可行的工作实施方案。

3. 按有关规定落实测绘单位，并根据有关要求与测绘单位签订合同。

4. 资料准备。相关乡镇街道到国土部门收集第二次全国土地调查相关资料（包括比例尺为1∶500至1∶2000的正射影像图），聘请测绘公司负责外业调查及内业处理工作，并制作成符合要求的工作底图，如国土部门无比例尺为1∶500至1∶2000的正射影像图或影像资料不可用，须落实测绘公司于5月底前完成航拍。同时，完成入户调查表等有关账、表、册的设计印制工作，收集提供承包农户（户籍）基本信息和二轮承包档案资料。

5. 宣传动员组织培训。组织召开由镇（乡、街道）村、组工作人员、党员代表及农民代表组成的确权工作动员大会。按照工作方案要求，采取张贴宣传标语、发放宣传手册等形式，大力开展土地承包经营权确权登记颁证的宣传动员工作。对农村土地承包经营权确权登记颁证的重大意义、政策法规、主要内容和工作要求进行宣传，做到家喻户晓，人人皆知。同时组织乡镇街道及村组有关人员及技术业务人员，进行确权登记颁证相关法律、法规、政策和业务操作培训。

（二）入户清理核实及勘界确权阶段（2016年3月16日—6月30日）

6. 入户清理核实二轮土地承包档案。镇（乡、街道）村组干部进村入户，调查、核实、统计农村土地承包经营权等基本情况，收集群众反映的问题，并将核实的情况及群众反映的问题向群众进行反馈。

7. 登记造册。在权属合法、数据准确、界址清楚的基础上，依法逐户登记，以村民小组为单位汇总造册，作为颁（换）证的依据。

8. 权属调查。技术业务人员在入户全面清理核查的基础上，根据基础工作底图和农户承包登记基本信息表，在镇、村组工作人员及农户的配合下，入户实地进行承包地块权属调查。对存在争议的地块，待争议解决后再登记。同时，如实准确填写发包方调查表、承包方调查表、承包地块调查表，制作调查结果公示表和权属归户表。

9. 测量地块成图。技术业务人员严格按照《农村承包土地调查技术规范》，完成承包地块的测量和绘图，标注地块编码和面积，形成承包土地地籍草图。

（三）公示审核阶段（2016年7月1日—31日）

10. 公示审核。村、组干部对前期的地籍草图进行审核后，在本村、组进行公示。对公示中农户提出异议的，要及时进行核实、修正，并再次公示。公示无异议的，由农户签字确认后作为承包土地地籍图。

（四）确权登记阶段（2016年8月1日—31日）

11. 完善土地承包合同。根据公示确认的调查成果，完善土地承包合同，作为承包户取得土地承包经营权的法定依据。

12. 建立登记簿。根据登记资料，对无纠纷且农户对其承包地（地块、四至界限、土地面积及承包人）已经签字认可的，按照统一格式，建立农村土地承包经营权登记簿。做到承包地面积与坐落、登记簿、承包合同及经营权证书“四统一”。

其他承包方式登记。采取招标、拍卖、公开协商等其他方式依法承包农村土地的，当事人申请土地承包经营权登记，按照《农村土地承包经营权登记管理办法》有关规定办理登记。对境外企业、组织和个人租赁农村集体土地的，暂不予登记。开展其他承包方式登记的参照家庭承包方式登记的相关程序进行。

变更登记、注销登记。承包期内，因其他情形导致土地承包经营权发生变动或者灭失，根据当事人申请，区农村土地承包管理部门依法办理变更、注销登记，并在登记簿中注明，开展变更登记、注销登记参照家庭承包方式登记的相关程序。

（五）颁证收尾阶段（2016 年 9 月 1 日—10 月 30 日）

13. 颁发承包经营权证书。依照农村土地承包经营权登记簿记载内容，及时完善承包经营权证书。对于证书内容准确无误、手续完备、无任何遗留问题的，根据《农村土地承包经营权证管理办法》等法律、法规及政策规定，依法统一颁发农村土地承包经营权证。

14. 建立农村土地承包管理信息系统。在前期确权登记颁证的基础上，逐步建立农村土地承包经营权档案及流转管理电子信息系统，形成系统化、规范化、经常化的承包地籍信息，实现对承包地块空间位置、权属信息及流转变更的有效管理。

15. 归档完善资料。农村土地承包经营权档案收集、归档、管理与确权登记颁证工作同步进行。区农牧局牵头、实施乡镇街道负责收集整理，分级保管农村土地承包经营权登记档案，确保土地登记承包经营权档案的完整性、准确性及系统性。

（六）总结验收阶段（2016 年 12 月 1 日—12 月底）

16. 总结验收。对确权颁证工作进行检查验收，认真总结经验、做法及解决问题的有效措施，为今后开展农村土地承包经营权确权登记颁证工作提供经验。农村土地承包经营权确权登记颁证工作经组织验收合格后依法移交区档案部门。

五、明确部门职责

区农牧局：负责农村土地承包经营权确权登记颁证工作综合协调，业务指导、对接上级检查验收等工作。

区财政局：负责协调解决农村土地承包经营权确权登记颁证工作经费并加强资金监管，确保工作经费足额及时到位。

区国土资源局：负责提供第二次全国土地调查相关资料包括比例尺为 1 ∶ 500 至 1 ∶ 2000 的正射影像图并给予技术支持，协助调解相关农村土地承包纠纷。

区林业局：负责协调处理在农村土地承包经营权确权登记颁证工作中涉及林地的农村土地承包纠纷，负责提供相关土地承包确权登记颁证需要的相关林权资料。

区司法局：负责协助乡镇街道排查土地承包经营纠纷，并指导调解，及时化解土地承包经营权纠纷，对法律关系难以明确和认定的，组织公证、律师提供法律服务。

区法制办：负责指导和配合做好各乡镇街道法制建设和制度规范工作。

区信访局：负责做好农村土地承包经营权确权颁证过程中来信来访工作，实行专人负责，及时妥善处理。

区档案局：负责指导各乡镇街道的农村土地承包经营权确权登记颁证档案管理工作，验收合格后对相关档案进行统一集中管理。

区督办督查局：负责农村土地承包经营权确权登记颁证工作的督促检查，定期通报工作进展情况。

新闻中心、电视台：负责农村土地承包经营权确权登记颁证工作的宣传报道。

乡镇街道：结合本乡镇街道的实际情况，制定切实可行的工作方案并组织实施，并根据进度要求完成各阶段工作任务。积极开展农村土地承包经营权确权登记颁证工作的宣传，按有关规定落实测绘公司，并与公司签订合同与涉密地理信息保密协议。加强涉密地理信息管理，做好地理信息保密工作。搞好农村土地承包经营权确权登记颁证工作中各种资料的归档管理。及时向区农村土地承包经营权确权登记颁证工作领导小组办公室报送和反馈工作情况。妥善处理在农村土地承包经营权确权登记颁证工作中发生的农村土地承包纠纷。

其他相关部门按照本部门的职责分工，积极参与此项工作，促进工作稳步推进。

六、保障措施

（一）成立工作领导小组。开展农村土地承包经营权确权登记工作是促进农村和谐稳定，加快发展农村经济的重要工作，对我区加快推进农村产权制度改革和城镇化进程具有重要意义。为加强领导，成立以区人民政府区长为组长，分管副区长为副组长，区财政局、农牧局、林业局、国土资源局、民政局、督办督查局、司法局、市公安局七星关分局、档案局、法制办、妇联、新闻中心等部门负责人和各乡镇街道主要领导为成员的领导小组，领导小组下设办公室在区农牧局，区农牧局局长任办公室主任，负责统筹推进农村土地承包经营权确权登记颁证工作。各乡镇街道要成立相应机构，切实加强领导，明确专人负责综合协调和指导，确保农村土地承包经营权确权登记颁证工作顺利开展。同时，明确专门业务人员向区农村土地承包经营权确权登记办公室报送工作进度报表（月报、季报表）和工作简报。

（二）强化宣传引导。积极运用各种媒介，采取区、乡、村三级联动方式，开展多种形式宣传活动，特别是乡、村要把宣传工作做足做细、进家入户，确保消除疑虑和误解，形成推进土地承包经营权确权登记颁证工作的广泛共识和内在动力，促进确权登记颁证工作有序开展。积极培育先进典型，及时树立先进标杆，加快形成推进土地承包经营权确权登记颁证工作浓厚氛围。

落实经费预算。根据中央要求，确权登记颁证工作不得向农民收取费用，土地承包经营权确权登记颁证工作经费纳入地方财政预算，中央财政给予补助。经前期试点测算，每亩约需40元，除中央按10元/亩、省按5元/亩的标准补助外，区级财政按每亩匹配25元（其中2元由区农牧局统筹，用于宣传培训、检查验收等工作费用）。各级补助资金按每亩38元预算补助到乡镇街道包干使用，设立专账，单独核算，专款专用。

（四）加强督查检查。区政府将农村土地承包经营权确权登记颁证工作纳入年度目标考核，由区督办督查局牵头，区实绩考核办、区农牧局、区国土局等相关单位配合，切实加强督查，定期通报工作进展情况，年终进行考评，严格实行绩效管理。区确权登记颁证领导小组和各乡镇街道要深入调查研究，加强对确权登记颁证工作的督促检查和跟踪指导，对土地承包经营权确权登记颁证工作不力的，要责令限期整改。

附件：

1. 发包方调查表
2. 承包方调查表
3. 承包地块调查表
4. 农村土地承包经营权调查信息公示表
5. 农村土地承包经营权公示结果归户表
6. 农村土地承包经营权登记簿（样本）

附件 1

发包方调查表

发包方名称			发包方编码	
发包方负责人姓名			联系电话	
发包方负责人地址			邮政编码	
发包方负责人证件类型	□身份证 □军官证 □护照 □户口簿 □其他		证件号码	
调查记事	调查员： 日期： 年 月 日			
审核意见	审核人： 日期： 年 月 日			

附件 2

承包方调查表

<table>
<tr><td>发包方编码</td><td colspan="4"></td><td colspan="5">承包方编码（缩略码）</td><td colspan="2"></td></tr>
<tr><td>承包方（代表）</td><td colspan="4"></td><td colspan="5">联系电话</td><td colspan="2"></td></tr>
<tr><td>承包方地址</td><td colspan="5"></td><td colspan="4">邮政编码</td><td colspan="2"></td></tr>
<tr><td>承包方（代表）
证件类型</td><td colspan="5">□身份证　□军官证　□护照
□行政、企事业单位机构代码证或法人代码证
□户口簿　□其他</td><td colspan="4">证件号码</td><td colspan="2"></td></tr>
<tr><td>有无承包合同</td><td>□有　□无</td><td colspan="2">承包合同编号</td><td colspan="5"></td><td rowspan="3">取得
（承包）
方式</td><td colspan="2" rowspan="3">□公开协商
□拍卖
□转让
□互换
□其他</td></tr>
<tr><td>有无经营权证</td><td>□有　□无</td><td colspan="2">经营权证编号</td><td colspan="5"></td></tr>
<tr><td>承包起止日期</td><td colspan="4">________年____月____日
至________年____月____日</td><td colspan="2">承包期限</td><td colspan="2">____年</td></tr>
<tr><td colspan="9">注意：本部分信息仅供家庭承包方式填写！</td><td>家庭成员总数</td><td colspan="2">共____人</td></tr>
<tr><td>成员姓名</td><td colspan="2">与户主关系</td><td colspan="6">身份证号码</td><td colspan="3">成员备注</td></tr>
<tr><td></td><td colspan="2"></td><td colspan="6"></td><td colspan="3"></td></tr>
<tr><td></td><td colspan="2"></td><td colspan="6"></td><td colspan="3"></td></tr>
<tr><td></td><td colspan="2"></td><td colspan="6"></td><td colspan="3"></td></tr>
<tr><td>调查记事</td><td colspan="11">

调查员：　　　　　　　　　　　　　　　　日期：　　　　年　　月　　日</td></tr>
<tr><td>审核意见</td><td colspan="11">

审核人：　　　　　　　　　　　　　　　　日期：　　　　年　　月　　日</td></tr>
</table>

附件 3

承包地块调查表

<table>
<tr><td>发包方编码</td><td colspan="2"></td><td colspan="2">发包方代表</td><td colspan="3"></td><td colspan="2">承包方代表</td><td colspan="4"></td></tr>
<tr><td rowspan="3">地块名称</td><td colspan="4">地块坐落（四至）</td><td rowspan="3">图幅编号</td><td rowspan="3">地块编码</td><td rowspan="3">土地用途</td><td rowspan="3">地力等级</td><td rowspan="3">土地利用类型</td><td rowspan="3">是否基本农田</td><td colspan="3">指界签章</td></tr>
<tr><td rowspan="2">东至</td><td rowspan="2">南至</td><td rowspan="2">西至</td><td rowspan="2">北至</td><td colspan="2">毗邻地块 / 地物</td><td rowspan="2">本地块指界人</td></tr>
<tr><td>权利人</td><td>指界人</td></tr>
<tr><td></td><td></td><td></td><td></td><td></td><td></td><td></td><td></td><td></td><td></td><td></td><td></td><td></td><td></td></tr>
<tr><td></td><td></td><td></td><td></td><td></td><td></td><td></td><td></td><td></td><td></td><td></td><td></td><td></td><td></td></tr>
<tr><td></td><td></td><td></td><td></td><td></td><td></td><td></td><td></td><td></td><td></td><td></td><td></td><td></td><td></td></tr>
<tr><td></td><td></td><td></td><td></td><td></td><td></td><td></td><td></td><td></td><td></td><td></td><td></td><td></td><td></td></tr>
<tr><td></td><td></td><td></td><td></td><td></td><td></td><td></td><td></td><td></td><td></td><td></td><td></td><td></td><td></td></tr>
<tr><td colspan="14">承包地块总数　　　　共　　　块　　　　亩</td></tr>
<tr><td>调查记事</td><td colspan="13">调查员　　　　　　　　　　　　　　　　日期　　　　年　　月　　日</td></tr>
<tr><td>审核意见</td><td colspan="13">审核人　　　　　　　　　　　　　　　　日期　　　　年　　月　　日</td></tr>
</table>

填写说明：

1. “土地用途”为种植业、林业、畜牧业、渔业、其他__________（请注明）
2. “土地利用类型”为水田、旱地、水浇地、果园、茶园、其他__________（请注明）

附件 4

农村土地承包经营权调查信息公示表

发包方：　　　　　　　　公示日期：　　　年　　月　　日至　　　年　　月　　日　（共　　　天）

序号	承包方（代表）	地块总体情况		地块具体情况								公示备注
		合同面积	实测面积	地块名称	地块编码	东至	南至	西至	北至	合同面积	实测面积	
		合计： 块 亩	合计： 块 亩									
		合计： 块 亩	合计： 块 亩									
		合计： 块 亩	合计： 块 亩									
		合计： 块 亩	合计： 块 亩									
		合计： 块 亩	合计： 块 亩									

制表人：　　　　　　制表日期：　　　年　　月　　日　　　　　　审核人：　　　　　　审核日期：　　　年　　月　　日

附件 5

农村土地承包经营权公示结果归户表

<table>
<tr><td>发包方名称</td><td colspan="4"></td><td>发包方负责人</td><td colspan="2"></td></tr>
<tr><td>合同 / 权证编号</td><td colspan="4"></td><td rowspan="2">承包方式</td><td colspan="2" rowspan="2">□家庭承包　□拍卖　□招标　□转让
□公开协商　□互换　□其他______</td></tr>
<tr><td>承包起止日期</td><td colspan="4">______年___月___日至______年___月___日</td></tr>
<tr><td>承包方（代表）姓名</td><td colspan="4"></td><td>联系电话</td><td colspan="2"></td></tr>
<tr><td>承包方（代表）
证件类型</td><td colspan="4">□身份证　□军官证　□护照
□行政、企事业单位机构代码证或法人代码证
□户口簿　□其他________</td><td>证件号码</td><td colspan="2"></td></tr>
<tr><td>承包方地址</td><td colspan="5"></td><td>邮政编码</td><td></td></tr>
<tr><td>承包地块总数</td><td colspan="3">共____块____亩</td><td>非承包地块总数</td><td colspan="3">共____块____亩</td></tr>
<tr><td>地块名称</td><td>地块编码</td><td>地块四至</td><td>合同面积</td><td>实测面积</td><td>土地用途</td><td>地力等级</td><td>地块备注</td></tr>
<tr><td></td><td></td><td>东：
南：
西：
北：</td><td></td><td></td><td></td><td></td><td></td></tr>
<tr><td></td><td></td><td>东：
南：
西：
北：</td><td></td><td></td><td></td><td></td><td></td></tr>
<tr><td></td><td></td><td>东：
南：
西：
北：</td><td></td><td></td><td></td><td></td><td></td></tr>
<tr><td colspan="4">注意：本部分信息仅供家庭承包方式填写</td><td>家庭成员总数</td><td colspan="3">共　人</td></tr>
<tr><td>成员姓名</td><td>与户主关系</td><td colspan="4">成员身份证号</td><td colspan="2">成员备注</td></tr>
<tr><td></td><td></td><td colspan="4"></td><td colspan="2"></td></tr>
<tr><td></td><td></td><td colspan="4"></td><td colspan="2"></td></tr>
<tr><td></td><td></td><td colspan="4"></td><td colspan="2"></td></tr>
<tr><td>公示记事</td><td colspan="7">记事人：　　　　日期：　　年　　月　　日</td></tr>
<tr><td>承包方（代表）对公示结果意见</td><td colspan="7">承包方（代表）：　　　　日期：　　年　　月　　日</td></tr>
<tr><td>公示结果审核意见</td><td colspan="7">审核人：　　　　日期：　　年　　月　　日</td></tr>
</table>

附件 6

农村土地承包经营权证登记簿（样本）

农村土地承包经营权证登记簿

贵州省毕节市七星关区人民政府制作

农村土地承包经营权证登记簿编号：

农村土地承包经营权证编号：

<table>
<tr><td colspan="2">发包方全称</td><td colspan="4"></td></tr>
<tr><td colspan="2">承包方代表姓名</td><td colspan="4"></td></tr>
<tr><td colspan="2">承包方住址</td><td colspan="4">县（市）　　乡（镇）　　村　　组</td></tr>
<tr><td colspan="2">邮政编码</td><td></td><td>联系电话</td><td colspan="2"></td></tr>
<tr><td colspan="2">土地承包合同编号</td><td colspan="4"></td></tr>
<tr><td colspan="2">承包期限</td><td colspan="4"></td></tr>
<tr><td colspan="2">承包方式</td><td colspan="4"></td></tr>
<tr><td colspan="2">承包土地用途</td><td colspan="4"></td></tr>
<tr><td colspan="6">承包方土地承包经营权共有人情况</td></tr>
<tr><td>姓名</td><td>性别</td><td>年龄</td><td>姓名</td><td>性别</td><td>年龄</td></tr>
<tr><td></td><td></td><td></td><td></td><td></td><td></td></tr>
<tr><td></td><td></td><td></td><td></td><td></td><td></td></tr>
<tr><td></td><td></td><td></td><td></td><td></td><td></td></tr>
<tr><td></td><td></td><td></td><td></td><td></td><td></td></tr>
<tr><td></td><td></td><td></td><td></td><td></td><td></td></tr>
<tr><td colspan="2">承包地总面积（亩）</td><td></td><td colspan="2">承包地块总数（块）</td><td></td></tr>
<tr><td colspan="2">承包地总面积（亩）</td><td></td><td colspan="2">承包地块总数（块）</td><td></td></tr>
</table>

<table>
<tr><td rowspan="5">承包地块状况</td><td>地块名称</td><td>面积（亩）</td><td>等级</td><td>地类</td><td>四至</td></tr>
<tr><td></td><td></td><td></td><td></td><td>东：
西：
南：
北：</td></tr>
<tr><td></td><td></td><td></td><td></td><td>东：
西：
南：
北：</td></tr>
<tr><td></td><td></td><td></td><td></td><td>东：
西：
南：
北：</td></tr>
<tr><td></td><td></td><td></td><td></td><td>东：
西：
南：
北：</td></tr>
<tr><td>填表机关</td><td colspan="5">县级以上地方行政主管部门印
年　　月　　日</td></tr>
<tr><td colspan="6">土地承包经营权登记</td></tr>
<tr><td>补发</td><td colspan="5">主管部门签章
年　　月　　日</td></tr>
<tr><td>换发</td><td colspan="5">主管部门签章
年　　月　　日</td></tr>
<tr><td rowspan="5">变更登记</td><td>变更方式</td><td>面积（亩）</td><td>合同编号</td><td colspan="2">主管部门签章及日期</td></tr>
<tr><td></td><td></td><td></td><td colspan="2"></td></tr>
<tr><td></td><td></td><td></td><td colspan="2"></td></tr>
<tr><td></td><td></td><td></td><td colspan="2"></td></tr>
<tr><td></td><td></td><td></td><td colspan="2"></td></tr>
</table>

毕节市七星关区人民政府办公室关于印发《毕节市七星关区2016年度“四在农家·美丽乡村”小康房建设实施方案》的通知

七星府办通〔2016〕65号

各有关乡镇人民政府，区全面小康建设办公室：

《毕节市七星关区2016年度“四在农家·美丽乡村”小康房建设实施方案》已经区人民政府批准，现予印发，请认真贯彻执行。

特此通知

毕节市七星关区人民政府办公室

2016年4月12日

毕节市七星关区2016年度“四在农家·美丽乡村”小康房建设实施方案

为确保我区2016年度小康房建设任务圆满完成，根据《毕节市住房城乡建设局关于印发毕节市“四在农家·美丽乡村”—小康房建设2016年度实施方案的通知》（毕市住建〔2016〕20号）要求，结合我实际，特制定本方案。

一、任务和时限

（一）建设任务

1. 2016年度全区建设农村小康房290户，其中贫困村150户，结合各乡镇历年来小康房实施情况分配任务（各乡镇任务计划详见附件1）。

2. 小康房集中建设示范点2个，建房不少于50户。集中建设示范点为：青场镇青坝村（76户）、对坡镇对坡村（鸿远大街50户）。

（二）建设时限

全区农村小康房建设（含集中建设示范点）工作于2016年4月10日前启动，2016年10月30日前全面完成。具体为：

第二季度累计完成年度任务数的30%；

第三季度累计完成年度任务数的90%；

第四季度10月30日前全面完成建设任务。

二、工作要求

（一）政府主导，群众自愿。强化政府主导与尊重农民意愿相结合，引导群众积极参与，吸纳农户生产生活中总结出的好经验好做法，严格落实《贵州省农村小康房建设指引》要求，控制农村自建房建筑面积，严控大拆大建。

（二）集中建设，示范带动。按照以点带面的原则，积极探索农村集中建房经验做法，开展试点示范工作，带动周边具备条件的乡镇或村寨，推进农村小康房集中连片建设，提升农村小康房建设整体形象。

（三）捆绑项目，资源整合。优先安排具备条件的农村危房改造户、扶贫生态移民搬迁户、地质灾害搬迁户、贵州民居改造户开展农村小康房建设，优化选点布局，引导群众向交通便利、基础条件较好、居住环境较好的区域集中。

（四）统一规划，突出特色。小康房建设要统筹安排，坚持农村集中建房统一规划、统一建设，加强对农户自建房的技术指导，做到“五注重”：注重传承民族风情、注重保护民族文化，注重保持村庄民族风貌，注重结合现代元素，注重房屋功能提升和基础设施配套。在建设中，要严防千篇一律，要切实尊重当地历史文化，保护好传统村落和传统建设格局、历史文化建筑和乡村自然景观。

（五）配套完整，功能提升。小康房建设要坚持以节能、节水、节电、节地、节财和保护环境为指导原则，注重房屋内部居住功能的完善和提升，注重传承民族风情等建筑特色，坚持采用新材料、新技术、新工艺、新设备，尽量使用本地建筑材料，保护耕地，同时配套完善水、电、路、讯、污水垃圾处理、绿化景观等基础设施，健全村寨文化、休闲、健身、教育、医疗卫生等公共服务设施，杜绝房屋内空荡、房屋外脏乱差的现象。

（六）细化措施，科学管理。实行目标管理与过程管理相结合，落实工作责任，加强建房指导，突出过程控制，提高工作效率，确保小康房建设对象评定工作公平公正。坚持小康房建设政策、建设对象、补助资金、建房标准、建设时限“五公开”，接受群众和社会的监督。

三、建设要求

（一）小康房建设要求

小康房是指适应现代农村生产生活特点，遵循功能完善、安全实用、经济美观原则，满足节地、节水、节材、节能、环保要求，蕴含历史文化传统的新建或既有农村房屋。其内涵可延伸为房前屋后靓丽整洁，屋内屋外生态环保、楼上楼下安全卫生、设施设备经济实用、生产生活便利舒适。

1. 根据房屋结构特点、村容村貌现状、农民生活水平等不同条件，将农村小康房分为改善型、普及型、提升型三种。其中，改善型小康房主要针对既有农危房改造，也包括部分新建农房，是在原有建筑基础上进行工程技术处理，达到功能完善、安全实用、经济美观的基本要求。普及型小康房在改善型小康房的基础上，增加设备设施与节水、建筑节能与新能源、建筑材料与节材、环境与卫生等节能环保要求。提升型小康房在普及型小康房的基础上，增加建筑风格与色彩、绿色建筑标准等应用要求。

2. 各任务乡镇要根据《贵州省农村小康房建设指引（试行）》，从《贵州省农村小康房典型图集》《毕节市“四在农家·美丽乡村”基础设施建设——小康房设计图集》《毕节市“四在农家·美丽乡村”民居建设图集》（1–4 辑）中选择符合当地实际和群众意愿的建设方案或自行设计符合小康房建设技术要求的图集开展建设，重点应体现出当地村庄风貌和历史民族文化的传承发展。

3. 小康房建设要积极结合农村改厕、改圈、改灶“三改”工程。根据国家《农村改厕管理办法》《农村改厕技术规范》，结合当地气候、地形地貌、生产生活方式、民俗习惯、经济条件，合理选择无害化卫生厕所类型，具备供水条件的应尽可能设置水冲式卫生间。所有小康房建设和农村集中建房都必须达到《农村改厕技术规范》要求。

（二）农村小康房集中建房要求

1. 合理选点布局。农村集中建房点应择优选择重要交通及旅游景区沿线、“两高”沿线、“5 个 100 工程”辐射带动的周边村寨、风景名胜区周边村寨进行建设，选点应充分利用低丘缓坡或劣质农地并避开地灾隐患地段，严禁占用良田好土和耕地。尤其是要优先选择列入100个示范小城镇的镇村联动示范村以及示范小城镇周边村寨，布局小康房集中建房点。

2. 科学编制规划。统筹考虑“四在农家·美丽乡村”基础设施建设六项行动计划及周边区位条件，按照《省住房城乡建设厅关于统筹六项行动计划做好村庄规划工作的意见》，编制项目化清单的集中建房点建设规划，将规划落实到具体项目，确保规划的可操作性和可实施性。集中建房点规划要注重风貌协调，注重与周边山水自然条件相融合，避免出现“只见新貌难见乡愁”的现象。

3. 加强资源整合。农村集中建房应充分与农村危房改造、扶贫生态移民工程、地质灾害移民搬迁工程、“四在农家·美丽乡村”民居建设整合实施，配套完善基础设施和公共服务设施，强化产业扶持，引导农民集中居住，集约节约用地，方便农民生产生活。

四、资金筹措

小康房建设及农村集中建房，资金来源主要依靠区财政投入、资源整合投入、金融支持、吸引社会资金等多种方式。一是保障政府投入。按照毕节市人民政府《关于实施毕节市“四在农家·美丽乡村”基础设施建设六项行动计划的意见》（毕府发〔2014〕2号）要求，由区财政配套落实补助资金，按每户2万元标准进行补助。二是加强资金整合。按照“渠道不变、管理不乱、各负其责、各记其功”原则，整合住房城乡建设、发改、财政、民政、国土资源、农业、水利、扶贫、林业、广播电视、残联、电力等部门资源，特别是要将农村小康房建设和农村集中建房与“四在农家·美丽乡村”创建工作、扶贫生态移民工程深度融合，统筹安排有关资金。针对2016年全区贫困村150户小康房建设任务，各任务乡镇要严格按照精准扶贫有关精神，对部分经济条件相对较好的农户，在实施二、三级农危房改造、“贵州民居”建设或扶贫生态移民搬迁时，要积极引导农户按照小康房标准进行建设，避免重复投资和资金浪费。三是鼓励金融机构加大信贷支持力度，按照《毕节市精准扶贫金融服务工作行动计划（2016–2018）》所明确的政策，加强对接，抓好融资支持。四是支持有条件的村寨运用市场机制吸引社会资金参与建设。五是发动社会募捐。充分用好区委、区政府开展“四在农家·美丽乡村”创建、扶贫攻坚联系帮扶的决策部署，鼓励和支持党政机关、企事业单位、人民团体、社会各界通过捐款捐物、对口帮扶等多种形式积极参与和支持小康房建设及农村集中建房工作。

五、组织保障

一是要建立相应的组织机构，加强对小康房建设工作的领导，明确责任领导和责任人，协调解决工作中的困难和问题，制定详细推进方案和推进计划，高效有序推进小康房建设工作，确保小康房建设工作顺利开展。二是要充分调动农民群众的主动性、积极性和创造性，充分尊重群众意愿，引导群众自力更生建设，实现从完善使用功能，向注重节地、节能、节材、节水转变，向注重安全、提高抵御自然灾害能力转变。三是要根据实际需求，积极编制村庄规划，统筹协调道路、供水、沼气、环保等设施建设，整体改善村庄人居环境。

六、调度考核

（一）各任务乡镇须在2016年4月20日前将2016年小康房实施方案和2016年度农村小康房建设对象名册上报区小康办。

（二）严格按照省市制定的调度要求，加强小康房建设指导、实施、检查，将小康房建设任务分解落实到村到户，建立一户一档资料，每月20日前上报调度报表（第一次上报时间为2016年4月20日）。

（三）按照“月调度、季检查、半年通报、年终考核”的总体要求，建立健全监督检查制度，责任到人，每月上报调度报告前必须进行不少于一次检查。区级于2016年10月30日前对全区小康房建设竣工情况进行验收，2016年11月20日前向市住房和城乡建设局提交申请验收报告，做好迎接省复查的验收准备。

附件：

1. 毕节市七星关区2016年小康房建设任务资金分配表
2. 毕节市七星关区2016年小康房建设年终考核评分表

附件1

毕节市七星关区2016年小康房建设任务资金分配表

序号	乡镇名称	任务计划（户）			补助资金（万元）	备注
		合计	贫困村任务	非贫困村任务		
1	阿市乡	5	5		10	
2	八寨镇	6	4	2	12	
3	层台镇	6	5	1	12	
4	大河乡	5	5		10	
5	大屯乡	5	5		10	
6	大银镇	6	6		12	
7	对坡镇	50	14	36	100	小康房建设集中示范点50户
8	放珠镇	9	7	2	18	
9	何官屯镇	6	4	2	12	
10	亮岩镇	5	5		10	
11	林口镇	6	6		12	
12	龙场营镇	5	5		10	
13	普宜镇	6	6		12	
14	千溪乡	6	6		12	
15	青场镇	80	0	80	160	小康房建设集中示范点76户
16	清水铺镇	6	6		12	
17	撒拉溪镇	6	4	2	12	
18	生机镇	7	5	2	14	
19	水箐镇	5	5		10	
20	田坝桥镇	5	3	2	10	
21	田坝镇	5	4	1	10	
22	田坎乡	6	6		12	
23	团结乡	6	6		12	
24	小吉场镇	9	6	3	18	
25	燕子口镇	3	3		6	
26	杨家湾镇	6	3	3	12	
27	野角乡	5	5		10	
28	阴底乡	5	5		10	
29	长春堡镇	5	3	2	10	
30	朱昌镇	5	3	2	10	
	合计	290	150	140	580	

注：1．省、市不安排补助资金，由区财政按2万元每户补助；
2．非贫困村建设任务可以安排贫困村农户实施。

附件 2

毕节市七星关区 2016 年小康房建设年终考核评分表

乡镇（盖章）：　　　　　　　　　　　　　　　　　　　　时间：　　年　　月　　日

考核内容		目标分值	考核标准	检查结果	评分办法	扣分	得分
工程进度	开工情况	10	100% 开工得满分	抽查____户，开工____户，开工率____%	考核得分 = 开工率 × 目标分值		
	竣工情况	20	竣工率 100%。门窗安装完毕，内外装饰结束视为竣工。	抽查____户，竣工____户，竣工率____%	考核得分 = 竣工率 × 目标分值		
工程管理	面积控制	10	人均住房面积不少于 30 平方米，户均面积 120 平方米至 250 平方米之间。	抽查____户，区间外____户。	考核得分 = 合格农户数 ÷ 抽查农户数 × 目标分值		
	建材合格	3	查看钢材、水泥合格证，砂石厂证明	有　合格证及证明	缺 1 项扣 1 分		
	用地限额	5	宅基地用地限额（包括原有住房宅基地面积及附属设施用地）为：城市郊区、坝子地区：每户不得超过 130 平方米；丘陵地区：每户不得超过 170 平方米；山区、牧区每户不得超过 200 平方米	抽查____户，区间外____户。	考核得分 = 符合用地限额农户数 ÷ 抽查农户数 × 目标分值		
	规划控制	5	公路两侧，国道、省道，铁路与高速铁路两侧，防河堤河道两侧；饮用水水源一级保护区内、饮用水水源二级保护区；天然气输气管线、高压线走廊两侧；重要设施及烟花爆竹等易燃易爆危险物品生产、存储场所；历史文化名村等附近规定不适建小康房的范围内不得修建小康房。	抽查____户，不符合规划控制____户。	考核得分 = 符合规划控制农户数 ÷ 抽查农户数 × 目标分值		
	外观风貌	5	功能配套、设施完善、环境优美、风貌协调	抽查____户，符合要求____户。	考核得分 = 达标户数 ÷ 抽查农户数 × 目标分值		

续 表

考核内容		目标分值	考核标准	检查结果	评分办法	扣分	得分
工程管理	质量监管	10	查看建房选址、质量是否存在安全隐患；无构造柱情况下，18 墙、12 墙作为承重墙视为存在安全隐患。	质量不合格存在安全隐患____户	考核得分 = 质量合格户数 ÷ 抽查农户数 × 目标分值		
监督检查	政策宣传	2	是否开展有关政策、成效等宣传；查看宣传资料和宣传图片。	□有，□无	有相关资料和图片评 2 分，无相关资料和图片不评分		
	业务培训	3	是否开展有关技术、管理等培训。查看培训通知，培训人员签到，培训图片，简报。	□有，□无	培训评 2 分，未培训不评分。		
	监督检查	2	是否开展小康房建设监督检查工作。	开展监督检查____次。	过程检查 4 次，开展一次评 0.5 分。		
档案管理	乡级文书档案	3	领导小组、实施方案、责任包保等资料是否齐备	□齐全，□不齐全	齐全评 3 分，不齐全评 0 分。		
	一户一档	7	是否规范完整建立	应建立____户，已建立____户	缺 1 户扣 0 分，该项分值不够从总分中扣除。		
	档案真实性	15	现场抽查，档案数据、照片等与实际是否相符	档案与实际相符____户	考核得分 = 相符户数 ÷ 抽查农户数 × 目标分值		
合计		100	/	/	/		
考核得分							

考核组组长签字：　　　　　　　　　　　　考核组成员签字：

毕节市七星关区人民政府办公室关于印发《毕节市七星关区农村环境卫生综合整治工作管理办法（试行）》的通知

七星府办通〔2016〕98号

各乡镇人民政府、街道办事处，区政府各工作部门，各直属机构：

《毕节市七星关区农村环境卫生综合整治工作管理办法（试行）》已经区人民政府研究同意，现予以印发，请认真贯彻落实。

毕节市七星关区人民政府办公室

2016年5月19日

毕节市七星关区农村环境卫生综合整治工作管理办法（试行）

第一章　总　则

第一条　为加大农村环境卫生综合整治力度，逐步改善农村发展面貌，营造山清水秀、环境优美、生态宜居、安全舒适、高效便利、特色鲜明的人居环境，根据国务院办公厅《关于改善农村人居环境的指导意见》（国办发〔2014〕25号）、《中华人民共和国住房和城乡建设部　中央农村工作领导小组办公室　中央精神文明建设指导委员会办公室　中华人民共和国国家发展和改革委员会　中华人民共和国财政部　中华人民共和国环境保护部　中华人民共和国农业部　中华人民共和国商务部　全国爱国卫生运动委员会办公室　中华全国妇女联合会关于全面推进农村生活垃圾治理的指导意见》（村建〔2015〕170号）、《贵州省农村生活垃圾治理实施方案》（黔建村函〔2015〕164号）文件精神及市政府相关决策部署，确保到2020年与全省全国同步全面建成小康社会，结合我区实际，特制定本办法。

第二条　农村环境卫生综合整治严格坚持“全面覆盖、长效管理、示范带动、保持常态”的总体思路，遵循“政府主导、城乡统筹、属地管理、全民参与、综合治理、全面推进、生态优先、重点突破、强化监管”的原则。

第三条　农村环境卫生综合整治的目标是着

力做到“五整洁”（即公共场所整洁、楼群院落整洁、村民家中整洁、个人卫生整洁、圈舍厕所整洁）、“五有序”（即交通畅通有序、行人行走有序、标志标牌有序、建房规范有序、杂物堆放有序）和“五改善”（即农村道路改善、水利条件改善、电讯设施改善、医疗条件改善、文化基础改善），全面促进村容村貌更加整洁，生态环境更加优美，乡村特色更加鲜明，公共服务更加完善，村镇规划更加规范，“脏、乱、差”问题持续改善。

第四条 农村环境卫生综合整治的范围为：除市东街道、市西街道、洪山街道、麻园街道、碧阳街道以外的37个乡镇（街道）482个行政村（社区）。按照示范打造、突出重点、逐步推进、全面实施的原则，重点推进集镇所在地村庄、省市级示范点、示范小城镇、旅游区、重点流域影响范围内及乡镇集中式水源地上游村庄的综合整治，示范引领，逐步推开，确保2020年农村环境卫生综合整治行政村推进率达95%以上。

第二章 管理机构

第五条 农村环境卫生综合整治在区“四在农家·美丽乡村”创建工作领导小组的统一领导下，由区督办督查局、区实绩考核办、区全面小康建设办公室、区整脏治乱和文明创建办公室等部门配合成立督查考核工作组，督查考核工作组下设办公室在区整脏治乱和文明创建办公室，由区整脏治乱和文明创建办公室主要负责人兼任督查考核工作组办公室主任，负责全区农村环境卫生综合整治长效管理和日常监督考核工作。

第六条 区全面小康建设办公室负责指导村民建房、村庄打造（包括村庄规划设计、建筑的平面改造、立面修饰、户型风格以及影响景观的棚舍、残破或倒塌的墙体、临时搭盖建筑物等），区整脏治乱和文明创建办公室负责统筹指导村庄美化亮化等工作，区财政局负责资金预算和投入，区发展和改革局负责项目规划编制和立项审批，区住房和城乡建设局、区城乡规划局负责村庄规划设计，区环境保护局负责指导农村垃圾收集、填埋、分类转运及农村污水处理等工作，区农牧局、区水务局、区卫生和计划生育局、区扶贫开发办公室、区教育局、团区委、区妇女联合协会、区总工会等单位和各相关乡镇（街道）结合自身职能职责，加大资源整合、资金捆绑、产业扶持、技术服务等方面的工作力度，扎实推进农村环境卫生综合整治工作。

第三章 工作内容

第七条 农村环境卫生综合整治主要工作内容：

（一）宣传引导、培育典型

通过宣传栏、墙报、宣传标语等形式，在自然村寨、楼群院落、校园等公共场所全方位、多渠道宣讲卫生防疫、养生保健知识，普及健康文明习惯，增强广大群众的环保意识、卫生意识和文明意识。大力宣传先进单位、村寨和个人，形成培育典型、表彰先进的长效机制，树立群众讲文明、树新风的思想观念，逐步改变农村落后的生产生活习惯。

（二）强化硬件设施建设

1. 在集镇及公路沿线人口聚集村庄、旅游景区、景点等处建设标准公厕和无害化卫生厕所，逐步消除露天粪坑和简易茅厕。规划建设标准化农贸市场和规模化停车场。根据综合人口分布、污水排放量、环境特点、地理状况等适时规划建设粪污分流、雨污分流管网体系，采取生物措施等有效形式，使农村污水处理规范有序。加大农村沼气池建设力度，积极推进农村改厨、改灶、改圈等工作覆盖面，营造良好卫生环境。

2. 积极实施农村通村、通组、连寨及串户路硬化，在村、组及人口密集自然村寨规划建设垃圾池、摆放垃圾箱，完善垃圾收集设施。

（三）农村生活垃圾收运处理

1. 立足实际，合理选择垃圾处理模式。针对我区农村地理位置、基础设施和经济实力参差不齐的现状，农村行政村、自然村垃圾处理可分别采取户集村收村填埋、户集村收乡镇填埋、户集村收乡镇清运区填埋等方式进行。垃圾填埋场等建设可以采取村村联建、村镇联建或乡镇联建的原则进行，选址必须符合规划、环保、卫计等部门要求，达到无害化设施标准，确保不对饮用水及地下水源造成二次污染。

2．规范运作流程，强化分类减量措施。按照城乡统筹和垃圾处理“无害化、资源化、减量化”要求，结合全区实际，立足源头，通过政策引导，建立农户分类收集、乡镇压缩运输、区级进行无害化处理的垃圾收运模式，创新“两次分拣、双层减量”（农户源头分拣、镇村二次分拣，镇村分类减量、区乡压缩减量）的垃圾减量机制，最大限度实现生活垃圾减量化目标。一是农户利用统一配给的垃圾收集容器，自觉将日产生活垃圾按照低污染可降解垃圾和高污染不可降解垃圾进行初步分类收集；二是村组保洁员将农户日产生活垃圾集中运输到垃圾分拣场进行二次分拣减量；三是乡镇保洁员入村对分类减量后的生活垃圾进行压缩减量处理后，运往垃圾无害化处理场所进行处理。

（四）着力开展综合整治

按照建设社会主义新农村“二十字”方针要求，加大整治房屋乱搭乱建、垃圾乱丢乱倒、粪便乱堆、畜禽乱跑、柴草乱垛、污水乱排等不文明行为；扎实推进村庄建设有规划、示范引领有标准、环境整治有制度、宣传教育有载体、督促评定有规矩、“富学乐美”有平台，努力打造环境优美、生态优良的社会主义新农村。

第四章　管理机制

第八条　建立健全农村环境卫生综合整治相关机制：

（一）投入保障机制

农村环境卫生综合整治坚持项目、资金、投向、额度、渠道、用途“六不变”原则。建设资金通过以下渠道筹集：一是纳入财政预算。区人民政府结合农村人口比重把农村环境卫生综合整治资金纳入本级财政预算，根据年度财政情况逐年增加，保证年度预算资金及时足额到位，确保乡镇（街道）能够正常开展整治工作。二是强化项目申报。各乡镇（街道）结合各地实际，认真作好农村环境卫生综合整治规划编制，结合编制内容精心选择整治项目，将项目报区发展和改革局汇总后，由区发展和改革局统一申报，争取上级资金投入。三是整合项目资金。整合农村改路、改厕、农村安全饮水、农村沼气、新农村建设等项目建设资金，统筹推进农村环境卫生综合整治项目。四是发动社会帮扶。充分调动社会力量，广泛发动群众投资、投劳，以争取上级财政补助、乡镇自筹、社会赞助、群众参与等方式解决资金缺口。五是逐步推进农村环境卫生综合整治市场化管理，在项目建设和运营等环节积极引入市场化机制。

（二）垃圾规范处置机制

各乡镇（街道）结合实际制定切实可行的垃圾规范处置机制，加强培训和宣传，提高村民环境卫生意识，推行分类投放、分类收集、分类运输、分类处置。

（三）集镇保洁机制

各乡镇（街道）成立保洁队伍，明确工作职责、制定考核办法，做好日常保洁工作，加强对集镇、村（社区）内道路、公共场所、休闲绿地、农户房前屋后等公共卫生的管理，道路、公共场所、休闲绿地、垃圾箱周边等明确专人清扫，做到日产日清，保证垃圾清运及时，垃圾箱无外溢垃圾。

（四）村组保洁机制

各村（社区）须制定《环境卫生保洁公约》，村（社区）两委班子明确专人负责抓环境卫生；村（社区）成立保洁工作监督小组，实行包保责任制，细化保洁范围，对各自辖区进行巡查；落实农户房前屋后“三包”（包卫生、包秩序、包绿化）责任制，保洁人员负责做好所辖区域内保洁工作。

（五）激励创评机制

激励居民参与“十星级文明户”（致富星、道德星、诚信星、守法星、计生星、志愿星、卫生星、科教星、文体星、生态星）创评活动，提升农村文明程度，实现村民自我管理，自我教育、自我提高。

（六）教育培训机制

定期抓好对民生监督员、乡镇（街道）中心校长（教育管理中心主任）、村支部书记及保洁员的文明卫生教育培训工作。各乡镇 （街道）每年至少开展二次以上集中教育培训工作，着力提升文明卫生理念和环境卫生保洁维护管理能力。

（七）落实监督督查责任机制

明确整治工作领导小组、成员单位及乡镇（街道）、村（社区）责任，形成互相监督、相互制约的监督督查机制，保证整治工作各司其职、各负其责，有序推进。

（八）落实整治责任倒查机制

将农村环境卫生综合整治工作纳入区政府重大决策督查程序，纳入各级各部门目标绩效考核指标。对工作推进不力、效果滞后的相关责任人进行约谈问责、责任倒查。

（九）落实群众参与约束机制

结合各地实际，进一步修订完善《村规民约》及《村民公约》，建立整治创建评价机制，全方位动员广大人民群众积极参与到农村环境卫生综合整治工作中来，创新环境卫生综合评比体系，树立群众环境卫生意识，推进整治工作全民参与。

第五章　监督考核

第九条　考核采用“季度记分、年终累计”的办法。即每季度末抽调相关单位人员组成考核组按照公平、公正、公开的方式进行检查考核，检查考核结果按期公示，全年四个季度考核分值的平均分为年终考核分值。

第十条　农村环境卫生综合整治工作纳入全区年度工作目标考核体系，作为领导干部工作实绩考核指标，考核结果作为评价党政领导班子政绩和领导干部选拔任用的重要依据。区人民政府列出专项资金对整治工作先进集体及先进个人进行表彰奖励。

第十一条　严格执行《毕节市“四在农家·美丽乡村”创建农村环境综合整治责任追究办法（试行）》《七星关区干部作风“马上就办”实施办法》《七星关区干部作风督查考核办法》《七星关区干部作风预警制度》和《七星关区干部召回管理办法》等制度，对在农村环境卫生综合整治过程中不作为、慢作为、乱作为的单位和责任人进行问责。

第十二条　各乡镇（街道）要建立相应的农村环境卫生综合整治考评机构，对所辖各村（居）委会实行农村环境卫生考核考评。

第六章　附　则

第十三条　本办法适用于毕节市七星关区“四在农家·美丽乡村”创建和管理全过程。

第十四条　本办法由区整脏治乱和文明创建办公室负责解释。

第十五条　本办法自公布之日起施行。

毕节市七星关区人民政府办公室关于印发《毕节市七星关区精准扶贫“特惠贷”农户小额信用贷款及风险管理办法（暂行）》的通知

七星府办通〔2016〕194号

各乡镇人民政府、街道办事处，区扶贫办、农牧局、林业局、卫计局、财政局、发改局、民政局、交通局、教育局、公安分局、国土局、市场监管局、文体广旅局，毕节农村商业银行：

《毕节市七星关区精准扶贫“特惠贷”农户小额信用贷款及风险管理办法（暂行）》已经区人民政府一届68次常务会议研究同意，现印发给你们，请认真抓好落实。

毕节市七星关区人民政府办公室

2016年10月8日

毕节市七星关区精准扶贫“特惠贷”农户小额信用贷款及风险管理办法（暂行）

第一章 总 则

第一条 为深入贯彻落实《贵州省扶贫开发办公室 中国人民银行贵阳中心支行 贵州省农村信用社联合社关于印发〈贵州省精准扶贫“特惠贷”实施意见〉的通知》（黔扶通〔2015〕96号）、《贵州省农村信用社“特惠贷”精准扶贫农户小额信用贷款管理办法》（黔农信办发〔2015〕288号）、《毕节市人民政府办公室关于印发毕节市发展扶贫小额信贷实施细则（试行）的通知》（毕府办通〔2015〕68号）精神及中央、省委、市委和区委扶贫工作会议精神，结合我区实际，特制定本管理办法。

第二条 本办法所称“特惠贷”精准扶贫农户小额信用贷款（以下简称“特惠贷”）是指针对有贷款意愿、有就业创业潜质、有职能素质和具备一定还款能力的建档立卡贫困农户提供“5万元以下、3年期以内、免除担保抵押、扶贫贴息支持、区级风险补偿、贫困农户自行还本”的小额信用贷款，旨在帮助贫困户加快“换穷业”步伐。

第三条 贵州毕节农村商业银行股份有限公

司（以下简称农商行）及辖区内农商行分支机构办理“特惠贷”贷款业务，需遵守本管理办法。

第四条 “特惠贷”坚持“银行政府合作、信用贷款发放、扶贫贴息支持、区级风险补偿”的原则，区级建立健全风险补偿机制，积极为扶贫小额贷款分担风险。

第五条 “特惠贷”发放应按照建档、评级、授信、用信的顺序进行管理，实行限时办结制度，经办机构自收到借款人递交《七星关区精准扶贫“特惠贷”小额信用贷款申请表》当日起，经审核符合条件后，5个工作日内必须完成所有贷款流程并放款。

第六条 “特惠贷”应当遵循依法合规、审慎经营、平等自愿、公平诚信的原则，贷款用途应符合国家法律法规和有关政策规定。贷款贫困户自行选择实施有效的增收项目或者按照“资源变股权、资金变股金、农民变股民”的“三变”要求，通过引导贫困农户将资金入股农业产业化企业、农民专业合作社、种植养殖大户（以下简称经营主体或经营业主），充分建立有效利益联结的模式进行安排使用，不得发放无指定用途的“特惠贷”农户小额信用贷款。

第二章　贷款的对象和条件

第七条 贷款对象为七星关辖区内精准扶贫建档立卡贫困农户。

第八条 申请“特惠贷”应同时具备以下条件：

（一）借款人的信用等级，原则上在“一般”（含）以上；

（二）借款人具有完全民事行为能力；

（三）借款用途明确且合法；

（四）申请额度、期限合理；

（五）借款人具备还款意愿和一定还款能力；

（六）贷款人要求的其他条件。

第九条 借款人有下列情况之一的，不得对其发放“特惠贷”贷款：

（一）不具备本办法所规定条件的；

（二）生产、经营国家明文禁止产品、项目的；

（三）贷款用途不明确、不合法的；

（四）经营特殊行业未取得规定的批准文件的；

（五）采取欺诈手段骗取贷款或有其他严重违法经营行为的；

（六）其他违反国家相关法律法规或政策规定的。

第十条 对本办法实施前，在农商行有贷款的建档立卡贫困农户，应当结算前期贷款后，再按本办法办理“特惠贷”。

第十一条 区扶贫部门要及时剔除稳定脱贫农户，增加返贫农户，核准建档立卡贫困户，定期或不定期向农商行提供建档立卡动态管理贫困户名单。

第三章　贷款期限、利率、用途和还款方式

第十二条 贷款期限。贷款人应根据借款人生产经营实际、偿还能力等情况合理确定贷款期限，贷款最长期限原则上不超过3年。

第十三条 贷款利率。农商行以支农再贷款、扶贫再贷款发放“特惠贷”，执行人民银行的相关规定；以自有资金发放“特惠贷”，按照人民银行公布的同期同档次基准利率执行。

第十四条 贷款用途。

（一）从事农业（农业、林业、牧业、副业、渔业）生产、加工等农业生产经营；

（二）用于增加贫困农户就业发展机会和提高劳动收入的资金需求；

（三）与农业生产经营相关的服务行业及其他非农行业的合理小额信贷资金需求；

（四）其他凡可以创收增收的项目均可申请贷款。

第十五条 还款方式。“特惠贷”可根据借款人借款期限、还款能力及现金流情况，采用分期还本付息、分期还息到期还本等灵活还款方式。原则上一年期以上贷款不得采用到期利随本清方式还款。

第四章　贷款流程

第十六条　建档、评级与授信。农商行对借款人进行建档、评级及授信，并及时完成信贷管理系统评级流程。

（一）已对借款人进行农户建档、评级及授信的，使用原来的评级、授信结果；

（二）未对借款人按农户建档、评级及授信的，按照散户评定程序（贫困户申请→村委推荐→资信调查→审核推荐→签署意见）进行建档、评级及授信。

第十七条　贷款的调查与审查。对农户建档、评级、授信过程视同对借款人的贷前调查与审查前移。贷款人收到借款人申请后，认真对贫困农户有效身份证件进行审核，及时与评级授信相关信息进行核对。

第十八条　贷款审批。按照农商行“特惠贷”审批权限进行审批。

第十九条　合同签订与发放。

（一）合同签订。在初次贷款时，农商行信贷管理人员审查、核实信用农户真实身份后，农商行与贫困农户面签《贵州毕节农村商业银行股份有限公司“特惠贷”农户借款合同》，具体贷款额度、贷款计息起止期间、贷款利率、结息方式、还款方式等以每次的借款借据记载为准。

（二）贷款发放。农商行应设立专门的放贷专柜，明确专门的信贷管理人员，具体负责贷款的发放审查和支付审查，信贷管理人员审核借款人借款符合规定用途，由放款人员在信贷管理系统中录入借款人贷款信息后，进行放贷。借款借据合同编号应与《贵州毕节农村商业银行股份有限公司“特惠贷”农户借款合同》编号一致。信贷管理人员对审核的真实性、准确性负责。

（三）产品标识。在信贷管理系统中发放“特惠贷”贷款，“信贷产品”项目规定统一选择“特惠贷（精准扶贫）”录入。

第二十条　贷后管理

（一）贷后检查。“特惠贷”农户小额信用贷款按照《贵州毕节农村商业银行“致富通”农户小额信用贷款管理办法》贷后检查的要求进行，各乡镇街道应配合农商行分支机构在贷款发放1个月内进行首次贷后检查，首先核实贷款资金用途落实情况，其次现场拍照取证。

（二）贷后管理监督。七星关区扶贫开发领导小组办公室、农商行将贷后管理监督责任对应落实到各乡镇街道、农商行分支机构，各乡镇街道要落实到村。按季度对贫困户贷款资金用途、使用情况、发展情况进行监督检查，对发现贫困农户转移用途，发生重大变故，影响信贷资金安全的，要督促整改完善。

（三）风险预警。农商行分支机构和各乡镇街道在贷后检查过程中或通过其他渠道，若发现借款人有下列情形之一的，应及时进行风险预警，提出有效的风险控制措施，并以书面形式向农商行扶贫事业部和区扶贫办报告。

1. 借款人无故逃逸、隐匿、被司法机关关押、逮捕等；

2. 借款人存在违法经营行为；

3. 借款人生产经营不正常，资产明显减少，还款能力明显降低，影响贷款偿还的；

4. 借款人死亡或家庭主要关系发生经济纠纷的；

5. 借款人有拒绝接受贷款监督，挪用贷款或转移收入、资产等行为；

6. 其他重大风险事项。

（四）贷款催收。信贷人员根据贷款预警情况，联合乡（镇、街道）对即将到期的贷款原则上提前10个工作日按村逐户抄列还款通知，提前5个工作日送达借款人，各乡镇街道协助催收贷款，并收回回执归档管理。

第二十一条　对稳定脱贫农户的贷款按照本办法要求进行管理直至贷款偿清，从稳定脱贫之日起停止发放新的“特惠贷”贷款。

第二十二条　台账管理。发放的“特惠贷”贷款要实行台账式管理，及时、逐笔登记贷款发放和收回、脱贫返贫等情况，填写“特惠贷”贷款管理台账。

第五章　风险管理制度建设

第二十三条　区政府积极与农商行协商，在农商行开立“特惠贷”小额信用贷款“风险补偿金专户”，专款专用，不得随意挪用。

第二十四条　对符合下列情形的七星关区“特惠贷”农户小额信用贷款，纳入风险补偿范围：

（一）借款人死亡（没有遗属）或丧失劳动力（须有关部门鉴定）等原因丧失收入来源和收入不足以清偿贷款余额本息的。

（二）因重大自然灾害，如地震、泥石流、洪涝灾害、特大旱灾、严重冰雪天气、特大病虫灾害等造成借款人生产经营活动直接损失超过贷款余额本息的。

（三）区扶贫领导小组认定贫困借款户不能偿还的其他情况。

（四）对以上（一）、（二）款情形纳入风险补偿的“特惠贷”贷款对象，贷款用途必须符合以下几个方面：

1. 发展种植养殖业、农产品加工等生产经营；

2. 农产品销售；

3. 乡村旅游服务业（含乡村旅游产品加工与销售）；

4. 与农业生产经营相关的服务行业；

5. 融合小额信贷和产业发展资金，促进产业发展规模化、集约化，与扶贫龙头企业、农民专业合作社建立利益联结机制，股份合作，入股分红。

（五）其他。对上述第（二）款情形的，结合实际，视借款人的偿还能力，贷款余额部分或全部纳入风险补偿范围。

第二十五条　风险补偿的办法。

（一）对第二十四条第（一）、（二）款情形的风险补偿：

1. 借款的贫困农户因死亡绝户的，农商行直接申报补偿，其资产由地方政府依法处置，处置所得资金抵偿借款进入风险补偿资金。

2. 借款的贫困农户因借款人死亡有法定继承人的，农商行可先申报补偿，然后依法清收，清收所得资金进入风险补偿资金。

3. 对借款的贫困农户因灾、因病致其丧失劳动能力，由相关部门（由司法鉴定机构或人社部门鉴定）认定，转入社保兜底者，农商行直接申报补偿。

4. 对借款的贫困农户因重大自然灾害等原因等不能按期足额偿还的，借款人生产经营活动直接损失超过贷款余额的，由农商行提供相关证明材料，经审核认定后，直接申报补偿。

5. 对借款人仍然继续从事产业发展且具有发展潜力的，采取延期还款等方式纳入风险补偿后可继续给予支持，所延长期限最长不超过原借款期限的一半。

（二）对第二十四条第（三）款情形的风险补偿。

由七星关区扶贫开发领导小组办公会议认定借款贫困户不能偿还的其他情况，由农商行提供相关证明材料，经扶贫开发领导小组审核认定后，直接申报补偿。

（三）对第二十四条第（四）款情形的风险补偿。

“特惠贷”贷款用途不符合的，不能纳入风险补偿范围。

第二十六条　对不符合第二十五条规定情形的农户的不良贷款，依法催收和补偿。

对无正当理由到期不偿还贷款的“特惠贷”农户，由农商行依法启用法律程序催收，经人民法院穷尽执行措施后仍有不足的，不足部分由农商行按规定申报补偿，并将该农户列入金融系统数据库黑名单。

第二十七条　农商行在确定贷款形成损失后的30天内向区扶贫开发领导小组提出补偿申请，并提供借款凭证、逾期催收通知书、区扶贫开发领导小组签署的审核证明等相关资料（A4纸打印、复印）。由区扶贫开发领导小组组长或副组长召集扶贫开发领导小组成员单位共同进行审核。在确认金融机构无道德风险和管理责任的前提下，经区扶贫开发领导小组审定同意后，在7个工作日内由精准扶贫“特惠贷”风险补偿资金进行补偿。无法收回的贷款（含本金和利息）按风险补偿资金承担70%，农商行承担30%的比例分别承担，农商行依据审批文件，扣收风险补偿资金归还逾期贷款本息。未收回的逾期贷款本息由农商行继续向借款人追债，或通过处置抵（质）押品、向保证人追债等方式确保贷款本息全部收回。

第二十八条 使用精准扶贫"特惠贷"风险补偿资金补偿贷款本息后，相关乡（镇、街道）协助农商行继续做好贷款本息追索工作，追回的贷款本息也相应按照风险补偿资金代偿例在5个工作日内存入风险补偿资金专户。

第六章 信贷档案管理

第二十九条 "特惠贷"农户小额信用贷款档案实行"专档专盒"进行管理，信贷档案盒加"特惠贷"标识。

第三十条 "特惠贷"农户小额信用贷款档案主要包括：

（一）七星关区"特惠贷"申请表；

（二）农商行对农户初始评级授信审批表；

（三）《贵州毕节农村商业银行股份有限公司"特惠贷"农户借款合同》；

（四）借款人有效身份证复印件、婚姻状况证明；

（五）借款申请书；

（六）借款借据；

（七）农商行对贫困农户贷款使用情况检查表；

（八）贷款人要求的其他资料。

第七章 财政贴息与兑付

第三十一条 贷款本息

"特惠贷"贷款利息由区财政出资建立七星关区"特惠贷"贴息资金，按季对贫困农户"特惠贷"小额信用贷款进行贴息。贴息资料由农商行分支机构牵头，乡（镇、街道）扶贫工作站配合，农商行分支机构于每季度季末月月初5日前将"特惠贷"小额信用贷款贴息清单电子档报农商行扶贫事业部，事业部根据贷款余额、结息天数、贷款利率等审核汇总后于每季度季末月月初10日前将电子版和加盖公章的纸质台账报区扶贫部门审核，扶贫部门主要审核台账中农户属性，即是否属于贫困户，审核中对有疑问的及时联系农商行进行核实，经核实后将符合贴息的贫困户贴息金额汇总并报涉农纪工委备案后划至区政府在农商行开设的"特惠贷"小额信用贷款贴息资金专户。

第八章 附 则

第三十二条 本办法涉及的相关表格按照《贵州毕节农村商业银行"致富通"农户贷款管理办法》和《贵州毕节农村商业银行"致富通"农户信用等级及综合授信管理办法》有关规定执行。

第三十三条 本办法从下发之日起实施。原《贵州毕节农村商业银行股份有限公司"精准扶贫特惠贷"农户小额信用贷款管理办法》（毕农商银发〔2015〕341号文件）同时废止。

第三十四条 本办法由区财政局、扶贫办以及农商行各自负责解释。

第三十五条 本办法未列入的其他事项，原则上按照规定程序通过一事一议协商决定后实施。

第三十六条 本办法原则上执行至全面建成小康社会时止，并随国家政策和省、市、区有关规定调整而作相应调整、完善、执行和废止。

区概况

【概述】 毕节市七星关区位于贵州省西北部，是云贵川三省地区区域中心城市和黔西北政治、经济、文化中心及交通枢纽，地处北纬27度03分至27度46分，东与大方县相邻，南与纳雍县接壤，西与赫章县和云南省镇雄县毗邻，北与四川省叙永、古蔺县隔赤水河相望。全区总面积3412平方公里，辖44个镇乡办事处，全区人口1623082。最高海拔2217米，最低海拔470.1米，平均海拔1511米。全区气候冬无严寒，夏无酷暑，全区年平均气温14.2摄氏度。七星关区属中山地貌类型，东北部山地与沟壑交错，地势陡峭；中部属中山山地和河谷平地；西部属中山和高中山及谷地。主要农作物为玉米、水稻、马铃薯、油菜、烤烟。盛产生漆、大蒜和天麻、杜仲、半夏、党参等名贵中药材。有得天独厚的自然条件、种类繁多的矿产资源，物种多样的生物资源，蓄势待发的旅游资源。矿产资源主要有煤、煤层气、泥炭、地热、铁、铜、铅锌、铝土矿、硫铁矿、水泥用灰岩、建筑用灰岩、饰面用灰岩、化肥用白云岩、水泥用砂岩和页岩、耐火黏土、高岭土、矿泉水、砖瓦用页岩矿产等19种，其中煤初步查明资源储量的有37个矿区（井田），累计查明的资源储量11.4931亿吨，硫铁矿在全市境内分布面积约2000平方公里，预测资源储量19.2亿吨，查明9个硫铁矿矿区资源储量1791.65万吨。七星关区历史厚重、资源富集、区位优势明显。

【主要经济指标】 2016年，预计完成生产总值320亿元，同比增长10%，其中，第一产业增加值65亿元、同比增长6.5%，第二产业增加值104亿元、同比增长10%，第三产业增加值151亿元、同比增长16%；全部工业增加值87亿元，同比增长6%；500万元以上固定资产投资预计完成231亿元，同比增长22%；公共财政预算收入预计24.18亿元，同比增长5.72%；税收收入62.22亿元，同比增长2.13%；社会消费品零售总额预计完成121.3亿元，同比增长13%；城镇常住居民人均可支配收入预计完成26656元，同比增长8.3%；农村常住居民人均可支配收入预计完成8026元，同比增长12.8%；招商引资实际到位资金171.44亿元，同比增长26.23%。

【产业结构调整】 一是新型工业：2016年，预计完成工业产值117亿元，实现工业增加值60亿元。积极构建“银政企”合作平台，帮助中小企业获得融资贷款1000万元。新增13家企业上规入统。以“一区多园”规划布局，新引进汽车记录仪、无痕内衣等13个项目落户，入驻企业达58个，标准厂房入驻率达95%，47个项目建成投产，投产率85%，完成工业总产值30亿元，工业增加值8.79亿元，有规上企业21家，解决就业3000余人。明钧玻璃二期建成投产，一、二期实现产值4.2亿元。推进大富科技注资1.1亿元与添钰动力整合资源、相互合作，推进新能源汽车项目建设。单列5000万元工业发展资金扶持企业发展壮大，拨付4900万元支持经开区内旺和电子、智能炒菜锅、名宇内衣等9家企业，拨付350万元支持浙江颐高毕节运营中心建设。支持和帮助烟厂争取优质香烟生产指标，实现产值54.35亿元、增加值45.44亿元；推动毕节六曲和碧春酒业提高产能、拓宽市场。二是农业产业：2016年，预计粮食产量达46.01万吨，完成烟叶收购11.5万担。新增农机总动力7.6万千瓦，机械化收获面积达5万亩。完成无公害农产品认证申报20个，产地认定18.93万亩，申报创建国家级农产品质量安全县无公害粮油产地认定9万亩，申报绿色食品认证7个。六大农业板块完成种植马铃薯11.5万亩、商品蔬菜34.75万亩、茶叶5000亩、经果林12.64万亩、中药材3.5万亩，现牛存栏16.8万头、羊存栏6.8万只。生猪存栏70万头、存栏禽300万羽，肉类总产量9万吨。三是现代服务业：建成电商产业园一期，引进阿里巴巴、浙江颐高等51家电商企业入驻；完成一期村淘合伙人招募，建成80个村淘服务站，开业至今网上交易额突破4000万元，位居全省前列，毕节电子商务产业园荣获“2016年度贵州省电子商务十佳示范基地”称号；建立区、乡、村三级物流集散营运体系，被授予“2016年省级电子商务进农村综合示范县”荣誉称号。落实企业入统奖励制度，新增3家限上消费品零售企业。民营经济实现增加值112.98亿元，新增市场主体13297户，新增就业11994人。石桥边物流园基础设施建设完成投资2亿元，万丰、浙商城、湖南商贸城二期以及创美、黔西北农贸市场等项目建设稳步推进。拱拢坪国家森林公园、鸡鸣三省红色旅游景区、环城景区、中寨自然景区等旅游景区景点快速推进，小河彝寨、大屯三官寨、大南山苗寨景点打造顺利实施。2016年接待游客756万人次、增幅26%，预计实现旅游综合收入58亿元、增幅26%。

【项目建设】 围绕城市建设、新兴工业、大健康、大旅游、现代农业和现代服务业包装打造604个项目，其中95个重大项目全面开工，2016年142亿的投资计划已完成121.8亿。毕镇高速、金银山互通和成贵铁路建设快速推进，146.8公里国省干道改造即将全面启动，57.45公里县乡道改造和大修有序推进。同心公园初步建成开放，水幕电影、音乐喷泉建成使用，桂花市场基坑支护完成。毕节二中、四中迁建和区二医、中医院建设全面推进。抓住“十三五”规划编制和国家设立专项建设基金的有利时机，获得专项建设项目22个，已获专项基金23.89亿元。专门邀请专家规划筛选的103个PPP项目，总投资677.61亿元，其中50个成功进入省财政厅的项目库。

【脱贫攻坚】 “一市五金多套餐”扶贫机制深入推进；建档立卡“回头看”工作进入常态化，将农村低保家庭全部纳为精准扶贫户。2016年争取到各类社会扶贫资金2755.96万元、67个项目，覆盖24个乡镇、87个行政村。落实产业发展资金3180万元扶持企业（合作社）发展；累计为1.1万贫困户担保贷款2.84亿元；完成2010户8416人的易地扶贫搬迁集中安置，其他分散安置稳步开展。“雨露计划·圆梦行动”共资助贫困学生712万元；“两无”人员全部纳入政策性兜底保障。按照贫困村出列“四有五覆盖”和贫困户脱贫“五通四有”的要求，拨付1亿元资金专项用于脱贫攻坚，全力决胜实现“2个贫困乡镇实现省级减贫摘帽、91个贫困村出列、5.1万贫困人口脱贫”目标。

【城乡一体化】 一是城市功能、城市品位稳步提升。2016年计划新建城市道路28条、61.39公里，其中发展路、常青路、德溪新区二号路、四号路、白虎山隧道等城镇基础设施完成投资24.78亿元。棚户区改造10个片区统筹推进，提前启动实施明年棚改项目。已签征收协议14000户，超额完成2016年1.1万户的棚改任务，并启动2017年棚改任务。房地产开发完成投资53亿，超额完成2016年全年任务。完成30个建制乡镇总体规划编制，290个小城镇建设项目动工159个、完工55个，完成投资约9.9亿元。示范小城镇新增人口3532人，新增城镇就业人口2653人，新增小微企业（含个体工商户）349家，小城镇人口集聚功能显著提高，镇域经济实力不断增强。二是农村基础设施进一步夯实。投资1.04亿元，实施57.45公里县乡公路大修改造，年底可全面完工；筹资7.3

亿元，启动965.04公里通村路、1115.86公里通组路、595.13公里连户路、130.57公里人行步道建设。夹岩水利枢纽完成投资1.7亿元，双河口、龙官桥、野角水库建设完成投资1.2亿元，倒天河鸭池段、沔鱼河大寨段、干家沟段河道治理全面完成；小康水项目争取到市级资金884万、区级配套2000万，目前正有序推进实施，生机镇水土保持重点建设工程全面完工。三是美丽乡村建设全面铺开。完成农村危房改造5584户，405个小康寨创建完成221公里通组路、194公里人行步道硬化。

【社会事业】 一是教育事业均衡发展。建成教师公租房项目204个、寄宿制学生宿舍项目140个、薄改项目16个。毕节二中、六中、四中和区职中创建省级示范顺利进行。二是医疗卫生事业统筹推进。城乡医保和救助制度不断完善，新农合参保人数达111.3万人，参保完成率100%，免费为城乡居民建立电子健康档案105万份，住院分娩率99%，所有乡镇卫生院达到住院分娩条件，未发生较大突发公共卫生事件。三是社会救助保障体系不断完善。拨付2000万元设立疾病应急救治资金，特困群众大病医疗底垫周转基金机制深入实施；下拨资金2.15亿元，1.13万户、2.59万人纳入城低保，4.61万户、9.2万人纳入农低保；城乡医疗救助5729人次，临时困难救助2442人次；“七长双线九平台”进一步落实，2663名困境儿童每月按时发放300元基本生活费。城镇职工养老参保3.27万人、医疗参保3.73万人。四是大众就业创业取得新成效。新增城镇就业7650人，失业再就业1186人，就业困难人员就业785人，农业劳动力转移就业1.24万人。

【社会综合治理】 一是安全生产水平逐步提高。行业部门监管责任、乡镇街道属地责任、企业主体责任得到进一步落实，各行业（领域）安全生产专项整治继续强化。二是地灾防治能力显著增强。累计投入资金6035万元，运用“互联网＋地质灾害预防”，安装滑坡伸缩仪18台，地质灾害预警预报精准性和时效性不断提高，共开展地灾隐患排查180余次，核查危险区域214处，确认地灾隐患点197处并将监测预警落实到位，开展19处地质灾害隐患点的治理搬迁工作，地灾防治水平进一步提升。三是社会治理成效明显。公共安全进一步强化，有效打击各类违法犯罪行为，人民群众安全感、满意度持续提升，特殊人群管理水平进一步提高，全省“法治毕节”创建观摩会在我区顺利召开。四是信访维稳成效显著。信访问题和矛盾纠纷化解深入推进，积案化解成效明显，源头稳控措施有力。

【改革发展】 全力推进“放管服”改革，简政放权成效初步显现。研究出台《财政资金支出管理办法（试行）》，政府性债务全部纳入预算管理，乡镇财税体制改革稳步推进。土地节约集约利用成效显著，被国土资源部评为“国土资源利用节约集约模范县区”。教育人事制度、办学模式和民办教育改革有序推进，划片招生受群众欢迎。医药卫生体制改革步伐加快，医保支付体制、药品供销监管机制进一步完善。户籍制度改革有力推进。农村土地承包经营权确权颁证、小型水利工程产权改革、农村集体林业综合改革等有序推进。

（政府办文书科）

领导名录

七星关区领导名录

姓名后面有“*”号的，是在2016年内因提职、免职、换届和离退休及其他原因而去职；没有“*”号的，为年底仍在职。

区几大班子

中国共产党毕节市七星关区委员会

书　记　崔英魁（2016.1–2016.12）
副书记　胡敬斌（2016.1–2016.12）
　　　　聂忠智*（2016.1–2016.5）
　　　　颜　岭（2016.5–2016.12）
常　委　安　旺（2016.5–2016.12）
　　　　何万学（2016.1–2016.12）
　　　　袁　媛（2016.6–2016.12，女）
　　　　郑　荣*（2016.1–2016.6，女）
　　　　王晓园（2016.6–2016.12）
　　　　何友谊*（2016.1–2016.5）
　　　　易晓华（2016.5–2016.12）
　　　　吴贤耀*（2016.1–2016.5，彝）
　　　　张　铭（2016.5–2016.12）
　　　　叶　荣（2016.5–2016.12）
　　　　王华国*（2016.1–2016.10）

毕节市七星关区人民代表大会常务委员会

主　任　周　延（2016.1–2016.12）
副主任　安　慧*（2016.1–2016.5，女，彝）
　　　　张　媛（2016.1–2016.12，女）
　　　　胡家敬（2016.1–2016.12）
　　　　张　骅（2016.1–2016.12）
　　　　林学方*（2016.1–2016.11）
　　　　王大庆*（2016.1–2016.5）
　　　　肖世华（2016.1–2016.12）
　　　　胡卫国（2016.12–2016.12）
　　　　吕艺华（2016.12–2016.12）

毕节市七星关区人民政府

区　　长　胡敬斌（2016.1–2016.12）
常务副区长　安　旺（2016.6–2016.12，彝）
　　　　　胡书龙*（2016.1–2016.6）
副 区 长　周祖华（2016.1–2016.12）
　　　　　付　波*（2016.1–2016.7）
　　　　　胡卫国*（2016.1–2016.5）
　　　　　王大庆（2016.5–2016.12，苗）
　　　　　刘　鑫（2016.1–2016.12）
　　　　　严　琪（2016.5–2016.12）
　　　　　李　萍（2016.5–2016.12，女，彝）
　　　　　卜令冲（2016.1–2016.12，挂职）
　　　　　赵泽英*（2016.1–2016.10，白，挂职）
　　　　　张建军*（2016.1–2016.6，挂职）
　　　　　赖　平（2016.1–2016.12，挂职）
　　　　　顾长华（2016.5–2016.12，挂职）
　　　　　姜玲玲（2016.1–2016.12，女，挂职）
　　　　　张　刃（2016.1–2016.12，女，挂职）
　　　　　赵　科（2016.5–2016.12，挂职）
　　　　　丘宇辉（2016.7–2016.12，挂职）
　　　　　朱雅亮（2016.1–2016.12，挂职）

中国人民政治协商会议七星关区委员会

主　席　吴　坚＊（2016.1–2016.12）
　　吴贤耀（2016.12–2016.12，彝）
副主席　邹芝桦＊（2016.1–2016.12，女）
　　王林中（2016.1–2016.12）
　　周光乔＊（2016.1–2016.12）
　　燕金祥（2016.1–2016.12）
　　江晓燕（2016.1–2016.12，女）
　　周遵林（2016.1–2016.12）
　　吕艺华＊（2016.1–2016.12）
　　熊　雄（2016.12–2016.12）
　　邓　庆（2016.12–2016.12，白）

七星关区乡镇（街道）领导名录

市西街道

党工委书记　康　海＊（2016.1–2016.9）
　　王安民（2016.10–2016.12）
人大工委主任　张　翼＊（2016.1–2016.8）
　　高鹏程（2016.9–2016.12）
党工委副书记、主任　王万松＊（2016.1–2016.3）
　　高　伟（2016.5–2016.12）
党工委副书记　刘晓玲＊（2016.1–2016.11，女）
党工委委员、纪工委书记
　　高鹏程＊（2016.1–2016.7）
　　孙天珍（2016.7–2016.12，女）
党工委委员、组织委员　卢　鹏（2016.1–2016.12）
党工委委员、宣传委员
　　武孔珍（2016.1–2016.12，女）
党工委委员、政法委书记
　　侯　军＊（2016.1–2016.7）
派出所所长　苏　剑＊（2016.1–2016.10）
党工委委员　吉庆才（2016.1–2016.12）
党工委委员、武装部长、副主任
　　周　峰（2016.7–2016.12）
副主任　郭太贤＊（2016.1–2016.7，布依）
　　张伍鸿烈＊（2016.1–2016.8，白）
　　张　宁（2016.1–2016.12，女）
　　高　虹（2016.7–2016.12，女，壮族）
　　周　峰（2016.7–2016.12）
计生专职副会长　潘利华（2016.1–2016.12）

市东街道

党工委书记　周遵林＊（2016.1–2016.6）
　　聂祥春（2016.7–2016.12）
人大工委主任　田应碧（2016.1–2016.6）
党工委副书记、主任
　　王占勇＊（2016.1–2016.5）
　　谢永贵（2016.5–2016.12，白）
党工委副书记　谢永贵＊（2016.1–2016.5，白）
　　樊　缸（2016.7–2016.12）
党工委委员、纪工委书记
　　吕东华＊（2016.1–2016.11）
党工委委员、组织委员
　　王　娟（2016.1–2016.12，女）
党工委委员、宣传委员　朱　然（2016.1–2016.12）
党工委委员、政法委书记
　　张　云（2016.1–2016.12）
武装部长、副主任　顾怀乾（2016.1–2016.12）
党工委委员　张　艳（2016.1–2016.12，女）
　　顾怀乾（2016.6–2016.12）
副主任　张　艳（2016.6–2016.12，女）
　　廖　凯（2016.1–2016.12）
计生专职副会长　席　红（2016.1–2016.12）

麻园街道

党工委书记　毛家兴＊（2016.1–2016.5）
　　黄远森（2016.6–2016.12）
党工委副书记、主任　黄远森＊（2016.1–2016.5）
　　向胜利（2016.6–2016.12）
人大工委主任　向胜利＊（2016.1–2016.5）
　　糜永珍（2016.6–2016.12，女）
党工委副书记　糜永珍＊（2016.1–2016.5，女）
　　陈丽萍（2016.6–2016.12，女，彝）

党工委委员、纪工委书记
汪　琴*（2016.1–2016.7，女）
袁　野（2016.7–2016.12）
党工委委员、组织委员　刘　海（2016.7–2016.12）
党工委委员、政法委书记
陈丽萍*（2016.1–2016.5，女，彝）
罗　杰（2016.10–2016.12）
党工委委员、宣传委员　曹富勇（2016.1–2016.12）
党工委委员　龙秀学（2016.1–2016.12，彝）
罗明光（2016.1–2016.12）
武装部长、副主任　孙　兆（2016.1–2016.12）
副主任　罗　杰*（2016.1–2016.9）
周镔瑜*（2016.1–2016.9）

碧海街道

党工委书记　李光俊（2016.1–2016.12，彝）
人大工委主任　张　鹏（2016.1–2016.12）
党工委副书记、主任　许志刚*（2016.1–2016.5）
陆　军（2016.5–2016.12）
党工委副书记　杨秋菊*（2016.1–2016.5，女，彝）
龚毅龙（2016.7–2016.12）
党工委委员、纪工委书记
张周平（2016.1–2016.12，女）
党工委委员、组织委员
高　曼（2016.1–2016.12，女，彝）
党工委委员、宣传委员
曹　刚*（2016.1–2016.7）
潘永发（2016.7–2016.12）
党工委委员、政法委书记　刘世佳（2016.1–2016.12）
党工委委员、派出所所长
周　蕾（2016.11–2016.12）
党工委委员、副主任　龚毅龙*（2016.1–2016.7）
党工委委员　喻永伦（2016.1–2016.12）
张　竞（2016.6–2016.12）
朱　鸿（2016.7–2016.12）
副主任、武装部长　夏　旭*（2016.4–2016.7）
党工委委员、副主任、武装部长
夏　旭（2016.7–2016.12）

副主任　周炜杰（2016.1–2016.12）
夏　旭*（2016.1–2016.4）
王　玥（2016.7–2016.12，女）

碧阳街道

党工委书记　戴德润（2016.1–2016.12）
人大工委主任　龙天发（2016.1–2016.12，彝）
党工委副书记、主任　曾　铸（2016.1–2016.12）
党工委副书记　聂开龙*（2016.1–2016.7）
党工委委员、纪工委书记
支亚琴*（2016.1–2016.6，女）
党工委委员、组织委员　孟祥瑞（2016.1–2016.12）
党工委委员、政法委书记
刘　敏（2016.1–2016.12，女，白）
党工委委员、宣传委员
吴道琼（2016.1–2016.12，女）
党工委委员、副主任
雷　娟（2016.3–2016.12，女）
党工委委员、武装部长　雷　洋（2016.1–2016.4）
党工委委员　靳玉环（2016.1–2016.12）
黄　龙（2016.7–2016.12）
龚　吉（2016.7–2016.12）
武装部长、副主任　陶永忠（2016.4–2016.12，苗）
副主任　陈庆乔（2016.4–2016.12）

大新桥街道

党工委书记　徐　明*（2016.1–2016.3）
王万松（2016.4–2016.12）
人大工委主任　余　鑫（2016.1–2016.4）
李　静*（2016.4–2016.6，女）
许　琴（2016.6–2016.12，女）
党工委副书记、主任　石　林（2016.4–2016.12）
党工委副书记　李　静*（2016.1–2016.4，女）
张晓玲（2016.4–2016.12，女）
党工委委员、纪工委书记
张晓玲*（2016.1–2016.4，女）
阮鹏程（2016.6–2016.12）
党工委委员、组织委员　王志鑫（2016.1–2016.12）

党工委委员、政法委书记
李　焱（2016.1–2016.12，彝）
党工委委员、宣传委员
陈　莉（2016.1–2016.12，女）
党工委委员、武装部长、副主任
聂祥剑（2016.1–2016.12）
党工委委员、副主任　蔡　湛（2016.6–2016.12）
党工委委员　刘　渊（2016.1–2016.12）
张兴万（2016.6–2016.12）
副主任　向　琨（2016.1–2016.4）
朱丽娟（2016.1–2016.12，女）
计生专职副会长　陈　俊（2016.1–2016.12，女）

德溪街道

党工委书记　王　驰（2016.1–2016.12）
党工委副书记、主任　丁淞江（2016.1–2016.12，白）
人大工委主任　周维香（2016.1–2016.12）
党工委副书记　郭光全（2016.1–2016.12）
党工委委员、纪工委书记
魏　平（2016.1–2016.12）
党工委委员、组织委员
彭春鸿（2016.1–2016.12）
党工委委员、政法委书记
杨顶江（2016.1–2016.12）
党工委委员、宣传委员　胡汉中（2016.7–2016.12）
党工委委员、武装部长、副主任
邵继革（2016.1–2016.12）
党工委委员　祝　云（2016.1–2016.12，女，彝）
王方琼（2016.1–2016.12）
杨　霞（2016.7–2016.12，女，彝）
副主任　邓时启＊（2016.1–2016.11）
李红艳（2016.1–2016.12，女）

观音桥街道

党工委书记　宋　勇（2016.1–2016.12）
党工委副书记、主任　付立武（2016.1–2016.12）
人大工委主任　赵　洪（2016.1–2016.12，白）
党工委副书记　雷　洋（2016.4–2016.12）
党工委委员、纪工委书记
陈　昕（2016.1–2016.12，女，彝）
党工委委员、政法委书记
刘世军＊（2016.1–2016.7）
党工委委员、武装部长、副主任
吉庆文（2016.1–2016.12）
党工委委员、副主任
雷　娟＊（2016.1–2016.4，女，白）
吴　成（2016.7–2016.12）
党工委委员、组织委员　邓　诚（2016.1–2016.12）
党工委委员、宣传委员
胡汉中＊（2016.1–2016.7）
周永来（2016.7–2016.12）
党工委委员　路　杰（2016.7–2016.12）
刘　芳（2016.7–2016.12，女）
科技副主任　唐丽霞（2016.1–2016.12，女）
计生专职副会长　廖常英（2016.1–2016.12，女）

洪山街道

党工委书记　夏　冬＊（2016.1–2016.3）
张和国（2016.3–2016.12）
党工委副书记、主任　葛　龙（2016.1–2016.12）
人大工委主任　彭吉显（2016.1–2016.12）
党工委副书记　蔡慧芳（2016.3–2016.12，女）
党工委委员、纪工委书记
阮　顺（2016.1–2016.12）
党工委委员、组织委员
阮　春＊（2016.4–2016.7）
李　梅（2016.7–2016.12，女）
党工委委员、政法委书记
薛爱东（2016.1–2016.12）
党工委委员、宣传委员
薛占琴（2016.1–2016.12，女）
党工委委员、武装部长、副主任
阮　春（2016.7–2016.12）
副主任　邓庭国（2016.1–2016.12）
聂　琴（2016.7–2016.12，女）
党工委委员　韩盛甲（2016.7–2016.12）
吴承之（2016.7–2016.12）

三板桥街道

党工委书记 黄玉龙＊（2016.1–2016.5）
石明殿（2016.5–2016.12）
党工委副书记、主任 路绍丹＊（2016.1–2016.5）
刘青云（2016.5–2016.12）
人大工委主任 施 容＊（2016.1–2016.7，女）
吴传杰（2016.7–2016.12）
党工委副书记 吴传杰＊（2016.1–2016.7）
曾万年（2016.7–2016.12）
党工委委员、纪工委书记
张 梅（2016 1–2016.12，女，彝）
党工委委员、组织委员
付 将＊（2016.1–2016.9）
党工委委员、武装部长、副主任
张光伟（2016.1–2016.12）
党工委委员、政法委书记
樊 舡＊（2016.1–2016.7）
汪 琴＊（2016.7–2016.9）
吴正发（2016.10–2016.12）
党工委委员、宣传委员
吴正发＊（2016.1–2016.10）
党工委委员 王 云（2016.1–2016.12）
秦 兵（2016.1–2016.12）
邓 漠（2016.1–2016.12）
副主任 支 莹（2016.1–2016.12）
王思源＊（2016.1–2016.4）
胡 华（2016.7–2016.12）
科技副主任 林 静＊（2016.1–2016.3，女）
计生专职副会长 周方廉（2016.1–2016.12）

海子街镇

党委书记 聂祥春＊（2016.1–2016.7）
吴锦煜（2016.8–2016.12）
人大主席 黄启刚（2016.1–2016.12）
党委副书记、镇长
张金春＊（2016.1–2016.5）
史 记（2016.5–2016.12）
党委副书记 史 记＊（2016.1–2016.5）
郑 勇（2016.8–2016.12）
党委委员、纪委书记
陈华阶（2016.5–2016.12，彝族）
党委委员、组织委员 郑 勇＊（2016.1–2016.7）
党委委员、组织委员、人大副主席
刘菊香（2016.8–2016.12，女）
党委委员、宣传委员
阮孝军＊（2016.1–2016.7）
党委委员、政法委书记
韩盛甲＊（2016.1–2016.7）
党委委员、武装部长、副镇长
杨 凯（2016.1–2016.12，苗族）
党委委员、副镇长 唐遇杰＊（2016.1–2016.10，女）
党委委员 周 威（2016.1–2016.12）
唐遇杰（2016.8–2016.12，女）
吴道洪（2016.8–2016.12）
副镇长 李章淑＊（2016.1–2016.4，女）
罗昌欢（2016.10–2016.12）
赵 青（2016.10–2016.12，女）
科技副镇长（挂职） 王芳叶（2016.10–2016.12）
计生专职副会长 靳丽鹏＊（2016.1–2016.7）

田坝桥镇

党委书记 高 斌＊（2016.1–2016.5）
肖庆团（2016.5–2016.12）
党委副书记、镇长
肖庆团＊（2016.1–2016.5）
郭 璇（2016.5–2016.12，女，穿青）
党委副书记、政法委书记
邓 洁（2016.7–2016.12）
党委委员、纪委书记
胡 旭（2016.4–2016.12）
党委委员、组织委员
谢春燕（2016.1–2016.12，女）
党委委员、政法委书记
徐 滔＊（2016.1–2016.7）
党委委员、宣传委员
李发莉＊（2016.1–2016.7，女）

党委委员 邓　洁＊（2016.1–2016.7）
尹毕天（2016.7–2016.12）
成贞诗（2016.7–2016.12）
李　强（2016.7–2016.12）
武装部长、副镇长 赵栋梁＊（2016.1–2016.3）
王　尹（2016.11–2016.12）
副镇长 兰继鹏＊（2016.1–2016.3）
付　堃（2016.4–2016.12，女）
高俊宝（2016.4–2016.12）

八寨镇

党委书记 张治国＊（2016.1–2016.3）
王　涛（2016.5–2016.12）
人大主席 史开才＊（2016.1–2016.7）
李兴成（2016.11–2016.12）
党委副书记、镇长 王　涛＊（2016.1–2016.5）
邹　堃（2016.11–2016.12）
党委副书记 刘　睿＊（2016.1–2016.5）
党委副书记、政法委书记 郝永坤
党委委员、纪委书记
李兴成＊（2016.1–2016.11）
杨其贵（2016.7–2016.12，彝）
党委委员、组织委员
吴道洪＊（2016.1–2016.7）
张杨彬（2016.7–2016.12）
党委委员、政法委书记
杨其贵＊（2016.1–2016.7，彝）
党委委员、宣传委员
王吉凤＊（2016.1–2016.3，女，彝）
张杨彬＊（2016.4–2016.7）
党委委员、武装部长、副镇长
罗　云（2016.7–2016.12）
党委委员 季善吉＊（2016.1–2016.7）
赵启志（2016.1–2016.12，白）
杨大成（2016.1–2016.12）
副镇长 尹毕天＊（2016.1–2016.7）
郝永坤＊（2016.1–2016.7）
卢　令（2016.11–2016.12）
聂伊妮（2016.11–2016.12）

层台镇

党委书记 张合远（2016.1–2016.12）
党委副书记、镇长 张　讯（2016.1–2016.12）
人大主席 罗才平（2016.1–2016.12）
党委副书记
郭　璇＊（2016.1–2016.7，女，穿青人）
党委副书记、政法委书记
赵　艳（2016.7–2016.12，女）
党委委员、纪委书记
孙　奇＊（2016.1–2016.7）
陈宗堉（2016.7–2016.12，彝）
党委委员、组织委员 张　烈（2016.1–2016.12）
党委委员、宣传委员 彭正富（2016.1–2016.12）
武装部长、副镇长 周　鑫＊（2016.1–2016.7）
康圣鸿（2016.7–2016.12）
党委委员、副镇长 万昌荣＊（2016.1–2016.9）
党委委员 张　楠（2016.1–2016.12）
张　平（2016.1–2016.12）
副镇长 翟　俊（2016.1–2016.12）
计生专职副会长 刘国勇（2016.1–2016.12）

小吉场镇

党委书记 赵　耀（2016.1–2016.12，白）
人大主席 彭永贵（2016.1–2016.12）
党委副书记、镇长
夏　炜＊（2016.1–2016.7，蒙古族）
刘　晓（2016.11–2016.12）
党委副书记、政法委书记
陈　波（2016.7–2016.12）
党委委员、纪委书记
谢明全＊（2016.1–2016.7，白）
李　麒（2016.7–2016.12）
党委委员、政法委书记
张兴万＊（2016.1–2016.7）
党委委员、组织委员 陈　波＊（2016.1–2016.7）
付善宇（2016.7–2016.12）
人大副主席 付善宇（2016.11–2016.12）

党委委员、宣传委员 付善宇*（2016.1–2016.7）
党委委员 蒲　兴（2016.7–2016.12）
向　伟（2016.1–2016.12）
翁继宗（2016.1–2016.12）
刘昌涯（2016.7–2016.12）
党委委员、武装部长、副镇长
丁龙清*（2016.1–2016.7）
王国军（2016.7–2016.12）
副镇长 陈　艳（2016.1–2016.12，女）
王国军*（2016.1–2016.7）
廖洪玲（2016.11–2016.12）
孔伟亚（2016.11–2016.12）

阿市乡

党委书记 宋尚万*（2016.1–2016.7）
周　波（2016.7–2016.12，苗）
人大主席 刘智林（2016.1–2016.12）
乡　　长 周　波*（2016.1–2016.7，苗）
熊　秀（2016.7–2016.12，彝）
党委副书记 朱　勇*（2016.1–2016.7）
党委副书记、政法委书记 孙　奇（2016.7–2016.12）
党委委员、纪委书记
陈章琴（2016.1–2016.12，女）
党委委员、政法委书记
蒲　兴*（2016.1–2016.7）
组织委员、人大副主席 刘　踊（2016.7–2016.12）
组织委员 刘　踊*（2016.1–2016.7）
党委委员、武装部长、副乡长
谢　云（2016.1–2016.12，白）
副 乡 长 范厚武（2016.1–2016.12）
党委委员 李　编（2016.1–2016.12，苗）
何　平（2016.1–2016.12）
丁龙清（2016.7–2016.12）
党委委员、副乡长
田孟祥（2016.1–2016.12，畲族）

普宜镇

党委书记 张治国*（2016.1–2016.3）
沈　颖（2016.7–2016.12，女，白）
人大主席 李昌相（2016.1–2016.12）
党委副书记、镇长
沈　颖*（2016.1–2016.4，女，白）
王　铮（2016.5–2016.12）
党委副书记、政法委书记
罗云忠（2016.4–2016.12）
党委委员、政法委书记
朱　鸿*（2016.1–2016.7）
党委委员、纪委书记 罗云忠*（2016.1–2016.3）
夏　天（2016.4–2016.12）
党委委员、组织委员
叶章玲（2016.4–2016.12，彝）
党委委员、宣传委员 蒲先富*（2016.1–2016.7）
党委委员、武装部长、副镇长
郑元中（2016.11–2016.12）
党委委员 沈　杰（2016.1–2016.12）
陈忠义（2016.1–2016.12）
张邦华*（2016.1–2016.4）
赵　鹏（2016.8–2016.12）
武装部长、副镇长
郑慕天*（2016.1–2016.10）
副镇长 夏　天*（2016.1–2016.3）
何大龙（2016.4–2016.12）
陈　桥*（2016.1–2016.3）
吕　爱（2016.7–2016.12）
计生专职副会长 蒙志洪（2016.1–2016.12）

大屯乡

党委书记 王　武（2016.3–2016.12，白）
人大主席 程斗文（2016.1–2016.12）
党委副书记、乡长
陆　军（2016.4–2016.12，彝）
乡　长 胡祥松*（2016.1–2016.3，彝）
党委副书记、政法委书记
王吉凤（2016.7–2016.12，女，彝）
党委副书记 陆　军*（2016.1–2016.4，彝）
党委委员、政法委书记
高　昆*（2016.4–2016.7，彝）

党委委员、纪委书记
陈华阶 *（2016.1–2016.4，彝）
漆俊峰（2016.4–2016.12）
党委委员、组织委员
高　昆（2016.7–2016.12，彝）
党委委员、宣传委员　牟泰来 *（2016.1–2016.7）
党委委员、武装部长、副乡长
漆俊峰 *（2016.1–2016.4）
张　培（2016.7–2016.12）
副乡长　高　昆 *（2016.1–2016.4，彝）
牟泰来（2016.11–2016.12）
党委委员　赵然友 *（2016.1–2016.8）
范　云（2016.1–2016.12，彝）
燕正友 *（2016.1–2016.8）
王文才（2016.7–2016.12）
计生专职副会长
王振帮 *（2016.1–2016.4）

龙场营镇

党委书记　熊　林（2016.1–2016.12）
党委副书记、镇长
赵　科 *（2016.1–2016.4，白）
朱　勇（2016.7–2016.12）
人大主席　刘　江 *（2016.1–2016.7）
吴树斌（2016.7–2016.12）
党委副书记　吴树斌 *（2016.1–2016.7）
党委副书记、政法委书记
赵　旭（2016.7–2016.12）
党委委员、纪委书记
赵　旭 *（2016.1–2016.7）
翟　洪（2016.7–2016.12）
党委委员、组织委员　常　勇 *（2016.1–2016.7）
陈家伟（2016.7–2016.12）
党委委员、宣传委员
杨　林 *（2016.1–2016.7，彝）
党委委员、派出所所长
翟志鹏 *（2016.1–2016.7）
党委委员　杨　娜（2016.7–2016.12）
祁　桦 *（2016.1–2016.7，女）

党委委员、武装部长、副镇长
刘绍森（2016.7–2016.12）
党委委员　黄　柯（2016.7–2016.12）
陈　塑（2016.7–2016.12，彝）
副镇长　何大龙 *（2016.1–2016.7）
武装部长、副镇长　刘绍森 *（2016.1–2016.7）
副镇长　吕　重（2016.7–2016.12）
何　平（2016.7–2016.12，女）

田坎乡

党委书记　吴锦煜 *（2016.1–2016.7）
梁　曙（2016.7–2016.12）
人大主席　彭廷柱 *（2016.1–2016.7）
陈　洺（2016.11–2016.12）
党委副书记、乡长　赵　耀（2016.1–2016.12，彝）
党委副书记　陈　洺 *（2016.1–2016.7，彝）
刘　曦（2016.7–2016.12）
党委委员、纪委书记　刘　曦 *（2016.1–2016.7）
温世宏（2016.7–2016.12）
党委委员、政法委书记
温世宏 *（2016.4–2016.7）
刘　曦（2016.7–2016.12）
党委委员、组织委员
曾　义（2016.7–2016.12，彝）
党委委员　曾　义 *（2016.1–2016.7，彝）
薛廷猛（2016.1–2016.12）
李旭东（2016.7–2016.12）
吴孺华（2016.7–2016.12）
党委委员、计生专职副会长
罗国华 *（2016.1–2016.7，彝）
副乡长、武装部长　李　靖（2016.11–2016.12，白）
副乡长　吕　重 *（2016.5–2016.7）
白　梅（2016.5–2016.12，彝）
温世宏 *（2016.1–2016.4）

何官屯镇

党委书记　李　和 *（2016.1–2016.4）
张道奇（2016.4–2016.12）

党委副书记、镇长 汪　涛*（2016.1–2016.4，白）
刘礼贵（2016.4–2016.12）
人大主席 周遵玉（2016.1–2016.12）
党委副书记 刘天鹏*（2016.1–2016.8）
党委副书记、政法委书记
孙　斌（2016.8–2016.12）
党委委员、纪委书记
余　彪（2016.8–2016.12，蒙古族）
党委委员、政法委书记
陈让军*（2016.1–2016.9）
党委委员、组织委员、人大副主席
孙　剑（2016.8–2016.12）
党委委员、武装部长、副镇长
朱启迅（2016.8–2016.12）
党委委员 聂玉琴（2016.8–2016.12，女）
张成刚（2016.8–2016.12）
林文祥（2016.8–2016.12）
赵　桂（2016.8–2016.12，彝）
副镇长 周　鑫（2016.11–2016.12）
郎潇潇（2016.11–2016.12，女）
徐　荣（2016.11–2016.12，女）
计生专职副会长 聂淑春（2016.1–2016.12，女）
党委委员、组织委员 张成刚*（2016.1–2016.8）
党委委员、宣传委员
聂玉琴*（2016.1–2016.8，女）
党委委员、武装部长、副镇长
孙　斌*（2016.1–2016.8）
党委委员、副镇长 朱启迅*（2016.1–2016.8）
党委委员 邓红梅*（2016.1–2016.8，女，布依）
副镇长 谢洪军*（2016.1–2016.6，白）
孙浩然　*（2016.1–2016.5）

对坡镇

党委书记 钟　华*（2016.1–2016.3）
路绍丹（2016.5–2016.12）
党委副书记、镇长
黄常坤*（2016.1–2016.5）
范　禹（2016.11–2016.12，女）
人大主席 李　昕　（2016.5–2016.12）
党委副书记 范　禹*（2016.1–2016.7，女）
阮孝军（2016.7–2016.12）
党委委员、纪委书记
余　彪*（2016.1–2016.7，蒙古族）
徐　滔（2016.7–2016.12）
党委委员、组织委员 史学斌*（2016.1–2016.7）
肖　洋（2016.7–2016.12）
党委委员、副镇长 张道利（2016.5–2016.12）
党委委员 史学斌（2016.7–2016.12）
杨　敏（2016.7–2016.12，女）
陈廷兵（2016.7–2016.12）
副镇长 刘　君（2016.1–2016.12）
叶　燊（2016.11–2016.12）
计生专职副会长 陈孝文（2016.1–2016.12）

水箐镇

党委书记 周晓波*（2016.1–2016.3，彝）
彭华铭（2016.5–2016.12）
党委副书记、镇长 彭华铭*（2016.1–2016.5）
赵明顺（2016.5–2016.12）
人大主席 张　健（2016.4–2016.12，白）
党委副书记 赵明顺*（2016.1–2016.4）
党委副书记、政法委书记
葛　玮（2016.7–2016.12）
党委委员、纪委书记
张　健*（2016.1–2016.4，白）
武丽平（2016.4–2016.12，女）
党委委员、组织委员 宋　丹*（2016.1–2016.6）
人大副主席、组织委员
赵　扩*（2016.7–2016.12，彝）
党委委员、政法委书记 邓　肸*（2016.1–2016.3）
党委委员、武装部长、副镇长
靳丽朋（2016.7–2016.12）
党委委员、宣传委员 胡　旭*（2016.1–2016.3）
周文贤*（2016.4–2016.7）
党委委员 周文贤（2016.7–2016.12）
舒銮琴（2016.7–2016.12）
邓　群*（2016.1–2016.3，女）
张玲琴（2016.7–2016.12，女）

党委委员、计生专职副会长
舒銮琴＊（2016.1–2016.7，女）
武装部长、副镇长　赵　扩＊（2016.1–2016.7，彝）
副镇长　胡　鹏（2016.11–2016.12）
陶　俊（2016.11–2016.12，苗）
罗　勇＊（2016.1–2016.1，苗）
周文贤＊（2016.1–2016.4）
杨　刚＊（2016.1–2016.3，苗）

大银镇

党委书记　万益寿（2016.1–2016.12）
党委副书记、镇长　龙明元＊（2016.1–2016.6）
聂开龙（2016.7–2016.12）
人大主席　王向福＊（2016.1–2016.6）
蒲先富（2016.7–2016.12）
党委副书记　徐长跃＊（2016.1–2016.6）
漆自勇（2016.7–2016.12）
党委委员、纪委书记　薛朝成＊（2016.1–2016.6）
许明友（2016.7–2016.12）
党委委员、组织委员
许明友＊（2016.1–2016.6）
谢　静（2016.7–2016.12）
党委委员、政法委书记
张和江＊（2016.1–2016.6）
漆自勇（2016.7–2016.12）
党委委员、宣传委员
张志祥（2016.1–2016.12，穿青人）
党委委员　孙　颖（2016.4–2016.12）
张合奎（2016.7–2016.12）
武装部长、副镇长　樊　勇（2016.1–2016.12）
副镇长　张合江（2016.7–2016.12）

燕子口镇

党委书记　张达宇＊（2016.1–2016.4）
宋家义（2016.4–2016.12）
人大主席　严　勇（2016.1–2016.12）
党委副书记、镇长　王义文＊（2016.1–2016.5）
彭　义（2016.5–2016.12）
党委副书记　周　峰＊（2016.1–2016.7）
向曼丽（2016.7–2016.12，女）
党委委员、纪委书记　黎建涛（2016.1–2016.12）
党委委员、组织委员　吴　翀＊（2016.1–2016.7）
邓　江（2016.7–2016.12）
党委委员、政法书记　向曼丽＊（2016.1–2016.7）
党委委员、副镇长、武装部长
杨德才（2016.1–2016.12）
党委委员　吴　翀（2016.7–2016.12）
向云呈（2016.1–2016.12）
李建军（2016.1–2016.12　）
副镇长　李官继＊（2016.1–2016.3）
邓　江＊（2016.5–2016.7）
何学伟（2016.5–2016.12）
王春华（2016.11–2016.12）
宋　敏（2016.11–2016.12）

亮岩镇

党委书记　崔庆鼎＊（2016.1–2016.5）
林学文（2016.5–2016.12）
人大主席　张茂良＊（2016.1–2016.7）
成　群（2016.7–2016.12）
党委副书记、镇长　吴传义（2016.1–2016.12）
党委副书记　李　昕＊（2016.1–2016.4）
郑　江（2016.4–2016.12）
党委委员、纪委书记　袁　野＊（2016.1–2016.7）
陈大江（2016.7–2016.12，彝）
党委委员、组织委员
聂艳艳（2016.1–2016.12，女）
党委委员、政法委书记
孔维勇＊（2016.1–2016.4）
陈大江（2016.4–2016.7，彝）
郑　江（2016.7–2016.12）
党委委员、宣传委员
姚　军＊（2016.1–2016.7）
陈梦雨（2016.7–2016.12，彝）
党委委员　金　鑫＊（2016.1–2016.4）
柴忠鑫＊（2016.1–2016.4）
杨　江（2016.1–2016.12）

党委委员、副镇长、武装部长
闫　超（2016.5–2016.12）
副镇长　王春华*（2016.1–2016.7）
张　俊（2016.11–2016.12）

林口镇

党委书记　黄明显（2016.1–2016.12）
党委副书记、镇长　张玉荣（2016.1–2016.12，女）
人大主席　龙　刚（2016.1–2016.12，彝）
党委副书记　王　汉*（2016.1–2016.7）
王顺福（2016.7–2016.12）
党委委员、纪委书记　阮鹏程*（2016.7–2016.12）
刘　学（2016.7–2016.12）
党委委员、组织委员　朱　勇（2016.1–2016.12）
党委委员　袁树礼*（2016.1–2016.7）
赵　江（2016.7–2016.12）
朱仁政（2016.7–2016.12）
武装部长、副镇长　袁树礼*（2016.1–2016.8）
孔　银（2016.11–2016.12）
党委委员、宣传委员
周　璇（2016.1–2016.12，女）
副镇长　刘洪松（2016.1–2016.12，彝）
王娟智（2016.1–2016.12，女）
吴　涛（2016.11–2016.12）

清水铺镇

党委书记　李　萍*（2016.1–2016.5，女，彝）
周　华（2016.5–2016.12，）
人大主席　施明泽（2016.1–2016.12）
党委副书记、镇长　周　华*（2016.1–2016.5）
刘　睿（2016.5–2016.12）
党委副书记　刘礼贵*（2016.1–2016.5）
周　颖　（2016.7–2016.12）
党委委员、纪委书记　周　颖*（2016.1–2016.7）
徐　帅（2016.7–2016.12）
党工委委员、政法委书记
徐　帅*（2016.1–2016.7）
周　颖（2016.7–2016.12）

党委委员、组织委员　郑　江*（2016.1–2016.4）
吕绍学（2016.7–2016.12）
党委委员、宣传委员　叶均平（2016.1–2016.12）
党委委员　葛　松（2016.1–2016.12）
黄远华（2016.7–2016.12）
党委委员、副镇长、武装部长
罗　询（2016.1–2016.12）
副镇长　孟令权（2016.1–2016.12）
许惇译（2016.1–2016.12）
林露云（2016.7–2016.12，女）

生机镇

党委书记　赵仁祥（2016.1–2016.12）
人大主席　谢曰学（2016.1–2016.12）
党委副书记、镇长　葛芝洪*（2016.1–2016.3）
吴世渊（2016.4–2016.12）
党委副书记、政法委书记
金　杰（2016.1–2016.12）
党委委员、纪委书记　刘　学*（2016.1–2016.7）
张　勇（2016.7–2016.12）
党委委员、组织委员　翁志远*（2016.1–2016.8）
党委委员、组织委员、人大副主席
李元发（2016.8–2016.12，彝）
党委委员、副镇长、武装部长
刘发勇（2016.1–2016.12）
党委委员　胡孝华*（2016.1–2016.7）
吴言纲（2016.1–2016.12）
杨　旭（2016.1–2016.12）
曾　波（2016.1–2016.12）
副镇长　詹会勇（2016.1–2016.12）
陈华进（2016.1–2016.12，女，彝）

团结乡

党委书记　闵若梦（2016.1–2016.12）
党委副书记、乡长　龙中举（2016.1–2016.12，彝）
人大主席　杨秋菊（2016.4–2016.12，女，苗）
党委副书记、政法书记
范　杰（2016.1–2016.12，彝）

党委委员、纪委书记
潘永发＊（2016.1–2016.6，彝）
陈荣军（2016.7–2016.12）
党委委员、组织委员　彭启禄＊（2016.1–2016.6）
汪国华（2016.7–2016.12）
党委委员　刘　琼（2016.1–2016.12，女）
颜　斌（2016.1–2016.12）
曾　剑（2016.1–2016.12）
副乡长、武装部长　陈荣军＊（2016.1–2016.6）
曹　恒（2016.7–2016.12）
副乡长　杨　杰（2016.1–2016.12，苗）

鸭池镇

党委书记　邓　涛＊（2016.1–2016.5）
周剑云（2016.5–2016.12）
党委副书记、镇长　宋家义＊（2016.1–2016.4）
葛传友（2016.4–2016.12）
人大主席　葛传友＊（2016.1–2016.4）
向　琨（2016.4–2016.12）
党委副书记　周　兴＊（2016.1–2016.7）
党委副书记、政法委书记
周　兴（2016.7–2016.12）
党委委员、纪委书记　韩　明（2016.1–2016.12）
党委委员、组织委员　邵　兵＊（2016.1–2016.10）
党委委员、组织委员、人大副主席
邵　兵（2016.11–2016.12）
党委委员、政法委书记
李晓军＊（2016.1–2016.7，苗）
党委委员、武装部长　翟　强＊（2016.7–2016.11）
党委委员、副镇长、武装部长
翟　强（2016.11–2016.12）
党委委员、副镇长
杨　霞＊（2016.1–2016.7，女、彝）
党委委员　刘　钊＊（2016.7–2016.10）
党委委员、副镇长　刘　钊（2016.11–2016.12）
党委委员、宣传委员　梁　达＊（2016.1–2016.7）
党委委员　梁　达（2016.7–2016.12）
季春虎（2016.7–2016.12）
沈莹莹（2016.7–2016.12，女，白）
吴红梅＊（2016.1–2016.7）
张　杰＊（2016.1–2016.7）
副镇长、武装部长
朱新宇＊（2016.1–2016.7）
副镇长　周　雪（2016.1–2016.12，女，苗）
王万贵（2016.1–2016.12）
黄　萍＊（2016.1–2016.7）
徐婧菡（2016.10–2016.12，女）

朱昌镇

党委书记　李永红＊（2016.1–2016.5）
崔庆鼎（2016.5–2016.12）
党委副书记、镇长
张政权＊（2016.1–2016.5）
罗　福（2016.5–2016.12）
人大主席　顾登勇（2016.1–2016.12）
党委副书记　罗　福＊（2016.1–2016.7）
张　斌（2016.7–2016.12）
党委委员、纪委书记　胡　辉（2016.1–2016.12）
党委委员、组织委员　龚　吉＊（2016.1–2016.7）
胡继元（2016.7–2016.12）
党委委员、政法委书记
周卫华＊（2016.1–2016.7）
张　斌（2016.7–2016.12）
党委委员、宣传委员
刘　芳＊（2016.1–2016.7，女）
党委委员　王　超＊（2016.1–2016.7）
陈　琳（2016.7–2016.12）
潘　驰（2016.7–2016.12）
刘敬华（2016.7–2016.12）
聂　挺（2016.1–2016.12）
罗　龙（2016.7–2016.12，穿青人）
武装部长、副镇长
罗　龙（2016.1–2016.12，穿青人）
副镇长　张　源＊（2016.1–2016.4，彝）
龙　升＊（2016.1–2016.5，彝）
黎冬华（2016.11–2016.12）
罗　勇（2016.3–2016.12）
唐　薇（2016.11–2016.12）

田坝镇

党委书记 汤志刚＊（2016.1–2016.4）
周进学（2016.4–2016.12，穿青人）
党委副书记、镇长
周进学＊（2016.1–2016.4，穿青人）
龙　升（2016.4–2016.12）
人大主席 成　群＊（2016.1–2016.7）
武声录（2016.7–2016.12）
党委副书记 施　华＊（2016.1–2016.7）
周卫华（2016.7–2016.12）
党委委员、纪委书记 武声录＊（2016.1–2016.7）
曾剑䶮（2016.7–2016.12）
党委委员、组织委员 张　斌＊（2016.1–2016.7）
王　应（2016.7–2016.12）
党委委员、政法委书记
赵　坦＊（2016.1–2016.7）
党委委员、宣传委员 王国顶＊（2016.1–2016.4）
武装部长、副镇长 肖昌礼＊（2016.1–2016.4）
曾剑䶮＊（2016.4–2016.7）
赵　坦（2016.7–2016.12）
党委委员 刘永祝＊（2016.1–2016.7）
韦　英（2016.7–2016.12）
聂祥雷（2016.7–2016.12）
邓建华（2016.7–2016.12）
尹秀娟（2016.7–2016.12）
副镇长 肖星洁＊（2016.1–2016.7，女）
肖　亮（2016.7–2016.12）

阴底乡

党委书记 申开科＊（2016.1–2016.4）
赵　科（2016.4–2016.12）
人大主席 李林海＊（2016.1–2016.11，彝）
邓　永（2016.11–2016.12）
党委副书记、乡长 清成松（2016.1–2016.12，白）
党委副书记 汪寿军（2016.4–2016.12）
党委委员、纪委书记
龙秀红（2016.1–2016.12，彝）
人大副主席、党委委员、组织委员
汪寿军＊（2016.1–2016.4）
杨　靖（2016.5–2016.12，彝）
党委委员、武装部长、副乡长
刘　韬（2016.1–2016.12）
党委委员 胡荣兵（2016.1–2016.12）
陈春雨（2016.1–2016.12，彝）
陈龙海（2016.7–2016.12，彝）
副乡长 郎　东＊（2016.1–2016.11）
黄先志（2016.11–2016.12）
黎　梅（2016.1–2016.12，女）

千溪乡

党委书记 毛　静（2016.1–2016.12）
党委副书记、乡长 王　武＊（2016.1–2016.3，白）
乡　　长 杨　刚（2016.4–2016.12，苗）
人大主席 龙　挺＊（2016.1–2016.7）
施　华（2016.11–2016.12）
党委副书记 王　武＊（2016.1–2016.3，白）
李大奎＊（2016.1–2016.10）
张　源（2016.4–2016.12，彝）
党委委员、纪委书记
樊晓林（2016.1–2016.12，彝）
党委委员、组织委员 陈　健＊（2016.1–2016.7）
周　婷（2016.7–2016.12，女）
政法委书记 胡　鸿＊（2016.1–2016.7）
张　源（2016.7–2016.12，彝）
党委委员、副乡长 杨明举＊（2016.1–2016.10）
党委委员 陈　健（2016.1–2016.12）
胡　鸿（2016.1–2016.12）
朱晓彦（2016.3–2016.12）
王国顶（2016.7–2016.12，白）
武装部长 王国顶＊（2016.4–2016.7，白）
王成祥（2016.7–2016.12）
人大副主席 周　婷（2016.11–2016.12，女）
副乡长 熊　秀＊（2016.1–2016.4，女，彝）
王国顶＊（2016.4–2016.7，白）
吕　权（2016.11–2016.12）
计生副会长 胡　鸿＊（2016.1–2016.7）

长春堡镇

党委书记　张和国 *（2016.1–2016.3）
彭春霞（2016.5–2016.12，女）
党委副书记、镇长　林学文 *（2016.1–2016.5）
李鸿俊（2016.5–2016.12）
人大主席　吴传著 *（2016.1–2016.6）
陈　余（2016.11–2016.12）
党委副书记、政法委书记
陈　余 *（2016.1–2016.6）
刘泉位（2016.6–2016.12）
党委委员、纪委书记
吕进萍（2016.1–2016.12，女）
党委委员、组织委员
张　虎 *（2016.1–2016.6）
胡思恬怡（2016.6–2016.12，女）
党委委员、政法委书记
彭　义 *（2016.1–2016.4）
党委委员、宣传委员　宋　璟 *（2016.1–2016.6）
武装部长、副镇长　刘泉位 *（2016.1–2016.6）
张　虎（2016.11–2016.12）
党委委员　吴勇志（2016.1–2016.12）
吴　龑（2016.1–2016.12）
刘　承（2016.1–2016.12）
熊　鹏（2016.6–2016.12）
副镇长　陈　晨（2016.1–2016.12，女）
王　江（2016.1–2016.12，彝）
张万科（2016.6–2016.12）
计生专职副会长　吴　琴（2016.1–2016.12，女）

撒拉溪镇

党委书记　李　兵 *（2016.1–2016.3）
阮世祥（2016.7–2016.12）
党委副书记、镇长　阮世祥 *（2016.1–2016.7）
聂志祥（2016.4–2016.12）
人大主席　吴学伦 *（2016.1–2016.7）
郭太贤（2016.7–2016.12）
党委副书记　彭大宇 *（2016.1–2016.4）
党委副书记、政法委书记
彭大宇（2016.5–2016.12）
党委委员、纪委书记　支从国（2016.1–2016.12）
党委委员、政法委书记
路　杰 *（2016.1–2016.3）
党委委员、组织委员　王亚芬（2016.1–2016.12）
党委委员　路言贵 *（2016.1–2016.7）
顾怀明 *（2016.1–2016.7）
丁　军 *（2016.1–2016.11）
王大林 *（2016.1–2016.4）
全登梅（2016.7–2016.12）
付红梅（2016.7–2016.12）
党委委员、副镇长　丁　军（2016.11–2016.12）
党委委员、武装部长、副镇长
彭定毕 *（2016.1–2016.7）
陈　伟（2016.8–2016.12）
副镇长　陈　伟（2016.1–2016.12）
徐　腾 *（2016.1–2016.6）
吴映环（2016.7–2016.12）
孟　鹏（2016.7–2016.12）

杨家湾镇

党委书记　陈云峰（2016.1–2016.12）
党委副书记、镇长
吴学海（2016.1–2016.12，穿青人）
人大主席　刘世军（2016.7–2016.12）
党委副书记　张　竟 *（2016.1–2016.6）
刘烤熔（2016.7–2016.12）
党委委员、政法委书记
周　林 *（2016.1–2016.6）
党委委员、纪委书记　刘庆国 *（2016.1–2016.4）
张　华（2016.7–2016.12）
党委委员、组织委员　金景成 *（2016.1–2016.4）
胡　洋（2016.5–2016.12）
党委委员、武装部长、副镇长
顾　健（2016.1–2016.12）
党委委员　余安定 *（2016.1–2016.6）
张同亮（2016.1–2016.12）
邓　群（2016.7–2016.12，女）

李勇斌（2016.7–2016.12）
张　权（2016.7–2016.12）
副镇长　聂祥丽（2016.1–2016.12，女）
周　林（2016.7–2016.12）
熊　琳 *（2016.1–2016.5，女）
金光雄（2016.7–2016.12）

放珠镇

党委书记　聂登远 *（2016.1–2016.5）
张金春（2016.5–2016.12）
人大主席　周礼俊（2016.1–2016.12）
党委副书记、镇长
彭　婷 *（2016.1–2016.7，女）
朱　江（2016.8–2016.12）
党委副书记　朱　江 *（2016.1–2016.8）
邓　阶（2016.8–2016.12）
党委委员、纪委书记　刘天伟 *（2016.1–2016.3）
苏　勇（2016.8–2016.12）
党委委员、组织委员
阮　艳（2016.1–2016.12，女）
党委委员、政法委书记
葛　玮 *（2016.1–2016.7）
党委委员、武装部长、副镇长
宋　刚（2016.8–2016.12）
党委委员　王　军（2016.1–2016.12）
吴传友（2016.1–2016.12）
张达华（2016.8–2016.12）
副镇长　许维书（2016.1–2016.12）
徐　峰（2016.11–2016.12）

野角乡

党委书记　张道奇 *（2016.1–2016.5）
胡荣华（2016.7–2016.12）
人大主席　宋家友（2016.7–2016.12，穿青人）
党委副书记、乡长　胡荣华 *（2016.1–2016.5）
杨秋菊（2016.6–2016.12，女，彝）
党委副书记、政法委书记
樊贵章（2016.7–2016.12）
党委副书记　宋家友 *（2016.1–2016.7，穿青人）
党委委员、政法委书记
樊贵章 *（2016.1–2016.7）
党委委员、纪委书记　金开健（2016.7–2016.12）
党委委员、组织委员　陈　耀 *（2016.1–2016.7）
李朝智（2016.7–2016.12）
党委委员、宣传委员　李俊白 *（2016.1–2016.7）
党委委员　李朝智 *（2016.1–2016.7）
葛　昆（2016.1–2016.12）
武装部长、副乡长　吴学友 *（2016.1–2016.7）
武装部长　关才明（2016.7–2016.12）
副乡长　徐　宁（2016.1–2016.12）
金开健 *（2016.1–2016.7）

青场镇

党委书记　石明殿 *（2016.1–2016.4）
陈文贵（2016.5–2016.12）
党委副书记、镇长　陈文贵 *（2016.1–2016.4）
吴付祥（2016.5–2016.12）
人大主席　吴付祥 *（2016.1–2016.4）
吴春梅（2016.11–2016.12，女）
党委副书记　吴春梅 *（2016.1–2016.7，女）
李　烈（2016.8–2016.12）
党委委员、纪委书记　李　烈 *（2016.1–2016.7）
谢雨奇（2016.8–2016.12）
党委委员、组织委员　吴江涛（2016.1–2016.12）
党委委员、政法委书记
吴　成 *（2016.1–2016.7）
李　烈（2016.8–2016.12）
党委委员　葛东杰（2016.1–2016.12）
吴　旭（2016.1–2016.12）
常丽佳（2016.8–2016.12，女）
党委委员、副镇长　刘廷阳 *（2016.1–2016.10）
罗　恽（2016.8–2016.12）
武装部长、副镇长　吴传斌 *（2016.1–2016.7）
罗　恽（2016.8–2016.12）
副镇长　石　寅 *（2016.1–2016.9，女）
徐　虎（2016.11–2016.12）
徐　谞（2016.11–2016.12）

大河乡

党委书记 路　亮（2016.1–2016.12）
党委副书记、乡长 何怀新（2016.1–2016.12）
人大主席 石　淼（2016.1–2016.12）
党委副书记 吴　奥（2016.1–2016.12）
党委委员、纪委书记 吴长义 *（2016.1–2016.7）
吕芳乾（2016.8–2016.12）
党委委员、武装部长、副乡长
吴长义（2016.8–2016.12）
党委委员 王　坤（2016.1–2016.12）
武装部长、副乡长 苏　勇 *（2016.1–2016.7）
副乡长 张义书（2016.1–2016.12）
党委委员、组织委员 吕芳乾 *（2016.1–2016.7）
付仕琴（2016.7–2016.12）
党委委员 郑前飞（2016.7–2016.12）
王　耀（2016.1–2016.12）

区直单位领导名录

区委办公室

区委常委、主任 吴贤耀 *（2016.1–2016.5，彝）
张　铭（2016.5–2016.12）
副主任 赵　敏（2016.1–2016.12，女）
姜　勇 *（2016.1–2016.7，彝）
龙明元（2016.7–2016.12）
丁　胜 *（2016.1–2016.3）
王安民 *（2016.3–2016.9）
徐　明（2016.3–2016.12）
林　勇（2016.3–2016.12）
支　昕（2016.1–2016.12）
胡　海（2016.3–2016.12）
林露青 *（2016.1–2016.7，女、满）
唐玉江（2016.9–2016.12）
机关党委书记 聂祥瑞（2016.1–2016.12）
保密局局长 聂登远（2016.3–2016.12）
机要局局长 陈　跃（2016.1–2016.12）

中国共产党七星关区纪律检查委员会

区委常委、纪委书记 何友谊 *（2016.1–2016.5）
易晓华（2016.5–2016.12）
副书记、监察局局长
周凌祥 *（2016.1–2016.11，女，彝）
副书记、监察局副局长
刘　贵 *（2016.1–2016.10）
副书记 张　龙 *（2016.1–2016.10）
王　驰（2016.10–2016.12）
常委、民生项目监督青场镇、大河乡、野角乡特派组组长 雷朝举（2016.1–2016.12）
常　委 吕敬禄 *（2016.1–2016.9）
马兴江（2016.1–2016.12，回）
刘　敏（2016.10–2016.12，女）
李光路（2016.10–2016.12）
副局长 胡　晓 *（2016.1–2016.4，女）
机关党委书记 吴贤卫（2016.1–2016.12）
办公室主任 葛永胜 *（2016.1–2016.11）
孙　站（2016.11–2016.12）
案件管理室主任 李　勇（2016.1–2016.12）
第一纪检监察室主任 李光路 *（2016.1–2016.12）
第二纪检监察室主任
刘　敏 *（2016.1–2016.10，女）
第三纪检监察室主任
罗良雁 *（2016.1–2016.9，女）
第四纪检监察室主任 刘青云 *（2016.1–2016.5）
丁昱杰（2016.9–2016.12）
信访室主任 彭　洁（2016.1–2016.12）
党风政风监督室主任 丁昱杰 *（2016.1–2016.9）
举报中心（非公有制经济发展侵权投诉中心）主任 孙天珍 *（2016.1–2016.7，女）
民生建设公开公示监管中心主任
刘勇军（2016.9–2016.12）
干部室主任 孙　震 *（2016.1–2016.9）
高占武（2016.9–2016.12）
案件审理室主任
刘　敏 *（2016.1–2016.11，女）
雷　蕾（2016.11–2016.2，女，彝）
调研法规室主任 刘天云 *（2016.1–2016.11）
阮履云（2016.11–2016.2，女）

宣传教育室主任　孙　站*（2016.1–2016.11）
刘天云（2016.11–2016.12）

区委组织部

区委常委、组织部部长
郑　荣*（2016.1–2016.6，女）
王晓园（2016.6–2016.12，穿青人）
副部长　熊　宁（2016.1–2016.12）
张万泽*（2016.1–2016.7）
刘昂志*（2016.1–2016.9）
徐　庆（2016.1–2016.12，女）
胡大为（2016.1–2016.12，女）
黄常坤（2016.7–2016.12）
薛朝端（2016.9–2016.12）
副部长、党建办主任
胡大为*（2016.1–2016.9，女）
副部长、实绩考核办主任
张万泽*（2016.1–2016.7）
薛朝端（2016.9–2016.12）
部务委员　严　红*（2016.1–2016.3）
张林涛（2016.3–2016.12）
薛朝端（2016.9–2016.12）
沈　吉（2016.9–2016.12）
纪检组长
张　蕊（2016.1–2015.12，女，彝）
机关党委书记　张林涛*（2016.1–2016.3）
夏　艳（2016.3–2016.12）
党建办副主任、远教办主任
陈　阳（2016.1–2016.12）
党建办副主任　王献金*（2016.1–2016.3）
杨春考（2016.3–2016.12）
人才办主任　曾万年*（2016.1–2016.3）
王献金（2016.3–2016.12）
人才办副主任　曾万年*（2016.3–2016.7）
刘真红（2016.11–2016.12）
实绩考核办副主任
刘国虹*（2016.1–2016.9）
石河梦（2016.1–2016.12）
党员创业带富工程指导中心主任
王　军（2016.1–2016.12）

区委宣传部

区委常委、区委办主任、宣传部部长
吴贤耀*（2016.1–2016.5）
区委常委、宣传部部长
叶　荣（2016.5–2016.12）
常务副部长　季善旭（2016.1–2016.12）
区委宣传部副部长、文联主席
吴晓曦（2016.1–2016.12）
副部长　卯　洪*（2016.1–2016.3）
汤志刚（2016.3–2016.12）
区社科联主席　陈家贵（2016.1–2016.12）
宣传中心主任　黎秀禹（2016.1–2016.12）
新闻宣传中心副主任、区文联副主席
徐　渠（2016.1–2016.12）
燕　军（2016.1–2016.12）
整脏治乱和文明创建办公室副主任
张　健（2016.1–2016.12，女，白）
精神文明建设指导委员会办公室主任
杨　艳（2016.1–2016.12，女）

区委统战部

区委常委、部长　安　旺*（2016.1–06，彝）
袁　媛（2016.6–12，女、彝）
常务副部长　彭春霞（2016.1–2016.5，女）
副部长、对台办主任　王国权*（2016.1–05）
申开科（2016.5–2016.12）
副部长、工商联党组书记
戴沛颜（2016.1–2016.12，彝）
副部长、民宗局局长
杨勋坤*（2016.1–2016.6）
姜　勇（2016.6–2016.12）
副部长　许志刚*（2016.5–2016.8）
刘晓玲（2016.9–2016.12，女）
对台办副主任　王　富（2016.1–2016.12）
毕节试验区七星关区工作联络联系办公室主任
陈　畅（2016.1–2016.12）
毕节试验区七星关区工作联络联系办公室副主任
胡　丹（2016.9–2016.12，女）
七星关区中华职教社专职副主任
靳　燕（2016.9–2016.12，女）

区委政法委

区委常委、书记　何万学（2016.1–2016.12）
常务副书记、群众工作部副部长、维稳办主任
　沈成林（2016.1–2016.12）
副书记、国安办主任
　安茂华（2016.1–2016.12，彝）
副书记、综治办主任　蒋家龙*（2016.1–2016.3）
　李　兵（2016.3–2016.12）
副书记、禁毒办主任　蒋家龙（2016.3–2016.12）
政法委委员、区纪委派驻政法部门纪工委委员、纪检组组长　李　杰（2016.1–2016.12）
政法委委员、政工科科长
　王国牛（2016.1–2016.12）
维稳办专职副主任　聂宗益（2016.1–2016.12）
综治办专职副主任　田兴中（2016.1–2016.12）
禁毒办专职副主任　杨正中（2016.1–2016.12）
办公室（研究室）主任　段　彪（2016.1–2016.12）
执法监督科科长　王湘黔（2016.1–2016.12）
维护稳定科（反邪）科长
　朱世红（2016.1–2016.12）
信访科科长　杨　琴（2016.1–2016.12，女）
社会治安综合治理科科长
　罗振民（2016.1–2016.12，彝）
阳光工程管理办主任
　聂　婷（2016.1–2016.12，女）
社会稳定风险评估中心主任
　吴学勇（2016.1–2016.12）

区纪委（监察局）
派驻部门纪工委（监察分局）

党群部门

派驻党群部门纪工委书记、民生项目监督燕子口镇、亮岩镇、生机镇、清水铺镇特派组组长
　高　伟*（2016.1–2016.5）
　孙　瑞（2016.9–2016.12）
派驻党群部门纪工委副书记、监察分局局长
　孙　瑞*（2016.1–2016.9）
派驻党群部门纪工委委员、驻信访局纪检监察专员
　龙纯会（2016.1–2016.12，女，穿青人）
派驻党群部门纪工委委员、区直机关工委纪委书记
　赵红平（2016.1–2016.12，女，白）
派驻党群部门纪工委委员、区委组织部纪检组组长
　张　蕊（2016.1–2016.12，女，彝）
派驻党群部门纪工委预防室主任、区政府办党组成员、纪检组长　张自葳（2016.1–2016.12，女）
派驻党群部门纪工委督查室主任
　吴　鑫（2016.1–2016.12）
派驻党群部门纪工委委员、办公室主任、区总工会党组成员、副科级纪检监察专员
　孙　震（2016.9–2016.12）

涉农部门

派驻涉农部门纪工委书记、民生项目监督水箐镇、何官屯镇、对坡镇、田坝桥镇特派组组长
　钟玉莲*（2016.1–2016.9，女）
　吕东华（2016.11–2016.12）
派驻涉农部门纪工委委员、区移民局党组成员、纪检组组长　赵举远（2016.1–2016.12）
派驻涉农部门纪工委委员、区林业局党组成员、纪检组组长　罗　敏（2016.1–2016.12）
派驻涉农部门纪工委委员、区水利局党组成员、纪检组组长　许　锦（2016.1–2016.12）
派驻涉农部门纪工委委员、区扶贫办党组成员、纪检组组长　许　静（2016.1–2016.12）
派驻涉农部门纪工委委员、办公室主任、区供销社党组成员、纪检组组长
　崔艳丽*（2016.1–2016.10）
派驻涉农部门纪工委委员、区农牧局党组成员、纪检组组长　阮开府*（2016.1–2016.9）
　王方义（2016.9–2016.12）

科教文卫部门

派驻科教文卫部门纪工委书记、民生项目监督杨家湾镇、放珠镇、撒拉溪镇特派组组长
　王仁庆（2016.1–2016.12，女、彝）
派驻科教文卫部门纪工委副书记、监察分局局长、民生项目监督大银镇、林口镇、团结乡特派组组长　邹　堃*（2016.1–2016.9）
　阮开府（2016.9–2016.12）

派驻科教文卫部门纪工委办公室主任
肖星洁（2016.7–2016.12）
派驻科教文卫部门纪工委督查室主任
孙维仲（2016.1–2016.12）
派驻科教文卫部门纪工委预防室主任
黄　琪（2016.1–2016.12）
派驻科教文卫部门纪工委委员、派驻文体广电旅游局（新闻出版局、版权局）党组成员、纪检组组长　张启学*（2016.1–2016.4）
周方石（2016.4–2016.12）
派驻科教文卫部门纪工委委员、派驻教育局党组成员、纪检组组长
赵　碧（2016.1–2016.12，女，白）
派驻科教文卫部门纪工委委员、区卫计局党组成员、纪检组组长　周方石*（2016.1–2016.4）
张启学（2016.4–2016.12）

政法部门

政法部门纪工委书记、区公安局党委委员、纪委书记　刘曙光*（2016.1–2016.9，回）
派驻政法部门纪工委副书记、监察分局局长、检察院党组成员、纪检组组长
杨大富（2016.1–2016.12）
派驻政法部门纪工委委员、副书记、正科级纪检员
谢仲林（2016.1–2016.12）
派驻政法部门纪工委委员、区委政法委委员、纪检组组长　李　杰（2016.1–2016.12）
派驻政法部门纪工委委员、区法院党组成员、纪检组组长　聂宗映（2016.1–2016.12）
派驻政法部门纪工委办公室主任
何能文*（2016.1–2016.4）

经济发展部门

派驻经济发展部门纪工委书记、民生项目监督普宜镇、大屯乡、龙场营镇、田坎乡特派组组长
雷朝贵（2016.1–2016.12）
派驻经济发展部门纪工委副书记、监察分局局长
支　牧*（2016.1–2016.11）
陈　昕（2016.11–2016.12，女，彝）
派驻经济发展部门纪工委委员、预防室主任、统计局党组成员、纪检组组长
王祥平（2016.1–2016.12）
派驻经济发展部门纪工委委员、督查室主任、财政局党组成员、纪检组组长
高　敏（2016.1–2016.12）
派驻经济发展部门纪工委委员、工能局党组成员、纪检组组长　苏传平（2016.1–2016.12）
派驻经济发展部门纪工委委员、办公室主任、发改局党组成员、纪检组组长
王　琴（2016.1–2016.12，女，穿青人）
派驻经济发展部门纪工委委员、环保局党组成员、纪检组组长　王　擎（2016.1–2016.12，女）
派驻经济发展部门纪工委委员、交通运输局党组成员、纪检组组长　曾帮顺（2016.1–2016.12）
派驻经济发展部门纪工委委员、市场监督管理局党组成员、纪检组组长
胡　江（2016.1–2016.12）

社会发展部门

派驻社会发展部门纪工委书记、民生项目监督朱昌镇、田坝镇、千溪乡、阴底乡特派组组长
黄国萍（2016.1–2016.12，女，白）
派驻社会发展部门纪工委副书记、监察分局局长
汪永立（2016.1–2016.12）
派驻社会发展部门纪工委督查室主任
赵　坤（2016.1–2016.12，白）
派驻社会发展部门纪工委办公室主任
王　俊（2016.1–2016.12，女）
派驻社会发展部门纪工委委员、民族和宗教事务局党组成员、纪检组组长
洪世群（2016.1–2016.12，女）
派驻社会发展部门纪工委委员、城市综合执法大队党组成员、纪检组组长
毛仕新（2016.1–2016.12）
派驻社会发展部门纪工委委员、住房和城乡建设局党组成员、纪检组组长
王　毅*（2016.1–2016.5）
派驻社会发展部门纪工委委员、区民政局党组成员、纪检组长　何能文（2016.1–2016.12）

派驻社会发展部门纪工委委员、预防室主任、
安全生产监督管理局党组成员、纪检组组长
陈大进（2016.1–2016.12）

政府直属园区（公司）

派驻政府直属园区（公司）纪工委书记、民生项目监督海子街镇、八寨镇、鸭池镇、长春堡镇特派组组长 周剑云*（2016.1–2016.5）
王 瑛（2016.9–2016.12，女）

派驻政府直属园区（公司）纪工委副书记、监察分局局长 王 瑛*（2016.1–2016.9，女）
何 平（2016.9–2016.12）

派驻政府直属园区（公司）纪工委委员、驻黔西北工业园区管委会纪检监察专员
李秉德（2016.1–2016.12）

派驻政府直属园区（公司）纪工委委员、驻德溪新区管委会纪检监察专员
何 平*（2016.9–2016.12）

派驻政府直属园区（公司）纪工委预防室主任
王方义*（2016.1–2016.9）

派驻政府直属园区（公司）纪工委办公室主任
邱艳霞（2016.1–2016.12，女）

市东片区

派驻市东片区办事处纪工委书记、市东街道办党工委委员、纪工委书记、民生项目监督市东办特派组副组长 吕东华*（2016.1–2016.11）

派驻市东片区办事处纪工委副书记、委员、监察分局局长、观音桥街道办党工委委员、纪工委书记、民生项目监督观音桥街道办特派组副组长
陈 昕*（2016.1–2016.11，女，彝）

派驻市东片区办事处纪工委书记
刘 敏（2016.11–2016.12，女）

民生项目监督市东街道办事处、德溪街道办事处、碧阳街道办事处、麻园街道办事处、观音桥街道办事处、碧海街道办事处特派组组长
彭 洁（2016.1–2016.12）

派驻市东片区办事处纪工委监察分局局长
葛永胜（2016.11–2016.12）

派驻市东片区办事处纪工委督查室主任
龙秀琼（2016.1–2016.12，女，彝）

派驻市东片区办事处纪工委委员、麻园街道办党工委委员、纪工委书记、民生项目监督麻园街道办特派组副组长
汪 琴*（2016.1–2016.7，女）
袁 野（2016.7–2016.12）

派驻市东片区办事处纪工委委员、碧阳街道办党工委委员、纪工委书记、民生项目监督碧阳街道办特派组副组长
支亚琴*（2016.1–2016.9，女）

德溪街道办党工委委员、纪工委书记、民生项目监督德溪街道办特派组副组长
魏 平（2016.1–2016.12）

碧海街道办党工委委员、纪工委书记、民生项目监督碧海街道办特派组副组长
张周平（2016.1–2016.12，女）

市西片区

派驻市西片区办事处纪工委书记、民生项目监督市西办事处、三板桥办事处、大新桥办事处、洪山办事处特派组组长
吕敬禄*（2016.1–2016.9）

派驻市西片区办事处纪工委副书记、监察分局局长
张 梅（2016.1–2016.12，女，彝族）

派驻市西片区办事处纪工委办公室主任
朱平秀（20106.1–2016.12，女）

派驻市西片区办事处纪工委预防室主任
黎春燕*（2016.1–2016.3）

派驻市西片区办事处委员、大新桥街道党工委委员、纪工委书记、民生项目监督大新桥街道办特派组副组长
张晓玲*（2016.1–2016.4，女）
阮鹏程（2016.7–2016.12）

派驻市西片区办事处委员、三板桥街道党工委委员、纪工委书记、民生项目监督三板桥街道办特派组副组长
张 梅（2016.1–2016.12，女，彝族）

派驻市西片区办事处委员、市西街道党工委委员、纪工委书记、民生项目监督市西（社区）特派组副组长 高鹏程＊（2016.1–2016.7）
孙天珍（2016.7–2016.12，女）
派驻市西片区办事处委员、洪山街道党工委委员、纪工委书记、民生项目监督洪山（社区）特派组副组长 吴世渊＊（2016.1–2016.3）
阮　顺（2016.4–2016.12）

政务服务中心

主任（兼） 胡书龙＊（2016.1–2016.6）
安　旺（2016.7–2016.12，彝）
常务副主任 吴长敏（2016.1–2016.12）
副　主　任 王瑞荣＊（2016.1–2016.4，穿青人）
余　鑫（2016.4–2016.12）
吴玉萍（2016.1–2016.12，女）

机关党工委（国教办）

书记（主任） 雷　燕（2016.3–2016.12，彝）
副书记（副主任） 潘发顺（2016.1–2016.12）
潘云重（2016.1–2016.12）
委员、纪委书记
赵红平（2016.1–2016.12，女，白）

小康办

主任（区委办副主任）
徐　明（2016.3–2016.12）
副主任 梁　俊（2016.1–2016.12）
甘祖昌（2016.9–2016.12）
邓　永＊（2016.1–2016.7）
张永坤＊（2016.1–2016.10）

离退干局

局　长 徐　庆（2016.1–2016.12，女）
副局长、老年大学常务副校长
陈祖卫（2016.1–2016.12）
副局长 张凤春（2016.1–2016.12）

机构编制委员会办公室（事业单位登记管理局）

主　任 宋志刚＊（2016.1–2016.9）
副主任 梁祖敏（2016.1–2016.12）
罗　祥（2016.10–2016.12）
事业单位登记管理局局长
胡　欣（2016.1–2016.12，女）

团区委

书　记 聂志祥＊（2016.1–2016.7）
林露青（2016.7–2016.12，女，满）
副书记 赵芳应（2016.1–2016.12，女）
高占武＊（2016.1–2016.9）

新闻中心

主　任 黎秀禹（2016.1–2016.12）
副主任 徐　渠（2016.1–2016.12）
燕　军（2016.5–2016.12）

妇　联

主　席 张静梅（2016.1–2016.12，女）
副主席 孙涌权（2016.1–2016.12，女）
刘洪琼（2016.1–2016.12，女）

科　协

主　席 李　和（2016.5–2016.12）
副主席 张在进（2016.1–2016.12，彝）
周晓鸿（2016.1–2016.12，女，彝）

科技办

主　任 王正莲（2016.1–2016.12，女，彝）
副主任 王玉远（2016.1–2016.12）

总工会

区人大常委会副主任、主席（兼职）
安　慧*（2016.1–2016.5，女，彝）
张　媛（2016.5–2016.12，女）
党组书记、副主席　胡永继（2016.1–2016.12）
党组成员、副主席
王师伦（2016.1–2016.12）
肖　平*（2016.1–2016.8，女）
刘　荣（2016.9–2016.12，女）
党组成员　梅怀品（2016.1–2016.12）

市郊供电局

局长　黄　剑*（2016.1–2016.7）
党支部书记、工会主席
李顺林*（2016.1–2016.8）
罗　勇（2016.8–2016.12）
副局长　姚世璟（2016.1–2016.12）
李景伟*（2016.1–2016.7）
王廷智（2016.7–2016.12）

投资促进局

党组书记、局长　殷　震*（2016.1–2016.9）
李永红（2016.9–2016.12）
党组成员、副局长
陈垚邑（2016.1–2016.12，女，白）
路　华（2016.1–2016.12）
余永富（2016.1–2016.12，蒙古）

城乡规划局

规划局局长
林　勇*（2016.1–2016.6，穿青人）
宋尚万（2016.7–2016.12）
规划局副局长　张珍勇（2016.1–2016.12）
李廷新（2016.1–2016.12）
臧诗蓓（2016.10–2016.12，女）

人民防空办公室（交通战备办公室）

主　任　史大学（2016.1–2016.12）
副主任　吴传应（2016.1–2016.12）

工商联（商会）

党组书记、副主席　戴沛颜（2016.1–2016.12，彝）
主　席（会　长）　邓　庆*（2016.1–2016.11，白）
名誉主席　熊　鹏（2016.1–2016.12）
副主席（副会长）（主持行政工作）
周镔瑜（2016.11–2016.12）
党组成员、副主席（副会长）
翟德信（2016.1–2016.12）
顾光凯（2016.1–2016.12）
党组成员、秘书长　潘赛群（2016.1–2016.12，女）
党组成员　李　瑛*（2016.1–2016.11，女，彝）
兼职副主席　付绍友（2016.1–2016.12，区工能局）
黄仁海（2016.1–2016.12，区工商局）
路　华（2016.1–2016.12，商务和投资（促进）局）
不驻会副主席　王泽方（2016.1–2016.12）
燕翠萍（2016.1–2016.12，女）
陈廷贵（2016.1–2016.12）
蒋秀敬（2016.1–2016.12）
阿里木（2016.1–2016.12，维吾尔）
胡　磊（2016.1–2016.12）
顾　翔（2016.1–2016.12）
熊　亮（2016.1–2016.12，女）
不驻会副会长　周云德（2016.1–2016.12）
王思明（2016.1–2016.12）
吴　平（2016.1–2016.12）

残　联

理事长　陈明荣*（2016.1–2016.3，彝）
张达宇（2016.3–2016.12）
副理事长　吴　端（2016.1–2016.12）
刘　娅（2016.1–2016.12，女）

红十字会

常务副会长 曾贵章 *（2016.1–2016.9）
钟玉莲（2016.10–2016.12）

区委党校

校　长 郑　荣 *（2016.1–2016.6，女）
王晓园（2016.6–2016.12，穿青人）

区行政学校

校　长 胡书龙 *（2016.1–2016.6）
安　旺（2016.7–2016.12）

党校（行政学校）党委书记、常务副校长
徐永东 *（2016.1–2016.8）

党委委员、副校长 朱　凯（2016.1–2016.12）

党校党委委员、办公室主任
王　洪（2016.10–2016.12，彝）

党史研究室（地方志编纂委员会办公室）

党组书记、主任 唐光启（2016.1–2016.12）

党组成员、副主任 张正禄（2016.1–2016.12）
周遵鹏（2016.1–2016.12）

政府办

党组书记、政府办主任
陈翔宇（2016.9–2016.12）
孔维平 *（2016.1–2016.9）

党组副书记、常务副主任
姜　维（2016.5–2016.12）
陈亮欢 *（2016.1–2016.5）

副主任 陈秋平（2016.1–2016.12）
谢　洪（2016.1–2016.12）
雷　珊（2016.5–2016.12）
杨佳昌（2016.5–2016.12）
史开骆（2016.9–2016.12）

机关党委书记 聂　赟（2016.9–2016.12）
雷　珊 *（2016.1–2016.5）

副主任 陈　琨 *（2016.1–2016.9）
吴道忠 *（2016.1–2016.5）

人大内设机构

法制委员会主任委员
徐　永（2016.12–2016.12，白）

财政经济委员会主任委员
孔维平（2016.12–2016.12）

人大常委会党组成员、办公室主任
顾　堃（2016.11–2016.12）

办公室副主任 周奎礼（2016.1–2016.12）

农业农村工作委员会主任
李启念（2016.11–2016.12）

农业农村工作委员会副主任
张治国（2016.11–2016.12）

教育科学文化卫生工作委员会主任
罗亚东（2016.11–2016.12）

教育科学文化卫生工作委员会副主任
刘　红（2016.11–2016.12，女）

选举任免联络工作委员会主任
罗良雁（2016.11–2016.12，女）

选举任免联络工作委员会副主任
吴传著（2016.11–2016.12）

法治工作委员会主任
吴　让（2016.11–2016.12）

法治工作委员会副主任
罗启林（2016.11–2016.12）

财经委主任 王　茂（2016.8–2016.12）

财经委副主任 靳如忠（2016.1–2016.12）

信访办主任 董群荣（2016.4–2016.12）

政协内设机构

党组成员、秘书长 王安民 *（2016.1–2016.5）
徐永东（2016.12–2016.12）

副秘书长、办公室主任 吴建平（2016.1–2016.12）

副秘书长　路　朋（2016.1–2016.12）
民宗委主任　李俊莲（2016.1–2016.12，苗）
经科委主任　罗晓娟（2016.1–2016.12，女）
提案法制委主任　张贵春（2016.1–2016.12）
人资环委主任　李蒸荣（2016.1–2016.12）
文教委主任　路　朋＊（2016.1–2016.5）
熊　秀＊（2016.1–2016.9，女，彝）
杨兴全（2016.9–2016.12）
智力支边办主任　邓平举（2016.1–2016.12）
智力支边办副主任　杨旭东（2016.1–2016.12，苗）

发展和改革局

党组书记、局长
陈　俊＊（2016.1–2016.4，彝）
毛家兴（2016.5–2016.12）
党组成员、常务副局长　许先正＊（2016.1–2016.10）
张　浩（2016.10–2016.12）
党组成员、副局长
高君伦（2016.1–2016.12）
段国红（2016.9–2016.12，女）
丁培鸿＊（2016.1–2016.9）
刘　荣＊（2016.1–2016.9，女）
党组成员、纪检组组长
王　琴（2016.1–2016.12，女，穿青人）
党组成员　吉章文（2016.10–2016.12）
党组成员、节能减排大队队长
段国红＊（2016.1–2016.8，女）
节能减排大队队长　张　伟（2016.9–2016.12）

工业经济贸易和能源局

党组书记、局长　廖康富（2016.1–2016.12）
党组成员、副局长　邵家盛＊（2016.1–2016.9）
党组成员　傅绍友（2016.1–2016.12，白）
张蜀贵（2016.1–2016.12，白）
廖秋灵（2016.1–2016.12，女，彝）
张　琦（2016.1–2016.12）
周　亮＊（2016.1–2016.3）
党组成员、纪检组长　苏传平（2016.1–2016.12）
党组成员、机关党委书记
王开禄（2016.1–2016.12）
城镇集体工业联社主任
赵凤琪＊（2016.1–2016.9，女）
中小微企业创业园管理办公室主任
张建波（2016.1–2016.12）
民营经济（中小企业）发展局局长
徐善权（2016.1–2016.12）
综合执法大队大队长　唐　锦（2016.1–2016.12）

民族和宗教事务局

党组书记、局长　杨勋坤＊（2016.1–2016.6，苗）
姜　勇（2016.7–2016.12，彝）
党组成员、副局长
张在琴（2016.1–2016.12，女，彝）
杨明学（2016.1–2016.12，苗）
李晓军（2016.7–2016.12，苗）
党组成员、纪检组组长
洪世群（2016.1–2016.12，女）
党组成员　赵高寿（2016.1–2016.12）

民政局

党组书记、局长　司静频（2016.1–2016.12，女）
党组成员、常务副局长　张政权（2016.4–2016.12）
党组成员、老龄办主任
张　炯（2016.1–2016.12，女）
党组成员、机关党委书记
李　静（2016.8–2016.12，女）
党组成员　潘永忠（2016.1–2016.12）
王　查（2016.1–2016.12）
党组成员、副局长　杨孝雄（2016.1–2016.12）
党组成员、纪检组长　何能文（2016.3–2016.12）

财政局

党组书记、局长　王　茂＊（2016.1–2016.7）
肖荣华（2016.7–2016.12）

党组成员、常务副局长
付明忠＊（2016.1–2016.9）
党组成员、副局长、会计核算中心主任
桂亚男（2016.1–2016.12，女）
党组成员、副局长
王剑克（2016.9–2016.12）
秦　楠（2016.1–2016.12，女）
王友贵＊（2016.1–2016.9）
胡家芬＊（2016.1–2016.9，女）
党组成员、机关党委书记
蔡　娟（2016.1–2016.12，女）
党组成员、纪检组长　高　敏（2016.1–2016.12）
会计核算中心（国库支付中心）副主任
武　荣（2016.1–2016.12）
候　军（2016.10–2016.12）
卢敦举（2016.10–2016.12）
张　励＊（2016.1–2016.10，女）
赵世琴＊（2016.1–2016.10，女）

人力资源和社会保障局

党组书记、局长　刘昂志＊（2016.1–2016.9）
胡大为（2016.9–2016.12，女）
党组成员、常务副局长（社会保险事业局局长）
肖秋玲＊（2016.1–2016.9，女）
党组成员、常务副局长　王占勇（2016.5–2016.12）
党组成员、副局长　胡祥松（2016.3–2016.12）
党组成员、纪检组长　施　容（2016.5–2016.12）
党组成员、副局长　丁　润（2016.1–2016.12）
党组成员　白建生＊（2016.1–2016.9）
张　华（2016.1–2016.12）

国土资源局

党组书记、局长　汪　翔（2016.1–2016.12）
党组副书记、常务副局长
张仕江（2016.1–2016.12）
党组成员、副局长　周遵俊（2016.1–2016.12）
党组成员、机关党委书记
李晓英（2016.1–2016.12）
党组成员、纪检组长　史开路＊（2016.1–2016.9）
党组成员、副局长　顾卫华（2016.1–2016.12）
党组成员、执法大队长　陆　艺（2016.1–2016.12）
不动产登记中心主任　阎　静（2016.1–2016.12）
地灾办主任　邓成坤（2016.1–2016.12）

环保局

党组书记、局长　陈方生＊（2016.1–2016.5）
孙　浩（2016.5–2016.12）
党组成员、副局长　安　逸（2016.1–2016.12）
汤继学＊（2016.1–2016.10）
崔艳丽（2016.10–2016.12，女）
党组成员、纪检组组长
王　擎（2016.1–2016.12，女）
党组成员、大队长　陈　熙（2016.1–2016.12）

住房和城乡建设局

党组书记、局长　彭新立＊（2016.1–2016.3）
陈亮欢（2016.3–2016.12）
党组成员、常务副局长　陈兴明（2016.1–2016.12）
党组成员、副局长　周　德（2016.1–2016.12）
陈　永（2016.9–2016.12）
党组成员、纪检组长（区纪委派驻社会发展部门纪工委委员）　王　毅＊（2016.1–2016.5）
王思源（2016.5–2016.12）
党组成员、机关党委书记
黄代君＊（2016.1–2016.9，女）
支亚琴（2016.9–2016.12，女）

房产事业局

房产事业局局长　梁　鸿（2016.1–2016.12）
房产事业局副局长
叶宗乾（2016.1–2016.12）
宋　璟（2016.5–2016.12）
汤继学（2016.9–2016.12）
肖明友＊（2016.1–2016.5，白）
张　榆＊（2016.1–2016.5）

交通运输局

党组书记、局长 肖玉明（2016.1–2016.12）
党组成员、常务副局长
张在翔（2016.1–2016.12，彝）
党组成员、副局长（海事处处长）
孙良德（2016.1–2016.12）
党组成员、副局长
朱强贵＊（2016.1–2016.9）
安晋蓉（2016.1–2016.12，女，彝）
党组成员、纪检组组长
曾邦顺（2016.1–2016.12）
党组成员 王有平（2016.1–2016.12）
党组成员、机关党委书记
申　才（2016.1–2016.12）
党组成员 岳顶全（2016.1–2016.12）
党组成员、公路运输管理所所长
吴　刚（2016.1–2016.12）
党组成员、地方公路管理所所长
孙天刚（2016.1–2016.12）

群众工作部（信访局）

群工部部长（兼） 何万学（2016.1–2016.12）
群工部常务副部长、信访局局长
赵　敏（2016.1–2016.12，女）
群工部副部长（兼）
沈成林（2016.1–2016.12）
群工部副部长、信访局常务副局长
郑　琴（2016.1–2016.12，女）
群工部副部长、信访局副局长、接访（调处）中心主任 刘拥政（2016.1–2016.12）
群工部副部长、信访局副局长
张玉超（2016.1–2016.12）
顾艳华（2016.1–2016.12，女）
接访〔调处〕中心副主任
李兴会（2016.1–2016.12，女，彝）
李德亮（2016.1–2016.12）

烟草局

局长（经理） 王兴泉（2016.8–2016.12）
副经理 王　邦（2016.8–2016.12）
副局长 徐法家（2016.8–2016.12）
纪检组长 宋　波（2016.8–2016.12）

人武部

部长 柏　松（2016.1–2016.12）
政委 王华国（2016.1–2016.12）

农牧局

党组书记、局长 张珍龙（2016.1–2016.12）
党组成员、常务副局长
张　浩＊（2016.1–2016.10）
王　磊（2016.10–2016.12）
党组成员、副局长 朱启刚（2016.1–2016.12）
冷付春（2016.1–2016.12）
党组成员、纪检组组长
阮开府＊（2016.1–2016.9）
王方义（2016.9–2016.12）
党组成员、机关党委书记
刘发富＊（2016.1–2016.4）
王洪运（2016.4–2016.12）
党组成员 龚　丹（2016.1–2016.12）
杨　军（2016.1–2016.12，侗）
党组成员、动物疫病预防控制中心主任、高级兽医师 邱声邦（2016.1–2016.12）
党组成员、动物卫生监督所所长
王荣美＊（2016.1–2016.4，穿青人）
张　品（2016.4–2016.12）
农牧综合执法大队大队长
舒銮斌（2016.1–2016.12）
草地畜牧业发展中心主任
许定尧（2016.1–2016.12）
茶产业发展局局长 吴　馨（2016.1–2016.12）

农业机械事业局

党组书记、局长　胡锦怀（2016.1–2016.12）
党组成员、副局长
王瑞荣（2016.4–2016.12，穿青人）
吴　刚（2016.9–2016.12）
李作勇（2016.1–2016.12）
副科级纪检监察专员　沈和平（2016.1–2016.12）

烟草办

主　任　熊　雄*（2016.1–2016.11）
副主任　罗　祥*（2016.1–2016.10）

法制办

主　任　董玉祥*（2016.1–2016.9）
崔国庆（2016.9–2016.12）
副主任　崔国庆*（2016.1–2016.9）
法律顾问室专职副主任
肖仕龙（2016.1–2016.12，苗）

水务局

党组书记、局长　吕碧生（2016.1–2016.12）
党组成员、常务副局长
王　磊*（2016.1–2016.10）
党组成员、副局长　罗志琴（2016.1–2016.12，女）
陈章忠（2016.1–2016.12）
邓时启（2016.10–2016.12）
党组成员、机关党委书记
陈春兰（2016.1–2016.12，女）
党组成员　张　杰（2016.1–2016.12）
毛军舰（2016.1–2016.12，女，蒙古）
党组成员、水保办主任
杨　琼（2016.1–2016.12，女）
党组成员、纪检组组长（区纪委派驻涉农部门纪工委委员）
许　锦（2016.1–2016.12，女）
党组成员、倒天河水管所党支部书记、所长
吴道军（2016.1–2016.12）

文化体育广播电视旅游局（区新闻出版局、区版权局）

党组书记、局长　徐兴志*（2016.1–2016.3）
卯　洪（2016.3–2016.12）
党组成员、常务副局长　宋智祥（2016.1–2016.12）
党组成员、区广播电视台台长
朱光伦（2016.1–2016.12）
党组成员、纪检组组长　周方石（2016.4–2016.12）
副局长　李　琼（2016.1–2016.12，女、苗）
李章淑（2016.7–2016.12）
党组成员、机关党委书记
樊国成（2016.1–2016.12）
党组成员　孙　武（2016.1–2016.12）
党组成员、副局长　刘秀明*（2016.1–2016.7）
向云红*（2016.1–2016.3）
林　鸿*（2016.1–2016.3）

卫生和计划生育局

党组书记、局长　陈大顺*（2016.1–2016.3）
夏　冬（2016.3–2016.12）
党组成员、常务副局长　张永忠（2016.1–2016.12）
党组成员、协会专职副会长
周遵林（2016.1–2016.12）
党组成员、副局长
汪　涛（2016.5–2016.12，白）
喻茂红（2016.1–2016.12，女，穿青人）
党组成员、纪检组长　周方石*（2016.1–2016.4）
张启学（2016.4–2016.12）
党组成员、机关党委书记
张怀蓝（2016.1–2016.12）
党组成员、流动人口计划生育管理局局长
石国平（2016.1–2016.12）
党组成员、妇幼保健院院长
李亚国（2016.1–2016.12）
副局长　李　海*（2016.1–2016.11，白）

党组成员 谢才敬（2016.1–2016.12）
副 局 长 苏方龙（2016.1–2016.12）
党组成员、执法大队大队长
李鸿俊*（2016.1–2016.5）

教育局

党组书记、局长 叶 荣*（2016.1–2016.5）
张万泽（2016.8–2016.12）
党组成员、常务副局长 陈 勇（2016.1–2016.12）
党组成员、副局长
卢启霞（2016.1–2016.12，女，穿青人）
杨 健（2016.3–2016.12）
党组成员、区营养办主任
杨 健*（2016.1–2016.3）
葛芝洪（2016.3–2016.12）
党组成员、机关党委书记
赵秀梅（2016.1–2016.12，女，白）
党组成员、教师工作股股长、教师培训中心负责人 曹廷栋（2016.1–2016.12）
党组成员、纪检组长 赵 碧（2016.1–2016.12）
毕节二中党支部书记、校长
徐 武（2016.1–2016.12）
毕节二中党支部副书记
吴道元（2016.1–2016.12）
毕节二中副校长 张学辉（2016.1–2016.12）
宋贵春（2016.1–2016.12）
何文君（2016.4–2016.12）
向云卫*（2016.1–2016.4）
七星关区中等职业学校党支部书记、校长
穆元春（2016.1–2016.12）
七星关区中等职业学校副校长
周定富（2016.1–2016.12）
田茂兴（2016.1–2016.12）
许 旭（2016.4–2016.12）
毕节四中党支部书记、校长
张 丽（2016.1–2016.12）
毕节六中党支部书记、校长
李大元（2016.1–2016.12）
毕节七中党支部书记 龚 霖*（2016.1–2016.9）
毕节七中校长 龚 霖*（2016.1–2016.4）
毕节七中党支部书记、校长
向云卫（2016.4–2016.12）
毕节八中党支部书记、校长
唐泰祥*（2016.1–2016.9）
毕节八中党支部、学校负责人
阮 鹏（2016.9–2016.12）
七星关区第一实验学校党支部书记、校长
钱 瑾（2016.1–2016.12）
海子街中学党支部书记、校长
阮 鹏*（2016.1–2016.4）
海子街中学党支部负责人
陈丽丽（2016.4–2016.12）
海子街中学副校长（主持工作）
陈丽丽（2016.8–2016.12）
朱昌中学党支部书记、校长
陈 库*（2016.1–2016.8）
朱昌中学党支部负责人、副校长（主持工作）
王 勇（2016.8–2016.12）
龙场营中学党支部书记
杨茂春（2016.1–2016.12）
龙场营中学校长 赵启科（2016.1–2016.12）
燕子口中学党支部负责人、副校长（主持工作）
董荣松*（2016.1–2016.8）
李 鹏（2016.8–2016.12）
杨家湾中学党支部书记、校长
何文君*（2016.1–2016.4）
杨家湾中学党支部负责人
黄佑彬（2016.4–2016.12）
杨家湾中学副校长（主持工作）
黄佑彬（2016.8–2016.12）

扶贫开发办

党组书记、主任 钟 华（2016.4–2016.12）
党组成员、副主任 李兴学（2016.1–2016.12，苗）
袁 平（2016.1–2016.12）
付 将（2016.10–2016.12，苗）
党组成员、核桃产业发展办副主任
廖世穆（2016.10–2016.12）

党组成员 许　静（2016.1–2016.12，女）

外资项目管理中心主任

郑朝勇（2016.1–2016.12）

审计局

党组书记、局长 肖荣华*（2016.1–2016.7）

党组成员、副局长 夏　文（2016.1–2016.12）

孙忠学（2016.1–2016.12，穿青人）

欧阳慕兰（2016.1–2016.12，女）

党组成员 冯　兵（2016.1–2016.12，女）

气象局

局　长 王安林（2016.1–2016.12）

副局长 杨念华（2016.1–2016.12）

林业局

党组书记、局长 吴道国（2016.1–2016.12）

党组成员、副局长 胡　勇*（2016.1–2016.9）

潘定华（2016.5–2016.12）

党组成员、森林公园管理处处长

周训军（2016.1–2016.12）

党组成员、副局长 张永平（2016.9–2016.12）

金玉竹（2016.1–2016.12，女）

党组成员、纪检组长

罗　敏（2016.1–2016.12，女，彝）

党组成员、机关党委书记

武　健（2016.1–2016.12，女）

党组成员 薛占军（2016.1–2016.12）

区防治石漠化管理中心主任

张　庆（2016.1–2016.12）

森林公安局局长 吴学爱（2016.1–2016.12）

森林公安局政委 王　勇（2016.1–2016.12，彝）

安全生产监督管理局

党组书记、局长 孙　浩（2016.1–2016.5）

邓　涛（2016.5–2016.12）

党组成员、纪检组组长 陈大进（2016.1–2016.12）

党组成员、副局长 聂　焰（2016.1–2016.12）

张成述（2016.1–2016.12）

区煤安局局长 蒙　映（2016.11–2016.12）

统计局

党组书记、局长 潘　登（2016.1–2016.12）

党组成员、常务副局长

洪文贤（2016.1–2016.12）

党组成员、副局长、乡统办主任

李桂琴（2016.1–2016.12，女）

党组成员、副局长 丁晓蓬（2016.1–2016.12）

党组成员、纪检组组长 王祥平（2016.1–2016.12）

党组成员 袁锦碧（2016.1–2016.12，女）

刘天津（2016.1–2016.12，女）

国税局

党组书记、局长 雷　春（2016.1–2016.12）

党组成员、副局长

魏宗明（2016.1–2016.12）

田　径（2016.1–2016.12）

盖家魁（2016.1–2016.12）

张　灿（2016.1–2016.12，女）

王良钦（2016.1–2016.12）

地税局

党组书记、局长 张守伟（2016.1–2016.12）

党组成员、机关党委书记

陈　莉（2016.1–2016.12，女）

党组成员、副局长

陈祥波（2016.1–2016.12）

姚正东*（2016.1–2016.7）

城市综合执法大队

党组书记、大队长、市城管局七星关区分局局长

张志国（2016.3–2016.12）

党组成员、副大队长
李　吉（2016.1–2016.12，彝）
史远英（2016.1–2016.12，女）
沈　兴（2016.9–2016.12）
党组成员、纪检组长　毛仕新（2016.1–2016.12）
园林绿化局局长　邵　波（2016.1–2016.12）
党组成员　邵　波（2016.4–2016.12）
支明彦（2016.4–2016.12）
机关党委书记　支明彦（2016.9–2016.12）
党组成员、市城管局七星关分局副局长
刘熙杰（2016.5–2016.12）
城管大队教导员　唐寿钢（2016.1–2016.12）
环卫局局长　葛传远（2016.1–2016.12）
市政管理局局长　张　普（2016.1–2016.12）

城区河道管理处

处　长　孟天贵（2016.1–2016.12）
副处长　裴良泉（2016.1–2016.12）
陈　永*（2016.1–2016.9）
林文港（2016.1–2016.12）

天河风景名胜区管理处

党委书记　吴荣勇（2016.1–2016.12）
处　　长　丁世远（2016.1–2016.12）
副 处 长　王　磊（2016.1–2016.12）
王　铮*（2016.1–2016.4）
王义文（2016.5–2016.12）
党政办主任　吕庆华（2016.1–2016.12）
景区管理科科长　黄常富（2016.1–2016.12）
规划建设科科长　罗　挺（2016.1–2016.12）
风景资源监察大队大队长
陈　鹏（2016.1–2016.12，彝）

水库和生态移民局

党组书记、局长　陈翔宇*（2016.1–2016.9）
党组副书记、副局长
谢　勇（2016.1–2016.12，白）
党组成员、副局长　杨泽军（2016.1–2016.12，苗）
李　华（2016.3–2016.12）
党组成员、纪检组组长　赵举远（2016.1–2016.12）

档案局

局　长　熊家伦（2016.1–2016.12）
副局长　周珍云（2016.1–2016.12，女）
熊　琳（2016.7–2016.12，女）

供销社

党组书记、主任　张　雷（2016.1–2016.12）
党组成员、副主任　张万军（2016.1–2016.12）
翟培祥（2016.1–2016.12）
党组成员　王　虎（2016.1–2016.12）
党组成员、机关党委书记
颜　燕（2016.1–2016.12，女）
党组成员、纪检组组长
崔艳丽*（2016.1–2016.10，女）

公安局

区委常委、区委政法委书记、公安局党委书记、局长　何万学（2016.1–2016.12）
党委副书记、政委　尹　平（2016.1–2016.12，彝）
党委委员、常务副局长
沈承刚（2016.1–2016.12）
党委委员、副局长　孔德兴*（2016.1–2016.9）
马顺尧（2016.1–2016.12，彝）
党委委员、纪委书记
刘曙光*（2016.1–2016.9，回）
杨孝勇（2016.10–2016.12）
党委委员、戒毒所所长　吉学俊（2016.1–2016.12）
党委委员、刑侦大队大队长
王扬波（2016.1–2016.12）
党委委员、特巡警大队大队长
秦　健（2016.1–2016.12）
党委委员、禁毒大队大队长
邓成林（2016.1–2016.12）

党委委员、机关党委书记
曾丽华＊（2016.1–2016.9）
明　凡（2016.10–2016.12）
党委委员、办公室（指挥中心）主任
刘　歆＊（2016.1–2016.10）
党委委员、副局长　刘　歆（2016.10–2016.12）
党委委员、消防大队党委书记、教导员
全宏奎（2016.1–2016.12）
党委委员、政工科科长
郭正顶＊（2016.1–2016.10，穿青人）
党委委员、交警大队长
郭正顶（2016.10–2016.12，穿青人）
党委委员、水箐镇书记
周晓波＊（2016.1–2016.2，彝）
党委委员、市西办事处书记
康　海＊（2016.1–2016.10）

司法局

党组书记、局长　吴　让＊（2016.1–2016.9）
董玉祥（2016.9–2016.12）
党组成员、副局长　吴　迢（2016.1–2016.12）
郑朝祖（2016.1–2016.12）
徐　菊（2016.1–2016.12，女）
党组成员、政工科长
聂雨红（2016.1–2016.12，女）
党组成员、依法治理办公室副主任
王　亭（2016.1–2016.12，女）

检察院

党组书记、检察长　徐　永＊（2016.1–2016.5）
党组书记、代理检察长　刘　永（2016.5–2016.12）
党组成员、副检察长
郭正元＊（2016.4–2016.8）
梁道义（2016.1–2016.12）
王　鑫（2016.1–2016.12）
党组成员、政工科科长
金必思＊（2016.1–2016.11）
党组成员、副检察长　金必思（2016.12–2016.12）
党组成员、纪检组组长
杨大富（2016.1–2016.12）
党组成员、检察委员会专职委员
杨时忠（2016.1–2016.12）
党组成员、公诉部主任
徐仁礼（2016.1–2016.12，女）
检察委员会委员、刑事检察部负责人
李龙兴（2016.1–2016.12）
党组成员、政工部主任
刘　伟（2016.11–2016.12）

法　院

党组书记、审判委员会委员、院长
禄智华（2016.1–2016.12，彝）
党组成员、审判委员会委员、副院长（分管常务工作）　赵　乾（2016.1–2016.12）
党组成员、审判委员会委员、副院长
靳　忠（2016.1–2016.12）
聂　健（2016.1–2016.12）
党组成员、审判委员会委员、副院长（挂职）
许晓东（2016.4–2016.12）
党组成员、审判委员会委员、执行局局长
周　璟（2016.1–2016.12）
党组成员、审判委员会委员、政工科长
裴干明（2016.1–2016.12）
党组成员、审判委员会委员、纪检组组长
聂忠映（2016.4–2016.12）
党组成员、审判委员会委员、机关党委书记
胡　强（2016.1–2016.12）
审判委员会委员、民一庭庭长
赵驭欧（2016.1–2016.12）
审判委员会委员、民二庭庭长
简泽智（2016.1–2016.12）
审判委员会委员、民三庭庭长
魏雪松（2016.1–2016.12，女，穿青）
审判委员会委员、刑事审判庭一庭庭长
冯军良（2016.1–2016.12）
审判委员会委员、刑事审判庭二庭庭长
刘　霞（2016.1–2016.12，女）

审判委员会委员、立案庭庭长
陈玉仙（2016.1–2016.12，女）
审判委员会委员、行政审判庭庭长
杨丽琴（2016.1–2016.12，女，彝）
研究室主任　黎景春（2016.1–2016.12）
审监庭庭长　潘健禾（2016.1–2016.12）
审管办主任　徐逸杰（2016.1–2016.12）
信息宣传中心主任　彭　纪（2016.1–2016.12）
执行局执行一庭庭长
聂　品（2016.1–2016.12）
执行局执行二庭庭长
陈延华（2016.1–2016.12，穿青）
执行局执行三庭庭长　王　勇（2016.1–2016.12）
司法警察大队队长　周　珂（2016.1–2016.12）
司法警察大队政委　胡高仁（2016.1–2016.12）
第一人民法庭庭长　朱　江（2016.1–2016.12）
第二人民法庭庭长　陈　凯（2016.1–2016.12）
第三人民法庭庭长　宋亚林（2016.1–2016.12）
第四人民法庭庭长　李华忠（2016.1–2016.12）
第五人民法庭庭长　罗修华（2016.1–2016.12）
第六人民法庭庭长　吴秀华（2016.1–2016.12）
第七人民法庭庭长　李忠熠（2016.1–2016.12）
第八人民法庭庭长
邱丽娅（2016.1–2016.12，女，彝）
第九人民法庭庭长　邓　坤　（2016.1–2016.12）

市场监督管理局

党组书记、局长　成名伟（2016.1–2016.12）
党组副书记、常务副局长
罗达龙＊（2016.1–2016.5）
党组成员、机关党委书记
黄仁海＊（2016.1–2016.9）
党组成员、副局长　梁　义（2016.1–2016.12，女）
王剑克＊（2016.1–2016.9）
葛　勇（2016.1–2016.12）
曾建波（2016.1–2016.12）
党组成员、纪检组长　胡　江（2016.1–2016.12）
党组成员、食品药品稽查局局长
黄亚维（2016.1–2016.12）
党组成员、经检大队大队长
陈卫红（2016.1–2016.12）
党组成员、质量技术监督稽查大队大队长
谌贻玲（2016.1–2016.12，女）

房屋征收管理局

局　长　张正伦（2016.1–2016.12）
副局长　付　煜（2016.1–2016.12）
陈俊杰（2016.1–2016.12）
石　林＊（2016.1–2016.3）
蒋　卫（2016.3–2016.12）

消防大队

教导员　全宏奎（2016.1–2016.12）
大队长　王　强＊（2016.1–2016.11）
欧　智（2016.11–2016.12）

碧海新区管委会

主　任　张志德（2016.1–2016.12）
副主任　聂　明（2016.11–2016.12）

贵州七星关区经济开发区党的工作委员会（贵州七星关经济开发区管理委员会）

书　记　崔英魁（2016.1–2016.12）
主　任　胡敬斌（2016.1–2016.12）
副主任（区政府党组成员）
陈　俊（2016.5–2016.12）
副书记　张和国（2016.9–2016.12）
副主任　严　琪＊（2016.1–2016.5）
李永红（2016.9–2016.12）
党政办主任　柏　侠（2016.9–2016.12，苗）
党政办副主任　吴　刚＊（2016.1–2016.9）
谭政贵（2016.9–2016.12）
徐　毅（2016.10–2016.12）
规划建设与管理局局长
高　斌（2016.5–2016.12）

规划建设与管理局副局长

孙　忠（2016.1–2016.12）

吕拥护（2016.1–2016.12）

财政局局长　胡关友*（2016.1–2016.9）

财政局副局长　赵祖亮（2016.1–2016.12）

安监局局长　孙　超（2016.1–2016.12）

安监局副局长　吴　湘（2016.1–2016.12，女）

投资促进局局长　黄进东（2016.1–2016.12）

投资促进局副局长　杨　奎（2016.1–2016.12，彝）

房屋征收与补偿局局长

张鲁周（2016.1–2016.12）

房屋征收与补偿局副局长

黄虎林（2016.1–2016.12）

利用外资和招商引资项目代办服务中心主任

樊　衍（2016.1–2016.12）

德溪新区管委会

德溪新区管委会主任　付　煜（2016.5–2016.12）

德溪新区管委会副主任

陈丽梅（2016.1–2016.12，女）

（区委组织部干部科）

政　治

中国共产党毕节市七星关区委员会

【概述】 2016年，在省委、省政府和市委、市政府的坚强领导下，在省、市各部门的关心支持下，七星关区深入贯彻落实党的十八大、十八届历次全会和习近平总书记系列重要讲话精神，以“决战贫困、提速赶超、同步小康”为奋斗目标，牢牢守住发展和生态两条底线，始终坚持主基调主战略，凝心聚力、抢抓机遇，攻坚克难、拼搏奋进，统筹推进经济社会发展各项工作，全区上下呈现出经济社会稳步发展，基础设施大幅改善，脱贫攻坚精准推进，社会事业协调进步的良好局面。

【强化经济运行调度，主体经济指标平稳增长】 2016年，全区生产总值完成324亿元，增速12.5%；500万元以上固定资产投资完成231亿元，增速22%；全部工业增加值完成83.8亿元，增速7.4%；社会消费品零售总额完成121亿元，增速13%；城镇常住居民人均可支配收入完成26656元，增长8.3%；农村常住居民人均可支配收入完成8026元，增长12.8%。经济社会发展健平稳，各项指标实现年初既定目标任务。

【大力调整农业产业结构，农业产业化成效显著】 一是大力推进刺梨、高山冷凉蔬菜等农特产业发展，今年完成马铃薯种植11.5万亩、商品蔬菜种植34.75万亩，蛋鸡存栏150万羽。结合现有退耕还林政策，鼓励群众将25度以上的坡耕地退耕还林种植油用牡丹，实施5600亩油用牡丹示范基地建设。二是大力推进毕节电商产业园建设，依托农村电商平台建设，鼓励建立农特产品电子销售平台，构建“产—供—销”产业发展链条，拓宽、畅通农产品产销渠道。三是探索建立农特产品外销平台，各乡镇街道分别在大中型城市建设一个以上销售平台，把辖区内农特产品推销出去，提高农业效益。四是全面推进农业产业园区建设，要求每个乡镇必须建有农业园区，目前，此项工作正在紧张有序进行中。

【着力保障和改善民生，社会事业协调发展】 一是稳步推进教育工程项目建设，完成“全面改薄”项目15个，人均受教育年限达8.5年，九年义务教育巩固率达95.18%，高中阶段教育入学率达85.65%。计划筹资5个亿迁建毕节二中，计划筹资4个亿迁建毕节四中，计划投资1.2亿新建区第二实验学校，计划投资3500万新建区第四实验学校。目前，4所学校的工程建设正按计划有序推进。全区424所农村义务教育阶段学校全部实行营养午餐供餐，覆盖率达100%。全面关爱留守儿童，不断加强国务院《关于加强农村留守儿童关爱保护工作的意见》等文件精神的宣传教育。扎实开展校园及周边环境综合整治，加强“六灾”一防范，确保师生安全。二是加强公立医院标准化建设，支持民营医院发展壮大，引导其向“高、精、大”转型。区第二人民医院建设项目稳步推进，区中医院建设项目完成可研编制；乡镇卫生院标准化建设有序推进。三是不断推进社会救助、防灾减灾、社会福利体系建设，进一步健全城乡居民养老、医疗、最低生活保障等制度。3月份全面完成年度低保提标核查审批及台账录入工作，按照程序将城市低保标准由2015年的495元/人·月提高到545元/人·月，提标幅度10.1%；将农村低保标准由2015年的2640元/人·年提高到3132元/人·年，提标幅度18.6%，提标幅度符合上级要求。最低生活保障覆盖12.06万人；城乡居民基本医疗保险参保人数达111.3万人，参保率100%；城乡居民社会养老保险参保人数达45.07万人，基本实现“应保尽保、应退尽退”。

【全面加强生态文明建设，生态环境明显改善】 一是结合现有退耕还林政策，鼓励群众将25度以上的坡耕地退耕还林种植油用牡丹，在何官屯镇、田坝桥镇建成5600亩油用牡丹种植示范基地，实现生态效益和经济效益双赢。二是制定了新一轮退耕还林还草工程总体规划（2016–2020）、通道绿化的规划和编制工作，并接受了国家林业局对七星关区2015年度天保工程实施情况和森林保护“六个严禁”执法专项行动工作开展情况的专项检查。三是大力开展“环境风暴执法”和“打击六黑”专项行动，通过对污染源的有效防控，城市环境空气质量优良率达97%，集中式饮用水源地水质达标率达100%。

【大力推进“美丽乡村”建设，不断夯实农村发展基础】 一是以“六项行动”计划为抓手，整合扶贫开发、“一事一议”财政奖补等项目资金，按照“一事一议”的方式，大力推进创建点路、水、电等基础设施建设。二是大力开展“五在农家·美丽乡村”创建，在“富学乐美”基本内容的基础上，建设和睦家庭、和睦邻里、和睦农村，着力打造燕子口镇一心村、亮岩镇太极村等一批亮点突出、特色鲜明的美丽乡村创建示范点。

【不断夯实基层基础，党的建设不断强化】 一是按照规定动作不走样、自选动作有特色的工作要求，提前谋划、扎实部署、突出特色，提出以“党员给力·群众给分”为主线，以党员“亮身份、强素质、守底线、树形象”为载体，以“七大先锋工程”为抓手，统揽全区学习教育深入开展。二是抓住规定动作不放松，以“三会一课”为依托，以支部为单位，将目标任务进行细化，将责任要求进行明确，认真组织党员开展集中学习、专题讨论和上党课等规定动作，认真查摆存在的突出问题，建立党员问题清单和支部问题台账，细化整改措施、明确整改时限，扎实抓好整改，确保每个支部组织给力，实施有序，确保每名党员积极参与、全面覆盖。三是把开展“两学一做”学习教育作为推进党建工作取得实效的重要抓手，通过开展党组织关系排查、党代表和党员违纪违法处理排查，基层党组织按期换届专项检查，党费收缴专项检查，软弱涣散党组织整顿等工作，以党建工作促进学习教育的开展。

【脱贫攻坚工作】 把“脱贫攻坚”作为第一民生工程，围绕脱贫攻坚“扶持谁”“怎么扶”“谁来扶”开展扶贫工作。年初，组织区、乡、村三级干部召开全区“决战贫困、提速赶超、同步小康”推进大会，分析全区经济社会发展特别是脱贫攻坚工作现状，对全区脱贫攻坚工作进行了全面安排部署。一是全力开展贫困户建档立卡工作，按照“党政两条线”的原则，由乡镇党政主要领导分别带队，对辖区内贫困户信息进行进一步核实，第一次回访工作完成遍访贫困村226个，贫困户84687户，按程序审定贫困户3.6万户13.45万人，做到底数清、情况明。二是全面推广“一市五金多套餐”问需式精准扶贫工作机制，在原有10个套餐的基础上新增12个套餐，为贫困户提供更多的选择，帮助贫困群众发展产业致富。三是全面推进展易地扶贫搬迁，实施易地扶贫搬迁共5777人，落实项目资金34662万元，有序开展易地扶贫搬迁工作的“回头看”工作，做到“扶真贫、真扶贫”，实现“搬得出、稳得住、能致富、奔小康”的脱贫目标。四是按照因素法将2016年第一、二批中央财政专项扶贫资金8590.9万元分配到37个乡镇，涵盖445个村，666个项目。

【城镇化建设】 坚持“大城建”思维，按照高标准、大投入、精细化的工作的思路，走以城带乡、园城共建、景城互融、城乡一体的山地特色新型城镇化道路。全力推进城镇棚户区改造，建立七星关区2016年城镇棚户区改造指挥体系，成立了10个城市棚户区改造项目征收指挥部，分别由区四大班子相关领导担任指挥长，圆满完成10个片区1.1万户棚户区改造任务，并超前谋划2017年棚改工作。全面启动城区58个立体停车场建设，力争在2—3年内逐步缓解城区停车难问题。目前，市公务员小区、区行政办公中心等规划内立体停车场正紧张施工建设。德溪新区二号路、德溪新区四号路2号隧道左右线建成通车，新桂花市场、同心城市公园等城市建设项目基本建成。

【工业发展】 整合标准厂房建设，清退“僵尸企业”，引进建设周期短、科技含高、产值高、利税高、提供就业岗位多的项目入住标准厂房，逐步“腾笼换鸟”，形成新的经济增量。立足区域实际，依托现有工业园区，充分发挥人力资源富集优势，大力发展轻纺服装制造业等产业链短的劳动密集型产业，并成功引进光电科技、行车记录仪、服装纺织等劳动密集型产业项目14个，解决就业岗位2万余个，实现了劳动密集型产业与大数据产业融合发展。

【旅游业和现代服务业】 坚持高起点、高标准规划景区景点、旅游线路及相关基础设施，全力构建大旅游战略格局，加快推进“鸡鸣三省”红色文化旅游景区、毕节古城、七星古城等重点旅游景区建设；完成同心城市公园、碧阳湖音乐喷泉和水幕电影建设；统筹推进文化旅游业发展，将“三馆一中心”建设纳入区政府2017年十大重点工程；依托日渐完善的交通网络和区位优势，结合石桥边物流园区建设，选址打造服务川滇黔渝四省市的大型综合农产品批发市场；全力推进划行规市，完成洪南水果批发市场和老车站小商品批发市场关停工作，黔西北农贸综合批发市场、创美农副产品批发市场投入运营。

（办公室）

纪检监察

【概述】 2016年，在市纪委和区委的正确领导下，全区各级纪检监察机关切实增强看齐意识，按照中央、省、市纪委全会的部署要求，精准对焦脱贫攻坚和作风建设，准确运用监督执纪“四种形态”，认真履行监督执纪职责，扎实推进全面从严治党向基层延伸，全区党风廉政建设和反腐败工作取得了明显成效。

【层层传导压力，助推“两个责任”落到实处】 强化部署落实。代区委起草并印发《2016年党风廉政建设和反腐败工作安排意见》，转发市委“两个责任清单”文件，明确工作重点；制定《2016年度党风廉政建设责任制考核办法及标准》，分解细化工作任务。强化督导检查。采取委局领导牵头、相关室指导、纪工委监察分局与民生监督组协同督导的方式，分片区督导区直部门、各乡镇街道办事处，层层压实监督责任。委局领导班子成员先后多次深入各镇（乡、街道）对党风廉政建设情况进行督导检查，及时通报情况。9月中旬，集中抽调人员组建13个督导检查组，对所有镇（乡、街道）和区直部门（单位）落实全面从严治党主体责任和监督责任的情况进行督导，通报存在问题，督促纠正整改。12月底，由区委常委带队，组建17个检查考核组对全区各级党委（党工委、党组）落实“两个责任”情况进行全面检查考核。强化组织协调。及时调整反腐败协调小组，认真履行反腐败协调小组职责，及时向区委、市纪委报告反腐败重大工作情况并提出意见建议。强化倒查追责。实行“一案双查”，对58名履行“两个责任”不到位的党员领导干部进行约谈或严肃问责，公开通报3起落实全面从严治党主体责任不力典型问题。

【聚焦脱贫攻坚，严惩民生领域腐败行为】 推进民生监督全覆盖。代区委起草《民生监督“大家抓”工作实施方案》，建立民生监督“查、办、评、建、看”机制，督促各级党委（党组）将民生监督工作纳入党风廉政建设主体责任范围，层层落实部门监管责任，切实维护群众利益。以“六大专项行动”为抓手，强力推进民生监督“大家抓”工作。扎实推进专项监察行动。以推进民生整治铸廉行动为切入点，对农村危房改造资金、信贷扶贫资金、农村饮水安全资金和退耕还林资金等开展专项监察，共发现各类问题2501个，立案139件，结案90件，党政纪处分92人，涉案金额115.33万元。狠抓民生监督机制建设。印制《民生监督工作记实本》5000本和《督导工作记录本》1000本，实现民生监督工作台账化、清单化管理，做到有记录、可考核；制作40万张“民生监督直通卡”发放到群众手中，提高民生监督员在群众中的知晓率和存在感。规范化建成乡镇教育谈话室34个，已开展谈话296人次。调整、选聘1458名村级民生监督员，强化末梢监督。继续推进“三述一评”工作，369个村2266名联系村领导、包村干部和村干部向村民代表大会述职，受理问题757个，督促纠正整改678个。全面贯彻“四要五严禁”。制作宣传图514幅和宣传标语627条、发放宣传卡片52394张、制作宣传桌牌685块。截至目前，全区共申报涉及国家公职人员和村（社区）干部本人及近亲属享受非普惠制惠民政策2588人，抽查人数1568人，纠正申报不实或漏报人数34人，取消不符合条件200人。严查民生领域突出问题。以“三查三问”专项行动为抓手，紧盯扶贫领域和脱贫攻坚项目实施精准监督，重点整治脱贫对象不精准、帮扶措施不具体、责任落实不到位等问题，共发现民生领域突出问题2961个，立案272件，党政纪处分246人，移送司法机关3人，挽回经济损失385万余元。

【聚焦突出问题，驰而不息深化作风建设】 持续狠纠“四风”。常态化推进中央八项规定和省委、市委、区委十项规定精神落实，紧盯节点，定期或不定期开展明察暗访。2016年，全区各级纪检监察机关集中开展明察暗访16次，共查处违反中央八项规定和省市区十项规定精神问题20件24人，党政纪处分23人。其中，违规配备使用公务用车问题3件，党政纪处分6人；违规操办酒席问题14件，党政纪处分15人，诫勉谈话1人；违规收送礼品礼金问题1件，党纪处分1人；违规发放津补贴和福利问题1件，党政纪处分1人。严明换届纪律。换届前，就换届纪律集中约谈了42个乡镇（街道）党组织一把手，对全区180名纪检监察干部进行集中警示教育。查处了3起违反组织纪律典型问题，认真做好1600余人次拟提拔重用或交流干部及“两代表一委员”廉政自律审查工作，13名干部因审查不过关被暂缓任用或取消资格，有效防止干部“带病提名”或“带病提拔”。整纠突出问题。持续推进“作风强化年”建设，继续紧盯“僵庸懒浮散”等问题，整合力量加大日常督查频次，督促“马上就办”落到实处。通过督查，发现作风问题66件80人，党纪处分17人。组织抽调人员对46家区直部门国有资产进行重点清查，发现问题109个，已按程序督促纠正整改或深入调查处理。常态通报曝光。依托毕节晚报、区电视台和微信公众平台“微七星关”“七星关纪检监察”等媒体，先后向社会通报曝光作风问题9次68起，涉及52个单位74人，形成有力震慑。

【聚力纪律审查，始终保持惩腐高压态势】 坚持纪挺法前。坚持有腐必惩、有贪必肃、有案必查，持续保持反腐高压态势。2016年，全区各级纪检监察机关共受理信访举报528件（次），同比增长10.4%；立案304件，同比增长88.8%；党政纪处分316人，同比增长85.9%，涉及科级干部53人，同比增长97%，移送司法机关线索10件10人，其中，对5名严重违纪涉嫌违法的党员干部先作出党政纪处分后再移送司法机关，为国家挽回经济损失1500余万元。注重案件质量。制定“乡案区协审”制度，共协审乡镇办自审案件208件，均实现“零申诉”。委局班子成员、审理室人员定期到乡镇抽查案件质量，约谈了案件质量靠后的2名乡镇纪委书记。对十八大以来受处分的305名（科级64名）干部开展回访教育，对回访时发现在案件审查中违反工作纪律的2名干部立案调查，及时纠正处理。突出办案安全。坚持依纪依法、安全文明办案。不断夯实安全办案软硬件基础，圆满完成市区共建“白杨苑”管理服务中心建设任务。从安监、公安部门挑选20名素质高、纪律强的人员组建了一支陪护队伍，纪律审查工作实现“零事故”。强化权力监督。建立权力清单运行监督机制，监督全区113家单位20734个权力运行事项，共发现问题903件，立案查处47件，党政纪处分26人。

【践行“四种形态”，精准化常态化约谈干部】 精准把握运用。按照“惩前毖后、治病救人、宽严相济、依纪依规”原则，以问题为导向，围绕“六大纪律”，抓早抓小，动辄则咎。注重统筹“时间节点、问题性质、认错态度、群众口碑”4个要素，依纪依规对违纪人员作出恰当处理。今年以来，共约谈和函询4002人，党纪轻处分255人、组织处理38人，党纪重处分和作出重大职务调整51人，涉嫌违法犯罪移送司法机关10人，达到了惩处极少数、教育大多数的良好效果。突出重点对象。通过自查清理、信访举报、案件查办等途径了解掌握的问题线索，认真梳理问题线索清单，报区委“五人小组”审定，由区委五人领导小组领谈，区纪委监察局班子成员参与，对甄选出适宜开展约谈的对象，采取单独的方式进行约谈，释放把纪律和规矩挺在前面，抓早抓小、动辄则咎的信号。今年以来，区委“五人小组”共约谈科级干部18人，主动上交违纪所得14万余元。逐级分类实施。制定《区纪委监察局贯彻落实〈关于深入落实“两个责任”推进干部约谈常态化〉的实施方案》《关于“牢记教训·履职尽责”专题预防提醒约谈工作方案》，要求各级党组织层层约谈到位。一年来，全区共约谈干部3832人，其中预防提醒谈话3440人次，询问示警约谈195人，纠错诫勉约谈127人,问责处分约谈70人，约谈过程中83人主动向组织交代问题。

【活化廉政教育，筑牢干部拒腐防变防线】 着力构建“大宣教”格局。代区委拟发《关于进一步构建反腐倡廉大宣教工作格局的意见》，成立联席会议制度，明确25个成员单位的职能职责，将反腐倡廉宣传教育有机地融入各项工作之中。加强党纪党规教育。把党纪党规教育纳入党校和各级党组织中心组学习内容，认真抓好“四条例”“两准则”的学习贯彻。组织61名乡镇街道和区直部门一把手开展党纪党规知识测试，测试成绩全区通报。在重要节点发送廉政提醒短信1.5万条，组织2.2万余名党员干部参加党纪党规知识在线测试。成立“流动廉政课堂”，到27家单位开展廉政教育。编印党员干部警示读本—《警诫》3000册、《党员领导干部抓党风廉政建设应知应会手册》1000册，提升教育实效。组织各级各部门收看民生领域警示教育片《灭蚁》8000余人次，收看弘扬廉政家风的视频宣传片—《贵州丁宝桢：报国爱民清廉传家》4000余人次，组织240余名党员领导干部参加“庭审旁听”警示教育活动。注重廉政文化渗透。深化机关廉政文化建设，把推进廉政文化与各项工作有机融合，巩固打造市级廉政文化示范点4个、区级示范点10个。开展廉政书画作品征集活动，遴选出63幅公开展出。打造多媒体宣教平台。在《毕节晚报》《微七星关》和《七星关手机报》开设专栏，宣传我区党风廉政建设和反腐败工作的经验做法、最新动态等共计220余条（次）；编印内刊《七星关纪检监察》共4期；开通微信公众平台“七星关纪检监察”，共推送信息71期157条。一年来，共撰写宣传报道共280余篇，省级以上媒体采用10篇，市级媒体采用68篇。撰写案例剖析6篇，并利用各类媒体进行广泛宣传。

【注重自身建设，锻造忠诚干净担当铁军】 选齐配强纪检干部。以换届为契机，通过“三个提名考察办法”推荐、选齐配强42个乡镇办事处122名纪委（纪工委）书记、副书记、监察室主任。加强横向沟通协调，做好委局机关、纪工委监察分局及区直部门纪检组长（纪委书记）的选配和交流工作，从纪检系统外调入31人，其中：提拔7人，重用17人，交流7人；从纪检系统内部调出28人，其中：提拔

6人，重用13人，交流7人；纪检系统内部轮岗交流18人，其中：提拔14人，重用4人。选派2名优秀干部到市纪委挂职锻炼，从乡镇纪委选派21人到区纪委监察局跟班学习，为全区纪检监察工作长久持续向好发展提供人才保障。强化素质能力提升。以换届选举和开展“两学一做”学习教育为契机，组织全区200余名纪检监察干部集中开展了1次业务知识能力培训和党纪党规应知应会知识测试，全面提升纪检监察干部能力和素质。创新建立“工作例会学习”“悟知讲堂”“跟班学习”“廉政书屋”等学习方式，丰富纪检监察干部学习渠道。严格监管约束惩戒。进一步修订和完善纪委常委会议事决策规则、党务公开、车辆管理、情况报告、财务收支管理等制度，强化执行和落实。抓住换届年关键时间节点，压实区纪委书记与乡镇纪委书记交心谈心责任，对138名纪检监察干部进行约谈，分批组织160名纪检监察干部到区警示教育基地接受教育，对3名违反工作纪律的原任纪检监察干部立案审查。扎实抓好党建工作。扎实开展“两学一做”学习教育和纪念中国共产党建党95周年系列活动。完成《毕节市纪检监察志》《七星关名人录》和《七星关组织史资料》等相关资料的编撰和审定工作。选派6名干部到团结、海子街等镇乡开展驻村帮扶工作，共帮助解决帮扶资金52.15万元，为联系的6个村协调资金共计1076.3万元，其中柱中村989.3万元，重点解决学校、村级活动阵地、通组路等基础设施项目。

【科学研判形势，不断巩固深化探索创新】 一是依托全区民生项目资金监管网络平台,搭建“民生监督大数据平台”。一年来，该平台共发布民生信息13万余条，接受网友访问320万余次，公开惠民项目资金信息5.8万余条、党务政务村务信息4.5万余条，发布公共资源信息750条，网上备案民生项目2500个，向群众发送各类民生补贴补助落实情况等告知性短信58万余人次，接待群众来电咨询3万余人次，受理群众投诉举报1000余人次，处理642件，电话抽查民生资金落实政策情况近2万人次，接受各类举报投诉660件次，成功受理101件，转立案28件。二是创造性探索建立干部廉政信息监管平台，收集汇总20732名干部廉政信息15类1644个，综合利用廉政“大数据”为精准监督执纪和纪律审查奠定坚实基础。三是制定《进一步加强和规范“乡案区协审”工作的实施意见》，切实保证案件质量。截至目前，共协审案件208件，提出协审意见360多条，协审规范后的案件均实现“零申诉”。

（办公室）

组　织

【概述】 2016年，七星关区组织工作在区委的坚强领导和市委组织部的精心指导下，以“两学一做”学习教育为契机，深入学习贯彻党的十八大、十八届三中、四中、五中、六中全会精神和习近平总书记系列重要讲话精神，特别是对毕节试验区的重要批示精神，认真贯彻落实省委、市委、区委决策部署，围绕中心，服务大局，奋力推动规范化、专业化、信息化建设，实现组织工作提质增效，为七星关区勇闯新路、率先崛起、同步小康提供了坚强的组织保证。

【以换届工作为契机，狠抓干部选拔任用工作，努力打造高素质干部队伍，提供改革发展的内生动力】 精心组织区乡换届。严格执行中央、省、市对换届工作的要求，规范对干部的选拔任用，严格初始提名，认真开展考察，及时公开信息，全面接受监督，目前，已举行换届业务集中培训2次，督查指导130余次，区、乡两级换届工作已圆满结束，“六个注重”的换届经验得到了省、市换届办的充分肯定并全省转发学习。实现了选出来的干部组织放心、群众满意、干部服气。从严监督管理干部。在换届过程中，开展谈心谈话260人次，审查档案400多卷，征求意见600余人次，审核个人事项报告400余份，开展“九严禁”等换届纪律集中培训10次。审定50余个单位中层干部选拔任用方案。对新提拔或调整到重要岗位的300余名领导干部进行专门谈话。备案3名因公赴港，4名因私出国（境）情况。完成2016年公务员信息维护，配合上级部门招录选调生17人，完成职务职级晋升65人。精准开展教育培训。完成全年调训县级领导29人次，科级领导330人次。在区委党校开展了春秋两季主体培训班，培训领导干部173人次，举办信访、纪检、旅游等专题培训班，共培训干部2506人次。实施“柔性引智”工程，邀请专家举办2期“中国梦·七星大课堂”、1期科级干部综合能力提升班，培训领导干部1800余人次。加强干部考核管理。建立健全考核制度，修订完善12个、废止2个制度。差异化制订并印发《七星关区2016年度乡镇街道、区直部门目标考核体系》。实行一项工作分清乡镇街道和区直部门两方面责任的“1+2+X”捆绑考核方式。将招商引资、法治毕节创建等6项工作纳入动态考核，实行流动红旗管理。截止2016年，开展专项考核80余次，发出各类督查考核通报30余期，预警7名领导干部。对动态跟踪督查考核结果进行积分管理，将积分按比例纳入年度目标考核总分。根据动态考核结果兑现乡镇街道领导班子成员绩效考核津贴。将年终考核结果与工资奖金、选拔任用挂钩。

【以“两学一做”学习教育为契机，深入推进固本培元工程，筑牢改革发展的稳固根基】 开展“两学一做”，凝聚发展力量。以“党员给力，群众给分”为主线，以“亮身份、强素质、守底线、树形象”为载体，以“七大先锋工程”为抓手，实行“基础篇目共同学、不同领域分类学”的学习方式，分类学习的做法得到省、市的肯定。创新党员教育，严格执行“三会一课”制度，创新开设七星微党建等“大党课”形式，构建适应“智慧党建”的党员教育管理新格局。强化固本强基，夯实基层基础。明确整改措施、时间表、路线图，集中整顿转化软弱涣散党组织43个。紧盯重点难点村（社区），实行“一村（社区）一策”、挂图作战和精准督查，扎实抓好村委换届选举，目前已完成41个乡镇（街道）村（社区）党组织换届工作。全面新建党组织，截止2016年，全区48个非公企业和社会组织单独建立了党组织，700个非公企业和社会组织联合建立了党组织。加强激励保障，激发基层活力。着力提高村级干部待遇报酬，从今年1月起，为村（社区）干部每月提高800元的工作报酬，村干部待遇最低达到1800元，最高达2300元。围绕“组织强”“环境美”“乡风纯”“产业兴”十二字要求，全面开展规范、示范、典范村(社区)创建，今年评审表彰规范、示范村（社区）25个，发放村干部和村级组织奖金228万元。建立村干部、驻村干部提拔任用机制，今年共提拔村干部、驻村干部和大学生村干部29人。推进党建扶贫，深化脱贫攻坚。选派292个驻村工作组1460名驻村干部、第一书记开展驻村帮扶，全面覆盖258个贫困村和40个软弱涣散村。充分发挥党员带头致富、带领发展的作用，积极推进党员创业带富工程，向138名党员发放贴息贷款资金907万元。精选40个省级集体经济发展试点村，并按建设实体项目、入股国企持股分红和购置商铺门面等方式开展试点工作。

【以人才扶贫的大舞台为依托，坚持按需引才聚才用才，注入改革发展的“助推剂”】 创新人才工作机制。建立“1+1+1+N”工作机制，搭建乡土人才扶贫带富平台，创建兴隆村蛋鸡养殖基地等一批示范基地，形成扶贫带富“传帮带”效应。引导80余名科技人员申办领办农业项目，帮助3000余人实现脱贫。创新人才资源统计工作机制，在挖潜量、提增量上下功夫，2015年，农村实用人才同比增加20.88%，非公企业人才同比增加53.31%。

释放人才扶贫活力。多举措、全方位、系统化推进“人才扶贫”工程，以“千名科技人员包千村”为载体，累计培训20余万人次，帮助3万余名群众实现脱贫。开展“七星情·人才归”系列活动，用乡音引人，优政策留人，搭舞台用人，持续推动人才回归计划。目前，有回乡创业意愿的共计254人，初步达成意向投资5.1亿元。唱响人尽其才和声。深入挖掘各类典型，区张翅、周恒等一大批人才在中央、省、市级媒体得到报道，激发了各类人才创业热情。以“才”字为主线，创造性开展“人才工作宣传月”活动，采取发布《致七星关区各界人才的一封信》、播放《我是人才》公益广告、开展行业技能比武等多种方式，培育了“才·富”论坛品牌。

【以“政治素质过硬、业务能力过硬、廉洁自律过硬”为要求，着力打造“讲政治、重公道、业务精、作风好”的模范部门】

认真开展“两学一做”学习教育，严格执行“三会一课”制度，开展“半月集中学习”活动24次，组工干部述职活动1次，组工干部遍访、回访贫困村贫困户活动2次，到烈士陵园进行党性教育1次，大力培养开口能说、提笔能写、遇事能办的优秀组工干部。

（办公室）

宣传思想

【概述】 2016年是实施国民经济和社会发展“十三五”规划的开局之年，也是区“决战决胜贫困、奋力后发赶超”的关键之年，按照中央、省、市和区委要求，2016年全区宣传思想文化工作按照“突出重点抓学习、突破难点抓落实、打造亮点抓创新、覆盖盲点抓阵地”的基本思路，牢牢把握学习习近平总书记系列重要讲话精神这条主线，不断加强宣传干部队伍建设，努力唱响主旋律、凝聚正能量、打好主动仗、传递好声音，为我区全面建成小康社会提供有力思想保证、舆论支持、精神动力和文化条件。

【以学习宣传贯彻习总书记系列讲话精神为主线，着力推动理论武装工作贯彻落实】 1.深入学习贯彻习总书记系列重要讲话精神及党的大政方针政策。始终把学习宣传贯彻习总书记系列重要讲话精神及对试验区的重要指示精神作为重中之重，作为各级党委（党组）中心组的重要学习内容和区委党校干部培训的重点科目，以“两学一做”学习教育、“四个全面”战略布局、习总书记重要讲话精神、中国梦为学习重点。目前，区委中心组学习两次，党委党组中心组学习5次，单位全体干部职工学习了10次，圆满完成了学习任务。2.积极开展理论文章组稿工作。牵头安排相职能部门围绕“四个全面”战略布局，同步小康，农村淘宝，农村思想政治教育调研三次，撰写理论文章12篇，形成一批有价值的研究成果向市委宣传部报送，并刊发在区委党校的刊物《七星论坛》上。3.深入开展理论宣讲工作。创新宣讲形式，以区委宣讲团、农民讲师为基础，以联系各镇乡街道的职能部门为切入点，深入各单位开展市委一届七次全会精神、习近平视察贵州重要讲话精神等内容的宣讲工作，各职能部门联系自身工作实例，将理论结合实际带到基层。目前，已组织宣讲两次，下发了《关于组织参加市委宣讲团赴我区开展统一战线聚力脱贫攻坚暨多党合作参与毕节试验区建设座谈会和省委常委会议精神宣讲活动的通知》和《关于在全区组织开展“科学理论上讲堂”和“党的声音进万家·总书记话儿记心上”宣讲活动的通知》。4.认真抓好舆情信息编写报送工作。紧扣国家、省、市大政方针政策及社会热点敏感问题，收集、撰写舆情信息，目前向省委宣传部、市委宣传部报送信息50余期。

【紧紧围绕文明城市创建工作目标，培育和践行社会主义核心价值观，着力提高公民道德素质和社会文明程度】 1.以开展“明礼知耻·崇德向善”主题活动为抓手。持续开展“图说我们的价值观”“讲文明树新风”公益广告刊播宣传、“道德讲堂”建设等，深入推进主题活动。截止2016年，共向市文明办推荐身边好人50人，其中上“贵州好人榜”3人；表彰奖励最美七星关人10名；编写发放七星关区农村思想政治教育暨首先道德讲堂读本--《盛开的白玉兰》一书2万册；开展“道德讲堂”“宣传部长上讲堂”活动，录入贵州省“宣传部长上讲堂”信息平台1866场次；开展“讲文明树新风”公益广告活动，张贴各类公益广告2.5万余张。2.以“五城同创”为抓手。扎实开展“文明在行动·满意在毕节”暨“多彩贵州文明行动”整脏治乱工作，推动城乡综合环境整治一体化协调发展。一是投入经费1000万元，用于“文明在行动·满意七星关”暨“多彩贵州文明行动”整脏治乱专项行动工作。二是通过利用网站、信息平台、新闻媒体、微信公众号以及开办专题讲座、印发宣传资料和设置公益广告牌等，多视角、全天候进行宣传。共安装设置宣传标语6000余条，开展“文明在行动·满意七星关”宣传活动2次，发送“多彩贵州文明行动”暨文明创建相关宣传信息共30000余条；组织开展“小交警”在行动、“文明和不文明抓拍有奖大赛”等主题活动，形成“全民开展整脏治乱、共同治理环境卫生”的良好氛围。三是按照“一月一督查、季度一考核”考核要求，组织相关部门对全区“多彩贵州文明行动”各类单位进行考核排名通报，目前已有27个乡镇（街道）有关负责人在区电视台上对存在问题进行了公开承诺。在全省2016年度“文明在行动·满意在贵州”暨“多彩贵州文明行动”整脏治乱专项行动检查考核中，七星关区名列毕节市第二名。3.以整治“脏、乱、差”为重点，提升市容环境，强基固本，着力提升城市品位。一是以“三创一建”工作为契机，切实提高市民生活品质，满足市民对文化体育休闲的需要，为广大市民提供优质的休闲游憩场所。投资约11.6亿元，新建占地面积23.91万平方米的同心城市公园已基本建成并投入使用；同时与道路建设同步，配套实施了供水、供气、排水、排污、路灯、电力、通信以及垃圾处理、污水处理、公共厕所等市政基础设施项目。到目前为止，已完成停车场建设4个，农贸市场1个，在建农贸市场1个，拟建公厕（配垃圾中转站）6个，改造移动公厕9个。二是按照“条块分割、属地管理”的原则，采取“定区域、定人员、定职责、定标准”的工作机制，落实经营户“门前三包”责任制，大力开展市容集中整治活动，查违规，造声势，对乱摆摊设点、乱堆乱放、乱贴乱画、乱搭乱建等不文明行为造成强势冲击，对损害市容环境者形成心理威慑。4.深化“我们节日”主题活动，大力繁荣城市及农村精神文化生活。一是广泛开展“我们的‘中国梦’”文化进万家和文化三下乡等惠民系列活动，共组织开展文化下乡演出40余场次；二是培育乡镇业余文艺团队84个，村级业余文体队伍506支，举办七星关区第二届农村文艺大展演活动。三是开展送图书下乡、图书馆下基层流动服务等活动80余场次；四是开展农村电影放映共5760场，同时制作发放大型话剧《乌蒙星火》光碟12000张。5.搭建志愿服务平台，继续推进志愿服务活动。2016年，全区成立了党员志愿服务分队、巾帼志愿服务分队等6个志愿服务分队，建立“志愿云”平台并有注册人数15224人，开展各类志愿服务128场次6.着力抓好未成年人思想道德建设工作。一是组织开展“祖国好·家乡美”主题活动，累计完成840余场次；二是组织开展“三生四爱五心五好”示范校、“学习和争做美德少年”、“学长征精神·做红色传人”、“多彩贵州欢迎你·我是文明小导游”、“做一个有道德的人”等活动。全区共评选“三生四爱五心五好”示范校24所，表彰“美德少年”100名，组织未成年人参加大型爱国主义教育活动100余场次，组织全区师生网上签名寄语3000余条，征集优秀童谣作品400余篇，开展乡村少年宫暑期活动100余场次。7.加强农村公共文化基础设施建设，丰富群众精神文化生活。新建乡镇综合文化站18个，提升打造24个，新建村级综合文化服务中心示范点13个，建成村级农家书屋481个。8.以“十星文明户”创评为载体，推动农村思想政治教育活动。根据“十星级文明户”创评程序，全区共评出48000户星级文明户并进行授牌挂牌，同时建立落实“星级文明户”奖励机制；扎实推进“七个起来”工作，全区安装喇叭876个，健全完善“村规民约”505个；建设文化墙1070幅约31225.5平方，书写永久性标语4664余幅，悬挂布标2800余幅，张贴宣传画6800余张，制作宣传专栏600个；组建有600支“农村文艺宣传队”宣传党的方针、政策；利用“赶场天”开展文明创建知识抢答、政策宣传500余场次；新办“农民夜校”1415余个（场次），结合“道德讲堂”、院坝会、家访、群众会宣传发动群众20万余人（次）。

【以全面建成小康社会为目标，着力提高舆论引导水平】 1.对外宣传成效明显，区知名度美誉度不断提高。采取“走出去”与“请进来”相结合的方式，一是组织协调深圳电视台《时尚罗湖》栏目组到大南山苗寨拍摄美食专题纪录片《苗寨寻古味》（上、下集），该片已于今年2月22日在深圳罗湖区网络媒体播出。二是在4月初，配合中央电视台《大会师》《丰碑与记忆——长征中的会议》摄制组在我区拍摄纪录片。在5月初，中央九频道《发现之旅》栏目到区拍摄的彝族文化专题纪录片将于近期播出。2.创新宣传模式，积极展示七星关区对外形象。今年上半年，我区“一市五金多套餐”问需式精准扶贫工作得到《贵州日报》《当代贵州》、贵州电视台、新华网、中新网等主流媒体的关注，组织省级以上平面媒体采写并刊播宣传报道稿件共40余篇。在网络媒体宣传方面，年初，首次全国40余家网络媒体“走、转、改”“脱贫攻坚看贵州”的主题采访对七星关区“一市五金多套餐”问需式精准扶贫进行了专题报道，全年，获中央媒体报道稿件42条（独立报道8条），省级媒体113条（头版3条，独立报道14条）。3.新闻宣传工作改革创新取得实效，各种宣传媒介迈上新台阶。一是2016年1月1日，《毕节晚报》从原来的周三大报改为周五小报、3月1日改为周七小报，全年共发行340余期。根据区委、区政府的相关工作安排，《毕节晚报》特开设“文明同步·读者同行”、法治毕节等专栏，定期进行宣传；手机报（全年共发250余期）定期向七星关区副科级及以上的领导发送全区最新动态，让领导及时了解七星关区重大会议精神及民生实事。二是我区开通的官方微信公众平台“微七星关”，全年组稿300余期，平均阅读人数达8000人左右，单条最高人数达5万余人，在官方微信公众平台的阅读量全省排名第一，全国政务宣传类微信公众平台前20强。三是积极主动作为拓宽宣传渠道，为更好、更全面地做好宣传工作，该单位将建立《毕节晚报》网站，目前《毕节晚报》APP已开通。4.完善工作机制，着力实现互联网管理工作的全面升级。面对互联网的新特点，区网络办以完善工作机制为重点，树立科学有效管理的观念，创新工作方法，健全舆情收集、研判、处置制度。一是以加强舆情引导为基点，着力创新舆情监管方法。运用微博、微信等媒体，对热点焦点事件进行跟踪评论引导，善用“网言网语”快速上网评论，积极主动与网民沟通，不断增强舆论引导的亲和力、吸引力、感染力。积极引导社区、论坛、贴吧言论，截至目前共计编发网络舆情信息40余期、其中领导批示的有32期，具体落实并已经得到答复的有32期，其余相关部门正在处理。二是加强网评、网监队伍建设，及时有效地抢占网络舆论高地，及时有效的回应各类网络突发事件，在各级领导的关心下，区网络办不断加强对网评员队伍的建设，提升网评员队伍的整体素质，切实打造出一批能力强，用得上，有组织，有战斗力的网宣队伍。区网络办半年来组织网评员根据市网信办的指令，不断净化网络环境，在网站、微博、微信、QQ空间对相关文章或贴文进行转播、置顶、评论。全年共计转播800多条（次），评论400多条。

【文产文艺两翼齐飞，着力推动七星关区文化事业大发展大繁荣】 1.文化产业发展继续稳步推进。一是积极向外取经。2016年5月份，根据省、市文产办的相关要求，七星关区组织了6人参加第十二届深圳文博会，5月14日，七星关区带队领导接收外媒采访，积极推荐我区我文化事业，为七星关今后文化产业的发展注入了强大活力。此外，七星关区正积极筹备贵州第一届彝族文博会，各项工作正有序开展，争取在这届文博会上展现七星关亮点。二是积极争取省市文化产业专项扶持资金，2016年三月，区文产办精心组织，报送鸡鸣三省景区、七星古城、刘连学雕刻等文化产业项目3个。其中，鸡鸣三省景区被市文产办选中，成为申报省文化产业专项资金的主要项目。三是文化产业统计工作成效明显。今年3月，根据省市安排，区文产办积极组织协调区直十三家部门，历时3个月，对七星关区文化产业增加值进行全方位的统计，目前，各项工作已经完成，等待省统计局反馈相关数据。2.积极贯彻落实文艺“双百”方针，开展各种文艺活动，提升人民群众精神生活。2016年，七星关区积极组织区书法家协会会员和书法爱好者为群众义务书写春联五万余幅，组织摄影家为群众拍“全家福”2000余幅，组织文艺团为朱昌、长春堡、小吉场、杨家湾等乡镇举行慰问演出。春节期间举办了2016年迎春摄影和书画展，展出摄影作品120幅、书画作品130幅。2016

年4月选送140余幅作品参加市工会组织的书法美术摄影展。组织摄影家到相关乡镇创作拍摄《毕节市公路建设20周年成就》图片60余幅。5月陪同中央电视台《发现之旅》栏目组到各乡镇拍摄《中国古彝最后的土司庄园》专题纪录片。6月选送20余幅作品参加创建全国环保城市摄影展。

（李向春）

新闻中心

【概述】 随着舆论宣传“议程设置”功能的大变革，为做好新形势下的新闻宣传工作，区新闻宣传中心积极顺应时代发展趋势和潮流，不断丰富和创新传播渠道，通过一年的努力，初步形成“一报一微两端”的宣传载体，构建了“图文直播 + 视频直播”的立体宣传格局，打通了和受众“最后一公里”的问题，进一步提高宣传速度和质量、拓宽了宣传渠道，为全区经济社会发展传递好声音、凝聚正能量。

【畅通宣传渠道“议程设置”功能不断完善】 面对舆论宣传工作的新形势、新环境，区新闻宣传中心积极顺应发展潮流，主动、创造性地出击，《毕节晚报》在原有的宣传载体上，进一步拓宽宣传渠道，增设微七星关《毕节晚报》APP、《毕节晚报》网站、七星关手机报等宣传平台，逐步打造“媒体矩阵”，充分运用新技术新应用创新媒体传播方式，占领信息传播制高点。2015年3月，《毕节晚报》提出“不做时代旁观者，去变革”口号，对七星关区的机关报进行大刀阔斧的改革。4月6日，七星关区官方微信公众平台“微七星关”正式上线运营。通过一年的努力，“微七星关”实现了新闻宣传的几个“度”。实现新闻报道的高度，如稿件《关于农村，毕节正在谋划一盘很大的棋》，通过对“和在农家”创建工作的解读，壮大主流平台，发出七星关好声音；实现新闻报道的广度，如稿件《毕节很久以前的老照片，太珍贵了！》，通过对比城区和农村前后几十年照片的对比，真正深入到人民群众中，全面记录和反映历史的变革；实现新闻报道的鲜度，如稿件《七星关区将陆续实施这些通村路建设》，写出老百姓喜闻乐见，接地气、带有泥土味的新闻；实现新闻报道的温度，推出有思想、有人文精神、有品质的作品，如稿件《崔英魁调研宣传文化系统，透露的信号挺多》《何云江今天的调研，对毕节新闻人是一种鼓舞》；实现新闻报道的融度，尊重现代传播规律，实现全息化传播，如稿件《独家视频 | 毕节人期待已久的音乐喷泉开喷啦！》。目前，微七星关进入全国官方政务宣传类微信公众号排名前20强，在全省官方公众号排名中位居第一。目前，活跃粉丝量达18万 +，每条稿件平均阅读量达1.9万次。2016年，微七星关共发送300余期。2015年4月6日，七星关手机报正式上线运营，七星关手机报定期向七星关区副科级及以上领导干部发送全区最新动态，让领导干部及时了解七星关区重大会议精神及民生实事，第一时间将政策重点推送到领导干部手中，保证政策落实不断层。2016年，七星关手机报共发放310余期。2016年9月中旬，《毕节晚报》网站、《毕节晚报》APP正式上线，在10月17日—19日召开的中国共产党毕节市七星关区第二次党代会上，《毕节晚报》APP以图文直播的方式对此次大会进行全景式直播，让广大人民群众第一时间了解大会内容，参与讨论。截至目前，《毕节晚报》网站、《毕节晚报》APP浏览量突破百万大关，《毕节晚报》APP装机量达3122人。

为了让宣传更加立体，《毕节晚报》构建了“图文直播 + 视频直播”的立体宣传格局，通过图文直播 + 视频直播的宣传方式，使宣传内容更加丰富具体。

【坚持“党媒永远姓党”内容创新取得突破性进展】

作为党媒，《毕节晚报》始终将党性原则放在第一位，始终牢记“党媒永远姓党”原则，坚持正确的舆论导向。结合习总书记的系列讲话精神及当前的舆论环境，《毕节晚报》始终以“坚持党性原则，晚报风格”为办报宗旨，在宣传内容上进行提质扩容和重大创新。对于媒体融合，我们重点是打通内部的内容生产，打通运营管理和打通用户渠道。党媒的作用归根结底就是凝聚人心、引导人心、鼓舞人心，这也符合用户的刚性需求。基于此，2011年1月，《毕节晚报》从周二小报改版为周三大报（一、四版为彩版）；2016年1月1日，《毕节晚报》从周三大报（四个版）改为周五小报（全彩八个版），3月1日改为全彩版日报。《毕节晚报》在不断改版创新过程中，扩大了宣传覆盖面，目前，《毕节晚报》免费投放到毕节城区各大商铺、卖场、机关、企事业单位，七星关辖区乡镇街道、学校、村（社区）等。《毕节晚报》报头由原来的“LOGO+报眼+日期”改为“LOGO+导读+天气预报+日期+《毕节晚报》二维码和‘微七星关’二维码”，内容更丰富，主旨更明确。针对重大节日，《毕节晚报》精心策划相关专题进行宣传报道。在注重形式改变的同时，并对各类稿件内容进行严格把关，稿件内容多以市委、市政府和区委、区政府的相关政策，广大群众关心的重大民生时事为主，力求迎合广大群众的阅读兴趣，做到“想群众之所想、急群众之所急”，力争将《毕节晚报》做成广大群众喜闻乐见的报刊。为适应新形势下的宣传环境，微七星关推出的“白鹭岛”系列文章，以解读的方式，有温度、深度和广度地进行传播，深受读者喜爱。微七星关在发展过程中，在强调技术引领和驱动的同时，始终把内容建设摆在十分突出的位置，以内容优势赢得发展优势。微七星关坚持不做“标题党”，坚持不做低俗新闻。同时，《毕节晚报》在宣传报道过程中还采用图表的方式进行宣传，以图表解析的方式让广大群众对宣传内容更加直观明了。推动“党报党微”融合发展，必须以内容建设为根本，进一步增强新闻宣传信息内容的核心竞争力。《毕节晚报》、微七星关作为党和人民的喉舌，内容永远是根本，是决定自身生存与发展的关键所在。2016年，《毕节晚报》共发布321期。

【深度融合　晚报的创新改革在路上】　自媒体时代的到来，新媒体对传统媒体的冲击越来越大，为适应新形势需要，发挥自身作用，新闻宣传中心以市场化理念，先后创建了微七星关、七星关手机报、《毕节晚报》APP、《毕节晚报》网站等平台，初步形成“一报一微两端”的宣传载体，通过新旧媒体的相互融合，捆绑推进。新闻宣传中心以新旧媒体相互融合的运营管理方式，迎合了当前的大宣传环境，打通与受众之间的沟通渠道，拉近与受众之间的距离，通过新旧媒体的融合，让人人都能成为媒体人，便于受众第一时间知晓全区范围内的重大事件，也让我们知晓受众心中的想法，及时为受众解疑答惑，宣传报道出他们所乐意接受的新闻稿件，扩大影响力。另外，2016年，新闻宣传中心联合市西、市东、洪山三个街道办事处开展“文明同步·读者同行”暨“小交警志愿服务”活动。另外，新闻宣传中心积极开展帮扶工作，对本单位驻村帮扶工作点给予1万元的工作资金，多次走访联系帮扶点，采取相应帮扶措施。

（办公室）

统一战线

【概述】　2016年，七星关区统一战线坚持以中央统战工作会议、《中国共产党统一战线工作条例（试行）》、习近平总书记系列重要讲话和对毕节试验区作出重要批示精神为指引，深入学习贯彻统一战线聚力脱贫攻坚暨多党合作参与毕节试验区建设座谈会议及全国全省全市统战部长会议精神，持续深入落实市委统战工作会议精神，按照市委统战部“12345”的工作思路，结合统一战线“组织化、基地化、项目化、品牌化”的四化要求，以做实“五个好”为目标，既“建好七个统战工作信息库”，“联好一批统战新资源”，“绘好一个园中产业园”，“争好一个突出工作推进会”，“树好一批统战新典型”，聚力产业扶贫和教育扶贫，着力抓好“多党合作、经济统战、协商民主、民族宗教、联络联系等工作”，聚精会神争支持，一心一意促发展，扎实推进统一战线工作开创新局面，倾力谱好七星关区决胜贫困脱贫攻坚这个主旋律。

【及时传达学习全区统战工作会议】　3月31日，全区2016年统战工作会议在区政协五楼会议室召开。会议总结了2015年工作并就2016年工作进行安排部署。区委常委、统战部部长安旺出席会议并讲话，要求要积极发挥统一战线的作用，积极献赶超发展之策、出招财引智之力、举经济发展之旗，群策群力，助推七星关经济社会全面发展；要加强与民众、民族宗教等的交流、联系，求同存异，促进社会协调发展；要加强与中央、省、市区四级统一战线的联系，加强与中央统战部、各民主党派中央、全国工商联、国家有关部委和东部十省市的联系，做好接待服务、联络联系、争取支持等，合力打造同心品牌，为建设富裕、美丽、文明七星关提供有力保障。

【联络联系工作】 一是做好对接联系。坚持以联络联系为抓手，全方位、多层次实施“走出去，请进来”战略。做好统一战线各级各界到区考察、调研的接待服务工作以及外出回访共计83次。其中，区委主要领导亲自率队到致公党中央、民盟中央汇报工作2次，区委统战部主要领导带队到省到京、到东部六省三市民主党派走访汇报工作8次，接待民盟中央及各级组织赴我区考察32次230人次，接待致公党中央及各级组织20次182人次，接待各级统一战线组织考察调研21次398人次，在袁部长的带领下到辽宁省召开七星关区招商引资推荐会议1次，到广州市召开招商引资推荐会议1次。二是抓好项目落实。争取到各类脱贫攻坚项目39个，其中：产业扶贫项目7个、医疗扶贫项目8个、就业扶贫项目3个、教育扶贫项目19个、公益扶贫项目2个，已落地实施35个。争取到比较大型的产业项目有5个，项目总投资1.3亿元。其中：河北连生农业开发有限公司投资3000万元在长春堡镇建立寒泊羊种羊基地，福建省宏福斯新型墙体材料有限公司投资5000万元在我区建新型墙体材料项目；联尚科技、日晶昌、炬晟等光电企业投资5000多万元入驻贵州致福光谷产业园，现已建成投产。累计解决就业人数1500余人。致公党的“致福送诊”医疗扶贫项目、民盟的“同心助学”教育扶贫项目已形成帮扶品牌，累计培训教师、医生、畜牧管理、旅游管理人员等1100人次，捐款捐物100余万元，帮扶效果初步显现。

【经济统战工作开展情况】 一是增进会企沟通，开展走访调研和会员专题活动。为加强与企业的沟通，更好地联系服务会员，制定了每月4次走访调研企业工作计划，先后到小微企业、小商品批发市场、贵州农产品开发有限公司、毕节土老哥食品等22家企业走访调研，听取企业意见建议，了解企业经营情况及发展现状。另外，为进一步落实拓展企业对外交流，组织了11家民营企业参加贵州省非公企业人才招聘会活动，推荐6家民营企业参加省最具有成长型中小企业评选活动，推荐34家中小企业参加“2016中国·贵州中小企业跨境投资与贸易合作对接会”，推荐15名非公经济人士到贵阳参加优秀企业家计划培训，6名非公经济人士到省社会主义学院学习。二是注重搭建多型平台促进非公有制经济发展。认真落实中央、省、市关于鼓励和支持非公有制经济发展的决定精神，鼓励和支持我区非公有制经济健康发展。为营造有利于民营企业诚信守法、健康发展的良好环境，区工商联联合区人民检察院组织召开了七星关服务和保障非公有制经济健康发展“检察长董事长”座谈会，传达贯彻习近平总书记在参加全国政协十二届四次会议民建、工商联界委员联组会时的讲话精神。搭建融资平台，做好民营企业发展的引导、帮助、协调、维权等服务工作，近年来直接联系的8户重点民营企业投资办企业资金达2亿余元，为七星关区经济跨越式发展作出了积极的贡献。同时，还邀请了贵州银行毕节分行副总经理范鹏同志进行了金融理念及融资担保知识系列培训，与会员企业就提升企业营商环境，解决企业共性问题等进行了探讨，政企间的沟通交流取得了良好效果。在私营企业开展小微企业银行政通联合基金入会活动，有效地缓解了我区中小企业融资难问题。三是扎实推进“千企帮千村”“千凤还巢”和“荣誉村主任”工作服务全区脱贫攻坚。积极开展非公经济人士担任“荣誉村主任”工作，全区506个行政村均有非公经济人士担任“荣誉村主任”带动老百姓寻求脱贫方法。“引凤还巢”共成功引进418人返乡创业，创办企业和专业合作社200余个，解决就业人数上万人，累计投资规模超4亿元，就业人员人均工资达到2100元。通过对接苏州毕节商会协调民众财行金融控股集团出资60余万元购买物资，帮扶阿市乡贫困群众。“千企帮千村”联引了83个企业结对帮扶86个村，占任务数的101.22%，带动贫困老百姓脱贫致富。按照“立一块牌子、制作一条永久性宣传标语、编印一份宣传资料、制作一套高质量高水平的宣传展板”的要求，重点打造了长春堡镇垭关村寒泊羊养殖基地、朱昌镇家乡美农业综合开发公司2个“千企帮千村”示范点；打造清水铺镇黔程果蔬专业合作社、朱昌镇鸿达牧业有限公司等2个“荣誉村主任”示范点；亮岩镇太极生态农业综合观光园及致福光谷产业园等2个“千凤还巢”示范点。并于本月成功召开全区三项重点工作现场推进会，强化督导该项工作聚合力量服务七星关区决胜贫困、同步小康新进程。

【多党合作示范工作】　一是加强对党派工作的支持指导，帮助民主党派自身加强建设，成立了民盟和致公党七星关区工作委员会、建立了民革、民进、民建、九三学社及农工党等5个民主党派支部，实现全区7个民主党派全覆盖，并落实办公场所，人员正在配置中。并鼓励和支持他们充分用活党派资源参与七星关区脱贫攻坚。民进支部协调在我区长春堡中学、八寨中学、大银中学和团结中学开展“万个足球进校园”公益活动，分别为四所学校共捐赠价值12万元的足球400个。协调民进贵州省委贵州省委联系企业为区民族中学等5所学校捐赠价值10万元的净水设备。二是在贵州致福光谷产业园建立了贵州省第一家民主党派民营企业支部——致公党七星关区贵州致福光谷支部，夯实了统战工作基层组织。积极引导和鼓励他们参与脱贫攻坚任务。三是党外干部配备情况。人大班子中有1名党外干部，政协班子中有3名党外干部，政府部门中有6个部门（含政府工作部门和政府组成部门）领导班子配备党外干部，42个镇（乡、街道）共有17个镇（乡、街道）领导班子配备党外干部，法检两院以及群团部门领导班子未配备党外干部。建立546名党外干部数据库，其中县级干部10名，科级干部90名（实职领导干部59名，含区直部门和乡镇街道），股级干部446名。建立党外知识分子数据库283名（含区直部门和乡镇）。按《中国共产党统一战线工作条例（试行）》要求，协助做好区人大、政协换届有工作。

【民族宗教工作】　民族工作方面：坚持把“民族团结创建活动”摆在民族工作的重要位置来抓好抓实，打造七星关区“民族团结进步创建示范点”麻园街道办双树社区、朱昌镇花厂村，并推荐燕子口镇一心村参与省级创建活动示范单位的评选，助推少数民族和民族地方社会经济发展。积极协调财政部门对2015年中央、省、市民族发展资金项目进行督促验收：争取到上级民宗部门项目13个，资金140万元；已检查验收5个，资金35万元。同时指导民宗局认真做好2016年项目申报工作。已上报中央、省、市级竞争性项目2个，资金50万元，民族教育专项项目8个，资金31.9万元，民族节庆活动项目5个，资金25万元，现落实中央级项目2个，资金83万元，省级项目3个，资金22万元。完成对长春堡镇干堰村熊嘎苗寨等11个少数民族村寨示范点打造的前期摸底调研工作。宗教工作方面：通过指导参与民宗局制定工作方案，对辖区内寺观教堂管理中的乱象进行了专项治理；对全区西藏籍、新疆籍流动人口、流动穆斯林、伊斯兰教、民间信仰等情况进行了专题调研。同时做好洗心寺扩建的前期准备工作，积极协助洗心寺相关人员到七星关区规划、国土等部门办理相关手续。积极开展对全区民间信仰活动场所的调研工作，通过调研，全区民间信仰活动场所共70处。积极开展“宗教慈善周”活动，引导宗教界人士向社会捐资捐物参与社会活动，使信教群众正确审视修身养性的生活，组织信教群众捐资2万元。

【海外统战工作】　认真贯彻执行中共中央的对台政策，为祖国统一大业服务，把联络感情、争取民心、强化祖国统一的大局意识落实到对台工作中。积极加强与台胞、台属、台商的联络联系，推进涉台招商引资、项目推介等工作。认真做好台胞台属摸底、登记和上报工作，做好涉台婚姻登记、台胞台属接待服务工作，处理好涉台事务，目前对台工作健康有序开展。

【统一战线参与毕节试验区建设宣传工作】 从区委的高度切实加强抓好统一战线支持和参与毕节试验区建设宣传报道工作，成立统一战线参与七星关区建设宣传工作领导小组、制定宣传工作方案、组建新闻宣传队伍，建立宣传汇报工作机制，建立宣传报道奖励机制，聘请宣传工作顾问和特邀通讯员。一年来，在《人民政协报》《贵州日报》《贵州政协报》、人民网、新华网、光明网，以及民主党派中央网站等报刊网络媒体共登载60余篇关于统一战线参与毕节试验区建设稿件。编辑《同心·动态》105期，编辑联络联系动态12期，在统一战线氛围营造工作上，我区在机场路口、朱昌隧道等代表性地段挂有“民盟中央、致公党中央对口帮扶县区七星关”标牌，在统一战线参与毕节试验区建设项目点上挂有52余块标识标牌，组织各镇乡街道办悬挂刷写横幅标语40余条，全区七星统一战线微信公众平台运转良好，制作了贵州致福光谷微视频，提供同心城市公园水幕电影同心素材。全区7个民主党派均开通宣传微信群，及时宣传报道统一战线各类信息，大力营造了全民知晓的毕节统战新氛围。

【特色亮点工作】 一是以同心城市公园为载体，充分展现试验区多党合作示范区品牌效应，强化示范引领。同心城市公园项目建设以重点打造同心广场、同心步行街、同心林、同心苑四个主要公园节点为主要内容，总占地面积239100平方米，总投资约11.6亿元。公园建成后，我部积极作为，以同心水幕电影等多形式多渠道宣传模式，通过拍摄宣传片、制作宣传展板、制作各类画报画册等方式在公园宣传介绍各民主党派对毕节的帮扶历程，充分展示“同心同德、同心同行、同心同向”的同心文化，向广大市民进行同心文化的宣传和熏陶。既满足了市民对文化休闲的需要，也为广大市民提供了优质的休闲游憩场所，为打造毕节对口帮扶、多党合作示范高地提供了示范引领。二是强化与民盟各级组织的联系，成功将“同心助学”教育扶贫项目形成帮扶品牌。自“同心助学”活动启动以来，我区主要领导亲自率队赴民盟中央对接沟通，与民盟中央社会服务部签订“同心助学”对口帮扶协议，争取到民盟中央及东部十省市民盟组织赴七星关区开展“同心助学”活动启动仪式及项目资金捐赠仪式，东部十省市相关学校与我区13所学校签订了结对协议。2016年9月，通过沟通对接，由民盟中央、民盟江苏省委、民盟贵州省委共同主办的东部十省市民盟组织参与毕节试验区精准扶贫“同心助学”工作经验交流会在江苏省南京市举行，来自全国民盟各级组织的相关负责人踊跃发言、交流经验，围绕如何帮助毕节试验区改善民生状况、促进教育发展、提升医疗水平等建言献策，并提出要利用东部省市优质的教育资源，开展教师培训，教学教研互动，指导学校管理、文化建设及关爱留守儿童等工作，全面帮助试验区教育教学和管理水平提质。截至目前，区已开展“同心助学”活动14次，累计请进来培训教师513名，走出去培训教师20名，培训学生237名，开展教研活动5次，捐款捐物181万元。三是争取到致公党中央发动东部六省三市各级组织定期在我区开展“致福送诊”活动。每月都有致公党各级组织组织医疗界各类专家赴我区人民医院通过坐诊、查房、现场教学、医疗讲座等方式，帮助我区提升医疗技术水平，同时也为我区疑难杂症患者提供了便捷服务，在七星关区引起强烈反响。目前已开展19次致福送诊活动，开展教学查房1796人次，诊查患者2208人次，培训医务人员3076人次，手术示教46人次，学术讲座14次。四是主动出击、有的放矢，立“四机制”促联络联系工作上台阶。写感谢信、一事一档跟踪管理、联络帮扶工作数据库、回访工作四项机制。凡在我区开展活动的民主党派组织和为我区做出特别贡献的民主党派和各界人士，都将根据实际情况分门别类书写赠予感谢信，激发对方积极参与我区建设；规范联络跟踪机制，做到帮扶联系事宜、同心项目档案齐全，装档规范，一事一档，切实提高项目落实率；将统一战线帮扶七星关区28年来的情况，通过梳理收集建立数据台账和工作大事记，做到底数清，情况明，然后有针对性地对民盟和致公各级组织主动发函，邀请他们到七星关区进行考察帮扶，加强与民主党派的联络联系，带着项目定期与不定期开展回访活动。五是成立首个民营民主党派企业支部——致公党贵州致福光谷产业园区支部。2016年3月，在贵州致福光谷产业园成立了致公党毕节市七星关区贵州致福光谷支部，丰富了致福光谷品牌的内涵，整合党派优势资源服务园区企业发展，成为贵州省唯一一家民营企业民主党派支部，是毕节试验区先行先试的具体体现，必将引领致福光谷走向辉煌的明天。六是突出做好基础性工作，建好7个统战工作信息资源库，查好用活统战新字典。建立7个信息资源库，即民主党派资源信息库、统一战线参建项目库、天南地北毕节人信息库、党外干部信息库、少数民族代表人士库、非公经济人士库及台胞台属信息库。动态跟踪完善这些信息库，为二作精准开展提供有力保障。

【党委自身建设】 一是加强学习，不断提升新时期统战工作理论业务水平。结合当前“两学一做”活动的开展，统战部制定了学习计划，实行每周例会制度调度上周工作完成情况、学习相关政策精神部署下周工作，把学习作为建设学习型机关和开展各乡工作的重要举措。认真组织学习党的十八大、十八届六中全会及历次会议精神，学习全国、全省统战部长会议、省委、市委统战工作会议精神，特别是习近平总书记对毕节试验区作出的重要批示精神以及中央统战工作会议、中国共产党统一战线工作条例（试行）及统一战线聚力脱贫攻坚暨多党合作参与毕节试验区建设座谈会议及市、区一系列重要会议精神，并将这些精神整理加入七星关区情印制成“统战知识学习小手册”作为内部资料发放给干部职工进行学习，通过集体学习与个人自学相结合，理论知识学习与专业知识学习相结合，不断提高干部职工统战理论水平和业务工作能力。同时，联合区委宣传部共同制定市委统战工作会议宣传报道方案并组织实施，成立宣讲团深入区直部门、乡镇街道、民族村寨宣讲全市统战工作会议精神，组织各乡镇街道和区直部门集中学习市委统战工作会议精神，在全区领导干部中开展读书班学习传达“建设对口帮扶多党合作高地”的精神。真正把思想和行动统一到围绕脱贫攻坚和精准脱贫的主题和主线上来，努力使攻坚克难关键期成为统战工作重大贡献期。二是争取党委支持，形成大统战工作格局。七星关区委高度重视，将统战工作纳入党委重要议事日程，明确区委常委担任统战部长抓实抓细统战工作，搭建党委统一领导，统战部门牵头协调，各相关单位为成员的工作联席机制。将习近平总书记对毕节试验区作出的重要批示精神以及中央统战工作会议、《中国共产党统一战线条例（试行）》、统一战线聚力脱贫攻坚暨多党合作参与毕节试验区建设座谈会议、省委常委会议提纲、全省统一战线学习孙春兰同志在贵州考察时的重要讲话等纳入各级党委中心组学习，区委书记亲自带头做学习发言，并指导制定宣传报道方案，成立宣讲团深入区直部门、乡镇街道、民族村寨宣讲统战相关精神。定期不定期研究统战工作。并于3月31日召开了全区党建工作会议安排部署2016年全区统战工作，并专门组织各乡镇（街道）办党委副书记、民盟和致公党七星关区工委、民进、民建、农工党区支部及九三学社支社、无党派人士、企业家、荣誉村主任及千凤还巢代表等相关人员参加了全区统战工作培训会议，安排了2016年统战重点工作任务。成功争取毕节试验区七星关区工作联络联系办升格为正科级单位，批准成立中华职教社，成立除台盟以外的7个民主党派支部，并给予编制，为构建大统战工作格局创造条件，为七星关与全国、全省、全市同步小康凝心聚力。三是突出氛围营造，持续加大统战工作的宣传力度，营造全民知晓的毕节统战新氛围。从区委的高度切实加强抓好统一战线支持和参与毕节试验区建设宣传报道工作，成立统一战线参与七星关区建设宣传工作领导小组、制定宣传工作方案、组建新闻宣传队伍，建立宣传汇报工作机制，建立宣传报道奖励机制，聘请宣传工作顾问和特邀通讯员。一年来，在《人民政协报》《贵州日报》《贵州政协报》、人民网、新华网、光明网，以及民主党派中央网站等报刊网络媒体共登载60余篇关于统一战线参与毕节试验区建设稿件。编辑《同心·动态》105期，编辑联络联系动态12期，在统一战线氛围营造工作上，区在机场路口、朱昌隧道等代表性地段挂有“民盟中央、致公党中央对口帮扶县区七星关”标牌，在统一战线参与毕节试验区建设项目点上挂有52余块标识标牌，组织各镇乡街道办悬挂刷写横幅标语40余条，全区七星统一战线微信公众平台运转良好，制作了贵州致福光谷微视频，提供同心城市公园水幕电影同心素材。全区7个民主党派均开通宣传微信群，及时宣传报道统一战线各类信息，大力营造了全民知晓的毕节统战新氛围。

（郭　茜）

机要（密码）

【概述】 2016年，在区委、区委密码工作领导小组和区委办公室的正确领导下，在上级业务部门的领导和悉心指导下，我区密码工作严格按照《2016年贵州省党政密码工作要点》《2016年毕节市党政密码工作要点》以及《2016年毕节市七星关区党政密码工作要点》的要求，以邓小平理论和“三个代表”重要思想为指导，认真学习党的十八届四中、五中全会精神，坚持用科学发展观统领密码工作全局，切实贯彻执行中央《决定》《条例》，以及省、市关于密码工作的纲领性文件精神，进一步加强对密码工作的领导和管理，全力做好密码通信、密码管理、信息化密码保障、密码安全保密及党委系统信息化建设等工作，紧紧围绕建设富裕、幸福、文明、和谐的七星关的总体要求，不断加强密码干部队伍建设，求真务实，扎实工作，较好地完成了各项工作任务。

【认真贯彻落实密码工作的路线、方针、政策、条例和有关会议精神】 一是继续贯彻落实中央《决定》《条例》和省委《实施意见》等文件精神。建立健全了领导和管理体制，并结合实际，制定和完善各项规章制度，切实做到有章可循，按章管理。二是认真传达和学习省、市有关密码工作会议精神。组织密码干部认真学习省市党委系统密码工作会议、全市密码通信工作会议及有关文件精神。要求全体密码干部认真领会并吃透会议精神，把领导的讲话和会议的主要精神作为当前密码工作的指导思想，行为准则，努力做好新时期的密码工作。三是按省市有关要求，认真制定《七星关区2016年密码工作要点》。要求全体密码干部必须严格执行并努力按照《要点》的标准完成各项任务。

【深化优质服务，确保各级党政机关指示政令安全畅通】

一是严格工作程序，完善工作措施，确保密码通信绝对安全、绝对畅通，优质高效地完成密码通信任务。二是认真做好跟随党政领导服务工作，努力提高应急通信保障能力，为各级党政领导提供全方位全天候的密码通信保障服务。三是进一步规范密码电报的管理使用流程，做好电报译、传、办理工作，努力提高办报质量和时效。四是牢固树立“第一时间”观念，保证做到紧急重要电报“零差错”“零停留”，坚决杜绝压误、丢失、漏发、漏收、错办电报等工作责任事故发生。截止10月，通过机要文电系统共收、发电报1169份7835页，其中：收、发密码电报597份4465页，内部明电572份3370页。努力提高了办报质量和实效，确保了各级党政机关指示政令安全畅通。

【增强责任意识，认真抓好信息化密码保障工作】 一是优选技术人才，增强电子政务内网管理中心人员力量，加大电子政务内网管理力度；二是对接入电子政务内网单位进行业务培训和技术指导，建立高效服务机制，确保电子政务内网安全畅通。认真做好电子政务内网建设、加密视频会议系统的维护管理工作。按照党委系统信息化工作要求，与电子政务内网使用部门分别签订《七星关区2016年电子政务内网安全责任状》。

【积极创新、不断推进党委系统信息化建设】 一是认真抓好党政综合信息保密网和党办综合信息保密网的管理和维护，明确网站管理人员，及时更新网页内容，使网站更新管理工作更加规范化、科学化、制度化、优质高效地为党政领导提供服务。一年来，新增上网信息2000余条，其中：区委门户网站更新信息1000余条，区党办网1000余条。二是认真抓好区委办、政府办、组织部、纪委办、宣传部、信访局等部门计算机接入党政电子政务内网网的维护和管理工作。

【强化保密意识，扎实开展密码保密大检查】　一是认真抓好密码保密大检查的各项工作，对涉密单位密码业务、密码电报管理工作进行检查指导，对发现的问题和隐患立即整改，要求各涉密单位制定密码电报使用管理规定。二是在整改过程中，做到原因未查清不放过，整改措施不到位不放过，安全隐患未清除不放过。通过开展密码保密大检查，发现和消除保密隐患，增强保密意识和观念，建立健全规章制度，进一步落实保密责任制和强化安全措施，建立了长效安全保密机制，确保密码工作又好又快发展。

【不断加强密码干部队伍建设，增强新形势下密码工作活力】一是以“政治坚定，业务精湛，作风过硬”为目标，积极组织密码干部参加“两学一做”活动、学习贯彻习近平总书记在中央密码工作领导小组报告上的重要批示，栗战书主任就学习贯彻习近平总书记重要指示精神作出的批示和省委书记陈敏尔就学习贯彻习近平总书记重要批示、栗战书主任重要批示精神作出的重要批示精神，不断提高密码干部政治思想水平。二是编发《七星关区机要工作》四期，进一步提高了密码干部文字写作能力。三是认真做好机要信息上报工作，一年来编写上报《七星关区机要信息》64期，其中共有31篇信息被省委机要局《机要动态》栏目采用，提高了我区机要工作的宣传力度。

【认真做应急密码通信系统建设各项准备工作】　按照中央、省、市机要部门的要求，为确保我市密码通信无论在任何时间、任何地点、任何情况下都畅通无阻。我局应急密码通信车已按要求配置到位。通过增加演练次数，不断提高对设备的熟悉程度。熟练掌握设备属性、熟悉设备操作流程，确保每位密码干部都能拉得出、用得上。真正做到在任何时间、任何地点都能圆满完成应急密码通信随行服务工作。充分调动干部的积极性和创新性，激发干部想干事、干成事的热情，形成争比进位、协调配合的工作氛围，形成工作合力。

（邓书必）

保　密

【保密工作领导责任制落实情况】　1.加强保密工作的组织领导。及时调整，充实保密工作领导小组，成立了区委保密委员会，定期听取保密工作情况，研究部署保密工作。同时，落实人力、物力等保障措施，确保保密工作有序发展。2016年区委、区政府在财政十分紧张的情况下，从预算外经费中解决近5.5万元给区国家保密局购置保密检查设备一套，确保了保密技术检查工作的开展。2.区委办分管保密工作副主任对保密工作适时进行检查，听取保密局负责人对保密工作的情况汇报，对落实保密工作情况进行督促检查，建立保密工作议事制度，确保区保密工作有序开展，及时查处泄密事件和违规行为。

【建立和完善保密工作检查制度】　1.健全保密工作检查制度。区国家保密局做到“一月一汇报、一季一检查、半年一小结、全年一总结”的保密工作检查制，切实将保密工作检查纳入常态化管理，保密工作进一步实现管理规范化，制度化，堵塞、消除泄密的漏洞和隐患，防止失泄密事件的发生，充分发挥保密工作“保安全、保发展、促和谐”的职能作用。2.加强对保密人员的管理。为杜绝泄密事件的发生，我区加强保密人员的管理。坚持对保密人员实行上岗审查，分内管理。严格做到“三不”，即不该看的不看、不该问的不问、不该说的不说。对涉密人员进行岗前培训，岗后警示教育，工作适时监督。3.加强涉密文件和涉密载体的管理。完善涉密文件和涉密资料的清点、编号、登记签收等手续，涉密文件要求放在密码保险柜里，做到人走锁了要求。涉密文件和涉密载体一般情况不准带出保密室，若遇特殊情况带出的，必须二人同行，确保涉密文件和涉密载体在可控制的范围内，确保国家秘密安全。4. 加强对保密要害部门审批。保密要害部门的建设要求符合《中华人民共和国保守国家秘密法》的规定，保密要害部门必须经过同级国家保密局的验收合格后，才能成为单位的保密要害部门，保密要害部门除保密人员外，其他的人员严禁进入保密要害部门。5. 加强涉密会议管理。严格规范涉密会议参会范围、参会人员，对境外人员和与会议无关的人员不得进入会议现场，确保会议的安全。

【保密宣传教育培训情况】 为进一步增强广大干部职工保密意识，切实加强保密宣传教育，5月12日邀请市国家保密局局长徐道泽同志在区委党校为我区新任近300名副科级领导干部进行保密知识专题讲座培训，对参加培训科级干部职工进行了保密形势、保密警示和保密知识教育。10月10日区国家保密局对新任的近200名副科级领导干部进行保密基础知识的专题培训，通过培训领导干部的保密意识得到提高，初步掌握了信息化条件下的保密常识。

【涉密人员管理情况】 严格按照上级有关涉密人员分类管理的规定和要求，对我区涉密人员进行分类管理，对接触绝密级文件6件以上的为核心涉密人员，接触机密级文件10件以上的为重要涉密人员，接触秘密级20件以上的为一般涉密人员。对涉密人员坚持以岗定人、先审后用和定期复审的原则，确保涉密岗位和涉密人员最小化，着力实现涉密人员管理规范化、制度化。

【国家秘密确定、变更和解除情况】 由于七星关区没有定密权限，国家秘密密级按上级机关和上级国家保密行政部门确定，我局按规定的密级及时间开展工作。密级时间的解除由上级指定定密级的国家机关确定，不把国家依法公开的秘密事项确定为国家秘密。

【国家秘密载体管理情况】 国家秘密载体制作、收发、传递、复制、使用、保存、维修、销毁等符合保密管理规定，在保密室进行管理，适时做到人走锁落，确保了国家秘密的安全。

【信息系统和信息设备保密管理情况】 对信息系统和信息设备实行严格的保密管理，系统和设备的安装是经过省国家保密局指定合格的单位，系统和设备进行保密审查管理，严禁将系统和设备接入互联网及其公共信息网络，严禁在设备上插移动存储介质（含U盘、手机、相机）等。严禁使用无线键盘、无线鼠标。

【涉密场所及保密要害部门、部位管理情况】 对保密要害部门和涉密场所定期检查，定期听取保密要害部门工作汇报，加强对保密工作人员培训，保密要害部门的领导亲自安排部署，定期听取保密工作人员情况，同时要求保密要害部门一旦发生泄密事件要及时向保密行政部门报告，确保泄密事件能及时处理。

【涉密会议、活动管理情况】 2016年，七星关区加强对涉密会议、活动的管理，对涉密会议或活动，严格涉密会议或活动的纪律要求，严禁涉密会议或活动内容资料外泄。采取在涉密会议、活动场所安装屏蔽器确保会议安全。确保涉密会议、活动在不发生泄密的情况下才能召开，确保使用符合保密要求的场所，确保不发生泄密事件，确保有专人对会议场所进行全面的检查，使保密场所符合开保密会议的要求。

【涉外工作保密管理】 对国家涉外的工作人员上岗前进行保密资格审查，坚持先审查后上岗的原则，符合国家保密要求的人员才能参加涉外活动，对涉外人员定期进行保密培训、保密警示教育。适时对涉外人员进行保密审查，采取举办专题讲座的形势定期给涉外人员培训保密知识，增强保密人员保密意识，防止泄密事件的发生。要求涉外人员不得接受境外送的手机及其他电子产品，不在普通座机的电话或手机里谈论国家秘密。

【宣传报道和信息公开保密审查】 坚持宣传报道和信息公开审查制度，宣传报道秘密不公开，公开不秘密的原则。信息公开必须坚持“先审查、后公开”和一事一审原则，杜绝先公开后审查，凡属于国家秘密的不公开。建立网络公开登记制度，做到谁公开谁负责。

【自查自评情况】 对全区70家单位开展保密工作自查自评检查，通过检查，70家单位的保密工作自查自评，执行情况较好。从抽查单位涉密计算机情况来看，均没有直接连接互联网及其他公共信息网络的违规行为，也没有使用非涉密移动存储介质的违规行为，且没有存储、处理和传输高于网络密级的信息；均达到涉密规范要求保密整体工作得到大幅度提升。

（办公室）

老干部管理

【概述】 2016年七星关区老干部工作的总体要求是：以党的十八大精神为主线，全面学习贯彻十八届四中、五中、六中全会精神和习近平总书记系列重要讲话精神，在市老干局的指导下、在区委、区政府的坚强领导下，推动我区老干部工作健康有序地开展。认真抓好《关于进一步加强和改进离退休干部工作的意见》（以下简称意见）贯彻落实。不断改进工作方式，不断提高服务管理水平，全心全意为老干部服务，竭力满足老干部精神文化生活需求，为老同志办实事做好事，让老同志感受到老有所教、老有所学、老有所乐、老有所为，安度晚年。全面开展正能量活动，切实加强离退休干部思想政治工作和党组织建设，完善和创新服务管理工作，按照“两学一做”要求加强自身建设，着重抓好老干部“两项待遇”的落实，加强离退休干部“两项建设”、开展系列活动，充分利用离退休老同志的经验优势、威望优势、时空优势，组织动员部分老同志积极参与关心下一代工作，发挥老同志在青少年健康成长中的积极作用，让老同志在“决战贫困、提速赶超、同步小康”建设中释放正能量。

【老干部政治待遇落实情况】 一是开展走访慰问活动。2016年2月1日开始，区离退干局分为三个组，对七星关区离休老干部、副县级以上退休干部及离休干部遗孀进行走访慰问，陪同区四大班子及区委分管领导分别到医院、老干部活动中心慰问座谈，了解他们的身体生活状况。走访慰问期间，为副厅级（享受）离休干部和正县级（实职）退休干部为人送去1000元慰问金和一个礼包慰问物资，为县级以下离休干部、离休干部遗孀、副县级（享受）以下退休干部每人送去700元慰问金和一个礼包。慰问资金共计166600元。二是组织老干部参加经济社会发展情况通报会。2月23日，组织200余名离退休老同志参加区委、区政府召开的“七星关区离退休干部经济社会发展情况通报会”，让老同志及时了解全区的经济发展情况。三是党报党刊征订工作。按照上级的相关要求，结合离退休干部的具体实际，及时将报刊费发到离退休干部手中，使其及时订阅党报党刊。四是按要求传达学习相关文件和会议精神。在全区组织工作会议上传达学习中央办公厅、国务院办公厅《关于进一步加强和改进离退休干部工作的意见》和市委常委、市委组织部部长文松波及市委老干局局长关凤晶在市老干部工作会议上的讲话精神。6月23日，召开十八大以来反腐倡廉暨组织工作宣讲会，会议邀请30名离退休老同志参加。主要向离退休老同志宣讲党的十八大以来反腐倡廉的有关情况，让其充分了解党的十八大以来反腐倡廉、组织工作的新变化和新成效。五是寓教于乐，开展有益于老干部身心健康的文体娱乐活动。在中国共产党成立95周年和建国67周年之际，分别于6月30日、9月30日，组织离退休老干部在老干部活动中心开展庆祝活动，活动内容有象棋、麻将、飞镖、“钓鱼”“打保龄球”、卡拉OK、丢圈等，参加活动的老干部达40余人。六是参观工农业生产。为纪念红军长征胜利80周年，10月24日至28日，组织20余名老干部到红色圣地韶山和井冈山参观学习。

【老干部生活待遇落实情况】 一是两费落实情况。离休费均按时足额发放，医药费按规定据实报销。二是特殊困难离休干部及遗孀进行困难补助。12月3日，对60位无工作离休干部遗孀进行补助，为每人送去1200元困难补助资金。三是按规定为离休干部无工作遗孀发放医药费困难补助。发放标准为：老红军遗孀每人每年3000元、地厅级离休干部遗孀每人每年2000元、县处级以下离休干部遗孀每人每年1500元。四是落实离休干部护理费。根据2014年6月18日，区离退干部工作局与区委组织部、区财政局、区人力资源和社会保障局联合转发的《市委组织部市委离退干局市财政局市人力资源和社会保障局转发省老干通〔2014〕8号〈关于调整离休退休人员护理费标准的通知〉的通知》的要求，自2014年元月起，按月发放我区离休干部护理费。标准是，抗日战争时期参加工作的离休干部每人每月从600元增至1200元，解放战争时期参加工作的离休干部每人每月从600元增至1000元。

【离退休干部来信来访工作】 在离退休干部信访维稳工作中，采取值班接访与主动走访相结合，为老干部解惑释疑，解决实际问题，稳定老干部队伍。班子成员实行轮流接访、股室负责人陪同接访和深入老干部群体走访制度。对离退休干部的来信来访，始终坚持做到笑脸相迎、热情接待，耐心倾听。认真办理他们的信访件。对来信来访诉求，在符合规定和政策范围内，能办理的及时办理，不能解决的耐心细致做好政策解释和疏导工作。2月5日，居住老干活动中心老干部宿舍一离休干部遗孀反映由于凝冻天气，造成活动中心老干部宿舍水管爆裂，徐局长得知情况后，第一时间到水务公司去协调解决，水务公司随后便派人进行抢修。2月25日，一离休干部写信到我局反映其在1958年至1963年被错划为右派期间未补发工资问题，接访后，安排相关人员到组织部、人社局、教育局等单位查阅其档案，将查阅结果请示上级领导，后经查证，其反映事宜按规定不予补发被划为右派期间的工资，并以书面形式答复该离休干部。

【示范性老干部活动中创建工作】 七星关区离退休干部工作局积极按照省委老干部局安排，根据七星关区老干活动中心实际情况，结合老干部精神文化、健身娱乐实际需求，对照示范性老干活动中心建设标准逐项实施，硬件软件均得到提升。添置了部分健身娱乐器材，方便了老干部健身娱乐、阅文看报，在全省开展创建示范性老干部活动中心活动中，我局老干部活动中心被贵州省委老干部局评委“贵州省三星级示范性老干部活动中心”。

【以关工委为依托，充分发离退休干部的积极作用】 一是着力培养青少年的社会主义核心价值观。以“学雷锋，心向党，讲品德，见行动”“五心”教育和“祖国好、家乡美”等课题，着力抓好“爱学习、爱劳动、爱祖国暨党史国史”主题教育活动，在青少年中培育和践行社会主义核心价值观。4月25日至6月2日，邀请离退休老领导先后深入林口中学、小吉场中学，千溪中学、七星关区第一实验学校、毕节第十九小、阿市小学等6所学校开展主题宣讲共6场，参加聆听主题教育的学生共13000余人。二是“关爱救助、传递温暖”。关工委老领导通过分组分片由老同志深入各乡镇（街道）进行调研，进一步了解全区留守儿童底数，在此基础上对特困留守儿童进行帮扶。其他面上的留守儿童帮扶，2016年由区教育局统筹在580元的留守儿童基金中具体安排，区关工委对特困儿童的帮扶工作安排在10月至12月进行，资金主要是今年7月新凯金融信息有限公司捐赠给七星关区关工委的留守儿童帮扶资金10万元。帮扶方式主要采取调查了解、填报《关爱帮扶审批表》和《帮扶资金发放花名册》，经区关工委办公会议审核确定，再由区关工委老同志亲自到各乡镇（街道）发放帮扶资金，共帮扶青少年200余人。在关爱留守儿童方面，我们积极探索各种帮扶机制，继续发扬基层关工委的亮点做法：清水铺中学关工委在总结已毕业的“留守儿童实验班”成功经验的基础上，今年又在初一年级新开办3个“留守儿童实验班”，为全区中小学加强留守儿童的教育管理走出了一条新的路子。龙场营镇进一步充分利用网络信息，继续抓好“爱.西行”帮扶工作，并将帮扶规模进一步扩大。生机镇充分发挥“为了明天”爱心助学基金会的作用，集资25万元；对坡镇成立教育协会，集资10余万元；层台镇成立教育基金会，集资5万元。这些社会筹集资金全都用于特困儿童、留守儿童、贫困大学生的帮扶救助。洪山街道办联系企业老板为贫困大学生捐资助学等。各基层关工委共筹集资金300余万元，共帮扶留守儿童14000余名，困境儿童1500余名，贫困大学生875名。全区共建立帮扶基金会17个，基金额约100万元。三是加强法制宣传，从源头上遏制、减少青少年违法犯罪。区关工委以普法教育为契机，配合区司法局、区教育局深入开展“法律六进”活动，不断增强青少年法律意识。一是以《宪法》为主线开展法律进校园的教育活动。二是重点加强未成年人的法制教育，深入学校开展送法进校园、进班级、进课堂活动，组织学生“带法回家”活动；三是创新小板报、小报纸、小节目、小读物、小对联“五小载体”，深入打造法制文化，努力营造良好的社会法制氛围，不断增强青少年守法意识。四是区关工委法制组分别到水箐中学、八寨中学开展法制宣讲2场，参加听宣讲的学生共3000余人。各基层关工委共建立法制宣讲组147个，共有法制副校长141名，“五老”人员135名，共开展法制宣讲活动352场，受教育青少年250000余人。五是帮教工作。对失足青少年特殊群体的帮教是关工委工作的重要组成部分。四是帮教失足青少年。“6·26”禁毒日，请老同志到戒毒所对失足青少年进行帮教；一方面对各乡镇（街道）作出具体安排，要求结合当地实际，切实搞好失足青少年的帮教工作。五是在青少年学生中开展“一评三管好”活动。借全市推行我区“一评三管好”活动的契机，全面开展“一评三管好”活动，在全区各级各类学校掀起争做美德少年、文明少年、守法少年的评选活动。配合文明办、教育局、团委、妇联、文联评选出“美德少年”100名；在原打造“一评三管好”活动榜样学校7所的基础上，另在城区打造2所小学、1所中学为榜样学校。为了将此项工作更进一步抓好抓落实，7月25日，区关工委、区教育局联合行文《关于进一步推进我区“一评三管好”活动的通知》（七星关工字（2016）07号《关于进一步推进我区“一评三管好”活动有关要求》）下发各乡镇（街道）关工委、教管中心、区直各校。市关工委在赫章召开“一评三管好”现场暨经验交流会之后，区教育局、区关工委以一次商定，于10月26日联合行文《关于深入开展“一评三管好”活动的实施意见》下发各乡镇（街道）关工委、教管中心、区直各校，要求全面开展“一评三管好”活动，各乡镇必须打造1所样板学校。同时，配合教育局、妇联、文明办切实抓好“四在学校·幸福校园”工作。六是利用重大节庆开展形式多样的爱国主义教育活动。关工委工作的主阵地是在学校，各级关工委充分利用“五四”青年节、“六一”儿童节、“七一”建党节、“十一”国庆节、“九九”重阳节等重大节日，结合“五心教育”“共筑中国梦”“祖国好.家乡美”“学雷锋.心向党”“爱学习.爱劳动.爱祖国”等主题，通过办墙报，知识抢答，演讲比赛等形式多样的富有教育意义的活动，对中小学生进行爱党、爱国、爱社会主义的教育，为在中小学生中培育和践行社会主义核心价值观从思想上奠定坚实基础。七是配合科协、农牧局等部门，加强对青少年的科技知识培训。区关工委以培养新型农民为抓手，着力培养返乡农民工懂技术、会经营、善管理的技能。主要培训柑橘、核桃、粮油高产示范种植技能。组织青少年参加各类科技创新大赛，培养青少年热爱科学的情操。区关工委建立科技培训专家组1个，继续发挥15名科技专家组成员的作用。按照省市关工委的安排和要求，省关工委出资75000元，区关工委选定小吉场、撒拉溪、林口三个培训点，于11月上旬组织专家组成员对青年农民进行蔬菜种植培训。共培训青年农民220余名。基层关工委共投入资金8万余元，举办农业科技培训125场，培训青年农民43000余人。

【驻村帮扶】 一是积极支持碧海办沙地村基础设施建设，出资5000元为碧海办沙地村安装了高音喇叭，为沙地村宣传党和国家政策法规、森林防火宣传等创造了条件，大大改善了村委办公环境。二是通过与七星关区关心下一代工作委员会沟通协调，为沙地村5名困境儿童及困境青少年分别每人争取到1000元的困难帮扶资金共计5000多元，解决了他们学习和生活上的实际困难，提高了他们上学的积极性。三是在庆祝建党95周年之际，老干局出资1600元慰问了沙地村贫困高龄老党员黎学先和贫困高龄五保老党员彭莲英，使她们感受到了党和政府的温暖。四是配合村支两委班子成员积极开展精准扶贫工作和留守儿童摸排走访、关爱工作，真正掌握了全村精准扶贫农户基数和留守儿童底数，切实做到了情况清、底数明，为开展精准扶贫工作和留守儿童关爱工作奠定了坚实的基础。

（办公室）

信　访

【概述】 部门基本情况：领导班子配备情况：中共七星关区委群众工作部（信访局）领导班子配备部长1名（区委政法委书记、公安分局局长兼任），常务副部长（区委办副主任、信访局局长）1名，副部长5名（区维稳办主任、信访局常务副局长、信访局副局长），常务副部长（信访局局长）主持群工部（信访局）全面工作；七星关区群众工作中心（七星关区三级联动视频接访[调处]中心）配备主任1名（信访局副局长兼任），副主任2名；七星关区信访督查专员办公室配备正科级信访督查专员2名，副科级信访督查副专员2名。

科室设置情况：区委群工部（信访局）内设办公室（综合科）、群团工作室（维权服务科）、效能监察室（督查科）、职能服务室（复查科）、政策法规室（宣传教育科）、调查研究室（调研科）共6个室（科）；区群众工作中心（接访[调处]中心）内设交流谈心（接访）股、咨询服务（心理疏导）股、排查调解（调处）股、人民建议征集（办信）股、网上信访（热线投诉）股、信访信息投诉受理股共6个股室；设立区信访联席会议办公室；区委群工部（信访局）、区群众工作中心（接访[调处]中心）各股室（科）分别明确负责人1名。

队伍建设情况：至2016年年底，配备信访干部35人（编制44人，已配置35人），借用工作人员6名（中心3名、贵阳群工室3名），聘用驾驶员2名、保洁员1名，抽派驻中心工作人员13名（公安干警3名，特巡警6名，驻中心部门各1名），工作人员共计57名。

年初驻中心工作部门8家，分别是区政法委、区公安分局、区检察院、区法院、区民政局、区人社局、区计生局、区住建局。后因办公场地限制，逐步撤回区政法委、区检察院、区人社局、区计生局、区住建局。

【工作指导方针】 2016年，七星关区群众（信访）工作指导方针是：深入学习贯彻党的十八大、十八届五中六中全会，全国、全省信访局长会议精神，认真落实了习近平总书记、李克强总理对群众（信访）工作的重要批示。以深入推进县域信访管理新模式工作为契机，以抓好重要敏感时期信访维稳工作、深入推进信访案件化解为重点，加大初信初访化解力度，大力开展矛盾纠纷和信访问题大排查大化解工作，及时就地解决群众合理合法诉求，把大量矛盾纠纷化解在萌芽状态，消化在基层，有效维护了社会和谐稳定。

【主要工作完成情况】 一是接访机制进一步健全和完善。共接待和处理群众来信来访网上信访1867批7345人次。其中，个访1634批2157人次，集体访233批5188人次；初访1436批5110人次，重访431批2035人次；来访1125批5439人次，来信195批1333人次，网上信访547批573人次。二是信访案件化解有效推进。上级转交办案件1051件，化解927件，124件正在化解中。区自排查案件228件，时限内全部化解，其中，息诉息访79件。三是排查工作效果明显。全区排查矛盾纠纷和信访问题1650件。排查出的矛盾纠纷和信访问题全部录入“三个四级个案台账”，做到情况清、底数明。四是周密部署，措施到位，圆满完成70余次重要、敏感节点期间信访维稳工作任务。五是创新机制，探索实施新形势下做好群众（信访）工作的新思路、新举措、新方法。深入推进县域信访管理新模式工作，实施好“12349”县域信访管理新模式，即“一个机构、两项职能、三大制度、四个平台、九项制度”，机构完整，工作制度完善。开展14次“公道评说”工作，推进信访疑难老案化解。1. 强化源头防控。一是完善区、乡、村、组四级防控网络，从源头减少新信访问题产生。进一步完善群众（信访）工作机构和制度，推动关口前移、重心下移，将信访工作触头延伸到组一级，加强信息收集报送和矛盾化解工作，将矛盾纠纷排查、化解在基层，消化在萌芽状态，减少新的信访问题产生。重要敏感节点和重大活动时期，“零报告”累计收集登记 3000 余条（次），暗线信息收集利用 200 余条（次），为正确决策提供了大量及时有效信息，将各种隐患消除在初始阶段。二是强化矛盾纠纷和信访问题排查化解工作。按照“横到边、纵到底”的原则进行地毯式、拉网式排查，不漏一单位、不漏一村、不漏一组、不漏一户、不漏一项、不漏一人，既突出排查重大矛盾纠纷，也不放过“鸡毛蒜皮”的隐患问题。2. 完善机制，切实有效开展领导干部接访工作。一是深入推进领导干部轮流排班接访制度。区三级联动视频领导接访共 400 余批 2500 余人次。乡镇街道科级领导干部在视频接访中心接待来访群众 700 余批 1000 余人次，群众反映问题均通过各种措施及时予以化解。二是深入推进领导干部包案督访工作。县级领导干部带头“包案督访”，对上级转交办案件 1051 件，全部按照分工分解落实给县级领导包案督访，推动信访事项及时有效化解。3、多措并举，稳步推进信访疑难积案化解工作。积极开展化解信访积案集中攻坚工作。按照“三个不局限”（不局限于原调查结论、不局限于原处理意见、不局限于原领导表态）和“两到位三不欠”（把能够解决的问题解决到位，对信访群众的实际困难帮扶救助到位，切实做到不欠政策账、不欠程序账、不欠感情账）的要求，综合运用法律、政策、经济、行政等手段化解信访积案、老案。开展“百日攻坚战”工作，按季度排查信访积案，并转交办给属地或责任部门。全年交办信访积案 430 件，息诉息访 153 件，息诉息访率 35.58%，大幅度减少了信访积案库存。

周密部署，圆满完成重大活动期间信访维稳工作任务。细化工作措施，周密安排部署，圆满完成全国两会、A402、A6201、A6301、A6403、A6102、全省第一次项目观摩会、川滇黔赣冀五省二十市州政协第三十九次联系会议、纪念中华苏维埃人民共和国川滇黔省革命委员会成立 80 周年座谈会暨学术研讨会、人大农委调研、2016 年全省第二次项目观摩会、全国异地扶贫搬迁现场观摩会检查会、G20 峰会、“A6210”等 60 余次活动和敏感节点期间的信访维稳工作任务。

（莫仕鹏）

机构编制管理

【概述】 2016 年，在区委、区政府的坚强领导下，在市编办的悉心指导下，认真贯彻落实党的十八大和十八届三中、四中、五中全会和习近平总书记系列重要讲话精神，按照“五位一体”总体布局和“四个全面”战略布局的要求，切实贯彻创新、协调、绿色、开放、共享的发展理念，主动适应和服务新常态，统筹谋划和不断深化行政体制改革，持续推进简政放权、放管结合、优化服务，严格控制并适应事业发展需要优化配置机构编制，较好地完成了各项工作任务。

【深入学习贯彻十八届五中全会和习近平总书记系列重要讲话精神，统筹谋划“十三五”时期机构编制工作】 将深入学习党的十八届五中全会和习近平总书记系列重要讲话精神、省委十一届六次全会精神和市委一届八次全会精神作为贯穿全年的重大政治任务抓实抓好。在学、议、行上下功夫，把学习成果运用到推动工作上来，紧紧围绕区委、区政府中心工作，加强对工作跟踪及服务，以认真、严谨、负责的态度做好每一项工作，不断提高工作效率，提高服务水平，尽最大可能做到让单位和群众放心、满意，自觉接受群众监督，形成作风扎实、办事高效的良好风尚。研究谋划“十三五”时期机构编制工作，明确总体思路、重点任务和实施步骤。

【进一步深化行政体制改革，创新行政管理方式】 深化权责清单工作。及时修订完善区政府工作部门及区直相关单位责任清单目录；加强对区直相关单位及乡（镇、街道）责任清单动态调整工作的指导；督促乡（镇、街道）在2016年全面完成责任清单的制定工作。配合推进城市管理领域综合执法改5革工作。按省、市编办的安排，推进扩权强镇试点，积极探索符合我区乡镇发展特点的行政管理体制。配合做好区法院、区检察院机构编制统一管理试点相关工作。

【深入推进事业单位改革，创新公益服务体制机制】 继续推进事业单位分类改革工作。积极配合区财政局做好区属生产经营性事业单位改革试点工作，完善相关配套政策。配合推进机关后勤服务社会化、行业协会脱钩等相关行业体制改革。推进事业单位体制机制创新。深入推进事业单位法人治理结构试点，推动试点单位按照法人治理结构运行，完善内部管理制度，落实法人自主权。对试点工作中存在的问题加强调查研究，提出对策。按照省、市编办的安排部署规范优化事业单位登记管理服务。组织实施法人和其他组织统一社会信用代码工作；贯彻落实国家关于建立各类事业单位统一登记管理制度的意见。按照省、市创新事业单位机构编制管理的意见，推进七星关区事业单位机构编制管理改革，探索和创新事业单位编制动态调整和管理办法，建立事业单位机构编制动态调整机制，破解编制资源供需难题。

【加强机构编制管理，严控机构编制增长】 采取切实措施进一步控编减编。严格按照省、市审核下达的各类编制控制总量，加大控编力度，做到增减平衡，确保全区各类编制不突破总量。抓好党政群机关消化超编人员工作。继续做好全区贯彻落实控编减编方案执行情况的专项督查工作，加大对存在问题的跟踪检查力度，确保问题整改到位。加大盘活机构编制资源力度。做到向深化改革要编制、向创新管理要编制、向信息技术要编制。继续坚持“减”编的办法，根据经济社会发展需要，有减有增，增减平衡。对各单位提出的增设机构、增加编制和领导职数事项，加强调查研究和定性定量分析，按照“内部调剂”的思路和做法，在不增加编制的情况下，积极盘活存量、优化配置。结合相关领域体制改革，对相关部门提出控减机构编制方案。强化机构编制监督检查。积极配合做好机构编制纳入审计、巡视和干部选人用人检查等工作，对机构编制核查以及巡视、审计中发现的问题进行整改。充分利用实名制管理系统开展动态监测，加强对机构编制违规违纪问题的查处和典型案件的通报。配合区委组织部做好对领导干部职数配备情况的审核工作。

【落实从严治党各项要求，大力抓好机关自身建设】 全面落实从严治党要求。以习近平总书记视察贵州时的重要讲话精神为指针，巩固“三严三实”专题教育成果，持续深入抓好整改落实。按照区委要求在党员中扎实开展“两学一做”学习教育活动，加强党性锻炼，引导党员同志在践行五大发展理念、决胜脱贫攻坚中发挥先锋模范作用。认真落实党风廉政建设主体责任和监督责任，从严从实抓好党建工作。进一步加强领导班子和干部队伍建设。加强干部能力培养锻炼，努力建设团结务实勤奋廉洁的领导班子和政治坚定、业务精通、作风过硬、纪律严明的干部队伍。通过在全体干部职工中开展“毕节大讲堂”活动，大力提升干部职工整体素质、工作水平和服务能力，促进本单位思想政治建设上新台阶。提高协调运转效率和水平。加大工作督办力度，明确牵头科室责任，以责促行、经责促效。

【统筹兼顾其他各项工作】 积极配合区委、区政府各项中心工作，认真做好党建、计生、保密、创卫、“两学一做”、多彩贵州文明行动、同步小康驻村等各项工作，为推动全区经济社会健康发展作出了积极贡献。

（办公室）

区直机关工委

【概述】 2016年，区直机关工委深入学习贯彻党的十八届四中、五中、六中全会和习近平总书记系列重要讲话精神，全面落实区委一届五次全会和区第二次党代会精神，坚持党要管党、从严治党，坚持服务中心、建设队伍，以落实机关党建工作责任为主线，强化理论武装，加强基层基础，提升队伍素质，严格遵规守矩，持续改进作风，全面加强机关党的思想、组织、作风、反腐倡廉和制度建设，努力提高机关党建科学化水平，为全区决战贫困、同步小康提供了坚强的政治动力和思想组织保证。

【“两学一做”学习教育深入开展】 按照中央和省、市、区委的统一部署，工委超前谋划，精心组织，制定下发了《关于在区直机关全体党员中开展“学党章党规、学系列讲话，做合格党员”学习教育的意见》，指导抓好围绕专题学习讨论、创新方式讲党课、召开专题组织生活会、开展民主评议党员、立足岗位作贡献、领导机关领导干部作表率等主要措施的落实；不断丰富学习内容，结合庆祝建党95周年，下发了《关于开展纪念中国共产党建党95周年系列活动的通知》，以“学党章忆党史，强党性促发展”为主题，组织开展了一次主题教育、一堂专题党课、一次知识竞赛、一次征文活动、一次重温入党誓词、一次走访慰问、一次志愿服务、选树一批先进典型等“八个一”活动，在《毕节晚报》开辟“两学一做”学习教育专栏，刊载了“两学一做”知识问答100题；组织区直机关4000名党员积极参加市、区“两学一做”学习教育知识竞赛；组织区直机关150名新党员在烈士陵园举行了入党宣誓仪式；突出问题导向，认真抓好软弱涣散党组织整顿、党员组织关系集中排查、党代会代表和党员违纪违法未给予相应处理情况排查清理、党费收缴专项检查等“七项重点工作”的落实。共整顿软弱涣散党组织3个，清理补交党费47.83万元。积极配合区委党建办，组织5各督导组，对区直机关“两学一做”学习教育工作开展情况进行专项督查；指导开好机关7个领域“两学一做”学习教育现场观摩会，较好地推进了“两学一做”学习教育的开展。

【机关学习型党组织建设深入推进】 一是把学习贯彻习近平总书记系列重要讲话精神不断引向深入。把学习宣传贯彻习近平总书记系列讲话精神作为首要政治任务，以中心组为龙头，以机关党员干部为重点，以基层党组织为基础，坚持全面学与专题学、跟进学与反复学、集体研讨与个人自学相结合，把深入学习贯彻习近平总书记系列重要讲话精神作为推动机关党的建设的主线，用党的创新理论武装头脑、指导实践、推动工作，真正把学习贯彻成效落实到忠诚信仰上、落实到严以律已上、落实到勇于担当上、落实到抓好各项工作上。结合机关实际，组织机关党员干部深入学习贯彻党的十八届三中、四中、五中、六中全会和省委、市委、区委党代会及全会精神，真正把思想和行动统一到中央和省、市、区委的各项部署和要求上来，进一步统一思想，凝聚共识。二是严明政治纪律和政治规矩。坚持把讲政治作为最重要和第一位要求，把守纪律讲规矩摆在更加重要的位置，确保始终与中央和省委、市委、区委保持高度一致，始终做到政治上讲忠诚、组织上讲服从、行动上讲纪律，引导机关党员干部增强政治意识和规矩意识，严守党的政治纪律、政治规矩，带头遵守工作和生活纪律，自觉参加党的组织生活，增强组织纪律性，确保政令畅通。三是大力推进学习型机关党组织建设。不断完善党组（党委）中心组带头学、机关干部集中学、机关党组织“三会一课”组织学“三级联动”学习机制，推动学习型党组织建设。充分利用新媒体平台，抓好所属党组织和党员干部的政治理论学习，社会主义核心价值观和共产主义道德、中华民族优秀传统文化和传统美德教育，党章和党性党风党纪、党的路线方针政策和形势任务、业务知识教育，不断优化机关党员干部知识结构，提升综合素质和履职能力。

【机关组织建设进一步加强】 一是规范基层党组织换届选举工作。按照“思想好、作风正、能力强、实绩突出、群众拥护、熟悉党建知识”的要求，做好机关党组织换届选举工作，指导区直各机关党组织做好换届选举和补选工作，选配补齐基层党组织班子，选好配强机关基层党组织带头人，指导区直27家党组织进行换届选举。二是认真做好发展党员工作。按照控制总量、优化结构、提高质量、发挥作用的总要求，制定和实施发展党员工作规划和计划，严格执行发展党员推荐制、备案制、预审制、公示制、票决制和责任追究制等制度，加强入党积极分子培养、教育和考察，不断提高发展党员质量，优化党员队伍结构，严把党员“入口关”。2016年，审批预备党员100人，转正党员48人；三是做好党费收缴、管理及使用工作。制定下发了《关于认真做好党费收缴基数核定工作的通知》，组织区直部门党组织完成了党费收缴基数核定工作，指导建立健全党费收缴台账，做好党费收缴工作，做到专户专储、专人管理、专款专用，全年共收缴党费155.96万元；认真做好党费核查、清理、补交工作，全年补上缴党费47.83万元。四是做好全区“七一”表彰区直机关优秀党支部、优秀共产党员、优秀党务工作者、先进基层党组织的推荐工作。共组织推荐上报区直机关优秀党支部书记5名、优秀共产党员30名、优秀党务工作者15名、先进基层党组织8个。五是做好机关出席省、市党代会和党的十九大代表推荐工作，完成机关出席区第二次党代会和第二次人民代表大会代表选举工作。六是加强机关党的群团工作。认真贯彻落实中央和省委、市委、区委关于加强和改进群团工作的意见和实施意见，切实加强党对群团工作的领导，认真履行党建带工建、带团建、带妇建的工作责任，领导机关工青妇组织按照各自章程开展工作，把工青妇组织建设融入机关党建的各个环节，同安排、同部署、同推进、同考核，充分发挥机关工青妇组织的桥梁和纽带作用。

【机关工作作风进一步转变】 认真抓好《中国共产党廉洁自律准则》和《中国共产党纪律处分条例》的学习贯彻，开展多种形式的正反两方面党性党风党纪教育，不断筑牢机关党员干部拒腐防变的思想道德防线。落实从严治党要求，着力完善机关党组织落实“两个责任”体系，把“两个责任”进一步向基层党组织延伸，落实到支部，责任到个人，发挥机关基层党组织在党风廉政建设中的前沿阵地和战斗堡垒作用。认真落实“三重一大”等规定，抓好党务公开。深入开展廉政文化进机关创建活动，发挥好区直单位廉政文化进机关示范点的作用，推进机关廉政文化建设。认真落实中央和省委、市委、区委党风廉政建设工作部署，强化示范教育、警示教育，加强党性党风、党纪党法、廉政法规、廉洁自律教育，不断提高党员党纪法规观念和遵纪守法意识，筑牢防腐拒变的思想道德防线。严格执行中央八项规定、《党政机关厉行节约反对浪费条例》和省委、市委、区委十项规定，教育引导机关党员、干部弘扬勤俭节约、艰苦奋斗的优良传统，去庸求进、去懒求勤、去慢求快、去浮求实、去贪求廉，整治机关“门难进、脸难看、话难听、事难办”等不良风气，进一步转变工作作风，强化为民服务理念，努力打造为民、务实、清廉的机关作风。组织学习《中国共产党廉洁自律准则》及《中国共产党纪律处分条例》教育干部职工坚持全心全意为人民服务根本宗旨，继承发扬党的优良传统和作风，自觉培养高尚道德情操，努力弘扬中华民族传统美德，廉洁自律，接受监督，永葆党的先进性和纯洁性。

【机关党组织服务大局能力进一步增强】 围绕区委、区政府确定的中心任务，以服务精准扶贫、助推同步小康为着力点，深入开展“机关服务基层、党员服务群众、合力推动发展”为主要内容的“两服务一推动”工作，引导机关党组织和党员干部积极投身扶贫攻坚，抓好同步小康驻村及“第一书记”工作。充分用好机关党组织的政治优势、组织优势、人才优势，发挥机关党组织和广大党员在扶贫攻坚中的战斗堡垒和先锋模范作用。有力地推进了全区决战贫困、同步小康进程。

（办公室）

党校、行政学校

【概述】 2016年，中共毕节市七星关区委党校（行政学校）在区委的领导下，深入学习贯彻党的十八大、十八届三中、四中、五中、六中全会精神及省、市、区委历次全会精神，深入开展“学党章、学系列讲话精神，做合格党员”专题学习教育，深入落实《中国共产党党校工作条例》要求，以党员干部培训为中心，围绕党员干部理论培训，扎实抓好教学科研培训、机关党建及行政后勤等各项工作，为服务全区科学发展、后发赶超、脱贫攻坚、同步小康提供了坚强的政治保障和理论支持。

【党员干部培训工作】 按照党的十八大提出的“加强和改进干部教育培训，提高干部素质和能力”的要求和“党校姓党”的原则，围绕区委、区政府工作重点，创新方式方法，在教学内容、教学方式、教学手段上狠下功夫，扎实抓好党员干部教育培训工作。一是教学内容精细化。根据组织需求，岗位需求和个人需求，科学设置课程，力求使培训更加贴近现实需要。还以和政协联合调研做课题、选派教师驻村锻炼、安排教师到镇乡专题调研等方式，解决教师授课“接地气”的问题，让教师把理论和实际联系起来，把教学和科研结合起来。二是教学方式的多样化。一改过去只由教师讲学员听的传统模式，在教学中采取了案例式教学、体验式教学、专题辅导，警示教育、研讨式教学、学员论坛、现场观摩、视频教学等多种教学方式，趣味性和实效性达到有机统一。三是教学手段现代化，百分之百实现多媒体教学。一年来，举办了春季、秋季主体干部培训班、入党积极分子培训班、房屋征收与补偿业务培训班、“蔬菜栽培技术·玉米栽培技术培训班”“脱贫攻坚”工作推进专题培训班、“湖北黄冈市赴贵州毕节市精准扶贫工作专题培训班”等班次，培训学员达800余人次。

【师资队伍建设工作】 认真抓好教师业务和政治理论学习，实行教研组集体备课制度和政治理论学习制度。同时提倡坚持集中学习和个人自学相结合，要求各位专职教师充分利用课余时间进行学习，不断提高全体教师的思想政治水平和业务理论水平。坚持了理论联系实际的学风，在学习过程中要求学习要深入实际、指导实际，推动工作上下功夫，不流于形式，学习与自身工作实际结合起来。探索创新集体备课、课中听课、课后评课、深入基层调研、培训延伸等教学方法，按建一流队伍、一流教学、一流科研“三个一流”目标，努力打造新时期党校干部教育师资队伍。

【科研工作】 一是紧扣毕节经济和社会发展脉搏，加强同优秀社科的联系，办好社科刊物《齐心论坛》4期，使《齐心论坛》质量不断提高，真正起到的“思想库”作用。二是认真组织专兼职教师积极参加市、区各类社科理论征文及投稿，完成七星关区老龄办（七星关区老年学学会）关于开展应对人口老龄化促进老龄事业发展理论研讨征文两篇。

【机关党建工作】 一是深入开展“两学一做”专题学习教育。按照区委统一部署，结合本校实际，把“两学一做”专题学习教育作为今年党建工作的龙头任务，制定了既涵盖各项规定工作又具有党校特色的实施方案。严格按照“八必有”“八必知”要求，不断拓展教育形式，加强党员日常教育管理。以校党委中心组为龙头、党支部为基本单位，以“三会一课”为基本形式，通过讲党课、送教上门、手抄党章、知识竞赛等系列活动，深入细致、原原本本地学习了党章党规、系列讲话、党的十八届六中全会精神及两个《条例》等基本教材和重点篇目，切实做到真学真懂真信真用。二是深入开展反腐倡廉及党风廉政建设。成立了党风廉政建设及反腐败工作领导小组，制定了年初工作意见，层层签订了党风廉政建设及反腐败工作责任书，深入贯彻落实“中央八项规定”和省、市、区“十项规定”，认真贯彻落实党风廉政工作“一岗双责”责任制，严格执行权力清单备案制度，深入开展廉政文化进机关工作，对照纪律要求严肃查处和改进本单位作风方面的突出问题，不断深入推进本单位反腐倡廉及党风廉政建设工作。三是进一步加强机关组织建设。成立了党建工作领导小组，制定具体的工作意见，层层签订党建工作目标责任书和党员目标管理责任书，着力完善机关党建制度，坚持“三会一课”制度，认真严肃地开展党员组织关系排查工作，全面核实党员身份信息，细化了党员台账，夯实了组织基础，充分发挥了党组织战斗堡垒作用和党员先锋模范作用。四是进一步加强思想政治和精神文明建设。积极开展社会主义核心价值体系学习教育，认真开展“明理知耻、崇德向善”“我推荐、我评议身边好人”及道德模范评选推荐、德师讲堂等活动，加强教职员工社会公德、职业道德、家庭美德、个人品德教育，引导党员作践行社会主义核心价格观的表率，充分发挥党员干部在精神文明建设中的先锋模范作用，传递正能量、弘扬新风尚、凝聚精气神。五是扎实开展干部驻村工作，助力精准脱贫、同步小康。按照区委要求，继续选派三名教职工到鸭池镇石格村、石桥村和田坝镇田坝村开展驻村帮扶工作，切实履行干部驻村相关工作制度，驻村干部深入村寨、走访农户，了解村情民意，积极帮助驻在村制订发展帮扶计划，力所能及地帮助村民解决生产、生活中遇到的各种实际困难和问题，搭起了党委政府及群众沟通的桥梁和纽带。六是群团、老干等工作得到进步加强。

【行政后勤及其他工作】 一是加强基础设施建设和提升后勤服务质量，努力营造良好的办学条件和培训环境，着力提高服务质量和服务水平，切实为党员干部培训学习提供强大的后勤保障。二是办公室工作和档案管理工作进一步规范。三是综治、信访、“法治毕节”创建、安全、应急管理、“多彩贵州文明行动”等各项工作得到加强。

（办公室）

党史地方志

【概述】 一年来，七星关区史志办在区委、区政府的正确领导和上级业务部门的指导下，以邓小平理论、“三个代表”重要思想和科学发展观为指导，深入贯彻学习党的十八大和十八以来的各项方针和政策，切实贯彻落实中央、省、市史志工作会议精神，紧紧围绕区委、区政府的中心工作，凝心聚力，埋头苦干，确保我办各项工作整体推进。

【以开展“两学一做”专题教育为契机，全面加强史志干部队伍作风建设】 该办将“两学一做”教育与深入贯彻习总书记关于党史和党史工作的重要论述结合起来，开展了一系列学习活动，完善了各种工作制度，加强了班子作风建设，提高了党史工作水平，有力地推动了全区党史工作健康发展。一是狠抓政治理论和业务知识学习。将党的十八大、十八届六全会精神，和习近平总书记系列重要讲话精神，特别是关于党史和党史工作的重要论述以及全国、全省党史工作会议精神、《全国地方志事业发展规划纲要(2015-2020)》作为政治理论学习的重点，坚持每月集中学习不少于一次，充分认识党史是“必修课”“营养剂”“教科书”和“清醒剂”以及地方志工作在经济社会发展和社会主义文化强国建设中的重要作用，进一步明确了工作思路和工作职责，促进了史志工作的有力开展。同时，还要求工作人员认真学习编纂业务知识和地方党史，提高自身史志工作能力；二是加强领导班子作风建设。认真开展“两学一做”教育，“四型”机关创建、机关党建和精神文明创建、群众工作组、走基层转作风解难题、精准扶贫等一系列活动，进一步强化班子作风建设，做到班子团结有力、制度健全落实，努力打造一支“政治坚定、业务精通、纪律严明、作风优良”的党史干部队伍；三是突出三省红都主题，紧扣党史工作开展教育活动。

【围绕上级务部门要求，扎实推进史志工作上台阶】 1.《年鉴》2016年卷的已公开出版；2.按相关程序开展林青纪念馆布展准备工作，现已经对艺术部份进行外出询价；3.《毕节县志稿》（乾隆、同治、光绪）的整理、点校工作已进入专家评审阶段；4.《毕节县志稿》（乾隆、同治、光绪）的影印正在印刷中；5.《七星关区名人录》的资料收集已完成、正在进行整理、编辑中；6.《中共毕节市七星关区组织史资料》已经上机印刷；7.参与红色资源普查工作；8.参与长征系列丛书的编写；9.积极配合中央有关部门和省、市、区相关部门到七星关区内红色纪念地开展考察、调研、拍摄新闻纪录片以及开展一些纪念活动时的历史文化、红色文化考察考证工作；10.完善了会议室的办公设施；11.完成了区委区政府安排的工作任务。

（谢安义）

人民代表大会毕节市七星关区常务委员会

【概述】　区人大常委会在区委的坚强领导和各级人大的监督指导下，以邓小平理论和“三个代表”重要思想、科学发展观为指导，全面贯彻党的十八大和十八届历次全会精神，坚持党的领导、人民当家作主、依法治区有机统一，紧紧围绕区委的工作重心，服务全区经济社会发展大局，认真履行宪法和法律赋予的职责，不断创新服务理念和工作思维，提升工作科学化水平，为加快我区科学发展步伐，推动经济社会跨越发展，开创人大工作新局面作出了积极贡献。

2016年以来，共召开2次人民代表大会，8次常委会会议，听取和审议专项工作报告9个，对1个法律法规的实施情况进行执法检查，作出17项决议决定，选举任免84名国家机关工作人员，圆满完成区年度工作任务。

【依法组织召开区二届人大一次会议】　2016年12月15日至19日，区人大常委会依法召集、成功组织召开了毕节市七星关区第二届人民代表大会第一次会议，会议听取和审议“一府两院”工作报告、人大工作报告，并作出相应的决议；审议七星关区2016年国民经济和社会发展计划执行情况及2017年国民经济和社会发展计划草案报告；审查和批准七星关区2017年国民经济和社会发展计划；审议七星关区2016年全区和区级财政预算执行情况及2017年全区和区级财政预算草案的报告；审查七星关区2016年全区和区级财政预算执行情况的报告及2017年全区和区级财政预算草案；批准七星关区2017年区级财政预算；选举产生了新一届区人大常委会主任、副主任、委员，区人民政府区长、副区长，区人民法院院长，区人民检察院检察长，七星关区出席毕节市第二届人民代表大会代表。

【监督工作】　区人大常委会紧紧围绕区委中心工作和本级人民代表大会的决议决定制定年度工作计划，坚持科学谋划人大常委会各项工作，把推进全区经济社会跨越发展贯穿于工作监督的全过程，着力在提高监督实效上下功夫，监督的领域进一步拓宽，方式进一步改进，实效进一步提高。找准监督重点，围绕民生领域履行监督职能。一年来，重点听取审议毕节市七星关区留守儿童关爱救助保护工作、特色小城镇建设等专项工作报告9项，提出审议意见17条。强化监督实效，围绕工作评议丰富监督内容。组织省、市、区人大代表对国民经济和社会发展计划执行情况、扶贫攻坚等开展专题调研6次。对城乡居民基本医疗保险工作开展专项工作评议。工作评议先后查找存在问题10余个，提出合理化建议意见12条。夯实监督基础，围绕专题询问拓展监督形式。常委会不断探索实践专题询问这种法定监督形式，针对人民群众普遍关心的农村水利工程后续管护及作用发挥工作开展专题询问。

【依法治区】　常委会始终强化法律监督责任，把推进依法治区作为常年工作的主旋律，认真行使重大事项决定权、监督权、人事任免权等法定职责，督促“一府两院”进一步依法行政、公正司法，营造良好法治环境。不断强化监督和执法检查力度，保证宪法和法律法规在本行政区域内得到正确全面施行，为“法治七星关”建设作出了积极贡献。加强预算审查，推进预算执行。突出加强对财政预算编制、执行、决算审查监督，特别是加强对一般公共财政预算、政府性基金预算、社保基金预算以及政府性债务收支的全口径监督工作。每年听取审议计划、预算方面的报告，提出编制年度区级财政预算的意见、建议，促进预算编制完整、细化和规范。提前介入部门预算编制工作，监督前置，及时与政府及其相关部门衔接沟通，把好部门预算的审查关和批准关，促进我区部门预算安排的科学性、合理性。听取审议年度财政预算执行情况的报告，督促和推进预算执行，提高财政资金使用效率，促进财政收支任务顺利完成。听取审议审计报告，依法督促整改落实审计查出的问题。开展财政预算专项支出绩效管理、政府融资资金安排和使用情况专题调研，对《中华人民共和国预算法》

等法律法规实施情况进行执法检查，促进财政资金的合理使用和有效监管。突出司法监督，促进公平正义。常委会积极发挥司法监督在社会主义法治建设中的作用，组织人大代表对《中华人民共和国环境保护法》、等法律法规实施情况进行执法检查；配合省、市人大对未成年人保护“一法一条例”、《中华人民共和国职业教育法》等法律法规实施情况开展执法检查。组织人大代表开展“代表听审案、看执行”活动，增强对“两院”工作监督的针对性和实效性，提出加强和改进相关工作的意见建议9条。认真受理公民、法人及其他组织对司法机关办理案件的申诉，针对一些反映强烈的案件强化重点监督，督促司法机关公正执法。积极支持司法体制改革，不断推进公正司法、严格执法，有效促进“法治七星关”建设。依法做好规范性文件备案审查，修改完善《关于规范性文件备案审查办法》，对《毕节市七星关区人民政府办公室关于印发〈农村环境卫生综合整治工作管理办法（试行）〉的通知》等规范性文件进行备案审查。

【干部任免】 坚持党管干部原则和人大依法任免相结合，严格执行人事任免办法，规范提名审查、表态发言、颁发任命证书、向宪法宣誓等程序，增强任职人员的责任意识、公仆意识和法治意识。一年来，先后选举任免国家机关工作人员84人，其中：选举区人民政府区长1名、副区长6名，区人大常委会主任1名、副主任6名、委员38名，区人民检察院检察长1名，区人民法院院长1名，市二届人大代表95名；任命国家机关工作人30名。常委会在把好任命关的同时，注重通过加强日常联系、听取审议专项工作报告、开展执法检查、视察调研和工作评议等形式，了解掌握任命干部的履职情况，督促任命干部依法履职、勤政为民。

【代表工作】 常委会圆满完成区乡两级人大换届选举，选举产生乡镇人大代表2035名，区二届人大代表357名。始终把发挥代表作用作为人大工作重点，坚持服务导向，突出代表主体地位，不断改进和创新代表活动方式，丰富代表活动内容，提高代表工作实效，切实保障人大代表依法行使职权。加强培训，不断提升代表履职水平。常委会高度重视代表的学习培训，采取集中培训、以会代训、经验介绍等多种形式，强化代表履职能力。为提高代表培训效果，常委会领导成员分赴乡镇亲自授课，为基层人大代表讲授相关法律法规及人大业务知识。丰富载体，积极搭建代表履职平台。常委会不断探索和创新，在区人大机关建立“代表之家”1个，在乡镇（街道）建立“代表联络站”42个。组织代表学习法律法规3余次，让代表了解开展工作的法律程序和要求，掌握推进工作的方式方法。同时，坚持向代表通报常委会和“一府两院”重要工作情况，广泛征求代表意见建议，全面丰富代表履职活动。加强与驻区省市人大代表联系，积极为他们履职提供服务。邀请人大代表列席常委会会议、参加视察、执法检查等一些重大活动50余人次，不断扩大代表参政议政的广度和深度。督办建议，努力转化代表履职成果。常委会把督办代表建议、批评和意见作为联系代表、保障代表履职的重要途径。区一届人大五次会议以来代表提出的46件意见建议，都及时转交“一府两院”进行办理。坚持听取和审议代表意见建议办理情况报告，选取事关全区经济社会发展、人民群众普遍关心、代表反映比较集中的意见建议，由常委会领导成员组织区政府分管领导、建议代表、承办单位主要负责人参与重点督办，督促各类意见建议的办理落实。做到“件件有着落，事事有回音”，落实率及满意率逐年提高。注重素质提升，确保乡镇人大规范化建设保障有力。针对乡镇人大干部新手多业务不熟的问题，常委会选取代表履职、法规执行、人大规范化建设等内容，有针对性地对人大代表、乡镇人大干部进行系统培训。建章立制，逐步规范代表履职行为。先后修改完善《常委会联系人大代表暂行办法》等系列规定，规范代表履职行为、促进代表依法履职。常委会对违纪的4名市人大代表、3名区人大代表暂停执行代表职务，接受3名市区人大代表辞去职务。

【规范建设】 常委会始终坚持规范导向，把推进乡镇（街道）

人大规范化建设、巩固乡镇（街道）人大工作基础作为重要工作来抓，积极探索新形势下做好乡镇（街道）人大建设工作的办法和措施。建立健全制度，推进乡镇人大规范化建设有章可循。一届人大一次会议以来，全区32个乡镇人大主席团、10个街道办事处人大工委全面实施规范化建设，实现“有场所、有牌子、有设施、有制度、有活动、有记录”的“六有”目标。常委会统一制定《乡镇人民代表大会议事规则》等规章制度18项，建立健全《乡镇人民代表大会代表花名册》等表卡簿册14个，印发各乡镇统一执行。通过各项制度办法的实施，规范乡镇人民代表大会议事程序，增强监督效果。

【机关建设】 常委会始终把加强自身建设放在突出位置，坚持问题导向，主动适应新形势新要求，以打造“学习型、效能型、创新型、和谐型、服务型”机关为抓手，履职能力有效增强，机关运转更加高效，工作效能得到提升。坚持党的领导不打折扣。常委会在依法行使职权的同时，保证在思想上、政治上、行动上始终与党中央、省委、市委、区委保持高度一致，始终按照区委的统一部署，充分发挥人大优势，共谋发展之策、共拓发展之路，积极参与全区经济、政治、文化、社会、生态建设等重要工作及决胜贫困、同步小康的战略行动。强化学习提升履职能力。在“两学一做”学习教育开展过程中，通过组织对党章党规、习近平同志系列重要讲话的学习和做合格党员的研讨实践，准确把握总体要求和关键环节，解决党员队伍存在的“六个问题”，引导广大党员在“六个方面”争先锋、作表率，知行合一。深入基层践行宗旨意识。始终牢固树立为民务实、联系群众的宗旨意识，组织开展常委会领导分工联系乡镇（街道）及区直单位，各委室对应联系有关区直单位、常委会组成人员联系人大代表、驻村干部联系村组农户。坚持深入基层调查研究，深入群众了解民情，广泛听取基层干部群众的意见建议，帮助解决实际问题。切实把“四在农家.美丽乡村”创建工作帮扶联系点作为深入基层群众的切入点，多次组织机关干部进村入户体察民情、反映民意、凝聚民智、维护民利。常委会领导班子成员经常深入各自联系点，帮助协调解决精准扶贫、“四在农家”、同步小康中的困难和问题，真正使联系群众工作落实到位。严肃纪律狠抓作风建设。常委会始终以坚持中央八项规定及省委、市委十项规定，七星关区干部作风“七严禁”“七不准”为纪律底线，严格要求机关干部遵守政治纪律及工作纪律，全力推进作风建设，重点整治“庸懒慢浮散”等不严不实、为官不为的问题，严守政治规矩，切实增强人大工作的执行力和落实力，提高人大机关办文、办会和办事效率。

（办公室）

七星关区政府办

【概述】 一年来，在区委、区政府的正确领导下，区政府办公室坚持深入学习贯彻习近平总书记关于办公室工作重要讲话精神，坚持运用创新理念，紧扣“三个服务”，牢固树立立党为公、执政为民的根本宗旨，努力践行“五个坚持”，紧紧围绕全区中心工作，积极服务经济社会大局，认真履行“参谋助手、协调服务、高效督办”的工作职责，不断解放思想、开拓创新、务实奋进，圆满完成了各项工作任务，开创了办公室工作新局面，树立了务实高效的新形象。

【学习不断加强，务实学习型机关建设不断取得新进展】 办公室领导班子始终坚持把建设务实学习型组织作为内强素质、外树形象的根本途径，作为提高服务效能、促进全面履职的重要手段，坚持做到常学不怠、学以致用，扎实推进各项工作高效开展。一是坚持政策理论学习。办公室领导班子始终根据新任务、新形势的发展需要，重点学习掌握了党的十八届三中、四中、五中、六中全会及习近平系列重要讲话精神，深刻领会讲话的思想精髓和精神实质，积极参与党的群众路线教育实践活动和“三严三实”专题学习教育，进一步提高班子成员的政治觉悟、政策理论水平和业务能力，顾全大局、服务全局的意识明显提高，班子凝聚力和战斗力不断增强。二是坚持做到学用相长。坚持理论联系实际的原则，注重学以致用、学用相长，不断在实践中完善和提高办公室人员的综合素质和工作水平，办公室参谋协调能力和服务水平全面提高，创新解决问题和科学摆布工作能力得到进一步加强。

【管理体制机制不断完善，政务服务水平不断提高】 政府办公室肩负着为领导、部门和基层搞好服务的职责，同时又承担着综合统筹办公室各方面工作的任务。今年以来，在区委、区政府的正确领导下，在办公室班子成员的共同努力下，办公室各项工作迈出新步伐。管理不断强化，队伍建设、整体形象不断提升，规章制度进一步完善，服务水平不断提高。（一）制度建设切实推进，规范化水平不断提高。按照“以制度管人、用机制激励人、靠岗位锻炼人”的思路，根据上级有关文件精神，结合办公室实际，制定年初工作计划，分解落实年度目标责任。制定了《加班管理制度》《目标考核管理办法》，修订完善了《办公室内部责任追究制度》《学习制度》《信访接待制度》等制度。按照及时办理、按时办妥、限时办结的工作要求，不断规范办文、办会、值班、车辆、财务、印章管理等工作，做到收文有规范、办会有制度、办事有纪律，办公室服务工作高效运转。（二）办文办会和“三服务”水平不断提高。为使工作规范有序、优质高效，办公室严格按照“严细化管理、精细化服务”的标准，在办文、办会上下功夫。一是公文办理流程不断规范。按照上级有关精简文件、厉行节约的会议和文件精神，认真执行《党政机关公文处理规定》，严格履行收文登记、拟办、批转及发文审核、签批、印发等公文处理程序，做到急件急办、特件特办、密件专办。截止2016年，共转办国家、省、市文件2200余件，各类传真、电报650余件，同级部门文件4400余件，信访来件600余件；高质量起草各类文件1400余件，保证了公文质量，提高了公文办理效率。二是公文指导不断深化。今年以来，不断加强对乡镇街道和区直各部门公文处理的格式和程序进行规范，对格式或内容出现错误的进行现场指导，并要求更正后上报。三是文件流转过程进一步精简，加大无纸化办公推进力度。今年11月开始，停用区级协同办公系统，全区接入省电子政务网，实现全省电子政务资源共享，公文传输互联互通。四是会议办理程序进一步规范。本着节俭、高效、务实的原则承办各类会议，会前将任务分解到科室，责任明确到干部，严格执行会前登记、材料准备、会场布置、会后跟踪等程序，对会议全程做出周密细致的安排部署。办公室为以政府名义召开的全区各类大、中、小型会议及区政府常务会议、党组会等重要会议提供了优质高效的服务，共筹备各类会议1000余场次，较好地完成了上级交办的各类办会任务，保障了政府各项工作的顺利开展。五是干部职工服务发展、服务决策、服务落实的“三服务”思想意识不断提高，办公室文秘人员业务水平和综合技能，整体素质得到全面提升。（三）应急处理能力不断提升。年初以来，办公室不断完善应急管理机构体系、预案体系、应急保障体系、监测预警体系、应急值班值守体系建设，不断探索提升应急综合协调、综合管理、高效服务能力，切实发挥了政府办公室运转枢纽作用，为全区经济社会安全稳定健康发展作出积极贡献。一是应急预案体系建设不断完善。逐步修订完善全区各类应急预案。目前，我办正在指导有关单位修订各专项应急预案。二是督促和指导各个镇乡办、各部门、中小学校、幼儿园及规模以上企业，结合实际修订完善本行业的社会安全专项应急预案。三是应急运行机制进一步规范。根据突发公共事件总体应急预案要求，进一步明确了应对突发公共事件组织体系、预测预警、处置程序机制，规范了突发公共事件应急工作流程，逐步建立预测预警体系。四是值守应急和信息报告能力不断强化。应急办公室专门落实专兼职值班员，坚持24小时值班制度和无缝交接班。认真做好日常值守应急和信息汇总工作，积极畅通信息渠道，严格信息报送制度，做到在第一时间内准确核实和掌握各类突发公共事件信息，确保了突发公共事件发现得早、处置得及时，有效保障了人民群众的生命和财产安全。五是防范处置重特大突发事件的能力不断提升。2016年元月份以来，按照区委、区政府的统一安排部署，积极统筹调度处理各类突发性事件。如：2月4日，龙场营镇龙场营村发生100余群众聚集的情况，连夜组织开展工作，最终将聚集人员疏散，并安排人员密切关注涉事人员动向，妥善处置了此次矛盾纠纷。3月14日，小吉场镇发生一起交通事故，由于该镇信息上报及时且主要领导第一时间赶赴现场调度处理，为120、交警、消防等单位及时救援赢得了宝贵时间，使此次事故高效快捷得以处置。六是防灾减灾科技含量不断加大。4月28日，我办配合区国土局、地灾办等机关单位组织开展了2016年贵州省地质灾害应急处置示范演练。此次演练紧紧围绕贵州省大数据战略，依托贵州省地质灾害监测预警与决策支持平台建设成果，采取实兵演练的形式， 通过地灾应急分队移动终端现场拍摄，同步无线回传，实现远程指挥，部、省、市、县四级同时在线视频观摩。率先在全国实现了部、省、市、县四级应对突发性地质灾害的互连互动。（四）电子政务和信息工作稳步推进。认真贯彻落实省、市关于电子政务建设、政府信息公开及安全等工作的各项规定，不断传播“好声音”，为政府工作聚集更多正能量。2016以来，办公室严格按照各年《全省人民政府门户网站建设绩效评估指标体系》对区政府网站栏目进行及时优化调整，对栏目内容进行保障。区政府门户网站共编辑、审核、发布更新各类动态信息2541条；及时发布公开区人民政府、区人民政府办公室和人事信息等文件89个；主动公开国民经济和社会发展计划执行情况、2015年度财政预算执行情况、政府工作报告、应急管理、规划计划、政府采购、监督检查、重大项目、全区工业经济运行情况、社会公益、城乡建设、财政资金等政府重点工作动态520余条；同时，扎实做好七星关区公告公示挂网服务工作，共发布公示46条、招聘公告43条、工程采购公告165条.发布政府要闻550条、部门动态437条、乡镇动态467条。在政务微博上公开信息90条，政务微信公开信息53条。区长信箱共受理群众诉求112件，实现100%办结。今年以来，办公室共编辑政务信息9期，上报省、市政务信息145条，约稿130条，调研文章24篇，编辑出版政府公报8期。市《要情动态》采用7条，《政务专报》采用6条，《信息与调研》采用3条，省政府办公厅采用或综合上报5条。

【督促推进，注重落实，督办工作深入开展】 2016年来，围绕区政府重要会议议定事项、领导批示事项、提案议案办理、重点项目建设等进行了经常性督查，较好地完成了区政府及区政府领导交办的各项工作任务。督促办理领导批示件38件，督促办理区政府全体会议、常务办公会议、专题会议、领导现场办公会纪要168期，办结率、及时反馈率均达到100%；督办市、区提案议案160件。督查结果与建议得到了领导的信任与认可，为领导决策提供了依据。截止2016年，已开展电话督查360余次，信息收集270余次，实地督查30余次。

【电子商务和农村淘宝工作成效显著】 一是基础工作全面铺开。参与组织召开2016年全区农村电子商务暨阿里巴巴农村淘宝项目千人启动大会，在全区掀起了农村淘宝宣传热潮。全面启动招募农村淘宝“村级服务站合伙人”工作。全面完成第一期农村淘宝合伙人招募工作，推动建成投入运营农村淘宝村级服务站80个，农村淘宝开业至今已实现网上交易额4200万元，累计订单30万笔，在全省村淘中位居前列。组织参加了市举办的2016年“年货节”活动，实现总销售额72.2万元。二是业务素质不断拓展。为提升电商办工作人员的工作水平，先后邀请阿里巴及浙江颐高集团等知名电商企业对各单位电子商务分管领导、电商联络员、区域内中小企业、各乡镇街道部分创业能手等人员进行了近15次电子商务相关知识培训。三是推动了毕节电子商务产业园建设步伐。2016年，毕节电子商务产业园第一期建设工作已基本完成，成功引进阿里巴巴农村淘宝、浙江颐高集团等知名电商企业入驻园区，入住平台企业7家、服务企业28家、应用企业16家。建成毕节O2O特色体验馆、“乌蒙山宝·毕节珍好”农特产品展示中心、毕节农业大数据中心、阿里巴巴农村淘宝运营中心、毕节颐高电子商务运营中心以及京东、易田等电商体验区。成功举办了毕节市首届“互联网+”毕节电子商务高峰论坛。

【金融服务、外事侨务、国防教育、人防等工作有序推进】 一是金融服务水平不断提高。积极搭建政银企合作平台。组织召开企业项目对接会，深化区政府与各银行的合作伙伴关系。引导我区金融机构强化对“三农”事业、小微企业的服务功能。进一步规范民间借贷行为，推动民间借贷合法化，严厉打击非法集资。积极配合有关部门处理已发生的可能涉嫌非法集资案件，切实保护人民群众的合法利益，维护我区经济金融秩序稳定。二是外事侨务工作长足进步。2016年，外事侨务办紧紧围绕区委、区政府中心工作，深入开展学习党的各项方针政策，抓住地方外事为“中央整体外交服务，地方经济建设服务”的根本宗旨，发挥优势、锐意进取。认真学习中央、省、市、区各类重要文件和会议精神，进一步做好各项侨务工作，促进侨界和谐稳定，更好地为社会和谐和发展大局服务。三是人防建设与经济社会不断融合发展，平时服务、交通战备、战时防空保障能力不断提高。着眼新形势，把握主题，积极创新，灵活运用广播电视、报刊、网络、微信等大众传媒载体，将国防教育有机地融入到学习、工作及社会生活中，多形式、多角度、多渠道开展国防教育，实现了思想教育与行为教育相结合，传统手段与新兴传媒相结合，深入扎实推动了国防教育工作经常化、制度化、规范化。

【党建工作不断深化】 2016年以来，全办党员干部政治理论水平进一步提高，党组织凝聚力、战斗力不断增强。一是认真学习贯彻十八届历次会议精神及习近平系列重要讲话精神，扎实开展“创先争优”、群众路线教育实践活动，认真践行“三严三实”要求和社会主义核心价值观，按照“认真、高效、协调、服务”的工作思路，紧紧围绕工作实际，突出“抓好党建促业务，抓好业务促服务”，干部队伍理论水平不断提升，党员服务意识不断提高、干部工作作风进一步转变，党组织的战斗堡垒作用和党员的先锋模范作用充分发挥。二是党员队伍不断强大，教育管理持续开展。始终坚持“三会一课”制度，采取集中学习与个人自学相结合的形式，注重理论知识学习，共组织中心组学习10次以上，全体党员干部集中学习20次以上。根据党章和发展党员规程，优化党员队伍。严格审批按期转正党员10名，吸收培养考察预备党员2名，吸纳入党积极分子3名。三是党员干部为民服务意识不断增强。充分发挥综合协调联动作用，为群众办实事、好事。从群众路线实践教育活动到遍访贫困村贫困户，通过干部下基层调研，以严的精神和实的作风，为群众解决生产生活中遇到的热点难点问题，干部的宗旨意识进一步增强，融洽了党群干群关系，树立了良好的干部队伍形象。

【驻村工作成效明显】 2016年该办共下派驻村干部和第一书记共4人，驻村工作人员严格按照省、市、区有关纪律要求，及时到岗到位，每月驻村20天以上。并在总结以往驻村工作经验的基础上，进一步统一思想，明确责任，切实加大驻村帮扶工作力度，取得了良好成效。一是协调并指导田坎村成立了彝家生态养鸡专业合作社和百诚养鸡专业合作社，规模养殖土鸡和蛋鸡达28000羽，解决了20名贫困人口就业，预计年产经济效益160余万元，最大限度地实现精准脱贫，农户与合作社共赢的良好局面。争取中央资金18万元帮扶田坎村鸡鸭寨柑橘基地改良优质品种，年产经济效益100万元，带动40户农户脱贫致富。为田坎村争取深圳对口帮扶资金160万元用于通组路、人行便道硬化等基层设施的建设。二是协调爱心人士赵女士“一对一”对田坎困难学生黄小琴姐弟俩进行帮扶，并送去衣物、书籍、学习用品等价值近4000元的物资，使黄小琴姐弟充分感受到社会大家庭的温暖。通过协调区团委，联系了深圳爱上云购集团帮助解决家庭困难的高考生黄道会大学四年的所有生活费和学费，并为其配备了电脑等学习用品，圆满了黄道会的大学梦。三是为田坎村多方走访筹资5万余元，解决了修建村公所围墙院坝所需资金。

协调区老干活动中心，向田坎村捐赠了价值2万余元的办公桌、沙发和茶几等办公用品。四是为千溪乡沙垮村协调烟草行业扶贫新村建设示范工程项目资金100万元。五是七一建党节期间到驻村帮扶联系点、党建帮扶点慰问贫困党员、老党员35户，发放慰问金共计7000元。

（办公室）

民　政

【概述】 2016年，七星关区民政工作在区委、区政府的领导下，紧紧围绕贯彻落实党的十八大及十八届六中全会精神，以全面深化改革为主线，以提高基本民生保障水平、加强和创新社会管理、增强基层民政能力为重点，切实发挥民政工作在社会建设中的兜底保障作用。一年来，通过努力，民政工作取得了突出成绩。

【社会救助工作】 2016年，按照省政府的要求，七星关区城市低保标准由2015年的495元每人每月提高到2016年的545元每人每月，提标幅度10.1%；将农村低保标准由2015年的2640元每人每年提高到2016年的3132元每人每年，提标幅度18.64%。纳入城市居民最低生活保障范围的对象共11393户，26053人。下拨城市低保资金8350.47万元。纳入农村居民最低生活保障范围的对象共46067户，91967人。下拨农村低保资金20335.55万元。全区农村低保对象季节性缺粮户16240户、34448人，发放农村低保季节性缺粮户救助粮90万公斤（价值423万元）。2016年下拨城乡医疗救助资金4132.99万元，救助了12.31万人次。下拨临时救助资金822.87万元，救助2577人次。2016年全区五保供养对象4270人，其中集中供养对象1379人，集中供养率为32.3%，分散供养对象2891人，按照集中供养对象2400元每人每年、分散供养对象2200元每人每年的标准发放2016年农村五保供养资金948.62万元，并将五保供养对象全部纳入最低生活保障。集中供养对象供养标准达到109908元每人每年，分散供养对象供养标准达到6271元每人每年。全区建有农村敬老院34所，床位1440张，床位利用率95.76%，法人登记率达100%。建成贵州省“二星级”建设标准敬老院22所，“三星级”建设标准敬老院4所，“星级”敬老院占全区敬老院总数的76.47%。认真开展城市低收入家庭认定工作，认定城市低收入家庭430户。

【救灾救济工作】 2016年4月28日参加贵州省地质灾害应急处置演练活动，由区国土资源分局牵头，区应急办、区公安分局、区消防大队、区交通运输局、区民政局等区直相关单位和市东街道、毕节八小参加了演练。通过演练，极大地提高了应对突发自然灾害的能力。5月12日开展“防灾减灾日”宣传活动，发放资料0.7万余份，解答群众提问1200多人次。7月28日参加以“牢记唐山地震教训、科学高效防震减灾”为主题的防震减灾集中宣传活动，由毕节市地震局协办，七星关区科技办牵头，区民政局、区教育局、区消防大队、区红十字会、区国土局、区科协等相关区直部门参加。发放各类宣传资料5000余份，解答群众咨询3000余人次，切实增强了群众的防震减灾意识，提高了民众的避震自救互救能力。

2015年以来，全区42个乡镇街道12.2266万人次不同程度受灾，因灾损坏房屋443间、倒塌房屋119间，农作物受灾面积6234.1266公顷，绝收面积686.1公顷，共造成直接经济损失8258.625万元。冬春期间需口粮救助人口8.4627万人。2015年12月至2016年3月，采购发放救助粮500吨，救助3.33万人，发放衣服0.384万件，棉被0.567万床，救助1.518万人。发放救灾资金400万元，救助4.25万人。2016年4—10月，全区发生了14次较为严重的自然灾害，28个乡镇街道遭不同程度受灾，受灾人口达10.7086万人，农作物受灾面积达5272.12公顷，其中：绝收面积达501.75公顷。导致因灾倒损房屋623间，共造成直接经济损失6777.32万元。为保障受灾困难群众的基本生活，发放救灾棉被230床、衣服6011件、裤子35袋、食用油479桶，在一定程度上缓解了受灾群众的基本生活困难。2016年七星关区政策性农房灾害保险参保农业人口达到16.2839万户，占全区农业总户数比例的54%，已有44户受灾参保农户获得人保财险毕节分公司的农户灾害赔付，赔付金额为24.65万元，赔付率达100%。2016年下拨因灾倒损房屋恢复重建补助资金42.8万元，帮助62户受灾困难农户完成灾后恢复重建并迁入新居。2016年七星关区野角乡西桥社区被国家减灾委员会、民政部确定为全国综合减灾示范社区。

【老龄工作】 保证农村幸福院项目建设工作的顺利进行。积极向各级争取项目和资金，并根据经费缺口情况及时将区级配套的农村幸福院项目建设补助经费28万元下拨到各相关乡镇街道，保证项目顺利推进，2016年共完成24个农村幸福院项目建设。及时审核发放2016年高龄补贴。我办会同区财政部门，下拨了2016年度高龄生活补贴款1186.07万元（其中：发放80-89周岁高龄老人补贴金939.99万元，90-99岁高龄老人补贴金229.04万元，100岁高龄老人补贴金17.04万元）建立经济困难高龄失能老年人生活补贴制度。为进一步深入贯彻落实老年人优待政策，拟写专题汇报材料，制定实施方案，报区政府建立我区经济困难的高龄失能老年人补贴制度，决定建立我区经济困难的高龄失能老年人补贴制度，并从2016年7月1日起执行，补助标准为：经济困难高龄老年人按照每人每年600元的标准发放补助金；经济困难失能老年人按照每人每年1200元的标准发放补助金。2016年第三、四季度的经济困难的高龄失能老年人生活补助资金共2197100元已下拨到各乡镇街道。

【基层公共服务体系建设】 深入推进城乡社区建设和农村基层民主自治工作。严格按照上级有关文件要求与区委组织部、民政局联合下发《关于开展城乡社区协商试点工作的实施意见》，选择10个街道1个社区开展城乡社区协商试点工作，逐步推进社区协商民主工作的制度化、规范化和程序化，充分发挥多元主体在社区治理中的作用。在城区洪山社区、双城社区、天河社区、北门社区、百花社区开展启动试点工作，积极推进社区减负增效，规范社区准入事务。2016年经省民政厅评估验收七星关区村务公开民主管理完善率达100%、居务公开民主管理完善率100%、和谐社区建设达标率达到100%。市、区财政投入110万元，完成4个村（居）社区服务站建设任务。2016年10月全区各乡镇街道依法全面启动并开展第十届村（居）民换届选举工作。认真贯彻落实《贵州省村民代表会议议事规则(暂行)》，积极开展民主监督，不断夯实民主决策机制，不断完善村规民约和居民公约等工作。加强村（居）务公开监督委员会工作，全面加强村务监督委员会组织建设和制度建设工作，推进村级民主监督法制化程序化。把“明礼知耻崇德向善”活动推向深入，积极推进廉政文化进社区工作。2016年12月全面完成七星关区第二次全国地名普查工作内业和外业工作，全面完成了七星区与毕节市接边县的边界联合检查工作和创建平安边界工作。

【社会组织促进工作】 2016年按照散居孤儿每人每月600元、集中养育孤儿每人每月1000元的标准发放孤儿基本生活资金，全年发放360名孤儿基本生活费271.86万元。2016年1月—12月，发放对困境儿童生活补助（不含低保资金）310.18万元。2016年度全区共办理民办非企业登记19个，社会团体登记4个，目前七星关区民间组织达到207个（其中：民办非企业150个，社会团体57个）。组织民办非企业和社会团体进行年检，民办非企业参检率达90%，社会团体参检率达89%。

【社会福利事业和社会事务工作】 2016年，划拨364名孤儿基本生活费278万元，划拨2663名困境儿童基本生活补助金310万元。加强留守儿童关爱救助保护，实施朱昌镇、海子街镇、田坎乡、鸭池镇、田坝镇、青场镇、小吉场镇7个乡镇留守儿童关爱保护工作规范化创建并通过市级验收，实施留守儿童关爱保护工作规范化建设全区推进，目前已经基本完成，待组织区级验收。2016年，救助流浪乞讨人员1008人。其中未成年人102人，危重病人225人，精神病人170人。进一步做好弃婴相关工作，积极开展“流浪孩子回校园”专项行动工作。2015年，我区完成结婚登记8544对，补发结婚登记1518对，离婚登记2476对，补发离婚登记109对。严格按照《中华人民共和国收养法》和《中国公民收养子女登记管理办法》开展收养登记工作，全年办理收养登记8例。

【公益事业】 2015年接收定向捐赠资金94.6万元，划拨定向捐赠资金116.6万元。

【双拥优抚安置工作】 “春节”“八一”期间对驻毕部队进行走访慰问，送去慰问金32.80万元和慰问物资折合人民币48.29万元，慰问重点优抚对象13480人次，送去慰问金269.60万元。发放6636名优抚对象2016年各类抚恤补助资金5204.59万元。将30名重点优抚对象送到毕节市光荣院进行短期疗养，完成2691名享受抚恤补助的优抚对象免费体检，审核上报14名国家机关工作人员评残资料，为3608名重点优抚对象全额缴纳2017年度参合金43.30万元。接待2015年退役士兵及转业士官335名，其中转业士官34名，一期士官2名。发放299名退役士兵的自主就业一次性经济补助金370.98万元。推荐260名退役士兵到七星关区公安交警大队就业，推荐35名退役士兵到六盘水创新科技培训学校培训挖机驾驶。

【基础设施建设】 七星关区流浪未成年人员救助保护中心建设项目：2016年3月开工建设，占地面积16亩，建筑面积4950平方米，投资1133.9万元，正在装修，即将投入使用。七星关区碧海街道办事处敬老院建设项目：2016年3月开工建设，占地面积8亩，建筑面积2200平方米，床位100张，投资439.5万元，正在装修，即将投入使用。七星关区碧海街道办事处老年人日间照料中心建设项目：2016年3月开工建设，占地面积6亩，建筑面积1600平方米，投资311.9万元，正在装修，即将投入使用。

（办公室）

残疾人事业

【概况】 毕节市七星关区残疾人联合会是毕节市七星关区党群部门，领导七星关区残疾人的工作。属参公事业单位，现有人员编制数11人，其中公务员7人，事业编制4人。内设机构有办公室、业务股、残疾人劳动就业服务所。

2016年，在区委、区政府的高度重视下、在市残联的正确领导下及社会各界人士的关心支持下，紧紧围绕区委、区政府的中心工作及《毕节市人民政府残疾人工作委员会关于印发〈毕节市2016年残疾人工作考核评价办法〉的通知》（毕残工委通〔2016〕2号）文件有关要求，认真履行“代表、服务、管理”职能，坚持“夯实基础、加大宣传、扩大影响、多办实事、不断创新”的工作思路，着力解决残疾人最关心、最直接、最现实的康复、教育、就业、扶贫、维权等问题。经过一年的努力，使残疾人事业发展工作圆满完成。

【理论学习】 始终把加强理论学习、搞好理论武装作为加强思想政治建设的首要任务来抓。一是坚持制度学。自觉坚持党组中心组学习制度，正确处理工学矛盾，把集中学习、专题辅导与个人自学有机结合，求学习之真，务工作之实，确保学习收到实效。二是突出重点学。以邓小平理论、“三个代表”重要思想、科学发展观、习近平总书记系列重要讲话精神、党的十八大和十八届历次全会精神、中央省市区关于促进残疾人事业发展的决策部署、新时期残疾人工作业务知识等为重点学习内容，不断强化思想武装，切实用科学的理论指导实践、推动工作。三是结合实际学。紧密联系残疾人工作实际，紧扣加快残疾人事业发展这一主题，把学习与研究解决实际问题结合起来，力求做到学以致用、以用促学、学用相长。通过加强理论学习，使领导及干部职工思想政治素质得到提高，政治敏锐性和政治鉴别力得到增强，政治规矩和政治纪律得以强化，思想上、政治上、行动上自觉做到与中央、省委、市委、区委保持高度一致。

【残疾人创业就业】 一是2016年残疾人就业保障金目标任务350万元，完成征收800多万元。二是残疾人培训工作目标任务分别是：城镇残疾人就业技能培训目标任务数55人，完成55人；农村残疾人实用技术目标任务数95人，完成95人；并已按实名制要求及时将年度残疾人培训情况录入培训基础信息数据库，录入率已100%完成。三是2016年创业就业目标完成情况，1.新创建扶持残疾人就业示范点目标任务数2个，完成了扶持新创建残疾人创业就业示范点6个点：（其中省级示范点1个、市级示范点1个、区级示范点4个）；分别是毕节市七星关区土老哥食品有限公司、七星关区技康盲人按摩院、七星关区青场镇青杠村珍稀白茶种植专业合作社、七星关区德美家禽养殖场、七星关区碧海办金泉塑料制品厂、七星关区柳家灶烽山庄；每个扶持新创建的示范点都解决5个及以上残疾人就业。2.继续巩固扶持省、市残联确定的残疾人创业就业示范点2个；3.扶持新增加的残疾人家庭创业20户目标任务数，我会已100%全面完成；4.按目标任务100%完成新增残疾人就业任务.新增残疾人按比例就业24人，新增残疾人集中就业15人，新增残疾人个体户和自主创业就业32人，新增残疾人灵活就业和居家就业78人，新增残疾人基地就业13人，新增残疾人社区基层就业公益性岗位8人，并有扶持花名册，及时将新增残疾人就业情况录入就业实名制管理系统，录入率已100%完成，及时将就业年龄段残疾人就业状况录入就业实名制管理系统，录入率达100%。已经按目标要求举办残疾人培训班共计170人，扶持新增加的盲人按摩院规范5户；扶持新增加有资质证书盲人23人。

【残疾人精准扶贫】 区残联将残疾人精准扶贫工作纳入重要议事日程，并召开了两次党委政府专题会议，安排部署了残疾人精准扶贫等有关工作；会议要求残工委成员单位及各乡镇办主要负责人、分管领导、专职理事长及专职委员等参加，会议安排了残疾人精准扶贫工作纳入乡（镇、街道）目标考核；应认真抓好残疾人精准扶贫数据库的建立，并及时配合有关部门做好残疾人精准扶贫工作。根据统计七星关区将残疾人纳入并建立精准扶贫户的总人数有7853人。2016年计划减贫数有1738户，减贫人数有1940人，精准扶贫户已全部建档立卡并实施了脱贫项目。

【残疾人社会保障】 1.实施残疾人两项补贴制度开展情况。根据省、市相关文件精神，认真贯彻执行重度残疾人护理补贴和残疾人困难生活补贴工作。2016年全区已办理残疾人证的有35670人，其中：一级残疾人有2325人、二级残疾人有8575人、三级残疾人有10550人、四级残疾人有14220人。各乡（镇、街道）上报的两项补贴情况统计，申请重度残疾人护理补贴的有8361人，需发放资金380.053万元，现已发放完成。2.残疾人居家托养任务任务完成情况。根据有关文件要求，我会认真完成了2011年至2015年目标任务，共计发放资金约60万元，市近期下达了2016年目标任务后，我会将及时按要求完成。每年的目标任务数完成后都及时上报并录入项目数据库和统计台账中。

【残疾人维权维稳】 1.残疾人优惠扶持政策。根据国家、省、市、区出台的残疾人法律法规和政策文件，该会将有关残疾人优惠政策汇编成册，及时发放给基层残疾人工作者和残疾人群众手中，共计大约已发放5000余份左右，完成了目标任务。今后，将加大宣传力度，继续出台有关残疾人的优惠政策及法律法规的政策性文件，让更多的残疾人都感受到党和政府的关心。2.残疾人家庭无障碍改造工作的开展情况。2011年至2014年贫困家庭无障碍改造任务，相关资料已整理，并上报，且录入项目数据库和统计台账。2016年已完成2015年残疾人家庭无障碍改造目标任务数10户，资料已收集整理且验收合格，资金已发放到位。且已录入项目数据库和统计台账中。3.加大对残疾人机动轮椅车燃油补贴的发放工作。严格按照省、市规定对我区2011年至2015年以来残疾人机动轮椅燃油补贴对象进行了认真清理核实，通过核实对补助资金已发放到村或社区而未及时发放给残疾人的10户进行督促发放到位；对不合格的110户进行取缔；对未纳入的25户及时纳入。2016年补贴数86人，当前该项工作全面结束，资料已上报且已录入项目数据库和统计台账中。4.残疾人信访维稳工作开展情况。以活动为载体广泛宣传残疾人法律法规和政策，同时建立健全残疾人信访机制，畅通了信访渠道，对侵害残疾人合法权益的违法行为，残联主动介入主动与相关部门联系，残疾人信访维稳工作，切实保障残疾人合法权利，目前成功办理信访案件7件。并及时联系有关部门配合处理了残疾人上访工作，且无进京上访人员。近期将开通“12385”信访咨询服务，更好的维护残疾人合法权益。5.加大残疾人困难救助。区财政投入15万元对全区100户贫困残疾人家庭开展了困难救助。

【残疾人公共服务】 1.残疾人康复工作完成情况。以“人人享有康复”的目标做好残疾人康复工作；根据省、市下达目标任务及文件精神，目前该会保质保量按时完成2011年—2014年各项康复目标任务。2016年已实施了2015年康复任务：一是重点康复工程：贫困下肢缺肢者安装普及型小腿假肢任务数5具，完成5具；贫困下肢缺肢者安装普及型大腿假肢任务数5具，完成5具。二是彩票公益金项目：低视力辅助器具发放任务数65例，完成65例；小腿假肢安装任务数3具，完成3具；大腿假肢安装任务数3具，完成3具；矫形器安装任务数4例；完成4例。三是七彩梦计划行动项目：贫困肢体残疾儿童矫形器安装任务数2人，完成2人；脑瘫儿童辅助器具适配任务数10例，完成10例。2016年康复工作目标任务：一是残疾儿童矫治手术任务数5人，已完成5人；二是残疾儿童语言听力训练任务数3人，完成3人；三是残疾儿童自闭症康复训练6人，完成6人；四是残疾脑瘫儿童康复训练8人，完成8人。以上康复所有资料已保质保量完成任务，及时录入项目数据库和统计台账。区财政局投入资金52万元，对特校58名学生，听力残疾儿童9人，智力残疾儿童46人，脑瘫儿童62人，自闭症残疾儿童24人进行了康复训练补助。投入5万元资金对50名精神残疾人进行康复住院补助。2.残疾儿童少年特殊教育工作的开展情况。根据中央、省、市残联的相关要求，我会认真计划周密部署，按照要求认真开展了学前教育残疾儿童摸底登记工作，并将《省残联办公室关于在全省范围内开展学前教育残疾儿童摸底登记的通知》（黔残联办发〔2016〕68号）文件精神转发到各乡镇办，更进一步落实未入学残疾人儿童教育工作，根据各乡镇办上报情况统计后，全区共有31个未入学残疾儿童。并与教育部门对接，让未入学残疾儿童能够入学随班就读，加以提高我区特殊教育等工作。3.开展宣传文化教育等工作情况。利用重大节庆期间走访和慰问贫困残疾人，为他们送去党和政府的温暖；一是与市残联联合举办了第二十六次全国助残日活动，活动开展以关爱孤残儿童，让爱洒满人间为主题的大型宣传活动，活动期间还来到惠从残疾儿童康复中心、贵州工程应用技术学院特殊教育研究所和七星关区特殊教育学校等机构进行慰问，并送去慰问金1万元；二是在国际“六一”儿童节，到七星关区特殊教育学校慰问残疾儿童，为学校送去了大米、衣服和学习用品，爱心企业还送去了5000元慰问金；三是加强信息报送工作，由区残联办公室进行收集上报，目前已向市残联上报残疾人工作信息简报31条，省残联信息网站公布录用12条，各科室按照区委区政府目标要求，向有关部门上报相关信息及简报。四是组织参加各种文艺会演，组织开展残疾人文化周活动，进一步开展文化助残公益行动，推动残疾人健身工作，充分利用横幅、宣传栏、发放资料，大力宣传政府对残疾人事业发展的有关方针政策、残疾人就业条例、普及残疾人优惠政策。五是组织单位干部职工参加“百万公众网络学习工程”学习并参与考试、参加“明礼知耻.崇德向善”活动，撰写工作简报参与宣传征文。六是2016年9月27—28日在组织到瓮安县参加2016年贵州省（18周岁以下）残疾人游泳锦标赛，七星关区荣获一枚银牌和一枚铜牌。这些活动的开展增进了社会对残疾人事业的理解、关注、和支持，丰富了残疾人的精神文化，也为残联工作创造了良好的氛围。七是区财政投入10.2万元对21名残疾大学生和89户残疾人困难家庭大学生进行了救助。

【残疾人基层组织建设】 2016年根据工作需要各乡（镇、街道）调整了9名专职理事长，增补了海子街镇残疾人专职委员1人，调整了村级残疾人专职委员6人,进一步完善了办公设施建设，进一步规范上墙制度、表格以及工作流程，所设残疾人工作各项表格及工作材料齐全，并上报了相关电子档到区残联。进一步打牢了残疾人工作的基础，保障了残疾人的合法需求渠道畅通，搭建了残疾人办实事、办好事的桥梁，措使“代表·服务·管理”的职能。

【残疾人数据动态更新工作的开展情况】 根据〈市残联关于转发《贵州省残疾人基本服务状况和需求信息数据动态更新工作实施方案》的通知〉的要求，我会按照文件精神，认真开展了此项工作，并于7月1日在七星关区人民政府召开了残疾人工作委员会暨残疾人数据动态更新工作部署会等会议，协会认真制定方案，安排了七星关区残疾人事业发展工作的主要内容。要求各乡镇街道办认真抓数据动态更新工作，制定目标、明确责任。按照文件的要求及区委、区政府的安排，协会认真督促各乡、镇、街道办按时完成残疾人信息采集工作。督促按时完成信息系统录入。全区目标任务数是95849人，其中已更新办理残疾人证录入有30243人，未持证残疾人录入65606人。保质保量完成了目标任务。2016年残疾人证办理情况：目标任务数是2000人，现已办理5760余人，其中：视力残疾人有706人、听力残疾人230人、语言残疾人有85人、肢体残疾人有3228人，智力残疾人有313人、精神残疾人有599人，多重残疾人有569人，超额完成3000余人，根据目标要求，保质保量完成了目标任务。

【坚持民主集中制原则，努力提高科学决策能力】 注重贯彻落实民主集中制，提高民主意识，培养民主作风，强化科学决策。一是严格执行党组议事规则和执行理事会办公会议制度，凡是人、财、物等“三重一大”事项的议事决策，坚持做到集体领导、民主集中、会议决定，杜绝个人行为和“长官”意志。尤其是涉及残疾人事业发展的重大问题，广泛征求基层残联和服务对象的意见建议，在此基础上实行集体决策，确保决策的科学性和实效性。二是积极维护团结统一，坚持珍惜团结、维护团结，正确处理上级与下级、个人与组织、“班子”与成员之间的关系，不断强化团结意识，真正做到相互配合、相互支持、坦诚相待，切实增强班子整体合力。三是注重把开好党组民主生活会作为交流沟通思想、增进班子成员团结信任、增强班子凝聚力和向心力的有效方式，认真开展交心谈心活动，切实开展批评与自我批评，着力增强班子的创造力、凝聚力和战斗力。

【“两学一做”学习教育】 认真按照中央、省委、市委、区委开展“两学一做”学习教育的部署要求，不断锤炼全体党员党性修养，持续深化机关作风建设，着力提升队伍战斗力。一是抓好学习教育。以党组书记上党课的形式高标准启动“两学一做”学习教育，党组成员分别为全体干部职工上党课，进一步深化学习教育；认真制定“两学一做”学习教育方案，坚持把集中学习与个人自学相结合，精心组织班子成员和干部职工学习有关必读书目，学习时代楷模和先进典型，强化思想武装，促使班子成员和干部职工真正学有所思、学有所悟、学有所获。二是搞好学习研讨。扎实开展每月至少1次的集中学习研讨，认真查摆自身存在问题，切实制定整改措施，明晰今后发展方向。同时，广泛征求基层干部群众和服务对象的意见建议，深入查摆“为官不为”和“懒政怠政”等方面存在的突出问题，认真做好党组民主生活会的充分准备。三是建立长效机制。制定了《关于在全体党员中开展“学党章党规、学系列讲话，做合格党员”学习教育实施方案》和“两学一做”学习教育计划表。紧紧围绕“学党章党规、学系列讲话，做合格党员”这个主题，制定学习计划，抓好学习教育。要求每一名党员认真学习《中国共产党章程》《中国共产党廉洁自律准则》《中国共产党纪律处分条例》《中国共产党问责条例》和《习近平总书记系列重要讲话读本（2016年版）》等内容。建立健全机关“两学一做”学习教育长效管理机制，用铁的制度和纪律整治机关作风、加强干部管理、规范工作行为、强化服务职能。

【党风廉政建设】 坚持带头贯彻落实党风廉政建设的有关规定，着力提高拒腐防变能力。一是高度重视党风廉政建设工作。认真落实党支部主体责任和党支部书记第一责任人职责，始终把党风廉政建设与推进残疾人各项工作紧密结合起来，一起部署、一起检查、一起考核、一起总结，着力加强班子成员廉洁自律规范化管理，层层签订党风廉政建设目标责任书，确保各项责任落到实处。二是深入抓好党纪法规学习教育。多次召开党支部会议和机关干部职工会议，认真学习有关部署要求，深入学习中央八项规定和省市区十项规定，注重学习《中国共产党廉洁自律准则》《中国共产党问责条例》《中国共产党纪律处分条例》，教育引导全体党员干部职工严格按照党纪法规规范行为。三是切实强化制度建设。主动接受各方面的监督；坚持党的重大事项向区委和区纪委、区委组织部报告制度，按党纪法规从严约束、从严要求；积极构建教育、制度、监督并重的惩防体系，不断把党风廉政建设引向深入，确保机关风清气正。四是做好发展党员和党费收缴工作。党员发展工作，是党的基层组织的一项经常性工作，也是加强党的建设的一项重要任务。会党支部始终高度重视党员发展工作，专题研究，认真操作，对拟发展对象超前考察，保证了党员发展工作的质量。同时做好党费收缴工作，支部现有党员10名，党费收缴做到按时交纳、及时调整、全额上缴，无漏报、瞒报现象。全年已收缴党费3920元，全部上缴区直机关工委。五是抓好党员组织关系集中排查工作。党员组织关系集中排查工作按照区委组织部和区直机关工委的要求开展工作，按要求填写《党员登记表》，作出党员花名册，经过认真的梳理排查，我会支部党员都能实时取得联系，不存在失联党员、流动党员、口袋党员等情况。

今后，我们更加注重创新工作思路争取更多理解和支持，并总结经验，发挥职能作用，认真贯彻落实中央、省委的大政方针以及市委、区委的具体工作部署，坚持“守底线、走新路、奔小康”的要求，做好的数据、大旅游、大生态“三块长版”，补齐脱贫攻坚、基础设施、教育、创业就业等方针为推动残疾人事业科学发展、后发赶超，使残疾人事业得到更好的发展。积极开展残疾人工作，具体实现“十三五”时期残疾人经济事业发展开好局、努力建成残疾人同步小康社会作出新的贡献。

（刘　玉）

商务与投资促进

【招商引资】 2016年，七星关区在市委、市政府正确领导下，在市直相关部门大力支持下，紧扣“决战贫困、提速赶超、同步小康”主题，创新工作方法，强化工作措施，扎实推进投资促进工作不断取得新成效。（一）2016年招商引资到位资金完成情况。全区纳入（调度续建和新建项目）省级招商引资平台管理项目79个，投产项目55个，到位资金171.44亿元，完成目标任务数的109.90%，同比增长26.23%。（二）3000万元以上省外到位资金情况。七星关区3000万以上省外项目79个，投资总额556.63亿元，到位资金171.44亿元；（三）新引进招商引资项目、新开工项目及新增投产项目情况。截至11月30日，区新建项目50个，新建项目开工47个，开工率为94%，投资总额231.46亿元，到位资金88.38亿元；新建项目数同比增长100%，新建项目到位资金同比增长178.63%。（四）项目储备、项目编制和项目精包装工作情况。以国家产业政策为先导，以资源特色和行业特点为基础，结合全区经济社会发展实际和相关产业发展规划，精心编制投资指南和招商引资项目册。项目册含储备项目127个，网络平台项目库完成60个，精包装项目10个。目前，精包装项目落地建成

1个，意向性5个。同时，在市投资促进局的指导下完成编制招商专案2个。（五）引进在黔首投资500强企业情况。引进在黔首次投资500强企业1家。（六）投资人信息系统录入情况。今年在投资人信息系统录入投资人信息118条。（七）参加省市重大项目招商引资活动情况。七星关区在积极参加“贵州·北京大数据产业发展推介会”“文博会”“酒博会”“上海·金融产业助推贵州扶贫攻坚招商引资推介会”等省级系列招商引资活动的同时，还自行组织开展自主招商引资活动，组织招商小分队赴青岛、深圳、广州等地开展招商引资活动，成功引进青岛绮丽集团、深圳大富科技、汕头明宇内衣等企业入驻七星关区。（八）党政主要领导带头开展招商引资情况及拟申报为党政主要领导带头招商考核项目的情况。1.党政主要领导带头开展招商引资情况（暨万亿项目千次对接情况）。今年以来，区委、区政府高度重视，精心准备，积极参与市委、市政府在各地举办的招商旅游推介会暨项目签约活动并获取招商信息；在确保完成省、市组织的招商活动签约任务的基础上，积极谋划，还通过开展“小型、经常、多样、有效”的自主招商活动，突出以党政主要领导、分管领导开展的赴北京、广州、深圳、杭州、青岛、重庆、成都等的小分队招商。截至11月30日，共参加招商引资活动120次，对接项目118个，签约金额358亿元。2.拟申报为党政主要领导带头招商考核项目的情况。2016年，全区申报领导干部带头招商项目6个，总投资10.7亿元，实际到位资金9.49亿元，开工率100%，资金到位率88.69%，投产率100%，入园率66.67%。其具体情况分别为：书记项目3个，分别是：1.七星关区野角努比亚东林牧业养殖场项目，由浙江客商魏玲投资建设，投资总额0.3亿元，累计到位资金0.26亿元；2.无痕内衣项目，由汕头市名宇无痕内有限公司投资建设，投资总额1.5亿元，累计到位资金1.5亿元；3.钢化玻璃项目，由常州金利辉装饰工程有限公司投资建设，投资总额0.6亿元，累计到位资金0.4亿元，项目均已投产。区长项目3个，分别是：1.七星关区撒拉溪镇西方村种养殖项目，由湖北客商路平投资建设，投资总额0.3亿元，累计到位资金0.17亿元；2.行车记录仪项目，是由深圳市晟昊电子科技有限公司投资建设，投资总额1亿元，累计到位资金1亿元。3.融府天地项目，由福建客商投资建设的城市综合体，投资总额7亿元，累计到位资金6.16亿元，项目均已投产。（五）招商引资项目代办情况。2016年，我区全力落实“五个一”工作机制，为企业提供高效、便捷的优质服务，对企业进行全程跟踪代办服务，及时解决项目落地建设中存在的困难和问题。完成2016年度代办项目汇总、月台账、信息、跟踪服务项目台账等上报工作。截至2016年11月30日止，代办服务中心共上报代办项目119个，代办事项549件，办结事项549件，其中，平台项目51个，代办事项254件，办结事项254件，代办率100%，办结率100%。

（六）投资投诉咨询、投诉受理情况。2016年，共接待客商投资咨询1200多人次，未收到企业任何投资投诉，也从未收到过上级部门转办的有关投资企业的投诉。

【主要措施】（一）推行“六个强化”招商引资工作。一是强化组织领导。由区长任主任，分管区长任副主任，区投资促进局、国土资源局、农牧局、财政局等区直相关部门主要负责人为成员的招商引资工作委员会。二是强化责任分工。委员会内设招商组、联审组、推进组3个工作组。根据工作分工，分别由分管副区长统筹负责，按照“谁引进、谁负责，谁分管、谁落实”的原则，按行业分类全力做好招商引资项目服务、落地工作。三是强化考核管理。年初投资促进工作，区委、区政府共同印发了《毕节市七星关区2016年读招商引资工作目标任务考核方案》的通知，将我区招商引资任务数，分解落实到各镇乡办事处和工作部门，实行部门一把手负责制，细化任务分解，做到目标到人、任务到人、责任到人、奖惩到人，并加强日常工作监督检查，确保招商工作有序推进。四是强化督查督办。督办督查局、“双考办”，把招商引资工作和项目建设作为全年督查工作的重点，采取重点督办、分段督办、定期督办和不定期抽查的办法，严督实查，跟踪问效。五是强化项目服务。继续推行领导联系重点项目制度，落实“五个一”机制，明确牵头领导，成立一套班子，指定责任部门，确定牵头单位，把任务捆绑在一起，把责任捆绑在一起，为落地项目提供高效服务。六是强化作风建设。年初投资促进工作，区委、区政府共同印发了《毕节市七星关区转变工作作风加强软环境建设工作意见》的通知，切实进一步转变工作作风，优化发展软环境。（二）不断提高招商引资项目建设。结合区优势，强化区投资促进局为业务指导，帮助各乡镇、区级各部门编制项目，坚持以国家产业政策为先导，以资源特色和行业特点为基础，以新型、低碳生态产业为发展方向，加强项目的创意、策划、编制认真收集、整理、论证、包装一批上规模、上档次、有市场、有效益的项目，增强项目招商实效。（三）做好领导干部带头招商，不断增强招商引资实效。区四大班子领导干部带头，采取灵活多样打形式，开展产业招商、专业招商、小分队招商、以商引商，精细组织好小型招商推介会，突出小型“圆桌式”招商，提高招商项目的“对接率”和“成功率”。实现从全民招商转变为专业招商、从粗放招商转变为精细招商、从盲目招商转变为目标招商、从政策招商转变为环境招商，提高项目成功率。（四）精心组织参加各类招商引资活动。由区委、区政府主要领导带队，开展招商引资推介，通过走出去、请进来，积极参与商会、行业协会、行业商会的年会和联谊活动，让民营企业家走进七星关区、了解七星关区、认识七星关区，鼓励参与七星关区的经济发展，助推七星关区发展。书记和区长参与对接企业50余次，召开座谈会40多场次。

（办公室）

人力资源和社会保障

【概述】　2016年，在区委、区政府和上级部门的指导下，按照“就业保民生、社保安民心、人才促发展”的发展思路，在人事人才管理、社会保障体系建设、推进就要再就业工程、努力构建和谐劳动关系方面取得了明显成绩，有力推动了毕节市七星关区人力资源和社会保障工作又好又快发展，并获得“毕节市人社系统2016年度综合目标考核一等奖”和“毕节市七星关区2016年度区直部门工作目标管理考核一等奖”。

【社会保障】　着力保障民生，稳步提高社会保障水平。依据全年目标任务，统一部署、精心安排、齐心协力，将任务目标层层细化分解、落到实处。一是完成城镇职工基本养老保险参保58122人，占全年任务58000人的100.21%；基金征缴48164万元，占全年任务36000元的133.78%。二是全区参加城镇职工医疗保险保人员共43730人，完成目标任务3.2万人的136.65%；完成基金征缴18707万元，占任务数10851万元的172.3%。三是生育保险参保31097人，占全年任务2.25万人的138.2%，基金征缴收入342万元，完成全年任务250万元的136.80%。四是工伤保险参保人数42224人，完成目标任务3.983万人的106.01%，工伤保险基金征缴1850万元。五是失业保险参保人数27626人，占任务数1.97万人的140.23%，失业保险征缴1156万元，完成目标任务1100万元的105.09%。六是城乡居民养老保险全区参保人数共46.09万人，完成目标任务45.4万人的101.52%，征缴基金3454万元，完成目标任务数3450万元的100.11%。完成社会保障卡完成数据采集27.1万人。七是有43988人参加被征地农民基本养老保险，其中有20907人已经达到领取待遇条件，每月发放被征地农民养老金580余万元，做到按时足额社会化发放。

【就业创业】　以促进就业和创业为目的，突出重点，突破难点，打造亮点，继续深入推进创建创业型城市工作，突出抓好农民工、退役军人、下岗失业人员等重点群体就业，推动建设覆盖城乡的公共就业服务体系。一是开展培训服务、搭建就业创业服务平台、加大就业创业基地建设力度、开展园区就业创业服务工作和加强宣传工作多措并举，鼓励劳动者多渠道、多形式就业。二是注重资金周转。开展创业担保贷款和就业困难人员灵活就业养老保险补贴工作，落实“一市五金多套餐”问需式精准扶贫的政策、推荐返乡农民工、大学生、残疾人、妇女、退伍军人等群体申报市级一次性创业补贴、场地租赁补贴和示范户称号三管齐下。三是强化就业补助资金的管理和使用，积极争取省、市就业补助资金5981万元，区级财政匹配资金2952.12万元，共计8933.12万元。毕节市七星关区就业补助资金共计使用7060.64万元（其中公益性岗位补贴4234.89万元，社会保险补贴2814.32万元，职业培训补贴11.43万元）；创业担保贷款贴息资金4077.81万元；为区政府减轻资金压力3350万元。通过努力，2016年毕节市七星关区实现城镇新增就业11250人，失业人员实现再就业2341人，就业困难人员实现就业1750人，移农业劳动力就业22935人，开展职业培训3650人，城镇登记失业率控制在4.1%范围内；针对返乡农民工、留守儿童家长和贫困家庭劳动力、高校毕业生、退役军人等群体举办专场招聘会4场，组织126家用人单位进场招聘，提供就业岗位11020余个，8000余人次进场求职，达成用工意向1367人，其中园区企业提供就业岗位1000余个。

【劳动维权】 坚持“预防为主，先调后裁”的原则，加大劳动维权力度，构建和谐劳动关系。一是重点开展各类专项检查，切实解决拖欠务工人员工资问题，实现零拖欠、零上访，维护劳动者合法权益。2016年，共收取22家建筑单位缴纳的农民工工资保障金，共计1423万元；劳动监察大队主动监察用人单位240户，涉及职工8097人；国有企业劳动合同签订率100%，私营企业劳动合同签订率98%，集体合同签订率92%；受理投诉案件62件，追发劳动者工资1478.62万元，涉及劳动者1216人，当期结案率100%；“两网化”覆盖率100%。二是实现劳动人事争议仲裁机构标准化建设。劳动人事争议仲裁共受理立案数212件，劳动者申请212件，涉及人数212人，涉案金额856.2万元。共结案208件，按期结案率达98%。

【人事人才】 坚持公开、公正、择优的原则，推动人事人才工作有序开展。一是组织考试录用工作。2016年录用公务员、参公人员52名，其中公安局录用11名，司法局录用18，市场监管局录用19名，参公单位录用4名；招考聘用事业单位工作人员150人。二是推进人事调配工作。区人力资源和社会保障局共调动532人，乡镇事业单位人员调动100人，工勤人员4人，乡镇公务员进城4人，乡镇教师考调及调动共265人，区直部门间调动26人，区外调入29人，调出104人。三是完善人才引进工作机制，引进18个高层次急需紧缺人才。四是严格执行工资福利和经补贴政策。按月审核全区2016年1月到12月份工资发放清册，确保在职22231人、离退休干部6281人的工资福利正常发放；审批办理机关事业单位工作人员到龄退休及提前退休手续162人，办理在职及退休人员死亡后享受遗属生活困难补助等手续56人；筹建机关事业单位养老保险工作，完成了在职及退休28483人信息录入工作，并进行了信息核对。

【创新、亮点工作】 一是打造七星关区电子商务园创业孵化基地，就业工作取得新突破。七星关区就业局服务中心入驻电商产业园孵化基地，为园区免费提供各类政策咨询、发布招聘信息、提供创业专家指导服务等。省人社厅充分肯定了就业局就业工作取得的成绩，并投入专项资金1000万元，区级财政对等匹配专项资金1000万元，专项用于七星关区电子商务进农村综合示范区创建工作。通过不懈努力，七星关区电子商务孵化工作开局良好，电商产业园孵化基地在全省电商工作推进上得到省委、省政府的充分肯定，七星关区被贵州省人社厅授予“2016年省级电子商务进农村综合示范县”，同时毕节电子商务产业园还荣获了“2016年度贵州省电子商务十佳示范基地”“2016年度贵州省省级现代服务业集聚区”“2016年度毕节市市级创业孵化示范基地”的称号，此外，还被区委区政府评为“毕节市七星关区创业孵化基地”“七星关区青年就业创业示范中心”。二是城居保中心在经过不断地摸索和总结后，探索出一套行之有效的征缴对账模式，有效地杜绝了基金风险事件的发生，实现了账目平衡。七星关区城居保对账工作是全市率先实现了月月对账、月月平账、一直坚持按月及时上交三账合一凭证的唯一区，此项工作得到省市及其他地州县区的认可，并派员到该局学习。同时，市人力资源和社会保障局对此亦给予高度肯定。

（办公室）

民族宗教事务

【概述】 2016年在区委、区政府的领导下，在市民宗委的指导下，为了认真贯彻落实党的十八届四中全会、中央民族工作会议和全国宗教工作会议的精神，根据省市民族宗教工作会议安排部署，狠抓民族地方基础设施建设，改善少数民族群众生产生活条件，以“民族团结进步创建活动”和创建和谐寺观教堂为重点，加强民族文化教育工作，规范“宗教场所管理”、打击和抵御境内外宗教组织渗透，取得了一定的成效，为全区经济发展、民族团结、社会稳定作出了新的贡献。

【扎实开展“两学一做”，永葆党的先进性】 （一）领导重视，统一思想。为确保“两学一做”学习教育活动顺利开展，局党组召开会议，深入谋划部署“两学一做”学习教育工作实施方案，重点学习习总书记系列讲话精神、《党章》《中国共产党廉洁自律准则》《中国共产党纪律处分条例》等党规。通过学习提高思想认识，筑牢思想政治基础。（二）认真完成规定动作。该局不折不扣完成“两学一做”规定动作，助推民族宗教工作开展：定期组织党员集中学习，召开专题组织生活会，在“建党节”时到杨家湾镇七星关夏曦烈士纪念碑，重温了入党誓词。并认真开展“三不党员”专题整治，排查党组织关系，实施“七大先锋”工程。（三）学做结合，学有成效。一是把专题讨论与网络学习相结合，按照“讲政治、有信仰”“讲规矩、有纪律”“讲道德、有品行”“讲奉献、有作为”四个专题安排学习。二是把结对帮学与实践活学结合起来，针对一些“老、弱、病、残”不能正常参加党组织生活的党员，通过“一对一”和“一对多”的形式结成帮学对子，落实帮学责任人，以送学上门、网络传学、资料寄学等多种渠道帮助党员学习，使全局党员参与“两学一做”学习教育的人数比例达100%。

【民族工作】 （一）加大民族政策法律法规宣传力度。

以党的十八届五中全会、全国宗教工作会议和省、市民族工作会议精神为统领，深入学习习近平总书记在全国宗教工作会议上的重要讲话精神，统一思想，提高认识，并将会议精神作为行动指南。制定了民族政策、民族法律法规宣传方案，印制宣传手册1000余份，深入11个民族村寨进行宣讲活动。通过宣讲活动的开展，提高了各族群众对民族政策、民族法律法规的认识，促进了民族团结。（二）深入贯彻落实习总书记系列讲话精神，推动民族地区经济社会发展。1.坚持把“民族团结创建活动”摆在民族工作的重要位置来抓好抓实，助推少数民族和民族地方社会经济发展。七星关区“民族团结进步创建示范点”是麻园街道办双树社区、朱昌镇花厂村，并推荐燕子口镇一心村参与省级创建活动示范单位的评选。2.积极协调财政部门对2015年中央、省、市民族发展资金项目进行督促验收：2015年我局争取到上级民宗部门项目13个，资金140万元；已检查验收5个，资金35万元。3.认真做好2016年项目申报工作。已上报中央、省、市级竞争性项目2个，资金50万元，民族教育专项项目8个，资金31.9万元，民族节庆活动项目5个，资金25万元，现落实中央级项目2个，资金83万元，省级项目3个，资金22万元。（三）全面贯彻落实党和国家民族政策和民族法律法规工作。1.抓好城市民族工作，创建社区民族团结进步示范点。城市民族工作是我区的一个薄弱环节，为了广泛宣传《城市民族工作条例》，增强各民族“共同团结奋斗、共同繁荣发展”，保障少数民族和外来少数民族流动人口合法权益，把市西办事处翠西社区、洪山街道办环南社区作为示范点，以点代面推动城市民族工作的开展。现两个社区挂出了城市民族工作示范牌子，建立了办公室，明确职责，安排专人办公。2. 严格做好民族成分更改更正初审，按时、按要求上报。第一二季度，已初审上报34份民族成分更改更正及29份档案民族成分确认。（四）抓好民族文化教育等社会事业的全面发展。1. 在2016年端午期间，协助八寨镇金银山、海子街镇擦枪岩村、千溪千朗沟村举办苗族跳花坡活动，并补助三个点7万元资金。2. 指导燕子口镇大南山小学、大屯乡三官小学、三板桥办事处灵峰小学开展“双语”教学。协调区级资金10元，扶持2个学校开展民族文化进校园活动。3. 协助区教育局做好毕节二中、毕节六中、区民族中学2016年秋季民族招生工作，完成招生任务242人。（五）大力推进民族团结和睦创建活动工作。为进一步改善少数民族贫困地区基础设施和生态环境，提高少数民族群众生产生活水平，同步建成小康社会。1. 杜绝、防止发生重大民族纠纷。2016年，制定了公共事件应急预案，建立了（机关、乡（镇、办）、村）三级网络联动机制，协调处理了民族纠纷2起。2. 开展“四项教育”和“六进”活动。（1）做好民族政策“四项教育”。一是利用美丽乡村建设和驻村联系工作，在海子街镇大丫口村、燕子口镇一心村召开两次“四项教育”座谈会，参加人数120人次；二是在洪山街道办环南社区制作民族政策、民族风俗宣传专栏1期，永久性标语一幅。（2）开展“六进”活动。在毕节六中召开了少数民族师生座谈会，举办了母亲节活动。在活动中大力宣讲民族政策、民族理论、民族法律法规知识。（六）民族古籍搜集整理。一是完善2016年被立项的古籍抢救保护项目《苗族故事集》的申报工作。二是完善2015年古籍资料的归档工作，对还未翻译整理的口碑古籍资料进行翻译、整理、录入、编目。到目前为止已翻译、整理、录入了约5万字的苗族民间故事12个。三是继续做好民族古籍的抢救保护工作，针对性地深入到阿市、普宜、阴底、大屯、燕子口等乡镇对少数民族古籍文献和口碑古籍进行调研、摸底，初步了解本辖区内少数民族文献古籍和口碑古籍的资源分布及传承状态。四是对少数民族风俗习性和少数民族口碑古籍进行录制，其中录制了彝族和苗族婚嫁视频各一套，苗族民间故事视频6个。

【宗教工作】 （一）加强和创新宗教事务管理。一是加大宗教法律法规宣传力度。召开了基督教、天主教、佛教、道教等宗教人士参加的宗教法律法规学习会议2次。二是积极开展“和谐寺观教堂”创建活动。成立了“和谐寺观教堂”创建活动领导小组，研究部署了2016年“和谐寺观教堂”创建工作。三是全面完善了全区宗教工作三级管理网络机构建设，明确了区、乡（镇）、村三级成员名单，全区共有924人为宗教工作三级管理成员。四是加强宗教管理，严厉打击非法滥建活动场所。五是协调镇乡、公安等部门依法取缔非法宗教活动3起，基督教教私设聚会点两处。（二）积极抓好宗教领域重点工作。一是制定工作方案，对辖区内寺观教堂管理中的乱象进行了专项治理；对全区西藏籍、新疆籍流动人口、流动穆斯林、伊斯兰教、民间信仰等情况进行了专题调研。二是做好洗心寺扩建的前期准备工作，积极协助洗心寺相关人员到七星关区规划、国土等部门办理相关手续。三是根据省、市民宗委安排部署，积极开展对全区民间信仰活动场所的调研工作，通过调研，全区民间信仰活动场所共70处。（三）加强引导宗教与社会主义相适应。积极开展“宗教慈善周”活动，引导宗教界人士向社会捐资捐物参与社会活动，使信教群众正确审视修身养性的生活，组织信教群众捐资2万元。（四）妥善处理宗教领域矛盾纠纷。做好信教群众来信来访工作，是维护宗教界稳定的基础。接待宗教领域来信来访4次；协调处理了各类宗教矛盾纠纷3次。

【党建工作】 按照2016年党建和党风廉政工作思路，我局积极开展好“三严三实”活动，切实抓好党员干部的宗旨意识、大局意识、创新意识的培养、教育，积极为民族宗教工作服务。一年来，组织党员干部政治学习20次，17名党员与局党支部签订责任书，春节期间慰问了5名退休干部，每人发放慰问金500

元，慰问帮扶村贫困党员6名，每人300元，共计4300元，同时，向省民宗委争取10万元资金，安排给帮扶点团结乡发都村改善办公条件，使党支部凝聚力得到加强，促进了党建和党风廉政工作的开展。

【其他工作】 1.积极开展“驻村工作”。在全区“驻村工作”动员大会召开以后，局党组认真组织学习，领会精神，并根据联系对象，安排办公室统一制作好“贴心卡”，备齐“民情日记”本、有关工作记录表册，并发放到每位干部职工手中。同时制定驻村工作目标和任务。一年来，我局驻村2名干部走遍所联系服务的每户农户，共走访了农户140户，安排项目一个，资金5万元，帮助海子街镇大丫口苗族村寨解决路灯照明安装。2.做好信息报送反馈工作。到10月8日止，上报信息52期，调研文章6篇，办学习专栏2期。

（办公室）

档案管理

【概述】 在区委区政府的坚强领导下，以习近平总书记系列重要讲话精神为引领，深入学习贯彻党的十八届六中全会精神以及省委十一届八次全会、中共毕节市第二次代表大会、中共毕节市七星关区第二次代表大会精神，不断增强贯彻落实中央和省、市、区委全会精神的政治自觉、思想自觉和行动自觉。深刻领会习近平总书记领导核心地位的重大意义，不断增强政治意识、大局意识、核心意识、看齐意识，做到思想上衷心拥护核心、政治上坚决维护核心、组织上自觉服从核心、行动上主动看齐核心，坚决维护以习近平同志为核心的党中央权威，始终在政治上思想上行动上同以习近平同志为核心的党中央保持高度一致。全面贯彻落实《关于新形势下党内政治生活的若干准则》和《中国共产党党内监督条例》精神，严肃认真落实全面从严治党各项任务，积极营造良好的政治生态，为开创全局档案工作新局面提供坚强的政治保障。按照档案工作目标任务和要求，紧密结合档案工作实际，积极探索新形势下档案工作的发展规律，较好地发挥档案事业“守护历史、传承文明、资政育人、服务社会”的重要作用，推动全区档案事业健康发展。

【档案信息化建设】 1.为提高档案数字化加工处理工作效率，保证档案数字化电子文件质量，2016年增置专用扫描仪5台、更换高配计算机12台。2.2016年共计完成馆藏档案数字化处理622350幅，做到档案实体、档案条目、电子文件三对应，符合档案数字化处理质量标准。3.自2015年起，全面推进镇（乡、街道）和区直机关档案信息化建设，部分单位从1992至2014年永久和30年类文书档案及重要民生档案已全面扫描挂接，截至2016年11月各镇（乡、街道）、区直机关共计扫描挂接80余万幅，为十三五开足之年档案信息化建设实现了开门红。

【档案保管】 1.成立了档案安全领导小组，与职工签订安全责任书，每天对库房的温湿度进行登记，每天对馆内档案的情况、用电情况、门窗关闭情况和周边情况进行排查，每季度开展一次“八防”自查整治工作，确保档案的万无一失。2.完成重点档案抢救和保护工作，确保重点档案无损害、无缺失。2016年，七星关区档案局完成1980卷5081件民国重点档案的编目整理和部分重点档案的数字化加工处理工作及18卷彝文档案的征集和抢救工作。并将重点档案抢救项目整理上报毕节市档案局。

【档案查阅利用】 2016年提供档案利用5581卷（盒），提供利用1260人次，利用范围涉及人事、土地、房产、林权、婚姻、计生、凭证及其他政策性文件等，真正起到了档案工作服务社会、服务民生的重大作用。

【档案统计工作】 1.认真登记区档案馆各全宗馆藏门类及数量，对馆藏档案做到数量清楚、门类明确，方便了档案抢救及档案数字化加工处理的前期规划。2.完成54个单位2015年度的档案统计年报的填报和报送工作。3.对各镇（乡、街道）档案收集归档及数字化处理情况进行了分类统计，全面掌握镇（乡、街道）档案工作情况，对镇（乡、街道）

档案工作的指导起到了有的放矢的作用。

【重大工程和重点项目登记、报送工作】 根据《毕节市档案局关于认真做好2016年重大工程和重点项目档案工作的通知》(毕档发〔2016〕24号)文件精神，七星关区档案局下发了《关于认真做好2016年重大工程和重点项目档案工作的通知》(七星档通〔2016〕22号)文件通知，并直接和项目对象沟通联络，对我区19个续建项目、3个收尾工程、3个新建项目的《重点建设项目档案管理登记表》进行了接收登记并交报毕节市档案局，确保了这些工程项目实施和竣工档案的齐全、完整和安全。

【档案保密安全和应急管理】 每月开展一次安全大检查。按照"八防"(防盗、防火、防潮、防尘、防虫、防鼠、防高温、防强光)的要求，强化安全配套措施，做好库房温湿度记录工作，每月开展一次库房大扫除，及时通风、除尘、更换防虫药，确保档案实体的安全保管。切实加强涉密计算机保密技术防范和管理，变被动防范为主动防范，消除涉密计算机违规连入互联网所造成的失泄密隐患，确保国家秘密的绝对安全。

【档案业务培训及指导】 1.加强档案业务培训，提高全区档案工作者业务技能和管理能力。(1)2016年1月–6月，共分13期完成42个镇乡街道办事处、56个区直部门的档案业务培训工作，参加培训98人次，培训专题涉及档案法律法规、档案管理和基本术语、文书档案、科技档案、会计档案、实物档案、声像档案、专门档案、档案统计年报的填报、紫光档案软件的应用、档案的扫描挂接等内容。(2)2016年9月21日至30日，对龙场营、阿市、何官屯等部分新更换的乡镇档案员进行了为期10天的系统培训，参加培训12人次。培训内容涉及各门类档案的整理、档案管理软件的操作和档案数字化加工处理等。(3)2016年10月至11月，部分单位临时派员到档案局进行现场操作培训，培训内容涉及档案分类整理、档案数字化加工处理等，参加培训15人次。(4)2016年9月12日及11月25日，由区档案局、区扶贫办联合涉及精准扶贫工作的38个镇(乡、街道)分管领导、业务员、档案员进行了为时两天的"精准扶贫档案工作"专题培训，参加培训272人次。经过多形式、多类型、多渠道的培训，规范了全区的档案整理标准，提高了档案数字化操作技能，加快了各镇乡街道、各区直部门档案信息化的步伐，为实现"存量数字化、增量电子化"目标奠定了技术基础。2.强化档案工作督查和指导，全面推进我区档案信息化建设进程。(1)根据七星督办发电(2016)5号文件通知要求，2016年7月12日至8月30日，区档案局联合区实绩考核办、区督办督查局对全区42个镇(乡、街道)和87个区直单位进行了档案工作督查和档案业务指导。督查内容涉及各单位对档案工作重视程度、人力物力及资金投入、档案的整理、档案数字化处理情况、档案保管利用等方面；指导内容涉及档案的收集与整理、档案管理软件的操作使用、档案数字化的加工处理、精准扶贫档案的归档整理、土地确权档案的归档整理等方面。(2)2016年9月至10月，深入七星关区经济开发区指导档案工作3次，指导完成2009–2014年永久1814件、30年227件文书档案15253幅的扫描、挂接工作和2015年各类档案的归档整理工作。(3)2016年9月至10月，深入市西街道翠西、观音桥街道塘坊、红堰等社区，对各社区2014年前社区档案进行数字化处理和对2015年各类档案进行归档整理进行了指导。(4)完成青场镇、清水铺镇的农村土地确权颁证档案管理的监督、业务指导工作。随时掌握情况，认真指导做好农村土地确权颁证合同及有关文件、资料的收集、整理、备案、归档等工作。

【党务工作】 1.落实党建工作责任制。一是局领导班子把党建工作列入全局工作的重要议事日程，与其他各项工作同安排、同部署、同落实、同检查、同考核、同奖惩。全年召开党建工作专题会议4次，明确了党建办公室、党员活动室等活动阵地；切实保障党建工作经费，在有限的办公经费中，优先解决党建工作所需经费。二是建立党员领导干部党建工作联系点，认真履行“一岗双责”，严格执行党风廉政建设“一票否决”办法，全体党员签订了党建工作责任书和承诺书。2. 加强思想建设。一是深入推进学习型党组织建设，党支部及干部职工集中学习和个人学习；二是开展“两学一做”学习教育。着力落实“基础在学、关键在做，带着问题学、针对问题改”的要求，坚持以上率下，带头深入学习了党的十八届六中全会、省委十一届八次全会和市、区第二次党代会精神，引导党员以知促行。通过学习，全体党员干部均表示要争当“七个先锋”，坚持“四讲四有”标准；三是认真做好党员服务工作，建立党内激励、关怀、帮扶机制。制定了党内激励、关怀、帮扶制度、工作计划、措施等，并得以很好的落实。3. 加强组织建设。一是切实加强领导班子和支委会班子建设。区档案局党支部于 2016 年 12 月下旬进行支委换届选举，支委会成员共 5 名；二是制定党支部工作计划、措施，制定《党支部工作目标责任制》和《党员工作目标责任制》；三是严格机关党的组织生活，坚持“三会一课”制度，全年不定时召开支部党员大会、支委会、党小组会、支委扩大会，上专题党课；四是加强党员教育培训，认真开展党员培训和民主评议党员。党员培训主要采取以会代训的方式，每次集中学习时，由主讲人具体作辅导培训。开展民主评议党员工作。通过民主评议，评出优秀党员及合格党员；五是做好党费收缴基数核定工作，加强党费收缴管理，按时按规定足额收缴党费。4. 加强党风廉政建设。学习党章党规和习总书记的一系列重要讲话，学习党的十八大、十八届五中、六中全会精神，进一步提高全局党员干部对党风廉政建设重要性的认识。局党支部认真制定四项措施，从源头上加强了党风廉政教育，强化了领导干部的廉政意识，使机关反腐倡廉工作进一步得到加强。按照党风廉政建设责任制的规定，各股室每季度都要对本股室党风廉政建设和反腐败工作情况进行自查，发现苗头性倾向性问题及时纠正，重大问题及时报告，在年度考核中实行廉政建设一票否决制，对因工作抓得不力而造成严重后果和恶劣影响的，按照“四大纪律八项要求”层层追究干部的相关责任。在全年的党风廉政建设宣传教育工作中，我们始终坚持理论联系实际，认真研读档案工作政策法规，加强档案法律法规宣传，自觉做到以身作则，廉洁从政，始终践行省、市、区领导干部廉洁自律的有关规定。一是认真落实党风廉政建设责任制。全体党员干部均签订了党风廉政建设责任书。一年来，本局党员干部无违法违纪行为；二是深入推进党务公开工作。办党务公开栏 1 个，出刊两期，公开相关内容 6 次；办民生建设公开公示栏 1 个，出刊两期，公开相关内容 4 次；三是加强党风廉政建设和反腐倡廉教育，有针对性地开展警示教育，全年组织党风廉政教育活动 3 次；四是认真做好党内监督工作，严格执行党内监督制度。由退休和改非老同志代表担任监督员；五是建立制定反腐倡廉建设工作的意见、方案、制度等，成立党风廉政建设工作领导小组，履行党风廉政建设主体责任和监督责任。5. 加强制度建设。建立、制定、修改、完善各项制度，包括综合类制度、党务类制度、政务类制度、业务类制度。新制定制度 26 个，重申延用制度 38 个，修订完善制度 66 个，废止制度 26 个，在制度建设工作中，局主要领导亲自主持起草、制定、修改，对原有制度一个一个地进行审核，好的继续延用，不完善的进行修改，过时的予以废止，缺失的立即制定，进行严格审核把关，确保各项制度简便适用、切实可行。

【中心工作】 按照上级的要求，该局立足围绕中心、服务大局，认真开展“同步小康驻村”“集团帮扶”“党建 1 + 1”等各项帮扶活动，扎实抓好精准扶贫工作，深入基层，践行宗旨，服务群众，服务民生。在精准扶贫工作中，围绕“六个到村到户”实施方案，深入联系点鸭池镇甘海子村、普宜镇木窝村，开展帮扶活动。定期召开专题会议研究集团帮扶工作，深入驻村联系点指导集团帮扶工作，积极为联系点办实事、好事，1 月份划拨 3000 元为普宜镇木窝村修建垃圾池，2 月份划拨 1000 元到木窝村慰问贫困党员，3 月份为联系点鸭池镇甘海子村贫困户送去 20 床棉絮和 20 袋大米，并划拨 5000 元作为对甘海子村贫困户的帮扶资金，另为甘海子村购买打印机一台，满足精准扶贫资料的规范整理。选派村“第一书记”马顺卫到鸭池镇甘海子村，帮助制定发展规划和脱贫措施，建立帮扶项目库，做好问需帮扶台账，完成贫困人口识别工作，建立贫困村、贫困户卡片和信息台账。一年来，走访群众、召开调研座谈会、帮助群众谋思路出点子、协调解决资金等，为群众办实事好事、化解矛盾纠纷，取得显著成效。局班子成员共计走访驻村联系点10次，帮扶物资两万余元，解决甘海子村会议室桌椅等办公用品缺乏问题，使甘海子村由后进村转为先进村，实现规范达标。通过以上实事，深受该村干部群众好评，进一步密切了党群干群关系。

（石晓黎）

政协毕节市七星关区委员会

【概述】 2016年，区政协在中共毕节市七星关区委的坚强领导和政协毕节市委员会的正确指导下，坚持以中国特色社会主义理论体系为指导，深入学习贯彻习近平总书记系列重要讲话精神，认真贯彻落实中央、省委、市委和区委的一系列重大决策部署，严格按照政协章程，高举爱国主义和社会主义两面旗帜，牢牢把握团结和民主两大主题，团结动员全区广大政协委员及政协各参加单位，紧紧围绕区委、区政府中心工作，认真履行政治协商、民主监督、参政议政职能，充分发挥协调关系、汇聚力量、建言献策、服务大局作用，不断开创政协工作新局面，为决战贫困、提速赶超、同步小康作出了积极贡献。

【政治协商】 区政协坚持运用全体会议总体协商、常委会议专题协商、主席会议重点协商、专门委员会对口协商和召开各种专题会、座谈会等形式，就事关全区大局的重大问题开展多层次、全方位的协商活动。1月上旬召开了一届五次全委会，协商讨论了区政府工作报告和其他重要报告，推荐6名政协委员围绕加强政权建设夯实基层基础、发展农业板块经济促进农民增收致富、整治农村环境建设美丽乡村、预防处置群体访事件、充分发挥乡镇卫生院在新农合中作用、留守儿童管理等主题进行大会发言，委员们就教育卫生、基础设施、城市管理、依法行政等方面提出了69条建设性意见和建议，积极履职，建言献策，为区委、区政府决策提供参考。12月上旬召开了二届一本次全委会，协商讨论了区政府工作报告和其他重要报告，推荐6名政协委员围绕如何发挥农产品品牌效应助推七星关区脱贫攻坚、易地扶贫搬迁、农村妇女参选参政、民办教育、社区健康教育培训等主题进行大会发言，委员们就环境保护、教育发展、医疗卫生、经济建设、旅游开发、非公经济、棚户区改造等方面提出了100余条建设性意见和建议。

【参政议政】 围绕区委、区政府确立的发展战略和工作目标，把开展调查研究作为提高参政议政质量的重要手段，着重在“抓重点、讲质量、求实效”上下功夫，主动深入工作一线，努力集中各界智慧，组织调研组对元宝枫、蜜蜂养殖、城区停车场建设、校区划片等问题开展了专题调研，并分别撰写了调研报告，提出富有参考价值的意见建议，为区委、区政府科学决策提供参考，促进了调研成果的转化。

【建言献策】 12月1日，区政协主席吴坚主持召开我区2016年度社科理论成果暨建言献策优秀成果评选会。区政协副主席燕金祥、王林中、周光乔、江晓燕、吕艺华出席会议，评选小组相关成员参加会议，共评选出拟表彰优秀成果18件，其中一等奖3件、优秀奖15件，并在12月14日至18日召开的中国人民政治协商会议第二届毕节市七星关区委员会第一次会议上进行表彰，分别给予荣获一等奖的三件成果《关于大力发展蜜蜂产业的建议》《激发基层发展动力创树村级组织范本》《促进我区山地高效生态农业发展的几点认识》1万元奖励。

【提案工作】 全委会召开前，通过印发通知、重点联系等形式，明确提出提案的征集重点，引导委员围绕七星关经济社会发展的重要问题和重大事项认真撰写提案。会议期间，对委员提案进行了严格审查和筛选。会后，对涉及重大事项的提案与委员协商交流，并进行充实完善，确保每件提案选题准、建议实。在一届五次全会期间，共收到政协委员提案79件，立案74件。由区政府召开提案交办会进行提案交办。通过主席会议督办和与有关部门联合办案等形式，对部分提案进行调研，将区政协一届五次会议立案的提案中的两件作为主席会议督办提案。其中，10号提案《关于尽快组织相关部门对学生宿舍和教师公租房进行验收的建议》，由副主席邹芝桦、燕金祥、江晓燕及秘书长牵头督办；4号提案《关于区水电局2012年在大屯乡承建实施人畜饮水工程尚未投入使用的提案》，由副主席王林中、周光乔、吕艺华及智力支边办主任邓平举牵头督办。对于会议确定的重点督办提案，涉及相关副主席联系部门承办的，由相关副主席进行跟踪督办。提案法制委员会加强与区督办督查局、提案人及承办提案单位的沟通对接，以便使提案的办理工作落到实处，取得应有的效果。在二届一次全会期间，共收到政协委员提案211件，立案183件。经二届一次主席会议研究决定，将2、3号提案《关于大力发展蜜蜂养殖业的建议》和《发挥农特产品效应助推七星关区脱贫攻坚》作为主席会议督办提案，将121号《关于加强对城市社区建设的提案》和125号《浅谈技能培训在精准扶贫工作中重要作用》2个提案作为重点督办提案。

【民主评议】　经区政协一届五次全会期间委员提议，根据《政协毕节市七星关区委员会民主评议区直部门工作暂行办法》，区政协一届十八次主席会议研究决定，由副主席王林中、周光乔及智力支边办主任邓平举牵头负责对区卫计局2015年以来的乡镇卫生院工作进行民主评议，反映群众意见，找出存在问题，提出整改建议，收到良好效果，切实推动部门工作的顺利开展，有效提高了民主监督的质量。

【社情民意】　社情民意是委员履职建言的直通车，集中民智的主渠道。区政协坚持把做好反映社情民意信息工作作为关注民生、服务群众的有效形式，进一步健全工作机制，提升信息质量。积极引导政协委员撰写社情民意信息，各专门委员会搜集整理政协委员在调研、视察等活动中的意见建议，编发成社情民意信息，及时报送。

【服务发展】　根据区委安排，区政协班子成员及各委室参与了园区、企业及有关重大项目的指挥调度。大家经常深入联系园区、企业及项目联系点，适时对城市建设、“5个100工程”、对口帮扶工作及夹岩水利枢纽工程、园区培育、棚户区改造等项目的顺利推进开展调度协调、化解矛盾、督促检查等工作，解决建设发展中存在的困难和问题，真正把政协工作融入区委、区政府的中心工作，实现监督项目实施与助力项目建设双推进。此外，还积极参与，认真做好区三级联动视频接访和信访案件包保化解工作，协助区委、区政府做好协调群众关系和化解社会矛盾工作，积极帮助上访群众解决合理诉求，维护民心安定和社会稳定。

【服务基层】　深入联系乡镇讲政策、出点子、理思路、筹资金、解难题，切实为基层群众办实事、办好事。一方面，区政协班子成员深入到工作联系点蹲点调研，遍访贫困村、贫困户，征求意见，了解需求，积极协调相关部门，帮助解决和督查通村、通组路建设以及人畜饮水困难等需求。另一方面，指导联系乡镇精准扶贫、安全生产、计划生育、教育卫生等工作，帮助乡镇排查化解矛盾纠纷、信访积案，维护和谐稳定。同时，积极联系协调政协委员、区内外爱心企业、社会爱心人士捐资助学及开展捐赠慰问活动；抽派干部认真开展驻村工作。此外，各委室围绕各自职能助推经济社会发展。例如在智力支边方面，举办了全区首次蜜蜂养殖技术专题培训班，对各乡镇街道100余名养蜂群众进行培训，提高了广大养蜂群众的科学饲养管理水平，推动我区养蜂业的规模化、标准化发展，发挥了蜜蜂养殖在全区精准扶贫、精准脱贫中的积极作用。

【宣传推介】　积极推介和宣传区改革发展成就。一是充分利用省外市（区）政协来七星关区考察调研的机会，积极推介和宣传我区区位、生态、交通、文化等优势及良好的投资环境，促进了外界对七星关区的了解。二是在区委、区政府的支持下，牵头和中央电视台“发现之旅”频道合作，以七星关区打造中国藏羌彝文化走廊的基础性文史调研书籍《中国古彝最后的土司庄园》为基础，拍摄了《走进中国古彝最后的土司庄园》记录宣传片，并在央视及各种媒体上进行了播放宣传。

【文史成果】 在文史征集和研究方面，完成了《翰林山庄路氏文化世家》一书的编辑出版，深化拓展了文史资料“存史、资政、团结、育人”的作用。该书全面、详细地介绍了贵州乃至全国有名的毕节德沟翰林山庄路氏文化世家，从清康熙初至清末及民国这一历史时期的基本情况，是人们了解、认识中国古代、近代毕节路氏家族在科举、教育、廉政、忠孝文化和诗书画“三美艺术”方面取得著名成就及对社会所产生的积极影响的一部地方文史资料。

【学习培训】 一是通过召开党组（中心组）学习会议、主席会议、常委会议，组织参加经济形势报告会、情况通报会等方式，学习十八大、十八届历次全会、习近平总书记系列重要讲话精神，全国、省、市政协的相关会议精神和中央、省、市、区重要会议精神。二是通过组织政协委员、政协干部外出考察及参加党校和社会主义学院及各级各类培训学习、参观区委党校党风廉政警示教育基地等方式，不断拓宽政协委员、政协干部学习途径，提高了政协委员、机关干部职工的理论水平和素质，为切实履职夯实政治理论基础。

【作风建设】 按照中央、省委、市委和区委相关要求，以开展群众路线教育实践活动、“三严三实”专题教育、“两学一做”学习教育为契机，区政协紧紧围绕协调推进“四个全面”战略布局，对照相关要求深入开展学习教育，认真贯彻中央八项规定，省委、市委、区委十项规定，把思想教育、党性分析、整改落实、立规执纪、完善制度结合起来，着力改进工作作风，不断加强自身建设。建立健全各项规章制度，坚持用制度管权、管人、管事，进一步推进机关工作制度化、规范化、程序化，增强服务意识和责任意识，提升机关工作能力水平，确保区政协机关为委员履职提供好制度保障。

（办公室）

工商联（商会）

【概述】 七星关区工商联（商会）现有在册职工11人，其中班子成员5人，享受正科级待遇2人，副科级待遇3人，科员级干部0人。工商联（商会）有会员2593人，执委88人，常委43人，领导班子23人，其中副主席9人、副会长12人（其中副主席兼副会长12人、副主席4人、副会长3人），秘书长1人。现有4个直属商会，42个基层商会。

2016年，区工商联在区委、区政府的领导和市工商联、区委统战部的指导下，以邓小平理论、“三个代表”重要思想和科学发展观为指导，认真学习党的十八大、十八届历次全会精神，紧紧围绕区委、区政府的工作大局，切实履行职能，发挥桥梁纽带和参谋助手作用，团结、引导非公有制经济人士积极融入毕节试验区经济建设大潮，服务和推动非公有制经济平稳健康发展。加强工商联自身建设，以创建“五好”工商联为载体，切实提高服务非公有制经济发展的工作水平。

【强化思想政治引导，坚定民企发展信心】 一是深入传达学习习近平总书记在全国政协十二届四次会议民建、工商联界委员联组讨论上重要讲话精神，通过微信分享、走访调研、研讨交流等多种方式，在机关内部、会员企业及小微企业商会范围内进行学习传达，进一步加深了工商联系统对于“两个毫不动摇”“三个没有变”以及“亲”“清”新型政商关系的科学理解和认识，帮助非公有制经济人士准确把握中央和省委有关重大决策部署，引导广大非公有制经济人士认清形势，提振信心。二是深入开展以诚实守信、增强发展信心为重点的理想信念教育实践活动，以“提升青年企业家素质，积聚党建新生力量”为非公党建工作目标，加强年轻一代非公有制经济人士的教育培养，培养一批政治觉悟高、发展能力强、社会形象好的青年企业家，为工商联事业发展储备新生代企业家人才。三是深入开展“两学一做”学习教育。5月10日，区工商联组织全体党员召开了“两学一做”学习教育动员会议，传达了市、区开展“两学一做”学习教育的总体要求以及做出部署安排，第一时间下发学习资料到每位党员手中，并通过微信、电子邮件等方式发布各类学习信息及资源。中心学习组认真落实三会一课制度，制定学习教育方案及学习计划，组织全体党员开展“手抄党章100天”活动；根据年初学习计划，按照各月《“两学一做”学习教育和基层党建工作要点》认真组织学习，完成全年学习计划。要求做好相应的记录，学深学透，结合实际，做合格党员，从而不断增强领导班子的凝聚力和战斗力，提升执行力和社会影响力。四是全面开展党员队伍专项清理行动。根据中央统一部署，在本单位13名党员中开展党员队伍清理行动。我们第一时间做好党支部的培训辅导工作，明确专人负责清理工作。对照党员名册，摸排在册党员信息，对于口袋党员、失联党员、空挂党员，分别建立档案管理。经过清查，在本单位没有发现失联党员、空挂党员。五是扎实强化党风廉政建设和反腐败工作，积极营造风清气正的服务和发展氛围。严格执行中央八项规定和省市区十项规定，认真践行“三严三实”要求，进一步完善各项规章制度建设。按要求落实“三公”经费公开制度，坚持每月权利清单运行报告制度和开展党务、政务公开制度，接受群众监督，助推七星关区经济社会健康发展营造风清气正的良好氛围。

【扎实开展商务会务，全面拓展工商联工作新局面】　（一）民营经济建设有力推进。认真履行职能职责，做好民营企业发展的引导、帮助、协调、维权等服务工作，近年来我会直接联系的8个重点民营企业投资办企业资金达2亿余元，为区经济跨越式发展作出了积极的贡献。同时，还邀请了贵州银行毕节分行副总经理范鹏同志进行了金融理念及融资担保知识系列培训，与会员企业就提升企业营商环境，解决企业共性问题等进行了探讨，政企间的沟通交流取得了良好效果。与贵州银行联合基金贷款融资平台为全区小微企业、商会及专业合作社提供500万以下的低息贷款，帮助30户民营企业担保贷款2140万元，有效地缓解区中小企业融资难问题。（二）三项重点工作扎实推进。积极探索扶贫工作新途径新机制，积极参与扶贫攻坚战略实施，根据区委、区政府的安排部署，切实制定了具体的工作方案，扎实加强对“千凤还巢”“千企帮千村”“荣誉村主任”三项重点工作的领导，鼓励、支持非公人士积极履行社会责任，诚信经营。截至2016年，在三项重点工作开展中，引进毕节海口市商会来七星关区考察投资项目1个，交朋友16名；组织非公经济人士6人参加省联到沿海地区及周边国家参观考察学习1次；组织会班子成员深入朱昌、阿市、杨家湾、长春等乡镇开展摸底排查调研等工作，深入非公企业开展调研21次；落实挂点帮扶企业51家，聘用非公经济成功人士担任“荣誉村主任”覆盖全区，通过产业扶持、技能培训、解决就业、公益扶贫等帮扶措施，预计到年底将实现800户2400人脱贫。（三）深入开展调研，积极建言献策。一是增进会企沟通，开展走访调研和会员专题活动。为加强与企业的沟通，更好地联系服务会员，制定了每月4次走访调研企业工作计划，先后到小微企业、小商品批发市场、贵州农产品开发有限公司、毕节土老哥食品等22家企业走访调研，听取企业意见建议，了解企业经营情况及发展现状。另外，为进一步落实拓展企业对外交流，我会组织11家民营企业参加贵州省非公企业人才招聘会活动，推荐6家民营企业参加省最具有成长型中小企业评选活动，推荐34家中小企业参加“2016中国·贵州中小企业跨境投资与贸易合作对接会”，推荐15名非公经济人士到贵阳参加优秀企业家计划培训，6名非公经济人士到省社会主义学院学习。二是大力发展企业会员、开展民营企业调研。以突出重点、有序结合为原则，坚持会员数量与质量并重，主动联系走访企业，与企业家座谈、交流、做朋友，争取发展优质企业入会，截至目前，共有毕节市爱赏教育投资公司、现代家具有限公司等32家企业新加入区工商联成为会员；实现42个镇乡办事处基层商会全覆盖。会员数以每年15%以上速度增长，会员从2015年的2179人发展到2016年的2593名，同比增长率为18.9%。汇同市工商联到贵州毕节恒有农产品开发有限责任公司、毕节市土老哥食品有限公司等民营企业开展以“推动民营企业参与农业产业化经营促进社会主义新农村建设对策”为题的调研工作。三是积极提交议案提案。充分发挥工商联在非公有制经济人士参与国家政治生活和社会事务中的重要作用以及在政府管理和服务非公有制经济中的助手作用，畅通党委政府与非公有制经济组织沟通联系渠道。在市、区“两会”期间，工商联界别的代表、委员们自始至终都踊跃发言，关注社情民意，积极建言献策，充分显示了民营企业家关心政治、关心社会、关心发展的良好愿望，得到市、区两级党委、政府的高度肯定。有3条被列为重点督办提案。（四）加强干部驻村，落实帮扶工作。扎实推进我会扶贫挂点工作。按照区委的要求，安排一名科级干部到驻村联系点层台镇官厢村兼任驻村第一支书及驻村工作组组长职务，切实了解村情民意，及时研究制定帮扶措施。解决驻村工作经费5000元；春节期间对该村老党员、贫困党员和贫困农户26户及100个贫困留守儿童进行了慰问，送去大米、粮油慰问物资各26袋、书包文具共100套及每人慰问金200元，折合人民币3万余元。积极拓展扶贫工作渠道，广泛动员民营企业参与光彩事业。2016年8月，积极配合开展泛海助学活动，累计资助学生200人，已发放资金共计100万元；2016年9月，宁波商会刘文萍女士到龙场营镇齐心小学捐赠校服108套，价值1.5万元。（五）深入开展宣传思想、精神文明建设活动。一是制定了党组中心组年度学习计划、干部职工集中学习计划和“宣传部长上讲堂”等学习计划，以及“我们的节日”“我推荐、我评议身边好人”“讲文明、树新风”“明礼知耻、崇德向善”等主题实践活动方案。一年来，开展中心组集中学习12次，干部职工集中学习28次，组织会员开展商会各类活动6次；向市工商联报送信息8条，区直机关工委9条，区委统战部报送信息4条。二是认真开展“文明在行动、满意在毕节”活动，坚持每周五下午到指定片区开展卫生大扫除活动，确保片区环境卫生，助推全区整脏治乱工作再上新台阶。（六）以争创领导班子好、会员发展好、商会建设好、作用发挥好、工作保障好为目标，扎实深入开展“五好”工商联创建各项工作，积极筹备工商联（商会）换届前期准备工作。认真开展政法综治、信访维稳、科普等工作，严格按照有关文件精神逐一抓好落实。

（王亚芬）

共青团七星关区委

【概述】 2016年是“十三五”规划的开局之年，是全面深化改革的关键之年，也是打赢脱贫攻坚的重要之年，共青团七星关区委在区委、区政府的正确领导下，深入贯彻中央群团工作会议、市委党的群团工作会议精神，在共青团毕节市委的关心指导下，紧紧围绕党政中心工作，积极发挥团内优势，进一步解放思想、开拓进取，不断深化团的各项工作，较好地完成了年初制定的目标任务，各项工作取得新的进展。

【夯实基础，增强活力，机关党建取得新成效】 1.以“两学一做”为统领，丰富机关党建内容。2016年以来，团区委党支部通过“三个结合”，将学习教育与团区委工作实际结合起来，做实做活“两学一做”学习教育。一是“传统与创新相结合”，暨坚持支部学习日、展板宣传等传统学习方式与通过新媒体宣传“两学一做”教育相结合。二是“集中学习与自主学习相结合”。支部采用集中学习与党员个人自学相结合，利用青年“微党课”“自讲互学”创新学习方式，全年开展全体党员干部集中学习23次，“微党课”20次。三是“走出去与引进来相结合”。积极选派团干部参加团省委、团市委、区委相关学习培训，提升机关党员履职服务能力，增强做“合格党员”的实践基础。通过团的机关开放日，共青团与人大代表、政协委员面对面、与青年对话等方式，邀请各届青年代表走进团区委，了解共青团工作属性，增强团的吸引力的凝聚力。深入联系点小吉场镇，开展“总书记的话儿记心上·党的声音进万家”，暨“七一”慰问活动，对全体党员讲述了习近平总书记关于“小康不小康，关键看老乡”“人民群众对美好生活的向往就是我们奋斗的目标”等亲切话语，引导全体党员回顾了党的光辉历程，感染了在场全体党员，几位党员由衷的感慨共产党的好，并对30户贫困党员进行慰问，传递了党的温暖。2. 加强党风廉政建设，筑牢思想防线。一是开展党规党纪集中学习活动。组织全体干部职工认真学习《中国共产党廉洁自律准则》《中国共产党纪律处分条例》《贵州省国家公职人员、村（社区）干部惠民政策行为规范（试行）》《关于深入落实“两个责任”推进干部约谈常态化的实施办法（试行）》《中国共产党问责条例》等精神，推进学习常态化，筑牢思想防线。二是开展警示教育活动。结合市县乡村四级换届情况，组织党员干部观看《加强换届风气监督警示教育案例选编》《灭蚁》等警示教育片，观看后党员干部均撰写了心得体会。带领干部职工在5月份、9月份学习宣传严肃换届纪律“九严禁”，并在团区委微博微信“青年之声”平台上普及换届纪律“九严禁”知识，并组织严肃换届纪律知识考试。三是开展廉政文化宣传活动。深化机关廉政文化建设工作，在办公场所营造廉政宣传氛围，制作宣传画册，开设廉政文化宣传专栏，并开展讲廉政党课活1次。3. 坚持党建带团建，共青团工作开启新篇章。根据中央、省市区委党的群团工作会议精神，紧紧围绕“以党建带团建，抓团建促党建”主题，大力加强共青团基础团务工作。2016年4月，召开2016年七星关区团员发展调控工作会，就团员发展改革进行培训，严格提质控量，牢固树立把政治标准放在首位意识，严把入口关，严格履行入团程序和入团手续，确保发展团员工作质量。目前，七星关区共有团员35750人，42个乡镇街道均配齐配强团委书记。涌现出一批先进典型。获全省优秀共青团团干部1名，五四红旗团委1个，全市优秀共青团员4名，优秀团干部8名，五四红旗团支部7个，五四红旗团委7个，还将评选表彰了全区优秀共青团员10名，优秀团干部10名，五四红旗团支部10个，五四红旗团委7个，在全区青年中掀起了学习先进、赶超先进、争当先进的活动热潮。

【围绕中心，服务大局，助力精准扶贫同步小康】 1. 大力实施希望工程，助力精准扶贫。一是加大助学力度。2016年团区委积极整合社会资源，多方筹募和争取资金，加大贫困助学力度，助学金额达388.95万元，资助学生806人，创历史新高。分别是“习酒·我的大学”助学金4.5万元、“同心·光彩”助学金9万元、“予香泉”助学金4.35万元、“国酒茅台”助学金210万元、“香港善启慈善基金会”助学金129.6万元、“香港主力教育基金”助学金2.5万元、香港佛教文化事业有限公司“为爱护航”助学金9万元、临时救助金10万元、慈善日资助金10万元。二是助推教育基础设施建设。全年筹集资金96万元，用于长春堡镇张官村幼儿园50万，野角乡半边街幼儿园46万。2. 深入推进“春晖行动”。一是扎实开展春晖助学活动。组织实施“春晖行动——致公学生培养计划”，通过筛选、组织考试、面试等环节，选拔了2名家庭贫困、学业优秀的小学毕业生到北京北大附属实验学校完成初、高中学业，累计减免费用60余万元。实施“春晖梁才”计划，选拔12位品学兼优的贫困中小学生到毕节梁才学校免费就读，累计减免学杂费生活费117万元。二是开展“春晖行动·暖冬行动”和“春晖行动·爱心回访”活动。联系中国人民解放军理工大学气象学院等到大屯乡雅木小学开展关爱行动，捐资修建春晖图书室、篮球场和设立“海天奖学金”等。携手益缘公益协会在团区委驻村点撒拉溪镇永兴村为186名学生发放价值7万元冬季温暖包，联系香港善启慈善基金会为大屯乡、龙场营镇、野角乡和八寨镇6所学校学生发放书包2000个、羽绒服2000件，价值20万元。三是实施“救心”行动。组织广州军区广州总医院专家到团区委为78名贫困家庭、留守儿童先天性心脏病患儿免费筛查义诊，一线心脏专家张卫达团队为20名患儿主刀手术，医院及爱心基金会累计减免手术费用100余万元。四是深入推进“春晖创业园”建设。在长春堡镇鑫康生态创业园挂牌“大学生春晖创业示范点”，鑫康生态创业园经理何康令大学毕业后毅然回乡创业，通过努力，不仅壮大了自己的产业，也带动了周边村寨的发展。在撒拉溪镇金龙中药材种植专业合作社挂牌“春晖创业示范点”，合作社负责人周明把在外务工时学习到的种植技术带回家乡，带动家乡经济发展。一年来团区委鼓励、感召在外游子返乡创业、反哺故土，全力助推家乡经济社会发展。3. 深入开展联系点帮扶工作。团区委定期到帮扶点小吉场镇开展系列活动。2月，团区委组织8名志愿者到小吉场镇开展“三下乡”和“赶场天赛起来”活动；组织中医院医生到小吉场镇开展送医下乡，为群众开展义诊。3月29日，团区委积极联系广州军区广州总医院心脏外科专家为七星关区78名先天性心脏病患儿进行免费义诊，其中联系点小吉场镇有5名患儿接受义诊；5月14日团区委领导班子赴小吉场镇开展“遍访贫困村贫困户”工作，共走访15户贫困户，共捐赠了价值5000余元的生活物资；6月30日团区委到帮扶联系点小吉场镇为农村党员上“两学一做”专题党课、开展“党的声音进万家·总书记话儿记心上”宣讲活动，和慰问党员活动，慰问老党员、生活困难党员共30名，发放价值5000余元的米、油等物资。7月8日，联系在外创业人士梅品鑫先生为小吉场镇新建小学捐赠校服、电脑、桌椅等，共计5万余元。全年为小吉场镇争取到帮扶资金75万元，其中联系爱心企业和人士，帮助贫困大学生共18名，救助资金共计5万余元，联系企业和慈善机构在春节、“六一”儿童节、中秋节、重阳节等节假日开展关爱慰问留守儿童、空巢老人活动30余次，发放物资总金额合计35万余元。

【围绕社会和谐，青年参与经济社会建设作为不断凸显】 1. 弘扬生态文明，积极参与“多彩贵州文明”行动。积极响应“文明在行动·满意七星关”号召，在全区青少年中营造良好氛围。一是开展文明卫生宣传活动。利用每周五下午时间进行宣传教育，通过“大喇叭”响起来，“我是创卫达人我宣言”等活动，吸引中小学生300余人参与“文明在行动·满意七星关”。二是组织开展亲子植树。团区委联合区妇联、区林业局组织70个家庭参与的亲子植树活动，让广大青少年在亲手劳动中树立植绿护绿意识，带动更多的人共同关心关注植绿护绿活动，发挥乘数效应。2. 助力“五在农家·美丽乡村”建设。按照区委区政府关于美丽乡村建设整体目标要求，着力引导农村居民养成文明卫生良好习惯，广泛动员青少年参与农村人居环境综合整治工作。3月4日，团区委组织青年志愿者到美丽乡村创建示范点田坝桥镇开展“四在农家·美丽乡村”农村环境综合整治志愿服务活动，150余名志愿者参与了活动。3月17日，组织300余名志愿者开展“文明在行动·戊天有作为”宣传活动，通过志愿者向群众宣传了文明卫生知识，并带动了周边村民自觉参与环境整治活动中来。3. 围绕青少年权益维护，实施青少年阳光工程。一是开展法制宣传。组织30名志愿者在参与法治宣传活动，发放宣传材料2000余份。二是发挥合适成年人作用。组建合适成年人队伍，参与检察院、公安局办理未成年人案件30余件，切实维护未成年人合法权益。三是开展关爱活动。春节前，组织5名服刑人员未成年子女到贵阳与父母互动交流。团区委联系爱心人士为5名贫困服刑人员未成年子女每年发放资助金。四是开展爱心助考。高考期间，组织爱心车队参与爱心送考，确保考生顺利到达考场。五是建设“留守儿童自立自强中心”。争取上级团委资金3万元，在大河乡鸡姑小学建立“留守儿童自立自强中心”，为关爱留守儿童提供阵地保障。

【发挥优势，用好新媒体，精神文明建设取得新突破】 1. 以节假日为契机，开展主题教育活动，加强青少年思想道德建设。2月，春节期间组织开展“义赠春联”和“迎新春·猜灯谜”活动，上千市民参与其中，活动氛围浓厚。3月，开展学雷锋志愿服务活动3次，300名志愿者参加启动仪式，发放宣传册5000份，并义务打扫公园及城区街道。开展植树活动，170余人现场参与。4月清明节组织毕节四中1000余名学生开展缅怀先烈暨十八岁成人礼活动。“五四”期间，携手香港善启慈善基金会开展关爱留守儿童活动4次，普宜镇、对坡镇、燕子口镇、龙场营镇、放珠镇、清水铺等二十个乡镇团委开展异彩纷呈的纪念活动。“六一”儿童节期间，团区委组织慰问活动3次，慰问物资价值3万余元。“七一”建党节期间，到帮扶联系点小吉场镇开展“党的声音进万家·总书记话儿记心上”宣讲活动，并慰问贫困党员30名。中秋节期间，为八寨镇98名留守儿童发放月饼、水果、学习用品等价值1万元物资。10月份开展了七星关区党群部门“两学一做”现场观摩会，11月开展了“圆爱工程–关爱留守儿童系列行动”暨最美自强少年报告会，来自全省的10位首草自强少年分享了自己的成长故事，全区400余名中小学生现场聆听报告。12月，面向全区青年开展了纪念“一二·九”冬季青年趣味运动会，来自各界青年180余人参加活动。一年来，开展主题活动20余次，覆盖影响青年2万余名，生动有效地传播了党的意识形态和思想主张，丰富了广大青少年精神文化生活，弘扬了社会主义核心价值观。2. 志愿者行动引领时代新风尚。一是组织志愿者开展了系列志愿服务活动。6月26日组织200名志愿者参与全区禁毒宣传，另外联合宣传部、司法局、国税局、民政局、消费者协会等单位开展法治宣传、维护消费者权益、整脏治乱志愿者行动、创建卫生城市志愿服务行动、“消费者维权”活动、“文明交通劝导活动”“文明祭扫”“文化、科技、卫生三下乡”宣传活动、全国科普日宣传等大型志愿服务活动20余次，累计组织1200余名志愿者参加服务时间共达2000个小时以上，发放宣传单10000余册。二是开展关爱互助行动。城区6个“微笑小屋”有序运转，招募专项志愿者18名，开展留守儿童课业辅导、亲情陪伴、集体生日等活动20次；为市民提供饮水、休息、问路、充电等服务上万人次；累计播放惠民利民标语120条。在春节期间，开展暖冬行动，微笑小屋志愿者为来往旅客准备休息、候车的凳子，为旅客提供手机充电，为春运旅客提供乘车、公交路线等信息咨询，帮助搬运行李，供应热水，发放春运出行安全常识宣传单，协助安检和文明安全宣传等志愿服务。为拓展服务内容，“微笑小屋”与区电视台“912”广播合作，开展“找到了”服务，全年累计收到发放遗失物品847件。三是开展拾穗行动。通过乡镇团干部与志愿者的前期摸排，目前有12个事实孤儿获得“拾穗行动”资助，每人每年可获得1200元资助，直到大学毕业。另外，志愿者在“爱·西行”公益团队、善启慈善基金会、香港佛教文化事业有限公司、益缘公益协会、中国人民解放军理工大学气象学院等开展的爱心活动中献力献策，参与活动10余次，关爱留守儿童2300名，资助物资共计100余万元。3. 新媒体运用开启思想引领新局面。根据青少年是网络主力军特点，团区委抓住新媒体这一载体，畅通共青团直接联系、服务、引导青年的渠道，不断扩大共青团的影响力和覆盖面，真正让共青团成为青年想得起、找得到、靠得住的组织。一是推进“青年之声”建设。通过青年之声平台，广大青少年发布诉求，共青团积极回应青年诉求，如，田坎乡贫困大学生黄道会同学因考上大学没钱上学而苦恼，团区委联系爱心人士一对一进行帮扶，解决其4年大学所有费用。团区委微视频作品荣获全省第二名。年初，“青年之声”平台开通以来，点击量达到54万人次，官方新浪微博截至目前关注量已达10718人，荣获“贵州十大团系统微博”。微信公众号关注量为2000余人，发布信息260条。二是建立1+100制度。全区团干部直接联系不同领域的团员青年800名，并经常性通过微信、QQ、微博、微邦等网络社交媒体建立与团员青年的日常联系。三是及时发布动态。团区委官方微博微信平台有效运转，运用微博、微信公众号、网站等新媒体，及时发布团内新动态，让团员青年及时了解团的工作，全年发布信息500余条,点击量超过2.8万人次，“指尖上的共青团”实现了与青年的实时交流，更好地服务广大青年、服务发展大局。

（孔　玥）

妇　联

【概述】 2016年，区妇联工作在区委、区政府的正确领导下，在市妇联的精心指导下，紧紧围绕全区“决战贫困、提速赶超、同步小康”经济社会发展工作中心，以加强妇联组织能力建设为主线，以提高妇女素质，加强妇女发展为主题，坚持以党的十八大和十八届三中、四中、五中、六中全会精神为指导，深入贯彻落实习近平总书记系列重要讲话精神，坚持“以人为本抓维权，协调推动抓建设，改革创新抓脱贫”的工作思路，在全区“决战贫困、提速赶超、同步小康”建设中，发挥了积极的“桥梁纽带”作用。

【促进创业就业】 一是申报七星关区碧秀佳蔬菜种植专业合作社、毕节彝姑娘特色食品开发有限公司等两家巾帼示范基地，树立典型，引导广大妇女创业就业。二是大力实施“雨露计划”。积极争取扶贫办资金50万元，联合区职校到亮岩镇、海子街、长春堡、大屯、田坎、田坝桥、碧海办、小吉场等八个乡（镇、街道）政府所在地和村（社区）开展“雨露计划·‘三女培训’（“锦绣女”“持家女”“家政女”）”，共8期500名妇女，争取市妇联“农村妇女实用技术”培训资金5万元，培训了观音办农村妇女60名，通过以上培训，提升了妇女技能水平，增强了她们的创业就业能力。三是积极参与农村电商宣传发动，截至2016年，全区女性创办的农村电商共63户，女性电商从业数为186人，不断引领更多妇女脱贫致富。

【夯实基层基础】 为贯彻落实中央和区委各级党的群团工作会议精神，进一步壮大全区基层妇联组织工作力量，充实基层妇联干部队伍，区妇联认真研究部署，联合区委组织部印发了《关于扩大七星关区基层妇联组织成员的通知》（七星妇通〔2016〕1号），要求分管领导具体抓，乡镇（街道）妇联广泛宣传发动，及时组织当地所辖村（社区）全面开展扩大基层妇联组织成员工作。截至2016年，全区42个乡镇（街道办）、508个村（社区）已全面完成扩大基层妇联组织成员工作，乡镇（街道）副主席由原来26名扩大到118名，村（居）妇代会副主任由45名扩大到1253名。镇村两级建立健全妇联常委会、执委会及委员。通过扩大基层妇联组织成员，建立起一支来源广泛、充满活力的基层妇联组织成员队伍。为做好示范妇女之家创建，区妇联划拨经费14万元，援建长春堡镇清塘村、海子街镇周家桥村、亮岩镇核桃村、亮岩镇亮岩村、鸭池镇草堤村、麻园街道望城社区、观音办塘坊村、观音办红堰村、市西街道天河社区等9个镇村两级妇女之家，筑牢服务基层妇女群众阵地。积极申报市西街道天河社区、麻园街道望城社区及洪山街道拥军社区等3个妇女之家创建市级标准示范妇女之家，其中，市西街道天河社区被评为贵州省妇联五星级示范妇女之家，麻园街道望城社区被市妇联评为“明礼知耻·崇德向善”在家庭示范基地。为不断提升妇女干部综合素质，区妇联邀请相关专家为她们开展《反家庭暴力法》、家庭教育知识讲座，培育和践行社会主义核心价值观专题讲座和开展健康知识讲座等，于今年3月、4月、10月培训机关、镇乡办妇联干部三次共200余人次，不断提升基层妇女干部工作能力及服务水平。

【服务妇女儿童依法维权】 1.“两节”期间三关爱工作。一是发动区直各机关妇委会及广大干部职工在“两节”期间继续开展“爱心妈妈（家长）”结对关爱留守儿童“七个一”活动。截至2016年，已有12680名爱心妈妈（家长）结对帮扶58760名留守儿童。二是区妇联干部职工到亮岩镇结对的4个儿童家中开展关爱活动，分别向她们送去了棉衣、书籍和每人200元慰问金；为亮岩镇16名留守儿童、困境儿童送去了每人200元慰问金和书籍；为碧阳街道办3户贫困家庭送去每户价值300元大米、食用油和1名贫困妇女送去慰问金3000元；为对坡镇3户贫困家庭送去每户价值200元油和米，共600元；为对坡镇贫困妇女和儿童协调捐赠了1000余件衣物。三是开展“给留守儿童父母的一封信”活动。全区共寄出22000份信件，劝导留守儿童父母回家过年和履行家庭抚养监护责任。2.农村“贫困母亲”两癌救助。对符合要求的农村贫困“两癌”母亲相关资料进行录入，并发放“贫困母亲两癌救助金”16万元，受助妇女16名。3.“三八”维权周法治宣传活动。联合公安、法院、检察院、卫计局、民政局、司法局等单位到长春堡、海子街、水箐等镇乡和在人民公园、爱民广场、东客站等城区人员密集场所，重点宣传《反家庭暴力法》《国务院关于加强农村留守儿童关爱保护工作的意见》《中华人民共和国婚姻法》《未成年人保护法》《中华人民共和国妇女权益保护法》等。共发放20000余份宣传资料。4.“六一”期间慰问活动。邀请区委、人大、政府、政协四大班子分管领导分别到区实验小学、毕节四小、区幼儿园、特殊学校、海子街小学、亮岩小学、核桃小学等七所学校慰问146名品学兼优儿童、困境儿童、留守儿童等，使广大儿童切身感受到党和政府以及社会各界的关怀，分别为七所学校送去价值2000元的文体器材各一套，并为每名儿童送去书包、文具、书籍等学习用品。5.开展关爱女性健康免费体检活动。为促进社会和谐，构建幸福家庭，提高妇女群众健康意识、健康观念，养成科学健康生活方式。区妇联联合毕节和美妇产医院开展“关爱女性健康”免费妇科体检活动，此次活动涉及七星关区女性社区居民和城乡妇女干部1000余名。6.开展妇女健康知识讲座。区妇联联合司法局、卫生计生局为各乡（镇、街道）妇联主席、区直机关妇委会主任及部分企业、事业、机关妇女干部120余人开展知识讲座，主要是讲解《优生优育健康知识》和《中华人民共和国反家庭暴力法》，进一步增强妇女保健意识，提高身体素质和更有效预防、制止家庭暴力，保障妇女的合法权益。

【思想建设】 1.加强未成年人思想道德建设。组织全区各中小学生参加第二十一届全国中小学生书法绘画作品比赛，全区共收作品270幅，其中130幅获表彰。2.家庭美德建设。一是联合区电视台开展“七星关十佳新女性”和“七星关最美家庭”活动暨慈母、贤妻、孝女、致富女能手、最美好邻居、爱美女卫士、最美家庭等评选活动，通过评选，全区共收集十佳新女性、慈母、贤妻、孝女、最美家庭各类先进材料300余份，其中推荐到市级参加最美家庭评选的15户。二是举办家庭美德大讲堂活动2场次，组织我区十佳慈母、贤妻进行宣讲和邀请区文产办负责人为各基层妇女干部作“女性和妇联组织怎样培育和践行社会主义核心价值观的专题讲座”、邀请全国著名心理督导师和家庭教育专家郭弘星导师在毕节四小举办家庭教育知识讲座1场次。引导广大家庭成员自觉履行社会责任和家庭责任，进一步传承中华民族传统美德，传递正能量。三是联合团区委印制《家庭教育倡议书》，利用“三下乡”“三八”维权周在东客站、爱民广场向广大群众发放倡议书，引导广大家长切实履行家庭主体责任，树立正确教育观念，掌握科学抚养子女方法。四是开展法治家庭创建和“和在农家”创建工作。制定创建工作方案，召开创建工作动员部署及培训会，拟定创建目标，加强督导考核等促进法治七星关建设及“和在农家”建设工作。

【“两规”工作】 2016年是七星关区妇女儿童发展规划“十二五”的总结之年和“十三五”的开局之年，为总结好工作，迎接国家和省的评估以及起好头，开好步。一是区妇儿工委办公室组织了33家成员单位召开妇儿工委工作会议，对区妇女发展规划（2011—2015年）、儿童发展规划（2011—2015年）“两规”工作进行总结评估，对编撰七星关区“2016-2020”妇女儿童发展两个规划进行部署，真正把妇女儿童事业的发展放到“决战贫困、提速赶超、同步小康”战略中，全面落实男女平等国策和儿童优先原则。二是争取区政府解决妇儿工委办公室工作经费5万元，并落实妇女儿童工作服务中心2名事业编制，以确保妇儿工委办公室相关工作运转正常。三是组织妇儿工委成员单位召开工作推进会，进一步明确了部门妇女儿童工作职责，建立健全了相关工作制度和指导成员单位工作资料收集及归档。各项工作顺利通过省市妇儿工委办的督导与评估验收。四是在全区《国民经济和社会发展“十三五”规划纲要》中纳入了促进妇女儿童发展的相关内容。

（办公室）

总工会

【概述】 2016年来，在区委、区人民政府和上级工会的正确领导下，区总工会坚持以十八大精神和十八届五中、六中全会精神为指导，紧紧围绕省总“五大行动”和市总工会一届六、七次全会精神，切实履行基本职责，加强工会基层组织建设，努力协调劳动关系，帮扶困难职工，深化职工素质和技术创新活动，努力抓好年度工作计划的分阶段落实,在上级工会和区委的领导下，各项工作取得了一定的成效。

【继续深入实施建功立业大竞赛行动】 2016年来，区总工会立足本职，紧紧围绕全区工作大局，着力把全区职工的智慧和力量进一步凝聚到实现区委、区政府部署的各项任务上来，凝聚到全面建设小康社会的宏伟目标上来。按照区委“突出工业、突破工业”的要求，做好服务企业工作，促进经济发展。同时，把工会组织服务创业竞赛与提高职工素质、实施职工经济技术创新工程结合起来。弘扬“立足岗位、干一行、爱一行、钻一行、精一行”的敬业精神，积极创造一流的工作业绩。组织300家企业、13890多名职工开展“争创学习型班组、争做知识型职工”活动，掀起学习新知识、掌握新技能、争做新贡献的热潮。燃气公司举办了职工技能大赛，首力开发职工创新能力，来自公司30名选手，在高压实验、安全保护、安全使用燃气等专业操作考核，选出一批爱岗敬业，技艺精湛、具有专门技能，善于解决技术人才，从而推动本企业、本系统、本工种技能水平的整体提高。我区燕子口镇大南山苗族妇女刺绣比赛，比速度、比质量，比工艺，评选优秀作品，赛出苗家妇女自信美好精神面貌和把苗家刺绣工艺得到普及和传承。

【大力加强职工民主管理和民主监督】 一是加快工会组建步伐。抓好非公企业工会组建工作，上半年新建非公有制企业工会15家、发展新会员1238人，吸收新建企业职工858人入会。二是抓好乡镇、街道办事处工会规范化建设。为使乡镇街道办事处工会达到“六好”“六有”规范化建设标准。按照先街道后乡镇的工作思路，重点打造了对坡镇、碧海街道、德溪街道、长春镇、观音桥街道等13个乡（镇）、街道工会规范化建设，进一步提高乡（镇）、街道工会规范化建设水平。三是健全完善以职代会为载体的厂务公开制度。按照《工会法》和《中国工会章程》的有关规定，对8家基层工会进行换届，督促基层工会各项职责的落实。今年来，区总工会大力抓好职工书屋建设，市郊供电局工会和鸭池镇工会职工书屋得到省总工会的大力支持并授牌。四是在全区范围内集中开展“工资集体协商要约行动”，并深入企业指导工资集体协商专项合同的续签工作，通过工资集体协商要约行动的开展，全区有508家企业建立了工资集体协商制度，工资集体协商专项合同签订率达96%以上。

【关爱劳动模范，促进全社会形成争当模范的良好氛围】 一是做好劳模的慰问工作，积极推动劳模政策的落实。爱护劳模，关心困难劳模生活，一年来已为25名省级劳模发放生活补贴资金2000元,并在春节期间,按照区委、区政府和市总工会的安排，走访慰问了全国劳动模范熊廷顺、申开珍、高永先、肖帮群、熊鹏等5人，每人发放慰问金5000元，帮助他们解决实际困难，让他们感到当年在岗奉献的无上光荣和今日的温暖。二是开展劳模上讲堂活动，弘扬劳模的优秀品质和崇高精神。发挥劳模先进人物在经济社会生活中的“领头羊”作用,全国“五一”劳模奖章、省劳模毕节市水泥厂董事长熊亮凭着自己的拼搏和努力，并从节能环保提高产能入手，设法多次进行技改，不断提升产能，提升自己的生产和管理水平，积极参与和支持当地公益事业和新农村建设，以一个劳模共产党员顽强拼搏、奉献社会的精神，谱写了新时期劳动者的风采，锤炼了自己的美丽人生。

【积极协调劳动关系，维护改革发展稳定大局】 一是进一步完善劳动关系协调机制。建立了七星关区劳动关系预警机制和协调劳动关系三方会议制度等两个制度，七星关区已建有包括劳动争议仲裁、劳动法律监督、职工法律援助、信访接待日和职工群众越级集体上访处置预案等七项协调劳动关系的机制，使协调劳动关系机制更加完善。二是接待调处职工来信来访。2016年以来该会共受理职工群众来信来访5件次、10人次，这些信访件主要反映企业改制改革过程中特殊身份职工的劳动权益、民主管理和工伤保险等方面的问题。三是开展职工法律援助工作。区困难职工帮扶中心接待职工法律咨询21人次，代写法律事务文书10件，代理法律诉讼案件21件，为下岗职工、农民工挽回经济损失50万余元，有力地维护了社会稳定，促进了社会和谐。

【大力实施送温暖活动，为全区困难职工、农民工办实事、办好事、解难事】 一是健全完善特困职工档案。深入基层调查摸底，实施动态管理，对已建立的特困职工档案。二是组织安排“两节”送温暖活动。元旦、春节期间与区直有关部门、基层工会密切配合，陪同区领导和上级工会领导慰问困难职工、下岗职工、农民工近1500余人，发放慰问金近80万元，三是继续到野角乡进村入户进行遍访、回访走访慰问了野角乡18户精准扶贫户，发放了1.8万元的慰问金并形成结对帮扶活动。主动与政府有关部门取得联系，完善四大班子领导走访慰问制度，着力形成工会与政府相关部门“齐抓共扶”的工作机制；四是在“六一”儿童节来临之际，区总工会投入近3万余元经费，购买书包、文具盒等学习用品，于5月26日到七星关区第六小学、6月1日到观音桥第十六小学发给319名留守儿童，下岗职工子女、单亲困难家庭子女，并勉励他们要好好学习，奋发向上，努力掌握科学文化知识，成为有理想、有文化、守纪律的社会主义事业的合格接班人。五是开展“梦圆金秋助学”活动，为全区400名困难职工、农民工子女考取大学的贫困生发放助学金40万元，着力帮助了困难职工、农民工子女解决读书难的实际问题。

【深入开展形式多样、丰富多彩、特色鲜明的系列活动】 为热烈庆祝“五一”国际劳动节和纪念抗战胜利71周年，展示劳动者风采，丰富节日期间群工群众的精神文化生活，推进职工文化建设的开展。区总工会精心安排组织开展形式多样、丰富多彩、特色鲜明的系列活动，举办“毕节市杯”庆“五一”乒乓球锦标赛获男子团体第二名。

【亮点工作】 根据七星关区总工会实际，区总工会党组针对环卫工人普遍关心的热点和难点问题。关爱女职工，给25名环卫女职工送去25000元。年终给环卫工人送温暖活动，每人500元，基本实现环卫工人全覆盖，充分体现了工会组织关心职工、服务职工、服务大局这一主题，为党委政府分忧解难，产生了较好的社会效果。为市委、市政府提出的“决战贫困、提速赶超、同步小康”作出了新的贡献。

（办公室）

老年大学

【概述】 2016年，七星关区老年大学在区委、区政府的领导下，在市老年大学的指导下，根据省、市老年教育工作会议精神，按照我区《老年教育“十三五”发展规划》的要求，坚持以老年人为本，遵循老年教育规律，结合学校实际，围绕中心，服务大局，通过学校全体干部职工的共同努力，结合年初工作安排，已按时完成各项工作任务。

【树立正确办学理念、创建和谐美丽校园】 一是确立“全纳教育”的办学理念。面对老年人的特殊群体，结合新形势下老年教育的需要，我区老年大学办学体现“有教无类”的教育理念，对老年人不分职务高低、资历长短、文化深浅、在职、离职以及社会老人都同样对待，热情服务，实施平等教育。二是确立“健康快乐”的教育理念。学校结合老年人的特点，坚持一切从老年人的实际出发，在教育教学活动中，尽量满足老年学员精神层面的愿望，吸引他们在娱乐、艺术、文化等方面的注意力，让他们产生多种乐趣，倾注热情，重塑自我，引导他们用知识、文化娱乐体验生命的价值，从而促进身心快乐健康。三是确立“老龄化”的人本理念。实施“成长”教育，学校教育教学活动尽量适应老年学员学习的需求，注入新知识、新技能，以唤醒老年人的内在活动和潜能，使其从新成长，成为积极的老年贡献者。实施“桥梁”教育，“社会参与”是促进“老龄化”的根本表现，社会参与是情怡志畅、长寿健康的源泉。学校通过基础课程和学会活动，架设老年学员通往家庭、社区和社会的桥梁，发挥其技能、经验与智慧，获得愉快和健康。

【完善管理制度、推进教学工作】 一是实行区老年大学管理为主，各班级老师管理为辅，各班委会直接管理的三级联动机制，不断提高班级管理的和谐性和实效性，促进班级的规划范管理有序推进。为提高学校管理和教学工作规范化建设打下坚实基础，确保学校各项工作有序推进。二是在教学管理方面参与普通教育学校的教学方法，讲课力求生动活泼，通俗易懂，学员有固定的教室，有固定的教学设备，有开展活动的场所，有专用的教学课本，把课堂办成老年学员学习知识、增进健康的“银色殿堂”。

【抓好队伍建设、增强服务意识】 一是加强教职工队伍的教育和管理，不断增强教职工人员的使命感、责任感和奉献精神。作重强调教职工的服务意识，积极组织并参与学校的教育教学活动，使教学工作生动活泼。二是学校教师实行能者为师制，自荐和聘请相结合，发挥学员的智慧、经验和一切丰富的教学内容，提高教学效果，让他们在学制班和学会活动中发挥优势和作用。

【强化工作措施、抓好学校工作】 2016年，是实施《我区老年教育“十三五”发展规划》的开局之年，根据省、市老年教育工作会议精神，统筹兼顾，合理安排，算好时间账、任务账，认真抓好各项工作任务的贯彻落实。一是进一步稳定区老年大学的办学规模，切实加强学校的内部管理，广泛开辟好校外第二课堂，逐步向规范化办学迈进；二是进一步抓好乡镇老年学校的创建、巩固和提高，加强协调指导督促，按照年初工作安排，结合《我区老年教育“十三五”发展规划》，全面完成各项目标任务；三是抓好基层老年教育的督促调研工作，多方面征求意见，为区老年教育“十三五”规划制定提供可靠依据。目前《规划》已经区委同意，报请区委办行文印发；四是新建市西街道松山社区老年大学、麻园街道望城社区老年大学校，把老年教育工作逐步向基层延伸；五是老年学员逐年上升，全年共开设5个专业、7个班级，聘请教师7名，全区共有老年学员6302人，入学率占我区老年人口总数的3.4%；六是按照市老年大学通知要求，积极组织23幅老年（书画）作品参加省、市老年书画联谊（会）展；七是认真抓好远程老年教育播放点创建工作，区老教办、区远教办2次下文件，要求全区2013年以来更新党员干部远程教育设备的乡镇街道（村、社区），都要把老年教育工作融入进去，成立远程老年教育播放点，实现资源共享，逐步完善全区远程老年教育三级网络体系。截至2016年，已创建远程老年教育播放点66个，超额完成上级部门安排的目标任务；八是组织干部职工及学员参加献爱心捐助活动，为帮扶村留守儿童、困境儿童、计生贫困户、空巢老人、残疾人等共捐资金8000多元，支持麻园街道望城社区、市西街道松山社区建立老年大学资金各5000元，支持何官屯镇阿拉寨村村公所维修资金5000元，为扶贫济困献一份爱心；九是教学质量大幅度提升，《健身球班》参加2016年全省首届（大成杯）健身球操全国邀请赛金奖；《柔力球二班》参加2016年全省柔力球交流活动友谊赛优胜奖；十是按时完成区委、政府及上级业务部门交办的各项工作任务。

（办公室）

军　事

人武部

【概述】 2016年来，在军分区党委、七星关区委的坚强领导下，部党委始终坚持以科学发展观为指导，深入学习贯彻习主席政治建军改革强军依法治军战略思想，紧紧围绕深化国防和军队改革，以“学习践行强军目标、做新一代革命军人”主题教育为牵引，紧密结合“学党章党规、学系列讲话，做合格党员”专题教育，围绕“听党指挥、能打胜仗、作风优良”强军目标，按照“科学谋发展、扎实打基础、稳步上台阶、全面创一流”的工作思路，全面加强思想政治建设，强力推进各项建设，人武部和国防动员和后备力量建设水平不断提高。

【以“两项教育”活动为抓手，大力加强思想政治建设】 该部始终坚持以“两项教育”活动为抓手，扭住思想作风建设不放松，紧盯年度大项工作任务抓落实，注重在教育方式融合、党员干部管理等方面下功夫，全面提升思想政治教育效果，为深化军队改革提供坚强政治保证。一是党委高度重视，严密组织实施。部党委坚持大事大抓，先后两次召开党委会，认真学习上级指示精神，依据上级教育方案部署开展改革强军主题教育活动和“学党章党规、学系列讲话，做合格党员”学习教育活动。成立教育领导小组，组织干部职工开展教育，帮助梳理教育思路，促进教育落实。编印了“改革强军主题教育活动”和“学党章党规、学系列讲话，做合格党员”学习参考资料手册，举办了改革强军主题教育活动和“学党章党规、学系列讲话，做合格党员”主题板报，组织干部职工到烈士陵园祭奠先烈，确保教育活动顺利展开。为扎实抓好教育人员、时间、内容的落实，部党委在严格落实考勤补课和讲评制度基础上，对探亲休假、住院看病、公差和外出学习人员都提出要求，布置学习内容。学习中，将教育动态、好人好事、经验做法等情况收集整理，编辑印发了《教育简报》，王华国政委撰写的理论文章《践行“两学一做”要把握六个维度》被全军政工网刊发，反映人武部工作的稿件《毕节市七星关区人武部建起维权网络服务军人军属》被《法制日报》刊发。二是加强理论武装，提高思想政治水平。深入学习党的十八大和十八届五中六中全会精神，深入学习习主席系列重要讲话精神，各级深入贯彻古田全军政治工作会议精神，把肃清郭伯雄、徐才厚流毒影响作为严肃政治任务紧抓不放，坚持大事大抓，坚持全面推进，坚持整风整改，坚持破立并举，坚持以上率下，肃清工作取得成效。开展“坚定改革强军意志、投身改革强军实践”主题活动，激励干部职工学理论、强本领、比干劲、作贡献，教育干部职工认识深化国防和军队改革是实现中国梦强军梦的必然要求，是强国兴军的内在要求，是应对风险挑战的现实需要，是适应国家全面深化改革的客观需要。三是开展配合活动，深化教育效果。教育干部职工牢记强军目标，坚定强军信念，献身强军实践，使各项工作向实战聚焦。组织干部职学习《严格军队党员领导干部纪律约束的若干规定》《中国共产党纪律处分条例》《中国共产党廉洁自律准则》等党规党纪和习主席关于从严治党系列重要讲话精神。按照军分区安排部署，结合“学党章党规、学系列讲话，做合格党员”专题教育整顿活动，召开党委民主生活会，委员之间敢于破除“老好人思想”，摒弃怕得罪人的想法，直言其事，直指其过，逐一互相批评，不留情面，不带“私货”，不走过场，真正触及灵魂、触及思想，起到了排毒治病的效果。开展“党风廉洁自律”大家谈活动，让干部职工各抒己见，相互启迪；广泛开展了支持改革系列文化活动，组织改革强军知识竞赛，读原著读经典等丰富多彩的活动、观看《听党指挥》《服务人民》《英勇善战》等影视片，增强教育感染力。十八届六中全会召开后，通过出主题板报、悬挂横幅、举办军营小广播等手段，采取知识竞赛、读书演讲、歌咏比赛、心得展评等喜闻乐见的形式，广泛开展学习宣传贯彻十八届六中全会精神活动，大造舆论氛围，激发干部职工的学习热情，兴起了学习贯彻的热潮。

【树牢战斗力标准、狠抓“双应”能力建设，不断推动国防和后备力量建设】 部党委坚持中心居中，结合当前错综复杂的国际国内形势，狠抓民兵训练和军事斗争准备工作的落实。一是落实战备工作。严格落实各项战备制度和规定，加强战备教育和战备值班，建立健全了请示汇报制度，随时掌握辖区内敌、社会情况；修订完善了各种预案，做到了居安思危，警钟长鸣，战备意识牢固，随时保证一声令下，立即出动。二是扎实民兵训练。全年组训基干民兵300名，其中复训237名，新训168名，复训优良率达98%，新训合格率达85%；14次组织321名应急民兵，参加市、区战备演练和节日战备值勤，通过训练和战备演练，民兵的战备意识、遂行应急任务能力明显增强。三是征兵工作进展顺利。为积极适应高学历青年征集比例逐年提高的要求，从源头上提高兵员质量，我区各级以学校征兵为主阵地，立足“早筹划、早部署、早动员”狠抓了平时征兵准备。1. 及早安排部署。4月初拟制下发了《七星关区关于做好2016年征兵准备工作的通知》，对阶段划分、内容标准、工作重点进行了全面部署，4月份区征兵办投入1万元制作了公交车移动征兵宣传标语200块，覆盖城乡所有公交车。2. 宣传媒体密切配合。在区委宣传部的配合下，毕节晚报、七星关微信公众号、网站、电视台、广播、户外LED等媒介持续广泛播放、刊发征兵信息，及时反映工作动态。4月底各镇乡街道武装部制作了200余条标语，进一步加大宣传氛围。3. 高校征兵工作创新有效。在积极搞好大学生征兵工作宣传的同时，联合贵州工程应用技术学院和毕节职业技术学院开展了大学生“重走长征路、报国当先锋”活动，通过开展徒步行军、参观红色文化、轻武器射击（累计消耗步枪和手机弹药5000发）等活动，有效激发了大学生参军报国热情。在“全国征兵网”网上兵役登记体检合格率为53%；政治考核合格率为74%；占总任务数56%，大学生占总任务数42%，学历指数创历史新高，兵役登记数和兵员质量是属历年新高。

【坚持依法治军和安全发展，进一步夯实人武部正规化建设基础】 部党委坚持以习主席依法治军、从严治军为指导，以条例法规为依据，以作风纪律建设为核心，狠抓安全稳定，努力营造良好和谐的内部环境。加强组织领导，形成安全管理合力。落实依法治军，从严治军，部党委坚持统筹协调，注重力量聚合，形成了党委统揽、上下协同、齐抓共管的良好局面。按照人员职责，层层签订安全责任书，把责任量化到每个人，保证每个环节都有具体责任和要求，每项工作都有专人负责，形成有效安全管理网络组织。把教育引导作为抓安全工作的关键环节抓紧抓实，在干部职工中树牢安全发展理念，激发从严治军的内在动力。利用一个月的时间开展了以“学条令、用条令、守条令”为主的条令学习月活动，着力解决“管理松懈、作风松散、纪律松弛”等问题。严格执行车辆派遣和管理制度，严格落实干部带车管车，除加强对驾驶人员的安全教育外，重点对车辆进行了更换和彻底维修保养。深入查找隐患，加强安全防范措施。开展隐患排查活动，重点针对重大安全问题隐患，车辆事故隐患，人员思想、行为隐患和失泄密安全隐患四个方面，翻箱倒柜查找了薄弱环节，采取了有力的安全防范措施。为加强信息安全，部长政委每月组织网络安全保密检查，对全部所有计算机进行全面、细致地清查，做到办公电脑与外界彻底物理隔绝。

【充分发挥自身优势，积极开展拥政爱民工作】 在参与大扶贫战略行动、全面建设小康社会中，人武部带领广大民兵积极响应当地政府号召，充分发挥模范带头作用，积极主动地投入到地方经济建设中。一是积极参加抢险救灾，为驻地发展提供了坚强的安全保障。针对七星关区自然灾害频发的实际，积极做好应急准备，建立完善处突维稳和抢险救灾预案，加强针对性演练，配备专业救援器材，确保遇有情况能够迅速从容应对。2月6日、27日，4月4日分别组织民兵应急分队在德溪、三板桥街道执行森林灭火任务，最大限度挽回人民群众生命财产损失。“两会”期间组织民兵在城区常态化巡逻，巡逻队员统一身着迷彩服，上臂挂“民兵执勤”字样的红色袖标，配备对讲机、甩棍等通讯工具及警用器械。认真收集近期社情、民情动态，对可疑人员进行盘问，为“两会”安保维稳工作打下坚实的基础。二是实施以扶贫帮困为重点的“暖心富民工程”，帮助改善民生成绩突出。注重在更新扶贫观念、转变扶贫手段上下功夫，坚持以智力扶贫、科技扶贫为主，帮助群众调整产业结构，发展特色农业，寻找致富路子。积极组织广大民兵开展植树造林活动，全区累计出动民兵13842人次，完成86119亩植树造林任务（其中新增种植26007亩、补种2000亩、封山育林58112亩），种植各类苗木156万余株。按照军分区和区委、区政府安排，部长、政委分别在对坡镇、林口镇、长春堡镇开展了遍访贫困村贫困户活动，发动干部职工主动与贫困留守儿童结成帮扶对子，多次开展慰问并送去助学资金，给对坡镇兴乐小学修建图书室。

（办公室）

公安消防

【概述】 2016年，认真贯彻落实十八届五中全会、省委十一届六次全会和市委一届八次全会精神，以“两个目标责任书”为抓手，以“管理创新”为突破，以“消除隐患”为重点，以“阳光119执法”和“执法回访”为牵引，以“提升人民群众满意度”为宗旨，各项目标任务顺利推进，实现了火灾形势的总体基本稳定。截至12月12日，全区共发生火灾239起，死亡1人，受伤0人，直接财产损失133.44万元，同比去年，火灾起数下降了83.27%，死亡人数下降了100%，受伤人数下降了200%，直接财产损失下降了53.88%，火灾“四项指数”较好控制在规定的指标范围内。

【强化队伍管理，确保部队高度稳定】 一是坚持党委议训、议管、议教制度，开展党委书记月问卷调查，定期分析队伍管理中存在的问题和薄弱环节。二是认真落实各项制度和长效机制，着重加强了对所属中队的指导和督察。三是加强法制教育，增强官兵法纪意识。四是坚持落实各项制度措施，加强部队正规化建设。

【深入开展实战化执勤岗位练兵，不断提升部队战斗力】 是开展业务理论、体能、技能、实战演练、情况熟悉、合成训练内攻和紧急避险等基础训练，不断夯实练兵基础。二是开展比武对抗，组织大队内部比武对抗8次，网上对抗10次，进一步丰富了练兵方法和措施。三是积极开展各类火灾事故灭火演练和重点单位灭火演练，截至2016年，共开展实兵实战灭火演练220余次。四是加强综合演练，提高协同作战能力。参与了贵州省道路运输行业2016年城市公共交通防爆处突综合应急演练、地质灾害等大型演练4次，出色地完成了国家领导人视察毕节、各类会议消防安全保卫任务。截至2016年，大队共计接出警614次，出动车辆794辆，出动警力4931人，抢救被困人员119人，疏散被困人员490人。

【多措并举注重实效，确保政治工作生命线作用】 一是认真开展改革强警主题教育活动，认真组织官兵开展“四查四看”自查自纠活动，组织开展改革强警大讨论。二是深入开展“两学一做”主题教育。开展手抄党章100天活动。三是认真开展“为官不为”大讨论活动。四是开展“两红”行动，共走访慰问贫困孤寡老人50余次。

【坚持与时俱进，抓好班子建设】 一是加强党组织建设精心安排学习计划。学习了党章党规和习近平总书记系列重要讲话精神、十八届三中、四中、五中、六中全会精神。二是认真落实党委中心组学习制度和七项组织制度。三是强化基层党组织制度建设，加强党内民主集中制，突出党员的主体地位。

【加强党风廉政建设工作，推进廉政消防建设】 一是签订《领导干部拒收拒送礼金礼券购物卡承诺书》《2016年消防执法干部廉洁执法承诺书》，《家庭助廉承诺书》，向服务对象发放《执法人员廉洁执法告知承诺书》筑牢廉政思想防线。二是从人大、政协、公安、法院、检察院聘请五名行风监督员，有效拓宽社会监督渠道。三是强力推进执法记录仪使用，全面记录执法服务过程，让消防监督员的执法工作真正在阳光下透明运行。四是召开监督执法述职述廉大会，加强消防执法规范化建设，自觉接受社会和单位的监督。

【加强后勤规范化建设，提高后勤保障能力】 一是大队继续深入推进财防330号文件的贯彻落实，2016年地方财政预算业务经费700万元，目前到位1150万。二是继续巩固财务工作大清查成果，严格落实财务内控制度；严格控制“三公经费”等行政消耗性开支。

【推动落实主体责任，强化监督执法】 一是提请政府召开年初工作会议和各项专项行动会议，层层签订责任书；今年已召开了4次联席会议。二是与相关职能部门开展联合执法行动，推动各职能部门履行消防安全管理职责。三是建立各类微型消防站和区域联防组织。目前，38个派出所、24个社区、80个重点单位微型消防站和2个区域联防组织已投入运营。四是深入开展夏季消防安全检查和冬春火灾防控工作，彻底整治重大火灾隐患。五是加强了宣传培训。开展了“学生消防安全教育月”“3·15”消费者权益保护日、防灾减灾日、“科技活动周”“119”宣传月等集中消防安全宣传活动。截至12月12日，大队共检查单位2016家次，下发《责令改正通知书》1094份，发现火灾隐患和消防违法行为1595处，督促整改火灾隐患1605处，下发了行政处罚决定书47份，下发临时查封决定书7份，罚款36.31万元，责令“三停”18家，拘留14人。

（办公室）

人民防空（交通战备）

【概述】 2016年以来，毕节市七星关区人民防空办公室（交通战备办公室）积极适应经济社会发展要求，着力推进人防体系能力建设，把人防体系能力建设和城市发展有机结合，在省、市人防办和区委、区政府、区人武部的领导下，树立以作风优良、廉洁高效、人民满意的法治型、服务型人民防空（交通战备）机关。以大力推进人防建设与经济社会融合发展，着力提高交通战备保障能力为重点，牵引整体发展，促进转型升级，不断提高履行战时防空、平时服务、急时支援使命任务和交通战备保障的能力水平。全力推进了全区人民防空、交通战备建设跨越发展开展了相关工作，取得了较好的效果，被省国动委评为先进单位。

【领导重视，政治保障】 随着毕节试验区城市建设的突飞猛进，七星关区人防办作为毕节市城市中心的人防主管单位，新时期的人防工作既有机遇也有挑战，为抓好此项工作，区委、区政府领导高度重视。首先，全区将人防工作纳入政府工作一项重要工作和目标考核，及时解决人防建设发展中的重点、难点问题。其次，做到人员保障。根据现阶段人防工作的更加精细化，区委政府及时对人防办人员进行了调整、充实，把作风好、业务精的同志充实到人防部门工作。三是经费保证。区委政府高度重视，对人防工作的宣传教育、人防工程建设项目与管理等工作的各经费纳入财政预算，优先予以了保障。四是2016年分别抽出6名同志前往内蒙古、四川、广东等地学习先进经验，全办工作人员业务水平得以提升。为七星关区人防工作的开展奠定了良好的基础。

【信息建设方面】 面临复杂的国际局势，做好信息化条件下人民防空军事斗争准备是当前和今后时期的一项重要工作，回顾海湾战很争、科索沃等战争，无一不是信息化的军事战争，抓好人防信息建设工作，既然是责任，也是使命。为此，七星关区人防工作同志积极投身到信息建设工作中，一是重视信息建设的培训和学习。二是做好了防空袭预案的编制、人防潜力调查等基础信息保障工作。三是通过人防信息建设演练，认真学习总结。

【过程管理　确保质量】 严格按照有关法律法规以及政策规定，加强行政执法的力度，在行政执法工作中，坚持公开、公平、公正的原则，严格按照执法程序办事。依法处理违反人防法规建设行为，提高依法管理能力，主动接受执法监督部门、社会和群众监督，促进人民防空建设管理法制化。项目建设工作中，针对省人防质监站检查出应整改的工程部位，积极督促整改到位。进一步加大了执法力度，推进人防工作不断向前迈进，强化过程监管，严把人防工程质量关。确保结建工程战时防护功能。同时，对已验收人防工程项目定期不定期实地检查，监督指导做好维修保养工作，真正做到平战结合。

【依法行政　审验规范】 七星关区人民防空办公室坚持“应建必建，能建则建，应缴必缴”的原则，把“结建”工作作为人防工程建设重中之重的任务，严格执行民用建筑修建防空地下室审批程序，对新建的防空地下室进行认真审核，严格把关，杜绝一切违规行为的发生。加强对人民防空工程修建过程中的技术指导、监督管理，严把验收关，确保人防工程质量稳步推进，不断提高城市综合防护能力。

【加强人防宣传　提高人防意识】 结合民用建筑修建防空地下室是一件利在当代，功在千秋的大事，同时也是投资建设主体应尽的义务，在9.18人防宣传活动中，人防办认真开展做好人民防空宣传教育，制定切实可行的方案。认真开展了进机关、进学校、进企业、进社区、进网络“五进”活动，积极宣传了《中华人民共和国人民防空法》《贵州省人民防空条例》等法律法规政策，进一步增强公民国防意识和人防意识，了解人防工程的作用。并认真组织学校、社区每年开展好了一至二次人防疏散演练。力求防空意识深入人心。

【业务建设　精细管理】 业务管理建设，是抓好人防工作的基础，为此，七星关区人防办狠抓了业务管理建设。一是档案管理上，认真整理工程等各类档案，编制了卷内目录和案卷目录，进入微机管理。二是在工程报审，备案、审批等业务工作上，更是高标准，严要求，把握环节，注重细节，精细化管理。三是做好了相关办公室各项常规工作，使各项工作紧密衔接，全力推动了人防各项工作的有序运行。

【精心组织　圆满完成落区任务】 2016年，七星关区人民防空办公室在上级落区指挥部的领导下，认真贯彻落实市政府办、军分区司令部发布的《毕节市火箭残骸落区工作管理实施方案》，抓好宣传教育，优化观察点布局，落实防护方案和措施。在落区指挥部完善一级火箭落区乡镇音响警报建设，达到布局合理，使用有效的要求。圆满完成了2016年落区防护任务，充分保障了人民群众生命财产安全。

（办公室）

法　治

法治政府建设

【概述】　2016年，在区委、区政府的坚强领导下，在市政府法制办的具体指导下，毕节市七星关区人民政府法制办公室严格按照市、区的安排部署，以加强法治政府建设为主线，以解决重点领域和重点环节存在的问题为着力点，以建立健全依法行政体制机制为抓手，以增强领导干部运用法治思维、提升依法行政能力为突破口，狠抓工作落实，圆满完成了各项工作任务。

【基础建设】　一是强化组织领导，确保依法行政责任落实。成立以区政府主要领导为组长的依法行政工作领导小组，加强对依法行政、建设法治政府的领导，坚持依法治国、依法执政、依法行政共同推进，坚持法治国家、法治政府、法治社会一体建设，全面领导和统筹安排全区法治创建各项工作。各乡镇街道、区直各部门层层召开动员会，层层部署落实，把全面推进依法行政、加强法治政府建设摆在更加突出的位置，全面推进依法行政的统一部署、统筹协调、整体推进、督促落实，形成了上下一盘棋、齐抓共管的工作局面。二是强化法治队伍，确保依法行政人员落实。一是加强区政府及部门法治建设。不断增强政府法制机构力量，把善于运用法治思维和法治方式推动工作的人选拔到法制机构领导岗位上来，充分发挥法制机构在依法行政方面的参谋、助手和法律顾问作用。毕节市七星关区人民政府法制办公室（毕节市七星关区人民政府法律顾问室）为设在区人民政府办公室的正科级行政机构，内设综合法规科、行政复议应诉科、法律事务科。区直部门法制机构基本建立，明确了专兼职法制工作人员。二是强化基层乡镇法治建设。乡镇法制机构逐步建立，基层执法队伍和机构建设得到加强，我区于2016年3月启动“法治乡镇长”创建工作，各乡镇街道行政主要负责人为本乡镇街道依法行政工作领导小组组长，牵头开展本乡镇街道依法行政工作，设立乡镇政府法制办，改善基层基础设施和装备条件，明确了专兼职法制工作人员，建立重心下移、力量下沉的依法行政工作机制，全区法治工作网络全面健全。三是强化法治意识，确保依法行政氛围形成。围绕建设法治型、服务型政府目标，牢固树立“法定职责必须为、法无授权不可为”的法治理念，健全依法行政制度，推进政府依法全面履行职能、依法决策，实现行政执法公正文明。以开展依法行政大讨论活动为载体，全面提升全区法治意识。2016年，我区开展了依法行政大讨论活动，按照集体学习和自主学习相结合，边学习、边查找、边讨论的要求，开展领导干部法治知识教育，及时组织干部职工学习中央、省、市、区关于依法治国、依法执政、法治政府建设等一系列文件精神，加强法律法规学习培训。从“依法全面履行政府职能、完善依法行政制度体系、推进行政决策科学化、民主化、法治化、坚持严格公正文明执法、强化对行政权力的制约和监督、依法有效化解社会矛盾纠纷、全面提高政府领导干部法治思维和依法行政能力”等方面展开讨论，让领导干部成为尊法学法守法用法的模范。全区各级各部门积极参与依法行政大讨论活动，增强了法治意识，提升了干部依法行政水平，依法行政氛围逐步形成。以制定制度为突破口，全面提升全区法治意识。提升依法行政水平，增强法治意识，建设法治政府，领导干部是核心，政府工作人员是主体。一方面，七星关区出台了《毕节市七星关区领导干部任前法律知识考试制度》《毕节市七星关人民政府依法行政考评制度》等制度，对拟任政府及其部门领导职务的干部进行相关法律知识和依法行政情况考察，提高其运用法治思维和法治方式深化改革、推动发展、化解矛盾、维护稳定的能力，让其系统学习中国特色社会主义法治理论，带头遵守法律，带头依法办事，带动全社会尊法信法守法用法，坚持将法治思维贯穿于政府工作全过程。另一方面，七星关区出台了《毕节市七星关区公职人员法律培训考试制度》，要求政府工作人员牢固树立宪法法律至上、法律面前人人平等、权由法定等基本法治理念并不断提高其在工作中自觉运用法治思维和法治方式处理问题、开展工作的能力。以开展普法宣传为着力点，全面提升全区法治意识。提升依法行政水平，增强法治意识，建设法治政府，离不开广大人民群众的参与和支持。提高群众的法治意识才称得上真正的提升全区法治意识。我区结合“三下乡”、综治宣传月、安全生产月等重要法制宣传日和法律法规颁布实施期，组织相关单位针对不同对象开展多种形式的法制主题宣传活动，全方位多形式加大法制宣传教育和普法工作力度，通过这一方式，大大提高了群众的法治意识。

【制度建设】 一是为规范七星关区规范性文件的制定和监督出台了《毕节市七星关区规范性文件制定程序和监督管理实施办法》，根据要求对2011年–2015年的157个规范性文件进行了清理，清理结果在七星关区人民政府网站向社会公布。二是规范行政执法行为，制定和出台了《毕节市七星关区行政执法案卷评查制度》《毕节市七星关区重点领域重大违法案件群众举报或新闻媒体曝光违法案件查处制度》《毕节市七星关区网上阳光行政处罚制度》《毕节市七星关区行政执法全过程记录制度》《毕节市七星关区重点领域专项执法检查制度》《毕节市七星关区行政权力清单和责任清单动态管理办法》《毕节市七星关区行政执法过错责任追究实施细则》《毕节市七星关区行政执法自由裁量权基准制度（试行）》《毕节市七星关区行政执法公示制度（试行）》《毕节市七星关区行政执法监督联动办案制度(试行)》《毕节市七星关区重大行政执法决定法制审核制度（试行）》。三是为推进行政复议改革、规范行政复议工作制定出台《毕节市七星关区人民政府行政复议委员会试点工作方案》。四是为推进依法行政工作制定出台了《毕节市七星关区依法行政考评制度》。五是为规范管理区政府法律顾问，促进法律顾问积极履职出台制定了《毕节市七星关区人民政府法律顾问管理制度》。

【法治政府建设和依法行政】 一是加强组织领导和依法行政能力建设，严格落实行政组织和行政程序法律制度，全面落实政府权力清单制度逐步完善行政审批制度，启动“法治乡镇长”创建工作，启动依法行政示范点创建活动，开展依法行政大讨论活动。二是严格执行政府依法决策机制，全面推行政府法律顾问制度，依法制定行政规范性文件。三是严格公正文明执法，有序推进行政执法体制机制改革，严格规范行政执法公正文明，依法化解行政争议。四是全面推进政务公开强化“阳光政府”建设力度，坚持公开为常态、不公开为例外工作方式，深入推进决策公开、执法公开、管理公开、服务公开、结果公开。按照“全覆盖、全联通、全方位、全天候、全过程”五全服务的要求，推进政务服务优化升级。新建3600平方米新政务大厅，提升基础设施服务能力，强力推行“应进必进”，应进驻部门行政审批服务部门31个，实际进驻31个，进驻率为100%。按照“马上就办”“五制办理”“六件管理”“八公开办事”等一站式办结、一条龙服务的同时，积极推行受理单制度、“一次性告知制”“首问负责制”“限时办结制”“首办责任制”，建立服务对象、政务大厅、纪检部门“三位一体”的监督管理机制。全力构建横向到部门，纵向连省、市、区三级的网上审批服务平台，推动行政审批事项办理全部进厅、全部进网、全部公开、全部列入监管。

【化解社会矛盾】 七星关区法制部门与信访部门进一步加强了工作协调，完善了行政复议与信访工作的衔接机制，积极化解社会矛盾，专门向区政府法制办行政复议应诉科配备3名有复议资格的工作人员具体负责行政复议与应诉工作，并每年专门预算经费支持行政复议诉讼工作。一是积极办理行政复议案件。依法履行行政复议职责，严格审查行政确权案件，畅通行政复议受理渠道，妥善化解行政争议，通过推进行政复议工作，有效保障和监督了行政机关依法行使职权，妥善化解了行政争议，定纷止争，维护了社会稳定。截至2016年12月30日，收到行政复议申请25件，已办结25件。

【参加行政诉讼】 积极应对行政诉讼和国家赔偿案件。严格执行行政应诉制度，按规定出庭应诉，积极配合人民法院的行政审判活动，支持人民法院依法独立行使审判权。按时提交行政答辩和证据材料并组织区法律顾问及区直相关部门参与出庭应诉，严格履行法院生效判决，确保法律权威、促进了行政机关依法行政。截至2016年12月，办理区政府应诉案件30件。国家赔偿案件9件，确保了法律的权威的实现。

（陈　雷）

政法委综治

【概述】 2016年，七星关区政法工作在区委、区政府的坚强领导下，认真贯彻党的十八届四中、五中、六中全会、省委十一届五次全会和中央、省委、市委政法工作会议精神，按照全面建成小康社会、全面深化改革、全面依法治国、全面从严治党的要求，扎实开展平安创建工作，深入推进法治七星关建设，忠实履行好维护社会稳定、促进社会公平正义、保障人民安居乐业的神圣使命。通过全区上下各级各部门的共同努力，全区未发生重大政治事件、大型群体性事件、重特大安全事件、恶性刑事治安事件，政治大局平稳，社会秩序井然，为建设“法治七星关、平安七星关”创造了安定和谐的社会环境。

【“法治毕节”创建工作】 紧紧围绕省委、市委提出的“六大工程”，始终坚持突出问题重点整治原则，着力治理思想政治教育缺位、特殊群体管理困难、非访群访问题突出、社会治安防控薄弱、吸毒贩毒问题严重、群体性事件易发多发“六大社会治理顽症”，全面开展“民主法治示范村（社区）”创建，全面总结经验亮点，走出了一条从居民自治到社会法治的道路，为全省、全市探索出一条可借鉴、可复制的道路作出应有的贡献。截至目前，六大工程333指标中，已完成250项，已启动83项，完成率75.07%。其中法治政府建设工程60指标，已完成59项，已启动1项；公正司法天平工程35项，已完成30项，已启动5项；全民守法宣教工程27指标，已完成26项，已启动1项；法治惠民服务工程116项，已完成61项，已启动55项；生态文明法治工程46项，已完成24项，已启动19项，另外3项不涉及七星关区；法治监督检查工程52项，已完成52项。

【法治政府建设工程】 2016年2月3日，编制完成权力清单和责任清单，涉及的26家区直单位和1家试点乡镇的5544项权责清单已向社会公布。全面启动“法治乡镇长”创建，全区42个乡镇街道均设立法制办，具体负责依法行政工作。全面推行法律顾问制度，从区政府开始，各乡镇街道以及24个区直部门都聘请了法律顾问，要求凡涉及“三重一大”项目以及其他需要法律询问的项目，法律顾问必须到场并提出可行性建议。2016年，区法制办启动了“法治乡镇街道、法治单位、法治学校、法治企业、法治医院”创建，着力整治行政执法能力不强、依法行政意识薄弱的单位和乡镇街道。

【公正司法天平工程】 2016

年4月14日，区委办、区政府办联合下发了《关于贯彻落实〈领导干部干预司法活动、插手具体案件处理的记录、通报和责任追究规定〉的实施意见》，严禁领导干部干预司法活动，保障司法机关依法独立公正行使司法权。2016年4月19日，区委下发了《中共毕节市七星关区委关于进一步支持人民法院、人民检察院依法独立公正行使审判权、检察权的意见》，建立健全司法人员履行法定职责保护机制，重点提出非因法定事由、非经法定程序，不得将法官、检察官调离、辞退或者作出免职、降级等处分。区公安分局、区法院、区检察院严格落实侦查讯问、全程同步录音录像制度。今年以来，全区在侦查、审查起诉、审判等诉讼过程中，从未出现执法不规范案例。

【全民守法宣教工作】 我区围绕宣传党的富民政策、法律法规、艰苦创业精神、传统美德和社会公德四个方面进行宣讲。七星关区电视台开设了“法治在线”栏目，播出“法治毕节”新闻共计100余条，毕节晚报刊登“法治毕节”稿件共计95篇，“微七星关”推送“法治毕节”相关新闻98条，91.2播出“法治毕节”相关新闻75条。区外其他媒体如《法制生活报》《红旗》等报刊杂志累计刊发“法治毕节”新闻、做法、经验100余条。建立了文化墙共计680余幅，8670平方米。印制《七星关区“法治毕节”创建工作宣传手册》20000份、《七星关区“法治毕节”创建知识手册》40000份，发放到各乡镇街道和区直各部门，人民群众知法守法遵法意识得到普遍增强。

【法治惠民服务工程】 今年来，民政、卫计、公安、教育、综治、禁毒等部门加强协作，本着为民惠民的宗旨，全力推进法治惠民服务工程。区民政局今年共划拨了城市低保资金6275.35万元，农村低保资金15189.67万元，完成“两无人员”兜底保障50688人，在德溪街道修建未成年人保护中心；公安分局成功破获“5·07”拐卖案、“10·15”朱某杀人案、“11·19”何某某杀人案等一批有影响的案件。成功打掉邱某、赵某为首的多个涉嫌聚众斗殴、组织卖淫黑恶势力犯罪团伙。破获“5·29南山赌博案”“8·10阴底赌博案”及“8·26天河路赌博案”。卫计局在特殊人群管理园区修建了关爱医院，将患有传染病、高度残疾等不宜关押的犯罪群体全部统一收治；禁毒办建成了青少年预防警示教育基地，并向社会开放，增强了大中小学生、社会各界人士识毒防毒拒毒能力，其他如回归体验中心、十六中、精神病院等惠民工程的修建，标志着区惠民服务水平已经上了一个新台阶。

【生态文明法治工程】 2016年，区检察院、区环保局、区林业局、区国土资源分局充分利用法律武器，保护我区生态环境。区检察院和区环保局联合在拱拢坪国家森林公园、白马山林场修建补植复绿基地1486亩，批准逮捕涉及破坏生态环境刑事案件12件18人，落实“补植复绿”检察建议64件，责令或判处当事人补植树木近2万株，恢复或修复林地870亩。特别是对区环保局怠于履职、大银镇生活垃圾污染、亮岩镇水源污染案件提起的行政公益诉讼，在全区引起强烈反响。区环保局立案查处环境违法案件16件，结案7件，行政处罚罚款近22万元。

【法治监督检查工程】 区纪委紧盯节点开展“四风”问题监督检查，共查处违反中央八项规定精神问题15个，处理19人，给予党纪政纪处分18人。发现农村危房改造方面问题275个，立案22起，给予党政纪处分7人。全区113个部门（单位）在“七星关区阳光党务政务网”“权力清单监督公开”专栏上传权力清单监督报告事项共计8921件。区人大共召开3次常委会，听取了“一府两院”的6个工作报告，共收到32条议案意见，已经转交相关部门进行办理。共收到人大代表及群众来信来访35件，已办理22件，其他正在办理中。区政协组建调研组和评议组，提出69条意见和建议。区检察院公诉部门纠正遗漏罪行2件3人，纠正遗漏同案犯8件18人；反贪部门立案15件15人，侦结4件4人，移送起诉4件4人。区公安分局受理群众举报投诉事项33起，已答复28起。区法院在诉讼服务大厅公开监察室电话，设立立案二庭专门受理群众信访、举报、投诉，建立每周三领导轮流接访制度，对群众举报投诉处理及时，对信访事项按规定及时答复。

【特殊人群“六大工程”工作机制】 2016年，“育新学校”共招收“问题未成年人”210人，其中130人矫正效果良好，已通过评估离校；对排查出来的2871名易肇事肇祸精神病人全部进行登记建档包保；建成强制隔离戒毒人员回归体验中心，已转入248名学员进行技能培训，经评估回归社会77人；建成关爱医院综合大楼，收治“特殊病人”28人；建成青少年毒品预防教育基地并投入使用。9月13日至14日，全省特殊人群服务管理工作现场观摩会在我区成功召开，此项工作得到一致好评。

【信访维稳工作机制】 2016年，积极组织各乡镇办对辖区内重点人员进行摸底排查，落实管控措施，特别是加强对涉疆涉藏人员的管理工作，确保重点人员不失管、不漏管。全区登记来信来访1559批6521人次；上级转交办信访件1051件，化解927件；区自排查信访件228件，全部办结。圆满完成“两节”“两会”等重要节点、“6·4”“7·5”等敏感时段以及G20峰会、十八届六中全会等大型活动和会议期间的信访维稳工作任务；圆满完成了中央原总书记胡锦涛同志来毕考察一级警卫任务，完成了60余次二级、三级等警卫任务，圆满完成20余项大型活动安保任务。全区未发生重特大案（事）件、暴力恐怖事件和个人极端案（事）件。创新建立了由党员代表、群众代表、退休干部、知名律师担任评说员、评议员，对疑难信访事项进行评说、评议的公道评说工作机制。截至2016年，已评说、评议信访疑难积案56件，推动解决有合理诉求的信访事项16件。此项工作得到了省委贻琴书记及市委志刚书记等领导的高度评价。

【社会治安防控体系】 全区508个村（社区）全部配备了村级警务助理，与村（社区）副主任享受同等待遇。2012年以来，投入约2亿元建设“天网一、二、三期”工程，目前已建成摄像头3055个，2016年，再次投入6000余万元启动“天网工程三期”，拟建星光级摄像头987个，治安卡点102个，实现全区42个乡镇街道全覆盖，计划明年3月份前全面建成投入使用。将城区划分为天河、东站、公园、西站、洪南5个大网格片区，每个大网格片区之下又细化为3个小网格。每个大网格片区配置警力61人，配备专用接处警1台、图传车1台、警用摩托车10台，24小时在网格内开展巡逻防范，接受指挥中心调度。“扁平化”等警务改革工作在发案控制和破案打击工作中发挥重要作用，99%的警情能在3分钟内到达指定地点，实现了接警速度更快，处置效率更高，刑事发案更低的目标。2016年，全区发刑事案件4338起，与去年同期相比下降21.6%，下降幅度创历史新高。其中：八类刑事案件发260起，同比下降10.0%；“两抢一盗”案件发2714起，同比下降25.5%。全区违法犯罪大幅下降，社会治安防控工作取得一定成效。

【治安整治行动】 破获“5·07”拐卖案、“9·14”清水强奸案、“10·15”朱昌杀人焚尸案等一批有影响的案件，尤其成功破获“11·19”何官屯杀人案，局党委高度重视，迅速出警，将涉嫌故意杀人的犯罪嫌疑人现场抓获。在打黑除恶方面：公安分局党委创新实行黑恶线索“零报告”制度，今年共破涉黑恶案件52起，刑拘196人，起诉147人，成功打掉邱某、赵某为首的多个涉嫌聚众斗殴、组织卖淫黑恶势力团伙。

【敏感期间、重要节点维稳】 针对“元旦、春节”“两会”“4·13”“6·4”“7·5”“G20峰会”“国庆”“十八届六中全会”等敏感节点，七星关区认真制定相关维稳工作方案，认真落实各项措施，坚决防止“大、丑、恶”事件，并按时完成上级布置的各项工作任务。在元旦春节、全国全省“两会”期间制定维稳处突工作方案以及预防和处置群体性事件工作方案，开展了矛盾纠纷隐患拉网式大排查、大调处工作，对排查出来的8件不安定隐患和突出矛盾纠纷建好台账，并按照“属地管理、分级负责”

和“谁主管、谁负责”的原则，采取“一个问题、一名领导、一套班子、一个方案、一抓到底”的办法，逐个加以落实。

【风险评估工作】 对重大项目、重大工程、重大活动实施社会稳定风险评估做到应评尽评，努力推进社会稳定风险评估全覆盖。我区已于5月9日在区政府九楼会议室对全区42个镇乡街道办政法委书记进行1次业务培训。培训内容已纳入区党校的教学计划。二是认真开展评估工作，目前，我区已组织对10项重大事项进行社会稳定风险评估。针对存在的不稳定因素和涉及的群体性纠纷，督查评估单位进行方案调整，积极化解矛盾纠纷，制定切实可行的防范和处置的工作预案，确保工程项目顺利实施。三是各乡镇街道办也对辖区内低风险重大事项进行社会稳定风险评估，区所辖乡镇街道办共对98项重大事项进行评估，并按评估决定有序开展相关工作。四是建立贵州省投资项目在线监管审批平台，认真做好七星关区投资项目稳评在线监管平台报告备案工作，所有重大事项必须经过风险评估，实现重大投资项目稳评全覆盖。五是明确专人负责，每月向市维稳办报送我区社会稳定风险评估月报表，并建立了社会稳定风险评估台账。按时完成上级交办的调研等工作任务，认真做好我区社会稳定风险评估建档工作，做到评估一件，建立一档。

【情报信息报送】 为提高维稳情报信息工作效能，确保市维稳办、区委、区政府领导第一时间发现掌握影响我区社会大局稳定的重大、敏感信息，更好地分析、决策和部署工作，制定下发了《七星关区关于进一步加强和改进维稳信息报告工作的实施意见》（七星维稳办发〔2016〕6号），要求各有关部门报告信息必须要素齐全，真实准确，为领导决策和做好化解处置工作提供可侦、可查、可处、可防的情报信息。对因瞒报、谎报、漏报、迟报等行为，延误信息上报时间，影响领导处置决策，造成严重后果的，严格按照《毕节市维护稳定和信访工作党政职责严肃问责暂行规定》有关要求，严肃追究相关领导人和人员的责任。

【加强“日排查、事化解、零报告”工作制度】 每日实行矛盾纠纷排查、化解零报告制度，加大重大不安定隐患和突出矛盾纠纷排查的力度，充分发挥各乡镇街道、区直相关部门基层组织化解矛盾纠纷的作用，变被动为主动，变滞后为超前，防止矛盾激化，努力使矛盾不出村、不出社区、不出厂矿。到目前为止，七星关区共排查出重大不安定隐患和突出矛盾纠纷31件，其中列为“百日攻坚”的有8件。对排查出的影响当前社会稳定的重大突出矛盾，按照维稳责任清单的要求分别明确给相关乡镇街道和区直部门进行化解，落实稳控措施。对乡镇部门解决的矛盾和问题，七星关区积极组织相关部门力量帮助化解，现已成功调处27件，剩余4件正在稳控化解中。

【认真落实两个责任清单制度】 2016年七星关区根据市维稳办下发的文件精神，认真建立了七星关区重大不稳定问题责任清单制度和重大活动、重要敏感节点期间维护稳定工作责任清单制度，下发了七星维稳办发〔2016〕8号文件，明确包案领导和工作任务，细化工作措施，有力推动重大不稳定问题有效化解。

【村级警务助理助力基层反邪教工作】 区委防范办以公安机关推行村级警务助理为契机，要求各乡镇街道强化村（社区）警务室规范化建设，整合村（社区）“一站一会”和村（社区）警务室职能职责，明确村（社区）警务助理为村（社区）反邪教工作站站长、反邪教信息联络员，主抓村（社区）反邪教宣传教育、邪教摸底排查、防范控制、教育转化、帮交帮扶等反邪教工作。为了使村（社区）警务助理掌握防处邪教相关知识，尽快履职，助力基层反邪教工作，区委防范办于2016年4月28日对42名乡镇街道政法委书记、508名村（社区）警务助理进行了同一的业务培训。

【禁毒队伍建设】 将禁毒办设为常设机构，设立七星关区阳光工程管理办公室，落实编制9人。按照15：1的比例（省市规定是20：1）在全区各乡镇街道配备禁毒专干124人，充实禁毒力量，制定禁毒社工管理办法，加强禁毒社工的管理、考核。各乡镇街道禁毒办调整1至3名工作人员专抓禁毒工作。区公安分局在人员紧缺的情况下，优先充实禁毒力量，禁毒民警达到35人，组建由20人组成的公开查缉队伍，同时确保公安禁毒专业队伍年龄结构分布科学，能够满足专业化、实战化需要。

【创建“五位一体”园区，提升禁毒重点整治工作水平】 区委政府高度重视禁毒工作，投资1.2亿元，着力打造集社区戒毒社区康复人员阳光工程集中安置基地、强制隔离戒毒人员回归体验中心、违法人员集中医治关爱医院、有严重不良行为未成年人专门学校和青少年毒品预防宣传教育基地，“五位一体”的特殊人群服务管理示范园区，不断创新特殊人群服务管理工作机制，取得良好成效，2016年9月14日全省特殊人群服务管理现场观摩会在园区成功召开，得到省委主要领导充分肯定和高度评价。一是建社区戒毒社区康复人员阳光工程集中安置基地。总投资5000万元，占地70亩，2013年10月引进广东中山琦星照明电器厂入驻，企业累计共接纳安置社区戒毒社区康复人员261名，目前在厂上班社区戒毒社区康复人员51人，在企业连续上班近3年戒毒康复人员30多人。主要做法是：政府为企业提供政策优惠、场地设施、资金扶持、人员保障等支持；企业依靠环境留人、依靠情感留人、依靠效益留人、依靠服务留人。二是建强制隔离戒毒人员回归体验中心。投资1000万元建车间1800平方米，能满足400名强戒人员在中心接受技能培训。配备正式干警6名，协勤21名，医生2名，护士2名，后勤人员4名。“中心”对戒毒人员开展缝纫、鞋业等职业技能的培训。强制隔离戒毒人员在“中心”经过3至6个月生理、心理辅导和技能培训后，对于身心康复、具备生存技能，符合回归社会条件的，体验中心将分批对口推送进入阳光工程安置或直接融入社会，成为他们回归社会前的缓冲驿站。截至目前，进入中心强戒人员341人，经评估回归社会192人。三是建青少年禁毒预防教育基地。基地建筑面积4000平方米，其中用于禁毒展厅布展面积1300平方米。整个基地投资1200万元。共分为一楼禁毒知识展厅，二楼趣味互动体验展厅。基地突破传统设计理念，以毒品知识介绍为切入点，融入现代高科技技术、多媒体技术，通过图文并茂、漫画、实物陈列、多媒体互动、AR增强现实互动区、VR虚拟现实体验区等多种形式，让参观者在了解毒品知识的同时又带来视觉、听觉、触觉上的享受，让毒品知识在“阅”中掌握，在“听”中领会，在“触”中顿悟。目前参观人数超过1000人次。四是建关爱医院。2016年，引进民营企业贵州建恒投资有限公司投资2200万元，按一级综合医院标准新建关爱医院，主要收治艾滋病、传染病等违法特殊病群体，设置有涉嫌病区、普通病区、隔离病区、HIV病区、涉毒病区和精神病区，主要开展医疗、戒毒、康复、保健、体检等功能为一体。区公安分局派4名民警，10名协警入驻，已收治47名特殊病患者。有效破解了带病违法人员游离于法律之外，大案不作，小案不断这一顽疾，从根本上解决我区特殊病群体违法犯罪人员无场所管理、难以收押、难以管理的难题。五是建针对有严重不良行为未成年人教育矫治专门学校。区委政府投资3000余万元，占地面积70亩，新建专门用于有严重不良行为未成年人教育矫治学校——毕节十六中学，能容纳400余名学生学习和生活，对涉毒青少年等进行教育矫治。探索出“六五二”教育矫治模式，收到了良好效果。

【打造“六个一工程”，狠抓禁毒预防宣传教育】 一是建好一个区级青少年禁毒预防宣传教育主阵地。二是创建一批毒品预防教育示范学校、示范班级。在每个乡镇街道中学和中心校建一个禁毒教育园地或禁毒长廊，作为本辖区禁毒宣传教育主要阵地。七星关区已创建省级示范学校1所，市级示范学校2所，区级示范学校80所，示范班级150个。三是制作一批禁毒公益宣传广告，已制作3个禁毒公益广告，在广播、电视台播放。四是利用微七星关、云上七星等互联网新媒体发布禁毒消息100余条。五是利用道德讲堂平台开展禁毒知识宣传，区直部门、乡镇街道、村（社区）已开展600余场次宣传活动。六是组建禁毒志愿者队伍。按区建大队，乡镇街道建中队，全区已建立43支禁毒志愿者队伍，禁毒达志愿者1600人。2016年，全区共悬挂横幅标语600多条，发放禁毒宣传光碟200余张，制作宣传展板150余块，张贴禁毒海报2000多张，开展流动宣传100多次，发放禁毒资料20万余份。

【重拳出击，严厉打击毒品违法犯罪】 一是加大毒品违法犯罪打击力度。深入开展严厉打击毒品违法犯罪行动，推进“利剑行动”“斩毒行动”“清剿行动”“回归行动”“净土行动”为主要内容的禁毒人民攻坚战，始终保持对毒品违法犯罪“零容忍”，坚决打击毒品违法犯罪，形成严厉打击毒品犯罪活动的高压态势。2016年，共侦破涉毒案件298起；打击处理毒品犯罪嫌疑人332人；缴获各类毒品17229.38克。侦破新型毒品案件89起，侦破零包贩毒案件238起，开展公路公开查缉破获毒品案件共148起。报立省级目标案件9起，破省目标案件8起；查处吸毒人员3303人次，同比上升18.8%；强制隔离戒毒2704人，同比上升50.9%。二是加强吸毒人员动态管控。通过开展“大排查、大收戒、大管控”行动，最大限度地发现、管控社会面隐性吸毒人员，以村（社区）为单位建立涉毒人员台账，做到了“底数清、情况明、数据准”。截至12月31日，区的吸毒人员动态管控中的“五个率”有了大幅度的提升，吸毒人员查处率56.5%、强制隔离戒毒执行率102.6%、社戒社康执行率100%、出所未满三年管控率100%、就业安置率99.9%。三是严防精麻药品和易制毒化学品流入非法渠道。区公安、工商、安监、药监等部门联合开展10余次专项集中整治行动，强化对精麻药品和易制毒化学品的采购、运输、经营、使用、存储等环节的监管，取得了良好效果。2016年，未发现易制毒化学品流失、脱管的情况，保持了易制毒化学品脱管流失“零发案”的工作成果。四是落实禁种铲毒工作责任制，严防非法种植毒品原植物现象发生。坚持“秋抓禁种、春抓铲除”的原则，实行乡镇街道、村（社区）分片包干责任制，将全区所有山岭、森林、田野、地块分片包干，按照“重点排查、全面踏查”和“不漏掉一户、不放过一处、不留一块死角”的工作要求，对重点区域、重点地段反复踏查，对疑是地块和发生过种植毒品原植物现象的村庄、高山荒地加强跟踪监督，实现了毒品原植物“零产量”的目标。五是“无毒害”创建工作。我区“无毒害”创建工作坚持政府统一领导、部门各负其责、齐抓共管、综合治理，社会广泛参与的创建工作格局，有毒创无毒，无毒保净土，逐步扩大“无毒害”创建范围，积小区为大区、积小胜为大胜、积大胜为全胜。2016年，我区创建“无毒害乡镇”“无毒害街道”36个，创建率85.71%；创建“无毒害村（社区）”456个，创建率为90.12%；创建“无毒害单位”85个、“无毒害学校”523所，创建率均为100%。六是严厉打击外流贩毒。通过加强对外出务工人员的宣传教育，提高外出务工人员识毒、防毒、拒毒意识，严防新增外流贩毒人员。加强情报信息收集录入，各乡镇街道包村干部、管片民警、村干部深入重点乡镇、重点村寨进行摸底排查，掌握外出务工人员基本信息，从中发现外流贩毒高危人群和重点嫌疑对象，录入DIAS情报信息系统，为打击外流贩毒提供有价值的线索。截至12月31日，共录入情报线索108288条，生成情报产品137条。录入通讯录837条，通讯录记录28584条，录入话单978条，话单记录1313686条；利用DIAS破案千克以下案件279起，3人以上团伙案件4起，跨省输送情报14条，利用DIAS直接破案318起。截至12月20日，我区外流贩毒被抓获人员共计188人，同比下降20.3%。

【执法监督】 在各项工作中兼顾执法效果、法律效果、社会效果的三者统一。区直政法各机关认真贯彻落实《建立轻微刑事案件快速办理机制》文件精神，开展严格执法司法行为专项行动，建立政法干警执法业绩档案，2016年全年无干警违法违纪现象发生。

【“两学一做”学习教育活动】 在“两学一做”学习教育中，一是班子带头，以身作则、率先垂范，坚持先学一步、深学一层，认真学习《党章》《廉洁自律准则》《纪律处分条例》及习总书记系列重要讲话精神，筑牢“关键少数”的思想基础。组织干部职工积极参加在职干部理论学习考试、百万公众网络学习考试、《中国共产党问责条例》在线答题等活动，充分调动广大党员干部深入学习的主动性和积极性。二是坚持“领导干部上讲台”制度,领导班子结合各自分管工作，分别在每周二、周五开展的学习例会为党员干部上党课作辅导，党员领导干部带头，认真学习贯彻中央、省委、市委和区委的部署要求，自觉增强政治意识、大局意识、核心意识、看齐意识，做到先学先知、先悟先行，发挥“关键少数”的示范引领作用，为其他党员开展学习教育做出。三是把学习系列讲话作为理论武装的重中之重，引导党员干部读原著、学原文、悟原理，正本清源、固本培元,补足“精神之钙”，加强“信仰之修”，熔铸“信念之魂”，培养造就一支具有铁一般信仰、铁一般信念、铁一般纪律、铁一般担当的政法队伍。

【开展“三铁三强”主题教育活动】 2016年，在全区政法系统中开展以“强教育、强管理、强监督，着力打造铁一般忠诚、铁一般法纪、铁一般担当的政法队伍”为主要内容的主题教育活动。以推动“法治毕节”创建为重点，牢牢把握政治过硬、业务过硬、责任过硬、纪律过硬、作风过硬总要求和正规化、专业化、职业化方向，结合中央、省委和市委关于“两学一做”学习教育相关要求，以“三强三铁”活动为载体，持续巩固党的群众路线教育实践活动和“三严三实”专题教育成果，切实增强全市政法干警政治意识、大局意识、核心意识、看齐意识、紧跟意识，努力打造一支信念坚定、执法为民、敢于担当、清正廉洁的政法队伍。

（办公室）

公　安

【概述】 2016年，毕节市公安局七星关分局在区委、区政府和市公安局党委的坚强领导下，认真学习贯彻党的十八大、十八届三中、四中、五中、六中全会及习近平总书记系列重要讲话精神，聚力“四项建设”，聚力公安改革,深入开展严打整治斗争，依法严厉打击各类违法犯罪，不断加强社会治安防控体系建设，以公安机关目标管理为主线，深入开展“两学一做”学习教育、纪律作风整顿以及“五抓五促”等活动，全力推进各项公安业务工作和队伍建设，进一步增强人民群众的安全感和满意度，确保全区治安大局持续稳定。现将2016年工作情况总结如下：

【维护政治大局稳定】 一直以来，局党委始终把维护政治稳定作为重中之重的工作抓好抓实。强化重点人员管控：国保大队、治安大队、特巡大队、各派出所明确专门人员，加强对各类重点人员特别是涉疆涉藏人员管理工作，确保重点人员不失管、不漏管；全年成功处置6起涉疆案（事）件，查获1名公安部通报的重点管控人员。情报搜集及时准确：国保大队新物建特情19名，指导各派出所物建秘密力量126名，继续经营好“2·15”“9·16”等专案。舆情导控能力提高：全年共上报互联网信息1800期，上报舆情检测620期，上报互联网情报线索120条；开展舆情引导180万余条,处理本地有害信息500余条，落地查人63人。信访工作有序推进：进一步贯彻落实信访工作领导责任制,严格落实工作责任，加强矛盾纠纷化解，建立健全信访工作长效机制。全年接待人民群众来信来访300余人次，受理登记112件，办结100件，其中导入司法程序89件，化解息诉42件；省厅交办的44件信访积案全部办结;防控能力逐步提升:逐步构建以“天网工程”和“扁平化”“情指一体化”为载体的网格化巡防模式，特巡、反恐、派出所多警种出动警力3万余人次，强化了重点路段、要害部位的巡逻防控工作；处突能力持续增强：成功处置林口“3·23”、放珠“5·12”、退伍军人扫墓活动、国家级重点工程夹岩水库被阻工等敏感案(事)件30余起。安保工作万无一失：圆满完成了中央原总书记胡锦涛同志来毕考察一级警卫任务以及其他二级、三级警卫任务共计90余次，完成各项大型活动安保任务30余次，确保了万无一失。

【确保综合治理效果】 一年来，社会综合治理能力得到全面提升，社会治安环境得到有效改善。继续加大违法行为查处力度：全年共查处行政案件6357起，其中，查处治安案件5762起，行政拘留3747人。专项行动开展成效明显：严厉打击“食药环”领域等违法犯罪活动，分别侦破非法经营食盐案1起，生产销售有害食品案2起，刑拘6人，收缴假盐20余吨、有毒竹笋10余吨。加强重点单位安保工作：2016年开展内保安全监督检查7182家次，排查治安隐患2719处；加强校园及周边治安环境整治，开展法制安全教育1066节次，联合教育、工商、民政等部门对校园周边进行清理整顿70余次；打击涉医违法犯罪，查处涉医治安案件2起，化解医患纠纷67起；及时处置涉及公交车的治安案件2起，化解矛盾纠纷20余起。特殊人群管控合力增强：2016年，通过无缝衔接“一站式”服务办公中心接回1117人次，接回率、重口列管率、社康社戒建档率、签收率、帮教谈话率均为100%；“育新学校”共招收230人，已结业出校148人；“阳光工程”累计安置社戒社康人员261人；“回归体验中心”已评估192人回归社会；“关爱医院”共收治47名特殊患者；建成青少年毒品预防教育基地并投入使用。

【确保基础工作的进步】 局党委高度重视基层基础工作，以派出所建设三年攻坚战和户籍制度改革工作为重要契机，在业务用房、治安防范、户籍改革等方面都取得了明显进步。“三年攻坚战”圆满收官：2015年以来共修建8个派出所，含6个“无小危”所和2个“十二五结转”的派出所，其中，三板桥、海子街所已经完工，即将投入使用，其余派出所计划2017年底前完工；对26个派出所的执法办案区进行了全面改造，并通过了省厅的验收；新成立了洪山、麻园、德溪、碧海等4个派出所。逐步推进户改工作：积极贯彻公安部“三项制度”，全面落实便民利民措施，联合民政局下发了《关于解决无户口人员的实施方案》，最大限度放宽落户政策，为50146名无户口人员落户；通过解决存量，宣传发动务工、经商、移民搬迁等人员，超额完成了2.78万农业转移人口落户城镇任务，其中，流动人口落户城镇7009人，远远超出市局下达的1500人的目标任务，全区户籍城镇化率达39.88%。逐渐强化“村警”作用：2016年全面落实配备“村警”508名，配备率达100%以上，一年来，“村警”协助破案100余起，协助抓获刑事作案成员140余人；同时还在人口信息管理、矛盾纠纷化解、治安秩序维护、教育宣传工作等方面发挥积极作用。

【确保公共管理的安全】 认真落实消防、交通、危化品等各方面的管控措施，2016年全区公共安全形势平稳可控，未发生群死群伤道路交通、火灾安全事故；未发生民爆物品被盗、丢失、炸响等事故。严格枪爆物品管理：逐步加大民爆物品、剧毒化学品的检查监管力度。全年共审批炸药8000余吨、雷管160万余发、剧毒化学品37吨；检查涉爆单位200余家次，临时施爆点100余家次；和全区32个加油站签订了《安全管理责任书》，增设视频监控48个；收缴烟花爆竹17000余件，过期炸药181.2公斤、雷管649发；查处涉爆类案件33起，行政处罚30人，罚款35万元；办理涉枪案件26起，收缴枪支26支。强化道路交通管理：强化交通秩序管理，加强检查监督，严查酒后驾车等违法行为，积极开展各项集中整治专项行动。全年共查处各类交通违法行为23万余起，其中含酒后驾驶394起，无证驾驶497起，行政拘留467人；发生各类交通轻微事故4000余起，一般事故2000余起，未发生一次死亡3人以上重（特）大交通事故。加强消防安全检查：全面加强消防安全监督指导工作，扎实开展清剿火患行动，加大消防安全宣传力度。全区共发火灾事故263起，造成经济损失138.76万元；出动消防车856辆次，消防人员5329人次，抢救被困人员122人；检查单位2083家次，发现整改火灾隐患1867处，罚款44余万元，责令“三停”20家单位；开展实兵实战演练100余次。确保监所安全有序：坚持“监所安全无小事”的原则，牢固树立安全第一的思想，认真落实各项安全工作制度。看守所、戒毒(拘留)所未发生人员脱逃等重大事故。

【规范公安队伍】 按照区委、区政府和市局党委的要求，加强班子建设和培训教育，进一步落实轮值轮训、从优待警等措施。作风建设不断深化:深入开展“两学一做”学习教育活动，进一步落实党风廉政建设和严格落实“两个责任”，严格执行中央“八项规定”和省、市“十项规定”、公安部“三项纪律”和省公安厅“十条警规”等规定。全年出动警力600余人次明察暗访400余次，编发督察通报43期，通报民警30人，禁闭22人次，通报单位64个；共办理纪律处分案件5件5人，上报区纪委开除公职、开除党籍处分1件1人。共上报权力运行清单监督报告事项392件，广泛接受群众监督。领导班子逐步配强：配齐1名副局长，新增7名局党委成员；提拔副科级干部16名，正科级干部1名；考察选拔了41名股级干部；招录新警11人。优警措施全面落实：完成了290人的五年考核晋级和100人的两年考核晋级工作，完成189人的晋升警衔报批工作；全年共为民警申请办理伤残救助金、抚恤金、慰问金等共计63人次，19.02万元。教育训练得到落实：采购了3万余元的训练器材，分别为各派出所培训了1名小教官，组织32名新警先后两批到省厅参加培训，完成了272人的持枪资格考核工作，完成了全局729人的无纸化学法用法考核工作，完成493人的武器警械法律法规知识网考工作。宣传工作硕果累累：在公安部、省厅、市局等公安内网发表动态、简报、调研文章等400余篇，在市级以上新闻媒体刊登公安类新闻稿件1000余篇，宣传工作全市排名第一；在东客站、威宁路、公园路等人员密集场所设立6座“警银亭”，创建“玉兰警事”“七星关公安分局”微信公众号和公安新浪微博，在舆论引导和正能量宣传等方面发挥积极作用。

【工作亮点】 2016年的公安工作是在2015年工作的基础上再上一个新台阶，迈出新步伐，是七星关区公安工作历史以来成绩最好的一年，全局目标绩效管理综合考评排名全市第一名。通过扁平化体系的逐步完善、打击力度的不断加大、育新学校、阳光工程创建等工作的稳步推进，各项工作取得明显进步。尤其是在刑事发案控制、警务机制改革、黄赌毒治理等方面取得的成效最明显，全区人民群众安全感满意度大幅提升。总的来说，2016年的工作创新突破，亮点纷呈。主要体现在以下“六个强化六个提升”方面：（一）强化警务机制建设，提升刑事发案控制力。

“天网二期”新增的1235个高清摄像头已全部投入使用中；2016年又投入近亿元启动“天网三期”，拟建星光级摄像头987个，治安卡点102个，实现全区42个镇乡办全覆盖，计划今年3月份前全面建成使用。2015年8月全面启动“扁平化”指挥体系建设，划分网格巡防区域，配备警用装备，更新完善公安网格管理系统，按片区按路段开展24小时不间断的巡逻防控工作。治安防控体系的逐步完善在刑事发案控制方面发挥重要作用。全年刑事总发案持续下降，发案4338起，与2015年的5533起相比下降21.6%；从案件类别看：八类刑事案件相比下降6.8%；“两抢一盗”类案件同比下降29.4%，此外，发命案13起全破，和2015年的16起相比下降18.8%。（二）强化数据平台应用，提升破案攻坚打击力。进一步加快信息化建设工作，建立和完善公安智能化设备系统，今年又在此基础上，建立以公安智能化、乡镇块数据、物联网等为主要内容的“大数据”中心，采取先行试点，全面推开的方式，逐步强化“大数据”“大情报”平台为载体的“情指一体化”建设，加强信息研判，实现情报导侦和精确打击，在破案打击方面发挥极其明显的作用。2016年共破获刑事案件2272起，与2015年同期的1971起相比上升15.3%。其中，盗窃、诈骗、强奸、经济的破案数同比分别上升9.5%、266.0%、22.4%、33.8%。全年共刑拘1192人、逮捕965人、起诉954人，抓获逃犯259人。利用“大数据”“大情报”等各种信息研判平台成功破获“5·07”拐卖案、付某等人抢劫加油站系列案、“10·15”朱昌杀人案等一批有影响的案件。尤其是成功破获了“11·19”何官屯杀人案，局党委高度重视，迅速出警，将涉嫌故意杀人的犯罪嫌疑人现场抓获。（三）强化线索渠道创新，提升重点领域影响力。自从创新建立“局长专线”举报、黑恶线索及涉黄涉赌案件“零报告”制度以来，对各类线索严格实行每月“零报告”，对线索举报和搜集上报的情报信息认真分析研判，出重拳严厉打击，全力铲除黑恶势力及黄赌毒犯罪的滋生土壤，打黑除恶和扫黄治赌工作成效十分明显。在涉黑恶方面：全年共破涉黑恶案件62起，刑拘222人，逮捕161人，起诉173人，成功打掉吴某、潘某等为首的15个涉嫌非法持枪、故意伤害、敲诈勒索、组织卖淫等恶势力犯罪团伙。在涉“黄”方面：全年共破涉黄刑事案件22起，同比上升46.7%，采取刑事强制措施37人；查处涉黄治安案件95起，治安处罚201人。在涉“赌”方面：全年共破涉赌刑事案件18起，同比上升28.6%，采取刑事强制措施40人，查处涉赌治安案件172起，治安处罚681人，收缴赌资150余万元。主要突出体现在打掉了多个农村流动赌场，其中，影响较大的有：“5·29南山赌博案”“8·10阴底赌博案”“8·26天河路赌博案”及“12·10官屯赌博案”，抓获涉赌嫌疑人113人，收缴赌资70余万元。（四）强化“三个坚持”模式，提升禁毒工作战斗力。始终坚持以打开路，严查制毒犯罪源头，建立和广东、安徽、福建、浙江、云南等外地公安机关的协作机制；坚持堵源截流，强化本地查控和开展公开查缉行动，堵断毒品运输主要途经通道；坚持逢嫌必检，积极对娱乐场所、出租屋、宾馆酒店等重点、复杂区域开展清查行动，加大吸毒人员的查处和收戒力度。在2015年成功摘掉“省禁毒委挂牌整治重点地区”和“国家禁毒委外流贩毒突出通报督导地区”帽子的基础上，2016年全局上下齐心协力，再接再厉，破获毒品案309起，查处吸毒人员2000人，强戒1228人，缴毒16.24千克，报涉毒省级目标案8起破8起。（五）强化“五位一体”效能，提升综合治理驱动力。在区委、区政府的高度重视和关心下，特殊人群服务管理工作得到有效推进，建立了为特殊群体提供教育矫治、技能培训、治疗、预防教育和就业安置的“五位一体”服务管理园区，整个园区占地140.7亩，投资1.4亿元。园区内分别有：育新学校、关爱医院、阳光工程、回归体验中心、青少年禁毒预防宣传教育基地，从2015年9月开始逐步投入使用，在特殊人群管控工作方面发积极作用。强化源头治理、依法治理和系统治理，全区特殊人群服务管理工作取得明显成效：问题青少年犯罪率降低，吸毒戒毒人员得到有效管控，特殊病群体人员得到有效治疗和管理，全区刑事发案明显下降，社会治安秩序保持平稳。（六）强化队伍规范管理，提升公安队伍凝聚力。积极开展好“两学一做”学习教育和纪律作风教育整顿以及“三强三铁”“五抓五促”活动，查摆问题，及时整改，建章立制，逐步完善队伍管理制度，形成长效管理机制，进一步提高公安队伍凝聚力和战斗力。同时，分局继续实行“七个一”民警思想动态分析制度，进一步完善了队伍管理工作机制，取得了一定的成绩。从全局8000余份《民警思想动态登记表》中疏理出民警反映实际问题17个，帮助民警调解家庭纠纷3个，解决个人问题6个，为基层所队解决实际困难5个。通过“七个一”制度的实行，及时掌握民警思想动态，切实解决民警实际困难，作风纪律得到有效改进，民警工作积极性得到提高。2016年全局共有2个单位荣获集体三等功，1人荣立个人二等功，17人荣立个人三等功，15人荣获个人嘉奖；创建“文明示范窗口”省级3个，市级11个，分别有2人荣获省级“文明服务标兵”，有5人荣获市级“文明服务标兵”。

（办公室）

检　察

【概述】 2016年，七星关区检察院在区委和上级检察机关的正确领导下，在区人大及其常委会的法律监督和区政协的民主监督下，在区政府和社会各界的关心支持下，深入贯彻党的十八大、十八届历次全会精神及全国、全省政法工作会议、检察长工作会议精神，把思想统一到党委、政府的重大工作部署上来，紧紧围绕“科学发展、后发赶超、同步小康”的奋斗目标，扎实推进检察工作，为全区经济社会跨越发展、社会和谐稳定作出了积极贡献。

【紧紧围绕中心服务大局　立足检察职能履行职责】 七星关区检察院坚持围绕中心服务大局，紧紧围绕区委的决策部署和上级检察机关的工作要求，统筹发挥好打击、预防、监督、教育、保护等职能作用，扎实推进平安七星关、法治七星关建设，为实现“科学发展、后发赶超、同步小康”的奋斗目标提供有力的司法保障。一是围绕发生在群众身边、群众反映强烈的民生领域突出问题，积极查办和预防职务犯罪，深层次预防和化解社会矛盾。全年共立案查处贪污贿赂、渎职侵权等职务犯罪案件28件33人，其中民生领域职务犯罪25件30人。通过查办民生领域职务犯罪案件，切实维护群众合法权益，促进社会和谐稳定。同时，加大对涉及扶贫开发、征地拆迁等民生领域刑事案件审查力度，确保快捕快诉，促进快审快结，为民生领域重大工程项目建设的顺利推进提供坚强的法治保障。二是围绕建设健康有序的市场经济秩序，严厉打击合同诈骗、非法集资等严重危害经济健康发展的刑事犯罪活动。通过提前介入引导侦查确保案件质量，快捕快诉确保办案效率，追缴犯罪所得确保办案效果。一年来，共提起公诉6件8人，涉案总金额800余万元，追回被害人损失200余万元。三是围绕党的十八大提出加强环境保护、生态修复，建设美丽中国的要求，积极开展“生态·环境保护检察专项行动”。共查办生态环境领域职务犯罪案件15件20人，批准逮捕滥伐林木、非法占用农用地等犯罪9件15人，提起公诉6件8人；向行政机关发出督促履职检察建议65份，落实“补植复绿”检察建议14件，恢复林地156.7亩，补植树木69250余株；建立两法衔接、信息共享长效机制44个，有力地打击和震慑了破坏生态环境违法犯罪，构筑了生态环境保护“防火墙”。四是围绕服务企业健康发展，营造新型“亲·清”政商关系。2016年以来，组织召开“检察长·董事长”“两长”座谈会2次，邀请60余名国有和民营企业家代表参加座谈，充分征求他们对检察机关服务企业发展的意见和建议。为营造新型政商关系，区检察院出台了服务企业发展的制度、规定12项，到商会、企业开展法律宣传43次，帮助企业解决实际困难21件，有力促进了企业的健康发展。

【适应以审判为中心的诉讼制度改革　切实加强批捕起诉工作】 坚持“打击少数、教育多数、增加和谐、宽严适度”的执法办案工作思路，以人民群众平安需求为导向，积极推进“法治毕节”建设，全力维护社会和谐稳定。（一）突出打击重点，依法严厉打击严重刑事犯罪。针对我区刑事犯罪发案特点和社会治安实际，与公安、法院密切配合，始终把黑恶势力犯罪、严重暴力犯罪、严重影响群众安全感的“两抢一盗”等侵财型犯罪和严重破坏市场经济秩序的经济犯罪、严重扰乱社会管理秩序的“黄赌毒”、聚众斗殴等犯罪作为打击的重点。2016年来，共批准逮捕各类犯罪嫌疑人1004人，提起公诉1011人。（二）完善刑事和解机制，积极化解社会矛盾。在严惩严重刑事犯罪的同时，坚持宽严相济的刑事政策，着力化解社会矛盾，促进社会和谐稳定。一是完善检调对接刑事和解机制，最大限度修复受损的社会关系。因刑事和解不批准逮捕110件170人，不起诉18件22人，建议公安机关撤案7件11人。二是对未成年人刑事犯罪坚持“教育、感化、挽救”的方针，对主观恶性较低、社会危险性较小、认罪悔罪较好，与被害人达成刑事和解且具备监管条件的，依法作出不批捕、不起诉，切实帮助未成年人重回校园。（三）加强羁押必要性审查，充分保障犯罪嫌疑人合法权益。坚持“理性、平和、文明、规范”的司法理念，充分贯彻打击与保护并重，切实维护刑事诉讼当事人的权利，对批准逮捕后双方当事人已达成刑事和解或没有羁押必要性的犯罪嫌疑人依法变更强制措施33件。（四）适应以审判为中心的诉讼制度改革，加大诉讼证据审查力度，更加注重保障律师执业权利。牢固树立疑罪从无、保护人权的司法理念，加强客观性证据的审查力度，坚守防止冤假错案底线；在办理案件过程中，坚持和运用“非法证据”排除规则，严把证据关。经当事人申请启动非法证据排除程序40件次，自行启动30件次，排除非法证据13件次。非法证据被排除后，侦查机关重新补充完善证据8件次，有力地保障了刑事诉讼当事人的诉讼权利。运用电子卷宗制作系统，制作、导出、刻录电子卷宗，确保律师随时阅卷，着力解决律师阅卷难等问题；利用案件信息公开系统将案件信息与律师资料进行关联，律师可以随时随地通过互联网查询所代理案件的相关信息，方便律师参与刑事诉讼。

【加强查办和预防职务犯罪工作，有效遏制职务犯罪】 一是按照中央关于党风廉政建设和反腐败工作的决策部署，积极查办发生在党政机关和领导干部中的职务犯罪，以及发生在群众身边、损害群众利益的职务犯罪。2016年，依法立案查处各类职务犯罪案件28件33人，其中贪污贿赂案件25件25人，渎职侵权案件3件8人。通过办案为国家挽回直接经济损失380余万元。二是深化职务犯罪预防，发挥预防的基础性作用。紧紧围绕扶贫攻坚大战略的实施，秉承“预防出生产力”的工作理念，努力构筑点、线、面相结合的立体预防格局。介入重点工程27个，在项目部设立预防工作室、会签联系制度、开展警示教育。通过对重点岗位人员约谈提醒、参加工程廉洁例会、督促监理建立履职台账等方式开展监督，努力实现工程优质、干部优秀；努力拓宽预防教育工作覆盖面，与观音桥办事处联合建立片区警示教育基地，解决了基层工作人员接受警示教育比较困难的问题；购置流动宣传车，开展法律“六进”活动，共开展警示教育200余次，受教育人数超过2万人次；与22个民生部门签订联系制度，对民生资金实行三级备案和动态监管。

【全面强化法律监督　深入推进司法公正】 紧紧抓住人民群众反映强烈的执法不严、司法不公，不作为、乱作为等突出问题，进一步加强和规范诉讼监督工作，加大监督力度，增强监督实效。（一）进一步加强民事行政监督、民事行政督促起诉工作，积极探索行政公益诉讼。2016年，共办理民事行政申诉案件共7件，提请抗诉3件，不支持监督申请3件，终结审查1件。认真按照《贵州省检察机关督促起诉专项活动工作方案》的要求，牢固树立“抓督促起诉就是促发展”理念，扎实推进督促履职和督促起诉工作，向有关部门发出督促履行职责检察建议书和督促起诉书共计65件，为督促国家工作人员认真履职和防止国有资产流失筑起一道牢固的法律监督防线。积极探索行政公益诉讼，已完成行政公益诉讼诉前程序7件。针对七星关区环保局对毕节贵耀材料科技有限公司违法生产、排污怠于履行监管职责的行为，向仁怀市人民法院提起行政公益诉讼，督促行政机关依法行政，推动法治政府建设。（二）进一步加强侦查、审判监督。一是加强对侦查活动的监督，监督侦查机关立案71件、监督撤案56件，纠正漏捕75人、追诉漏犯56人，提前介入引导侦查40件。二是强化审判监督工作，对适用法律错误、量刑畸轻畸重的案件，依法提出抗诉3件6人，全部获得市检察院支持。（三）进一步加强刑罚执行和监管活动监督。按照检察机关驻所检察执法规范的要求，进一步规范了出入所检查、监区巡视、与在押人员谈话、定期召开联席会议等形式，强化对监管活动的监督。2016年，针对看守所监管安全等方面存在的问题，提出书面检察建议220份；坚持每月到强制医疗机构巡视检察一次，针对发现的问题提出书面检察建议25份；建立社区矫正人员台账，定期与司法行政机关进行数据核对，防止脱管和漏管现象发生。积极开展羁押必要性审查工作，依法提出羁押必要性审查建议共33件；建立纠防超期羁押长效机制，扎实抓好纠防超期羁押工作，公检法三机关连续多年保持了无超期羁押的良好态势。（四）进一步做好接访工作，加强诉讼权利保障和监督。认真执行涉法涉诉信访事项导入法律程序工作机制，升级三级联动视频接访系统，建成控告、申诉、答复一体化服务平台，不断提升接访能力。严格按照“全国文明接待室”的要求，做好群众来信、来电、来访工作，受理群众来信来访166件；严格执行检察长接待制度和首办责任制，及时处理涉检信访案件，受理举报线索50件，控告申诉27件，办理申诉案件6件；加大检察环节司法救助力度，对生活确有困难的刑事被害人及其近亲属提供救助2件，给予救助金8500元。

【深入推进规范司法、科技强检和过硬队伍建设　筑牢检察工作发展基石】 按照建设政治坚定、业务精通、作风优良，党和人民满意的检察队伍总目标，以夯实基础为抓手，不断推进执法规范化、队伍专业化、办案信息化建设。2016年4月得到高检院通报表扬；2016年5月，在全国检察机关基层检察院建设表彰会上，荣获第六届全国"先进基层检察院"荣誉称号。（一）深化执法规范化建设。一是以案件管理为基础，建立集立案、审批、查询、监督于一体的执法办案管理监督系统，实现了案件集中受理、统一进出、流程管理、动态监控、案后评查的案件管理体系。二是对五年来办理的5700余件案件开展质量评查，立行立改、限期整治司法不规范问题12类55个。三是严格执行讯问职务犯罪嫌疑人全程同步录音录像制度，全面推行人民监督员、特约检察员、专家咨询委员制度，进一步落实和完善督察、执法监督、检察人员执法业绩档案等制度，及时发现和纠正执法不规范的问题。（二）深化队伍专业化建设。牢牢把握队伍建设在检察工作中的根本性、基础性地位，紧紧抓住队伍建设"思想、素能、作风"三个关键，有计划、有步骤地推进检察队伍专业化建设。扎实开展"三严三实""三强三铁"等专题学习教育和"规范司法行为专项整治"活动，组织干警接受红色教育，始终确保党员干警严守党的政治规矩和纪律。狠抓纪律作风建设，突出整改"庸懒散慢浮"，旗帜鲜明反对"四风"；严格执行中央八项规定，认真落实党风廉政建设"两个责任"，强化常态化检务督察。（三）深化信息化建设。紧跟大数据、信息化发展步伐，全面运行检察机关统一业务应用系统、检察业务分级保护系统，充分利用集电话、短信、微信、微博、客户端等多种渠道于一身的"12309网上网下一体化服务平台"和案件信息公开系统，已公开法律文书1194份，程序性信息2706条，重大案件信息180条。在区委政府的大力支持下，投资1500余万元，建成一站式检务服务中心，进一步方便群众诉求，树立检察机关为民、便民的良好形象。

（张　茂）

法　院

【概述】 2016年，七星关区人民法院紧紧围绕"努力让人民群众在每一个司法案件中都感受到公平正义"的目标，牢牢坚持司法为民、公正司法工作主线，忠实履行宪法和法律赋予的职责，狠抓执法办案第一要务，各项工作取得了新的进展，为实现全区社会和谐稳定和决战贫困、同步小康的奋斗目标提供了有力的司法保障。

【加强审判执行工作　提高审判工作质效】 该院共受理各类案件9094件，审结8501件，结案率为93.48%，法定审限内结案率为100%。同比收案增加1528件，增长20.2%。结案增加2141件，增长33.66%，收结案总数均大幅增长。

（一）加大刑事犯罪惩处力度，全力维护社会安全稳定。共受理刑事案件729件，结案725件，结案率99.45%。在刑事审判工作中，一是全面贯彻宽严相济的刑事审判政策，以打击为辅、教育感化为主，达到震慑犯罪目的。二是紧紧抓住影响群众安全感的突出问题，加大对黑恶势力犯罪、"两抢一盗"、故意伤害、强奸等严重刑事犯罪的打击力度。三是加大刑事附带民事诉讼案件调解力度，着力化解社会矛盾纠纷，最大限度增加和谐因素。四是全面实施量刑规范化，规范了法官的自由裁量权，实现了量刑的公平公正，增强了量刑的均衡性。五是加强未成年人刑事审判工作，认真贯彻"教育、感化、挽救"的刑事审判政策。对初犯、偶犯的未成年犯罪人依法减、缓、免处罚。六是严格执行《刑法修正案九》对贪污贿赂等职务犯罪的规定，注重对犯罪情节的审查，根据省高院的指导意见规范职务犯罪案件的量刑，推进反腐败工作深入开展。（二）公平公正审理民商事案件，切实维护当事人合法权益。

该院牢固树立司法为民的宗旨，高度重视公民和法人合法权益，不断完善各项司法为民措施，妥善审理民商事案件，做到解民忧、惠民生。共受理民商事案件6390件，审结6009件，结案率为94.04%。在民商事审判工作中，一是加强合同侵权类纠纷案件的审理力度，构建诚实、信用的交易环境，保护公民、法人的合法权益。二是依法审理合同纠纷，平等保护各方当事人合法权益，构建公平、诚信的交易环境。共审结合同类纠纷案件3179件。三是高度重视公民人身权和财产权保护，妥善处理各类权属、侵权纠纷，保护公民的合法财产，保护身体健康，保护生命权益，维护妇女、儿童、老人、残疾人等弱势群体的合法权益。共审结权属、侵权纠纷案1206件。四是加强婚姻家庭纠纷案件的审理力度，积极倡导尊老爱幼、团结互助、和睦相处的家庭关系和人际关系，制止家庭暴力，消除家庭对立，弥合亲情，构建和谐家庭关系。共审结婚姻家庭纠纷案1624件，签发了全省首例人身安全保护令。强化了通过司法途径反对家庭暴力的职能。五是构建多元化矛盾纠纷解决机制，坚持“调解优先、调判结合”的原则，加强诉前调解，推动人民调解、行政调解与司法确认相结合的工作体系。六是加强人民法庭的管理工作，落实人民法庭“审理者裁判，裁判者负责”的案件审理责任。加大巡回审理工作的力度，强化人民法庭贴近基层、服务群众的职能，切实提高了人民法庭办案质效。人民法庭共受理案件2293件，结案2199件，结案率95.9%。（三）依法审理行政案件，促进行政机关依法行政。注重监督和支持行政机关依法行政，认真落实行政案件交叉集中管辖制度。共受理行政案件156件，结案154件，结案率为98.72%。审查行政非诉案件17件，结案17件。在行政审判工作中，一是坚持监督与支持相结合的原则，既支持行政机关依法行政，又切实保护公民和法人的合法权益，努力化解行政纷争，增强公民、法人与行政机关的法治意识。二是依法强化行政机关负责人出庭应诉制度，督促行政机关正当行使权利、履行职责，促进法治政府建设。（四）强化执行工作，维护法律权威。共受理执行案件1782件，执结案件1576件，结案率为88.44%。同比，收案增加657件，结案增加755件。在执行工作中，一是通过对被执行人依法采取追究刑事责任、司法拘留、罚款等强制措施，并加大联合信用惩戒力度，强制被执行人履行义务。共公开失信被执行人信息274人，使失信被执行人在银行贷款、乘坐飞机、高铁出行、出国（境）、高档消费等受到限制。二是建立执行案件信息公开、执行指挥中心、执行查控系统和网络拍卖等信息化平台。执行案件信息公开平台实现了执行案件信息全程网上公开。执行指挥中心实现了执行现场与指挥中心密切配合。执行查控系统实现了工商、银行、房产、国土等部门的信息资源共享，及时查封被执行人银行账户存款、房屋、土地等财产。公开透明的网络拍卖最大限度地保护了当事人的合法权益。三是建立执行案件归口管理制度，规范执行行为。实现审、执分离，提高执行工作效率。四是强力破解执行难问题，保障有财产可供执行的案件如期得以执行，切实维护司法权威。对案件无财产可供执行、生活比较困难的执行权益人实施司法救助，体现司法人文关怀。

【创新便民措施　方便群众诉讼】　一是加强诉讼服务中心建设，全面推进诉讼服务中心转型升级，坚持硬件与软加强硬件设施建设，配置诉讼服务一体机、立案登记取号机、打印机、传真机、审判流程显示屏等设备。加强软件升级，按照“系统化、信息化、标准化、社会化”的要求，设置导诉分流台，开通网上立案“12368”诉讼服务热线，为当事人和诉讼参与人提供“一站式”诉讼服务。二是严格贯彻落实立案登记制，坚持有案必立，有诉必理，彻底解决了“立案难”的问题。三是健全涉诉信访工作机制，建立日常接访工作制度和每周三领导接访制度，开通法院系统网上信访、接访渠道，建立申诉案件由律师代理制度，引导当事人依法正确表达诉求，通过规范涉诉信访途径解决涉诉信访事项。四是加强人民法庭建设，为边远地区群众诉讼提供便捷服务。加大人民法庭办公用房、办公自动化的经费和人员投入，优化司法服务环境，切实解决人民法庭工作中的实际困难。人民法庭加大巡回审判工作力度，服务基层群众的职能得到有效发挥。

【稳步推进司法改革工作　全面落实司法责任制】（一）改革审判责任制，构建起由“审理者裁判、让裁判者负责”的审判权力运行机制。一是从改革人民法庭办案负责制开始，逐步推动建立全面覆盖刑事、民事、行政三大诉讼领域的审判责任制，取消了院长、分管领导、庭长对大部分案件的裁判权和裁判文书行政审批权，保障审理权和裁判权相统一，改变了长期以来“审者不判、判者不审”的传统司法管理模式。二是配套改革审判委员会议事制度，发挥审判委员会统筹审判执行工作和把关重大疑难案件的职能作用，减少审判委员会对个案的讨论决定权，大量个案裁判权由合议庭和主审法官行使。三是推进法院人员分类管理改革，实行员额法官、法官助理（书记员）和后勤人员分类管理制度。在省、市法院统筹下，通过考核、考试、答辩等环节，遴选出首批员额法官45人，获省法官检察官遴选委员会任命。（二）加强改革试点工作，提高审判效率。一是建立轻微刑事案件快速办理工作机制，对案件事实清楚、被告人认罪、处刑在三年以下的轻微刑事案件，要求当庭审理、当庭裁判，轻刑案件平均办案周期5天，最快4天，有效提高了司法效率。二是探索“家事案件”新的审理模式。2016年，最高人民法院确定该院作为“家事审判”试点法院后，该院成立了家事审判工作领导机构，制定家事审判工作实施方案和实施细则，设立专门的家事审判合议庭。在家事案件的审理中，该院加强案件的诉前、诉中调解。设置情感修复期，弥合亲情。聘请心理咨询专家，做好家事案件当事人的心理疏导，督促家庭成员之间相互履行法定义务，维护家庭和谐关系。三是建立民事诉讼“小额速裁制度”，制定了《毕节市七星关区人民法院审理小额诉讼民事案件实施办法（试行）》，明确了小额诉讼的受案范围和向普通程序转换的规定，对该类案件定额收取诉讼费20元，为减轻当事人诉累、节约司法资源发挥了积极作用。（三）改革审判管理模式，提高案件质效。一是健全绩效考核工作机制，完善考核制度。强化审限内结案率、调解率、简易程序适用率等核心指标的考核。二是加强案件质量评查工作力度。对已结案件的程序、实体进行评查，确保诉讼卷宗及时移送归档管理。三是完善案件对外委托评估鉴定制度。保障评估鉴定公开、公正实施，防止评估鉴定拖延办案时限，切实维护当事人的合法权益。四是建立错案认定和责任追究制度。明确错案范围、标准，完善错案认定程序，监督审判执行权的正确行使。五是认真贯彻落实中办、国办关于《领导干部干预司法活动、插手具体案件处理的记录、通报和责任追究规定》，建立干预案件办理登记、监督制度。随案发放办案监督卡和干预案件办理登记表，防止领导干部和司法机关内部人员干预案件办理，杜绝办理关系案、人情案，确保办案结果的公平公正。

【加强信息化建设　促进司法公开】　一是以信息化为载体，打造审判流程、执行信息和裁判文书“三大公开”平台。二是加强科技法庭建设，该院投入200余万元资金新建14个审判法庭同步录音录像和后台储存系统，为今后实现庭审网络直播和建立电子卷宗夯实基础。三是推进办公自动化建设，启用电子签章，公文收发、文书审批处理都在内网系统上进行。四是加强审判管理信息化建设，设立审判管理部门，加强审判执行流程信息管理，实时跟踪案件质效、案件审限，如实记录部门和法官办案绩效指标，为审判管理提供科学决策依据。

【强化队伍建设　提高司法能力】　按照“专业化、职业化、正规化”的队伍建设要求，着力打造一支政治坚定、业务精通、作风优良、执法公正的法官队伍。一是以思想政治建设为根本，深入推进“党的群众路线教育”“两学一做”学习教育、司法廉洁教育、“三强三铁”主题教育活动，着力整顿司法作风，规范司法行为，强化法官政治意识、大局意识、法治意识，始终确保法官队伍政治本色。二是建立法院人员分类管理制度，实行专业职务序列分类和法官员额制度，以构建员额制法官队伍为目标，着力开展员额法官遴选工作。根据上级法院要求，认真组织员额法官的考试、考核和答辩等工作，经省法院、省检察院法官、检察官遴选委员会考核任命，遴选出了该院首批员额制法官45名，占该院编制总数的26.9%。三是坚持问题导向、需求导向，加强干警的业务素质培训，增强培训工作的针对性和实效性，着力提升法官队伍整体素质和业务水平，确保能力上过硬。四是以党风廉政建设为关键，严格执行《中国共产党廉洁自律准则》和《中国共产党纪律处分条例》，严明党的政治纪律和政治规矩，落实好管党治党的主体责任。深入开展司法巡查、审务督察工作，严格执行《司法机关内部人员过问案件的记录和责任追究规定》，坚决查处违法违纪行为，确保队伍清正廉洁，确保作风上过硬、廉洁上过硬。认真落实“一岗双责”责任制和廉洁保证金制度，开展廉政警示专题教育，制定举报监督和廉政谈话制度，健全内部监督制约机制。五是以激励机制为手段，着力提高干警工作热情。畅通晋职晋级渠道，解决好法院干警职务晋升和政治待遇问题；加强案件绩效资金补助，使案件绩效与案件补助资金和考核提拔直接挂钩，使办案绩效成为进入法官员额的参考依据，通过动态考核激励机制保障司法队伍活力。一年来，区人民法院抓住司法重点，加强审判执行工作，大力化解矛盾纠纷，优化队伍建设、强化审判管理，锐意司法改革，提升诉讼服务水平，推行司法公开，树立了良好的司法形象，法院工作得到了人民群众的信任和肯定。

（黎景春）

司法行政

【围绕法治七星关建设　切实维护社会和谐稳定】　一是做实社区矫正工作。区局以两办名义草拟了《中共七星关区委办公室七星关区人民政府办公室关于进一步加强社区矫正工作的意见》，并经区委、区政府会议审议通过。积极推动社区矫正机构队建制建设。在落实定期检查制度基础上，区局对重大节日、特殊敏感时期做好社区服刑人员安全稳定工作提出具体要求。今年区局已对各基层司法所社区矫正工作进行了通报。组织全区基层司法所工作人员参与由市司法局组织的社区矫正工作业务培训。截至2016年12月底，全区累计接收社区服刑人员1969人，累计解除1420人，现在册585人（其中管制0人，缓刑381人，假释139人，暂予监外执行29人；未成年14人，六十岁以上15人；男性511人，女性38人），累计撤销缓刑12人，累计撤销假释8人，累计对暂予监外执行罪犯收监执行17人，累计再犯罪7人（均为2015年前的，2016年没有重新犯罪人员）。二是做好人民调解工作。按照《关于开展人民调解案卷审核工作的通知》要求，认真落实人民调解分级审核制度，且将审核结果与“以案定补”挂钩。一年来，全区司法行政工作共排查调解各类矛盾纠纷1321件，调解成功1203件，其中疑难纠纷179件，涉及协议金额4700多万元；接受委托调解16件，其中检察院移交检调对接案件3件，法院诉调解对接移交案件2件，其他案件11件。认真贯彻落实全区多元化调解组织建设推进会精神，推进人民调解与行政调解、司法调解的衔接机制建设，依法依申请做好人民调解协议司法确认工作。司法确认人民调解协议6件。采取实地督查的方式，对全区人民调解化解矛盾纠纷研判预警机制的运行情况进行了督查，并下发通报。三是做细安置帮教工作。细化2016年安置帮教工作任务，组织开展安置帮教对象大排查“回头看”活动，进一步摸清了重点安置帮教对象的底数，最大限度地减少了重点帮教对象脱管漏管现象的发生。截至2016年12月底，我区刑释人员2012年实际登记数为1032人，帮教1032人，安置1007人；2013年实际登记数为974人，帮教961人，安置961人；2014年实际登记数为918人，帮教918人，安置856人；2015年实际登记数914人，帮教人数872人，安置人数845。2016年实际登记数977人，帮教人数977人，安置人数977。目前，全区帮教期内刑释人员共4815人，安置4646人，安置率96.49%，帮教4760人，帮教率98.86%。四是做优信访维稳工作。认真贯彻落实全区通过法定途径分类处理信访投诉请求工作会议精神，在充分征求区直政法部门意见的基础上，通过律师自荐和律师事务所推荐，建立了区直律师参与化解和代理涉法涉诉信访案件律师库。制定了律师值班制度，制作了律师接访记录本、值班律师牌，按月制定律师值班表。举办了全区律师政治业务暨参与化解和代理涉法涉诉信访案件培训班，进一步提高律师参与化解和代理涉法涉诉信访案件的技能和水平。

【围绕经济社会发展　继续优化法律服务质量】　一是着力加强律师工作认真做好律师事务所和律师执业年度考核工作，对7家律师事务所和48名律师进行年度检查考核。督促律师参加网络培训和党员律师在线学习培训，组织新执业律师开展宣誓活动。加大律师违规查处力度。认真开展律师行业“依法诚信规范执业示范岗”创建活动，两次到城区律师事务所开展督查。扎实开展律师学雷锋服务月活动，继续倡导区直律师事务所共结对帮扶13名失亲儿童。扎实推进律师行业“两学一做”学习教育，加强律师党组织阵地建设，继续开展“五抓五送”活动。一年来全区律师共办理各类案件154件，其中，刑事辩护案件21件，民事经济案件82件,行政案件5件，非诉案件10件，法律援助案件36件。二是着力加强公证工作。扎实开展公证便民惠民服务年主题活动，制定了实施方案，召开了动员会，开展了督查。全年，全区共办理各类公证事项130件，同比增长58.5%。

【围绕法治七星关建设　认真做好法治宣传工作】　一是认真谋划，积极筹备“七五”普法。提请区委区政府成立了七星关区法治宣传教育工作领导小组。提请区委办、区政府办印发了《2016年全区法治宣传教育工作要点》，召开了领导小组会议，总结2015年法治宣传教育工作，部署下一步重点任务，制定了《七星关区法治宣传教育工作领导小组成员单位2016年度重点目标任务》。二是凝势聚力，继续推进法治文化阵地建设。会同区委宣传部、区教育局等部门印发了《关于推进全区法治宣传教育基地建设的意见》，推进法治宣传教育基地规范化建设。三是创新载体，全面深化基层民主法治建设。对照标准对全区范围内2004年至2016年获得全国和全省民主法治示范村荣誉称号的村进行复核。组织开展第三批“省级民主法治示范村（社区）”创建工作。四是多措并举，积极营造法治宣传浓厚氛围。开展“深化法治宣传共建文明城区”主题活动，组织区法治宣传教育工作领导小组成员单位等20家单位200余名普法志愿者，分赴城区100多个小区，集中开展法治宣传教育工作。积极开展“三八维权宣传周”活动，组织律师、公证员开展法律服务活动。组织法律援助律师深入区看守所、戒毒所开展“送法进监所”活动。参加“国家安全日”“环境保护日”“安全生产月”集中宣传活动，组织普法志愿者宣传国家安全、环境保护、安全生产等法律法规。五是树立典型，全面推广法治宣传先进经验。投资6万元在七星关区海子街镇打造“法治一条街”,投资14万元创建了“洪山街道洪山社区、市东街道水西田社区、普宜镇宜兴社区、朱昌镇双堰村、海子街镇大湾村”5个省级民主法治示范村（社区），展示法治宣传阵地建设成果。

【围绕民生工程要求　扎实推进法律援助工作】　一是抓联动，加强沟通协作。完善联席会议制度，建立与公、检、法的长效沟通协调机制，贯彻落实区直政法部门制定的《关于加强刑事法律援助工作的意见》，全面加强侦查、审查起诉及审判阶段的刑事法律援助工作。优化刑事法律援助案件承办人员结构，加大社会律师办案的指派力度，鼓励律协理事、律所主任、党员律师积极办理重大疑难刑事法律援助案件。二是抓监管，强化办案质量。对法律援助民生工程实行每月通报，季度督查、年终总结制度。严格执行法律援助管理质量标准，对重大疑难案件实行集体讨论、全程跟踪、重点督办。规范法律援助人员的法律服务行为，对每一个法律援助案件安排一个质量监督员，进行全程监督回访。建立与办案质量挂钩的办案补贴发放制度，确保受援人获得合格的法律服务，维护民生工程的社会声誉。三是抓宣传，做到入脑入心。印发了《七星关区司法局2016年法律援助工作宣传方案》，明确了全区法律援助工作的宣传重点、宣传方式。在城区人流量集中的东客站、人民公园、南关桥等投放法律援助民生工程公益广告。全年共办理各类法律援助案件502件，其中受理刑事案件125件，民事及其他案件374件，行政案件3件。法律咨询服务6156人次。

【围绕强基固本目标　着力提升队伍整体形象】　一是强化管理，加强干部队伍建设。认真开展“两学一做”学习教育活动，巩固拓展党的群众路线教育实践活动和“三严三实”专题教育成果。大力开展司法行政队伍教育培训，先后举办了全区基层司法所长暨社区矫正负责人培训、法律援助专场培训、政务信息写作、行政机关公文写作与处理培训等，进一步提升了队伍的业务素质和工作能力。严格执行《七星关区司法局干部职工日常管理考核实施方案》，按月对全局干部职工进行效能考核。二是突出重点，抓好机关党建工作。局党组专题研究机关党建工作。建立机关党建微信群，创建学习载体，把学习渗透到党员日常工作生活中。举办党务干部培训班，组织基层党支部书记参加全区党组织书记培训班，提升党务干部素质。严格落实“三会一课”等制度，严格党内组织生活。认真开展党组织关系梳理、党费排查工作。扎实做好基层党组织结对共建和帮扶失亲儿童活动，落实与层台镇玉龙村结对结对帮扶两年规划，积极开展结对共建工作。组织党员到结对共建村开展志愿服务和慰问困难党员群众活动。强化律师党建工作，评选表彰先进基层党组织、优秀党务工作者、优秀共产党员。三是遵规守纪，强化党风廉政建设。印发了《2016年全区司法行政系统纪检监察工作要点的通知》，将运用监督执纪“四种形态”列为2016年党风廉政建设工作重点。召开了全区司法行政系统党风廉政建设和反腐败工作会议和全区司法行政系统践行“四种形态”现场会，对践行“四种形态”提出明确要求。认真贯彻落实党组主体责任和领导班子的“一岗双责”，制定了《七星关区司法局2016年党风廉政建设责任书》，局党组书记与分管领导、局机关各科室主要负责人、直属单位主要负责人层层签订责任书。认真落实省区要求，制定了《七星关区司法局关于学习贯彻〈领导干部干预司法活动插手具体案件处理的记录通报和责任追究实施办法〉和〈司法机关内部人员过问案件的记录和责任追究实施细则〉的通知》，坚持零报告制度和重大典型案例随时报告制度。

【干部队伍建设工作】　一是领导班子和干部队伍建设取得了显著成效。结合党的群众路线教育实践活动的开展，我局把加强队伍建设摆在全局工作的突出位置。以发挥基层党组织战斗堡垒作用和党员干部先锋模范作用为重点；以提高整体素质为目标，大力加强干部教育培训工作，开展政法干警核心价值观教育实践活动；通过以上举措，努力提高了全系统人员的政治、业务素质，队伍建设取得了新成效。二是党风廉政建设进一步加强。按照党的群众路线教育实践活动相关要求组织干部职工学习，以“四风”整治和查摆问题为核心，开展了廉政风险防控工作。加强反腐倡廉教育、提高干部队伍素质，通过学习教育，让广大司法行政干部职工整体素质有了明显提高。

（办公室）

经济管理与监督

发展和改革

【概述】 2016年，在区委的正确领导下，在区人大和区政协的监督、支持、帮助下，努力克服经济下行不利因素影响，紧紧围绕区一届人大五次会议确定的各项目标任务，牢牢把握主基调主战略，全面践行五大新发展理念，主动适应经济发展新常态，以守底线、走新路、奔小康为总纲，以“开局就是决战，起步就是冲刺”的劲头，统筹做好稳增长、促改革、调结构、惠民生、防风险各项工作，全区经济运行开局有力，调度有序，精准有效，全区经济社会实现了持续快速健康发展。预计实现地区生产总值320亿元，同比增长10%，其中，第一产业增加值65亿元、同比增长6.5%，第二产业增加值104亿元、同比增长10%，第三产业增加值151亿元、同比增长16%；全部工业增加值87亿元，同比增长6%；500万元以上固定资产投资预计完成231亿元，同比增长22%；公共财政预算收入预计24.18亿元，同比增长5.72%；税收收入62.22亿元，同比增长2.13%；社会消费品零售总额预计完成121.3亿元，同比增长13%；城镇常住居民人均可支配收入预计完成26656元，同比增长8.3%；农村常住居民人均可支配收入预计完成8026元，同比增长12.8%；招商引资实际到位资金171.44亿元，同比增长26.23%。面对宏观经济持续下行压力，特别是在经济增速稳中缓降的情况下，实现了结构优化，效应增强，主要指标处于合理区间，经济运行总体平稳。

【农业产业化有序推进】 农业产业发展步伐加快。继续实施粮食增产工程。粮食总产量达46.01万吨，高于40万吨的计划预期；积极推进现代烟草农业基地单元建设，完成烤烟种植4.8万亩、烟叶收购11.5万担。省级农业园区4个，入驻企业和合作社53家，实现产值3.6亿元，带动农民1.5万人。

【新型工业化势头强劲】 七星关经济开发区功能和产业布局进一步完善，引进新能源汽车、新型建材、电子科技等产业，园区入驻企业58家，实现工业总产值30亿元、工业增加值8.79亿元。清丰建材产业园、何官屯孵化园等8个乡镇园区入驻企业47家，实现产值1亿元。煤电烟酒传统重点产业加速转型升级，新能源汽车、LED等高新技术和战略性新兴产业呈现旺盛发展态势。

【现代服务业高端集聚】 鸡鸣三省、七星古城等景区建设加速推进，基本建成国家森林公园拱拢坪景区、小河彝族风景区、朱昌农业观光园区等景点景区。成功引进阿里巴巴农村淘宝、京东商城等40家电商企业入驻电子商务产业园，区－乡－村三级物流集散营运体系基本建成，初步形成线上线下互动创业创新格局。商贸物流服务业发展迅速，创美农副产品批发市场、毕节小商品综合批发市场等一批专业市场建成投入使用；桂花市场、石桥边物流园区等项目建设进展顺利。交通运输、信息咨询、餐饮业稳步发展。

【项目建设稳步推进】 一是扎实开展项目谋划储备。紧密围绕国家产业政策和投资意向，积极谋划基础设施、产业发展、社会民生等方面项目，全区项目库累计储备项目2172个，项目总投资2068.4亿元，已全部进入“国家重大项目库”平台系统，形成了“梯次明显、结构优化、接续有力”的项目储备格局。二是积极向上争取项目。抓住国家组织实施“十三五”规划和支持试验区发展的有利时机，加强向上对接沟通，重点做好中央预算内投资和专项建设资金项目争取工作。共向上争取到中央投资项目59个，项目总投资4.96亿元，其中中央投资2.6亿元，项目已全部开工建设；争取中央专项建设基金项目39个，总投资459.88亿元，申请专项建设基金90.37亿元。三是加快推进项目建设。以重大工程和重点建设作为促投资稳增长的有效措施和有力抓手，采取项目集中开工和项目观摩、“百日会战”等方式，促进项目尽快开工建设，推动项目按计划建成投产。全区列入省、市重大工程和重点项目共95个，项目总投资587.39亿元，其中：省重大项目25个，总投资330.15亿元，完成投资79亿元，占年度计划的114.2%；市重大项目70个，总投资257.24亿元，完成投资84.93亿元，占年度计划的116.3%。

【基础建设不断完善】 以“五城同创”为引领，围绕“一城三园五组团”城市框架体系，努力打造产城一体中心城区。一是突出抓好中心城区建设。启动环城快速通道、林荫大道、百里杜鹃大道东段和同心新区石桥边物流园区道路建设；推进发展路、德溪新区四号路、兴海大街东段、倒天河治理三期工程建设；完成观水路一二标段、常青路、同心大道上下营支线和天河路与环北路连接建设，城市网络通信、电力设施、给排水、市场、公厕、垃圾清运等市政设施日臻完善。二是农村基础设施不断完善。启动大箐至二龙关，草堤至总溪河、海子街至卧牛河3条省道前期准备工作，实施椅子房至团结等3条县乡道改造25.41公里；实施生机至杨柳湾、普宜至大屯2条县乡公路大修，实施通村油路（水泥路）窄路面加宽工程计划6条25.3公里，实施小康路共计2883.5公里，其中通村路共289个项目1040.39公里，通组路共1095个项目1121.26公里，连户路共2533个项目591.28公里，人行步道共406个项目130.57公里，预计总投资7.3亿元。快速推进双河口水库、龙官桥水库建设工作，配合作好夹岩水利枢纽工程建设。全力推进农网升级改造、配电网升级改造等供电通信设施建设，积极支持3G和4G通信、宽带和光纤网络等通信建设。三是人居环境不断改善。启动实施“贵州民居”建设4000户。181个“五在农家·美丽乡村”创建工作有序推进，完成农村危房改造5584户。

【民生事业协调发展】 一是社会保障不断完善。实现城镇新增就业11150人、失业人员实现再就业2160人、农村劳动力转移就业20895人，城镇登记失业率控制在4.1%以内；社会救助水平明显提高，实现城乡低保“应保尽保”。二是教育事业长足发展。以“控辍保学”为核心，深入实施教育“普十五”计划，学前三年毛入园率86.53%，“三残”儿童少年入学率90.95%，九年义务教育巩固率98.66%，幼儿园“两教一保”达标率90.11%。完成23所薄弱学校改造，毕节二十小建成并投入使用，实现农村义务教育阶段营养餐全覆盖。三是卫生事业不断进步。强力推进区二医、区肿瘤医院建设项目。10个乡镇卫生院标准化建设全部完工，实现乡镇卫生医疗全覆盖。“四位一体”的农村医疗保健服务体系建设不断完善；人口和计划生育服务水平明显提升，符合政策生育率达91.4%。四是“十件民生实事”圆满完成。完成易地扶贫搬迁2286户8416人。建成同心城市公园和北镇关公园，改造提升虎踞山公园和德溪公园向市民开放。建成3个农贸市场、1个专业木材市场、7个公厕，春节前基本建成毕节八中门口跨河人行桥，全面推进4个城市立体停车场建设。开通6条农村客运班线，新增投放160辆城市出租车。新增巩固提升15万人农村饮水安全工程，倒天河水厂改扩建有序推进。超额完成1.1万户城市棚户区改造任务，完成农村危房改造5584户，全面开工建设保障性安居工程1000套。建成42个城乡就业和社会保障平台，落实“3个15万”扶持政策，新增带动就业4000人。建成100个山村幼儿园并投入使用；整合资源启动区第三实验学校、区第一实验学校扩建工程，开工建设区第二、第四实验学校。文化馆、图书馆建设有序推进，建成区全民健身活动中心和14个村级农民体育健身工程，公益电影放映实现村村覆盖。五是物价总水平基本稳定。全区物资供应充足，粮食类价格保持稳定态势，肉、禽、蛋类涨跌互现，在合理区间运行，全年居民消费价格指数约为2%，控制在国家和省调控目标范围内。六是“四关爱”工作全面启动。强化“双线、七长、九平台”关爱机制，全方位、多举措推进“四类人员”的关爱救助工作。

【生态建设成效显著】 一是大力实施林业生态工程，完成各类营造林任务30.54万亩，森林覆盖率达51.73%。二是加大节能减排工作力度，严格节能目标考核，实行动态跟踪管理；积极配合省、市开展辖区内“万家企业”、用能单位能源利用状况监察工作；加强审批项目源头管理，积极推行固定资产投资项目节能登记、审查和评估办法，严禁不符合产业政策项目落地。三是狠抓环境保护工作，完成倒天河水库环境综合整治项目；开展污染防治及环境应急工作，化学需氧量、氨氮进一步削减，主要污染物排放量均控制在省、市下达的指标范围内。

通过全区上下的不懈努力，2016年全区经济发展总体保持了良好态势。在肯定成绩、增强信心的同时，我们也清醒地认识到，我区的发展还面临着不少的困难和问题：一是经济新常态下，持续增长压力较大，个别指标如规模工业增加值未达到预期目标要求；经济发展质量还不够高，保持经济持续较快增长的任务艰巨。二是经济结构矛盾比较突出，工业主要靠“两烟”和“电力”的结构短期内难以改变。三是财政收支矛盾仍较突出。保工资、保民生、保运转等刚性支出在40亿元以上，远高于公共预算收入。城市建设、项目配套等需大量融资解决。四是基础设施仍不完善，民生欠账较大，扶贫攻坚任务还很艰巨，城乡居民增收、教育和卫生均衡发展、生态文明建设等方面仍需加强。五是部分在建项目推进迟缓，资金、土地等要素瓶颈制约依然突出。针对上述困难和问题，我们将高度重视，认真分析，总结经验，采取切实有效的办法和措施加以解决。

（陈定德）

国土资源管理

【概述】 2016年，七星关区国土局在区委、区政府和市国土资源局的正确领导下，在各镇（乡）街道和区直相关部门的大力支持下，在全体干部职工的共同努力下，进一步转变工作作风，强化依法行政，提升保障发展的服务能力，严格保护耕地，强化节约集约利用资源，各项国土资源工作顺利推进。

【用地保障】 获省政府批准用地5宗，面积1755.89亩；上报并经省审核通过的用地报件2宗，面积1170.31亩，即将获批；市审查通过即将上报省的用地报件3宗，面积1388.10亩；上报市政府审查用地报件1宗，面积516.60亩；正在组织用地报件1宗，面积521.00亩。在供地工作中突出重点，对棚户区改造、保障性安居工程、农村宅基地、生态移民搬迁等民生用地应保尽保。划拨供应国有土地20宗，供应面积884.94亩。做好土地出让和融资工作。挂牌出让土地22宗，面积1040.12亩，出让价款4.04亿元。以7784.38亩土地作抵押，区融资48.42亿元。两项合计，通过经营土地筹集资金逾52.46亿元。加强建设用地批后监管。认真清理存量土地，通过科学规划、合理布局，充分发挥土地资源的利用空间和潜在价值，提高土地的利用效率和产出效益。

【耕地保护工作】 有序推进永久性基本农田划定。完成城市周边乡镇永久性基本农田划定内业工作，经划定，区城市周边永久性基本农田面积4274.0836公顷，成果已报省国土资源厅审查，待审查通过后，将进入立牌、定界及责任书签订阶段。其他永久性基本农田划定工作有序推进，力争在2016年底前将全区永久性基本农田划定的图、表、报告、库等全部成果上报验收。高标准基本农田建设项目有序推进。正在实施的高标准基本农田建设项目共16个，其中省级项目5个，市级项目11个，在建项目8个，完工待验收项目8个，总建设规模83915.92亩，总投资13871.18万元，预计建成高标准基本农田71328.53亩，并划定为永久性保护区进行保护。城乡建设用地增减挂钩工作持续开展。省国土资源厅下达我区2016年度增减挂钩试项目指标100亩，项目实施规划编制即将完成，相关成果待上报审查，初步确定拆旧区可实施复垦面积107.55亩，项目全部实施后，可复垦耕地面积96.80亩，扣除留用安置区后，可结余指标约10亩。工矿废弃地复垦工作正常推进。省厅下达我区2014年度工矿废弃地复垦指标450亩，目前《专项规划》编制已完成，相关成果已上报审查，待批复实施。“十三五”土地整治规划编制有序推进，已落实作业单位，即将按相关要求开展规划编制，确保按时提交成果。

【矿政管理工作】 配合做好煤炭企业兼并重组工作。全区30个煤矿已全部进入集团公司，兼并重组关闭煤矿4个，兼并重组后申请扩界煤矿6个。推进砂石土资源采矿权整合，应开展整合的32个乡镇，其中，27个乡镇完成整合；1个乡镇完成部分整合，上报了整合意见；4个乡镇未完成整合，未上报整合意见。在原有111个砂石土资源采矿权中，整合后砂石土资源采矿权总数不超过66个，已将现87个砂石土资源采矿权已整合为50个（其中达生产规模的6个，已整合变更登记的矿山19宗，正在准备资料的矿山有25宗），其他24个因存在矛盾纠纷，暂未达成整合协议。完成2015年度采矿权年检工作。完成“鸭池上坝村地热水资源整装勘查”成果资料汇交，省国土资源厅已批准将该项目列入2016年探矿权出让计划，现114地质大队编制的地质报告已经专家评审，正按专家意见修改完善，待省国土资源厅下发评审批复后由省矿业权储备局编制矿业权出让方案，转省公共资源交易中心按程序出让。委托中国地质科学院岩溶地质研究所对七星关区洒渔河流域的岩溶地质景观资源进行调查、勘测、评估，提交省级地质公园申报材料，完成七星关鸡鸣三省地质公园省级地质公园的前期申报工作，力争2016年底获批。开展全区旅游资源大普查工作，按时完成全区551个村（含金海湖区83个村）的旅游资源普查工作，并建立了全区旅游资源数据库。协助中国地质科学院岩溶地质研究所开展柱钟幅（G48E002014）、赤水河幅（G48E002015）1：5万水文地质调查。协助贵州省地质矿产勘查开发局112地质大队完成国家地下水监测工程毕节市七星关区野角乡天星村、鸭池镇营中岩村、清水铺镇东山村三个地下水监测站点建设工程工作。

【地籍测绘管理工作】 严格保护测量标志。对全区87个测量标志进行复核并建立了巡查台账表和复核登记。加强测绘市场管理。对测绘成果保密和地图市场进行检查。推进第一次地理国情普查工作。做好土地登记工作。完成国有出让土地使用权初始登记31宗，国有划拨土地使用权初始登记24宗，国有土地使用权变更登记1806本，抵押登记33宗，集体土地使用权登记16宗；开展地籍档案公开查询65余次，完成日常登记颁证权籍调查84宗；开展确权工作，受理土地确权案件6件。拓展不动产登记试点工作，采取直升机实地正射航空拍摄，内业矢量化成图，对七星关区中心城区15平方公里建筑物进行倾斜摄影制作。受中心城区道路改造、棚户区改造、城市建设等因素影响，对中心城区地籍区、地籍子区进行重新划分，现已完成45个地籍区、649地籍子区的划分工作。对中心城区下一步不动产登记数据整合、土地、房屋等不动产落地、落宗一一对应夯实基础。以“易地扶贫搬迁、地质灾害防治、新农村建设、移民安置、小城镇建设”等项目为切入点，开展房地一体发证试点。目前，已完成撒拉溪镇撒拉村，长春堡镇干堰村，小吉场镇高兴村、河尾村，放珠镇白泥村、碗厂村，层台镇付家沟村及野角乡、杨家湾等7

个镇9个村共220宗地质灾害搬迁、新农村建设宅基地“房地一体”测绘及权籍调查工作。宗地面积29370.5平方米，建筑面积39737.93平方米，争取2016年10月份公示并陆续颁发不动产权证书。为群众资产变资本、推进农村经济发展进一步夯实基础。

【地质灾害防治】 做好防灾减灾基础工作。修订完善2016年全区地质灾害防治方案，并报区政府发布实施；指导、督促各乡镇完善辖区内地质灾害防灾预案和应急预案，每个隐患点均制定防灾避险预案；区政府与各镇（乡）、街道及相关部门签订《2016年度地质灾害预防和处置工作责任书》，进一步明确工作职责。年初，省授予我区地质灾害防治高标准“十有县”建设先进单位称号。通过治理搬迁或科学监测研判，在2015年273处地质灾害隐患点的基础上，按程序撤销隐患点89处（原威胁1396户6473人）。邀请贵州省地矿局第二工程勘察院专业人员参与巡查排查，排查核实地质灾害隐患点197处，开展应急调查处置12次。做好监测预警工作。隐患点全部纳入监测监控范畴，并配备裂缝报警器、铜锣、卷尺等简易监测预警工具，对险情严峻且适合安装滑坡伸缩仪的隐患点，安装滑坡伸缩仪近20台，根据雨情，通过网络、手机短信、电话等方式，及时将预报预警信息发布至相关人员。完成全省突发性地质灾害应急演练。积极实施地质灾害防治项目。正在实施的治理项目19个，投入资金6035万元，受益人口达1155户4588人。

【执法监察工作】 认真推进依法行政工作。拟定《依法行政工作计划》《普法工作计划》，严格按计划开展普法依法治理及法制建设工作。办理行政诉讼案件2件。“4·22地球日”“5·12防灾减灾日”“6·25土地日”“8·29测绘日”等重点时段集中开展4次专题普法宣传教育活动，共计向600余人当面解答了热点、难点问题，散发国土资源法律法规册页和宣传单5000余份，引导公民树立资源节约集约利用意识。深入开展国土资源动态巡查工作，开展国土资源动态巡查3064次。强化耕地保护，在千亩坝区等基本农田重点保护区部署远程视频监控设备。对重点采矿区、倒天河水库、夹岩水库等国家重点工程用地和生态红线保护区部署监控设备，实现远程视频监控，有效控制抢种“房屋”，乱搭乱建行为发生。打击非法采煤采矿工作持续常态化管理。发现非法采石2起，采黏土2起，已依法取缔。土地矿产卫片执法检查方面。2015年度土地变更调查共计下发我区监测图斑984个，面积10440.16亩。经合法性判定，我区984个图斑均为合法，已通过部、省审查。2015年度矿产卫片执法检查共计下发我区监测图斑3个，经核查，均属通村油路（水泥路）专用临时采石场。根据《贵州省矿产资源条例》第十六条相关规定，按合法上报。做好土地例行督察工作，国家土地督察武汉局于2016年4月至5月对毕节市土地利用和管理情况开展了例行督察，并于9月19日下达了《国家土地督察例行督察意见书》，督察指出七星关区土地利用和管理方面存在82项问题，正有序开展整改工作。深入开展矛盾纠纷的排查、调处工作，对职责范围内的不稳定因素全面排查，积极处理，接待群众来信来访并努力解决，接待来访40件126（人）次，办理上级转办信访案件26件，均按规定办结。此外，完成区委交办的信访积案5件。引导信访群众从“信访到信法”的思维转变。未发生国土资源管理范围内群体性赴省进京非正常上访。

【党风廉政建设】 认真落实党组的主体责任和纪检组的监督责任，推进党风廉政建设，从严管理干部队伍。落实“一岗双责”，召开党风廉政建设、警示教育、作风建设工作部署会5次。层层签订《党风廉政建设责任书》共计62份。纪检组长与42个国土所长开展交心谈心活动。对全系统人员准确定点定时管理，利用在镇乡街道国土资源管理所部署的手机终端，实现3G视像定位管理。搭建云会议平台，通过远程视频会议功能，实现人员监管和调度，解决了人员分散、过程管理困难等问题。严禁干部职工在公务时间或在公共场所打麻将。大力推行党务政务公开，开展作风纪律明察暗访21次，权力清单运行备案92件，常态化约谈工作2次，党风廉政和反腐败工作持续开展。

（办公室）

市场监督管理

【概述】 2016年是市场监管工作继往开来的关键之年，也是决胜贫困、同步小康的关键之年。这一年全面贯彻落实党的十八届六中全会、省委十一届八次全会和市委一届九次、十次全会、第二次党代会及“两会”精神，围绕市委“113”攻坚战和区委“1136”安排部署及政府中心工作，凝心聚力，攻坚克难，市场监管各项工作成绩显著。

【商事改革】 在巩固和扩大“先照后证”“三证合一、一照一码”改革成果的基础上，落实国务院“五证合一”“两证整合”改革部署，不断简化办事流程，方便办事群众，激发市场主体活力。截至2016年底，全区共有民营市场主体6.2万户，注册资本787亿元。新增各类企业3089户，注册资本447亿元；新增个体工商户7383户，注册资金35.1亿元；新增农民专业合作社305户，资金数额6.2亿元。

【市场监管】 创新监管模式，市场监管更加高效。一是扎实推进“网格化”监管。研究制定《网格化监管工作实施意见(试行)》，按照“划分网格、责任到人、监管留痕、规范管理”的管理模式，根据区域和行业特点，将七星关区划分为88个网格，已完成全区食品药品监管大格局构建，完整掌握全区食品药品市场主体基本信息，并打造出生机、湖南商会、三十米大道餐饮一条街等一批亮点示范网格。二是合同、广告监管得到加强。全年开展合同备案20份，办理动产抵押登记21件，帮助企业融资7095万元；拆除不雅广告1080副，对2起违法广告进行立案查处，罚款金额20.5万元。三是深入推进“文明诚信示市场”创建工作。以居然之家毕节远航店获“贵州省诚信示范市场”为契机，积极引导万丰商贸国际城、浙商城申报毕节市诚信示范市场。引导鼓励市场开办者和经营者积极参与“诚信市场”创建活动，提升市场信用水平，推动市场诚信体系建设。

【安全监管】 牢牢坚守底线，安全工作更加稳固。一是食品药品安全得到确保。创造性引导成立湖南商会洪南农贸市场等行业自律小组，打造食品监管示范区；全年共出动执法人员458人次，检查辖区学校食堂498个次，检查幼儿园食堂42个次，检查学校及周边食杂店户及餐饮经营户860户次；查处食品违法案件21件，结案19件（移送公安机关2件）。全年办理新申办药品经营企业29户，办理药品经营许可证变更换证88户，完成乡镇零售药店GSP认证12户，药品经营企业GSP跟踪检查87户，完成任务数114%，上报药品不良反应病例1900份，完成全年任务数的136%。全年未发生任何药品安全事故。二是产品质量安全不断加强。认真开展定量包装商品净含量专项计量监督检查工作。开展一、二、三季度工业产品生产许可证获证企业巡查和非生产许可证管理工业产品生产企业巡查工作，共巡查企业112家（次），其中：获证企业5家（次）、非获证企业107家（次），含农资、建材、烟花爆竹、服装、童鞋、食品用包装容器等生产企业。配合省级抽检烟花爆竹、建材、农资、日用消费品等20大类工业产品43批次，抽查合格39批次，工业产品质量监督抽查合格率91%；配合市级抽检建材、钢化玻璃、日用消费品等工业产品83批次，抽查合格81批次，工业产品质量监督抽查合格率98%。对抽检中不合格的两家企业，指导企业完成后处理工作，并立案调查。继续贯彻落实分级分类监管任务措施，保障产品质量。已对辖区内20家生产企业完成分级分类监管工作。三是创造性开展特种设备安全工作。依托贵州省特种设备监管大数据平台，以信息化为手段，筹划创建七星关区省级电梯管理示范区。12月2日成立全市首家电梯安全行业协会，推进行业诚信体系建设，提升电梯管理能力与水平，推进电梯安全社会共治共享。全年共检查电梯、起重机械、锅炉和油气输送管道、压力容器及大型游乐设施等特种设备100余家，检查特种设备716台，下达监察指令书61份，与特种设备使用单位签订《特种设备使用单位目标责任书》120份，与维保单位签订安全目标责任书36份，立案查处各类违法使用特种设备行为45起。全年未发生食品药品、产品质量、特种设备安全事故。

【依法行政】 严格依法行政，执法工作更加有力。一是建立行政执法联动机制。我们与毕节市公安局七星关分局、区人民检察院建立《市场监督管理行政执法与刑事司法衔接配合工作制度》，以服务常规执法办案为引领，紧密联合各办案部门，加强协作与支持，形成规范有序、高效联动、执法有力的常态化联动机制。二是扎实开展行政执法业务培训。以提高履职能力为核心，以改革重点任务、行政执法难点问题、市场监管新法规、新职能、新热点为内容，重点抓好基层分局干部职工的集中培训，全系统108位同志通过培训获得行政执法资格。三是进一步完善行政执法程序。完善并落实执法公开制度，做到执法主体、执法事项、执法依据全公开；严格执行《行政处罚案件核审办法》，一般程序处罚案件核审率达100%。2016年，共办结行政处罚案件234件，罚没金额340余万元，召开案件评审会62件次。

【消费维权】 倾力服务维权，消费环境更加放心。一是继续深化"放心消费在七星关"创建活动。切实把消费维权作为一项发展工程、民生工程、法治工程抓紧抓好。全年共受理投诉举报案件230件，办理"诉转案"案件2件，罚款5.18万元；指导企业快速解决小额消费纠纷17件。二是切实加大行政执法力度。强化流通领域商品质量监管，依法开展流通领域商品质量抽检工作；严厉打击提供服务过程中的虚假宣传、虚假广告、合同欺诈等侵害消费者权益案件；立案查处销售假冒伪劣和不合格商品案件数6件，罚没款14.43万元。三是着力开展法制宣传教育活动。利用"3·15消费者权益日""4·26世界知识产权日""5·20世界计量日""六月食品安全宣传周""六月安全生产宣传月"等活动开展法治宣传，接受消费咨询800余人次、现场受理举报投诉案件3件，发放20余种宣传资料共2.5万余份。

【品牌兴区】 2016年，全区共有4个产品获得贵州省名牌产品，共指导申请商标246件。"毕节刺梨""毕节柑橘""康降都督府"等特色商标列入申报项目，"毕节王傻子烧鸡""毕节朱昌核桃""七星关区四腮鱼"作为地理标志保护产品资源，"毕节白萝卜"被贵州省质量技术监督局列入地理标志产品重点培育名录；富泽新能源车、腾盛电动车、明钧玻璃、贵州衣行、华耀服装等制造业品牌正逐步崛起；"鸡鸣三省"等服务业品牌也日益壮大。

【党的建设】 全面从严治党，干部队伍和党风廉政建设成效更加显著。一是扎实推进党的建设和作风建设。科学制定《廉政与监管风险防范管理实施办法》，按潜在风险详细梳理行政审批、市场监管、行政执法、队伍管理及财务管理过程中各类风险点目录80条，并划分A、B、C三类风险等级及红、黄、蓝三类预警等级，同时对照制定防范措施91条；先后制定《毕节市七星关区市场监督管理局查岗制度》等制度，进一步明确带薪休假、请假、考勤制度；隆重召开纪念中国共产党建党95周年会议、学习党的十八届六中全会精神专题会议，并在全系统开展学文朝荣、学先进、学典型活动。二是着力推进干部队伍建设。全年共招录公务员19名，事业人员6名，划转食品药品监管人员41人；坚持每周一政治业务学习；制定《干部岗位调整管理实施意见》。三是扎实开展"两学一做"学习教育。成立学习教育领导小组，制定学习教育实施方案，重点对《中国共产党章程》《中国共产党廉洁自律准则》《中国共产党纪律处分条例》和《习近平总书记系列重要讲话读本（2016年版）》进行学习，进一步提高全体党员的思想认识，筑牢思想基础。

【服务发展】 一是扎实开展微型企业扶持发展工作。采取政府主导，市场监管部门牵头的做法，至12月20日，已成功受理397户，开展评审会7次，评审通过符合条件微型企业350户。圆满完成2016年微型企业扶持任务。二是扎实开展党员进村遍访活动。结合“两学一做”学习教育，党员干部深入阴底乡罗雄村、对河村、路朗村进行走访调研，了解各户实际情况。三是扎实做好驻村帮扶工作。在选派6名党员干部驻村、挂任第一书记的同时，先后联系贵州衣行服饰有限公司、遵义恒源泉贸易有限公司、安家井农改超大市场，为冲锋村捐赠养牛草种资金1万元，为朱昌镇山脚村小学捐赠1万元教育设施，为撒拉溪镇钟山村小学捐赠价值9840元的校服123套、价值8000元的学习用品，为阴底乡贫困村民捐款1万元。

（马其龙）

安全生产监督管理

【概述】 2016年，在区委、区政府的正确领导下，在市安监局的指导下，以邓小平理论和“三个代表”重要思想为指导，用科学发展观统领安全生产工作，坚持“以人为本”的思想理念和“安全第一、预防为主、综合治理”的工作方针，紧紧围绕区委、区政府的中心工作，立足建立健全安全生产长效机制，认真贯彻党中央、国务院及省、市、区的一系列工作部署，认真执行《安全生产法》等安全生产法律、法规，进一步落实各级、各部门、各企业的安全生产责任制，扎实开展安全生产隐患排查治理工作，实现了隐患排查的经常化、规范化、制度化，建立健全隐患治理及重大危险源监控长效机制，很好地完成了2016年安全生产各项工作目标任务。

【指标控制】 2016年，全区共发生事故20起，死亡14人，均为道路运输事故。该局直接监管的煤矿、非煤矿山、危险化学品、烟花爆竹、冶金等工贸、职业健康行业（领域）实现了“零事故、零死亡”。

【及时安排部署 落实监管责任】 年初制定了《2016年安全生产工作安排意见》，进一步明确全年的指导思想、工作目标、工作措施及工作任务。及时召开全区安全监管工作会议，对如何抓好2016年全区安全监管工作进行了具体的安排部署，会议还采用以会代训的方式对安全监管执法人员开展安全监管培训，提升安全监管能力与水平。多次召开煤矿、非煤矿山、危化物品、烟花爆竹等方面的专题会议，有针对性地对这些行业（领域）的重大事项进行研究部署。年初，与各镇乡办事处及区安委会成员单位签订了《2016年安全生产目标管理责任书》。按照“属地管理、分级管理、条块结合”的原则，要求各负有安全生产监督管理职责的部门、各镇乡办事处安监站严格落实安全生产责任制，把安全生产责任指标层层分解到基层、到人、到岗，形成了各司其职、各负其责、齐抓共管的工作局面。

【精心谋划管控 认真组织实施】 严格执行全年监管执法计划，并以重点时段，重要节假日期间安全生产工作为重点，精心安排部署了春运、春节、全国两会、五一、汛期等期间安全生产检查活动。通过全面、深入的监督检查和隐患排查治理，切实消除了生产建设过程中人的不安全行为、物的不安全状态和管理上的缺陷。今年以来，我局直接监管的煤矿、非煤矿山、危险化学品、烟花爆竹、冶金工贸等重点行业（领域）共开展安全生产监督检查和隐患排查治理1638家（次），排查一般隐患3762条，已整改3727条，整改率达99%，其余隐患已按“五落实”的要求整改中。1.煤矿：一是加大煤矿安全执法力度，确保煤矿安全生产。煤安局按照年初编制的执法计划联合相关部门采用日常监管、重点检查、巡查等方式相结合，并将每次检查情况纳入档案管理。2016年，该局对全区生产矿井检查执法共计321矿次、停产停建矿井巡查共计693矿次，通过监管执法检查和煤矿自查自纠，共查处各类事故隐患和安全生产违法违规行为2327条，无重大隐患，已整改2319条，整改率99.7%。其余隐患均按“五落实”的要求整改中。通过严格的监管执法和主动的服务，确保煤矿安全生产形势持续稳步上升。二是深入开展好节后复产复工验收工作。根据毕节市安全生产委员会办公室《关于做好煤矿节后复产复工验收工作的通知》（毕安办〔2016〕2号）文件要求，按照我区节后复产复工工作领导小组的安排部署，我局指定专人对煤矿节后复产复工工作进行调度和信息、材料收集，同时联合区工能局积极开展节后复产复工有关准备工作。2月24日组织召开煤矿复产复工暨五职矿长培训考试工作会议，进一步贯彻落实煤矿安全生产有关文件精神，并对参会的各煤矿企业主要负责人、“五职矿长”进行现场培训；会后对煤矿“五职矿长”进行准入考试。截至2016年，全区正常运转的煤矿企业共5对矿井，至2016年，已经全部通过复产复工程序，恢复生产，金桥煤矿正在准备复产复工相关工作。三是强管控，重落实，坚决贯彻落实毕节市安委办《关于加强煤矿安全生产关键环节管控的通知》（毕安委〔2015〕1号）、《毕节市安全生产委员会关于推行煤矿安全生产自证合法企业切实履行主体责任的工作意见》（毕安委〔2016〕1号）文件精神。按照毕节市安委会《关于加强煤矿安全生产关键环节管控的通知》文件要求和《关于推行煤矿安全生产自证合法企业切实履行主体责任的工作意见》的安排部署，为进一步贯彻落实煤矿自证合法、安全生产关键环节管控措施，我局召开专题会议，起草实施细则和管理办法，明确各股室职责分工，将煤矿自证合法、安全生产关键环节各项管控措施落实到各股室、煤安分局甚至到个人。对煤矿的防突基点管理牌板、探放水基点管理牌板、放炮管理牌板、视频放炮记录台账、探放水钻孔现场施工台账、瓦斯抽采钻孔现场施工台账等进行细化和统一标准。煤安分局明确专人包保煤矿，督促煤矿加大自证合法、关键环节管控落实力度，并现场采集、现场填写《防突措施效果检验管理台账》《预测预报现场监督施工台账》《煤矿瓦斯抽采相关参数现场记录台账》和《煤矿探放水基点控制管理台账》。抽调业务骨干组成专项监管督查组，对全区煤矿针对自证合法、关键环节管控进行监管督查。进一步加强停产停建矿井的安全管控，我局按照要求及时调度涉煤乡镇每天对关闭矿井进行一次监管巡查，并对辖区内停产停建煤矿进行一周一矿/次的定期巡查。截至2016年，局对全区停产停建矿井巡查565矿/次，未发现相关违法行为；加大查处无证开采和超层越界开采等违法行为的力度，根据打击煤矿非法违法生产建设行为联动机制，实现打非治违工作常态化，将查处无证开采和超层越界开采纳入日常监管的范围，确保煤矿安全规范生产；严格落实乡镇副科级领导和煤安分局局长煤矿包保制度，各涉煤乡镇均安排有副科级领导对辖区煤矿的包保任务，明确职责、目标和工作要求，由相关部门定期组织考核，并将考核结果作为年终评先选优的依据。2.非煤矿山：一是认真抓好企业节后复工复产工作。根据市、区非煤矿山企业节后复工复产文件要求，对已提交节后复工复产申请的企业，严格要求、严格标准、严格程序，从早、从严进行企业复产复建验收工作。经我局非煤矿山监管人员深入生产现场及查阅资料验收签字，符合复产复建条件的企业，尽早为企业拟下复工复产批复；对于复工前现场检查不符合安全生产条件的企业，必须待整改完毕后报乡镇安监站验收合格后方可复工生产，否则，一律不得擅自生产建设。全区非煤矿山企业通过复产复建验收为55家，未通过为3家。二是高度重视，强化金属非金属矿山安全生产攻坚克难评估迎评工作。根据国家、省、市金属非金属矿山安全生产攻坚克难工作综合评估的相关通知要求，我区各有关部门上下联动，各行其责，落实责任，对工作完成情况进行一次全面梳理，查找薄弱环节，及时改进和完善；区有关部门联合成立区金属非金属矿山安全生产攻坚克难自评小组，开展自评工作，对自评的结果再梳理再总结，充分做好了迎检准备，顺利通过了省金属非金属矿山安全生产攻坚克难考评组验收，并成功从全国金属非金属矿山重点县名单调出。三是强化隐患排查治理，督促乡镇、街道办事处安监站加大执法检查力度。全面深入排查全区非煤矿山各类事故隐患，全面落实企业生产主体责任，落实安全生产责任制，规范企业安全管理行为，督促矿山企业加大安全投入，不断改善安全管理条件，完善隐患整改长效机制，提高矿山防灾抗灾和应急救援能力，有效防范非煤矿山安全生产事故的发生，促进七星关区非煤矿山企业安全生产形势持续、稳定向好的发展。

2016年，共出动检查人员411人次，共检查非煤矿山企业153家，查出隐患719条，已整改692条，整改率96.2%。四是强化监管人员关键环节管控宣贯，保证关键环节监管到位。根据《关于加强金属非金属矿山及尾矿库安全生产关键环节管控宣贯工作的通知》（毕安委〔2015〕21号）（下简称《通知》）、《毕节市安全生产委员会办公室关于做好金属非金属矿山及尾矿库安全生产关键环节管控宣贯工作的通知》（毕安委〔2016〕3号）及《毕节市七星关区安全生产委员会办公室关于做好金属非金属矿山及尾矿库安全生产关键环节管控宣贯工作的通知》（七星安办〔2015〕5号）等文件要求，我局组织各涉及乡（镇、办事处）分管领导，所有监管人员对《通知》分批进行了学习培训，并考试合格；我局并督促企业组织所有从业人员进行了学习培训，并考试合格。我局监管人员及乡镇安监站采取了多种形式对《通知》进行了宣传、宣讲，使企业负责人、从业人员和监管人员熟知、掌握了《通知》，提升了工作能力和水平，全面提升了非煤矿山安全生产保障能力。3.危险化学品及烟花爆竹：一是加强对危险化学品监督检查按照监管计划对全区危险化学品生产经营企业进行重点检查和专项检查：对已经停产停业的2家危险化学品生产企业进行适时调度，对已经停产近两年毕节市东华新能源公司，督促其及时妥善处置厂区余留下的3800余吨甲醇，现已全部安全处置完毕；对毕节金河化工有限公司，要求其做好停产期间安全巡检和值班值守工作，认真制定搬迁计划，妥善完成搬迁工作；2016年对危险化学品经营企业共检查176次，制作现场检查记录176份，发出整改指令176份，整改复查意见书176份，共查出隐患累计458条，立即整改56条，限期整改402条，已整改458条，整改率达100%。二是加大对烟花爆竹生产经营企业安全检查力度。狠抓烟花爆竹生产经营企业“三超一改”，违法违规转包、分包生产行为，加大安全检查力度。根据监管计划，2016年来对烟花爆竹生产批发企业共检查36次，下达整改指令36份，查出隐患累计258条，立即整改35条，限期整改223条。督促生产批发企业严格执行防伪标签制度，实行专人管理。规范烟花爆竹流向登记，完善烟花爆竹买卖合同制度。按照烟花爆竹零售网点按照“保障安全、统一规划、合理布局、总量控制、适度竞争”的原则，重新规划布设全区烟花爆竹零售点，有效规范零售点经营活动。三是切实督促企业开展隐患排查治理工作。认真贯彻落实《安全生产事故隐患排查治理暂行规定》（国家安全监管总局第16号令）、《国家安全监管总局关于印发危险化学品企业事故隐患排查治理实施导则的通知》（安监总管三〔2012〕103号）和《毕节市安监局关于进一步加强和规范危险化学品和烟花爆竹企业安全生产事故隐患排查治理工作的通知》（毕市安监〔2013〕40号）精神，督促指导各危险化学品和烟花爆竹企业修订和完善隐患排查治理制度，界定各岗位、各班组、各车间、各部门隐患排查的范围和具体内容，及时、全面、准确有序地排查、治理各类安全隐患，准确、规范地填制有关隐患排查治理帐表，确保隐患排查治理工作制度化、常态化，在所有企业全部落到实处，使隐患排查治理真正成为企业安全管理的主抓手。4.冶金等工贸行业：一是认真开展春节节后复工复产工作。要求规模以上企业复工复产（或恢复营业）前必须全面开展检查排查，消除安全隐患，按属地管理原则向当地安监站申请复查验收合格，方可恢复生产建设或营业。凡验收不合格的，不得批准复工复产（或恢复营业），并责令限期整改落实；规模（或年销售收入）500万元以下（不含500万元）春节期间停工停产（或停止经营）的企业，复工复产（或恢复营业）前通过自查自纠，经企业安全管理机构或安全管理人员确认消除隐患后，方可恢复生产建设或营业，并将复工复产检查情况报当地安监站备案；春节期间未停工停产或正常营业的企业，春节过后立即开展1次大排查大整治专项行动，存在隐患的立即整改消除，不能保证安全生产的要坚决停产停业整改，并将排查整治情况报当地安监站备案。二是认真开展冶金等工贸行业关节环节管控工作。根据《毕节市安委会办公室关于加强冶金等工贸行业安全生产关键环节管控的通知》

（毕安办〔2016〕5号）要求，印发了《毕节市七星关区安委会办公室关于加强冶金等工贸行业安全生产关键环节管控的通知》（七星安办〔2016〕7号）。通过前期摸底排查，全区涉及有限空间作业企业6家，有限空间数量13个；涉粉尘爆炸企业32家，涉爆炸粉尘为（淀粉、面粉、纺织纤维粉、橡胶塑料粉、木粉、纸粉等）；液氨使用企业1家，储存量为15吨；劳动密集型加工企业53家。并要求企业按照关键环节管控有关要求，认真做好本企业关键环节管控工作。三是认真开展冶金等工贸行业安全隐患大排查大整治工作。根据上级有关要求，局印发了《毕节市七星关区安全生产监督管理局关于印发七星关区冶金等工贸行业安全隐患大排查大整治专项行动实施方案的通知》（七星安监〔2016〕56号），成立以谌宏永副局长任组长，相关股室负责人为成员的安全大检查工作领导小组，负责全面检查全区冶金等工贸行业规模以上企业，督查各镇（乡、办）安监站工作。在安全隐患大排查大整治期间，共督查乡镇10个，对乡镇安监站存在的问题向当地政府提出了建议。四是认真组织摸底核实全区冶金等工贸行业规模以上企业。根据省、市有关要求，我局印发了《七星关区安全生产监督管理局关于认真摸底核实填报冶金等工贸行业规模以上企业名单的通知》（七星安监〔2016〕71号），通过认真摸底核实，我区共有冶金等工贸行业规模以上企业共23家，其中区经济开发区有4家。

5. 职业健康：督促新改扩建职业危害严重企业完成作业场所职业危害申报4家，完成职业危害因素检测7家，补充完善职业卫生“三同时”手续5家；根据执法监管计划，检查企业36家，其中非煤矿山企业32家、水泥行业2家、烟花爆竹生产企业2家，下达现场检查记录29份；组织全区涉及粉尘、噪声、有毒有害、高温高湿等职业危害较重以上企业主要负责人124人、安全管理人员117人开展职业健康法律法规及相关知识培训。

【推进“打非治违” 规范市场行为】 一是城区及集镇市场无证经营现象大幅减少。2016年，执法大队通过明察暗访等方式检查烟花爆竹非法违法行为，共出动执法人员380余人次，查处非法违法行为450余户次，高频率和广范围的检查大大加强了打非工作的力度，震慑了无证经营行为，城区及集镇市场的无证经营户明显减少。二是持证经营户经营行为基本达到规范。除了高频率和广范围的检查外，执法大队还对烟花爆竹的非法违法行为进行重点打击。今年共作出390余户次的行政处罚，查处或配合治安大队查处较大的非法违法行为案20余起，收缴非法违法的烟花爆竹产品1300余件，打击力度的加大教育了广大的持证经营户，促进其经营行为的规范化。

【强化宣传教育 提升安全意识】 一是宣传方面，认真组织开展全国第十五个安全生产月活动，相继开展了安全宣传“咨询日”活动、“平安毕节”书画比赛和摄影作品征集活动、安全生产知识有奖竞赛活动、安全生产应急预案演练活动、“安全发展忠诚卫士”演讲比赛和“守护生命”安全生产知识抢答赛、“文明交通安全行、安监齐心劝导岗”活动、“安全生产七星关行”活动。活动日期间，共发放有关安全生产法律法规宣传资料2000余份（册）；宣传抽纸1000余盒；宣传纸杯15000余个；印制客运汽车安全车贴500张；张贴宣传画400余张；制作宣传展板32块；宣传标语10余幅。二是安全文化示范创建方面，制定了《毕节市七星关区2016年安全文化建设工作实施方案》，2016年将选送贵州省豪洲建材有限公司参加省级安全文化示范创建企业评选，将选送毕节市万象烟花爆竹有限公司和毕节赛德水泥有限公司参加市级安全文化示范创建企业评选。三是培训方面，组织全区金属非金属矿山企业主要负责人、安全生产管理人员进行安全教育培训（复训）1期共计92人，生产经营单位从业人员13期674人，危险化学药品生产经营单位主要负责人和安全管理人员培训1期44人，职业健康安全主要负责人和管理人员培训1期220人。

【强化应急管理 增强救灾能力】 为加强全区生产安全事故应急救援预案管理工作，充分发挥应急预案的功能，全面提升应急管理能力和水平，我局以强化应急预案编制、评审、备案工作为重点，力求安全生产应急预案全覆盖，积极开展安全生产应急演练工作，加强安全生产应急管理培训，广泛开展应急预案管理宣传教育。认真贯彻落实《生产安全事故报告和调查处理条例》的有关规定。严格按照“四不放过”的原则处理生产安全事故，查明事故原因，查清事故性质，提出处理结果，并提交区政府在全区进行通报。定期对事故进行分析，及时查找监管工作中存在的问题和不足，总结经验教训，举一反三，不断提高安全生产执法监察水平。

【加强队伍建设 提升干部素质】 该局紧紧围绕全区安全生产工作大局，牢固树立“以人为本、安全发展”的理念，以增强干部职工依法行政意识、提高依法行政能力为核心，以思想政治建设、组织建设、作风建设、能力建设和反腐倡廉建设为抓手，健全制度，优化结构，增进活力，努力建设一支政治坚定、作风过硬、业务精湛、纪律严明、风清气正，善于推动安全发展、促进社会和谐的干部职工队伍，为全区安全生产形势的稳定好转提供坚强的组织保证。今年以来，我局坚持每月召开全体干部职工会议，传达上级文件精神并总结上月工作，部署本月工作，并组织干部职工学习安全生产法律法规及相关业务知识，进一步提升安全监管人员的业务能力和水平。

【加强党建工作 培养党性修养】 党组书记亲自安排党建工作，将党建工作与安全生产工作同安排、同部署、同落实，成绩明显。一是政治理论学习较好。严格按照上级文件要求抓学习，中心组学习及干部职工学习质量较好，并要求干部职工撰写各类学习笔记及学习心得体会，达到了学有所获，学以致用的目的，努力创建学习型机关；二是机关作风建设活动开展较好。党组历来重视抓机关作风并一以贯之，努力打造服务型机关。三是“一岗双责”落实较好。每年制定主要任务分解表，将党建目标和业务工作紧密结合，并开展了丰富多彩的文体活动。严格落实党风廉政建设责任制，认真抓好领导干部廉洁自律工作，取得很好的效果：一是层层签订党风廉政责任书，将党风廉政建设责任制落实到具体的人、具体股室；二是全局党员干部严格执行中央“八项规定”和省委、市委、区委“十项”规定；三是没有利用公款、利用节假日进行高档消费娱乐和旅游活动，执法人员在检查过程中没有吃、拿、卡、要等不良现象；四是切实加强了车辆的使用和管理，认真落实“收支两条线”管理规定，有效防止了财务收支过程中的不正当行为；五是没有发生因工作不到位、不履职、不尽责的信访案件；六是按要求及时完成区纪委、监察局交办的其他任务。

【开展“两学一做” 构建务实安监】 在全局党员中开展“两学一做”学习教育，是加强党员教育管理、深化党内教育的重要实践，是推动党内教育从“关键少数”向广大党员拓展、从集中性教育向经常性教育延伸的重要举措，是加强党的思想政治建设的重要部署。全面贯彻习近平总书记关于“两学一做”学习教育重要批示精神，学习《中国共产党章程》《中国共产党廉洁自律准则》《中国共产党纪律处分条例》等党章党规，学习习近平总书记系列重要讲话特别是视察贵州重要讲话精神和对毕节试验区的重要批示精神，推动全面从严治党向基层延伸，巩固拓展党的群众路线教育实践活动和“三严三实”专题教育成果，进一步解决党员队伍在思想、组织、作风、纪律等方面存在的问题，把“三会一课”等党内政治生活制度更加巩固和完善起来，把党组织对党员的联系、服务、管理更加紧密和严格起来，把基层党组织战斗堡垒作用更加发挥出来，不断强化党员意识，加强党性修养，坚定理想信念，践行根本宗旨，秉持严实作风，做合格共产党员。

【细化责任分工 综合整体推进】 根据年初既定的综合目标考核任务，以建设发展型党组织为目标，将精神文明建设、宣传思想、精准扶贫、干部驻村、信访维稳、社会治安综合治理暨禁毒、“文明在行动满意在七星关”等工作责任分解到各责任股室（局、队），全力整体推进，确保各项工作真正落实到岗、责任到人。2016 年，该局抽派 8 名精干干部分别到青场镇鲍家村、木山村、初都河村、渔洞村、青松村、大山村、新沟村和火冲村驻村帮助困难群众，帮扶困难群众生产生活资金9万元。

（办公室）

审　计

【单位概况】　七星关区审计局是财政全额拨款正科级行政单位，设有办公室、法制股、行政事业审计股、财政农业审计股、固定资产投资审计股、经济责任审计股、企业审计股、固定资产投资审计中心（事业单位）。2016年共有在职职工25人，其中本科学历15人，大专学历6人。中级职称1人，初级职称5人。领导班子成员：党组成员、副局长夏文，党组成员、副局长孙中学，党组成员、副局长欧阳慕兰，党组成员冯兵；中层领导干部：办公室主任梁永，经济责任审计股股长麋永芳，企业审计股股长白峰。

【主要工作职责】　（一）组织和领导全区审计工作，贯彻执行审计法律、法规、规章和审计工作方针、政策，制订并实施全区审计工作计划；（二）对本级预算执行情况、本级各部门（含直属单位）预算执行情况和决算，以及预算外资金的管理和使用情况，进行审计监督；（三）对下级政府预算执行情况和决算以及预算外资金的管理和使用情况，进行审计监督；（四）按审计法规定和审计署、省审计厅、市审计局、区政府授权，对国有金融机构和地方金融组织的资产、负债、损益进行审计监督；（五）对区属国有事业单位的财务收支进行审计监督；（六）对区属国有企业、国有资产占控股地位或者主导地位的企业和市审计局授权审计的企业的资产、负债、损益进行审计监督；（七）对区级重点建设项目和有国家投资的其他固定资产投资项目预算的执行情况和决算进行审计监督；（八）组织、指导、协调全区经济责任审计工作，实施对党政机关、群众团体和企事业单位的区管领导干部的经济责任进行审计监督（审判、检察机关领导干部的经济责任审计，由上级组织部门、纪检监察机关委托组织实施）；（九）按市审计局的授权和区政府交办对区内国际金融组织和外国政府援助、贷款项目的财务收支进行审计监督；（十）对其他法律、法规规定应当由审计机关进行审计的事项，依法进行审计监督；（十一）对与国家财政收支有关的特定事项，向有关部门、单位进行专项审计调查；（十二）对全区内部审计工作依法进行业务培训、指导和监督；（十三）依照法律和有关规定，履行对社会审计组织监督的职责；（十四）承办区委、区政府和上级审计机关交办的其他事项和任务。

【审计成果】　完成审计项目381个（自审项目8个、委托投资审计373个）。自审查出主要问题金额1351245万元，（其中违规金额1349020万元、管理不规范金额2224万元）；审计发现非金额计量问题1个；收支不实1577万元；审计期间已整改金额1万元。审计处理情况：应上缴财政罚没1677万元；应归还原渠道金额18009万元；应调帐处理1843万元。移送处理：移送司法机关4件，移送纪检监察机关7件。完成政府投资项目373个，送审金额111574.34万元，审定金额105060.52万元，审减金额6513.82万元。提交审计报告381篇，编发审计信息20条，提出审计建议7条全部得到采纳，在区人民政府网站公示了2013年至2015年留守儿童关爱资金审计情况。（一）抓好同级财政审计，重点关注财政资金管理的规范性和效益性。完成了财政预算执行审计、本级预算执行和其他财政资金收支审计，国家金库七星关区支库、区地方税务局的审计。对七星关区财政局2015年度财政预算执行及其他财政资金审计中发现以下问题：一是应缴未缴各项收入17414.34万元；二是用其他财政资金垫缴、多缴预算收入1632.59万元；三是暂存、暂付款账面余额过大，未及时进行清理。（二）强化领导干部经责审计。完成了2015年区委组织部委托的项目1个和2016年委托的项目1个，在审计中发现：一是挤占挪用专项资金595.05万元、物资购进及使用未建立健全完整的验收制度和发放制度43.14万元、固定资产未纳入账务管理219.02万元、违反规定扩大开支范围5.64万元等；二是涉嫌违规购车22.48万元、涉嫌弄虚作假报销差旅费12.25万元、涉嫌私设小金库52.30万元、涉嫌公款旅游16.28万元、涉嫌违规承包食堂5.98万元、购买高档烟酒及高档礼品34.54万元等等；三是未及时清理专项资金账户余额4.42万元。（三）加强政府投资项目审计，减少财政资金流失。共完成政府投资项目审计373个，送审金额为160，401.37万元，审定金额为144，252.91万元，审减金额为16，148.46万元，审减率为10.06%。其中：1.完成复核中介审计项目371个，送审金额为159，143.33万元，审定金额为143，040.23万元，审减金额为16，103.10万元，审减率为10.12%；2.完成自审项目2个，竣工决算审计金额为1，258.04万元，审定金额为1，212.68万元，审减金额为45.36万元，审减率为3.61%。（四）关注专项资金审计，提高资金使用效益。一是完成审计署统一组织续审项目，七星关区2016年城镇保障性安居工程跟踪审计；二是完成七星关区2013年至2015留守儿童年“关爱基金”审计；三是完成市局安排的七星关区稳增长等政策措施落实情况的跟踪审计。审计反映了专项资金的基本使用情况，揭示了专项资金使用存在的问题，提出了审计意见，推动整改，确保专项资金使用的规范性、科学性。

【中心工作】 扎实推进扶贫帮困和驻村工作，带动贫困人口脱贫致富。积极为扶贫帮困联系点和驻村点争取项目、资金，谋求发展。帮助村制定发展规划、调整产业结构、保障改善民生工作，并结合当前全区的重点工作目标，积极参与到“四在农家·美丽乡村”建设、“一市五金多套餐”精准扶贫、板块经济等工作中，通过全面实施和推进结对帮扶、教育培训、农村危房改造、基础设施四到户，推动贫困人口有效增加收入。2016年，通过该局领导及驻村干部的共同努力，为田坝镇协调项目1个，争取项目资金30万元；为杨家湾解决办公经费2万元；为官屯镇官屯村解决村办公经费2万元。（二）党风廉政建设和反腐败斗争常抓不懈。抓好党风建设和反腐败斗争的常态化，认真落实党风廉政建设责任制，严格执行《党员领导干部廉洁从政若干准则》《中央八项规定》《省十项规定》及其他廉政法规，零折扣执行《审计纪律八不准》，切实治理滥办酒席、收受礼金礼物财物卡、公车私用等违纪违规行为，深入推进作风效能建设，努力打造清正廉洁的审计队伍。（三）宣传思想、精神文明建设、依法治理、社会治安、禁毒、信访维稳、保密、档案管理等工作按要求同步开展，切实做到有安排部署、有落实措施、有责任领导、有跟踪督查。

（办公室）

统　计

【概述】 2016年，全区实现生产总值333.42亿元，同比增长13.0%。第一产业增加值66.04亿元，同比增长6%；第二产业增加值105.98亿元，同比增长10.1%，其中工业增加值85.72亿元，同比增加8.1%；第三产业增加值161.4亿元，同比增长20.9%。GDP增速高于国家6.3个百分点，高于省2.5个百分点，高于市0.8个百分点。1–12月，财政总收入88.92亿元，同比减少2.37%。其中地方财政收入为43.85亿元，同比增长1.58%，一般公共财政预算收入24.23亿元，同比增长7.27%。财政总支出85.53亿元，同比增长9.65%。全区金融机构存款余额为612.07亿元，同比增长29.48%；金融机构贷款余额为386.13亿元，同比增长29.93%。

【工业、能源统计】 全面完成了规上工业产值产量和销售季报、财务月报、能源季报、万吨标准煤企业季报等工作。按2000万元以上口径统计，全区41家规模以上工业企业累计实现总产值120.67亿元，同比增长9.02%，实现工业增加值62.21亿元，同比下降0.1%。

【房地产业、建筑业统计】 房地产业：1–12月，全区有已入统国家统计局联网直报一套表房地产月报企业76家，项目90个，其中有投资进度项目71个。完成投资546580万元，同比减少0.04%。商品房屋销售面积1717878平方米，同比增长65.49%，商品房屋销售额662919万元，同比增长67.89%。建筑业：1-12月，区具有资质以上的总承包与专业承包建筑业企业26家，有工作量企业23家。完成建筑总产值418664.7万元，同比增长191.6%。

【固定资产投资统计】 2016年全区共有项目279个，计划总投资445.4亿元，累计完成投资258亿元，剩余投资187.4亿元。本年完成投资226亿元，同比增长19.4%。其中：500万元-5000万元的项目244个，计划总投资81.2亿元，自开始建设累计完成投资72.1亿元，剩余投资9.4亿元；5000万元至1亿元的项目5个，计划总投资3.1亿元，自开始建设累计完成投资2.5亿元，剩余投资0.6亿元；亿元以上30个项目（其中3亿元以上项目12个，总投资为326.2亿元，累计完成155亿元，剩余投资171.2亿元）计划总投资361.3亿元，自开始建设累计完成投资182.9亿元，剩余投资178.4亿元。在279个项目中，已完工的项目有157个，已完工项目计划总投资103.7亿元，自开始建设累计完成投资93.2亿元。

【基本单位名录库建设工作】 七星关区基本单位名录库拥有12686家单位，与上年相比新增了972家。其中，法人单位9418家，产业活动单位3268家。其中：法人单位包括企业单位7023家，事业单位483家，机关行政单位219家，社会团体118家，民办非企业单位137家，村委会305家，居委会203家，其他组织机构930家。

【抽样调查、普查工作】 完成了全国1%人口抽样调查和七星关区第三次全国农业普查小区划分、数据摸底、业务培训等前期准备工作。

（办公室）

财政 税务

财 政

【概述】 2016年，财政工作在区委、区政府的领导下，在上级财政部门的指导下，切实贯彻执行积极的财政政策不动摇，适应建立公共财政的需要，紧紧围绕区委、区政府的目标，结合该局实际和七星关区区情，坚持有保有压的原则，在确保职工工资正常发放和机构正常运转的前提下，保证了重点项目的支出需要，有力地推动了七星关区经济社会向前发展。

【强化财源建设，确保收入稳定增长】 一是以留住财源、壮大财源为目标，加大对城市新区建设、园区建设的要素保障，为更多企业入驻提供优越条件，增强经济发展后劲；切实落实支持企业发展的政策措施，进一步规范涉企收费行为，减轻企业负担，投入2500余万元，加大对企业的扶持力度，增强企业发展后劲，促进企业发展。二是充分发挥财政资金的杠杆和引导作用，加大城乡基础设施建设，推进农业产业化发展，加快旅游强区和新型工业化兴区建设步伐，推动全区经济持续、快速、健康发展。三是深入分析财政分税制改革带来的有利因素和不利影响，进一步健全协税护税机制，强化队伍建设，加强税收调度，挖掘增收潜力，对重点企业、行业和重点税源进行有效监测，做到应收尽收，促进财政收入均衡稳定增长。四是继续加强和规范非税收入管理，严格实行“收支两条线”，确保各项非税收入及时足额征收入库。

【强化预算约束，优化财政支出结构】 一是全面加强财政预算管理，健全财政预算管理体系。进一步完善预算编制管理制度、细化预算编制和强化预算约束，建立科学和客观的财政预算体系，实现所有财政收支的年度预算控制，提升区财政预算编制的科学化、精细化水平，确保预算的严肃性。二是推进节约型政府建设，继续从严控制“三公”经费等非生产性支出，大力推进公车制度改革，推进部门“三公经费”政府预决算公开制度。优先保证人员工资、民生事业、机构运转、维护稳定、重大项目等方面的支出需要，切实保障财政资金发挥最大效益。三是研究制定《七星关区财政资金审计监督管理办法》《毕节市七星关区项目区级财政配套资金管理办法》《七星关区财政投资预算控制价评审管理制度》《毕节市七星关区项目前期工作经费管理办法》《七星关区财政资金支出管理办法（试行）》，加强财政资金审计监督，促进财政资金的规范管理，最大程度发挥资金使用效益。四是加大金融风险的管控力度，将政府性债务逐步分类纳入预算管理，以预算约束举债和偿债行为，有效防止政府性债务风险。五是积极探索PPP模式项目建设，支持引导社会资本进入公共产品和公共服务领域，努力降低政府对经济活动的直接参与度，推进公共基础设施建设主体多元化，逐步减轻七星关区经济社会发展对债务资金的依赖。

【加大“三农”投入，推动城乡协调发展】 一是投入5，066万元，加大农业综合开发力度，支持农业生产结构调整，促进农业增效和农民增收。二是以开展村级公益事业建设“一事一议”财政奖补工作为抓手，投入101，597万元，继续增加对农村教育、医疗卫生、社会保障、交通、水利等方面的投入，促进农村各项事业协调发展。三是投入16，221万元，继续按时、足额兑现涉农补贴资金，促进农民增收。四是足额预算、按需保障“一市五金多套餐”投入资金，支出5086万元，为脱贫攻坚提供资金保障。

【继续改善民生，促进社会和谐稳定】 一是投入125471万元，加快推进区第二、四中学的迁建及第二、三、四实验学校改、扩建，有效解决城区大班额问题；投入23000万元，加快农村寄宿制学校建设，扎实推进农村薄弱学校改造工程，统筹做好义务教育阶段学校营养改善计划和贫困学生资助等工作。二是扩大社会保障范围，全年投入资金6600万元，将农民养老保险纳入公共财政统筹范围，努力实现“老有所养”。三是投入19470万元，继续支持城镇居民基本医疗保险和新型农村合作医疗体系建设，加快构建覆盖城乡的公共卫生服务体系，努力实现“病有所医”。

【深化财政改革，提高财政管理水平】 一是推进预算管理制度改革，扩大预算绩效评价的层级和范围，强化对民生支出、重点项目的绩效评价，完善绩效评价结果和预算安排相结合的机制。二是抓好预决算信息公开工作，进一步完善公开主体、公开时间、公开形式和公开内容，指导推动镇街预决算信息公开工作。三是加强专项资金管理。制定100万元以上大额专项资金管理办法，保障专项资金的规范、安全使用。开展专项资金检查，堵塞资金分配、拨付、使用等环节存在的管理漏洞，使财经法纪真正成为带电的“高压线”。四是加强债务管理。积极向省争取置换债券额度，大力降低债务杠杆率，完善债务风险预警机制和应急处置预案，切实防范金融风险。

（办公室）

国家税务

【概述】 2016年，七星关区国税局以开展“两学一做”专题教育为契机，牢记“为国聚财、为民收税”的工作宗旨，围绕实现税收现代化的目标，以组织收入为中心，切实抓好税收征管和纳税服务两项核心业务，全面推进依法治税和党风廉政建设工作，圆满完成了各项工作任务。

七星关区局人员编制共140人，现在编在职人员116人，缺编24人，离退休人员100人。乡科级正职1人，乡科级副职8人，主任科员1人，副主任科员25人，科员66人，事业编制人员15人。40岁（含）以上73人，占62.93%；中共党员72人，占62.06%；大专以上学历114人，占98.27%，研究生2人，占1.72%。截至2016年12月31日，2人进入省局人才库，13人进入市局人才库。43人取得会计从业资格证，5人取得会计初级资格证，1人取得初级经济师资格，2人取得中级经济师资格，1人取得初级审计师资格，3人取得中级审计师资格，4人取得律师资格证。机关内设11个机构（包括5个行政科室，1个办税服务厅，2个业务部门，3个税源管理部门），另下辖4个基层税务分局。截至2016年12月底，七星关区营改增四大行业试点纳税人共计4579户，共实现税款3.56亿元，占2016年增值税收入总额（14.89亿元）的23.89%。共联合办理设立登记纳税人4668户，其中“三证合一”纳税人1571户，“五证合一”纳税人677户，“两证整合”纳税人143户。

2016年，在整体市场经济下滑的态势下，我局强化税源监管，紧抓组织收入不放松，在加强税收预测的同时，严格收入原则，深化税源监控，深挖增收潜力，牢牢把握组织收入的主动权。全年共组织入库各项收入47.32亿元，同比增长1.96%，增收0.91亿元；组织一般公共预算收入7.03亿元，同比增长54.85%，增收2.49亿元，提前61天完成政府目标任务，得到毕节市委常委、区委书记崔英魁肯定性批示。

【强化税收法治建设，依法治税展新貌】 1. 严格落实税收政策。我局学习贯彻各项税收优惠政策法律法规和相关文件，将各项目标任务和政策措施不折不扣落到实处。2016 年，共计减免增值税 13256.32 万元，企业所得税 2738.85 万元，办理出口退税 905.21 万元。2. 深入推进全国法治税务示范基地创建工作。严格按照全国法治税务示范基地创建工作方案和指标体系，在取得“全省国税系统依法行政示范单位”称号的基础之上，构建机制体系，坚持内外并举，突出工作重点，深入推进全国法治税务示范基地创建工作。3. 规范行政自由裁量行为。从最易引发征纳争议的执法难点入手，对税收行政处罚依据和项目进行全面梳理，定期对行政处罚情况进行检查、公示。今年以来，实施行政处罚 812 起，未发生一例因处罚不公、程序不当引起的行政复议和行政诉讼案件。4. 规范税收执法行为。规避和化解税收执法风险，加强税收执法行为的事前、事中和事后监督；做好税收执法管理信息系统运行工作。扎实开展税收执法检查，加强税收执法责任过错追究，杜绝违法行为发生。2016 年，对各部门执法过错 5 项（次）进行了处理和纠正，经济处罚 900 元，批评教育 5 人（次）。

【坚持严征细管，税收征管出实绩】 1. 规范税源专业化管理。积极探索制定行业分类管理办法，在规范砂石行业、汽车经销行业分类管理的基础上，继续探索建立水泥生产、水泥搅拌、医药销售等行业分类管理办法，提升税收征管质量和效率。2. 强化税收风险管理。继续抓好落实以市局风险分析为主、县级局分析为辅、“统一分析、分类应对”为核心内容的税收风险监控管理运行机制。创新评估方式方法，强化措施堵漏增收，2016 年共开展专业化纳税评估 29 户，其中经评估后移交稽查 1 户，评估后自查申报 15 户，自行风险排除 7 户，未评估完结的 6 户，共查补税款 706.39 万元。3. 高效落实“营改增”试点工作。全体干部职工发挥国税铁军精神，按照时间节点要求攻下每一场营改增战役，顺利实现税制转换，得到了省局潘建副局长和毕节市委常委、区委书记崔英魁肯定性批示以及市局党组的高度认可。截至 2016 年 12 月底，七星关区营改增四大行业试点纳税人共计 4579 户，共实现税款 35559 万元，占 2016 年增值税收入总额（148854 万元）的 23.89%。4. 不断深化国地税合作。制定七星关区国地税深化合作联席会议制度，坚持每季召开一次工作例会，每半年进行一次工作总结评估，使国地税合作步入了常态化轨道。截至 2016 年，共召开 10 次联席会议和 4 次国地税合作升级版推行工作专题会议，对共同开展税收宣传、定额评定、培训辅导、欠税追缴等相关工作开展协商，并对 55 个责任清单初步达成共识。同时，为了保证营改增试点工作在七星关区顺利实施，在总结互设办税窗口、联合办证、联合评定纳税信用等级、涉税信息交换等方面工作经验的基础上，创造性地推出互派干部挂岗学习新举措，截至目前共互派干部 4 人（次）。采取共建共管、互相进驻、共同派驻等形式整合办税大厅人力资源，设置全职能综合窗口，得到了纳税人的一致认可。

【注重务实创新，纳税服务上水平】 1. 创新税收宣传活动。通过电视台、报纸、办税服务厅公告栏、微信公众平台等多种形式开展“税收·环保伴您出行”“营改增舞动全城”“送政策上门”和“营改增”专期访谈等系列活动，及时进行政策宣传和答疑解惑，得到社会各界一致好评。2. 健全制度机制。贯彻落实好纳税咨询预约服务制度。加强纳税人信用等级跟踪管理，做好 A 级纳税人税收优惠政策的落实。建立健全纳税人需求收集、分析、响应、问效机制。成立办税服务厅应急工作领导小组，完善办税服厅应急管理和纳税服务投诉处理机制。3. 拓展服务形式。制作税企连心卡，方便纳税人预约或特事特办相关涉税业务；通过第三方劳务派遣 37 名工作人员充实到大厅前台岗位，创新性地推行“十分钟”例会制，率先在全市开启网格化纳税服务新模式，积极争创全国青年文明号；开展纳税服务志愿者活动，为纳税人无偿提供更加专业、更加贴心的纳税服务；开展以“微笑在脸、服务在心”为主题的青年文明号微笑服务统一行动日活动，在2016年5月18日200多家单位参加的团省委工作交流会上，代表全省国税系统进行交流发言《微笑服务从心开始》，得到与会代表一致好评。4. 深化星级纳税服务单位创建活动。实施办税服务厅绩效考核，通过推行考核结果与绩效奖挂钩制度，将绩效考核结果直接与调动提拔、年终评先选优挂钩，实现零排队、零风险、零差错和零距离。进一步规范干部的工作行为，明确岗位责任。强化办税服务厅人员素质，通过定期培训，鼓励自学，互动讲学等方式，营造良好的“比学赶超”氛围。该局连续四年被市局评为四星级办税服务厅，服务质量和效率明显提升。

【强化学习教育，队伍素质有提升】 1. 加强领导班子建设。按照建设学习型党组织和学习型领导班子的要求，深入开展学习讨论交流，2016年共组织中心组学习4次；坚持和完善领导干部群众接待日、对口工作帮扶等制度，健全领导干部调查研究制度，改进会风文风，轻车简从。2. 强化思想政治工作。定期为干部职工、特别是年轻干部谈心交心。2016年共召开3次离退休老干部座谈会，走访慰问困难党员和离退休老干部20户，班子成员累计开展交心谈心158人（次）。同时，深入开展精神文明创建活动，开展以“微笑在脸、服务在心”为主题的青年文明号微笑服务统一行动日活动，倡导“微笑办税服务”，积极争创全国青年文明号。3. 加强人才队伍建设。依照市局“836”人才培养工程的要求，鼓励干部职工参与专业化技能和职称考试，截至2016年，该局共43人取得会计从业资格证，4人取得审计师资格，1人取得注册税务师资格，4人取得律师资格证；强化教育培训，全年共计举办各类培训班50次，参训人员达4119人（次）；积极开展数字人事工作，截至12月31日，工作记实率达100%，工作日志展晒率达100%，任务推送194条，工作纪实1267篇，系统整体运行平稳、操作流畅，各项指标均达到即定要求。4. 强化干部选拔任用工作。以《党政领导干部任用选拔条例》为基本尺度，以竞争上岗的方式，选拔任用4名正股级干部，按期转正15名副股级干部，将各类业务骨干充实到中层干部队伍中，并大力培养优秀年轻干部，进一步提高选人用人公信度，努力营造风清气正的用人环境，大力激发干部队伍干事创业活力。5. 认真做好绩效管理工作。严格按照区委区政府目标考核和上级局绩效管理要求，认真分解目标责任，健全制度体系和指标体系，科学设计绩效考核指标和考评周期，并以正式文件下发，并及时优化调整4.0版绩效指标，做好工作承接；定期召开绩效管理领导小组会、专题会等会议，听取绩效工作汇报，研究问题，制定措施；按照省局要求配备绩效管理工作人员，设立专门的绩效办，具体负责全局绩效管理工作；充分利用绩效管理信息系统，按季开展绩效分析。截至12月底，共下发3次绩效考核通报，并对考核中发现的21个问题进行了及时整改；认真做好个人绩效管理考评工作，严格进行个人绩效评分，杜绝普遍打满分、相同分、未拉开差距的现象。

（郭晓莉）

地方税务

【概述】 2016年，七星关区地方税务局在市局和区委、区政府的领导下，深入贯彻落实党的十八大和十八届三中、四中、五中、六中全会精神和习近平总书记系列重要讲话等会议精神，认真抓好“两学一做”学习教育活动，切实转变工作纪律作风，各项工作有序推进。

【强化税源管理，提前完成全年收入任务】 为确保组织收入数量、提升组织收入质量，区局通过各种措施全力谋划组织收入工作：一是强化分析与调度。每月召开税收分析调度会，细化量化各部门组织收入任务，深入分析在征收管理中存在的问题，做好组织收入的预测工作，深挖潜在税源。二是加强对重点行业、重点税种、重点税源的税收分析与监控，全面清理建安房开项目，健全完善建安房开台账。明确个人职责和任务，适时开展对各项目工程进度的监控和管理，确保目标逐一实现。三是加强对政府投融资平台税收管理。年初对12家政府投融资平台公司进行了契税、印花税的专项清理，共清理税收78992.58万元，其中契税76081.43万元，印花税2911.15万元，所涉税收已全部入库。四是加强对重点行业的欠税清理工作。2016年以来共清理出房开建安行业欠税37660.21万元，清缴入库8823.53万元。2016年，该局共组织入库两项收入230538万元（其中，区级地方财政收入完成160505万元），占年下达任务的108.03%，受“营改增”影响，比上年同期减少5.36%，减收13058万元。其中，税收收入完成228080万元，占年任务的108.09%，同比减少5.4%，减收13032万元；教育费附加完成2457万元，占年任务的102.38%。

【以“营改增”为主线，征管质量明显提升】 （一）深化国地税合作，做好“营改增”工作。为全面落实国家税务总局关于《深化国税、地税征管体制改革方案》的要求，该局通过多种切实有效的措施，进一步深化国地税合作，为纳税人提供更优质服务，并确保了“营改增”“两代工作”于5月1日在该局正式进行。一是提高认识，加强组织领导。2016年年初，该局联合区国税局成立了以主要负责人为组长的深化国税地税征管体制改革领导小组，明确领导小组的工作职责，强化责任分工，确保深化合作工作落实到位。二是挂岗学习，夯实合作基础。该局与区国税局互派两名干部到对方办税服务厅挂岗学习，全面学习掌握国地税差异性业务，为下一步实现纳税服务深度融合、执法适度整合和信息全面共享打下坚实基础；三是联合办税，推进便民办税。国地税互相进驻对方办税服务厅、国地税导税咨询人员同桌办公，于12月1日正式上线“一人一机一窗一POS双系统。”既深化了合作，又提高了办税效率。（二）开展错误数据清理工作。根据市局的“金税三期”需清理核对的10项指标内容数据情况，组织全局职工，加班加点对本局“金税三期”系统错误数据开展清理工作。全年共清理数据212300条，较好完成了数据清理任务。

做好催报催缴工作。针对逾期未进行申报和缴纳税款的纳税人。一是加大对纳税人的税收宣传力度。通过实地调查、微信、QQ群、电话等方式加大对纳税人，尤其是新申报纳税人的税收宣传力度，增强其按期申报缴纳意识。二是加大对纳税人的培训。通过召开培训会和日常交流的方式，大力提高纳税人对涉税过程、申报系统的熟悉程度。三是做好对即将逾期和已逾期纳税人的催报催缴工作，通过电话方式提醒纳税人及时进行网上申报和缴纳税款。四是积极做好系统问题的上报工作。对于因系统错误产生的错误信息，及时通过运维向市局征科科、电税中心进行汇报。

【严格依法行政，税收执行行为更加规范】 认真组织职工学习最新出台的税收政策以及省、市局的相关贯彻意见，确保政策执行不走样。规范执法程序，规避执法风险，要求执法人员执法时需佩带执法记录仪。严格税务行政审批，按规定程序、权限和时限办理相关涉税事项。认真开展执法案件评查工作，确保执法文书使用完备，执法依据准确，处罚结果公平、公正、公开，及时将文书资料上报备案，定期对税收管理员的执法案件进行案卷评查。定期对本局执法情况开展执法检查和执法督查，要求各责任部门对存在问题进行整改落实，并对责任部门和责任人进行责任追究，全年共追究执法过错人员19人（次），共计给予经济惩罚9700元。在贯彻落实国家税收优惠政策方面，强化对小微企业、高新技术企业、残疾人、失业人员和复退军人的税收减免，切实为纳税人减负，有效促进七星关区经济发展，全年共减免各项税收5325.93万元。

【以信息化手段为依托，纳税服务质效明显提高】 （一）结合业务操作，全面开展学习培训。加强对纳税服务规范2.0版的纳税服务规范2.0版与1.0版差异进行对照学习，确保每一位前台工作人员全面掌握和熟悉具体操作业务，最大限度地便利纳税人、最大限度地规范税务人。（二）进一步完善办税服务厅基础设施建设。按照标准化服务厅要求，不断完善办税服务厅VI标识，合理设置功能区，设置导税服务台，提供多渠道查询方式，实现服务厅WIFI信号全覆盖。（三）

全面推进办税服务厅信息化建设。全面落实“便民春分办税行动”，深入推进27项便民办税措施，简化版税程序。全面推行“同城通办”，让纳税人在七星关区任何办税服务厅都可以办理地税涉税业务，继续推行网上申报、财税库银横向联系系统。在“营改增”实施后，推行“一人一机一窗一POS双系统”，真正做到“进一家门，到一户窗，办两家事”。

【“学、考、评”结合，干部队伍综合素质逐步提高】（一）加大培训力度，全面提高队伍综合素质。该局把2016年定为“学习培训年”，制定《七星关区地方税务局2016年职工学习培训考核奖惩规定》，全年共举行职工业务培训30余次。（二）认真组织“岗位大练兵、业务大比武”活动。根据市局的安排部署，制定该局活动实施方案，成立活动领导小组，根据学习任务和考试时间安排，划分具体的时间节点和任务内容。将“行政管理类”“纳税服务类”“信息技术类”“征管评估类”四大考试类别责任落实到人。要求全局人人都要参与“岗位大练兵、业务大比武”活动。通过此次活动，全局干部职工学习税收业务的积极性和主动性得到加强，对税收重要性的认识得到提升，职工业务素质明显提高。（三）加强制度建设，转变工作作风。制定了《阅览室管理办法》《职工食堂管理制度》《保安保洁制度》，修订了《着装管理办法》《考勤制度》，进一步完善各类纪律制度，加大考核和监督力度。（四）进一步完善绩效考核机制，认真落实“马上就办”。在2015年目标绩效考核的基础上，研发了该局绩效管理系统，结合省局和国家税务总局绩效管理系统，进一步完善绩效考核机制，加强绩效考核力度，充分调动职工的积极性、主动性和创造性。在“马上就办”工作制度及台账管理的基础上，创新启动“马上就办”工作任务单，切实提高工作的执行力。（五）精神文明建设效果显著。一是做好“青年文明号”和“巾帼文明岗”创建工作。通过“两个创建”活动提高干部职工争先创优的积极性和创造性。2016年，该局获得市级“青年文明号”和“巾帼文明岗”荣誉称号，一人获省工会2016年“五一劳动奖章”。二是加强本局税务文化建设。根据该局实际，创建税务文化长廊。全局共创建了11个主题式文化长廊，在“税收宣传、组织收入、税务文化、职工风采、党风廉政”等方面进行了综合展现。同时，该局还建立了图书室，共购买了8000余册图书供职工阅读，形成良好的文化氛围。

【精心谋划，税收宣传月活动卓有成效】 2016年是全国第25个宣传月，该局围绕“聚焦营改增试点助力供给侧改革”，结合“法治七星关”创建工作和七星关区实际，精心谋划和扎实开展了第25个全国税收宣传月活动。一是做好税收宣传月活动推广工作。通过LED显示屏、宣传卡牌、易拉宝等形式，对市局“微信有奖答题”活动进行宣传推广，参与《一场误会》《来之不易》等微电影的演出，在办税大厅LED显示屏播放“便民办税早知道”微动漫和税收微电影（普法栏目剧），营造浓厚的税收宣传月氛围，让更多的纳税人关注税收宣传月，了解税收政策；二是做好“营改增”宣传工作。与国税联合，通过区局微信公众平台、LED显示屏、制作易拉宝、广告位、电视台等宣传渠道做好“营改增”相关内容的宣传；三是深入开展“创业服务有我”“解决困难有我”系列活动。举办“纳税人学堂”活动，全年举办4次培训，参加培训的纳税人近1500人，开展“遍访企业”活动，深入企业进行税收宣传，共收集到问题及建议12条，现场解答回复12条；四是制作《税务工作者的一天》专题片。选取办税服务大厅中业务熟悉的工作人员作为拍摄对象，用25张组图记录办税服务大厅工作人员繁忙充实的一天，展现地税工作者在“便民办税”服务中的艰辛与付出，从而体现征纳和谐关系的构建，达到税收宣传的实际效应。

【以“两学一做”为抓手，党建工作扎实开展】（一）积极开展“两学一做”学习教育。召开“两学一做”学习教育工作部署会议，向全体党员传达“学党章党规、学系列讲话，做合格党员”学习教育相关会议精神。组织手抄党章100天活动。全体党员在手抄党章中加深对党章党规的认识，强化党员干部责任意识和担当意识。把“两学一做”纳入党建宣传工作的主要内容，通过学习讨论、民主生活会等方式进行集中学习，并在学习教育活动中，列出问题清单，建立整改台账，对存在问题做到边学边改，即知即改。（二）做好机关党委换届工作。于8月18日召开了机关党委换届选举党员大会，选举产生了新一届机关党委委员，并将原有5个支部合并为3个支部，并改选出新的支委成员。（三）深入开展驻村帮扶工作。2016年，该局安排了3名同志驻亮岩镇合欢、飞轮、金华三个村，并根据省局要求安排了一名党员驻遵义市习水县开展驻村帮扶工作。在驻村工作期间，区局同步小康驻村工作组切实开展了“四关爱”活动，在节日期间慰问贫困党员，资助亮岩镇金华村寨上组修建便民桥，并通过走访，开展“小康心愿微信逐愿”活动，收集贫困村民小康心愿共75条，通过地税微信平台进行公开，以积极寻求社会各界帮助，同时积极协调资金以帮助贫困村民完成其小康心愿。全年该局共用于扶贫资金共计66689元，较好完成了全年驻村扶贫工作。

【提高职工拒腐防变意识，党风廉政建设工作稳步推进】（一）深入落实党风廉政建设责任制。于年初召开全区地方税收工作暨党风廉政建设工作会，安排部署全年党风廉政建设工作，与各部门和干部职工层层签订党风廉政责任书。坚持“谁主管、谁负责、谁担责”的原则，印发全年党风廉政建设暨纪检监察工作要点，细化“两个责任”清单工作。按时开展“党风廉政日”活动，建立干部职工专项档案，积极参与廉政文化进机关工作，党风廉政建设责任制与日常税收工作同步协调发展。（二）加强廉政教育学习。将按季开展廉政学习制度改为每周一次例会学习，把反腐倡廉培训教育作为干部职工培训的必修课。于11月19日组织职工到七星关区检察院警示教育基地参观学习，并听取了检察院预防职务犯罪局局长的教育讲座。全年开展常态化约谈、廉政谈话工作，全年开展提醒约谈12人（次）、提醒谈话90人（次）、问题处理3人次。（三）驰而不息纠“四风”。严格落实中央八项规定、省市十项规定。坚持当无证无公开，严格控制“三公”经费支出。加强日常工作作风、纪律的监督检查工作，将执纪问责落到实处。（四）强化“两权”监督落实。加强对领导干部和干部职工的监督，把“两票”纳入常态化管理，实行专项工作督办，严格责任过错追究。

（办公室）

金融　保险

毕节银监分局

【概述】 2016年，毕节银监分局认真落实银监会、贵州银监局监管工作部署，坚持党建监管两手抓，积极支持供给侧结构性改革，进一步提升银行业服务实体经济效率和风险管控水平，为维护毕节银行业安全稳健运行和促进毕节市"十三五"良好开局、脱贫攻坚贡献新动力。截至2016年末，毕节辖内共有银行业金融机构26家，营业网点575个，银行业资产总计1835.50亿元，较年初增长31.37%；各项贷款余额1148.31亿元，较年初增长29.83%；各项存款余额1616.63亿元，较年初增长34.48%；全年实现净利润25.23亿元，较年初增长69.62%；不良贷款率2.39%。全市银行业资产增速、存贷款增速均排名全省第二，各项重要指标处于较好水平。

【坚持监管导向，助力实体经济发展】 一是持续加大对重点行业、重点项目信贷支持。引导辖内金融机构以绿色信贷为发展目标，结合近年中央26个部委支持毕节高速公路、铁路、水利、电力等领域差别化政策，加大对重点领域、重点行业发展的支持。2016年全年重点工程贷款余额303.55亿元，较年初增长33.84%；交通水利、电力等基础设施贷款余额275.27亿元，较年初增长36.09%；保障性安居工程贷款余额22.47亿元，较年初增长478.57%。二是围绕支持农业供给侧结构性改革，不断提升薄弱领域金融服务。引导各机构结合毕节现代山地农业特点和融资需求，加大对农业生产、乡村旅游、生态制药等为一体的农业产业链的资金支持；配合市政府提出的"雁归兴毕""大众创业、万众创新"等行动，以"银团合作"为助推，支持返乡农民工、农村青年、农村妇女、大学生村干部等在农村就业创业；督促机构坚持有保有压、有扶有控原则，通过探索创新农村金融产品和服务方式，持续加大对三农、小微金融支持力度。截至2016年末，全市小微企业贷款余额226.77亿元，较年初增加45.75亿元，增速25.27%；涉农贷款余额711.84亿元，较年初增加173.13亿元，较年初增长32.14%。三是紧扣供给侧结构改革，支持"去产能、去库存、去杠杆"。按照分类施策原则，指导机构在风险可控、合规经营的前提下采取增贷、稳贷、减贷、重组等处置措施，支持实体经济"去产能、去库存、去杠杆"；组织召开辖内银行业债权人委员会工作推进会，摸清辖内困难企业贷款情况，进一步帮扶和保护银行有效债权；降低企业融资成本，2016年末全市银行业金融机构企业贷款平均加权利率较上年同期下降30.94个基点。四是严格执行服务价格管理要求，减费让利"降成本"。要求机构按照无实质服务一律不得收费的要求，严格收费标准和收费项目；积极主动提高信贷审批效率，缩短信贷审批链条，下放授信审批权限，降低借款人融资时间成本。2016年，辖内分支机构金融服务收费实现免收项目659项，暂免收项目82项，单独为小微企业免收项目107项。

【持续推动金融助力扶贫开发工作】 一是督促机构充分运用好各机构总行、省分行针对毕节试验区发展给予的优惠政策和特色产品，发挥各自优势，不断形成政策性金融、商业金融、合作金融联合协作助推脱贫攻坚的良好格局。二是督促机构对接毕节市脱贫攻坚方案，做好金融精准扶贫规划工作，其中要求农合机构对接各乡镇脱贫规划和措施，量身定做金融服务脱贫攻坚方案，做到“1镇1方案、1村1主业、1户1策”。三是按照“微利、联动、精准”原则，逐步扩大“基金+贴息”“专业合作社+贫困户”“服务+技术”“创业者+担保公司”等金融扶贫模式，以“金融夜校”等为平台，深化“3+X”“特惠贷+”等模式。四是引导农合机构向贫困村派驻金融书记（主任助理），与建档立卡户进行面对面交流，进行问需式金融服务，充分运用各种资源帮助派驻村争取项目资金，帮助寻找发展路子。2016年，辖内农合机构已向180个乡镇967个贫困村派驻340名金融书记（主任助理）。五是整合资源增强合力，与统战、扶贫等相关部门密切合作，积极对接统一战线、全国工商联、各民主党派中央派驻帮扶机构，对接“千企帮千村”行动，对接帮扶措施。截至2016年末，全市银行业发放贫困地区贷款1010.10亿元，较年初增长58.07%，高于各项贷款平均增速；发放扶贫项目贷款168.63亿元，覆盖全市8个县域。

【践行普惠金融，深化银行体系建设】 一是组织机构开展“防范打击非法集资宣传月”“金融知识进万家”“普及金融知识万里行”“反恐怖主义法宣传”等活动，把金融知识送进校园、进社区、进企业、进乡村，提升消费者的金融知识水平和防范风险意识。二是组织机构开展“支农支小春雨行动”“农民工春归金融服务”活动，扩大金融知识在农村的普及面。全年举办农民工座谈会、金融夜校活动开展金融夜校15311场次，参训79.28万余人次，覆盖全市行政村4435个，社区（街道）259个。三是深入推进机构建设，2016年，全市新设机构网点15个，其中，乡镇网点7个；支持贵州银行、贵阳银行网点设立向县域延伸，实现辖内县域网点全覆盖。四是稳步推进农信社改制农商行工作，启动赫章县联社改制工作，完成清产核资及改革前期准备，向贵州银监局上报筹建初审报告；引导相关联社扎实做好产权确权、小股金清理，持续优化监管指标，创造条件逐步达到改制要求。五是持续推动“引银入毕”工程、推动并指导中银消费金融有限公司在毕节辖内合规开展业务。六是不断完善农村金融服务体系。2016年全市农信系统共安装投入使用助农取款“村村通”终端3780台，在行政村的覆盖率为107.36%；农行设立“惠农通工程”服务点3499个，覆盖242个乡镇2579个行政村惠及农户100多万户；城商行和邮储银行设立便民服务点483个，覆盖全市247个乡镇。

【严守风险底线，确保安全稳健运行】 一是以综合排查治理为重点，按季对融资平台贷款余额、到期还款情况、贷款质量等情况进行跟踪监测，对潜在风险进行分析；结合政府债务规划，督促银行逐笔落实还款来源，制定风险处置预案。截至2016年末，全辖融资平台（含类平台）贷款余额327.07亿元，较年初增加107.95亿元，增幅49.27%；涉及辖内平台和类平台85个。二是紧盯重点机构风险，加强非现场监测、分析和预判，对监管指标不达标的机构及时进行风险提示；按照“一行一策”原则督促各农合机构结合自身业务特点和风险状况，组织开展以信贷、票据、跨业务合作和员工异常行为等为重点的案件风险排查。三是防范重点行业和重点领域风险。要求机构严格执行房地产调控政策，合理控制房地产开发项目及相关产业贷款规模、增速和风险，严禁对不合规项目发放贷款；督促机构防范产能过剩行业信贷风险，对淘汰行业、不景气行业和问题客户及时有效实施退出，坚决杜绝承接过剩产能行业授信和他行退出企业授信，同时重点关注在压缩产能过剩过程中煤炭等企业信贷资产的保全工作。四是始终保持案件治理高压态势。与辖内法人金融机构签订2016年案件防控工作责任书，层层落实案件“双线”风险防控责任制；督促机构完善“灰名单”制度，及时报送处罚人员信息，并将从业人员处罚信息查询纳入董（理）事、高管任职资格审核流程中；完善员工异常行为举报、查处机制，依法严厉打击顶风作案和内外勾结作案。

【加强对不良贷款控降工作】 2016年毕节市金融机构不良贷款余额27.45亿元，较年初增加6.8亿元；不良贷款率为2.39%，较年初增加0.06个百分点。分局针对不良贷款上升的“劣变”趋势，通过对相关机构下发监管意见书、约见高管人员谈话等方式，要求机构结合自身实际情况，认真分析不良贷款形成原因，加强不良贷款余额和比率“双控”管理，夯实资产质量基础，积极防范信用风险和系统性风险。

【提高监管质效，强化内部管理】 一是强化非现场监管运用。成立非现场监管委员会，建立联席会议制度，形成有效监管合力；强化统计分析职能，密切跟踪经济金融形势变化特点，实时监测辖内银行业的业务经营、风险防范情况，提高数据分析运用能力；加强对统计数据质量考核问责力度，综合发挥窗口指导、风险提示、诫勉谈话、审慎会谈以及各种惩罚性措施等各类监管措施作用。二是提升现场检查效能。加强与非现场监管联动，突出问题导向；重点围绕“两个加强、两个遏制”回头看检查工作，运用EAST系统建立检查模型，列出问题清单进行核查；举办现场检查例会，分享检查技巧、经验做法和典型案例。全年分局累计派出检查组17个，检查发现问题368个，涉及违规金额15.16亿元。针对现场检查发现的问题，对辖内3家机构处以罚款合计70万元。同时，责成被查机构内部问责740余人次，其中经济处罚556人，罚款金额42.48万元。三是改进监管服务，推进简政放权。结合银监会市场准入工作的实施意见等有关规定，深化“放、管、服”改革，推进简政放权，优化市场准入，提高审批效率。四是立足风险防范，深入开展调研。印发了《毕节银监分局办公室关于印发2016年信息调研课题的通知》、围绕辖内供给侧结构性改革和银行业改革发展重点工作情况积极开展调研。

【加强外部联动，深化政银合作】 一是积极推进银政企合作。与毕节市国税、地税部门积极对接，成立“银税互动”工作领导小组，印发工作方案，向银行推送纳税优质客户。截至2016年末，与辖区国税局和地税局签署协议的机构共有7家，其中分行3家、县域法人机构4家，开展的品种有税易贷、银税贷、税源贷、惠税贷等6种，银税合作贷款余额4080万元。二是积极推动银行业金融机构选派优秀青年干部赴县级团委挂职，充分发挥银行挂职干部的专业优势和团委的组织及资源优势，通过建立县乡“1+X”联动模式、聚焦“三农”和青年创业热点、结合26部委出台差别化支持政策加大对农村信贷投放等措施，助推“银团合作”取得成效。

【加强党建工作，落实从严治党】 一是强化制度保障。制定《毕节银监分局2016年党建工作计划》和《毕节银监分局党委工作规则》，把分局全面从严治党主体责任和监督责任落实到党的建设、管理、监督的各个环节，为分局系统贯彻执行党的路线、方针、政策和决策部署提供强有力的组织领导保障。二是深入学习贯彻十八届六中全会精神。召开党委会专题研究并提出学习贯彻全会精神的意见，通过党委中心组学习、支部学习、科室学习、自主学习等方式，切实领会十八届六中全会精神，将学习精神与监管工作结合起来，确保党中央部署和银监会党委要求落到实处、见到实效。三是探索制定《毕节银监分局党风廉政建设主体责任和监督责任清单（试行）》，为厘清各责任体的职责边界提供了依据和指导，有效强化党风廉政建设“两个责任”的落实。四是落实“一岗双责”责任。年初，党委班子成员与分管部门负责人分别逐级签订了《党风廉政建设责任书》，部门负责人与科室员工签订《员工廉洁从政从业承诺书》，各职级工作人员的“一岗双责”进一步明确。六是扎实开展“两学一做”和“遵党章守党纪严党规”主题教育活动。通过制定活动方案、编印宣传板报、搭建交流平台、开展学习讨论等方式，营造学习氛围，助推活动取得实效。

【强化基层党组织整体功能，着力抓好基层党建】 一是认真开展中央专项巡视整改“回头看”工作，深化巡视整改成果。二是认真落实党建各项任务，进一步提升干部素质。分局党委把抓好7项重点任务作为推动全面从严治党向基层延伸的切入点，扎实开展“三个回头看、三个排查”工作，聚焦分局党建薄弱环节和突出问题，着眼落实基本制度，补齐工作短板。三是坚持党委中心组学习制度。全年共组织12次中心组学习，局领导带头讲党课5次。四是建立分局领导基层联系点制度，每个局领导联系1-2个监管办，每年到基层联系点开展调研。五是组织职工对分局党建扶贫联系点务井村开展爱心帮扶活动，为该村小学49名孩子捐款1.38万元用于购买衣服、书包、文具等，用爱心彰显党性。

【持续强化党风廉政建设】 一是加强对中央八项规定执行情况的监督检查，对2015年办公用房整改、接待用酒封存、三公经费使用、公务车辆管理进行“回头看”跟踪监督。二是成立“四风”问题整治“回头看”工作领导小组，制定了《开展毕节银监分局“四风”问题整治“回头看”工作方案》。三是围绕市场准入、现场检查、行政处罚、干部任用、物资采购等重要岗位、重要环节和关键人员，排查廉政风险隐患，制定防控措施。四是在重要节点发送廉洁短信就遵守八项规定和反对“四风”问题进行温馨提示。全年未发现违反八项规定和“四风”方面的问题。五是强化廉政风险防控，加强对权力运行的监督。组织全体员工填报《贵州银监局系统干部职工违规违纪和廉政风险排查表》，对廉政风险进行排查；丰富廉政文化建设载体，采取办公楼走廊布置廉政文化展板、办公电脑上设置《准则》《条例》漫画图片屏保等方式，宣传普及廉政文化知识，营造廉政文化氛围。六是扩大廉政监督卡的使用范围，强化对权力运行的监督。全年共发放现场检查廉政情况反馈表22份，发出市场准入、非现场监管廉政监督卡各104份。七是建立行风评议监督机制。通过聘请行风监督员，发挥行风监督员的外部监督作用。八是对内部监管科室执行新行政许可事项管理办法开展执法监察，发现问题7项，提出监察建议5条。九是组织分局全体党员参加廉政知识、党章党规党纪知识等测试4次，测试结果全部合格。十是邀请市检察院预防职务犯罪处老师向全体干部职工作预防职务犯罪警示教育讲座。

（办公室）

中国人民银行毕节市中心支行

【概述】 2016年，人民银行毕节市中心支行在成都分行党委、贵阳中心支行党委的领导下，坚持稳中求进的工作总基调，以“稳中求进，扬长补短，开拓创新”为工作主线，紧密结合辖区实际，认真执行稳健的货币政策，积极推进金融改革创新，维护区域金融稳健运行，大力提升金融服务水平与管理水平，促进辖内经济平稳健康发展。

截至12月末，全市金融机构人民币各项存款余额1667.31亿元，较年初增加412.68亿元，同比增长32.89%；各项贷款余额1148.31亿元，较年初增加263.84亿元，同比增长29.83%。其中，小微企业贷款余额178.85亿元，较年初增加36.18亿元，增长25.36%；涉农贷款余额711.84亿元，同比增加171.73亿元，增长31.8%。

【贯彻落实稳健的货币政策】（一）落实宏观审慎管理要求，引导信贷平稳适度增长。加强对经济金融形势和货币政策传导效果的分析，按季做好对辖内16家法人机构宏观审慎预评估，加大对地方法人信贷投放结构的监测力度，采取约见谈话等措施，引导金融机构盘活存量，调整和优化信贷结构，将更多的资源配置到经济重点领域和薄弱环节，着力改进和提升“三农”和小微企业金融服务。加强与地方政府相关部门的沟通协调，做好政策宣传解读，引导社会各方保持合理的融资增长预期。传导宏观审慎管理理念，引导金融机构充分了解和掌握MPA评估规则和激励约束机制，保持信贷投放平稳增长。（二）强化存款准备金管理，落实利率市场化改革各项措施。实施好平均法考核存款准备金，定期对金融机构执行存款准备金政策情况开展现场检查并对存在问题督促整改。落实好定向降准政策，关注定向降准机构流动性释放情况。认真做好利率管理工作，引导法人金融机构自愿参与合格审慎评估，大方农商行、黔西农商行、纳雍联社和赫章联社成功加入市场利率定价自律机制观察成员，毕节农商行、织金农商行年检合格，成为基础成员。引导金融机构正确运用自主定价权，合理确定存贷款利率定价策略，实现差异化、精细化定价。（三）创新再贷款管理模式，提质增效支持脱贫攻坚。强化扶贫再贷款日常管理，继续实施杠杆化运行，对投放进度缓慢、投放对象不符合规定的，提前收回并调剂其他金融机构使用，最大限度发挥再贷款政策效果。截至12月末，全市支农（扶贫）再贷款限额为21.45亿元，余额为21.39亿元。创新制定《扶贫再贷款"两建两优"管理暂行办法》，在中支建立虚拟"循环资金池"，建立对金融机构的最高额管理，给予"两个优先"政策保证，即要求金融机构所运用"两建两优"扶贫再贷款支持的新型农业经营主体带动贫困户人数不得低于总带动就业发展人数的20%，并优先支持带动贫困户就业发展突出新型农业经营主体，对运用扶贫再贷款支持建档立卡贫困户发展政策效果好的县区，优先满足其"两建两优"扶贫再贷款需求。自2016年9月份启动以来，已下达"两建两优"扶贫再贷款限额1.01亿元，地方金融机构运用扶贫再贷款资金支持600余家新型农业经营主体，带动1939余户贫困人口就业发展。（四）积极做好供给侧改革金融服务工作，落实民生领域信贷政策。密切关注供给侧结构改革进展，认真研究"三去一降一补"中存在的有利和不利因素，通过多种方式引导金融机构支持工业企业稳增长调结构增效益。结合辖区实际，以煤炭、钢铁等行业为重点，着力引导做好化解过剩产能和转型升级金融服务，降低工业企业融资成本。引导金融机构加大对新消费、服务业、有效投资等领域的金融支持。积极做好创业就业、少数民族经济发展等民生领域金融服务，加强与民宗局、财政局协调配合，及时办理贴息审核，切实推动民贸民品生产企业获得优惠利率贷款支持。截至12月末，全市创业小额担保贷款累计发放2.59亿元，其中，妇女小额担保贷款余额6850.95万元。引导金融机构用好用足民族贸易和民族特需商品生产贷款优惠政策，2016年，全市累计共有23家企业享受民贸民品优惠利率贷款贴息，累计发放贷款2.69亿元，累计贴息701万元。

【切实维护辖区金融稳定】（一）稳步推进"两管理、两综合"工作。一是落实重大事项报告制度。加强与各金融机构对接，落实银行业金融机构重大事项"零报告"机制，确保实时掌握辖区金融机构动态。二是健全机制，做好开业管理。增强与相关职能部门联系，进一步严格对金融机构申报开业的制度要求，做好追踪、协调工作，确保金融机构规范经营。相继完成辖内威宁富民村镇银行开发区支行、雪山支行、贵阳银行金沙支行等17家金融机构分支机构或网点开业管理。（二）扎实做好存款保险制度实施各项工作。一是做好实施风险差别费率、费率管理、保费核定与交纳等存款保险基础履职工作。按照《存款保险费率管理和保费核定办法（试行）》（银发〔2016〕177号）等相关要求，确定辖内16家投保机构使用费率档次和费率水平，并严格做好评级结果及适用费率的保密工作。二是稳步开展存款保险评级工作。组织辖区金融稳定人员参与总行存款保险评级远程培训，及时收集辖内投保机构存款保险相关数据指标，测算各机构存款保险保费基数。此外，由中支安排辖内各县支行两两组队，分别进驻两地法人机构开展评级。三是做好存款保险风险档案管理工作。按属地管理原则，认真做好毕节市农商行、毕节发展村镇银行投保、保费核算材料及评级材料的归档与保管工作，实行"一户一档、分类分理"。

【深入推进外汇管理改革】一是切实抓好"控流出，扩流入"工作。积极开展"一企一策"约谈工作，选取进口未付汇的两家企业进行约谈，强调在办理进口付汇业务时，合理安排每次购付汇金额及时间，尽量避免出现集中大额购付汇情况。通过政策宣传、银企对接等多种方式，鼓励外债等跨境资金流入，推动全口径跨境融资外债宏观审慎管理政策落地实施。二是积极加强跨部门联合监管。协调国税、地税、外管、工商、商务、广电等9个部门建立信息资源共享机制，搭建有利于防范打击漏税逃税、逃汇套汇及跨境资金异常流动等违法违规行为的交流平台，形成跨境收支监管合力。三是深入开展县域外汇指定银行网点窗口指导。结合金沙涉外经济在全市发展较快这一实际，对外汇指定银行工行金沙支行、建行金沙支行和中国银行金沙县支行等3个银行网点进行窗口指导。

【不断强化金融服务基础建设】（一）扎实开展金融统计工作。加强对新型统计制度的学习研究，积极反馈制度执行中难点和疑点问题。建立数据报送交叉复核登记制度，各批次统计数据生产无重大事故。及时向市委市政府报送金融运行情况分析，创新编写《金融统计信息专报》，多次得到毕节市委市政府领导批示。（二）有序推进征信管理工作。一是及时做好个人信用报告查询收费标准调整工作，积极完善便民设施，在征信服务大厅新增了两台个人信用报告自助查询机，极大地缓解了柜台查询的压力，节省了社会公众在查询个人信用报告时等待的时间。二是拓展中小微企业信用体系建设省级试验区创建工作，以应用和需求为导向，推动金融服务网运用，充分发挥融资对接平台的作用，缓解中小微企业“融资难、融资贵”问题。三是积极开展“守信企业红名单”评选活动，组织对81家申报企业进行初选，对符合条件的37家企业提请毕节市社会信用体系建设领导小组评审公示，并经市政府审定后对其进行了表彰。四是探索具有地方特色的农村信用体系建设工作，争取市委将推进农村金融信用体系建设列为2016年全面深化改革专题工作，明确由人民银行牵头、市发改委和其他社会信用体系建设联席会议成员单位共同落实。（三）支付结算工作成效明显。一是以“提效率、保安全、推创新”为目标，切实加强各项基础工作。完成全辖48家银行业金融机构联网取现试点推广和全辖ACS2.0版25种凭证的订购及启用工作。二是切实维护支付结算纪律，定期通报支付清算规则执行情况，约见被通报4家机构部门负责人谈话。三是紧跟精准扶贫战略部署，引导贵阳银行、通联支付、银联商务等机构合理设立助农取款服务点，及时满足贫困地区支付服务需求。四是指导市银行卡协会与毕节日报传媒集团合作，创建“毕节市银行卡协会订阅号”公众服务平台，做到“一号关注、服务全享”，广泛宣传支付结算暨银行卡产业政策、打击电信诈骗等新型网络犯罪风险防控知识。（四）切实履行反洗钱工作职责。一是组织对全市41家金融机构130个分支机构2015年度反洗钱考核评级工作，对38家金融机构采取约见谈话、监管走访等措施进行监管督促。二是召开辖区金融机构反洗钱监管工作会议，传达人民银行反洗钱工作会议精神，安排部署反洗钱工作，通报2015年考核评级结果，责令反洗钱工作效果欠佳的单位在会上检讨并作整改承诺。三是举办金融机构反洗钱工作培训班，重点对可疑交易分析识别方法、如何规范撰写可疑交易报告等内容进行培训。（五）是进一步提升经理国库职能与水平。一是认真落实会计核算制度，夯实基础工作，提升国库服务水平，确保国库资金安全有效运行，无风险事故发生。二是加强TIPS电子缴税推广，进一步加大和辖区税务部门、银行业金融机构的协调力度。三是落实营改增工作要求，完成营改增数据调库。四是加强国债管理，开展国债知识宣传，规范承销机构国债发行和销售工作，深入推进国债下乡工程。五是推动业务创新，将预算单位专项资金纳入国库管理。（六）是加强发行基金调拨管理。一是切实抓好发行库规范化管理，加强现金运行分析，进一步完善以需定调、以需定投，提高发行基金调拨的科学性和合理性，科学制定发行基金调拨计划，保障现金供应。二是积极推进农村金融服务站标准化建设，充分发挥站点兑零兑残和反假宣传功能。加强与公安机关及其他部门的协调配合，严密防范和打击利用人民币进行违法犯罪活动。三是加强人民币流通管理，继续开展“清肠行动”和人民币净化工程，加大小面额人民币的投放力度，提高流通中人民币整洁度。（七）是稳步提升金融科技建设。一是做好辖内金融IC卡与移动金融的推广宣传工作。利用全国科技宣传周、国家网络安全宣传周、金融知识普及月等活动组织开展金融IC卡与移动金融知识宣传，并在相关媒体进行金融IC卡“闪付”知识宣传。全辖除大方县外均已实现公交系统金融IC卡推广应用。二是加强对金融机构信息安全和信息化建设工作指导。完成移动金融、金融IC卡受理环境安全和标准符合性专项抽查工作，对5家富民村镇银行拟发金融IC卡事宜进行实地网络安全和受理准备情况检查。认真做好金融业机构信息管理系统信息核对和金融机构代码证管理工作。对辖内地方性银行业机构开展银行卡信息泄露风险专项排查，邀请公安部门信息安全专家对金融机构科技人员开展信息安全培训。（八）是深入开展金融消费权益保护工作。严格按照规定的程序和时限处理金融消费者投诉事件，切实维护金融消费者的合法权益。截至12月末，全辖共受理8件投诉事件均已办结，金融消费者满意度为100%，辖内未发生群体性投诉事件。紧紧围绕“3·15金融消费者权益日”和“金融知识普及月”等节点，切实抓好金融知识宣传普及教育工作。全辖金融机构组织开展了金融知识进校园、进农村、进社区、进企业、进机关等宣传活动，组织“蒲公英”金融志愿服务队开展重走长征路“传承红色金融，普及金融知识”等形式多样的宣传活动，深入威宁、赫章等地的偏远乡村开展金融知识宣传普及。在金融知识普及月中，各机构有针对性地开展了216次集中宣传，受众消费者量约15万余人，发放各类宣传资料约30万份，对提升老百姓金融素养和构建和谐金融环境起到了重要的作用。

【全面加强内部控制和风险管理】 一是切实做好统筹协调服务。做好统筹调度，加强排查督促，及时反馈信息，确保上情下达，妥善应对。九是强化公文、会议、档案、印章管理等基础工作，不断提升办公效率。严格按照《政府信息公开条例》和人民银行政务公开及信息观点对外发布的相关规定，及时公开民众生活相关的事项。二是强化会计财务管理。树立底线思维，加强会计财务基础工作，创新会计财务辅导检查方法，将事后检查方式转变为事前审查，严肃财经纪律，强化计划执行的刚性约束，严格规范大型修缮项目、集中采购及固定资产管理。三是加强对重点业务、关键环节的监督检查。强化内控监督和风险管理，不断提升审计成果的综合利用水平，合理制定审计计划，及时完成各项审计任务全年共完成审计项目5个，提出整改意见及建议18条。四是认真落实安全管理责任制。一是认真做好发行库守卫管理工作。以强化反恐怖和严防安全事故为中心，围绕发行库绝对安全、发行基金绝对安全、枪支弹药绝对安全、系统安全稳定“四个安全”抓好风险防范。五是抓好后勤服务保障工作。加强车辆管理，提高驾驶员安全和责任意识，确保调运及公务用车需要。做好机关固定资产清查和办公用房、配车、违规住房问题专项清理整改工作。

【努力抓好领导班子和干部队伍建设】 一是扎实开展“两学一做”学习教育活动。抓好动员部署，做实计划方案。结合毕节中支实际，中支党委认真谋划，制定了《中国人民银行毕节市中心支行开展“两学一做”学习教育实施方案》，进一步明确了辖区开展“两学一做”学习教育的指导思想、目标任务和工作要求，提出了明确的时间安排和重要节点。认真学习《党章》《廉洁自律准则》《纪律处分条例》和其他党内法规，深入学习习近平总书记系列重要讲话精神，自觉增强政治意识、大局意识、核心意识、看齐意识，做到先学先知、先悟先行，发挥了“关键少数”的示范引领作用。

二是从严监督管理干部，不断加强职工队伍建设。以“好干部”为标准，加强干部教育培训和管理监督。一是严格落实培训计划，集中做好重点内容、重点项目和重点对象培训，持续推动全员参与远程培训，提升干部专业化能力。

【努力加强宣传思想工作】 围绕中国特色社会主义、“中国梦”和社会主义核心价值观等内容，多形式、多措施强化青年理想信念教育；扎实开展“我与行长面对面”活动，激发青年职工服务基层、建设央行的热情和信心。通过深入开展“我们的价值观我践行”“读好一本书，写好一篇心得”，“明礼知耻·崇德向善”道德模范推荐评选，“身边好人”先进典型宣传等主题教育活动，推动基层央行文化建设。创新服务载体，开展具有央行特色的志愿服务系列活动和“文明单位”细胞工程建设，自主策划组织开展各项关爱活动20余次，志愿服务人员100余人，服务群众2000余人。三是加强宣传阵地建设，围绕基层央行中心工作，积极做好重点专题宣传，大力推进党建宣传与业务宣传的有机融合。

【大力推动反腐倡廉建设】　一是抓好“两条例一准则”的学习贯彻。召开党委中心组学习扩大会专题学习，班子成员率先学，带头学，机关各党支部组织党员干部逐条学习。二是中支党委书记以《认真履行党风廉政建设主体责任　坚决落实全面从严治党要求》为题为全辖党员上廉政党课。三是加强节前教育，要求党员干部坚持廉洁过节，组织党员干部认真学习中央、总分行及地方有关违反中央八项规定精神、“四风”、违规滥办大办酒席等案例通报，提高思想认识，深化作风建设，严防“四风”反弹。四是加强干部遵纪守法教育，制定《加强干部职工“八小时以外”和离退休人员管理实施细则》，积极探索完善干部职工“八小时以外”教育管理工作机制。

（办公室）

建行毕节市分行

【概述】　2016年，中国建设银行毕节市分行在毕节市委、市政府和上级行的正确领导下，认真贯彻党的十八届三中、四中、五中、六中全会和中央经济工作会议精神，积极践行五大（创新、协调、绿色、开放、共享）发展理念，加快推进总行、省分行转型发展规划落地，牢牢抓住毕节“决战贫困、提速赶超、同步小康”发展机会，以打造“一流银行”为目标，以“强基础、建机制、推转型、谋发展”为主线，坚持与时俱进，开拓创新，深化改革，强力助推毕节试验区经济发展，实现自身效益和社会效益的同步增长。截至年底，各项存款余额194.81亿元，较年初新增49.23亿元；各项贷款余额106.69元，四行占比23.88%，较年初新增7.08亿元。其中对公贷款余额67.58亿元，个人贷款余额39.11亿元。表外融资余额11.2亿元，较年初新增9.2亿元；实现中间业务净收入9631.52万元，同比新增1870.87万元；实现账面利润4.48亿元，较年初增长0.85亿元。

【加快转型发展，不断突显服务职能】　一是加强自助网点建设。2016年，分行共建设4个自助银行网点，目前已完工，待验收后投入使用，搬迁自助设备3台，取款机更换为存取一体机5台；完成17个网点双录设备安装并成功上线，产品销售实现“双录”，达到监管要求；进一步完善消费者权益保护制度，设备配置齐全，17个网点及分行渠道部安装了录音电话，记录、保存客户投诉及回访录音。二是加快智慧银行转型。11月上旬，分行共投入使用智慧柜员机67台，覆盖辖内全部网点，大量减轻了柜面压力，快速、简便、易操作的体验赢得了客户的一致好评。三是深入推进“三综合”建设。分行利用设备交易渠道分流客户，自助设备使用效率明显提升。制定了自助设备考核管理办法，每日通报设备运行情况，截至11月底，自助设备开机率较年初提高0.48%，达99.36%，全功能服务率提高1.89%，达92.75，缺钞率下降0.69%，达到1.16%。同时优化网点排班，大部分网点年底营销人员占比超过60%，全市网点营销人员平均达60%，完成省分行网点转型指标。

【加大信贷投入，致力服务地方经济建设】　分行认真分析区域经济发展态势，从基建项目、能源资源、煤磷化工、民生领域及现代农业等行业入手，积极支持白酒、卷烟、医药、茶、特色食品“五张名片”产业和工业、交通、水利、电网、通信、城镇化建设等国家在建、续建重大项目。加强对小企业业务的支持力度，落实批量、联动机制，有效利用小企业“商户贷”“善融贷”等新产品，改进对企业服务模式，有效解决小企业融资难、融资贵的问题。在具体业务工作中，以服务创新、产品组合创新、产品功能延伸等，提出专业化、个性化、适用性强的金融解决方案，尽最大努力满足试验区经济发展的各项金融服务需求。一是大力推进民生领域金融服务工作，为毕节学院西区综合楼和公租房及人才房两个项目基础设施建设共计授信1.47亿元，支持毕节市重点工程毕节市第一中学新校区建设项目2.8亿元。目前正在接洽职业技术学院等单位融资需求。为毕节市第一人民医院双山分院、毕节市中医院等提供共5.75亿元支持，同时大力助推地方县级医院发展，截至年底，信贷投放已覆盖大方、黔西、织金、赫章、威宁等县，投放金额合计1.75亿元，金沙、纳雍项目已上报，也将在年内覆盖。二是大力支持水利工程建设。通过对贵州省水利投资有限公司授信近40亿元，其中对夹岩水库、威宁县“小米水库”、纳雍县“金蟾水库”、金沙“油杉河水库”、黔西“樱桃坪水库”、赫章“珠市水库”等均有信贷支持。截至年底，已累计投放5.49亿元。三是不断深化与各房开企业的合作。创新放款模式，加快放款速度，提升客户服务的软硬件标准和服务场所，实行系统流程项目再造，进一步简化客户资料提供等，为客户办理个人贷款业务提供绿色通道。同时，依托国家大数据发展战略，大力发展快e贷、融e贷、质押贷等互联网+产品。四是积极贯彻国家关于改进小企业金融服务的要求。通过推进“信用贷”产品的发展，积极助推中小企业又快又好发展。在同业中率先启动小企业信用贷款产品，以善融贷、成长之路、五贷一透等产品为抓手，满足小微企业短频快的贷款需求；率先搭建园区小企业“助保贷”平台，着力解决小微企业担保难的问题；作为首家推行并实现小企业“税易贷”信贷投放的银行，在区域内小企业信贷、支持实体经济方面起到引领作用。同时，大力扶持民营经济体，先后为金沙台金农业、威宁泰丰、威宁香炉山等地方重点扶植的高成长性小微企业进行贷款投放，截至年底，实现小企业贷款投放23户，储备小企业客户30户，涉及贷款金额近2亿元。五是借助“善融商务”电子商务平台，大力支持地方产业。加大对“黔货出山”“乌蒙山宝，毕节珍好”等农特产品品牌及企业的宣传，累计实现电商交易1508笔，交易额近2000万元。此外，该行大力支持烟草电子化推进工作，近年来，陆续搭建了多个电子商务系统，大大提高了企业经营运行效率，为区域经济发展注入信息化科技元素。

【加强风险管控，持续推进合规管理工作】 一是深入推进“合规管理深化年”“合规建行，人人践行”活动。认真开展“三学”“三赛”“三治”，打造合规文化良好氛围；二是开展违规操作谋求私利专项整治活动。在全行员工中开展自查自纠、谈心谈话，同时通过走访公安、工商部门的方式进行排查，发现两名员工违规参与经商办企业，已由纪检监察部门进行严肃问责；三是加强稽核差错管控。稽核差错从年初较低水平逐步提升，在三季度在全省二级分行排名第一，全年总体评价全省中上水平，检查发现问题整改有效提升，审计发现问题整改率达100%，各项检查发现问题较以往年度明显下降；四是认真开展屡查屡犯问题专项治理工作。对查库流于形式、代客户保管、对公账户管理、客户电子签约等屡查屡犯问题发生频率明显下降，治理工作取得一定成效；五是按月对关键内部控制点进行日常操作检查；六是开展年度内部控制评价工作；七是认真组织落实内外部审计检查问题整改工作。

【深入贯彻全面从严治党，以党建引领业务发展】 一是持续深化“两学一做”学习教育。分行成立了“两学一做”学习教育协调小组，制订学习教育方案，创新学习方式，同时通过党委书记、纪委书记讲授“两学一做”专题党课，召开“两学一做”专题学习会，开展专题党课培训等方式，扎实推动党内教育从“关键少数”向广大党员拓展；二是组织《党章》知识考试、“两学一做”网上答题活动，并参加省分行《党章知识竞赛》，参加毕节市纪委主办的《中国共产党廉洁自律准则》《中国共产党纪律处分条例》知识竞赛，并荣获得一等奖，将

"两学一做"教育推向高潮；三是发起"远学焦裕禄，近学文朝荣"活动，制定下发党员活动方案，通过开展集体学习、红色胜地参观学习、观看党史题材影视片等方式，广泛宣传党的光辉历程，进一步提高党员的凝聚力和战斗力。四是严格落实"三会一课"制度。召开"两学一做"经验交流暨党建工作座谈会，开展党的知识教育培训，为各支部加强基层党建工作提供知识保障。同时定期下发支部学习计划，检查支部学习记录，并要求每月报送支部学习情况汇报，使"三会一课"真正达到规范化和常态化。

【积极推进金融扶贫，深入开展对口帮扶工作】　一是开展面对面帮扶工作。分行领导带队前往纳雍县库东乡长坡村、织金县阿弓镇吊井村，同当地政府了解贫困地区目前的发展优势及存在困难，查看了当地发展项目，以便更有针对性地开展帮扶工作。同时，捐款支持扶贫点部分发展项目，资助当地贫困小学，看望慰问贫困党员，为当地群众送来党的关怀。二是关心扶贫党员干部，多次走访查看扶贫党员干部的工作和生活情况，解决扶贫党员干部的差旅费用，为扶贫干部更好地开展扶贫工作解除后顾之忧。三是深入推进"四在农家·美丽乡村"示范型创建村结对帮建工作，由分行主要负责人带领相关人员前往纳雍县库东关乡长坡村开展调查研究，指导创建工作。帮助解决创建中出现的困难和问题，积极协调项目资金，落实帮建资金，为扎实推进毕节市"四在农家·美丽乡村"示范型创建村创建工作做好前期准备。

（肖雪君）

农发行毕节市分行

【概述】　2016年，农发行毕节市分行在省分行新一届党委的坚强领导下，紧紧围绕"注重加速业务发展，全力服务脱贫攻坚；注重夯实管理基础，戮力同心防控风险；注重从严管党治行，大力加强队伍建设"的工作思路，发扬"深化改革、锐意创新、埋头苦干、同心攻坚"的毕节精神，秉承家国情怀，强化责任担当，自觉以服务脱贫攻坚统揽全局，以坚定的信心、坚决的行动、坚实的举措做好金融扶贫工作，为毕节试验区决战贫困、提速赶超、同步小康注入了强劲的动力。一年来，通过开展贷后管理年活动，召开基础管理现场会议，促进内部管理基础夯实；通过全力构建激励约束机制，点燃员工干事创业激情，促进业务有效快速发展；通过开展"两学一做"学习教育，切实加强党风廉政建设，促进"两个责任"履行落实；通过加大干部职工培训力度，大胆使用业绩突出干部，促进队伍素质明显提高。截至2016年末，累计投放贷款541776万元，各项贷款余额1514665万元，同比增加267979万元，增幅21.5%；各项存款余额841476万元，同比增加342475万元，增幅68.6%。

【吹响脱贫攻坚号角，信贷支持卓有成效】　毕节贫困面大、贫困程度深、贫困人口多，2016年年初仍有125.9万贫困人口，占全省贫困人口的25.5%，全市上下吹响了脱贫攻坚冲锋号角。2016年，农发行毕节市分行就与相关部门协同发力，构建扶贫工作格局，明确扶贫总体思路，务求扶贫成效显著。全年累计投放贷款541775.5万元，项目涉及棚户区改造、易地扶贫搬迁、农村公路建设、县域城镇建设、农村土地整治、农村水利建设、旅游扶贫等领域。年末贷款规模在全省农发行系统以及全市银行业金融机构中均名列第三位。符合中国人民银行认定标准的扶贫贷款余额1383287万元，占全部贷款余额的91.3%，带动或服务贫困人口119.3万人。

【勇于探索实验示范，奋力打造两张名片】　2016年3月，中国农业发展银行总行联合国务院扶贫办把毕节作为政策性金融扶贫实验示范区。这是既2014年11月，总行将毕节列为扶贫开发试验区的又一次政策倾斜。为此，农发行毕节市分行成立组织领导机构，精准制定工作方案，强化日常协调沟通，深入宣讲信贷政策，狠抓金融扶贫调研，奋力打造两张名片，探索区域性精准扶贫的有效模式。农发行毕节市分行脱贫攻坚主办银行的地位得到不断巩固，政策性银行示范引领作用得到充分发挥，政策性银行融资融智融力得到深入渗透。值得一提的是，继教育扶贫、卫生扶贫在全国系统取得突破之后，2016年12月27日，成功向贵州百里杜鹃文化旅游有限责任公司发放贷款3000万元，首开全省政策性信贷资金助力旅游扶贫先河。

【召开现场观摩会议，从严加强内部管理】 8月初，农发行毕节市分行组织信贷人员对6个县支行的贷后管理年活动进行现场观摩，召开观摩考评会议，对荣获前三名的威宁、织金、纳雍3个县支行授予奖牌进行表彰奖励。8月中旬，在金沙召开安全保卫工作现场会。学习贯彻全省安全保卫工作会议精神，对安全保卫人员进行培训，开展安全预案及消防演练。11月，组织财会人员对6个县支行的财会基础管理进行现场观摩考评，召开观摩考评会议，对荣获前三名的纳雍、黔西、大方3个县支行授予奖牌进行表彰奖励。现场会的召开，使"马而虎之、一犯再犯，似小实大、麻木不仁"等操作风险问题得到有效遏制，成为从严加强内部管理的新引擎和助推器。

【学习教育彰显成效，党性修养扎实提高】 2016年年初，农发行毕节市分行行明确党建总体要求，分解党建目标任务，强化支部政治引领，加强支部队伍建设，创新支部活动方式，切实加强基层党建。用科学理论武装头脑，用理想信念鼓舞人心，用健全组织增强活力，用完善制度统一行动，用联系群众凝聚力量。基层工作责任体系更加明晰，基层工作组织体系更加严密，基层联系服务体系更加高效，基层工作制度体系更加完备，基层基础保障体系更加有力。特别是深入开展"两学一做"学习教育，员工精气神得到提振，创先争优的氛围变浓，党性修养扎实地提高，向党组织靠拢的人多了，主动谋划工作的人多了，谈困难提要求的人少了。

【聚焦全市脱贫攻坚，树立扶贫银行形象】 在创建政策性金融扶贫实验示范区的进程中，农发行毕节市分行推出一批反映员工呼声、展现员工奋斗、振奋员工精神、服务脱贫攻坚的新闻作品，以正确的舆论引导干部群众，用文化的力量点燃员工激情。全年在媒体刊稿137篇（幅），刊稿量在九个二级分行中名列前茅，其中：新华网25篇、中国经济网5篇、中国青年网1篇、光明网2篇、农村金融时报6篇、《农业发展与金融》杂志7篇、总行微信公众号1篇、《粮油市场报》3篇、《贵州日报》7篇、贵州省人民政府网2篇、《毕节日报》8篇、其他媒体70篇。应该一提的是，2016年8月1日的《人民日报》破天荒地以《金融助力打通农村交通"毛细血管"》为题报道了该行助力交通扶贫的做法，提高了农发行在毕节试验区决战脱贫攻坚决胜全面小康伟大征程中的知名度和美誉度。

【表彰优秀共产党员，评选出先进工作者】 为了激励全行干部职工积极投身于毕节试验区决战脱贫攻坚决胜全面小康的伟大事业，农发行毕节市分行授予谌刚、郭春、詹兴义、王家明、荣牧、詹玲、袁晓浪、路登行、刘淑惠9位同志"'十二五'期间优秀共产党员"荣誉称号，授予李劲松、吴青、陈艳、陈宗嫦、段志伟、宋春、何剑、杨云龙、张涛9位同志"'十二五'期间先进工作者"荣誉称号。

【强化支部政治引领】 一是强化支部核心地位。切实加强支部自身建设，切实加强对群团组织的领导。二是落实支部有关制度。健全中心组学习制度，加强班子思想政治建设。在每月一次的中心学习组学习会上，明确有主题发言人和中心发言人。经常性开展简短党课教育。党员参加的会议，农发行毕节市分行党委班子成员利用20余分钟的时间就网上热议的问题与党员共同分享，教育党员群众。要求支部每年召开1次高质量专题民主生活会。三是巩固思想文化阵地，引导群众知党好、感党恩、跟党走。

【加强支部队伍建设】 一是加强支部书记队伍建设。结合内设机构调整，对5个支部进行调整充实。对支部书记进行1次集中培训。二是加强党员队伍建设。重视在新入行员工中发展党员的工作，对党员开展集中培训。同时，推荐1名县支行党支部书记参加总行党校"基层党支部书记党建专题培训示范班"培训，推荐1位同志参加总行第五期团干部培训班培训，推荐2位同志参加总行“金融业营改增专门业务”培训，选派1位同志参加总行工会财务培训。10月28日，组织全体党员在毕节烈士陵园开展重温入党誓词活动。三是完成内设机构的调整充实工作，开展空缺管理岗位的竞聘。聘任高级主管1人，主持工作的高级副主管2人、高级副主管2人、县支行行长1人、主持工作的副行长2人、副行长1人，以人才支撑发展，让发展吸引人才，让有锐气、勇作为、敢担当的干部热情与潜力得到迸发，干部队伍建设焕发出勃勃生机。

【创新支部活动方式】 一是过好“红色记忆·毕节精神”专题组织生活。“深化改革、锐意创新、埋头苦干、同心攻坚”的毕节精神，传承了革命先辈不屈不挠、敢于牺牲、乐于奉献的“精神内核”。要求各支部组织党员过好“红色记忆·毕节精神”专题组织生活，引导党员学党史、强党性、跟党走。二是开展内容丰富的活动。4月，完成党员岗位标识设置；5月，开展主题为“青年·责任·担当”的“青年文化月”公益活动，开展健步走启动仪式暨趣味活动；8月，组织党员参加全省气排球比赛；9月，组织党员参加“歌唱祖国·爱岗敬业”银协杯迎国庆歌咏比赛；10月，组织党员参加全省系统“两学一做”知识竞赛，组织党员参加“播撒绿色希望·追求健康生活”健步走活动，召开行风评议暨银政企共建座谈会，组织党员走进市反腐倡廉预防职务犯罪警示教育基地；开展“我为脱贫做贡献”征文活动；11月，选派党员参加《粮油市场报》特约记者骨干通讯员培训。三是创新党组织管理机制。对软弱涣散的党组织，采取领导挂点、部门结对帮扶等措施，动态整转、挂账销号。

【抓好“两学一做”教育】 印发《农发行毕节市分行“学党章党规、学系列讲话，做合格党员”学习教育计划》，深入开展“两学一做”学习教育，着力解决党员队伍在思想、组织、作风、纪律等方面存在的问题，努力使广大党员进一步增强政治意识、大局意识、核心意识、看齐意识。学习教育中，鼓励年轻的业务骨干积极向党组织靠拢；民主评议党员时，鼓励党员真抓实干。同时，借鉴地方党组织的做法，并与辖内银行同业交流心得体会，寻求推进学习教育的思路、措施、方法。

（谌 刚）

毕节农商银行

【概述】 2016年，毕节市农信社（农商银行）紧紧围绕毕节经济社会发展大局和脱贫攻坚规划，持续提升服务水平，为全市决战贫困提速赶超同步小康提供了有力金融支持。截至12月末，各项存款余额503.84亿元，较年初增加105.94亿元，增速25.46%，同比多增27.74亿元；各项贷款余额337.92亿元，较年初增加55.4亿元，增速19.61%，同比多增20.4亿元。存贷款增量、增幅均创历史新高，分别占全市金融机构的31.14%和29.43%，缴纳各种税收3.09亿元。

【大力发展农村普惠金融】 持续推进农村信用工程，制定完善信用工程建设三年规划，坚持时间服从质量原则持续推进，不断改善农村金融生态环境，共创建信用组3623个（总数达15293个）、信用4974个（总数达2131个）、信用乡镇45个（总数达128个），创建数量为历年新增最多；共建立农户资信档案147.93万户，授信总额528.8亿元，农户小额信用贷款余额205.2亿元，较年初增加51.7亿元，惠及农户44万户。持续优化农村支付结算环境，大力推广“村村通”提高使用率，本年累计交易997.54万笔、金额111.77亿元，活跃率达100%，平均每台每月交易219笔，逐步由“村村通”向“人人用”转变；新增ATM机110台、POS机2759台、网银6.55万户、手机银行20.48万户，累计发卡84.24万张，电子渠道业务替代率72.01%，较年初增加10.39个百分点，居全省农信系统第一。持续深入普及金融知识，以组（社区）为单位召开金融夜校普及金融知识，共召开金融夜校15300场，参训人员达93.59万人次，覆盖全市所有行政村及大部分社区（街道），提高了农户运用金融工具促进自身发展的能力。

【持续加强“三农”金融服务】 以深入开展“支农支小春雨行动”抓手，有效满足春耕备耕、夏播秋种及发展种养殖业等资金需求，有效助推农业产业结构调整、农业产业化发展、“四在农家.美丽乡村”建设及“5个100”工程等项目实施。至12月末，涉农贷款余额291.29亿元，占比86.2%，较年初上升47.25亿元，占全部贷款新增额的85.29%，涉农贷款增速19.53%。

【不断改进小微企业金融服务】 充分了解县域经济发展、项目落地、资金需求情况，做好重点项目金融服务工作。整合运用好“3个15万”政策，大力推广“黔微贷”“贵工贷”等产品，至12月末，累计发放“黔微贷”2.95亿元，“贵园信贷通”1.9亿元；小微企业贷款余额64.4亿元，较年初增加11.36亿元，增速21.24%，贷款户数13562户，较去年同期增加5710户，申贷获得率98.86%，较去年同期上升3.92个百分点。

【全面推进金融精准扶贫】 做好金融扶贫顶层设计，成立农信社系统市、县两级精准扶贫工作领导小组，列为“一把手”工程，单设扶贫事业部，不限制“特惠贷”规模。对接市、县脱贫攻坚规划，分别制定脱贫攻坚金融服务方案，明确目标、细化措施、落实责任，推动工作措施落地。大力推广“特惠贷”，明确至2018年发放“特惠贷”不低于100亿元，对符合条件的建档立卡贫困户，随到随贷、应贷尽贷，至12月末累计发放“特惠贷”9.62万户、33.81亿元，余额31.71亿元，较年初增加9.49亿元，全部执行基准利率，一年少收利息近亿元，让利于贫困户。实施“231精准扶贫工程”，即实施“1镇1方案、1村1主业、1户1策”精准扶贫工程，各县联社、农商银行分别与173个贫困乡镇对接脱贫规划，共商金融服务扶贫方案，因镇、因村制宜，提供个性化金融服务助力精准脱贫。向贫困村派驻金融书记（主任助理），与毕节市委组织部合作，向180个乡镇967个贫困村派驻金融书记（主任助理）340名，重心下沉贴近提供金融服务，主抓信用工程建设、金融知识普及、“特惠贷”管控等工作，探索基层党建与农信社合作扶贫的长效机制。建立驻村服务站89个，打通农村金融服务“最后一公里”，探索金融扶贫新产品新模式，围绕“五个一批”脱贫路径，分别研发“产业贷”“助学贷”“老来福”“康复通”等信贷产品；打造“3+X”模式，即3个主体：村支委、农信社、贫困户，X指各种可助推增收创收的要素或主体，增强扶贫合力。打造“特惠贷+劳务”模式，凡符合信贷准入条件、愿意招聘贫困家庭成员的劳动密集型企业，贫困户运用“特惠贷”，通过专业合作社等向企业进行债权或股权投资，增加贫困户劳务收入和投资收益。

【积极履行企业社会责任】 由省联社毕节审计中心倡议，全市8家信用联社（农商银行）共同发起成立“贵州毕节圆梦儿童关爱公益基金会”，每家发起单位每年捐资不低于200万元，同时发动员工捐助，吸收社会捐助，专项用于市内贫困儿童、困境儿童生活和教育，为防止贫困代际相传尽力。基金会自2016年4月挂牌运行以来，实施“百万公益基金助学行动”，共向1139名留守儿童、贫困儿童提供113.9万元的学习和生活资助；开展“六一”慰问活动，共到26所学校慰问贫困儿童1011名，慰问物品价值9.97万元；实施极贫孤儿救助计划，每名每月资助300元基本生活费直至其脱困，共资助极贫孤儿50名，资助金额4.5万元。

（办公室）

中国邮政储蓄银行毕节市分行

【概述】 2016年，邮储银行毕节市分行紧紧围绕省分行“五个全面”的工作思路，在业务、服务、管理、案防、党建工作上精准发力，以强化管理为抓手，以实现稳健发展为目标，扎实推进各项工作的开展，较好地完成了2016年的目标任务，在发展和管理方面都取得一定的进步。截至12月末，全市个人储蓄余额99.99亿元，较年初新增18.79亿元，增长23.14%；

对公存款88833万元，较年初新增45855万元，增长106.69%；各项贷款余额328604万元，较年初新增84000万元，增长34.34%。

【持续加大金融扶贫信贷投入】 是年，辖内赫章及威宁县支行被总行指定为全国金融扶贫示范县支行，同年，赫章县支行被人民银行贵阳中心支行及贵州省扶贫开发办评为“贵州省金融精准扶贫先进单位”。截至12月末，发放各项贷款170615万元，余额328604万元，其中涉农贷款余额206402.22万元，较年初增加151682.53万元，增幅277.2%，占所有贷款余额的62.81%;农户贷款65815.64万元，占涉农贷款31.89%；农村企业贷款137523.81万元，占涉农贷款的66.62%；向建档立卡贫困户发放贷款1407.61万元，贷款余额168.75万元，有力推进金融扶贫工作开展。

【搭建平台全力服务实体经济】 着力解决中小微企业“融资难”“融资贵”“融资慢”等问题，不断探索，加大“走出去，请进来”力度，积极与政府职能部门、园区、专业市场、商会、合作社、担保公司等沟通，建立市县联动，探索银企、银政、银协、银担、银保等良好合作渠道，重点支持符合产业政策的中小微企业，全力服务实体经济。开办了“农保贷”业务，解决新型农业主体融资难问题；通过与中小企业担保公司签订合作协议为无抵押物的劳动密集型小企业贷款提供担保；开办“创业就业贷款”业务解决就业创业人员融资难问题；引进担保公司，解决涉农企业、家庭农场、专业合作社、小微企业弱担保问题。

【项目建设助力地方经济发展】 积极响应市委市政府的号召，主动作为，切实履行服务地方经济的社会责任，紧抓毕节试验区的发展机遇，不断提高对地方发展的贡献度，加大对辖内交通、电力、安居工程、新能源发展等民生工程及重点项目的投入，截至目前已对纳雍安居工程建设、毕龙高速、金黔高速、毕节热电等重点项目累计发放贷款23.11亿元。

【夯实网点建设提升服务质量】 加强渠道建设，是年，市分行先后对纳雍县支行、大方县支行营业及办公场地进行了搬迁装修，进一步改善了网点服务和办公环境；对辖内所有支行进行网点经营管理转型项目导入，开展规范化服务培训，进一步提升员工服务技能和银行的综合软实力。

【风险管控能力逐步提升】 围绕“管资本、出政策、定标准、建体系、严监控、做评价”的工作思路，做好全面风险管理体系建设的“组织者”,风险政策的“传导者”，风险管理制度标准的“执行者”，业务风险水平的“评估者”，分支机构及业务条线风险的“考核者”，风险监测、汇总、分析、报告、警示的“监控者”，重大风险问题的“督导者”等职能工作。在风险监测、内控决策、风险政策、支行风险管理规范、资产保全等方面抓好贯彻落实，进一步深化风险管理体制改革。一是强化信贷资产质量管理，严守信用风险底线，加强不良贷款催收工作力度。二是积极开展各类专项风险排查工作，全年累计开展各类风险排查共7次。三是进一步加强房地产评估中介机构准入及申报管理，有效控制机构准入风险。四是强化风险联络员履职及规范支行风险管理，逐步提高支行风险管理水平。五是进一步规范和推进风险与内控委员会运行，着力推进委员会工作的督办落实。

【案防能力显著增强】 进一步健全合规内控体制机制，认真贯彻落实案防制度，全面安排部署案件防控工作，有效构建检查有统筹、流程有规范、违规有问责、整改有机制、信息有共享的“六位一体”的合规管理体系，实现了毕节邮政金融资金“零案件”的年度目标。加强合规履职检查，强化合规管理系统和反洗钱系统应用，做好法律事务、合同审查和授权等管理工作，开展“金融知识进万家”“金融知识万里行”等金融普及活动。按照“预防为主、防控结合”的总体思路，采取“邮银联动、银行牵头”的方式，不断规范和夯实安全保卫工作。

【党建党廉扎实推进】 按照党建引领发展的工作思路，全面加强党的思想建设、组织建设、作风建设、制度建设和廉政建设，为改革发展提供了思想保证和精神动力，坚持“五个突出”持续推进党风廉政建设。一是突出“强基固本”抓党建，确保党组织稳健运行、“三会一课”规范开展；二是突出政治生日抓党性，完成“党建云平台”基础数据录入工作，建立健全党员“政治生日”档案；三是突出廉洁自律抓党廉，全行员工未发生违反“十条禁令”的行为，全年未收到举报电话、举报信件和电子举报邮件。四是突出民主管理抓工会，坚持以职代会为基本形式的职工民主管理、民主监督制度，增强员工主人翁意识。五是突出挂帮工作抓群团，派遣党员挂帮织金县金龙乡包营村；威宁自治县黑土河乡新华村“四在农家、美丽乡村”帮扶工作稳步推进。

【品牌影响力不断增强】 2016年，行荣获“2015年度全国邮政用户满意企业”、总行“2015年度档案管理工作规范化管理劳动竞赛三等奖”、毕节市银行业协会举办的银协杯“歌唱祖国·爱岗敬业”迎国庆歌咏比赛三等奖；在全省2016年度“双提升”活动中，行“特农贷”获金点子二等奖；辖内麻园路支行荣获省直“青年文明号”荣誉称号；赫章县支行被人民银行贵阳中心支行及贵州省扶贫开发办评为“贵州省金融精准扶贫先进单位”。

【积极履行企业社会责任】 是年，市分行先后向赫章县花泥村出资3万元改善村公所办公条件，向扶贫挂靠村织金县金龙包营村活动室捐赠价值5000余元的办公桌椅，向包营村浪底小学全校71名在校学生捐赠价值6000余元的校服、书籍等学习及生活用品，在做好本职工作的同时切实履行企业应尽的社会责任。

（李德惠　范　丽）

中国人寿保险股份有限公司毕节分公司

【概述】 2016年，是毕节分公司实现“十三五”良好开局，全面深入推进“创新驱动发展战略”的关键一年，面对难得的历史发展机遇，全市系统认真贯执行彻集团、股份公司和省分公司各项方针政策和决策部署，以实际行动落实杨明生董事长提出的“攻坚克难、稳中求进、奋力拓展”的指导思想，以“双领先”为引领，抢抓毕节试验区新一轮改革发展的新机遇，围绕省分公司刘月进总提出的“队伍驱动、城区崛起、拉平补齐”的整体经营思路，以“弯道取直，跨越发展”为主题，实现“双领先”的工作目标。截至12月30日，毕节分公司实现总保费收入43250.45万元（含大病保险16907万元，总保费为26343.45万元，同比增长23.88%）；长期险首年标准保费2840.81万元，完成率111.4%；新单保费32236.32万元，完成率113.7%；长期险首年期交保费6446.23万元，完成率123.97%；10年期及以上首年期交保费3356.18万元，完成率130.6%；短期险保费4071.8万元，完成率87.57%；大病保险保费16907.66万元，同比增长14.29%。通过全体干部员工的共同努力，毕节分公司在2016年度获得个险“双领先”先进单位殊荣，在全省各项职能指标考核中晋升为“AAA”级公司。

【加强队伍建设，增强发展后劲】 加强各级领导班子建设和员工队伍建设。2016年通过调整，配齐配强了县支公司班子，明确了班子成员的工作分工，将队伍建设作为重点工作来抓。进一步落实《公司高级管理人员暂行办法》等制度，重视后备干部的培养，实行动态管理。组织开展绩效评估，推动公司考核体系的完善，细化薪酬分配方案，激励和约束机制得到统一规范。强化教育培训工作，结合队伍建设、业务发展节奏及需求，有重点地组织开展各项培训，提升员工的整体素质。常态化增员得到大幅度的提升，销售队伍质态有所好转，基本满足业务发展需要，发展后劲得到进一步增强。

【加强外部沟通，提升市场地位】 以国务院颁布“国十条”和贵州省人民政府出台“省十条”为契机，分公司班子亲自拜访了部分市、县、区相关领导及扶贫、民政、教育、计生、老龄委等部门负责人，增进了与当地政府及相关部门的沟通协调，为2016–2017年度学平险、农村小额保险、扶贫保险、计生保险等业务发展奠定了良好基础。多次与信用社沟通协调，强势推动小额信贷保险和小微企业保险，努力做到队伍建设与业务发展齐头并进。寿险市场地位得到进一步提升，成为2016年毕节寿险市场的领军者。

【扎实开展保险助推脱贫攻坚工作】 毕节分公司将“脱贫攻坚”列入了公司整体规划，积极履行国企社会责任，扎实开展保险助推扶贫攻坚工作，推动队伍建设（保险精准扶贫专员）创业就业平台，建设保险扶贫专员体系，借助我司推出的“黔惠保”农村扶贫小额保险，针对贫困人群最迫切的疾病、死亡和残疾等特定风险提供的保险服务，作为一种有效的金融扶贫手段，符合党中央当前关于解决民生的发展主题，是政府保障改善民生的具体行动，是一项民生工程、惠民工程。

【积极转变观念、增强发展意识】 强化执行力，坚持管理干部具备“制度管事、规则办事、指标评事”的三事原则。找准合适的人，正确激励员工，将各项工作做强做实。在日常工作中，通过督办、考核，逐步树立起忧患意识、责任意识、大局意识、创新意识，确确实实把每一件工作都落到实处。树立后发赶超的精神和为基层服务意识，改变以前工作中态度不端正，执行力不强，内部管理“松、散、懒、浮、推”的现象，切实转变了机关工作作风。

【强化风险管控，严守风险底线】 坚持“事前防范，守住底线，服务发展”的风险管理理念，通过会议、培训、检查、督导等形式，从上至下培育浓厚的合规氛围，坚守风险底线。以开展“两学一做”专题民主生活会活动专项检查工作为契机，深入推进“跨越发展”，全力推进“双领先”，重塑干部队伍良好形象。各公司深入开展“学制度、懂制度、守制度”的教育活动，强化制度执行意识，牢固树立讲规范、重服务、守信用的经营理念，确保经营行为的规范到位，防范化解经营风险。组织开展内控评估工作，评估测试基层内控风险管控情况；深入开展关键岗位检查，防范关键岗位风险；加强反洗钱检查力度、打牢反洗钱工作基础；扎实推进风险管理工作，督促职能部门强化条线风险管理。进一步加强满期给付和非正常退保的应对工作，有效预防媒体危机及群体性事件的发生，守住不发生区域性、系统性风险的底线。

【积极推进大病保险，普惠参保群众】 2016年，毕节分公司与毕节市卫计委、合医办，各县、市医疗机构的通力合作，简化了大病赔付流程、缩短了赔付时限。通过建立专业队伍，加大对大病保险运行监测，充分发挥第三方监管作用，保证了大病基金的安全运行。根据《毕节市提高农村特殊人群医疗救助保障水平促进精准扶贫工作方案》（毕府办通【2015】47号），对11类精准扶贫对象实施特殊医疗保障和救助，大病保险补偿在原有标准基础上提高再提高1个百分点。在对基金进行全面分析的基础上，从2016年10月1日起，再次对特殊人群在市内定点医疗机构住院起付线进行全面下调，精准扶贫对象起付线从5000元下调至3000元（《毕节市卫生和计划生育委员会关于调整毕节市城乡居民医保起付线的通知》（毕卫计通【2016】147号）。加强系统对接，确保2017年毕节市二级以上公立医院全面实现系统“一站式”即时结报及智能审核系统上线启用。切实避免患者“因病致贫、因病返贫”的现象发生，真正发挥大病医保在扶贫攻坚中的作用。

【加强运营管理，提升服务水平】 运营管理是公司业务发展的重要支撑，服务发展是运营管理永恒的主题，客服条线的基本价值是标准化运行和风险控制，最高价值在于服务销售，促进发展，提高客户的满意度。一是继续保持和提升运营管理的基础，2016年业管条线人员认真学习省公司下发的业管和客服的管理规定，强化了工作流程和相关考核规定；二是提升了柜面人员的专业技能，提高了柜面管理和服务的水平；三是做好满期、退保工作，没有发生一起群体事件；四是做好2016“国寿客户节”活动的开展，展示了公司良好的品牌形象和社会影响力；五是客户服务部门加大了对销售部门的支持力度，主动送培训进职场，形成良好的工作习惯，持续推进服务客户、服务销售的能力。

【切实做好反洗钱工作】 2016年反洗钱工作领导小组认真履行反洗钱工作职责，密切与人民银行的联系，并按照上级公司及当地人民银行的要求认真研究和制定2016年反洗钱工作计划、反洗钱工作培训计划，部署安排反洗钱宣传工作、自查自纠工作。认真执行反洗钱一法三规的要求，定期梳理反洗钱工作中存在的问题，分析产生的原因，制定问题整改的措施，积极跟进整改结果，确保发现问题整改到位。针对公司反洗钱工作中存在的问题，重点加强对反洗钱可疑交易的识别和报送工作、客户风险等级划分工作两项制度的学习和落实，并以会代训的形式加强反洗钱宣传工作，强调反洗钱工作的法定性义务，使各部门、各岗位进一步增强了反洗钱工作的责任意识。

【加强风险防范、确保合规经营】 2016年我公司统筹兼顾，既抓好业务发展，又做好合规经营。公司管理发展的结果追求的一定是依法合规，一定是经得起监管部门、社会舆论的监督和历史的检验的，只有严格按照依法合规的要求参与市场竞争，公司才能持续健康发展。因此，市、县两级公司依法合规经营的意识得到进一步强化，做到警钟长鸣。提高全员风险防范的能力，关注和降低公司经营风险，继续开展社会综合治理和系统销售误导治理工作，加大对销售人员风险预警和排查，完善信访投诉和营销员信用评估体系，准确监测系统销售风险，及时消除风险隐患，减少案件发生。完善惩治与预防机制，惩防并举，强化案件查处和责任追究力度，提高了各机构防范化解经营风险的能力和水平。

【加强党建工作，助推业务发展】 继续加强党建工作，充分发挥各级党组织和党员在业务发展与公司经营中的战斗堡垒作用和先锋模范带头作用。重视入党积极分子的培养考察及党员发展工作，使更多的党员和有志之士积极投身到公司的建设中来。继续开展形式多样的争先创优活动，充分调动广大员工的积极性和创造性，严格执行中央的“八项规定”和持续开展“三严三实”和“两学一做”学习教育活动，规范领导人员权力的运行，认真落实党风廉政建设责任制，把党风廉政建设责任制与业务发展同部署、同检查、同考核，着力抓好责任的分解、考核和追究三个关键环节，使党风廉政建设责任制得到真正的落实。

（马德坤）

农行毕节分行

【概述】 2016年，农行毕节分行以“一个中心、两根支柱”为统领，以“两学一做”为动力，紧紧围绕供给侧结构性改革战略，立足金融产业扶贫，深化“三农”和实体经济金融服务，全面抓好提速、转型、控险、降本、增效各项工作，有力推动业务经营持续有效发展，积极助力试验区脱贫攻坚、同步小康。年末全行各项存款余额189.79亿元，较年初增加19.54亿元。各项贷款余额179.01亿元，较年初增加41.74亿元。存贷比94.32%，增长13.69个百分点。

【加大信贷投放，助推金融产业扶贫】 认真落实农总行支持毕节试验区发展差别化政策和省分行工作部署，按照市委市政府打造试验区改革发展升级版的战略要求，重点加大公路、电力、水利、农业、旅游、新型城镇化等领域的支持力度，全年累计发放各项贷款58.60亿元，推进了金融产业扶贫带动。一是支持地方交通基础设施建设。全年发放交通类贷款23.35亿元，助力贵黔、水威、毕生、息黔等高速公路建设，构建试验区脱贫交通网。二是支持地方煤电联动发展。发放电力行业贷款11.21亿元，助力纳雍电厂、金沙电厂、黔西火电厂、大方电厂建设。三是支持水利基础设施建设。发放水利类贷款1.82亿元，助力樱桃坪水库、夹岩水利枢纽工程建设。四是支持“大旅游”产业发展。全年发放旅游类贷款1.75亿元，助力百里杜鹃景区、织金洞景区旅游品牌打造。五是支持“城乡联动”发展。发放七星关创美城中村改造安置房项目1.80亿元，发放“四在农家·美丽乡村”贷款8.19亿元。六是支持民生工程建设。按照“一县一医院”支持策略，发放医院贷款0.75亿元，助力织金县医院、大方县中医院、黔西中心医院等项目建设。七是支持小微企业发展。积极响应中央支持实体经济号召，小微企业贷款余额15.5亿元，比年初增长7.81亿元，增幅为101.63%。国务院扶贫办副主任、毕节市委原书记陈志刚批示肯定了毕节分行金融扶贫工作。

【深化银政合作，创新“三农”金融服务】 一是推出“农民安家贷”，助推农民进城购房。利用总行先行先试政策，与毕节市住建局签订了“农民安家贷”合作协议，全年累计发放“农民安家贷”1.53亿元。二是创新“三农”信贷产品，促进扶贫带动。与烟草公司合作，探索“批量调查、批量审查、批量审批”运作模式，在黔西县批量发放“烟农贷”42户126万元。创新“金穗惠农农技贷”产品，支持农技人员创办领办山地高效农业，带动农村群众脱贫。三是建立政府增信机制，助力精准扶贫。积极争取地方政府风险补偿金1500万元，累计发放美丽乡村惠农贷564户4664万元，其中扶贫小额信贷支持建档立卡贫困户545户2969万元。2016年末，农户贷款余额2.93亿元，较年初增加1.11亿元。四是推进政府购买服务，支持地方经济社会发展。毕节市财政PPP基金项目23亿元、七星关德溪路网9.8亿元政府购买项目、金沙贵州民居1.58亿元政府购买项目获上级行审批。五是大力扶持农村新型组织，打造精准扶贫示范点。累计支持农村新型经营主体1018户、7516万元。打造精准扶贫示范点16个，支持赫章韭菜坪中营村、百里杜鹃迎丰村乡村旅游农户贷款达594户、3265万元。

【发展普惠金融，做实惠农服务工作】 一是加快农村支付渠道建设，设立“惠农通工程”服务点3499个，布放机具3800台，助农取款点覆盖242个乡（镇），行政村覆盖率为72%。惠农卡发卡总量达168万张，当年新发卡4.12万张。二是加强涉农代理服务，做好新农保资金代收、代付工作，当年代理新农保资金收付5.78亿元。三是加大金融知识普及宣传力度，组织开展“金融知识进万家”“金融知识普及月”等活动，社会反响好，得到了毕节银监分局书面表扬。

【做大分期业务，助推城乡居民消费】 新增分期消费额达5.17亿元，同比提升3.15亿元。一是加快信用卡业务发展。加大网点贷记卡发卡力度，加快自助服务终端、手机银行、网上银行等电子渠道建设，推进个人资金支付、结算、理财业务移动互联网化发展。二是加强汽车经销商合作。紧抓公车改革契机，加大优质客户群体营销宣传力度，践行“农行分期付、七天车上路”的承诺，提高汽车分期业务办理效率，汽车分期交易额4.48亿元，位居全省第一。威宁支行、大方支行分别获得全国农行汽车分期交易额贡献奖。

【加强案件防控，推进依法合规经营】 一是开展防电信诈骗治理。成功堵截电信诈骗案件16起，挽回客户资金损失14.06万元；追回客户银行卡盗刷资金4起，金额98.49万元；防范冒名开卡事件6起。二是加强案件防控。成功制止自助终端被破坏事件1起；协助公安等有权机关办理查询（冻结）26次，处理各类报警信息13716起。三是开展信贷防假治假。建立法人信贷业务放款中心，上收法人客户合同签订、抵押登记、档案管理、放款审核等职能，从严控制用信风险。

【强化内控管理，提升基础管理水平】 一是推进“三化三铁”创建。进一步完善柜员、运营主管履职考核，实施“穿透式”考核，序时推进“三化三铁”创建工作。二是加快超级柜台推广应用。将超级柜台的运行效率管理提高到与人工柜台管理相同的高度，加强对设备应用情况的监控与管理，培训、提高前端引导人员操作技能，提升超级柜台分流率。三是加强合规文化建设。二级分行行长带头，开展“行长讲合规”，进一步增强了干部员工合规守法意识。组织开展员工行为管理、财会业务、信贷业务、银行卡等重点业务的专项检查，确保依法合规办理业务。四是加强反洗钱管理。建立标准化风险监测分析方法，我行交易补正率、客户信息补正率、可疑报告审核率均达100%。五是狠抓安全生产责任落实。层层落实支行及各部门、网点的安全生产责任，对金库、营业室、档案室、计算机房等进行重点检查，保证业务正常运行。加强网点连续性管理，全省首家完成网点3G灾备演练。做好汛期防汛工作，全力应对织金“6·28”洪灾，提前于同业恢复正常营业。

【开展“两学一做”，切实加强基层党建】 一是开展“两学一做”，抓好基层党建重点工作。创新学习活动方式。坚持以“学”促“做”，组织开展了“佩戴党徽亮身份”“党在我心中”演讲比赛、“以竞促学”党的知识竞赛等形式多样、丰富多彩的活动，突出抓好党章党规、十八大、十八届六中全会、习总书记系列重要讲话精神的学习。各级行党委中心组集中学习36次，党支部集中学习208次，各级党组织书记上党课42次，理想信念和宗旨意识得到加强。二是规范党员组织关系。开展全辖党员组织关系排查和清理工作，警醒党员时刻牢记组织关系，重拾身份、回归角色，全行596名党员（在职党员368名），无失联党员。三是以抓党建促脱贫攻坚。党委班子成员多次深入农村乡镇、龙头企业调研，进村入户开展帮扶82次。纳雍支行党员客户经理彭信达，荣获总行2016年“优秀农户贷款客户经理”。

【从严管党治行，加强党风廉政建设】 一是强化党风廉政建设考核。制定《毕节分行2016年党风廉政建考核方案》《毕节分行本部2016年党风廉政建考核方案》，对支行、机关各部门进行量化考核，把落实党风廉政建设责任嵌入全行绩效考核体系，考核结果与各支行综合绩效、领导班子成员收入、领导干部任免挂钩考核。二是全面从严治党。增强管党治党意识，落实管党治党责任，严肃党内政治生活，执行党的纪律和规矩，从严管理干部，严格对各类违规人员实施纪律处分，使干部心有所畏、言有所戒、行有所止。三是完成巡视问题整改。做好中央和总行巡视问题认领和责任分解。认真制定整改方案，逐一落实牵头部门、协办部门，逐一明确时间节点、工作进度，逐一完善目标要求、任务措施，加快问题整改，做到巡视整改与业务工作两手抓、两促进。

【坚持“七有目标”，加强干部队伍建设】 一是选好用好干部。严格执行《党政干部选拔任用工作条例》，坚持用人导向，创新干部选拔任用机制，加大年轻干部培养力度。是年，共提拔正科干部1名，副科级干部4名，为支行配备党委副书记1名，进一步优化了干部队伍素质结构。二是坚持民主集中制。加大行务公开力度，加强制度落实情况监督。对于重点部门、权力岗位和涉及基建维修、财务开支、人事任免等群众关心的“三重一大”事项，均由集体讨论、充分酝酿、科学决策。三是加强党员干部监督管理。严格执行高管人员交流、重要岗位人员轮岗、强制休假、近亲回避等“四项制度”，做好领导干部个人报告事项。通过组织开展行务公开、民主生活会、重大事项报告制度、干部收入报告制度、聘请行风监督员等活动，充分发挥监督作用。

【开展“比学赶超”，推动企业文化建设】 一是开展创先争优活动。紧密结合农行企业文化建设与“两学一做”“比学赶超”等活动，组织开展丰富多样的文体活动。组织开展“金融知识进校园”大型公益宣传活动，毕节日报、七星关电视台等新闻媒体均进行了报道，获得毕节银监分局的书面表扬；“好花红”荣获毕节市银行业协会迎国庆“歌唱祖国爱岗敬业”歌咏比赛第二名。二是搞好干部员工风采展示。毕节分行展示的《金融扶贫开新花》情景剧，展示了农行人高举金融扶贫旗帜，扎根贫困山区，搞好“三农”服务的风采，在全省农行员工风采展示选拔赛中荣获二等奖，毕节分行践行社会主义核心价值观纪实在中央国家机关工委紫光阁网站刊载。进一步推进促进了企业文化建设。

（办公室）

人保财险毕节分公司

【概述】 2016年，人保财险毕节分公司围绕“转变观念、提升服务、全面对标市场、实现有效益可持续发展”的目标，在全体干部员工的共同努力下，实现保费收入45019万元，同比增幅24.98%，保费收入首次突破4亿元，实现保费、利润双完成的大丰收。

【中标2016年全市政策性森林保险六标段】 截至2月25日，2016年毕节市政策性森林保险政府采购项目投标已全部结束，人保财险毕节分公司以80.2分的高分中标2016年毕节市政策性森林保险政府采购保险项目六个标段，分别为：七星关区（87.27分）、大方县（86.9分）、黔西县（87.88分）、赫章县（87.5分）、百里杜鹃管理区（84.1分）、金海湖区（85.92分），上述六个标段项目采购预算金额合计为1897.69万元，占整个招标项目份额48.49%。

【召开2016年纪检监察合规工作会议】 4月28日，人保财险毕节分公司召开2016年度纪检监察合规工作会议。分公司党委成员，各支公司党支部书记、经理室成员、机关中层管理干部及分公司监察、合规部全体员工约41人参加会议。

其间，为强化干部员工党规党纪意识，帮助干部员工筑牢思想防线，增强拒腐防变能力，进一步增强廉洁意识，做到警钟长鸣，组织党员、领导干部观看了《失控的“自由人”》《蜕变的人生》警示教育片。

【毕节分公司签订首笔商业性蔬菜保险】 人保财险毕节分公司首张商业辣椒保险单于6初月成功签订，为承保的80亩辣椒共承担16万元保险保障。

【人保财险贵州省分公司纪委到毕节分公司开展“送课下基层”培训】 6月13日，人保财险贵州省公司纪委到毕节分公司开展“送课下基层”培训活动，毕节分公司总经理室、机关全体员现场参加培训，各县支公司班子成员通过视频方式参加了此次培训。

培训期间，省公司纪委书记作重要讲话。省公司监察部/审计部/合规部/法律部分析了2015年内外部检查发现问题并对2016年监管政策作详细介绍，还就落实“两个责任”、严守党的纪律党员党纪党规进行教育培训，对党风廉政建设和反腐败工作形式、中央八项规定、“四风”等问题通过案例分析的形式进行解读。

【人保财险毕节分公司开启绿色通道，快速理赔“6·28”织金水灾受损标的】 6月28日，毕节织金县发生“6·28”洪灾后，毕节分公司全体员工积极投入到救灾工作中，贵州省、市、县公司三级联动，立即组成救灾工作组赶赴灾区，迅速投入到抗灾救援的战斗中。此次洪灾使织金县损失严重，许多车辆被淹没冲毁，织金支公司共派出查勘车18辆，拖车23台到灾害现场进行救援。在织金县临时设立5家“6·28”水淹车集中定损点。省分公司派驻了移动办公车现场进行灾害车辆理赔，确保应急救援工作的顺利进行。此外，还在织金城区搭建临时报案点、服务点、服务站，向织金县灾民发放大米和矿泉水。

“6·28水灾”期间，人保财险织金支公司快速理赔受损标的，共接报案270件，已结报案248件，销案22件，共支付赔款1694.56万元，受当地政府和老百姓好评。

【开展2016年效能监察检查、传达“精准扶贫”文件精神】 7月19–20日，人保财险毕节分公司纪委对辖内大方、黔西和织金支公司开展效能监察检查工作。监察组在3家支公司围绕虚假中介情况、虚列费用情况、农险虚假承保情况和理赔情况四项内容开展检查工作。结合检查中存在的问题，监察组现场对被检查单位提出效能监察整改建议，要求对存在的问题要高度重视，采取措施及时整改。期间，分公司纪委还根据毕节市第五纪工委文件要求，向3家支公司班子成员宣导《突出“六个精准”做好干部约谈工作的指导意见》文件精神，并根据“五纳入、三突出”要求，组织对各班长成员进行预防提醒谈话，以此达到防患于未然的目的，并形成“六个精准”干部约谈工作机制，确保干部约谈工作执行规范、落实有序、常态见效。

【推广农村普惠金融发展，助推大方县扶贫攻坚战】 8月9日，毕节市大方县政府就农业保险及农村普惠金融助推扶贫攻坚工作等问题组织县财政局、金融办、民政局、农牧局、林业局、扶贫办等部门召开专题会议。人保财险省分公司副总经理胡巍、毕节分公司副总经理杨经邦及大方支公司相关人员作为唯一参会保险主体代表参加了会议。

会上，胡巍副总经理指出，中央财政补贴农业保险险种、特色农业保险及保险资金拉动普惠金融的发展，人保财险公司开发的新险种也对农民收入具有保障功能。胡总还强调，“政府政策支持＋保险资金融资＋保险风险保障”的“政融保”及政府、银行、保险三家联手为中小微企业零抵押融资，缓解中小微企业“融资难、融资急、融资困难”的“政银保”两项金融扶贫项目，将通过保险促进农村中小微企业发展，助力规模特色农业产业成长，增强农民化解风险的能力。毕节分公司还就近几年政策性农业保险的开展情况进行了介绍，参会人员对贵州省人民政府《关于在贵州建设“保险助推脱贫攻坚”示范区的实施方案》中保险扶贫方式进行了探讨。

【人保财险大方支公司首次运用无人机航拍查勘受灾玉米】 8月23日，毕节大方支公司在省公司农险部的支持下，采用无人机在大方县对玉米干旱灾害受损情况进行查勘。

8月以来，大方县多地持续高温天气，大方县马场镇辖区玉米受灾，通过无人机查勘，对受灾面积进行遥感调查，获取清晰影像资料，通过后台影像拼接技术与解译技术得出农田面积和受损情况，经过查勘显示大方县马场镇7000余亩玉米发生旱灾，直接经济损失350余万元。此次在农业保险的创新举措，将缓解查勘区域大、查勘定损人员不足和标的信息不对称之间的矛盾，有效提高理赔工作效率及加快农业复产工作，对于县域农业保险的承保宣传具有极大的推动作用。此次省公司利用无人机航拍查勘定损，受到了当地政府领导的一致好评，肯定了人保财险技术和科技创新能力，展现了人保财险良好品牌形象。

【组织召开工会委员工作会议】 9月1日，毕节分公司召开工会委员工作会议，分公司工会主席李丽、工会委员、工会办等相关人员参加会议。会上，参会人员就《中国人民财产保险股份有限公司毕节分公司工会经费收支管理办法》及《中国人民财产保险股份有限公司毕节分公司工会财务管理实施细则》进行讨论；并对毕节系统工会财务自查工作进行再次通报和强调，督导相关工作人员积极整改；最后，参会人员就分公司计划举办的2016年秋季趣味运动会相关事宜进行讨论。

【人保财险赫章支公司为2016全国高原山地穿越挑战赛保驾护航】 9月10–11日，由国家体育总局登山运动管理中心、中国登山协会、贵州省体育局、毕节市人民政府主办的“夜郎故里·赫章2016全国高原山地穿越挑战赛”在素有“大美贵州之巅、神秘夜郎故里”的赫章县举行。毕节赫章支公司独家承保该赛事运动员、工作人员、志愿者团体意外伤害保险。赛事中，支公司派出两台理赔查勘车和两名理赔人员全程服务，为本次夜郎故里·赫章2016全国高原山地穿越挑战赛保驾护航，赢得主办方一致好评。

【人保财险毕节分公司签订2016年首单养牛保险】 9月20日，毕节大方支公司独家为恒大集团结对帮扶大方县首批西门塔尔贷款购买养牛的农户提供养牛保险，保费共计21800元，为109头养牛提供风险保障。此次签单也是毕节市2016年养牛保险第一单。21日，支公司作为唯一保险机构代表出席“恒大集团结对帮扶大方县首批西门塔尔贷款购买仪式”，在现场发言中，支公司向广大农户普及了养牛保险及其他农险知识。活动现场共发放300余份养牛保险业务宣传手册。据了解，2016年，支公司预计“恒大养牛保险”养牛数量8000头，保费收入160万元。

【人保财险毕节分公司获得行业协会理赔服务测评第一名】 2016年9月13–14日，毕节市保险行业协会依据《贵州省保险行业机动车辆保险理赔服务标准》对毕节辖区内的11家财产保险公司进行机动车辆保险理赔服务质量检查，检查围绕理赔柜面、制度建设等七个方面进行。

此次检查测评满分为62分，人保财险毕节分公司获得61.8分，获得行业第一名的较好成绩。

【毕节大方支公司：获大方县“文明单位”称号】 2月20日，毕节大方支公司荣获大方县“文明单位”称号。2016年以来，支公司全体员工始终坚持以“以人为本，服务至上”的理念，敢于与困难拼搏。在7月1日大方理化山体滑坡灾难中获政府表彰后，支公司又获大方县“文明单位”荣誉称号。这一荣誉是对人保公司品牌的充分肯定，是对大方支公司企业文化、形象的充分肯定，是对大方支公司职工队伍的充分肯定。

【毕节织金支公司喜获县金融系统保险知识竞赛奖项】 12月21日至22日，织金县金融系统举办反洗钱及保险基础知识竞赛。毕节织金支公司代表队参加本次竞赛，并取得团体和个人三等奖的好成绩。据介绍，本次竞赛织金县共有10余家银行、13家保险机构参加。经过激烈角逐，织金支公司代表队在保险基础知识竞赛中获得团队三等奖，梁康同志获得反洗钱知识竞赛个人三等奖。

【毕节分公司到七星关林业局对接林下经济产业保险工作】 2016年12月29日，毕节分公司农险部、非车险业务部到七星关区林业局及部分林下种养殖经营合作社开展对接工作。分公司主要对天麻、蜜蜂、林下散养鸡三类林下经济产业保险险种在先期开发时所要求的条款内容、保额与费率进行沟通。

【开展系列宣传活动，提升客服满意度】 2016年，开展“总经理接待日”及反洗钱、远离非法集资、“3·15消费者权益日”“安全生产月”“7·8保险公众宣传日”等宣传活动，不断提升公司的社会知名度和客户满意度。

【加强党建工作】 分公司党委组织集体学习研讨4次，各党支部集中学习9次，制定全市系统“两学一做”学习教育实施方案、从严加强基层党组织建设2016–2018年规划。组织全市系统党员学习《习近平总书记系列重要讲话读本》《党委会的工作方法》等理论读本，组织开展“两学一做”专题党课，开展年度党委巡视工作，多次召开人保系统党建协调委员会办公例会，在黔西、织金支公司设立联合党支部，以党建带共建，以共建促发展。

【开展文化活动，提高员工凝聚力】 2016年，人保财险毕节分公司组建员工健身房，组织员工开展羽毛球、乒乓球、健身等运动，增强员工凝聚力和向心力。2016年，金沙支公司被总公司评为“模范职工小家”称号。5月，举办“五四”青年知识竞赛，展现了员工精神风貌，增强员工合规经营理念。公司67周年司庆之际，组织“PICC员工爱心日”捐款活动等。春节前夕，走访慰问困难员工及老党员、病困党员，为他们送上领导的关怀和新春的祝福。

【增强社会责任，获社会好评】 全市系统不断努力，时刻以实际行动履行“人民保险，服务人民”的企业使命。“2016·中国人民保险助学公益行暨国学希望教室”活动在黔西县锦星镇文阁村庆丰小学举行。春节期间，大方支公司独家冠名赞助大方县舞龙舞狮活动，向全县人民展现良好的企业形象，对贫困学生提供助学帮扶，积极义购滞销甘蓝分发给贫困农户，在瓢井镇三合村开展精准脱贫帮扶工作；金沙支公司服务暖人心，获赠“理赔迅速效益高、服务热情暖人心”锦旗，受当地政府和老百姓好评。一项项用心实践的工作成绩，让我们获得社会好评：2016年，毕节分公司获市行协理赔服务测评第一名；大方支公司受大方县政府表彰为理化乡偏坡村金星组山体滑坡地质灾害抢险救援先进集体，并获大方县2016年“文明单位”荣誉称号；织金支公司获织金县政府授予的“6·28抗洪抢险先进集体”称号。

（拟稿人：刘惠吟）

中国太平洋人寿保险股份有限公司毕节中心支公司

【概述】 2016年，是太平洋寿险毕节中支快速发展的一年。全年实现规模保费2.58亿元，其中个险渠道总保费2.4亿元，寿险市场份额排名第二，其中营销新保保费5323万元，市场份额34.1%；法人渠道新保完成1648.7万元，年度目标达成率107.4%，其中非健险业务完成1593.8万元，年度目标达成率115.5%。

【帮困送温暖】 2016年初，根据分公司统一部署，中支工会深入一线，进行全面调查摸底，掌握困难员工及其家庭的具体情况，有针对性地落实帮扶措施，同时还建立困难职工档案。

【推行周一联合大晨会】 为促进企业文化建设，传播公司信息，增进学习沟通，经中支研究，决定从2016年1月起推行共享平台及法人渠道周一大晨会制度。由共享平台和法人渠道各部门人员轮流主持，每周会议的举行加强了共享平台与法人渠道各部门间的联系，锻炼了员工的综合能力，促进公司文化建设。

【法人渠道优化发展】 2016年，法人渠道新保目标与非健目标提前双达成，其中非健险提前54天达成年度目标。三大渠道业务的发展迅速：第一，金融合作部开发了大方农商行与纳雍联社2个县级市场，恢复了与“五大”银行的合作关系，与3个地方银行建立合作关系；第二，机构合作部成功开拓了驾意险和乘意险网上售票项目；第三，雇员福利部推进综合拓展，整合内部资源，5个四级机构建立了综拓专员，2016年综拓业务增长率为68.4%。

【成立顾问营销部】 2016年7月1日，毕节中支顾问营销正式筹建。顾问营销有统一的区域规划，统一以区域内公司服务件数量为标准，以城市道路为明确界限进行区域规划，引入国内先进的GIS地图引擎平台，实现在电子地图上自动规划区域。是年顾问营销系统人力达到183人，成功筹建2个行政区。

【毕节中支本部机关党支部的建立】 经党委研究决定，设立毕节中支本部机关党支部，经选举并报党委批准黄霞贵同志为支部书记（兼），马佳为组织委员，张忠慧为宣传委员。

【高管倾听客户声音】 2016年5月，毕节中支开展“在您身边”高管倾听客户声音座谈会，邀请了十余名有代表性的客户参加，会上介绍了公司的概况，和太平洋现在新开发的APP移动应用，并与客户现场交流，倾听客户的意见和建议。

【四级机构持续突破】 2016年，毕节中支继续对四级机构加大投入和帮扶督导，四级机构晋级继续突破。织金、金沙支公司顺利拔丁，晋级为X丙A；毕节本部、黔西支公司持续发展，毕节本部由C乙A晋级为C甲B，黔西支公司由X乙丙晋级为X甲B；大方支公司获总公司“年度标保增速排名进步奖”，排第49名。

【续期服务继续提升】 是年续期服务完成1.22亿续收，人力由年初21人提升到47人，实现人力倍增。2016年完成了四个季度主题客户服务活动，持续提升报务质量，规范客户经理工作流程，形成A65311作业模式。

【《反洗钱法》十周年宣传季】 7–9月以开展反洗钱知识竞赛、发放主题宣传品、组织开展主题征文活动、参与人民银行官网开展的热点专题宣传活动、履行洗钱风险提示义务、开展特色宣传等宣传方式，大力宣传反洗钱法，提高社会公众对洗钱和融资危害的认识，扩大反洗钱法社会认知面，树立“反洗钱人人有责”的社会意识，营造良好的反洗钱，有效防范洗钱风险，维护金融安全。

【改进理赔服务，理赔时效进一步提升】 专人督导理赔服务，建立理赔每周行事历，优化服务时效流程，推进服务品质提升。2016年共计285个理赔案件，赔付金额为665.7万元，毕节本部200个案件，大方9个案件，金沙4个案件，纳雍39个案件，黔西27个案件，织金6个案件。

（办公室）

中国太平洋财产保险股份有限公司毕节中心支公司

【概述】 2016年，太平洋财

产保险毕节中心支公司，在毕节市委、市政府各级职能部门的支持和帮助下，按照上级公司的总体经营思路，紧紧围绕全年的预算目标，把业务发展、提高客户满意度、支持地方经济发展作为全年重点工作，全辖干部员工团结一心，辛勤努力、积极配合，克服困难、努力拼搏，认真贯彻落实总、省公司“聚焦、持续、执行、导向”的八字要求，围绕以客户需求为导向的战略转型，采取积极进取的市场策略，努力开拓市场，较好地完成了省公司年初下达的年度经营目标。不断提升市场份额，与行业发展速度保持一致。该司辖内涵盖黔西、金沙、大方、织金、威宁、纳雍等6家支公司，已基本在毕节实现保险服务网络全覆盖，较好地发挥了保险的经济补偿职能，为毕节试验区应对灾害事故风险、保障人民生命财产安全、促进经济社会发展做出了积极努力。

经营班子及职场调整：2016年4月，经中国太平洋财产保险股份有限公司贵州分公司研究决定，聘任尹刚为中国太平洋财产保险股份有限公司毕节中心支公司党委书记、总经理（原为党委副书记、副总经理主持工作），全面负责公司各项工作；聘任徐玲为中国太平洋财产保险股份有限公司毕节中心支公司销售总监（原为团体业务部经理）；原副总经理刘一鸣职务保持不变；新一届班子即为：尹刚（总经理、党委书记）、刘一鸣（副总经理、党委委员）、徐玲（销售总监）。2016年6月：我司新增职场580平方米（地址位于毕节市清毕南路五龙公寓12楼），增加后的总职场包括：毕节市清毕南路五龙公寓1、8、12楼（总面积1230平方米）。经营险种介绍：我司可承保的险种包括：企业财产损失保险、家庭财产损失保险、建筑工程保险、安装工程保险、货物运输保险、机动车辆保险、船舶保险、能源保险、一般责任保险、保证保险、信用保险（出口信用保险除外）、短期健康险、意外伤害保险、农业保险，中国保监会批准的其他财产保险业务。兼业代理长期寿险、健康险、人身意外险。我司不断提升客户满意度，以良好的工作态度和热情，促进公司经营业务又好又快发展，为地方经济建设提供优质的保险服务，使保险真正发挥经济补偿的职能作用，让客户更加感受到“太平洋保险在你身边”的温馨，为毕节试验区的经济繁荣和构建和谐社会做出积极的贡献。业务指标完成情况：我司2016年实现保费收入22289.29万元，再创历史新高，保费突破2亿元大关，同比增幅18.32%，市场份额17.11%，上缴各项税收1443.96万元，代收车船税1687.67万元。其中：机动车辆保险承保数量：106638件，保费收入19707.63万元，同比增加2213.57万元，增幅12.65%，保险金额：3747940.24万元，车险份额：18.28%。其中：交强险承保数量65083件，保费收入5226.27万元，市场份额15.45%。其中：电销承保数量4907件，保费收入818.3万元，市场份额4.49%；网销承保数量288件，保费收入49.47万元，市场份额0.96%。

非车险2026.77万元、农险554.89万元。其中：企业财产保险承保数量66件，保费265.83万元，市场份额56.3%；货物运输保险3.78万元，家财险0.84万元，工程险13.84万元，责任险1178.9万元，意外险409.52万元，健康险154.06万元。

全年赔款情况：我司理赔服务宗旨：以“为投保人转移和分散了风险”为目标，挽回客户经济损失，充分发挥和谐社会“稳定器”与经济建设“助推器”的作用。2016年全年案件数为21138件，赔款支出13121.73万元，机动车辆保险赔款20831件，赔款金额12459.24万元，其中交强险8059件，赔款金额3696万元，电销890件，赔款金额558.76万元，网销36件，赔款金额14.65万元，企业财产保险5件，赔款金额15.55万元，工程险14件，赔款金额104.05万元，责任险184件，赔款金额185.85万元，意外险10件，赔款金额205万元，健康险33件，赔款金额42.38万元，农业险51件，赔款金额109.37万元。截至12月31日，未决赔款：1968件，估损金额6405.75万元。其中机动车辆保险1775件，估损金额5409.46万元，交强险840件，估损金额1985.94万元，电销67件，估损金额195.66万元，企业财产险12件，估损金额94.41万元，工程险3件，估损金额37.5万元，责任险143件，估损金额469.79万元，意外险33件，估损金额392.09万元，健康险2件，估损金额2.5万元。积极应对商车改革、落地多项精细化举措，客户受益看得见。5月，我司上级公司顺利完成监管部门、总省公司的商车改革验收工作，6月3日晚，贵州商车改革正式上线，司新旧商业车险业务系统于当晚成功切换，4日零点起贵州省正式启用新的商业车险条款及费率，并成功承保签发商改首单，我司商改第一单花落为连续3年未出险的客户，商改后保费较商改前便宜了2000多元。商业车险改革以后，优质客户得到的实惠的实实在在看得见的，司面对车险经营发展新形势，积极部署和应对，开展多项精细化举措，勇于面对转型发展中的问题，逐项部署落实破题工作，努力推进新形势下的车险业务健康发展。我司积极开展“营改增”专项工作。为保证“营改增”工作的顺利推进，争取有关政策支持，司多次与国税局沟进行沟通和对接，就汇总缴纳、发票领用、设备注册、发行等方面积极表达公司的要求，并得到了省国税局的大力支持。在公司内部，也认真按照税务局、总省公司统一部署分解落实各项规定到各个部门，并组织员工认真学习，为公司全辖尽早进入“营改增”模式营造氛围，4月30日进入“营改增”前夕最后冲刺，到5月1日，在总公司的大力支持下，我司增值税发票打印测试成功。公开竞标校方责任险业务，积极预防、妥善处理安全事故，保障学生和学校的合法利益。复杂的社会治安状况给教育教学的安全带来了潜在的威胁，学校和学生的安全事故时有发生，影响了正常的教学秩序稳定，故司积极开展校方责任险业务，对于积极预防、妥善处理学校安全事故，保障学生和学校的合法利益，做出了应尽的责任。为进一步做好校方责任险的后续工作，防范风险，加强学生的安全意识，我司根据毕节市教育局的要求，为中标区域各初高中、小学新生订制印刷安全手册115878册（费用约84500元）。2016年的校责险招投标工作，司高度重视并提前安排，组织协调、积极公关，紧紧抓住这次机会，集各方力量认真完善标书的制作，在稳住成本底线的基础上积极参与市场竞争。虽与多家竞争对手的竞标，但我司得到了交易中心专家评审对我司标书和售后服务策略的认可。最终司在此次招标中以第一的成绩入围，获得承保2016年毕节市各级各类校方责任保险业务，司中标服务区域为黔西县、纳雍县、织金县、赫章县、百管委。以此为契机，同时将校责险、学生意外险业务覆盖到相应的部分学校以及不在招标之列的其他专业学校，这些业务的成功落地为我司在非车险业务的发展提供了更为广阔的空间。积极配合政府促进地方农业发展、做好三农服务工作。司立足“三农”实际，围绕“政府关系、社会关注、农户需要”，“懂农时、知农事、察民情、体民心”，以关系国计民生和国家粮食安全的种植业保险、主要畜牧业保险和林木保险为产品开发重点，除具备森林保险、水稻保险等9个常规险种，并不断构建和完善具有公司特色的农业保险专业产品体系。2016年初毕节市林业局在交易中心公开招标，司成功独立承保金沙县林业保险，我司农业保险业务新领域的突破，既体现了我司的品牌效应，更是司对农业保险承保的综合能力、信心和决心的体现。后又通过省公司努力针对贵州省2016年政策性农险保险工作实施方案，结合我司林业保险的落地区域，其他政策性农业保险业务也随之落地。创新发展，围绕“三新”助推业务发展。按照省公司要求，逐渐形成创新意识和平台思维的展业方式，“墨守成规、生搬硬套”只会被竞争和市场淘汰，要用创新引领各项工作，2016年我司在“移动互联”“微创新”组织架构下开展工作，围绕“三新”（新市场、新方法、新工具）聚焦扎实开展各项工作，对司优势传统业务领域的改造升级；资源配置方式多元化、各种保障机制、各种主题营销活动等；运用CRM、车E保等新工具促进业务的发展。警民联手共同查处骗保案减损4万元。2月1日16时，我司接到贵FL2XXX车主报案，称其所有的中华车在行经毕节市七星关区撒拉溪镇兴隆村石板沟水库时，因避让对向驶来的摩托车，采取紧急措施后，标的车侧滑冲入右侧的水库中，水深度近20米，整车及驾驶员已全部淹没在水中，标的车全损，三者无损，无人伤。司抵达现场核实后，对案件真实性产生很大的怀疑，经过司与交警的共同勘查并取证，确认这属蓄意制作车辆落水全损的案件。车主因车龄较长，于是事先预谋好，把车直接开往水库中，促使标的车达到全损的假象以向保险公司申请全赔。司与交警通过睿智的办案技巧，本着客观公正的办案态度，成功识破这起蓄意骗保案，让客户心服口服地撤案，该案件为公司减损4万余元。洪灾无情、太保有爱，提升处理自然灾害的能力，履行职责，共同保障客户利益。6月28日，织金县遭受了有历史加载以来的特大洪涝灾害，降雨量200MM以上，织金县城内涝严重，最深处积水达到3米多。

我司承保的大量车辆被洪水淹没，县城处于一片汪洋，交通处于瘫痪状态。为降低灾害给受损车辆带来的损失，我司立即启动应急方案，共组织骨干理赔人员10余名赶赴现场开展抗灾救援工作，快速设立太平洋保险水灾定损点3个，为水淹车开通绿色通道，积极联系当地车商，启动专业施救拖车8台，并对没有时间上门的客户开展上门服务，统计：我司接水淹车报案97件，几乎全损，损失估损金额达800万元，这充分体现我司在大灾大害面前的处理能力，快速的反应及优质的理赔服务得到了受灾客户的好评。优化理赔服务流程为客户提供便利。一直以来，在理赔方面，客户反应的共性问题是：理赔流程烦琐、理赔资料较多、理赔时间长等，针对这一系列问题，我司对理赔服务流程进行了优化，对各种案件理赔资料减免等措施：万元以下事故：对边远地区可采取微信查勘或客户手机拍照短信方式，由查勘员核定并收集单证，免事故证明，符合条件的进行快赔处理；优质客户无需现场查勘、无需事故证明（快处中心处理案件不免快处证明）；其他案件我司查勘员进行现场查勘或在快处中心进行查勘收集单证，无需事故证明等。进一步提高了理赔效率，得到了客户的青睐和好评。“聚合力、出重拳、治顽疾”提升内控管理。为了切实提升内控基础管控水平，有效遏制合规问题的出现，形成常态化的管控机制，保障公司持续健康发展，司在全辖开展2016年“聚合力、出重拳治顽疾”专项治理活动，根据司2016年年初制定的合规工作计划，于2016年5月9–20日对公司各条线部门及下辖六家支公司进行了现场检查及帮护指导。此次检查从六个方面进行：单证管理、印章管理、反洗钱、中介管理、固定资产、非法集资（进行现场访谈记录：干部6人、员工30人）；现场检查工作人员针对存在的问题与各条线进行了一对一沟通和讲解，告知针对顽疾，要突出在基础管理、流程规范、操作标准和系统建设方面进行综合治理，做到标本兼治，重在治本，定期开展“回头看”，确保整改到位见成效。本次检查为合规管理工作打下基础，对违规行为得到早期的预警、防范、化解和控制，并将各项工作推向健康发展的道路。积极配合保险行业协会开展各类宣传活动。组织开展“3·15”宣传活动。我司在协会组织下与毕节的15家保险公司在人民公园开展了“3·15”消费者保护日宣传活动，同时我司总经理在3月15–18日，进行了为期三天的领导接待日，对上门客户进行了接待并解答相关问题，并对司承保的大客户进行了走访，深入了解客户对我司公司在各个环节的服务态度和客户对保险公司的建议。协会组织“7·8”全国保险公众宣传日活动。我司按照《毕节保险行业2016年全国保险公众宣传日活动实施方案》，明确我司的组织保障、年度主题、活动内容、组织分工、工作要求等。7月8日，组织各保险公司统一开展了“7·8”主题为“@保险一切更简单”的全国保险公众宣传日活动，主题寓意传递让保险服务更为便捷易得，让大众生活更为舒心的理念，也是“获得感”的最佳诠释，今后保险业要在服务经济社会大局，服务人民群众方面再上新的台阶，要优化保险公给，提升社会大众的保险“获得感”，提升全社会保险认知力。

【党建工作】　为进一步贯彻集团、总公司“两学一做”学习教育活动的安排部署，进一步提我司高党员队伍素质，我司党委有序推进“两学一做”专题教育工作开展和落实，同时正值纪念中国共产党成立95周年之际，为回顾党的光辉历史，弘扬党的优良传统，司党委组织全体党员共8名在大方县举行重温入党誓词仪式，通过仪式教育，推动了我司党员强化党员意识、亮出党员身份，真正把最初入党誓言落实到行动上、体现在工作中，推动公司各项工作开展，不忘初心.继续前进争创更佳业绩。开展“两学一做”学习教育情况：7月：所有党员重温入党誓词，牢记入党誓词，完成了党支部换届选举；8月：全体党员集中深入学习党章党规；9月：全体党员集中深入学习了习近平总书记系列重要讲话；7–12月：全体党员利用共产党员网，金融e党校，党群园地—学习之窗，关注“太保党群园地”，自学共四次；

全体党员集中学习，把“两学一做”学习教育融合到“三会一课”等基本制度，每次学习做到“有主题、有讨论、有共识”，共学习6次；11–12月：全体党员集中讨论公司重要事项专题讨论，如何结合本职岗位发挥共产党员先锋模范带头作用，共讨论2次；开展了一次联系实际的党课教育召开党支部专题组织生活会，对照职能职责，认真开展党性分析，落实"三会一课"党内生活制度。

（王　霞）

农 业

全面小康建设

【概述】 根据区委、区政府的安排部署，区小康办主要承担的工作有“五在农家·美丽乡村”基础设施建设小康房行动计划（含农村危房改造）、“五在农家·美丽乡村”基础设施建设小康寨行动计划、“五在农家·美丽乡村”创建和全面小康创建等工作。

【小康房行动计划】 2016年，全区完成小康房（农村危房改造）建设任务5874户，投入各级政府补助资金7381.8万元，其中，危房改造任务5584户补助资金6801.80万元（中央补助2876.32万元，省级补助1396万元，市级补助558.4万元，区级补助837.6万元，2015年置换资金1133.48万元）；小康房建设任务290户补助资金580万元（区级补助资金）。

【小康寨行动计划】 市级下达七星关区2016年度小康寨行动计划建设农村自然村寨405个，需完成投资11920万元。具体建设任务为：小康路（村以下部分）需完成通组路166公里和人行步道194公里；小康寨“八项”工程需完成“三改三治”及庭院硬化13734户、垃圾分类收集处理项目覆盖6个乡（镇）、集中式饮用水源地保护项目1个、污水治理自然村寨123个、便民设施（公共厕所）50个、文体活动场所（广场）37个、照明设施1625套。（二）完成情况：2016年，小康路（村以下部分）完成通组路硬化171公里，人行步道硬化194公里；小康寨“八项”工程中完成“三改三治”及庭院硬化13834户，垃圾分类收集处理项目6个，便民设施（公共厕所）项目50个，文体活动场所（广场）项目37个，污水治理项目123个，照明设施1715套。小康寨行动计划累计完成投资12120万元，完成年度目标任务的101%。

【“五在农家·美丽乡村”创建工作】 1.创建村情况。2016年，市下达区“五在农家·美丽乡村”创建村共135个。其中，示范型创建村65个，小康型创建村40个，普及型创建村30个，“贵州民居”建设任务4000户。按照区委相关领导安排和相关文件要求，七星关区增加实施创建村46个，其中：2015年创建村、2016年继续打造8个，2017年创建村、市要求提前实施2个，沙锅寨村规划区增加实施1个，2017年创建村、2016年拟出列贫困村35个。七星关区2016年“五在农家·美丽乡村”创建共实施创建村181个。2.资金使用情况。2016年，区纳入年度财政预算的“五在农家·美丽乡村”创建资金为2亿元。截止到2016年12月30日，全区已下发资金7750万元用于创建工作。3.选点情况。按照区分管领导安排，全区选择了16乡镇、街道29村作为七星关区2016年“五在农家·美丽乡村”创建重点实施村寨，分别是：对坡镇杉寨村（上湾组、下湾组）、法泥村（鸭子塘、金家寨）、撒拉溪镇水营村达木桥（毕威高速撒拉溪站出口至龙凤村路口沿326国道线两侧）、杨柳村竹林边组和龙昌坪服务区周边、沙乐村石板组和大元组、杨家湾镇松山村焦院、放珠镇法桥村1组（白坟）、长春堡镇垭关村（大湾、街上组）、合桩村、朱昌镇花厂村水口组、酒店子组、麻窝组、和石板井组、伍坪村红山组丫口上和马鞍山、发启村大树组和龙潭组、朱昌村4、6、8、13组、王家冲村草口山组、田坝桥镇田坝桥村和螃蟹井村毕节至对坡公路沿线两侧、八寨镇罗汉山村七组（金山服务区旁）、中厂村五组六组（厦蓉高速金山站出口）、茅栗坪村、燕子口镇一心村徐家坡组（厦蓉高速燕子口站出口沿线可视范围）、林口镇鸡鸣三省村中寨组、小吉场镇新伦村（陈家寨、廖家院）、青场镇青坝村毕镇高速拆迁安置点、亮岩镇太极村、层台镇红岩村、碧海街道砂锅寨村、团结乡青林村、发都村、新中村（厦蓉高速沿线）。4. 民居建设情况。截止到12月18日，区2016年“五在农家·美丽乡村”创建“贵州民居”建设共启动4634户，完工4148户。5. 基础设施建设情况。完成自来水通水34355户，实现正常供电41461户，完成通组路硬化345千米，完成两硬化491户，安装宽带4812户，通闭路电视14571户，安装路灯1576盏，建成图书室34个，文化室32个，卫生室36个，文化小广场40个，改厨1414户，改厕1477户，改灶2677户，改杂3784户，种植绿化美化树种505556棵，新增垃圾收集设施60个，新增排污管网24675米；产业发展方面：新增种植刺梨、核桃、油用牡丹、玫瑰、中药材等2万余亩，新增大牲畜规模养殖2000余头，新增家禽养殖16万羽，新增水产养殖350亩，壮大村集体经济规模1058万元。6. 农村环境综合整治情况。加大农村环境综合整治，建立健全城乡环卫一体化管理机制，从根本上改变农村环境卫生落后面貌；加大农村面源污染治理，推动生态农业循环经济发展，提升乡村生态文明建设水平；加强对群众环境保护、生态文明宣传教育，组织文明家庭评选，培养群众良好卫生习惯。7.“和在农家”建设情况：（1）营造的氛围热烈浓厚。一是结合实际下发了七星宣发〔2016〕20号和七星宣发〔2016〕21号文件指导各乡镇（街道）开展营造“和在农家”创建的舆论氛围的工作。二是借助媒体造势。组织《毕节晚报》、微七星关、七星关综合广播电视台、FM91.2进行专题报道、系列解读，确保了“和在农家”创建工作深入人心。三是将营造氛围工作纳入考核。在考核指挥棒的作用下，全区各乡镇（街道）制作永久性标语160余幅，户外LED显示屏制作标语100余幅，通过大喇叭向起来广播宣传3000余次。（2）创建工作如火如荼。一是各乡镇（街道）以七星党办字〔2016〕87号文件（七星关区和在农家创建方案）为依据，制定符合实际的创建工作方案，成立了以党委书记组长的创建小组。二是以开展十星级文明户的评选为契机，同时在全区开展好媳妇、好婆婆、好邻居等评选活动。目前，全区共组织评选活动150余场，共评选出好媳妇500余名、好婆婆600余名、好邻居2000余户，为“和在农家”创建工作打下了坚实的基础。（3）创新机制初步形成。区委宣传部成立了“和在农家”创建工作领导小组和“和在农家”创建办公室，探索创立了“四结合”的工作机制，指导全区开展创建工作。一是把“和在农家”创建与农村思想政治教育工作相结合。充分利用“道德讲堂”、农民夜校、板凳会、院坝会以及大喇叭等载体大力宣传“和在农家”创建工作的精神实质，确保群众知晓率达100%。二是把“和在农家”创建与环境综合整治工作相结合。大力整合资源，组织精干力量下大力气清理辖区内的“野广告”、残幅标语，并在公路沿线、人员密集场所的醒目位置，制作关于“和在农家”创建的长效性宣传标语，为创建工作营造浓厚的宣传氛围。三是把“和在农家”创建与“文明创评”活动相结合。充分抓住各乡（镇）街道开展“文明创评”活动的契机，将和美家庭、和睦邻里、和谐农村的创建内容融入示范、典范的创评活动中，并作为考核文明创评的一项重点指标，切实发挥示范引领作用。四是把“和在农家”创建与“法制毕节”创建有机结合起来。

【同步小康创建】 1. 经济社会持续发展向好。全区全年人均生产总值达32182元；工业和服务业增加值占GDP比重达79.2%；农业发展指数健康合理，其中粮经比为1.87，有效灌溉面积率为23.87，单位耕地面积拥有农业机械总动力达0.316千瓦/亩，耕地农业产出率达每亩3166.82元；城镇化率49%；就业水平指数全面达到小康标准，其中城镇登记失业率为4.1%，农业劳动力转移就业人数占比达48.36%，民营经济增加值占GDP比重为51.12%，税收收入占公共财政收入比重81.39%、人均税收收入1800元，人均固定资产投资22243元，万人拥有个体工商户户数达448.34户，万人拥有企业数106.36户。2.社会和谐指数不断上升。全区全年城乡居民收入比预计为3.4；基本社会保险覆盖率达87.41%；民族团结和睦指数全面完成目标任务，其中未发生重大民族纠纷事件、开展民族政策四项教育和“六进”活动和开展民族团结进步创建活动完成情况均达100%。3.居民生活质量大幅提升。全区城镇居民人均可支配收入达26805元，农村居民人均可支配收入达7856元，同比均有上升；住房指数、居民出行便捷指数、医疗卫生发展指数超额完成年度目标任务，农村建制村通沥青路比重达98.57%，农村建制村通客运车辆比重达90.51%，城市人均拥有道路面积达16.88平方米，千人拥有职业医师数达1.23人，千人拥有卫生机构床位数3.37张，5岁以下儿童死亡率为11.4‰。4.民主法制逐步健全完善。村务公开民主管理完善率、农村社区建设覆盖率、和谐社区建设达标率和居务公开民主管理完善率均达100%；社会安全指数全面完成年度目标任务，其中万人刑事犯罪率为3.569人/万人，万人交通事故死亡率0.31646、万人火灾事故死亡率0.00625，同比下降，万人工伤事故死亡率为0，各项指标均控制在市下达最高限值内；人民群众对社会治安的满意度达到97.77%；县级政府行政服务群众满意度同比上升，达93%。5.文化教育水平稳步提高。全区九年义务教育巩固率达98.66%，高中阶段毛入学率达91.63%，100%完成年度目标任务。6.生态环境持续改善。全区耕地保有量指数达102.44%；环境质量指数全面达标，其中集中式饮用水源地水质达标率达100%，农村饮水安全达标率达100%，城镇污水处理率达98.52%，城市环境空气质量达标率为97.5%，森林覆盖率达54%，城乡生活垃圾无害化处理率达90.23%。7.各项监测指标发展持续向好。科技进步环境及基础指数达64.52%，科技投入指数达86.87%，科技进步指数达62.7%，100%完成年度目标任务；农民工返乡创业人数占农民工外出务工人数比重达11.62%；贫困乡镇发生率达5.26%；农村危房改造户数占比达100%；城镇低收入和中等偏低收入人口人均拥有各类城镇保障性住房面积达11.6平方米；文化产业增加值占GDP比重达2.2%；文化支出占公共财政支出比重达75%；居民文教娱乐服务支出占家庭消费支出比重达15%；每万人人才资源数为1225人。

（办公室）

扶贫开发

【精准扶贫、精准脱贫工作】 1.全面统筹，把握总体方向。为实现区委一届四次全体会议提出“决战贫困、提速赶超、同步小康”的目标，七星关区出台了《中共毕节市七星关区委关于决战贫困提速赶超同步小康的决定》《中共毕节市七星关区委　毕节市七星关区人民政府〈关于坚决打赢扶贫攻坚战略确保同步小康全面建成小康社会的决定〉》《七星关区2016年脱贫攻坚工作方案》，配套相关文件，成立了区级扶贫攻坚领导小组和指挥部，不断完善政策支撑体系，利用“五个一批”扶贫举措，区、乡、镇、村层层签订责任状，形成了各单位、部门齐抓扶贫，各级全力以赴搞扶贫的“大扶贫”作战态势。2.狠抓精准识别，多措共举助推减贫目标。2016年，根据市、区进一步精准识别贫困户工作启动会议精神，制定《毕节市七星关区进一步精准识别贫困户工作指导方案》（七星党办字〔2016〕55号），召开了3次专题会议和2次业务培训会，严格按照“遵循四条原则、界定三个范围、运用两种方法、严格三条要求、做好三表三照一视频”的识别要求，成立了精准识别贫困户核查领导小组和督查组，全区按程序审定贫困户3.6万户13.45万人，信息录入备案已与“国办系统”的对接核对工作。3. 因户施策，提高脱贫实效。健全完善“问需式”精准扶贫工作机制，深入实施“一市五金多套餐”惠民政策，引导贫困户结合自身实际实现精准帮扶。（1）苗木超市。全区苗木超市由毕节市德溪公司下属的毕节阳光园林绿化有限公司投资建设，2015–2016年度共提供免费苗木358.6688万株，按相应树种的标准设计株行距种植折合面积4.48万亩，涉及贫困户11427户。（2）特殊困难群众大病医疗底垫周转资金。截止到2016年12月底，区合管中心、乡镇街道合医办接受咨询476余人次，有45人申请，符合大病医疗底垫周转基金垫付审批条件的36人，就诊医院和其他原因不符合的9人。共产生住院费用157.1663万元，大病地垫基金垫付110.640281万元（其中新农合报销104.116498万元，保险3.410783万元，民政3.1130万元）。（3）产业发展资金。2015七星关区特色农业产业发展项目安排在撒拉溪镇兴隆村的亚林养鸡场和兴联蛋鸡养殖场，2个养鸡场新增存栏蛋鸡27.118万羽，兑现补助资金500万元；2016年七星关区特色农业产业发展项目经企业向农牧局申报备案后批复建设生猪规模养殖场22个，蛋鸡养殖场4个，肉鸡养殖场4个，截至2016年，长春干堰村山风林下肉鸡养殖和鑫康肉鸡养殖未完成批复建设任务。其余28个养殖场基本完成批复建设任务，七星关农牧局正在紧锣密鼓的自查验收中。28个场可解决300人就业，需补助资金2020万。（4）精准扶贫小额贷款贴息资金。全区累计落实“特惠贷”金融扶贫贷款6522户201960100元。（5）精准扶贫产业发展风险兜底资金。自“一市五金多套餐”实施以来，项目遭受损失的贫困户向所在村委、乡镇街道申请，乡镇街道组织人员现场核实定损，对符合条件的报区农牧局，区农牧局组织人员复核定损，定损结果在项目所在村公示3天，公示无异议的，区农牧局将定损结果报区扶贫办，区扶贫办对符合兜底的贫困户及区农牧定损金额汇总，截止到2016年12月底，符合兜底的有129户127.4726万元。（6）精准扶贫贷款担保资金。2015年实施“一市五金套餐”以来，对能带动一定数量贫困户脱贫的种养殖大户、农民专业合作社或农业龙头企业提供贷款担保，共产生担保贷款28笔，担保金额4180万元。（区畜牧担保公司）。4. 强化宣传，营造舆论扶贫大格局。为打造全方位、多角度、立体化的舆论扶贫大格局，按照市舆论扶贫工作任务分解要求，拟定了《七星关区舆论扶贫工作实施方案》，由区委宣传部、区检察院、区新闻中心、区交通局、城区主要金融机构及通讯机构、区交警大队、区电视台、区广播电台等单位全力配合，编制了政策宣传册等宣传资料5000份，制作城区路名牌400幅，制作精准扶贫、科学治贫、有效脱贫宣传杯20万只，利用城区800辆出租车顶灯、城区8处交通要道电子显示屏全天候滚动播放精准扶贫精准脱贫宣传标语，并在区电视台、区广播电台常态性开设扶贫专栏；同时，组织了2期乡镇街道的贫困户登记卡打印业务培训，向有贫困人口的乡镇发放贫困户登记卡16.5万余份，明白卡7712本，政策汇编8374本；发放打印有子女读高中（中职）以上贫困家庭的登记卡4353份；同时，为提高精准扶贫建档立卡信息数据质量，掌握贫困农户动态信息，强化精准扶贫信息平台管理，从4月份起，推行区、镇、村三级“月例会”制度，现已召开区级例会6次，镇级例会196次。5. 制定脱贫攻坚作战图，实行挂图作战、按图销号。按照“任务提速、精准脱贫、到村到户、分类指导、动态管理”的原则，将贫困乡镇、贫困村、贫困人口分布情况，帮扶措施，工作任务，脱贫年限，帮扶单位和责任人等作为内容制作脱贫攻坚作战图，实行倒排工期、挂图作战、按图销号。2016年，全区38个有贫困人口的乡镇街道258个贫困村均已按要求完成了脱贫攻坚作战图的制定工作，全部实现挂图作战、按图销号。6. 核实“四有五覆盖”“五通四有”台账，明确目标任务。按照市要求，为实现2016年度全区2个贫困乡省级“脱贫摘帽”，91个贫困村出列（项目需求总资金5.8171亿元)、5.1万农村贫困人口脱贫(项目需求资金4.8238亿元)的目标，按照贫困村出列“五通四有”、贫困户脱贫“四有五覆盖”项目需求台账，经乡镇统计上报、部门审核、扶贫办汇总，全区计划总需投入资金106409.45万元，已有项目落实36474.58万元，缺口资金69934.87万元,除通讯、供电等企业投资，企业按行业部门规定独立投入实施外，需政府财政投入资金6.244377亿元(不含易地扶贫搬迁3.4662亿元)，扣除美丽乡村创建4.0966亿元由对应部门根据相关行业标准和规定筹集资金解决，具体以最终实施数据为准，急需财政融资投入2.147777亿元才能满足年度脱贫需求。7.统筹抓好遍访工作。按时间完成首轮贫困村贫困户的遍访任务、10月30日前完成已遍访的贫困村贫困户的第一次回访任务的要求。借助“两学一做”学教活动，落实“五主五包”责任制，下发到各乡镇街道遍访和回访分解名单，落实开展遍访工作的具体责任单位、责任人。目前,第一次回访工作已基本完成，据统计，已完成遍访贫困村226个，贫困户84687户。8.做好扶贫统计监测数据报送工作。围绕年度脱贫困攻坚目标任务，明确专人负责贫困乡镇摘帽、贫困村出列、贫困人口脱贫的统计监测工作，做好各类数据报表的上报工作。9.易地扶贫搬迁工作。2016年全区易地扶贫搬迁计划投资53226万元(按6万元/人)、安置2139户8871人(贫困户1859户7771人)。因2016年6–8月进一步精准识别贫困户工作与原来识别的贫困户、贫困人口不完全吻合，目前，全区共实施易地扶贫搬迁共5777人，已落实项目资金34662万元。为此，开展易地扶贫搬迁工作的“回头看”工作，一是对2016年6月以前全区建档立卡系统中27286人易地扶贫搬迁对象进一步核实，找准搬迁对象；二是利用2016年进一步精准识别贫困户工作良机，将没有纳入搬迁对象或纳入搬迁对象没有进入建档立卡系统的贫困户进行核实,真正做到“扶真贫、真扶贫”，实现“搬得出、稳得住、能致富、奔小康”的脱贫目标。

【扶贫资金项目建设情况】(1)2016年第一、二批中央财政专项扶贫资金项目。2016年省按贫困县、贫困村、贫困人口、绩效考核2：2：5：1的比例下达区第一、二批中央财政专项扶贫资金8590.9万元。第一批中央财政专项扶贫资金7401.9万元(核桃产业后续管护资金155万元，项目管理费127万元，因素分配资金7119.9万元)，其中，因素分配资金已按“33112”的投向比例分解落实，涉及37个镇乡，445个村，666个项目(种植类项目资金1488万元205个项目；养殖类项目资金2729.14万元303个项目；基础设施类项目资金1478.76万元107个项目；小额扶贫“特惠贷”安排资金712万元，全部用于2016年“一市五金多套餐”贷款贴息；“雨露计划·圆梦行动”等培训项目资金712万元)，项目正在实施中；第二批中央财政专项资金1189万元(项目管理费41万元，精品水果资金50万元，示范园区资金180万元，因素分解资金918万元)，项目实施方案经专家评审，经区扶贫开发领导小组批复，会同区财政局下达了资金文件，正督促项目镇乡组织实施。(2)2016年第二批中央和省财政专项扶贫减贫摘帽奖励资金590万元(小坝镇50万元划拨给金海湖新区安排实施)。其中：涉及区层台等12个镇乡540万元14个申报项目，项目实施方案经专家评审，区扶贫开发领导小组进行了项目实施方案批复，会同区财政局下达了资金文件，正督促项目镇乡组织实施。(3)2010–2015年扶贫结余结转资金项目。经清理，2010至2015年度项目结余结转资金756.69万元(第一次清理2010–2014年度资金420.71万元，第二次清理2010–2015年度资金335.98万元)，已报请区扶贫开发领导小组批复，同意在放珠镇等22个镇乡实施28个项目。项目实施方案经专家评审，区扶贫开发领导小组进行了项目实施方案批复，会同财政局下达项目资金文件，正督促项目正实施中。(4)社会帮扶资金项目。2016年累计完成社会帮扶资金共计2108.96万元，帮扶类别4类，实施项目49个，项目覆盖17个乡镇，42个行政村。其中：深圳对口帮扶资金565万元；烟草扶贫新村项目资金1200万元；社会捐赠资金(国有企业捐赠扶贫资金100万元；社会扶贫济困项目资金10万元；“9+1”行动方案3.96万元，）113.96万元；市直部门驻村工作队帮扶资金230万元。2016年，大部分项目已完工。（5）省、市、区壮大村级集体经济资金项目。2015年度省级、市级发展壮大村级经济实体资金497万元，涉13个乡镇。省级配套250万元，用于亮岩镇、普宜镇和对坡镇3个省级示范点打造，项目正在实施中；市、区按2：8的比例（市级5万元和区级16万元）配套的247万元，帮扶12个示范村，项目正在实施中。（6）2014年中央专项彩票公益金支持革命老区小型公益设施建设项目。该项目已全部验收合格，其中：碧海办、放珠镇已报账，正准备将68.7万元结余资金调项安排在碧海办丁家寨，修建猕猴桃基地、葡萄基地采果道及观光道，正在邀标，确定施工单位启动实施。

【园区建设】 1.中药材园区建设工作。2013年现代中药材园区成立以来，共投资4.1亿元，扶持农户10627户46508人（其中贫困户4258户17360人）。目前，园区累计流转土地2万余亩，入驻企业10家，成立中药材专业合作社12个，园区水、电、路、讯等基础设施齐备，已建成主干道、机耕道、灌溉水池、管理用房、智能化育苗大棚、病虫害监测防治点、中药材初加工基地等设施，2016年种植苦参、党参、续断8536亩，累计完成中药材种植2.045万余亩，辐射带动全区种植中药材3.6488万余亩，中药材产量达1.22万吨，产值2.78亿元，农民人均年增收逾3000元，园区农民实现了“四个增收”（中药材种植增产增收，土地租金增收，务工增收，项目补贴增收）。2.十里城市田园休闲园区建设工作。七星关区城市田园生态休闲示范园区是2015年新增112个省级农业园区之一，规划面积为45平方公里，整体规划呈南北带状分布，计划总投资1.9亿元，现已完成投资1.128亿元。2016年，园区实现水、电、路、信等基础设施的全面覆盖，建成运输主干道3千米、机耕道0.8千米，围栏2.8千米；初、深加工等项目建设和管理用房、病虫害监测防治点、观光亭平台、精品水果加工基地，办公楼等综合服务设施建设稳步推进；引进“贵州省毕节市兴华贸易有限责任公司林果药苗花卉分公司”和“毕节市毕海农业科技开发有限公司”2个企业入驻并种植精品水果0.6万余亩；园区发展、带动农户3500余户15000余人，实现销售收入达2700万元，总产值达3204万元。3.核桃产业建设工作。

2012–2015年，投入财政扶贫资金5553.6万元发展核桃种植面积近40万亩（其中，核桃产业化扶贫项目种植面积19.1万亩，涉及贫困户7067户），区财政匹配资金198.3万元，用于大苗嫁接补植补造和树干涂白；正登记造册发放2016年度第一批中央财政资金中155万元核桃管护费，准备完成县（区）级因素分解扶贫资金水果、干果项目建设及其他工作。

【其他工作】 一是狠抓党风廉政建设，紧紧围绕“抓党建、促发展、保稳定”的工作思路，按照“一岗双责”“三严三实”的相关要求，以“两学一做”学教活动为契机，与区检察院联合召开了2次预防职务犯罪会议，对干部职工进行警示教育培训，同时，依次从主任、副主任、股级干部、工作人员层层签订目标责任书，全面、有效推进全办党风廉政建设和反腐败斗争的深入开展；二是按照与区政府及相关部门签订的目标责任书，认真按责任书的要求完成卫计、保密、信访、统战、宣传、综治、普法、法治毕节等各项相关工作。

（吉　云）

农　牧

【概述】 2016年，该局以开展“两学一做”活动为契机，以调整产业结构为突破口，围绕农业持续增效、农民持续增收的目标，以特色农业产业化发展和提质增效为重点，加强示范点建设，加强农业科技推广，加强农产品质量安全工作，加大农牧业科技含量和加快农村劳动力输转培训力度，全面提高农业综合素质和效益，促进农牧业向高产、优质、高效、生态、安全的现代农牧业转变，加快推进社会主义新农村建设步伐，促进全区农牧业又好又快、更好更快发展。

【全面完成各项综合指标】 一是粮食产量稳中有升。通过做好春耕、秋冬种等工作，实施马铃薯绿色增产增效技术推广项目1万亩、玉米绿色增产增效技术推广项目1万亩、荞麦绿色增产增效技术推广项目0.5万亩，种植马铃薯70万亩，种植玉米64万亩，种植水稻9万亩，全年粮食产量达46.01万吨，其中夏粮16.5万吨，秋粮29.51万吨。二是生态畜牧业保持良好势头。实现存栏生猪73万头，存栏牛16.38万头，存栏羊6.8万只，存栏禽300万羽，肉类总产量8.9万吨。三是农民收入持续增加。2016年农民人均可支配收入8027元。

【生态畜牧业持续健康发展】 一是深化动物防疫社会化服务改革，2016年共注射种类疫苗1227.21万针次，免疫抗体合格率均在83.17%以上，全区无重大动物疫病发生。二是抓好牲畜调运监督管理。完成产地检疫32万头（只、羽），屠宰检疫各种牲畜共14万头。三是加强规模养殖场监管，共审核办理“动物防疫条件合格证”22张，签订动物卫生监督安全承诺书共105份、养殖场（户）出栏保证书105份。四是加强动物及动物产品流通环节监管。开展流通环节监管128次、动物卫生监督违法案件一般程序案件立案12件，结案12件，简易程序立案8件，结案8件，上传动物标识信息3.85万余条。五是建成大型规模养殖场7个，其中建成1个年出栏1万头生猪养殖场（毕节市江兴畜牧养殖有限公司）和2个年出栏5000头生猪养殖场（七星关区五丰膳食农业发展有限公司、七星关区小吉场镇高兴塔山民生猪养殖专业合作社）。

【产业结构不断优化】 1.农业板块经济初见成效。以突出特色主导产业发展、促进农民持续增收目标，以转变农业发展方式为主线，坚持走山地高效生态农业发展道路，坚持“生态产业化，产业生态化”的发展理念，紧紧围绕我区种植、养殖业建立马铃薯、商品蔬菜、生态畜牧业和茶叶四大经济板块。2016年完成马铃薯种植11.5万亩；商品蔬菜种植34.85万亩；存栏牛16.38万头，存栏羊6.8万只，存栏蛋鸡152.3万羽，人工种草1.31万亩；新增茶叶种植0.63万亩。2.园区示范效益凸显。截至目前，建成省级农业园区2个，入驻企业和合作社40家，2016年实现产值3.6亿元，收入2.9亿元，利润1.35亿元，带动农民1.5万人。3.产业结构转型明显。非粮农业增加值占第一产业增加值比重达85%。

【农业组织化程度不断提升】 大力扶持多元化、多形式的农民专业合作社发展，引导农民开展多渠道、多领域联合与协作，提高基地农民的组织化程度。积极扶持已有一定规模的国家、省、市、区农业产业化龙头企业参与现代农业产业开发和基地建设，推广“公司+合作社+农户”、公司+基地+农户等基地建设模式，培育专业合作社、家庭农场、牧场等新型农民经营主体，推进利益联结机制创新，引导农民以土地承包经营权、资金、技术、劳动力等生产要素入股，实行“土地保底租金+按股分红”“保护价收购农产品+按股分红”等利益分配模式，与龙头企业结成利益共享、风险共担的利益共同体。2016年新增专业合作社306个，新增市级示范社8个，认定家庭农场10个，专业大户2家。

【农产品质量安全不断加强】 一是加大兽药、农药监管力度。共出动执法人员1296人次，检查农资市场522场次，检查企业28个次，参与审查种子备案登记211户。全年共查处案件30个，罚款39700元。二是加强农产品监测。完成农产品检测5690个，检测合格率均为100%；完成农产品抽送样5853个，完成重金属检测水样12个，土样16个。三是重抓农产品质量安全监管。完成无公害农产品认证申报8个，产地认定18.78万亩，申报创建国家级农产品质量安全县无公害粮油产地认定9.0284万亩，申报绿色食品认证14个，有机食品认证2个，农产品地理标志登记1个。

【农村改革不断深化】 一是土地确权颁证工作快速推进。已完成第一批启动的大新桥、三板桥等22个镇乡（街道）的土地确权颁证工作，第二批启动的八寨等20个乡镇已完成航拍，其余工作正稳步推进。二是农村“三变”改革工作稳步推进。自3月份开展“三变”试点工作以来，长春堡镇清塘村、撒拉溪镇兴隆村、龙场村等通过“公司+专业合作社+支部+农户”“公司+农户”等发展模式，种植辣椒160亩，养鸡45万余，种植中药材1500余亩，参与农户282户，其中贫困户44户，人均增收4000元以上。

【科技和培训力度不断加大】 一是加强技术培训。充分利用基层农技推广体系、新型职业农民培训等载体，采取举办培训班、召开现场会等方式，培养新型农民和农村实用人才，提高农民素质，2016年完成新型职业农民培训131人，开展各类农业实用技术培训125次，共培训9000余人，发放资料7000余份。二是加强技术指导。组织专业技术人员划片包干、深入田间地块，为群众提供技术指导和服务，做到“技术人员到村、技术指导到户、技术服务到田、落实责任到人”。三是大力推广先进实用技术。示范推广测土配方施肥、间套种技术、病虫害绿色综合防控等农业实用技术，提升科技含量。

【统筹开展计划生育、信访维稳等各项工作】 抓好党建促业务，统筹兼顾，切实抓好社会治安综合治理、禁毒、宣传思想暨精神文明建设、统战、安全生产、计划生育、信访维稳等各项工作，同时，抓好党的群众路线教育实践活动，结合双考双评双挂钩考核办法，按照阶段性工作要求，强化督查，发现和解决工作中的具体问题，保证各项工作顺利开展。

（汪　港　肖明刚）

农业机械

【概述】 2016年，毕节市七星关区农业机械事业局在区委、区政府的正确领导下，在市农委的业务指导下，坚持以邓小平理论、“三个代表”重要思想及科学发展观为指导，紧紧围绕“决战贫困，提速赶超，同步小康”主题，以促进农业增效、农村发展、农民增收为出发点和落脚点，将农机购置补贴、农机技术推广、农机项目建设以及农机安全监督管理有机结合起来，走低耗、环保、高效、安全的农机化发展道路，积极推进毕节市七星关区农机化发展。通过努力，毕节市七星关区农业产业结构得到优化调整，为毕节市七星关区农业增效、农民增收、农村经济发展作出应有贡献，有效推进毕节市七星关区农机化发展进程。

【狠抓农机安全监督管理，确保农机安全生产稳定发展】 一是落实工作责任。建立健全农机安全监督管理工作制度，层层签订农机安全目标责任书，制定《2016年全区农机安全生产工作方案》，成立农机安全工作领导小组，明确部门工作职责，落实安全责任，形成一级抓一级，层层抓落实的工作格局。二是加强农机安全督查。按季度开展农机安全常规督查，在春节、清明、五一、端午、中秋、国庆等重要节假日期间，开展农机安全专项督查，全面排查农机安全隐患，落实整改措施，及时将督查情况反馈当地党委政府。截至目前，七星关区未发生农机安全伤亡事故。三是开展“年检下乡”活动。从4月5日起，局组织农机监理人员深入到各乡镇、村，为农机手提供拖拉机安全技术检验、年审等服务，减少机手经济负担，保障农机安全生产。截至12月底，新入户拖拉机209台，年检拖拉机2187台，年检率达到86%。四是加强对拖拉机驾驶培训机构的监督，严格要求拖拉机驾驶申请人到驾校进行培训，2016年共培训拖拉机驾驶员439人。四是建立拖拉机拥有量、报废、脱检、“黑车”台账，督促镇乡街道农业服务中心建立拖拉机拥有量、报废、脱检、“黑车”台账，做到监理站与各镇乡街道农业服务中心数据一致。全区未进行登记的拖拉机共176余台。

五是开展联合执法行动。积极配合市农机监理所、镇乡办、区交警大队、区安监局等部门开展联合执法，大力打击拖拉机非法载人、无牌无证行驶、超速超载、疲劳驾驶、酒后驾驶、脱检车辆上路行驶等违章违法行为。截至2016年，共联合执法达12次以上。六是加强源头管理。严把“考试关”，督促毕节市阳光驾校严格按照教学计划、教学大纲进行培训。严把“发证关”，严格按照程序注册登记拖拉机，实行牌证管理。严把“检验关”，拖拉机年检中，检验人员严格按照要求及标准进行技术检验，对违反要求改装、达到报废年限、脱检两年以上等规定的，禁止上路行驶,有效遏制农机事故发生。七是取消行政事业性收费。根据《财政部　国家发展改革委关于扩大18项行政事业性收费免征范围的通知》（财税〔2016〕42号）文件规定，从2016年5月1日免征拖拉机号牌（含号牌架、固定封装置）费、行驶证费、登记证费、驾驶证费、安全技术检验费，我局5月4日收到财税〔2016〕42号文件后，及时组织召开党组会议，决定从5月5日起，不再收取文件规定的相关费用。八是加强农机安全宣传。我局利用乡镇赶集、安全生产宣传月活动等，通过制作宣传标语、设立咨询台、宣传专栏、发放宣传资料、开展安全警示教育等方式，开展《道路交通法》《农机安全监督管理条例》《农机安全操作指南》等宣传教育，增强群众农机法律意识、安全意识。

【切实做好农机购置补贴工作，提高农机化作业水平】　一是完成2015年农机购置补贴扫尾工作。7月底，2015年农机购置补贴工作全部完成，完成中央补贴资金450万元，区级补贴资金130万元。二是严格按照《2015-2017年农机购置补贴工作方案》执行我区农机购置补贴工作。2016年，省农委下拨给我区的中央购机补贴资金为400万元，区级资金150万元，全年共完成农机购置补贴中央资金401.289万元（其中171.423万元为2015年资金），区级资金150万元，补贴机具2939台套。（一）做好补贴工作业务培训指导。根据《工作方案》要求，2016年起，农机购置受理审批权限下放到除海子街镇、鸭池镇及10个街道办事处外的所有镇乡，由乡镇负责受理审批补贴对象申请。1月22日，局组织乡镇农机员开展全区农机购置补贴业务培训，宣传培训农机购置补贴政策及操作农机购置补贴操作系统。根据工作需要，平时做好对权限下放镇乡的业务指导，确保农户能及时购买享受补贴的农机具，共计培训1000人次以上。（二）做好补贴对象的公示。我局对乡镇受理审批上报的申请对象进行复核，及时将申请对象补贴信息在区政府门户网“农机购置补贴信息公开专栏”、局农机购置补贴专栏进行公示，接受社会监督。（三）做好农机具的核实。对农户购置的大中型农机具，认真开展实地核查，确保补贴资金的安全使用。（四）做好补贴资金的核发。我局出台相关通知，进一步加强对权限下放乡镇的管理，严格按照操作程序，经公示无异议后，及时到财政部门办理补贴手续，通过农户提供的银行账户兑现补贴资金。

【积极做好农机化项目建设，推进农机合作组织发展】　一是完成2015年省级、区级农机化项目验收。2015年，该局向省农委申报省级农机化项目6个，项目资金115万元。

二是2016年共申报省级农机专业合作社项目7个，省农委批复实施2个，分别七星关区丁家寨种植暨农机专业合作社和七星关区层台镇农机专业合作社，项目资金分别为10万元/个，目前已通过验收。三是将七星关区层台镇农机专业合作社、七星关区丁家寨种植暨农机专业合作社和七星关区何官屯镇大坝村霜红喜冬桃农机专业合作社作为扶持对象，列为区级农机专业合作社项目实施单位，目前3个区级专业合作社项目已通过验收。四是根据区委、区政府《关于2016年农业特色产业发展的意见》（七星党发〔2016〕1号）要求，农机专业合作社当年新增农机总动力200千瓦以上的，每个合作社补助5万元，全年作业面积达1000亩以上的，每亩补助30元。目前已有6个农机专业合作社到我局申请备案。

【加快农机推广工作力度，逐步实现农业机械化】　一是做好农机技术培训。农机技术培训作为推广农机的重要方式，是农机安全生产的重要保证。2016年我局共培训农机手（操作员）7500人次。二是做好农机化作业数据统计。根据个镇乡办上报报表统计，2016年全区机耕服务面积共完成41万亩；机械播种面积0.7万亩；机械化收获面积达5万亩；新增农机总动力7.67

万千瓦。

【转变了农业发展方式，更好地服务农业板块经济】 2016年，由于七星关区大力发展板块经济，对农业机械化程度的要求高，随着农机购置补贴权限下放，农民购机积极性增强，传统农业"人种牛耕"的局面将被"机收机种"逐步取代，购机补贴受理审批权下放，对推动七星关区板块经济发展具有积极推动作用。

（熊仕祥）

水 利

【概述】 毕节市七星关区水务局为毕节市七星关区人民政府工作部门（2015年12月16日从原来的毕节市七星关区水利局更名为毕节市七星关区水务局，单位职责作了部分调整），内设职能股室4个，分别为办公室（财务股、人事股）、规划计划股、农村水利股（工程建设管理股、安全监督股）、水资源管理股（城乡供排水股），设下属事业法人单位15个（其中：副科级全额拨款事业单位1个，副科级差额拨款事业单位1个，正股级全额拨款事业单位12个，正股级自收自支事业单位1个），单位位于七星关区天河路108号，现有干部职工183人（含倒天河水库管理所79人），其中副科级以上领导10人，副高职称7人，工程师28人（倒天河水库管理所1人），助理工程师25人（倒天河水库管理所4人）。

【民生重点水利项目建设情况】
1. 在建项目完成情况。

（1）小型农田水利重点县建设项目。2015年、2016年小型农田水利重点县建设项目，各年度总投资2000万元。2015年度小型农田水利重点县建设项目已全面完成建设任务，2016年底进行竣工验收；2016年度小型农田水利重点县建设项目涉及青场、野角、长春堡、层台等11个镇乡，2016年底全面完成建设任务，准备竣工资料进行验收。（2）2016年七星关区饮水巩固提升工程。项目涉及12个镇乡45个工程点，总投资8219.31万元，其中：中央资金1153.85万元；省级资金3680.71万元；市级资金586.29万元。七星关区政府一届（65）次常务办公会议明确由涉及项目的镇乡街道组织实施。截至2016年底，完工项目2处（分别为：田坝桥镇硝灰洞村饮水安全巩固提升工程、碧海街道办事处沙锅寨村饮水安全巩固提升工程），完成招投标工作进场实施的项目22处（分别为：放珠镇9处、撒拉溪镇1处、团结乡6处、阴底乡5处、大银镇1处），已完成招投标工作签订施工合同的项目18处（分别为：层台镇5处、对坡镇5处、田坎乡3处、田坝桥镇2处、千溪乡3处），开展招投标工作的1处（层台镇集镇片区农村饮水安全巩固提升工程），未开展招投标的1处（大屯乡三官村农村饮水安全巩固提升工程），上报市水务局审查未批复的2处（分别为：团结乡1处、千溪乡1处）。区政府从融资资金中解决2000万元按项目投资比例拨付到乡镇启动项目建设，工程总体形象进度15%，2016年春节前全面完成主体工程建设。（3）中小河流治理工程。倒天河鸭池河段河道治理工程和倒天河干家沟段河道治理工程均全面完成建设任务。启动建设前所河柏杨林汇口段河道治理工程，2016年底完成形象进度80%。（4）2016年度抗旱引提水工程。青场镇抗旱引提水工程、小吉场镇抗旱引提水工程，均已全面完成建设任务。（5）水土保持工程。

完成2015年国家水土保持重点建设工程贵州省毕节市七星关区燕林项目区草坝小流域综合治理工程区级验收；全面完成毕节市七星关区2015年岩溶地区石漠化综合治理工程（小型水利水保部分）的建设任务；全面完成2016年国家水土保持重点建设工程生机镇镰刀湾水土保持重点建设项目建设内容。（6）病险水库除险加固工程。生机镇银厂沟水库于2016年7月完成招投标工作，于7月7日进场施工，2016年底完成工程形象进度90%；朱昌镇发启水库除险加固工程于2016年7月完成招投标工作，于7月7日进场施工，2016年底完成工程形象进度50%。

【防汛工作】 按照国家防总、省、市关于防汛工作的总体安排部署，我区及时成立防汛指挥机构，落实责任主体，及时安排部署防汛工作，加大隐患排查整改力度，消除潜在危险，及时修订完善应急预案，严格值班值守，强化部门联动，运用预警平台，做好监测预报等多措并举，确保全区安全度汛。

【水利改革发展工作情况】 2016年继续巩固和深化基层水利服务体系建设，增强基层水利站的服务能力；全面开展小型水利工程产权制度改革工作，年内确保全面完成改革任务，通过明晰产权，探索小型水利工程建管养用体制机制，最终解决小型水利工程“重建轻管”的大问题。

【水资源管理及水行政执法工作】 实行最严格的水资源管理制度，制定并组织实施水资源管理“三条红线”制度，加大水土保持及水事违法案件查处力度，为全区经济社会全面健康发展奠定坚实基础依法征收各项水利规费，确保经济建设健康有序发展。

【精准扶贫】 1.服务基层（深入联系点）。明确了分管领导和具体抓此项工作的人员，结对帮扶层台镇贫困留守儿童，并为层台镇部分村配备办公用品。2.扶贫攻坚（救灾救济、集团帮扶）。召开专题会议研究集团帮扶工作3次，主要领导每月到乡镇指导集团帮扶工作1次以上，驻村工作人员驻村时间每月20个工作日以上，协调项目资金21.77万元，拨付团结乡用于新田村机耕道硬化。协调农田水利设施维修养护资金70万元，其中碧海街道办事处张家寨村沟渠维修20万元，鸭池镇上坝村灌溉沟修复20万元，田坝桥镇硝灰洞村小型水利设施维修30万元。

【机关党建】 认真按要求落实党建工作责任制，推进思想建设、组织建设、作风建设、廉政建设及制度建设等工作，及时抓好日常工作。

【宣传工作】 1.党组中心组已集中学习12次，组织全体干部职工学习20次；2.建立完善新闻宣传和舆论引导机制，落实新闻发言人；3.在毕节晚报刊载新闻稿件3条，在贵州水土保持生态建设网上发表新闻稿件10篇，贵州水利政务网发表新闻稿件1篇，在七星关电视台刊播新闻10条。

【党风廉政建设】 认真按要求落实农村饮水安全工程建设专项监察工作，大力开展推进深化机关廉政文化建设、增强抵御腐败风险能力工作，按要求推进民生监督专项行动工作，严肃开展干部约谈等工作，提高干部职工廉洁自律、依法行政、拒腐防变能力。

（办公室）

林 业

【概述】 2016年，是七星关区林业工作极不平凡的一年，这一年，恰逢十年一次的森林资源普查、三年一次的石漠化监测、造林任务达30.54万亩、启动油用牡丹和车厘子发展试点示范、高速公路通道绿化美化、规划编制并启动2017年度绿化任务达36.55万亩，工作量之大相当于过去三年之和。这一年，在区委、区政府的坚强领导下，在区人大、政协的监督和社会各界的支持帮助以及市林业局的关心指导下，按照区委、区政府的工作部署和要求，紧紧围绕“两年绿化毕节”的发展目标，进一步解放思想，开拓进取，经全体林业干部职工共同努力，抢晴天，战雨天，白天干外业，晚上做内业，较好地完成年度各项工作任务，有力地推进了全区林业生态发展，奋力推动生态建设、生态安全、生态文明为主的林业可持续发展，相继被授予“毕节市青年文明号”和“全区提案办理先进单位”荣誉称号，在七星关区林业发展史上写下了浓墨重彩的一笔。现将工作总结如下：

【森林覆盖率】 根据森林资源普查数据初步测算，2016年底可达53.99%，比2015年底的51.73%提高了2.26个百分点，为2020年实现60%奠定坚实基础。

【生态建设】 完成2015年度绿色七星关区行动各类营造林30.54万亩（其中：新一轮退耕还：8.27万亩、石漠化综合治理3.02万亩、巩固退耕还林成果项目5.36万亩、人促封育8万亩、森林植被恢复费建设项目1.01万亩、市县级资金造林4.88万亩），3 月开展了自查工作，7–8 月开展了区级验收；治理石漠化面积 20.19 平方公里；完成义务植树 5.5 万株；完成育苗面积 0.25 万亩，预计产苗 4000 万株（主要有核桃、桃、李、梨、柿子、刺梨、杉、柳杉、藏柏、桦木及绿化苗木桂花、紫薇、玉兰、香樟等）；完成 2016 年度新一轮退耕还林还草（24.03 万亩）、油用牡丹试点示范（0.55 万亩）、通道绿化·美化（1.41 万亩）、石漠化综合治理（2.45 万亩）、植被恢复费项目（1.42 万亩）、省级财政造林项目（5.93 万亩）、倒天河水库绿化（0.15 万亩）和车厘子产业发展（0.60 万亩）等共计 36.55 万亩的规划编制并启动实施，现已完成造林 16.75 万亩，其中：退耕还林种植 8.5 万亩、油用牡丹种植 0.56 万亩、车厘子种植 0.20 万亩、封山育林等其他造林 7.5 万亩，预计 2017 年春节前全面完成营造林任务。

【资源管理】 完成《毕节市七星关区 2016 年度天然林资源保护实施方案的编制》，并聘请 386 名护林员对全区 232 万亩森林进行管护，年审木材加工许可证 408 户，新办理木材加工许可证 43 户；办理木材采伐许可证 29 份、木材运输证 401 份、木材检疫证 443 份、植物检疫要求书 18 份，木材检疫 2919.88 立方米，苗木调运检疫 2994.83 万株；完成了 2015 年林地年度更新工作，并通过省林业厅检查验收；配合业主办理使用林地申报项目 28 个（其中：已获省林业厅审核审批的 25 个，正在审批中的 3 个）；森林公安和护林防火大队认真开展森林保护“六个严禁”执法专项行动，办理各类涉林案件 67 起，其中：刑事案件 12 起，行政案件 53 起，治安案件 2 起，促进了林区和谐稳定。

【森林资源普查】 根据省、市统一安排部署，完成全区普查面积 292.4 万亩，其中：林地 228.4 万亩、非林地上的森林 36.9 万亩、非林地上的未成林造林地 27.1 万亩，涉及全区 42 个乡镇（街道）、两国有林场，系统样地 1379 个，并形成成果报告交省林业厅。

【森林防火】 始终坚持“预防为主、科学扑救、积极消灭”的方针，通过加强宣传教育、责任落实、制度建设、巡查督查、野外火源管控、值班备勤和重点时段安排等措施，同时严格执行《毕节市七星关区森林防火工作经费奖励办法》，兑现 2015 年度森林防火工作奖励经费 297.7 万元，提高了基层森林防火工作的积极性，全区共接到森林火情火警 122 起，未引发森林火灾，为五年来同期最好成绩。

【集体林业综合改革】 1. 成立了“毕节市七星关区林业产业发展服务中心”，负责全区集体林业综合改革工作，为全区林业发展和生态建设提供优质服务。2. 拟定《毕节市七星关区森林资源收储管理办法》，指导林权收储和担保贷款工作，促进林权公平公正有序流转。3. 按照“建立完善管理服务机制，成立家庭林场”的要求，结合全区实际，围绕“创百家林场、带千户万人”脱贫致富的思路，积极开展了组建家庭林场的工作，并指导成立了朱昌镇兄弟家庭林场、野角乡泓丰股份制林场和放珠镇惠泽生态家庭林场共 3 家家庭林场，为加快构建全区新型林业经营体系，推动生态林业、民生林业快速健康发展，为全区实现同步小康添入新的活力。该项工作相继在毕节晚报、乌蒙新报、毕节市林业局网站、毕节传媒网、毕节实验区网站、贵州省林业厅网和国家林业局网站等新闻媒体上宣传报道，同时作为全区 2016 年度改革创新工作申报项目。4. 将全区公益林、商品林全部纳入了政策性森林保险范围，完成森林保险投保面积 222.37 万亩，完成率为 100.49%。

【拱拢坪国家森林公园建设】 完成毕节市第十届旅游产业发展大会七星关区观摩点项目建设，并于 8 月 31 日成功完成现场观摩相关工作。具体建设内容为：修建景区油路 10 公里、通往各景点步游道 20 公里、自行车赛道 7 公里、接待大厅 1000 平方米、三星级宾馆服务用房 5200 平方米、大型生态停车场 16000 平方米、观景亭 3 个、廊亭 1 个、森林木屋 16 栋、森林酒店 5 个、森林餐厅 1 个、木栈道 2 公里等，并完善了景区导览系统、宣传系统和环境质量监测系统。目前已建成国家 3A 级旅游景区、贵州省生态文明教育基地、毕节市十佳旅游景区，毕节市野外军事拓展训练营地，现正在申报国家4A级旅游景区。

【林业产业发展】　组织申报国家农业综合开发项目4个，财政项目资金1120万元，省级林业产业化发展专项资金项目16个，财政项目资金800万元；组织申报到区发改局备案的项目16个，申报财政项目资金43亿元，现已批复实施的国家农业综合开发项目1个，项目资金280万元。

（办公室）

烤烟生产

【概述】　毕节市七星关区烟草办公室位于毕节市七星关区麻园大道中段，内设三个股室：综合股、烟叶股、烟叶基础设施管护股。现有主任1名、副主任1名，股长2名，工作人员3名。主要负责宣传贯彻国家、省、市、区关于发展烤烟生产的方针、政策、法律、法规、规章和制度；牵头组织制定全区烤烟产业发展规划和近期烤烟生产计划；协调烟草等有关部门抓好烟草发展基础设施建设工作，协调、督促镇乡人民政府和烟草企业抓好现代烟草农业建设工作，推动全区烟草产业的持续、稳定发展。

【烤烟生产收购】　根据省、市、区关于2016年烟叶工作的安排意见，对全区烤烟计划面积4.8万亩，11.45万担收购任务进行分解。年初对2016年烟叶生产国家有关政策的广泛宣传和发动，在稳定原有规模的基础上，规模化种植取得突破，扩大大村、大户、合作社种植规模，完成了烤烟计划面积。在育苗、移栽期间，到各涉烟镇乡进行3次以上的督查，及时了解烟叶的育苗、移栽情况，掌握移栽进度，全面完成烟叶的移栽工作；烤烟大田管理阶段，我办相关领导及业务人员多次深入到田间地块了解烟叶生长情况，会同烟草部门和种烟镇乡向烟农宣传烟叶病虫害防范相关知识，及时解决大田管理期间出现的问题。9月20日开仓以来，该办及时对各种烟镇乡的收购进度做好统计汇总并报送区委区政府分管领导和市烟草办公室，全区收购烟叶共计115640担，完成收购计划的101%，担烟均价1328元，支付烟叶款15351万元。收购期间，该办成立烟叶收购领导小组到各收购点进行督查，确保烟叶政策落实到位，及时协调处理好收购过程中的矛盾纠纷，杜绝恶性事件的发生，协调公、检、法等相关部门对烤烟“二贩子”的不法活动进行严厉的打击，维护正常的烤烟收购秩序，确保烟农、企业和政府的利益。

【烟水配套工程后续运行管护】一是2016年，督查全区所涉镇乡烟叶生产基础设施建设的后续管护落实到位情况6次以上，通过指导、规范和督促，大部分镇乡（村）工程管护主体已经成立了管护机构、落实管护办法、制定村规民约等措施，工程的后续管护工作有序推进，全区烟水配套工程在烤烟育苗、大田管理期间和烟区群众人畜用水方面充分发挥了效益。二是2015年组织实施的大银高峰、林口大寨、对坡建华等7个烟水配套工程维修建设项目，2016年全部建设完成验收并投入使用，项目审计资金拨付工作12月以前全部结束。三是我区创新的烟水配套工程管护维修“三位一体”模式得到省、市主管部门的肯定和表扬，迎接了铜仁市两烟办主任带队参观学习和市内兄弟烟办单位的现场观摩，东方烟草报进行了专题报道。

【工作中的亮点及取得的成绩】（一）基础工作准备充分，谋划部署早。提前进行了2016年烤烟年度目标任务预安排，将2016年烤烟生产目标任务预安排各镇乡，促成了乡、村烟叶生产工作早安排、早部署，措施早制定，工作早落实。（二）宣传力度大，服务效果好。加大对2016年烟叶生产国家有关政策的广泛宣传，使国家收购政策和市、区扶持发展政策家喻户晓，人人皆知。（三）狠抓田间管理和灾害防控。为巩固移栽成果，烤烟生产的工作重心从主体面积移栽结束立即实现了向强化田间管理和灾害防控的转移，一是全面开展田间烟苗的病虫害防治宣传工作，并坚持按照防治结合的要求让烟农及时了解烟叶病虫害的防控救治知识；二是强化防雹工作责任落实，细化防雹工作措施，加大防雹减灾工作督查力度，确保防雹工作到位。（四）在烟水配套工程管护调研中，发现七星关区原工程管护成本高，管网分布不合理，故大胆提出维修建设项目放弃田间管网，相对集中修建放水闸阀房。此项工作实施后，既节约了建设管护成本，烟水工程发挥的效益也最大化。《东方烟草报》对七星关区烟水工程维修改革试验即水源点、水池和放水点三位一体的维修和管护模式进行宣传报道，充分肯定了七星关区积极探索烟叶生产设施建设管护工作的新思路及取得的成绩。（五）通过对机关工作作风的整顿，干部职工素质得到进一步提升，机关作风进一步加强，对外形象进一步优化，促进了烟办工作的高效、有序开展。

【干部队伍建设】 通过学习不断提高干部队伍思想政治、业务素质，坚持每周一次集体学习，促进职工思想政治素质的全面提高，重点以时事理论和上级规章制度为学习内容，及时传达党和国家方针政策，认真贯彻落实中央八项规定、省委十项规定、市委十项规定、区委十七项严禁，认真学习和宣传党的党的十八大、十八届三中、四中、五中全会和习近平总书记系列讲话精神，促进作风大转变、大提高。从严控制经费支出，严格执行公务接待制度，严格落实各项节约措施，坚决杜绝公款铺张浪费现象。严肃整治公款旅游行为，严禁借开会、调研、考察、检查、培训等名义变向旅游。禁止违反规定购建、装修办公用房和配置高档办公用品。

（黄俞凤）

工 业

贵州七星关经济开发区

【概述】 2016年是“十三五”的开局之年，是完成“十三五”规划的关键之年。开发区坚持把基础设施和项目建设作为两大根本任务，紧扣中心工作，紧盯既定目标，以构筑发展平台、促进项目投资、引进项目为抓手，全力推进开发区跨越式发展。

【经济运行提质增效】 截至2016年底，累计完成投资173.83亿元，其中：完成基础设施投资83.14亿元，完成产业项目投资90.10869亿元，完成工业总产值108.153亿元，工业增加值31.64亿元，解决就业4000余人。2016年开发区完成固定资产投资16.2亿元，其中：基础设施投资7.59亿元，产业项目投资8.61亿元，完成工业总产值30亿元，工业增加值8.79亿元；新增入住项目13个；完成腾盛电动汽车、旺和电子、明旺电子、明昌电子、真格电子7家企业上规入统工作。

【加快建设突破瓶颈】 2016年，开发区加快基础建设，全力以赴突破制约发展瓶颈。完成开发区总规、产业规划编制工作，科学定位功能和布局产业，推进开发区健康发展。完成小微创业园、公租房二期、金银山安置房、金银山公租房、10Kv输变电线路项目等工程；加快标准厂房三期、秀岭湾公租房、兴园公租房等项目建设，打造工业集聚平台。

【创优服务】 优化企业服务工作队措施，深入走进企业，掌握企业存在的困难和问题，制定一企一策方案，推动企业健康发展。全力帮助明钧玻璃解决矿权办理、用电等问题，明钧二期项目日产1000吨玻璃基片项目于5月15日点火投产；推动添钰动力和大富科技合作，在开发区投资建设纯电动B级轿车项目；加快腾盛电动汽车项目建设，取得国家工程机械质量监督检验中心特种设备生产资质，取得欧盟品质认证出口CE证书，完成出口订单152万美元，实现全区出口零的突破。进一步对接金融机构，扎实开展“贵园信贷通”工作，帮助企业解决发展资金问题，完成融资720万元。

【“腾笼换鸟”优化产业】 按照市委、市政府安排，整合标准厂房8.16万平方米标准厂房，入驻智能终端项目9个。清退僵尸企业3个，整合标准厂房1.95万平方米，接纳开发区外小微企业，逐步“腾笼换鸟”。按照习总书记提出的企业有利润、员工有收入、国家有税收、投资有效益、产品有市场“五有”标准，抓住经济下行、东部产业转移升级等机遇，充分发挥本地交通环境改善、劳动力成本低、电价成本低、生态环境优越等比较优势，依托现有产业，围绕实现上下游产业聚集和产业链延伸，有针对性地引进新能源汽车整车及零部件、手机智能终端产业、光电科技、服装纺织等项目，以及原材料、产品和消费市场在周边的关联性较强的项目，开发区引进项目13个。

（办公室）

工业经济与能源

【概述】 2016年在区委、区政府的正确领导及各级各部门的指导支持下，七星关区工业经济和能源局（商务局）立足全年各项工作目标，抢抓“中国制造2025”和东部产业转移战略机遇，按步推进“千企改造”和“百千万”工程的实施，紧抓名单报录，努力做到规上、高成长企业（项目）全覆盖；鼓励企业革新经营思路，找准投资方向，推动工业经济实现健康发展、跨越式发展；按照“一区多园”产业布局，协调推进七星关区经济开发区及长春堡、何官屯、朱昌等乡镇中小企业创业园建设，优化全区园区产业布局，强化园区产业集聚，促进产业循环链接；组织推荐企业管理人员参加管理领军人才、互联网+及融资管理、信用知识技能提升等不同内容的培训，积极开展中小企业管理者管理能力提升培训工作；主动创新发展思路，深入开展“创新指导服务方式、推进企业提质增效”活动，运用循环化的发展路径和模式，以自查整改、抽查等方式促进我区重点能耗企业节能监察工作和局属监管行业安全生产工作，大力倡导其自查自纠，督促整改，尽早完成检查、验收，全力提升相关产业行业的现代化水平，实现全年安全生产目标；着力推进主导产业、新兴产业，强化信息通讯体系建设，全面实施大数据发展战略，助力城乡现代工业发展；强化服务意识，建立和完善党员干部理论学习制度，整顿软弱涣散党组织，建立健全机关内部监察体系，狠抓党风廉政建设和反腐败工作，加强依法行政能力，强化法治主体责任，强化效率意识，方便企业和群众办事。

【规模工业经济平稳运行】 2016年全区2000万元以上规模工业企业41家，累计实现产值120.67亿元，同比增长9.02%；实现增加值62.21亿元，占全年目标任务67.4亿元的92.30%；新增入统工业企业13户，超额完成全年目标任务。

【工业投资方向明确】 一是重点推进电商大数据的推广应用。七星关区电商产业园占地面积128亩，规划总投资2亿元，总建筑面积9.3万平方米，已基本建成，累计完成投资20000万元。二是大力推动毕节热电二期热电联产发电项目、遵义至赫章天然气管道项目、明钧玻璃二期项目等传统工业项目。建成致福光谷产业园，将炬晟半导体、联尚科技、日昌晶培育成规上企业，区内风电项目、光伏发电项目、等离子发电项目、硫磺渣综合利用项目等新兴产业项目均在稳步推进。全年完成500万元口径工业投资14.5亿元，其中技改投资6.3亿元。

【民营经济稳中有升】 全区民营经济实现增加值122.98亿元，占年度目标任务111亿元的107.93%，同比增长16.19%；实现民间投资126.01亿元，占年度目标任务125亿元的100.81%，同比增长24.17%；注册资本累计实现314.29亿元，新增注册资本69.29亿元，占年度目标任务49亿元的141.41%，同比增长10.19%；市场主体累计实现70301户，新增市场主体13297户，占年度目标13700户的97.06%，同比增长15.59%；新增就业11994人，同比增长 –3.97%，占年度目标11000人的109.04%。

【服务业稳步发展】 以“双百市场”“万村千乡市场工程”建设为重点，积极培育各种专业市场。推进万丰商贸城、远航七星万象城、浙江商贸城、毕节小商品综合批发市场、创美农副产品批发市场、黔西北农产品批发市场、电子商务园等项目二期工程及石桥粮食物流园区项目建设。

2016年，全区社会消费品零售总额累计数完成116.98亿元人民币（市反馈数），占全年目标任务的96.44%，同比增长12.85%；完成外贸进出口总额1068万美元，完成率53.40%；实际利用外资1.8955亿美元，同比增长77.15%。

【中小企业服务工作有序进行】 清退已关闭企业21户，新增发展潜力好的企业12户，并将21户“千企改造”名单中还未纳入“百千万”工作的10户企业一并纳入“百千万”工作平台，其中纳入省级企业名单1户，纳入市级企业名单2户。指导11余户中小企业、6个民族民间工艺品销售网点完善中小企业专项扶持资金申报材料上报，积极争取省民营经济（中小企业）发展专项扶持资金，支持民营（中小）企业转型升级。2016年，我区有14户中小企业获得支持资金共395万元。深入开展中小企业融资需求调查，积极与银行对接，探索建立政、银、企合作的信贷方式，启动“七星关区银政通小微企业贷款联合基金”贷款，通过“贵园信贷通”为10户企业解决贷款1340万元，通过“银政通中小微企业联合基金”贷款，向贵州银行推荐企业23户，有9户企业获得贷款1000万元。2016年先后组织企业参加北京“水博会”、第20届“西洽会”、2016年全省旅游商品供需对接会、2016年跨境合作系列活动、贵州省第二届民族民间工艺品及文化产品博览会、彝博会、第十届毕节市旅游发展大会、中国广州中小企业博览会、武汉食博会；组织企业开展“大众创业，万众创新”双创产品展示展销活动。春节期间拿出资金7.5万元，对88户企业150名困难职工进行慰问。

【园区集聚初见成效】 基本建成七星关区电子商务产业园，占地面积128亩，规划总投资2亿元，截至2016年年底累计投资约2亿元，总建筑面积9.3万平方米，计划吸纳电子商务、轻型物流、科技孵化等行业入驻。当前引入浙江颐高集团组建毕节颐高电子商务有限公司负责电子商务运营平台，引入毕节市农业大数据中心、阿里巴巴农村淘宝入驻园区，均已开始运营。建成七星关区五里坪中小微企业创业园，占地面积15亩，规划总投资3000万元，对国有资产原毕节市橡胶厂进行改建，已建成标准厂房5000平方米，当前有6户企业入园创业，解决就业人数60人，2016年实现产值1000余万元。建成七星关区何官屯工业孵化园，规划总投资1200万元（其中政府投资400万元），占地60亩，内有1万平方米标准厂房，目前已有10户企业入园创业，园区解决就业人数96人，2016年实现产值2400余万元。

规划建设七星关区塘房中小微企业创业园，占地面积37亩，规划总投资7000万元，建设标准厂房4万平方米，主要从事特色食品生产加工，目前累计完成投资680万元，正在进行项目建设前期准备工作。另在七星关区清水铺镇、朱昌镇、撒拉溪镇和青场镇各建成一个返乡农民工创业园，总投资4000万元，已建成标准厂房共12000平方米，吸引13户企业入园创业，园区解决就业人数213人，2016年实现产值共1670余万元。

【煤炭行业综合建设】 2016年，有15个企业集团在我区兼并煤矿，涉及我区煤矿的有7个集团公司的实施方案已批复，其中区内、市内、市外注册的分别是3个、1个、11个。七星关区的25个煤矿已进入集团公司，其中23个煤矿采矿权过户资料已进入省国土厅窗口，23个煤矿采矿权过户资料已通过审查且获得审查意见，23个煤矿已经到矿权储备交易局签订矿权转让合同，18个煤矿已更换采矿许可证。兼并重组实施方案批复保留的煤矿13个，实施方案尚未批复的煤矿12个。2016年我区公告关闭的煤矿3个，均已通过关闭验收。全年完成煤矿固定资产投资2.35亿元，占年度目标任务2.3亿元的102.1%，完成产量38.1万吨；瓦斯抽放量1419万立方米，占计划完成量的177%；完成煤炭外销15.08万吨，占全年目标任务的100.53%。

【粮食工作重点突出】 争取中央财政“粮安工程”补助资金50万元，帮助三个储备企业完善储备设施设备；争取中央补助产粮大县奖励资金268.4060万元；帮助5家储备企业危仓老库改造，朱昌粮油购销有限公司花厂站危仓老库改造工作已全面完成。目前县级储备粮5000吨，新增县级储备粮入库任务4500吨，待农发行办理贷款手续完备且贷款到账后，县级储备粮规模将达到9500吨，全面完成县级储备粮储备任务。落实8万亩订单农业种植计划。组织我区4户企业25个产品参加贵州省第三届粮油精品展示交易会。

【资源综合利用、节能工作按步推进】 辖区内贵州华电毕节热电余热余压产生的热力资源综合利用资格申报已认定，该项目正争取专项资金补助。积极对接市区资源综合利用工作，我区赛德水泥有限公司、毕节市水泥厂、长泰源节能建材有限公司、宏腾建材有限公司4户企业已加入省资源综合利用协会。争取毕节明钧玻璃有限公司二期扩建及低温余热发电项目二期配套建设尽快开工，早日投入生产运行，并申请专项资金支持。

【信息通信工作取得实效】 实施“无限网络·满格七星关——移动网络全覆盖”活动，乡镇以上城镇建成区实现网络全覆盖，基本消除移动通信盲点、盲区和弱覆盖区域,对辖区内高速公路、高速铁路、重要航段沿线同步覆盖3G/LTE信号。光纤到户覆盖家庭数合计达到38.1438万户，光缆线路总长度达到19234公里，3G/LTE基站总数达到2814个，城市宽带接入能力50M用户覆盖比例达到20%，农村宽带接入能力12M用户覆盖比例达到15%。城市有线电视网络双向化改造覆盖用户新增11365户，农村家庭数字电视延伸覆盖数新增95户，行政村通数字电视数达到130个，高清交互数字电视用户覆盖数新增8856户，信息基础设施建设投资达2.16亿元。全面实施大数据发展战略，完成电子制造产值、软件和信息技术服务收入、信息产业投资三项指标合计5.85亿元，占年度目标2.91亿元的201.03%。新引进的手机智能终端企业已投入生产，企业两化融合水平正逐步提升。

【安全生产实现零死亡】 制定安全生产实施方案，切实履行安全生产行业监督管理职责，以深化工矿、民爆物品、园区、粮食、加油（气）站等商贸行业企业安全专项整治和隐患排查治理为重点，全面推进工业能源和商务行业安全基层基础建设。加强对重点时段安全监督检查工作，制定重点时段行业安全生产工作方案，组织重点时段前、重点时段期间安全生产检查，加大安全检查力度，督促企业认真排查和治理隐患，引导企业进一步加强安全生产基础工作，增强企业安全生产保障能力，坚决杜绝各类事故的发生。2016年全年对工业和能源行业企业进行“四不两直”的检查，共检查工业能源、商务行业企业382家次，查出隐患1656条，依法责令整改隐患1656条，整改率100%。我局荣获“2016年度毕节市七星关区安全工作目标考核一等奖”，两名同志获得“2016年度毕节市七星关区安全生产工作先进个人”表彰，安全工作成绩比较突出，安全生产形势持续稳定。

【机关党建常抓不懈】 建立和完善党员干部理论学习制度，制定中心组学习计划和干部职工学习计划，采取平时自学、集中辅导和警示教育相结合，多形式开展党员干部的思想教育，确保党员干部头脑清醒、政治坚定。加强《中国共产党党内监督条例》《中国共产党纪律处分条例》《中共共产党问责条例》等的学习，深入开展“两学一做”学习教育，向基层党支部发放党章313本、习近平系列讲话读本146本，做到全局党员人手一册，切实增强党员干部遵章守纪的自觉性。年初与局属各支部签订《党风廉政建设责任书》，提高党员发挥先锋模范作用的政治责任感，保持党员干部队伍的先进性和纯洁性。与局属各支部签订《党建目标责任书》，严格按照目标责任书考核各支部党建工作完成情况。我局权责清单共五大项242小项，其中行政许可6项，行政检查15项，行政处罚202项，行政强制1项，其他类18项。凡涉及我局“三重一大”（既重大问题决策、重要干部任免、重大项目投资决策和大额资金使用）事项、人事任免、制度落实、三公经费、党费收缴及核算等需要公示的项目，均及时在公示栏及相应位置、区阳光党务政务网张贴公示。

（办公室）

市郊供电

【概述】 2016年，毕节市郊供电局在毕节供电局和七星关区委、区人民政府的正确领导下，坚持稳中求进总基调，积极适应经济新常态，从严治党、提升管理、推进创先。未发生上级考核的安全事故，实现年初确定的安全目标，生产管理稳步推进；售电量突破10亿千瓦时大关，营销工作持续向好；基建攻坚克难，全面完成转固任务；加强成本管控，降本增效达到预期目标；党建融入中心，群团工作有声有色。

【推进集团帮扶　助力精准扶贫】 按照贵州省扶贫办《关于以改革创新精神扎实推进扶贫开发工作的实施意见》以及七星关区《关于明确区领导包靠乡镇街道和区直部门帮扶联系乡镇街道的通知》要求。我局成立党建扶贫暨集团帮扶工作领导小组，结合自身实际，在七星关区千溪乡开展党建扶贫帮扶、“三关爱”活动等工作，助推千溪乡尽快脱贫致富奔小康。一是结合实际制定帮扶措施，由党总支书记亲自挂帅抓帮扶工作；明确党群工作部为牵头部门，市场营销部、生产设备部、计划建设部、安全监管部、朱昌供电所为责任部门；党总支书记主持会议两次，专题研究集团帮扶事宜。二是根据七星关区和千溪乡党委的统一安排，我局组建工作组，深入千溪乡遍访贫困村贫困户，对262户贫困户（含五保户）进行访谈，全面摸清搞准贫困对象的基本情况，对遍访收集到的第一手资料进行梳理汇总，建立遍访工作台账，帮助梳理存在的共性、个性问题，深入分析致贫原因、贫困程度、脱贫难易等情况，准确掌握贫困村贫困户存在的困难问题和实际需要。三是实施低电压台区治理。完成中屯村路家院组低电压台区设计，新增变压器315kVA变压器1台，新建10千伏线路0.018公里，400/220伏线路1.372公里，新增下户线1.1千米，计划投资23万元，同时解决低电压用户210户。四是对过载变压器进行更换。投资4.9万元，对变压器严重过载的陈高军变、下新荣变、沙垮烤房变进行增容改造。五是开展线路隐患消缺工作。对树障严重的10kV朱千线#105至#107号杆树障进行清理，有效防止线路故障的发生，保障千溪乡政府大楼、乡卫生保健院、服务站等重要负荷以及周边群众用电需要。五是调整变压器三相负荷。投资4万多元，重新为陈家院组布置400伏线路，调整三相负荷，提升电压质量。七是在开展落实服务群众四项举措行动中，我局组织员工募捐，给千溪乡留守儿童送去爱心捐款9350元，为特别困难户送去慰问品及慰问金600元。

【开展普法宣传　推进依法治企】 该局按照七星关区人民政府及毕节供电局普法总体工作要求，坚持普法与法治实践相结合，为推进可持续电网建设的发展，构建和谐社会营造了良好的法制环境。一是根据人员变动及时调整普法领导小组和工作人员。二是以中心组学习及进校园、进社区、进乡镇等方式开展法律知识宣传，制作宣传展板，大力开展普法和依法治理宣传教育活动。对局重要岗位和中层以上干部员工加强廉洁从业警示教育，扩大了宣传范围、增强了普法的宣传效果，不断增强干部员工自律意识和拒腐防变能力。三是大力开展电力设施保护和电力法、电力设施保护条例等法律宣传。利用乡镇赶集天，组织各供电所开展安全宣传活动。为切实开展好以“加强安全法治、保障安全生产”为主题的安全生产活动，加强电力设施保护工作，确保电网安全稳定运行，营造良好的供电秩序，提高全社会保护电力设施和安全用电意识。安全宣传活动期间发放“电力设施保护、安全用电宣传手册”“依法保护电力设施、确保电网安全运行、严厉打击盗窃破坏电力设施犯罪行为”“电力设施保护画报”宣传资料7600余张/册；发放“中小学生安全用电意识笔记本7200”本，电力设施保护环保袋3600个，电力设施保护围裙2000个，电力设施保护你我有责水杯2000个，电力设施保护宣传笔1000支，张贴反恐袭击宣传画报20张，电力宣传塑料扇2000把，使更多群众受到教育，扩大了影响范围，真正做到“家喻户晓、人人皆知”，增强了普法依法治理宣传工作的针对性和实效性。四是充分发挥法务在依法经营、依法决策中的作用。建立法律协商机制，组织相关部门召开法律协商会议并出具法律意见书，为领导班子决策提供法律支持；积极推进法治文化创建工作，为毕节供电局县级供电企业全面开展法治文化建设摸索探路。2016年，共办理上级转办信访案件3起，信访办结率100%；接待上访信访案件6起，均按相关规定办理。

【细化工作措施　抓实安全管理】 深入贯彻落实上级有关

文件精神，抓实安全生产基础管理。一是着力加强应急管理工作，及时调整应急管理和应急指挥机构，组织修编15个应急预案和现场组织方案，按市局要求组织各部门根据各类预案统一格式修编了现场处置方案，不断完善应急管理体系；以“演练周”活动为契机，组织开展了应急预案的演练；2016年累计完成节假日保电、应急保电及与政府联合保电共44次。其中，特殊保供电5次、一级保供电9次、二级保供电10次、三级保供电20次，保供电工作得到地方政府的肯定，为平安七星关、和谐七星关做出应有的贡献。二是认真开展反违章纠察活动，2016年共开展违章纠察519处，同比增加145处；共查出109条违章，同比增加10条，切实防范人身风险。三是加强涉电安全隐患排查治理。深入开展“打非治违”专项行动，加大安全隐患和装置性违章的排查和整治。督促各供电所、输电管理所共排查出危及电力设施安全稳定运行的建筑物、构筑物882处，同比增加93处，下达《安全隐患整改通知书》882份，督促整改7处。安监部发现危及电力设施安全稳定运行的安全隐患46处，向相关供电所发出《安全隐患监督通知书》46份，均已督促相关供电所下达《安全隐患整改通知书》，有效遏制社会人员触电事件的发生。

【落实“两个责任”加强党廉建设】 1.落实主体责任。一是部署党风廉政建设工作。年初召开2016年反腐倡廉建设工作会和2015年述廉议廉工作会，全面部署2016的党风廉政建设和反腐倡廉工作，制定2016年重点工作任务；召开4次专题会议研究党风廉政建设工作；及时调整班子成员党风廉政建设责任分工；明确职责，层层签订党建责任通知书19份。二是开展常态化约谈。从反腐严峻形势、管好自己防止岗位廉洁风险、带好队伍落实主体责任三个方面单独约谈班子成员3人；集体约谈各单位负责人33人，各单位负责人层层约谈本单位员工共513名，达到约谈全覆盖；单独约谈31名部门(车间)主任、供电所所长；对高廉洁风险岗位员工开展提醒谈话，班子成员分别对45名各单位负责人进行谈话，我局监审部对专责、班长、一线员工进行提醒谈话，实现高廉洁风险岗位员工提醒谈话全覆盖。三是开展廉洁文化创建工作。以“两个创建”为载体，开展廉洁创建活动；制定工作方案，从部署落实、氛围营造、廉洁教育、“五进”活动、风险防控、四查四看、严肃问责7个方面开展创建工作；着力打造“阳光行动”廉洁文化品牌，获贵州电网公司“廉洁文化示范单位”称号，17个供电所全部获毕节供电局“廉洁高效、为民服务”供电所称号。四是开展廉洁风险防控。组织各职能部门（车间）、供电所对廉洁风险点进行排查，更新2016年廉洁风险库；共排查出67个关键岗位224个廉洁风险点，制定775条相应防控措施；组织各单位对关键岗位员工下发廉洁风险预警通知书307份，签订廉洁承诺书307份，按要求开展自查和检查工作。四是开展廉洁警示学习。组织全部党员干部员工深入学习《中国共产廉洁自律准则》《中国共产学纪律处分条例》《中国共产党问责条例》，565名员工参加毕节市纪委举办的《中国共产廉洁自律准则》和《中国共产学纪律处分条例》知识竞赛；组织全局562名员工分20场次学习我公司警示教育专题片《严肃规矩　成就方圆》，撰写学习心得；组织关键岗位和供电所全体员工多次学习区纪委典型问题通报。五是开展专题纪律教育活动。组织121名关键岗位员工开展有针对性的预防职务犯罪专题讲座和参观警示教育基地；在全体113名党员、6名发展对象、10名积极分子中开展《准则》的背诵活动。在全体员工中开展“算清廉洁七笔账”专题教育活动，细算违法违纪腐败行为所造成的政治、经济、名誉、家庭、自由、亲情和健康等方面的危害账；开展家庭助廉活动，签订《家庭助廉倡议书》451份；组织390名关键岗位员工开展廉规考试。2、落实监督责任。一是加强对中央“八项规定”“四风”问题的检查。成立“四风”问题整治“回头看”工作领导小组，按照“四看、三查、二公布、一问卷”的方式，开展“回头看”工作，经自查，没有存在“四风”问题；召集84名关键岗位员工进行“四风”问题整治“回头看”活动专题集体约谈会；签订《严禁滥办大办酒席承诺书》524份；重申严禁在公务时间或公共场所打麻将的提醒短信974人次；开展继续深化作风建设活动，重点解决工作作风涣散，违反“中央八项规定”和“四风”问题，利用职务职权谋取利益；漠视群众和损害群众利益；自由散漫、松垮拖拉、推诿扯皮、不敢担当等问题；精简文件简报，我局印发文件237件，同比减少5%；统筹会议计划，提高会议效率，组织三类以上会议47次，同比减少3%；落实网、省公司、毕节供电局有关要求，不讲排场、不搞攀比，业务接待费、差旅费、办公费、会议费同比2015年零增长。节假日期间，除值班车辆外，其余车辆一律用封存，严禁公车私用；严禁超标使用办公用房，我局办公楼领导和员工办公用房完全符合上级规定的标准。二是强化对权力运行的制约和监督。2016年共召开局长办公会议25次、党总支会议34次，凡涉及“三重一大”事项，均通过班子会讨论决定，各项决策程序规范，决策内容合规；对“三重一大”事项、账务收支、评先选优、绩效考核等事项通过我局职代会、公示栏或OA办公系统进行公示；加强审计监督，对业扩报装、中央八项规定专项审计进行自查，对发现的问题立即进行整改；加强检企联建，有效预防职务犯罪。三是开展经常性监督检查。开展业扩报装效能监察工作，紧紧围绕群众最为关注、反映最为突出的业扩报装问题，开展效能监察工作，没有发现损害群众利益的问题；开展“反违规”专项治理工作，检查发现业扩报装问题13个，抄核收问题243个，线损管理问题244个，用电检查问题21个，挽回电量损失46.20万千瓦时，挽回经济损失29.15万元；下达监察建议书3份，提出监察建议10条；加强员工日常监督，利用节假日等时间节点，下发严格执行中央八项规定精神、坚决纠正“四风”问题的通知，发送廉洁提醒短信5844人次，敲响廉洁警钟。

【落实保密要求　工作长抓不懈】　高度重视保密工作，严格按照毕节供电局和七星关区保密委员会有关文件精神，全面完成各项任务，充分发挥了保密工作“保安全，促稳定；保安全，促发展”的积极作用。指定懂业务、会管理的工作人员专门负责加密计算机的管理工作，至今未发生计算机泄密事件。加强对计算机上网检查工作，对上网计算机进行登记造册，在管理上做到心中有数；对于涉密的计算机，明确实行物理隔离，严禁上互联网，做到涉密信息不上网，上网信息不涉密。对市郊局接入局域网内的计算机进行了全面检查，检查要求所有接入局内网络的个人桌面电脑上安装IT资源管理客户、防病毒软件客户端，同时要求并检查个人桌面电脑登录密码和策略达到管理要求及对OA邮件要求按密码安全等进行检查，对未符合管理办法的，强制要求整改，并安排专人进行跟踪。对保密重点部门、要害部位加强检查督促工作。财务部、档案室等重要部门按照相关标准配备相应的防护设施，并按规定做好标识，实行了专人专管和使用台账记录。机要保密文件按照保密工作制度进行传阅、办理归档（配备专用电脑及保险柜）。

【围绕中心重点　加大督查督办】　该局成立督查督办领导小组，制定督查督办工作制度，把督查督办工作纳入重要议事日程，确保完成年度目标和重点任务。全面完成毕节供电局下发的督办任务；2016年，我局共下发督办通知5份，督办事项8项。

【夯实档案基础　加强档案利用】　认真贯彻执行《档案法》以及国家有关档案工作的方针政策，定期做好档案法规、制度的宣传工作，增强全局员工的档案意识。一是加大对归档文件材料的保管力度及保密力度，由综合档案员统一集中管理，凡涉及保密的文件资料，认真做好传阅和保存工作。二是加强培训，努力提高档案管理人员的业务素质，积极参加档案专业技术和业务知识培训。三是保证归档文件材料的完整、准确、系统。按照《档案管理工作规范》要求，完成了局机关各类文件材料2623件的收集、整理、编号和归档工作，其中：文件管理类档案50盒（1265件）；审计管理类有2盒（5件）；信访管理2盒（8件）；合同管理4盒（120件）；实物档案5件；照片档案43件；会计凭证458卷；科技类档案91卷（719件）。四是做好档案的统计、利用工作。2016年，在档案借阅、利用方面共计登陆数字化档案馆1506次，系统操作827次；档案资料借阅29次，档案利用8次；数据收进移出登记及时，统计准确，提高了档案信息利用的工作效能。五是依据标准常态管理。档案管理员按照档案管理的工作规定，坚持定期到档案室检查各类归档档案及档案配置用具的完损情况，检查各类档案有无丢失、扩散、遗漏现象，有无任何霉变、褪色、破损、虫蛀和鼠咬等现象出现，对档案室的温、湿度每天进行监控登记，并采取措施使之保持在一定范围内。

【个性指标】（一）2016年，完成售电量10.73亿千瓦时，同比增长17.75%；综合线损率7.95%，同比降低0.55个百分点；电费回收率100%，同比上升0.05个百分点；客户平均停电时间34.80小时/户，同比下降0.28小时/户；综合电压合格率98.17%，超年度指标4.67过百分点，同比上升8.71个百分点；未发生安全目标考核的责任事故。（二）注重规划计划，推进电网建设。一是积极开展前期工作。完成十三五主网项目110KV八寨变、35KV放珠变的选址并报七星关国土局调规；完成110KV小坝、35KV燕子口、野角3个变电站2号主变扩建工程的可研工作；完成35KV生机输变电新建的可研初设工作；配合市局完成“十三五”规划修编和新一轮农网改造升级中心村项目编制工作，涉及41个中心村可研工作，投资共计6344.7257万元；我局无房的8个供电所建设用地除小坝供电所待政府规划调整外其他7个全部完成选址。二是扎实推进电网建设。完成35KV田坝、朱昌2#主变的扩建工程；完成2015年县级电网工程8个项目施工；完成2015年城市配电网项目110kV头步变10kV头双山一回线及35kV双山变10kV双山1回；完成2015第四批配网紧急（2016年第二批农网升级）工程项目。

【特色工作】 1.回应政府关切，提升供电质量。一是结合电网结构，加大贫困村组的配网改造，努力解决城乡接合部以及负荷集中点电网卡脖子问题；推进“五在农家·美丽乡村”和“小康电”建设；按照“四有五覆盖”和“四有五通”工作要求，逐步满足91个贫困村和254户贫困户的用电需求，推进电力精准扶贫工作。二是全面完成市局安排的检修技改项目15个，投资366万元，进一步提高供电可靠性。三是投入费用190万元，实施朱昌田益、大屯杉木坝、海子街半边箐等14个低电压台区改造项目，提升电压质量，解决群众用电难题。四是积极处理配电线路跨校园安全隐患问题。通过排查，线路跨越学校共123处，我局已整改2处，其余121处已申报2017年检修项目，计划投资192万元。2.抓好活动载体，加强品牌建设。一是承接“牵手共促”工程，开展辐射带动，80余员工能够熟练掌握运用计量自动化系统及现场故障处理判断等技能。二是开展支部联建，打造羊白支线示范线路；机关和车间支部帮扶撒拉溪供电所改善办公环境，帮扶新成立的放珠供电所降损攻坚。三是深化“三个满意”党建品牌，建立17个党建工作联系点，组织班子成员及各党支部书记，深入一线88次，参加线路通道清理、抢修维护、线路迁改等工作；局领导带领相关人员走访赛德、江天等大客户，开设业扩报装绿色通道，及时解决客户用电问题。四是组织开展“三带三争当”等系列活动，分别建立“一支部一主题”和“书记项目”各9个，及时报送所取得的成效。3.加强新闻宣传，做好舆情管控。一是加强媒体合作，强化舆情管控，借助网站、报纸、“双微”等平台开展系列宣传活动。二是聚焦基层一线，做好重大题材、重点选题新闻宣传策划，切实做好电力供应保障、“反双违”专项整治、践行“两学一做”等选题报道，发掘和宣传一线党员敬业奉献、服务职工群众的先进典型。三是切实发挥新闻宣传队伍作用，弘扬正能量，为企业发展营造良好的舆论环境。截至2016年，上稿502篇（其中，在公司网站、南方电网及以上媒体上稿301篇），新闻上稿数和积分排名名列市局第一，有力地宣传了该局良好形象。

（办公室）

碧海新区建设投资有限责任公司

【概述】　2016年，在区委、区政府的领导下，该单位积极参与七星关区城镇棚户区改造工作。该单位紧紧围绕服务城市发展的宗旨，认真落实各项工作，进一步解放思想、开拓创新，各项工作取得了一定成效。

【驻村工作】　根据驻村工作安排，派驻副科级干部杨汛同志驻撒拉溪镇永兴村，办公室主任邱红燕驻鸭池镇十八村。2016年完成以下工作一是帮助所驻村抓好党建工作；二是引进毕节市“聚合生态有限公司”到永兴村发展订单农业，种植辣椒面积2500亩，帮助成立了种养殖专业合作社，切实帮助永兴村脱贫；三是抓基础设施建设，改善永兴村村民生产生活条件；四是参与协调相关单位及社会团体的各类救助资金50余万元至永兴村；五是配合十八村村支两委，兴建500平方米村级养殖场一个；六是联系德溪公司捐助十八村大石1000方用于通村公路建设；七是做好精准扶贫工作，争取中央第一批扶贫资金1万元于十八村新建蔬菜大棚5个；八是协调区水利局在十八村四组兴建山塘一个。九是落实驻村资金1万元到村，赠送办公桌椅、打印纸张及取暖器，培训村干部掌握基本电脑办公技能，提高了村级干部工作效率。

【法制建设工作】　深入开展普法宣传教育活动，组织参与政府依法征收工作，组织参加学法用法网络学习考试工作。

【廉政建设工作】　认真落实党风廉政建设责任制，强化党风廉政建设主体责任和监督责任；明确一把手为认真履行反腐倡廉工作第一责任人职责，班子成员认真履行“一岗双责”，严格执行党风廉政“一票否决”办法；严格执行中央八项规定和省、市十项规定，坚决整治“四风”方面的突出问题；进一步深入开展了党风廉政教育工作，通过警示教育学习，使广大干部职工增强了“抵制诱惑、拒腐防变”的能力。

【棚户区改造工作】　2016年3月，根据区委、区政府安排，我单位整体参与棚户区改造工作。（1）攻坚克难工作。该单位领导班子主要负责攻坚克难相关工作。房屋征收工作是城市建设的先导性工作，是涉及群众切身利益，事关社会稳定和经济发展的民生工程。征收过程中，被征收人往往担心自身利益受到损害，对征收工作有一种“排斥感”，盲目与其他被征收人攀比，毫无根据地认为征收补偿不公平，自己吃亏，从而提出无理要求，希望政府能一次性地为其解决诸如住房、就业、上学、社会保障、困难救助、家庭矛盾等一系列问题，常常采取不达目的不搬迁的强硬态度，并以频频上访的形式向政府和有关部门施压。鉴于此，我单位及全体参与房屋征收工作的人员只有通过“五+二”“白+黑”做法，充分利用中午、晚上、双休日、节假日时间，在所辖镇乡、社区干部的配合下，深入被征收人家中一户一户面对面地做群众的思想工作，进行感情沟通，了解群众实际困难和具体想法，结合征收方案法律法规开展思想疏导和释疑解惑。自参与棚改工作以来，先后完成了茶亭片区工作组付立超等被征收户调解工作，人民公园片区工作组怡景大道梁道发等被征收户调解工作，水西田牌楼组被征收人魏忠云户调解工作，调解八小征收点邹启嗣等户房地产权纠纷，处理卷烟厂龚运军、韩兰清、谢朝阳户征收事宜、到天河水库周边蒲春荣等户公私产权征收事宜，拆除卷烟厂附近谢朝阳户所在楼，拆除毛纺厂5、6号危房，拆除青场镇违章建筑等一系列工作。（2）其他棚改工作。该单位其他干部职工主要参与碧海片区、碧阳片区的房屋征收工作及棚户区改造办公室工作，积极参与房屋测绘、合同签订及送审工作；完成2016年城镇棚户区改造任务为11000户纸质合同、支付凭证及相应电子档案的收集、整理、装订工作；做好每日报送、每周调度、每月考核的相关报表、信息上报工作及领导安排的其他工作。

（办公室）

城乡建设　环保

住房和城乡建设

【概述】 2016年，七星关区住房和城乡建设局在区委、区政府的正确领导下，在上级业务部门的关心指导下，以邓小平理论、“三个代表”重要思想、科学发展观、十八大精神为指导，以教育实践活动为指导，深入学习贯彻党的十八届三中、四中全会和习近平总书记系列重要讲话精神，贯彻落实国发2号文件精神，紧紧围绕全面建成小康社会的总体目标和年初确定的各项工作任务，坚定信心，真抓实干，抢抓机遇，创新发展，不断加大城镇化建设力度，服务全区经济建设，进一步提高城镇化建设水平，很好地完成了区委、区政府及上级业务主管部门下达的各项工作目标任务，使全区城乡建设事业向着又好、又快、更好、更快的方向前进了一大步。

【城区基础设施建设继续加强，城市功能不断完善】 七星关区城市建设项目共计66个，总投资约192亿元，累计完成投资约64亿元。1.市政道路建设。2016年，七星关区在建城市道路共20条，长约26.3公里，项目总投资约35亿元，截至目前已完成总投资约11.45亿元。其中，毕节市观水路道路工程总投资约3.2亿元，道路全长3311.8米，宽25米，现一标段A段及1号路已基本完工，二标段B段及二号路全线竣工，预计2017年底建成通车；天河古城东环线道路工程总投资约6000万元，长2028.077米，现一期基本完工，正在开展二期征地工作，预计2017年底建成通车。长春堡建材园区路网工程项目总长7.133千米，计划投资1.7亿元，现已完成投资1.7亿元，预计2017年12月可建成；毕节学院路改造工程总投资4459万元，前期工作已完成，施工单位已进场施工，目前正在进行桥台开挖，完成投资约1000万元，预计2017年6月可建成投入使用，其余项目正按计划有序推进。2.环境综合整治项目。同心城市公园的建设及周边环境整治：同心城市公园总占地面积23.91万平方米，总投资约11.6亿元。建设内容为同心苑、同心阁、同心广场、同心步行街、同心林、同心大厦、碧阳湖多媒体水秀项目（音乐喷泉及水幕电影）、冷水洞广场、五龙桥至流仓桥亮化工程，对现有的倒天二期工程景观进行提档改造等主要节点，目前，同心城市公园的重要节点同心广场已完工、同心步行街：1号楼完成15%；2—12号楼完成70%；13—17号楼完成48%。同心大厦旁的同心林工程已完工；同心苑铺装部分已完成95%，绿化种植部分完成95%，其余土建部分完成95%；同心阁现主体工程已竣工，目前正进行室内装修，完成投资约800万元，室外景观打造提升完成投资约2800万元；多媒体水秀：全部工作已基本完成。虎踞山公园、北镇关公园、纱帽山公园、德溪公园、梦溪湾公园正在完成后续工程建设。3、公共服务设施方面。公共服务设施项目10个，总投资约16.6亿元，目前已完成总投资约1.85

亿元。其中：德溪小学总投资2.13亿元，目前地勘单位已进场，清表工作已完成，施工单位已进场施工；后河小学总投资0.71亿元，目前，规划方案已通过，正在进行平场。第二人民医院建设项目在进行基础施工（地下室部分）；七星关区中医院完成前期手续办理，开展“三通一平”工作。桂花市场迁改建设工程，项目规划范围为原地区图书馆（老年大学）区域，总占地面积10005.36平方米，总建筑面积27773.58平方米，总投资约1.2亿元，主体工程结构已完成负二层及负一层（地下室完成），占主体工程的40%。城市地下综合管廊项目预计总投资约18亿元，管廊长度共计34252.139米，包括德溪新区德溪大道、百里杜鹃大道、发展大道、碧海大道、纬七路等路段地下综合管廊。目前，国家发改委已于2016年5月批复七星关区2016年毕节市城市地下综合管廊债券发行10.5亿元，现已进入债券询价及交易所挂牌阶段（预计2016年年底能到位5.6亿元），其余建设资金通过融资和财政解决。该项目计划按照近期、中期、远期三个阶段实施，目前，我区已完成《毕节市七星关区城市地下综合管廊工程可行性研究报告》和《毕节市七星关区城市地下综合管廊工程初步设计》的评审工作，获得初步设计的批复文件，正在调整规划方案，进行A标段连心大道、幸福大道、百里杜鹃大道施工图编制，完成300万元左右投资任务。4、文化旅游建设。2016年拟建大文化旅游项目3个，项目总投资596570万元，分别是：“鸡鸣三省”旅游景区建设、七星古城旅游景区建设、七星关区“红三馆”保护与开发。其他旅游项目有芳香谷旅游度假村、大南山苗族文化旅游景区、雄嘎苗寨景区、溜耳河风景区、三官彝寨景区、田坝桥旅游小镇，古城历史文化街区、古城街巷红色街区、古迹恢复与保护、环境改造等。

【小城镇建设进一步推广，带动效益明显加强】　在省、市的支持和指导下，我区坚持“全面推进、重点打造、突出特色、注重功能”的原则，围绕至2018年全面建成8个示范小城镇、2020年再基本建成7个特色小城镇、全面建成示范小城镇8+X项目建成达标率100%的目标要求，以“5个100”工程、示范镇8+X项目建设为重点，深化30个镇乡特色小城镇建设工作。1.狠抓规划引领，小城镇规划建设工作科学推进。2016年来，按照“七星捧月”的中心城市发展布局，完成了田坝桥镇、八寨镇、何官屯镇、朱昌镇、长春堡镇、撒拉溪镇、杨家湾镇7个卫星城镇总体规划重新编制。2.扩宽资金渠道，解决资金难题。区2016年以来，用于小城镇项目专项资金近1.5亿元。一是2016年，七星关区兑现全区2015年完成的小城镇建设“以奖代补”项目奖补资金，对全区已完成的32个奖补项目进行奖补，涉及10个乡镇，奖补资金共计1322.84万元。其中：普宜镇获得奖补资金534.5万元，对坡镇获得奖补资金258.22万元，亮岩镇获得奖补资金196.43万元，阴底乡获得奖补资金182.6万元，青场镇获得奖补资金34.79万元，清水铺镇获得奖补资金30万元，燕子口镇获得奖补资金28.75万元，田坎乡获得奖补资金27.3万元，水箐镇获得奖补资金20万元，阿市乡获得奖补资金10.25万元。二是投入小城镇项目支出近1.35亿元。其中：规划编制及测量费支出1394.62万元，改善乡镇办公条件投入1100万元，城乡建设用地增减挂钩试点工程投入7853万元，历年特色小城镇和幸福小镇及重要节点建设投入2541万元，普宜镇抗旱应急提水工程投入65.08万元小吉场镇抗旱应急引水工程投入123.33万元，杨家湾公租房投入406.91万元。三是与中国农业发展银行达成贷款协议，计划贷款改善农村人居环境建设项目（一期）、（二期）共计贷款14亿元，2016年，贷款资料已经递交银行，等待银行放款。3.强化设施配套，城镇功能得到突破性提高。2016年，全区共计划实施小城镇建设项目291个，截至年底，共完成小城镇建设投资约10.6亿元，动工项目169个，完成建设65个，新增8+X达标项目56个。其中：青场镇和清水铺镇（省定100个示范小城镇）等2个省定示范小城镇建设步伐不断加大，计划实施项目55个，启动项目42个，完工17个，新增8+X达标项目13个，共完成项目投资约3.14

亿元；龙场营镇、撒拉溪镇、朱昌镇、普宜镇、小吉场镇、杨家湾镇等6个市定示范小城镇计划实施项目57个，启动小城镇建设项目38个，完工26个，新增8+X达标项目22个，共完成投资约4.13亿元；燕子口镇、对坡镇、林口镇、层台镇、亮岩镇、生机镇、阿市乡等7个市定特色小城镇计划实施项目81个，启动项目39个，完工11个，共完成项目投资约1.94亿元；其他15个特色小城镇计划实施项目98个，动工项目50个，完工11个，共完成投资约1.39亿元；市定特色小城镇和其他小城镇新增8+X达标项目21个。4.加快"1+N"镇村联动建设步伐，突显带动效益。今本建成了青场镇、清水铺镇共计11个镇村联动项目。围绕小康路、小广场、供水、垃圾收运、路灯安装、环境整治及"10+N项目"建设工程，基本完成了11个村项目建设任务。其中：2016年共实施8个村项目建设，完成投资7240万元。5.全面加快城镇化进程，不断提高集镇城镇化水平。2016年以来，我区实现示范小城镇和特色小城镇新增城镇人口6454人，其中省定示范小城镇1003人，市定示范小城镇3191人，特色小城镇2260人；示范小城镇新增城镇就业人口3245人，其中省定示范小城镇631人，市定示范小城镇1464人，特色小城镇1150人；示范小城镇培育小微企业415户，其中省定示范小城镇74户，市定示范小城镇200户，特色小城镇141户；小城镇聚功能显著提高，基础设施明显改善，镇域经济实力明显增强，绿色发展意识显著提升。

【强化农村设施建设，积极改善农村环境】 1.强化规划引领，拓宽发展思路。坚持乡村建设、规划先行的原则，按照因地制宜、适度聚居、产村融合、注重文化、塑造特色、完善功能、提高生产生活质量的要求，以改善农村人居环境"10+N"项目建设为重点，合理确定基础设施和公共服务设施的项目建设与标准，根据乡村地理区位、资源禀赋、产业发展、历史文化、民俗风情、农民需要等要素，结合村庄规划，实现乡村建设发展有目标、重要建设项目有安排、生态环境有管控、自然景观和文化遗产有保护，农村人居环境改善有措施。2.拓宽资金渠道，解决建设难题。为解决改善农村人居环境创建工作资金难题，我区积极搭建融资平台，与中国农业发展银行达成合作意向，计划融资贷款14亿元，共计划实施项目130个，贷款资金将全部用于改善农村人居环境项目建设，在区发改、住建、国土、规划、财政、环保等相关部门配合配合下，不断完善贷款资料。目前，信贷主体资料已经通过银行审查，待进一步完善相关资料后即可申请银行放款，同时，及时开展相关前期建设手续办理，可研编制及审批已经完成，第一批重点项目施工设计及实施方案近期即可完成。3、争取上级支持，为今后发展提供保障。为贯彻落实全省改善农村人居环境工作部署。9月初，我区经过申报、竞争陈述，省相关单位遴选、审议等程序，省住建厅确定将七星关区朱昌镇小屯村、朱昌镇双堰村、鸭池镇下坝村、鸭池镇哈郎村等4个村作为全省第一批改善农村人居环境示范带试点村，将以四个试点村为重点，辐射周边村寨发展。为做好建设行业的项目储备，进一步争取中央资金支持，用好用活省级建设专项资金，围绕城市建设、小城镇建设和改善农村人居环境项目，完成了《2017-2019三年滚动项目库》项目申报工作，接下来，将进一步加强和省住建厅工作对接，争取更多建设资金扶持，为七星关区改善农村人居环境创建工作提供有力的资金政策扶持。

【加强建筑行业监管力度，服务功能进一步增强】 截至2016年，七星关区共有商混企业10家，施工企业45家，其中二级施工总承包企业6家，三级施工总承包企业19家；三级专业承包企业7家；劳务分包不分等级企业13家。2016年完成施工企业资质换证20家，审批办理施工企业新申办资质19家，增项申请2家，完成18家企业网上资质就位，2家企业备案，7家企业变更。今年我局在网上审批办理施工许可证26个，安全生产许可证13家，总规模838624.3平方米，总投资94450.9万元，收取基础设施配套费612.28万元，建安劳保费2716.64万元。目前全区完成建筑业总产值205000万元，同比增长60.2%，建筑业增加值176000万元，同比增长48.7%。

【建筑工程质量及安全监管工作】 1.全面加强建筑行业安全生产工作。年初与各项目工地签订文明施工、安全生产责任书总计40余份，签订质量承诺书项目71份。使质量监督工作常态化，在强化各责任单位责任意识的同时，加强各责任单位在施工现场对质量常见问题的预防和处理，严查各项目责任单位责任人的履职行为，全面增强了工程建设各方责任主体安全生产和文明施工意识，强化质量安全管理，消除质量安全隐患，提高我区建筑工程质量和安全生产，稳步实现建筑施工质量安全标准化、规范化，对两年质量治理行动中的质量常见问题的防范和治理起到有利作用，带动了七星关区“质量兴区”中工程质量工作的积极开展。加大建筑施工现场检查力度，制定重要时段、过程监管制度，切实搞好重点环节整治，减少了安全事故发生，有效防范一般事故发生，坚决遏制较大及以上事故发生，确保了全区安全事故发生数及死亡人数，并有效控制在了区政府下达的控制指标范围内。2.转变工作作风，优化项目审批程序。制定了“马上就办”工作实施细则，完善和落实首问责任制和一次性告知制度，进一步压缩项目审批时间，提高了工作效率。2016年，局不断简化审批程序，压缩审批时间，提高服务水平，为企业申办报监登记提供了更便捷的服务。2016年共办理建筑工程质量监督注册登记项目71个，办理竣工备案登记项目64个，设立永久性标识牌项目64个，建立信息档案项目64个，施工图图审合格率100%。3.实现建设工程安全动态监管平台初步普及。初步实现了工程项目日常监管、企业人员管理、统计查询等方面的信息化管理；对建筑工程安全监督程序实现了网上申报、审批，对全省工程安全申报材料、监督过程资料标准进行统一将打下坚定基础；规范工程项目各方主体现场行为，稳步实现全省建筑市场“数据一个库、监管一张网、管理一条线”的信息化监管目标。2016年在平台新办理安全报监的建筑施工项目共有44个，同比增长33%。

【建筑节能工作】 是全面执行国家、省新型墙体材料政策的相关规定，大力推广应用新型墙体材料，进一步巩固了“禁实”工作成果；二是严格竣工验收备案，全面执行国家建筑节能标准，新建居住建筑与公共建筑都进行了节能设计与施工，完成值100%，完成市区17个项目，乡镇19个项目竣工备案工作，共计面积583468.08平方米；三是严格执行《贵州省新型墙体材料专项基金征收使用管理办法》的规定，做好墙革基金的管理工作，在对项目追踪管理过程中将37个项目超期未返1353590元预缴墙革基金纳入墙革基金库；四是利用信息平台，将工作流程序、相关法律、法规置于平台，以供服务对象学习和监督。对28个项目节能工程认定资料进行检查，并一次性补证告知，对我区国家建设项目实施项目强制性实施绿色建筑标准，目前百里杜鹃大道碧玉村绿色建筑小区已在设计中，共计188917平米，二星级，在市区组织节低碳日活动以“绿色发展　低碳创新”对建筑节能工程进行了宣传。

【建设执法工作】 根据年初工作安排，执法大队今年开展了“打非治违”“六打六治”等专项行动，共组织检查组通过日常巡查、暗查及专项检查等形式开展执法检查54次，组织执法检查人员12人/次，检查企业70余家，查处隐患265项，督促整改265项，整改率达100%，整改建筑面积达80余万平方米，对未取得相关建设手续擅自施工等违法行为下达停工整改21份。

（办公室）

房产事业

【概述】 2016年在区委、区政府的正确领导下，在区住建局党组的指导下，我局的工作紧紧围绕区委、区政府提出的“决战贫困、提速赶超、同步小康”和“五城同创”为目标，进一步强化干部职工大局意识和责任意识，创新工作举措，扎实推进各项工作的开展。

【保障房建设】 针对七星关区公租房建设资金不足的问题，努力为公租房建设业主单位向上级争取公租房建设资金。全毕节市2016年共有中央预算内投资项目47个，其中七星关区有项目31个，中央专项建设资金毕节市共2.848亿元，其中七星关区是11506万元，占全毕节市的46.32%。目前为止，七星关区茶亭廉租房项目建设点A区580套34800平方米，B区280套16800平方米已封顶，观音桥公租房项目建设点176套10560平方已封顶、洪山建设点124套7440平方米主体已完工。

【房地产投资】 为认真贯彻落实《毕节市促进房地产业平稳健康发展若干政策措施》，积极完成商品房去库存的目标和今年50亿的房地产投资任务。我局采取积极有效的措施，一是把棚户区改造货币化安置作为消化库存有效措施，有效增加住房刚性需求；二是积极引导房地产企业通过优惠棚改户房价，筹措房源配合棚户区改造工作；三是区委区政府领导和统筹下，积极帮助化解房开资金瓶颈和存在的各种问题,努力消除存积的各种隐患，推进房地产发展；四是强化服务协调，在区委区政府调度下，多部门协调努力，并作好对上级业务部门的衔接，推动房开项目存在问题的解决；五是强化资金监管协调，督促推进房开项目建设进度。截至2016年11月底商品房可售面积累计库存233.05万平方米，其中住宅103.1万平方米，比2015年减少商品房可售面积14.1万平方米（即去库存14.1万平方米），现商品房预售库存消化周期为7.10个月，现房库存已基本消化，随着2017年棚改的推进，房源筹集正有序推进。到2016年底，七星关区房地产固定资产投资累计完成54.41亿元（1–12月），同比增长4.47%，超额完成了全年房地产固定资产投资任务。截至12月底，全区共完成商品房销售面积180.32万平方米，同比增长44%（其中住宅销售149万平方米，同比增长53%）。

【住房保障分配】 为不断完善我区住房保障制度，建立完善公开、公正、公平、透明的监督运行机制，强化政府住房保障职能。我区租赁补贴发放标准由人均每月每平方米0.35元提高到现在的4至5元；保障标准由人均每月12平方米补贴提高至15平方米。申请保障群体由城市低保非农业家庭扩大到中心城区中低收入以下家庭、外来务工人员和行政、企事业单位新就业无房人员。保障面积由最初廉租房的41.66平方米的一室一厅扩大到现在公租房的60平方米的二室一厅，优先保障范围的扩大。我区由最初的鳏寡孤独、重度残疾人群向现在的鳏寡孤独、残疾、烈士家属、退伍军人、见义勇为人员、计生特殊家庭、劳模等优先保障转变。为强化公租房（含廉租房）小区管理，改善小区住宅环境，让小区住户住得舒适、住得舒心，我局特制定《七星关区廉租房小区考核管理办法》并于2013年开始实施至今，小区环境得到极大的改善，2016年已发放小区考核费用92800元。今年由于有城棚改的加入，到目前为止，七星关区已基本建成保障性住房17126套，（其中公租房5998套，城棚改11128户），超额完成了11626套；分配入住保障性住房15761套（其中公租房4633套，城棚改11128户），超额完成了10261套；发放租赁补贴625户（新增租赁补贴324多户），发放租赁补贴630644元，退回租赁补贴13980元，收取房屋租金100840元，租赁家庭182户，其中续租家庭128户、棚改户54户。茶亭、流仓门面租金共计558854元。

【物业管理】 一是指导已建成的小区成立业主委员会，确保小区物业有人管理，全年指导御景园、仕府领地、创美、金源达、倾城、云锦等6家小区成立物业管理委员会；二是加强商品住房维修资金的监管，保证维修资金的正常使用，全年批准对香山骊居、公务员小区应急使用维修资金共27380元；三是对七星关区物业管理市场秩序进行专项整治。2016年5月中旬组织工作人员4名配合市住房物管科对35多家小区物业服务、前期物业管理、市场准入、业主委员会等方面进行一次专项整治，促进了我区物业管理市场向规范、健康的方向发展；四是严审资质，全年对家家物业管理公司、重庆物业管理顾问有限公司、贵州华远卫士公司、仁信公司等4家物管公司的资质变更进行初审，对广东碧桂圆、贵州振宇保安公司、重庆荣和公司等3家资质进行入黔备案初审，对金牌、鼎俗、中科、钦翔、久盛、恒宇、和利等共7家物管公司申办资质进行初审；五是根据政府安排，负责起草《毕节市七星关区物业管理办法》（征求意见稿）报区政府研究审定。

【配合房地产检查】 为进一步规范我区房地产开发经营行为，维护房地产市场秩序，保障房地产权利人的合法权益，促进房地产健康发展，在区政府的安排下，一是代政府拟定了《毕节市七星关区销售管理暂行办法》；二是每月派出3-4名同志配合市住建局对被举报的房开企业进行跟踪巡查；三是根据政府安排，对全区房开企业在开发建设后出现的遗留问题进行了全面的调查梳理汇总，共梳理出全区房开项目的遗留问题97个，目前已解决参与化解矛盾纠纷83个，还有14个正在化解中。

（办公室）

城乡规划

【概述】 毕节市七星关区城乡规划局原名为毕节市规划局，成立于2003年3月27日，为隶属毕节市建设局管理的副科级财政全额拨款事业单位。2008年10月30日，经原毕节市机构编制委员会批准，规格调整为正科级，为原毕节市建设局所属的正科级全额拨款事业单位。2012年1月撤地设市后更名为毕节市七星关区城乡规划局，隶属毕节市七星关区住房和城乡建设局所属的正科级全额拨款事业单位，现有人员编制数94人，实有干部职工83人，内设局办公室、建设项目选址规划管理股、建设用地规划管理股、建设工程规划管理股、村镇规划管理股、法规股和执法大队等7个内设机构，有直属事业单位1个（区规划技术服务中心），执法大队下设19个规划执法中队。

【规划编制】 1.积极配合市规划局完成控规整合的相关工作，并对已编规划进行动态维护。2.组织编制完成“七星捧月”镇乡，即八寨坪镇、何官屯镇、朱昌镇、长春堡镇、撒拉溪镇、杨家湾镇和田坝桥镇7个卫星城镇总体规划和控制性详细规划；编制完成林口镇总体规划和控制性详细规划。3.组织编制完成草海大道北侧地块、双狮路地块、学院路口地块、毛坊厂地块、南环路兰苑花园后门地块等棚户区改造项目地块规划设计方案。

【报建审批、批后监管】 不断完善报建项目审批责任制，从制度建设上把住“六个关口”，即把住报建项目选址关，《建设用地规划许可证》核发关、建设工程报建关、建设工程设计方案审定关、《建设工程规划许可证》核发关、建设工程放线验线督促检查和竣工验收关，杜绝违法审批，违规审批。截至2016年，共核发《建设项目选址意见书》161份，建设项目选址用地面积2716778平方米；“建设用地规划许可证”121份；许可用地面积2757000平方米；“建设工程规划许可证”127份，许可建筑面积3116094平方米；核发“建设工程竣工规划认可证”23份，竣工认可面积81920平方米。

【加强规划执法】 按照《毕节市七星关区严厉查处和控制新增违法建设工作实施意见》，建立查处和控制新增违法建设长效管理机制。成立由区政府分管领导为办公室主任的毕节市七星关区查处违法建设工作协调领导小组办公室，考核督查全区各乡镇街道控制新增违法建设工作，对违法建设重点区域及各职能部门履职情况进行重点督查，凡被区查违办发现一起（含一起）以上新增违法建设的乡镇办事处实行挂牌管理并下发督办通知书，在10日内未拆除的，给予该乡镇街道主要领导、分管领导、包片（村、社区）副科级领导黄色预警，20日内未拆除的，上升为红色预警直至组织处理。截至2016年，共拆除违法建设1058起72176平方米，震慑了违法建设行为，促进了七星关区城镇建设依法、规范有序推进，营造了良好的城市发展环境。

（宋　海）

房屋征收

【指导思想】 棚户区改造是重大民生工程和重大发展工程，对改善住房困难家庭居住条件、化解房地产库存、促进房地产市场平稳运行、实现经济稳定增长，都具有重要作用。2016年，以“拓展区域空间，提升城市品位”为工作目标，坚持高点规划，为七星关区转型发展积蓄能量，为推动品质棚改、建设幸福七星关提供新的支撑和动力。

【工作特殊性】 房屋征收工作是城市建设的先导性工作，是涉及群众切身利益，事关社会稳定和经济发展的民生工程。无论是城市道路基础设施建设，还是政府实事和民生工程建设，只有顺利实施房屋征收，才能有效保障项目建设顺利进行。征收过程中，被征收人往往担心自身利益受到损害，对征收工作有一种“排斥感”，盲目与其他被征收人攀比，毫无根据地认为征收补偿不公平，自己吃亏，从而提出无理要求。实际工作中希望政府能一次性地为其解决诸如住房、就业、上学、社会保障、困难救助、家庭矛盾等一系列问题，常常采取不达目的不搬迁的强硬态度，并以频频上访的形式向政府和有关部门施压。鉴于此，征收一线人员只有通过“五+二”“白+黑”做法，充分利用中午、晚上、双休日、节假日时间，在所辖镇办、社区干部的配合下，深入被征收人家中一户一户面对面地做群众的思想工作，进行感情沟通，了解群众实际困难和具体想法，结合征收方案法律法规开展思想疏导和释疑解释。

【工作措施】 加强领导、严密部署。区委分片区成立十大指挥部，县级领导班子担任指挥长，靠前指挥，帮助、支持重大工程重点项目征收补偿谈判工作。并先后从各部门抽调100余人，参与城棚改工作，任务分解落实，责任到指挥部，责任到工作组，实行“年任务，月分解，周调度，日报告”制度，整合优势资源，攻坚克难，完成重要环节和结点对象的补偿谈判工作。指挥部下设城棚改办公室在房征局，具体负责全区棚户区改造的组织、实施和协调工作，并积极做好棚户区改造工作的调查摸底、项目申报、前期测算、征收安置等相关工作。市区联动，依法征收。市委、市政府牵头负责，组织召开城棚改工作千人大会，采取多种形式加大宣传力度，广泛宣传有关棚户区改造法规政策，使棚户区改造深入人心、家喻户晓，为棚户区改造营造良好的舆论氛围。涉及需市级层面研究解决的房屋征收重大事项，积极报请市政府召开专题会议研究解决，努力形成市、区两级共抓房屋征收工作机制，确保项目顺利实施。特别关注低收入群体。对低收入被征收人执行最小产权调换面积和最低补偿金额两个最低保障制度，住宅房屋建筑面积低于45平方米的低收入被征收人，按45平方米实施货币化补偿，选择产权调换面积60平方米以内不补差价，真正改善住房困难家庭的住房条件。科学规划引领，超前谋划棚户区改造项目。城棚改工作在市、区规划的指导下，严格按照区域规划要求，以重大基础设施建设、重大公益性民生项目、土地释放、安置房建设等项目为基础谋划棚户区改造项目，实行集中连片改造，提升城市品质。多渠道筹措资金。积极争取国家政策性银行贷款资金对棚户区改造的支持，协调商业银行贷款资金用于短期周转，财政足额匹配土地出让金等资金投入棚改工作。强化责任、监管到位。区委、区政府实行棚户区改造目标管理责任制，将城镇棚户区改造工作纳入重点督查内容。对相关职能部门和单位履职情况和项目进展情况进行跟踪，并落实好月统计、季通报制度，对在城棚改工作中态度消极不作为、乱作为的单位和个人给予严肃问责，确保项目建设顺利推进。

【工作成效】 2016年，七星关区计划城镇棚户区改造11000户，实际完成11128户。其中货币安置了9718户，实物安置482户，综合整治928户，货币安置率87.33%。获得中央补助资金30769万元，中央配套基础设施建设专项资金7221万元。提前一季度超额完成省住建厅目标考核任务，获市委、市政府的通令嘉奖，省“住房保障示范县（区）”的称号，获奖励资金1000万元。

（办公室）

环境保护

【机构设置】 七星关区环境保护局是七星关区人民政府主管全区环境保护工作的行政职能部门，科级建制。内设办公室、业务股，下属环境监察大队、环境监测站、环境工程技术评估中心、辐射环境监理所、环境监察大队、环境突发事件应急中心、污染减排办公室。全局共有干部职工69人（含离退休），本科以上学历的32人，研究生6人；专技岗位33人，管理岗位9人，工勤岗位5人。

【概述】 2016年，七星关区环境保护工作在区委、区政府的正确领导及市环保局的精心指导下，认真贯彻落实国家各项环保法律法规及规章制度，结合开展“创建国家级环境保护模范城市”活动，全面加强环境保护工作，突出污染治理、环保基础设施建设、生态环境保护、解决区域突出环境问题等重点工作，加大力度，狠抓落实，全区环境质量不断改善，污染物减排工作稳步推进，环境质量总体保持稳定，环境保护工作整体水平进一步提高。2016年度获全区机关年度考评二等奖，安全生产工作目标考核一等奖。

【创模及宣传工作】 一是与42家镇乡街道办、33家区直部门及经济开发区分别签订了《七星关区创建国家环境保护模范城市工作目标责任书》，相关工作逐步开展。为确保创模工作有序展开，我区环保局印发了《七星关区环保局创建国家环境保护模范城市工作方案》，二是加大宣传，形成氛围。创模办紧抓“磅礴乌蒙、生态毕节、宜居毕节”这条主线，投入资金90余万元，通过大型户外喷绘广告、灯杆广告、发放宣传手册、宣传海报、温馨提示牌等方式，提高创模知晓率。三是会同区直多家单位完成了“争创环保模范城市 为试验区增光添彩”为主题的摄影作品展览、“创建国家环境保护模范城市，你我同心同力”为主题的环保演讲、环保绘画比赛活动、“以改善环境质量，推动绿色发展，创建国家环境保护模范城市”为主题的“六五”大型文艺演出等活动。四是全力推进64项“创模”重点工程，目前已完成医疗废物处置、危险废物处置、重金属污染防治、污水处理厂建设、垃圾填埋场建设等33项工程，其余31项工作在有序建设中。

【重点减排工程项目监督检查】 一是加强监管污水处理厂运行。目前毕节市污水处理厂共处理城区生活污水1459.25万吨，日均处理污水8.06万吨，达到运行负荷的100.75%；已完成七星关区第二污水处理厂管网迁改工程；碧阳湖污染防治项目现已完成箱涵管安装611米、配套管网安装868米并通水试运行，目前进水水量约为1万吨/天。二是海子街镇、长春堡镇、何官屯镇、朱昌镇、杨家湾镇、撒拉溪镇污水处理厂运行基本正常，共处理生活污水163.25万吨。三是完成燕子口、小吉场、青场、清水铺镇污水处理厂厂区及设备安装工作，并已通水试运行；鸭池镇污水处理厂厂区污泥脱水机房已经完成。

【大气污染防治】 一是环境空气质量持续改善。中心城区环境空气自动站有效运行，环境空气质量优良率达96%以上。二是加大施工场地监管及城区道路清洗力度，减少扬尘污染。三是加大城区10吨以下燃煤锅炉的取缔及改造，大力推广清洁能源，配合质检部门取缔10吨以下燃煤锅炉3家；共替代使用石油液化气1792.03吨、天然气497.71万立方米。四是严格执行民用建筑节能强制性标准，共备份节能建筑面积达7.87万平方米。五是核发机动车环保标志。共计发放了绿标22304张，黄标264张。

【水污染防治】 一是1000人以上集中式饮用水水源保护区划分方案已获省环保厅批复，集中式饮用水源水质监测已完成。倒天河水库环境综合整治项目、目前城区两水库及乡镇饮用水质达标率稳定保持在100%。二是加快自动监测站建设。赤水河支流堡合河望乡河断面水质自动监测站站房已安装完备；七星关区大河乡断面水质自动监测站站房已安装完备。三是加强集中式饮用水源地水质监测。目前61个1000人以上集中式饮用水源地水质监测工作，已通过购买服务的方式，正式运行。

【辐射安全管理】 2016年完成2015年度辐射安全和防护年度状况评估报告表、检测报告共计44家，日常监督检查44家，覆盖率达86.27%。更新调查后全区射线装置使用单位共68家，持证68家，停用2家，正在办理延期24家。

【固废及危险废物】 一是统计更新一般工业固体废物年产生量500吨以上规模企业共计7家。2016年共产生工业废物85.6576万吨，处置量60.2028万吨，贮存量27.4548万吨。二是加大固废企业督查。截至6月底共计检查53家医疗废物产生机构；规范危险废物安全转移和处置的行为，落实转移联单制度，请转移60批次，同时建立危废产生和处置档案以备查询。三是排污许可证发放。共计办理排污许可证19家，其中换证3家。四是重金属污染治理。已完成我区杨家湾镇、撒拉溪重金属污染防治项目的验收。

【规划环评】 一是严把建设项目审批关。截至2016年，共审批建设项目230个，其中编制报告表的项目5个，编制报告表的项目78个，备案登记表147个，建设项目“三同时”验收共计14家。实地踏勘、现场选址项目180余个，其中不符合环保相关条件的以予否定的项目20余个。二是加强“未批先建”项目清理整改工作，区72个“未批先建”项目中，已全部完成整改。三是完成十三五环保规划的编制工作。目前已完成“十三五”环境保护规划、赤水河流域保护规划、六冲河流域保护规划。

【环境监测】 一是每月对全区30个乡镇集中式引用水源水质28项指标监测并及时上报数据。二是委托第三方监测机构对全区1000人以上引用水源水质进行监测，并及时收集数据上报。水质达标率稳定在100%。三是每月对徐花屯、保河、渭河及马场河4个重点河流断面水质26项指标进行监测，并及时上报数据。四是每季度对朱昌镇宋伍村等5个典型性村庄的农村环境质量进行监测，并及时上报数据。五是对7家委托监测单位（公司）的进行监测并出具监测报告。六是完成内审员培训、完成仪器检定、内审、管理评审、能力验证、委托专家对我站体系文件改版等基础性工作。七是与省、市环境监测站联动，参与飞雄机场噪音监测、医疗废物处置中心监测采样等相关工作。

【环境监察】 一是加强“环境风暴执法”和“打击六黑”专项行动。共出动执法人员752余人次，检查企业195家次，下达执法文书22份，限产停产4家，立案处罚17家，约谈6家。二是规范环境信访投诉的接待和处理工作，2016年共受理环境信访投诉138件，其中区信访局转办21件，省环保厅转办3件，市环保局转办9件，12369接信接访105件，查处率及结案率均达100%。三是继续加大排污申报和征收力度。2016年完成136家企业排污申报核定，完成排污费征收3877740元，其中建筑施工企业申报13家，完成排污费征收201780元；煤矿申报7家，完成排污费征收77365元；小型三产申报27家，完成排污费征收76425元；其他工业企业申报89家，完成排污费征收3522170元。四是配合市环保局开展污染源日常环境监管随机抽查。向毕节市环境保护局报送了抽查企业名单，包括重点排污单位8家，一般排污单位29家。并现以整改完成。

【农村环境项目整治】 一是认真做好农村环境整治项目组织实施工作。完成了七星关区海子街镇擦枪岩村农村环境综合整治项目、大新桥街道办事处魏家屯村、大坡村和天生桥村农村环境综合整治项目、杨家湾镇戛木营村、朱昌镇王家冲村农村环境综合整治项目、观音桥街道办事处五里坪村、塘房村环境综合整治项目。二是切实做好环境综合整治项目申报工作。积极申报贵州省2016年度中央农村环境综合整治项目。选取亮岩、林口等8个乡（镇、办事处）作为先行综合开展农村环境整治工作的乡镇，共涉及117个行政村，惠及28.5万人。此次项目申报共需资金6147万元，拟争取中央补助资金3725.5万元，地方财政匹配2421.5万元。三是大力推进“法治毕节”和“生态文明法治工程”创建工作。生态文明法治创建工作涉及的11个大项和46个小项指标全面启动并按照时间节点有序推进，四是扎实开展生态创建工作。目前，已将七星关区清水铺镇申报材料上报省环保厅申报省级生态乡镇，将七星关区清水铺、对坡、小吉场3个乡镇申报材料上报市环保局申报市级生态乡镇，申报省级生态村5个，申报毕节市市级生态村5个。

【党政务及相关工作】 一是积极参加科普宣传、防汛救灾捐赠等活动，加大信息报送力度，截至目前，共报送各项信息150余条，有力的宣传了环保队伍。二是继续贯彻落实区委、区政府“多彩贵州文明行动”等相关会议精神，优化本局“整脏治乱”专项实施方案，加强考核，扎实推进“整脏治乱”工作。三是结合“精准扶贫”等活动的开展，积极组织干部职工到帮扶联系点调查研究，切实帮助群众发家致富。我局深入扶贫联系点杨家湾镇、碧海街道办事处，共捐助生活物资折合人民币两万余元，密切了干群关系。四是通过组织全体党员开展迎“七一”重温入党誓词活动，制定干部考核标准，开展“三严三实”等活动进一步加强机关党建建设。五是计划生育、绿色学校创建、工、青、妇等工作有条不紊地进行。

（向 前）

天河风景名胜区管理

【概述】 天河风景名胜区位于七星关城区西北部，与城区相连，为西南—东北走向的带状地域，西起魏家屯，东至沙帽山，南起灵峰山，北至弯腰树村，总面积38.9平方千米。区域内包括纱帽山公园、小河景区、北镇关公园（红军山）、天河古城、虎踞山公园等主题公园（景区）。天河风景名胜区管理处为副县级全额拨款的事业单位，下设党政办公室、景区管理科、规划建设科、风景资源监察大队及沙帽山公园管理所等机构。2016年景区规划和景区建设取得了新进展，景区维护和景区管理进入了新阶段，党建工作和精神文明建设实现了新突破，扎实开展了“党的群众路线教育实践”“三严三实”活动和“两学一做”学习教育。

【景区建设】 1.景区规划建设齐头并进。一是按照“十大民生实事”项目建设要求改造提升虎踞山公园，如期建成并对市民开放，已累计完成投资3200万元。建成北镇关公园一、二区登山步道系统、景观亭廊、广场、公厕等工程，并逐步对市民开放北镇关公园，新增市民健身道22.8公里，健身广场4个，完成投资4300万元；二是完成天河古城仿古风貌改造三期工程及附属工程建设，改造现有民居22栋，改造沿河道路780米，新建文化广场一个，文化长廊三座，景观亭2座，完成投资3500万元；三是完成天河古城东环线道路一期工程和安置房建设，建成市政道路、路灯及绿化1500米，新建桥梁一座，并如期通车，完成投资5200万元。

四是完成安置房主体工程及附属工程建设，并通过竣工验收和结算审计，完成室内外装修，建成安置房80套，商业2544.4平方米，建成地下停车位118个，建成篮球场一座，新增绿化1100平方米，完成投资3521.08万元；五是如期完成七星关区倒天河周边城市棚户区改造项目前期工作，并办理完相关规划、国土、建设手续，完成勘察、设计、施工、监理招投标工作进入施工阶段，完成投资4000万元。

【景区维护和管理】 一是健全管理机构、提高管理水平。科学制定利于景区管理各项规章制度，对景区管理服务人员有目的、有计划地进行业务知识和工作技能培训，并进行了岗位人员调整，景区服务质量有明显提高。二是加强宣传报道，提高景区知名度。管理处建立处宣传工作领导小组，落实了各项宣传工作任务。继续以《中华人民共和国风景名胜区条例》《贵州省风景名胜区条例》《毕节市风景名胜区公园安全管理办法》等为重点，组织保安保洁工作人员集中学习3次。采取多种宣传形式。利用宣传车宣传景区保护相关法律法规及森林防火有关知识内容18次，发放宣传资料1800余份，张贴宣传标语80余条。三是加强景区管理，树立保护观念。加强对保安队伍管理。进一步完善相关制度，实行规范化、制度化的正常管理维护了公园的良好治安秩序。加强对保洁队伍管理。认真落实保洁工作制度，强化区域管理，严格兑现奖惩，确保管理区域无卫生死角，创造了良好的健身娱乐环境。加强对景区自然资源管理。按照风景名胜区管理条例的规定，加大宣传力度，禁止在景区内开山采石，砍伐林木等，有效保护景区内自然资源加强对景区设施管理。实行全天候巡逻制度。发现设施损坏情况，落实责任追究，并及时组织人员修复。加强防火防汛管理。在森林防火期间，认真落实相关部门的工作安排，加强设点检查和林区巡逻，杜绝林区用火，防止森林火灾的发生。在汛期到来前，加强对安全隐患的排查，及时排除不安全因素。

【党的建设】 扎实开展“三严三实”整治“为官不为”活动，继续开展“群众路线教育实践活动”和“两学一做”学习教育，党建工作落到实处、充满活力、富有成效。一是加强支部建设，严格党的组织生活，丰富“三会一课”内容。2016年来召开了4次党员大会，13次支部委员会，党员集中学习20余次，上党课2次。按时上缴党费。二是落实党风廉政建设责任制，层层签订党风廉政建设责任书，把党风廉政建设作为硬措施、硬任务，始终放在心上，紧紧抓在手上，形成反腐倡廉的整体合力。三是认真做好党务公开工作，及时更新党务公开栏，定期在民生监管平台上传需要进行公开的工程进度报告及通知公告，充分发扬党内民主，加强党内监督，自觉接受人民群众监督让权力在阳关下运行。四是主要领导亲自前往联系点20余次，督导软弱涣散基层党组织的整改，对大新桥街道办事处大坡村党支部建设提出了建设性的意见和建议。五是选派思想素质高、工作能力强的两位同志前往大新桥街道办事处大坡村以和燕子口镇海子村任第一支书开展干部驻村工作积极为群众排忧解难，化解矛盾纠纷促进农村经济发展。六是认真组织单位人员到千溪镇开展遍访贫困户工作。共走访贫困户100余次，实现户户见面，详细了解，并将搜集到的资料录入电脑系统。七是精心组织开展留守儿童帮扶活动。我处六一儿童节对大新桥办事处留守儿童送慰问品交心谈心帮助与其父母联系，一起过特殊纪念日等形式，为留守儿童的健康成长注入正能量。

【其他工作】 一是抓好宣传工作。组织开展中国特色社会主义和中国梦的宣传教育，组织实施“明礼知耻·崇德向善”主题教育活动，着力抓好对外宣传，报送宣传信息85余条；舆情信息10余条，网络舆情信息10余条，报送网评文章2篇。二是抓好档案管理工作。依据国家《档案法》，建立完善各类档案管理制度。对2016年以前档案文件的大排查、大整理，将工作处理完备的文件、电子文档、实物等档案进入处档案室，档案室按程序处理档案，并及时向区档案馆报送档案。三是抓好干部考核工作。创新管理处干部职工“双考双评双挂钩”动态跟踪考核办法，实行科级干部和一般干部无差别化考核，切实将考核结果运用到正副科级后备干部的考察推荐中。四是抓好政法综治工作。以平安建设为主题，坚持"打防结合、预防为主、专群结合、依靠群众"的方针，单位一把手亲自抓综治工作，与全处干部职工层层签订综治工作目标责任书，积极开展平安创建活动。进一步完善了我处突发事件应急预案体系，强化演练，针对景区实际做好应急预防工作。六是抓好信访维稳工作。落实岗位职责，实行全天开门接访。制定接待群众来访工作规则，切实规范接访流程，促进工作规范化。切实做好重要节点的群众（信访）工作排查防控，妥善调查处理了因工程建设而产生的矛盾纠纷10余起。七是抓好保密工作。对照新修订《保密法》，完善保密工作规则制度，建立健全本单位要害部门部位、涉密载体和涉密人员管理制度。建立单位涉密计算机等涉密办公设备、纸介质涉密载体、涉密信息系统和涉密人员台账。撰写保密信息2期。

（撰稿：办公室）

城区河道管理

【概述】 在毕节市七星关区委、区政府的正确领导下，认真学习贯彻党的十八大精神，坚持“以人为本、服务七星关”的理念，提升城市品位，改善投资环境，扎实推进各项工作。倒天河是七星关区的贯城河、母亲河，总长23公里，起点为倒天河水库，终点为化肥厂。其中，倒天河水库至响水滩段3.29公里，响水滩至五龙桥3.1公里，五龙桥至碧阳湖大坝4.35公里，碧阳湖大坝以下12.26公里。建有拦河坝7座、翻板坝3座、道路50余公里、桥梁20座、截污干管14.2公里，景观绿化面积100万余平方米；建成一个蓄水约60万立方米、水面300亩的碧阳湖；建有公厕13座，亭廊12座，休闲广场15个，景观照明设施600余处。倒天河一、二、三期工程是集农业灌溉、城市防洪、污染治理、交通组织、园林绿化、旧城改造和新区开发于一体的利民工程，为打造毕节山水园林宜居城市奠定坚实的基础。

【基础设施建设】　一是碧阳湖清淤工程。2016年3月启动碧阳湖清淤工程，6月全部完工，清除淤泥17万立方米，总投资1318万元。二是大兰排洪沟污水洪水处理工程。该工程于2014年8月启动，2015年11月正式开工建设，2016年8月全面完工，工程总投资约1700万元。建设箱涵611米，埋设φ600排污管道848米，污水已经进入污水处理一厂、二厂处理。平时大兰排洪沟污水沿箱涵进入排污管道，洪水大时通过泄洪口流入下游河道，不会对碧阳湖产生污染，向市民提供了一个“天蓝、地绿、水清”的居住环境。这两项工程彻底改善了碧阳湖长期被污染的现状，同时大大提升蓄水抗洪能力。三是倒天河二期市政设施维修改造工程。7所公厕更换设施515次，更换垃圾箱60个，安装座椅65个，维修钩背灰箱15个。缺损花岗石维修220平方米，维修费用50090元；截污改造雨水管5处，改造费用12880元；对全部走廊木栏杆打磨喷漆，工程费用69750元；对3号坝桥下园路进行改造，改造费用59530元；对十号公厕、大树林公厕、五龙桥管理房进行维修，工程费用176387元；在郭家湾斜桥旁铺装“8”字砖511.5平方米，工程费用86955元；在郭家湾斜桥下新建广场、高架桥旁新建梯步、郭家湾斜桥下广场安装不锈钢栏杆，工程费用107475元；对五龙桥到碧阳湖西岸人行道进行改扩建，工程费用约200万元；对大兰排洪沟闸门启闭机房进行外装饰，工程费用325665元；安装挡墙和维修排水管，工程费用14558元。

【开展“多彩贵州文明行动”活动】　一是狠抓环境卫生保洁和河道打捞工作。加强对五龙桥至碧阳湖沿河两岸的日常清扫保洁、垃圾清收和果皮箱、亭，廊护栏等的抹洗及垃圾清运，2016年，共清扫垃圾及淤泥600吨，保证了河道、沿河两岸的公共设施卫生整洁及河面的长期清洁。加强对所辖区域7所公厕卫生的监督管理，确保辖区公厕每天随时进行冲洗，厕内地面、墙面干净、整洁，无臭味，并安排专职人员作好公厕的维修工作。二是加强市政园林设施管理，绿化亮化美化城市。成立市政设施维护小组，组员12人，24小时轮换巡逻，打击破坏市政设施和偷盗照明电缆线的行为，2016年全年制止破坏行为20次，抓住偷盗电缆者1人，抓住偷（破坏）竹笋者12人次，有效地抑制不法行为的滋生，减少了国家的经济损失。全面检查照明设施，查废补缺。市政设施维护小组不仅要巡查，还要进行维修。今年以来，维修损坏庭院灯60盏，更换节能灯2000余颗，更换灯罩600余个，更换电缆1200米。提高亮化水平、提升城市品位。加强了对沿河两岸绿化的日常管护，为沿河两岸约15万平方米的绿化植物松土、除草、浇水、修枝剪叶等日常管护。今年，由于雨水丰富，植物生长快，修剪枝条4次，剪草4次，17个绿化养护工人加班加点进行修枝、剪草。确保绿化地带的植被整洁美观。及时对园林进行病虫害防治，特别是针对红叶石楠、栾树、含笑、紫薇、合欢、柳树、芽虫、蚧壳虫、天牛等病虫害进行多次、反复防治。灌木病虫害防治、草坪锈病、地下害虫防治、木病虫害防治累计20万平方米，乔木病虫害防治数量累计超过18000株，累计使用5万余元的农药，确保绿化地带的植被生机勃勃。

【开展“文明在行动·满意七星关”活动】　根据市委、市政府“文明在行动.满意在毕节”活动要求，结合区委、区政府关于“文明在行动.满意在七星关”的总体安排部署，着力营造文明旅游新风尚，提升七星关区旅游的满意度和美誉度。自3月25日以来，在孟天贵处长带领下，每周周五15：00全体干部职工带上喷壶、铲刀、发电机、磨光机、香蕉水、梯子、帕子、扫把等工具在天河路包保区域内开展“文明在行动，满意在七星关”活动：主要对天河一巷至七巷的白色垃圾、残破标语、野广告、建筑垃圾等进行清理，营造了“环境人人创、环境人人护”的良好氛围。

【开展驻村及精准扶贫工作】 2016年，在管理人员过少的情况下，派工作积极的干部负责驻村工作。为有效解决村党建工作存在的实际困难和问题，单位领导干部每季度到村开展党建工作1次，重点慰问特殊困难群体，力所能及地帮助解决实际困难和问题。党员干部深入联系的点进行调研，针对群众关心的热点和难点问题进行帮扶，投资7万元帮助三板办事处灵峰村联合组、大地组修建水池，解决105人的饮水问题。帮助三板桥灵峰村村委解决办公经费5000元、对三板桥办事处灵峰村长湾组、灵峰组及堰塘组6名留守儿童进行物资和资金帮扶，共计1500元；对灵峰小学130名学生及18名留守儿童进行物资和资金帮扶，共计2700元；对大新桥第十六小学100名学生进行物资和资金帮扶，共计2100元；遍访层台镇五里村34户、幸福村18户、红岩村19户，帮助3个村解决各2000元办公经费。帮扶6户贫困户，帮扶资金1万元。帮扶资金合计9.73万元。

【党风廉政建设】 一是始终坚持民主集中制原则。以党性原则为目标，对党、对事业、对同志高度负责，注重把握原则性和灵活性的关系，原则性的问题不动摇、不破坏。始终按照“集体领导、民主集中、个别酝酿、会议决定”的原则讨论决定重大事项，提高党风廉政建设水平。二是坚持严格自律，勤政廉政。严格执行领导干部廉洁从政的各项规定，深入贯彻落实《中国共产党纪律处分条例》《中国共产党廉洁自律准则》《中国共产党问责条例》省委《实施意见》及区委《实施办法》，切实加强反腐倡廉教育。2016年召开党风廉政建设会议8次，组织党员干部进行自查自纠3次，领导班子成员和干部职工无违反廉洁自律的事件发生。三是定期开展民主生活会。支部组织每月召开一次民主生活会，六名党员进行自评，根据自己自评的情况，采取自上而下，自下而上的互评，互评结束后，进行民主测评，汇总测评情况，没有不合格党员。在评议中党支部严格按照《民主评议党员制度》规定的程序，在个人自评的基础上，党员着重以加强作风建设为重点，围绕改进工作作风，提高工作效率，增强为基层服务的意识开展评议。通过民主生活会，党员增强了党性锻炼，切实从思想上、组织上、作风上加强建设，增强了党支部的战斗力和凝聚力。四是开展党员组织关系排查及党费收费工作。以“两学一做”活动为契机，党支部积极开展党员组织关系接转自查工作。严格按照上级党组织的管理要求认真做好对党员组织关系工作，能及时准确地按组织要求做好组织关系转移工作，无流动党员、失联党员、“口袋”党员等现象，党员自觉按规定交纳党费，未发生少交或不交现象，支部认真按有关规定做好收缴党费的组织工作，认真核对在册党员交纳党费的款项和人数，防止少交和漏交情况发生，同时把收到的党费集中起来，及时按规定向区直机关工委上缴，不把党费挪作他用。在向上级交纳党费后，支部及时向党员公布党费收缴情况，并在处党务公开栏中予以公开，接受广大党员职工监督。五是整治滥办酒席。为认真贯彻落实中央八项规定、省委十项规定和市委关于改进作风相关规定，成立以党支部书记为组长的领导小组，制定《七星关区城区河道管理处关于治理城乡滥办酒席实施意见》，全体干部职工签订《严禁滥办大办酒席承诺书》。通过专项治理，坚定遏制各类巧立名目滥办酒席借机敛财的不良风气，切实维护群众利益，着力培育崇尚文明、厉行节约的社会新风，有力推进党风、政风、民风建设，大力营造风清气正的良好社会环境，推进全处经济社会科学发展。

【开展“两学一做”专题教育深化干部作风建设】 2016年，根据中央、省委、市委、区委关于开展“学党章党规、学系列讲话，做合格党员”学习教育的安排部署，在党支部和党员干部中开展“两学一做”学习教育活动，制定了《七星关区城区河道管理处“两学一做”学习教育实施方案》。把《中国共产党廉洁自律准则》《中国共产党纪律处分条例》《中国共产党问责条例》《习近平总书记系列重要讲话读本》、党的十八届五中、六中全会精神、市委一届九次全会精神，学习李保国先进事迹和中国女排精神等作为重要学习内容。“两学一做”学习教育活动是“三严三实”专题教育的继续和深化，也是加强党员干部思想教育、转变工作作风的有力举措，目的是在党员领导干部中，开展争当勤政廉政先锋活动。坚持自律、自警、自醒，树立正确的权力观和利益观，守住做人、处事、用权、交友的底线，守住自己的政治生命线，真正做到利益上淡泊而知足，生活上积极而健康，争当廉洁自律的“践行者”。召开座谈会4次，深入整治“为官不为”着力解决“僵庸懒浮散”等不严不实问题，努力营造与时俱进、开拓创新、敢于担当、奋发有为、马上就办、真抓实干、风清气正的良好氛围。明令禁止上班期间玩手机、使用办公电脑玩游戏、炒股等于工作无关的事。制定了《车辆管理使用规定》《公务接待管理规定》《财务管理制度》和《领导班子走村串户结对帮扶制度》；制定了《园林园路保洁规定》《河道打捞制度》《公厕管理规定》《干部职工违规违纪管理规定》等切实可行的整改制度。通过“两学一做”学习教育专题教育活动，干部职工心灵得到洗礼，助推各项工作切实有效开展，为全年工作取得圆满成功奠定坚实基础。

（杨远刚）

交通　通信　贸易

交通运输

【概述】 截至2016年底，七星关区管辖农村公路3448.297公里，其中新增国道28.933公里，新增省道192.197公里，县道659.347公里，乡道955.93公里，村道1611.89公里。农村公路桥梁108座，其中大桥2座，中桥58座，小桥48座。全区42个乡镇街道560个建制村，全部镇乡通油路，除因高速公路建设等重大项目影响的8个建制村正在实施沥青（水泥路）外，其余全部通畅，建制村通沥青（水泥路）率达98.57%，建制村通客运车辆率达90.51%。

【公路建设】 一是新增国省道提级改造。完成G246大箐至二龙关国道和S306海子街至卧牛河省道提级改造初步设计，G246草堤至总溪河（宋伍至猴场段）国道提级改造进场施工。二是县乡道改造及大修。按“建养一体化”服务项目实施县乡道改造3条25.41公里，分别为大银至仁和6.85公里、杨家湾至放珠13.52公里、椅子房至团结5.04公里，由中交二公局组织实施；实施县乡道大修2条32.04公里，分别为普宜至大屯15.64公里、生机至杨柳湾16.4公里。三是窄路基路面公路拓宽改造、安保、危桥、大中修等。实施完成通村油路（水泥路）窄路面加宽工程6条25.3公里，分别为田坎乡沙坝至菁基湾、燕子口镇龙洞至新光、燕子口镇庆祝至付家沟、亮岩镇刘家湾至裕群、花厂至田坝（涉及朱昌镇和田坝镇）、海子街镇前所至保河；实施完成大河至青场公路安保工程1条，处治隐患20公里；实施完成千溪乡头屯桥、小吉场镇赖子岩桥危桥改造2座；实施完成青场至大河公路大中修工程1条，其中大修3.1公里，中修10公里。四是小康路建设。实施小康路建设共计2870公里，其中通村路1072.89公里，通组路1075.26公里，连户路591.28公里，人行步道130.57公里。

【公路管养】 按照区人民政府一届（62）次常务会议精神，2016年招聘运政、路政协管员共60名正式上岗，切实增加了路（运）政执法力量，确保有效开展农村公路路政及道路交通安全管理工作。除日常的农村公路正常养护以外，专门安排通村公路抢险专项资金2000万元用于全区通村公路水毁抢险修复，结合各镇乡通村公路受损情况，资金陆续拨付到各乡镇街道，由乡镇街道组织辖区内通村公路水毁抢险修复，基本满足了通村公路的正常通行。2016年投入七星关区农村公路养护资金783.6万元。

【道路运输】 坚持行政执法和行业管理相结合、同步加强、同步提高的原则，通过实行规范化、精细化管理，加大农村客运市场管理及投入力度，加大联合执法力度等措施，严厉打击“非法营运”和交通运输市场欺行霸市行为，大力整治交通运输市场秩序，道路运输市场逐步规范；2016年实施乡镇客运站18个，新增农村客运班线7条，客运车辆8辆80座，共检查车辆6.48万辆，查处各类道路运输违法经营行为280起，查处道路运输非法营运894起，积极维护了全区正常的道路运输秩序。

【城市客运】　采用以出租汽车置换的方式，对原经营3条公交线路的民营四海城市公共巴士公司进行回购，回购公交线路及车辆转交国有公交公司进行经营管理，由原来的“一城两交”实现“一城一交”，不断健全完善公共交通服务体系，全面提升城市交通服务能力。新增公交车76辆，全区公交车辆数增加到246辆（其中新能源车辆236辆），新增出租汽车300辆，全区出租汽车数增加到837辆，筹集资金50余万元组建运营车辆智能监管平台，逐步改善城市公共交通运输服务。

【水上交通】　2016年开展水上交通安全现场检查28次，检查渡口72道次，出动海事人员92人次，发放宣传手册、乘船安全防范知识等260余份，检查中发现渡口船舶船体锈蚀渗漏、渡工管理不善造成救生衣不齐等安全隐患，一方面向省、市海事处汇报抓紧实施老旧渡口船舶改造，另一方面通过市海事局与各县协调调配渡口船舶2艘，并向区政府争取资金配备渡口船舶3艘，为各道渡口配备救生衣100余件，切实消除水上交通安全隐患。

（赵晓军）

邮　政

【概述】　2016年，毕节市邮政分公司认真贯彻落实集团公司和省公司工作部署，按照“稳中求进，强基固本”的要求，紧紧围绕战略定位、重点目标，不等不靠，鼓劲加压，主动作为，转方式、调结构、促转型，圆满完成了全年各项工作任务，实现了“十三五”的亮丽开局。是年，全市邮政企业累计完成业务收入2.42亿元，为年计划的109.1%，同比增幅17.4%，收入增幅和完成进度均列全省第一位。

【企业改革稳步推进】　完成毕节邮政保安押运公司的审批、注册、登记、成立工作。按照“规范、精简、优化”的基本原则，将市公司现业投递部职能划分到七星关区局，对全市城市投递段道重新进行调整规划，大力推进网格化营揽投合一，新建城市营揽投分部9个，最大限度盘活人力资源，加快投递服务转型升级进程。以邮件提速为核心，全面启动转运、分拣、投递“三合一”流程优化工程和空白乡镇局所邮件直封工作，进一步缩短内部处理时限。对全市57条县乡邮路重新进行组划，实现与二干邮路的有效衔接，加快邮件传递速度。打破传统投递车辆配备模式，积极推行“私车公助”，减少运营和管理成本。全面实施传统台席外包，加快网点转型分层推进工作，有效整合网点资源，提高网点综合利用效率和劳产率。

【管理水平持续提升】　强化财务管理。发挥成本费用标杆作用，强化数据分析，及时反映企业的经营状况和运营效果，提高精细化管理水平。员工年平均收入较上年同期增长16.39%，高于全省平均水平。加强用户欠费管理，用户欠费比例大幅下降，有效提高了企业运营资金周转速度。强化人力资源管理。深入推进工时精细化管理和全岗位定员，实施动态配员机制，用工总量与2015年同期持平，劳产率达到27.27万元/人，同比增长14.48%，劳务用工占比为13.5%，同比下降了8.9个百分点。持续加大培训力度，全年共组织各类培训38次，培训1560余人次。启动初级人才评价选拔工作，13人被为初级人才，3人被评为高技能人才。加大员工纵向和横向的交流锻炼力度，通过各单位推荐，选派了10名优秀年轻员工进行双向交流，经过基层锻炼，其中有4名同志走上了领导岗位。强化风险防控及安全管理。扎实开展平安邮政创建工作，坚持一手抓经营服务，一手抓安全建设，有效保障全市邮政企业安全、高效、有序运行。全力做好“两会”、G20峰会、亚欧博览会等重大会议期间的邮件寄递安全保障工作。认真贯彻落实银监会要求，深入推进代理金融“两加强、两遏制”专项检查“回头看”活动，强化风险管理，增强风险防控意识。深入开展机要通信管理达标活动，切实加强机要通信质量管理，机要通信连续35年保持质量全红。强化服务质量规范管理。加大空白乡镇局所能力投入，不断叠加业务项目，提高空白乡镇局所服务能力。加强服务质量监督，强化服务指标分析和问题整改跟踪，努力提升服务质量和客户满意度。强化营投服务管理，规范营业窗口业务操作，确保做到收寄实名制、安全验视和检查“三个百分之百”。强化网运管理。进一步强化旺季及汛期期间的网路运行指挥调度工作，全力保障全市网运生产安全有序。为各县配备爬坡机等装卸设备，减轻员工劳动强度，缩短内部作业时限。全市陆运网指标得到有效管控。“双11”期间，进一步创新投递方式，灵活调配投递资源，在进口邮件量数倍增长的情况下，从容应对“大考”，确保了邮件“收得进、投得出，不积压、不爆仓”，向市场交出了一份亮丽的答卷。

【发展基础不断夯实】 对22个营业网点进行装修、改造和新建，实施普遍服务网点升级改造项目85个，完成全市8个枪弹库改造项目，启动中央预算内资金项目3个。对部分有条件的农村网点厅堂布局重新进行了规划，扩大了客户休息区，设置了理财区、VIP服务区等，极大地改善了用邮环境，提升了服务能力。继续实施“村邮站”建设工作，全市“村邮站”建设累计完成400个，配备乡邮员54名，全市85.38%以上的建制村基本实现直接通邮，54.03%的建制村投递频次达到周三班。4项普遍服务业务在空白乡镇局所的开办率达到100%，通过火车票、代收费、邮政金融等业务叠加，将邮政服务与民生工程联系在一起，进一步提高邮政渠道的便民利民服务能力。

【全面深入推进党建工作】 完成了党组改党委的成立、选举等工作，按组织程序成立了新一届党委、纪委，通过选举产生了中国共产党中国邮政集团公司毕节市分公司第一届委员会和第一届纪律检查委员会委员。积极参与地方政府安排的党建扶贫工作，向对口帮扶点大方县八堡镇中箐村捐赠桌椅和访贫问苦。启动并完成全市10个党员活动室标准化建设工作。深入开展“两学一做”学习教育，通过基层党支部民主生活会、手抄党章一百天、支部书记上党课等系列活动，引导广大党员强化党章意识，增强党性修养，争做合格党员，激发党组织的领导核心和战斗堡垒作用，为企业发展积蓄了更加强大的动能和力量。

【加强党风廉政建设】 层层签订《党风廉政建设目标责任书》《干部廉洁自律承诺书》，明确各级干部在党风廉政建设中的责任，提高了领导人员“一岗双责”的责任意识。开展党风廉政建设约谈工作，党委班子成员相继约谈了20名四级领导人员，听汇报、提要求，推进党员领导干部约谈工作常态化。严格执行“三重一大”制度，进一步规范市公司党委会、总经理办公会议事规则以及集中采购招投标程序，加强土地房屋资产、“三公”经费等预算管理，强化纪律监督，进一步完善规章制度，提升企业管理水平，全面堵塞管理漏洞。

【大力构建和谐企业】 扎实抓好惠及员工的各项实事，充分调动和带动员工参与企业发展的积极性，企业凝聚力和战斗力不断增强。深入开展送温暖活动，2016年度“元旦、春节”两节期间，共计慰问全市邮政劳模、先进、困难职工、一线员工1270人。建立困难职工帮扶站，对40名困难职工进行建档帮扶。抓好职工小家建设，对全市农村支局“职工小家”进行装修建设，配备了床、衣柜等日常用品用具，切实改善和提高员工的生活水平，解决了员工的后顾之忧。赫章白果支局、黔西林泉支局荣获“全省模范职工小家”称号。

【积极服务地方经济】 坚持以服务地方经济民生为己任，立足资源优势和行业优势，不断完善服务网络，创新服务模式，拓展服务领域，着力打造邮政便民、利民服务品牌。积极助力“精准扶贫”，结合地方实际和电商特点，帮助贫困户线上线下销售，让“赫章核桃”“威宁苹果”“大方六龙豆干”等地方土特产品搭上了电商扶贫快车。

【持续开展精神文明建设工作】 配合省邮政工会成功举办“两翼

齐飞·全省邮政劳模先进巡回演讲”活动，大力营造“找差距、寻方法、追目标、学先进”的浓厚氛围。在庆祝中国共产党诞辰95周年之际，全市邮政系统广泛开展了先进党支部、优秀共产党员、优秀党务工作者评选活动，12名同志荣获优秀共产党员荣誉称号，3名同志荣获优秀党务工作者荣誉称号；织金、纳雍县分公司党支部荣获先进党支部荣誉称号，并荣获当地县委、县政府授予的优秀基层党组织荣誉称号；金沙县分公司的王龙模同志被金沙县委、县政府授予优秀共产党员荣誉称号；市公司从2004年到2016年连续13年荣获全省“守合同、重信用”单位称号。在全国代理金融争创“十强百优千佳”竞赛活动中，我市邮政排全国第60名，荣获“全国百优地市分公司”荣誉称号，威宁牛棚、大方西大街荣获“全国千佳网点”荣誉称号。

（办公室）

无线电管理

【概述】 2016年，毕节分局在省经信委、省无线电管理局及毕节市委、市政府的正确领导下，紧紧围绕“三管理、三服务、一突出”的工作原则，以“世界无线电日”“第七个无线电管理宣传月”“打击治理电信网络新型违法犯罪工作专项活动”和“全国无线电频率使用评估专项活动”等工作为重点，精心组织，强化措施，开拓创新，奋力拼搏，较好地完成了各项工作任务。

【以“两学一做”学习教育为契机，加强机关建设】 一是认真开展“两学一做”学习教育，按照市委和省局党委的要求，结合分局实际，采取单位主要领导上党课、专题研讨、分组学习等多种学习形式，通过认真学习和践行“两学一做”，切实建立一支“思想过硬、作风优良、业务精湛、服务一流”的无线电管理队伍。二是认真安排部署，制定了《党建工作要点》《党风廉政建设工作计划》和《落实党风廉政建设“两个责任”分解表》，并召开专题会议，对党建工作进行安排部署。三是加强党支部学习，制定了党支部学习计划和中心组学习计划，认真组织全体干部职工学习，全年组织党支部学习15次，中心组学习14次，出专刊2期，开展党风廉政警示教育活动1次，并编写了学习小结，确保“人员、时间、内容、效果”得到落实。四是按要求开展党支部组织生活，认真落实“三会一课”制度，支部书记上党课3次，开展组织生活15次，民主评议党员1次。参观红二六军团政治部博物馆党性教育实践活动1次，开展“两学一做”主题讨论会3次。五是加强反腐倡廉建设。对反腐倡廉工作进行专题研究，制定了《党风廉政建设和反腐败工作计划》、落实党风廉政建设“两个责任”分解表，并层层签订了党风廉政建设责任书。通过“三重一大”事项备案表、权力清单运行备案表和监督报告表、“四风”问题台账、党风廉政建设工作台账、落实八项规定月报表、运用监督执纪“四种形态”情况表等规范权力运行、防范四风反弹。制作党风廉政文化专栏、廉政文化桌牌等，开展廉政文化进机关活动，构建良好的廉政文化氛围。开展了1次党风廉政警示教育活动，筑牢思想道德防线。组织党风廉政学习3次，提升干部职工拒腐防变的能力，并认真开展中层领导干部“述廉、述责、述德”工作。六是加强制度建设，通过完善和严格执行各项管理制度，在队伍建设、内部管理等方面有了很大的改善和提高，用制度管人、管事、管财、管物得到很好的落实。同时制定建立了《AB角岗位工作制度》，为工作再上新台阶提供了保障。

【加强频率台站管理，坚持依法行政】 一、认真开展频率使用评估专项活动。按照省无线电管理局的统一领导和部署，严格执行国家无线电管理办公室《关于开展全国无线电频率使用评估专项活动的通知》（国无办函〔2016〕4号）精神，为切实做好我市无线电频率使用评估专项活动，分局成立了专项活动领导小组，并印发了《贵州省无线电管理局毕节分局无线电频率使用评估专项活动实施方案》。在整个专项活动中，我分局共走访核查卫星地球站4个；移动监测18天，分3个组共6人轮流排班监测，完成了毕节8个区、县的移动监测，累计监测行程1006公里，监测时长61小时，监测到15043个基站，并与三大通信运营商提供的52499个基站数据进行比对，发现非公众通信基站28个（其中大部分为公安电子围栏），并在威宁县现场查获“伪基站”1起，使用频率为940.8MHz；启用赫章小型站、大方小型站、黔西小型站和织金小型站4个固定监测站进行固定监测，累计监测时间为432小时。在移动和固定监测中都发现450–470MHz、930–934MHz频段内有违规占用的情况，从时域、频域、空域进行监测和分析，圆满完成工作任务。二、做好民航和广播频率台站核查工作。为进一步规范无线电频率使用，加强台站的事中事后管理，保障民航通信安全，我分局认真对民航及广电等设台单位进行了核查比对，共走访设台单位11家，核查台站78个，同时还建立健全了联络联系机制，为实现对频率台站的精细化管理奠定了良好的基础。三、加强对新设台站的行政许可及管理。一是按时办结行政审批事项，全年共受理新设台站审批3件，办结3件，指配频率1组，核发电台执照2427个，年审单位21家，年审及换发执照15167个。二是完成对新建公众移动通信基站的抽样检测工作，共完成基站抽查28个。四、完成频率占用费的收缴工作。按照国家收费标准，严格执行收支两条线，我分局上半年便圆满完成了年度频率占用费的收缴工作，计划收费单位15家，实际完成收费15家，共收缴频率占用费64700元。五、引导业余无线电爱好者规范有序开展活动。为更好地服务广大无线电爱好者，根据省局统一安排部署，6月18日分局组织了毕节市业余无线电（A类）操作证考试，共有35人报名参加考试，并及时向考试合格人员发放了业余无线电台操作证。由于组织有序、措施得力，此次考试工作得以圆满完成，对促进我市业余无线电业务健康发展具有十分重要的作用。

【保障无线电安全，维护空中电波秩序】 一、多方协调联动，打击非法设台取得实效。在公安、通信等部门密切配合下，共打掉“伪基站”7起，查获设备7套，抓获涉案人员10人；打掉“黑广播”2起，查获设备2套；查处移动通信干扰器1起。二、加强无线电监测，确保无线电安全。一是在春节、清明节、五一、国庆等重要节日和“两会”期间，严格实行领导带班、监测人员24小时值班制度，全力保障重要时期的无线电安全。二是对重要频段实行每周不少于40小时的监测，累计监测3.3万余小时，并通过监测发现不明信号3起。三是加大对航空频段的监测保护力度，及时消除对航空频率的干扰隐患2起，确保航空无线电频率使用安全。四是坚持每季度对小型站一次巡检，及时维修维护技术设施设备，确保监测工作的顺利完成。三、围绕“三个服务”，切实做好安全保障工作。为更好地服务地方经济社会发展，分局结合实际，积极主动参与地方经济社会的发展和建设。一是积极参加全省无线电应急演练活动，提高分局无线电管理队伍应对突发事件及重大活动的应急处置和保障能力。二是圆满完成“杜鹃花节”无线电安全保障工作。三是积极做好干扰查处工作，共受理干扰投诉8起，查处8起。四是为切实维护考试公平公正，分局制定了《防范和打击利用无线电设备进行考试作弊工作方案》，全年共参加卫生资格、公务员招录、高考等19次考试的无线电安全保障，共出动车辆35台次、人员99人次，抓获考试作弊1起，压制考试作弊信号2起。五是按照市委市政府的统一部署，积极参与党建扶贫，派出专人到金沙县马路乡清坪村开展驻村帮扶工作，解决该村党建工作经费1万元，并资助该村一名贫困大学生学杂费5000元。六是积极参与“法治毕节”创建、“四在农家·美丽乡村”建设和帮扶威宁县石门乡等工作，多次深入挂帮联系点进行调研，积极向上级部门申请资金、协调项目。现已解决金沙县化觉镇法治宣传经费1.5万元；解决金沙县桂花乡果松村美丽乡村建设资金3万元；审批威宁县石门乡新建基站40个，已实现该乡移动通信全覆盖的建设任务。

【加强信息报送，全方位、立体化开展宣传活动】 在“世界无线电日”宣传和无线电管理宣传月活动中，不仅通过现场展览、上门走访、电视、报纸、广播、短信等形式进行宣传，还在贵州工程应用技术学院演播厅举办了“防范和打击新型电信网络诈骗活动专题讲座”，近千名学生聆听了讲座，同时开展了“无线电知识进校园”和在七星关和平社区开展了“无线电宣传进社区”等系列宣传活动，累计悬挂标语20余幅、摆放展板100余张、发放宣传资料1000余份、接受群众咨询300余次。我分局紧紧围绕“三管理、三服务、一突出”的工作原则，找准社会关注的热点问题，以“预防电信诈骗”为宣传重点，采取群众喜闻乐见的宣传方式，有效扩大了无线电管理工作的影响力和社会知名度，让市民充分了解无线电知识和无线电法律法规，“新型电信网络诈骗活动”以及非法设台用频对经济社会秩序的危害性，切实增强了社会遵守无线电管理法律法规的自觉性和预防电信诈骗的能力，开启了无线电宣传的新模式，为今后构建和谐有序的空中电波秩序奠定良好基础。同时，还积极向国家局、省经信委、省局、市委、市政府报送信息，全年共报送简报37期，其中被《中国无线电》杂志采用2期，《中国无线电管理工作通讯》采用3期。

（廖满坤）

电　信

【概述】　2016年，中国电信毕节分公司以服务试验区经济社会为目标，认真履行电信基础服务职能，全面实施“宽带中国.光网城市”战略，全面开展宽带提速及光网改造，打造全光县城及光网乡镇，普及农村宽带工作；启动“互联网+”、大数据、云计算应用，助力智能交通、智能城市等项目建设；持续推广宽带高清电视；实施天翼惠民活动，降低通信成本，满足广大用户多样化需求，推行宽带24小装维超时赔付，持续提升广大用户服务满意度。

【着力提升企业综合服务能力】　一是重点打造核心渠道。2016年，中国电信毕节分公司完成了5个再造TOP厅、9个城市社区店、10个农村标杆卖场的强渠建设目标；强化TOP厅“五统一”及终端拉新率的管理，TOP厅终端拉新率从15%提升到29%；毕节分公司TOP厅2016年服务能力测评名列前茅，七星关区威宁路营业厅评为2016年度集团优秀旗舰店。二是加大厂商渠道合作建设。2016年，中国电信毕节分公司和多家厂商建立合作渠道，在营业门店中进驻厂商渠道，通过渠道覆盖拓展和渠道服务能力提升，有效拓展服务范围，提升服务质量。并与OPPO、VIVO、金立、魅族等手机厂商合作，提升终端进驻门店渗透率达84.7%。三是多样化运营模式。中国电信毕节分公司全市范围内开展打10000装宽带服务，积极推进易信、微信、淘宝等线上线下营销，试点“爱销售”甩单营销服务模式。实现窗口面对面服务向电话远程服务、网络线上服务、移动终端自助服务形式的转变，大大提高客户的业务办理便捷程度，满足客户随时随地的业务办理需求，有效提升企业服务能力。四是通过开展“服务大体验能力再提升”“宽带服务能力提升”等专项行动，组织专题讲座、专家论坛等天翼客户俱乐部活动，持续推进互联网+服务，有效提升客户感知。

【打造两张精品网络，提升企业支撑服务水平】　一是加大光宽带网络建设，2016年，通过“光速行动”的快速推进，累计安排12批次光网络提速改造，完成906个城市小区及243个乡镇所在地光宽改造，全市光端口能力达到36万线；其中城市光端口累计达到25万线，乡镇及行政村累计达到10万线，城市住宅FTTH覆盖率达到96%，乡镇住宅FTTH覆盖率达65%，城市区域及乡镇所在地实现全光覆盖。二是加大移动网建设增速提质，打造3G、4G精品网络。新增C网基站581个，农村C网覆盖从原来的67.8%提升到87.3%。新建4G基站1284个，城市覆盖率达到98.7%，乡镇所在地覆盖率达到92%。三是继续投入大量资金，持续对全市城区网络、农村环网传输中继光缆、跨街、锈断和倒杆断线等问题定期整治，优化网点，全面保障网路畅通。

【践行划小经营，激活企业生命活力】　一是持续推行划小经营，优化承包人员结构，充分释放能量，促进业务发展。2016年，中国电信毕节分公司全面实施经营单元划小承包，全市城市根据街道和区域划小为多个城市支局，农村以区域为标准划定多个农村支局，营业厅以厅的级别划定多个营业厅，政企以行业划定，开展员工脱产承包经营，发挥其主人翁精神，最大限度调动其积极性。二是优化合作经营模式，引入民间资本，积极参与宽带合作建设，大力提升农村宽带服务能力，满足客户上网需求。至2016年底，引资建设端口达3万余线。

【加大监管力度，确保用户信息安全】 一是贯彻落实国家实名制管理要求，防范和打击电信诈骗。2016年，中国电信公司毕节分公司全面执行市委市政府、主管部门管控要求，按照集团、省公司安排，严行执行实名制入网制度。对新入网用户要求100%进行实名制登记，且必须由本人持其身份证明进行办理；对历史入网未落实实名制的客户，通过短信提醒、电话外呼、媒体宣传等形式提醒用户主动配合进行实名制补登，对到期未进行实名登记的客户，采取单身停用、双向停用等方式进行处理，到2016年底，存量实名制登记率达到98%。二是针对伪基站，非法变更主叫号码等高科技诈骗，成立专项工作组，采取技术措施进行防范，畅通相应投诉举报通道，切实保障广大电信用户切身利益。三是实行用户信息安全责任制，完善用户信息安全制度。2016年期间，中国电信毕节分公司设立各级用户信息安全责任人员，签订用户信息安全责任书，将用户信息安全落地单位、到部门、到责任人，有效落实网络与信息安全责任，维护国家信息安全、社会稳定、用户合法权益以及企业网络安全，加强网络与信息安全管理。防止各类违法和不良信息在通信网络中的传播，有效防范和处置信息安全隐患，有效保护公司客户资料等各类保密信息，保证相关信息的保密性、完整性、可用性，保障企业及客户利益。

【扎实推进党风廉政建设，保持企业生机活力】 2016年，中国电信毕节分公司按照习总书记在全国国有企业党建工作会上强调“坚持党对国有企业的领导不动摇”的指示，坚持以“围绕中心，服务大局”“以党建促发展”的党建工作思路，认真开展党建工作。一是认真开展“两学一做”学习教育活动，提高党员素质，充分发挥了党员先锋模范作用；深入大方果瓦乡五星村、威宁石门坎等乡镇开展党建扶贫工作，为地方扶贫攻坚工作展现国企应有的贡献；开展党员进社区、进农村活动，为困难群众捐赠和送温暖，有效拓展企业的社会形象。二是认真履行“一岗双责”，层层落实“两个责任”，将党建工作列入重要议事日程。三是强化监督，严格问责，公司把任命干部和监督干部同步进行，树立“严管就是厚爱”的队伍建设理念。四是深入推进反腐倡廉宣传教育，通过党委成员带头上党课、中心组学习会、廉洁从业培训、支部“三会一课”制度、节日警示等方式，深入学习十八大五中、六中全会精神、《中国共产党廉洁自律准则》《中国共产党纪律处分条例》及《中国共产党党内监督条例》等，不断增强领导干部廉洁从业和风险防范意识。五是加强纪检监察组织建设，落实纪检监察体制机制改革实施细则，提升纪检监察履职能力，做好重点领域的监督检查，从源头上预防腐败。

（黄　祥）

移动公司

【概述】 “十三五”是社会经济创新升级、通信行业转型发展的重要时期，中国移动贵州公司毕节分公司深刻把握行业发展的新形势和新要求，认清面临的机遇和挑战，明确目标和方向，统一思想、积极行动。增强责任担当、增强执行能力，增强从严从实的工作作风，紧紧围绕客户感知，全力打造优质网络，切实提升客户对网络的感知和满意度。2016年全年运营收入达到23亿元，通信客户数到达355余万户，继续保持网络质量领先的绝对优势。

【抓发展，持续保持市场地位】 强化4G规模运营，做好网络、渠道和营销的协同，把控营销过程中换机换卡和换套餐同步，实现4G客户转换一步到位，快速提升4G客户规模，行业市场持续稳定发展。2016年净增用户24万余户，占全省的23.52%，净增份额达93.05%，全省排名第一，通信份额85.07%，全省排名第一；全年净增宽带5万余户，同比增幅220.73%，持续提升客户份额，市场地位得到进一步提升。

【抓服务，全面提升用户感知】 聚焦用户不满意问题点，构建服务联动协同模式，重新溯源，落实关键责任点，设立专人专项小组整治，纳入专题汇报，压力传递至各职能部门，持续提升客户满意度。建立日、周、月、季度学习考试制度通过暗访、业务知识抽查、不定期检查与交叉检查相结合等方式对渠道营业员服务规范及业务技能进行质检。严控投诉处理时限，严管投诉处理质量，提升投诉客户满意度。将日投诉分析、单工号监测常态化，坚持不知情定制零容忍。通过深度剖析NPS贬损客户聚焦原因，深挖用户不满意原因，拟定提升方案，全面提高客户满意度，2016年我公司满意度考核全省第一，持续保持了良好口碑和社会影响力。

【抓重点，聚焦地方信息化发展】 聚焦地方金融、教育、交通等重点行业信息化拓展工作，以集团单位的实际需求为出发点，为毕节党政、教育及卫生行业量身定制信息化解决方案，不断提升行业信息化水平。积极推进毕节市政府协同办公平台的接入工作，以专线+教育信息化产品打包教育信息化方案，通过营销活动与信息化业务打包融合，夯实基础，营销服务和运营支撑能力稳步提升，集团产品和行业信息化规模不断推进。通信和信息化收入达1亿余元，年度目标完成率全省排名第一，通信和信息化收入份额达41%，已实现三分天下有其一的目标。

【抓建设，提升网络竞争能力】 为持续建立和保持网络竞争新优势的核心，建成4G基站达6793个，实现全市已通车高速公路、重点景区全覆盖及89%的行政村覆盖；共建设完成宽带端口约35万个，覆盖用户约105万户，初步实现了重要城区和1836个行政村及部分自然村的有线宽带接入；此外，还通过700M项目完成了992个行政村的无线宽带覆盖；共计完成传输线路建设5.3万皮长公里，成功实现了全市城区及2828个行政村的光缆连接以及主要市政道路的管道覆盖。

【抓履责，彰显企业社会责任】 截至2016年底，毕节移动分公司在全市社会营业网点共计2000余个，解决了万余名社会人员的就业问题，为地方财政贡献税费达1.6亿元。全年开展应急通信保障47次，出动应急通信车50次，投入应急通信设备套47次，动用人员500余人，圆满地完成了地方各项应急通信保障任务。组织青年志愿者开展了学雷锋义务植树劳动、尊老敬老、帮困助贫、关爱农民工子女等形式多样的志愿者活动62次，参与人数达807人。积极响应政府扶贫政策，不断加大定点扶贫乡镇的移动通信网络建设力度，为贫困乡镇信息致富搭建网络桥梁，助力毕节市扶贫攻坚行动。在扶贫工作共涉及的纳雍、威宁、赫章3个县共18个乡镇建成2G基站220个、4G基站265个，共覆盖行政村287个，其中贫困村237个、覆盖贫困人口12.3万人，较好地解决了贫困乡镇基础通信及一村一品电商发展等问题；完成了威宁县石门乡14个行政村、87个居民组的手机网络覆盖和石门女姑等8个行政村的宽带网络覆盖，解决了贫困山区农民通信需求。

【抓落实，推动党风廉政建设】 始终把党风廉政建设和反腐败工作作为党的建设重要内容，以落实“两个责任”为抓手，对党风廉政建设和反腐败工作、作风建设、两学一做等方面进行专题学习，逐级签订党风廉政建设主体责任书22份、监督责任书11份，实现党风廉政建设的“一岗双责制”“目标责任制”和“分级负责制”，推动两个责任的落实。强化党员干部员工思想教育，开展以“守纪律、讲规矩、强党性”为主题的反腐倡廉集中教育活动，以6+N的活动形式将活动教育100%覆盖到每一名党员、员工。深入推进嵌入式廉洁风险防控建设，完成14个业务领域廉洁风险防控机制建设，公司党委召开2次会议集体审定各领域

A级风险点。通过廉洁风险分析评估，进一步核定敏感岗位人员80人，建立了廉洁风险信息库，2016年完成17人工作轮岗。坚持把纪律和规矩挺在前面，加大谈话函询力度，促进执纪监督"四种形态"落实，开展合作单位廉政谈话83人次，任前廉洁谈话和约谈16人次，三级副经理以上人员廉洁谈话159人次，各单位自上而下开展集体廉政谈话348人次，领导班子对分管部门管理人员落实党风廉政建设责任制约谈21人次，覆盖率达到100%。把预防提醒教育挺在前面，为营造公司风清气正的廉洁氛围打下牢实的基础。

【抓责任，强化党建工作责任】 选举产生了中共中国移动毕节分公司第三届委员会和第三届纪律检查委员会；对分公司原行政党支部、市场党支部进行拆分，严格把关支委人选，配齐配强支委班子，从分公司党委书记到各基层支部书记，都严格履行"一岗双责"。深入开展"两学一做"学习教育活动，开展了"四讲四有"专题研讨，每月对各支部"两学一做"学习教育开展情况进行统计上报，在"学党章党规、学系列讲话、做合格党员"的基础上，引导广大员工深入到"学规章制度、学先进模范、做优秀员工"的活动中，将"两学一做"真正做到与公司的经营管理相结合。举办"两学一做"党团知识竞赛，"树立先进典型，道德模范在我身边"主题演讲比赛，手抄党章100天，"七一"先进基层党组织、优秀党务工作者、优秀共产党员表彰等活动，并作为"两学一做"的企业示范点，承办了市直"两学一做"的学习教育观摩活动。同时，严格落实"领导班子党建联系点制度"，把党建工作和业务工作紧密结合，深入走访了8个县市公司支部和分公司6个支部，召开座谈会11次，通过查阅资料、听取汇报、座谈交流等方式对党团建设、党风建设和反腐败工作、"两学一做"学习教育及生产经营等工作进行调研，以现场查看、查阅资料、听取汇报、座谈交流的方式征集到各类意见和建议83条。现场对部分问题进行了解答和回复，不能现场解答的48条意见建议带回并形成调研报告，责成相关部门按期回复并跟踪解决。

【抓氛围，构建和谐发展基础】 举办了"党团知识竞赛"，"黔移文明号.微笑在行动"服务技能竞赛，"幸福1+1"系列活动、"和你一起同心同行"第三季趣味运动会等活动，组建了足球、羽毛球等兴趣小组，员工参与率超过60%。在全省"幸福1+1"员工羽毛球、乒乓球比赛中，我公司获得了羽毛球男子双打第一、二名及女子双打第二名，羽毛球男子单打第一名及女子第二名，羽毛球团队第一名及羽毛球、乒乓球团体第一名的好成绩。在"两学一做"学习教育中，党团员青年同志也始终走在前列，高校活动现场、网络建设阵地、宽带突击前沿、抗洪救灾先锋，无不是党团员青年们冲在第一线。随着企业文化活动载体的丰富，示范建设成效显著突出，各项荣誉纷至沓来，分公司团委被省公司评为2015年度"五四红旗团委"；赫章、黔西、市营销中心三个团支部被团市委评为"全市五四红旗团支部"荣誉称号。在创建2016年度全省五四红旗团委工作中，毕节分公司团委以全市唯一企业、全省移动系统两家之一的优势进入创建名单。

（苟艾华）

联通公司

【概述】 2016年，是国家"十三五"规划开局之年，也是毕节联通全面落实聚焦战略的起步之年。分公司认真贯彻党的十八大和十八届历次全会精神，落实集团公司"聚焦、创新、合作"战略，围绕省分公司"双轮驱动、创新发展"工作引领，坚持"城乡协同、聚焦引领、对标赶超、规模突破、效益管理、创新发展"工作主线，适应新常态，抓抢新机遇，全力推进分公司持续健康发展。全面实现年初既定的经营目标，各项工作取得新的进展。

【全面从严治党，抓党建、促发展取得新成效】 加强党建和党风廉政建设。开展"两学一做"学习教育，组织"践行两学一做、勇当五个先锋"和"攻坚克难、党员先行"主题活动；严肃党内政治生活，认真执行"三重一大"决策制度、"三会一课"制度，民主评议党员、党支部书记述职考评，筑牢责任意识；密切联系群众，落实“三个一切”解决基层问题；完成3个基层党支部“五好”支部创建验收。狠抓落实党风廉政建设“主体”和“监督”两个责任，强化组织保障，完善宣教体系，加强党员干部思想教育，加强党史教育、警示教育；加强纪律教育，强化规矩意识；开展多种形式廉洁提醒，组织例行约谈；坚持把纪律和规矩挺在前面，狠抓党风企风建设，营造风清正气。完善职工代表大会制度，发挥工会、职代会在构建和谐企业进程中的重要作用；推进公司企业文化和精神文明建设，全力构建“团结、奋进、协作、创新”的毕节联通企业文化；开展对困难员工“送温暖”活动，为职工做好事、办实事，增强企业凝聚力。

【全面完成年度经营目标】2016年，在省分公司领导下，在地方党委政府及各级部门关心支持下，分公司上下继续发扬“干字当头、敢字为先、拼字求胜”的精神，较好地完成了全年经营目标：超预算完成收入目标，增长持续列全省分公司第4位；利润持续改善；业务结构持续优化；整体服务能力全面提升，网络支撑与服务能力有效提升，队伍能力持续增强。

【主要领域工作取得新进展】聚焦“重点业务”取得新进展。坚持全面实施聚焦战略。聚焦4G业务，坚持以4G引领移动业务发展；聚焦宽带业务，坚持以视频融合推出“4K超清视频业务和千兆宽带产品”引领宽带业务发展；聚焦流量引导，推出“流量王100”套餐，省内流量无限量；聚焦创新业务，聚焦旅游、消防、交通大数据等优势业务，持续推进ICT、IDC、云计算、物联网、大数据等创新业务发展。

网络支撑保障迈上新台阶。加快网络和基础设施建设，全年累计完成投资1.4亿元，新增4G基站424个、3G基站130个、室分覆盖楼宇5个小区、宽带端口5.1万个、IP城域网出口带宽160G、光缆达3.3万公里。全面完成光改任务，建成全光网络。顺利完成威宁综合楼建设并于10月投入使用。深化运维体制改革，推进全市维护和网优集约化，全年移网质量申告率和宽带平均故障申告率分别同比改善47%、16.5%。通过搬迁BBU方式、网络结构调整、超长阻断基站管控、4G网络支撑保障，提升网络接通率、降低网络掉话率，3G/4G网络指标全部达标。在11月中旬省通信管理局组织对三家运营商高速公路网络测评，毕节联通网络质量第一。通过宽带扩容、环路保护、光改提速、深化覆盖、内容建设，提升宽带网络领先。城区全面实现光网络具备50M-100M接入能力，乡镇全部实现FTTH网络具备50M以上接入能力。强化IT支撑保障，实施信息化一体化运营，推动信息化支撑水平不断提升。客户服务水平实现新提升。坚持以客户感知引领服务质量改善，从客户口碑、触点体验、投诉解决等三个方面开展客户感知提升工作。建立NPS常态化运营机制，坚持对关键触点服务质量进行深入体验，坚持问题导向，持续深化大服务体系运营，聚焦4G、宽带等核心业务和窗口服务、电子电话渠道、网络质量等用户关键感知点，推动客户感知提升。企业基础管理水平得到新提升。强化经营全过程的降本增效，强化成本意识、节约意识和效益意识；加强预算执行，对非生产性行政线成本严格管控，降低行政办公费用；对与资源量挂钩的网运线成本要从系统协同、节能节电、新技术运用等维度找办法，在保证网络质量的前提下全力降低网运成本，推进降本增效刚性执行。规范物资采购管理。按照“规则在先、实施在后”原则和“三重一大”决策要求，通过集体“决策采购方案、确认采购结果”，进一步规范物资采购。利用内部商城减少各级单位现金支付，实现“去库存化、去现金化、去行政化”目标，更好支撑基层单元。加强内控与风险管理。加强网络信息安全、安全生产和保密工作。夯实安全生产、保密工作基础管理，杜绝责任安全事故和失泄密事件发生。履行社会责任取得新进展。积极履行企业社会责任，认真落实国家“提速降费”要求，手机流量单价累计下降60%，固网宽带资费累计下降67%。通过“小能人”工程，扩大农村宽带网络覆盖范围。健全实名制工作长效管理机制，实名率达到100%。落实防范和打击通信信息诈骗专项工作，面向广大用户推出防欺诈提醒公益服务，实现五成以上欺诈被成功劝阻。积极响应政府扶贫攻坚号召，抽调人员赴黔西县甘棠镇梨子村进行定点和驻村扶贫。加强应急处置和重要通信保障，落实防汛抗灾保通信工作，完成毕节市主办贵州省旅发大会等24次通信重保任务。

（办公室）

供销合作

【概述】 2016年，区供销社在区委、区政府的领导下，在市供销社的指导下，认真贯彻落实市、区经济工作会议和农村工作会议精神，深入学习贯彻中发[2015]11号、黔党发[2016]5号、毕党发[2016]12号文件精神，秉承为三农服务的思想，努力抓好以化肥为主的春耕生产农业生产资料供应工作；商品购、销总值、总营业额以及化肥购、销情况较为理想，成效明显。

【主要经济指标】 截至12月底止，全系统完成总营业额216745.5万元，比同期增长18.64%；所有者权益8127万元，比同期增长20%；完成销售各类化肥132856吨，比同期增长47.37%，全系统利润汇总盈利5437万元。

【充分发挥供销社农资供应主渠道作用】 一是做到早计划、早安排、早部署，积极筹措资金，落实购销合同，多方筹措资金，组织调运优质化肥入库，完成了6000吨化肥淡季储备任务；二是提高农资连锁配送率，充分发挥村级综合服务站、农资店销售网络优势，使农民足不出村就能买到由区公司统一配送的化肥；三是为了调节化肥价格和平抑化肥市场，区供销社继续每年一次在海子街、朱昌、长春等地开展“保障春耕、化肥低价送下乡”活动，以每包低于市场价13元的价格让利于群众，此次活动，共向市场供应20余吨，共计让利给群众6000余元。

【推进基层供销社改革发展，加大为农服务力度】 一是按照进一步推进农村供销合作社的建设和开放办社的有关要求，通过对亮岩、水箐、大河、八寨坪、小坝5家个体商业户的综合实力情况和经营能力状况进行考察后，分别与这5家签订了组建新型基层供销合作社的合作协议，让其承担供销社相关公共服务，代行供销社受政府及涉农部门委托的供销社职能，提前完成了市社下达的任务。二是村级综合服务站升级改造工作，根据市社下达的建设内容及标准，52个村级综合服务站按照制度建设、场地建设、仓储建设、货源充足的有关要求已全面升级改造完成。三是庄稼医院的建设严格按照省社下达的标准组织实施，根据定人、定岗、定责的有关要求，完善庄稼医院的药（商）品分类，明码标价，以庄稼医院升级改造为试点规范建设4个乡镇级庄稼医院，分别是亮岩供销社庄稼医院、田坝桥供销社庄稼医院、海子街供销社平义食用菌专业合作社庄稼医院。四是引领和创办的2个农民专业合作社项目已实施完成。五是积极争取政府的支持，将贵州省供销社“贵农网”农村电子商务落户到七星关区电子商务产业园组建成立“贵农网”农村电子商务运营中心，争取把七星关区申报为“贵农网”农村电子商务第二批试点县（区）建设之一。六是积极组织招商引资盘活社有闲置资产，努力培育完成2个以上三位一体的新型供销合作社。

【发展扩大社员股金，积极参与农村金融服务】 按照【2009】40号《国务院关于加快供销合作社改革发展的若干意见和黔府发【2010】9号《贵州省人民政府关于进一步加快供销合作社改革发展的实施意见》以及《贵州省促进供销合作社发展条例》的有关文件精神和政策，截至2016年，全区共办有社员股金服务部（办事处）8个，从事社员股金专（兼）职管理人员35人。共有入股社员1318户，入股股金5677万元，其中：农民社员912户入股4143万元，社区居民社员59户入股167万元，原小商品批发市场260家经营户入股600万元，基层企业内部职工87人入股117万元，供销系统5家企业入股450万元，通过社员股金的互助和调剂，累计调剂股金8410万元，取得了较好的社会效益。通过吸纳社员股金、调剂资金，起到了帮助社员解决因发展生产与资金短缺矛盾的作用。

【学习贯彻情况】 认真学习贯彻《中共中央　国务院关于深化供销合作社综合改革的决定》和《中共贵州省委省人民政府关于深化供销合作社综合改革的实施意见》，切实把思想和行动统一到中央和省委的决策部署上来，按照深化供销合作社综合改革的总体要求，为政府代拟草《中共七星关区委　区人民政府关于扎实做好供销合作社综合改革的实施方案》，深入推进供销合作社综合改革，努力拓展经营服务领域，更好履行为农服务职责。

【“两学一做”学习教育】 该单位把开展好“两学一做”学习教育作为落实全面从严治党的重大举措，作为2016年党建工作的重中之重，超前谋划、积极行动，确保了学习教育安排有序、扎实推进。一是及早着手营造深厚氛围。我单位将此项工作牢牢抓在手上，认真研究谋划，做好各项准备工作。及时召开全体党员会议，认真学习传达习总书记对“两学一做”学习教育的重要指示、中央和省、市及区委组织部、区直机关工委的通知精神，结合实际迅速启动，建立学习制度，做好学前准备，营造了学习教育氛围。二是扎实安排部署。在认真学习贯彻中央、省、市、区委会议和文件精神的基础上，拟定了《区供销社“两学一做”学习教育实施方案》《区供销社“两学一做”学习教育进度安排表》等，明确了学习教育的目的意义、主要任务、推进措施和组织领导，并召开了“两学一做”学习教育启动会，对区供销社“两学一做”学习教育进行了全面安排，迅速展开了学习教育。三是强化责任落实。成立了以党组书记为组长、机关党委书记为副组长，各支部书记为成员的领导小组，具体工作由办公室承担。各支部也成立了相应的组织。确保了学习教育活动有领导、有组织、有人员、有落实。并将离退休党员全部纳入学习教育范围，确保了党员全覆盖。

【开展“脱贫攻坚，党员先行”主题实践活动】 围绕我区脱贫攻坚精准帮扶工作，社党组坚持把为基层党组织和党员解难题办实事作为基层党组织建设的出发点和落脚点，一是实施“党员关爱”行动，春节期间投入经费9000余元，对离退休党员和困难党员进行关心和帮助，让他们过上一个欢乐、祥和的春节。二是党组书记亲自带领25名党员深入联系点撒拉溪镇冲锋村、双龙村和水浸沟村，分别到家庭困难的贫困户家中走访慰问，为30户（其中贫困党员9户）贫困户送去了大米、菜油等生活物资。通过走访，使他们感受到了党的温暖和党员干部的爱心。

【党风廉政建设】 结合单位实际，一是制定了《2016年党风廉政建设和反腐败工作要点》，分解了目标责任，层层签订了《2016年党风廉政建设责任书》，开展了学习贯彻落实《廉政准则》系列活动，把党风廉政建设列入重要议事日程，同单位的各项工作紧密结合，统一研究，统一部署，统一落实，统一检查，一级抓一级，一级带一级，层层抓落实。二是狠抓干部作风建设，永葆党的纯正本色。严格贯彻落实中央“八项规定”和省委、市委、区委“十项规定”，党组按照“踏石留印、抓铁有痕”的要求，加大作风突出问题专项整治和监督检查力度，坚决纠正形式主义、官僚主义、自由主义等不良风气，严格执行勤俭节约、反对铺张浪费的有关规定，严厉整治公款大吃大喝、公款旅游等行为，加强公务用车管理使用，落实派车用车、领导干部驾驶公车和公车私用管理制度。

【安全工作】 区社十分重视安全工作，一是组织人员对重点单位进行安全大检查，以排除隐患；二是加强对烟花爆竹的经营管理，定期或不定期进行安全教育和检查，确保经营硬件达标。截至2016年，共对重点单位进行安全检查18次，突击检查2次，全系统未发生任何安全事故和责任事故，安全生产形势良好。

【信访工作】 着力抓好信访工作，在服务大局上求稳定。在信访工作上始终坚持有领导机构，结合供销系统的实际，拟定了《区供销社2016年群众信访工作要点》《区供销社2016年矛盾纠纷和信访问题排查化解“百日攻坚战”工作实施方案》和《全国“两会”期间信访维稳预案》，并在全系统集中开展矛盾纠纷和信访问题排查、化解和稳控工作，深入分析，以人为本，尽全力化解信访问题，积极为区委、区政府分忧解难。截至目前，共接待信访问题12件、来访43人次。给予当场签交和解决的7件20人次，其中通过解释工作放弃诉讼3件6人次，通过调解协调处理1件2人次，引导进入司法程序的1件3人次。市供销社及上级信访部门交办的信访案件5件，通过调查处理已答复3件。通过核实因原有司法结论不再受理的1件，案已办正在协调经费解决的1件。

（颜　燕）

烟草专卖

【概述】　毕节市七星关区烟草专卖局·毕节市烟草公司七星关区分公司成立于1983年，至2016年区烟草局（分公司）机关设职能股（室）10个、下设机构13个（烟叶站6个、专卖稽查中队6个、科技园1个）。全系统现有员工714人，其中在岗职工449人，内退人员27人，离退休人员238人。

2016年，在七星关区委、区政府和毕节市烟草局的坚强领导下，七星关区烟草专卖局（分公司）以十八大、十八届五中、六中全会精神为指引，以“两学一做”学习教育为契机，全力推进全面从严治党，严格落实党组主体责任和纪检组监督责任，通过全体员工的共同努力，较好地完成了2016年生产经营管理各项目标指标，取得了“四个明显提升”：一是企业形象明显提升，二是队伍活力明显提升，三是规范意识明显提升，四是市场意识明显提升。

【烤烟生产】　2016年，七星关区烤烟工作严格按照“守红线、控规模”的总体要求，狠抓质量主线，推进专业化服务，烟叶生产精准调控得到有效落实。一是严格面积落实。按照市局（公司）年初下达计划面积做好资源分配，以1100株为1亩确保面积栽足、栽实。二是优化烟叶布局。将计划资源向有市场需求、生态条件好、烟叶特色明显、完成计划好的烟区倾斜。三是推动烤烟生产主推示范技术落地。重抓病虫害防控和专业化烘烤，以合作社为平台，进一步加大培训力度，建立强有力的病虫害综合防治队伍和科学烘烤队伍，全面减少病虫害和烘烤损失；全面推广“片区服务、网格管理”的生产模式，打造“生产单元化、管理网格化”的生产格局。四是在烟叶收购中，实现了零违规零违纪和平稳关仓，打破了连续多年未完成收购任务的困难局面。

2016年，全区共计收购烟叶115640担，完成上级局下达收购计划11.45万担的101.11%；上等烟比例占53.44%；担烟均价1317元，比上年增加83元。实现烟农收入152297万元，实现烟叶税收3350.53万元。

【专卖管理】　2016年，七星关区烟草专卖管理工作紧紧围绕专卖“双争”活动、黔锋五号专项行动，扎实开展“五精”专卖管理，年度专卖工作获全市烟草商业综合考核第一名，“双争”活动获全市第二名。一是加强精心案件管理。以中队组织集中整治、突出检查、蹲点监管等方式制止销售假、非、私卷烟行为，由专业打假队伍联合公安部门开展联合执法打击涉烟违法犯罪；加强与公安、工商密切配合，充分利用协作资源，以突破大要案件为抓手，打击涉烟违法犯罪活动。共查办案件70起，其中，5万元以上案件14起，超过计划数8起；“双30”案件2起；国标网络案件1起；省标网络案件2起。二是实施精准市场监管。以毕节市市场监管系统为支撑，实现1比90–250户的监管比例模式；在“3·15”“5·15”“6·29”期间开展法律法规宣传，抓住今冬明春、中秋国庆等重点时期开展整治活动、“黔锋五号”专项行动，市场综合净化率达98.9%。三是强化精细证件管理。采取及时受理办结方式落实零售许可，适时跟进方式开展零售许可后续监管，共受理866条信息，完成861条，新办《烟草专卖零售许可证》418个，零售许可和管理全面实现2日办结，规范了875户卷烟零售户持证经营、守法经营行为。四是扎实开展双争活动，推动精诚队伍建设。以“双争”活动为平台，打造六个标兵，规范行政执法活动，促进作风转变，增强专卖人员学法用法、文明执法意识，控制“三案”发生更严。五是推进精实基础管理。强化标准落地和信息化管理，将标准实施和精益管理普及到专卖管理各个阶段，以月度、季度检查方式考核各中队工作开展情况，促进标准实施落地；充分融合标准化管理、精益管理，整合专卖资源，融合市场监管方式，以日常管理、集中治理、联合执法方式，着力开展五大模块工作，确保基础管理工作得以提升。

通过强化“五精”专卖，净化卷烟市场，全年销售卷烟42748.09箱，完成年计划42600箱的100.34%，同比增加508.2箱，同比增长1.2%。单箱销售均价为33937元/箱，同比增加341元/箱，同比上升1.02%。实现销售收入145073.62万元，实现含利毛利43360.71万元，同比增加3534.19万元，增幅8.87%；实现卷烟毛利率29.89%，同比增加6.52个百分点。

【基础管理】 2016年，七星关区烟草局（分公司）基础管理工作取得实质性突破：一是财务目标得以有效控制。烟叶生产投入比例约10.14%，低于控制线12.99%；业务招待费等重点费用控制在上级局下达的考核目标以内。二是文明机关创建成效显著。通过文明机关创建活动，树立了机关形象，提升了机关效率。三是党建扶贫工作不断深入。通过发展产业扶贫，烟草扶贫新村建设，驻村第一书记作用的发挥，一批贫困烟农得以脱贫。四是基础设施建设有力。2016年完成了以前年度基础设施建设续建项目，其中机耕道33条73.19公里，农机具购置562台（套）。完成全程农机化试点1个；完成设施闲置综合利用率超过目标31%；完成维修维护率超目标10%；管护资金使用率超目标20%。五是员工满意度显著提升。通过共同努力完成目标，通过思想大讨论统一思想，通过“两学一做”净化生态，七星关烟草干部员工干劲十足，对发展充满信心，满意度较高。

【党建工作】 2016年，七星关区局（分公司）党组把党建作为最大政治任务，紧紧围绕党要管党、从严治党要求，将“两个责任”扛在肩头、落实在行动上，形成了一把手带头履职，班子成员共同负责，各部门狠抓落实的工作格局。一是明确党组主抓，确保工作落地。年初党组召开专题会议研究部署落实全面从严治党工作，组织签订了党风廉政建设责任书29份、廉洁自律承诺书438份、落实全面从严治党的主体责任责任书27份。并完善了干部廉政档案，聘任了党风廉政信息员12人，制定考核方案，成立主体办，由党组书记为主体责任第一责任人，班子成员落实“一岗双责”任务。二是坚持学习制度，强化理论武装。全年召开4次党组中心组学习会，聘请专家辅导学习2次，主要领导上党课2次，各领导班子成员深入挂片烟叶站上党课1次、开展警示教育1次，参加行业党务工作培训15人次，“五大发展理念”轮训8人次，补足干部队伍精神之“钙”。三是完善议事规则，落实民主集中制。修订党组会议、局长（经理）办公会、“三管会”议事规则，大力发扬党内民主，规范工作方式和决策程序，推行领导班子在讨论重大问题时“一把手”末位表态制，严格规范和约束权力运行。四是推进党建工作全覆盖。建立了班子成员党建工作联系点制度，挂片帮扶各基层烟叶站党建、基础管理、两项责任落实及目标任务完成工作的考核制度，深入基层指导和督促各支部党建工作，确保各项工作顺利推进；严格按照“支部党建1+1”的联系制度分别与各乡镇村委组成结对共建单位，选派3名人员作为驻村扶贫“第一书记”，结对帮扶困难乡镇3个，投入帮扶资金6.94万元，扎实开展好党建扶贫工作。五是强化执行监督长效作用，规范管理实现零违规零违纪。区局纪检组严格按照全面从严治党监督责任总体要求，执行执纪监督问责职责，确保规范管理水平提升。通过送廉政下基层、“七一”专题党课等活动，共有632人次参加，覆盖率达到100%，增强干部职工拒腐防变能力。并推进干部约谈常态化，全年开展59人次预防提醒谈话，4人次纠错诫勉谈话，做到早警戒、勤提醒、常监督。此外持续深化企检合作，与区检察院策划“烟叶收购环节廉洁风险防控体系构建”课题，共同开展预防职务犯罪工作，确保干部职工履职平安，实现零违规零违纪。

（刘润生）

教育　文化　科技

教　育

【概述】 认真贯彻党的十八大及十八届历次全会精神，省、市、区教育工作会议精神。执行区委、区政府教育工作部署。进一步深化教育改革，积极推进素质教育；不断优化教师队伍，努力提升教育教学质量；加强薄弱学校建设，促进义务教育均衡发展，全力办好人民满意的教育。

【基本情况】 全区共有学校818所，其中幼儿园387所（含山村幼儿园290所），完全小学295所，教学点27个，初级中学54所，九年一贯制学校34所，特殊教育学校2所，高级中学5所，完全中学11所，中等职业学校1所，十二年一贯制学校2所。在校学生349422人，其中幼儿园54491人，小学157778人，初中89947人，特教637人，普通高中43102人，中职3467人。专任教师20899人，其中幼儿教师3682人，小学教师8713人，初中教师5510人，特教教师83人，高中教师2693人，中职教师218人。

【各类教育协调发展】 一是学前教育办学空间不断拓展。改建乡镇中心幼儿园和山村幼儿园，合理规划幼儿园建设。支持民办与公办同步发展，规范办园行为，提高覆盖率。全区4—6周岁幼儿78560人，在园幼儿67977人，学前三年毛入园率为86.53%。幼儿教学班1830个，教职工3682人，达“两教一保”标准班级1649个，达标率为90.11%。二是义务教育办学质量不断提升。推行中小学集团化办学模式，以市实验学校、毕节二中、区第三实验学校、毕节四小、北大附校等5所学校为龙头，组建覆盖28所中小学的5个教育集团。九年义务教育巩固率为98.66%。“三残”儿童少年入学率为90.95%。义务教育辍学率小学0.11%、初中0.61%。进城务工人员随迁子女3913人，就读公办学校3129人，就读比例为79.96%。三是高中教育改革不断深化。注重文化建设，发挥特色优势，深化课程改革，坚持数量与质量并重，加快推进省级、市级示范性普通高中创建工作。参加高考的13889名学生，11976名录取到省内外大专院校，比去年增加1505名，录取率84.42%，比去年增加0.87个百分点。录取总数中，本科共录取7004名，比去年增加1317名，录取率50.43%，比去年增加4.07个百分点。其中，提前本科录取138人，录取率0.99%，比去年增加0.14个百分点；一本录取2158人，录取率15.54%，比去年增加3.84个百分点；二本录取4708人，录取率33.90%，比去年增加8.55个百分点。四是职业教育持续发展。继续推进“校政、校企、校校”合作办学模式，加快省级示范性中等职业学校创建进程。开设专业从2010年的3个增加至现在的6个，同时与上海、重庆、广东等地学校联合办学，开设16个专业。强化“双师型”教师队伍建设，中职专任教师从2010年的88人增加至现在的218人。完成中职招生任务

9258人，完成率78.46%，其中，区职中完成1449人，占任务数2000人的72.45%。中职学校流失率为8.18%。五是民办教育健康发展。采取“以奖代补”形式支持民办教育，认真落实民办教育有关扶持政策，加强民办学校规范化管理，推进民办教育健康有序发展。

【办学条件】 23个薄改项目，6个竣工并投入使用，17个主体正在施工。中央、省级资金投入4402万元，区级财政配套投入1700万元的22个项目，已完成15个改扩建项目，7个新建项目正在进行基础施工。毕节二中、毕节四中的迁建项目和第二实验学校、第四实验学校的新建项目稳步推进。投入资金4872万元，补充2000套“班班通”教学设备;有网络信号的学校都接入网络；投入资金2552万元，补充学生计算机7000台（含桌椅），建设计算机教室272间。各中小学基本实现优质资源班班通，宽带网络校校通,计算机教室全覆盖，且生机比基本达到贵州省中小学办学标准。投入资金1654.83万元，补充中小学教学实验仪器设备291套，各中小学教学实验仪器配置达到省定标准。

【教研教改】 一是抓好课题实施工作。完成“十二五”期间19个区级课题结题工作，毕节四小和普宜中学省级课题开题工作，撒拉溪中学、教管中心的省级课题中期评估指导工作，23人到江苏参加教育部关公委课题研修培训工作，区级课题二级培工作。304个区级课题立项，组织专家分别到七片区进行开题指导。二是开展教育科研论文竞赛及优秀教育资源开发工作。经区级评选，508篇作品送省参评。三是开展中小学优质课竞赛活动。分别完成小学语文、体育、科学、音乐、小学信息技术、综合实践，初中政治、数学、化学、综合实践，高中政治、高中数学区级优质课竞赛活动。推荐小学体育2人、科学3人、音乐2人参加毕节市优质课竞赛活动。分别上报小学、初中综合实践优质录像课参加市级评选。组织高中学生在毕节二中参加全国高中化学竞赛和数学竞赛。四是开展校际交流活动。组织区实验中学等11所学校在区第三实验学校开展“毕节市首届高效课堂教学大赛暨毕节市课改联盟学校高效课堂精彩展示活动”。组织各教管中心教研人员及四年级语文、数学教师共80人在阴底教管中心开展小学“同课异构”有效教学研讨活动。组织南京洪武北路小学、深圳罗湖区东昌小学与毕节四小在毕节四小开展“三校”联动教学研讨活动。组织杨家湾中学与金海湖新区响水中学在杨家湾中学开展交流活动。组织深圳市笋岗小学、滨河小学与区第一实验学校和毕节十九小在区第一实验学校开展“四校”交流研讨活动。五是抓好语言文字工作。组织38所申报省、市、区级语言文字示范校的学校开展培训工作。完成九小等19所学校的区级语言文字示范校评估验收。六是抓好“陶研会”工作促进全区软实力建设。组织10个项目学校校长在贵州工程应用技术学院参加“毕节市陶行知教育思想研究会成立大会。”组织380名城区小学及周边镇乡教师在毕节一小参加由四川乐山翡翠实验学校校长等3人任主讲的“语文快乐也轻松”教学策略研讨培训活动。七是完成“一师一优课，一课一名师”1300节晒课任务，并推荐参加市级评比，中小学各学科共35节获市优课，占全市三分之一。八是抓好义务教育阶段教学质量监测工作，抽取六年级语文、数学进行集中评改，并进行质量分析。九是组织中小学师生参加信息技术大赛。中小学生43件作品在贵州省“多彩创客、智造无限”首届创客嘉年华决赛中获作品数全省第一，一、二、三等奖获奖人次全省第一。组织参加省、市举办的中小学教师实验教学技能创新大赛获全市团体二等奖。

【教师队伍建设】 通过国家特岗教师专项计划录用教师240名，区级自主招录教师79名，从乡镇街道考调169名教师补充到城区缺员学校，招募840名幼儿教师志愿者到山村幼儿园。安排37人支教，其中外派支教11人，区内支教26人。采取“走出去学、引进来讲”等培训方式，开展教师培训轮训工作。其中，国培443人，计10254学时；省培274人，计9826学时；市培538人，计14249学时；区培12547人，计475917学时；校培12547人，计328648学时；远程培训1832人，计25505学时；新教师培训509人，计48056学时。强化师德师风监测、督查制度和责任追究，落实师德“一票否决”规定；强化考核和评优工作的严肃性、程序化，确保考核和评优工作公开、公平、公正。开展师德师风建设“回头看”教育整治活动。对全区中小学校师德师风建设开展情况进行专项督查。建立省级初中名校长工作室1个，省级乡村名师工作室8个，区级名师名校长工作室2个。完成中小学（幼儿园）教师8526人专业能力考试工作，偏远学校教师生活补助的摸底和发放工作，11名省级骨干教师、4名市级名师、1名优秀校长、32名第十一批市级骨干教师培养对象考核期初审上报以及33名市级第十二批骨干教师评选推荐工作。组织全区教师开展各类教学竞赛等活动，不断提升教师业务素质。表彰优秀教师385名、先进教育工作者141名。

【安全工作扎实开展】 教育局、教管中心、学校、幼儿园分别成立以主要领导为组长的领导小组，层层签订目标责任书。完善警务室“五个制度”、工作报告等制度。通过召开全年、学期、月工作会议及重点工作专题会议，下发文件等形式，全面落实安全工作。以“第二十一个全国中小学生安全教育日”等节日为宣传契机，共发放宣传资料30余万份，签订各类责任书60余万份，发放光碟1000张，悬挂条幅180余面，制作展板300余块。联合公安等成员单位出动人员500多人次、执法车辆200多台次，收缴学生携带管制刀具等危险物品6次，校园周边餐饮、乱摆摊设点、占道经营、流动摊贩、网吧等排查整治4次，学校及幼儿园建筑和消防设施隐患排查4次，并对校车进行不定期排查。配备安保人员1236人，并利用节假日、寒暑期对其进行培训。430所学校（幼儿园）配备视频监控系统。成立“四个工作机构”，狠抓“六个做好”和“四统”工作，确保食品质量和食品安全。抓好在建项目施工现场、校舍及附属设施安全。强化汛期安全和防溺水工作。开展防踩踏、防地震、防汛防洪、防地质灾害、防火等方面的应急演练共300多场次。创建省、市、区级“安全文明校园”87所，市级“防震减灾科普示范学校”3所；市级“应急管理规范化学校”105所；市级“消防安全教育示范学校”1所。

【惠民政策全面落实】 按时下发农村寄宿贫困生第一批生活费补助资金1640.4万元，中职助学金178.2万元，免学费资金256.2万元。下发精准扶贫资金810.73万元，资助精准扶贫户高中子女2825人，中职学生99人，本科292人。完成营养餐工作员2000余人次的培训工作，424所营养改善计划试点学校169663学生的供餐工作，13500名大学生生源地信用助学贷款工作。至少划拨500万元用于建立留守儿童关爱基金，按照“七长、双线、九平台”工作措施，着力抓好留守儿童关爱救助保护工作，开展“四在学校·幸福校园”创建活动，按照“五有五全”标准创建阳光少年之家175个，建成农村学校少年宫15个。

【多项工作并进】 一是未成年人思想道德建设工作。开展“祖国好·家乡美”“三生四爱五心五好”等主题活动600余次。二是大力开展素质教育。实施211工程（两项体育运动技能：一项艺术特长，一项科技创新能力）和2451工程（两队：文艺队、体育队；四节：艺术节、运动会、科技节、读书节；五组：书法、美术、文艺、体育、科技兴趣小组；一特长：每个学生具有一项以上的特长）。组织开展中小学足球联赛。三是推进教育环境建设。按照“六化四园”标准，加大校园文化建设力度，初步形成“一校一特”的格局。四是教育信息报送工作。累计报送200余条，被《毕节晚报》《毕节日报》《贵州民族报》等媒体采用40余条。五是认真开展禁毒预防和反邪防邪宣传教育工作。以课堂教育为主阵地，以“六个一”活动和“九个一”工程为抓手，开展禁毒预防宣传教育，增强中小学生识毒、防毒、拒毒能力。开展“校园拒绝邪教”活动，确保师生不信邪，校园无邪教。六是法制教育。开展各级各类学校学科教学渗透法制教育活动；抓实学校章程建设。七是办学行为不断规范。全区学校未设重点校、重点班，严格执行课程计划，开齐课程、开足课时；无挤占音体美课程现象。未发现违规补课、有偿家教现象；未发现课堂内容课外补现象；未发现向社会培训机构提供（包括租赁、借用等）举办补课活动的场所和设施等问题；未发现以家长委员会、班委会等形式变相组织补课及收费行为。八是教育督导工作。各中小学、幼儿园均已实现责任督学挂牌督导。牵头联合区实绩考核办、区督办督查局、区教育局三次对各乡镇街道、教管中心、学校迎接省对区“基本普十五”和“两项督导”工作进行督查指导。对燕子口小学等17所中小学校进行教育综合督导评估。对兰苑中学、三联学校、梁才学校、北大附属实验学校等4所民办学校的“办学水平”进行督导评估。开展全区中小学校“寒假违规补课”“师德师风建设”“规范办学”“安全维稳”“学生资助资金管理与使用”督查工作。九是招生考试工作。全区共有26386人报名参加中考，比去年增加1089名。报考高中的24642人，比去年增加1735人；报考五年制大专的1744人，比去年减少650人。共设中考考点43个，考场893个。其中城区考点7个，254个考场；农村考点36个，639个考场。13889名应往届生参加高考，比去年增加1622名。设高考考点12个，考场466个。其中文科考点4个，理科考点8个。适时完成成高、自考及高中学业水平考试、高三诊考、中小学联考、抽考工作。十是党风廉政建设落到实处。强化学校资金管理，从源头上切断违法违纪的可能性。加强党组织建设和党员教育，发展党员7名，转正6名。认真开展“两学一做”学习教育工作。加大对财务、基建、招生、采购、后勤服务等重点领域和薄弱环节的监管力度。做好政务公开、校务公开工作。

（赵明友）

文化体育广电旅游

【文化事业】 1.市场管理工作有序推进。2016年，共办结网吧申请54家，歌舞娱乐场所6家，出版物发行7家，打字复印5家。一年来，没有出现越权审批行为，所有审批、审核事项都在规定时限内完成。为了加强对文化市场的监管，规范文化市场竞争环境，根据省局、市局文件精神，在二月底有序地开展了2016年印刷企业年度核验工作、2015年度新闻出版统计年报工作、2016年出版物发行单位年度核验工作及游艺娱乐场所、歌舞娱乐场所、互联网上网服务营业场所的年审工作。在3月7日组织经营户进行年报年检业务培训。4月20日开展侵权盗版及非法出版物集中销毁活动。2.图书管理工作得到不断加强。1–12月份，总共接待读者78000余次，其中儿童阅览室接待读者35000万余次，借阅册次为350000余次。图书流通部接待读者32000余次，借阅册次为64000余册次。电子阅览室接待读者11000余人。完成公益基金会捐赠1466册台湾版图书的分类编目上架工作。装订过刊杂志2748册，报纸306册。收藏地方文献26本。为了完善公共文化服务体系，发挥公共图书馆社会职能，给广大读者提供更加便捷、丰富、有效的知识服务，保障普通市民和广大老百姓的基本文化权益，七星关区图书馆在各社区创建七星关区图书馆分馆7个。开展两次读书活动，活动吸引了广大读者前往，接待量达5000人次。3.文物保护工作进一步深化。一是加强文物法规学习，提高文物行政水平。以国家文物保护法、省文物保护条例等文物法律法规为准则，加强理论学习和业务调研工作，进一步提高文物行政水平。二是为纪念工农红军长征80周年及中华苏维埃人民共和国川滇黔省革命委员会成立80周年，按照毕节市委、市人民政府的安排，全面完成了全国重点文物保护单位“贵州抗日救国军司令部旧址”围墙修缮工作及陈列改造提升工作。三是全面完成第一次可移动文物普查工作，登录审核上报可移动文物310件套。四是夹岩水库枢纽工程七星关区地面文物保护工作设计正在有序进行中。五是根据省文物局、市文物局的安排部署及区人民政府的批准，我局完成了鸡鸣三省会议会址、夏曦烈士纪念碑、徐健生故居、周素园故居申报省级文物保护单位工作。六是做好第一批市级非物质文化遗产传承人申报及第二批市级非物质文化遗产保护名录申报工作。4.文化市场综合执法水平不断提高。①在全区范围内集中开展为期三个月的查处取缔黑网吧专项整治行动。在专项整治期间，依法查处关停黑网吧80余家，共收缴主机80台，显示器85台，上网交换机32台，服务器30台，路由器5台。②2016年1月召开了经营业主法律法规培训会议。参加会议的有全区网吧、游戏室、歌舞厅、印刷复制企业、图书、音像制品等280余家经营业主负责人。③狠抓制度管理，确保办案质量。在执法办案过程中，狠抓制度管理，严格按照相关法律法规的要求，在法定的职责权限内开展行政执法工作，以事实为依据，以法律法规为准绳，坚持公平公正，坚决做到依法行政、依法办案。根据相关制度规范举报、检查、立案、调查、处罚、结案等各个环节，确保办理案件事实清楚，证据确凿，适用法律法规依据正确，处罚内容适当。今年以来共办理案件39件，其中文化市场案件30件，新闻出版案件9件，共计罚款59000元。④积极做好2016年的“扫黄打非”工作。共收缴盗版音像制品6500余张，淫秽光碟100张（该案件已移交公安机关，目前正在调查处理中），收缴非法出版物12万册，查处案件9起，共计罚款18000元。有效地净化了社会文化环境，进一步规范了新闻出版市场秩序，保护了知识产权。⑤开展安全生产大检查。对辖区内网吧、游艺、歌舞娱乐场所、学校及周边出版物经营场所的安全进行了全面的检查。在执法检查中，认真对各经营场所安全情况进行检查，并做了执法检查记录，督促网吧、公共娱乐场所、学校及周边做好安全生产工作，避免事故发生。我们将进一步加强检查指导，防患于未然，警钟长鸣，把文化市场安全生产工作，放在重要位置去抓，抓紧、抓牢、常抓不懈。⑥截至2016年，文化执法大队共出动执法人员68人次，执法车辆22车次，对播出机构、传输部门的节目名称、呼号、频率进行了检查，没有发现违法违规行为。⑦开展群众游泳健身活动安全检查工作。7月27日至28日，文化执法大队分组对辖区内游泳场所安全进行专项检查，确保人民群众生命安全。此次检查共出动执法人员16人次，执法车辆4车次，对辖区内阳山公园游泳池、小河风景区游泳池、碧玉游泳池等13家游泳池进行了检查，重点检查游泳场所是否取得《高危险性体育项目经营许可》、营业场所内的设施设备是否符合国家标准、游泳救生员是否到岗到位、是否制定应急预案、安全管理制度等。5.文化业务工作有序进行。组织文化进社区和下乡演出活动10余场次，每场演出观众达2000左右，均取得较好的宣传效果，也极大地丰富了广大群众的文化生活，促进了农村文化建设。为纪念中华苏维埃人民共和国川滇黔省革命委员会成立80周年，组织排练的革命历史话剧《乌蒙星火》在贵州工程应用技术学院秋逸音乐厅隆重上演。2016年6月，在毕节市乌蒙文化节第四届文化艺术系列活动中取得优异成绩：舞蹈方面民族舞作品《彝姑娘》获一等奖、现当代舞《小小的我，大大的梦》获一等奖、拉丁舞《舞动青春》获二等奖、原生态《芦笙舞》获三等奖、街舞《士兵突击》获优秀奖；声乐方面获得中老年民族组金奖、铜奖，原生态青年组银奖，青年美声组铜奖，青年民族组铜奖、优秀奖，青年流行组银奖，中老年流行组银奖、优秀奖等奖项。6.广播电视事业发展基本情况与基本数据。多彩贵州“广电云”村村通工程：七星关区多彩贵州“广电云”村村通工程建设项目于2016年4月正式启动，2016年10月31日全部完工。共铺设光缆干线1420余公里；信号覆盖410个行政村；光缆干线到村通达率100%；免费配套基础设施建设村级机房89个，落实率100%；新建区级和乡镇级10G传输平台，总投资额6601.6万元，区级财政年度贷款利息190.134万元已全部落实，区级政府补助资金落实到位率100%，达到省级验收标准3个100%要求，工程建设规范、资料齐全完备已通过市区两级验收。“百县万村”示范工程：七星关区共14个示范点，目前已确定了示范点器材安装、电源配置位置，待省统一下发器材，预计年前全部发放安装到位。村村通、户户通工程：七星关区圆满完成“十一五”“十二五”村村通建设123287户、户户通建设45588户。切实解决山区群众看电视、听广播难的问题。有线数字广播电视：有效开展广播电视运营服务监督管理工作，监督工作做到有宣传资料、投诉有记录、有台账等。目前全区有线数字广播电视用户数98991户，其中高清用户数42240，宽带使用数18053。农村调频应急广播：七星关区农村调频应急广播覆盖碧海街道办事处（原归属海子街镇）、田坝镇、对坡镇、朱昌镇、林口镇、清水铺镇、亮岩镇7个镇乡办事处。

公共文化服务供给：①城区电影院线。

七星关区现有院线影院两个：毕节亚太星空影城、贵阳星名翔影城管理有限公司毕节分公司（星美影城），总占地面积3000多平方米，覆盖城区50万人口，总投资2000余万元，现共有10个厅，10块荧幕，1328个座位，年营业额为1600余万元，纯利润300余万元，目前经营状况良好，且营业额逐年增长。②农村公益电影放映。2016年放映任务是5760场，截止到10月底，全面完成全年放映任务场次，观影人次累计达42.65万人次，电影放映质量好、资料齐全完备，区级配套资金已到位，已通过市区两级验收。7. 文化产业项目建设不断深化。按照区委、区政府和市局2016年工作目标的要求，拟定了2016年文化产业发展的工作实施计划，并按计划认真组织实施。一是精心组织安排，按时、按要求，保质保量完成了2015年度全区本系统、本行业的城市、镇乡文化产业发展的调查统计填报工作任务；二是完成了文化、体育、广播电视、旅游等方面的文化产业基础建设项目计划和相关材料、资料的上报工作。扎实抓好文化产业项目建设工作和招商引资工作：一是完善文化产业项目库工作，按项目入库的要求，编制充实了“七星关区阿市中寨喀斯特奇峰旅游区、七星关区赤水河百里漂流、毕节国家森林公园白马山景区”三个项目入文化产业项目库；二是结合全区文化、旅游资源的实际情况向区招商引资部门筛选报送了“七星关区燕子口镇大南山旅游示范村项目、七星关区拱拢坪旅游开发项目、七星关区沔鱼河风景区”等三个符合国家产业政策的项目。文化产业项目建设和固定资产投资工作情况：一是文化产业基础设施建设正由局属相关部门按计划实施推进，其中三馆一中心项目正在开展前期工作，大屯土司庄园抢救性文物保护建设项目正在重新设计方案。二是七星关区全民健身中心项目已累计完成投资1600万元，其中2016年1月至9月完成投资800万元，该项目主体工程已基本完工，目前正在安装外墙玻璃和铝板，该项目预计2016年11月底可完工。

【体育工作】 1.群众体育工作。组织和指导开展了杨家湾镇第一届“迎新春、聚能量”篮球运动会；海子街镇第三届“古镇之春”文体活动暨“农产品物流杯”篮球运动会；放珠镇第三届“和谐杯”篮球运动会；“托海中央公园杯”七星关羽毛球邀请赛；“万晟阳光城杯”乒乓球友好邀请赛、2016年毕节市老年人门球赛和七星关区市东街道办事处第一届“东壁朝霞”暨“国林、春天”杯篮球邀请赛。2. 农民体育健身工程。认真完成上级部门下达任务，使2016年农健工程器材及时发放到位，工程施工顺利进行，吹查有效，镇级1个、村级14个、路径督促各单位及时完成。3. 竞技体育工作。市二运会期间，我区组织了500多人的代表团参加了18个大项、300多个小项的竞赛活动。取得了团体总分第二（1675.5分）、金牌总数第二（74枚）和奖牌总数第二（168枚）的优异成绩。

4. 场管建设工作。七星关全民健身活动中心主体工程基本竣工。

5. 老年体育工作。在区直相关部门的支持配合下，区老体协集中精力、人力、财力积极筹备，认真负责，细致工作、周详安排。5月，组织参加了省柔力球比赛，七星关区荣获团体（规定、自选）优胜奖第三名。毕节市老年人健身球操，七星关区获得规定套路第一名；自编套路第二名的好成绩。6月省老年人健身球操，我区获得规定套路优胜奖第一名；自编套路优胜奖第二名。于6月14日至16日圆满成功的承办了2016年毕节市老年人门球比赛，我区代表队荣获二等奖。7月组织参加了中国门球冠军赛贵州赛区（六枝特区举行），29支队单循环赛，七星关区获得16名。7月在威宁举行的全市老年人钓鱼比赛，七星关区代表队获得团体二等奖；个人彭荣基、魏家雄分别获得抛竿钓第四名及第六名。8月积极主动协助市直老年体协开展了"8.8"健身展示活动，我区筛选了7个参展节目，近千人观看。9月7日至8日组队参加了大方县举办的毕节市老年人象棋比赛，我区获得团体二等奖，个人徐显禄获得第三名的好成绩。11月2日--4日成功举办了七星关城区老年人门球友谊赛；11月11日顺利开展了2016年毕节城区"11.11"老年人健步走大联动活动。同期还向市老体协申报并获五个乡、镇老年人健身活动场地，建设项目经费壹拾伍万元。

【广播电影电视工作】 截至2016年，《七星关新闻》《民生八点半》独立采编播新闻节目2800余期、播出新闻稿件30000余条，其中送毕节电视台播出近3000条（次）、送省电视台播出300余条（次）、送中央电视台播出60余条（次）。广播调频FM91.2开设了10档自办直播节目，是全省自办节目和直播栏目最多的县级广播电台。"云上七星"（原"七星关综合广播"）微信平台，开通一年多以来，影响力不断扩大，连续五次获得全国县级广播微信平台月榜（或周榜）第一名。（一）加强策划，增加看点。一是《七星关新闻》加强新闻采访策划，基本上达到每月都有主题策划，做到策划在前，采访在后，先后组织策划了"2016，我的新年"系列、"法治在线""红色毕节""规范 示范 典范村社区创建""文明在行动 满意在毕节""参与城棚改 建设新家园""脱贫故事""精准扶贫显真情 易地搬迁解民忧""家风""国庆系列"等，进一步提升了节目质量。2016年《七星关新闻》共计完成省台上稿20条次以上，市台上稿200余条次。二是《民生八点半》栏目作为七星关电视台的一档主打民生栏目，积极帮助老百姓解决生活中的难题，化解群众遇到的矛盾，策划记者体验各行各业、爱心助考等报道，取得了良好的社会效应，拉近了和群众之间的距离。特别推出了《舌尖上的七星关》，增加观众的体验感和对栏目的黏度。2016年以来，《民生八点半》完成《直通百姓》上稿33条次。三是发挥专题组作用，完成多个专题片拍摄和公益广告的制作。先后拍摄制作《大规模棚户区改造布局十大片区》《同心实践 跨越发展》《文明在行动满意在毕节》《法制文化惠民生》《文明旅游公益广告》的专题片和公益广告100多部。四是广播中心以FM91.2为平台，积极策划《毕节城区第二届青少年主持人大赛》等一批大型活动，加大其公信力和影响力。此外，七星关综合广播调频FM91.2不仅利用主流媒体技术建立了网络、手机直播系统，全国各地的听众随时都可以通过七星关区人民政府网等网站和酷狗、蜻蜓、阿基米德等手机软件同步收听七星关广播电台的节目，还开设了微博、微信和短信平台，走融媒体发展之路，让节目更接地气、更具互动性。去年底，调频FM91.2网络收听人数达11万，排名全省第四、位居各地州县之首（排在贵州广播电台三个频率之后）。在七星关，FM91.2已成为家喻户晓的宣传平台，倍受广大群众的喜欢，并多次受到了省、市、区领导的肯定和表扬。五是开通了"云上七星"（原"七星关综合广播"微信平台。2015年我台紧跟新媒体发展，顺势开通了"云上七星"微信平台，一年多以来新媒体运营再上一个台阶，粉丝量近11万人，影响力不断扩大，连续五次获得全国县级广播微信平台月榜（或周榜）第一名。六是启动了村村通安装工程。利用移动、联通、电信的铁塔，在林口镇、普宜镇、八寨镇、撒拉溪镇的最高点的安装了四套广播发射设备，并采购了1000多只音柱，信号已经覆盖300余个行政村，几乎大多数镇乡及行政村都能收听到调频FM91.2的节目。在区委政府的重视下，我台今年初还在阳山建设了自己的发射塔，目前设备已安装完毕、正进入信号测试阶段。FM91.2为助推全区经济社会发展、农村思想政治教育、扶贫攻坚将发挥越来越大的作用。七是开展全区通讯员培训。为形成广播电视台与各驻站记者上下联动，充分发挥我区广播电视新闻宣传功能，为全区经济社会又好又快更好更快发展发挥好鼓与呼的作用。今年3月份，我台对全区各镇乡街道办通讯员开展了培训。（二）加强队伍建设，提升队伍整体素质。一是"走出去"学习先进技术和理念。近年来先后派出采编播人员分赴深圳广电集团、大连金州广播电视台、杭州电视台、江苏广播电视总台（集团）、南京广播电视集团学习新闻采编知识和广播节目的策划。二是不断充实人才队伍，在区委、区政府的关心和支持下，今年9月招聘2名导播和3名编辑记者。（三）加强技术力量，确保安全播出。技术部全体工作人员定期检查维护编辑室、配音室、演播室、广播中心、播控中心的设备，发现问题及时上报及时解决，使播出制作设备处于良好的工作状态，2016年以来没有出现重大安全播出事故。按时将《七星关新闻》和《民生八点半》上传至201频道新闻荟萃和30频道强县风采、七星关区人民政府网。

【旅游工作】 （一）旅游经济指标完成较好。2016年，全区共接待游客756万人次，旅游总收入58亿元。同比增长26%（预测）。

（二）旅游项目开发步伐加快。1. 毕节国家森林公园拱拢坪景区标准化打造AAAA级景区。截至2016年，景区基础设施建设完成情况：投入资金1.4元，完成景区一期工程建设。2. “5个100工程”项目——南山公园项目建设景区（点）建设进一步加快。截至目前，毕节南山公园完成投资2.164亿元。3. 鸡鸣三省景区项目：总用地面积为2256700平方米（约3385亩），总投资约23.58亿元。目前已完成投资1.699亿元。4. 七星古城项目：总用地面积为108.15公顷，总投资约10.08亿元，已申报国家发改委三年滚动投资重大项目，七星古城项目规划已调整完毕，待完善相关手续后按规划进行施工。5. 毕节古城项目：规划建设面积为624.8亩，预计总投资49亿元，已申报国家发改委三年滚动投资重大项目，规划设计已通过专家评审，目前正在开展拆迁工作。6. 积极开展“厕所革命”。2016年七星关区新建城区6座、朱昌现代高效农业观光园3座、拱拢坪国家森林公园3座旅游厕所，改建朱昌现代高效农业观光园3座旅游厕所，目前已全部投入使用。

【创建国家公共文化服务体系工作】 1. 夯实基础，公共文化设施网络建设步伐加快。目前，七星关区图书馆、文化馆、博物馆、档案馆、（新闻中心、电视台）简称“四馆一中心”建设项目已立项，已完成选址（92.2亩），正在编制可研规划等前期工作。七星关区42个乡镇街道已建有文化站31个（含整合7个）、需新建11个。目前，共下拨资金2000万元。区图书馆年增新书1892册、藏书8万册、到馆次数62877人次、借阅流通467074册次、数字资源4TB。七星关区加大公共电子阅览室建设投入力度，全区有电子阅览室33个，其中：区图书馆2个（公共电子阅览室、少儿电子阅览室），乡镇31个，拥有电脑368台，年接待群众125754人次；31个乡镇全部建起了公共电子阅览室，每个阅览室配有电脑10台，安排专人负责，每周免费开放时间达42小时，为群众提供新闻资讯、信息查询等服务。全区488个农家书屋，均有图书2300册左右。全区506个行政村全部建有文化信息资源共享工程村级服务点，广播电视“村村通”工程实现了全覆盖。区政府将农村公共文化设施建设纳入“美丽乡村”建设总体规划，着力打造集文化信息资源共享、党员远程教育、农家书屋、公共电子阅览、数字电影放映“五位一体”的新型农村综合文化服务中心，不断满足群众文化活动需求。目前，全区已建或整合资源组建成“五位一体”新型综合文化服务中心174个，建成集文化体育广场208个，正在整合资源组建的村级文化服务中心241个，拟新建91个贫困村综合文化服务中心正与扶贫办对接中，避免重复修建造成资源浪费。目前每个乡镇（街道办）均培育了业余文体队伍2支，每个村（社区）均培育了业余文体队伍1支，并正常开展文艺演出活动。人员编制情况：目前每个乡镇（街道办）均配文化工作人员2—3名；每个行政村（社区）均采用村支书或主任兼职的形式配备公共财政补贴文化工作人员1名。

2. 优化服务，公共文化服务供给能力不断提高。七星关区充分发挥公共文化服务阵地的职能作用，创新服务方式，拓展服务项目，延长服务时间，为城乡居民群众提供更多更好的文化服务项目。区文化馆每年坚持开展各类文艺辅导、书画、音乐等专题知识讲座、乡镇文艺骨干培训等活动，年均12次以上；每年举办旅游文化艺术节活动，使全区特色文化活动向品牌化、系列化方向发展。以“三下乡”活动和节庆活动为契机，各乡镇年均组织开展各类大型文化活动均在12场次以上。全面落实已经确定的“三馆一站”免费开放服务项目，采取公示服务项目，开展校馆协作、组织机关干部、城乡居民群众、中小学生走进公共文化服务机构，享受免费开放服务。各乡镇也结合本地实际，增设了民间民俗作品展、电子阅览、流动图书等服务项目12次以上，书法绘画讲座、文艺骨干培训班4次，使乡镇文化服务更接近群众，便利群众。3.加强领导，为公共文化服务提供组织支撑。为做好国家公共文化服务体系创建工作，七星关区委、区政府高度重视，成立了由区副委书记、区长胡敬斌任组长的创建国家公共文化服务体系示范区建设工作领导小组，下设办公室及各职能组，并多次召开会议，研究文化发展和创建工作，制定了《毕节市创建国家公共文化服务体系示范区七星关区实施方案》，明确责任分工，围绕工作目标任务，对创建任务进行了分解，并作为考核的一项重要内容，并且对此项工作在区委工作会议上进行了专门安排部署。4.加大资金、人才投入力度，确保创建工作有序推进。七星关区委、区政府始终坚持把文化事业单位经费纳入年度财政预算，做到了“人员工资、事业运行、重大项目”“免费开放”经费四保证。目前区政府以划拨2000万元启动资金到创建办，并通过融资方式解决后续创建资金。5.科学制定，公共文化服务评估体系日臻完善。把公共文化服务体系建设成效纳入科学发展考核评价体系，形成了健全完善的绩效评估和监督管理体系。我们积极参与，从公共文化的标准化、均等化、社会化服务方面，研究探索制度设计方面的基础工作。同时，围绕各项指标评定标准和任务按照职责范围和自评要求，设计了以免费开放、艺术作品创作进度、文化活动开展、电影放映、文化活动、宣传为主的一类动态报表和以乡镇文艺社团建设、社区文化大院建设、文艺创作队伍统计为主的静态报表共计，并分门别类进行归档，使创建公共文化服务体系资料整理自评工作一目了然，更加醒目。

（办公室）

科　技

【概述】　一年来，在区委、区政府的正确领导下，在省、市级科技部门的关心支持下，深入学习党的十八大会议、十八届四中、五中全会和习近平总书记系列讲话精神，以科学发展观为统领，坚持“合作创新、加强转化、重点突破、引领跨越”的科技方针，围绕全区“两年明显变化，五年大见成效，十年实现跨越”的总体发展思路，以实施科技项目、发展中药材种植、开发特色产品、培育优势产业、保护地方特色产品的知识产权为重点，以加速科技成果转化为动力，切实加大科技培训、宣传力度，不断拓宽科技服务领域，努力提高科技管理水平。

【科技宣传】　开展法律及知识产权、防震减灾等知识宣传。组织协调市、区各涉科部门200余人认真开展好“科技进社区、进企业、进乡村、进校园”等丰富多彩的科技“三下乡”和“科技活动周”系列活动。开展了防震减灾应急演练。全年共发放宣传资料（防震减灾，知识产权、农村种植养殖实用技术）5万余份，受益群众5万余人次。

【科技培训】　加强科技培训普及力度。组织专门队伍，深入中小型企业、进行科技项目申报培训。引导企业积极申报各类科技项目和保护自主知识产权。各乡镇、村、进行实用新技术的培训，进行新品种试验、示范和推广。加快科技向现实生产力的转化。鼓励和引导企业多方筹资，积极引进新工艺、新设备，立足本区资源优势，发展特色产业，精心打造一批具有自主知识产权的名牌产品，增强企业的市场竞争实力，带动区域经济快速发展。围绕我区产业结构调整、产业化发展抓好科技培训工作，力求实效。培训种植、养殖、科技信息等各类人员5000余人次，发放各类科技宣传资料3万余份。

【科技项目】　加强对在册科技

项目的管理和指导，建立项目库。一年来，认真组织项目的申报、实施工作，组织申报科技计划项目共25项，已获得立项批复11项，其中省级科技项目3项，市级科技项目8项，获得项目资金560万元。加强已实施的科技项目的指导、管理、检查、督促工作，积极帮助协调和解决项目执行中的困难与问题。依托科技项目和科技成果两大载体，切实提高科技工作服务经济的能力，我们以科技与经济紧密结合为出发点，以增强区域经济竞争力为突破口，以培育自主知识产权、形成核心竞争力为目标，大力实施一批重大科技项目，加快科技成果转化，从而带动产业的整体发展。

【科技特派员试点工作】 已选派14名科技特派员开展工作，涉及种植、养殖、食品加工等。目前推广辣椒瞬时高温灭菌技术等4项技术，建设基地4个，建立食品生产线两条，带动脱贫500余人。积极帮助科技特派员申报科技特派员专项；对于在创办企业、技术创新及推广上成绩突出的科技特派员，利用技术应用研究与开发资金酌情给予补助；推荐科技特派员参加省级科技特派员培训。

【中药材工作】 到目前为止，中药材种植面积累计达到10多万亩（含刺梨）。现已建立中药材种植专业合作社61家，发展社员1000多人，引进和扶持世禧制药、金燕中草药、神农草医药、宏发药业、兴盛中药材、庆友中药材等企业10家，建立中药材基地10余个。全区种植中药材主要有天麻、苦参、刺梨、皂角、党参、续断、玫瑰、白及、杜仲、黄柏、太子参、金银花、百合、重楼、何首乌、板蓝根、半夏、牡丹等20余种。其中大银镇、阿市乡、千溪乡、撒拉溪镇、大屯乡、龙场营镇、普宜镇、碧海办等八个镇乡中药材种植面积均在2200亩以上

【地道特色产品】 七星关刺梨。刺梨是蔷薇科蔷薇属野生植物，刺梨是落叶灌木，喜欢潮湿的生长环境，不耐干燥高温。分布在年降雨量为800 ~ 1500毫升的地区，特别是1000–3000毫升的地区，已经有纪录300多年的历史。刺梨是云贵高原及攀西高原特有的野生资源，以贵州为主产，云南次之。中国的贵州是刺梨的主要产地，虽然其他地区也有的刺梨栽培但是维生素C的含量只有几百个单位，所以特殊的植物只适合在它的原产地培育。产量以贵州最多，而贵州的毕节、六盘水最好。据《黔滇纪游》云:“刺梨野生，夏花秋实，于与果多芒刺.味甘酸，食之消闷，煎汁为膏，色同楂梨，四封皆产，移之他境则不生。”20世纪40年代，我国著名营养学家罗登义教授首先发现了刺梨的营养价值。其果肉中维生素C的含量居各类水果之冠，比苹果、梨高500倍，柑橘高100倍，猕猴桃高9倍。刺梨含有非常丰富的营养素，刺梨是目前全球已知蔬果中这三种营养素含量最高的水果。刺梨果实引人注目的是它具有高的抗坏血酸（VC）含量，此外，刺梨果实包括：可评估其植物化学物的量，例如：没食子酸、SOD、维他命P和有关化合物。这些植物化学物也是极好的抗氧化物，也是癌抑制剂。没食子酸具有抗菌药、抗滤过性病原体和抗真菌活动大范围抗发炎效果，抗瘤、抗MUSTIGENIC和抗支气管肺炎发作，SOD具有广泛的抗人体组织内的致癌物（抗致癌物）因此增强了抗坏血酸水平，刺梨果实提供了许多对人体有益的植物化合物，并具有健胃、消食、滋补、止咳、消炎、抗癌和抗衰老的药用保健功效。七星关区位于川、滇、黔三省交汇处，地处乌蒙山腹地，川滇黔锁钥，贵州高原屋脊，长江珠江屏障。是黔西北的大门。是毕节市政治、经济、科技文化和信息中心。境内地形西高东低，平均海拔1511米，属北亚热带湿润季风气候，境内气候温和，年均降雨量为954毫米，日照率约31%，无霜期250天左右。境内属喀斯特地貌，峰峦叠嶂，溪流纵横。夏无酷暑，冬无严寒，为多种生物聚居及相互制约创造了良好环境。根据罗登义教授的研究成果，毕节市的土壤和气候条件最适宜刺梨的生长，在此生长的刺梨营养成分含量最高。为了发展贵州的刺梨产业，罗登义教授专门从毕节（现七星关区）和六盘水取了野生刺梨的植株进行培养，培养出了贵农2号和贵农5号两个优良品种，现在这两个品种已经在省内大范围

种植，长势良好，亩产在1.5吨到1.8吨之间，按目前的市场价，每亩年均收入可以达到5000元以上。

发展现状：七星关区是贵州省刺梨主产区，现有野生刺梨鲜果年产量500吨以上，野生品种多。因其海拔、经纬度、年平均气温等地理气候优势，区内所产刺梨Vc、Vp、SOD等含量高于省内其他产区，品质上乘，是高端刺梨产品生产的优质原料。七星关区2015年种植刺梨基地10万亩，2015年前种植并产果的基地5000亩，2015年由区政府委托德溪公司育有刺梨苗1450万株。同时，七星关区计划2015年–2019年种植刺梨50万亩，其中2015年种植10万亩，2016年种植10万亩，2017年种植10万亩，2018年种植10万亩，2019年种植10万亩。刺梨种植第四年进入盛果期，以盛果期每亩产刺梨鲜果1.5吨计，50万亩基地共计产刺梨鲜果75万吨，预计2018年产鲜果18万吨，2019年产鲜果33万吨，2020年产鲜果48万吨，2021年产鲜果63吨，2022年后每年产鲜果75万吨。目前正筹备建设刺梨综合开发试验平台，以适应当前我区刺梨产业发展的需要。2017年拟将刺梨申报为国家地理标志证明商标。

【县域经济知识产权试点工作】 2016年帮助企业申请专利98件，授权53件，依托专利转化，带动高新技术产业发展。把新产品计划立项与产品鉴定、专利申报、经费补助结合起来，提高新产品的鉴定率和投产率，高新技术产品的集聚、研究、开发和产业化步伐进一步加快。按照省、市知识产权局的安排部署进一步加强知识产权宣传教育。策划组织“4·26”世界知识产权宣传日活动，丰富、创新活动内容。充分利用宣传媒介扩大知识产权基本概念与基本知识的宣传，提高全民的知识产权意识。进一步加强知识产权培训教育工作。提高自身业务能力。积极推进企事业单位建立和完善知识产权制度。认真配合市知识产权局开展专利行政执法4次，严厉打击专利违法行为。

【防震减灾工作】 根据省、市防震减灾工作安排意见，立足我区实际，修订《防震减灾应急预案》。继续加强地震科普示范学校的建设，在城区中小学播放地震科教片5场。五月防震减灾日期间，在人民公园开展了防震减灾宣传活动，活动期间发放宣传手册2万余册。

【扶贫工作】 按照区委、区政府的安排部署，该办认真落实精准扶贫干部驻村工作，选派郭刚同志到三板桥办事处坡坪村驻村。针对当地党组织涣散的情况，积极组织开展“两学一做”，加强政治学习和理论指导。根据村情，编制坡坪村产业发展规划，确定坡坪村毕节市“后花园”、毕节市“菜篮子”发展方向。领办药用花卉观光园和林下仿野生天麻种植基地两个项目，目前已获投资300余万元，还给林下仿野生天麻种植基地项目拨付了8万元的产业发展资金。建设党员带头致富圣女果基地一个。争取到3.1公里通组路建设项目，项目资金60万元。认真开展“三关爱”和贫困户识别工作。

（李翔龙）

科　协

【概述】 2016年七星关区坚持“政府推动、全民参与、提升素质、促进和谐”的工作方针，认真履行纲要办职责，进一步整合区直各成员单位和各镇、乡（街道办）资源，加强检查督促，推动全民科学素质工作的开展，确保七星关区公民科学素质得到明显提升。

【指导思想】 坚持围绕七星关区委、区政府中心工作，广泛宣传普及资源能源节约、生态环境保护、低碳生活等观念和知识，围绕改善民生、促进社会和谐，把《全民科学素质纲要》工作渗透到群众日常生活中，普及安全知识、疫病防治、防灾减灾、应急避险等方面的观念和知识，开展卫生保健、移风易俗、反对愚昧迷信的宣传教育；为七星关区地方经济发展，广泛开展多种新型实用技术的普及推广。

【工作目标】 一是全区人民科学素质明显提高。贯彻实施《全民科学素质行动计划纲要》，以未成年人、农民、城镇劳动人口、领导干部和公务员等重点人群科学素质行动带动全民科学素质整体提高。增强公民的思想道德素质、科学素质和健康素质，促进人的全面发展，为经济发展和社会稳定提供人力资源保障和科学、健康、文明的人文基础。二是围绕七星关区委、政府中心工作，突出宣传和普及节约资源、保护生态、改善环境、安全生产、应急避险、健康生活、合理消费、低碳循环经济等观念和知识，形成科学、文明、健康的生活方式和工作方式，发挥科学技术普及在建设学习型社会中的作用，使科普与终身教育的融合初见成效。三是科普能力建设明显增强。加强青少年活动中心、科普教育基地、农村中学科技馆、乡镇科普活动站、农村科普示范基地、示范村和示范户等建设，增加大众宣传媒体的科普分量，加强各部门宣传平台的科普宣传，使科学教育与培训、科普资源开发与共享、大众传媒科技传播能力、科普基础设施等公民科学素质建设基础得到加强，科普活动不断创新，科普活动规模和层面不断扩大，公民提高自身科学素质的机会与途径明显增多。四是科普网络建设进一步完善。坚持党政抓总、科协牵头、各部门配合、全社会参与的运行机制，努力实现科普工作的群众化、社会化、经常化和制度化。积极发展巩固区级学会、农技协，壮大少数民族科普工作队伍、科普志愿者队伍等，指导提高乡镇科协、企业科协按章办会水平。建成覆盖全体公民的科普网络，调动各方面力量，整合全社会科普资源，利用各种形式加大科普宣传力度，吸引广大群众参与各类科普活动，使科普工作取得更加明显的成效。五是科普惠农兴村取得新成果。围绕建设社会主义新农村，开展一系列工作。一是以提高农民科学素质为目标，通过多形式多渠道，大力开展农村科普宣传教育活动，提高农民获取科技知识、市场信息和依靠科技致富、发展生产、保护环境、改善生活质量的能力；提高农村青少年学习新知识、运用新技术、健康成长、科学生活的能力，提高农村公众反对愚昧迷信、革除陈规陋习、识别和抵御邪教的能力。二是以开展创建科普示范乡镇、科普示范村、示范户、示范基地活动为抓手，夯实农村科普工作基础。争取党委政府进一步加强领导和支持，广泛动员和组织社会力量，充分利用社会资源，为示范活动创造更好的环境，取得更大成效，使农村科普走上规范化、制度化、经常化的道路。三是以农村科普“站栏员”为阵地，全面提高农村科普服务能力。

【重点工作】　一是继续举办一年一度的青少年科技创新大赛，七星关青少年科技创新大赛于2006年开始举办以来，已经连续举办10届，2016年已是第十一届，大赛共有280余件学生和科技辅导员教师作品参加了集中展示、终评答辩评奖，300余幅少儿科学绘画作品参加展示。共评出青少年科技创新作品78件，教师项目41件，儿童科学幻想绘画99件，并现场颁发“青少年科技创新区长奖”。通过本次大赛共组织推选科技创新项目50件、儿童科幻画40幅参加毕节市第三届青少年科技创新大赛。二是加强朱昌中学等6所“中国科技馆发展基金会中西部地区农村中学科技馆公益试点项目”学校科技馆的管理，充分发挥农村中学科技馆在青少年科普教育工作中的作用，让周边更多的学校学生能够参观体验农村中学科技馆，增加农村中学科技馆辐射作用；全面开放区青少年校外活动中心，组织学生参加各种科技活动，激发农村广大青少年学科学、爱科学、用科学的热情，提高学生科学素质。10下旬，贵州科技馆专家组一行对我区6所农村中学科技馆工作进行调研，对我区农村中学科技馆工作给予了较好评价。三是加强特色示范学校创建工作，在开展“全国科普日”“全国科技活动周”“世界环境日”活动期间，积极组织相关单位到校园开展科普宣传活动，重点向广大学生宣传节约能源资源、保护生态环境、改善环境、安全生产、应急避险、健康生活、合理消费、循环经济等观念和知识，努力提高中小学生科学素质。四是2016年七星关区创新社区科普宣传载体，加强宣传阵地的建设，着力创建贵州省科普示范社区、全国科普示范社区。为了做好示范引领，重点打造了市西街道办事处天河社区、洪山街道办事处兰苑社区、市东街道办龙山社区、朱昌镇双堰社区、杨家湾镇周驿茶场社区等。2016年市西街道办事处天河社区、被中国科协命名为全国科普示范社区，洪山街道办事处兰苑社区继续申报全国科普示范社区，市东街道办龙山社区、朱昌镇双堰社区、杨家湾镇周驿茶场社区获得市科普示范社区命名。以上社区建筑总建筑面积200余平方米以上，大部分都建成了内容包括社区科普大学、社区科普体验室、百万公众网络学习室、科普图书室、青少年工作（活动）室、科普宣传栏主要内容的社区科普活动阵地。继续加强麻园街道办事处双城社区、洪山街道办事处兰苑社区、桂花社区固定式电子科普橱窗建设维护工作。五是强化考核措施，抓“百万公众网络学习工程”促提升。按照省、市全民科学素质工作领导小组的安排部署，把实施“百万公众纲络学习工程”作为提高全民科学素质的有效途径，进一步加大阅读站点建设，不断扩大活动范围、增强影响力。加强与区委考核办等单位的联系与沟通，继续将此项工作纳入全区各镇乡（街道办）及区直各部门全年目标考核内容，组织全区机关、企事业单位干部职工、各乡镇（街道办）干部职工、各中小学生及广大公众参加学习活动。2016年区超额完成了市科协考核的目标任务，总共完成135593万人参加成效测试，226290人次参加网上学习。通过“百万公众网络学习工程”活动的开展，将对我区公民科学素质提升起到极其重要的作用。六是找准切入点，大张旗鼓开展科普“赶百场、进百校”活动营造氛围。整合科普大篷车资源、科普示范村（社区）资源、各类科普基地资源、基层农技协资源等，与科技活动周、防灾减灾日、环保日、科普日等节日活动紧密结合，与“五大人群”科学素质提升需要和城乡发展需要紧密结合。为提升活动效果，根据实际需要，举办一定的科普讲座和科技培训。让“五大人群”学习掌握更多科学知识，树立正确的世界观、人生观和价值观，形成科学、健康、文明、向上的生活方式，推广应用新技术，促进全市经济社会的发展。4月26日，七星关区科协科普“赶百场、进百校”活动在大银镇中学拉开序幕，活动以现场体验、展览展示、资料发放、科普咨询等通俗易懂、直观立体的形式开展科普宣传。现场发放种植、养殖技术、饮食健康、疾病防治、科学素质知识选编等各类科普宣传资料2000余份（册），接受学生咨询300人次，直接受益学生达1300余人，取得了良好的效果。激发了学生学科学、爱科学、用科学的热情。随后七星关区科协科普“赶百场、进百校”活动深入大河乡鸡姑村、清水铺镇、燕子口中学、小吉场镇、何官屯小学、七星关区北大附属实验学校、七星关区实验学校我、毕节六中、毕节八中、七星关区中等职业技术学校等开科普宣传活动。同时，在开展“文化、科技、卫生三下乡”“全国科普日”“全国科技活动周”“世界环境日”活动期间，我区坚持利用科普大篷车进行科普宣传。通过科普大篷车宣传活动，为七星关区贵州省公民科学素质先进区的创建营造浓厚的科普文化氛围。七是围绕全区“精准扶贫、决战贫困，服务基层出好招。重点做好对基层科协和学会工作的指导，围绕全区精准扶贫、决战贫困”与支柱产业发展开展深入调研，广泛开展村会协作、企会协作、会社协作结对帮扶等活动，建立健全“科技专家服务团”“科普志愿者队伍”等科普服务组织。实施“百千万”科普示范工程，组织科技专家服务团、科普志愿者队伍与实施对象建立联系，推动科技人才、科技资源要素向农村和生产一线合理流动和聚集，及时指导和帮助农户解决生产和生活中遇到的科学技术难题，助推农村经济社会发展。八是抓好科普项目的申报实施管理工作。重点做好七星关区2016年“基层科普行动计划”“社区科普益民计划”、科技致富“二传手”工程等项目的申报和实施。并对实施项目和基地建设工作进行跟踪指导，同时做好项目储备库建设工作。

（办公室）

卫生计生　红十字会

卫生计生

【综述】 2016年是“十三五”规划的开局之年，我区紧紧围绕“推进全民健康建设、促进人口均衡发展、助力实现全面小康”三大核心任务，全面贯彻落实中央、省、市卫生计生工作会议精神，在区委、区政府的坚强领导下，在各级各部门共同努力下，全区卫生计生事业呈现出医疗卫生体制改革积极推进、人口数量有效控制、出生人口素质不断提高、基础设施建设不断完善、公共卫生体系建设不断加强、医疗保障能力实现新突破、中医药事业及爱国卫生运动取得新进展、群众健康保障水平不断提升的良好局面。

【计生主体指标】 全区常住人口出生10092人（其中：一孩5552人、二孩4109人、多孩431人），政策内出生9184人，政策外出生908人（其中：政策外多孩出生319人），常住人口出生率8.68‰，同比上升0.54个千分点，符合政策生育率91.00%，同比下降4.79个百分点，政策外多孩率3.87%；流动人口出生1092人，政策内出生896人，政策外出生196人（其中：政策外多孩出生114人），政策符合率82.05%。

【计生双诚信双承诺】 与目标人群签订承诺书368277份，履约率达96.6%，违约受制5623人，违约责任兑现率达96.8%，主动放弃政策内二孩生育118人，主动推迟政策内二孩生育276人，诚信计生工作水平得到有效提升。

【计生法制与监督】 化解卫生计生信访事项38件次，调处医疗纠纷57次，涉及金额700余万元。开展公共场所、饮用水安全、传染病防治监督检查10余次。开展各种执法活动20余次，开展执法人员培训工作2次，征收社会抚养费558万元，半年来无重大恶性案件和群体性事件发生。

【计生宣传教育】 在辖区内共建设人口文化大院83个，发放宣传资料40万份，避孕节育、生殖健康知识宣传品50万份，生产生活等通俗读物20万册，避孕药具近18万盒，在全区公路主干道沿线醒目地段已新建大型计生公益宣传广告牌共12块（大型广告牌3块，本年度新增大型广告牌1块）。

【计生利益导向】 2016年度各类目标人群和退出人群，其中国家奖扶626人、独生子女伤残死亡特别扶助金129人，手术并发症87人、独生子女伤残死亡一次性抚慰金9户、放弃政策内二孩生育18户、城镇奖扶金607人，农村节育奖5020人，一次性抚恤金16户；农村两户一次性奖励83户，2016年度已为农村计生两户和计生三等以上手术并发症家庭9725人代缴参合金87.525万元。

【计生优质服务】 全区计划生育手术并发症发生率完全控制在0.5‰以下，妇科病普查普治应普查69380人，已普查68160人，普查率98.24%；患病35313人，患病率51.8%；治疗及转诊34467人，治疗及转诊率97.6%；男性参与14927人，男性参与率21.9%。

【出生人口性别比】 按照部门联动、全民参与、舆论监督“三位一体”的模式，开展打击“两非”专项整治活动4次，查处“两非”案件5件，2016年度，出生人口性别比为107，比上年同期增长0.35个点。

【流动人口服务管理】 在城区主要人群出入路段开设流动人口办证服务中心，快捷方便群众及时办证，城区已形成流动人口“网格化”服务管理模式，逐步向中心乡镇运行。截至2016年，“流动人口情亲视频”服务2873人次，采集信息2340人次，更新信息1699人次，网上办证2339人，办证率达100%。

【计生协扶助】 深入实施“万千才富行动”“扶残助残”“救助贫困母亲行动”“计划生育特殊家庭救助行动”“计生家庭意外伤害保险”“计生特殊困难家庭紧急救助”等项目，给4000户计生“两户”办理意外伤害险，总金额20万元。创建观音桥红堰村为计生协产业发展合作社。新建1个“幸福守望”乐园，在市西街道办事处天河社区，认真实施“新家庭计划--家庭发展能力建设”项目。新建14个“会员之家”、14支村级计生协文艺宣传队。在“5·29”前夕，在长春堡镇三道水村开展了宣传帮扶活动，发放大米28袋，植物油28桶，爱心药箱28个卫生计生宣传品1000份。

【公共卫生】 全区传染病总发病率降至201.13/10万。免疫规划疫苗接种率保持在95%以上。艾滋病检测人次、免费艾滋病抗病毒治疗人数同比分别增长33.9%、40.38%。人均基本公共卫生服务经费提高到45元，居民电子健康档案规范化建档率为83.4%，适龄儿童国家免疫规划疫苗接种率为99.12%。及时处置各类突发公共卫生事件1起，信息报告率、报告及时率和处置及时率均达100%，荣获省级卫生应急综合示范县（市、区）称号。食品安全风险监测实现全覆盖。重点职业病风险监测和医疗卫生机构医用辐射防护监测项目得到巩固提升。

【妇幼卫生】 1.儿童保健方面，截至目前，按照3+1制度7岁以下儿童161844人，保健管理141909人，保健管理率87.68%；3岁以下儿童75139人，3岁以下儿童系统管理64659，系统管理率86.05%；5岁以下儿童116826，进行营养监测93664人，体重低于中位数–2SD人数2387人，患病率2.5%，生长迟缓人数1862人，生长迟缓率1.9%；血红蛋白检查人数103468人，中重度贫血患病659人，患病率0.64%。5岁以下儿童死亡178人，死亡率11.34‰，婴儿死亡121人，死亡率7.71‰，新生儿死亡49人，死亡率3.12‰。疑似新生儿破伤风5例，经核实全部排除。2.孕产妇保健方面，截至目前，按3+1有产妇数15650人，活产数15690人，建卡人数14858人，建卡率94.9%；产前检查人数14868人，产检率94.9%；早检人数14123人，早检率90.2%；产后访视人数14352人，访视率91.7%；产妇系统管理人数13676人，系管率87.4%；住院分娩人数15568人，住院分娩率99.5%，剖宫产758人，剖宫产率4.8%；新发接生人数15650人，新发接生率100%；筛查出高危孕产妇人数426人，管理人数426人，管理率100%，高危孕产妇占产妇总数的2.7%；高危产妇高危孕产妇住院分娩人数426人，住院分娩率100%。孕产妇死亡2人，孕产妇死亡率44.7/10万。

【疾病预防】 全区乙、丙类传染病总发病率151.44/10万，比去年同期（156.23/10万）下降3.07%。其中乙类传染病1558例，较去年同期（1711例）下降8.94%；丙类传染病824例，比去年同期（708例）上升16.38%.

【卫生监督】 组织开展“医疗机构执业许可证”校验前评审，评审一级以下医疗机构380户，打击非法医疗广告、打击非法采供血、传染病防控、医疗美容、结核病归口管理、禽流感防控、医疗废物管理等专项检查18余次，出动执法人员5000余人次，出动执法车辆1200余车次，检查各级各类医疗机构2500余户次，查获违反相关法律法规的医疗机构780余户次，下达协管意见书5000余份，下达监督意见书8800余份，责令限期改正780余户次，培训协管人员6000人次。截至2016年，共计立案查处医疗机构卫生违法案件100件，结案100件，罚款70万元，查封扣押涉案物品3万余元。

【城乡居民医疗保险】　2016年我区参保人数111.29万人，完成率100%，筹资总额共计为56758.05万元。建立“三重医疗保障”（基本医疗保险、大病保险、医疗救助）机制，进一步提高了贫困人口医疗保障水平，针对11类特殊人群共169021人次，补偿医疗费用9013.98万元，有效遏制因病致贫、因病返贫。

【爱国卫生】　2016年我区申报国家卫生乡镇3个，省级卫生乡镇3个，省级卫生村11个，市级卫生乡镇6个，市级卫生村13个。

【卫生人才队伍建设】　招收住院医师规范化培训学员11名，与35名农村订单定向免费医学生签订协议，11名农村订单定向医学毕业生全部入职入编。通过简化招考程序，招考136名医疗卫生技术人员。大力实施岗位培训计划，对5名乡镇卫生院骨干进行急诊急救知识培训，对32名乡镇卫生院院长管理进行岗位轮训，对30名基层卫生技术人员集中开展考前培训，对1270名乡、村两级卫生技术人员开展岗位练兵技能培训。落实在岗卫技人员学历提升教育工程，35名乡村医生取得中专以上学历。

【基层设施建设】　投资1469万元，完成对坡镇、龙场营镇等5个卫生院业务用房建设；投资200万元，完成大屯乡、田坎乡等5个卫生院污水项目，实现乡镇卫生院标准化建设全覆盖。七星关区第二人民医院已进入施工状态，总建筑面积7.41万平方米，中央专项资金2700万元已到位，预计2017年底完成主体工程建设，2018年中旬建成投入使用。正在完善区中医院和肿瘤微创示范中心建设前期准备工作，力争2018年底建成投入使用。

（张　毅）

红十字会

【概述】　习近平总书记在不同的场合指出；“红十字会不仅是一种精神，更是一面旗帜”；红十字会是党和政府“在人道领域联系群众的桥梁和纽带”。2016年，区红十字在区委、区政府和市红十字会的坚强领导下，全面贯彻党的十八届历次全会精神，坚持以邓小平理论、“三个代表”重要思想、科学发展观和习近平总书记系列重要讲话精神为指导，大力推进“三救三献一实施”的宣传和落实工作。扎实抓好自身建设和基层组织建设，积极创新，大胆探索，不断促进红十字事业改革发展。

【认真开展红十字各项活动，充分展现了自身部门在人道领域中的职能作用】　年初，全体人员奔赴部分乡镇、街道办事处的一些困难户家中进行走访慰问，广泛开展“博爱送万家活动”，共计走访907户，3965人，发放大米568袋，棉被109床，鞋1420双，奶粉50箱，家庭衣恋包22个，大礼包127个，为这些困难群众解了燃眉之急。在开展“5·8”博爱周和“5·12”防震减灾、“6·14”献血者日、“12·1”艾滋病防治日等系列宣传活动中，共拉横幅16条，办宣传栏4期，发放宣传资料累计达65000多册，始终把每次活动都开展得有声有色，对大力传播红十字知识和提升红十字会影响力和促进我会的宣传工作奠定了坚实基础，同时，充分展现自身部门在人道领域中的职能作用和党委、政府助手人作用。

【大力推动无偿献血工作，基本实现了我区临床用血全部来自无偿献血的目标】　利用开展“世界献血者日”和“世界急救日”等时机，在公园路“爱心献血屋”和爱民广场开展无偿献血宣传活动，活动采取发放宣传资料、开展义诊等多种形式进行。通过开展上述活动，全年前来“爱心献血屋”参加无偿献血的市民达2120人次，献血424000毫升，基本实现了我区临床用血全部来自无偿献血的目标。

【加强基层组织建设，充分发挥红十字基层组织的地位和作用】 全年招募志愿者36人，批复8个红十字基层组织，各个基层组织分别相应开展了工作，其中燕子口镇红十字会引进资金20万元，增建村校教室5间，同时改善了学校的周边环境，解决了210名小学生上学远、上学难的问题，充分发挥了红十字基层组织的地位和作用。

【引进广东东莞电子精恒有限公司资助我区贫困学生资助金23万元，获得资助学生63名，该公司2016年为区贫困学生捐赠冬被100床，区红十字会于11月25日认真组织全会干部职工到第三实验中学等校的100名学生送去爱心和温暖】

【全面启动贵州华电毕节热电有限公司捐赠鸭池镇河坝村、朱昌镇小屯村各50万元“整乡脱贫、整村出列”项目，已于年底竣工，并投入使用】

【加强“爱爱基金”和小天使阳光基金全申报工作，大力弘扬红十字“人道、博爱、奉献”精神】 全年全区重、特大疾病（癌症、白血病、尿毒症）申报救助“爱爱基金”164000元，获得救助28人，申报中国红十字小天使阳光基金90000元，获得救助3人，区红十字全体工作人员切实为他们送去了人道关爱，践行和弘扬了红十字“人道、博爱、奉献”精神。

【按照《区红十字会遍访贫困村、贫困户帮扶实施方案》，组织全体职工开展第二轮走访，全年为小吉场镇红旗村、新建村贫困学生发放助学金32500元，为贫困户发放大米12袋、棉被10床及相关生活用品】

【加大对中、小学生的应急救护培训力度，不断提升学生的应急救护能力】 从9月8日至9月11日分别在鸭池镇中心校、区第三实验学校等校园开展了救护培训，共培训学生1560人次，在市委学校举办培训班1期，培训老师321人。同时，结合中国红十字基金会在区援建博爱校医室契机，在区第三实验中学沙邵区和长春堡镇举办应急救护培训2期，1500余人次，全年累计举办培训班6期，培训师生3481人次，组织到省医培训校医1期100人次，超额完成981人次。

【成功申报了中国红十字会基金会“博爱校医室”援建项目10个，每个校点投入资金80000元，截至11月30日，10个校医点的设备已到位，3个校点已投入使用，为学校的师生小病不出校，大病能得到及时诊治提供了有力的保障，为在全市校医试点推广起到了较好的示范带动效应，为我区600人以上的中小学校就下一步建立校医奠定了坚实的基础】

（付　勇）

社会生活

政务服务

【概况】 毕节市七星关区人民政府政务服务中心成立于2002年12月，是全省第一个县级政务服务中心。中心内设办公室、业务科、督察科、采购科、审批服务科、网络管理科，承担着行政服务事项审批、政务公开、政府采购三大职能。2015年7月20日新政务大厅正式建成启用，总面积3600平方米。大厅设置有便民服务区、企业设立登记区、行政审批综合服务区，按照“前厅后室”的原则，在设置95个服务窗口的同时，建设了20间进驻部门审批室，实现部分部门成建制进驻。按照区政府要求，具有行政审批职能的部门按“三集中三到位”要求，全部纳入中心集中审批，规范办件。毕节市七星关区人民政府政务服务中心的运作模式是“一站式”办公、“一条龙”服务。以“中心服务于窗口、窗口服务于百姓”为理念，以“便民、高效、廉洁、正规”为宗旨，创新思路，完善和加强中心制度化建设和规范化管理，简化办事程序，对大厅实行人性化管理服务，强化窗口单位责任意识和服务意识，努力提高政务中心的服务水平和工作效率，争创环境一流、服务一流、形象一流，努力打造七星关区政务服务中心星级服务水平。

【行政审批】 对行政审批事项进行清理，对没有法律依据的事项予以取消。在完成第七轮行政审批服务事项清理基础上，继续完善编制办事服务指南工作，指导进驻窗口单位编制办事服务指南并录入升级版的行政审批系统。同时加强对我区公共服务事项清理，目前我区共清理出公共服务事项152项，并建立公共服务事项清单目录。

【贵州省网上办事大厅建设】 七星关区政务中心敞开大门迎接“大数据”时代，抢抓贵州省实施“互联网+政务服务”的历史机遇，认真建设涵盖政务、商务、事务“三位一体”的网上办事大厅建设，实现“一网受理、联网审批、统一监管”的网络全覆盖，推行网上审批，强化审批事项动态管理和审批流程跟踪，实现省、市、区三级行政审批数据交换，逐步提高网上办事可申报率，积极探索构建实体办事大厅与网上办事大厅“线上线下、虚实一体”暨面对面和网对网的政务服务新模式。促进办事群众由“群众跑”向“数据跑”转变。

【政务信息公开】 七星关区政务服务中心紧紧围绕“办事公开透明”这一主题，深入推进办事公开，努力规范进驻部门审批行为，不断提升审批办事透明度。一是突出重点，完善办事公开机制。制定办事公开制度，对行政审批及服务事项的事项名称、设立依据、申报资料、办理流程、办理时限、收费标准、办理结果在区政府和中心门户网站进行公开，推进电子政务建设和网上办事公开，把门户网站作为办事信息公开的重要途径，开设办事公开、便民服务信息等专栏，为公众提供免费下载服务，为服务对象提供全方位信息服务，努力完善办事公开机制。二是创新形式，丰富办事公开内容。创新办事公开新载体、新形式，使办事公开的形式呈现灵活多样和内容丰富充实。按照进驻部门窗口的业务内容分门别类印发便民服务卡，编印办事指南投放办事大厅，方便办事群众索取。三是利用载体，强化办事过程监督。设立触摸屏载体和征求意见箱，公开监督举报电话，充分利用LED电子显示屏，将事项办理信息情况进行公开，加强办事过程的监督，让各进驻部门窗口的行政审批运作置于“阳光”下，防止了“暗箱”操作等问题，为群众提供高效、便捷、规范、廉洁的服务环境。

【三级服务体系建设】 为了进一步完善区、乡、村三级基层便民服务体系建设，先后制定出台了《乡镇街道办事处便民服务中心管理办法》《乡镇街道办事处便民服务中心工作方案》《加强村（社区）便民服务站（中心）规范化建设实施法案》，对乡镇街道办事处便民服务中心规范化建设提出了明确的要求，从场地建设、窗口设置、进驻事项、规章制度、服务方式、运行模式等方面都作出了统一规定，将乡镇街道办事处便民服务工作纳入了全区“双考双评双挂钩”的考核内容，实行单列考核。按照平时检查与年度目标考核相结合的原则，采取明察暗访的方式对乡镇街道办事处便民工作进行检查和考核。目前，全区乡镇街道办事处建立了便民服务中心、村（社区）建立了便民服务站（中心），促使基层政务服务工作不断走向制度化和规范化。

【政府采购工作】 为了切实加强政府采购招标工作的规范化建设，按照公开、公正和公平和平等竞争的原则，对政府采购招投标项目严格执行招标公告、资格审查、开标评标、中标公示等规定程序，全程接受有关监督单位的监督。对进入毕节市七星关区项目交易咨询服务中心的所有政府采购项目，其招标公告及中标公告均在中国采购网、贵州省采购网、七星关区人民政府网、七星关区阳光党务政务网和七星关区政务服务中心进行公告。2016年，完成8个采购项目，完成采购预算资金946.3009万元，实际采购资金877.8540万元，共节约采购预算资金68.4469万元，整个采购活动实现了零投诉的工作目标要求。

【政务服务形象】 政务服务窗口是党和政府联系群众的桥梁和纽带，窗口服务质量的好坏事关区委、区政府的形象，事关七星关的经济和社会发展。为此，先后印发了《工作人员基本行为规范》《工作人员考勤制度》《窗口工作考核方案》《优秀工作人员考评办法》等，形成了包括大厅管理、考勤考核、计算机使用、投诉举报等一系列行之有效的工作制度，使政务服务工作管理机制更趋科学合理，并着力抓好窗口人员职业道德培训，聘请专家对窗口人员进行爱岗敬业、礼仪举止、仪表仪容和文明用语培训，在全区率先推行窗口人员统一着装，进一步规范了窗口形象。

【管理考核模式】 为了进一步提高政务服务工作绩效，把加强窗口和工作人员的考核作为规范窗口管理的重要措施，将政务服务审批工作纳入了七星关区“双考双评双挂钩”考核内容，分别制定出台了窗口和工作人员两个考核办法，细化考核目标，明确考核方式，将窗口行为规范、办件数量、纪律作风、工作效能和服务质量有机结合起来实施综合考核。坚持把窗口考核与部门考核成绩相挂钩，实行“一月一考、一季一评、年终总评”，每季度开展“流动红旗窗口”和“先进服务个人”评比，把季度考核是否获得“流动红旗”和“先进服务个人”作为年终评先选优的入选条件，实行“一票否决制”，全面推行过程式管理，积极营造良好的服务氛围，努力强化窗口人员的文明服务意识。

【规范化运行】 为了切实推进政务服务工作的规范化管理，我们以高效、便民、利民为工作目标，多措并举，扎实工作，努力强化管理工作的规范性。一是建立了首问责任窗口，全面推行首问责任制。首问人员必须对群众咨询的问题做到一次性全部告知，让办事群众清清楚楚、明明白白，做到服务对象办事在大厅，满意在大厅；二是办事绩效实行监察监控。对行政审批服务事项办理进度情况推行电子监察，对可能出现超期办件的现象实行红黄牌预警机制，努力提高办事效率，确保不出现超时办理；三是实行首席代表负责制。服务窗口明确首席代表，负责加强窗口管理、协调和处理好每天行政审批服务中的相关事宜职责；四是严格兑现承诺时限。服务窗口必须严格按照对社会承诺的时限完成事项办件，即办件必须随办随结，承诺件必须在规定的时限完成，能够做到提前办结的要提前办结，不允许超越时限办理，对发现受理而不办理情况的，将严格追究有关人员的责任；五是组织开展民意调查，通过召开服务对象与服务单位“交心谈心”座谈会、设立征求意见箱和现场向群众发放调查表等形式对满意度进行测评，有效收集服务评价情况，制定完善相应的管理制度和措施，最大限度地为服务对象提供方便和便捷人性化服务。

（朱　娥）

城市综合管理

【概述】　2016年，七星关区城市综合执法大队不断提高环境卫生、市容秩序、市政公用设施和园林绿化管理水平，不断提高城市综合执法水平，创新性地实行科学合理、人岗相宜、全面覆盖的网格化城市管理新模式，促进城市管理精细化，初步形成了统筹联动、职责明晰、运转顺畅、科学高效的“大城管”工作格局。2016年区城市综合执法大队获得全市城管系统业务目标考评一等奖，并在贵州省2016年上半年“文明在行动·满意在贵州”暨“多彩贵州文明行动”一类（市、区、特区）得分排名第一名。

【环境卫生】　通过路面冲洗、机械清扫、人工巡扫、及时清收相结合，提高保洁的质量和效果。2016年清除死角面垃圾和淤泥5600余吨，完成垃圾清运14.2万余吨。购买16辆12吨垃圾压缩车，启用岔河第二垃圾填埋场，朱昌路口垃圾填埋场进入封场程序，城区生活垃圾无害化处理率达100%。对损坏严重不能修复使用的环卫设施设备及时更换和补充。城区范围内保证垃圾清运率达100%，环境卫生工作机械化作业率提升到85%以上。出动车辆对城区主、次干道洒水降尘1800余车次，出动车辆冲洗道路130000余车次。对城区威宁路公厕等4座公厕进行升级改造，对厕所和中转站墙壁、门窗等进行粉刷、油漆，更换垃圾中转站压缩设备，保证城区公厕和中转站干净整洁。对城区南关桥、公园路等35座公厕采用政府购买社会服务的方式引入社会资本进行管理，免费开放。

【市容秩序】　2016年与城区沿街商铺签订“门前三包”责任书39000份并督促落实责任。整治超越门面延伸占道经营6000余起，专项整治超越门面占道摆放音响进行促销贩卖的商铺700户。拆除乱搭乱建364处，清除乱堆乱放705处，查处乱排乱倒46起，清除乱挂乱晒389处；清理疏导城区占道经营流动摊点2000余个，重点整治校园周边无证无照的流动饮食摊点700余个。拆除存在安全隐患问题的户外广告（门头牌匾）106块；清理拆除过期、废弃、破损影响市容的广告招牌264块；清理拆除擅自设置的户外广告、各类指示标牌及设置不规范的广告招牌97块；清除乱张贴的各类“野广告”200000余条，拆除乱张贴喷绘广告653幅；拆除乱悬挂条幅标语328条；收缴乱散发宣传小广告18000张。查处未经审批擅自挖掘城市道路及污染城市环境的行为16起；拆除用水泥和钢筋占道设置的“路障”80余处。查处工地不文明施工（未设置规范的冲洗平台、未硬化出入口、未冲洗车轮）46起，查处运输渣土车辆带泥上路污染城市道路97起，查处超高装载运输渣土车辆未覆盖沿途遗撒污染城市道路462起，查处砂土运输车辆未采取密闭覆盖措施扬尘污染环境170起，查处商混车辆沿途滴漏污染城市道路11起。

【市政管理】　2016年对排污沟、雨水孔等排污管道进行清淤，清理、疏通3540余次，零星清理排污沟4370余米，确保了城市排污排水管网系统的正常运行。更换检查井264余套、井盖295余块，更换雨箅354余套、雨箅板386余块，对城区道路其他破损井盖及时通知使用单位进行处理254余次，保障行人和车辆安全。及时对城区护栏、人行道地砖、破损路面进行维修维护，其中督促广告公司更换维修护栏640余米，修复、改造城区人行道破损缺失地砖15000多平方米，修复城区破损路面13500平方米，确保了市政设施功能完好。维修城区路灯8540盏次，更换路灯电缆线2140余米，确保了城区主干道路灯亮灯率在98%以上、背街小巷亮灯率在95%以上。在茶亭廉租房安装LED路灯70盏。

【园林绿化】 全年开展城区绿地全面除草工作6次，累计除草面积近100万平方米；开展全面病虫害防治工作4次，防治面积累计近70万平方米；对全城区行道树进行涂白2次，累计数量28000余株；全面修剪城区绿化带6次，累计修剪面积约466000平方米；对城区行道树全面进行修枝整形1次，共计9000余株；修复破损行道树树脚花池约2500余个。为缓解城区交通拥堵，改造中央绿化带端头3000余平方米。日常对城区绿化带进行冲洗、抗旱浇水约166500平方米。城区安装花箱护栏5.7公里，替换原有广告护栏，极大地提升城市道路景观品质。对同心路、公园路、滨河东路行道树树池安装透水砼树箅560个，对城区行道树编码挂牌14076株，清理行道树危树10株。春节、五一节、国庆节等节日期间，在麻园路、洪南路、开行路、滨河路、贵毕大道、关门山隧道至朱昌路口、水电技校转盘及城区行道树树池内等路段进行栽种花卉60多万株，营造节日气氛。

【城市垃圾处理费征收管理】 2016年派遣专人入驻垃圾填埋场，核实第一垃圾填埋场进场垃圾量；在第二垃圾填埋场投入运行前安装自动化称重系统，减少人工工作量。全面提高垃圾处理费征收水平，超额完成全年350万元垃圾处理费征收任务。

【项目建设】 2016年共投入1550万元新建公厕12座，其中移动公厕5座，固定公厕7座。投入146万元新建一座临时垃圾转运中心，保障垃圾能及时清运到第二垃圾填埋场填埋。

【网格化城市管理新模式】 为进一步促进城市管理重心下移，推动城管工作由粗放型向精细化管理转型，根据《毕节市七星关区城市管理工作网格化实施方案》的安排，按照路段和区域，将城区划分为九大网格，每个网格再细化为工作组，实施科学合理、人岗相宜、全面覆盖的网格化管理模式。区四大班子领导和街道办事处党政主要领导作为网格的联系领导，监督和指导网格内城市管理工作的开展。区城市综合执法大队班子成员、办事处分管城管工作的领导负责统筹网格内城市管理工作的开展。城管干部、社区干部按照相应职责具体负责各块工作开展。通过划分管理网格，区域包干，责任到人，对人员、管控区域与难易程度进行界定和匹配，最大限度增强网格化管理的针对性和实效性，促进城市管理精细化，初步形成了统筹联动、职责明晰、运转顺畅、科学高效的“大城管”工作格局。在科学划分责任网格的基础上，有效整合城市管理人力和物力资源，合理分配城管系统内的城管监察、环卫、市政、园林人员和装备，并由区城市综合执法大队成立督查组对各网格的工作任务进行跟踪督导，由各网格成立考核组对各项工作落实情况实时考核，与区委、区政府的工作考核相结合，形成三级考核制度，考核结果将作为队员绩效考核的依据，建立起“全面覆盖、突出重点、明晰责任”的管理网络及“动态巡控、叠加监管、以动制动、见人见效”的动态勤务模式。在管理过程中，各网格要及时梳理总结辖区情况，将网格内路段和区域根据其重要性和现状划分为两个等级，制定相应管理标准，强化一线力量，保证网格化管理平稳高效运转。

【数字城管创新】 为提升城市管理水平，七星关区城市综合执法大队组建数字城管办公室，开通微信公众号，打造全民参与的信息沟通平台。市民只要通过微信搜索“七星关区微城管”公众号，即可关注城市管理动态，利用微信语音、图片、视频等方式反映问题，工作人员会实时回复网友的咨询、投诉、举报等业务，极大地提高了城市管理的效率和水平。微信公众号开通后，收到市民反映的各类问题300余个，均已及时答复处理。微信公众号通过对全城区行道树、路灯、井盖、果皮箱等市政公用设施编号编码，扫描二维码即可进行数字化管理，为智慧化城市建设工作打下基础。另外根据不同时期城管工作重点和宣传活动的特性，有针对性地推送图文，对发布内容进行调整，以生动有趣的语言风格和精美有趣的图片吸引广大市民点击阅读。迄今为止，微信公众号图文阅读量已超过 50 万余次，获得了 2000 余名粉丝关注。七星关区城市综合执法大队还同时开通城管群，区分管领导、相关协作单位负责人、城市综合执法大队各级领导和工作人员 24 小时在线，群内工作人员深入现场，发现问题及时抓拍图片配以文字上传，让基层工作人员第一时间了解真相，减少中间环节，充分发挥微信传递信息快捷、真实、形象和留有“痕迹”的特点，让发现者、落实者、处理者、监督者四方意见交流更顺畅，形成新的图文记录储备档案，让工作超前于一般流程。通过微城管公众号和城管群共同搭建的信息平台，带动广大干部职工和群众参与监督管理，高效有力地治理城市脏乱差现象，营造更加美好的城市环境。

（办公室）

气　象

【概述】　2016 年，七星关区气象局在市气象局、区委、区政府的正确领导下，全体干部职工在思想上高度重视，在日常工作中积极落实和执行上级部门和地方政府要求，进行合理人员分工。按照省局和市局“防灾减灾，气象先行”和“三个叫应”服务模式开展气象服务和人工影响天气工作。

【气象服务工作】　1. 面对近 20 年最为严重的厄尔尼诺现象，全局上下统一思想，认清形势，尽早安排；把 24 小时值班制和领导带班制常态化，牢固树立“防灾减灾，气象先行”理念，努力打造“防灾减灾，气象先行”品牌。在 2 月份就完成了全区 54 个区域站换卡和清洗清洗工作，每天三次对区域站进行监控，一旦发现问题及时处理，今年共维护区域站 232 站次，保证了传输率和气象服务。24 小时值班常态化，做好天气预报、微信、雨情、预警等相关工作。坚持重要天气会商制、局长签发制、值班登记制，气象服务专报多次得到区政府领导批示。2. 按照上级要求成立突发事件预警信息发布中心，同时 9 月初完成了国家突发事件预警信息发布系统的外接工作，实现了同国土局地灾办和水利局防汛办外接和预警发布。3. 七星关区气象局预警信息传播方式主要有：电话、手机短信、七星关区政务协同办公网、农经网显示屏、万村千乡网、毕节日报。新增传播方式包括国家突发事件预警信息发布系统、微信平台。截至 9 月 27 日，共通过国突系统平台发布 / 解除预警信息共计 134 条。发布各类预警信息接收对象包括：区委区政府领导、七星关区各乡（镇）、区直各部门工作人员、气象信息员等。预警信息传播覆盖全区各机关部门。气象信息员主要做好各村信息传播。向地方党委、政府及有关部门报送决策服务材料 16 次，通过微信平台进行发布每日天气预报、气象百科等进行气象服务。与毕节日报合作每日向毕节日报发布最新天气预报、森林火险等级预报、地质灾害等级预报等供其发布。2016 年共发布（解除）各类预警信号 67 次，其中暴雨橙色预警 3 次，暴雨蓝色预警 9 次；雷电黄色预警 54 次；冰雹橙色预警 1 次。

【人工影响天气工作】　1. 思想上高度重视人影防雹工作，做好安排部署。按照“早计划、早部署、早准备、早行动”的原则，七星关区人影办指挥室积极做好人工增雨防雹前期准备工作。3 月初，对今年的人影工作进行了全面的安排和计划部署，制定了 2016 年人工影响天气工作计划，主动积极向区委政府汇报，得到区委领导高度重视并加大投入力度。2. 重视人影安全生产工作，积极开展安全检查。（1）牢固树立“安全是人工影响天气工作生命线”意识，认真做好人影作业前公告的宣传，不仅在各炮站张贴还在 2016 年 3 月 15 日的《毕节日报》上刊登了《七星关区人工影响天气作业公告》。（2）联系防爆公司专人专车运送人影弹药，并做好弹药使用记录和管理。（3）每月到人影作业炮站检查安全工作，检查中按照《人影工作安全生产隐患排查表》逐项检查。（4）完成部分高炮的维护涂漆工作，更新炮站的射界图，作业高炮出现故障的及时维修，确保安全作业。（5）进一步完善了弹药装备管理制度、作业规范和操作规程，做到弹药用量每旬一上报；明确规定了人工影响天气工作的值班时间、汇报制度和作业方法。3. 践行防灾减灾、气象先行的理念。加强人影服务工作，实行24小时值班制度和领导带班制度，2016年汛期其间七星关区安排四大班子领导到气象局值班，并对工作提出积极的指导意见。2016年成功组织实施人工防雹作业50余次，发射防雹炮弹1000余发。在国庆节前联系毕节众恒防爆公司将各炮站剩余用弹回收至区武装部仓库存放，共回收人影炮弹874发，回收WR-98火箭4枚。为保障区粮烟丰收做出了贡献。4. 加快进度建设北部炮站、弹药柜采购及高炮升级。2016年北部炮站建设严格按照区政府的要求，程序进行建设：通过七星关区建筑设计院做图纸设计和初步预算，木林森造价咨询有限公司做工程建设预算审核，通过前期公示后再进行竞谈，并请监理公司在施工过程中监理；2016年共采购弹药柜7个并已全部安装完毕；高炮升级2门，目前正在实施过程中，预计12月底全部完毕。

【党风廉政建设】 1. 高度重视党风廉政建设和反腐败工作。我局气象局党风廉政工作在市局党组纪检组的正确领导下，紧扣党风廉政责任台账的要求，扎实推进单位制度建设和党风廉政工作使我局党风廉政建设工作得到进一步加强。2. 贯彻落实党风廉政建设“两个责任”，签订党风廉政责任书，建立党风廉政台账。围绕落实“两个责任”，紧扣党风廉政台账制作了《七星关区气象局2016年党风廉政建设工作任务分解表》，坚持政治理论学习，加强廉政风险防范意识。3. 学习贯彻习近平总书记系列重要讲话和中纪委五次全会、中国气象局和省局廉政会议精神，认真学习《党章》和《廉洁自律准则》和《纪律处分条例》等等。4. 警示学习的内容主要有：毕节市气象局党组纪检组关于《进一步重申严禁中秋国庆期间违规公款购买赠送月饼等节礼的通知》等共8则案例。5. 加强规范管理，严格执行公开。建立健全制度，凡是单位的重大事务，财务开支，包括“三公经费”、食堂开支、出差报账等等都严格执行公开并按时上报上级主管部门。

（办公室）

水库和生态移民

【概述】 水库和生态移民局是区人民政府直属正科级全额拨款事业单位，内设8个职能股室，核定事业编制32名。在区委、区政府的正确领导下，以邓小平理论、“三个代表”重要思想、科学发展观为指导，深入贯彻党的十八大和十八届五中六中全会精神，以改革创新为动力，坚持依法行政，不断完善工作机制，整合各方资源，进一步加大扶持力度，集中力量解决水库和易地扶贫搬迁群众生存环境恶劣、居住不安全、生活贫困等突出问题。提高搬迁群众收入水平和生活质量，实现“搬的出、稳得住、能致富”，确保与全国、全省、全市同步小康。

【队伍建设】 一是把移民干部选拔培养使用纳入局干部队伍建设总体规划和布局，通过考察选拔，把党性好、能团结同志、有业务能力和组织能力的干部吸收到股室领导的岗位上，健全了二级机构，配齐机构负责人。二是强化理论学习。坚持把理论学习作为加强班子建设的首要任务来抓，千方百计处理好工学矛盾，采取集中学习与个人自学相结合，系统学习与专题学习相结合，自我研读与讨论交流相结合的方式深入进行理论学习。三是维护团结统一。班子每名成员都把维护班子的团结和统一放在首位，一切从维护班子团结出发，以大局为重，坚持做到严格按照议事规则、程序办事，坚持大事、要事集体研究，群策群力。四是发挥榜样作用。在工作与生活中班子成员都能严格要求自己，以身作则，率先垂范，时时处处起到先锋模范作用，力求把工作做得更好。五是加强民主管理。日常工作中班子成员都能够做到经常地倾听群众意见，主动接受同志们监督，不断地改进工作，班子成员和同志之间沟通了思想，加强了联络，形成大家齐心协力为集体争光的合力，促进局工作决策的民主化、科学化、规范化。

【常规管理】 2016年初，召开了专题移民工作会议，对全区移民工作进行安排。定期不定期就水库和易地扶贫搬迁前期实物指标调查、安置补偿、后期扶持、处遗问题等专门召开会议进行研究，将移民局办公经费、人员工资等纳入财政预算。制定干部绩效考核制度，每周晒成绩单，全面准确公正客观地考核移民干部业绩；严肃移民干部考勤制度，认真执行干部职工签到签退；规范办公室管理工作，严格执行印章管理制度；规范财务管理，实行采购和报账分开设，各负其责，互相监督。在经费开支上，事前须报主要领导、分管领导，经局办公会研究同意，事后须经分管领导签字方可报销。同时，每季度对移民工作进行公开，长期公开移民工作职责，临时公开后期移民扶持资金发放、经费收支情况及其他应公开内容，接受群众监督；规范移民工作文书档案；建立党风廉政责任制，签订党风廉政责任书，认真查找廉政风险点，制定防范措施；认真做好水库和易地扶贫搬迁移民社会保障工作调研和社会管理创新调研。

【水库移民搬迁】 一是做好夹岩水利枢纽及黔西北供水工程移民工作，完成双山安置的1484户7886人的移民意愿安置统计工作；积极抓好路桥改复建工程共14个项目土地征收279.88亩，付补偿款6481777.61元；积极抓好安置点三通一平建设，完成马场安置点规划，土石方开挖124566立方米，土石方回填57930.70立方米，总投资2527.861万元；完成金家老包安置点规划，土石方开挖13916.7立方米，土石方回填11998.30立方米，总投资676.796万元；完成田坝集镇安置点规划，土石方开挖10397.7立方米，土石方回填12366.5立方米，总投资777.648万元；完成工业企业和压覆矿理赔工作，涉及工矿企业4个，与田坝潘家岩脚林桂砂石厂签订补偿协议按程序付款795000元，与广电签订协议付款246600元；完成分散安置161户669人的协议签订；完成1265水位线下622户2707人移民户的搬迁任务，满足夹岩水库蓄水要求；完成投资4.29亿元，全面完成投资任务。二是推进龙官桥水库移民工作，完成左右坝尖、上坝公路、渣场、施工区等土地测量、征收协议签订等工作，水库坝区土地征收143.62亩，兑现土地补偿款459.6万元；开展淹没区红线上剩余11家房屋测量及相关实物调查工作，纳入技施报告；完成电力改复建10KV的两条线路改迁工作，完成联通线路专项改复建工程的迁改。三是完成双河口水库教育设施费400万元；完成土地征收439.3亩，兑现土地补偿款1341.75万元；完成青苗统计79.56亩，兑现青苗补助9.57万元。四是完成野角水库土地征地工作，该水库不涉及移民搬迁，推进工程建设。

【易地扶贫搬迁】 完成“十三五”期间7014户29144人的搬迁对象精准识别工作；做好各年度搬迁任务的统筹和指导工作。一是处理好扶贫生态移民遗留问题。二是做好2016年第一、二批易地扶贫搬迁实施搬迁安置829户3370人（贫困人口634户2605人）的安置工作。其中第一批安置213户878人（贫困人口102户382人），共4个安置点，2016年12月底前搬迁入住；第二批安置616户2492人（贫困人口532户2223人），共9个安置点，计划2017年6月底前搬迁入住完毕。三是完成2017年易地扶贫搬迁项目建设工程前期工作。四是做好项目档案管理。年初制作“一户一档”等项目档案清单，发放到各涉及镇乡街道，根据易地扶贫搬迁工作时间节点应完成的工作收集档案材料，做到“一户一档”规范管理，每月对各涉及镇乡街道档案建设情况进行督查，发现问题限时要求整改，运用“二维码”对档案进行管理，做到规范、快捷、有效。

【信访、维稳】 一是建立健全维稳工作责任制，制定维稳应急处置预案，认真开展矛盾纠纷排查调处；二是建立健全移民信访台账和档案，按时办结本级立案处理和上级交办信访案件。2016年涉及矛盾纠纷476起，已调处380起，未调处成功96起；已调处的跨县区纠纷29起，县区内纠纷351起；未调处的跨县区纠纷28起，县区内纠纷68起，全年无进京上访，无重大移民群体性事件发生。

【党风廉政及反腐败工作】 一是扎实开展系统行风政风建设，结合实际，制订学习计划，把“三个代表”重要思想、科学发展观、《党章》《党内监督条例》《党纪处分条例》《廉政准则》等作为必学科目，加强对干部职工教育培训，树立依法行政、廉洁高效的服务意识，进一步强化系统干部职工政治观念，培育价值观，端正人生观、世界观和权力观，提高抵御各种诱惑的能力。二是始终坚持廉洁从政，建立完善依法行政、廉洁从政等方面的工作制度和行为规范，建立有效的监督工作机制。领导班子成员带头树立艰苦奋斗、勤俭节约的思想，带头抵制拜金主义、享乐主义和奢靡之风，牢固树立正确的人生观和价值观，坚决抵制腐朽没落的思想观念和生活方式的侵蚀，始终保持共产党员的政治本色，通过领导班子的模范带动作用，全局干部职工本年度未发生违纪违规现象。

【帮扶工作】 深入帮扶联系点开展“便访贫困户”工作，扎实推进“干部驻村”工作，落实责任帮扶到户、政策宣讲到户、技术服务到户。提供帮扶资金、实物等对特困户进行重点帮扶。

【其他工作】 按时按要求完成上级交办的各项任务。一是组织开展对涉及镇乡水库移民项目资金的常规检查，完成移民项目资金专项整治工作；积极配合省市审计部门对水库移民资金和易地扶贫搬迁工程的审计，扎实抓好稽查发现问题的整改落实；按时报送年度稽查工作总结。二是积极做好信息宣传工作，分别在市级和区级媒体、报刊等进行宣传，按时保质保量报送信息和交办的其他工作任务。三是做好征占耕地长补宣传。安排工作组到涉及镇乡进行宣传，会同镇乡干部深入移民安置户走访，宣传长补相关政策，让移民了解情况，积极支持工作；分别与建设银行，工商银行等对接，争取银行支持；安排工作组分别驻点镇乡，指导涉及镇乡扎实开展好此项工作，所走访的移民基本接受长补政策，并愿改签一次性土地补偿协议为长期土地补偿协议。

（王科文）

镇乡办事处概况

市西街道办事处

【概述】 市西街道办事处位于七星关区中心老城区，总面积5.91平方公里，辖翠西、北门、百花、和平、金钟、天河和松山7个社区，总户数19213户，总人口77183人，人均年可支配收入达38500元以上。

2016年，市西街道在区委、区政府的正确领导下，紧紧围绕“三大主题”“四个高地”“一个改革发展升级版”发展要求，结合七星关区第二次党代会提出的“1136”工作规划，攻坚克难、创新发展，努力破解发展中存在的突出问题，着力解决居民群众关心的重点、难点和热点问题，全面推动了各项工作协调发展，实现了“十三五”良好开局，为打赢“113”攻坚战奠定了基础。

【基层组织建设】 1.打造“颂善社区”，助力居民“精神脱贫”。在松山社区以“颂善社区”为主题，以国学文化为引领，最大限度地将中心工作与社区打造融合在一起，形成合力，精准助力社区居民“精神脱贫”，在解决好“富口袋”的同时，解决好“富脑袋”的问题，充分发挥其在扶贫济弱及“服务型政府”建设等方面的作用，从而促进社区的和谐发展及同步小康的建设。建立5个特色功能室，每个特色功能室植入传统文化的根，让国学精粹“活”起来。社区忆城坊、“龙门巷道”、古色古香的文化长廊等社区巷道文化建设，增强了居民对社区的归属感，促进了邻里之间情感沟通。与贵州工程应用技术学院合作，实行“项目式管理服务”，为社区居民开展国学文化及“琴棋书画”等系列修身活动60场次，参与学习交流人员达4000余人。为300余名孩子举行“开笔礼”活动，激励他们“立大志·树品格·尊道义，学传统·明伦理·促和谐”。得到广大居民的一致好评，明显提升了居民文化素质和国学文化素养，真正对居民“精神脱贫”起到了助力作用。2.培育“和美社区”，推行“菜单式”服务。在天河社区构建了“2个服务中心”“6大基地”“6个功能小屋”，实行让群众对社区各项服务“点菜”，由社区干部全方位精心地进行“配餐”的“菜单式”服务达5万余人次，真正为居民群众提供一站式的贴心服务，得到了社会各界的广泛关注及点赞。3.优化队伍强实力，选准社区“领头雁”。市西街道以第十届村（社区）“两委”换届为契机，按照“抓班子、强队伍、建机制、硬作风，聚民心、促发展”的思路，着力抓班子建设，于2016年11月30日高标准、高质量完成了7个社区基层党组织换届工作，下派了2名年轻干部下挂社区支书。按“三培三带”的要求，把致富能手培养为党员，把党员培养为致富能手，把党员致富能手培养为社区干部，把社区干部培养为致富带头人。树立“先富带后富，党员有义务”的理念，把那些公道正派，想干事、能干事、干成事的人选进社区班子。4.强化考核添动力，用足激励“助推剂”。为进一步激发干部队伍干事创业热情，增强其责任感和事业心，强化为民服务意识，形成外有压力、内有动力、干有活力的工作氛围，对办直单位和社区目标考核工作实行“旬调度、月考核、季评比”的差别化考核方式，根据实际，将村改社区和老社区划分为一类、二类社区进行区别考核，办事处每季度定期召开一次工作点评会，对工作存在的问题以工作提示单的形式发到社区和办直部门，实现了全办重点工作与不同类型社区工作的有机结合，取得了较好的成绩。

【社会治安综合治理】 1. 加强法治社区建设，全面推进“法治市西”实践活动。一是把法治工作与市西思想政治教育工作相结合，创新组建“夕阳红”“红领巾”和党员3支“党的声音进万家”义务宣传队，根据自身特长及宣讲对象有针对性地到学校、社区、家庭、院落、企业等开展“五进”法治宣传及思想政治教育宣传60余次，寓宣传于服务中、活动中、学习中、教育中。二是利用社区真情讲堂，大力宣传相关政策及法律法规。聘请法律专业团队，成立法律援助中心，坐诊社区为群众诉求提供法律援助，积极引导居民群众走法治道路。三是以“三无”院落为抓手，推进法治示范小区创建3个。四是组织3000余人次中小学生参观了天河社区禁毒教育基地，接受“1+N”式的禁毒预防宣传教育，并礼聘了150余名小小禁毒志愿者，让禁毒知识入脑入心入行。着力建设“服务型”政府、“法治型”政府。2. 强化社会稳定，着力做好信访维稳、特殊群体管理和重点人群服务等工作。一是创新机制，领导下沉，切实化解矛盾纠纷。全办健全完善了矛盾纠纷排查调处机制、三级联动视频接访机制，实行领导干部包案督访、下访、回访制度，变群众上访为干部下访，积极推进信访积案和突出矛盾纠纷化解。按照“两个四级个案台账管理体系”要求，将矛盾纠纷排查化解工作抓实、抓好、抓出成效。一年来，共接待群众来信来访2134人次，排查各类矛盾纠纷167起，成功调处120起，并将40余名重点对象分由班子成员进行调查了解和包保，确保重大节假日和会议期间无重大事件发生。对信访事项积案我办实行“5个1”（1件案子、1名领导、1套班子、1个方案、1抓到底）的领导包案工作模式，同时实行“5包”（包掌握情况、包解决问题、包教育转化、包稳控管理、包息诉息访）的责任制，并限时办结，真正实现案结事了，现已化解签订息诉息访协议书12件。二是加强刑释解教人员无缝对接帮教工作和社区矫正工作。结合区委开展的在职党员到社区报道工作，组织辖区内报道的467名在职党员对吸毒人员和社区矫正人员进行帮教，正确引导他们重新做人，远离犯罪道路，积极走向健康的人生，鼓励其重归社会进行创业，有效维护了社会的稳定。对刑释解教人员实行“三帮一”，即由党员、社区干部和刑释解教人员家属组成“三帮一”帮教小组，采取“两定一包”（即定对象、定责任、包转化）和“四有”（即有帮教人员、有帮教措施、有组织领导、有检查落实）的方法，因人施教，确保帮教工作管理落到实处，帮教面达100%。同时建立防、控、管、帮、回禁毒工作体系，切实帮扶吸毒人员。三是深入开展“1+N”模式“三关爱”救助保护工作。为扎实抓好“三关爱”工作，市西街道着力实现“四个全覆盖”（实现动态监测全覆盖、责任落实全覆盖、教育关爱全覆盖、救助保障全覆盖），全方位构筑关爱工作网络体系，形成办事处、学校、社会、社区和家庭齐抓共管的工作机制，目前排查统计留守儿童为95户115人，其中“一对一”重点包保3户5人，实行一周一走访，进行聊天、心理探访、心理咨询、心理抚慰、视频通话等走访活动。3.“六强化”确保公共安全维护取得实效。市西街道强化组织领导、强化督促检查、强化宣传教育、强化应急防范、强化督促调度、强化纪律监督，大力实施“六个强化”，确保公共安全维护专项行动取得实效。成立专项检查组，采取“四不两直”的检查方式，对辖区建筑工地、棚户区拆除区域、危旧房屋、烟花爆竹销售点、危化物品存储点、加油站、学校、医院、宾馆、娱乐场所、超市、网吧等安全生产落实情况进行督查。截至12月26日，共组织检查组20余组次，出动检查人员80余人次，检查企业（场所）170余家次，排查一般安全隐患198条，已整改198条，整改率达100%。与此同时，积极对森林防火、食药品等专项领域进行集中整治，切实保障人民群众身体健康和财产安全。

【招商引资】 全办加大招商引资力度，大力倡导亲商、扶商、安商、富商意识，在投资环境上做到“硬环境明显提高，软环境客商满意”，积极为招商引资创造良好的服务环境，营造了良好的投资环境，促进了投资快速增长。在项目建设中，明确班子成员具体负责项目建设、棚户区改造、招商引资工作，协助解决辖区内征地、拆迁等项目建设工作中问题。确保所有项目工程正常施工，并全力跟踪服务过程。2016年，全办共完成招商引资1.55亿元，同比增长12.76%；完成民营经济投资6.9亿元，同比增长13.46%；城镇固定资产投资1.07亿元，同比增长23.7%；完成社会消费品零售总额5.8亿元，同比增长15.1%；城镇居民人均可支配收入26905元，同比增长7.6%；完成生产总值50亿元，同比增长14.6%。

【棚户区改造】 2016年，在棚户区改造项目中，设立4个指挥部，7个征收工作组，棚户区改造任务共3391户，每个点均安排联系社区领导负责把关和统筹协调工作，同时抽派精干力量积极配合房征局开展工作，各指挥部均全面完成签约任务数（除倒天河片区通津工作组外）。

【社区治理】 市西街道境内有“北镇雄关”“南桥霓虹”“百花胜奇”“阳山松涛”等景观；有中华苏维埃川滇黔省革命委员会旧址、红六军团政治部旧址、林青纪念馆、贵州抗日救国军司令部旧址（周素园故居）等红色文化遗址；有城隍庙、文庙、毕节古城墙等历史文化遗址；是古城项目建设的主要集中地，是黔西北的商品集散地，更是毕节与川、滇、黔、渝等周边贸易的主要市场；川滇、川黔（321、320国道）越境而过，交通四通八达，水、电、路、讯等基础设施齐全，市西街道借助了这些得天独厚的地理优势，在区委区政府的坚强领导下，努力克服了老城区历史遗留问题多而复杂、矛盾纠纷突出、“三不管”院落多、物业管理跟不上、楼群院落管理难度大的困难，以城棚改为契机，全面加强了社区综合治理，目前已经打造了2个主题特色社区（“颂善”社区、“和美”社区）。

（杨文涛）

市东街道办事处

【概述】 市东办街道事处位于东经105° 17′、北纬27° 18′之间。地处七星关城区，办公地点位于水西大道旁，距七星关区政府1.2千米。东与麻园街道办事处接壤，南与市西街道办事处相邻，西与大新桥街道办事处接壤，北与观音桥街道办事处接壤，面积4.3平方千米。辖水西田、双井、清毕、文峰、龙山五个社区，常住人口3.39万人，流动人口0.2万人。有党支部9个，党员497人。

【小康创建】 切实做好小康示范创建工作，认真评审、报批了350户“小康之家示范户”，上报小康建设信息62条，群众对小康建设认可度、知晓率、行政服务满意度均达到98%以上，背街小巷道路硬化达100%，自来水、广播、电视、通讯、邮递、互联网等基础设施覆盖率均达到100%，全面实现小康建设工作的各项监测指标。

【招商引资】 多措并举全力营造招商引资的浓厚氛围，细化招商引资目标任务，将其纳入部门和个人年度目标考核。共完成招商引资项目9个，其中新建项目2个，续建项目7个，服务项目1个，完成协议资金6亿元，实际引资4亿元，超额完成全年招商引资目标任务。

【城市管理】 健全领导机构，精心组织，统筹协调“多彩贵州文明行动”、创建国家卫生城市工作。利用财政拨款1400余万元，完善辖区背街小巷道路硬化及雨污收集系统工程的改造。投入资金30余万元，对辖区野广告、垃圾等进行清理清运；取缔临时摊点50余家，清理流动摊点200余个，整治马路市场。引进物业公司对58个老旧小区楼群院落实行运营管理。

【民生工作】 发放各类民生资金2138万余元。完成城乡居民社会养老保险缴费60余万元，缴费完成率超过120%。完成新增城镇就业1180人，转移农村劳动力260人，占年度任务的100%，劳动力就业创业信息采集完成9247户18496人，非公人才统计完成填报367家2432人。参合人数23535人，参合率达105.82%。新农合受益人数43477人次，受益金额为11543.6万元。及时发放各种民生物资，“两节”期间组织慰问。对城市居民最低生活保障对象进行认真核查。每年“八一”建军节期间走访慰问优抚对象并组织参战老兵从走长征路。及时发放复员军人、残疾军人、烈属、带病回乡退伍军人生活补贴和优抚金。超额完成城乡居民养老保险征收和医保筹资工作。

【人口与计划生育】 严格执行“三按月”考评制度，加大计生政策宣传力度，完善全员人口信息化管理，落实计生奖励扶助政策，狠抓“四术”工作：重检对象5426人，妇检率100%。加大对全员人口信息的清理，共清理登记全员人口1394户4869人，持证现孕对象158人。免费孕前优生健康检查97对，完成全年任务的100%，做好妇女“两癌”普查登记工作，妇科病普查普治工作完成全年任务的95%。清理登记流动人口490人，其中已婚育龄妇女215人。兑现各种奖励扶持资金10.64万元。

【信访维稳】 拟定考核细则，责任细化明确。在人群较集中的场所进行法制教育、反邪、防毒反毒等宣传活动，开展系列普法活动。重视对突出矛盾和不稳定因素的排查，采取措施及时化解。积极办理群众来电来访。加大平安建设工作力度，着力营造良好的社会治安环境。在人群较集中的场所进行法制教育、反邪、防毒反毒等宣传活动20多次，制作、张贴、发放各类宣传标语、画、手册共800余（条、幅、本），刑释解教（戒）人员接回率达100%。完成“六零六好”社会治理创新工作，特殊人群服务管理率达100%，共排查、化解矛盾35起，排查调处率达100%。接回刑释解教人员19人，登记在册吸毒人员631人。2016年发刑事案件1351起，破案532起，销案23起，立行政案件2604件，查处1357起，调解治安案件及纠纷347起。接访中心共接访50次200余人，办理信访案件37件，民调安全感满意度明显提高。

【安全生产】 年初与相关部门和行业签订了《安全生产责任书》75份，召开4次安全生产工作例会，组织检查组158次，370人次，检查企业468家次，共排查隐患785条，整改785条。4月份成功组织参与全省地质灾害演练并得到全区通报表扬。悬挂横幅10余条，宣传展板10余张，设立警示标志10余处，设立宣传专栏2个，发放宣传资料1000余份。在“六月安全生产月”组织30人队伍参加省、市、区组织的安全宣传月活动，并制作2版宣传展板，2名宣传员在公园内发放宣传资料1000余份。积极配合区安监局举办安全生产岗前培训，参加培训的单位负责人安全人员共有80余人次，实现全年安全事故零发生。

【科教文卫】 2016年卫生服务中心开展健康教育宣传10余次；接种各类疫苗1万余人次；发放儿童健康管理手册4000余份；孕产妇保健管理340人次；老年人健康管理7994人次。认真抓好教育工作，移址新建毕节十小、改扩建毕节二中，继续落实教育“9+3”工程，辖区学校教育教学质量稳步提高。

【宣传舆论】 加强党委中心组学习，每月集中学习1次以上。每年在《毕节日报》及市级以上主流媒体刊播新闻稿件3篇，《毕节晚报》发表新闻稿件13篇以上，《七星关区电视台》受用新闻稿15篇，开展道德讲堂10场，开展众文化活动6场次。

【基层党建、创新管理】 按照市委、区委开展“两学一做”学习教育的部署，党工委把“两学一做”学习教育作为今年党建工作的重要任务抓紧抓实。认真开展了“学”“做”结合系列活动。举办了一次大型的“两学一做”专题演讲比赛，组织了一次党的知识抢答赛和知识竞赛，开展了一次“重走长征路”专题活动，组织干部教育培训20场次，开展社区“两述一评”和党组织书记述党建工作，严格换届纪律，认真落实社区“两委”换届工作，选优配强社区班子，切实增强了基层组织的战斗力和凝聚力。

【名胜旅游】 市东办辖区内旅游风景区有响水滩、沙帽山公园。名胜古迹辖区内有红六军团政治部旧址。修建于明末时期的惠泉寺和修建于乾隆年间的陕西庙会，属县级文物单位。

（陈熠新）

麻园街道办事处

【概述】 麻园街道办事处办公大楼位于七星关区碧阳大桥桥头，距七星关区政府1千米。2013年9月由原市东办事处划分出来。麻园街道办东南与碧阳街道办事处接壤，西与洪山街道办事处相邻，北靠市东街道办事处，面积4.2平方公里。辖杨家塘、望城、双树、麻园、双树五个社区，常住人口34243人，流动人口5000余人。有党支部7个，党员312人。

【社区建设】 围绕一个主题“培育睦邻文化，构建和谐社区”。以“四建四好”为抓手，即建基层阵地、组织作用发挥好，建文化高地、城市文明风尚好，建法治防地、邻里守望治安好，建和睦绿地、群众精神风貌好。遵循“共建、共治、共享、共融”的基本原则，坚持分类打造、共同实现的目标，上下联动，齐抓共管，以点带面，全面推广。紧紧围绕“培育睦邻文化，构建和谐社区”这个主题，以提高社区居民素质，提高城市文明程度，提高群众生活品质为出发点，全面提升居民的“认同感、满意度”，实现“组织强、环境美、邻里亲、法治畅、居民乐、管理顺”的总体目标。2016年在望城社区以守望.诚信为理念，以建设绿色家园、和谐社区为目标。在望城花园小区打造守望诚信文化墙、二十四孝宣传栏、社会主义核心价值观展示区，让群众从潜移默化的宣传氛围中自觉践行明理知耻、从德向善；开展最美望城人、最美家庭等进行评选表彰；筹集资金100多万元，将社区办公场所进行改扩建，多角度谋划设置社区服务功能，现建成集服务大厅、党员活动室、图书室、文体活动大厅、电子阅览室、公益爱心服务区、爱心超市等于一体的综合办公服务阵地。

【党建工作】 加强党员干部队伍建设，发挥党员先锋模范作用。一是抓好党员发展工作。按照“坚持标准、保证质量、改善结构、慎重发展”的方针，重点在基层一线、致富能手、妇女、返乡农民工、复员退伍军人中发展党员。着力解决社区党员队伍老化、文化偏低、致富能力弱等问题；全年共发展入党积极分子6名，拟发展党员4名，其中：大专以上学历2人，35岁以下3人，女性1人。按时完成全办的党费收交工作，确保党内活动的正常开展。二是抓好党员的教育培训。坚持把集中性教育与经常性教育结合起来，建立和落实党员集中轮训制度，分期分批培训党员，共举办党员培训班4期，培训党员120余人。三是继续实施党员创业带富工程，如杨家塘社区党员杨大发的洗车场等充分发挥了典型引路、示范推动的作用。通过从思想上引导，经济上帮助，能力上培养，技术上带动，树立典型，使群众干有示范，学有榜样，有效地发挥示范作用。四是抓好党员联系和服务群众工作。建立党员干部民情恳谈制度，畅通民情民意表达渠道，积极推行社区无职党员设岗定职和依岗承诺制度，不断提高党员联系和服务群众的水平。

加强党风廉政建设，坚决查处违纪违法行为。明确党风廉政建设责任主体，通过开展警示教育、廉政文化宣传、组织参观警示教育基地，有身边人身边事强化对党员干部世界观、人生观、价值观的教育，强化党员干部抵制各种歪风邪气、拒腐防变的能力。积极查处党员干部违法违纪行为，2016年来，通报违反机关作风2起4人，其中办事处干部3人，立案1起，在全办起到很好的教育警示作用。签订《严禁滥办酒席借机敛财承诺书》300余份，开展酒店、宾馆巡查8次，查处群众违规滥办酒席2起，取消违规酒席38桌。教育群众200余人，有效遏制了滥办酒席之风。

【党风廉政建设】 突出问题导向，切实抓好“两学一做”学习教育。一是以为党旗增辉、为群众服务为主题，深入开展学习教育，让党员亮身份、作承诺、做表率。使党员干部做一个讲政治、有信念，讲规矩、有纪律，讲道德、有品行，讲奉献、有作为的合格党员。二是以问题为导向，重点抓好干部作风建设。在学习教育期间，对违反规定或不作为的3名社区干部进行了通报批评，并作经济处罚，达到了警示教育全体干部职工的目的和效果。三是边学边转，开通民生服务热线。结合办事处实际，对微服务进行延伸，针对辖区部分居民不用手机、不用微信的情况，办事处开通民生服务热线，为辖区群众提供咨询、求助、投诉、监督等全方位服务，热线电话号码：0857-7109222。

【宣传培训】 加大宣传培训，抓好群众思想政治教育。一是加强阵地建设。以社会主义核心价值观及优秀传统文化为主要内容，建设文化墙，引导群众树立正确的价值观。充分利用微信群、微信公众号等工作平台，传播正能量信息。通过微信平台及时了解群众面临的问题，及时发现、及时解决。二是丰富活动内容。开展一周一培训、一月一课堂，举办文艺演出活动，用通俗易懂、贴近生活，群众喜闻乐见的方式大力宣传党的方针政策、惠民措施，宣传遵纪守法、诚信做人、礼义廉耻的道德教育故事及先进感人事迹，潜移默化地将思想政治教育工作置入群众内心，吸引群众广泛参与“感恩”教育、“身边好人”评比、道德模范评选等活动，让群众在参与过程中实现自我教育、自我提高。

【法制麻园】 创新工作方式，实施好法治麻园创建。一是紧紧围绕“六大工程”基本要求，以法制宣传教育和法律服务为切入点，以提高辖区居民法律素质为核心，将法制宣传进社区、法律服务进社区、依法治理进社区与“法治麻园”创建工作相结合。努力营造“政府依法行政、企业守法经营、百姓循法办事”的法治氛围。二是创建望城、麻园、杨家塘三个法治示范社区。今年我办以法治麻园社区、法治望城社区、法治杨家塘社区为三个示范点，以点带面，全面推进法治麻园创建工作。三是创建公益律师服务团队，请专业律师参与辖区矛盾纠纷调解、信访积案化解、法律事务咨询等工作。今年以来望城社区多次接受省市区检查，并得到领导一致好评。

【信访工作】 以打击违法犯罪，化解矛盾纠纷，构建和谐平安麻园为目标，通过矛盾排查调处报告制度、三级视频接访、矛盾调解制度、矛盾纠纷排查和调处制度，加大化解历史积案的力度，共排查调解矛盾纠纷35起，调处35起，调处成功35起，调解率100%，调解成功率100%，未发生一起民转刑案件；有效处理应急突发事件6起，无一起转化为信访积案。积极受理解决来访信访案件37件，百日攻坚交办信访积案21件，已成功化解12件，化解成功率57.1%。处理历史遗留问题3起，结案3起；对11名刑释解教人员全部接回并实现无缝对接安置帮教，到目前为止治安案件发案187起，破获181起，破获率96.8%；强制戒毒9人，服刑4人，羁押5人，社区戒毒5人，社会康复19人，其中，阳光工程集中安置1人。二是着力提升辖区群众安全感满意度。我办组织干部职工、社区两委、辖区志愿者坚持每天夜间巡查，减少偷盗、抢劫等案件的发生，切实保障人民群众生命财产安全，提高群众安全感满意度。

【民生保障】 一是加强低保规范化管理，提高低保公信力，严格城镇和农村低保的审核把关。今年共组织5个工作组对5个社区进行了低保年度核查和新增扩面调查工作，严格按照低保申请程序的“三环节十步骤”认真审核低保对象的具体情况。农低保原保障358户802人，核查取消36户80人，新增21户47人，现保障348户，780人；城低保原保障1110户2622人，低保核查取消15户38人，2016年5月11人，通过民政局审批34户68人。其中新申请的27户56人，恢复申请7户12人，原保障户增保3户5人。二是惠民利民，高效服务，最大限度提升新农合参保范围。全年年共有18863人参加城乡居民医疗保险，完成率105.5%，超额完成975人。及时为群众申报办理各类新农合入院报销手续，共报销医疗费50余万元，涉及4257人（次）。三是切实做好辖区特殊群体关爱工作。全办共实施重大疾病救助112人，救助资金418670元。实施了临时救助19人，救助资金52000元，实行资金直接从信用社拨付的发放方式。2016年“春节”慰问资金共计6500元。其中一户百岁老人，20户贫困户、低保户、五保对象、留守儿童、重点优抚对象。四是德育为先、教育为重，教育教学质量得到提升。切实把德育放在育人工作的首位，充分发挥课堂教学的主渠道作用，抓好德育教育渗透，有效地运用班会、黑板报、国旗下讲话等活动，增强学校德育教育；认真做好留守儿童之家建设工作，为每位留守儿童配备帮扶教师，定期开展活动，为留守儿童解决实际困难，温暖了学生的心灵、争强了学生的内心正能量。注重学校教育教学质量的提抓，建立健全了教师考勤制度、教学常规管理制度、教学质量奖惩制度等各种规章制度，激发教师爱岗敬业、教书育人的积极性主动性。

【城市建设】 一是强化宣传，提高认识。通过小手拉大手，院落板凳会、入户宣传、集中动员等方式，开展健康教育和群众文明素质教育，提高群众创卫意识，让群众从思想上真正认识到社区是我家，环境卫生靠大家，做到不乱扔乱倒，自觉主动参与到环境卫生的整治当中。二是“定主体、定责任、定标准”，创新环境卫生管理模式，强化职责，落实责任，奖惩分明。三是“挂图作战、挂牌管理”。对辖区142个院落，156条巷道，826个楼栋实行一个院落一个领导，一条巷道一个干部，包保到人，责任明确。

【项目建设】 在2016年全区十大棚户区改造中，麻园街道办属于双树片区，设两个征收组，五个项目，棚改1345户，已全面完成。工作中一是采取“三个一”工作机制强力推进辖区棚改工作，每个项目一个领导亲自抓，一套班子具体抓，一个方案保证实施，实行主要领导包片、副科级领导包项目，现有6名副科级领导在项目点；二是及时化解矛盾纠纷实现“三零”目标。在棚改工作推进过程中，及时对房屋征拆过程中产生的各类矛盾纠纷问题进行化解，实现了零堵工、零上访、零事件的“三零”目标；三是形成合力实现无缝对接。自棚改工作启动以来，全办组织干部职工、社区两委与房征局形成合力，紧密配合，各司其职。在片区指挥长的领导下实现无缝对接，共同推进棚改工作。四是坚持以打促谈。坚决打击违法建设，不让投机分子有利可图，不让违法建设占半分便宜，一把尺子量到底，促使棚改户积极与房征局依法谈判。

【管理创新】 以“培育睦邻文化、构建和谐社区”为主题。按照“四建四好”，即建基层阵地、组织作用发挥好，建文化高地、城市文明风尚好，建法治防地、邻里守望治安好，建和睦绿地、群众精神风貌好的工作目标。在望城社区以“守望·诚信、绿色·和谐”为主题，打造社区院落文化。并成立爱心志愿者队伍，照就近、便利的原则，通过联合包户、结对帮扶、亲情陪伴，给予弱势群体心理疏导、生活救助，使辖区群众深深感受到社会大家庭的温暖。组建公益律师服务团参与社区开展民主法治社区创建活动，指导社区完善自治章程和居规民约，开展社区干部法律知识培训，提升社区干部的法律意识，督促社区依法办事。8月23日，全区“法治毕节——和在农家创建”暨农村思想政治教育现场观摩会在望城社区观摩。11月2日，全区农村思想政治教育工作暨“多彩贵州文明行动”现场观摩会到望城社区观摩；11月24日，全市“法治毕节”创建工作宣讲报告会，望城社区代表七星关区参加全市宣讲报告。12月1日，全区社区社会治理创新工作现场观摩会到望城社区观摩。除此之外，今年以来望城社区还接受其他省、市、区及乡镇、街道办事处现场学习观摩30余次。为整合资源，提高行政效率，全办进行机构改革，设立“四部一中心”，并完善对各社区的考核制度，实行星级评比制。在全年几项重点工作中，前三季度总共设置17面红旗，全办共获得16面，红旗获得率为94.1%。

（杜卜会）

碧海街道办事处

【概述】 碧海街道成立于2013年9月，位于毕节市七星关区东北部，距区行政中心7.5公里，辖19个行政村139个村民组，51.41平方公里的土地上居住着汉、苗、白、彝等13个民族8976户39200余人。街道党工委下辖24个党支部，其中机关、事业党支部5个，农村党支部19个。碧海街道干部群众紧紧围绕“工业产业富街、特色农业稳街、科教文化强街、生态旅游兴街”的战略目标，始终坚持以建设发展型服务型党组织为引擎，以“六个一”（规范一个活动场所，搭建发展服务主阵地；配强一个村班子，造好拉动发展火车头；壮大一支党员队伍，标齐引领发展的排头兵；培育一批新型农民，聚集推动发展的主力军；理清一条发展思路，找准决定发展的新途径；选准一个支柱产业，激活全面发展的增长极）为抓手，在探索经济社会全面快速发展的道路上，不断抓班子和干部队伍建设、谋发展思路、抓重点项目、强民生工程，不断发展壮大村集体经济，努力把碧海街道建设成为经济繁荣、功能齐全、环境优美、文明和谐、特色鲜明、辐射带动能力强的示范街道，力争2018年与全省同步实现小康社会建设目标。

【经济指标】 完成固定资产5亿元，招商引资项目23个，总投资7.8亿元，引导民间投资23亿元，农民人均纯收入8720元，同比增长11%，经济社会呈加速发展态势。

【服务园区】 围绕七星关经济开发区、碧海新区的开发建设，以“五个专”为园区提供“保姆式”服务，努力推进征地拆迁工作，完成夏蓉高速、杭瑞高速、环北高速、园区中心区域标准厂房及道路建设、林荫大道、区二医、各类入驻企业等项目建设征地任务全面完成；同时，坚持“预测走在预防前，预防走在调解前，调解走在激化前”原则，及时协调处理各类矛盾纠纷358起，其中群体性事件11起，没有发生一起因征地拆引起的越级访，切实为园区建设起到了助推作用。

【特色农业】 街道通过采取“支部+合作社（公司）+板块经济+农户（精准扶贫户）”模式大力发展刺梨、中药材、猕猴桃、葡萄、蔬菜、花卉等特色种植业，加速推动特色农业发展。目前，已在丁家寨村种植软籽石榴、车厘子1100亩、猕猴桃405亩、葡萄310亩，打造精品水果示范实训基地200亩，西冲村种植刺梨3000余亩、油用牡丹200余亩，平桥村种植特色蔬菜300亩，丁家寨油用牡丹300亩、沙锅寨村种植玫瑰花和薰衣草等花卉300亩、龙滩中层刺梨500亩。

【服务行业】 着力以沙锅寨七星芳香谷、烧杠“十里城市田园”、白马山生态旅游点建设打造为依托，大力发展第三产业，并引导、鼓励开发区附近、碧海大道沿线村积极发展服务业。目前，引导创办了花趣府、玫瑰庄园等4家农家乐，蚂蝗、前所、石榴口、沙地等村也相继发展了洗车、汽车修理、香蜡生产、木炭生产等企业，有效解决500余人就业，促进群众收入近百万元。

【项目建设】 完成总投资600万元的中药材建设项目，在胡家院村建成中药材示范基地1700亩；有序推进店子村4号安置点生态移民安置工作；完成尚家寨公租房扫尾建设和七星关区2014年碧海公租房主体建设工作；完成绣领弯公租房、区二医、碧海新区林荫大道、警示教育基地、开发区变电站、白马山林场植树造林、生活垃圾处理厂、五号安置房等18个项目征地拆迁工作；启动棚户区改造、环城高速北路、易地扶贫搬迁、水利局5000亩经果林种植、胡家院采摘园等重大项目建设。

【脱贫攻坚】 精准实施“一市五金多套餐”扶贫政策，强化进一步精准识别贫困户摸底核查工作，严格按照“五个一批”要求建档立卡。一是积极探索“大户带动”“支部+合作社（公司）+板块经济+农户（精准扶贫户）”等新型产业发展模式，引导土地流转，推动特色产业节约、集约经营。目前已成立专业合作社13个，落实长期项目发展刺梨2500亩、精品水果2000亩、油用牡丹400目标任务超额完成，中期项目扶持农户发展养羊120只、猪5000头，短期项目种植蔬菜500亩、马铃薯7500亩，杂交玉米13200亩、养殖家离0.45万羽，受益农户4200户23000余人；完成精准识别入户调查1007户4215人，根据区划线拟确定贫困户627户2350人，按要求向121户439人发放贷款274.2万元，贴息56.882万元，带动经济收入112万元，劳务输出800人、减少贫困人口300人，完成全年减贫任务的40%。二是实施涉及梅子沟安置点37户114人的易地扶贫搬迁工程，分散安置6户27人，目前“三通一平”工作已接近尾声，其他工作正在紧张进行中。三是顺利完成丁家寨、张家寨、西冲、梅子沟、平桥及沙锅寨等6个贫困村出列任务。

【社事民生】 一是以控辍保学为核心，深入实施教育“9+3”计划，巩固义务教育成果，实现学前三年入园率80.31%、小学适龄儿童入学率99.77%、初中适龄少年入学率109.23%、九年义务教育巩固率达250.87%。二是新型农村合作医疗参合率达100%，村卫生室使用率达100%，未发生食品安全事件。三是计划生育工作常态推进，完成“四术”任务。四是新农保参保累计124533人，缴纳参保金872万元，参保率103%。五是按要求评定低保户974户1832人，月发保障金350678元，发放五保153人82.6万元、孤儿3人基本生活费6.5万元，发放困境儿童78人基本生活费18.7万元。救助城乡患病困难群众238人次247万元，办理65周岁以上老龄人免费乘车卡4896张，发放80–90岁以上高领老人生活补助393人，发放资金56万元。六是新增就业105人。七是筹措资金100多万元修建垃圾池38余个、购买垃圾箱269个、垃圾清运车3辆，使全街道环境卫生得到了整体改善。八是基础设施建设加快，完成通村沥青路、通村水泥路、硬化通组路、串户路。新建水池5个、维修8个，铺设管道20000余米，维修灌溉沟渠500米。新建沙地、龙滩、胡家院、柏杨林、平桥、蚂蝗、彭家寨、邵关、店子9个村级服务场所，完善提升13个。完成海中、第三实验学校改扩建项目顺利完成。

【美丽乡村建设】 沙锅寨村作为“四在农家.美丽乡村”打造点，村“两委”积极探索发展方向，采取“支部+合作社（公司）+板块经济+农户（精准扶贫户）”的新型发展模式，成立恒丰特种种植专业合作社发展花卉产业，现已种植食用玫瑰200余亩、薰衣草100余亩及月季、郁金香等花卉200余亩，村寨实施整体打造提升及美化靓化、高标准严要求建成9.5公里通村油路、硬化9.7公里通组路、8公里串户路、院坝7200平方米，改造房屋立面8000平方米，新建总容积300立方米水池2个，有效解决1500人饮、500亩产业基地灌溉问题，配套建观光步道2.3公里、山体观光亭4个、村级服务场所800平方米，文化活动广场2000平方米，引导创办玫瑰庄园、花趣府、郁香农家等3家农家乐，大小循环道路、儿童游乐园、观光园等基础设施建设在正推进中。

【社会治理】 一是信访维稳工作长效推进，共受理各类矛盾纠纷80件，成功调处75件，调处率达95%，信访积案旧案化解25件，化解率达85%。二是深入开展农村思想政治教育活动，以法制毕节创建、消防安全、防邪反邪等工作为载体，大力宣传相关的法律法规和政策，不断提高群众的法制意识。三是“两级管控，双线包保”严控违法建设，共查处22余起1170余平方米违法建设。整合规划中队及村警务助理干部力量组建夜间巡查组，加大辖区违法建设及社会治安巡查力度，增加见警率，压低发案率，进一步保障了人民群众生命财产安全，提升了社会安全感满意度。

【生态旅游业发展】 一是大力发展生态旅游业。依托白马山、烧杠河流域、沙锅寨村、彭家寨村、平桥村、西冲村及丁家寨村得天独厚的区位和生态环境资源优势，以“烧杠十里城市田园”、沙锅寨、丁家寨和西冲村“四在农家.美丽乡村”建设为载体大力发展循环乡村生态旅游。二是大力发展特色种植业。立足街道实情，以标准规模化生产为突破口，总结胡家院中药材种植及四季节采摘园建设、丁家寨精品水果及油用牡丹种植、西冲刺梨基地、平桥蔬菜基地、沙锅寨花卉种植等特色农业项目发展过程中取得的成功经验，继续以“支部+合作社（公司）+板块经济+农户（精准扶贫户）”的模式鼓励、指导、帮助群众建立各种经济合作社，推动各类特色优势产业发展。三是创新举措延伸农业产业链。按照“两个示范、五个规范、一个拓展和延伸”的发展思路，在基础设施较好、群众创业热情较高、先期投入较为理想的西冲和胡家院村打造育苗及种植示范基地，并努力从合作社、育苗、技术指导及田间种植五个方面进行规范化管理，进而通过引导群众、扶持小微企业等方式大力发展产品的深加工，提高产品的附加值，拓展产销一条龙发展。四是创新模式不断发展壮大村级集体经济，为村级发展夯实经济基础，同时助力“范本”村的创建，为2018年小康社会目标得实现提供载体。

以大数据建设为依托，以沙锅寨村电子商务淘宝店为示范，加强农村淘宝网和电子商务平台建设，实现群众生产生活信息网络化、便捷化。建立以资金投入、园区建设、物流配送、农业板块经济与乡村旅游结合的电子商务平台，畅通网货下乡、农特产品“出山”的双向通道，使农户足不出户就能把产品卖到城市，实现农民增收致富。以各村现有产业发展为依托，继续引导鼓励群众创办“农家乐、休闲农庄、乡村旅馆”等，带动服务产业和周边经济发展。

【项目建设】 一是抓遗留问题处理，确保项目遗留问题能够第一时间解决。二是抓项目落地，做好环北高速公路征地、拆迁等项目前期服务工作，积极主动与相关职能部门沟通对接，争取项目早日落地开工。三是抓项目跟踪服务，对未开工的项目，配合项目单位解决影响项目开工建设的重点难点问题，对已经开工但进展缓慢的项目深入分析进展缓慢的原因，及时解决项目建设中存在的问题，加快推进施工进度。

【扶贫攻坚】 一是进一步细化扶贫措施，结合实际对贫困对象实施精准识别、精准帮扶、精准管理，确保精准扶贫。二是进一步深入实施“一市五金多套餐”配套政策，立足街道实情，继续以“支部+合作社（公司）+板块经济+农户（精准扶贫户）”四位一体模式鼓励、指导、帮助群众建立各种经济合作社，大力发展板块经济和特色优势产业，带动辖区贫困户脱贫。三是进一步依托白马山、烧杠河流域得天独厚的地理和生态环境资源，大力发展烧杠十里田园休闲生态旅游，并以沙锅寨村、丁家寨、西冲村“美丽乡村建设”为引擎，引导鼓励群众发展乡村旅游，带领群众脱贫致富。四是依托开发区企业生产用工需求，争取帮助至少200名贫困户就近就业，加快脱贫致富步伐。

【基础设施建设】 一是大力实施小康路、小康水、小康电、小康讯、小康房、小康寨“六项行动计划”，争取筹措各级资金，进一步完善各村基础设施建设。二是全力抓好尚家寨、柏杨林、彭家寨、前所、沙地、店子6个村棚户区改造工作，着力提升街道整体城市形象。三是以沙锅寨美丽乡村建设为示范试点，采取“基础建设、环境治理、民风民俗等方面统一打造、整村推进”的模式，深入推进丁家寨村、西冲村美丽乡村建设，努力创建特色精品，促进街道美丽乡村建设深入实施。

（党政办）

碧阳街道办事处

【概况】 碧阳街道办事处位于七星关区东出口，行政办公中心滨河西路（马鞍山安置房），东经105°12′，北纬27°17′—27°18′之间，总面积5.984平方千米；东抵鸭池镇庙脚村，南至鸭池镇草堤村，西临三板桥六合村和洪山街道办事处环南社区，北达麻园街道办事处望城社区及德溪街道办事处；辖大兰、流仓社区，27个村民组，居住着汉、苗、彝等民族，户籍人口25062人。辖区内现有林地4337.2亩，环境优美，适宜人居。

城市建设日新月异，碧阳街道办事处正形成以毕节市行政办公中心、毕节工程应用技术学院，碧阳湖、南山公园、冷水洞公园，毕威、厦蓉、杭瑞等高速公路，招商花园城、碧阳国际城、兰乔圣菲商住楼等为主体，集文化、交通、旅游、休闲、安居为一体的城市中心，优美的人居环境和突出的区位优势强有力地助推我区经济文化更好更快发展。

【党建工作】 以“两学一做”学习教育为主线，落实全面从严治党责任为抓手，夯实基层组织基础为目标，全面推进党的建设。制定“两学一做”学习教育学习教育实施方案、学习计划，召开“两学一做”学习教育动员大会，坚持每周五下午干部职工集中学习制度，组织党员干部系统学习《党章》，学习习近平总书记《“为官不为”问题十分紧迫》《不忘初心、继续前进》和习总书记视察贵州时的讲话等重要内容，学习《中国共产党地方委员会工作条例》《中国共产党干部选拔任用工作条例》《中国共产党地方廉洁自律准则》等党纪党规，学习了省委、市委、区委相关会议精神，把学习《党章》党规、学习系列讲话落到实处。抓调查调研、制度建设、班子建设、作风建设，开展党员组织关系集中排查、“两承诺三亮剑”、纪念中国共产党建党95周年、实施党组织书记带头上党课、树“七大先锋”等活动，做好党建扶贫攻坚、换届选举、干部教育培训、干部监督、非公有制企业和社会组织“两个覆盖”“法治毕节”建设等工作，把做合格党员落到实处。废止制度17项、修订23项、新建3项；整改落实“三严三实”14项；向上级党组织输送优秀干部8名；党组织书记为党员上党课2次，表彰优秀党员22人，优秀党务工作者9人，开展警示教育3次，树“七大先锋”9人；落实社区干部报酬98.42万元，足额拨付社区党支部工作经费4万元。发展党员3名，培养入党积极分子7名；非公企业覆盖32家，单独成立党支部的非公企业4家，社会组织覆盖2家；严守换届纪律，圆满完成社区换届工作。发挥人才资源优势，人才带动解决就业60余人，干部职工一对一精准扶贫精准脱贫结对帮扶，小康建设全面推进，全办小康之家示范户250户。创建“醉美碧阳”微信平台，加强思想政治宣传，传播正能量。全面落实从严治党责任，把党的建设落到实处。

【武装工作】 组建调整20人的民兵应急分队；应征报名51名，预征报名21名，实际征兵2人，替补2人，超额完成区人武部下达的任务指标，完成率达230%，在全区各乡镇、街道中排名第一。

【城市建设】 严打违法建设。采取源头治理、堵疏结合的方法，按照“无缝隙、全覆盖”的原则，采取由分管领导带领规划队员实行“5+2”的巡查模式不间断的巡查，发现一起打击一起，形成高压态势，有效遏制违法建设的滋生。全年共查处违法建设15起，拆除15起，拆除面积1478平方米。抓实项目保障。抓好全省“五个一百”工程中南山公园项目征地拆迁及保障服务工作；切实做好招商花园城、碧阳国际城、居然之家、兰乔圣菲、盛世华都、瑞丰铭城等30余个落地项目的保障服务。全力做好信访积案化解工作，针对上访群众的不同诉求，实行积案化解工作专班，由领导干部带头、协调各方化解矛盾。棚户区改造取得阶段性成果。组建了以党工委书记任组长，人大工委主任具体驻点，相关人员为成员的常驻项目征收队伍配合房屋征收工作，完成签约551户，超额完成任务；党政主要领导到项目点调研征收工作30余次，帮助工作组解决征收困难30余户。

【“多彩贵州文明行动”工作】 扎实开展多彩贵州文明行动工作。落实“门前三包”责任制，印制“门前三包”责任牌2000余块，与小区、沿街居民小组住户签订责任书，更多居民参与工作；开展楼群院落环境卫生专项整治，投入资金10万元，开展集中整治40余次，清运杂物150余车；加大辖区新建新修楼盘的管理，督促圆梦国际、和诚家园、私享家园、碧阳大道1号等商住楼建设临时垃圾堆放点，规范新建楼盘垃圾清运；加大南北安置区基础设施修复力度，投入资金15余万对排污管道进行修复改造，对易堵管道集中清淤；加大学校周边环境秩序整治力度，共联合区城市综合执法大队、规划办对辖区市实验学校及分校周边卫生秩序整治4次，确保学生健康安全就学；成立业主委员会，采取政府引导、居民参与、业主自治的方式管理隆昌苑廉租住房小区，目前成效明显。

【民生保障】 推动教育迈上新的台阶，办好人民满意的教育。完成学前教育招生399人，超额完成任务；小学入学1170人，入学率达100%；初中入学人数429人，入学率达99%；三残儿童3人，已入学2人，随班就读2人。巩固“毕节市实验学校流仓分校”集团化办学模式成果，投入资金100余万元对校园进行维护及美化，着力打造原毕节二十二小成为品牌学校。完成城乡居民医保参合10051人，参合率为106.16%；建立完善人口计生工作机制，对辖区22个新建楼盘居住人口摸底调查，街道居民人口36845人；广泛开展人口计生宣传、培训、办证等服务，发放宣传品500余套，答疑群众咨询500余人次，办理准生证266份。

【民政工作】 低保工作做到动态管理，应保尽保、应退尽退、进退及时。截至2016年底，碧阳街道办事处农村最低生活保障对象有403人212户，城市最低生活保障对象有36户86人，低保资金适时发放到位。经区民政局审批认定享受待遇的五保老人18人，均纳入最低生活保障范围，五保供养资金适时发放；辖区现有60岁农村籍退役士兵13人，参战退役士兵21人，残疾军人1人，“三属”人员1人，均享受政府发放的生活补助，优抚资金适时发放。“留守儿童”10人，享受低保2人，慰问“留守儿童”4次，为“留守儿童”发放慰问金和慰问品。

【扶贫攻坚】 城乡低保做到应保尽保，社会救助资金及时发放。特殊人群全部落实责任包保，运用“六看法”精准走访，精准帮扶。发挥人才资源优势，管理人才、养殖人才、建筑人才带动解决就业60余人。投资70万元硬化大兰九组通组公路，改写了70余户350人不通公路的历史；完成棚户区改造签约551户，完成任务率114.5%。领导干部实施一对几，办事处干部职工一对一的精准扶贫精准脱贫结对帮扶，与辖区企业联动，介绍进入辖区沃尔玛、物管公司等当服务员、保安人员30余人。居民人均可支配收入达31781元，增幅达13%。未脱贫29户59人全部落实责任包保，全办小康之家示范户250户，扶贫攻坚全面推进。

【森林防火】 切实做好辖区内森林防火宣传、野外火源管控、巡查、应急值守、物资储备等工作，辖区森林火灾事故零发生。

【法治毕节创建】 成立以党工委书记任组长的法治创建领导小组，制定“法治碧阳”创建工作实施方案，在社区、小区、学校等进行普法宣传，以隆昌苑“文明法治小区”创建为示范，协调公安、房产、城管等单位完善监控、管理用房、卫生设施，打造法治宣传文化长廊，积极实践居民自治，示范带动辖区滨湖小区、碧阳国际城等法治文明小区创建，推动“法治碧阳”创建工作，隆昌苑“文明法治示范小区”作为全区社区治理现场会议现场观摩点。落实维护稳定第一责任，化解中央、省、市、区交办信访积案20余件，多年缠访闹访事件1起，处理了一大批疑难矛盾纠纷，多措施确保全省、全市、全区的重大活动、重要会议期间稳定，社会治安趋于平稳好转。抓好招商花园城等30个落地项目的保障服务，成功将第二实验学校、昌大二期安置房等多起群体堵工事件化解在萌芽状态，成功处置化解七众奥特莱斯、盛世华都、瑞丰铭城等多起“房闹”事件，有效保障了辖区项目顺利建设。“法治碧阳”的创建，居民的安全感和满意度得到大幅度提升。

【安全生产】 成立以办事处主任负总责的安全生产委员会，实行“党政同责”“一岗双责”和“三个必须”。以落实安全责任为保障，明确党工委、行政领导及分管领导相应的领导职责，与辖区各企事业单位和中小学校签订安全生产目标责任书，签订率达100%；以强化安全思想意识为根本，开展多形式、广范围的安全生产宣传，张贴标语、宣传画30余幅，发放宣传资料5000余份，答询100余人次；以抓牢消防安全、危险化学品、建设项目、学校等行业安全预防为重点，全年开展安全生产检查99次，发放整改通知书87份，进行安全整治10次，实施安全生产培训4次。全办未发生各类安全伤亡事故。

【社区建设】 2016年7月5日，碧阳街道步入农村变社区、村民变市民轨道，村改社区2个。2015年，大兰社区创建"规范·示范·典范"村（社区），经七星关区委、区政府考核获得规范村荣誉称号；2016年，流仓社区创建规范社区。围绕"一核多元"基层组织建设，大兰社区集体经济积累达到1.53亿元，流仓村集体经济积累超过200万元。

（张永礼）

大新桥街道办事处

【概述】 大新桥街道办事处地处毕节城郊接合部，坐落在市中心西北部，距市中心1.5公里，总面积27.5平方公里，辖6个行政村，31个村民组，总耕地面积8527亩，居住着汉、彝、白、苗等少数民族。

【人口计生】 2016年，全办结合实际，按照省人领小组下达的"三按月"绩效考核为指导，着力运用以"双诚信、双承诺"为助推剂、强化能力提升为保障的工作思路，完善各项工作机制，强化基层人口计生工作常态化、制度化、精细化管理，不断提高人口计生工作管理服务水平，2016年度以来全办共出生153人，常住人口共出生144人（政策内出生130人，政策外出生14人），符合政策生育率为90.28%。全办流动人口共出生9人，政策内出生9人，符合政策生育率为100%。完成避孕节育手术95例，结扎13例，其中二孩结扎10例，政策内二孩（三孩）长效避孕措施落实率、及时率达90%。孕前优生完成79对。在上级各部门的前三季度检查中，全办人口计生工作均获流动红旗。

【安全生产】 严格执行"党政同责，一岗双责"制度，进一步落实办事处安全监管责任和企业主体责任，办事处与辖区内相关企事业单位及社区签订《安全生产工作目标管理责任书》，签订率达100%，督促各企业和单位落实好安全教育。同时，大力宣传《中华人民共和国新安全生产法》《中华人民共和国消防法》《中华人民共和国道路交通安全法》《贵州省安全生产条例》等法律法规，增强全民安全意识。全面排查治理事故隐患，搞好专项整治工作和重点行业领域隐患排查治理。全办合法性注册企业3家，烟花爆竹零售点2家，道路交通安全监管里程40公里，2016年共组织检查67次，排查隐患22条，立即整改8条，限期整改14条，整改率达100%。从源头上加强对农机安全的管理，与各社区、各农户签订安全责任书，加强全办道路交通管理，时时检查危险路段，树立标牌，做好警示，保证了交通安全和地灾安全。全年无任何安全事故发生。

【民生事业】 一是基础建设日趋完善。2016年10月启动全办通村（组）路建设全长9.8公里，预计2017年6月底全面建成完工。分别为大坡东风组公鸡岭至灵峰寺1.2公里、关门山至瓦房1公里、大坡社区徐家寨子至东风组1公里、大坡西冲至照壁山2公里，大坡小学至徐家寨2公里，小河至燕子洞2.6公里。通村公路的大力实施，着力兑现了美丽乡村建设"两个硬化"目标。二是项目建设征地和房屋征收工作有序推进。全面完成成贵高铁建设项目征地工作，完成土地征用240亩，涉及征地补偿款700万元，全额发放到被征地农户手中；完成东环路征地、迁坟工作，完成征地60亩，配合房征局完成房屋征用45户，使东环路建设项目顺利推进；有序推进倒天河水库环境治理项目（棚户区改造）工作，配合房屋征收管理局完成房屋征用823户，其中货币化补偿280户，产权调换543户，货币化安置率34%，征收房屋面积65934.77平方米，涉及土地征用1200余亩，发放征地款42407135元；做好2017年预备项目建设征地前期准备工作，分别为倒天河水厂改扩建项目、天河公园建设项目和毕叙铁路建设项目。三是农业经济稳步发展。紧紧围绕突出特色主导产业发展、促进农民持续增收目标，以转变农业发展方式为主线，以发展板块经济为抓手，全力推进科学种植，完成了杂粮种植任务7200余亩，种植马铃薯3700亩，种植玉米4500亩，其中杂交玉米推广面积3200亩，育苗移栽推广面积2800亩，技术培训250人次，投入资金2000余元。发展冷凉蔬菜种植3200亩，种植速生蔬菜2698亩，反季节蔬菜200亩，人工种草110亩，新增刺梨种植710亩，完成500亩市级大白萝卜种植任务，建设样板点500余亩，进行病虫害防治2300余亩。在距离水库较远的其他社区大力发展畜牧产业，2016年生猪存栏4342头，能繁母猪293头，出栏肥猪6707头；大牲畜存栏485头，其中牛存栏285头，能繁母牛188头，大牲畜出栏70头；禽存栏10256羽，出栏17990羽，肉产品产量672550公斤。建设农产品质量安全检测站点1个，进行农产品农药残留检测200批次，充分保障了农产品质量安全。四是农村综合环境整治成效显著。认真贯彻落实《全国城市卫生检查标准》和《七星关区创建省级卫生城市责任分解表》的内容要求，结合办事处的实际情况，开展扎实有效的创建活动。主要做法：围绕辖区内主次干道及公共场所进行垃圾日产日清保洁，与辖区内各单位签订目标管理责任书，与沿街村民签订“门前三包”责任书，对一些重要路段用洒水车进行清扫，同时加强督促检查，发现问题，及时整改；创新机制，以购买服务的方式推行环境卫生整治市场化运作，倾力提高全办环境整治水平，从2016年6月开始实施以来，成效显著，保洁面积增加了百分之三十，资金投入上比原来减少了百分之十，卫生整治管理干部由原来的5人减少到1人，群众满意度大幅提升，脏乱差现象得到有效遏制，群众生活环境得到极大改观。五是倒天河水库环境综合整治取得成效。为保护好全市人民饮用水资源，办事处高度重视，多措并举，做好水库环境综合整治工作，主要做法：成立了由相关领导和工作部门组成的巡逻队，协助区综合执法大队开展水库周边执法巡逻，经开展巡逻，水库沿环湖路周边已看不到钓鱼、烧烤、旅游、野炊以及放牛和放马等情况，水源保护工作得到有效推进；对水库周边住户进行大力宣传，在显眼的地方制作了水库环境保护宣传标语22条，利用3辆宣车每天沿环湖路进行宣传环保卫生知识，并将水库环境综合整治理纳入《居民公约》，将水库水源保护工作做到家喻户晓，人人皆知；认真做好水库周边保洁工作，在环湖路周围安放垃圾箱86个，灰池18个、灰斗15个，并进行及时清扫；加强干部职工及群众环保知识培训，2016年以来召开水利环保知识培训会4次，发动干部职工、社区干部、驻村干部深入农户进行知识宣传，把环保意识传达到万千百姓中去。通过以上做法，使得环湖路一线可视范围内基本未见白色垃圾，水库周边环境卫生也得到了很大改善。六是森林防火得到有效控制，持续做好环境保护工作。主要做法：加强领导，明确分工，落实责任。采取党政主要领导亲自抓，分管领导具体抓，其他领导协助抓的工作机制，分工明确，责任到人，与各村、各单位签订责任书，层层落实防火责任制；加大宣传力度。防火高峰期，全办共制作了大横幅标语20条，森林防火宣传车在重要地点进行来回宣传100余次，发放防火宣传单5000份，张贴《毕节市森林防火戒严令》90张，制作防火警示牌35块，在坟头墓碑和林边大树上张贴防火温馨提示1300张；加大火源管控力度。在春节、元宵节清明节及“五一”节假日期间，统一指挥调度全体办、村干部，在天河古城门、天生桥、徐花屯、北镇关路口及各社区路口等多处布防设卡；加强应急值守力量。从办村干部中抽调扑火经验丰富、体力充沛者30余人组成专业扑火队伍，实行24小时值班值守，确保发生火灾时能迅速出击，控制火势；大力实施绿化七星关项目，荒山植树造林得到大面积覆盖，2016年完成荒山绿化600亩；大力做好辖区环境保护工作，定期对辖区内企业开展检查，督促屠宰农业畜禽养殖行业等污染源治理，保障无生活垃圾倾倒在水库或河道内，年内辖区无突发环境事件发生。七是精准扶贫到户，做好扶贫减贫工作。2016年以来，办事处按照六个到村到户的要求，从结对帮扶、产业扶持、教育培训、医疗救助、兜底保障等五个方面对贫困户进行精准帮扶。在前期做好贫困户调查摸底遍访的基础上，对每户贫困户建档立卡，明确记载其家庭人口、基础设施、致贫原因等详细信息。根据档案信息，通过“四看法”，将贫困户进行分类,划分出一般贫困户、低保贫困户、低保户和五保户四类贫困人口。全办有建档立卡贫困户214户622人，其中一般贫困户43户149人；低保贫困户59户264人；低保户89户185人；五保户23户24人。根据划分，按照“六个精准、五个一批”的要求，量体裁衣，精准发力。对低保户、五保户等贫困人口采取政府社会保障兜底扶贫；一般贫困户、低保贫困户有劳动能力的贫困人口，则通过发展产业、技术培训和改善基础设施实现脱贫。办事处还根据贫困户档案，制定了产业扶持、教育帮扶、“四有五覆盖”、产业化培训等项目，并严格按照计划落实帮扶项目。2016年，通过“六个到村到户”精准帮扶，全办减少贫困人口200人，完成了2016年减贫任务。

【文教卫生】 1.科教文体卫生事业统筹推进。2016年，全办开展专业技术培训会三期，受训人数600余人次，进村入户宣传科学种养殖技术80多次，受训人数1000多人；义务教育巩固率达85%以上，小学入学率达99.89%，初中入学率达97.30%，小学和初中辍学率均为0；投资5万元打造小河文化示范社区,建成多功能娱乐厅一个;投资3万元建成天生桥文化广场1个，已通过验收；投资3万元建设的魏家屯社区健身路径已完成设备安装，社区文化建成后为丰富群众文化生活提供了阵地和平台；积极做好殷官屯村村卫生室与附属设施建设,并投入使用;2016年全办参合人数为14160人，参合率达95%以上，全面完成了全办城乡居民医疗保险工作任务。2.社会保障能力不断提高。一是健全和完善了最低生活保障制度，确保应保尽保。2016年底，全办共发放农低保户资金3875987元、发放五保供养金219450元、城低保及生活补贴1052185元，80–89岁、90–99岁高龄生活补贴146950元，年初发放冬春救助粮8000公斤，冬春救助款20000元，发放临时救助款88500元，城乡医疗救助款328720元。发放参战人员生活补贴285000元、退役军人就业一次性补助45200元，优抚对象“八一”慰问金18400元；60岁以上农村籍退役士兵生活补助37125元，复员军人补助106631元，伤残军人补助41131元，军属优待金89348元；发放棉衣80件、棉被80床、困境儿童补助39600元；春节慰问贫困户、贫困党员、高龄老人送出大米20袋，食用油20桶，棉被20床，棉衣20件，慰问金6000元。二是完成了2016年低保提标核查工作，通过街道全体办、村干部调查摸底，召开民主评困会议进行评审，已纳入农低保保障902户1535人，城低保保障105户230人。三是加强养老保险征收。2016年，全办参加城乡居民基本养老保险5124人，累计征收养老保险费约45万元，缴费完成率80.3%，全部完成了全办60岁以上老人养老保险信息卡信息采集工作。3.“四关爱”工作。为贯彻落实好“四关爱”工作，全办分别召开2次党政联席会议和3次干部职工大会安排部署“四关爱”的摸底排查、包保和劝返等工作。主要做法：一是完善制度。制定了“四关爱”工作实施方案、领导小组，应急预案和强制报告制度；二是管理规范。按照留守儿童规范化创建的要求，对“一户一档”进行规范化归档，并对留守儿童一户一档资料实行专人管理。三是落实“四个一批”工作法。运用亲情视频、电话联系等方式开展劝返留守儿童父母工作。四是强化工作保障。办事处通过深入调查走访，摸清情况，将生活生产确实困难的留守儿童和留守老人采取纳入低保或给予临时救助等方式帮助解决困难。2016年底，全办留守儿童共计170人，留守老人56人，留守妇女8人，残疾人1103人，困境儿童34名，全办成功劝返20户留守儿童的父母回乡，动员15名留守儿童的父母将孩子带在身边外出务工。

【社会稳定】 一是狠抓综合治理工作，办事处成立了提升群众安全感工作领导小组，认真落实以村民组网格化服务为载体，发动干部职工深入到家家户户，切实为群众办实事、办好事。2016年，发放“致辖区居民的一封信”3000封，切实加强村民的群众安全感。二是各社区成立了警务室，并配备1名警务助理，负责各社区社会治安巡逻防控，全力维护了全办辖区社会治安稳定。三是扎实做好禁毒工作。全办登记在册吸毒人员144名，其中回归社会人员38名，正在戒毒场所24名、正在村社区戒毒的25名、正在村社区戒毒康复11名、死亡1名、社会面上有吸毒人员5名。四是扎实做好信访工作。夯实动态管理，严格执行日排查，化解零报告制度，坚持三级视频接访制度，2016年，办事处信访案件共20件，办结15件，5件处于化解中。五是扎实做好维稳工作。做到重要敏感时期、重大节日活动无上访、缠访情况发生，坚持“日排查、事化解、零报告”工作制度。六是抓好防邪反邪和国安工作。七是创新开展民主法治村整办推进创建工作。

【经济工作】 1. 招商引资工作稳步推进。积极做好需求带动，积极做好招商引资服务工作。2016引进项目2个，大新桥街道新生幼儿园建设项目和天生桥社区休闲农业观光园建设项目，总投资2.6亿元，目前到位资金2.1亿元，完成全年目标任务的100%。2. 民营经济发展又上新台阶。办事处紧紧围绕“以改促发展、以招促发展、以扶持促发展”的指导思想，强化举措，狠抓落实，奠定了大新桥民营经济发展基础。2016年全办民营经济实现总产值12.35亿元，民营经济实体77户，其中含个体工商户68家，企业9家，完成民间投资3.27亿元，工业投资0.1亿元，民营经济增加值实现2.45个亿。

【党建工作】 坚持以科学发展观为指导，结合学习党的十八大、十八届四中、五中、六中全会精神及习近平总书记系列重要讲话精神，结合“两学一做”学习教育契机，以转变和改进作风为指导，以经济发展方式为主线，以保障和改善民生为根本，解放思想，开拓创新，真抓实干。1. “两学一做”学习教育扎实开展。认真贯彻落实中央和省、市、区委的部署要求，把学习教育作为2016年党建工作的龙头任务，确保学习教育“学”有计划、“做”有抓手、“改”有方向、“促”有实效。一是积极动员部署，研究制定了《“两学一做”学习教育实施方案》和《学习教育安排计划》，对“两学一做”的各项工作进行了具体安排，并合理分配时间，分层次对学习教育的各项工作进行部署。二是扎实开展集中学习和专题研讨。组织全办各支部党员开展“手抄党章100天”活动，引导党员在抄写过程中熟读党章党规，增强党性修养。结合党委中心组学习、“三会一课”、党员组织生活会等制度，并对各支部业务骨干开展二级培训，督促指导各基层党组织认真开展好学习教育系列活动，并以专题讨论、讲党课等具体学习方式，努力使广大党员学有方向、学有方式、学有所获。坚持每月一次集中学习，通过党组织书记领学、分组讨论等方式，营造了浓厚的学习氛围。三是认真查摆问题，及时整改落实。要求各支部和党员以专题学习讨论、讲党课和开展民主评议等措施，全面排查基层党组织和党员存在的问题，制定问题清单和整改清单，并明确责任单位和责任人和整改时限，全办共查找基层党组织中存在的问题10个，领导班子中存在的问题12个，普通党员中存在的问题56个，查摆出的问题于12月全面整改完成。四是积极发挥党员先锋模范作用。扎实开展了党员志愿者服务活动，以全办各级党组织为单位，依托自身资源、专业等优势，积极组建党员志愿者服务队伍，围绕政策宣讲、就业培训、环境整治、法律援助等开展形式多样、内容丰富的志愿服务。2016年，全办各级党组织共开展各类志愿者服务活动10余次，切实发挥了广大党员在建设“幸福美丽大新桥”中的主力军作用。2. 社区“两委”换届有序推进。自2016年9月启动社区“两委”换届选举工作以来，党工委周密部署，统筹安排，成立领导机构，切实做好动员部署、摸底调研、业务培训、纪律宣传等前期工作，并在换届工作中做好指导工作。3. 基层组织服务体系建设进一步加强。为全面提升基层组织管理水平和服务质量，促进村级组织设置、管理、服务规范化，切实做到基层组织办公环境改善、办事效率提高、工作作风转变、履职能力增强、服务水平提高，不断适应新形势下农村基层党建工作需要，党工委结合大新桥街道办事处实际，按照整乡推进“一核多元”基层组织服务体系建设的要求，一是执行“两个最严格”的制度，进一步完善村干部值班服务和公章管理制度，通过党工委每月不定期2次以上的督查，2016年底，各村党支部值班服务和公章管制以形成常态化。二是深入推广“3142”党建工程，通过“三会一课”和“四议两公开”切实提升党建工作规范化、制度化和常态化，保障社区重大事项决策民主，公开透明。三是完善阵地服务功能，完成大坡社区办公场所扩建90平方米，魏家屯社区办公场所扩建60平方米，对全办6个社区办公活动场所进行了规范化建设。四是壮大服务队伍，党工委充分利用村“两委”成员、驻村干部、党员队伍、村民组长参与村组织服务工作，以此壮大村级干部队伍，发挥村民监督委员会、村民理事会、“五老”志愿者服务队作用，切实为民做好、做实服务工作。五是着力发展壮大村集体经济，按照“支部+农户”“公司+支部+农户”“支部+合作社+农户”等方式，结合各社区经济发展实际，以入股分红方式参与管理、帮助企业协调流转土地、处理群众矛盾等获得企业盈利分红，使得村集体经济积累达3万元以上，填补了村集体经济发展空白。4.农村创业带富取得成效。主要做法：通过采取班子成员与创业党员、农村致富带头人结对帮扶的帮带机制，引领帮扶创业，实行协调贷款支持、跟踪指导技术、提供致富信息和强带弱结对等帮扶措施，鼓励有能力的农民党员带头创业致富。天生桥社区聂祥华成立华红经果林基地，种植草莓20亩、葡萄、桃树、李子等经果林110亩，年可创利润50万元，解决当地就业12人，带动10户农户共同发展。天生桥村简琴家具厂，得到“党员创富带富”的无息贷款后，2016年底，生产设施购置齐全，并投入生产。殷官屯社区干部张军带领百姓成立一碗水建康农民专业合作社，发展草莓种植及林下养殖，年创利润7万元，带动5户群众共同发展致富，每户实现增收5000元。魏家屯社区创建了碧秀佳蔬菜种植基地并成立合作社，直接带动周边75户农户，辐射带动全村200多户种植蔬菜，在蔬菜产业的推动下，魏家屯村农民人均年纯收入达8000元以上。5.考核工作进一步完善。进一步加强和规范党政正职以外的领导班子成员、干部职工及社区干部考核管理，充分调动广大干部职工及社区干部工作的积极性、主动性、创造性。党工委结合实际制定了《党政正职以外的领导班子成员绩效考核办法》《股级及以下干部绩效考核办法》《村及村干部绩效考核办法》《村民组长考核办法》等考核管理办法，根据考核办法党工委考查组每月对各站、所、股、室及各社区进行一次目标任务完成情况进行考查评比，实行动态考核跟踪，并按照考查结果严格兑现奖惩。

【群团工作】 一是完成了扩大基层妇联组织成员工作，通过民主选举方式产生了妇联班子成员，进一步扩大了基层妇联组织的广泛性和代表性，充实了基层妇联组织工作力量。二是认真做好团员发展工作，给团组织补充新鲜血液，吸收了56名入团积极分子加入了中国共青团，加强了团组织的生命力和战斗力，接收了1名志愿者，增强了团组织的影响力和凝聚力。三是加强全办职工文化建设。“三八”妇女节及“七一”活动期间，在党工委、行政的大力支持下，组织全办干部职工参加各种文体比赛，不仅陶冶干部职工情操，又丰富了干部职工业余文化生活。四是做好离退休干部关爱工作。利用春节期间开展离退休老干部座谈，介绍本办工作开展情况的同时，听取老干部们的意见和建议，并利用重大节假日期间向他们送去关怀和慰问，共发放慰问物资4200元。

【纪检监察】 在区委、区政府的正确领导下，结合“两学一做”学习教育的开展，围绕党工委、行政中心工作，以党员干部为重点，以完善支部为抓手，以强化监督为保证，明确反腐倡廉责任，推进廉政文化建设，为全办各项事业的健康发展创造了良好的政治环境。一是加强廉政教育，保证党员干部高效廉洁。认真组织党员干部学习党章党规及各种党风廉政准则，累计开展专题学习教育6次；组织观看反腐警示教育片4次；在全办范围内开展廉政党课4期。以廉政文化建设为切入点，用图片、展板、监督岗、文化长廊等形式，开展权力观、地位观、利益观为根本，以艰苦奋斗、勤政廉政和弘扬中华民族的传统美德为主题的教育活动。

二是加强制度建设，保证权力运行阳光透明。为贯彻落实各项中央八项规定、省委十项规定，进一步完善了各项规章制度，坚持以制度管人、管事、管钱。按照“谁受理，谁处置，谁反馈”的原则，落实开门办公和首问责任制，随时处理日常事务，帮助群众解决各种问题，有效解决了干部作风不实、效率不高的问题，形成了良好的机关工作作风。三是认真落实党委主体责任。党政“一把手”认真履行“第一责任人”的职责，牢固树立责任意识、风险意识、落实意识，让廉政意识贯穿工作始终，在党政班子会、办干部会、村干部会上多次部署党风廉政建设工作，并多次过问、协调纪委监督工作情况。建立了党政“一把手”负总责，各班子成员认真履行“一岗双责”，按照“谁主管，谁负责”的原则，具体抓好分管部门的党风廉政建设工作，形成一级抓一级、层层抓落实的责任机制。四是认真落实纪委监督责任。规范“三资”管理，对各社区“三资”再次进行清理，规范“三资”台账，加强对村级财务的监管，全面实行“村账办代管”，同时发挥民生监督委员作用，强化监督。建立健全各社区党务、居务、财务公开制度，做好基层党建、项目招投标、惠民政策、惠民资金“三务”公开工作。

【亮点工作】 1.积极探索以市场化运作开展环境卫生整治。2016年以来，办事处创新机制，以购买服务的方式推行环境卫生整治市场化运作，倾力提高全办环境整治水平。一是配备完善的保洁设施设备，采购垃圾压缩车1辆（3吨），拖斗车4辆，垃圾斗63个，绿色环保垃圾桶240个。二是探索以邀标竞谈的方式确定毕节久胜保洁公司全权管理辖区环境整治工作，运营管理费用每年54万元（公益性岗位工资除外），其中浮动考核资金6万元。办事处每天实行卫生巡查，并对保洁公司的工作成效实行打分制考核，承包资金及考核资金均实行按月兑现。环境卫生整治进行市场化运作以来，辖区保洁面积达30万余平方米，其中主干道公路保洁28公里，村寨保洁面积覆盖15000余人，每天清运垃圾10吨以上。保洁面积增加了百分之三十，资金投入上比原来减少了百分之十。卫生整治管理干部由原来的5人减少到1人，腾出大量时间和精力从事办事处的其他中心工作，也变以往突击式管理为常态化管理，群众满意度大幅提升，考核排名从以往的同类街道考核中由中下水平上升到上等水平。2.民主法治村创建整办推进。大新桥街道秉承“以问题为导向，以和谐为主线，以发展为目标”主题，主要围绕“四抓”：即抓“一个联户带动”、抓“两个阵地建设”、抓“三个活动起来”、抓“四个落实到位”，整办推进和谐民主法治村建设。抓“一个联户带动”，即全村党员村干部（含离任）每人联系15户老百姓的法律法规和农村思想政治教育。给百姓宣讲法律法规、惠民政策、传统美德等，在发展产业上建言献策。抓“两个阵地建设”，抓好法制宣传阵地建设，总投资48万元，新建室外法制文化墙450米，民族风格雕花宣传栏200平方米，向老百姓宣传相关法律和政策法规，让群众对各种法律法规和政策一目了然，入脑入心。抓好文化宣传阵地建设。总投资30万元，建设室外文化长廊和实木挂画400余平方米，让老百姓接受各种传统教育、美德教育。抓“三个活动起来”。大喇叭响起来。结合农村思想政治教育充分利用各社区高音喇叭，宣传相关法律法规和惠民政策。文艺宣传队舞起来，各社区成立了文艺宣传队，走村串户演出，既传承了彝族歌舞的传统，又宣传了党的惠民政策。学生家长学法守法连起来。在开展的“我与父母同学法”活动中，全办中小学生1400多名学生参与活动，带动2500名家长和家庭成员学习了相关法律常识。抓“四个落实到位”政策法规手册送到位。2016年以来普法实用手册送到90%的农户家，让老百姓手中有《法》，遇事看法、凡事找法、做事守法。治安巡逻到位。各社区组建10人的村级巡逻队伍一支，开展定期或不定期巡逻。2016年巡逻队共进行定期巡逻35次57天，不定期巡逻2次5天，巡逻期间共防止口角纠纷引发的打架斗殴事件25起，防止突发性事件发生3起。便民利民服务到位。居委会实行无假日值班制度，随时为老百姓提供便利服务，共为老百姓提供各种便利服务1500起，代办服务400起。惠民政策公开到位。各社区居务公开栏及时将精准扶贫、低保评审、住房申请、农业补助等系列优惠政策，向百姓透明公开，让党的小康政策暖民心、鼓民劲，达到政策透明，群众脱贫有路有目的。民主法治村建设，使社区社会稳定和小康建设取得了较大进步。一是矛盾纠纷隐患大为下降，比去年同期减少了45起。二是村民的法制意识进一步得到提高，2016年1–10月发生刑事案和“两抢一盗”案件0起。三是群众信访不信法的观念大有改变，截上第三季度，全办赴省进京访为零，到区、到市非访为零，基本形成安定团结的和谐局面。四是群众健康向上的生活方式大有转变，民族舞业余爱好者200多名，坝坝舞爱好者80多人，同时赌博、滥办酒席等事件大为减少。五是产业发展观念也大为改变。从过去的传统农业转变为养殖、种植、经商、务工多元化发展的格局。六是社区和谐气氛浓厚，2016年底，全办和睦邻里、团结互助蔚然成风，上半年在全办的十星级文明户评选过程中，星级达标农户达到了906户，达到十星级农户24户。3.干部考核管理形成常态化。党工委为进一步增强农村基层组织的凝聚力、创造力和战斗力，加强社区干部队伍建设，促进基层管理制度化、规范化，结合实际，制定了党政正职外班子成员、干部职工、社区干部、组干部动踪考核管理办法，主要做法：一是实行“坐班制”的社区干部，每月由办事处对其进行动态跟踪考核，每季度进行综合考核后，作为发放绩效工资的考核依据，按照一定比例实行80%、100%及120%的基数发放绩效工资。二是制定《村级动态跟踪考核奖励办法》，针对各社区每季度各项重点工作完成情况，评定等次，发放3000–5000元经费奖励，季度综合得分在90分以下的社区不予奖励。三是加强考核结果运用，对于全年考核结果优秀的社区干部，办事处将召开表彰大会进行表彰奖励，2016年，社区干部绩效工资已按照绩效考核办法实时发放，各社区工作奖励经费兑现到第三季度。四是对于不能胜任工作岗位，不服从工作安排，长期不在岗，作风较差或无理取闹，扰乱社区正常工作秩序，影响社区团结稳定的，将进行劝辞或由办事处进行免职或依法启动罢免程序。

（党政办）

德溪街道办事处

【概述】 德溪街道办事处位于毕节市七星关区城区东部，于2013年9月七星关区机构改革从原流仓桥办事处撤建而来。现办事处办公点距七星关区行政办公中心500米，距毕节市行政办公中心2公里。全办总面积16.8平方公里，东临鸭池镇甘海子村和八十亩村，南抵碧阳街道办事处流仓村，西与麻园街道办事处杨家塘社区接壤，北达观音桥办事处塘房村和海子街镇红堰村。平均海拔1442米。辖5个行政村（碧玉村、德沟村、甲秀村、后河村、烂泥村），46个村民组，居住着汉、苗、彝等民族12760人；现有耕地3564亩，其中水田1020亩；天然林3003亩，其中退耕还林91亩。城市建设的提质扩容使德溪办成为城市建设的主战场；毗邻的毕节学院以及坐落的毕节市职业技术学院使德溪办成为全区的文化中心；种植优质大白萝卜、玉米、水稻、小麦、洋芋、蔬菜等多种农作物使德溪办成为毕节市菜篮子工程的重点示范基地；倒天河三期工程的治理以及成贵快铁的建设，使德溪街道办成为了从毕节通往全国，走向世界重要的交通枢纽。

【党建工作】 一是落实“两个责任”，全力推进党风廉政建设。1.强化组织领导。成立党风廉政建设领导小组，党工委先后组织召开党风廉政建设专题会议5次，切实按照“三转”要求清理了2名纪检干部兼管的业务工作，退出4项由纪检监察干部牵头但与纪检监察工作无关的业务，通过明确纪检干部的主责主业，确保党风廉政建设各项工作得到顺利推进。2.强化责任落实。坚持将党风廉政建设与基层党建、城市建设项目保障服务、棚户区改造、脱贫攻坚等中心工作同部署、同落实、同督查、同考核，制定了《2016年廉政建设责任书》《2016年党风廉政建设工作计划》《德溪街道办事处领导班子党风廉政建设责任清单》《七星关区德溪街道办事处严明脱贫攻坚纪律深入开展“三查三问”专项行动实施方案》等文件，与重要部门、重要岗位负责人分别签订个人廉政风险防控承诺书21个，党政主要领导与班子成员及社区支书、主任签订责任书16个，层层明确工作职责，层层传递压力，层层抓好落实，形成了横向到边、纵向到底、一级抓一级、层层抓落实的工作格局。3.强化宣传教育。张贴“四要五严禁”喷绘墙体标语12幅，设计制作和发放小卡片500张、宣传单500份，社区办公场所设置宣传站牌5个，通过加强宣传广泛接受党员群众的监督，进一步规范了惠民利民政策的执行和落实。一年来，制作严肃换届风气监督宣传栏和滚动显示屏共7个，宣传标语20幅，印发“一书一卡”68份，签订加强换届风气监督《承诺书》68份；邀请区纪委常委马兴江同志、区检察院反贪局局长刘伟同志作警示教育讲座2次，党工委中心组和干部职工大会专题学习《中国共产党廉洁自律准则》《中国共产党纪律处分条例》《中国共产党党内监督条例》《中国共产党问责条例》和关于严肃换届纪律相关文件等300余人次，组织干部职工观看《灭蚊》《镜鉴》等警示教育片3次，组织严肃换届纪律谈心谈话32人次，约谈干部共101人次，在第十届社区党支部换届选举工作中未出现任何违规违纪行为。4.强化执规执纪。一年来，取消了社区干部本人及近亲属享受的非普惠制惠民政策22名；加大案件查办力度，给予党纪处分4人；按要求完成5个社区“三述一述”工作。通过强化执规执纪，切实维护好群众利益，进一步营造了风清气正的政治生态环境。一年来，全办权力清单备案77件，确保了权力规范运行；考察选拔干部和“三重一大”事项均按要求进行公示，未收到任何不良反应和举报；全办未出现滥办酒席现象，无任何领导干部因逢年过节收受礼品、出入私人会所、值班值守不到位等情况受到举报和查处，作风建设得到了进一步的改进和加强。二是加强教育监管，基层组织建设成效显著。1.加强党员干部队伍建设。全年协助区委组织部考察科级干部7人，公开选拔中层干部4名、村级后备干部10人、村级警务助理5人，发展党员9名（其中农民党员2名），推选区级党代表3人、区人大代表6人、区政协委员3人和社区党支部班子成员18人，干部考察任用程序规范。2.建强基层组织战斗堡垒。全年划拨社区党支部党建工作经费14.5万元，发放社区干部绩效工资40.776万元；成功申报省集体经济试点村项目1个（碧玉社区便民服务中心商业项目），争取到省级财政专项资金支持100万元；积极申报创建七星关区“范本村（社区）”3个；支持社区利用集体经济积累修建临时停车场7个，仓储物流中心2个，组建基建施工队3个，创办社区企业2家，每年为社区集体经济积累增收约62万元；落实“第五批党员创业带富基金”贴息贷款扶持资金3户24万元。通过加强基层党建工作，提高了党员的“双带”能力，建强了基层组织战斗堡垒，为全面推进5个社区社会治理工作和打造精品社区奠定了坚实的基础。3.加强党员队伍教育监督管理。完成10个党支部341名党员的党组织关系集中排查工作，清理出流动党员6人，无失联党员；新建立非公企业联合党支部和社会组织联合党支部各1个，实现辖区83家非公企业和社会组织党建工作“两个覆盖”。通过党组织关系集中排查建立健全了全办党员档案，破解了党员管理难题。深入开展“两学一做”学习教育。准确把握全区“党员给力、群众给分”的主线要求，着力解决党员队伍存在的七个方面突出问题，紧扣深入开展专题讨论、创新方式讲党课等四个关键环节，以争做“四讲四有”合格党员为目标，深入扎实地开展“两学一做”学习教育工作。一年来，党工委中心组集中学习10次，全体干部职工集中学习23次；10个党支部开展“党员队伍存在问题”“如何做合格党员”“如何立足本职岗位发挥作用”专题讨论各3次；班子成员在联系支部上党课36次，各支部召开专题组织生活会和社区党支部书记抓党建述职工作各1次；党工委查找突出问题4个，班子成员边查边改存在问题28个，现已全部整改完毕；全年按时收缴党费3.5547万元（含2015年补缴）；培树先进典型11个，受区级表彰党员2名，受街道党工委表彰优秀党员33名。通过开展学习教育，全办党员同志增强了党性和宗旨意识，在各项工作中起到了模范带头作用。三是坚持统抓统管，全面完成其他党建任务。加强宣传工作，进一步了扩大正面影响。加大法制教育宣传力度，组织全办干部职工、教师参加学法用法考试，增强了干部职工的法律意识，提高了依法行政能力。全年市级网络媒体采用稿件18篇（市文明网18篇），市级报刊采用稿件4篇（《毕节日报》4篇），区级媒体采用稿件16篇（毕节晚报11篇，区电视台采用5篇），积极联系市区主流媒体对我街道城市建设进行宣传报道，扩大正面影响助推了城市建设进程。加强统战工作，进一步形成了发展合力。按要求建好7个统战工作信息库；实施“千凤还巢”工程联引12个外出务工成功人士回乡创业，其中4人投资990万创办经济实体4个，带动就业54人，就业人员年增收3万元。通过加强统战工作，进一步凝聚了发展共识，形成了发展合力，有力地推动了全办各项工作的开展。加强政务服务，进一步促进了社会和谐。精心布置400余平方米的便民利民服务大厅，贯彻执行“六公开”制度，张贴权力运行和民生事项办理流程，落实七星关区“马上就办”工作办法，社事、社保、合医、国土、计生、水利、农牧、安监、财政等部门全部进驻街道便民服务中心，社区便民利民服务站明确专人轮流值班，做到充分授权、集中服务，全年街道、社区共办结合作医疗、养老保险缴纳、生育服务证办理等事项973件，实现了居民小事不出社区、大事不出街道的服务效果，解决了服务群众“最后一公里”的问题，提升了居民的满意度。

【经济发展】　一是切实做好项目建设保障服务工作。一年来完成项目建设用地征收840余亩，迁坟2600余所，为辖区在建或拟建的贵州工程应用技术学院东校区扩建、毕节新二中、第四实验学校、德溪小学、三号路、明钧玻璃商业用地、肖家院安置房二期、七星关区未成年人救助保护中心等重大项目建设的顺利推进提供了保障。二是完成15户微型企业的勘验及资料上报工作，上报企业全部通过评审，完成率为150%，通过率为100%。

【民生事业】　一是精准扶贫工作扎实有效。成立精准扶贫专项扶持资金8万元，为部分贫困户每户发放300元精准扶贫帮扶发展生产资金；发放全办干部职工结对帮扶贫困户（89户）帮扶发展生产资金26700元，落实“一市五金多套餐”贷款19.2万元，特惠贷2户共4万元，发放贫困户子女就学资助金6万元。一年来，通过开展两轮遍访回访工作，实现五保户、低保户、一般贫困户和已脱贫贫困户全覆盖，采取了结对帮扶、落实政策、资助就学等多种方式，加快全办脱贫攻坚步伐，完成了2016年计划脱贫8户29人的工作任务。二是“两基”成果得到巩固提升。全年完成学前教育招生231名，幼儿园在园儿童479名；高中教育招生1739名（其中梁才学校941名人，清华国中798名）；中职招生192名；创建义务教育管理标准学校1所、创建文明校园1所。全面完成了“普十五”工作任务，新“两基”成果得到巩固提升。三是卫食药监工作取得新进展。全年参合人数11891人，收缴参合金1070190元，参合率104%。协助市场监管局对辖区食品经营户、药品经营店、社区诊所等进行食品药品安全检查，2016年全办无重大食药品安全事故发生，居民看病就医条件得到大幅改善。四是社会保障体系渐趋完善。严格按照程序进行低保对象的评审，实现动态管理下的应保尽保、应退进退、进退及时，并确保资金及时发放到位。2016年农村低保对象328户，共发放农村低保资金约144万元；城市最低生活保障对象19户，共发放城市低保资金约13.6万元。其他各类民政资金严格按照有关要求进行公示和发放，全年发放春节价格农村低保对象价格补贴685户4.3774万元，城乡低保和五保免费电量电费资金3.8335万元，最低生活保障对象一次性价格补贴19户51人0.2193万元；共发放五保供养金23人4.83万元；发放临时救助资金25人9万元。五是抓好现代高效农业工作。全办农户养牛144头，其中建档立卡精准扶贫户养牛10头，拓宽了增收脱贫的出路。完成玉米示范样板200

亩，完成蔬菜示范样板100亩，农业科技技术得到了应用推广。一年来共检疫生猪256头，检出病猪3头；共检疫鸡苗21508只，检出病鸡10只；为载禽车辆消毒183辆次，确保了输出禽畜产品的质量安全。六是基础设施建设不断完善。完成4公里通村公路建设和0.7公里通组路建设任务的形象进度30%，长期有效养护辖区公路里程10余公里。各社区分别建立管水组织各1个，以单个水利工程项目为单位组建管水组织5个，彻底解决了居民饮水困难的问题。随着全办基础设施建设的改善，为居民发展大棚蔬菜种植、兴办城郊休闲旅游产业等创造了良好的条件，为实现全办“决战贫困、提速赶超、同步小康”打下了坚实的基础。七是抓好棚户区改造工作。全力协助区房征局、德溪公司等单位加快推进棚户区改造工作。安排王兴龙、邵书荣等4名同志配合房屋征收工作，党政主要领导每周到项目点指导征收工作1次，帮助工作组完成6户“钉子户”的房屋征收工作。2016年完成“城棚改”任务签约900户2700人，征收面积79000平方米，完成率为100%（其中货币化补偿315户，货币化安置率为35%）；同时完成2017年城棚改摸底共4482户。

【生态环境建设】 一是抓好林业生态工作。完成2016年“绿色七星关营造林”任务445.2亩；查获并报请区森林公安处理破坏森林资源案件2起；兑现退耕还林中央财政专项资金2.35万元，兑现退耕还林省级粮食掉运费0.2256万元；兑现省级财政公益林生态效益补偿资金0.4909万元；办理政策性森林保险投保1534.1亩，核损79.1亩，理赔3.5595万元。通过抓好荒山造林任务、加大森林防火工作力度和严格兑现资金政策，街道辖区林业生态逐步得到恢复。二是抓好环保创模工作。完成2016年倒天河三期污水处理管网工程投资150万元，投入农业污染治理、生活垃圾处理建设资金4.8万元;开展环境保护宣传工作4次，制定环保宣传标语6副；开展辖区工矿、企业扬尘污染专项检查24人次；对市牧科所“乌蒙乌骨鸡养殖场”造成月亮湖河道水污染事故进行了调查处理，并督促整改落实，辖区生态环境得到大幅度改善。三是抓好“三创一建”工作。全年共投入创卫经费20余万元，垃圾做到日产日清，规范临时菜场管理1个，辖区内背街小巷卫生脏乱差现象得到明显改善，辖区环境卫生秩序得到有效治理。在全区“三创一建”暨“多彩贵州文明行动”的工作检查中第一季度取得第1名、第二季度取得第9名、第三季度取得第1名的好成绩。

【社会治理】 一是严格值班值守，抓好应急管理工作。严格执行领导带班制度，按规定做好值班记录，2016年我街道无迟报、漏报、瞒报现象，未发生重大紧急事件及被相关部门通报无工作人员不在岗在位情况。二是控制违法建设，净化投资环境。采取源头治理、堵疏结合的方法，全天候、无死角实施巡查管控，严格执行违法建设管控奖惩规定，形成了办村联动、全民参与的打击合力，对违法建筑做到打早、打小、打了。一年来，制止并拆除违法建筑76宗总面积约5500平方米，全年无新增违法建设和区查违办督办案件，净化了德溪新区城市建设的投资环境。三是抓好群众（信访）工作，切实维护一方安定。一年来，全办共排查矛盾纠纷65起，成功调处63起，调处率98%；妥善处理非正常死亡事件2起，有效促进了德沟社区中坝、小桥公房纠纷、德沟社区墙院组集体山林林权群体访事项的化解，妥善处理甲秀社区大凹子组村民与村民张大全集体山林纠纷、碧玉社区田坝组村民集体土地纠纷等事项。通过加强矛盾纠纷的排查调处，切实依法依规维护群众的合理诉求，化解了历史遗留矛盾纠纷库存，维护了一方安定。四是人口和计划生育工作稳步推进。截至2016年12月20日，年度常住人口新出生104人，其中男孩50人，女孩54人，出生性别比为93：100；完成手术任务46例（其中女扎8例，上环38例），全面完成人口和计划生育工作目标任务。五是加强安全监管，实现安全生产零事故。全年落实投入经费8万元，在人、财、物方面保证安全生产监管工作的顺利开展。加强专项整治、隐患排查，收集辖区企事业单位驾驶员和车辆信息，全部录入交通云平台；

共检查工矿商贸企业160家次，建筑施工企业32家次，检查学校40所次，检查人员密集场所35处次，清查烟花爆竹零售点43户，查处各类隐患和问题561个，作现场检查记录162份，下发隐患整改通知书181份，完成事故隐患整改556个，查出的隐患和问题整改面达到了99%以上。加大执法工作力度，全年开展执法行动74次，处理道路交通非法违法行为35起，清理烟花爆竹非法违法行为43起，其他行业12起。通过扎实有效的工作，一年来，我街道无任何安全生产事故发生。六是抓好“六大工程”，着力推进政法工作。法制毕节创建工作方面，全年共投入经费8万元，用于烂泥社区民主法治示范村建设；碧玉、甲秀、烂泥社区“民主法治示范社区”建设已经区法治创建办验收合格予以授牌；抓好“法治政府建设工程”“公平司法天平工程”等六大工程，法治毕节创建工作有序开展。政法工作方面，辖区内政府机关、金融单位、学校、医院全部招聘安保人员，建设5个社区警务室，共配备社区警务助理5名、社区专职巡逻队员5名；对本辖区的山林、地块、房前屋后、楼顶进行全面踏查，坚决杜绝种植毒品原植物现象发生；全办登记在册的103名吸毒人员纳入管控视线，确保不漏管失控。通过加强对“两抢一盗”和电信诈骗等多发性侵财犯罪行为给予严厉打击和加强治安巡逻等措施，提高了群众的安全感和满意度。七是落实公车改革制度，加强公务用车管理。根据《七星关区公务用车制度改革工作方案》要求，积极配合公务用车制度改革，提前完成公车改革工作，按规定上交3辆公车；对现有的公务用车实行严格管理，制定《德溪街道办事处公务用车管理制度》及《德溪街道办事处公务用车实施办法》，一年来本街道未发生公车私用及私车公养案例。

（办公室）

观音桥街道办事处

【概述】 观音桥街道办事处位于七星关区城郊东北隅，距城中心约2.5公里，总面积23.23平方公里，东西长约10公里，南北宽约2.3公里，为典型的带状地块，703县道、工业大道贯穿全境。2013年9月行政区域调整划分后，观音桥办事处更名为观音桥街道办事处。2016年7月“村改社区”，下辖五里坪、塘房、桥头边、红堰、长征、迎宾6个社区51个居民组，居住着汉、苗、彝、白等民族，共4667户22431人。这里交通便利，风景优美，山清水秀，空气清新，气候温和，青龙山雄伟多姿，观音河蜿蜒而过，街道办事处因此得名。街道办事处行政办公中心设在五里坪社区。

【现代高效农业】 一是为方便群众在网上销售或购物，观音桥街道办事处在五里坪、红堰社区建立电子商务平台。目前，商品覆盖观音桥街道特色有机农产品、石材建材、家装饰件、方便食品等；二是加快红堰社区特色蔬菜种植基地项目建设进度。该项目是一个集食用菌、香菇、木耳、金针菇、四季特色蔬菜为一体的特色蔬菜种植基地。目前，该基地总面积120亩，有大棚80个，品种有6种，目前已占据七星关区市场份额的70%；三是加快推进农家乐转型升级，由过去单一的发展方式逐步向休闲养生农业基地发展。辖区宋家辣子鸡、凯鸿园、迎宾山庄及全味驴庄等10家农家乐日平均接待客人800人左右，月均毛收入30多万元，转移剩余劳动力150余人，人均增收700余元，人均年收入创收10000元以上。

【项目建设】 1.创新征地工作方法，提升征地工作质量。通过建立健全项目征地、拆迁工作机制，项目建设实行精细化管理，由街道党工委、行政主要领导统筹调度，结合项目建设实际适时优化人员配置，建立征地工作经费长效机制，考核领导小组加强过程指导，督促考核，征地过程中遇到的问题和困难得到了有效及时化解，征地速度明显加快。2016年，该街道办共计涉及征地项目10个，征地面积近970亩，其中五里坪公租房项目66亩、北大附校项目二期252亩、卧龙大都会项目二期46亩、碧海龙苑项目二期50亩、电商产业园项目二期20亩，毕节四中项目350亩、观音桥医院项目6.2亩、七星关区第二人民医院项目38亩、精英幼儿园项目9.8亩、东清高速项目132亩。2.实现项目转型升级，新区城市建设初步更新。一是依托七星关区电商产业园招商引资。总建筑面积92000平方米，标准厂房面积67328平方米，产业园现有办公用房面积24672平方米。园区实现了七星关区轻型物流、高新产业基地的定位，将是区积极培育新能源汽车及产品、新医药和大健康、新型建筑和建材等新兴产业的首选之地；二是北大附属实验学校已正式投入使用。教学范围涵盖小学、初中和高中，目前，有在校学生2730人。北大附属实验学校因其雄厚的师资，先进的教学理念而成为远近闻名的教育品牌；三是辖区安置房项目快速推进。新区五号安置点、三号安置点一期工程主体已完工，进入外墙施工阶段，一号安置点已开工建设。四是路网设施不断完善。观水大道前段2公里已完工并通车，成贵快铁（辖区段）正进行轨道铺设，德溪四号隧道和小寨隧道即将完工。3.招商引资取得新突破。依托“一轴一园”平台，狠抓招商引资工作。全年完成招商引资项目11个，其中新建项目2个，续建项目9个，完成协议资金4.5亿元，实际引资2.1亿元，其中领导带头招商引资2个，协议资金8330万元，实际引资7200万元。4.保持高压态势控制违法建设，保障发展大环境。今年以来，我街道办党工委、行政高度重视，成立观音桥街道违法建设专项排查组，由各联系社区领导牵头对社区2016年1月以来新增违法建设进行排查，并建立台账上交街道办规划中队，并成立了由街道办党工委副书记、主任为组长，党工委副书记为第一副组长，党工委委员、宣传委员为副组长的控制和打击违法建设领导小组，根据排查组排查出来的名单，对今年以来新增的乱搭乱建违法建设进行逐一拆除。2016年共拆除194户，面积16640平方米，其中砖混结构130户，面积10070平方米，钢架结构64户，面积6570平方米。

【基础设施建设】 1.“多彩贵州文明行动”成效显著。一是加大了街道办事处整脏治乱工作的投入，2016年，全办共计投入整脏治乱工作经费110万余元，新建垃圾房10个、垃圾池8个，购买手推车28辆、垃圾斗11个；二是除保洁员每天严格按照工作安排清理自己的责任区划外，街道集中开展大型清理垃圾行动25次，对观音桥河道、工业大道和703县道旁等易积垃圾场所进行专项清理；三是创新工作思路，积极探索垃圾外包管理制度，自2015年10月起，全面实行垃圾外包管理。2.加快推进毕节市新一轮荒山绿化及退耕还林工作。扎实开展植树造林活动，完成人促造林940.8亩，完成公益林森林5200亩，经费投入18.4万元，主要用于天保护林员、公益性护林员工资及办公经费支出。同时，采取切实可行的措施，严防森林火灾事故的发生，全年未发生一起森林火灾事故。

【民生事业】 1.科教文卫等事业有新发展。创新工作方法，提升整体形象。一是街道办以“两学一做”为主题，在七星关区民中开展“教育系统党员教师教学技能大比武”活动，既丰富了“两学一做”学习教育形式，又提升了教师的教育教学技能。二是把关爱“留守儿童”、教学常规、食堂管理等方面纳入常规工作，探索工作方法，并取得了新突破；三是区民族中学校园靓化工程取得新突破，校园环境优美，整体面貌更新，学校改扩建项目通过招投标正式启动；四是实现了民办教育的长足发展，北大附属实验学校、红果果民族幼儿园等民办学校的落地及发展，填补了该办民办教育的空白。2016年全办4–6周岁儿童1089人，在园（校）幼儿945人，学前三年毛入园率为86.78%。全办2008年一年级在校生324人，2016年九年级在校生309人，九年义务教育巩固率为95.37%。全办16–18周岁少年1327人，普通高中在校生896人（办内858人、办外38人），中职在校生303人（办内65人、办外238人），高中阶段入学人数1199，高中阶段毛入学率为90.35%。全办7–15周岁“三残”儿童少年10人（失能2人），入学7人，入学率为87.5%。义务教育中小学年辍学率（小学0.11%，初中0.34%）。全办2015年秋季学期：小学在校生1874人，学年内辍学2人，辍学率为0.11%；

初中在校生894人，学年内辍学3人，辍学率为0.34%。2016年该办幼儿园新招生438人，目标任务397人，完成率110.33%。2016年我办高一年级新招生581人，目标任务193人，完成率301%。全办7—12周岁岁段人数为1717人，2人（失能）未入学，已入学1715人，小学入学率达99.88%。全街道13—15周岁岁段人数是869，已入学的有859人，初中阶段入学率达98.85%。全年未发生一起学校安全事故。卫生工作。全年未发生一起食物中毒和药物中毒事件。2.关注民生促进社会和谐。加强社会保障。完成新增就业120人（任务数120人）；城乡居民养老保险取得新突破，截至2016年，系统缴费到账人数4464人，到账471800元；失地农民养老保险办理新增159户，变更52户，截止2016年11月办理待遇领取的有1899人。全面完成城乡居民基本医疗保险筹资工作，该街道办筹资任务数17506人，现100%完成。认真做好民政救济工作。全面完成了2016年城乡低保提标核查工作，完成了全办927户1246名城乡低保对象的年度核查工作。确保低保对象的应保尽保，应退尽退。从第二季度开始，全办农社区低保对象调整为603户1167人，城市低保对象调整为13户30人，保障金额提高幅度为人均15元/月。2016年全年受理城乡医疗救助申请156人次，经审核符合救助条件人数经公示后上报区社会救助股审批。办理和发放了65岁以上老年人爱心乘车卡，及时发放80至90周岁和90岁以上高龄老人生活补助金。目前我办共有0–15周岁“留守儿童”138人，共遍访“留守儿童”家庭6624人次，劝返22户涉及“留守儿童”38人。3.扎实做好精准扶贫工作。精准识别，落实帮扶，立军令状，压实帮扶责任。按照区委、区政府关于贫困人口精准识别“符合标准的一户不漏，不符合标准的一户不进”要求，在全办范围内开展拉网式、地毯式的精准识别核查工作，按程序重新识别纳入建档立卡贫困户321户1110人。按照“办干部一对一”和“社区干部一对一”的帮扶模式，办社区干部共同协作，落实帮扶对象，并签订脱贫攻坚责任状，压实责任。突出重点，强化措施，狠抓扶贫项目建设。一是完成2016年计划脱贫农户到户项目建设。五里坪社区、塘房社区生猪养殖项目，养殖生猪44头，覆盖农户19户81人，投入财政扶贫资金3.96万元；桥头边社区、红堰社区、长征社区、迎宾社区四季蔬菜种植项目，种植蔬菜92.5亩，覆盖农户28户119人，投入财政扶贫资金3.96万元；工程已通过街道办自查验收合格，正在申请区扶贫办验收。二是完成桥头边社区真武组王伦家至703县道通组路硬化，长125米，宽3.5米，投入财政扶贫资金3.75万元，工程已通过街道办自查验收合格，正在申请区扶贫办验收。通过项目的实施，项目社区农户的生产生活条件得到较大改善。今年全面完成了47户200人的脱贫任务。4、做实做细人口计生工作。该街道办2016年人口计生工作扎实抓好人口计生“双诚信，双承诺”、以“按月下达个案管理服务任务、按月督促落实核实、按月兑现绩效奖惩”管理制度（以下简称“三按月”管理）及办、社区信息变动对称等工作为重点，创新工作思路，认真扎实抓好各项工作。2016年，该办人口出生率为13.21‰（实施全面两孩政策后尚未有最新目标值）。2016年度全办共完成手术96例，其中上环88例、女扎8例，完成年度手术预案的120%（2016年手术任务数是80例）。全办手术完成情况在全区综合排名中排列第4位。我办总出生人口245人，男婴127人，女婴118人，一孩118人，二孩115人，多孩12人，性别比为107.6（正常值为103–107）。

【社会治安综合治理】 1.强化社会治安综合治理工作。以区警务助理阵地建设观音桥街道红堰社区示范点建设为契机，加强社会治安综合治理力度，推动社会和谐发展。一是建好“一个室”，即建好社区警务室。二是选好一个人，即选好警务助理。三是织牢“三张网”，即治安巡防网、治安信息网、矛盾纠纷调解网。四是抓好“五规范”，即规范硬件设施、规范工作要求、规范基础台账、规范服务承诺、规范工作考核。群众法制意识得到加强，社会更加和谐稳定，群众安全感满意度大幅提高。2、扎实做好信访维稳工作。一是深入开展调查摸底，进社区入户进行地毯式走访排查，及时掌握各社区情况；二是针对排查出的矛盾纠纷，明确牵头责任人组织相关人员进行化解，及时将矛盾纠纷化解在萌芽状态；三是切实做好重要时间节点期间信访维稳工作；四是统筹解决好因项目建设引发的各类矛盾纠纷。2号安置房杨志刚与鲁贤家的房屋归属、白虎山隧道房屋征拆韩均芳与韩亮两家人老房子的归属等问题得到妥善解决。截至2016年，该街道办共排查出各类矛盾纠纷62起，其中已化解58起。

【安全生产】 毫不松懈抓好安全生产。牢牢坚守“发展决不能以牺牲人的生命为代价”这条红线，全面推进“党政同责、一岗双责”责任制落实，层层落实安全生产责任，继续开展“打非治违”专项行动，深入推进道路交通专项行动，统筹抓好学校及敬老院安全工作，毫不松懈抓好汛期安全、冬季取暖、冬季道路交通安全等各项工作，集中力量抓好安全隐患大排查大整治专项行动，坚决遏制各类重特大生产安全事故发生。全年未发生一起安全事故。

【组织建设】 1.抓党员志愿服务常态化。在“两学一做”学习教育中，观音桥街道党工委紧紧围绕“党旗红·人心暖”这一主题，深入开展党员志愿服务活动，更进一步地发挥了党员的示范引领和先锋模范作用。支部组建“创业带富”党员服务队，培养带富能手30余名，带领50余户群众脱贫致富；组建“治安巡逻”党员服务队，开展治安巡逻1000余次，净化了社会治安，治安和刑事案件同比下降69%；组建“环境整治”党员服务队，开展环境整治400余次，清理沟渠3000余米，清运垃圾30余吨；组建“文艺宣传”党员服务队，通过腰鼓、快板、芦笙舞等接地气的方式制作节目7个，传递党的好声音、正能量共计53次；创建“和谐社区寨”党员服务队，组织寨老、老社区干等党员同志调解矛盾纠纷280余次，做到了小事不出组，大事不出社区，很好地解决了苗头性问题，增进了社区寨和谐。通过支部的引领，党员同志的志愿服务，我办广大农社区呈现出组织强健、环境优美、民风淳朴、产业兴盛的盛景。2.抓思想政治教育科学化。进一步整合各社区资源，引导各社区结合自身实际，开展各类群众喜爱，乐于接受的农社区思想政治教育活动，营造了良好的宣传氛围。目前，已开展农社区思想政治教育活动5场次，向群众发放了各项宣传资料3000余份。通过在辖区六个社区建立农社区思想政治教育宣传专刊，极大的方便群众及时了解各项政策。目前，已建专刊24个，宣传内容覆盖电商平台、精准扶贫、关爱留守儿童、依法治办、安全生产、整脏治乱等。另外，充分利用“绿梦工程”手机信息平台、“微观音”便民服务平台向辖区广大群众发送各类宣传信息，发动辖区有志青年参与到宣传活动中来，切实将农社区思想政治教育深入每一户群众心中。通过这一系列的举措，辖区群众政策知晓率有了明显提高，综合素质得到了加强，为“决战贫困，提速赶超、同步小康”营造良好的社会舆论环境。同时，大力开展“十星级文明户”评选工作，目前，该项工作在我办6个社区51个居民组已实现全覆盖，现已评选出“十星级文明户”（五+X）32户，其中“十星级文明户”2户，发放奖励金7700元。3.抓干部队伍建设规范化。以构建经济发展的和谐社会为出发点和落脚点，大力加强领导班子、干部队伍建设；加强党的基层组织和党员队伍建设，解放思想，开拓创新，真抓实干，为观音桥街道经济社会又好又快发展提供坚强的保证。截至12月3日，第十届社区党组织换届工作已全面完成。按照《党政领导干部选拔使用工作条例》相关规定，通过考察使用了2股级干部，推荐考察社区支部书记2名，社区委负责人1名，警务助理6人，主任助理3人，充实了各社区领导班子。全年共发展党员8名，其中女党员2名，农民党员4名。4.抓党风廉政建设法制化。街道党工委班子和领导干部坚持“一岗双责”，推行“落实党建主体责任时序管理法”。结合我办实际，构建党工委统筹、办事处主抓，分管领导具体抓，街道纪工委抓监督，社区级民生监督委员会参与的“民生监督大家抓”工作体系。2016年1—12月实践“四种形态”，其中预防提醒谈话8人，批评教育2人，党内警告处分3人，严重警告处分1人，开除党籍1人。着力发挥教育谈话室功效，把约谈工作开展常态化，2016年1–12月，全办开展大约谈3次107人，个人谈话8次8人，发现问题4个，收缴违纪资金46340元。维护群众利益，严抓民生监督工作。今年来立案7件，查处民生案件4件，党纪处分4人，收缴违纪13.63余万元。民生监督项目57个，涉及资金190余万元。受理民生线索问题55个，已按要求处理。四是着力打造“监督前哨”，以提高监督实效。主要是依托社区民生监督委员会，充分发挥社区民生监督员在基层一线民生监督中的作用。2016年全办6个社区，民生监督员18个，开展监督居支“两委”居务公开、三资账户、廉洁自律等35余次，参与监督社区干部“三述一评”汇报共18人，收集问题30件，整改完成30件。参与居支“两委”惠民政策评议会20余次，核实低保、社保、医疗保险、精准扶贫、危房改造等惠民政策落实情况，共走访群众3580户，发现问题70件，已经整改70件，为群众解决问题23件。为了鼓励各社区民生监督员更好开展民生监督工作，观音街道开展了“优秀社区民生监督员”和“优秀社区民生监督委员会”表彰大会。通过活动，组织各社区党员干部及民生监督组成员。集中学习，相互讨论，交流经验，取长补短，努力创建6支清正廉洁、勇于担当，思想创新的民生监督小组。同时，加大宣传，营造氛围。打造完成观音桥“依法执纪、廉洁自律”专刊。以宣传《准则》《条例》为契机，以“四要五严禁”“十八届六中全会”精神及省委十一届八次全会为主线，干部职工集中学习10次、组织各社区学习共12次、主题宣传栏31块、宣传横幅14条。廉政台历40个、通讯录80张、连心卡5000余张、QQ群学习20次、“微观音桥”微信公众平台学习4次，积极推进国家公职人员、社区干部申报落实惠民政策32人（社区干部14人、国家公职人员18人）经公示后发现有五个社区干部亲属不符合政策，6人低保被取消，涉及金额0.53万元，营造了浓厚的民生监督及廉政文化氛围。

5、抓“法治毕节”建设持续化。按照“法治毕节”创建工作的要求，结合实际，突出创建重点，创新工作思路，强化落实措施，强力推进依法治办进程，让法治建设的观念入脑入心，取得了较好的成效，为地方经济社会发展营造了良好的法治环境。一是推行法治课堂进机关，增强法治建设意识。以观音桥街道法治办为“供给站”，以律师团队为“专业智库”，聘请了贵州锐驰律师事务所作为该办的法律知识辅导机构，定期在我办开展法治专题教育活动。二是组织律师团队下基层，延伸法治建设触角。2016年5月，该办特聘请毕节锐驰律师事务所律师团队作为我办长期专职法律顾问，并将法律顾问办公室设在司法所，切实为群众提供了有效的法律保障，进一步筑牢全民普法的群众基础。三是搭建文化宣传新阵地，树立法治建设理念。通过法治文化墙建设工程，积极打造法治文化阵地，为群众学法、知法、用法搭建了平台。当前，运用“一站两驿”的方式打造廉政文化阵地。有党务、政务公开栏、廉政书架、200余平方米廉政文化宣传长廊、2000余平方米廉政漫画以及300余平方米的党风廉政建设、反腐倡廉警示教育基地。四是建立警示教育基地，强化干部守法意识。由七星关区纪委、区人民检察院和观音桥街道办事处共创建、共投资30余万元、占地300余平方米的观音桥警示教育基地于今年5月建成并投入使用。目前，共接待参观单位10个，受教育人数2000余人次。

（邵　波）

洪山街道办事处

【概述】 洪山街道办事处位于毕节市中部，地处北纬27度17分，东经105度17分之间，东与市东街道办事处、麻园街道办事处隔河相望，西与三板桥街道办事处交界、北与市西街道办事处接壤，南与德溪街道办事处、碧阳街道办事处毗邻。下辖六个社区（洪山、金桂、环南、兰苑、桂花、拥军）。总面积4.8平方公里，总人口43604人（不含流动人口）。办事处驻杜鹃大道中段（郭家湾高架桥旁）。

【经济指标】 2016年，辖区城镇居民人均可支配收入达25614元，工业产值完成14.28亿元,实现工业增加值0.33亿元，落实招商项目6个，完成招商任务2.177557亿元，解决就业人口200余人，通过强化各种工作措施，全力推进小康社会建设。

【党建工作】 一是狠抓党风廉政建设责任制落实。根据《关于实行党风廉政建设责任制的规定》，结合实际，及时调整充实党风廉政建设和反腐败工作领导小组，明确领导班子和领导干部在党风廉政建设和反腐败工作中的责任。完善了党工委、纪工委及其主要负责人、领导班子其他成员的责任清单,明确责任界限，界定责任主体，班子成员认真履行"一岗双责"。党工委分别和领导班子、6个社区党支部、18个站股室及干部职工签订了《党风廉政建设责任书》共计47份。二是加强廉政教育。定期召开党风廉政建设警示教育大会，通过邀请区纪委领导讲解、观看廉政教育短片等形式，让党员干部从中汲取教训，常思贪欲之害、常怀律己之心、常修为政之德，自觉增强廉洁自律意识。三是落实"两个责任"推进干部约谈常态化情况。针对党员干部情况，结合时间节点、问题性质、本人态度等,开展个别约谈和集中约谈。2016年共约谈85人，其中预防提醒谈话78人次，纠错诫勉约谈4人次，问责处分约谈3人次，其中,全办"牢记教训·履职尽责"专题预防提醒共约谈38人。四是深入推进党务、政务、居务公开工作。在七星关区阳光党务政务网上及时公开民生资金使用情况，2016年，在民生建设公开公示网络监管平台上发布了各类信息592条。五是开展专项监察、严查民生领域案件。2016年以来，先后参与了区纪委牵头组织的信贷扶贫资金专项监察；农村饮水安全项目资金专项监察；9月初启动了我办的退耕还林补助资金专项监察，抽查了217户退耕还林户，发现问题1起，并及时给予纠正。民生监督特派组发现问题8件，其中立案1件，结案1件，收到群众信访举报5件，已全部给予答复，正在查处问题1件。六是认真搞好民生项目备案及权力清单备案工作。严格按照《毕节市民生项目备案办法》及《七星关区推行权力清单运行备案制实施方案》通知的精神，认真开展民生项目备案及权力清单备案工作。2016年，全办民生项目备案66个，涉及社会事务办、林业站、财政所等单位，备案资金816.616万元；大米4000公斤；棉被80床，棉衣各60件。权力清单备案272件，其中大额资金备案169件。通过备案，强化了责任追究，增强了各部门责任意识，为廉政建设打下了很好的基础。七是加强领导干部作风建设，严格执行中央八项规定，坚决整治"四风"问题。强化对党员干部的监督管理力度，加强对各项制度的执行情况和各项工作的开展情况监督检查。对机关、社区工作作风进行定期通报。同时，不定期召开居民代表参加的座谈会，通报党员干部作风情况；全面开展重点项目、重要工作督查，并对工作中存在的问题，提出整改意见。

【城市管理】 以构建"和谐洪山·幸福家园"为目标，整合街道城管、规划、国土三支队伍力量,成立洪山街道综合执法中队，对辖区内控违拆违、城市管理、应急处突等进行综合执法；每月开展"最美院落、最洁巷道"评选活动，邀请区文明办、区整治办，高标准、严要求对街道背街小巷、楼群院落进行考核，评选出辖区内"最美院落、最洁巷道"，召开表彰大会挂牌表彰，同时表彰辖区"最美保洁员"，在辖区牢固树立劳动光荣理念。2016年,开展评比活动6次，评出"最美院落、最洁巷道"各36个(条)；深入开展"一社区·一品牌"创建活动，因地制宜，遵循人文性、实用性相结合原则，打造社区特色文化墙4000余平方米，内容涵盖法治、中国传统文化、文明礼仪等。同时，在毕节四小，我街道招募20名"小交警"，在重要时间节点配合文明劝导队开展工作,引导辖区居民文明出行、安全出行，塑造洪山街道对外良好形象,不断提升市民文明素养，有效助推和谐社区创建。

【民生救助】 始终坚持"以民为本，为民解困，为民服务"的工作理念，努力开创社会事务工作的新局面。一是认真抓好城乡低保年度核查和提标工作。按照城乡低保"三环节、十步骤"开展工作，对辖区1715户城乡低保户进行入户核查。通过核查，共上报建议暂停214户674人城乡低保（其中农村低保50户147人），入户率100%，入户见面率89.6%。二是开展急难救助工作。发放城乡居民急难救助、临时救助款共131900元，城乡医疗救助472600元。发放各类优抚资金568280元。三是认真做好救灾救济和社会福利工作。冬春期间，共发放救助金4万元，棉被80床，防寒服60件、4吨米、20袋米、20桶油、20件防寒服、20床棉被、6000元现金（20户）。四是老龄和老年教育工作得到加强。为老年人办理免费IC乘车卡100余张，为年满80周岁以上的老人申请高龄补贴等；发放80岁高龄补贴资金166300元；为加强老年教育工作，在环南社区成立了老年学校。五是加大对留守儿童、空巢老人、和残疾人的排查和管理，共排查出C-15岁留守儿童21人、空巢残疾老人3人、空巢老人22人、困境儿童3人，发放困境儿童生活补助3000元，发放2014年度残疾人机动轮椅车燃油补贴13人3380元，发放2015年度残疾人机动轮椅车燃油补贴11人2860元，发放一级重试残疾人护理补贴8400元，发放2014年度残疾人居家养老补贴7人3500元。

【综治工作】　一是深化“群防群治”队伍建设，延伸居民组网络渠道，积极落实人防（巡查队伍）、物防（小区安保）、单元防（电控门）、技防（主干道和巷道设有天网、院落和重要部门、窗口设有监控摄像）、户防（平安E家等）等措施和制度，最大限度的发挥网络触角作用，为广大群众安居乐业提供一道平安防线。二是强化刑释解教人员安置帮教工作，定人定责加强监护、教育和管理，做到不漏管、不失控，预防和减少重复犯罪。三是积极做好“610”反邪教警示工作，实现了“三零”目标。在全办发放各种资料5000余份，张贴宣传标语200多条，在社区、学校制作了“一墙一窗”反邪教宣传栏，加大宣传力度，使反邪观念深入民心。四是认真开展禁毒工作，全面及时掌握社区戒毒（康复）人员的基本情况，逐人逐档登记备案。洪山社区禁毒工作站示范点工作得到国家和省、市、区禁毒部门领导肯定。五是加强刑释解教人员无缝对接帮教工作和社区矫正工作，正确引导他们重新做人，远离犯罪道路，期间并无一人重新犯罪，有效维护了社会的稳定。五是加强刑释解教人员无缝对接帮教工作和社区矫正工作，正确引导他们重新做人，远离犯罪道路，减少重新犯罪，有效维护社会的稳定。六是充分认识反恐维稳工作的重要性和紧迫性。全办从讲政治、讲大局的高度出发，强化了“四种意识”，认真落实各项工作措施，积极化解各类社会矛盾，防患于未然，确保了全街道社会治安的稳定。

【计生工作】　以育龄妇女网格化管理创新服务工作为主线，以落实“三按月”工作为抓手，以完善计生工作效能为保障，在依法行政、宣传教育、利益导向、诚信计生、优质服务、综合治理等方面强化工作，确保实现人口均衡发展。2016年，共出生348人（政策内出生322人，政策外出生26人，政策内一孩217人，政策内二孩102人）。共完成避孕节育手术113例，其中上环110例，结扎3例。定期开展计生政策法规宣传，发放计生宣传品3500余份，大大提高了干部群众知晓率。加强流动人口服务管理工作，为流入我办的已婚育龄妇女提供优质服务，严格依法行政，依法办事，2016年未出现一例计生群体事件的发生。强化“双诚信、双承诺”工作的结合，按照“一处守信，处处受益，一处失信，处处受制”的原则，强化部门职能和各社区作用发挥，引导广大群众积极参与，加强民主监督力度，深化人口计生基层群众自治，建立“双向承诺、互为守信”的工作机制，讨论制定切合实际的工作方案，加大宣传力度，全面深入社区各户调查摸底，与目标人群家庭签订双向承诺书6188份。诚信计生评议小组每季度认真对目标人群进行评议，并将评议结果张榜公示；强化履约监督，及时纠正和查处失职渎职或违规违纪问题。强化部门联动工作，确保兑现双方承诺的条件要求得到落实。

【安监工作】　一是加强安全监管，提高安全防范意识。加强组织领导，完善工作制度。及时召开安全生产工作会议，传达学习省、市、区安全生产会议精神，全面分析我办安全生产形势，对全年安全生产工作进行总体安排部署。办事处成立了安全生产委员会，各社区成立了安全领导小组。二是明确安全职责、层层签订安全责任。按照“党政同责、一岗双责、齐抓共管”的原则明确党政领导、班子成员、社区、办直各部门、辖区企业安全生产职责并与之签订了安全生产目标责任书。2016年共签订党政领导、班子成员目标责任书10份，办直部门社区16份，辖区企业24份，签订率100%。三是加大执法力度，督促企业认真落实主体责任。按时对辖区危险化学品、烟花爆竹、建筑工地、医院、学校等工贸企业进行检查。今年以来，共检查上述企业200余次，发现隐患260条，现场整改258条。四是突出重点时段和重大节日期间安全生产检查。组织开展元旦、春节、“两会”、清明、国庆及汛期等重点时段安全生产大检查，查出建筑工地隐患2条，消防通道堵塞隐患4条，火灾隐患3条，非法经营烟花爆竹1处，整治学校周边秩序5处，占道经营8处。五是抓好“安全生产法”及有关法律法规的宣传。紧紧围绕重点时段、重大节庆安全生产月活动，向辖区居民宣传防火、防盗等安全知识。2016年，向辖区居民发放安全宣传资料3000余份，悬挂宣传标语12条。

【信访维稳】 一是建立健全信访举报制度，落实领导接访、下访制度，建立信访接待中心，完善网络视频接访，健全维护群众权益和化解社会矛盾机制，进一步加大矛盾纠纷排查化解工作力度。二是强化矛盾纠纷隐患排查作。平时开展一周一排查，遇重大事项随时报告。在重大活动和节日期间，实行“一天一排查”制度，做到发现得早，处置得好。2016年来接待群众来信来访50人次；排查不稳定因素及矛盾纠纷隐患418件，排查各类矛盾纠纷43起，成功调处40起，确保重大节假日和会议期间无重大事件发生。

【违章建筑】 在工作中，采用“堵疏结合”“分类管理”“分类打击”的办法，有效遏制了违法建筑的势头。一是落实责任包保制度，实行领导包片，做到社区不漏组、组不漏户，确保控制违法建设各项工作有序开展。二是坚持每日巡查，对违法建设做到早发现、早制止、早拆除。2016年来，组织制止违法建设行为50起，拆除违法建筑29户次，拆除总面积3230平方米，有效遏制违法建筑的增长。

【教育工作】 坚持将教育工作列入重要议事日程，定期研究部署学校教育工作，促进教育工作全方位发展。组织社区和学校全面开展失学儿童的摸底排查工作，落实工作责任制；狠抓保学控辍，不断巩固“两基”成果，确保义务教育阶段的学生都有书读。强化校园安全和卫生工作，组织人员对辖区内小学、幼儿园进行校舍安全和食堂卫生检查，及时消除安全隐患。今年来，全办4–6周岁幼儿1005人，在园在校幼儿971人，小学毛入学率为96.62%，高中毛入学率为87.45%%，净入学率小学初中都在99.9%以上，九年义务教育巩固率为90.52%，小学辍学率为0，初中辍学率为0。

【宣传工作】 创建“微洪山”公共信息平台，及时发布街道工作动态，及时传播各类政策法规，及时回应居民诉求，及时办理民生事项，以群众满意不满意、高兴不高兴、支持不支持作为检验街道和社区两级干部的工作成效的重要手段。在“微洪山”上设立“信仰加油站”专栏，自“两学一做”学习教育开展以来，每天编发一期党章党规、重要讲话、党风廉政、学习动态等内容，使广大社区党员和群众走出集中学习往返周转费时的苦恼，打开手机随时随地学。今年该专栏开办以来，累计发布办事处信息动态120余期，编发“信仰加油站”党章、党规、系列讲话等学习内容100期。每天点击学习人数都在200人以上。

（办公室）

三板桥街道办事处

【概述】 三板桥街道办事处位于七星关区西郊2公里、326国道旁、地处北纬27度14分至18分，东经105度12分至17分之间，东与市西街道办事处和鸭池镇相接，南与鸭池镇和长春堡镇接壤，西与长春堡镇和何官屯镇毗邻，北与大新桥街道办事处相连，街道辖茶亭、官大、灵峰、六合、大坡坪五个社区，60个村民组、9个党支部，有党员356名，总人口1.5万余人，住有汉、苗、白、彝、土家、蒙古、布依七个族别，少数民族约占总人口的8%，总面积30.25平方公里，总耕地面积7714亩，平均海拔1768米。

【招商引资】 大力营造亲商、助商环境，极力兑现市、区优惠政策，构建全办招商氛围，全年共招商引资3个项目完成投资2亿元；固定资产投资完成0.5亿元。以项目建设保障为中心，全年完成征地1164.925亩，迁坟970冢，消化解决了一批遗留难题，确保了辖区内南山碧桂园、阳山消防通道、阳山环境综合整治、南部新区六合安置房、深圳路延伸段、六合商城、顺达驾校、新毕驾校、草海二道、十一中扩建、易地移民安置房、东清高速、新西客站等13个项目的顺利实施。棚改工作取得新实效。强化组织领导，抽派6名干部充实到棚改工作组，同时，加强调研督查，强化干部管理，将区房征局、街道、社区抽派人员同管理、同考核，统一分组、量化任务，严格进行绩效考核和兑现奖惩。全年共完成棚改任务1016户12万平方米，超额完成了区下达的任务。

【精准扶贫】 严格按照省、市、区精准扶贫工作会议“四看两议三公开”的要求，扎实开展精准扶贫工作，发放“一市五金多套餐”贴息贷款30户69.6万元，实施300亩杂交玉米营养坨单株定向移植栽培。实施全年第一批中央财政专项扶贫发展资金养殖项目13.1万元，覆盖全办2016年脱贫农户46户200人，实现了全年度计划脱贫的贫困农户如期脱贫。

【社会保障】 高度重视特困家庭人员的生产生活，严格按照政策规定及城乡低保的有关办理程序，认真抓好城乡最低生活保障的调查摸底和落实复查工作，坚持“应保尽保、应退则退”原则，确保低保工作“公平、公正、公开”，同时扎实抓好救灾、救济、优抚等工作。发放60岁以上退役士兵生活补助45630元、参战人员上生活补助29人172260元、残疾军人抚恤金4人59825元、复员军人生活补助3人45699元、农村低保金2984742元，城市低保金269743元、临时救助金144000元、农村医疗救助金365470元、高龄补助110950元、冬春救助金60000元、冬春救助粮10吨、城乡低保对象一次性价格补贴金58781元、留守儿童及孤儿慰问大米7350斤和菜油245桶。精心组织、深入发动，扎实开展城乡居民社会养老保险参保登记、保费收缴、待遇审核等基础性工作，2016年全办综合参保率达78%，缴费金额32万余元。

【文体卫生】 切实加强学校管理，结合教育“两项督导”工作，研究教育管理方案，指导各校制定行之有效的管理措施，杜绝一切事故的发生。坚持以教学为中心，全面提高教学质量。强化师风师德建设，全面推进“9+3”教育计划，打造一支作风过硬、素质优良的师资队伍，全面提高办事处教育水平，培养造就更多的优秀人才。以完善医疗管理办法和措施为抓手，巩固提高参合率，全年城乡医疗保险筹资任务数14130人，超额完成116人，参合率达100.82%。截至12月，共补偿门诊36625人次891792.2元；共补偿住院1744人次4343346.62元，解决了广大群众看病难、因病治疗返贫问题。

【小康建设】 将小康水、小康路建设纳入党工委重要议事内容，注重整合资源，稳步推进小康建设。投资25万元在大坡坪社区修建170立方米水池、铺设饮水管道3000余米，解决和改善了600多人及100多头大牲畜的饮水困难问题。投资10万元在灵峰社区修建60立方米水池，铺设管道1200余米，彻底解决了灵峰村少数民族同胞的饮水难问题，大大改善了苗族同胞的居住环境。投资102万元，对六合社区通村通组公路进行硬化；整合资金45万元，对官大社区后山组通村路及灵峰社区公路维护；同时，扎实快速推进灵峰社区通村公路建设，有效解决了群众出行难问题。投资5.8万余元对敬老院消防设施进行维护，消除了安全隐患，保障了入住老人的安全。

【农业生产】 面对退耕还林与城市建设速度加快，耕地大幅减少现状，党工委因地制宜，合理利用有限土地，加大产业结构调整力度，农业生产得到了全面发展。科学引导群众从产量型向效益型转变，把部分玉米种植改为蔬菜种植近1200亩，把季节性、时令性、要求高的大季种植转变为小季种植与反季节种植近2000亩，提高复种指数，增加单位面积产量。积极引导群众把传统种植向经果林栽培发展，完成退耕还林1400亩，建设刺梨苗圃基地6亩，培育贵农5号38万株，规范化连片种植刺梨620余亩，降低了生产成本，增加了群众收入。扎实抓好春防工作，确保辖区内无重大疫情疫病发生，继续巩固规模较大的生猪养殖示范服务基地并辐射带动传统养殖，目前，生猪存栏2700头、出栏5200头，大牲畜存栏120头（匹）、出栏31头，家禽存栏4700羽、出栏5000羽。

【林业生态】 成立了森林防火工作领导小组，明确工作目标，制定目标考核方案，负责统筹部署全办森林防火工作。配备森林防火宣传车5辆，出动宣传车130余次，发放、张贴毕节市七星关区森林禁火令180余份。利用“大喇叭响起来”和流动宣传车宣传森林防火政策法规累计150小时以上，张贴森林防火标语80余条。严格对街道森林防火工作进行督查，对发现的群众铲烧土皮灰、祭祀等用火行为进行警告，严重者进行处罚，把林区野外用火行为消灭在萌芽状态，全年无重特大森林火灾发生。2016年，共完成退耕还林1000余亩，林业生态得到大幅度恢复。

【“多彩贵州文明行动”及“三创一建”】

加强领导，组织人员对各社区“整脏治乱”工作进行定期、不定期督查，发现问题及时整改，做到了整改到位、不留死角、不走过场，强化责任落实。加大宣传力度，全年发放宣传资料2000多份，与主干道沿线单位、住户、商铺签订门前三包责任书1000余份，营造了良好工作氛围。加大资金投入，设垃圾箱34个，聘环卫工人43人，垃圾清运车2辆，对公共场所环境卫生维护、居民生活垃圾规范存放、及时清运提供更好的保障。

【安全生产】 认真贯彻执行安全生产法律法规和省、市、区的相关文件和会议精神，紧紧围绕全办安全生产工作的中心议题，年初就把安全生产工作纳入全办的中心工作，与其他工作同部署、同考核、同奖惩。制定了切实有效的安全生产工作安排意见，开展了深入细致、扎实有效的工作。截至年底，共开展安全巡查104次，排查安全隐患300余条，及时整改286条，整改率95%。编制完善《地质灾害应急预案》《应急工作综合预案》《重特大事故应急处理预案》《消防预案》等系列工作预案、方案。做好巡查，针对地质灾害隐患，及时上报相关部门并开展治理，消除隐患。组织企业从业人员培训200余人次，颁发从业人员资格证200余本，合格率达100%。悬挂大型安全宣传横幅20余幅，发放安全宣传资料300余份，发放《地质灾害防灾明白卡》20份。签订各类安全生产目标责任书190份，驾驶员安全承诺书400份，展示安全宣传展板2期，确保了全办2016年安全生产无事故发生。道路交通云平台信息录入8365条，其中驾驶员信息2698条，车辆信息2993条，红白喜事打招呼32条，宣传工作1154条，其余工作1488条。

【政法综治】 维稳工作坚持“打防结合，预防为主”的指导思想，以了解社情民意、排查调处矛盾纠纷为抓手，以案发事了为信访工作的出发点和落脚点，强化抓“一个重视”（党工委、行政重视），“二个突出”（突出“一岗双责”和“一票否决”），“三个健全”（健全信访联席会议制度、信访工作制度、信访工作责任追究制度），“四个到位”（领导、信访工作人员精力到位，摸底排查到位，包保责任落实到位，信访案件落实到位）。党工委定期听取综治办、派出所、信访综治维稳中心和三级联动视频接访中心的工作汇报，对涉及社会稳定的重大信访矛盾及时召开专题会议，安排专人，限期解决。共排查解决矛盾纠纷30起，接待信访事件14件，办结上级相关部门转办的信访事项12件。健全社会治安防控体系，加强社会治安综合治理，依法打击各类违法犯罪活动。坚持不懈地开展反邪教工作，扎实抓好禁毒帮教工作，扎实抓好普法工作，认真排查调处矛盾纠纷，深入开展“平安单位、平安校园、平安社区”和“法治毕节”创建活动，发放“法治毕节”创建工作的宣传资料1500余份。成立治安巡逻队，统一订制人员服饰、配备巡逻器具，对辖区开展定期、不定期的巡逻，有力打击了摩托车偷盗与入室盗窃行为，有效地震慑了违法犯罪行为，营造了平安和谐的社会氛围，确保了人民群众生命财产安全，不断增强广大群众的安全感，为全办、全区社会稳定打下坚实基础。

【人口计生】 紧紧围绕年度目标任务，以稳步提高符合政策生育率为核心，以“三按月”绩效管理为重点，紧紧围绕试验区“人口控制”主题和统筹解决人口问题试点工作这一中心，全面建立完善“依法管理、村民自治、优质服务、政策推动、综合治理”的工作机制，不断改进工作方法，全面提高工作质量和管理水平，扎实推进各项工作，为实现“双降”目标打下了坚实基础。共完成长效避孕节育手术66例，占手术任务58例的113.79%，常住人口重点妇检对象112人，实检112人，妇检率100%。应签订诚信协议2046份，已签订2046份，签约率100%。妇科病普查普治861人，已普查861人，占任务的100%。免费发放实际用药具84人，过程药具242人，完成免费孕前优生13对。

【党风廉政建设】 狠抓党风廉政建设责任制度的落实，层层签订《党风廉政建设责任书》，确保责任制落到实处。通过集中学习、分组讨论、自学等方式深入学习中央“八项规定”、贵州省党员干部政治纪律“十严禁”与作风“十不准”和市区党员干部“十不准”，并由街道纪工委牵头对贯彻学习情况进行督察。加强领导干部作风建设，切实治理城乡滥办酒席借机敛财不正之风。成立工作领导小组，制定实施方案，和群众签订承诺书6000余份，制作标语20幅，召开街道、社区宣传会议，加大宣传，发现一起制止一起，形成了崇尚文明、厉行节约的良好风尚。坚决查处违纪违法案件，一年来，受理案件来信来访7起，其中已清理回复1起，正在办理2起，已作信访结案处理4件。立案8件，结案6件，2件待协审再结案。结案的6件中给予党内警告处分4件，免于处分1件，“双开”1件。

【“两学一做”及基层党建】 努力构建学习常态，提升干部履职能力。组织全体干部职工以学习习近平总书记系列讲话和学习党章党规为重点，形成每周一召开学习例会、月中月底召开中心组学习会议制度，着力加强干部职工的思想政治教育，促进干部职工思想上凝神聚魂、防微杜渐，业务上不断进步、精益求精，政治上对党忠诚、干净担当，不断提高干部职工的履职能力。共组织开展干部职工学习会议32次，中心组学习会议16次。强化干部职工党性锻炼，提高党性修养。严格按照党员发展标准，发展预备党员6名。扎实开展党员队伍管理工作，排查党员396人。对新毕驾校、公交公司、鑫城地产等非公支部进行了规范提升，并建立了辖区非公联合党支部，实现了党组织全覆盖。加强领导干部包社区工作，严格推进党务、政务、村务公开，树立基层组织良好形象。加强换届纪律“九严禁”“十个不准、六个一律”的宣传教育，严格程序、确保平稳，圆满完成了街道5个社区支部换届工作，提高了支部书记素质，提升了基层党支部班子的凝聚力和战斗力，夯实了基层基础。

（办公室）

海子街镇

【概述】 海子街镇位于毕节市七星关区东北部，距区中心13公里，辖海子街、小箐沟、大湾、热水田、钻天坡、二道河、黑泥井、周家桥、果乐、七里沟、坪山、龙塘、安山、大丫口、十三亩、五十亩、树垮、擦枪岩18个行政村。全镇共计159个村民组、户籍人口总户数8343户计36228人，最新数据表明现在我镇在外务工人员共7810人，大部分集中分布在广东，江浙、福建等沿海地区，占总外出务工人口比例80%，其他地区占20%。全镇常住人口24417人，流出人口9791人。老中青年比例为1：6：3，男女比例为100：111.4。镇域面积72.9平方公里，居住着汉、苗、白、彝等15个民族。耕地面积为19002.2亩，林地面积51600亩。全镇共有党支部26个，其中农村党支部18个，机关、事业党支部8个，共有党员668名，其中女性党员137名。海子街镇劳动力人口为12551人。

海子街镇东接七星关区经济开发区，西抵毕节主城区，南托白马山森林公园，北邻碧海温泉度假村，山水秀美、风光旖旎、人杰地灵，自然景观和人文旅游资源独具特色。海子街镇气候温和湿润，夏无酷暑，冬无严寒，常年平均温12.9℃，年降雨量980毫米，无霜期237天，海拔高度在1470—1742.2米之间，尤为适宜农作物生长。全镇粮食作物主要以玉米、小麦、洋芋、大豆为主，经济作物已形成油菜籽生产和苗圃、药材、果蔬开发等多种发展势头。

【经济指标】 2016年，全镇紧紧围绕区委区政府提出的“决战贫困，提速赶超，同步小康”为目标，以经济建设为中心，夯实发展基础，加快转变发展方式，全镇经济结构不断优化，综合经济实力不断增强，为建设富裕海子街奠定了坚实的经济基础。截至2016年，完成固定资产投资1.2亿元，农民人均纯收入可达8217元，比2015年增长6.02%；

【招商引资】 坚持招商引资第一要事，推进产业招商、以商招商。组建招商队伍，积极拜访客商，洽谈项目。招商引资实现新成效，截至2016年12月，已完成招商引资实际到位资金3亿元，党政主要领导带头招商各2500万元。

【镇村文明建设】 为切实抓好全镇环境卫生整治，确保顺利通过全国卫生乡镇复核，根据海子街镇实际，一是每年投资30余万元在卫生清理管理上，镇域放置垃圾桶78个，镇域垃圾日产日清。二是净化乡村道路。对主干道及所有乡村公路两侧的垃圾，废弃物进行彻底清理、清运。据统计，已对重点对干道沿线18村进行了5次大规模集中整治和21次日常卫生宣传行动，农村环境整治步入规范化。三是净化村庄环境。每村乡村公路配1名保洁员，管理村庄道路路面卫生清洁；另在擦枪岩村修建小型污水处理厂1座，修建完成约1公里的排污沟解决了预计587人的生活污水。在10月末我镇还将进行一次大规模环境整治行动，进一步加强18个村村庄庭前院后的环境清理，清理主干道及乡村道路沿线视野内堆放的柴草，简易厕所、猪舍，清理村庄池塘垃圾，制止乱建乱放。

【特色农业】 按照“生态、优质、高效”的要求，优化农业产业结构调整，成立强盛林木专业合作社、富民刺梨专业合作社、松远香农业专业合作社、明仁敬核桃种植专业合作社和恒旋林木种植专业合作社等5个农业专业合作社，流转土地3000余亩。通过以土地和资金入股等的方式，积极调整农业产业结构，逐步建立现代农业体系，大力更新农民观念，提高农民积极性，不断增加农民收入，根据海子街镇各村地理环境和土质条件，结合海子街镇各村实际，做出如下产业布局：一是稳定粮食生产、抓好杂交玉米推广种植，全镇18个村每年杂交玉米种植率争取达85%以上，脱毒马铃薯种植率达到90%以上。二是树垮村、十三亩村、五十亩等村建立蔬菜农业园区3000亩。三是在二道河村、坪山村、果乐村、七里沟村一带建立莲藕示范基地500亩。四是在坪山村、龙塘村、安山村一带建立杨梅、李子、核桃、桃子等特色精品水果示范基地5000亩。五是在擦枪岩村、五十亩村、十三亩村、大垭口村发展核桃、刺梨、猕猴桃等精品水果基地10000亩。六是在黑泥井村、钻天坡、热水田村一带建立绿壳蛋鸡、能繁母牛、蓝孔雀、乌骨鸡及本地土鸡等特色畜禽养殖场。

【计划生育】 2016年，该镇以各级计生新政为引领，“双诚信双承诺”工作开展为切入点，以“双诚信双承诺”工作开展为切入点，按照“三个按月落实”要求。以五个“1+1”措施为保障，不断提高计划生育工作水平。始终不渝地走好统筹解决人口问题的道路。并在人口计划生育宣传教育，计划生育技术服务，育龄群众妇科病预防与监测，农村独生子女家庭奖励扶助，现行生育政策落实，少生快富工程，妇女发展项目，农村独生子女医疗保险等诸多方面取得了显著的工作成效。推动了全镇人口和计生事业的持续健康发展。

【教育工作】 一是强化措施，坚决完成各项指标任务。小学适龄儿童入学率达99.89%以上，初中适龄少年入学率达95.8%以上，义务教育巩固率达达101.2%以上，初中毕业生升学人数达98%以上，小学辍学率控制在0.03%以内，初中辍学率控制在0.8%以内。二是狠抓师生安全事故的督促、教育、监管，落实各项学校安全措施，确保了无师生安全事故的发生。三是加大校园及校园周边环境卫生整治，确保校园周边200米内无“两吧三厅”。四是进一步规范学生寄宿制管理。五是规范建设学校警务室，确保运行正常。

【卫生事业】 一是积极推进新型农村合作医疗，加大参合金的收缴力度，2016年参合人数为26584人，参合率达95%。二是加强疾病预防控制工作，“五苗”接种率达92%以上，辖区内无重大传染病发病。三是狠抓妇幼保健工作，住院分娩率达95%以上，孕产妇管理率78%以上。四是加大食药卫生监督工作力度，辖区内未发生一起食品安全事件和食物中毒事件。五是积极推进医改工作，组织实施基本药物制度并实行零差错率销售，村级卫生室使用率达100%。六是抓好医改工作，组织实施基本药物制定并实行零差率销售，未发生一起乱收费现象。

【劳动力培训】 为了提升全镇劳动力就业培训工作，拓宽群众致富渠道，截至2016年，全镇共完成农民工职业技能提升培训100余人次；完成劳动力转移就业培训600余人，确保到年底能完成区下达845人任务。

【民政工作】 按照应保尽保，以户施保原则，该镇对原有城市低保户和农村低保户进行入户核查，按照实际足额发放低保金。截至目前，城乡低保1158户2374人（其中城市低保58户114人，农村低保1100户，2260人）。同时，积极争取上级各部门帮助解决各种临时救助，确保特困群众能够得到及时救助。上报审批“分类施保”对象均符合条件。申报医疗救助38例，领取医疗救助款23.2794万元，发放优抚对象资金101.7221万元，发放城乡低保金、五保供养资金共计437.5163万元，发放临时救助金11.6万元，发放季节性缺粮救助粮35.22吨。按时上报灾情，无谎报、漏报、迟报现象。明确专人建立健全优抚对象统计台账，及时更新和报送优抚对象死亡等相关信息数据。全力以赴做好三关爱所有工作，对留守儿童、留守老人、残疾人、贫困户等进行建档立卡，实行动态管理，进一步完善基础信息，为下一步的工作打下扎实的基础。

【脱贫攻坚】 该镇以“一市五金多套餐”精准扶贫政策为契机，坚持“生态产业化、产业生态化”的发展理念，通过“四强举措、四分模式”机制全面带动全镇脱贫攻坚战略。截至2016年，完成易地扶贫搬迁19户、104人，新增村级专业合作社8个，公司2个，规划种植刺梨6000余亩，蔬菜2000余亩，莲藕200亩，九叶青花椒300余亩，中药材、绿化树150余亩，青翠李500亩；全镇积极发展板块经济，规划种植马铃薯12000余亩，发放小额贴息贷款及特惠贷400余户，金额1000余万元，养殖山地生态猪、牛、羊共15000余头，贫困发生率降到2016年的7.99%，为“决战贫困、提速赶超、同步小康”奠定坚实基础。

（办公室）

田坝桥镇

【概述】 田坝桥镇位于贵州省毕节市西北面，距市中心9.7公里，东与海子街镇、八寨镇接壤，南与观音桥办事处毗邻，西与大新桥办事处相接，北与何官屯镇、对坡镇相通。全镇辖8个村，92个村民组，4572户18427人，总面积63.4平方公里，有耕地18634亩，居住着汉族、彝族、苗族等民族，属典型农业镇乡。镇境内群山环抱，岩溶、山脉、河流、纵横交错，地势从北向南逐渐倾斜，地跨北纬27° 20′ ~ 47° 23′，东经105° 17′ ~ 105° 20′ 之间，沿“观音桥”叉道往左随河而上，平均海拔1500米，气候温和，雨量充沛，属北亚热带高原性湿润季风气候，年平均降雨量950mm，日照率约30%，无霜期250天左右，具有夏无酷暑，冬无严寒的特点。土壤有黄棕壤、黄壤、石灰土、黑壤等，地下矿产主要有硫、铁、大理石、锌硅、砂等矿藏，是有工业开发价值的黄金地段。

【精准扶贫】 一是精准识别贫困户655户2350人，2016年脱贫927人，贫困村出列3个；二是易地扶贫搬迁已完成59户279人；三是发放“特惠贷”贷款207户414.3万元，政府贴息85.652万元；四是充分利用牡丹产业园、太子参基地等企业资源，为平困户解决就业岗位350个；五是将有劳动力的90名贫困户转岗为护林员，每人每月工资150元。

【基础设施建设】 一是建设完成河边至黑甲寨至弯腰树旅游路3.81公里，小寨至小寨湾通村公路3.6公里，大树林至养鸡场通村公路3.1公里，“一事一议”通组路5公里。实现了镇内通村路村村互连互通，村民出行条件有效改善。二是“五在农家·美丽乡村”建设民居改造已竣工298户；三是安装太阳能路灯220盏；四是700米的兴田大道建设基本完工；五是完成陈家湾文化墙600余平方米，路面、院坝油化5000平方米。全面推进了农村基础设施建设和环境整治工作，使农村面貌焕然一新。

【农业产业结构】 在抓好“六大农业板块经济”建设的基础上，大力实施农业板块经济，完成杂交玉米种植2400亩，脱毒马铃薯种植300亩，太子参种植500亩，大白萝卜种植示范点1000亩，萝卜压青3000亩，冷凉蔬菜种植400亩，生态养羊300只，烤烟种植3300亩，实现烤烟税收220万元，新增生猪养殖场8个，新建蔬菜基地2个，组建专业合作社5个。大力延伸种养业等产业链条，发展第三产业效果明显。

【招商引资】 立足镇情，整合资源。积极调整招商引资政策，按照“招大商、招好商”工作思路，引进山东冠宇集团在我镇种植油用牡丹3000亩，打造成商业与旅游观光为一体的农业产业园。引进碧海公司对我镇兴田大道、汇泉阁山体公园等项目投资建设，2016年完成招商引资2.3亿元，实际到位资金1.4亿元。

【社会事业】 1.教育事业长足发展。一是全面落实教育精准资助，对就读高中以上学校（不含研究生阶段）的农村贫困学生落实高中阶段“两助三免（补）”、中职学校“两助三免（补）”、普通高校“两助一免（补）”，实现应助尽助、应免（补）尽免（补）全覆盖；二是着力实施控辍保学工程。实现适龄儿童义务教育入学率达100%、学前教育三年毛入园率达85%以上、九年义务教育巩固率达96%以上，高中阶段教育毛入学率达86%以上；三是农村义务教育学生营养改善工作有序有效开展；四是加大教育经费投入，巩固我镇“两基”教育成果，积极实施了“9+3”教育工程，认真落实“两免一补”政策；五是继续加大教育经费投入，今年政府累计划拨教育工作经费及建设费用8.5万元；六是全面完成螃蟹小学薄改工程项目。2.卫生计生事业稳步推进。一是全镇2016年农村医疗保险参保人数16，670人，参合率98.6%，完成年度任务数的105%，医保基金总额达到116.69万元，保障水平明显提高；二是加强食品卫生宣传和监管，累计宣传监管101次，未发生食品安全事故，实现防疫接种全覆盖，未发生医疗事故；三是计生工作有序推进，截至2016年9月底，全镇常住人口共出生173人，政策内出生160人，符合政策生育率为92.46%。全镇流动人口共出生9人，政策内出生8人，符合政策生育率为88.89%，落实手术101例（结扎2例，上环99例）。3.民生保障覆盖面进一步扩大。社会救助体系、基层公共服务体系、社会福利服务体系等也得到进一步完善。一是全镇已纳入农村低保对象795户1536人，城乡低保实现“应保尽保”；二是就业工作持续稳定，截至12月，全镇新增就业70人，失业人员实现再就业70人，就业困难人员实现就业2人，转移农业劳动力就业376人；三是城乡居民社会养老保险参保7429人，其中60周岁及以上领取待遇人员2057人；四是建立“一帮一”工作机制，“三关爱”工作有序推进，全镇现有留守儿童369户736人。截至2016年，累计实施临时救助157人次，发放临时救助金5万余元，同时将符合条件的留守儿童及时纳入低保，对留守儿童的关爱力度进一步加大。

【社会治理】 牢记“维护一方发展，守护一方平安”的历史使命，认真落实维护稳定、安全生产领导责任制，严格落实各项措施，加强社会管理，有力地促进了社会和谐稳定。一是安全生产工作取得新进展。全镇安全生产工作始终坚持“安全第一、预防为主、防治结合”的方针，牢固树立“以人为本，安全发展”的理念，加大道路交通、非煤矿山、烟花爆竹、特殊行业等巡查，进一步完善安全生产管理体系，建立健全道路交通安全云平台系统，实现市、区、镇三级信息资源共享。2016年，我镇招聘交通专职协管员5名，强化了组织保障。截至目前，共采集驾驶员信息、车辆信息等共计3427条。组织开展安全大整治、大排查14次，排查出安全隐患32起，并已全部实施整改，使安全生产各项工作落到实处。二是信访维稳工作取得实效。建设完成毕节市综治信息管理平台，登记录入信息1310条，完善镇、村两级明、暗“双线”信访信息网络和情报制度，实行重点人员责任包保，准确把握重点人员和特殊群体信访动态。截至12月，排查突出矛盾纠纷84件，主动处置可能引发不良影响或极端事件、群体性事件的情况30余次。健全社会治安评估研判机制，严厉打击各类违法犯罪活动，妥善处置各类群体性事件，大力推进“平安田坝桥”建设，在测评中，我镇安全感为94.7%，比去年同期增长0.24%。深入开展矛盾纠纷排查化解工作。截至目前，排查各类矛盾纠纷236起，调处成功232起，调处成功率98.3%；共接待来访群众215批926人次，现场处理和解释答复215批次，立案交办全部办结，办结率100%。化解重大突出矛盾纠纷问题1件，共化解信访积案案件3件（分别为店子村糜卫国上访事件、十二湾村左安顺上访事件和臭水井村丰宪德上访事件）。

【党的建设】 围绕提高党的建设科学化水平，以提高领导班子和领导干部服务发展能力为目标，扎实推进发展型党组织建设切实转变干部作风，为经济社会又好又快发展提供坚强的保障。1、深入推进发展型党组织建设。全面完成全镇领导干部党的十八大、十八届三中、四中、五中全会精神集中学习工作，农民讲师培训农民1000余人次。将人才工作纳入“双考双评双挂钩”目标考核管理，农村实用型人才已完成采集1136人，天南地北毕节人采集（港澳台海外界人士基本信息采集3人、企业家基本信息采集2人、科教文卫界人士基本信息采集8人、党政机关领导基本信息采集7人）。2、积极开展名誉村主任工作。每个村聘任一名名誉村主任，充分发挥名誉村主任的带头作用，主要表现在：一是高桥村名誉村主任詹绍强成立生态养殖场，解决20人就业，并主动指导村民发展养殖；二是臭水井村名誉村主任张守顶成立玫瑰花种植合作社，通过公司加农户模式，总投资200万元，种植玫瑰花500亩，不仅解决了100多人的就业问题，而且通过土地入股分红方式，切实提高了农民收入；三是弯腰树村名誉村主任糜祖平无偿捐赠3万元帮助村民修建设通组路；四是螃蟹村名誉村主任赵国文无偿帮助50户困难户提供30吨冬天取暖煤；五是硝灰洞村名誉村主任黄艳勇无偿提供沙石200方修建通组公路。目前，各村名誉村主任均表态，将继续加大投入，带领村民脱贫致富，为我镇早日脱贫攻坚、同步小康做出应有贡献。3、积极开展同步小康和美丽乡村建设驻村工作。全镇7个同步小康驻村工作组36名驻村干部共走访群众1406人次，帮助解决困难和问题431个，化解矛盾纠纷271件。4、切实抓好党风廉政建设工作。强化党风廉政防治体系建设，严格落实党风廉政建设责任制，深化突出问题专项治理，深化“三严三实”等活动，政务服务水平进一步提升。严格把好中央“八项规定”和省委“十项规定”的落实，改进农村基层干部作风，强化为民意识和服务意识，强化群众监督。在全镇8个村均配备1名兼职纪检委员，实现了监督全覆盖，确保中央、省、市、区民生建设和强农惠农政策的贯彻落实。5、稳步推进“两学一做”工作。该镇“两学一做”学习教育以“党员参与，群众脱贫”行动为载体，引导党员“亮身份、强信念、讲规矩、树标杆”。全镇以党支部为基本单位，以“三会一课”等党的组织生活为基本形式，坚持正面教育为主，用科学理论武装头脑；坚持学用结合，知行合一；坚持问题导向，注重实效；坚持领导带头，以上率下；坚持从实际出发，探索党建扶贫新路径。在“两学一做”学习教育精神的指引下，全镇涌现出了一批脱贫带富先锋。农民党员林勇在臭水井村带领村民自主投资开发，创办科技园区，种植中药材，解决本村劳动力务工120人，其中贫困户劳动力90人；田坝桥村党支部积极探索，大力招商引资，以投资入股的方式引进加油站建设1家，千方百计壮大村级集体经济收入；硝灰洞村党员干部帮助贫困户新建1个养鸡场，规模约400只。

（党政办）

八寨镇

【概述】 八寨镇位于毕节市东北部，距离市区17公里，703县道穿境而过，是黔西北进入四川的重要通道。东接层台镇，南连海子街镇，西邻田坝桥、对坡镇，北毗燕子口镇。境内地势东高西低，喀斯特地貌特征明显，峰峦叠嶂，溪流纵横。平均海拔1620米，属亚热带季风湿润气候，平均降雨量954毫米，无霜期250天左右。全镇总面积79.8平方公里，辖15个行政村，118个村民组，33496人，居住着汉、苗、彝、白、蒙古等5个民族，其中少数民族人口4760余人。境内有河流4条，小型水库1个，地貌主要由山地、丘陵、坝子构成。山地面积约65%，拥有6.7万亩草山、草坡和天然林地，森林32%，林场5个，主要树种有柳杉、华山松等，土壤主要由黄壤、沙土壤构成。发展生态畜牧业具有得天独厚的优势；全镇耕地面积24600亩，其中水田2300亩，25度以上坡耕地10543亩，人均耕地0.68亩，主要农作物除玉米、洋芋、小麦、稻谷外，还盛产烤烟、油菜等经济作物，适宜种植核桃、板栗、漆树、杜仲等。矿产资源丰富，煤、铁、黏土、草碳储量较大，已探明煤炭储量6000万吨，黏土储量300余万吨，适宜发展资源型乡镇企业。

【主要经济指标】 全镇生产总值完成3.4亿元，增长11%；乡镇企业总产值达6631万元，增长16%；完成粮食总产量23650吨；农民人均纯收入比去年同期增长12%以上，完成8700万元的固定资产投资，实现了9000万元的工业增加值，实现肉类增长率比上年增长10%，畜牧业产值比上年增长15%。

【农业生产】 始终把农业生产放在国民经济首要地位，努力推进科技兴农工作，大力推广杂交玉米育苗移栽，全年完成粮食产量23650吨。2016年，全镇种植马铃薯16800亩，种植蔬菜4300亩，种植烤烟14300亩。发展刺梨、猕猴桃、板栗、核桃等特色经果林4800亩，中药材种植2000亩，茶叶种植1200亩，烤烟种植14300亩，建蔬菜标准大棚83个；积极发展生态畜牧业，全镇大牲畜存栏15692头（只、匹），同比增长5.7%，肉类总产量达8135吨，同比增长8.51%，投资1500万元扶持养殖企业36家、规模户7户。

【基础设施】 2016年，争取财政奖补资金1097万元，投劳折资238.05万元修建通组路47.61公里，广场3800平方米，公厕3个，安装路灯220盏，垃圾箱30个；上级立项硬化修建通村公路12条52公里，投入资金2994万元，实现了村村通水泥路；省市区水利部门投入资金800多万元，解决了全镇15个村安全饮水问题；投资369万元实施农村环境综合整治“两个硬化”工程，完成院坝硬化56984平方米，连户路硬化66238平方米；全镇15个村完成了电网改造并开通了宽带。以上项目的实施，极大地改善了群众的生产生活环境，为社会各项事业发展奠定了坚实的基础。

【城镇建设】 积极加大农村新建房引导控制工作，确保新增合法建筑按照生态文明家园建筑风格实施，努力达成规划区内新增违法建设“零增长”的目标。在2016年，全镇加大了对《中华人民共和国城乡规划法》等法律法规的宣传力度，加强八寨特色小城镇及部分村庄规划建设。在城镇建设工作中，配合调解处理建设纠纷12户，成功率达100%；开展大型拆违行动2次，对辖区内的违法建设户下达停止通知书38来份，强制拆除违法违章建筑6户，并对违法违规者进行批评教育。此外，深入开展“多彩贵州文明行动”和创建国家卫生城市工作，多措并举全力推进，确保如期实现目标任务。

【产业结构调】 按照精准扶贫“一市五金多套餐”、农业“板块经济”的总体思路，加大产业结构调整，继续巩固农业基础地位，对特色产业大力扶持。2016年，镇党委、政府还从抓示范基地着手，因地制宜，以市场为导向，着力抓实种养植业结构调整，达到了示范引领，有效推进农业产业化、规模化发展的作用。

【人口计生】 始终坚持国家人口和计划生育基本国策，紧紧围绕试验区“全面二孩”目标任务，以“三个按月”绩效管理、“双诚信、双承诺”为重要抓手，努力创新工作思路，切实加强PIS网络建设，大力完善全员人口信息，提高人口和计划生育服务质量和服务效益，确保“双降”目标任务如期实现。在2016年度，全镇新生人口总数为320人，常住出生人口288人，其中政策内生育287人，符合政策生育率达89.6%，流动人口出生32人，其中政策内出生25人，流动人口符合政策生育率达78%；完成全年度计生节育手术任务175例；完成全年妇检任务1834人次，常住人口妇检率达100%。2016年度，八寨镇如期完成了区委、区政府下达的各项目标任务。

【安全生产】 加大安全生产执法力度，强化“红线意识”和“底线思维”，严格履行“一岗双责”，认真落实“三个监管责任”，强化道路交通、煤矿、非煤矿山、危险化学品、烟花爆竹、消防、森林防火、建筑施工、特种设备、地质灾害等行业领域专项整治，杜绝重特大事故，有力实现了事故零发生率、零死亡率目标。深入开展校园以及人员密集的公共场所场所安全整治，切实保障人民群众生命财产安全；加大食品药品安全监督和执法力度，坚决维护人民群众生命健康安全。

【社会治安综合治理】 坚持打防并举，标本兼治，深入开展社会治安综合整治活动，实现了刑事发案稳中有降的目标。以“三级视频联动接访”为载体，着力化解一批信访历史遗留问题，努力控制和减少越级非正常上访。通过宣传教育，全镇无邪教组织。以三级视频接访为中心为窗口，以主动接访和入户访谈为突破口，构建和谐社会。同时，通过自测、走访等方式，提高了人民群众安全感和满意度。

【社会保障】 八寨镇初步建立了农村社会保障救助体系，确保农村人均纯收入低于3132元以及城镇人均月收入低于565元的特困群众，能公平公正公开享受国家最低生活保障。同时，多方筹措设立“四关爱”基金共计12.5万元，已救助留守儿童、困境儿童、留守老人152人共计补助66000元，农村社会保障救助体系真正起到了“社会稳定剂”的作用。此外，深入开展社会治安综合整治活动，创新社会管理，完善矛盾纠纷排查化解机制，创建信用乡镇、建成民主与法治示范村3个，实现安全生产“零事故”，关心下一代、工青妇、残疾人、档案管理等各项管理工作全面发展。

【科教文卫工作】 继续巩固“普十五”“两基”工作成果，小学适龄儿童入学率达到99.7%，初中适龄少年入学率达到97%，小学毕业生升入初中阶段的比例达到100%，小学六年巩固率达92%，义务教育完成率达到98.5%，小学在校学生年辍学率稳控在1%以内，初中在校学生年辍学率为1.20%。根据上级安排，实行营养餐改造计划，建立健全相关制度和台账，确保食品安全和营养餐资金安全有效运转，对校园周边环境进行整治。成立了领导小组，建立了学校警务室，并组织制定《学校安全应急预案》，抓好学校安全教育，落实各项措施。同时，新农合常住人口参合率达到99%以上，基本公共卫生服务项目健康档案建立率达到99%以上，电视普及率达到96%以上，实现了“村村通”，并逐步向“户户通”目标迈进，人民群众的教育、科技、文化、卫生意识得到了不断增强。

【招商引资】 结合本镇的区位优势和资源优势，镇党委、政府积极内引外联，加大招商引资力度。一年来，本镇引进了罗志坚等成功人士投资建设八寨镇特色小城镇，同时，积极吸引成功人士返乡创业，发展农村规模农业。

（党政办）

层台镇

【概述】 层台镇位于七星关区东北部，距市中心37公里。东南与小吉场镇相临，西南接海子街镇，西抵八寨坪镇，北与燕子口和亮岩两镇接壤。地跨北纬27°26′—27°30′，东经105°25′—105°29′，地势狭长，由西南部向东北倾斜。平均海拔1260米，年平均气温约15摄氏度，雨量充沛，气候温和。

近年来，镇党委、政府团结和带领全体党员和广大人民群众，高举邓小平理论和“三个代表”重要思想的伟大旗帜，认真贯彻落实中央、省委的大政方针以及市委、区委的具体工作部署，全面落实科学发展观，围绕“强镇富民”的目标，走出了一条“以基础设施建设为先导，产业结构调整为核心，农民持续增收为根本，党的建设为保障”的发展之路，促进了经济社会又好又快发展。

【民生建设】 1. 精准扶贫。一是开展贫困户“回访”工作。到目前为止，各区直部门及全镇干部遍访贫困村9个，非贫困村4个，贫困户1526户，新增录入贫困户调查问卷500余户。二是扎实抓好精准扶贫工作。该镇以“建档立卡”落实扶贫到户政策，建立贫困家庭档案1976户5857人。三是易地扶贫搬迁工作。目前易地扶贫搬迁工作106户482人，其中集中安置86户392人。四是一市五金多套餐工作。对1321户、5117人进行再摸底再排查，确定符合贷款的农户956户，目前该镇建档立卡精准扶贫户2450户，申请项目贷款165户，审核通过135户，已放贷132户，发放贷款300余万元，贴息60余万元。2. 多彩贵州文明行动。以集镇及村庄建设规划为统领，依法打击和拆除违章建筑；全力抓好整脏治乱工作，建立垃圾处理场，组建集镇卫生队，购买垃圾运输车，定期处理垃圾，使集镇和主要交通干线的“脏、乱、差”现象得到彻底根治，在交通要道悬挂各类横幅30余条，在村路两侧制作大型墙体宣传多个，发放各类宣传资料2000多份，多次组织开展整脏治乱治安巡逻活动，对公路两边草堆、菜园、杂物、建筑垃圾进行清理。3. 危房改造及小康房建设。2016年完成农村危房改造任务317户，完成小康房建设6户。4. 教育工程。一是认真做好“控辍保学”工作，确保适龄儿童全部入学，入学的一个也不流失。二是完善学校硬件设施建设，2016年修建红卫小学、幸福小学、前进小学篮球场，投资30万元修建东沟小学教学楼及操场、围墙等建设。三是加强校园周边环境治理，依法查处无证经营的网吧，确保在校园周边200米内无“两吧”和“三厅”。5、低保评定。截至目前，享受城市低保人数7户25人，共计发放城市低保金（含补助金）约5.148万元。该镇现有农村低保户1201户2971人，累计发放农村低保金约311.3637万元。孤儿6个，发放孤儿生活费用2.16万元，困境儿童82人，发放生活补助金4.92万元。

【基础设施建设】 一是通村通组公路建设。2016年计划完成光辉村至官厢村通村公路3.4公里，红岩村通村公路2.8公里；计划完成层台村、牛场村、五里桥村、幸福村、官厢村、光辉村、斯栗村等村通组路15.4公里。同时，做好道路维护与监督，严格要求每个村的1名公路管护员、1名环境卫生监督员加强环境卫生管护，确保全镇的道路得以保护，环境卫生得以改善。二是小城镇建设工作。加强对小城镇建设的指导，确保我镇小城镇建设风格统一，完成徽派马头墙风格建设6户，小城镇广场水稳层已经硬化 3000 ㎡。

【“三农”工作】 一是完成农业生产各项任务。今年我镇完成种植玉米 1.36 万亩，水稻 0.4 万亩，杂粮 0.56 万亩。配套推广杂交玉米 1.06 万亩，育苗移栽 0.85 万亩，推广杂交水稻 0.4 万亩，夏秋反季节蔬菜 0.17 万亩，优质辣椒 0.86 万亩，测土配方施肥 1.98 万亩，病虫害综合防治 0.85 万亩，完成马铃薯种植 0.933 万亩，脱毒马铃薯种植 0.6 万亩，养牛 2800 头，养羊 1000 头，人工种草 300 亩。二是全面完成春播示范样板及板块经济各项任务。春播工作完成 3050 亩高产示范样板，其中 1000 亩精品示范样板，完成领导示范样板 1000 亩，村级示范样板完成全镇 13 个村，每村完成 100 亩以上核心示范样板，共完成 1300 亩。板块经济示范样板全镇规划刺梨种植 0.49 万亩，全镇共完成春播示范样板 5350 亩，板块经济示范样板 2250 亩。三是完成农业板块经济申报工作。申报项目 22 个，其中农民专业合作社申报 12 个，村委会申报 4 个，种植大户申报 3 个，养殖大户申报 3 个，申报内容有经果林种植、蔬菜种植、特色养殖，申报类型达 13 种，有力推动了层台镇 2016 年农业板块经济的发展

【党的建设】 一是党风廉政建设。2016 年，该镇开展了危房改造资金专项检查，对我镇 2009—2015 年的危房改造资金进行检查，开展了扶贫小额到户贷款贴息专项监察，开展“三查三问”的专项行动，对我镇的各项民生项目资金展开了深入的调查，调查后，发现问题 30 个，已整改落实 7 个，仍在整改中的 23 个。二是党建工作。一是抓好党员发展工作，2016 年来，新培养 32 名入党积极分子，新发展党员 13 名。二是整顿软弱涣散基层党组织，加强村级后备干部建设。将党政主要领导联系点调整到软弱涣散村党组织，选派优秀镇干部到软弱涣散村，有效地提高了村干部工作的责任心和使命感。三是继续按照区委组织部“一核多元”建设要求，进一步完善村级组织阵地建设，营造统一规范的办事环境，方便为民办事。四是增加村级集体经济积累。通过“农户 + 支部 + 合作社”和公司 + 支部 + 党员的远教电商模式，按照 3：3：4 的比例进行分红，最终达到农户、支部、合作社、公司多赢局面。目前，全镇有 13 个村已建成合作社发展种植辣椒、刺梨、养蜂、油用牡丹等。

（朱明兴）

小吉场镇

【概述】 小吉场镇位于七星关区东北部，距城区 38 公里，地处北纬 27024′ 7″至 27035′ 15″之间，东经 105026′22″至 105035′ 11″之间，与本区阿市乡、海子街镇、层台镇和清水铺镇相邻，与大方县八堡乡、兴隆乡比邻，与金海湖新区小坝镇相接。全镇地势呈西南高、东北底，境内最高海拔是南面新建村箐脚组，其海拔为 1765 米，最低海拔是东北角高兴村猴子桥组，其海拔为 1000 米，地势起伏平缓。全镇国土面积 121.3 平方公里，耕地 3.35 万亩，水田 1.1 万亩。土壤以地带性的铁铝、硅铝、硅质黄壤、黄色石灰土、紫砂土、水稻土为主，少量为紫色土。境内磺、铁、煤、铅、锌等矿产资源有不同程度分布。全镇气候温凉湿润，属亚热带季风气候，年均温 13.2℃至 13.9℃，无霜期 249 ~ 255 天，年降雨量 950 ~ 965mm，雨量较为充沛。农作物为两熟连作间套作制，素来盛产稻谷，有“毕节谷米之乡”之称，常年外出务工人员 2 万多人，属于典型的农业和劳务输出大镇。镇内始于 1857 年的廖家院养蚕缫丝技术，在七星关区历史悠久，技术成熟，被誉为养蚕工艺的“活化石”。故此，我镇素有“百年蚕桑，万亩良田”的美誉。全镇辖 26 个行政村 213 个村民组，居住着汉、苗、彝、白等十几个民族，人口 1.6 万多户 7.2 万余人。

【基础设施建设】 启动高兴村至猴子桥至清水浦、吉兴村至吉丰村等 14 条共 44.75 公里通村水泥路建设，启动实施德胜周家寨至永桥等重要连接线建设；完成永兴河永丰段 1380 米河道治理，实施“小水改”工程 99 个，完成吉坪、高兴、新伦等饮水安全工程维修维护，实施农村饮水

工程2个，覆盖2个村6000余人；启动投资460万元的集镇供水工程。启动占地7亩的客运站建设，完成7个招呼站建设。启动小城镇建设2期规划、设计，并结合易地扶贫搬迁，完成66.59亩的土地征收。建成镇级灯光球场和吉兴村、梨子村、高兴村、大吉村和德胜村农民体育健身工程，安装“91.2”农村广播音柱48个，完成投资138万元的政府附属设施建设，2015年启动建设的30套公租房建成入住。

【产业结构调整】 按照党政主要领导300亩、班子成员100亩、村级50亩要求，建立3000亩种植示范样板点。以示范样板建设为着力点大力推广良种良法，增强示范辐射带动作用，扎实抓好春耕生产，种植杂交玉米2.1万亩、水稻0.9万亩。成立蔬菜种植专业合作社4个，在德胜村、梨子村、吉兴村和永桥村规划建成2000亩露地蔬菜基地，启动千亩香葱基地建设。着力落实8000亩退耕还林任务，覆盖龙兴、龙岭、高兴、联丰、岩湾等11个村。在德胜村发展羊肚菌种植300亩，并于3月份完成了采摘采收。助推高兴村规模化千头生猪养殖场建设，生猪养殖规模达1700头。积极发展休闲度假旅游，帮助吉丰村群众兴办“水西洞度假山庄”。

【社会民生事业】 1. 精准扶贫脱贫工作。按照“去规模、严标准、两本账、严程序”的原则，挨家挨户宣传、一家一户走访，建立“日调度、日公示、日考核”制度，扎实抓好精准识别贫困户工作。全镇落实“多套餐”小额贴息贷款农户214户，发放贴息贷款491.7万元；发放“雨露计划·圆梦行动”助学资金26户，助学金10.4万元；全面启动2016年109户441人易地扶贫搬迁安置项目建设。2. 弱势群体关爱救助工作。完成4624名留守儿童、236名重度残疾人、1571名空巢老人、86名困境儿童的建档立卡，建立“三关爱”结对帮扶台账、帮扶工作制度和包保责任制。切实开展留守儿童“大走访、大联系、大排查”三项重点工作，对全镇留守儿童进行风险等级评估，分类管理，严格执行强制报告制度，巩固“九平台”建设成果。明确每月第一个周为留守儿童走访周，留守儿童规范化创建顺利通过市级验收。3. 社会救助工作。一是严格按照“三环节、十步骤”完成城乡低保年度核查工作，共保障低保对象2248户4555人。发放城乡低保金870余万元，农村低保金750余万元。发放医疗救助金79万余元、122人（次），发放急难对象救助金19万余元、280人（次）。二是扎实开展冬春救助工作，发放救助粮42吨、棉衣145件、棉被156床、救助款5万元，按时足额发放农村籍退役士兵生活补助。投入15万元资金对敬老院进行维修，消除长期保障对象24名五保老人的安全隐患。4. 社会保障工作。征缴农村养老保险基金132.43万元11379人，综合参保率71.08%，续保率77.19%，缴费目标完成率70.39%。新增就业70人，100%完成全年任务。及时稳妥做好养老金待遇申报发放工作，按时报送60岁到龄人员名单，确保到龄人员按时领取养老保险金。2016年应完成农村劳动力转移就业1056人，全面完成11851户34071人劳动力就业创业信息采集工作。做好全镇50524人新型农村合作医疗收缴工作，合作医疗费用报销申报达121万元，报销金额达46万元8062人次。5. 危房改造及“五在农家、美丽乡村”建设工作。全面完成317户危房改造任务，年度发放补助资金291.1万元，发放农户317户，发放率100%。全面完成9户小康房建设任务，涉及红旗、岩湾和新建等6个村；全面启动新伦等村330户“贵州民居”建设。6. 教育工作。开展辍学生走访和送达《敦促返校就读通知书》，学前教育入园率达86%，小学、初中和高中入学率分别达99.5%、96%和90%，“三残”适龄儿童；大力推进基本普及十五年义务教育，全力做好教育工作督导评估考核，着力部署高中教育招生和中职招生工作，着力推进山村幼儿园建设，扎实推进龙岭小学、联丰小学等教师周转房项目工程建设，吉场中学、吉场二中、小吉场小学、南山小学薄改工程有序推进，大吉幼儿园新建、永丰小学迁建已完成选址的前期工作。

【社会管理】 1. 人口计生工作。贯彻落实全面实施二孩政策，紧紧围绕提高出生人口素质、优化人口结构这一主要任务，积极推进计生工作思路和工作方法的转变。严格执行目标责任制度和"一票否决"制度，每月定期召开计生例会，研究部署下月的计生工作，与各村签订人口计划生育专项目标管理责任书。截至目前，出生人口370人，符合政策生育率90%，出生人口性别比为110：100，出生缺陷一级预防覆盖率达100%。坚持开展了环、孕、病情普查，落实了免费施术，综合节育率达87%以上。完成流动人口手术库存8例，健康档案建档率80%以上，流动人口目标人群享受卫生计生服务覆盖率达90%以上。2.安全生产工作。始终把安全作为经济社会发展不可逾越的底线和原则，落实"党政同责、一岗双责"，层层签订责任书。加大对道路交通安全、烟花爆竹和危险化学品、非煤矿山、农用车载人、非法营运等问题的整治力度。开展各类执法185次，参加人员647人次，排查事故隐患231条，整改落实139条，整改率60%，查获取缔非法（无证）经营烟花爆竹3起，落实对9个地灾点的巡查守护，交通云平台信息录入系统驾驶员信息5654条、机动车信息3957条。3.文明创建工作。以农村政治思想教育、环境卫生综合整治、法治创建为载体，抓点带面，启动三个示范村建设，落实"七个起来""十星级"文明户评比措施，村村落实了大喇叭。全镇建立了5支专业文艺演出队，2月份召开了动员部署会，并在吉坪村召开了现场会。同时，3月份以来，以"文明伴我行·每周一小时"为载体，采取片区联动、村校共建等方式全面推动乡村环境卫生综合整治工作，开展集中整治活动100余次，开展违法违章建筑联合执法4次，查处违章建筑32处。清理拆除违规广告530幅，将文明卫生创建工作形成常态。4.依法治镇工作。一是组建88人的镇级治安巡逻大队，开展全镇治安大巡查，有效地维护了辖区治安的稳定，群众安全感和满意度不断提高。二是做好矛盾纠纷调处工作，接待和处理群众信访案件72起，调处68起，暂未调处4起，有力处置了吉坪村抬尸闹事等群体性事件，维护了全镇稳定大局。三是强化社会管理创新工作，累计接收社区矫正人员38人。四是积极宣传禁毒，对辖区民房屋顶、养殖场、隐蔽山林地等进行了全面踏查，确保不留死角。五是扎实推进"法治毕节"创建工作，成立了"法治毕节"创建办公室，以"六大工程"为抓手，着力打造了镇级法治创建示范点，吉坪、永兴和新伦村法治示范村，以点带面，促进法治创建工作全面铺开。

【执政能力提升】 一是开展以"学党章党规、学系列讲话，做合格党员"为主要内容的"两学一做"主题活动，引导基层党员进一步增强看齐意识、党性意识、规矩意识。二是以执行力为核心，以机制改革为突破，强化队伍管理，以"两破四亮"主要内容建立系统管理机制，提高干部执行力和落实力，整体精神面貌明显提升。三是完善制度体系。完善了《七星关区小吉场镇干部职工管理制度》《关于对镇村干部职工实行百分制管理的考核意见》《小吉场镇镇村干部业务培训和考试办法》《七星关区小吉场镇包村工作管理办法》等工作制度，形成干部作风建设长效机制。

【工作亮点】（一）"两破四亮"建立管理机制。两破：即打破部门和人员身份界限，进行了职能调整和人员优化组合，按照服务职能、管理职能、建设职能、保障职能，人员身份编制不变，组合成八办两中心一大队，推进人员优化组合和重心下移，解决原来工作职能交叉、力量分散、效率不高的问题。打破层级考核。破除身份级别界限，建立重实绩，重团队，重过程，重关键时刻重点工作时候表现的考核体系。四亮：一是亮单，就党委政府派单，任务分解，亮出工作任务单，分管领导下单，工作部门及人员出晒单，考核部门收单，确保日清日结。二是亮点。就是找工作重点、突破点，落实具体工作的载体和抓手。三是亮剑。倡导"闯性"吉场，鼓励干部职工跳起来摘"桃子"，对重点工作单列考核，对招商引资等工作采用招标等方式，实行重奖，现已落实领办企业人员1名，领办基地人员5名。四是亮责。实行正面清单和负面清单，落实问责。

"四个精准"助力脱贫攻坚。一是帮扶对象精准：该镇多次组织镇村干部进村入户核对贫困户信息并及时修改。严格按照区委、区政府有关文件要求，有针对性地对贫困户电话号码、分类管理、帮扶分类等关键信息进一步梳理确认，同时按照“户有卡、村有账、镇有簿”的要求，根据贫困户实际情况造册登记，归档管理。规范贫困对象进退机制，对贫困人口实行动态管理，该进则进，该出则出。二是帮扶措施精准：结合前期上报分类管理及帮扶路径，精准识别出各项帮扶措施实施农户。其中能够发展生产实现脱贫的贫困户276户1290人，需要教育帮扶309户1463人，需要医疗救助214户827人，能够实施扶贫搬迁的贫困户265户1171人，可实施危房改造贫困户23户109人，社会保障兜底贫困户292户502人。

三是驻村帮扶精准：在同步小康驻村干部结对帮扶的基础上，明确镇直单位干部职工采取“1+N”或“N+1”的方式，结对帮扶全镇所有贫困户，实现“一村一扶工作队、一户一帮扶责任人”“一市五金多套餐”落实农户和易地扶贫搬迁实施农户实现一对一干部跟踪服务。四是脱贫成效精准：全镇实现575户2511人脱贫，所有脱贫贫困户均达到“四有五覆盖”标准，年人均纯收入超过2968元。贫困人口发生率由2014年20.8%下降到8.85%，发生率下降11.95个百分点。（三）“一带一圈”推动产业调整。小吉场镇德胜蔬菜基地是区委、区政府重点建设的保供蔬菜基地之一，是主城区菜篮子工程，是我镇推进“一带一圈”农业产业结构调整战略的核心工程。该基地距七星关区工业园区19公里，位于小吉场镇德胜堡坝子，占地面积2200余亩，共覆盖小吉场镇德胜、梨子、新伦、吉兴、永桥等5个村，涉及24个村民组，2000余户，8500余人（其中贫困户729人）。基地目前主要采取“政府主推、部门主帮、合作社组织、群众主体”的模式推进，即由乡镇与农业部门共建，各村成立专业合作社，按照统一规划、统一种植、统一管理、统一销售的要求，组织群众进行种植和田间管理，各村合作社进行技术指导和服务，镇总社统一销售。自启动建设以来，共开挖大小排水沟8600余米，整理翻犁土地2000余亩（全部是农机作业），种植各类蔬菜20余种2000余亩。2000亩早熟马铃薯已进入采收阶段，1000亩香葱基地喷灌设施已完成方案设计，流转土地300亩作为蔬菜创业示范样板，种植莲花白和莲藕等早春蔬菜。

（白　松　雷　越）

阿市苗族彝族乡

【概述】 阿市苗族彝族乡位于贵州省西北部，毕节市北部，七星关区东北部，距毕节市城区69公里，总面积101.7平方公里，13个行政村162个村民组，有耕地24313亩，其中水田2500亩，以玉米、马铃薯农作物为主要生产物，居住着汉、苗、彝、白、布依等民族，总人口6587户27586人，少数民族占总人口的30%，贫困户1221户、4055人。森林灌覆盖率达71%。除耕地外，林地、荒山面积61386亩，可退耕还林18774亩。坡耕地面积较大，土壤类型多样，成片土地面积500亩以上的8片，实用现代机械化耕作方式，利于发展山地特色农业。

【基础设施建设】 基本实现村村通水泥路的目标，争取扶贫资金72万元，完成开挖毛路6公里；4149公里通组路、12.46公里串户路前期筹备工作；启动实施40.02公里通村公路。投入资金380万元，实施中药材园区水利灌溉工程；投入资金15万元，实施马龙寨河堤治理工程；投入资金50万元，实施饮水提灌工程；完成投资200万元团胜村播扎组美丽乡村建设；新建农村文化广场1个，完善农民健身设施、体育设施建设，加强农村精神文化建设，投入资金50万元启动雄垮村民族文化广场建设，完成贵州民居改造83户、农村危房改造253户、小康房5户。

【农业产业发展】 种植辣椒2000亩，完成杂交玉米板块1200亩，在中药材园区种植苦参669亩，党参种繁基地340亩；发展开泰种养殖合作社在中药材园区种植党参278亩，退耕还林（后续产业）项目种植荆芥291亩，射干200亩，种植板蓝根400亩；发展飞跃合作社在阿市村种植百合种植347亩。实施通村路绿化40公里，完成省级植被恢复造林4145.9亩，启动退耕还林项目13327.7亩，森林覆盖率达72.7%，实现林业产值5000万元。

【民生保障】 以精准扶贫工作为主要内容，按照“四个切实”“六个精准”“五个一批”的要求，用脱贫攻坚统揽阿市经济社会发展全局，启动实施扶贫战略行动，打响脱贫攻坚战，确保头庄、安然、湾子、尖山4个出列村实现区级“减贫摘帽”、467户1942人农村贫困人口脱贫。截至2016年，贫困村11个（村均为空壳村），贫困户1221户、4055人，其中一般贫困户430户1874人，低保贫困户296户、1087人，民政兜底低保户、五保户222户、446人，贫困发生率为15.02%。精细推进分类施策。精准落实贫困户政策。认真落实省委“1+10”配套政策，深入推进“一市五金多套餐”精准扶贫工作机制。政策兜底的222户446人；教育扶贫45户174人；产业扶持594户2423人；在木拉村新创办第一个集贫困户为主体的养蜂专业合作社；投入资金826万元，对基础设施薄弱的边远贫困村、组的236人实施易地扶贫搬迁项目；投入项目建设资金2534.83万元（其中财政专项扶贫资金339.6万元），按出列村考核要求，拟实现头庄村、安然村、湾子村、尖山村四个贫困村的出列，467户1942人脱贫。推进“一市五金多套餐”和“农特惠贷”民生政策，357户贫困户发展特色种养殖，实现产业脱贫；精心实施扶贫项目。强化中央财政扶贫资金项目实施和监管，重点推进贫困村水、电、路、讯、房、寨等基础设施建设，新建便民服务超市2个，壮大村集体经济建设；投入扶贫资金203.829万元，发展苦参、党参、百合中药材种植产业，助推产业脱贫攻坚。落实城乡居民医保惠民政策19000人，新型农民养老保险参保10722人。

【教育发展】 完成中学、阿市小学校园围墙、操场、堡坎、绿化美化等附属工程；累计投入资金40余万元，建成阿市班班通5个，计算机室1个，柳湾小学班班通1个，计算机教室1个，补充图书3万余册，教学设备、实验仪器3万余元。

【计划生育】 投入资金70万元，结合“全面放开二孩”政策，全面开展优生优育检查和节育措施落实工作，人口和计划生育服务水平明显提升，常住人口出生率7.4‰，人口自然增长率4.31‰，符合政策生育率97.25%。

【其他工作】 统筹各项社会事业发展。加强食品药品监管理，健全质量诚信体系建设；保护和发展少数民族文化，积极引导雄垮苗寨民族文化保护传承；筹备2017年的“花坡节”文化活动；积极开展对苗族百年古屋、千年古茶王、千年古腾、地下溶洞等非物质文化的保护工作；有序推进民族宗教、精神文明建设、体育、殡葬、残疾人、妇联、共青团等工作。

（温碧琴）

普宜镇

【概述】 普宜镇位于北纬27° 35′ ~ 27° 37′、东经105° 38′ ~ 105° 41′之间。地处七星关区东北部，东与大屯乡接壤，南与大方县长石镇毗邻，西与阿市乡、清水铺镇相连，北与四川省叙永、古蔺两县隔河相望，处于两省三县结合部。人民政府驻宜兴社区，距离七星关区人民政府80千米，全镇总面积84.5平方千米。辖宜兴社区1个居民委员会，老街、新街、箐脚、摆盖、乐都、龙家、冷水、道角、木窝、双河10个村民委员会，下设7个居民小组、158个村民小组。总人口32867人，其中有苗、彝、仡佬、白等少数民族7894人。城镇常住人口9970人，城镇化率48%。地势南高北低，属典型的卡斯特地形地貌，最高点新街村半坡组申家坪子，海拔为1736.6米，最低点双河村六一组凉窝托，海拔为540米。属亚热带湿润季风气候，生长期年平均235天，无霜期年平均255天，年平均降水量892毫米。境内矿产资源煤炭储量丰富，有野猪、野山羊、猴子等多种野生动物，森林覆盖率达60%以上。

【党建工作】 一、在“大党建”

的统领下，一是加强政治理论学习，坚持组织班子成员全年开展集中学习12次，学习党的路线、方针、政策、法律法规和领导的重要讲话精神，并用来指导工作；二是制定规章制度，坚持按章管人管事，促进工作有序开展；三是深入开展“两学一做”学习教育，在“两学一做”中开展集中学习6次，开展农民讲师宣讲活动40余场次，整顿“软弱涣散”基层党组织2个；四是进一步深化基层服务体系建设工作，投入10余万元建设基层党组织场所，进一步提高基层党组织的阵地堡垒作用。

认真完成各项发展工作，抓好基层党建。一是党建带扶贫工作，牵头开展问需式精准扶贫工作，目前共投入资金69万元，覆盖159户750人贫困户；全年落实特惠贷贷款51户，贷款金额169万元，落实项目51户，做到了“真扶贫、扶真贫”；二是征兵工作，应征入伍青年19人获参军资格并应征入伍，完成了辖区内18岁青年的兵役登记工作；三是创新社会管理工作，加强矛盾纠纷排查和信访积案化解；共化解大型积案2件、一般信访案件20件；刑事案件发生率在2015年的基础上有所回落，破案率有所提升。共受理刑事案件66起，撤销7起，破案34起；受理行政案件75起，办结61起；调解处理治安案件83起；现场调解纠纷81起，调解成功81起；全年无民转刑命案发生；四是人口计生工作，适龄儿童享受预防接种等卫生服务覆盖率100%；全面推进“校医”工作；大力宣传“全面二孩”政策，提高政策落实力，推进全民计生优质服务。

三、“一核多元”。建立健全镇村两级便民服务中心，对村（社区）办公场所进行了美化、亮化，配置了必备的办公物品，落实最严格的值班制度和公章管理使用制度；村级组织“激励行动”创建规范、示范、典范村工作稳步推进，力争2016年全镇10个村达到规范村、宜兴社区达到示范村建设标准。加强对村干部、驻村干部、第一书记的管理，实行预约服务、巡回服务等高效便捷服务。加强对流动党员的管理，高标准，严要求规范党员发展，全年共培养入党积极分子65人，发展党员15名；做好远程教育设备维护管理工作，坚持每月集中学习5次以上；深入开展“三严三实”专题教育活动，召开相关会议、完成相关资料。

【人大工作】 普宜镇人大严格坚持党的领导原则，从巩固党的执政地位的高度，自觉地接受党的领导，按照党的主张和人民的意志开展工作，建立健全并认真执行向镇党委的请示报告制度，牢牢把握人大工作的方向。

【主要经济指标】 全年农民可支配收入增幅达18%；全年完成固定资产投资2.63亿元；全年完成招商引资3.69亿元；新增民营经济实体23户。

【农村危改及“五在农家·美丽乡村”】 按要求全面完成农村危改120户、小康房6户建设工作，顺利通过上级相关部门验收；完成箐脚至马家寨、海龙路至摆盖上寨组、海龙路至上沟、冷水至原垭口村、老街村一组至董家垭口、双河村张公坪至冷水村小湾子、箐脚村至老街村、大纳路至龙家村、海龙路至摆盖村上组、冷水村三组至乐都村八组等10条共计15.8公里通村（组）公路建设，至此，普宜镇实现了村村通水泥路的目标。龙家村“四在农家·美丽乡村”示范点建设工作已初步成型，重点对龙家村蒋家湾组进行打造，现幼儿园、老年活动中心建设完成；42户民居改造工作全面完工；完成新街村“一事一议”800米排污沟建设项目；新建3100平方米广场一个；安装路灯20盏；新建15平方米公厕一个；完成摆盖村寨上文化广场建设，安装路灯10盏；完成老街村文化广场建设。

【小城镇建设】 2016年，新建的宜兴社区和新街村办公楼、富民广场、宜兴体育场已竣工并投入使用；由小城镇建设拉动的恒隆购物广场、建材市场、七星塑业制品厂、普怡山泉水厂等一系列企业建成投产；兴普路、富民路、小康路、迎宾路路网已基本形成；民贸小区、普宜客运站已建设完毕，2016年春运以前可以投入使用；迎宾休闲公园、返乡农民工创业园、医院、学校建设工程正在进行可研编制。小城镇建设得到提质扩容，第三产业得到全面发展，促进了就业、搞好了服务、发展了经济、提升了品位,集镇服务功能不断完善,小城镇整体形象不断升级。

【农业及脱贫攻坚】 完成粮增工程18400亩,蔬菜23200亩,龙家村和双河村合计种植经果林6000亩,摆盖村和木窝村种植牧草共350亩。农业板块经济规划了样板点:一是脱毒马铃薯一级种薯种植。摆盖村300亩、木窝村50亩、道角村50亩、乐都村100亩、箐脚村50亩、冷水村50亩;二是辣椒种植。新街村300亩、双河村50亩、龙家村100亩。三是老街村已完成中药材百合种植120亩。购买微耕机8台,提前做好土地翻犁等准备工作。畜牧板块工作:新增猪15000头、羊500多头、牛1900头。脱贫攻坚:完成易地扶贫搬迁完成115户501人,精准扶贫“特惠贷”共办理扶贫贷款447户,发放信贷资金1513.4万元。精准制定425人的脱贫措施;全面落实箐脚村100万元壮大村级集体经济养牛项目及30万元猕猴桃种植项目,摆盖村20万元能繁母猪养殖。

【多彩贵州文明行动】 一是加大宣传力度,采取小手拉大手、张贴宣传标语、召开群众会等形式,加强对文明乡镇和整脏治乱工作的宣传;二是加大宣传投入力度,聘请卫生保洁员16名并严格考核,形成了长效机制;三是与镇直各单位、各村(社区)签订目标责任书,纳入全镇“双评双考双挂钩”进行考核;四是加大责任追究制度,对不按“整脏治乱”工作责任书要求,不认真抓好“整脏治乱”的单位和个人,严格实行责任追究;五是加大对“五脏”“五乱”的整治力度,确保建筑工地、交通秩序、饮食摊点、校园周边环境、大纳路、海龙路沿线两侧的住户等重点区域不留卫生死角,努力营造全镇“净、畅、宁、和”的人居环境,提高群众满意度。

【社会事业发展】 一是教育工作,小学适龄儿童入学率99%,初中适龄人口入学率98.6%,小升初升学率99.5%,九年义务教育覆盖率达97.5%。完成普通高中和职业高中招生任务,做好中小学义务教育阶段营养改善计划。二是人口计生工作,顺利通过2016年度省计生年终检查;完成“普十五”工作目标;完成孕前优生健康检查100对;完成社抚费征收30余万元;完成妇检3600余人次;打造箐脚村、新街村人口文化大院;组织开展青春期知识进校园活动4次。三是社保工作,我镇养老保险全年缴费目标任务975600元,现已征收769000元,综合参保率为78%,续保率为70%,缴费目标完成率为79%。四是医疗卫生工作,2016年参合金总任务为22861人,现参合人数为22861人,参合率达100%。五是征兵工作,完成征兵上站体检人数26人,最后合格16人,超额完成任务13人。六是畜牧兽医工作,完成动物检疫注射五号病和禽流感疫苗100%,确保全年无大面积动物传染病发生。

【法治毕节创建和信访维稳】 坚持领导干部接访制度并开启视频系统,加强矛盾纠纷排查和信访积案化解;充分发挥“七个在一线”作用,对群众动之以情,晓之以理,明之以法,将各类矛盾纠纷化解在基层,消除在萌芽状态。全年镇无新增群访、进省、进京上访事件发生,共化解大型积案5件、一般信访案件30余件,治安案件受理35起,调解处理35起,调解率100%;现场调解纠纷60起,调解成功60起,调解率100%;全年无民转刑命案发生,治安状况明显好转,实现了全镇社会稳定,整治稳定。实现了“平安普宜”建设的目标。完成“六零六好”社会治理创新工作,总结推广“新时期群众工作的十种方法”,即:加强学习,与时俱进;深化认识,心系群众;以身作则,树立榜样;放低姿态,平等交流;好事办好,实事办实;小事入手,取信于民;贴近群众,问计于民;言而有信,兑现承诺;群众参与,公开透明;清正廉洁,公平正义。狠抓安全生产工作,全年无安全生产事故发生;打击非法营运工作成效显著,坚持每月开展集中打击2次。严格落实应急值守,明确信息联络员,突发事件信息上报及时、准确。依法行政,无违法行政行为发生。组建了一支30人的镇应急分队,主要负责夜间治安巡逻,打击“两抢一盗”,处理各类突发事件,增强了群众的安全感和幸福感。

【民政工作】 普宜镇留守儿童（0–16周岁）现有807户、1295人，其中男664人、女631人，在校896人，未入学399人，享受低保人数为60人，无人监护留守儿童为0，监护情况差为0人，困境儿童38人。完成规范化阵地建设。一是镇级设立留守儿童关爱救助保护服务中心，留守儿童档案室，购买档案盒2250个，抽杆夹3000个，档案柜13个；各村（居）设立留守办，各村（居）落实1名留守儿童业务人员负责，镇级明确2名留守儿童业务人员负责留守儿童工作；完善各村（居）规民公约，明确了父母对留守儿童的主体监护责任，同时开展“七个一”工作。二是普宜小学、沙田小学、乐都小学、火马小学设立了阳光少年之家，同时创建了心理咨询室，阳光少年活动室，每间活动室投入资金2万元，购买了相关的活动设备；其他小学由于没有条件，只创建了阳光少年之家办公室和心理辅导室。

2016年，全镇农村低保评审工作采取以村民组为单位召开群众会，每户农户派代表参加评议，做到了公平、公正、公开，共评出低保户3619人。共发放低保金708余万元，临时救助金13万元，医疗救助资金43.5万元，优抚对象补助108余万元，其他补助资金20万元，政府筹资2万元为1户“五保户”新建住房。发放低保性季节性缺粮42吨。积极做好困境儿童的关爱工作，发放困境儿童基本生活补助49000元，并针对生活有特殊困难的家庭，积极帮助申请临时救助。

（陈　军）

大屯彝族乡

【概述】 大屯彝族乡是一个边远、贫穷的少数民族乡。这里有丰富的少数民族文化旅游资源，境内有国家级重点文物保护单位大屯土司庄园，有全省二十个少数民族保护与建设村寨、省级十六个历史文化名村之一的三官彝寨，有远近闻名的大河口椪柑及大河口旅游风光，有山峦叠翠、幽谷含青的溜儿河峡谷风光，有松涛阵阵，碧草如茵的木杉林场—大屯土司庄园主余达父先生长眠于此。

【经济指标】 年度内经济发展取得新飞跃，全乡生产总值达到31200万元，固定资产投资0.8亿、招商引资1亿元、民间投资0.3亿元。

【基础设施建设】 紧紧围绕决战贫困“五通四有”“四有五覆盖”脱贫的目标，认真抓好基础设施建设，力争实现基础强乡战略。小康水建设方面，一是全面加强水利工程管理，特别是水资源管理、水利工程设施管理；二是完成小型水利工程的摸底调查；三是完成农村小型水利产权改革宣传工作；四是强化汛期安全监管。小康电建设方面，联合电网公司规划高坡、青山、大屯等村电网改造提升项目，保障群众安全用电。小康路建设方面，一是年度内乡内实现通村公路硬化36.8公里，通组公路硬化12.9公里，申报辖区内37.675公里通组路建设项目，二是对辖区内的公路积极投入资金进行养护，全乡好路率90%以上，三是启动农村客运站建设，大大改变了全乡内外交通条件，优化全乡人民的生产生活环境。小康讯建设方面，配合移动公司升级网络，4G网络已覆盖，安装无线广播音柱32根，进一步拉近城乡距离。

小康房建设方面，年度内通过政策扶助建设小康房5户、实施农村危房改造117户。小康寨建设方面，积极落实上级批复我乡的2015年村级公益事业建设“一事一议”财政奖补项目，努力推进小康寨建设，落实通组路硬化、排污沟修建、路灯安装、垃圾箱购置。一是通组路硬化大屯村新建组1700米、三官村三官寨组1600米、雅木村丫口组215米、大河村沟头、河边组2400米；二是修建烙烘村下湾组250米、雅木组119米排污沟；三是烙烘村下湾组、三官村三官寨组各安装太阳能路灯20盏。

【三农工作】 一年来，始终把农业增效、农民增收作为三农工作的出发点和落脚点，积极调整产业结构，大力发展特色产业，大力抓好种养殖，努力实现农业稳乡、产业富乡。全乡粮食产量达到6598吨，人均占有粮食329.58公斤；水果产量达389吨；林果业生产总值达79万元；全乡农牧业生产总值达到2488.05万元；干果基地发展达到2600亩，柑橘基地增加到4100亩；现乡内有商品牛、羊养殖基地5个、商品猪养殖基地5个，引导发展的中药材种植合作社1个，继续扶持两个精准扶贫户互助养鸡场；严厉打击破坏森林资源的违法行为，由于党委、政府高度重视，宣传到位，管理到位，年度内全乡未发生森林火灾事故。

【脱贫攻坚】 2016年计划脱贫1370人，计划出列4个村（长中村、青山村、大河村、高坡村）。对识别出的扶贫对象（一般贫困户、低保贫困户），实行干部结对帮扶全覆盖，结对干部深入农户家中，帮助所结对的贫困户分析致贫原因，结合贫困户需求和实际，帮助制定帮扶计划。结对干部的信息、拟定的帮扶计划、落实的帮扶措施如实录入建档立卡系统。年度内申请“一市五金多套餐”贷款276户，落实贷款202户，落实项目200户，其中饲养能繁母牛177户、饲养绿壳蛋鸡2户、饲养乌骨鸡或本地鸡13户、饲养蛋鸭1户、饲养黑山养1户、种植设施蔬菜1户、栽桑养蚕2户。年度内易地扶贫搬迁对象93户386人。

【美丽乡村建设】 按照“四在农家·美丽乡村”的建设系列规划，以突出彝族特色文化、土司文化作为方向，坚持高起点规划、高标准建设，不断完善配套设施，加强对三官寨美丽乡村示范村建设，努力提高美丽乡村的品位。年度内，三官村农民健身广场、老年活动中心农资超市工程顺利完工，三官村53户彝族特色民居立面改造工作成效明显，大大提升了三官彝族特色村寨的整体形象，进一步打造出宜居宜游民族特色文化美丽乡村。

【多彩贵州文明行动】 一是加大宣传力度，采取小手拉大手、张贴宣传标语、召开群众会等形式，加强对文明乡镇和整脏治乱工作的宣传；二是加大宣传投入力度，聘请卫生保洁员13名并严格考核，形成了长效机制；三是与乡直各单位、各村签订目标责任书，纳入全乡“双评双考双挂钩”进行考核；四是加大责任追究制度，对不按“整脏治乱”工作责任书要求，不认真抓好“整脏治乱”的单位和个人，严格实行责任追究；五是加大对“五脏”“五乱”的整治力度，确保建筑工地、交通秩序、饮食摊点、校园周边环境、大纳路、海龙路沿线两侧的住户、土司庄园和三官庆典场等重点区域不留卫生死角，努力营造全乡“净、畅、宁、和”的人居环境，提高群众满意度。

【科教文卫】 教育工作，一是继续加强教育工作管理，学校周边治安秩序良好，二是学校师生饮水安全工程协调推进，学生宿舍、教师公租房等学校教育工程基本竣工，大屯中学改扩建工程施工正常推进，协调教育局和有关部门解决雅木小学烂尾教学楼工程。三是建立中考激励制度，激发教育工作活力。文化工作，群众文化活动丰多彩，一年来开展“正家风、淳民风、构和谐、促发展”、赶场天晒起来、节日庆祝活动等农村思想政治教育活动126次，以家风带动民风转变，村民组织文艺活动，大屯土司文化艺术团（唢呐队、排锣队、文艺演出队）参加演出获奖。卫食药监，一是投入33000.00元建设雅木村村卫生室；二是改善卫生院管理，提高服务能力；三是做好参合金收缴完成，群众参合率达到100%；四是加强食品安全监管，联合工商分局开展定期不定期的食品安全排查；五是切实做好消费者权益保护工作，推进“一会两站”规范化建设。

【社会保障】 一是社会性保障工作得到加强，2016年来实现新增就业人员登记65人，及时发放60岁以上养老金2525人2315881.21元；二是民政工作正常开展，认真按照政策要求，全面准确掌握城乡低保对象中“分类施保”，落实各项工作责任，建立健全农村低保和城市低保台账，各项民政资金按时发放到群众手中，婚姻登记、灾情上报、医疗救助、村务公开、敬老院管理等各项工作正常开展。2016年发放农村低保金3658092.00元、城市低保金285672.00元、五保供养金215400.00元、医疗救助23人发放救助金209950.00元、高龄补助金162100.00元、退役士兵及参战人员补助711928.00元，各项惠农资金按时全部发放到群众手中，民生工作得到着力改善。三是健全关爱服务留守儿童、空巢老人、残疾人等特殊群体工作制度，对全乡四类重点人员进行摸底排查、统计建档立卡和实行“一对一”结对帮扶，督促相关赡养人、抚养人落实监护责任，对无监护人的落实干部包保代理监护，让特殊人群切实感受到社会主义大家庭的温暖。

【人口计生】 一年来的人口计生工作以强化基层基础管理和提升优质服务为重点，狠抓流动人口服务管理、计生优惠政策落实兑现、新型人口文化建设、计划生育依法行政、全面两孩政策落实，各项工作有序推进。现全乡有6049户、23320人，育龄妇女6017人，已婚育龄妇女3827人，常住人口13845人，常住育龄妇女3001人，常住已婚育龄妇女1551人，流出人口9395人，流出育龄妇女3360人，流出已婚育龄妇女2312人。

【政法、综治和信访维稳】 一是加强矛盾纠纷集中排查及信访积案化解工作，一年来排查出各类矛盾16件，成功调处化解14件，上级转交办的7件，办结6件，成功劝返上访人员3人。二是认真抓好禁毒工作，加大对毒品原植物的排查力度，乡村干部深入田间地块进行排查，以大河口椪柑基地为阵地成立了大屯乡“阳光基地”，吸纳吸毒人员到“阳光基地”学习、劳动并进行教育，让吸毒人员能够更好回归社会；三是认真抓好反邪教工作，一年来乡内未发现邪教情况，四是依法打击各种犯罪活动，加强群防群治工作力度，层层责任明确。五是村级警务助理发挥作用，助力和谐大屯的建设，群众安全满意感明显提升。

【法治创建】 一年来，乡党委、政府认真落实“法治毕节”创建工作，将法治大屯建设列为全乡的重点工作之一。坚持问题导向、目标导向、效果导向，以实施“六大工程”为统领，以解决影响社会和谐稳定、影响民生福祉的突出问题为切入点，以建设“法治大屯”为目标，大力弘扬法治精神，创建“法治大屯”工作亮点。一是加强法治大屯建设宣传，充分利用宣传栏、大喇叭等载体更直接地向群众宣传法治建设；二是推进法治政府建设工程，完善法治政府相关制度，聘请政府法律顾问；三是成立了一支以村级警务助理为成员的巡逻队，每月定期或不定期开展巡逻，提高见警率，用法治为老百姓的生命、财产安保驾护航。

【安全生产】 认真落实2016年安全生产目标责任制，按“横到边、纵到底”的要求层层签订安全生产责任书，建立责任追究制，严格按照“党政同责、一岗双责”的要求，扎实抓好安全生产工作。一是充实交通协管中队大力开展交通安全巡查，对路段实行包保；二是对非煤矿山、人员密集场所消防、民用爆炸物品等工作进行专项治理；三是认真贯彻落实“安全第一、预防为主、综合治理”的方针，落实责任、立足防范、关口前移、强化管理的指导思想加强巡查。四是扎实抓好地灾防治工作，对全乡各地灾隐患点立牌管理，聘请专门人员进行监测，制定各隐患点防灾预案，开展汛期巡查监控工作并开展应急避灾演练工作隐患点100%演练到位。五是认真抓好消防工作，投入消防工作经费20000.00元，进村入户对农户用火、用电、用气及住房安全进行生活安全常识宣传教育，提高群众安全防范意识及能力。

【基层组织建设】 党风廉政。年度内乡党政班子成员及干部职工严格执行中央八项规定和省、市十项规定，坚决整治“四风”突出问题，对村“两委”干部加强廉政教育和加大违纪案件查办力度，强化涉农资金使用和管理的监督检查，认真落实党风廉政建设责任制，强化主体和监督责任。成立乡“三查三问”专项行动领导小组深入开展“三查三问”专项行动。政务公开。明确专人负责乡党务、政务公开工作，及时收集和发布党务、政务信息，维护和更新政务公开栏和阳光政务网站、门户网站内容等，保障政务信息公开透明。村务公开。明确村“两委”村务公开责任人，严格实行村务公开考核管理，乡党委对包村领导问责，报请具有干管权限的部门处理；包村领导、分管领导对具体业务人员问责，报乡党委处理。组织工作。一是加强学习教育，利用集中学习与个人自学相结合的方式，组织学习党的十八大、十八届三中、四中、五中、六中全会及毕节试验区全面深化改革推进大会等中央、省、市、区重要会议精神，不断提高党员干部的思想政治素质；二是加强组织建设，每月开展业务知识及业务能力培训，配备完善各村电脑、打印机、办公桌椅等设施，扎实推进党的基层组织服务体系建设工作，进一步增强了党组织的凝聚力、战斗力，提升为民服务的能力和水平。三是加强班子建设，充分发挥乡党委及村、学校各级党组织集体领导作用，扎实推进各项工作。四是扎实开展好干部驻村、联系帮扶等各项工作，有效助推精准扶贫、通村水泥路建设等各项工作。五是严肃换届时期作风建设，组织学习换届纪律“九个严禁”详细内容，营造严明公正换届氛围，加强换届纪律作风建设，成功推选出新一届乡党政领导班子和村支“两委”班子成员。六是扎实开展“两学一做”教育实践，倡导全乡党员干部学习重要讲话和党章党规，确保高标准、高质量地建设好学习型、发展型、服务型党组织，为全乡经济发展、构建和谐社会提供了坚强有力的组织和思想保障。

（尹健秋）

龙场营镇

【概述】 龙场营镇位于毕节市东北部，距七星关区中心108公里，是两省（贵州与四川）三县（七星关、金沙、大方）交界之地，东与金沙县马路乡接壤，南接大方县长石镇，往东北十余公里，便是四川古蔺马蹄，西北分别接本区大屯乡、田坎乡，辖区总面积57.1平方公里，9个行政村，112个村民组，共7351户29321人。2016年来，龙场营镇按照“强镇、活村、兴业、富民”的工作思路，根据“科学发展、后发赶超、同步小康”的总要求，继续以打造边陲重镇为目标，通过全镇干部一年来的共同努力，抢抓机遇，求实苦干，经济社会呈现出“经济提速转型、民生持续改善、社会和谐稳定、干群精神振奋”的大好局面。境内崇山峻岭，蜿蜒起伏，地势高低不平，南高北低，海拔差距较大，平均海拔1075米，最高处的黄金村高达1540多米，而最低处的卧牛村仅有610多米，以山地为主，地势由东南向西北倾斜，垂直气候明显，土地肥沃，气候温和，雨量充沛。镇内有一条较大河流——卧牛河，河流落差大、河水清澈、水流量大；据水利部门常年测算，年平均径流量达到80立方米/秒，比较适合水电梯级开发，水力资源较丰富。

【农业产业结构】 坚持把调整农业产业结构、壮大农村经济作为农民增收致富的重要途径，按照“两年明显变化、五年大见成效、十年实现跨越”的目标，大力实施年初提出的“工业强镇、农业稳镇、商业活镇”三大战略，创新农业发展思路，拓展农业发展空间，转变农业发展方式、改变产业发展模式。

【专业合作社】 龙场营镇共建成34个合作社，运行较好的有10个，占总数的29.4%，我镇将加强合作社相关政策的宣传，指导合作社注册和管理工作，帮助合作社介绍相关市场资源。

【种植业】 1.经营特色水果（脆红李）种植。种植面积1000亩，建设地点在龙场营镇上黄村，覆盖四个组148户661人，其中贫困户27户111人。种植模式由龙场营镇人民政府组织实施，以“村委+合作社+农户”的形式进行项目建设，农户以土地入股参与合作社，自主栽种和日常管理，村委会帮助协调、解决建设过程中出现相关问题，合作社具体负责项目的建设和建成后管理以及产品的销售，待项目建成丰产后将实现200万元收益。除脆红李外，在龙场营镇元岩村种植特色水果皮球桃400亩，待项目建成稳产后，预期年收益100万元以上，能够实现我镇元岩村纳贡、咪兄、铁匠沟3个村民组、109人的脱贫致富。2.脱毒马铃薯种植。种植面积700亩，财政扶贫资金31.5万元，按照马铃薯种植补助标准450元/亩，覆盖7个村。2016年，完成种植地块的规划、翻整和部分种植、加盖地膜等工作；项目建成后，将实现收入90万元左右，能实现225户贫困户，854人的脱贫致富。

【养殖业】 龙场营村彭垣养殖

场年出栏生猪达到2000头以上逐步产生规模效益，带动各村年出栏生猪达50头以上的小规模养殖场已达30余家家，新增就业岗位100余人。强有力推进畜禽品种改良和科技推广，进一步提高了良种的覆盖率和养殖效益，大大提高了存栏量与出栏率，使部分村民快速富裕起来。继续加大对小微企业扶持、农村党员创富帮扶、农村妇女小额创业贷款等各种政策进行扶持，促进农村劳动力转移由短期型、体力型、就业型向长期型、技能型、创业型转变，不断发展劳务经济；鼓励返乡人员回乡创业，回乡创人员40余人。通过农业产业结构的规划调整，促进了农业增产、农民增收，改善了干群关系，为2020年与全国同步实现小康社会打下坚实基础。

【脱贫攻坚工作】 1.精准识别贫困户。开展建档立卡“回头看”工作常态化，通过进村入户走访调查，严格按照“四看法”评分标准，识别出60分以下贫困户846户，3266人。我镇采取分片指导各村进一步补充完善贫困户信息的方法，对各村开展的走访调查、制定帮扶计划、措施以及系统数据进行调查。2016年我镇脱贫的253户1262人都按照“四有五覆盖”标准制定了相应的脱贫措施。在2016年实施的扶贫项目中，开挖通组路5公里，机耕道4公里，种植脱毒马铃薯700亩、皮球桃400亩、脆红李1000亩、布朗李800亩，养殖能繁母牛100头帮助贫困户脱贫。2.推进易地扶贫搬迁工作。结合本镇实际，龙场营镇易地扶贫搬迁采用分散安置、零星搬迁的方式，2016年对68户290人（均属于建档立卡贫困户）实施易地扶贫搬迁。

【基础设施建设】 2016年，我镇切实加强农村基础设施建设，以新农村交通、小康寨、小城镇等基础设施建设为提速转型、支撑产业发展的重要抓手。1.道路建设。“通村路、通组路、连户路和人行步道”实施5个项目，共17.7公里；通组路项目17个，共10.56公里；连户路项目50个，共5.17公里；人行步道项目5个，共1.09公里。基本形成了我镇四通八达的交通网络，解决了百姓出行问题，有力促进全镇经济发展。2.“四在农家、美丽乡村”。突出试点示范，推进新农村建设。2016年，我镇打造黄金村为示范村，投入17万元建设一个1300平方米的集图书馆、舞台、文化广场等为一体的示范村。3.通信电视。加强网络设施建设，推进有线电视联网工程，提高广播电视覆盖率，继续加强“村村通”“户户通”工程建设，确保全覆盖，丰富群众精神文化生活；有效推进数字电视建设工程，让群众近距离了解市区相关政策。4.集镇配套工程。投资近1200万元、建筑面积达5000平方米返乡农民工创业园已全部完工，已有浙江、湖南，以及本地多家企业报名欲入驻发展，预计企业入住后将带动100余人就业。引进的“贵州农友生态有限责任有限公司”在我镇黄金村发展，现已投资3500多万元，种植绿化苗圃1200亩、牡丹花观光园200亩、药用牡丹500亩。翔龙大道工程有序推进，现进入尾期完善阶段。各类基础设施的改善，为我镇经济社会全面发展、为2018年与全国同步实现小康奠定坚实基础。

【社会管理】 围绕“保增长、保民生、保稳定”的要求，把维护社会安定稳定工作摆在更加突出的位置，强化各项措施的落实，2016年，没有发生安全生产事故。深入开展倾听群众诉求活动，及时化解各种矛盾纠纷，2016年全镇共接待群众诉求100批次，调解成功95件，调解成功率达95%，镇村成立夜巡队，实行常态化夜巡；矛盾纠纷得到及时化解和有效巡查震慑，有力地维护了一方的稳定。

【人口计生和社会保障工作】 1.人口计生。人口和计生工作走上规范化管理轨道，注重依法行政，强化优质服务，截止到2016年末，全镇7351户29321人，全年常住人口出生率控制在7.5‰，人口死亡率5.14‰，人口自然增长率2.36‰，全镇人口出生政策符合率达95%。2.民政工作。城镇最低生活保障户数96户，人数163人，月发放最低生活保障金2.17万元；民政部门资助参加合作医疗966人次，共支出5.4万元；农村最低生活保障户数1083户，人数2145人，月发放最低生活保障金44.9266万元；农村五保集中供养30人，农村五保分散供养140人；农村医疗救助68人次，农村临时救济32人次，支出78.4万元。

【文教卫工作】 进一步加大了文化事业的发展，倡导民间文化的崛起，加大教育投入力度。改造薄弱学校，注重加强教师队伍的建设和管理，切实推进素质教育，教育教学质量不断提高。鼓励新办条件成熟、技术过硬的民营医院，加大力度改善村级卫生室就医条件；继续加大新型农村合作医疗的收缴力度，加强新农合资金管理使用，无弄虚作假、虚报冒领、骗取套取资金和截留、挤占、挪用资金情况，无克扣参合农民住院补偿费用问题及滞留资金等问题。1.文化工作。在黄金村投入17万元建设一个1300平方米的集图书馆、舞台为一体的文化广场。2.教育工作。中、小学4000余名中小学生吃上放心的营养餐。3.卫生工作。公共卫生、医疗事业健康发展。积极开展科技、文化、卫生"三下乡"活动，配合上级主管部门开展打击非法行医专项整治行动，净化了医疗市场和药品、食品市场。积极推行新型农村合作医疗制度，全镇参合率达100%。2016年，各级各类医疗卫生机构11个，公办卫生院1所，病床60张，专业卫生人员230人，其中执业医师3人，执业助理医师5人，注册护士17人；民营医院一所，病床80张，专业卫生人员26人，其中执业医师12人，执业助理医师2人，注册护士12人。

【民兵武装】 积极宣传国防兵役法，增强公民国防观念。以经费保障为前提，积极开展全民国防教育活动，发放征兵宣传资料1000余张，张贴标语20条，挂横幅10条，张贴宣传画30张，利用宣传车深入各村进行宣传，全民国防意识进一步增强，保质保量完成兵役登记、冬季征兵工作，完成8名有志青年应征入伍工作。

【干部队伍考核建设】 加强干部考核管理。激励干事创业热情。一是强力推行镇干部与村干部绩效考核挂钩，消除部分镇干部对包村工作持有干好干坏一个样、都是村干部的事的极端思想，切实转变工作作风，改进工作方法，充分调动工作积极性，提高工作效率，我镇出台了对镇干部激励考核管理机制，把事业单位中层干部的绩效考核与个人平时发挥的作用结合起来，根据工作职责分工进行考核。考核分为四类，一类是包村事业单位干部，考核结果与所包村的成绩挂钩，所包村排名在前三名的为"优秀"等次，在4、5、6名的为"称职"等次，在7、8、9名的为"基本称职"等次。第二类是办公室工作人员，采取副科级以上领导、村支书、主任和站所股室负责人测评形式来确定等次，领导测评占60%，村支书、主任、站所股室负责人测评占40%，根据测评情况，评出"优秀""称职"和"基本称职"。第三类是有相关依据的病假人员，按照不定等次计发。第四类是不在本单位上班，借用到城区的事业单位干部，不享受绩效工资。镇干部的考核除了与村干部的绩效工资挂钩外，还与村干部和领导班子的测评、考勤、工作成绩等挂钩，通过激励考核机制，每名干部在工作中均"有目标、有担子、有责任、有压力"，干部"被动接受指令"转变到"主动创新方法完成任务"。二是推行赶集天到镇集中办公模式，进一步落实驻村工作，切实解决村支两委干部和驻村干部食宿问题，提高基层工作效率。完成了"一室一堂"工程，即：全镇9个行政村分别建立休息室和食堂。采取乡镇补贴一点、村级配套一点，干部适时出资一点的方式，在村级组织活动场所开办小食堂和完善住宿设施，镇财政共出资5万元为各村统一购置炊具和住宿用品，同时要求各村健全运行制度确保了工程良性常态有效运作。该工程实施后不仅有效地解决了村支两委干部、驻村干部早、中、晚三餐和住宿问题，减少了干部往返家中花费的时间，增加了为民办事的时限，方便了办事群众，切实提高了工作效率和服务群众水平，也加强了基层党组织阵地建设。"一室一堂"工程顺利实施为包村干部、村干部提供了就餐和休息环境，保障了群众不耽搁正常生产劳作也能办好事办成事，有效地提高了基层党组织服务群众的水平和效率，也使服务群众、联系群众的前沿阵地真正扎根基层。通过激励考核机制，温馨的后勤保障，让每名干部在工作中均“有目标、有担子、有责任、有压力”，干部“被动接受指令”转变到“主动创新方法完成任务”，又让干部无后顾之忧，使全镇干部群众思想统一、目标一致，干群向心力、凝聚力、战斗力得到增强。

【党建党风廉政建设】 积极组织学习宣传贯彻党的十八大精神和十八届三中、四中、五中全会精神，要求全体干部职工做到五要：要用心谋事、要勤奋做事、要创新成事、要依法办事、要廉洁干事，切实树立为民、务实、清廉的良好形象。严格贯彻执行中央改进工作作风，密切联系群众八项规定，要求干部职工从自身做起，从实际工作做起，身体力行，在改进工作作风、密切联系群众等方面狠下功夫，求真务实，真抓实干，真心实意地为群众服务。

（曹　璞）

田坎彝族乡

【概述】 田坎彝族乡位于七星关区东北角，两省（川、黔）三县（区）（七星关区、金沙县、古蔺县）七乡（镇）（七星关区大屯乡、龙场营镇，金沙县马路乡、清池镇，古蔺县马蹄乡、建兴乡、椒圆乡）结合部。大（方）纳（溪）公路途经乡西北角的白沙河村，横跨湾潭大桥入川，是七星关区北大门的重要出口通道。全乡总面积57.9平方公里，有耕地12446亩。所辖7个村，92个村民组。乡内主要居住汉、彝、白、苗等民族。到2015年底全乡总人口达18707人，总户数4749户，其中农业人口18035人，约占总人口96.4%。少数民族人口4699人，约占总人口25.1%。境内地势西南部高，东北部低，呈三级阶梯地形。山峦起伏、沟壑纵横，地表切割深，地形破碎，山地、丘陵、洼地、山间坝子交错分布，属典型的喀斯特地貌。最高海拔1397.7米，最低海拔470.6米，平均海拔934米。全乡的支柱产业主要以发展种植、养殖产业为主。

完成社会固定资产投资0.21亿元，完成招商引资0.62亿元。从整体上来看，全乡经济社会呈现出良好的发展势头。

【经济增长】 （一）农业经济稳步提升。至2016年末，全乡农业生产总值达1683.53万元，年增长率9.47%；农村常住居民人居可支配收入达4358元；劳务经济创收达1348万元；粮食总产量达4561吨，粮食总种植面积稳定在11000亩左右。（二）固定资产投资迅猛增长。全乡共引进资金7600万元，先后投入到小集镇饮水工程、小集镇街基建设、通村公路硬化、群众文体广场修建等领域。（三）村级集体经济不断壮大。一是以茨竹村为试点，大力发展村级集体经济，建有标准化猪舍7栋约2000平方米，修建兽医室20平方米，各类基础设施已基本配备齐全；二是在各村建设一个养殖场，并已完成踩点和选址工作；三是大力发展本地土鸡、绿壳蛋鸡、本地乌骨鸡等林下特色养殖13万羽，以特色养殖带动区域经济快速发展；四是大力实施农业板块经济，推行传统农业逐步向现代生态农业转变，实施皂角、辣椒套种技术，2016年种植皂角6000亩、辣椒1000亩。

【基础设施建设】 一是大力抓好道路建设。全面完成龙场营镇至田坎乡13.5公里通乡油路改扩建工程；高质量、高标准完成涉及白沙河村、田坝村、元山村、茨竹村、青杠村、大元村、田坎村共计52.7公里通村公路建设和24.42公里通组公路建设。二是致力农村安全饮水工程建设。以小水窖、提饮、管饮工程为主要措施，共投资1000余万元，有效解决青杠、大元、茨竹等村人畜饮水难题。三是有力实施农村危房改造工程。抢抓政策机遇，大力实施农村危房改造工程，共实施危改105户356人。四是强力推进小康寨建设。以“六小行动”为抓手，结合乡内实际情况，累计投资736.55万元，实施小康寨工程33处，建设文体广场6个，安装路灯300余盏，修筑排污沟1465米。五是有效推进小康讯工程。新建手机信号塔3座、机房3个，保障了群众在田间地头也能打电话。

【脱贫攻坚工作】 一是精准扶贫工作如期推进。通过“四看法”、收支核算法、精准扶贫“回头看”进行再一次贫困户识别，共精准识别贫困户 948 户 3287 人；通过将帮扶任务层层细化分解，责任落实到人，开展干部大走访活动，完善了精准扶贫建档立卡贫困户档案并按要求录入扶贫系统。二是易地扶贫搬迁有序开展。2016 年全乡实施易地扶贫搬迁共 106 户 440 人，占总计划人数的 22.6%，集中安置 80 户 327 人（建档立卡贫困户 74 户 286 人）；分散安置共 26 户 113 人。集中安置工程现已完成搬迁户识别、建档，安置点工程建设现已完成三通一平、路灯安装、地圈梁浇筑、主体钢筋铺设等，第三层楼已完成墙体垒砌，预计 2017 年初投入使用。三是扶贫项目持续推进。继续推进和巩固茨竹村精准扶贫 4 个项目，强化全乡各村整村推进扶贫项目，已发放本地土鸡、绿壳蛋鸡 11 万羽，带动养殖户 561 户 2876 人；大力推进“一市五金多套餐”工作，抓好贫困户小额贴息贷款发展养殖，已贷款 223 户，发放政府贴息贷款 468.8 万元。

【“五在农家·美丽乡村”建设】 2016 年来，共实施小康房 5 户；投资 100 余万元，完成了茨竹村团结组“四在农家·美丽乡村”普及型示范创建点 1 个，以“和在农家”融入“富、学、乐、美”四在农家，积极推进“五在农家”创建工作，开展政策宣讲群众会 50 余次，宣讲群众 1200 人次。

【安全生产工作】 一是安全生产排查整治不放松。采取定期和不定期结合的方式，对全乡非煤矿山、山塘水库、学校等进行大检查，共开展安全生产大检查 76 次，查出安全隐患 92 处，整改 92 处，整改落实率 100%。二是道路交通整治不停步。新招聘道路交通协管员 5 名，有效增强路检路查力量，共开展路检路查 200 余次，查处违章违法 116 起，有效遏制酒驾、醉驾、超速、超载等违法行为。三是危化和易燃易爆物品管理不松懈。开展专项检查 60 次，查处无证经营烟花爆竹 2 家，依法取缔和关停 2 家。

【社会治安综合治理和维护社会稳定工作】 一是以创建“平安田坎”为主题，突出矛盾纠纷调解机制，共排查出矛盾纠纷 85 起，成功化解 76 起，建议司法程序解决 9 起。二是坚持“打防结合，预防为主”的工作方针，着重抓好综治维稳工作，2016 年来，全乡刑事案件立案 6 起，侦破 4 起，破案率 75%。三是开展禁毒铲毒、防邪反邪宣传 26 次，发放资料 16000 余份、制作展板 20 块，召开群众会宣传 50 余次，宣传群众 6000 余人次。

【社会事业】 1. 教育工作。突出抓好教育基础设施建设，着力师德师风建设，力抓素质教育，推进教育均衡发展。新建学生食堂 1 个、教师周转房 1 栋，各校均按要求实施营养改善计划，配齐配足学校安保及食堂工勤人员；成功实施青杠小学危旧教学楼拆除重建工程，办学理念逐步转变，教学质量大幅提升。2. 新型农村合作医疗。参合总任务为 11548 人，现已参合人数为 11576 人，参合率达 100.24%。3. 社会养老保险。全年收缴城乡居民养老保险任务为 542658 元，已征收 380945.71 元（续保 363000 元，新增 17945.71 元），综合参保率为 70.2%，续保率 88.5%。4. 人口与计划生育。全乡计生工作基础牢固，符合政策生育率为 95.65%。5. 农村最低生活保障。2016 年全乡共有低保户 601 户 1188 人，已发放低保资金 280.3 万元。

（赵　凯）

何官屯镇

【党的建设】 一是认真抓好党的群众路线教育实践活动、“三严三实”教育活动和“两学一做”经常性教育，认真按照“四讲四有”合格党员新标准对全镇党员进行了再教育，进一步提高了全镇党员和领导干部的思想政治素质，增强了他们的理论自信、道路自信、制度自信和文化自信。二是坚持和完善民主集中制、党委集体议事决策制、党委中心组学习制，建立和完善了干部考勤考核管理制度、财经管理制度、“双考双评双挂钩”动态跟踪考核管理制度等，充分发扬民主，进一步提高了民主议事和民主决策的能力和水平，落实制度管人管事，充分调动了全体镇村干部的干事创业动力和激情。三是坚决贯彻执行《党章》、中央八项规定和省、市、区十项规定，以及党内各项规定，持续开展作风建设，认真做好换届纪律“九严禁”和观看《镜鉴》等警示教育，进一步增强了党委班子和全体党员领导干部的政治意识、规矩意识和拒腐防变的能力。四是认真按照《党章》和党内选举相关规定、《地方组织法》和《村民委员会组织法》等法律法规，完成了换届选举工作，一批善谋发展、善带民富、善待百姓、善做群众工作、能驾驭全局的优秀干部被选拔到村级两委班子岗位上来。五是认真做好工会、团委、妇联、统战、关协、老干、党史、地方志、科协等工作，认真抓好党员清理排查、党费收缴等党员管理工作、人才工作、远教工作、发展党员工作、党员带头创业致富工作、软弱涣散村级党组织的排查和整治等其他各项党建工作。

【产业结构调整】 全镇以板块经济建设为依托，以“一市五金多套餐”为指引，积极调整农业产业结构。在全镇打造高产玉米示范基地1000余亩，种植脱毒马铃薯3000亩，种植中药材500亩，栽种烤烟3000亩。完成猫猫洞刺梨种植1000余亩，完成白果村刺梨种植1100亩和冷凉蔬菜种植1000亩，完成柳家村刺梨种植900余亩，杨梅基地种植500亩；完成大坝村冬桃种植500亩和“四季果园”的打造。完成坝口村刺梨种植500亩和核桃苗种植300亩。完成3000亩的大白萝卜基地建设和600亩油用牡丹育苗基地和2000亩油用牡丹种植基地。

【扶贫开发】 该镇实施“一市五金多套餐”项目以来，贫困户申请小额贴息贷款240户，自愿放弃贷款38户，信用社放贷198户，放贷资金449.9万元，贴息93.982万元，其中：申请养牛178户、养羊1户、脱毒马铃薯种植13户、养鸡1户、大棚蔬菜种植5户。易地扶贫搬迁涉及5个村，已完81户313人2个集中安置点和5户28人的分散安置。

【项目服务】 何官屯镇辖区范围内在建大型项目有龙官桥水库、毕镇高速、成贵快铁建设。为确保项目能够稳步推进，何官屯镇成立了一个项目一个专班工作组，为三大重点项目做好最精致的服务，为项目建设稳步推进保驾护航。

【信访维稳】 信访、维稳、综治、禁毒工作全面开展，为了维护社会大局稳定，积极开展平安创建工作，建立健全了各项规章制度。完成了19个村村级警务助理的招聘，并充分发挥村级警务助理的作用，积极排查和调处各类矛盾，使纠纷当事人平等协商，互谅互让，化解了矛盾，消除了隔阂，做到小事不出村，大事不出镇，促进了安定团结，维护了社会稳定。

【社会事业】 一是教育事业迅速发展。不断加强师资队伍建设和师德师风教育，教师素质和教育水平不断提高，同时加大了教育经费投入，努力改善办学条件，学前教育投入逐年增加；全面实施素质教育，利用远教平台广泛开展科普宣传与农村实用技术学习活动，传授农户实用技术，架起致富金桥。二是文化、体育事业健康发展。依托文化站平台，不断创新和丰富文化载体，建立了老年大学文艺队、百姓广场舞等三支文艺队伍。三是卫计事业稳步发展。坚持把人口控制放在与经济发展同等重要的位置，紧紧围绕试验区“人口控制”主题和统筹解决人口问题试点工作这一中心，进一步强化全程跟踪管理服务和双诚信双承诺跟踪机制，以优质服务为载体，控制人口数量，提高人口质量，促进人口、经济、社会和谐发展。四是按规定将民政资金实行专户管理、社会化发放，没有出现贪污、截留、挪用民政资金的现象；低保核查面达到95%，建立了农村低保季节性缺粮户粮食救助制度，并按规定及时发放救助粮；按时上报灾情，建立健全倒毁房屋台账并按照要求在规定时限内完成了恢复重建任务；建立健全优抚对象统计台账，婚姻登记满意率达100%；进一步完善了辖区内留守儿童、空巢老人、留守妇女调查统计及关爱工作。五是安全生产工作成绩突出。坚持以人为本的科学发展观，以保障人民群众的生命财产安全为根本出发点，以遏制重特大事故为核心，以减少人员伤亡和实现控制指标为重点。严格落实安全生产“党政同责、一岗双责、齐抓共管”和“三个必须”的要求，按照属地管理的原则，切实加强安全生产监督检查工作，道路交通云平台已录入信息10000余条。六是“法治毕节”创建工作稳步推进。深入推进“六大”行动和农村思想整治教育。进一步做好“十星级”文明户的评选工作，以“七个起来”为着力点，大力做好思想宣传工作，为建设法治政府工作打下坚实基础。七是小康路建设初见成效。已经完成新华至大坪子，新华至乐海、柳家至利民、柳家至大坪子、塘官至白果、塘官至红峰等8条通村路基础铺设。通组路、串户路和人行步道已经基础实施完毕。八是招商引资工作成效显著。成功引进毕节市硫磺矿渣焙烧有限公司落户新华村，引进山东企业落户大坝村种植油用牡丹，顺利完成1.5个亿招商引资任务。解决就业400余人，带动贫困户200余人。

【“两学一做”】 自何官屯镇“两学一做”启动以来，全体党员干部思想得到了更进一步的升华。“两学一做”教育活动的开展，巩固了“群众教育”“三严三实”活动成果，从集中教育转向常规学习，自觉用党章、党规和党纪规范自己的言行，用党的理论创新成果充实头脑，持续推进党的作风建设，干部工作作风进一步得到了加强。

（党政办）

对坡镇

【脱贫攻坚】 2016年对坡镇把脱贫攻坚作为“第一民生工程”，认真落实“五个一批”和“六个到村到户”措施，深入实施“一市五金多套餐”精准扶贫，结合实际，立足资源优势，按照“资金跟着穷人走、能人跟着产业走、产业跟着市场走”的思路，重点发展黑花生、香葱、烤烟、蛋鸡、中华鲟、四鳃鱼等特色种养殖业、乡村旅游和农村电商等产业，积极培育龙头企业、农业专业合作社等，吸纳群众就地就业脱贫，确保2016年减少贫困人口1533人，贫困村出列7个。并按照“积极引导、群众主体、顺势而为、多元选择、因户施策”的原则，整合易地搬迁产业扶持等优惠政策，采取多元化的安置方式，鼓励引导贫困群众搬离环境恶劣区域，确保2016年易地搬迁23户87人，到2017年，全面完成剩下的57户251人的易地搬迁任务。

【“五在农家、美丽乡村”创建】 2016年以来，着力打造法泥村“五在农家、美丽乡村”示范点建设，现已累计投入2300余万元，其中上级配套补助资金200.85万元。法泥村从实际出发，大胆创新，严守生态与发展两条底线，以生态促发展，高标准定位，分阶段落实，结合易地扶贫搬迁协调土地56亩，迁坟15座，实施建设小康大道250米，民居建设72户，配套建设1000平方米文化广场，完成排污管道1720米建设任务。与此同时，为更好地服务群众，置换村原办公楼，新建占地约6亩（含村活动室、农资超市、驻村食堂、老年活动中心及图书室等）三层半框架结构505平方米的村综合服务大楼，规划建设停车场、篮球场，公厕等配套基础设施，有效地改善了贫困村人居环境。力争到2018年全面完成全镇美丽乡村水、电、路、房、讯、寨基础设施及配套设施建设，与全区同步实现全面小康。

【特色农业】 一是大力发展香葱特色产业。2016年规划示范种植香葱1000亩，目前正在中心村试种80余亩，法泥示范种植200亩也正在规划中，力争到2020年发展种植10000亩，主要销往广东、福建等沿海城市，亩产值最高达4万元左右，着力打造全区香葱种植大镇。二是大力发展特色养殖业。目前，建兴渔业养殖基地占地规模10余亩，中华鲟、四鳃鱼、金鳟、虹鳟等存栏10余万尾，年销售10万余斤，产值200余万元。下步将着力打造沔鱼河特色乡村旅游、农家乐等产业，促进沔鱼河乡村旅游、鸡鸣三省红色文化旅游线发展。三是加大扶持富硒黑花生、核桃经果等特色农产品基地建设的力度，力争在特色种植、规模养殖上实现新突破，促进生态种植养殖优势产业成长壮大。

【招商引资】 结合全省“同步

小康驻村工作”活动及“五在农家·美丽乡村”农村环境综合整治工作的开展，不断加大优势资源的发掘和整合力度，强化对外宣传和推介，努力营造良好的投资氛围，雅珠石材工业园厂房等设施建设有序推进；对坡加油网点建成投入使用；投资3500万元的鸿远大街一期工程已完工，整个项目已累计完成投资3480万元，为加快我镇工业化、城镇化进程奠定了良好基础。

【民生工作】 2016年，对坡镇党委政府高度重视民生工作，以依法行政、推进政务公开和服务承诺为重点，以加强民政基层窗口单位行风建设、创建“文明窗口”为载体，进一步提高办事效率和服务质量，全镇1173户2422人被纳入农村低保，按月发放低保金48万元左右；发放参战人员生活补助、复员军人补助金、残疾军人补助金等共计60余万元，发放临时救助10余万元。强化敬老院服务管理工作，现入住老人38人。分解落实农村危房改造指标246户，争取并完成农村小康房建设指标50户。

【社会事业】 人口计生迈上新台阶。2016年，认真贯彻落实计划生育工作有关文件精神，塑造了良好和谐的氛围。截至2016年，全镇共35425人，其中常住人口23715人，流出人口11710人，育龄妇女9546人，已婚育龄妇女6297人。常住人口符合政策生育率为91.78%，流动人口符合政策生育率85%，出生率8.29‰，人口自然增长率2.56‰，性别比105，政策外一孩出生占一孩出生比为8.5%，政策外二孩率为2.64%，政策外多孩率为1.76%。信访维稳取得实效。全面落实重点对象包保责任制，加大矛盾纠纷的排查调解力度及法制宣传力度，2016全年共排查出矛盾纠纷110余起，调解成功100余起，调解成功率达91%，全年调解各种疑难纠纷30余起，调解成功27起，调解成功率达90%。加强对刑释解教人员、矫正对象的管教，群众安全感进一步提高。扎实开展禁毒斗争，强化禁毒宣传教育并落实帮教措施。

安全生产成效明显。牢固树立安全第一思想，狠抓安全生产包保责任制的落实，采取出动宣传车、办宣传栏、张贴标语等形式对安全生产有关法律法规进行宣传。2016年对坡镇在全区创建首个安全生产监管指挥平台运行通畅，设置的监管网络和通话话筒，建立监管台账等设施起到了很大作用，对对坡加油站、凯隆火炮厂、煤矿及采石场等涉安重点单位和核心区域是否违规生产作业实行了远程监管，每天对在监管平台上发现的安全生产隐患进行登记备案，通过远程话筒提出了限时整改意见，及时反馈了整改情况，对未按时完成整改工作的，及时向区安全生产监督管理局进行了报告，杜绝安全事故发生。加强道路交通安全整治，定期或不定期组织开展打击黑车非驾、农用车载人等违法行为的专项整治60余次，全镇无重特大安全事故发生。教科文卫得到巩固。率先在全区成立鸿远教育协会，组织企业及对坡有识之士捐赠助学资金10余万元，同时建华村雅珠石材厂还自发为该村考取大学的10余名学生发放助学金共计5000余元，各类公益助学事业蓬勃发展，为推进对坡镇教育事业健康有序发展有效地整合了各类社会资源。另一方面，加强教育教学管理，全镇小学适龄儿童入学率、初中适龄少年入学率、小学六年巩固率、在校生辍学率、小学毕业生升入初中比例等指标均达到相关要求。强化职业培训，高度重视科技科普工作，推动科技创新和技术进步，劳动者素质不断提高。积极开展冬季运动会等活动，提升干群精气神、凝聚合力。认真落实做好留守儿童、空巢老人、残疾人、困境儿童关爱救助工作，截至2016年，镇0–16岁留守儿童1734人，困境儿童62人，困境儿童中留守儿童13人，空巢老人685人，今后将继续按照前期安排部署，积极组织全体镇、村干部及学校教师开展大走访及关爱慰问活动，着力了解留守儿童家庭、生活、学习等情况，将关爱救助工作落到实处。文娱设施建设方面，完成200套“村村通”工程卫星接收机征订和发放工作，不断丰富人民群众文化精神生活。积极改善农村卫生医疗条件，建立健康档案2万余份，录入省居民电子健康档案系统超过1.3万份；加大卫生宣传和监管力度，建立学校营养餐、餐馆监管台账12个；截至2016年，

2016年完成城乡居民养老保险筹资480400元；参与农村医疗保险达24820人，除去民政、计生代缴人员外，实际收缴24200人217.8万余元。加强卫生院及各村卫生室管理，有效改善群众就医难、看病难问题。扎实抓好“多彩贵州文明行动”工作，实施“文明在行动、满意在毕节”专项整治活动，聘用公益性事业卫生保洁员7名，投入万余元在公路沿线安装“和在农家”主题灯箱60余个，制作大型宣传喷绘5幅，条幅20余条。通过集中整治宣传，规范集镇市场管理，着力抓好了集镇、公路沿线及村庄院落的卫生保洁工作。

【党风廉政建设】 一是抓好党风廉政建设和反腐倡廉工作，切实履行好职责。成立党风廉政建设和反腐败工作领导小组，制定《对坡镇2016年党风廉政建设和反腐败工作实施方案》，建立了领导班子成员廉政建设责任岗位职责制和部门分工责任制，严格执行责任考核、责任追究制，形成了主要领导亲自抓，分管领导具体抓，职能部门协同抓，一级抓一级，层层抓落实的工作格局。先后召开5次会议研究党风廉政建设和反腐败工作。与各村党支部、基层站所签订目标责任状。健全学习制度，做到党政领导班子每月学习一次，党员干部每季度学习一次。同时，通过不定时召开工作会议，听取分管领导的汇报，并做好记录，全面掌握工作的进度，还经常深入工作一线检查指导督促工作开展，真正做到每项工作有部署安排、有过程、有总结。二是自觉执行民主集中制，严格依法办事。坚持合理的决策程序，凡是遇到“重大事项决策、重要干部任免、重大项目安排、大额度资金使用”等，都召开领导班子会议研究决定，依照程序办理，从未个人说了算和搞一言堂，我认真听取同志们的各方面的不同意见，采纳正确合理化的建议，做到了集体研究、集体决策，使整个班子形成了浓厚的民主氛围。

【基层组织体系建设】 一是实现全镇18个党支部640名党员“两学一做”全覆盖，通过多种形式引导党员以知促行，以学促做，确保“两学一做”取得实效。二是通过党员组织关系集中排查等7项重点工作的开展，全镇18个基层党支部全部按要求完成换届，排查出流动党员42名，8年累计收到党费154964元。同时，成立了非公企业和社会组织党支部各1个，开展业务骨干培训、“岗位实践大练兵”、知识竞赛各1次，2个软弱涣散党组织得到了整顿转化。三是累计组织党员群众召开党员代表大会90余场，介绍精准扶贫、“五在农家·美丽乡村”等10余项惠民利民措施，400余名党员扎实开展了学党章党规等5个专题学习，收集学习心得100余份，形成经济规划13项。四是针对2015年党组织书记抓党建述职排查出的问题6个，制定了整改落实方案，并逐一落实整改。

（范厚显）

水箐镇

【概述】 水箐镇位于七星关区西北部，距市区23公里，地处北纬27°17′—27°20′，东经104°01′—104°07′。东与何官屯镇相接，西与青场镇毗邻，南与野角乡接壤，北与青场镇和云南省相连，全镇辖中营、大湾、星火、流水、东风、马鞍、黄连、水箐、干沟、梨树、燎原和新地12个村，106个村民组，总人口31955人，气候温凉湿润，阴雨云雾多，日照少，年均温11至13.8℃，无霜期211天至252天，年降雨量990至1010毫米，山大坡陡，常现阴雨云雾，雨量较充沛，暴雨较多，地表径流量大，对农业生产影响极大。土地总面积为93.2平方公里。其中少数民族主要为苗族、彝族，分布在马鞍村、水箐村、中营村和黄连村。水箐镇属石灰岩高中山丘陵洼地，境内南高北低，最高海拔2257.5米，最低海拔1587.5米，平均海拔1830米。地势高而平缓，多为丘陵洼地，是有名的高山冷凉地区，土壤以地带性的铁铝质黄壤黄棕壤和灰色土为主，海拔1600米以下低洼处有马锡泥土及岩泥土分布。主要粮食作物有玉米、马铃薯、大豆、荞子。经济作物有烤烟、天麻、核桃、大蒜、茶叶等。境内有丰富的煤矿资源，但还没有形成规模开采。

【农业农村工作】 2016年底，

农业总产值达9224.9万元，年均增长12%；农民人均纯收入达6586元；实现非公经济总产值28815万元；完成农村专业合作社注册17个，2户小微企业的申报工作，新增民营经济20户，累计完成民间投资6419万元；创业培训3期2890人；完成招商引资任务1.3亿万元，占年任务数1亿元的130%；完成烟叶收购5200担，占任务数6430担的80.7%，实现烤烟税收152.56万元，占年任务数178.8万元的85.32%。加大现代农业扶持力度，推进农业产业化经营，发展优质、高效、安全、生态农业。按照全镇农业产业发展思路，重点培育烤烟、生猪养殖，积极推进土地流转，种植烤烟2574亩，生猪出栏达到14208头，在继续巩固水箐村众淼野猪养殖场、流水村嘉祥生态养殖场建设的基础上，在燎原村、黄连村各新增生猪养殖场1个，新增干沟村养鸡场1个；新增农业专业合作社17个；着力抓好种植杂交玉米3.2万亩，脱毒马铃薯2.7万亩，蔬菜1.32万亩。根据全区农业板块经济的要求，结合我镇实际，合理规划了除茶叶外的五个板块经济，近年重点实施了刺梨、马铃薯、冷凉蔬菜三大板块。其中：刺梨3671.2亩（示范样板500亩）；马铃薯450亩（示范样板200亩）；冷凉蔬菜100亩的高效豌豆尖种植。

【基础设施建设】 一是严格控制违法建筑，通过召开群众会、张贴宣传标语、进村入户走访等形式加大对全镇控制违法建筑及村镇建设规划的宣传力度，以村为单位实行干部包保，举全镇之力加大违法建筑控制打击力度，全年来，全镇无一起新增违法建筑，同时确保了规划知晓率达100%。二是积极巩固特色小城镇建设，我镇特色小城镇建设主体工程及水、电、讯等附属设施工程已全部竣工，集镇农贸市场工程已全面完工。三是强力推进“四在农家、美丽乡村”建设，将我镇大湾村、星火村拟建为“四在农家、美丽乡村”提升型建设，将马鞍村拟建为“四在农家、美丽乡村”普及型建设，相关工作还在进行中。以道路为主的基础设施明显改善，到2016年底共实施了35公里的通村水泥路路面硬化。累计实施了8731米通组路硬化。全面实现村村通水泥路。

【环境治理】 把改善环境质量作为重点，加强对辖区的4个采石厂的废物堆放及噪声污染进行环保检查力度，进一步加强对我镇境内4个生猪养殖场的环保检查，未发生环境污染纠纷。扎实开展对集镇、重点村庄等重点区域的环境综合整治工作。实施人工造林17400亩，义务植树8000棵；强化辖区卫生整治工作，推行了环卫市场华运行机制，聘用了一批社会人员加强环卫日常工作，洁净生活和环境卫生综合整治效果逐年上升，人民生活和工作环境得到进一步改善；镇容镇貌综合整治行动扎实开展，脏乱差现象得到初步遏制，对外形象明显提升。整合各类资金500余万元，完成马鞍村美丽乡村试点建设，改厨改灶64户，立面改造房屋70栋，新健农民文化广场1780平方米。

【民生工作】 发放优抚、救灾、低保、医疗救助、社会救助以及高龄老人补助等4616人次、资金达2174.9万元；新增城镇就业350人、转移农村劳动力2580人；城乡居民养老保险实现参保人数达到4083人；为19618名老百姓办理了农村合作医疗保险。投入资金1870.51万元，大力推进“两个硬化”工程，硬化院坝129069平方，硬化连户路720.5公里；改造农村危房187户。投入资金115.2万元，完成了水箐薄弱学校项目的申报及征地，现工程已进入招投标环节；改善校舍面积8360平方米，新建了7520平方米的教师公租房；4630名中小学生得到“两免一补”，教育教学质量稳中有进；食品药品监管体系和突发公共卫生事件应急机制不断完善，相关传染疾病得到有效预防和救治，全镇12个村实现了村村有卫生室，基本上解决了农村老百姓看病难的问题；人口和计划生育水平逐年上升，常住人口符合政策生育率为94.97%。村民自治制定和社区建设得到加强，第九届村民委员会换届工作和村改社区工作圆满完成，村（居）干部队伍不断优化。按照“1234”（即一封书信凝聚关爱合力、两个精准夯实关爱基础、三项活动确保关爱到位、四大保障畅通关爱渠道）的工作思路认让留守儿童工作取得阶段性的成效，现全镇共有留守儿童275户596人（其中在校留守儿童392名，享受农村低保94人）。监护较好留守儿童179人，监护一般414人，监护差留守儿童3人。困境儿童102名，孤儿17名（分散供养）。

【信访维稳工作】 认真开展矛盾纠纷大排查，按照矛盾纠纷“日排查、事化解、零报告”要求把矛盾消化在萌芽状态，认真抓好重大安全隐患的排查化解工作，积极预防突发性群体性事件的发生，完善信访案件人民调解代理对接处置机制，着力化解社会矛盾纠纷，全年调处各类民事纠纷151起，调成率100%；群众安全感满意度测评从2013年的84%提升到现在的94.2%，名列全区前列。牢固树立安全生产意识，建立党政同责、一岗双责齐抓共管安全生产责任体系，明确工作职责，强化责任落实，加强日常监管，对重点领域、重点区域和重要环节，深入开展专项治理行动，消除安全隐患，安全生产态势总体平稳受控。深入开展“法治毕节”创建，大湾社区和东风社区被成功命名为“法治示范村”称号。

【精准扶贫工作】 把对贫困村、贫困户建档立卡作为实施精准扶贫的重要基础工作来抓，严格按照贫困人口建档立卡暨信息动态管理工作程序，抓住真实识别贫困、规范建档立卡、实施动态管理、推行挂图作业四个关键环节，规范操作流程，确保信息质量。针对建档立卡工作识别确认贫困村、贫困人口的分布情况和扶贫工作实际，对照2017年实现基本脱贫、2020年全面建成小康目标，根据“缺啥补啥”的原则，按照脱贫标准，倒排时限任务，编制了贫困村“扶贫规划和年度扶贫攻坚方案”，以“一市五金多套餐”为主导，整合资源，综合施策，抓住突破基础设施短板，在精准扶贫中巩固优势指标，攻坚弱项指标，大力改善贫困村基础设施、培育富民产业、实施易地扶贫搬迁、完善公共服务保障、提升发展能力素质、落实民生政策等，合力推进贫困村扶贫攻坚，为实现基本脱贫目标聚集发力。多次深入贫困村，进村入户开展贫困村调研精准识别、精准分类、精准帮扶、精准规划等扶贫工作，从摸清底数、资金投入、产业培育、人畜饮水、危房改造、易地搬迁、技能培训、学前教育、农村医疗、文化服务、村容整洁、基层组织等方面入手分析致贫原因，科学编制贫困村扶贫项目规划，着重解决贫困村基础设施、人畜饮水、危房改造、产业发展、公共服务等瓶颈难题。紧紧围绕“十个一”，即一村一个帮扶班子，谋思；一村一个工作队，落实；一村一个特色，增收；一村一个经济组织，提效；一村一个脱贫规划，引领；一村一个帮扶典型，示范；一户一个脱贫计划，帮准；一户一个责任人，包抓；一户一个项目，做实；一户一个培训，强智。明确要求扶贫对象不脱贫、联系干部不脱钩，实现了全镇贫困村驻村工作队、贫困户帮扶责任人全覆盖。全镇12个行政村贫困人口甄别和信息补录工作全部结束，并对全镇贫困户（1169户，4487人）逐户进行建档管理，采取召开群众会，分村制定切实可行的扶贫计划，发放精准扶贫贷款768.3万元，涉及项目4个、323户，分别为养牛319户，养鸡2户，养猪1户，种植马铃薯1户。通过苗木超市落实樱桃、板栗、核桃、杉树种植2275亩，涉及318户、1047人。同时，对2016年计划脱贫的271户、1239人（含出列村干沟村127户、568人），按照“五通四有”和“四有五覆盖”的要求认真落实了相关的项目，目前相关项目正在有序地开展。

【政府工作】 在持续推动全镇经济社会发展的同时，高度重视政府自身建设，全面优化政务环境，提升政府工作效能。在镇党委的统一领导下，积极开展党的“两学一做”，组织召开专题民主生活会2次，开展批评与自我批评，相互提出批评意见125条，深入基层与群众面对面交流征求意见，扎实推进整改落实；开展“诚信民生”建设活动，倾听基层群众诉求，积极回应社会关切，解决了一批热点、难点问题，服务型政府建设取得新成效。一年来，政府主动向镇人大报告重大事项，认真接受人大和社会各方面监督，共办理答复代表建议15件。坚持民主决策，将重大决策的公众参与、合法性审查和集体决策等有机结合，确保政府重大决策和重大行政行为的科学性和合法性。政府采购、工程建设阳光透明。严控“三公”经费支出，强化政府廉政建设，坚持抓早抓小、防微杜渐，积极营造风清气正的从政风气。大力精简行政审批和公共服务事项，按要求完善了水箐镇行政权力事项清单36项。高标准新建了镇社保服务中心，完善了镇便民服务中心建设。加强了镇级预算执行和政府重大投资项目审计，强化了社保基金、扶贫救灾资金等专项审计和领导干部离任审计。加大了重大项目推进督查和监察问责力度。完善了政府法律顾问制度，建立了人民调解、行政调解、司法调解“三调联动”工作平台。全面规范了重大事项行政决策程序，自觉接受镇人大监督。扎实开展了党的群众路线教育实践和“三严三实”等各项活动，严格落实中央八项规定，坚决反对“四风”，提升了行政效能。

（樊　韦）

大银镇

【概述】 大银镇距离毕节城区42公里，位于七星关区西北部，分别与毕节市的对坡、燕子口、林口三镇及云南省镇雄市的黑树、母享、坡头等乡镇接壤，鸡鸣三省旅游区15公里。政府所在地海拔1600米，地形地貌奇特，地上多奇峰、怪石、峭壁；地下多暗河、溶洞。地形东南高西北低，最低处尖山村李家寨海拔高度为1168米，最高处黄塘村海拔高度1998米。气候属亚热带湿润性季风气候，年平均气温15℃左右。全镇总面积为104.5平方公里，其中耕地28350亩、有林地20000亩，其他土地面积2100亩.全镇辖9个村138个村民小组，总户数4900多户，28618人，居住有汉、彝、苗等民族。

【扶贫攻坚】 全镇辖9个村138个村民小组，共有4900余户29875人，2016年贫困人口1019户3636人。全镇有4个贫困村（其中黄塘和高峰属一类贫困村，新丰和石营为三类贫困村）。认真开展建档立卡“回头看”工作，进一步确保扶贫对象更加精准，提高群众的知晓率和认同感，按照区委、区政府统一安排部署，全镇多次组织开展“回头看”工作，包村领导、包村镇干部带领村干部到各村民组召开群众会再次进行民主评议，对不符合条件的一律剔除，符合条件的全部纳入。通过2016年6月最后一次识别，共识别出1019户3636人，现已全部录入系统。扎实抓好扶贫项目建设，保旺村烟草扶贫新村项目服务中心建设主体已完工进入内外装饰阶段，整个工程已竣工；建设村村公所建设全部完成，高峰村800亩苦参种植项目已完成待验收；2016年申报的大银镇60万元养鱼项目、20万元养鸭项目和25万元养鸭专业合作社基础设施配套项目已动工建设。十三五期间易地扶贫搬迁对象106户460人，其中贫困户85户360人，非贫困户21户100人，整组搬迁共3个组（即黄塘村毛稗洞组和大火地组、半林村上向家寨组），2016年实施的24户109人，24户均已完工，有的已入住。2017年计划实施82户351人正在按照区委政府要求开展工作。

【林业工作】 一是完成了大银镇通村水泥路沿线两侧绿化工程苗木栽种工作。二是完成了大银镇2016年石漠化工程，主要涉及羊桥、石营、黄塘三个村。三是完成了木材加工企业年审工作，共审核木材加工企业6家。四是完成区林业局组织的林业基础数据普查工作，发展苗木生产基地1家。五是启动2016年预退耕还林面积4960余亩，现正在开展土地丈量工作。六是完成贫困户种植特色经果林面积的统计，其中2015年1321亩，2016年3800亩。

【民政工作】 敬老院工作。敬老院2016年共有工作人员2名，入住院21人，其中男18人、女3人，2016年上半年新增1人，入住率达52.5%。为确保入住院人员生命财产安全，敬老院2016年上半年共进行大型维修两次，8月安装消防设施，共投入57000元，其中镇政府出资10000元，民政局出资47000元。为保障养老院食品安全，敬老院2016年重新购买一台消毒柜、购买一台食品留样柜。一是幸福院工作。幸福院共有两个，其中一个位于大银镇羊桥村街上组，院院合一。另一个位于大银镇保旺村街上组，会院合一。2016年按照区民政局要求，将幸福院专项资金全部用于幸福院建设，保旺村幸福院全部按照“福彩金资助”要求购齐所需物品。二是救灾救济工作。大银镇本着以民为本，民生为重的原则开展救灾救济工作，2016年大银镇发生成灾自然灾害一起，半林村河边组贾成林家，共计损失万余元，社事办积极组织人员进村入户核查灾情，采集照片，及时将灾情向区民政局救灾股汇报，现已做好材料正努力向民政局申请3000元的救灾资金。三是医疗救助、临时救助工作。医疗救助、临时救助工作本着实事求是、及时上报的原则，尽量为困难群众减少因灾、因病造成的损失，预防因灾、因病致贫返贫。2016年上半年已申报大病救助20人共计金额131900元。现上报9人资料等待区民政局批复，其中临时救助5人共计金额13500元，4人临时救助资料等待区民政局批复，按照中央、省、市、区城乡居民基本医保制度，继续执行财政补助每人每年420元标准。四是农民工职业技能提升培训；2016年以来，我镇组织农民工职业技能提升培训200余人；鼓励农民工返乡创业6人，就近务工110余人，动员70余人愿意在山东绮丽集团就业。

【水利建设】 为解决群众饮水困难问题，我镇今年修建800m2水厂一座，一级泵站40m2，机组四套，专用变压器2台，消毒处理器1套，提水管约10km，供水管网约70km，三处高位水池分别位于羊桥村黄家寨组（330立方米）、新丰村长岩洞组（100立方米）、半林村陈家寨组（100立方米）。其余供水池15座（500立方米），涉及我镇6个村46个村民组，分别为新丰村6个组、半林村10个组、石营村4个组、黄塘村12个组、羊桥村9个组、木瓦村7个组。修建自流工程蓄水池580立方米，供水管网80km，涉及我镇尖山村、保旺村、黄塘村9个组、羊桥村4个组、木瓦村11个组、石营村11个组。

【农村基础设施建设】 加大农村基础设施建设力度，新建通村公路30.761公里，启动通村路15条60.21公里，通组路60条84公里建设，目前部分通村和通组路已开始进场施工；今年全面完成大银至仁和县乡公路改造路基工程，牛标尿至大银通村路建设。

【招商引资】 2016年来全镇招商引资到位资金1000万元；其中大银镇黄塘村红中火鸭养殖基地，投资500万元；大银镇尖山村肇源养殖场，投资300万元；大银镇尖山村康宁生态园，投资200万元。全镇引导发展2处农村电商交易平台，每个网店平均每月交易额达到9万元。

【农业产业】 发展板块经济，调整农业产业结构是大银镇经济发展的主攻方向。2016年全镇种植仿野生天麻1550亩，苦参800亩，脱毒马铃薯二级种薯300亩，核桃3600亩，刺梨3534亩，樱桃2700亩，李子500亩，辣椒50亩，蔬菜120亩。广泛宣传“一市五金多套餐”政策，全镇共发放贫困户贴息贷款340户，发放贷款资金805.5万元，贴息167.19万元，今年我镇粮食产量在1.84万吨左右。

【保障性安居工程、农村危房改造】 到目前为止全镇共有公租房48套，2012年修建24套，现已全部分配入住；2014年修建24套，预计今年10月可分配入住；2016年农村危房改造97户，现主体工程已完成78户。

【烤烟工作】 紧紧围绕“严格节令、精准育苗、精细机耕、高效移载、强化管理”的工作要求，以生产“优质、特色、生态、安全”的烟叶为目标，2016年共发展烤烟6600亩，收购烟叶17000担，实现税收500余万元。为推进烤烟大户连片种植，镇政府牵头组建农机专业合作社，调请大型耕地机3台，出动旋耕机30余台，帮助烟民翻犁土地。

【人口计生】 2016年该镇总人口为28799人，辖区共9个行政村育龄妇女为9485人，已婚育龄妇女为5519人，其中：无孩525人、一孩1096人、二孩1954人、多孩1944人。截至9月全镇出生婴儿总数为151人，其中：一孩72人，二孩75人，多孩4人。政策符合率为89.18%，出生率为5.24‰，镇年度落实长效避孕措施128例，其中：上环123例、女扎5例，人工流产、引产3例，取环10例。落实年度手术任务的88.27%。严格依法行政，无因计划生育执法不当导致的恶性案件和群体事件发生，大力推进“双诚信、双承诺”工作。

【教育工作】 狠抓教育，发展更高质量更加公平的教育。2016年完成升学任务496人，升学率100%，升学率超过区下达的升学率；完成报考49人，报考率100%，报考率超过区下达的报考率，被七星关区教育局评为“十二五”中小学教师继续教育先进单位。

（党政办）

燕子口镇

【概述】 燕子口镇位于七星关区东北部，距城区约50千米，平均海拔1280米，与林口镇、亮岩镇、层台镇、八寨镇、对坡镇、大银镇毗邻，703、704、705县道横贯20个村，夏蓉高速燕子口收费站距集镇11公里，是七星关区东北部经济、文化重镇。燕子口镇辖24个村，237个村民组，13806户，55277人，居住着汉、苗、彝等民族，地域面积121.4平方公里。燕子口镇社会秩序良好，人民安居乐业。广播、电视覆盖全镇，水、电、路、讯村村通。主要矿产资源以煤、硫铁矿为主。现有年产15万吨煤矿1个，现正常生产的9万吨/年的砂厂一个、3万吨/年的页岩砖厂一个、5万吨/年的耐火黏土砖厂一个；拥有景色优美的洒鱼河山、水、溶洞风光和中外闻名的大南山苗族传统文化等丰富的旅游文化资源。燕子口镇辖区内共有小学18所，完全中学1所，幼儿园12所，其中山村幼儿园11所，民办幼儿园1所，燕子口镇政府所在地有一集贸市场位于703县道，全长2公里，路两旁有计生办、计生服务站、派出所、卫生院、粮管所、邮政支局、电信支局、供电所、学校、土管所、兽医站、农业服务中心、供销社等多家单位。水、电、通讯、光缆等公共设施齐全，卫生环境良好，是我镇政治、经济、文化中心。

【三农工作】 （1）烤烟生产：引导群众通过土地流转，由大户、农民专业合作社共同参与，在罗福村建立烤烟科技示范园，通过示范引导，全镇完成烤烟种植2000亩。完成烤烟收购237500公斤。（2）板块经济建设。经果林板块经济：完成一心村、雄狮村、洒鱼河村、大田村种植刺梨1914.5亩。蔬菜板块经济：罗福村连片种植辣椒50亩。茶叶板块经济：阳光村种植茶叶500亩，并育苗7.2亩，可供2000亩土地种植。中药材板块经济：在小堡子村完成苦参种植400亩，洒鱼河村种植红豆杉300亩。（3）科技兴农：完成杂交玉米种植22520亩，马铃薯种植23330亩，完成水稻种植6000亩。打造科技兴农示范样板点，完成玉米营养坨育苗移栽1800亩。（4）特色产业及中药材种植：一是加强农业示范建设，突出发展特色产业。引资30万元在大田村建100亩的无公害蔬菜示范点和小堡子村、沓苏、新村、金竹1315亩党参中药材种植已初具成效。在小堡子村，沓苏等村发展中药材1200余亩，形成洒鱼河一线中药材种植板块。在一心村、雄狮等村沿厦蓉高速两旁种植3000余亩刺梨，形成了以一心村为中心的刺梨种植板块。以阳光村为中心打造1000亩茶叶，形成茶叶板块。金竹村种植方竹笋1000亩，已初步形成规模；以云台村羊肚菌示范基地为中心，发展种植羊肚菌500亩。在阳光村茶叶种植300亩，新建阳光蚕桑基地一个，拟投资125万元（形成种植、养殖、加工、销售一体化）目前基础已建成。（5）动物疫病防控：完成猪瘟、五号病、猪蓝耳病强制免疫22987针次，完成牛五号病强制免疫1586针次，完成羊五号病强制免疫2136针次，小反刍兽疫816针次，注射禽流感疫苗22579针次，达到应免尽免，我镇未发生动物重大疫情。（6）发展旅游服务业：依托民族文化、天然风光等自然条件，加大投资着力打造大南山民族文化旅游村寨，燕子口镇龙洞片区农业观光园，新村村老鹰洞溶洞的开发与建设，大力推进旅游产业的发展。共接待旅游6000人次，收入60000余元。

【民生工作】 （1）城乡低保和特困群众医疗救助：完成城乡低保核查提标工作，城市低保达到545元/人/月，农村低保达到3132元/人/年，确保低保标准增幅达10%以上。现全镇享受农村低保1530户3324人，月发放低保资金64.6542万元；享受城市低保117户239人，月发放低保资金10.9184万元。进一步规范完善城乡医疗救助制度。建立健全医疗救助台账。加强对救助对象条件的调查核实。到目前为止，共发放医疗救助资金110人次7.182万元。（2）切实保障五保户、特困户、重点优抚对象及残疾人等特困群众基本生活。

【精准扶贫】 一是关于"精准识别贫困户"。我镇进一步完善建档立卡数据，推动建档立卡贫困户进入国家及省"大数据"平台作为目标任务。在全镇范围内开展了拉网式、地毯式的精准识别核查工作，工作开展以来全镇24个村共识别出贫困人数5010人，建档立卡数据正在逐步录入国家及省"大数据"平台，录入占比已达100%以上；二是2016年完成（官河村、小堡子村、小河沟村、雄峰村、雄狮村）5个贫困村出列，实现全镇2739贫困人脱贫。三是2016年第一批中央财政专项扶贫资金276.1万，我镇严格按照因素法分配资金，其中扶贫产业种植类，申请财政补助资金23.8万元，扶贫产业养殖类，申请财政补助资金182.5万元，基础设施建设类申请财政补助资金69.8万元；四是"一市五金多套餐"工作开展以来，我镇申请精准扶贫小额贷款农户549户，贷款落实235户535.8万元，贴息资金112.478万元，套餐项目落实235户（其中饲养能繁母牛193户，饲养乌骨鸡或本地土鸡8户，饲养绿壳蛋鸡1户，饲养黑山羊5户，其他产业27户）。五是2016年实施易地扶贫搬迁71户317人。

【基础设施建设】 一是"四在农家·美丽乡村"2016年创建村为8个，创建基本结束。继续打造2015年市级示范点一心村。实施燕子口镇一心村徐家坡贵州民居建设项目，共39户，投资140余万元；二是2016年该镇小康房建设任务3户，目前已完成。三是实施广电云村村通工程23个村，已完成主体线路布控和机房建设，预计可在2017年全部开通。移动网络全镇覆盖，农村宽带接入能力正逐步增强。四是2016年9月区政府批复我镇通村公路建设项目17条，51.7公里；通组路"一事一议"项目55个，建设69.17公里；连户路项目174个，15.21公里，人行步道项目10个，6.65公里2016年项目进入启动实施阶段，计划2017年上半年全面完成；五是实施"一事一议"财政奖补项目34个。

【生态环境建设】 一是加大生态环境保护工作力度，促进人与自然的协调发展。认真贯彻落实各级森林防火会议精神，并结合实际，制定防火方案，出动宣传车100余次，张贴及书写标语80条，发出《森林防火告家长书》10000余份，发放并张贴区人民政府《森林防火禁令》400余份，发出《关于倡导"清明节"文明祭祀严禁野外用火倡议书》3000余份，清明节期间8个检查点共收缴香5余公斤、蜡烛100余对、钱纸150刀、火炮40余盘。在防火高峰期，严格执行二十四小时的值班制度，定人、定岗、定山头、与各村签订责任书，防微杜渐，全力消除一切火灾隐患。二是重点实施夏蓉高速沿线可视范围内一心村、小哨村、沔鱼河村1914亩绿色长廊工程的打造；三是计划完成2016年度退耕还林工程16452亩，种植苗木包含：板栗、樱桃、本地杉树、红豆杉等；四是对全镇28.6公里通村水泥路两侧行道树的工程实施和后期管护；五是集镇污水处理厂基础设施建设主体工程已经完成，积水管道涉及雄狮村，石街村，海子村，燕子口村的管道现在已经铺设完成；六是在雄狮村无饮用水源地建垃圾填埋场一个，在黄泥村设置临时垃圾周转场，实现集镇生活垃圾统一填埋处理。对全镇24个村饮用水源地例行常规监测，确保无工业、农业污染，生活用水达标率达100%。

【民生事业】 （1）教育工作：一是逐步"改善学校办学条件"。全镇有幼儿园14所，其中，山村幼儿园13所，民办幼儿园1所，学前教育在园幼儿692人；有完全小学14所（含九年一贯制学校6所），完全中学1所，教学点4个。2015年，我镇共获全面薄改工程项目2个，总投资886万元。这两个项目分别是龙洞小学和小哨小学。目前，两校全面薄改工程均已通过科研评审，复审批复，目前已进入图纸设计阶段，计划在2017年建成投入使用。2014、2015两年，我镇获农村寄宿制工程建设项目3个。总投资449万元。这3个工程项目分别是：燕子口中学、燕子口小学和阳光小学学生宿舍。燕子口中学学生宿舍设计建筑面积2200平方米，拟投资264万元。目前，该工程主体已完工，进入装饰装修阶段计划在2017年春季学期投入使用。根据区委、区政府关于第二轮三年学前教育行动计划及“普十五”工作部署，目前，镇14所学校、山村幼儿园改建工程已完工并投入使用。同时我镇龙洞幼儿园建设工程已完成选址勘界、复审批复，目前进入图纸设计阶段，计划在2017年建成投入使用。二是镇小学、初中辍学率为0.5%和1.5%，九年义务教育巩固率92%，高中阶段毛入学率达88.3%，三残儿童入学率达90%。（2）社保服务中心建设完工。（3）2016年完成新增就业120人。农民工职业技能提升培训春节期间完成外出务工返乡农民工培训1000人；农村留守妇女以及残疾人技能培训100人。（4）加强五保供养工作和农村敬老院规范化管理。不断提高敬老院床位利用率。现集中供养对象22人，分散供养77户78人，季度发放五保供养金4.98万元。（5）危房改造：2016年危房改造完成237户。（6）新型城乡居民医疗保障体系：2016年完成参保38663人，参保率达99.96%。（7）关于“文化体育设施建设”。建设村级综合文化服务中心一个，建村级农民健身广场5个。

【社会事业】 （1）社会治安：严厉打击黑恶势力、“两抢一盗一骗”等非法犯罪行为，今年破获刑事案件8起。加大对重点部位、重点区域的巡逻防控力度，有效减少治安案件发生，人民群众安全感和满意度明显提升。（2）社会管理：按照上级要求及时完善“三个四级个案台账”管理体系，进一步畅通信访渠道，建立完善网上信访事件受理及办理制度，引导群体通过网上平台有效反映诉求。（3）“四关爱工作”认真开展了对留守儿童、空巢老人、残疾人、六十妇女的关爱工作。（4）安全生产：2016年共开展道路交通安全执法检查60次，查处无照驾驶20人，查处其他违法行为35余人，检查出通村公路安全隐患8处，主要集中在燕子口至阳光（区交通局发包），并已文件上报区交通局。检查出煤矿安全隐患44条，现已整改43条，整改率达97.7%。检查出非煤矿山安全隐患65条，现已全面整改完毕，整改率达100%。对全镇零售烟花爆竹经营网点检查出安全隐患40条，现已整改完毕，对消防安全检查14次，查出消防各类隐患29条，现已整改完毕。对建筑施工安全检查5次，查出施工方各类安全隐患10余处，责令施工方立即整改，整改率达100%。对全镇11个地灾隐患点进行监测监控，未发生数据变化。其他行业领域按照“党政同责，一岗双责”的要求，做好各行业的安全监管工作，一年来，我镇未发生重大安全事故。（5）高速公路建设工作。化解征地拆迁遗留矛盾纠纷5起，完成上山便道、排水沟等涉农设施建设，拨付资金近40万元。

（6）宅基地管理。按规划审批宅基地48户共3250平方米。

（7）城乡建设方面。一是完成8+X项目申报，共申报项目5个，涉及集镇路灯安装、路面改造、垃圾处理、污水处理、广场建设等方面；二是规划执法、打击违法建设：2016年共打击违法建设2起；三是打击非法营运：2016年共打击非法营运30起，处罚驾驶员28人；

【经济发展】 一是2016年引进500万元以上企业两家，到位资金1.2万元；二是“一般性转移支付”完成2000万元；三是完成“中央预算内投资”完成预算内投资600万；四是完成“固定资产投资”完成固定资产1.2亿元。

【强基层组织建设】 着力建设廉洁型、服务型政府，今年内“三公经费”支出同比减少20%。一是按照民主集中制原则，进一步完善了党委议事和决策机制。二是建立健全各项制度，优化干部职工配置。三是着力推行“四议两公开”工作法，认真执行《村干部管理规范》和《村级事务管理规范》，完善了相关制度，规范村干部和村级事务管理，按照《燕子口镇镇村干部百分制考核办法》进行月安排月考核，奖勤罚懒，末位淘汰制，经过近一年的工作，充分调动村级干部工作的主动性和积极性。四是认真开展了“三严三实”、整治“为官不为”、深化干部作风建设活动，着力解决干部队伍在思想作风、学风、工作作风、领导作风等方面存在的突出问题。五是继续推进农村党员干部现代远程教育工作的开展。充分发挥远程教育在“四在农家、美丽乡村”建设中的作用，有效地加快了农村脱贫致富进程。

（宋锡兵）

亮岩镇

【概述】 亮岩镇位于毕节市七星关区东北部，土地面积78.2平方公里，现居住有汉、苗、白等民族。因境内西面有一壁陡峭直立的白色石灰岩而得名。地跨北纬27.5°，东经105°～106°。人民政府驻亮岩村，电话区号0857，邮政编码551704，距七星关区60千米。唐朝名为阿所，宋朝至明朝为白崖驿站，清朝末为亮岩。1949年设区公所，1950年设置燕岩区，1954年建乡、办初级社，1956年人高级社，1958年成立亮岩人民公社，1984年设亮岩乡，1992年建置亮岩镇，2014年10月更名为七星关区亮岩镇。2014年末辖亮岩、和光、三里田、裕群、核桃、金华、合欢、关沟、飞轮、太极、桥头、裕民12个行政村159个村民组，6271户，28652人，耕地总面积20062亩（其中稻田2074亩，地17988亩），农业人均占有耕地0.843亩。亮岩镇平均海拔1100米，平均气温13摄氏度一14摄氏度，年平均降雨量680690毫米。

亮岩镇属典型的喀斯特岩溶山区，地质构造复杂，地势北高南低，褶皱较大，山峰连绵，重峦叠障，距毕节城区60公里，与燕子口、清水铺、林口、层台等镇接壤、703县道途经核桃、亮岩、合光三个村。气候温和湿润。境内有仙人洞、古杉等自然、人文景观，亮岩村的花厂坡是燕林青苗族同胞进行民俗活动的主要场所，距今已有上百年历史，是典型的待开发的少数民族文化旅游资源。粮食作物主产玉米、小麦、洋芋；油料作物有油菜、花生等；煤是亮岩镇的主要矿产资源。太极茶叶是本镇特色产品。全镇现有初级中学一所。亮岩镇小城镇建设目前已基本完工，基础设施建设在不断地完善。

【经济指标】 2016年农民人均可支配收入达到8150元，同比增长13.9%；完成固定资产投资2.4亿元同比增长12.3%；金融机构存款1789万元、贷款4372万元，年均增长11%和13.2%。完成招商引资1.03亿元，同比增长9.4%。好乐购购物广场正常营业，方便群众日常购物需求，飞轮村葡萄产业园工作有序推进，猕猴桃种植基地建设基本完成。

【基础设施建设】 镇已基本实现村村通水泥路的目标，2016年我镇金华村、合光村、太极村、桥头村、飞轮村等村通村水泥路建设在建约58公里，预计2017年建设完成。通组路硬化正在修建约23公里。

【生态文明建设】 利用标语、宣传栏、发放宣传资料等形式，抓住“6.5”世界环境日、重大节日活动等契机，深入全镇各村组、各厂矿企业进行法律法规和《环境保护法》宣传，发放固体污染防治、退耕还林、水污染防治等相关宣传资料1200余份。对企业主加强环保意识教育，杜绝企业乱排乱放，促进企业环保生产。森林防火配备了专门的森林防火宣传车走村串户进行宣传并在各村安装了大喇叭滚动播放对森林防火进行宣传。在交通要道及醒目的地方粘贴标语。清明前还在个林区及坟墓区路口张贴防火通告及禁燃烧纸钱和放鞭炮，并与各村、护林员签订了防火责任书。

【“三农”工作】 2016年年初以来，镇坚持做好“一个中心”和“五大文章”，即：做好农业产业结构调整这个中心，统筹做好中草药种植、茶叶种植、烤烟种植、生猪养殖、水产养殖“五大文章”，结合正在开展的精准扶贫和农业板块经济等重点工作，结合各村的资源禀赋，按照“一村一品”的产业格局，大力发展山地特色高效农业。目前卓有成效太极生态农业示范园区已完成投资2000余万元，建设鱼塘48个，投放鱼苗35种100万尾，水产养殖已初具规模，下一步，以乡村旅游为主的山水太极农耕文化体验园项目将陆续上马，农业产业正在不断延伸其服务功能。做大做强太极古茶产业，新成立七星关区太极茶叶发展有限公司，建立太极古茶苗圃基地1个50余亩，亩育苗能力10万余株，结合退耕还林工作，实施3370亩茶叶种植，按照发展壮大村级集体经济的要求，太极茶叶专业合作社在正式投产盈利后，每年将为村集体增加3—5万元的村级集体经济积累，同时，茶叶种植将覆盖临近飞轮、裕民、桥头3个村和周边乡镇产茶村。扶持生猪养殖产业，桥头村年产4500头生猪养殖场已初具规模。充分发展好林业经济，念好山字经，亮岩村、桥头村分别新建1万羽林下养鸡场，和光村发展辣椒种植300亩，核桃村发展刺梨种植500亩，初步形成“一村一品”的农业产业格局，新发展农业专业合作社16家，稳步提升产业化经营水平，进一步促进农业增效、农民增收。

【卫生计生】 建立健全突发性公共卫生事件应急处理机制，加强疾病预防控制体系建设，切实履行党委政府和有关职能部门的职责，严密监控，加强食品卫生监督管理，执法12次，查处违法行为8起，切实提高医疗保障能力和服务质量。以人口计生“三个按月落实”为抓手，突出抓好优质服务、宣传孕前优生健康检查、综合治理出生人口性别比偏高、流动人口计划生育管理等各项工作。落实全面二孩政策，统筹人口结构比例，截至2016年9月30日，共出生183人，本年度死亡101人（人口出生率千分之6.73、人口自然增长率千分之3.02），政策外多孩3人（政策外多孩率1.64%），其中常住人口共出生158人，常住人口符合政策生育率为91.14%，比上年同期多12人；流动人口出生25人，流动人口符合政策生育率84%，比上年同期少13人。总出生人口与上年同期相比减少1人。

【民生工程】 一是以精准扶贫工作为主要内容，按照“四看法”，做好精准扶贫对象的识别和建档立卡工作，全镇共识别精准扶贫对象863户3173人。按照深入推进“六个到村到户”和“五个一批”的扶贫攻工作坚思路，利用好“一市五金多套餐”政策契机，落实好精准扶贫小额贷款115户，结合实际开展能繁母牛养殖、山羊养殖、脱毒马铃薯种植等扶贫产业，促进贫困农户有效脱贫；二是以“四关爱”为主要内容，创新社会保障和救助体制，解决好重点、难点和热点问题，目前全镇0–15岁留守儿童1466人（其中困境儿童84人），留守老人472人，残疾人1768人。采取通过劝返一批、带走一批、集中管理一批、落实重点监护一批的方式，实现了留守儿童帮扶“全结对”，建立留守儿童之家6个，配齐了电话、电脑、图书、音体美器材等设施设备，为留守儿童及外出务工父母通过视频、电话联系见面提供了帮助，切实保障留守儿童、空巢老人、残疾人等社会弱势群体的生存权利。确保“四关爱”工作真正落到实处。三是以低保核查为主要工作内容，对照“四有”标准，重新实施低保对象的界定和评定工作，按照应保尽保的原则，依法按章确保农村低保资金的评定和发放体现社会公平。全年农村低保数1244户2430人，月低保金452725元，占比7.09%；城市低保47户65人，月低保金25310元；四是做好救助工作，本年来，共申报急难对象救助9例，领取上级急难对象救助资金11500元；临时救助27例，领取临时救助资金57500元；医疗救助57例，领取上级医疗救助资金33648元，认真落实城乡特殊疾病困难群众门诊救助政策，严格按照文件精神落实救助工作，切实解决特困群众就医难的问题。五是深化医疗卫生体制改革，完善公共卫生和医疗服务体系，积极落实农村新型合作医疗制度，切实解决农民看病难、看病贵的问题，农村合作医疗参保率达到95%。做好新农保收缴工作，综合参保率达98%以上，续保率97%以上，缴费完成率达100%，及时兑现到龄群众的社会养老保险待遇，为老有所养提供良好的基础。

【文教卫工作】 大力加强学校基础设施建设，扎实抓好义务教育阶段“两免一补”政策的落实，学校营养餐工作有序开展，2016年我镇6至11周岁适龄儿童2578人，入学2450人，入学率95%；中学在校学生1238人，入学率110%。九年义务教育巩固率达到87.5%以上，全面完成教育“9+3”中职招生229人的目标任务，完成普通高中招生228人。新大街预设文化娱乐广场1个，完善文化站硬件设施。核桃村建立完善文化娱乐广场2个，大力打造核桃村花厂坡苗族“采花节”娱乐场所1个，让苗族同胞尽情展示民俗风情，丰富其文化娱乐生活。

【社会管理工作】 加强对煤矿、道路交通、非煤矿山、校园等安全隐患点的专项整治，坚决取缔各类非法采煤窝点、非法矿山等各类事故隐患，对地灾隐患点排查38次，应急避险演练2次，组织对道路交通安全检查 次，从源头上遏制重特大事故的发生，全年未出现安全事故。强化信访维稳工作，严格按照四级排查五步调处工作机制，加大矛盾纠纷、信访案件、信访积案的排查调处工作力度，扎实开展好矛盾纠纷大排查专项行动，一年来共排查出矛盾纠纷12件，化解11件，化解率91.7%。严厉打击“两抢一盗”“黑恶势力”等各类违法犯罪行为，全年刑事案件发案12起，破案6起，销案2起，破案率66.7%，治安案件发案47起，破案47起，破案率为100%，行政案件29起，办结20起，办结率69%，群众安全感满意度91.4。加强社区戒毒社区康复工作，截至2016年12月31日，我镇共有涉毒人员88人，其中社区戒毒14人，社区康复6人，在场所25人，戒断巩固三年未复吸12人，管控地区不属于七星关区的41人，信息有误的6人，享受低保的3人，贩毒人员15人，大力开展禁毒预防宣传教育工作，覆盖面达97%以上。

【党建工作】 1.发展型服务型党组织建设。抓好村级活动阵地建设，按照区委“一核多元”基层组织服务体系建设的有关要求，我镇基层组织服务体系建设深入推进。总计投入7万余元，实现全镇12个村都配备了打印机、电脑、文件柜、食堂等办公及生活设施（设备），完善村级功能室建设，提高村级组织服务群众的效率和水平；争取及自筹资金100余万元对办公条件较差的村实施了村级办公场所改造和新建。抓好村级组织建设，全面推进基层群众自治，全面推行“四议两公开”工作方法，规范村级组织运行，指导完善村规民约，建立村务监督委员会及村民理事会，定期组织村民说事议事，实施民生监督。着力打造一批组织强、环境美、乡风纯、产业兴的基层党建工作范本村，以强村带弱村，力争到2018年，全镇12个村都最低实现“规范”的目标。落实村干部、村民组长待遇及村级组织日常运转经费50万元。建优队伍、发挥作用。扎实推进党委书记、村党组织书记、农村致富带头人“三支队伍”建设，切实履行好乡镇党委书记“班长”职责，优化班子建设，按照区委建设《“团结、务实、勤奋、廉洁”领导班子实施意见》，带好乡镇一级党政领导班子，提升领导力、战斗力和公信力，做好率先垂范。着力加强村级班子建设，配齐配强村级党组织书记，把农村致富带头人吸收进村级班子、村级后备干部队伍及党员队伍，充实村级致富带头力量加强同步小康驻村干部的保障管理，落实工作经费，一年来，区直驻村干部、“第一书记”发挥作用明显，在通村水泥路建设等方面争取建设资金约40余万元，在基层党建方面争取建设资金约5万余元；加强软弱涣散基层党组织的整顿转化力度，采取优化班子结构、加强党组织书记培训、定期约谈党组织书记等措施，有效实现软弱涣散组织的整顿转化，班子战斗力逐步增强。重视做好思想政治工作，推动党的路线方针政策在农村落地生根；严肃党内政治生活，严格“三会一课”制度，做好党员发展工作，一年来，共发展党员11名，其中致富带头人6名。抓好经济、破除空壳。我镇充分利用好党员创业带富贷款基金，争取贷款54万元，重点培育党员创业带富示范点4个，积极探索壮大村级集体经济的有效办法，在壮大村级集体经济方面迈出实质性步伐，太极村茶叶壮大村级集体经济试点取得良好的示范性效果，该村以村委会入股的方式（占股5%），利用自身优势的太极茶叶资源，成立太极茶叶专业合作社，目前已完成投资近100万元。项目建成投产后，从2018年起每年将为村集体带来5万—10万元的收入，同时带动周边村的茶叶种植产业，实现群众就地就业创收。太极村省级壮大村级集体经济葡萄种植试点资金50万元已拨付到位，按照公司（30%）+村委会（40%）+农户（30%）的比例实施收入分配。2.思想政治和精神文明建设。举办“小学生文明礼仪知识竞赛”“五进五促”“积德榜”“我推荐，我评议身边好人”“明礼知耻 崇德向善”“讲文明、树新风”“赶场天赛起来”活动，弘扬社会正能量。3.统战工作。对台胞台属进行摸底排查登记；建立党外副科（副高级职称）干部信息库、党外中级职称干部信息库；对信教群众和宗教活动场所进行排查和登记；12个村聘请非公有制经济人士担任“名誉村主任”，大部分“名誉村主任”发挥积极作用；“千凤还巢”返乡创业18人；“千企帮千村”脱贫攻坚行动联引4个企业对我镇4个行政村进行结对帮扶；“泛海助学”行动对我镇7名一本以上的贫困大学新生补助3.5万元；及时上报统战工作信息。4.团的工作。亮岩中学组织学生参与植树造林100亩，利用重要时间节点加强青少年思想道德教育；发展团员400名，及时上缴团费800元。5.妇联工作。在各村创建妇女之家并挂牌，在核桃村打造一个示范妇女之家，关注留守妇女。开展寻找“最美家庭”推荐评选活动，抓实妇女乳腺癌筛选检查工作，并登记造册。6.老干工作。开展法制宣传教育活动，对青少年进行科技培训，组织关工委“五老”人员进行培训，并到学校与青少年交流。7.科协工作。认真开展科普宣传10场次，开展科普培训1213人次。

【其他工作】 制定出台镇、村干部量化积分考核方案，镇干部分驻村干部、办公室业务人员、特殊工作人员进行考核，设置奖惩加减分，年终得分作为评先选优和提拔使用的依据。村干部从岗位职责、岗位目标进行考核，岗位目标中有三农工作、基层组织建设、计划生育、信访维稳、安全生产、违章建筑、治理滥办酒席、文教卫生、社会保障、多彩贵州文明行动、危房改造、党风廉政、临时性工作等13项构成，还有加分和一票否决。严格按照2个方案对镇、村干部进行了量化考核。加强档案安全管理，明确专人对档案认真收集整理，共扫描文件45盒1520件，完善档案目录，科学化电子管理。对各种在网络上公开的信息严格把关，涉密计算机严禁连接外网，做到涉密不上网，上网不涉密。明确人员定期向区委办、区政府报送信息和调研文章。

（张 恒）

林口镇

【概述】 林口镇位于贵州省毕节市七星关北部，坐落在黔北川南滇东结合部，是赤水河上游三省六镇镇中心镇镇。林口镇“鸡鸣三省”红色革命遗址，红色文化中璀璨的明星之一，同样折射着红色革命的信念与光芒。地跨东径105° 36′ ~ 105° 37′ ，北纬27° 66′ ~ 27° 85′ 之间，东与七星关亮岩镇相连，西与云南坡头镇毗邻，南与七星关大银镇交界，北与四川水潦镇接壤。林口镇集镇所在地距七星关城区33千米，省会贵阳城区262千米，距成都城区（重点城市）464千米。厦蓉高速贯穿南北，距飞雄机场52千米，成贵铁路毕节站53千米。

全镇总面积86.7平方千米，辖16村（社区、居）委会，89个村民小组，总人口3.8万人。居民以汉族为主，占总人口的76%。林口镇气候条件优越，年平均气温12.8℃，年均降雨量是1370毫米，全年无霜期为230—260天，雨量充沛，气候怡人，适合人文居住和农作物生长。林口镇有天然林8000余亩，人工造林面积9000余亩，森林覆盖率达38%，主要树种有松、柏、杉、白杨、桃、李、杂木以及其他野生植物等。林口镇矿产资源丰富，特别是硫、铁、煤、石灰岩等，其中，初步探明硫铁矿的蕴藏量近亿吨。

【党建工作】 一是加强自身建设，提升执政能力新高度。深入推进政务公开，扎实推进重要民生事项、投资项目、权利运行清单等信息公开。自觉接受人大、纪委的监督和社会各界的广泛监督，改善和加强党对群团组织的领导，充分发挥群团组织的桥梁和纽带作用，开展形式多样的活动，进一步增强了党组织的凝聚力，定期召开领导班子民主生活会，通过召开民主生活会，开展批评和自我批评，对照标准查找问题，带头落实整改措施在党员干部之间形成互相诊脉、互相帮助，从而达到共同进步的良好氛围。二是改进工作作风，提升服务群众新水平。深入推进党的群众路线教育和“三严三实”专题教育，有效开展“创先争优”活动，继续深化农村基层组织‘三级联创”活动，不断完善服务功能，切实转变服务方式，改进工作作风，提高服务效率。以“马上就办”的作风推动工作落实，用干部的辛苦指数换取群众的幸福指数。加强基层民主法制建设，推进民主选举、民主决策、民主管理、民主监督和政务财务公开，完成上一届村支两委换届工作。完善村干部考核管理制度、驻村干部考核管理制度和村级印章管理制度，大力推进村级组织活动场所建设，基层组织体系“一核多元化”建设成绩显著。强化干部培训，提高干部队伍素质，优化党员队伍结构，做好党员发展和后备干部培养选拔工作。不断提高党的执政能力，巩固党的执政基础。加强对干部的教育跟踪管理，探索建立制度与教育并重的监督体系，建立干部监督考核机制，突出抓好党委班子和干部作风的监督，积极探索加强干部作风建设的新方法、新途径，不断完善镇村干部考核管理办法。三是狠抓党风廉政建设，廉政建设取得新成效。坚持“标本兼治”原则，认真抓好党员干部的党性、党风、党纪教育，建立健全党员干部学习教育制度，强化民主监督机制，促进党风廉政建设。组织广大党员干部认真学习了有关文件精神，播放党风廉政建设警示片，用典型案例对党员干部进行廉政教育，通过多渠道的宣传教育，增强了党员干部遵纪守法的自觉性。过去五年镇党委切实履行“一岗双责”，强化执纪监督问责，狠抓“四风”整治，“三公”经费支出大幅下降。严肃查处了一批违纪违法案件，2016 年镇纪委共发现问题线索 14 件，立案查处 8 件，结案 5 件，查处党员干部共 8 人，其中党内警告 8 人、进一步提升了廉政、履职意识，让权力在阳光下运行。四是抓镇村两级换届，夯实执政基础。根据区委的安排，7 月 15 日镇召开了中共林口镇第二次代表大会，提出了今后五年林口镇党委的工作思路，选举产生了新一届党委班子；所有党委委员都满票或高票当选。11 月 24 日召开了林口镇第二届人民代表大会第一次会议，选举产生了镇长、人大主席各 1 名，选举产生副镇长 3 名、人大副主席 1 名，所有候选人满票或高票当选。2016 年是村（社区）支部、村（居）委会换届选举之年，根据上级安排，8 月下旬以来，我们精心组织全镇村支两委换届选举工作。预计明年 3 月份，镇村（社区）支部和村（居）委会换届全面完成，严格贯彻执行村（社区）党支部候选人的推选“七选七不选”的标准及村（居）民委员会候选人的推选“五选十不选”的标准，镇里加强了对候选人资格审查，严把候选人入口关，认真执行村（社区）党支部换届“两推一选”和村（居）民委员会换届“海推海选”模式，通过依法民主、公开选举，把一批政治素质好、廉洁奉公、年富力强、能带领群众致富奔小康的优秀党员群众选进村（社区）两委班子，配强了村（社区）班子，为各项工作的开展提供了强有力的组织保证。五是抓制度建设和学习型机关创建，营造良好氛围。以创建学习型机关和学习型党组织为抓手，完善领导干部学习机制，培植先进典型，努力提高机关干部的政治思想素质和引领农民发家致富的能力。实行机关干部工作下移与村（社区）干部互教互学机制，利用镇村（社区）干部的优势互补形成了机关干部和村（社区）干部“学教互动”的良好格局。实行分村（社区）包保管理模式，实行包村（社区）领导负责制，把各项工作分解到村（社区），落实到岗，明确到人。各村（社区）实行量化考核，考核结果与干部年终待遇直接挂钩，以此激励干部开拓创新、务实工作。对全镇的重点工作进行了责任分解，每项工作都明确了责任人和责任领导，使人人头上有责任，个个肩上有担子。强化村(社区)干部教育培训，镇里制订出台了《林口镇镇村(社区)干部管理办法》，强化了村（社区）干部规范化管理。坚持和完善民主集中制原则，建立健全党风廉政建设和工作制度，做到了用制度管事管人。由于制度完善，责任明确，干部思想作风明显好转，机关效能建设得到进一步提高，营造了干事创业的良好氛围。

【产业发展】 一是综合经济实力持续增长。始终坚持把经济发展作为一切发展的基础，始终坚持把发展作为第一要务，在加快发展中提高经济增长质量和效益。2016 年全镇生产总值从 3.2 亿元增加到 4.3 亿元，同比增长 34%；固定资产投资从 836 万元增加到 1116 万元，同比增长 33%；财政总收入完成 600 余万元，同比增长 2.3%；招商引资到位资金 3.2 万万元，同比增长 120%；社会消费品零售总额从 2862 万元增加到 4035 万元，同比增长 41%；农民人均纯收入从 3600 增加到 7280 元，同比增长 100%；城镇居民人均可支配收入从 9586 元增加到 10832 元，同比增长 13%。二是基础设施建设不断加强。以交通、水利为重点不断加强基础配套设施建设，进一步增强农村发展后劲。新建和改扩建硬化通村、通组公路 132 公里，基本实现组组通水泥路；完成农村环境综合整治、“两个硬化” 3616 户，院坝 13.3 万平方米，完成连户路 71.78 公里；协助毕生路完成辖区内改扩建工程，完成厦蓉高速公路建设并顺利通车，筹资 420 万元完成集镇老街油路改造 3.2 公里，安装路灯 490 盏，完成集镇老街、坪坝社区、川山村、新庄村局部亮化工程。覆盖渭河、大地、年丰、中坝、高峰等村（社区）安全饮水工程项目 5 个；改造集镇供水管网 6.4 公里，解决 5 个村（社区）人畜饮水问题；在以上 5 个村（社区）推行安装水表计量收费管理模式，形成以水养水、节约用水的供水节水机制；全面启动鸡鸣三省景区建设工作，完成征地 1400 余亩，房屋拆迁 130 余户，迁坟 127 所，目前，景区建设工作正有序不紊的开展中；全面启动集镇停车场建设工程；实施农村电网升级改造工程前期摸底工作；新建社保中心、幼儿园、市场监管分局；改扩建青山、灯塔、大寨村办公场所 800 余平方米；改扩建大地、川山、坪坝、鸡鸣三省等村卫生室约 420 余平方米；新建政府、学校、卫生院公租房 7000 余平方米；装修美化政府办公楼、法庭；基础设施不断加强，有效改善群众看病难、入学难、出行难等问题，办公住宿环境得到明显改善，解决了干部职工后顾之忧，同时也提高了为民服务的质量。三是农业产业结构调整取得新进展。紧紧围绕农业产业结构调整这一主线，进一步加大科技兴农工作力度，不断夯实农业发展基础。加大粮种补贴力度，有效实施粮增工程，全镇累计种植杂交玉米 9 万亩、脱毒马铃薯 8 万亩，粮食总产量达 1.95 万吨；累计完成烤烟种植每年 3 万亩以上，累计收购烟叶 600 万公斤以上；完成葡萄规模种植 500 余亩，完成刺梨栽种 2641.2 亩，完成车厘子种植 900 亩，完成蔬菜规模种植 900 亩，完成方竹种植 2000 亩，完成丹参种植 400 余亩；培育肉牛养殖专业户 5 户，养猪专业户 21 户，养羊专业户 6 户，完成能繁母猪统计 1123 头。利用荒坡地块种植牧草 1000 余亩，不断提高畜牧业在农业产值中的比重。完成荒山造林 5814.1 亩，完成石灰改良、坡改梯、石漠化治理 6000 余亩，加强饮用水水源地环境保护，饮用水水质达标率 100%。四是美丽乡村建设进展明显。完成生态文明家园建设黔西北特色民居建设 981 户，实施农村危房改造 1401 户，易地扶贫搬迁 42 户 177 人、小康房 11 户；投资 200 余万元实施大寨等村“五在农家. 美丽乡村”示范点建设工程，美丽乡村建设成效显著。五是各项社会事业得到长足发展。在加快经济发展的同时，切实加强社会建设和管理，注重社会事业协调发展。教育事业稳步发展，“两项督导”及“普十五”工程有序推进，投入资金 490 万元完成 11 学校扩建工程和 6 个校园建设附属工程，新建中学、中心校教学楼和两所中学学生食堂，调整学校用地 40 余亩，为建设标准化、规范化学校奠定基础，教师队伍建设得到加强，教育质量稳中有升，捐资助学机制初步形成，共投入 2.8 万元资助困难家庭大学生入学。群众业余文化生活不断丰富，建成并投入使用“农家书屋”16个、农民健身场所2个，完成广播电视“村村通”工程1700余套，组建女子秧歌队1个。人口计生工作基层基础不断夯实，生育和妇幼保健服务水平明显提升，统筹解决人口问题取得实效。初步形成以中心卫生院为主体、以卫生服务中心为补充、以村级卫生室为延伸的农村公共卫生服务体系，重视卫生基础设施建设，建设不断完善，认真抓好镇卫生院综合楼建设工程。协调有关部门在下半镇中心点——我镇第二农贸市场，设置新型农村合作医疗渭河片区服务中心，切实解决了下半镇农民群众就医难、看病贵的问题，配齐村级卫生员和防疫员，农村公共卫生体系建设得到加强；新型农村合作医疗参合人数累计达15万余人，参合率每年均超过98.4%，新农合报销金额累计达700余万元，报销达92200人次。积极推动农村经济发展，实施“万村千乡市场工程”农家店13家，农村淘宝店2家，加快农村商品流通和实现便民购物；大力实施汽车和家电下乡工程，补贴各类车辆302辆、家电3100余台、资金200余万元；城乡低保基本实现动态条件下的应保尽保，社会保障能力不断提高；组织15名唇腭裂患儿到上级有关医院进行“微笑列车”项目治疗，为患者及其家属减轻了思想和经济负担。组织白内障患者到上级有关医院治疗，让30余名白内障患者重见光明。同时，落实帮扶措施，强化帮扶责任，组织镇村干部与贫困户结对帮扶，为贫困户增收作了积极有益的探索，不少贫困户初步找到了治穷致富的路子。以“六个到村到户”为载体，以“问需式”扶贫为抓手，扎实推进精准扶贫工作，实现对贫困村、贫困农户的精准化识别、精细化管理，2016年识别精准贫困户923户3285人，其中一般贫困户316户1504人，低保贫困户348户1396人，社会保障兜底的低保户和五保户259户385人。2014年脱贫195户845人，2015年脱贫174户745人；2016年计划脱贫73户341人；以保民生、保运转为根本。投资4万余元完成敬老院设施建设；顺利开展扶贫和低保两项制度衔接的基础性工作。积极开展矛盾纠纷排查调处，深入推进“法治林口”“和谐林口”建设，深入开展社会治安“集中综合整治”专项行动，成功处理群众性事件2起，调解涉及土地纠纷、矿群矛盾30余起，查封赌博场所5家，查处治安案件15起，破获刑事案件40余起。政府投入20余万余元解决信访案件和矛盾纠纷，社会治安形势稳定好转。深入开展安全生产“三项行动”“三项建设”，认真落实“一岗双责”和“层级管理”规定，实行工作组专职化管理和领导干部、一般干部包片包村（点）相结合的管理方式，层层签订安全生产目标管理责任书，完善巡查制度，加大督查力度，对全镇乡镇企业、道路交通等实施严管，切实维护了人民群众的生命财产安全，五年来，安全生产形势好转，态势平稳；同时，重视环境保护和资源的有效开发利用。深入推进“五在农家”及“整脏治乱”工作，集镇街道保洁制度逐步完善，投入资金明显加大，新建清洁池15个，协调资金60余万元建成集镇综合农贸市场1个，招聘14名保洁员对集镇实行全天保洁，并签订责任书，明确保洁员工作职责、林前村村干部的环境卫生和市场秩序工作职责、政府领导督查职责，加强垃圾处理，确保了集镇环境卫生。认真治理乱停乱放，确保了集市车辆停放有序。组织联防巡逻、集市贸易执法监察等，切实维护了正常的集市贸易秩序。有效治理粪土乱堆，柴草乱垛，垃圾乱倒，污水乱泼，畜禽乱跑，农具乱放等行为，竭力打造“净、畅、宁、和”的人居环境，集镇形象进一步得到改善。土地确权工作顺利开展。成立交通协管中队，投入3万多元配备服装，坚持场天上街整治交通秩序，确保道路安全畅通。社会主义精神文明建设、民主法制建设不断加强，村级公益事业“一事一议”制度、政务村务公开制度、村级“三资”管理制度得到有效执行，基层民主不断扩大。

【农民生活水平】 全面落实各项支农惠农政策，大力改善民生事业。加大农民实用技术和技能培训力度，提高农民致富能力。鼓励农村剩余劳动力外出务工或向第三产业转移，促进农民增收和劳动力就业转移，城镇就业持续扩大。抓好农民减负的监督管理，切实兑现“一事一议”财政奖补政策，真正做到农民减负，农民收入较快增长。扶贫政策力度加大，最低生活保障对象人数逐年减少，“四类人员”生活标准得到持续提高。同时，扎实抓好就业、双拥、统计、统战、科协、保密、老年、残疾人事业、工会等各项工作。在肯定成绩的同时，我们也清醒地看到，全镇经济社会发展还面临不少困难和问题：一是交通闭塞，基础设施薄弱，贫困面广，贫困程度深；二是经济发展后劲不足，产业化、城镇化、工业化水平还很低，历史遗留问题突出；三是部群众观念滞后，自我边缘化意识色彩浓厚，影响全镇社会经济和群众文化素质的发展；四是干部作风涣散，部分干部有坐班守摊的观念，工作不积极、不主动，部分村级党组织战斗力弱，凝聚力差，群众反映意见大，工作出不了成绩，个别党员缺乏担当意识，宗旨观念单薄；五是班子自身建设及干部教育管理有待进一步加强；六是农业产业结构不合理，农业板块经济不深入；七是社会治理难度大，信访维稳形势严峻，民生保障体系不健全等。

（丁阁勇）

清水铺镇

【概述】 2016，在区委、区政府和镇委的坚强领导下，在镇人大的监督支持下，我镇人民政府坚持以邓小平理论、“三个代表”重要思想和科学发展观为指导，全面贯彻落实党的十八大及十八届历次全会和习近平总书记系列重要讲话精神，坚守发展和生态两条底线，团结和带领全镇人民，努力克服经济形势不利影响，着力实施“项目强镇、产业兴镇、农业稳镇、旅游富镇、城建靓镇”战略，全力决战贫困、奋力提速赶超，全镇经济实现平稳发展，社会政治和谐稳定，民生福祉全面提升，全镇各项事业协调推进，为实现脱贫攻坚、全面同步建成小康社会奠定坚实基础。

【经济指标】 全镇经济持续快速增长，呈现出跨越发展的强劲态势，跃上了更高的发展平台，全镇国民生产总值实现突破性增长，2015 年底全镇国内生产总值达到 5.08 亿元，全部财政收入实现 1500 万元，固定资产投资达 5.25 亿元农民人均收入达到 5820 元。发展民营经济 20 户。

【农业产业】 该镇紧紧围绕农业产业结构调整这一主线，不断加大科技兴农力度，夯实农业发展基础。2016 年种植面积达 3000 余亩；完成种植优质李子 7000 亩、刺梨 1000 亩。依托天新蔬菜合作社、宏兴经果林合作社、黔程果蔬合作社等为载体，打造种植 1000 亩高山冷凉蔬菜板块经济区，辐射带动周边村发展种植商品蔬菜 5000 亩。通过产业发展，解决了近 1000 人的就业问题，提高了百姓的收入。

在区委、区政府和上级业务部门的正确领导下，紧紧围绕“十二五”林业发展规划，始终高扬绿色发展主旋律，坚持不懈地开展植树造林、封山育林和绿化美化工作，全镇新增荒山造林 14000 万余亩，栽植各类树木 95 多万株，成活率和保有率达到 90% 以上，全镇林地面积达到 8.2 万亩，森林面积 7.6 万亩，森林覆盖率达到 70.4%。

【基础设施建设】 依托特有的地理区位优势和生态旅游资源优势，进一步完善清水铺镇集镇总体规划，着力打造美化亮化、设施一流、功能齐全的特色宜居小镇。“8+X”项目建设按计划有条不紊推进，城镇规模不断扩大，已建成项目 23 个，在建项目 4 个，已达标“8+X”项目 12 个。“两个硬化”全面推进，截止 2016 年末，全镇 16 个行政村 8969 农户，共完成院坝硬化 2642 户 52404 平方米，连户路已完成 106684.8 米；2014 年实施通村水泥路共 28.45 公里，清水、东山等 7 个村 12000 余人受益；2016 年实施通村水泥路 63.2 公里，完成“一事一议”通组公路建设 2120 米，全面改善乡村住行条件，在全镇建成结构合理、功能完善、畅通美好、安全便捷的乡村道路体系。2016 年建设桥梁 2 个，其中发沙桥全长 20 米、报佬沟小桥全长 23 米，工程已于 9 月完工并投入使用。

【扶贫开发】 1. 精准扶贫。建档立卡贫困户 1035 户 3943 人，本年度计划脱贫 293 户 1452 人，其中通过发展种植业、养殖业脱贫263户1309人，通过引导外出务工脱贫30户143人，通过易地扶贫搬迁脱贫130户697人，通过教育资助脱贫25户109人，通过生态效益补偿脱贫21户84人；2017年计划减少贫困人口231户972人，2018年计划减少贫困人口164户780人，2019年计划减少贫困人口346户740人。2.易地扶贫搬迁工程。易地扶贫搬迁工程涉及民族村果底组35户156人，共计投资451.6万元。目前，民族村果底组已搬迁入住23户104人，其中贫困户5户24人。3.特惠贷扶贫工程。该镇共落实特惠贷432户，发放贷款953万元，其中2016年落实贷款182户，贫困户合理利用特惠贷资金发展增收产业。4.生态养羊先建后补项目。2015年后山村“锦丰”养殖专业合作社参与养羊农户15户，民族村散户生态养羊2户，于2016年获得区级验收，共获批扶贫资金34万元。

【人口和计划生育工作】 按照“底子摸实、阵地夯实、责任落实、工作做实”的要求抓好基础性工作，突出宣传教育，创新方式方法，落实全程跟踪管理服务工作，稳定低生育水平；计生工作的群众满意度逐步提高，实现了升类进位的目标。

【社会事务】 该镇加大农村贫困人口救助面，完善农村特困人口救助制度，按照应保尽保的原则，依法按章落实好农村低保资金的评定和发放。“四关爱”工作有序推进，党政主要领导亲自过问，分管领导具体抓，设立专门的办公室，明确专人负责此项工作；目前到目前为止，全镇留守儿童2436人，困境儿童84人，空巢老人1214人，残疾人2302人、留守妇女359人。深化医疗卫生体制改革，完善公共卫生和医疗服务体系，积极落实农村新型合作医疗制度，切实解决农民看病难、看病贵的问题。加强各种传染病和重大动物疫病的防控，保障人民群众生命健康安全。加强对弱势群体的关注和救助，妥善解决好困难户、地质灾害点移民搬迁等群众的生产生活问题。

【文教工作】 小学适龄儿童入学率达99.8%，初中适龄少年入学率达95.8%，小学巩固率达96%以上，义务教育完成率达99%，全年落实各项安全措施，加强学生营养餐改善计划工作，提高学生饮食质量，发挥强体与育人的双重功能。

【卫生工作】 新农合、新农保、政策性农业保险、治安保险等工作均按时完成任务。五保供养，民政优抚扎实开展，社会保障体系进一步完善，完善了清水铺镇敬老院。新型农村合作医疗健康运行，截至2016年，我镇共参保13529人，参保率78.8%，其中16至59岁人员参保8787人，累计征收养老保险费218万元，为4742名农村60岁以上老人发放养基础养老金839万元，加发基础养老金76万元。合计发放养老金918万元。计划免疫“七苗”接种率达到100%。

（党政办）

生机镇

【概述】 生机镇位于七星关区东北部的赤水河畔，地处北纬27°05′~27°56′、东经105°05′~105°55′之间，东与清水铺镇相连、南与亮岩镇相临、西与团结乡接壤，北与四川省叙永县的赤水镇、石坝乡隔河相望，厦蓉高速过境镰刀湾、高流、庆坪三个行政村，镇行政办公中心所在地经林生线上厦蓉高速到七星关区城区55分钟车程，经704县道离七星关区城区88千米；生机镇辖区境内地貌多样，地势东南高西北低，最低海拔570米，最高海拔1930米，海拔相对高差1360米，年平均气温14°C左右，年平均降雨量900毫米左右，无霜期230天左右。辖区总面积119.8平方千米，现有耕地面积30455亩，其中水田7750亩，旱地24070亩，森林覆盖率48%；全镇辖4个行政社区、8个行政村165个村民组，2016年年底，共有9046户40089人，有苗族、彝族、白族、蒙古族等少数民族居住；辖区内主产玉米、水稻、小麦、洋芋、红苕等粮食作物和烤烟、油菜、西瓜、茶叶、木耳、金针菇、花生、柑橘、桃、李、梨、核桃、板栗等经济作物；矿产资源主要有煤、硫、铁、大理石等。

【基础设施建设】 2016年政府把基础设施建设作为重点，全面推进美丽乡村建设，着力打造宜居、宜商、宜人的边陲典范乡镇。在交通、小城镇建设、扶贫生态移民、水利、农村危房改造、异地扶贫搬迁等方面不断争取项目，使全镇基础设施日趋完善，人居环境不断改善，集镇形象显著提升，投资环境不断优化。1.强力推进“五在农家·美丽乡村”建设，五年来共实施镇江、庆坪、谢家、大寨、镰刀湾、联合、耿官、峨峰、坡上、葛铺、高流等村（居）通村水泥路共计150.6千米，全镇12个村全部实现了村（居）通水泥（沥青）路。2.投入100余万元，实施谢家村、峨峰村、大寨村、镰刀湾村、联合、耿官等村（居）通村公路安保设施安装及道路绿化树苗栽植工程。高流、庆坪、镇江、峨峰、谢家村级客运班车相继开通。按照“一事一议”方式，共完成小康寨项目通组（寨）路硬化84.2千米。3.林生互通建成通车，704县道生机至杨柳湾公路维修结束，川黔渡改桥镰刀湾渡口改桥工程施工过半，通镇油路、通村通组水泥路网状交通初步形成。

【农业产业化】 1.抓好农业板块规划种植，拓展增收渠道，促进农民增收。完成葛铺村、镰刀湾村、耿官社区和坡上村玉米粮增工程共计1400亩，补助盛农3号玉米种子600公斤；完成春播面积110990亩，杂交玉米种植21000亩，黄豆种植5800亩，杂粮种植14020亩，蔬菜种植18120亩，花生种植520亩，红苕种植1800亩，马铃薯种植24450（其中：脱毒马铃薯5000亩），水稻移栽8000亩。2.结合各村优势，充分尊重自然规律和群众意愿，因地制宜，推进农业板块经济建设力度，初步形成“一村一品”、具有特色化、观光型的农业产业链，切实为群众创收发力。完成在赤水河沿线的镰刀湾村、高流村、庆坪村、镇江、耿官社区种植柑橘8000亩，完成镇江社区种植凤凰李700亩、完成耿官、镇江社区冷凉蔬菜种植400亩，完成镰刀湾村、谢家村种植软籽石榴900亩，完成生机社区、大寨村、葛铺村、坡上村、镰刀湾村共5个村（居）水土保持项目经果林种植6000余亩。3.注射猪瘟疫苗18000头，密度99.2%，其中补免4000头份；注射猪五号病疫苗17950头份，密度97%，补免2000头份；注射猪蓝耳病疫苗15960头份，密度86%，补免1020头份；注射牛五号病疫苗2480头份，密度96%；注射羊五号病疫苗930头，羊炭疽菌苗280头；注射鸡新城疫Ⅰ系、Ⅱ系苗80000羽，禽流感疫苗94320头羽。查勘理赔死亡能繁母猪2头，产地检疫运输家畜2200头，肉品检验肉尸221具，耕牛冷冻榆配320头。门诊治疗畜禽1352头，定点监测生猪养殖户5户。

【大数据电子商务】 以推动“大数据”建设为载体，大力推进电子商务与实体流通相结合的物流体系，促进线上线下融合发展，建成生机社区镇级农村淘宝服务站1个，葛铺、镰刀湾、联合、镇江、耿官、峨峰村（居）农村淘宝服务站各1个，目前已全部正式营业，农产品外销和农资购买正使群众初步得到实惠。

【计划生育】 全面提高人口素质，促进人口与经济协调发展。牢固树立“以人为本、优质服务”的理念，认真落实“三按月”考核制度，以实现年度人口目标计划为核心，严格控制人口增长，杜绝政策外出生，实现人口出生率和人口出生自然增长率“双降”目标。建立和完善“依法管理、村民自治、优质服务、政策推动、综合治理”的工作机制，全面推行“双承诺、双诚信”的村民自治管理模式，签约率达95%以上，履约率达90%以上。各类计生奖励优惠政策、资金均按要求100%兑现。

【社事民生】 1.抓好农村医疗和社会养老保险工作，不断完善社会保障体系。2016年，全镇城乡居民基本医疗保险实际参保人数31442人2829780元，参保率达107%；城乡居民社会养老保险工作应参保目标任务数为16717人，目前实际完成14213人，收缴参保资金106万元，参保率85%。2.做好民政救济工作，保障困难群众生产生活。开展2016年城乡低保审核审批工作，严格按照低保审核审批流程，对全镇4个社区、8个村的低保进行了审核，目前全镇享受农村低保的有1472户3098人，享受城市低保的有12户21人，与2015年1652户3578人相比减少了180户490人。敬老院入住21人，入住率为95%。五保供养206人（其中集中供养21人、分散供养185人）。

【综治信访维稳】 认真落实“一岗双责”，按照“谁主管、谁负责”的原则，牢固树立“稳定压倒一切”的执政理念，正确处理改革和发展的关系，深入推进“法治生机”创建工作，成功创建镇江、葛铺、镰刀湾三个法治示范村（居）。围绕综治维稳信访目标，加大矛盾纠纷排查调处力度，着力做好信访维稳工作，特别是确保春节、“两会”等重大节假日和政治活动期间社会稳定。积极排查、化解矛盾纠纷，打击违法犯罪。加强信访积案化解，促进生机镇经济社会和谐稳定。组织开展夜间治安巡逻2000余人次，提高群众见警率，有效震慑犯罪分子，群众安全感满意度大幅提升。

【安全生产】 认真落实“双线”目标管理和“一岗双责”责任制，扎实开展常规与节假日相结合的巡查检查、宣传教育活动，严格打击违法行为，制作、张贴安全生产宣传标语、横幅30余条/幅，安全生产宣传栏一个。全年未发现重大安全隐患，未发生安全生产事故。

【人大、武装、党风廉政建设、精神文明】 依法开好人代会和主席团会议，保证人大各项职权得到有效行使，开展代表小组活动，组织视察调查，服务全镇工作。贯彻落实中央、省、市、区统战工作会议精神，围绕中心，服务大局，充分发挥统一战线的优势和作用。全面推进党管武装工作，扎实开展国防教育，完成征兵8人。加强精神文明建设，开展“弘扬老一辈英雄的生机人民精神，争当新时期英雄的生机人民”主题活动，表彰20世纪修建沟渠老英雄136人，英雄生机战天斗地精神得到传承；促进“农家书屋”及村级农民体育健身广场建设；积极配合相关部门开展“扫黄打非”；完成“村村通”工程465套，集镇街道所在地实现了数字电视全覆盖；扎实开展“百万公众网络学习”活动，累计参加人数近6000人。深化党风廉政建设责任制落实，切实加强领导干部管理，治庸提能、治懒增效、治散正气、治贪正纪，创新工作机制，加强镇廉政教育服务中心民生监督工作力度，强力推进“两学一做”学习教育和换届选举工作。加强对工会、共青团、妇联等群团组织的领导，充分发挥他们的桥梁纽带和助手作用。抓好办公室建设工作，进一步规范公文管理、档案管理、国资管理、出差管理、车辆管理和食堂接待管理，强化信息报送，严把政治关和质量关，切实做好应急、督查、机要、保密、民族宗教等工作。

【精准扶贫】 按照“四个切实”“六个精准”“五个一批”的要求，深入推进大扶贫战略行动，精准识别，精准施策，认真抓好各项扶贫项目、工程实施，全面创新扶贫开发机制，坚持扶贫开发常态化、规范化、制度化，严防返贫。切实抓好贫困户精准识别工作。充分运用“四看法”和收入核算法，组织全镇镇、村干部深入农户开展贫困户精准识别工作，确保应进则进，应退则退，决不落下一户贫困户和一个贫困人口。在识别工作中严格遵守纪律，确保识别工作公平、公正、公开，真正做到工作到位、纪律严明、公开透明、对象精准，为脱贫攻坚筑牢根基。按国家标准精准识别建档立卡贫困人口为1116户4243人。其中无业可扶，无业可扶的低保、五保人中295户764人，有劳动能力的贫困家庭821户3479人。7个贫困村按照发展教育脱贫一批、发展生产脱贫一批、社会保障兜底一批、生态补偿脱贫一批、易地搬迁脱贫一批消贫精神。确保2016年联合、庆坪、坡上三个贫困村出列，全镇348户1557名贫困人口脱贫。全面推进“一市五金多套餐”政策实施，申请“一市五金多套餐”政策扶持贫困户564户，落实放贷252余户，发放贷款约598.1万元，政府贴息135.3万元，撬动社会资金72.4万元；获放贷后由村干部、帮扶的镇干部负责督促按要求落实相应帮扶措施，饲养能繁母牛的196户，购买能繁母牛392头；饲养绿壳蛋鸡的2户，购买绿壳蛋鸡600只；饲养乌骨鸡或本地土鸡的4户，购买乌骨鸡或本地土鸡1200只；饲养黑山羊的5户，购买黑山羊100只。申请苗木种植贫困户166户，落实种植面积724亩。

【小城镇建设】 投资约8000万元的幸福大街建设工程人行步道地砖、绿化、排水排污修建、排污管道安装、行道树种植等工程已全面完成；已建成综合农贸市场2400平方米、公交客运中心2100平方米。继续推行扶贫生态移民工程"生机模式"，2016年投入资金10余万元完善集镇老街基础设施建设，更换节能照明路灯、购置果皮箱等，明确专人负责，落实垃圾车、宣传车等，为全镇创卫生文明城镇，树立"英雄生机"品牌形象打下坚实基础。

（段 聪 苏 寒）

团结彝族苗族乡

【概述】 团结彝族苗族乡位于毕节市七星关区北部，地跨北纬27°34'，东经105°18'，西与林口镇毗邻，南与燕子口、亮岩两镇相邻，北与四川隔河相望，素有"鸡鸣三省"之称。全乡84平方公里，土地总面积8845.45公顷。境内地势起伏较大，最低海拔为660米，最高海拔1916米，境内气候温和，平均湿气13.8℃，年平均降雨量990毫米，属典的亚热带季风气候，光照热量充沛，雨量集中，全年无霜期长，对喜温作物均较有利。团结乡土壤类型多样，适宜多种植物生长。有松、柏、杉、漆、柑橘、核桃等树种，种植的农作物主要有玉米、小麦、水稻、马铃薯、烤烟、油菜、花生等。地下资源丰富，主要以硫磺矿、煤矿为主，硫磺矿储量2574万吨，煤储量为444万吨，且品位高，易开采，硫磺、煤炭开采为团结乡的龙头产业，主要分布在柱中、银山、草坝、新中四个村。硫磺矿储量为2574万吨，煤储量444万吨。共辖13个村136个村民组5565户，总人口27159余人，其中少数民族约6338人，约占总人口的27.8%，是一个"汉，彝、苗"等多民族聚居区。其中0至14岁占总人口的19.07%，15至60岁人口占总人口的69.35%；60岁以上人口占总人口的11.58%。男女比例为107：100。

【基础设施建设】 已经开通林生线快捷通道、草坝椅子房至团结路基已完成、川滇黔三省沿河公路已动工、川黔连接线回香坝大桥等重要连接线建设正式启动，建设42.3公里通村公路、32.51通组路和9.31公里串户路建设、打通林生线至发都村重要连接线、建设柱中村九岭十三湾8公里旅游公路，投资40万元重点对各村周边及通村路主干道沿线水毁、塌方路段进行了整治，解决路基冲毁的现象，彻底清除了边沟淤泥和可视范围内的垃圾杂草，有效的排除道路交通安全隐患。投资金额744.98万元的青杠、柱中、安山、银山、青林5个村农村安全饮水巩固提升项目建设已开工，预计在2017年1月完成取水池13座，蓄水池13座，消毒房7座，安装GR-50型电解法二氧化氯发生器11套，220V输电线1450米，输供配水管道116.48千米，终端用水实施1944套建设内容，可解决9365人安全饮水问题。力争发都村270余万元、青龙、青杠、团结600余万元和海戛村安全饮水巩固提升项目在2017年年初动工，切实做好11个村17个农村饮水安全工程管护系统运行维护工作，确保15870名群众饮水安全。政府投入资金40余万元，采取购买服务的方式将全乡环境卫生综合整治承包给个体，同时加大基础设施建设投入力度，目前全乡新建垃圾池50个，购买垃圾箱22个，垃圾车1个，发放宣传册1000余份，开展集中整治20余次，乡容乡貌得到了极大的改善，群众卫生意识得到极大提高。以"五在农家·美丽乡村"创建为有力抓手，努力打造"美丽团结、宜居团结"新名片。目前已投入资金500余万元打造"五在农家·美丽乡村"建设点4个，投入经费10余万元打造"和在农家"示范点2个，建设法制示范村3个。2016年实施的70户危改和6户小康房主体工程已经通过验收。打造高速公路可视范围内民居建设23栋，提升"彝乡苗寨"新形象。

【农业板块经济】 团结乡始终以"样板带动示范，示范辐射全乡”的农业发展理念，大力发展农业板块经济，拓宽农民群众增收渠道，为全面同步小康打下坚实基础。目前实施的主要是蔬菜板块种植、经果林、刺梨种植和畜牧业等。采用“公司＋农户”的运作模式引进富宁朝坤家庭农场大力发展新田村500亩辣椒和500亩莴笋蔬菜板块经济作为乡党政主要领导示范点重点规划种植在新田村水井湾组，企业免费提供种子及技术，实行保底收购，每亩可为群众增收2500元，辣椒4月份实施移栽；7月份开展莴笋育苗，现500亩辣椒已经全部销售结束，目前完成青林村、安山村1500亩柑橘种植，青龙村、青林村1000余亩李子种植，5600亩刺梨种植覆盖全乡，银山村农业旅游观光园已完成观光苗圃建设30亩、鱼塘2个，温泉及附属设施建设有序推进中，在团结村实施五星枇杷基地种植400亩、在新中村等村实施的刺梨与核桃混合种植1344.5亩。2016年发展烤烟种植1500余亩，完成烟叶税收115.8万元。全乡完成工业投资0.3亿元；民间投资0.6亿元；民营经济总产值1.3亿元。完成招商引资0.5亿元，对通过审核的3家小微企业进行政策扶持。城镇居民人均可支配收入增长13%，农村居民人均可支配收入增长13%。已将7名有劳动能力的贫困人员就地转成护林员，分别安排在团结村、发都村、青杠村、草坝村、柱中村、营坪村，区林业局下派1名护林员，负责新中村、新田村、安山村、海戛村的森林保护工作。生态补偿个人部分有2175户涉及面积27563.34亩，生态补偿集体部分涉及面积11981.18亩，包括51个村民组、4个村、1个乡集体。

【脱贫攻坚】 明确1名“贵州扶贫云”系统乡级管理员和13名村级管理员；完成全乡贫困户“大数据”信息采集录入工作。经2016年6月开展进一步精准识别贫困农户后，纳入建档立卡管理系统的贫困户1011户3839人，计划教育扶持112户578人，易地扶贫搬迁239户1037人，生态补偿87户392人，扶持生产和就业303户1356人，社会兜底保障270户476人。截至目前，“一市五金多套餐”已落实贴息贷款358户880余万元，落实套餐项目330户，其中能繁母牛养殖326户，1户养鸡，2户养羊，1户脱毒马铃薯种植。2016年计划完成柱中村、青杠村、海戛村出列，261户1242人脱贫。

该乡2016年第一批易地扶贫搬迁工程涉及草坝村圈岩组地灾点集中安置71户309人，分散安置4户18人，其中贫困人口162人。安置点集中建房71户309人，项目选址草坝村高石桩，集中建房征地29.5亩，按照设计方案拟建房屋28栋。2016年第二批易地扶贫搬迁60户253人，安置方式全部为自主自建，已完成主体建设，预计2017年春节前搬迁入住；完成2017年全乡计划搬迁人口132户596人的信息核查上报工作，大部分农户选择搬迁到城区集中安置点，另有部分农户选择就近安置到林口集镇安置点。

【社保民生】 一是城乡低保规范运行，今年对2014年、2015年两年所有在册低保户重新进行了评议、审报、审核、审批，确定低保对象和低保金额；现我乡城市低保共保障37户41人，共发放城市低保资金30万余元；农村低保共保障812户1808人，共发放农村低保资金435万余元；2016年共发放城乡医疗救助资金15万余元，救助了29人次；共发放临时救助资金8万元，救助了23人次。二是救济工作有效开展，2016年以来，全乡共发放自然灾害生活救助资金23万元；发放冬春救助粮48吨、救灾棉衣（单衣）600件、棉被500床，发放各类救灾物资价值10万元。2016年完成政策性农房灾害保险统保收缴资金3838元，将465户农户纳入政策性农房灾害保险范围，切实保障了受灾参保农户的合法权益。三是优抚工作和五保供养，全乡现有享受抚恤补助的优抚对象110人，其中复员军人11人，复退军人5人，残疾军人1人，带病回乡军人1人，参战军人24人，60周岁以上退役军人68人，2016年以来共发放各类抚恤补助资金130万元，2016年接收退役士兵5名，发放一次性补贴10.44万元。2016年我乡申报高龄生活补助327人，已通过审批并领取补助327人，共发放高龄生活补助15.5万元，建立了经济困难高龄失能老人补贴制度，标准为每人每年600元，经济困难失能老人补贴每年每人1200元。全乡共有五保户143户，其中2016年上半年新增10户。在敬老院集中供养的五保老人共35人。2016年我乡完成团结村农村互助幸福院、海戛村农村互助幸福院、团结乡敬老院互助幸福院建设并投入使用，为加快发展养老服务业提供了强有力的支持。四是特殊人群关爱工作常态化，全乡现有留守儿童764户1370人。其中男生654人，女生716人，有困境儿童114人，发放困境儿童基本生活保障金12.3万元，从2015年7月开始，符合救助保护条件的困境儿童，核定收入后纳入城乡最低生活保障，按不低于300元/月/人的标准进行补差发放“最低生活保障金”。2015年6月以来，全乡开展留守儿童摸底大排查7次，全乡共有留守儿童1561人。其中监护差3人，借宿学校有110人，享受低保有98人。劝返留守儿童父母返乡123户，涉及留守儿童237人。现全乡有空巢老人719人，残疾人1476人，已分类实施了重点救助和重点监护。五是加强信访维稳和社会治安综合治理创新，深入推进“法治七星关”创建工作。实现信访工作重心下移、关口前移，切实将矛盾纠纷排查化解在基层、消除在萌芽状态。严厉打击“两抢一盗”“黑恶势力”和各类违法犯罪行为，禁毒预防宣传覆盖面达95%以上。

（党建办）

鸭池镇

【概述】 鸭池镇地处七星关区城郊，距城中心7千米，地域面积91.1平方千米，东临梨树镇，南接岔河镇、朱昌镇，西北连千溪乡、碧阳办事处，北抵海子街镇。全镇共26个行政社区224个社区民组，居住着汉、彝、白、苗等民族14432户63881人。

2016年鸭池镇党委、政府在区委、区政府的坚强领导下，以党的十八大、十八届历次全会及习近平总书记系列重要讲话精神为指导，以中央“四个全面”战略部署为统领，按照中央和省市区委的各项决策部署，牢牢抓住发展这个第一要务，加快推进项目建设，做大做强特色产业，加大基础设施建设，持续强化民生改善，全镇呈现出了经济发展、社会稳定，人民安居乐业，社会各项事业健康协调发展的良好态势。

2016年农民人均可支配收入8432元，比上年增长13.1%。城镇居民人均可支配收入实现18750元，比上年增长13.5%。工农业总产值达到19.5亿元，固定资产投资达到105亿元，比十二五增长30亿元。确保年平均增速达到8%以上，经济实力得到显著增强。

【党的建设】 认真贯彻中央、省委、市委、区委关于落实党风廉政建设的部署要求，结合“两学一做”学习教育开展，将党风廉政建设“两个责任”落实到实处，健全反腐败领导体制和工作机制，落实党风廉政建设责任制。持续推动各级党组织、广大党员深入学习贯彻党的十八届六中全会、省委十一届八次全会、市第二次党代会、区第二次党代会及区“两会”精神，认真学习中央、省委经济工作会议精神，深入学习《关于新形势下党内政治生活的若干准则》《中国共产党党内监督条例》等。

认真开好2016年度领导班子民主生活会。班子成员撰写班子对照检查材料和个人发言提纲，认真开展批评和自我批评，切实抓好整改落实等。加强对社区党建工作的指导力度，选取部分党建工作基础较好、党组织书记能力较强、党员队伍作风较好的基层党支部，先行一步召开专题组织生活会，切实加强指导把关，总结经验，提供借鉴，示范带动面上基层党组织专题组织生活会和民主评议党员扎实开展。

认真落实党风廉政建设责任制，推进绩效管理和效能监察，大力整顿软弱涣散党组织，加快完善工作落实机制。选派11名作风过硬、能力素质好的党员到社区担任党组织书记。各级党员干部责任心、执行力进一步加强，各项工作取得新的成效，为全镇经济发展、社会稳定作出了积极贡献。

【项目建设】 2016年鸭池镇区域共引进投资资金4亿元，完成投资1.5亿元；截至12月底，鸭池镇共引进投资额在1000万元以上的项目3个，投资额在500万元以上项目2个，其中新建项目4个。基本情况是：黔西北农产品综合批发市场，截至11月份投资6000万余元；万晟阳光城，截至12月份投资1500万余元；云南路捷建设工程集团有限公司毕节分公司，截至11月份投资2000万余元；育才学校，截至12月份投资19000万余元；七星关区汇鑫源经果林专业合作社，截至12月份投资600万余元。创美农产品批发市场，截至12月份共投资37000万余元。

鸭池镇的重大项目建设工作取得重大突破。其中，以党委副书记周兴为组长的草堤、十八片区项目建设服务工作组，具体负责草堤棚户区改造项目，超前完成草堤棚改任务；以党委委员梁达为组长的头步片区项目建设服务工作组，具体负责信用社、创美农产品批发市场二期建设、万丰二期、三联学校二期、碧阳二道扫尾工程项目、远航物流汽摩城项目，该区域各块项目都已取得阶段性成果；以纪委书记韩明和组织委员邵兵为负责人的石桥物流园建设项目，经过一年的艰苦工作，征地2550多亩，调解矛盾纠纷34起，迁坟1410家，现阶段各项目均已按计划完成，在抓紧施工建设中。

【基础设施】 水利、电力、道路、通信、教育、医疗等基础设施建设方面迈出了大步伐。建成了碧阳大道、碧阳二道城市主干道，杭瑞高速、厦蓉高速、毕威高速交汇竣工通车，岔河路、草千路、毕纳路的改扩及石桥至朱昌、干龙滩至煤冲，上坝至煤冲、石桥至石格的通社区水泥路的建设按时完成；德溪新区、石桥物流园、创美农产品交易市场、黔西北农产品电商物流园、远航物流园、万丰国际商贸城、公租房建设、鸭池中学扩建、弘文中学、第二污水处理厂、万晟商贸城、瑞丰铭城等一大批城建重点项目征拆工作有序推进。实施“四在农家·美丽乡社区建设”，建成了哈啷社区、赶场坝社区两个高标准社区，危房改造了1220户、棚户区立面改造了4286户。采用精准扶贫、“一事一议财政奖补项目”实施了通社区道路和社区组道路建设，全镇90%社区道路全硬化；建成哈啷、王家湾、草堤、石格、核桃、干龙滩、煤冲人畜安全饮水工程；实施了41.6公里的通组路、43939米连户路，72681平方米的院坝硬化；建成了哈啷文化广场、赶场坝文化广场、庙山脚文化广场；建成了鸭池镇行政服务中心，改扩建了26个社区的社区级办公阵地；全面实施了学生营养餐和教师周转房、社区寄宿制学校宿舍建设工程。改扩建了鸭池中心卫生院及21个社区的社区级卫生服务室，解决了群众看病不方便的问题。

【民计民生】 完成了1051户贫困户3461人贫困人口的甄别、建档立卡工作，对190户贫困户实施了“一市五金多套餐”问需式精准帮扶，截至2016年底共减少贫困人口2273人；教育“9+3”工程稳步推进，义务教育巩固率达93%，人均受教育年限提升到8年，义务教育均衡发展通过验收。新增城镇就业2155人，转移农村劳动力就业18650人；加大弱势群体帮扶救助力度，农村五保对象全部得到妥善安置，及时发放各类救助金和救助粮。完善辖区内1094名留守儿童、138名空巢老人、3671名残疾人、60名困境儿童建档立卡和帮扶工作。建立健全农村贫困家庭、留守儿童、困境儿童、空巢老人、残疾人等特殊困难群体长效保障体系，建成流浪未成年人救助站，设立26个社区救助点，建设标准化农村“留守儿童之家”4个，实现了对辖区贫困家庭、留守儿童、困境儿童、留守妇女、空巢老人、残疾人的动态跟踪管理。按照标准建成鸭池镇“老少共融之家”，对辖区内的五保户实施集中供养。全镇人民生活水平显著提高，群众期盼和幸福指数逐步提升。

【脱贫攻坚】 把打赢脱贫攻坚战作为全面建成小康社会的第一任务，不折不扣的落实“六个精准”脱贫战略，扎实推动“五通四有”和“四有五覆盖”工作，力争在五年内全面完成全镇通村、通组路建设，探索创新“有业安置”，从严督考问效，“一户不少、一人不漏”地完成脱贫任务，确保在2016年实现石桥、石格、八十、岩头4个社区率先脱贫，2017年实现蚂蝗、小寨2各社区脱贫，2018年实现全镇脱贫攻坚目标。强化综合施策，对全镇建档立卡的重点贫困社区，进行重点帮扶，通过实施连片特困片区、整村推进、美丽乡村建设等项目，有针对性地推进贫困社区脱贫；综合运用“六个一批”脱贫举措，做到对象、项目、资金、措施、帮扶人员和脱贫成效精准，认真落实产业发展奖补政策，鼓励贫困户因地制宜发展产业，在技术、销售、资金等方面给予大力支持，大力推广“扶贫搬迁＋集约土地＋聚集资金＋生产合作＋分工分业”“党支部＋合作社＋贫困户”等套餐式扶贫工作模式，确保全镇脱贫；深入贯彻“654321”结对脱贫帮扶机制，进一步夯实单位包抓和干部帮扶责任，鼓励社会团体和各类民间组织参与社会扶贫。

【农业产业】 紧紧围绕蔬菜、刺梨、核桃、草莓、葡萄等特色主导产业，依托区内外企业、农民专业合作社、种植大户，实现了“小区域、大规模”的优势种植模式，农业产业化经营格局基本实现；全镇各类经济作物种植面积基本稳定在2100亩，30%以上的农田成为“订单田”和“合同田”，农业收入稳步增长；充分利用退耕还林、一市五金多套餐精准扶贫的优势，采取政策扶、典型带、宣传引、服务促等多种措施，引导群众大力发展畜牧业。五年来，全镇畜禽年饲养总量达到23.7万头只，其中大家畜饲养量3034万头只，生猪饲养量达到2.4万头，禽饲养量达到21万只，鱼饲养量达到6万尾，新建家庭休闲观光农场5个，草莓葡萄采摘园3个，田园山庄6个，总产值达到农业经济总收入的30%以上。

【平安鸭池】 共建成平安社区26个，全面落实社会治安综合治理各项措施，积极推行“三有一满意”矛盾纠纷调处工作法和特殊群体“零距离”工作法，加大矛盾纠纷排查力度，健全完善了镇村组三级调处机制。全镇共调处矛盾纠纷213件，调处率达100%，调处成功率达96.1%。以营造“严格公正的民主法治环境、高效便捷的政务服务环境、健康向上的地域人文环境”为重点增强软实力，提升镇域治理水平。认真落实社会治安综合治理措施，坚决打击“黄、赌、毒”，净化社会风气，扎实搞好社会治安防范，遏制治安刑事案件发生；深化人民调解、行政调解、司法调解“三位一体”和信访结案制度，定期开展矛盾纠纷排查，继续坚持“维稳形势分析会、政法联席会、重大矛盾研判会”和领导包案“三会一包”制度，从源头上消除不稳定因素；坚持“严”字当头，防范为先，健全公共安全和自然灾害防控应急机制，突出抓好安全生产、防汛防滑、森林防火等工作，定期开展安全生产隐患排查和整改，突出加强矿山企业、建设工地、公共场所、食品药品、民爆物品等重点领域的安全监管和专项整治，坚持杜绝重大安全事故发生；切实完善农村道路交通安全组织体系，充实监管力量，严格责任追究，加大基础设施建设力度，有效预防和减少农村道路交通安全事故的发生。落实安全生产责任制，开展了地灾火灾巡查、防汛防洪检查、安全生产隐患排查等专项检查整治工作，抓早抓小抓常，把隐患消除在萌芽状态，一年来无重大安全事故发生；大力做好安全生产宣传教育工作，加大宣传的覆盖面，大力宣传安全生产的重要性、必要性；制定完善各类应急救援预案，加强了群防群治治安巡逻队伍建设，确保突发事件的处置及时、有序、有力；大力开展法制宣传，完成了“六五”普法的各项目标任务，干部群众学法、守法、用法意识显著增强。

【党风廉政】 按照“转职能、转方式、转作风”的要求，着力落实党风廉政建设，坚定不移推进惩防体系建设，聚焦监督主业，一年来共给予违纪违规干部通报批评10余人次，给予干部黄色预警8人（次），开除党籍1人，党内警告3人，共接受信访件8件，已结案8件，组织廉政教育2次，累计教育党员干部400余人，同时打造鸭池镇头步小学、鸭池社区、八十社区三个廉政教育示范点，营造浓厚的廉政文化氛围，围绕低保资金、危房改造、冬春救助、整治滥办酒席等方面共组织开展230余人次的监督检查，发现40余个问题，督促整改40余个问题；共接到举报电话15个；签订承诺书16393份，开展督查100余次，教育处罚群众30人次，查办违规酒席5次，罚款10000余元。

【人大工作】 鸭池镇人大在区人大常委会的指导下，在鸭池镇党委的坚强领导下，高举中国特色社会主义伟大旗帜，全面贯彻落实党的十八大和十八届历次全会精神，深入贯彻习近平总书记系列重要讲话精神，紧紧结合鸭池镇第一届人民代表大会提出的转变经济发展方式这一主线和转型跨越、先行发展的目标任务，顺应新常态，助推新跨越。秉承宪法精神，忠实履行宪法和法律赋予的各项职责，解放思想，凝心聚力，放胆争先，深化改革，促进经济社会全面、持续、健康发展。推进民主法制建设，积极构建社会主义和谐社会。保障全镇各项社会事业发展成效显著。一年来，镇人大督促镇人民政府办理代表议案、建议、批评和意见共11条，听取镇人民政府办理代表议案、建议、批评和意见情况报告，办结率达100%；共组织镇人大代表开展代表小组活动4次，开展集中视察4次，开展专题调研4次，召集镇人民代表大会，审议镇人民政府工作报告、财政预算和人大工作报告和其他事项，并作出有关决议、决定，督促镇人民政府贯彻落实有关决议、决定，每三个月召开一次主席团会议，按期开展两次执法检查。

（办公室）

朱昌镇

【概述】 朱昌镇位于毕节市区东南，距市区13公里。东与大方县接壤，南与纳雍县相邻。境内地形地貌类型多样，大部分地区属高原丘陵、高原高山地带，西南部与全区最高山脉——乌箐大山相连，南部紧靠梅花箐梁子，西北部与沙垮梁子相依，境内溪沟、槽谷、坝地纵横交错，最高海拔打磨冲梁子2177.3米，最低海拔哈啷村罗家寨1490米，相对高差687.3米，一般海拔为1600—1800米，地势由西南向东北方向倾斜，耕地主要分布在槽子、坝地和斜坡地带。全镇坡耕地面积1.4万亩，梯坪地1.4万亩，水田0.45万亩，气候条件优越，森林覆盖率31.5%，朱昌镇属亚热带气候，年均温12.5℃，最热月（7月）平均气温22.0℃，最冷月（1月）平均气温2.3℃。极端最高温32.8℃，极端最低温-9.5℃，≥10℃，年积温3689℃，年降水量987.4毫米，无霜期246天，年辐射量90.42千卡/平方厘米，年日照时数1340.3小时，主要灾害性天气有旱灾、暴雨、冰雹、倒春寒、秋风秋雨、低温等，其中冰雹、干旱、低温对农作物危害最大。土地资源丰富，宜种作物广泛，农业基础条件好，人文资源丰厚，对发展生态农业和生态旅游观光极其有利。全镇现有14个村，146个村民组，12783户，53155人，农业人口30981人，居住有汉、彝、苗、白、布依等民族。全镇基础设施教为完善，水、电、路、讯设施完备，水资源丰富，朱昌镇草炭资源储量为1亿吨以上，主要分部在朱昌盆地的双堰村和宋伍村。全镇人饮工程基本完成；10千伏高压输电和220伏低压输电网络覆盖全镇146个村民组；毕纳路横贯全境，杭瑞高速公路在朱昌下匝，通村路102.3公里，实现油（水泥）路硬化，全镇绝大部分通组实现水泥路硬化，使该镇交通体系四通八达，通信设施完善。

2016年是“十三·五”开局之年，是认真贯彻落实党十八大和十八届历次全会、习近平总书记系列重要讲话、特别是视察贵州时的重要讲话精神，全面决战决胜贫困的关键之年。朱昌镇牢牢把握全面从严治党的总要求，按照区委、区政府的决策和部署，围绕“生态立镇，农旅兴镇，和谐安镇，教育强镇”的发展思路，立足“一园多区多点”的发展布局，着力建设“园在景中、景在园中”的新朱昌，“园区景观化、农旅一体化”正逐步形成。2016年镇域经济发展成效明显，人民收入稳步增长。2016年我镇人均纯收入达到8658元，同比增长10%；全镇金融机构存款达到3.6亿元，贷款2.5亿元。完成固定资产投资1.5亿元，建设了七星水世界、朱昌农贸市场等多个项目建设。全镇税收收入260万元，其中烟叶税130.6万元，非税收入25.9万元；招商引资签约资金2.6亿元，到位资金2亿元。在全区2016年度工作目标考核中荣获一等奖。

【现代农业】 充分发挥省“5个100”工程项目之一现代高效农业园区优势，着力补齐园区短板，提升了园区形象，不断创新探索农业＋旅游的合作模式，重点加强园区外围的发展。全年园区共接待省内外党政考察80多批次，毕节城市“后花园正”逐步成型。一是着力打造集刺梨生产、加工、销售、仓储、物流于一体的刺梨产业示范园，结合冬春造林、退耕还林等工程，全年完成刺梨种植6500亩，引进了两家大型刺梨加工企业野金素和刺梨花开落户返乡农民工创业园区。二是投资2000万元建设朱昌镇农贸市场。三是完成花厂、白泥绿壳蛋鸡养殖和八亩客观因素扶贫项目建设。四是农业产业结构调整迈出新步伐。我镇始终坚持以市场为导向、依靠科学技术、发挥区位优势，立足自身实际，建设现代高效农业示范园区畜牧产业园，现有蛋鸡77万羽，存栏生猪10000头，完成园区周边精品水果种植和水上观光农业的建设规划设计。

【基础设施】 基础设施建设不断完善，人居环境不断优化。为提高人居环境整体水平，我镇加大投入，不断完善基础设施建设，大力整治环境卫生，完成实施贵州民居改造，改善群众居住条件，推进特色化、现代化、信息化小城镇建。

一、加快基础设施建设。一是投资48万元建设垃圾填埋场，解决我镇集镇垃圾处理难题，环境卫生状况得到极大改善。二是投资90万元建设小屯村黄家院子文化广场以及2500平方米文化墙，为村民休闲娱乐和业余健身提供活动场所。三是投资32万元在集镇安装太阳能路灯100盏，方便群众出行，节约政府开支。四是争取到省公路局专项资金180万元，对花厂街上排污沟和路面进行改造维护，改善了花厂街上脏乱差状况。五是争取了200万元完成双堰村智慧农村项目建设，可实现足不出户知村情、邻里关系更和谐的效果。六是完成通村公路建设20公里、通组公路35公里，改善群众出行条件。七是小屯、双堰成功申报省农村人居环境改善试点工程。八是基本完成246国道工程建设土地丈量和土地附属物清点工作。九是启动朱昌镇农贸市场建设，规范集镇市场秩序，改善集镇交通条件。十是投资220万元升级改造发启水库，提高供水覆盖面。二、持续推进美丽乡村建设，改善居住条件。一是完成小屯村“五在农家·美丽乡村”示范点建设工程，展现新农村风貌。二是争取投资1500万元完成高速公路沿线贵州民居改造310户。三是投资170万元对高速公路匝道两侧进行绿化，美化沿线环境。三、凝聚多方力量，发力整治环境卫生。一是争取市环保局等部门资金45万元采购垃圾运输车1台、垃圾桶300个、飞机斗30个，新建和改建垃圾池40口，增加配置保洁员12名，形成环境卫生常态化管理。争取到省环保厅投资180万元农村环境综合整治项目。二是开展多彩贵州文明行动，发动干部职工每周五下午三点开展环境卫生集中整治，小屯村还作为2016年全区“五在农家·美丽乡村”建设推进现场会观摩点。

【民生事业】 民生不断改善，各项社会事业稳步推进，人民幸福感指数不断提高。一是实施危房改造，完工54户，受益227人，小康房5户，受益26人；全镇享受低保政策照顾1605户3153人，发放保金810多万元，发放临时救助金233133元、医疗救助1024930元；2016年合作医疗参合率达100%；二是全年城镇新增就业610人，同比增长12%，投资39万元修建300平方米的社保大楼作为办公服务场所。三是特殊群体保障措施增强。留守儿童规范化建设作为市级示范点并通过验收，敬老院消防设施完善、集居老人应急逃生技能考核通过省市消防总队验收。

【教育】 教育事业快速发展。一是2016年完成学前教育招生571人、高中招生409人、中职招生506人、三残儿童6人，毛入学率85.44%，义务教育巩固率达到86.36%，小学辍学率为0.28%、初中辍学率1.33%；朱昌中学、朱昌小学创建义务教育管理标准学校、文明校园和“四在学校·幸福校园”创建通过验收，朱昌小学完成规范化建设学校创建，全镇教育通过省市区“两项督导”和“普十五”验收。二是进一步完善教育设施。投资620万元启动花厂幼儿园建设，宋伍小学、伍坪小学、发启小学扩建、改建工程已实施完毕，办学条件得到极大提升；启动宋伍小学、朱昌小学薄弱学校改造工程，征地工作已完成。三是强化教师队伍建设，根据区《教育系统人事调配管理办法》规范我镇教育系统人事调配，清理借用教师34名，完善我镇教师管理体系。

【文化】 文化事业不断加强。一是完善公共文化设施安装。朱昌全镇范围内今年共计安装七星关综合广播音柱42个，安装农民体育健身器材2套，完成小屯村健身路径建设工程，完成12个村“广电云”村村通建设工程，实现全镇14个行政村全覆盖。二是启动综合文化站建设。投资120万元的朱昌镇综合文化服务站项目建设已完成项目规划设计，建筑面积500平方米。三是双堰村投资2万元配置科普图书室、网络学习室等活动场所，经常性开展科普宣传教育活动，通过了市级科普示范村创建验收。

【党建】 党组织建设得到强化，稳步推进大党建促进大扶贫。充分发挥大党建的统领作用，扎实开展“两学一做”学习教育、集中换届、精准扶贫等各项工作，选好干部、用好干部，为脱贫攻坚、同步小康提供强有力的保障。一、责任担当意识得到了强化，党风廉政建设主体责任落到实处。转变作风，责任担当意识得到了强化，党风廉政建设主体责任落到实处，持续深化全面从严治党，突出党委主体责任落实，党风廉政建设稳步推进。一是加强领导，全面落实党风廉政建设责任制。全年共安排党风廉政工作26次，组织全镇干部职工专题学习5次。二是强化教育，筑牢拒腐防变的思想道德防线。先后组织镇村党员干部学习了中央、省、市、区一系列关于廉洁自律各项规定，切实提高广大党员干部责任意识和纪律意识，促使全体党员干部廉洁自律。三是严明纪律，着力优化经济社会发展软环境。结合镇实际情况制定完善了学习、考勤、值班、工作考核等制度，并按规定进行专项督查，对于违反相关规定的工作人员严惩不贷，实现科学管理、民主管理。四是深入开展六大专项行动，着力打造民生监督工作市级示范点建设。严格按照“五个规范”和“五个100%”的要求有序推进民生监督规范化创建工作。按要求完成省市开展的农村危房改造、信贷扶贫、农村安全饮水、退耕还林等民生项目专项监察。督促各职能部门做好各项民生项目资金公开，做好公开备案及抽查工作。五是高度重视，做好信访和案件查办指导工作。在镇纪委设立民生信访举报服务站，每周三安排一名领导在信访大厅接访，全年约谈干部42名；纪律审查共完成立案13件，结案13件，受到党政纪处分13人。二、抓党建促扶贫，脱贫攻坚稳步推进。一是以党的建设引领脱贫攻坚，坚持“五个一批”和“六个精准”，细化“六个到村到户”，认真落实“1+10”扶贫政策，全年累计投入扶贫资金3300余万元，全镇如期脱贫2222人。贫困人口就地转为生态护林员6人。完成23户、97人易地扶贫搬迁工作。二是开展贫困户识别工作回头看，进一步了完善全镇贫困户家庭人口信息、住房信息、工作信息数据采集、整理，并上传到贵州扶贫云大数据网络系统。争取扶贫资金建成3条通组路，启动3个出列村所有通组路建设，确保出列村“五通四有”全覆盖。启动脱毒马铃薯种植，确保贫困户户户有增收产业。动员贫困户通过“特惠贷”和“一市五金多套餐”贷款556万元发展产业。联系辖区企业召开座谈会，实现企业帮扶贫困户63户。三、加强组织领导，强化镇、村干部队伍建设。一是抓实抓牢镇党委换届工作，组好朱昌发展的火车头。把坚持党的领导、充分发扬民主和严格依法办事有机结合起来，严格按照法律规定的程序，从813名党员中推选出88名党员出席中共朱昌镇第二届党员代表大会，通过大会选举产生了平均年龄34岁的新一届党委领导班子。二是精心组织抓实抓牢政府换届工作。强化组织引领作用，认真落实人民代表大会制度，88名人民代表在镇人代会上选出了新一届政府领导班子。三是加强组织领导，选好配强村两委班子。支部换届实行差额选举，通过调查摸底、民主评议和组织考察等方式选优配强村书记，先后调整软弱涣散村党支部书记2名，选派2名优秀镇干部下挂村支书，优化了村支部书记队伍。统筹抓好镇、村干部队伍的建设，为决战决胜贫困提供了组织基础。四、以“两学一做”学习教育为载体，探索创新出1+N工作模式。对党员如何发挥作用进行了深入探讨，探索提出了“1+N”工作模式，即：“1个支部引领，N个先锋队发挥作用”。这个理念提出后，全镇14个村支部结合自身实际组建了不同的先锋队。如：白泥村，脱贫先锋队带领23户贫困户参与成立农民专业合作社发展绿壳蛋鸡养殖；在伍坪村，产业发展先锋队带领35户贫困户参与发展“能繁”母猪养殖；在双堰村，和谐先锋队配合调解社会矛盾纠纷80余起。五、以“精准扶贫”为载体，发展壮大集体经济。加强村、企共建，充分发挥大兰与伍坪合作共建的成功经验，利用好精准扶贫相关政策措施，多方整合资源发展壮大村级集体经济。花厂村、山脚村和发启村将其出列的经费共计51万元入股到花厂福源砂厂，实现年收益3万元以上的村（社区）4个，10万元以上的村（社区）1个。

【社会治理】 以安全稳定为保障，推动经济社会健康发展。加强社会管理创新，有效防控风险，维护社会稳定，为经济社会发展营造良好环境，激活发展动力，打造和谐稳定平安新朱昌。一、切实加强社会治安综合治理。坚持“打防结合、预防为主”，加大对重点部位、重点区域的巡逻防控力度，有效减少治安案件发生，人民群众安全感和满意度明显提升，强化反邪防邪宣传教育，坚决打击各类邪教组织活动。加大对外流贩毒等毒品违法犯罪行为的打击力度。进一步推进社区戒毒社区康复“阳光工程”等项目建设，做好吸毒人员帮教、管理和就业安置。最大限度降低复吸率，减少新增吸毒人员。招聘村级警务助理16人、政府出资招聘7名协警，组建村级社会治安夜间巡逻队，在园区设立警务室，负责园区社会治安工作，加强巡查力度，切实保障人民群众的生命财产安全，社会更加和谐稳定。二、积极推动社会治理创新。进一步巩固和拓展好党的群众路线教育实践活动成果，加快“六零六好”朱昌经验应用和推广；进一步畅通信访渠道，认真贯彻《信访条例》，建立完善信访信息综合平台，坚持干部联系群众、接待群众、包案督访下访等制度。进一步强化基层基础设施建设，提高为民服务的能力；进一步深入开展农村法治宣传教育，增强领导干部法治观念，增强农民学法尊法守法用法意识。健全依法维权和化解纠纷机制，引导和支持农民群众通过合法途径维权，理性表达合理诉求，并通过村民议事会、监事会等，引导发挥村民民主协商在农村社会治理中的积极作用。依托三级联动视频接访平台和村级“公道评说”室，累计接访173批次，有效化解矛盾纠纷872起。依托“六零六好”经验推广，推进双堰村和宋伍村法治示范村建设进程，同时巩固和创新出小屯村黄家院子等一批有代表性的社会治理典型示范村寨。三、毫不放松安全生产。进一步强化“红线意识”和“底线思维”，牢固树立安全发展理念，严格履行“一岗双责”责任制，认真落实“三个监管责任”、安全生产“五个全覆盖”责任体系，督促企业全面落实好安全生产主体责任。重要节假日期间，主要领导、分管领导带队对辖区内涉安企业和道路交通进行隐患排查治理，招聘5名交通协管员，组建两支队伍进行道路交通安全管理，对全镇交通主干道和通村公路实行双线管理，有效防范道路交通事故的发生，保障了民众出行安全。进一步强化道路交通、烟花爆竹、森林防火、建筑施工、非煤矿山、地质灾害等行业领域专项整治，全年无安全生产事故发生，无重大交通事故发生。

（辛云祥）

田坝镇

【概述】 田坝镇位于毕节市西南部，距市区38公里，是一个汉、彝、苗、白、仡佬、穿青、布依等多民族杂居的农业乡镇，其中少数民族人口占全镇人口的11.53%；总耕地面积12835.34亩，其中水田2000亩，人均占有耕地0.57亩；行政区域面积66.32平方公里，全镇辖8个村89个村民组，共6967户27646人；全镇有13个党支部426名党员。田坝镇地形北高南低，东面高中间凹，形成“撮箕”形，大部分地区海拔高度在1600米左右。整个境内属亚热带季风气候，具有夏无酷暑、冬无严寒的特点，年平均降雨量为967.5毫米，平均日照时数为1376.2小时，无霜期250天左右。境内溪流纵横，水源丰富洁净，森林覆盖率达39%。河流沟渠最终汇集于盘挪河流域总溪河，属六冲河水系。地下资源有铁、硅砂、煤矿等；地面气候温和，雨量充沛，主产玉米、小麦、水稻、马铃薯、大豆、芸豆等粮食作物，盛产烤烟、油菜、大蒜、柑橘、核桃、樱桃、李、板栗、杨梅等各类经济作物和水果，适宜种植天麻、杜仲、半夏、党参等名贵中药材。境内森林植物有乔木、灌木、蕨类、菌类等。野生动物有两栖类、爬行类、鸟类、兽类等，其中属珍稀动物的老鹳有几十只，栖息于兴旺村十组。丰富的水资源和上万亩荒山草坡有待开发利用。境内交通便利。镇政府所在地距市中心约38公里，宋猴油路穿境而过，50分钟便可从毕节到达。

【党务政务工作】 （一）发展型服务型党组织建设工作。

1.基层组织建设。以“发展型服务型党组织建设”为载体，不断提高党的执政能力和经济发展能力，进一步深化“五好”基层党组织的创建申报活动。一是加强镇、村两级领导班子建设，认真贯彻落实党的十八届三中、四中全会和省市区有关会议文件精神；二是按照“为民、务实、清廉”的要求，紧紧围绕改革、发展、稳定、和谐大局，努力构建“学习型、发展型、创新型、服务型”领导班子；三是全面完成农村基层服务体系建设工作，村级组织活动场所小阵地作用得到了充分发挥。2.镇村干部队伍建设。一是充分利用区委党校和镇流动党校的阵地作用，抓好镇、村两级干部的政治理论和农村实用技术的培训；二是创新培训方式，大胆探索菜单式、研讨式、案例式教学，提高了培训的针对性和实效性，2016年，该镇共举办各类培训班8次，共培训镇、村两级党员干部530余人次，提高了干部的素质和带领群众致富的能力；三是优化干部队伍结构，坚持实行中层干部竞争上岗方案，同时按照区委的要求圆满完成村两委班子换届后的培训工作。3.党员队伍建设。一是按照党员发展“十六”字方针加大党员发展力度，2016年全镇发展新党员5名，培养入党积极分子11名；二是加强对广大党员的教育培训和流动党员的管理力度，切实抓好党员权利保障工作；三是进一步深化党员先锋工程和贫困党员帮扶工作。4.基层党内民主建设。一是完善了干部激励机制，健全了干部岗位目标责任制，实行了中层干部竞争上岗制和驻村干部双向选择制，推行干部绩效工资制。二是健全了镇、村各种会议制度、议事规则和民主决策制度，全面实行了党务、政务、村务公开。5.新《干部任用条例》贯彻执行情况。2016年，镇党委认真按照区委组织部的要求，加强对《干部任用条例》的学习贯彻，干部任用坚持“德、能、勤、绩、廉”的要求并严格贯彻执行，对政治思想素质不高、工作能力不强、工作主动性、创造性不力、工作实绩不好、廉政状况差的镇中层干部和村级干部，坚决不予任用和向区委推荐。6.党管人才工作情况。一是建立人才工作责任制领导小组，采取形式多样的宣传手段加大人才工作宣传力度；二是加强对人才工作的统筹规划和宏观指导，建立了农村实用人才工作信息库，并适时请专家对他们进行了分类培训，充分发挥他们在同步小康建设中的作用。全年举办实用培训班3期共2000余人次。

（二）党风廉政建设工作。1.执行党风廉政建设责任制情况。一是党政领导重视，把党风廉政建设工作纳入党政工作重要议程；二是根据工作实际对党风廉政建设工作进行了分工，形成党委统一领导，党政齐抓共管，纪委组织协调，部门各负其责，依靠群众支持和参与的工作格局；三是签订了目标责任书，使党风廉政建设责任制工作切实做到年初有计划、半年有小结、年终有总结、有检查；四是充分利用广播、电视、会议、墙报等宣传手段加强对党风廉政建设的宣传学习；五是加强对党员干部党风廉政建设知识的教育培训，切实增强全镇党员干部反腐倡廉的自觉性。2.领导干部作风建设情况。按照“照镜子、正衣冠、洗洗澡、治治病”的总要求，紧密围绕为民务实清廉的主要内容，深入贯彻落实“六学六查”和“三严三实”要求，紧密聚焦“四风”突出问题，紧密联系工作实际，创新工作措施，先后以“包组到户、问需于民、上下联动、定期回访”和新“三会一课”工作方法为载体，扎扎实实完成了学习教育、听取意见，查摆问题、开展批评，整改落实、建章立制三个环节的工作任务，达到了预期的目标，取得了明显的成效，全镇作风建设取得阶段性成果，干部作风明显转变，工作效率、服务意识明显增强，切实解决了联系服务群众“最后一公里”问题。（三）宣传思想及多彩贵州文明行动工作。1. 党委中心组学习情况。一是党委班子按照年初计划认真进行专题学习并撰写读书笔记；二是组织机关干部、村干部进行理论学习。2. 多彩贵州文明行动工作情况。一是健全组织机构，强化责任落实，做到划片到人；二是加大宣传力度，积极营造创建氛围，引导全民参与，共同推进多彩贵州文明行动工作；三是加大资金投入，实行绩效考核，提升环卫工人工作积极性。2016 年，累计投入资金 10 余万元，主要用于购置垃圾桶、修建垃圾池等，发放环卫工人工资 12 余万元。3. 党报党刊工作完成情况。2016 年，该镇党报党刊工作按照区委宣传部统一部署，全面按时按量完成了党报党刊的发行工作。（四）构建和谐社会工作。1. 社会管理工作情况。一是加强和改进社会管理，促进社会安定有序，进一步完善整体联动防控体系，增强防控实效，不断加强防邪工作的宣传力度；二是深化平安创建活动，大力推进和谐田坝建设；三是深入开展严打整治斗争，为构建和谐田坝创造良好的治安环境。2016 年，全镇共刷写固定标语 27 条，发放宣传资料 4000 余份；全年共发生刑事案件 3 件，治安案件 45 件，其中立案查处 8 件，一般调处 19 件，当场调处 2 件，调解率 100%。全年共发生矛盾纠纷 48 起，调处 48 起，信访案件 24 起，已办结 24 起，全镇实现了“发案少，秩序好，社会稳定，群众满意”。同时，进一步积极推行网格化管理试点工作。2. 普法和依法行政工作情况。一是加强组织领导，强化责任落实，狠抓基础工作，在全镇 8 个村开展普法宣传 2 次；二是加大宣传教育力度，扎实推进普法工作的开展，全镇普法工作成效明显；三是严格按照行政许可法依法行政，简化行政审批和办事程序，为群众提供方便。（五）统战、群团等工作。在镇党委的领导下，全镇统战、群团等工作蓬勃发展。一是加强统战工作宣传力度，形成了党委重视、全社会支持统战工作的社会氛围；二是认真做好宗教工作，切实加强宗教场所的安全管理，维护社会稳定；三是积极发展团员，全年共发展团员 186 名，按时缴纳团费，做好推优入党工作，实施“阳光家园”工程 2 个，创建青年突击队 3 支；四是镇妇联进一步加强妇女儿童的维权工作，在全镇范围内认真开展好“双学双比”和“巾帼建功、创业成才、文明行动”等工作。（六）党管武装工作。2016 年，该镇党管武装工作主要是加强对武装工作领导，深入开展全民国防教育和民兵预备役工作，努力抓好民兵整组、军事训练和战备勤务工作，积极开展以劳养武，全面完成征兵任务。

【经济目标】 1. 主要经济指标。2016 年我镇农民人均纯收入 7280 元，人均增加 378 元。完成固定资产投资 6120 万元，招商引资工作实际完成 9000 万元。完成烤烟生产 900 亩，完成烟叶税收 55 万元。2. 农业产业化发展。2016 年我镇农业产业化根据本镇实际，以板块经济建设为契机，加大产业结构调整力度。在田坝村建立了 300 亩杨梅、300 亩红脆李、800 余亩的早熟马铃薯种植示范基地；苏嘎村和兴旺村实施了 545.5 亩的脱毒马铃薯种植；田坝村和茨朗村发展 800 亩刺梨种植；推广杂交玉米良种 8000 余亩，推广杂交玉米“营养坨”育苗移栽 1200 亩。通过科技下乡等方式联合农牧、科技等相关业务部门，共举办科技培训班 8 期，培训 1180 人次，劳动者素质得到了提高。3. 畜牧业发展。2016 年我镇生猪出栏完成 29856 头，肉牛出栏完成 8942 头，小家禽养殖完成 333040 只，在沙炭沟村启动 100 头规模的能繁母牛养殖项目。4、其他经济目标。劳动力转移完成 460 人，农民工培训完成 725 人，扶贫攻坚任务 859 人，实际完成 859 人；新增农村专业大户 18 户，新增城镇就业完成 70 人。

【基础设施建设】 全镇共完成通组路硬化 9.4 公里，通村路 4 公里；修建田坝村至先进村通村油路2.8公里，田坝村八组至妈荒顶同组公路3.5公里，完成田坝镇移民安置点的“三通一评”工程。

【人口计生工作】 全镇人口与计划生育工作，继续以稳定低生育水平，提高人口素质为核心开展工作。全镇全年完成手术95例，其中一孩上环5例，二孩上环56例，多孩上29例，二孩结扎3例，多孩结扎1例，人流1例，皮埋0例。一孩上环及时率为100%，二孩及以上手术及时率100%。全年共发放计生宣传品3800余册，张贴宣传标语60条，宣传画13幅，全镇共出生人口152人，其中常住人口出生147人，流出人口出生5人，符合政策生育率为88.8%。全镇享受奖扶政策37户98人，农村独生子女户22户45人，二女结扎户14户51任，手术并发症1户2人，按规定已全部享受了相关奖励扶助政策。

【安全工作】 2016年该镇安全生产工作做到人员、经费、责任三落实，健全完善了各项规章制度，按照“横向到边、纵向到底”的工作原则，全面完善安全生产监管网络，认真开展了道路交通、化学危品、食品卫生安全等专项整治活动，加大了节假日和日常安全生产的检查、监督力度，实现了安全生产“零”事故的目标。

【民生社会事业】 1.小康房（危房）建设。2016年我镇共实施小康房5户，目前已全部竣工；实施危房改造98户，涉及7个村70个村民组，目前房屋建设已全部竣工并投入使用。2.是重大项目建设顺利推进。夹岩水利枢纽工程启动以来，我镇积极配合做好实物指标调查、库区矛盾纠纷调解、淹没区土地房屋等赔偿的核定以及库区移民搬迁工作。已完成先进村潘家岩脚组79户群众的搬迁任务；完成盘挪河村和茨朗村508户农户的协议签订，累计成投资1.8亿元。完成田坝村集中安置点征地工作，目前正按规划进行施工建设。3.科教文卫工作。一是进一步巩固“两基”成果，提高适龄儿童入学率，减少适龄儿童辍学率，适龄儿童入学率达99.57%，初中毛入学率达100%。全面落实中职教育“9+3”计划，并完成各学校的教师周转房和学生宿舍建设5000余平方米。二是完成苏嘎、先进、沙炭沟、盘挪河等4个村的卫生室改造工程，全镇新型农村合作医疗参合人数达到20112任，完成率达到100%以上，有效解决人民群众看病难、看病贵的问题。三是整合资源，组建壮大民间花灯剧队伍，以老百姓喜闻乐见的方式宣传党的方针政策，弘扬“花灯戏”传统文化魅力；各村已全面覆盖“广电云”工程，且安装“912”广播32户。4、民政工作。民政工作常规推进，认真搞好困难群众和农村低保困难补助的发放、复员军人定补、农村危房改造等惠民工作，切实解决贫困人口温饱及住房问题。一年来，通过实际调查，积极深入到8个村89个村民组进行核实受灾对象，做到底数清、基数明，共核实五保对象81户116人，发放五保资金19万元，全年来累积发放低保金3616912.7万元，解决了低保对象892户1923人；临时救助资金89200元，共42人，发放资金89200元，医疗救助金320910元，共46人已发完毕。发放因灾倒损房屋补助资金1户3000元，救济粮12吨、防寒服100件、棉被150床解决受灾贫困群众559户778人，救助款100000元，受助对象379户，已发放完毕。加大了救灾救济工作的投入力度，基本解决了灾民和困难群众的生活需求。春节期间慰问各类对象31户31人，发放衣、被、米、油各21件，9500元。发放困境儿童生活补助32人29000元，已发放完毕。2016以来，按照横到边、纵到底要求，对全镇留守儿童、空巢老人、残疾人进行了全面排查。对1197名留守儿童进行精准建档，共签订三方协议876份。募集1.3万元，纳入镇“四关爱”基金，提供适时救助。采取“多对一”“一对一”“一对多”等模式落实留守儿童关爱救助，确保留守儿童身心健康成长。5、科技、办公室和应急管理工作。一是加强科技工作的宣传教育培训力度，大力推广科技种田技术培训，充分发挥协会的作用，在全镇范围全面开展科技兴农活动，为我镇科技发展提供了科技保障；二是充分发挥办公室的窗口和桥梁纽带作用，切实做到上为领导分忧，下为百姓解愁，扎实做好办公室办文、办会、办事工作，综合协调好部门工作，为全镇经济和社会事业健康发展提供后勤保障；三是成立民兵应急分队并加强培训，结合实际，制定了防洪、安全稳定抗旱救灾应急预，准备充足的应急资金，为应急管理工作提供切实可靠的组织保障和经费保障。

（党政办）

阴底彝族苗族白族乡

【概述】 阴底彝族苗族白族乡位于毕节市七星关区西南面，距县城50公里。地跨纬度在27° 4′ ~ 27° 20′，东经105° 0′ ~ 105° 7′ 之间。海拔1450—2000米，政府所在地海拔1684米，属亚热带季风气候，雨资源丰富，年均降水量为850—1000毫米，日照量1200小时左右，无霜期250天左右，冬无严寒，夏无酷暑。东抵田坝镇，南抵纳雍县姑开镇界，西南抵赫章县古达乡界，北抵千溪乡界。总面积117.4平方公里，有耕地26634亩（其中农田1900亩）。居住着汉、彝、苗、白、布依、仡佬等民族。总户数9792户，现有人口43977人。（农业人口42870人）其中少数民族13156人，占总人口的29.94%。阴底彝族苗族白族乡人民政府驻阴底街上，辖阴底、箐口、高潮、马场、大丰、治中、红星、罗雄、对河、先锋、踏石朗等12个行政村，154个村民组。主产玉米、水稻、小麦、豆类、杂粮等农作物。次产烤烟、油菜、大蒜、花生等经济作物。宜种漆树、核桃、板栗、桃、李、杏、花椒、杜仲、板蓝根等经果药材，荒山草坡多，比较适宜发展养殖业。

乡内矿产资源有煤、硫、铁、锌、高岭土等，植被覆盖率达50%以上。

【党建工作】 （一）是加强自身建设，提升执政能力新高度。深入推进政务公开，扎实推进重要民生事项、投资项目、权利运行清单等信息公开。自觉接受人大、纪委的监督和社会各界的广泛监督，改善和加强党对群团组织的领导，充分发挥群团组织的桥梁和纽带作用，开展形式多样的活动，进一步增强了党组织的凝聚力，定期召开领导班子民主生活会，通过召开民主生活会，开展批评和自我批评，对照标准查找问题，带头落实整改措施在党员干部之间形成互相诊脉、互相帮助，从而达到共同进步的良好氛围。（二）是改进工作作风，提升服务群众新水平。深入推进党的群众路线教育和“三严三实”专题教育，有效开展“创先争优”活动，继续深化农村基层组织“三级联创”活动，不断完善服务功能，切实转变服务方式，改进工作作风，提高服务效率。以“马上就办”的作风推动工作落实，用干部的辛苦指数换取群众的幸福指数。加强基层民主法制建设，推进民主选举、民主决策、民主管理、民主监督和政务财务公开，完成上一届村支两委换届工作。完善村干部考核管理制度、驻村干部考核管理制度和村级印章管理制度，大力推进村级组织活动场所建设，基层组织体系“一核多元化”建设成绩显著。强化干部培训，提高干部队伍素质，优化党员队伍结构，做好党员发展和后备干部培养选拔工作。不断提高党的执政能力，巩固党的执政基础。加强对干部的教育跟踪管理，探索建立制度与教育并重的监督体系，建立干部监督考核机制，突出抓好党委班子和干部作风的监督，积极探索加强干部作风建设的新方法、新途径，不断完善乡村干部考核管理办法。（三）是狠抓党风廉政建设，廉政建设取得新成效。

坚持“标本兼治”原则，认真抓好党员干部的党性、党风、党纪教育，建立健全党员干部学习教育制度，强化民主监督机制，促进党风廉政建设。组织广大党员干部认真学习了有关文件精神，播放党风廉政建设警示片，用典型案例对党员干部进行廉政教育，通过多渠道的宣传教育，增强了党员干部遵纪守法的自觉性。过去五年乡党委切实履行“一岗双责”，强化执纪监督问责，狠抓“四风”整治，“三公”经费支出大幅下降。严肃查处了一批违纪违法案件，2016年乡纪委共发现问题70个，立案查处9件，结案9件，查处党员干部共15人，其中党内严重警告4人、进一步提升了廉政、履职意识，让权力在阳光下运行。（四）抓乡村两级换届，夯实执政基础。

根据区委的安排，7月27日我乡召开了中共阴底乡第二次代表大会，提出了今后五年阴底乡党委的工作思路，选举产生了新一届党委班子；9名党委委员全部满票当选。11月24日召开了阴底乡第二届人民代表大会第一次会议，选举产生了乡长、人大主席各1名，选举产生副乡长3名、人大副主席1名，所有候选人满票或高票当选。今年是村支部、村委会换届选举之年，根据上级安排，今年9月下旬以来，精心组织全乡村支两委换届选举工作。预计明年3月份，乡村支部和村委会换届全面完成，严格贯彻执行村党支部候选人的推选“七选七不选”的标准及村民委员会候选人的推选“五选十不选”的标准，乡里加强了对候选人资格审查，严把候选人入口关，认真执行村党支部换届“两推一选”和村民委员会换届“海推海选”模式，通过依法民主、公开选举，把一批政治素质好、廉洁奉公、年富力强、能带领群众致富奔小康的优秀党员群众选进村支两委班子，配强了村级班子，为各项工作的开展提供了强有力的组织保证。（五）抓制度建设和学习型机关创建，营造良好氛围。以创建学习型机关和学习型党组织为抓手，完善领导干部学习机制，培植先进典型，努力提高机关干部的政治思想素质和引领农民发家致富的能力。实行机关干部工作下移与村干部互教互学机制，利用乡村干部的优势互补形成了机关干部和村干部“学教互动”的良好格局。实行分村包保管理模式，实行包村领导负责制，把各项工作分解到村，落实到岗，明确到人。各村实行量化考核，考核结果与干部年终待遇直接挂钩，以此激励干部开拓创新、务实工作。对全乡的重点工作进行了责任分解，每项工作都明确了责任人和责任领导，使人人头上有责任，个个肩上有担子。强化村干部教育培训，乡里制订出台了《阴底乡乡村干部管理办法》，强化了村干部规范化管理。坚持和完善民主集中制原则，建立健全党风廉政建设和工作制度，做到了用制度管事管人。由于制度完善，责任明确，干部思想作风明显好转，机关效能建设得到进一步提高，营造了干事创业的良好氛围。

【农业工作】（一）重点项目建设全面铺开。以项目建设为突破口，一是交通通达程度进一步提高。实现全乡12个村均有通村水泥路，硬化通组路、连户路；二是水电讯设施进一步完善。建成农村饮水安全工程9个，受益群众3万余人。进一步维护田地综合整治工程，保护农田。有线电视、3G和4G通信、宽带和光纤网络等通信设施建设有序推进。三是人居环境进一步改善。10月，我乡启动了全乡81公里的通村公路建设和10.7公里的通组路建设，2017年，我乡的交通通达程度将进一步提高。乡社保中心即将完工，搁置了一段时间的小城镇建设群英大街项目已经重新启动，并在11月完成了新大街道路油化和人行道路灯安装。（二）农业产业全面提升。2016年度已实施脱毒马铃薯种植2300亩，其中脱毒马铃薯种薯繁殖460亩；实施脱毒马铃薯经济板块300亩，可提供脱毒优质种薯50万公斤，可提供商品薯500万公斤。完成杂交玉米连片种植21000亩，杂交玉米覆盖率达90%以上；推广杂交玉米营养坨育苗17000亩；完成杂交玉米种植乡村级样板8个，面积2300亩；完成杂交玉米高产样板3个，面积1000亩；完成大白萝卜种植8500亩。落实优质辣椒板块300亩；完成400亩苦参板块种植；完成200亩青脆李板块种植；完成100亩白花桃板块种植。该乡现有产业化养殖大户8户，其中养牛户5户，养猪户1户，养羊户2户。正拟实施产业化种草养牛项目一个，计划养牛80头，带动40户贫困户脱贫致富。（三）“三防一减”全面落实。一是森林防火各项措施及责任落实情况。组建应急分队，发挥积极作用，乡成立了森林火险应急处置队伍；着迷彩服，随时整装待命，负责早上和夜间巡逻。各村成立了30人的森林防火应急队伍，应急队伍的建立，确保了森林山火发生时，反应更为敏捷，并能够有组织、有纪律、在最短的时间内赶赴现场，开展扑救活动，遏制山火的迅速蔓延。加强24小时值班，为了确保信息畅通，乡切实加强森林防火、防汛抗旱工作值班，一是政府安排值班人员24小时值班；二是林业站安排人员24小时值班。实行24小时巡山守护和各进山路口的检查、登记，按照预防为主，切实控制的原则和“打早打小打了”要求，对进山人员进行询问、盘查和宣传，并作好登记。同时，加强巡山护林力度。严禁一切野外用火，在交通要道、重要林区悬挂大幅标语10幅，书写小标语100余条；利用森林防火宣传车，沿林区公路全天宣传动员，各巡山护林人员在山的路口进行把守，严禁一切野外用火；各巡逻人员于早晚分别在有林村进行巡逻，对野外用火人员进行教育和惩处。二是防汛工作各项应急措施落实情况：年初，乡人民政府成立了防汛抗旱工作领导小组，制定了防汛抗旱工作预案，组建了防汛抗旱应急处置队伍，配备了防汛物资。乡党委政府明确了人员负责塘、库、沟渠等水利工程的防汛工作；负责地质灾害、路桥、房屋的防汛工作；负责卫生防疫和救助工作；负责企业安全和危险品管理工作；负责移民防汛安全工作。各村成立了20人以上的防汛抗旱应急处置队伍；乡组织人员对各自辖区内的山塘、水库、沟渠、路桥、房屋、企业、危化品生产管理和移民建房等进行了一次全面的安全大检查，进行了防汛工作责任分解，对重点水利工程安全防汛工作明确责任单位，安排专人负责；对地质灾害重点防治点群测群防任务进行了分解；对企业汛期安全重点隐患整治工作进行安排，明确责任人和联系人；对汛期24小时值班人员进行了调整。通过这些有力的措施，确保我乡汛期无险情发生。

【民生事业】 （一）计划生育工作常抓不懈。计划生育工作是全乡的工作重点。今年来，面对新的形势、新的机遇和挑战，乡党委、政府没有丝毫松懈，始终把计划生育工作作为头等大事来抓，全面落实人口与计划生育工作责任制，进一步完善了基层基础工作，加强了流动人口的管理及计划生育工作队伍建设，提高依法行政水平和服务水平，切实提升了计生服务水平。近一年来，全乡计生工作水平进一步提高。（二）文明创建和农村思想政治教育工作深入开展。注重全乡工作经验与典型事迹的推介报道，全年在各级报刊、网站发文30余篇，完成了区里下达的信息报送任务。扎实开展乡卫生整洁行动，以集中整治，强化日常工作为重点，集中阴底乡村主干道内的暴露垃圾，使主干道沿线“脏、乱、差”现象得到切实改变，逐步实现“乡风文明、村容整洁”的要求。以农村“七个起来”为载体，继续在全乡开展创评“星级文明户”活动，把创评“星级文明户”活动作为新时期加强农村精神文明建设的最重要载体，在全乡形成健康文明新风尚，使得农村思想政治教育在全乡得到深入开展。（三）征兵工作圆满完成。

为切实做好武装各项工作，人武部注重做请示汇报工作，凡人武系统有重要工作，都会及时向党委、政府报告。对于需要党委、政府投入大量经费或拍板的重大工作，提请党委会专门开会加以讨论，不断增强武装工作在乡工作中的地位和作用，确保武装工作的制度落实。按照上级武装部的安排，在乡党委、政府的领导下，圆满完成了年度各项工作任务，合理调整民兵组织，精干民兵队伍，认真组织培训，提升民兵队伍素质。今年，乡党委、政府对征兵工作非常重视，成立征兵领导小组，召开征兵工作专题会议，对年度征兵工作作出具体部署和要求，我乡完成预征人数9人，完成上级分配的征兵任务。（四）医疗卫生和新农合收缴工作落到实处。新建的卫生院门诊住院大楼投入使用后，为病人看病住院提供了良好的环境，手足口病等重大传染疾病得到有效防治。今年继续加大新型农村合作医疗的宣传和收缴力度，到目前我乡新型农合已全面完成收缴任务，参合率达到区任务下达的100%，有效地解决了农民就医难、看病贵的问题。（五）社会治安综合治理稳步推进。一是狠抓社会治安。2016年来，乡党委、政府把加强社会治安综合治理、维护社会稳定、防范和处理邪教问题、普法依法治理、人民调解暨“三调联动”等工作作为党和政府的头等大事来抓，紧密结合本乡实际及县对乡镇综治工作责任状制定计划，分解任务，完善制度，加强队伍，加大依法治乡、治村力度，围绕“打防控”一体化建设，扎实开展治安防范工作。大力推进依法行政，严格执行《行政许可法》，规范行政执法程序，建立权责明确、行为规范、监督有效、保障有力的行政执法体制。二是构筑信访安全网。认真抓好中秋、十一等特别防护期稳控工作，召开专题会议，分门别类制定了稳控方案，成立以乡长为组长的稳控工作领导小组和原民办教师、原农话员、非法传教等重点人员稳控工作组，对宣教、阻访、劝访等工作实行专人负责制，对重点人员监控划分领导责任、行政责任和直接责任，尤其是对重点涉访人员实行干部24小时轮流值班监控制，极力做好其思想稳控工作。三是强化安全生产管理。乡党委、政府始终将安全生产工作摆在重要议事日程，组织力量对消防、危化物品、烟花爆竹等重点领域进行安全大检查。做好学校周边环境整治工作。联合区交警六中队，下半年对非法车辆营运、三轮车非法接送学生进行两次专项清理，学校与家长签订了责任状并向家长发放“致家长的一封信”，让家长教育孩子不要乘坐无牌无证的非法车辆上下学。认真开展“百日大行动”，对非法开采，乡党委、政府多次召开了专题会议部署清理整顿行动。

【精准扶贫工作】 深入开展全乡精准识别工作，确定全乡精准扶贫户1904户9191人，认真完成减贫摘帽中央资金和区级资金各项项目的具体落实，明确精准扶贫对象的帮扶责任人，确保帮扶精准而显成效。并完成全乡382户2093人年度脱贫对象的脱贫及完成2016年易地扶贫搬迁37户219人的搬迁工作。认真落实中央财政扶贫资金项目的申报、实施和监管，积极推进社会扶贫项目及对口帮扶项目的实施，认真实施好“雨露”行动计划、“因村派人”行动计划，全面推动脱贫攻坚。重点抓好脱毒马铃薯、杂交玉米、特色经果林、中药材、山地生态畜牧业等板块经济。一是用好2016年中央第一批专项扶贫资金382.9万元及第二批专项扶贫资金38.5万元，落实项目生态养牛395头，按每头补助5000元，预算197.5万元。生猪养殖1352头，按每头补助1000元，预算投资135.2万元。生态养羊10只，预算投资1万元。经果林种植130亩，预算投资9.2万元，其他项目预算补助40.2万元。预计在2017年4月完成验收。二是特惠贷政策扶贫，根据贫困户需求，加大“一市五金多套餐”贴息贷款扶持力度，针对全乡2016年383户2093人拟脱贫人口，加大帮扶措施落实力度，确保符合条件的贫困户应贷尽贷。

【小城镇建设工作】 该乡因种种原因搁置的新大街建设取得重大进展，新大街道路油化和路灯安装已全面完工，人行道和相关配套工程陆续施工，群英大街即将全面建成。小城镇建设将与美丽乡村建设交相辉映，让阴底焕然一新。

【水库移民工作】 阴底乡是夹岩水利枢纽工程涉及水库移民的重要乡镇，阴底乡共计7个村涉及水库移民，其中以马场村、对河村涉及面最广。阴底乡共计1122户5542人涉及水库移民，鉴于阴底涉及该项工作人多面广，阴底乡成立马场、对河两个水库移民专项工作组，全面开展水库移民工作。一年来，在乡党委、政府的高度重视和领导下，在区移民局的精诚配合支持下，我乡克服困难，如期完成水库移民工作年度目标任务。

【三关爱服务工作】 认真深入贯彻落实区“三关爱”工作各项部署，以关爱留守儿童和困境儿童，使其健康成长；关爱空巢老人，使其安度晚年为“三关爱”工作出发点和归宿，我乡通过各种形式做了大量工作，把“三关爱”工作纳入我乡工作的重要内容。一是建档立卡抓系统录入管理，加强“三关爱”工作基础。“三关爱”系统录入完毕，为了便于管理，在基本数据汇总的基础上，根据工作需要，对三类人群中的特殊对象情况进行了区分，分门别类进行造册登记，做好动态管理，增强了工作针对性。二是明确责任，责任到人，确保工作有人抓、有人管，抓管到位。三是“三关爱”社会氛围进一步形成，切实加大宣传力度，扩大“三关爱”社会影响及知晓率，通过各种形式，扩大了宣传影响，提高了群众知晓率。

【社会事业】 全面落实各项支农惠农政策，大力改善民生事业。加大农民实用技术和技能培训力度，提高农民致富能力。鼓励农村剩余劳动力外出务工或向第三产业转移，促进农民增收和劳动力就业转移，城乡就业持续扩大。

抓好农民减负的监督管理，切实兑现“一事一议”财政奖补政策，真正做到农民减负，农民收入较快增长。扶贫政策力度加大，最低生活保障对象人数逐年减少，“四类人员”生活标准得到持续提高。同时，扎实抓好就业、双拥、统计、统战、科协、保密、老年、残疾人事业、工会等各项工作。

（朱　媛）

千溪乡

【概述】　千溪乡位于毕节市西南部，距市区21公里。全乡辖5村92个村民组，居住汉、彝、苗、白等民族，总人口6421户24680人；全乡国土面积54.68平方公里，其中耕地面积3.04万亩（水田4092亩、旱地2.6308万亩），林地面积3.6207万亩，园地面积1248.8亩，未利用土地1.0765万亩；全乡地处亚热带季风湿润气候区，气候温凉湿润，全年平均气温10至12.8℃，年降雨量990至1010毫米；境内地形起伏较大，平均海拔1790米；全境属喀斯特岩溶地貌，土壤多为紫色砂页土和黏性土，物产资源种类繁多，矿产资源有煤、铁、硫矿、硅矿、铝矿和镐等，以煤、铁为主。

【招商引资】　2016年，我乡加大招商引资工作力度，引进新项目3个，投入资金900万元，实际到位资金912万元，招商引资工作成效明显。

【城镇化建设】　投资110万元建设完成法朗村小广场；投资70万元完成千溪乡客运站建设项目；完成2014年政府公租房建设并入住1440平方米，完成乡办公楼维修改造工程，新建集贸市场门面25个约750平方米，完成建设小康房8户、危房改造153户；启动小康寨建设村庄整治工程两个，在中屯村新建生态文明广场和烟民活动中心各1个；完成沙垮村易地扶贫搬迁集中安置和沙垮村海子组地灾搬迁点建设工程，新建沙垮村小广场1个，投入资金15万元完成兴荣村美丽乡村建设工程，启动实施千溪乡千朗沟村、沙垮村、法朗村的农村安全饮水巩固提升工程。

【“一事一议”财政奖补】　完成“一事一议”项目，修建花池100米，安装路灯20盏，新增垃圾勾背箱2个。

【基础设施建设】　完成通村公路建设10.3公里，“一事一议”项目通组路硬化16.3公里，实施“两个硬化”工程3089户，连户路硬化80613米，院坝硬化面积59208平方米，“两硬化”在全乡基本实现全覆盖。完成5个农村饮水安全提升工程建设；实施10千伏及以下供电线路5千米、安装配电变压器5台。有线电视、3G和4G通信、宽带和光纤网络、邮政所等通信建设有序推进。

【“三农”工作】　农业产业发展：完成了脱毒马铃薯种植5312亩。种植辣椒5500亩，种植大白萝卜4017亩，种植大白菜1822亩。连片种植苦荞300亩，种植优质油菜320亩，完成计划种植玉米12500亩，推广杂交玉米良种0.95万亩，推广玉米育苗移栽技术0.54万亩。新增种植板栗305亩。完成养猪5322头，完成养牛4704头，养羊1268只，人工种草200亩。全乡完成能繁母猪入保424头，母猪产床19组，预订2017年杂交玉米良种共计2300公斤，预收款36800元，共发放良种补贴16.6万元。全年共组织培训农作物病虫害知识8期，培训人数达580人次，发放农药安全使用技术知识宣传单400余份。开展了以水稻黏虫、稻水象甲、菜豆象、稻瘟病、稻叶蝉等主要农作物病虫害为主的调查及监测工作，特别是对菜豆象的调查摸底工作，为全乡广大农户提供了积极有效的防控方法，挽回损失60余万元。积极争取上级业务部门的支持，及时进行大田病虫害防治，累计进行病虫害防治面积达3250亩。

【精准扶贫工作】　一是按照“两议三公开”程序完成精准扶贫“回头看”工作，全乡共识别出3146元以下的贫困人口共742户2822人，并对建档立卡工作实行动态跟踪管理；二是率先在全乡范围内对所有系统内贫困户制作一户一卡的明白卡，细化帮扶人和帮扶措施，并在全区得到推广。三是引进公司带动产业发展对贫困户进行扶贫。结合“一市五金多套餐”小额贷款贴息基金发展212户养牛户，3户黑山羊养殖户，1户养鸡户，3户养猪户，共计发放贷款537.6万元；已落实购牛212户636头，购羊3户58只，养鸡1户300羽，养猪3户8头。整合2015年减贫摘帽项目及贵州银行捐赠资金共计110.3万元发展绿壳蛋鸡养殖，采购绿壳蛋鸡鸡苗89000羽，对全乡5个村现系统内贫困户及全乡2014年、2015年已脱贫贫困户共1011户进行绿壳蛋鸡分散养殖，每户养殖绿壳蛋鸡88只；争取扶贫资金8.8万元资助贫困大学生22名；兴荣村冷水养鱼项目：通过2016年第一批财政专项扶贫项目资金69.2万元及市直部门驻村工作队帮扶项目资金10万元，养鱼75000尾，其中62.2万元以兴荣村、沙垮村、法朗村、中屯村2016年计划脱191户872人的名义投入，17万元以兴荣村村委会名义投入；千朗沟村能繁母牛养殖项目，投入20万元，其中10万元以千朗沟村2016年计划脱17户84人的名义投入，10万元以千朗沟村村委会名义投入；沙垮村入资肉鸡养殖专业合作社，投入10万，无论盈亏，每年保底分红1万元；法朗村黑山羊养殖项目以先建后补的形式补助5户贫困户饲养100头黑山羊；中屯村入资野鸡散养专业合作社，投入10万，无论盈亏，每年保底分红2万元。第二批中央和省级财政专项扶贫资金100万元分别用于中屯村同心创业种植养殖专业合作社产业扶持和兴荣村李子苑种养殖专业合作社配套设施工程建设，每个合作社各50万元，以扶持回乡创业小微企业的形式，起到以点带面的良好效果，继而带动贫困户参与发展。四是编制好2016年农户脱贫规划，对识别出的贫困人口实施一对多的帮扶，净减少农村贫困人口956人以上。

【生态文明建设】 1. 深化集体林权制度配套改革：认真做好林权制度改革工作。2. 森林防火：乡党委、政府高度重视森林防火工作，认真、扎实做好森林防火工作，全年无一起重大森林火灾发生。3. 环境保护和节能减排：认真开展对企业环境的监管工作，开展对集乡、村寨的环境综合整治工作，辖区内企业污染没有超过控制指标，没有发生环境污染纠纷和事故。

【社会事业】 1. 人口和计划生育工作。人口出生：全乡总人口24680人，全年共出生123人，符合政策生育率为90.5%，出生人口性别比为100：101。手术完成情况：全乡共完成避孕节育手术112例，常住避孕节育措施落实率达100%。双诚信、双承诺工作：全乡签订“双诚信、双承诺”责任书3508份，签订率达100%。孕前优生：孕前优生健康检查目标人群覆盖率达100%。2. 教育工作。完成综合素质教育督导评估、教育督导、“普十五及两项督导”等工作的验收，并得到上级教育行政部门的肯定和好评。完成2015年千溪中学教师公租房建设并投入使用；协调区教育局投资10万余元，完成学校围墙有安全隐患撤除重建。投资9万多元采购千溪中学校园广播系统一套，并已投入使用。投资15余万元建设千溪中学全覆盖安全监控系统。完成2016年千溪小学、法朗小学改薄项目工程可研手续。委托贵州正宏艺文化传播有限公司对千溪小学、法朗小学、中屯小学和千溪中心幼儿园校园规划设计。协调七星关区民宗局帮助资金20万元完成千朗沟小学民族文化进校园、校园绿化美化工程；投入34万元建设5所学校校园监控；投入10万元建设千朗沟小学和法朗小学“阳光少年之家”；完成千溪小学心理咨询室建设。联系重庆江浙建设投资有限公司资助30万元改建法朗小学；协调七星关区教育局资金529648元解决法朗小学薄弱学校改造征地拆迁补偿。3. 卫生工作。新农合工作：全乡参合率达99%以上。疾病预防控制工作：“五苗”接种率达95%以上（即卡介苗、脊灰苗、麻疹苗、百白破、乙肝苗）；麻疹等8个重点传染病发病率低于上年水平。妇幼保健工作：住院分娩率达到95%以上，孕产妇系统管理率75%以上；3岁以下儿童系统管理率高于上年平均水平。食药卫生监督工作：扎实抓好食药卫生监督工作，没有发生一起饮水安全、食品安全事件和食物中毒事件。4. 文化体育广播电视及旅游工作。认真做好旅发大会宣传及服务工作。进一步加强了对文化市场的管理，没有一起违法违规现象发生。5. 民政工作。按规定将民政资金实行专户管理、社会化发放。严格按照相关程序开展农低保核查工作，核定符合条件的 737 户 1861 人，发放低保救助金 297.7152 万元；认真抓好民政救助，共发放大病医疗救助金 35 人 25.029 万元；发放临时救助 10 人 1.95 万元；发放急难救助 2 人 3 万元；按时上报灾情；建立健全倒毁房屋台账；按照要求在规定时限内完成恢复重建任务。建立健全优抚对象统计台账，及时更新和报送优抚对象死亡等相关信息数据。认真做好婚姻登记工作，婚姻登记满意率达 100%；老年公寓相关配套设施齐全，入住率达 90%。乡敬老院入住五保老人 8 人，对入住五保老人实行集中供养，民政兜底。6. 留守儿童工作。按照“四个一批”实行长期动态跟踪管理，对全乡现有留守儿童 958 人进行一对多结对帮扶。7. 民族宗教工作。切实维护少数民族权益，积极处理民族之间矛盾纠纷，没有发生民族冲突事件。认真做好宗教领域稳定工作，无群体性事件发生，认真开展打击非法宗教活动，没有新建非法宗教场所。8. 统计工作。认真组织统计人员参加区统计局各类统计业务工作会议，按时向区统计局报送各类统计报表，按时按要求完成区统计局安排的各项调查任务。

【社会稳定】 1. 政务服务工作：修建便民服务中心约 90 平方米并挂牌，进一步完善制度建设，严格挂牌上岗制度。制作便民服务手册免费发放给群众，得到社会好评。2. 信访工作：全年没有发生 1 起到上级非正常上访和集体访，在规定时限内认真完成市、区交办件。正常开展三级联动视频接访工作，认真排查调处矛盾纠纷，切实做好信访工作。调查回复信访案件 20 起，化解信访积案 3 起，调解矛盾纠纷 46 起，初信初访调解成功率达 100%，矛盾纠纷调解成功率达 97%。3. 维稳工作：完成各重大节日、重要节点稳控工作，全年实现赴省进京零上访。4. 禁毒工作：按程序完成禁毒踏查，实现吸毒人员和外流贩毒人员“双降”，强制戒毒人员无缝对接，做好安置帮教及涉毒人员大排查；按要求开展 6.26 禁毒日宣传活动，发放资料 1000 余份，接受现场咨询 300 余人次。5. 社会治安综合治理：认真贯彻上级政法工作会议精神，切实抓好上级有关文件的落实。结合实际，深入开展平安建设活动。加强治安防控体系建设，深入推进社会管理创新，加强公共安全和处置工作，加强和完善自身建设，加大平安建设的宣传工作力度。社会治安形势较好。6. 安全生产：该乡始终坚持以“保安全，促发展”作为了全乡工作开展的重心，一是认真落实安全生产包保责任制，建立健全安全生产责任制、巡排查报告制度和举报奖励制度，严格执行责任追究制和奖惩制。同时联合相关部门对摩托车、三轮车、农用车机动车辆进行专项整治，共处理了无证驾驭车辆 30 余辆；二是开展安全生产宣传活动，共出动宣传车辆 60 余驾次，切实增强了全乡各非煤矿山企业及广大人民群众的安全生产意识。三是建立了地质灾害防治目标责任制，编制防灾预案，建立了巡排查制度、领导带头值班制度、速报制度等，切实做好地质灾害隐患点群众的搬迁工作，确保广大人民群众生命财产安全。四是全面抓好民爆物品、消防、建筑等方面的安全生产工作，形势比较平稳。全年未发生安全生产事故，安全生产形势趋于稳定。7. 应急管理：乡、村、学校及辖区内企业单位预案编制率达到 100%。发生突发公共事件发生后，按程序及时向区政府应急办报送信息，无迟报、漏报、瞒报情况。做好应急物资储备工作；组建了应急救援队伍。利用安全生产宣传月、全国防灾日等有利时机，组织开展应急管理知识宣传教育活动。研究制定风险隐患排查措施。8. 普法工作：认真抓好普法工作，普法经费列入财政预算，专款专用；认真做好行政复议、行政应诉工作，认真履行行政职责，行政执法人员在执行公务中没有违法违纪行为发生。9. 武装工作：按要求完成民兵整组，启动 2016 年度征兵工作，做好战备物资储备并建立了台账，严格出入库登记管理。

【机关建设】 一是加强领导班子、干部队伍建设和作风建设。首先是加强政治理论学习。进一步健全党委中心组学习有关学习制度，每月组织两次集中学习。

在学习过程中，本人带头学习、宣讲十八届四中、五中全会精神和习近平总书记重要讲话精神、党在农村的方针、政策等，从而使中心组学习真正取得实效。其次落实工作职责。结合本乡实际情况，根据班子成员各自特点，科学分工，并层层制定岗位目标责任制，明确了乡班子成员和全乡干部职工的岗位职责。全乡工作人员做到既分工又合作。第三是强化民主集中制。进一步完善并认真实行乡班子集体和个人分工负责制，不搞“一言堂”，对于重大经济发展，干部任免等问题均能坚持会前征求意见，个别酝酿，最后由集体讨论决定。第四是加强团结协作。日常工作中能善于团结、组织、带领班子成员搞好工作，及时了解掌握班子成员的思想动态，关心班子成员的成长，在班子中能做到“大事讲原则，小事讲风格”，注重维护班子的团结和统一。平时注意用自身的言行去团结、影响和带领班子成员共同完成各项任务，并注意扬长避短，以发挥群体力量，形成工作合力。第五是加强乡村干部队伍建设。注重对乡、村干部的培养、使用和考核，各项工作有了新起色。进一步健全机关效能建设有关规章制度，不定时深入各办公室、所站，进行督促检查，对违反效能建设有关事项进行严肃处理，促进机关作风和干部作风明显好转。二是加强基层组织建设和精神文明建设。以开展农村基层组织“一核多元”活动为契机，加强对党员干部的教育培训，引导党员干部讲党性，作表率，维修了兴荣村和千朗沟村办公楼。深入开展农村思想政治教育和“五在农家·美丽乡村”“十星级文明户”等评选活动，营造了良好的社会氛围。三是圆满完成党代会、人代会各项工作，切实抓好乡党委、政府和村“两委”换届工作。目前已顺利完成乡党委、政府领导班子换届工作和村支委换届工作，正在稳步推进村民委员会换届工作。四是加强党风廉政建设。认真落实党风廉政建设责任制，切实加强乡、村班子的廉政建设，着力建设勤政务实高效的基层党组织，不断提高党组织的凝聚力和战斗力。五是抓好同步小康驻村工作。由市政府办、市地税局、市财校、市离退干局、市国安局、市政府金融办六个单位共13人组成的同步小康干部驻村工作队，克服工作和生活中的困难，驻村工作队队员采取走村入户、夜访农家、举行座谈会等形式，根据乡情、村情、民情，扎实开展“精准扶贫”工作，深得群众的支持和拥护，工作中总结创新了“白天走、干、讲，晚上读、写、想”的“六字”工作法，做到了真扶贫、扶真贫，共为我乡争取项目及办好事实事共计52件，共投入资金500余万元。

【廉洁政府建设】 认真贯彻落实上级有关精神，制定党风廉政建设工作安排意见，和乡直各单位、各村、机关干部职工签订责任书，落实工作责任。建立健全相关制度，认真学习、执行有关规定。加强党风廉政建设工作，认真开展执法监察工作，加大对涉农资金监管工作力度，按时完成上级交办的各项工作任务。

（曾　艳）

长春堡镇

【概述】 七星关区长春堡镇位于毕节城区西部，镇政府所在地距离市中心13公里，326国道、毕威高速、毕镇高速穿境而过，总面积134平方公里，辖14个村，6个社区，153个村民组。分布有汉、彝、苗、白等民族。居住14562户人，总人口60856人。是七星关区的重镇之一。属卡斯特地貌，土壤多为黄棕色泥土。以种植业为主，粮食作物以玉米、水稻、小麦、大豆、马铃薯为主；经济作物以烤烟为主，同时生产大白萝卜、辣椒等无公害蔬菜；矿产资源主要有煤、铁、岩页等。

【经济工作】 一是强化服务环境，加大招商引资力度。镇党委、政府始终把“引得来、留得住”作为招商引资的根本宗旨，大力引进符合“两型”条件的大型企业，实行一个项目、一名领导、一套班子、一抓到底、一票否决的“五个一”工作机制，努力为企业打造低成本、高效率、无干扰的一流服务环境，大力扶持微型企业发展。2016年新引进项目4个，其中工业项目2个，商业项目2个，扶持微型企业8家。二是强化重点工程保障，着力推进重点项目建设。截至目前，该镇辖区内共有区级以上重点项目5个，在各重点项目实施过程中，党委、政府积极作为，不断创新方法，加快工作进度。由主要领导亲自挂帅，成立专门工作组，加大宣传力度，严格执行廉洁征拆制度，对所有征拆户做到“三个一”：即执行一个政策，实行一个补偿标准、坚持一视同仁。任何人均不得为拆迁户提高补偿标准，征拆过程中的各个程序、每户补偿数额一律公开透明，接受监督。目前投资1.3亿元的清丰工业园区道路基本建成，毕镇高速公路长春段的主体工程基本结束，垭关寒泊羊养殖基地已建成投入使用，毕镇高速公路清丰、清塘安置点建设如火如荼正在建设，黔大毕高速公路延伸段长春境内已开工建设。2016年以来，农民人均纯收入达7368元；新增固定资产投资17600万元，比2015年增长6.8%；财政总收入740万元，比2015年增长7.6%。

【社会保障】 2016年共发放季节性缺粮88吨，有2026户3718人享受了国家低保政策，发放农村低保金538.4万元，城市低保金79.2万元，走访慰问特困户、残疾人及优抚对象285户，发放救济款及解困资金12.93万元，困难患者大病医疗救助89人次，发放大病医疗救助金49.5万元，发放五保供养金37.4万元，发放临时救助12.3万元，较好地完成了社会保障各项任务。

【安全生产】 始终坚持把安全生产工作作为各项工作的重中之重来抓。制定了安全生产“党政同责、一岗双责”实施方案，做好日常安全生产的检查工作，组织开展安全生产大排查和生产安全月宣传工作，以“零事故、零死亡”为目标，安监、国土、农机、公安等多部门协调配合，齐抓共管，加大非法采煤采矿的巡查力度和打击力度，对合法煤矿和企业进行严格监管和不定期检查，以“强化安全发展观念，提升全民安全素质”为主题开展“安全生产月”大型宣传活动，通过深入企业、煤矿、非煤矿山、烟花爆竹零售点和储点、校园开展安全生产宣传教育，定期排查安全隐患，对存在的安全隐患予以限期整改，2016年全镇未发生任何安生产全事故，实现了“零事故、零死亡”的目标。

【社会治安综合治理】 坚持把矛盾纠纷排查调处工作作为长期性工作来抓，开展经常性排查调处，定期分析社情民意，充分发挥镇村调解组织作用，及时化解群众矛盾纠纷。将社会治安、维稳、禁毒工作纳入了全镇工作重点。同时，我镇将政法工作目标任务进行分解，责任到人；每月召开治安形势分析会，认真落实“打防结合、预防为主”的方针，加大了对治安重点地区的排查力度，找出症结，限期整治；并落实长效管理措施，加强巡逻防范，对案件高发地段高密度巡查。但仍然存在遗留问题，主要集中征地补偿及拆迁安置问题及失地农民养老保险办理问题，镇政府层面解决难度大。主要原因是有些问题积蓄时间太长让群众存在“大闹大解决、小闹小解决，不闹不解决”的心理。为此，镇信访办专门制定针对性方案，细化维稳措施，抓包保、抓督办、抓奖惩，促信访积案化解处理到位，真正做到小事不出村，大事不出镇。

【基础设施建设】 重点加大安全饮水、水利设施、烟基工程、道路交通建设方面项目的争取和实施。完成干堰农村安全饮水工程的实施；完成合桩至顾家冲4公里通村公路的建设；完成全镇56公里的通村水泥路管护并建立道路管护长效机制。建成王官广场、清塘广场、清丰灯光球场、张官广场各一个，并完成配套基础设施建设；完成合桩村、张官村、蔡官村便民利民服务站的建设；建成长春客运站、干堰休闲文化长廊等基础设施建设。积极开展“双违”治理工作：按照区委、区政府统一部署，成立主要领导为组长的工作领导小组，制定拆危方案和镇村干部考核方案，建立健全制度，全员参与，全力以赴开展违法违章建设治理工作，严防严控。严格按照“堵疏结合”的方针，积极协调区规划部门和国土部门为按建房申请程序建房的群众办理相关手续，同时对未经规划部门许可违法违章建筑进行严厉打击，截至2016年，共打击违法违章建筑116起5986平方米，拆除违建98起，拆除面积5368平方米，责令停建并下达法律文书217次，有效地控制了乱搭乱建的现象发生。

【法治政府】 为确保“法治毕节”创建工作的有效开展，召开党政办公会研究部署，成立了领导小组，结合本镇实际，制定了《关于深入开展“法治长春堡”创建工作实施方案》《长春堡镇法治政府建设工程实施方案》。召开“法治政府建设工程”专题会议，明确一名副镇长为法治镇长，党政办主任、副主任为专职法治工作人员，负责法治政府建设工程工作和信息报送。综治办为“法治毕节”创建工作的牵头部门，负责“法治政府建设工程”创建工作收集和指导。我镇多次组织召开会议学习上级部门文件精神，并组织学习法律法规知识，全面启动“依法行政回头看”，调动全镇干部职工参与活动的积极性，充分认识“法治政府建设工程”创建的重要性和紧迫性。通过强化学习宣传，坚持依法行政，努力建设现代法治政府，依法落实行政执法制度，政务公开制度化、经常化，开展专项整改，解决群众热点问题，规范执法行为，维护社会稳定，认真分析研判全镇信访维稳工作形势、矛盾纠纷焦点，为创建“平安和谐长春堡”奠定基础，为全面推进“法治毕节”创建提供保障。

【脱贫攻坚，同步小康】 在贫困户识别回头看工作中，充分借鉴威宁迤那精准扶贫模式，坚持“四看两议三公开”和精准户“比差法”开展识别工作，做到应进则进，应退则退。年初以来，通过开展“回头看”工作，共识别出精准贫困户1780户，6719人，全镇共新增贫困户16户，新增贫困人口104人。退出9户，42人。采取“4+1”的结对帮扶模式，每一户贫困户落实1名副科级领导、1名驻村干部、1名科技人员、1名村干部结对帮扶。确保致贫原因有人找、发展困难有人帮、缺乏技术有人教。到目前为止，实施“一式五金多套餐”扶贫贴息贷款327户，贷款资金784.8万元，其中养能繁母牛454户，发展种植业6户；风险兜底12户，兜底资金9.6万余元；通过区免费苗木超市免费发放苗木3.2万株（主要品种是桃、李、核桃、猕猴桃），覆盖贫困户276户；充分发挥园区企业和辖区企业优势，就近解决贫困人口就业162人，带动贫困人口300余人脱贫；在民盟中央的帮扶下，引进河北连生农业开发有限公司入驻垭关村，计划投资3000万元建寒泊羊繁育基地1个，现已完成圈舍修建，购进种羊300余只，基地的建成后，将带动周边200余户贫困户脱贫。2016年计划出列村张官村、三道水村、垭关村及去年列村村干堰村、滑石村、干堰村申请到第一批中央财政专项扶贫发展资金共计185万元，申请2010年至2014年度结余资金47.51万元。计划减贫337户，1581人。长春堡镇裸依村安置点：裸依村上报搬迁安置31户105人（建档立卡贫困人口31户105人），一户一档已完善。目前，裸村村安置点完成全部住房的80%以上，预计10月底可以完成主体工程。根据工程项目要求，镇派专人进行办理手续，裸依村安置点大部分手续已经办理完成，建设工程规划许可证正在办理中，预计10月底手续办完。长春堡镇自主多元化安置点：上报搬迁55户227人（零星搬迁52户212人，52户212人建档立卡贫困户；整体搬迁3户，其中2户9人建档立卡贫困户、1户6人非建档立卡搬迁户），一户一档已完善。

【农村思想政治教育工作】 长春堡镇在农村思想政治教育工作开展以来，在积极开展好“七个起来”的基础上，大力发挥农村思想政治教育宣传阵地的作用，将农村思想政治教育与“三变”工作、法治创建、脱贫攻坚“三大工作”相结合，三大工作入村入户，助推脱贫攻坚工作更上一层楼。成立了10个专业宣传小组，将文艺表演队员、大喇叭播放员、宣传干部、村支两委成员等人员组合成为一个综合型宣传队伍，每个宣传小组根据各个村具体实际成立，人员协调综合。经过实际业务能力、宣传技能、脱贫知识、法治知识等培训，采取进村集中宣讲与走入各个村贫困户家中进行宣传、宣讲的方式，对老百姓疑惑的问题，迷茫的法律知识，国家惠民政策大政方针等知识进行宣讲，从根本上改变老百姓一无所知、两耳不闻事的封闭思维状态，打造情、法、理于一体的农村思想政治环境。

【卫生工作】 制定了计划生育各项管理制度，建立健全了计生工作长效管理机制，落实计划生育各项措施，继续保持了稳定良好的发展态势，2016 计生年度共出生 514 人，符合政策生育率达 89.88%，完成避孕节育手术 463 例，手术落实率和及时率均达 85% 以上。

【教育工作】 镇党委、政府始终把教育工作放在全镇工作的重要议事日程上，坚持以教育为根本，以育人为抓手，以培养四有新人为目标，认真贯彻《中华人民共和国义务教育法》《中华人民共和国义务教师法》《中华人民共和国未成年人保护法》等一系列政策法规，取得了可喜的成绩，教学成绩多次得到上级领导和教育主管部门的认可。全镇 4–6 周岁幼儿数为 1452 人，现有在园幼儿 1059 人，学前三年毛入园率 72.93%。2016 年初中毕业年级在校生数为 1002 人，义务教育巩固率为 93.12%。“全镇 7–15 周岁“三残”儿童少年有 37 人，失能儿童 3 人，入学就读 30 人，三残”儿童少年入学率为 88.24%，小学辍学率为 0.13%，初中辍学率为 1.49%。全镇 16–18 周岁人口总数为 2758 人，高中阶段就读人数为 2467 人，高中阶段毛入学率为 89.45%。随迁子女在我镇义务教育阶段公办学校就读比例为 100%。今年省级示范性高中招收配额生人为 34 人，招生总数 68 人。高中阶段在校生普职比大体相当。在小城镇建设中，为适应教育发展，预留了教育用地。无偿划拨了张官小学学生宿舍用地；裸依、干堰、长春中学等的教师周转房和学生宿舍建设用地。协调解决张官幼儿园和长春小学新校区的选址、征地问题。为张官幼儿园申请了香港善启基金会捐赠的 50 万港币的援助资金，联系罗贝尔瓷砖到垭关小学捐赠。清丰小学、清塘小学、裸依小学、沈家屯小学校园文化建设取得明显成效。犀牛小学、王丰小学、宋官幼儿园、松营小学、张官小学教学楼亮化、美化工程均已验收投入使用。2016 年全镇所有学校在校园文化建设上均要有质的提高。

【农业工作】 镇 2016 年完成 2015 年退耕还林种植刺梨 12015.7 亩，完成 2015 年人促封育 3677 亩。在垭关、滑石、阳鹊三个村种植二级商品种署 602 亩，秋季又在地里种植荞麦。完成张官种植冷凉蔬菜 100 亩，种植辣椒 300 亩。秋季集中连片种植大白萝卜 2000 亩，种植压青白萝卜 9000 亩。垭关寒泊羊基地 3000 只，目前已进羊 980 只，养肉鸡 48 万只，种植仿野生天麻 300 亩、续断 800 亩、苦参 4500 亩；种植福鼎白茶 500 亩。

【基层组织建设】 2016 年来，我镇认真开展“两学一做”工作，大力整治“在位不为”现象，紧紧围绕制度建设，突出党委班子核心作用，班子成员要带头创先争优，以身作则，深入一线，充分发挥党委核心领导作用。通过抓龙头带全局，狠抓了班子自身建设。主要围绕强化团结意识，打造“和谐型班子”；强化责任意识，打造“干事创业型班子”；强化廉政意识，打造“阳光施政型班子”；强化宗旨意识，打造“亲民爱民型”班子。建立健全《长春堡镇镇村干部动态跟踪管理考核办法》《长春堡镇机关后勤管理制度》及《长春堡镇镇村干部绩效考核办法》，加强对镇村干部进行管理，加大考核力度，加强对驻村干部的管理，促进干部职工作作风建设，营造干事创业的良好氛围。通过组织学习和大力宣传，在全镇营造了浓厚的建设发展型党组织氛围，使广大党员干部有“想发展、会发展、有激情、敢担当、讲认真、重落实、顾大局、讲团结”的精神，把心思集中在“想干事”上，把本领集中在“会干事”上，把目标体现在“干成事”上。强化基层组织，以村党支部为核心，切实抓好“四议两公开”工作、“三会一课”工作，以争创“优秀党支部”为目标，结合各单位的实际情况，明确活动主题，开展时间活动，提高基层支部班子的战斗力、凝聚力。在各村设置便民利民工作服务站，推进基层民主管理。实行领导干部周一、周三下访机制，各站所股室利用赶场天到村便民服务室开展集中服务，着力解决基层群众反映问题和办事不方便的问题。

【党风廉政建设】 党委、政府强化组织领导，层层落实党风廉政责任。成立党风廉政建设领导小组，确定了党委书记为党风廉政建设第一责任人，班子成员按照“一岗双责”要求，明确分工对党员干部反腐倡廉理论学习工作做到早计划、早安排、早落实，利用召开镇党政领导班子会议、镇直机关干部会议、镇村两级干部会议认真组织镇政府干部职工，村支两委干部进行学习教育。通过多种形式组织学习《中国共产党纪律处分条例》及中央“八项规定、六项禁令”和省、市、区有关会议精神，使得全镇党员干部的廉洁自律和廉洁从政意识得到明显提高，拒腐防变能力得到增强。镇党委把完善制度和保持常态监督作为抓好党风廉政建设的重要内容来抓，进一步修订和完善《公务用车制度》《镇、村干部绩效考核办法》《计划生育工作奖惩制度》《村级财务管理制度》《村党务、村务公开》等规章制度，加强干部管理考核，使促进干部作风转变有章可依，形成以制度管人的良好氛围。成立廉政风险防控工作领导小组，制定防控工作方案，坚持把查全、查准、查实廉政风险作为关键环节，各单位（部门）结合实际，全面清权，规范职责，梳理业务程序，逐项列成清单，认真编制权力运行流程图。建立廉政风险防控长效机制，廉政风险防控建设各阶段工作扎实有效推进，取得了初步成效。

（张　令）

撒拉溪镇

【概述】 撒拉溪镇位于毕节市七星关区西南部，政府所在地离城区 33 千米，东与长春堡镇接壤，南与千溪乡、阴底乡毗邻，西与杨家湾镇相连，北与青场镇、野角乡交界。326 国道过境全长 22 千米，毕威高速公路经过杨柳、沙乐、撒拉、龙凤、水营、兴隆 6 个村。全镇辖 19 个村 137 个村民组，共计 18474 户 72091 人，居住着汉、彝、苗、白等民族。国土总面积 149.3 平方千米，其中山区面积占 90% 以上，耕地总面积 40447 亩。粮食作物以玉米、小麦、马铃薯、芸豆、大豆、水稻为主；主要经济作物为烤烟；畜牧业以蛋鸡、猪、牛、羊为主。

2016 年，全镇粮食播种面积 6.4 万亩，完成杂交玉米种植 3.9 万亩、马铃薯种植 3 万亩，粮食产量达 16 万吨。连片种植优质烟 4500 亩，完成烤烟收购 53.5 万公斤，实现烟叶产值 1400 万元，税收达 278 万元。完成固定资产投资 8500 万元，完成招商引资 1 亿元，农民人均纯收入达 7023 元，较 2014 年同比增长 14%。2015 年，全镇以水、电、路、讯基础设施建设为重点，完成路网建设 90 余公里；完成贵州民居风格亮化美化改造 380 户，小康房建设 17 户，危房改造 176 户，共投资 4000 余万元；以精准扶贫为抓手，帮助贫困户担保贷款 872 万余元，饲养能繁母牛 712 头，在冲锋村发展林下养鸡 3000 余只，在沙乐、双龙、雄嘎、冲锋等村种植核桃 40000 余亩、种植刺梨 6884 亩，在龙场村种植食用玫瑰花 1800 亩，在龙凤村新建 30 万羽蛋鸡养殖场 1 个、种植脱毒马铃薯 8600 余亩，在小龙、昌营等村发展高山冷凉大棚蔬菜种植，建绿色有机蔬菜标准化种植基地 400 余亩，发展中药材种植 500 亩，全镇各类产业共计带动近千户贫困户发展。

【经济发展】 坚持凝心聚力、科学发展，经济发展继续保持强劲势头，镇域经济实现稳步增长。2016 年，完成生产总值 5.18 亿元，比 2010 年末（下同）净增 4.27 亿元，年均增长 16%，农村常住居民人均可支配收入 7218 元，净增 5940 元，年均增长 16.4%，固定资产投资完成 1.1 亿元，净增 0.9 亿元，年均增长 16%；社会消费品零售总额完成 1.2 亿元，净增 0.95 亿元，年均增长 15.8%；招商引资到位资金 1.1 亿元，净增 0.9 亿元，年均增长 16%。

【农业产业】 2016 年，该镇克服了频繁发生的自然灾害，粮食生产得到巩固，年均粮食总产量稳定在 1.6 万吨左右；烤烟产业规模化、集约化程度不断提高，年均种植面积近 5000 亩。着力增加农民收入，改善群众生产生活环境，不断加快新农村建设步伐，以农业板块经济为突破点，农业产业结构调整取得新突破。建设绿色有机蔬菜标准化种植基地1800余亩，发展中药材种植2050亩，沙乐、龙凤、双龙、雄嘎、冲锋等村种植核桃40000余亩，龙场村种植食用玫瑰花1800亩、龙凤村种植脱毒马铃薯8600余亩，带动就业1100人，实现产值3800万元；全镇生猪存栏15783头、出栏20325头，牛存栏7538头、出栏1763头，羊存栏4586只、出栏8631只，蛋鸡存栏110万羽、日产鲜蛋90余万枚。以农业增效、农民增收为中心，进一步调整完善“政府引导、村委主导、群众参与、利益共享”的产业项目发展新模式，以蛋鸡养殖产业为主导，创新发展人才引领扶贫模式，板块经济发展亮点纷呈，围绕蔬菜、中药材、脱毒马铃薯等主导产业，因地制宜调整农业产业结构，“一村一品、一镇多业”的发展态势强势显现。以贫困村出列和贫困户脱贫为目标，整合各类扶贫资金，吸纳1108户4978人贫困人口参与种养殖发展。

【城镇建设】 以区委、区政府提出的“七星拱月”城镇规划理念为中心，对撒拉溪小城镇建设总规进行修编，完成撒拉、兴隆、西方、永兴、水营、龙凤等村村庄整治规划编制工作。着力增强城镇功能。以326国道改扩建重大项目建设契机，倾力打造集客运站、集镇休闲广场、农贸市场、易地扶贫搬迁集中安置项目等多项功能要素为一体的碧溪大道项目建设，累计完成投资5000万元，预计于2017年上半年全面完工。加快建设美丽乡村，全面完成兴隆村火把地组市级生态文明家园示范点建设和龙凤村市级“四在农家 美丽乡村”示范点建设，全面铺开水营村、杨柳村、沙乐村贵州民居改造工程，新农村建设亮点纷呈，群众生产生活条件得到全面改善；积极开展农村综合环境整治专项行动，明确各村示范点，在集镇大街全面落实“门前三包”责任制，配置完善垃圾箱、清运车等设施设备，加大综合环境整治力度，城镇面貌焕然一新。

【基础设施建设】 始终坚持以交通、水利等重大基础设施建设为重点，不断夯实发展基础。“十二五”期间，全镇交通基础设施建设实现跨越式发展。投入3630万元，完成通村路建设72.6千米，通组路建设20千米，小康路建设6千米，投入400万元，实施连户路、院坝硬化35万平方米，基本实现村村通水泥路；投入资金近32万元，在西方、水营、沙乐、永丰、杨柳、龙凤、龙场等村集中安装路灯150盏，完成农村亮化试点推进工程；加快农田水利基础设施建设步伐，全力推进烟水配套工程、农村安全饮水工程、山塘治理工程；投入4200万元，完成生态文明家园建设、农村危房改造2192户。建成农村饮水安全工程33个（处），受益群众26389人。完成1座小（二）型水库除险加固，受益群众12534人，保护耕地1.6万亩。积极推进小型农田水利建设项目，全镇有效灌溉面积率达到26.77%。建成烟水工程8个，受益耕地3.8万亩。建成110千伏变电站1座。有线电视、3G和4G通信、宽带和光纤网络等通信设施建设有序推进。

【生态建设】 大力推进绿色毕节行动造林计划，累计完成退耕还林9497.6亩，森林覆盖率从29.32%提高到40.39%；从全镇精准贫困户中聘请生态护林员59名，实现“生态补偿脱贫一批”；投入资金775万元，完成撒拉溪镇污水处理厂建设，日处理污水380吨；生活垃圾无害化处理设施进一步完善，饮用水水质达标率100%。

【民生事业】 精准扶贫持续发力。采取“挂图作战、按图销号”的方式，制定作战图，全面细分贫困人口，逐级签订脱贫攻坚责任状，落实主要领导、分管负责人、驻村干部和村干部四级主体责任，列出时间表、明确脱贫摘帽标准，全面实现聚焦重点、精准发力，全力推进脱贫攻坚进程。2014年、2015年共计脱贫农户490户1965人，实现永兴、昌营、龙凤3个贫困村脱贫出列的目标。永兴村穆家大山组74户274人整体搬迁工程有序推进，水浸沟村、西方村、钟山村、沙乐村等39户159人分散搬迁工程即将全面完工。统筹协调、有序推进人才带动、产业扶贫和结构调整三个重要发展要素的关系。明确“人才引领扶贫、产业撬动发展”的发展思路，按照“政府引导、人才引领、群众参与、利益共享”的原则，通过专家帮扶，农业科技人才、返乡创业人才、农村实用人才等人才团队带动，在龙凤、兴隆、昌营、龙场等村建立5个人才引领扶贫工程示范基地。全面宣传落实“一市五金多套餐”和“特惠贷”政策，共计发放贷款450户1144.7万元，贴息231.6万元。教育管理成效显著。投入资金200多万元实施规范化学校建设，完成撒拉溪中学、撒拉溪二中、沙坝小学、撒拉溪小学、兴隆小学、西方小学等6所农村寄宿制学校建设攻坚工程，启动撒拉溪中学、高营小学、龙凤小学和朝营小学等4所农村薄弱学校改造工程。全面落实教师绩效工资制度，建立健全教师补充机制，对区域内师资力量实行统一管理、均衡配置，强化培训交流，边远村和乡镇中心学校教师配置日趋合理，全镇小学阶段师生比达1：19.6，初中阶段师生比达1：15.3。在各年度教学成绩检测中，我镇以平均每年晋升5名以上的速度跃居2016年全区第16名；中考成绩逐年提高；中小学校际间教育质量差距逐年缩小。近三年来，全镇小学毕业生升学率达100%，初中毕业生升学率达98%。卫计事业稳步推进。城乡居民医疗保险参保人数从48657人增加到52215人，镇卫生院配置生化试验、CR机、彩色B超机等设备，开放床位60张。以“一升双降”为中心，以完善个案精细化管理为重点，以创建“国优”为载体，坚持“依法行政、政策宣传、流动人口管理、督查指导、诚信计生”的工作机制抓好人口计生工作。人口自然增长率控制在5.75‰以内，人口出生率控制在12.25‰以内，符合政策生育率控制在94.5%以内，男女性别比控制在103：107以内，落实计生两户127户。进一步规范“双诚信双承诺”和村级计划生育考核办法等工作机制，促进人口计生工作整体水平的提升。社会保障体系不断完善。投入资金50余万元，全面建成镇便民服务中心，完善政务服务体系，切实打造服务型政府。解决就业13541人、转移农业劳动力3873人。全镇居民2477户3700人享受城乡低保政策，基本实现“应保尽保、应退尽退”，供养五保对象99人。落实“一事一议”奖补项目27个，累计投入资金515.51万元，建设道路20998米，累计发放粮食救助175吨。农村养老保险参保登记人数18464人，弱势困难群体关爱救济力度不断增强。

【社会治理】 安全生产形势趋稳。全面落实“党政同责、一岗双责、齐抓共管”的安全生产责任，建立完善安全生产监管体系和“隐患排查治理、重大危险源安全管理、日常检查督促、重点时段安全生产监管”等机制，突出以煤矿、非煤矿山、道路交通、危险化学品、烟花爆竹、消防等领域，有效防范和遏制安全事故发生。“十二五”期间，全镇共发生各类生产安全事故2起、死亡2人，与“十一五”时期相比，事故起数和死亡人数分别减少1起、1人，全面实现“双降”目标。组建专职消防队伍1支；聘用道路交通安全协管员7名，加强道路交通日常巡查排查。社会治安持续改善。创新建立了“组织领导责任化、机构设置规范化、制度管理科学化、产业项目实体化、工作服务人文化、矛盾化解立体化”的社会管理“六化”模式，为经济社会事业健康快速发展创造了良好环境，并通过在镇级设置“三委一组一中心”、在村级设置“两站两会”，有效提高群众社会管理参与率与支持率，实现社会治安管理工作重心下移、关口前移，切实将矛盾纠纷排查化解在基层、消除在萌芽状态。2012年以来，全镇共计发生刑事案件145件，破案139件，发生矛盾纠纷399件，全面调处化解381件，刑事案件破案率和矛盾纠纷调处率均达95%以上。全面落实禁种铲毒工作责任制，突出重点、强化措施，形成群众参与、齐抓共管的良好禁毒工作格局。截至目前，全镇吸毒回归社会人员共计73人，其中社区戒毒41人，社区康复32人，均已建立个人帮扶帮教方案，落实就业安置。信访维稳成效明显。排查矛盾纠纷和信访问题318件，接待来访群众621批次1573人次，办结上级交办信访案件320件，办理“区长信箱”“书记、区长－群众直通交流台”群众来信171件。大力推进群众工作创新，全面推行“公道评说”“司法评议”工作机制，审议化解312件信访疑难积案，息诉息访97件。国防动员和优抚工作取得新成绩，机关事务管理、民族宗教不断加强，气象、防震减灾工作扎实推进，工会、共青团、妇女儿童、残疾人事业实现新进展。

【自身建设】 坚持把务实高效作为加快发展的保障，促进政府职能加快转变，行政行为更加规范。我们巩固和扩大党的群众路线教育实践活动成果，深入开展“三严三实”专题教育，“三公”经费支出同比下降5%。全面建立镇级行政权力清单、责任清单制度。自觉接受人大法律和社会舆论监督，注意听取各方意见和建议，按期办结人大议案和建议21件。“十三五”规划广泛征求意见和建议，促进决策科学化。廉政建设更加有力。严格执行廉洁自律准则和纪律处分条例，落实党风廉政建设责任制，投资5万余元，按标准设置纪委谈话室一间。2016，共立案查处违纪案件12起，处理违纪党员13人，其中，党内警告7人、严重警告4人，行政警告1人，记过1人，达到了查处一个、挽救一批、教育一片的效果。

（刘　义）

杨家湾镇

【概述】 杨家湾镇位于毕节市七星关区西南角，全镇总面积94.5平方公里，辖17个村（居）委会，现有人口14544户56488人。全镇属北亚热带湿润季风气候，境内气候独特，具有冬无严寒，夏无酷暑的特点。年平均降水量983毫米，日照率约33%，无霜期长达280天以上，耕地面积62400亩，森林覆盖率达42.3%。地面气候温和、雨量充沛，适于玉米、水稻、小麦、薯类、豆类等粮食作物及半夏、天麻、金银花等中草药生长，且盛产烤烟、茶叶、大白蒜等农特经济作物，其中大白蒜闻名遐迩，远销至东南亚、西欧等国家和地区，素有“大白蒜之乡”的美称。境内属喀斯特地貌，矿产资源丰集，辖区内蕴藏大量原煤、大理石、铁矿、黏土等资源，原煤理论储量8亿吨，大理石储量0.8亿立方米，黏土储量居全区之首。境内自然风光神奇秀丽，人文景观历史悠久，具备发展文化生态旅游得天独厚的条件，有“中国森林氧吧”称号的拱拢坪国家森林公园，高峡平湖的夹岩水库七星河库区，更有诸葛亮祭七星的神秘传说，古驿道、摩崖石刻等文物古迹，有革命烈士夏曦纪念碑为中心的红色教育基地，昭示革命先烈的光辉，更有穿越百年的桥梁群落，在七星河上记录着时代的变迁。

2016年，在区委、区政府的坚强领导下，认真贯彻落实党的十八大、十八届历次全会精神，坚持科学发展观，按照“四个全面”战略部署，认真落实党风廉政建设责任制，全力推进板块经济建设、“一市五金多套餐”问需式精准扶贫等中心工作，全镇固定资产投资完成2.5亿元，同比增长20%，农民人均纯收入达7054元，同比增长8.8%，经济保持平稳较快增长，各项社会事业全面发展，人民生活水平显著提高。

【党的建设】 坚持党要管党、从严治党，严格落实“三严三实”工作要求，以深入推进“一核多元”基层组织服务体系建设为抓手，投资300余万元对大埂子村、三合村村公所进行标准化建设，设立食堂等，让驻村干部、村干部真驻实干，打造了1个“规范村”，以示范引领发展，切实解决“空壳村”；创新考核机制，培养和选拔了一批群众认可、实绩突出、作风过硬的干部，点燃了干部干事创业的激情。圆满完成了党委、政府的换届工作。

【产业发展】 一是扎实推进板块经济建设。2016年，全镇共种植玉米24367亩，马铃薯16536亩（其中：脱毒马铃薯1200亩），蔬菜12350亩，在环七星河生态农业经济带种植杨梅、车厘子、枇杷、脆李等特色经果林1900亩，在塘边一营盘特色农业经济带种植大白蒜1000亩，板栗1090亩，黄柏等中药材种植1200亩，在环拱拢坪特色林业经济带种植茶叶500亩，畜牧业方面，结合建成1个20万羽标准化蛋鸡养殖场，1个骟鸡养殖场，1个养牛场，牛存栏量3158头，羊2165只，猪8982头，鸡81361羽，鹌鹑15000羽，着力推进农业六大板块经济建设，农业产业化稳步推进；二是加大招商力度，大力发展民营经济。把招商引资作为加快发展的重中之重，主要领导亲自部署亲自抓，召开新年茶话会，邀请50余位杨家湾镇籍成功人士参加，聘请17名成功人士担任村经济发展顾问，落实招商引资项目3个，招商引资到位资金1.2亿元。启动预计投资1.5亿元的七星关区石材工业园区规划建设，完成玉金采石场、寨子山采石场、太平采石场的矿权整合，实现企业兼并重组、发展壮大，引资900万元建成归去来蓝莓种植园，全年共新增中小企业54家，民营经济发展显现活力。三是城镇化步伐加快。对城镇规划进行编修，城镇新区建设通过与国道改扩等项目有效整合，投入资金近5000万元，已完成相关建设程序；完成杨家湾村茅草坪集镇、大埂子村文化广场、三合村湿地小公园、七星村中心广场建设，启动投资10亿元的七星古城建设，城镇配套设施逐步完善，正在进行前期征地拆迁等工作。四是生态旅游不断提升。依托拱拢坪国家森林公园、周驿茶场生态农业观光园和夹岩水利工程七星关库区建设，投资386万元完成林场公租房56套3360平方米建设，充分利用电视、网络等形式提升“古驿桥乡·七星故里”品牌影响力，生态旅游初具规模。

【基础设施建设】 完成鸭子塘小二型水库改造、松山大塘除险加固工程，解决三合、站坡等11个村级小学师生的安全饮水问题，完成17个村（居）200余个农村小型水利工程产权摸底调查；新建3个文体活动场所，安装路灯388盏，新建通寨路37.27公里、连户路39.99公里，人行过道0.5公里，垃圾处理设施4个，排污沟500米，“四在农家·美丽乡村”建设稳步推进；投资199.3万元实施危房改造228户，群众生产生活水平得到大幅提高；投资2750万元完成5公里G326国道改扩建工程，投资890万元完成松山、发达、杨家湾等村通村公路17.8公里，通村公路实现全覆盖。突出生态理念，完成退耕还林6200亩，大力改善人居环境。

【政法综治】 围绕“法制毕节创建”工作目标，利用道德讲堂、农民讲师巡讲等平台，开展“政策法规大宣传、矛盾纠纷大排查、社会治安大整治、安全生产大整治”专项行动，探索公道评说等创新工作方法，排查各类民间矛盾纠纷176起，调处170起，化解历史疑难信访件2件，深入推进“法治杨家湾”建设，加大治安管理、刑事案件等的打击力度，刑事案件立案34件，破12件，打处6人，抓获在逃人员9人；治安42起，办结40起；拘留吸毒人员39人。

【精神文明建设】 以“百千万工程”为抓手，多彩贵州文明行动取得良好成效，乡村环境得到进一步改善。以“十星级文明户”创建为载体扎实推进农村思想政治教育，在各村开展“十星级文明户”创评工作，大力开展“七个起来”活动，活动覆盖全镇17个村（居）。认真开展道德讲堂、宣传部长上讲堂等活动，参加的干部群众党员达1400余人次。以“四在农家 美丽乡村”创建为契机，大力宣传新农村、新农民、新风尚等，着力提升群众的整体素质，增强致富能力。全镇社会主义核心价值观的墙体标语达120余条；大力开展整治滥办酒席不正之风专项行动，促进乡风文明大进步，张贴通告50余份，发放通告1500余册，取消120余桌。

【安全生产】 继续保持高压态势，扎实推进安全生产工作。推进安全生产两个主体责任落实，严格党政同责，认真抓好“五级五覆盖”工作，大力开展“六打六治”打非治违和“除大隐患、防大事故”大检查等专项活动、排查整治各种隐患，组织综合执法30次，取缔非法采石点2个，组织销毁烟花爆竹100余件；打击非法载人车辆156辆，教育驾驶人员280余人；责令非法生产经营企业停产停业2家，完成“农村道路交通安全监管云平台”车辆录入3080辆，驾驶人员3326人，全年无重大安全事故发生，实现双降工作目标。

【社会事业】 始终把民生改善作为经济社会发展的基本出发点和着力点，加快民生事业发展，全力提高群众生活水平。突出教育发展。优化配置义务教育办学资源，推进新一轮薄弱学校改造工程，强化控缀保学和校园安全两条红线，投入资金537万元，建成公租房88套4080平方米，全面提升中小学教育教学水平。提高医疗卫生水平。加大卫生事业基础设施资金投入，扎实改善医疗卫生条件。累计投入200余万元，新建卫生院职工大楼，投资50万完成周驿、杨家湾、站坡、杨箐卫生室修建工作，切实提高基本医疗服务保障能力。扎实推进人口计划生育工作。坚持把人口计生工作放在统筹社会发展的首位，按照“三个按月落实”工作要求，全面落实孕前优生健康检查、妇检查孕等工作，全年落实“四术”措施124例，符合政策生育率达96%，实现“双降”目标。扎实做好民政救济工作。认真做好困难群众和农村低保困难补助的发放、军人抚恤等惠民工作，切实解决贫困人口温饱及住房问题。共发放城低保83户563388元，农低保1126户4843824元，各类救助金2027000元；发放低保户季节性缺粮23.8吨，采集及录入残疾人信息3600人。社会保障体系进一步完善。大力抓好城乡居民医疗保险及新型农村社会养老保险工作。新型农村社会养老保险参合人数40837人，城乡居民医疗保险综合参保人数14486人，综合参保率66.84%，续保率83.2%。有序推进精准扶贫工作。精准扶贫工作。以“精准识别、精准帮扶和精准脱贫”为核心，以建设新农村为主题，紧扣“基础设施、产业发展、民生事业”三项重点，制定减贫计划，积极争取项目，多方筹措资金，健全扶贫机制，强化扶贫责任，全力实施“基础扶贫、产业扶贫、生态扶贫、科技扶贫、社会扶贫”五项工程，通过“五个一批”帮扶举措，扶贫工作取得阶段性成果。2016年共实施异地搬迁38户147人，其中集中安置11户56人，分散安置27户91人。全镇共贴息贷款220户，贷款金额507.7万元，发展了开林村种植杨梅、营盘村种植板栗、发达村种植樱桃、站坡村养鸡、塘边村养羊、出烟洞村养牛等项目。

（党政办）

放珠镇

【概述】 放珠镇距离城区62公里，位于七星关区西北部，政府所在地海拔1601.05米，北纬27°09′49″~27°18′24″，东经104°52′01″~104°59′49″，东西最大距离12.5千米，南北最大距离15.9千米，全镇总面积为82.6平方公里，其中耕地21795亩、水田2500亩、沙地5106亩，弃地、住房和水沟等33579.5亩，旱地19295亩、荒地10450亩，有林地31156.5亩，其中果林18331亩，森林覆盖率为29.2%。全镇辖14个村1个居委会，128个村民小组，9805户，37977人。2016年年初以来，放珠镇在区委、区政府的正确领导和安排部署下，完成工业投资0.55亿元；民间投资0.67亿元；民营经济总产值2.53亿元；完成招商引资1.5亿元。农村居民人均可支配收入8060元，同比增长13%，城镇居民人均可支配收入14200元，同比增长11%。烤烟种植完成700亩，完成烟叶税收43.6748万。

【主要工作措施】 以习近平总书记系列讲话精神、党十八届三四、四中、五中、六中全会精神和科学发展观为指导，理清思路、突出重点、狠抓落实、实事求是，制定切实可行的发展思路。全镇上下团结一致，凝聚合力，扎实推动经济社会跨越发展、丰富社会主义精神文明建设。把干部队伍建设作为开展一切工作的根本和抓手。我镇在干部队伍的建设上，坚持“严管理，强作风，提本领”的理念，努力打造一支招之即来，来之能战，战之能胜的干部队伍。在管理上，大力完善各类管理制度，真正做到靠制度管人，靠制度管事，杜绝管理的随意性。在作风建设上，镇党委、政府始终坚持各项工作有安排有部署有落实有奖惩，雷厉风行的工作作风，严谨杜绝推诿扯皮，拖泥带水的现象发生，随时要求干部以“弱鸟先飞，滴水穿石，转身就办”干事风格认真落实每项工作。在提高干部队伍的本领上，坚持学习教育作为一项基础性和长期性工程来常抓不懈，2016年，我镇继续完善党委中心组理论学习制度，定期组织干部职工学习贯彻相关会议精神，增强干部干事创业本领。

【推动产业发展】 一是积极引

资培育新经济增长点，引资0.5亿万元在永安村四组新建毕节七星锁业有限公司，年产值1800万元；引资1亿元在毛家屯村新建七星关区茂源家禽养殖有限公司，目前正三通一平；砂厂土资源采矿权整合正在进行中。二是加快调整农业产业结构，春耕生产上完成脱毒马铃薯种植11671亩，杂交玉米17000亩，其中玉米营养坨育苗移栽3856亩。板块经济打造，在毛家屯村创建了1000亩杂交玉米移栽示范样板点，500亩书记示范样板点的杂交玉米定向移栽，投资44万元建脱毒马铃薯大田示范种植点，在白泥村创建了500亩镇长示范点的杂交玉米定向移栽，在播乐沟村创建了300亩二级脱毒马铃薯种植样板示范点。在长沟村打造样板点中草药天麻种植510亩。三是加快发展现代农业服务业，阿里巴巴农村淘宝三个网点于4月15日正式运营，产生营销额200余万元；加大对全镇范围旅游资源的普查，配合区委政府打造旅游线。

【脱贫攻坚工作】　一是精准识别扶贫对象，坚持建档立卡“回头看”工作常态化管理，根据上级要求把扶贫线和低保线有效衔接起来，通过精准扶贫“回头看”工作，对我镇贫困人口作进一步核实。原贫困人口为1731户4313人，通过回头看，核实后的贫困户共977户3802人，其中一般贫困户650户2808人，低保贫困户184户709人，低保户130户272人，五保户13户13人，贫困发生率为10.3%。二是精细推进分类施策，按照“五个一批”要求，2016年全镇涉及7个村，13个自然村庄，完成45户192人易地扶贫搬迁，总投资672万元，目前主体工程已全部竣工。三是继续推动“一市五金多套餐”和“特惠贷”项目落实，并作好项目后期服务工作，到目前已有680户贫困户在农商行贷到贴息贷款共1168.1万元发展种养殖；截至2016年，已经完成精准扶贫“特惠贷”贴息贷款148户，547.05万元。四是加大项目申报工作，“减贫摘帽”奖励资金项目三个，总投资297万元；申请市级领导帮扶项目（碗厂村通组路硬化），申请扶贫资金50万元，申请市级干部帮扶项目9个，投资90万元，分布在放珠镇9个村。五是特色种植：播乐沟村已完成130亩猕猴桃连片种植。

【城镇化建设】　一是投资26.28万元栽种行道树22.34公里，美化了环境，净化了空气。二是投资150万元在毛家屯村进行庭院硬化和串户路硬化，以及道路建设等。三是继续实施农村危房改造和小康房建设，2016年全镇危改任务313户，农村小康房9户，总投资300余万元，截至12月底已经全部竣工。四是全面推进“四在农家·美丽乡村”创建工作。2016年，继续巩固和提升2015年创建点，新增海螺村、木通沟村、长沟村、播乐沟村、法桥村5个创建点，其中小康型创建村2个，示范型创建村3个，2016年投资170万元资金，着力打造法桥村“四在农家·美丽乡村”创建。五是深入推进“三创一建”和“文明在行动　满意在放珠”专项行动，门前三包签订率100%，通过购买服务的方式把集镇卫生承包市场化运作，城镇大环境卫生得到明显改善。

【基础设施建设】　一是大力推进交通基础设施建设，投资3000余万元重建杨放公路，项目已全面启动，三岔路至放珠段堡坎边沟建设已全面结束，投资50万元修建邵家村通村公路一公里。二是实施农村饮水巩固提升供水工程，新建9个村饮水巩固提升供水项目工程，分别为碗厂村、哩东村、播乐沟村、法桥村、永安村、曹家村、白泥村、毛家屯村、瓷厂社区9个村，共计投入资金1135.06万元，解决了我镇16520人的饮用水问题。2016年投资150万元，新建曹家村、天桥村、哩东村3个村办公场所。三是全力推进生态建设和环境保护，全面完成“绿色毕节行动”任务，聘请15名天保工程护林员对全镇范围内森林资源时行管护，每月巡山6次以上，2016年无森林火灾发生，对全镇的46203.5亩公益林进行了森林火灾投保，对辖区内企业每月开展一次环境执法督查，辖区内无特大、重大、较大的突发环境事件发生，辖区内无生活垃圾倾倒在溶洞、河道、饮水保护区的事件发生。

【社会各项事业发展】 一是大力发展教育事业，协调解决教育工程遇到的困难，各项保学控辍指标均达到要求。二是切实强化社会保障，全镇社保2016年目标参保人数16538人，现参保人数10545人，参保率63.76%，目标续保任务6863人，现续保人数5097人，续保率74.27%，缴费目标任务114.8716万元，现缴费62.04万元，缴费目标完成率54.01%。三是加大合作医疗保障范围，完成合作医疗任务25948人，完成率100%，共收缴参合金233.532万元；四是加大民政救助保障力度，2016年把1583户2881人纳入农村低保，发放城镇低保188户644人，低保金共计发放1771户3525人次，共发资金835.7182万元；五保老人分散供养34人，集中供养18人；着力加强敬老院的日常管理，做好“三节”慰问；着力加强防暑降温措施，改善供养条件，提高在院老人的生活水平，2016年投入资金4.88万元，新建敬老院的消防设施；截至12月份发放临时救助31人11万元，医疗救助48人36.44万元，冬春救助7.3万元，冬春救助粮14吨，棉被15床，防寒服100件，春节慰问金1万元，2015-2016年冬春救助款10万元；着力推进养老服务体系建设，2016年申报完成高龄老人补贴325人次，发放资金19.8万元；完成辖区内2978名留守儿童、773名空巢老人、残疾人2645人、困境儿童102人调查统计、建档立卡工作。五是继续稳步推进卫生、计划生育工作。2016年度全镇共出生人口265人，其中男孩137人，女孩128人；政策内238人、政策外27人；共完成避孕节育措施129例，其中：结扎3例，上环126例。六是扎实做好民族宗教工作，有序推进群团工作、应急管理、档案管理及信息报送等其他工作。

【社会和谐稳定】 一是绝不放松安全生产工作，在重要时间节点组织开展食品安全、道路交通安全、消防安全、非煤矿山安全等各类安全隐患排查整治专项行动，截至2016年，辖区内无重大安全生产事故发生。二是积极引导上访群众依法信访、文明信访，到目前为止，全镇辖区未发现有集体上访苗头，较为稳定。三是扎实推进“法治毕节”建设，开展依法行政大讨论，实施法治政府建设工程；加强对殊人群服务管理“六项工程”建设，重点加强对流浪未成年人、农村留守儿童、闲散青少年等重点青少年群体救助服务管理。建立和完善刑释解教人员安置帮教和社区矫正工作机制，切实抓好对易肇事肇祸精神病人、吸毒人员、艾滋病人等特殊群体的服务管理工作；全面深化禁毒宣传和预防教育，严厉打击吸贩毒违法犯罪活动，增强群众安全满意度。四是应急管理实行领导带班制度，制定了各种应急预案，突发事件的处理方案，开展了地灾演练。五是建立健全了公车管理使用制度。

【强党的建设】 一是认真落实党风廉政建设责任制。主要领导对党风廉政建设负总责，分管领导对各自分管领域的党风廉政建设和反腐败工作具体负责。在全镇形成了党委领导、纪委协调、部门配合、齐抓共管的廉政建设工作局面，同时加大监督检查力度。在对农村危房改造资金专项监察时，发现农村危房改造工作中存在问题83个，已整改问题63个，尚有20个问题正在整改中；对信贷扶贫资金专项监察时，发现农村信贷扶贫工作中存在问题24个，已整改问题5个，尚有19个问题正在整改中。在开展精准扶贫“三查三问”中，将不符合条件的477户55人剔除精准扶贫系列。2016年以来，备案民生项目88个，备案民生资金2684.042万元。权力清单运行责任监督备案共214件，其中大额度资金运作213件；重要人事任免1件。二是不断提高党员干部队伍素质。为进一步增强干部竞争意识、责任意识，认真检查干部不在状态，重新修订了干部管理和考核办法，从镇机关抓起，坚持每月中心组学习和每周干部业务学习，实行上班签到、外出请假，并将考勤情况作为年底评选先进、民主测评的重要依据。三是切实加强基层党组织建设。严格按照程序和发展党员“十六字”方针要求，积极做好党员发展工作，2016年发展新党员5名，预备党员转正7名，按照领导干部“一岗双责”要求，建立健全了党风廉政建设一系列规章制度，落实“三会一课”等党内组织生活，各支部组织开展好“两学一做”学习教育工作，我镇党的建设得到全面加强。四是加强干部作风建设。全面落实干部作风政建设责任制，加强对党员干部的教育管理，切实做到遵守党的纪律不动摇、执行党的纪律不走样。实行党务、政务、村务公开，广泛接受党员和群众监督。五是扎实开展同步小康驻村工作，切实关注民生。制定了13个村居发展规划，积极消除空壳村，截至目前帮助镇村解决实际问题共15件，化解群众矛盾纠纷22起，2016年1月以来，镇党政领导亲自带队深入全镇15个村（居）进行实地调研、开展帮促活动，全镇共56名干部参与了活动，共帮扶群众102户，帮扶物资折合人民币2万余元。六是稳步推进政务、村务公开。七是完成了精准扶贫、土地确权等档案的收集、整理、扫描挂接工作。八是稳步推进每周2篇信息报送工作。

（撰稿：张　剑）

野角乡

【概述】　野角乡位于北纬27° 14′ 00″ ~ 27° 20′ 30″ 、东经104° 58′ 45″ ~ 105° 11′ 15″ ，地形东西低，南高北低，中部高，呈倒“U”型，平均海拔1650米，东连长春堡镇、何官屯镇，南邻撒拉溪镇、杨家湾镇，西接放珠镇，北依青场镇、水箐镇。乡人民政府驻西桥村学校组，电话号码0857，邮政编码551718，距七星关区城中心37千米。2016年辖沙拉槽、大麻塘、郎家塘、邓家湾、西桥、大水、元华、天星、白龙、北山、茅坪11个行政村118个村民组。总面积125.5平方千米，总人口26847人。

【经济指标】　实现烟叶税收310万元，完成任务数281.325万元的110%。2016年固定资产投资完成12000万元，同比增长15%；实现招商引资到位资金8500万元；创造性指标完成3200万元，人口自然增长率控制在7.9‰以内；16年新增农村劳动力转移就业260人，实现收入309万元。

【党的建设】　为切实抓好党的基层组织建设，2015年野角乡党委牢固树立习近平总书记提出的“抓好党建就是最大的政绩”的政绩观，紧紧围绕建设学习型、服务型、发展型的马克思主义执政党这个总目标，全力推进“三三党建工作法”，统筹推进“三型”党组织建设。狠抓“两学一做”一切为民，工作务实处处见效。不断强化基层基础服务民生和党员领导干部挂任村第一支部书记。强化干部真转作风，实行干部“驻村住片”，“零距离”服务群众。抓好干部执行力，创新干部考核方式。

【产业发展】　农业结构不断优化，“三农”工作稳步推进。根据资源优势和市场需求，立足乡情、因势利导，引导农民宜种则种、宜牧则牧，帮助解决好产业结构调整中的资金，技术服务等问题，使农民参与产业结构调整的积极性高涨。一是巩固粮食生产，促进农民增收。继续抓好粮食及经济作物生产。通过示范带动，共种植了优质玉米1.9万亩，育苗移栽0.5万亩；完成烤烟种植0.4万亩。继续抓好优质脱毒马铃薯育种基地建设，马铃薯种植面积稳定在1.6万亩以上，示范面积达到1万亩，预计产量可达1500万公斤以上。二是巩固种草养羊（牛）项目，促进畜牧业健康发展。继续推行《野角乡种草养羊项目“三加强九不准”管理办法》，进一步加强草地和牲畜的管理，养殖规模不断扩大，成效逐步凸显，养羊户积极性不断高涨。我乡结合实际制定的“三合三分”管护措施及模式得到了省、市、区领导的充分肯定和高度评价，并在全市推广。严格按照动物防疫的要求，精心组织、周密部署，成立野角乡动物防疫专业合作社，全面展开了动物防疫工作，狠抓了动物的检疫工作，确保全乡畜牧业健康发展。猪、牛、羊、家禽存栏大幅度增加。三是加大培训，改变观念，引导农民逐步实现转型。为增强农民依靠科技致富的本领，多方争取，筹集资金，开展农业生产实用技术培训。依靠“农民讲师”共培训农民6次，参训群众600余人次，实现劳动力转移就业260人，参训农民掌握了1–2门实用技术，从而增强依靠科技致富的本领，提高农业生产科技含量，促进农业增效、农民增收。四是以扶贫开发为动力，着力推进精准化扶贫。通过进一步精准识别贫困户的相关措施，精细化摸底全乡1202户，4246人。全乡2016年减贫任务1907人，正稳步开展脱贫工作。截止至2016年10月10日，结合全区“一市五金多套餐”，稳步推进野角乡“四到户四把关九措施”精准扶贫工作机制，现全乡已发放小额贴息贷款1298.4万元，放贷贫困户554户，共计购买能繁母牛6114头，进一步落实了脱贫帮扶政策，促进农民增收。

【基础设施建设】 针对水、电、路等设施建设滞后的现状，积极协调、争取有关部门支持，全乡基础设施建设逐步改善。一是加快寄宿制学校的建设，重点加强学校安全和环境卫生管理，现辖区内共有寄宿制学校4所，小学、初中寄宿率分别达25%、70%以上，完成快乐小学围墙建设和沙拉槽小学围墙建设申报工作，完善野角中学监控设备安装，为学校安全等提供了有力保障。二是水、电、路等基础建设不断增强。在抓好已建好的人畜饮水和烟水配套工程维修管护的同时，北山、白龙、茅坪3个村安全饮水工程竣工投入使用；启动野角水库项目建设，现“三通一平”建设已完成征地拆迁，新修道路1000多米，水、电改造结束，指挥部围墙已建，其余工程正有序进行中。16年新增上报通村路15千米，通组路54.6公里，正逐步推进实施。三是乡村两级办公阵地建设。预计投资400万元修建的3600平方米干部职工周转房主体工程已完工，将极大改善干部职工居住条件。投资5万元对大水村村级活动场所进行扩建。另外投入资金1.2万元维修邓家湾村村级活动场所，投入3万元对西桥村村级活动场所进行升级改造等项目已全部完工。投入5万余元为各村添置了必要的办公用品，更好的改善了村级办公条件，完善农村基层组织服务体系建设，方便了广大群众办事。

【政法综治】 2016年，利用道德讲堂、农民讲师巡讲等平台，开展“政策法规大宣传、矛盾纠纷大排查、社会治安大整治、安全生产大整治”专项行动，进一步深化“平安野角”“法治野角”建设的重大举措，平稳有序地推进了社会治安综合治理工作的开展，全面提升人民群众的法治意识，引导广大人民群众依法维护自身合法权益，着力化解矛盾纠纷，维护社会治安秩序，为全乡经济社会持续发展提供有力保障。

【安全生产】 认真履行安全生产职责，全面落实安全生产责任制度，强化安全生产目标管理，乡政府与各行政村签订目标管理责任书11份、与乡直各单位签订目标管理责任书17份、企业向政府签定承诺书11份，各行政村与辖区村民组签定责任书118份、机动车驾驶员或车主向村委会签定承诺书176份，2015年，加强对企业安全生产监管，共出动车辆107台次，人员562人次，对乡非煤矿山、建筑施工、烟花爆竹、医院、学校、道路交通、非法采煤采矿等行业和领域开展检查275次，严格落实隐患排查治理制度，实行隐患闭合管理。

【教育文卫事业】 始终把民生改善作为经济社会发展的基本出发点和着力点，加快民生事业发展，全力提高群众生活水平。教育工作：教育教学稳步提升。积极推进招生工作，完成学前教育招生396人，高中教育及中职招生正稳步推进；积极推进学前教育和义务教育，深入开展普十五相关工作，“三残”适龄儿童入学率达95%以上，学前教育三年毛入园率达85%以上，小学、初中入学率分别达100%，98%，义务教育巩固率达98%以上。重点抓好教育“9+3”和“控辍保学”工作，确保辖区内无辍学生，为进一步开展好普十五的相关工作打下坚实基础。文化旅游工作：完成安装农民健身工程2个，农家书屋11个，免费开放图书室、电子阅览室各1个，建成多媒体活动室1个，休闲文化广场2个，完成村村通工程11个行政村全覆盖，开展群众喜闻乐见的文化活动14场次，极大地丰富了群众精神文化生活。卫食药监工作：实现城乡居民医保参合率达100%（举家外出务工人员除外），村卫生室使用率达100%，认真做好食品药品安全监管，认真做好辖区内农村群众宴席及食品生产加工小作坊、食品摊贩的登记备案工作，各学校食堂餐饮服务许可证持有率达100%。做好辖区内诊所、药房等的监管，无任何医药事故发生。完成了“一会两站”挂牌和人员配置，做好宣传和维权工作，食品质量卫生安全投诉事件投诉处理率达100%，未发生食品安全事故。

【社会事务】 一是继续推进“四在农家·美丽乡村”建设，着力打造天星村“四在农家·美丽乡村”示范点，现已对天星村半边街组20余户村民民居进行了改造，村级幼儿园已征地结束，待启动建设，其余各项指标稳步推进，逐步改善农村人口居住环境。二是切实解决了五保老人的供养问题。为生活困难人群1160户，2161人办理了最低生活保障，上半年共发放低保金214.5063万元，切实关注弱势群体生活；全面实施城乡居民养老保险工作，为2541位60周岁以上老人办理基础养老金领取手续，激发16周岁-59周岁人员投保积极性，实现全乡参保人数能达到上级指标。

（办公室）

青场镇

【概述】 七星关区青场镇位于毕节市七星关区西部，地处云贵交界，毕节—镇雄公路横穿其境。青场镇距毕节市七星关区47千米，最高海拔2167.6米，最低海拔1358米，平均海拔1762.8米，政府所在地海拔1433.6米，总面积104.61平方千米，总耕地面积22898亩。全镇辖13个村148个村民组，总户数10194户，总人口40028人，男20816人，女19212人；乡村户籍总人口24635人，城镇人口15393人；2016年我镇农民人均纯收入7930.4元，较2015年人均增加1307.4元，增幅达12%。

【“两学一做”学习教育】 开展“两学一做”学习教育，深入学习贯彻习近平总书记系列重要讲话精神，推动全面从严治党，巩固拓展党的群众路线教育实践活动和“三严三实”专题教育成果，进一步解决党员队伍在思想、组织、作风、纪律等方面存在的问题，保持发展党的先进性和纯洁性。一是开展学习、整改落实制度化。除党员自学外，以党支部为单位，每个月根据实际情况固定“支部主题党日”，每两个月组织一次专题讨论，每月至少安排1次党课。坚持边学边改、立行立改，各党支部通过建立整改台账解决问题，接续解决好党的群众路线教育实践活动、“三严三实”专题教育中尚未解决或解决得不好的问题。二是服务群众常态化。把联系服务群众作为党员发挥作用的重要任务，切实推广运用好行之有效的实践载体，抓好镇村级便民服务中心（站）、执法部门、窗口单位等服务工作，深入推进“113”工作法，完善“干部深入一线”的工作机制，实现零距离服务群众常态化。三是岗位争先比学赶超。组织广大党员干部认真学习文朝荣、彭练基、李光忠等先辈先进。开展评选“我身边的好支书”和“我身边的好党员”活动，挖掘、培养一批“好支书”和“好党员”，优化干部组合，积极推行“能人干部”，“五大工程”探索村级后备干部培养机制，打造“职业化”村干部队伍，努力形成学习先进、赶超先进、争当先进的浓厚氛围。

【农业产业】 确立“山上金叶子，山腰摘果子，山下菜篮子，特色农业找票子”的发展思路，形成以农林业为主、项目为辅，以旅游业为新兴产业的发展格局，助推精准扶贫有效开展。一是加快壮大“龙头”带致富。壮大村级农业“龙头”企业作为“领头羊”，采取能人先致富，先富带后富的帮扶体制，促使农民走上农业致富路。修建青坝村生态鱼塘（含鱼庄）1个30亩，以休闲观光旅游建设为契机，打造露天游泳池1个，成立青坝村免烧砖场一个5000m2，预计年增加村级集体经济积累10万元以上。并辐射带动海寨村、青松村、火冲村、初都村发展白茶种植2600亩，上寨村发展生态养牛，渔洞村发展1000亩李子种植，木山村发展生态养鱼，鲍家村、新沟村发展农资超市，大山村、青场村发展核桃种植1000亩，构建了“一村一品”农业产业链，夯实了“一品一业”产业发展基础。二是抓住机遇“一带”迎发展。以毕龙高速建设为契机，全面完成毕龙高速段拆迁改造和过境段通村通组路建设，拓宽高速公路连接线，建设迎宾大道。积极打造高速公路沿线茶叶、大蒜、魔芋、烤烟、翠红李、油用牡丹等经济作物，向景观生态要效益，精心打造青坝、海寨、青场、新沟、木山、鲍家、渔洞打造成为高速公路沿线靓丽风景线。三是引领进步"模范"兴农。充分发挥农技人员的"田专家、土秀才"的辐射带动作用，利用自身技术优势发展产业带动周围群众发家致富。创办了青松600亩猪拱箐珍惜白茶种植基地、300亩火冲白茶种植基地和火冲鑫犇生态规模养牛基地等3个示范项目，成立白茶种植专业合作社1个，开展各类培训50次，累计培训6千多人次，解决临时就业2500余人，固定就业11人。基地农户每年可增加收入0.3万元，人平均增收1000多元，同时辐射带动周边群众种植白茶40亩、李子100亩，有效地实现了特色产业增效、农民增收、自己受益的"三赢效果"。四是有效开展精准脱贫。实施退耕还林项目工程，栽植核桃、板栗经济林果1000余亩，白茶3000余亩，红心猕猴桃600余亩，蜂糖李2000余亩，车厘子1500余亩，玛瑙红殷桃400亩。惠及农户1.03万户，涌现100亩以上的造林大户30户。全镇退耕农户人均增收1800元，户均受益5400元。同时，有2000多劳力从传统农业种植业解放出来，极大促进了农业转型和农民增收。投入资金173万元，发展生猪养殖、红心猕猴桃种植120亩、大蒜种植400亩、农资超市一个，实现362户贫困户1582人增收脱贫；易地扶贫搬迁95户384人，集中安置火冲村岔沟组、东木组88户352人，发放特惠贷贷款95户273.3万元。

【项目建设】 推进城镇建设，加快基础设施建设，有效改善和提升人居环境。一是特色小城镇建设。目前新区"小桥流水"和"景观池塘"、省级高标准基本农田建设土地整治项目、污水处理厂、迎宾大道、客运站、镇区风貌建设工程、示范小城镇信息化建设、春晖大酒店、宾馆、沿街商住楼、超市、小学教师周转房及附属工程等项目建设有序推进，垃圾收运系统、集中式饮用水水源保护工程等项目已完成前期准备工作。二是加大"路网"建设。建设青松至上寨、新沟半坡至渔洞红岭、粮都至银厂丁寨、初都至初都何茶场6条通村公路，11个村级通村公路，共计56.1公里，打通交通毛细血管。三是水利工程建设。投资80万元修建青松村安全饮水工程，解决青松村3260多人的安全饮水问题。确权颁证，产权明晰农村饮水安全工程48个，堤防工程1个，水池（水窖）1300个，确保水利工程产权明晰、责任明确、管护到位。

【民政事业】 民生重点协调发展，三关爱、民生救助扎实推进。一是走访全镇留守儿童969人（困境儿童40人），发放困境儿童补助金47700元。发放高龄补助207950元；五保对象供养金264335元；发放高龄补贴207950元，二是认真搞好困难群众和农村低保困难补助的发放、复员军人定补等惠民工作，切实解决贫困人口温饱问题。2016年发放城乡最低生活保障金5354292元；解决困难群众医疗救助金共388470元；救助临时困难群众36户，救助金额177780元；对参战人员、60岁以上退役士兵等共发放962871元；发放农村低保户季节性缺粮40吨，冬春救助季节缺粮40吨，其他救助186人，救助金额336687元。

【科教文卫】 完成青场图书分馆建设，修建文化小广场4个，搭建戏台一个，开展农村思想教育宣传活动，提升广大群众的精神文化水平，同时促进全民素质的提升。2016年产业技能培训培训423人，"雨露计划、圆梦行动"资助考入大学学生14人，教育帮扶高中及以上在校生117人。完成火冲小学的后续建设工作并于9月投入使用。实施青场小学、上寨小学、海寨小学薄改项目，修建鲍家幼儿园，努力打造好"四在学校·幸福校园"的升级版，让大山里的孩子快乐成长，在实现中国梦中更好地放飞梦想。

（张秀娟）

大河乡

【概述】 大河乡属七星关区42个镇乡办之一，地处两省（云南、贵州）三县区（镇雄、赫章、七星关）的结合部，东与本区放珠镇相邻，西与云南省镇雄县中屯乡、泼机镇接壤，南与毕节市赫章县哲庄乡相连，北与本区青场镇毗邻。人民政府驻双桥村岔河组，距七星关城区74公里。大河乡辖下沟、青杠、鸡姑、柯乐、双桥、官房、拉乐、官代河村8个村民委员会；下设65个村民小组。2016年末，辖区总人口25509人。

按照省级“全面小康建设”创建标准，大河乡围绕“村美、户富、班子强”的创建目标，认真扎实有效地推进各项创建活动，环境卫生设施、人畜饮水改造等工程建设，壮大村级经济实体，开办各种讲座、培训，提高村民增收能力，实现人均收入稳步增长。

【经济发展持续增长】 全乡生产产值达到5084.85万元，相比2011年3823.2万元增长了33%。农村经济纯收入达到8500万元，相比2011年的6441万元增长了31.96%；农民人均纯收入达到7560元，相比2011年翻了一番。粮食总产量从7752吨增加到9730吨，增长了20%，农民人均占有粮食从450公斤增加到510公斤，人均增粮60公斤，增长了13.33%。财政税收每年呈上升趋势，特别是烟叶特产税一直走在全区的前列，如期完成上级下达的各项财政税收任务，确保全乡工作的正常运转，2016年实现烤烟产值1780万元，预期烟叶特产税374万元。

【加大力度调整农业产业结构】 2011年以来，该乡先后在双桥、柯乐等村种植过苦参、续断、太子参等中药材500亩，在鸡姑、下沟村种植福鼎大白茶1000亩，进入2015年以来，根据市、区的统一安排和部署，以实施板块经济为核心，在全乡范围内推广脱毒马铃薯，高山冷凉蔬菜，杂交玉米单株定向移栽，产业结构调整迈出了实质性的步伐，取得了良好的示范带动作用。

【生态文明家园建设】 实施两个硬化工程，投入资金45万硬化院坝1.2万平方米，投入资金50.9万硬化串户路4015米。实施财政奖补“一事一议”通组公路建设27.197公里，投入资金21.6万元安装太阳能路灯17盏，投入资金1.7万修建垃圾池18平方米。实施生态文明家园建设和农村危房改造，投入资金937.88万元，完成了712户农村危房改造1300余户生态文明家园建设及16户小康房建设，投资22万元，对双桥村河边组实施农村清洁示范工程和美丽乡村建设，上述工程的实施，极大地改善了群众的居住环境，乡村面貌焕然一新，人民生活水平显著提高，幸福指数显著提升。

【大力推进基础设施建设】 投资1200万元完成27公里的青河油路改造；投入资金236.8万元完成高家丫口至青杠一组通村公路3.7公里，青场镇初都河村至青杠7组4.5公里，双桥至官房至赫章县雄都村10公里、鸡姑至柯乐10公里，双桥至拉乐8.5公里，双桥至官代河8.6公里、放大路大河段5.5公里，下沟三组至上沟2公里总共52.8公里的通村公路建设，通村公路的实施，极大地方便了群众的出行和运输，为拉动全乡经济持续健康发展奠定了坚实的基础。

【扶贫攻坚任重道远】 贫困对象识别更加精准。按照“四看法”、收入核算法，民主评困等方式，精准锁定全乡821户3089个贫困人口，并将识别出来的贫困人口贫困信息全部纳入“建档立卡”进行动态管理。扶贫措施不断深入。根据“五个一批”和“六个精准”要求，将贫困人口按照“两因”“两有”“两无”“两缺”分类，因户施策，确保扶贫对象、项目安排、资金使用、措施到户、因村派人、脱贫成效精准，通过发展产业、教育资助、易地搬迁、生态补偿，政策兜底助推脱贫。脱贫成效更加显著。积极落实区委、区政府出台的“一市五金多套餐”问需式精准扶贫措施，全乡共申请免费苗木超市3648户，现已落实种植面积2656亩，申请小额贴息贷款414户，发放资金1002.8万元，发展养牛387户776头，此外，还有养猪、养羊、养绿壳蛋鸡等产业，极大地提高了贫困群众脱贫的能力；按照贫困人口脱贫“四有五覆盖”要求，落实财政专项扶贫资金420万元，部门帮扶资金65万元，有效覆盖2016年度拟脱贫的356户1637个贫困人口，此外，还将投入479万元对官代河、青杠137个贫困人口实施易地扶贫搬迁；按照“五通四有”贫困村出列标准，下沟、青杠两个贫困村出列需投入资金约1640万元硬化通村路11.2公里、通组路23.6公里、串户路7.8公里、毛路开挖1.3公里、院坝硬化2230平方米、农村文化活动场所2个，招呼站3个，美丽乡村建设示范点2个，此外，电力、通讯等部门还将对下沟、青杠两个村供电和网络进行建设。

【人口和计划生育工作常抓不懈】 卫计整合圆满完成，卫生工作先后配备了B超、X光机、心电洗胃机等仪器，确保医疗信息、医保，新农合，疾控，妇幼保健等工作得到正常开展；实现国家基本药物制度，药品实行零差价销售，群众可公平获得药品，有效解决了群众看病难、看病贵的问题，投入资金维修改造8个村的村级卫生室，方便群众就近就医，公共卫生服务体系建设不断加强，基本医疗卫生服务水平不断提高，医疗卫生服务体系建设和基础设施建设步伐不断加快，基本医疗保障服务体系建设不断提高；人口和计划生育工作全面落实普遍二孩政策；宣传教育工作和利益导工作取得新的突破，管理考核体制取得了新的突破，认真落实了计划生育“三按月”绩效管理工作，认真开展计划生育“双诚信双承诺工作”。

【文化体育事业不断完善】 五年来，累计完成广播电视“村村通”2400台，“户户通”400余台，建成官代河、官房等村5个农家书屋，斥资20余万元建成青杠、官代河、拉乐、柯乐四个农民健身小广场，乡级农民健身工程和乡级文化服务中心也开展前期工作，青杠、下沟两村文化活动室正在实施中，积极协调区文体广电局送文化下乡，极大地丰富了群众的文化生活。

【社会保障工作】 本年度该乡城镇新增就业任务数为70人，完成71人。完成城乡居民养老保险收缴358600元，参保7259人，综合参保率69.83%，续保率64.18%，缴费完成率达51.57%。

【教育工作】 加大对教育事业的投入，投资374万元，新建大河中学教师公租房2970平米，投资184万元，新建中学学生公寓1500平方米，投资426万元，新建小学教师公租房3500平米，投资345万元，新建小学生宿舍2800平方米，投资500万元，高标准打造大河乡中心幼儿园一所，投资80万元，在全乡7个村打造山村幼儿园7所，教育基础设施建设步伐长足发展，截至2016年，全乡在校学生人数达3475名，学前三年教育毛入学率达86.5%，义务教育巩固率达107.2%，高中阶段毛入学率达85.1%，三残儿童入学率达87.5%，基本实现了“基本普及十五年教育”的目标。

【卫生工作】 本年度该乡城乡居民医保参合人员16333人，参合率100%。该乡已于2014年完成了全乡所有村卫生室的改扩建工作，且村卫生室的使用率为100%。本年度该乡共开展了2次食品药品安全大检查，检查过程中组织了工商、卫生院、派出所、农业服务中心、安监站、中学、中心校等单位或部门对全乡食品、药品、用水等进行了详细的排查。一年来我乡无食品安全事故和医药安全事故发生。按要求完成了“一会两站”挂牌和人员配置，并认真做好宣传和维权工作。

【民政工作】 民生保障更加有力。严格执行《贵州省低保实施办法》，科学合理制订城镇低保对象和低保补助水平，管好用好低保资金，实现动态管理下的应保尽保；进一步巩固和完善农村社会救助体系，保障困难群众基本生活，五年来共发放低保资金2031余万元，医疗救助235人，发放医疗救助金1万余元，临时救助67人，发放临时救助金30余万元，发放冬春救助款20万元，冬春救助粮297吨，保障困难群众基本生活；完成城乡居民养老保险7197人，综合参保率69.17%，领取养老保险金待遇2670人，发放养老保险金911万元，完成城镇新增就医321人，为任务数320人的100.31%

【加强社会管理促进社会和谐】 对所有应进驻事项均全部进驻便民服务中心，并做到百分之百授权到位。乡便民利民服务大厅建立有健全的首问责任制、一次性告知制、AB岗工作制、服务承诺制、限时办结制、领导带班制、工作人员行为规范等。全体入驻大厅工作人员均实行挂牌上岗，全年无脱岗、未挂牌等现象发生。每月均按时按要求报送事项办理报表，无漏报迟报等现象发生。

【党风廉政建设】 2016年，乡纪委自办案件8宗，涉案金额11万元，处分7人。

【全面协作积极开展群团工作】 组织发展团员60名，上缴团费420元，重要节日均组织开展了相关活动。完成两癌宣传工作，上报两家两例两癌病例，加强妇女儿童维权工作，正常开展三·八等相关节日活动。按照“五好目标”建立结对帮教花名册，并建立健全相关工作措施，充分发挥“五老”作用，实现“三无两有”；按要求认真开展主题教育活动5次，开展法制宣传教育和青少年科技培训各两次；组织“五老”队伍及关工委工作人员培训3次。

（蔡　娟）

七星关区村（社区）干部名录

市西街道

翠西社区

党支部书记　王　胜＊（2016.01–2016.11）
　　高鹏程（2016.11–2016.12）
党支部副书记　王贵全＊（2016.01–2016.11）
　　李　梅＊（2016.01–2016.11，女）
　　王　涛（2016.11–2016.12）
　　刘金华（2016.11–2016.12）
支委委员　漆　红＊（2016.01–2016.11）
　　罗昌美（2016.11–2016.12，女）
主　　任　吴学贵（2016.01–2016.12）
副 主 任　王　涛＊（2016.01–2016.11）
　　邵关顺（2016.01–2016.12）
居委委员　季　超（2016.01–2016.12）
　　陈明萍（2016.01–2016.12）

百花社区

党支部书记　何　敏（2016.01–2016.12）
党支部副书记　宋　群＊（2016.01–2016.11）
　　段元丽（2016.11–2016.12）
支委委员　钟树琴＊（2016.01–2016.11，女）
　　宋　群（2016.11–2016.12）
主　　任　王　丽（2016.01–2016.12，女）
居委委员　张建平（2016.01–2016.12）
　　孔祥先（2016.01–2016.12，女）
　　段元丽（2016.01–2016.12）
　　谢仲先（2016.01–2016.12）

天河社区

党支部书记　周海燕（2016.01–2016.12，女）
党支部副书记　王　祥＊（2016.01–2016.11）
　　潘定珍（2016.11–2016.12）
支委委员　潘定珍＊（2016.01–2016.11）
　　周　萍（2016.01–2016.12，女）
　　王　祥（2016.11–2016.12）
主　　任　贺凤英（2016.01–2016.12，女）
居委委员　罗南芬（2016.01–2016.12，女）

北门社区

党支部书记　吴学柄（2016.01–2016.12）
主　　任　谢月秀＊（2016.01–2016.08）
党支部副书记　古开凤（2016.08–2016.12）
　　吴橡林（2016.01–2016.12）
支委委员　邱永辉（2016.01–2016.12）
　　叶盛芳（2016.11–2016.12，女）
居委委员　叶盛芳＊（2016.01–2016.11，女）
　　主　敏（2016.01–2016.12，女）
　　聂　琼（2016.01–2016.12，女）

和平社区

党支部书记 邓成军 *（2016.01–2016.08）
宋迎红（2016.08–2016.12）
党支部副书记 崔雪敏 *（2016.01–2016.11，女）
吴翠霞（2016.11–2016.12，女）
支委委员 宋迎红 *（2016.01–2016.08）
崔雪敏（2016.11–2016.12）
主　任 陈卫红（2016.01–2016.12）
副主任 吴翠霞（2016.01–2016.12）
居委委员 赵祖芸（2016.01–2016.12，女）

松山社区

党支部书记 古开凤 *（2016.01–2016.08，女）
谢月秀（2016.08–2016.12，女）
党支部副书记 彭　仙 *（2016.01–2016.11，女）
高玉琴（2016.11–2016.12，女）
支委委员 王　琦（2016.01–2016.12）
主　任 刘银华（2016.01–2016.12）
居委委员 徐　艳（2016.01–2016.12，女）

金钟社区

党支部书记 魏理智（2016.01–2016.12）
党支部副书记 刘　燕（2016.01–2016.12，女）
支委委员 田茂玲 *（2016.01–2016.11）
胡大燕（2016.11–2016.12，女）
主　任 聂宗龙（2016.01–2016.12）
居委委员 胡大燕 *（2016.01–2016.11，女）
奚海花（2016.01–2016.12，女）

市东街道

水西田社区

党支部书记、主任 何登义 *（2016.01–2016.11）
主　任 杨　坤（2016.12–2016.12）
副主任 张春霞（2016.12–2016.12）
支委委员 糜祖秀 *（2016.01–2016.03，女）
陈明先 *（2016.01–2016.11，女）
郑前顺 *（2016.01–2016.11）
郑宗先（2016.12–2016.12）
杨　洪（2016.12–2016.12）
罗　艳（2016.12–2016.12）

龙山社区

党支部书记 糜祖秀（2016.03–2016.12）
支委委员 李　虹（2016.03–2016.12）
主　任 何　翼（2016.12–2016.12）
副主任 王俊杰（2016.12–2016.12）
居委委员 吴　迪（2016.12–2016.12）
杨　梅（2016.12–2016.12）
陈明华（2016.12–2016.12）

双井社区

党支部书记 李沁梅（2016.01–2016.12，女）
支委委员 刘珍敏（2016.01–2016.12，女）
邵文林（2016.12–2016.12）
祁异文（2016.12–2016.12）
胡齐先（2016.12–2016.12）
主　任 祁异文 *（2016.01–2016.11，女）
胡亚辉（2016.12–2016.12，女）
居委委员 冯　丽（2016.12–2016.12，女）
孙艳梅（2016.12–2016.12，女）

文峰社区

党支部书记 顾荣芳 *（2016.01–2016.11，女）
梁　辉（2016.12–2016.12）
支委委员 孙良国 *（2016.01–2016.11）
李国富 *（2016.01–2016.11）
葛发秀 *（2016.01–2016.11，女）
陈雪桃（2016.12–2016.12，女）
主　任 孙　雯 *（2016.01–2016.11，女）

张　丹（2016.12–2016.12，女）
副 主 任　杨　倩（2016.12–2016.12，女）
居委委员　蒋　松（2016.12–2016.12）
胡　梅（2016.12–2016.12）
张忠琼（2016.12–2016.12）

清华社区

党支部书记　王娅丽*（2016.01–2016.11，女）
朱　然（2016.12–2016.12）
党支部副书记　胡　珊*（2016.01–2016.11，女）
支委委员　朱德荣*（2016.01–2016.11）
徐　嘉*（2016.01–2016.11）
金毕友*（2016.01–2016.11，女）
主　　任　刘益萍（2016.01–2016.12）
副 主 任　沈锦红（2016.12–2016.12）
居委委员　袁　芸（2016.12–2016.12，女）
路亚梅（2016.12–2016.12，女）

麻园街道

双城社区

党支部书记　罗泽菊（2016.01–2016.12，女）
党支部副书记、居委主任
罗振永（2016.01–2016.12）
党支部副书记　吴学益（2016.01–2016.12）
党支部副书记、居委委员
谢玉华（2016.01–2016.12）
党支部委员、居委副主任
刘国富（2016.01–2016.12）
居委副主任　林科平（2016.01–2016.12）

麻园社区

党支部书记　欧家祥（2016.01–2016.12）
党支部副书记、居委主任
黄启云（2016.01–2016.12）
党支部副书记、居委副主任
王友平（2016.01–2016.12）
党支部委员、居委副主任
杨贵芬（2016.01–2016.12，女）
居委副主任　周训麟（2016.01–2016.12，女）
居委会委员　罗昌恒（2016.01–2016.12）
李　艳（2016.01–2016.12，女）

望城社区

党支部书记　张万伦（2016.01–2016.12）
党支部副书记、居委主任
周训平（2016.01–2016.12，白）
党支部委员、居委副主任
李　荣（2016.01–2016.12）
王　栋（2016.01–2016.12，苗）
党支部委员、居委委员
向　凤（2016.01–2016.12，女）
居委副主任　刘　莎（2016.01–2016.12，女）

双树社区

党支部书记　封玉琴（2016.01–2016.12，女）
居委会主任　杨志毕（2016.01–2016.12，女）
党支部副书记、居委会副主任
吕全贵（2016.01–2016.12）
居委会副主任　史　恒（2016.01–2016.12）
居委会委员　张　萍（2016.01–2016.12，女，彝）
熊国英（2016.01–2016.12，女）

杨家塘社区

党支部书记、居委会主任
胡　勇（2016.01–2016.12）
党支部副书记、居委会副主任
杨淑毅（2016.01–2016.12，女）
居委会副主任　常　磊（2016.01–2016.12）
党支部委员　杨　倩（2016.01–2016.12，女）
杨友钱（2016.01–2016.12）
居委会委员　黄　爱（2016.01–2016.12，女）
杨友立（2016.01–2016.12）

碧海街道

尚家寨社区

主　　任　尚国汉（2016.01–2016.12）
人口主任　朱明书（2016.01–2016.12，女）

彭家寨社区

党支部书记　张全文 *（2016.01–2016.10）
主任助理　彭贵华 *（2016.02–2016.09）
　　　　　王天云（2016.02–2016.12）
人口主任　吴胤庆 *（2016.01–2016.08）

柏杨林社区

党支部副书记　周珍琴（2016.01–2016.12，女）
主　　任　吴瑞华（2016.01–2016.12）
人口主任　吴维华（2016.01–2016.12）

前所社区

党支部书记　吴仲伦（2016.01–2016.12）
主　　任　吴仕学（2016.01–2016.12）
人口主任　路登云（2016.01–2016.12）

石榴口社区

主　　任　吴亚红（2016.01–2016.12）
人口主任　朱德平（2016.01–2016.12，女）
主任助理　吴　杰（2016.01–2016.12）

沙锅寨社区

主任助理　付振海（2016.01–2016.12）
人口主任　付　健（2016.01–2016.12）
主任助理　黎雪淑（2016.01–2016.12，女）

邵关社区

主任助理　王怀方 *（2016.01–2016.04）
主任助理（主持工作）　王怀方（2016.04–2016.12）
主任助理　吴志祥（2016.01–2016.12）
人口主任　林登中（2016.01–2016.12）

沙地社区

主　　任　李红权（2016.01–2016.12）
人口主任　顾尚华（2016.01–2016.12）

蚂蝗社区

党支部书记　黎兴祥（2016.05–2016.12）
主任助理　黎兴祥 *（2016.01–2016.05）
　　　　　黎万茂（2016.01–2016.12）
　　　　　张同华（2016.01–2016.12）
　　　　　王丘龙（2016.01–2016.12）
人口主任　朱红云（2016.01–2016.12，女）

龙滩社区

主任助理　林　桃 *（2016.01–2016.05）
　　　　　吴亚平 *（2016.01–2016.03）
　　　　　江海浪（2016.04–2016.12）
人口主任　沈龙武（2016.04–2016.12）

店子社区

党支部书记　李晓丽 *（2016.01–2016.05，女）
主　　任　黄建平 *（2016.01–2016.05）
党支部副书记、人口主任
　　　　　沈　宇（2016.01–2016.12）
主任助理　杨秀兰（2016.01–2016.12，女）

马过河社区

党支部书记　陈庆红（2016.01–2016.12）

主任助理 叶　香（2016.01–2016.12，女）
人口主任 李晓彦（2016.01–2016.12）

陈家院社区

主　　任 陈万贤（2016.01–2016.12）
主任助理 陈万广（2016.01–2016.12）
孙全义（2016.01–2016.12）
人口主任 吴雪峰（2016.01–2016.12）

胡家院社区

党支部书记 吴　旭（2016.01–2016.12）
主　　任 吴祥勇（2016.01–2016.12）
主任助理 吴晓华（2016.01–2016.12）
人口主任 王　芳（2016.01–2016.12，女）

丁家寨社区

党支部副书记 丁希科（2016.01–2016.12）
主任助理 卢世超 *（2016.01–2016.01）
卢世龙（2016.02–2016.12）
卢德昌（2016.08–2016.12）
丁　华（2016.01–2016.12）
人口主任 尚政琴（2016.01–2016.12，女）

张家寨社区

党支部书记 丁学明（2016.01–2016.12）
主任助理 朱正宣 *（2016.01–2016.09）
人口主任 吴长桥 *（2016.01–2016.03）
主任助理 潘　娟（2016.04–2016.12，女）

平桥社区

党支部副书记 胡绪良 *（2016.01–2016.05）
党支部副书记（主持工作）
胡绪良（2016.05–2016.12）
主　任 吴　亚（2016.01–2016.12）

党支部副书记、人口主任
靳　碧（2016.01–2016.12，女）
主任助理 吴玉梅（2016.01–2016.12，女）

西冲社区

党支部书记 王军华（2016.01–2016.12）
党支部副书记 吴长钰（2016.06–2016.12）
主　　任 甘益军（2016.01–2016.12）
人口主任 马金友 *（2016.01–2016.02）
陈明菊（2016.04–2016.12，女）

梅子沟社区

党支部副书记 王天元（2016.05–2016.12）
主　　任 陈廷福（2016.01–2016.12）
人口主任 王天专（2016.01–2016.12）
主任助理 王天元 *（2016.01–2016.05）
刘晓青（2016.03–2016.12，女）

碧阳街道

大兰社区

党支部书记 张　忠（2016.01–2016.12）
党支部委员、主任 游正发（2016.01–2016.12）
党支部副书记 刘正凤（2016.01–2016.12，女）
潘泽荣（2016.01–2016.11）
党支部委员、副主任
张秋菊（2016.01–2016.12，女）
党支部委员 何俊平（2016.01–2016.11）
居民委员会副主任 张以禄（2016.01–2016.12）
居民委员会委员 游家荣（2016.01–2016.12）
章　侦（2016.01–2016.12）
王丽娜（2016.01–2016.12，女）
主任助理 张　宏（2016.01–2016.12）

流仓社区

党支部书记　石朝敏（2016.01–2016.10）
党支部委员、主任　潘　群（2016.01–2016.12，女）
党支部副书记　李　华（2016.01–2016.12）
　　陈　波（2016.01–2016.12）
居民委员会副主任　石朝明（2016.01–2016.12）
居民委员会委员　杨　敏（2016.01–2016.12）

大新桥街道

大桥社区

党支部书记　张永春（2016.01–2016.12）
居委主任　张永祥（2016.01–2016.12）
主任助理　张万政（2016.01–2016.12）
　　张万华（2016.01–2016.12）
副 主 任　黄金华（2016.01–2016.12）
人口主任　孔维清（2016.01–2016.12，女）

小河社区

党支部书记　张　荣（2016.01–2016.12）
居委主任　常绍胜（2016.01–2016.12）
副支部书记　龙跃志（2016.01–2016.12，彝）
副 主 任　张仕江（2016.01–2016.12）
人口主任　李凤英（2016.01–2016.12，女，彝）

天生桥社区

党支部书记　曹　兵（2016.01–2016.12）
居委主任　聂贵祥（2016.01–2016.12）
党支部副书记　聂宗辉（2016.01–2016.12）
副 主 任　舒銮荣（2016.01–2016.12）
人口主任　聂宗先（2016.01–2016.12，女）

殷官屯社区

党支部书记　聂　魁（2016.01–2016.12）
副 主 任　张　军（2016.01–2016.12）
人口主任　吴常辉（2016.01–2016.12）

大坡社区

党支部书记　徐　刚（2016.12–2016.12）
居委主任　王元忠（2016.01–2016.12）
党支部副书记　张　军（2016.01–2016.12）
副 主 任　谢忠荣（2016.01–2016.12）
人口主任　王宏举（2016.01–2016.12）

魏家屯社区

党支部书记　关才明（2016.01–2016.07）
居委主任　聂开贵（2016.01–2016.12）
副 主 任　吴道林（2016.01–2016.12）
人口主任　李柱长（2016.01–2016.12）

德溪街道

后河社区

党支部书记　李启远（2016.01–2016.12）

德沟社区

党支部书记　赵科义（2016.01–2016.12）
主　　任　吴长虎（2016.01–2016.12）

碧玉社区

党支部书记　周　艇（2016.01–2016.12）

甲秀社区

党支部书记　石　磊（2016.01–2016.12）
主　　　任　石明辉（2016.01–2016.12）

烂泥社区

党支部书记　肖　宁（2016.01–2016.12）
主　　　任　魏　刚（2016.01–2016.12）

观音桥街道

迎宾村

党支部书记　周　鑫（2016.07–2016.12）
党支部副书记　吉　林*（2016.01–2016.09）
村委会主任　周　鑫（2016.01–2016.12）
村委会副主任　陈　建（2016.01–2016.12）

长征村

党支部副书记　徐正先（2016.01–2016.12）
村委会主任　徐正先（2016.01–2016.12）
村委会副主任　陈廷雄（2016.01–2016.12）

桥头边村

党支部书记　陈　怀*（2016.01–2016.08）
孙继贤（2016.08–2016.12）
党支部副书记　王　华（2016.01–2016.12）
村主任　罗志海（2016.01–2016.12）
村委会副主任　朱有红（2016.01–2016.12）

塘房村

党支部书记　董武刚（2016.01–2016.12）
党支部副书记　彭艳萍（2016.01–2016.12）
村委会主任　孙继贤（2016.01–2016.12）
村委会副主任　刘章华（2016.01–2016.12）

红堰村

党支部书记　刘从义（2016.01–2016.12）
党支部副书记　邵显平（2016.01–2016.12）
村委会主任　陈光华（2016.01–2016.12）
村委会副主任　陈大斌（2016.01–2016.12）

五里坪村

党支部书记　卯　巧（2016.01–2016.12）
党支部副书记　张永新（2016.01–2016.12）

洪山街道

兰苑社区

党支部书记　刘　莉（2016.01–2016.12，女）
主　　任　吴秋艳（2016.01–2016.12，女）
支委委员　李　琴（2016.01–2016.12，女）
陈盛莲（2016.01–2016.12，女）
章乃琴（2016.01–2016.12，女）
向　娟（2016.01–2016.12，女）

洪山社区

党支部书记　许友珍（2016.01–2016.12，女）
主　　任　莫仕芳（2016.01–2016.12，女）
支委委员　周淑萍（2016.01–2016.12，女）
谭　静（2016.01–2016.12，女）
王春燕（2016.01–2016.12，女）
苏　芳（2016.01–2016.12，女）

桂花社区

党支部书记　邵继红（2016.01–2016.12，女）

主　　任　邓　燕（2016.01–2016.12，女）
支委委员　高镤玲（2016.01–2016.12，女）
　　　　　常履荣（2016.01–2016.12，女）
　　　　　聂德秀（2016.01–2016.12，女）
　　　　　韩昭群（2016.01–2016.12，女）

金桂社区

党支部书记　卯昌琴（2016.01–2016.12，女）
主　　任　王成军（2016.01–2016.12）
支委委员　康亚琼（2016.01–2016.12，女）
　　　　　卯昌华（2016.01–2016.12）
　　　　　吴丽梅（2016.01–2016.12，女）
　　　　　聂志勇（2016.01–2016.12）

环南社区

党支部书记　穆康仁（2016.01–2016.12）
主　　任　赵　文（2016.01–2016.12）
支委委员　朱永松（2016.01–2016.12）
　　　　　黄远华（2016.01–2016.12）
　　　　　黄珊珊（2016.01–2016.12，女）
　　　　　张　松（2016.01–2016.12）
　　　　　彭晓丽（2016.01–2016.12，女）

拥军社区

党支部书记　刘吉荣（2016.01–2016.12，女）
主　　任　程　洁（2016.01–2016.12，女）
支委委员　刘　芳（2016.01–2016.12，女）
　　　　　聂祥琴（2016.01–2016.12，女）
　　　　　卯　华（2016.01–2016.12，女）
　　　　　邱　月（2016.01–2016.12，女）

三板桥街道

官大社区

党支部书记　彭国轩（2016.01–2016.12）
主　　任　彭　国（2016.01–2016.12）
副 主 任　彭先海（2016.01–2016.12）
人口主任　刘明奎（2016.01–2016.12）

六合社区

党支部书记　杨忠义（2016.01–2016.12）
主　　任　幸贵军（2016.01–2016.12）
副 主 任　李明飞（2016.01–2016.12，女）
人口主任　孙良胜（2016.01–2016.12）

大坡坪社区

党支部书记　林　静*（2016.01–2016.03，女）
　　　　　　林文祥*（2016.03–2016.07）
　　　　　　王琪鸿（2016.07–2016.12）
主　　任　张永忠（2016.01–2016.12）
副 主 任　钟满全（2016.01–2016.12）
　　　　　万贵军（2016.01–2016.12）
人口主任　孙良权　（2016.01–2016.12）

灵峰社区

党支部书记　苏义洪（2016.01–2016.12）
主　　任　李先超（2016.01–2016.12）
副 主 任　杨兴发（2016.01–2016.12）
人口主任　夏永军（2016.01–2016.12）

茶亭社区

党支部书记　吴学林（2016.01–2016.12）
主　　任　张定红（2016.01–2016.12）
党支部副书记　邓书全（2016.01–2016.12）
人口主任　梁守信（2016.01–2016.12）

海子街镇

海子街社区

党支部书记 张卫兵（2016.01–2016.12）
党支部副书记 周 坤（2016.01–2016.12）
主 任 雷兴贵（2016.01–2016.12）
副主任 赵银会（2016.01–2016.12）
周 波（2016.01–2016.12）

钻天坡社区

党支部书记 丁桂林（2016.01–2016.12）
主 任 朱明勇（2016.01–2016.12）
副主任 吴 俊（2016.01–2016.12）

黑泥井社区

党支部书记 孟 鹏（2016.01–2016.12）
党支部副书记 林登中（2016.01–2016.12）
主 任 罗忠克（2016.01–2016.12）
副主任 罗 军（2016.01–2016.12）
罗 群（2016.01–2016.12）

小箐沟社区

党支部书记 付 祥（2016.01–2016.12）
党支部副书记 朱云周（2016.01–2016.12）
主 任 朱光富（2016.01–2016.12）
副主任 朱明亲（2016.01–2016.12）
燕 敏（2016.01–2016.12）

大湾社区

党支部书记 顾怀海（2016.01–2016.12）
主 任 朱明江（2016.01–2016.12）
副主任 顾爱国（2016.01–2016.12）
陈丛云（2016.01–2016.12）
王丽萍（2016.01–2016.12）

周家桥社区

党支部书记 周训喜（2016.01–2016.12）
党支部副书记 许世琴（2016.01–2016.12）
主 任 周 奇（2016.01–2016.12）
副主任 樊 华（2016.01–2016.12）
周 宇（2016.01–2016.12）

热水田社区

党支部书记 刘城汗（2016.01–2016.12）
主 任 张 恒（2016.01–2016.12）
副主任 陈加云（2016.01–2016.12）
戚 鹅（2016.01–2016.12）

坪山社区

党支部书记 李作友（2016.01–2016.12）
主 任 张中海（2016.01–2016.12）
副主任 向文英（2016.01–2016.12）
张中林（2016.01–2016.12）

安山村

党支部书记 唐净平（2016.01–2016.12）
主 任 成连明（2016.01–2016.12）
副主任 成以龙（2016.01–2016.12）

龙塘村

党支部书记 刘桂林（2016.01–2016.12）
主 任 张 欣（2016.01–2016.12）
副主任 路 磊（2016.01–2016.12）
张道富（2016.01–2016.12）
杨光黔（2016.01–2016.12）

果乐村

党支部书记　申庆枢（2016.01–2016.12）
主　任　刘　洪（2016.01–2016.12）
副主任　申时康（2016.01–2016.12）

二道河村

党支部书记　邵文忠（2016.01–2016.12）
主　任　陈阳国（2016.01–2016.12）
副主任　邵文全（2016.01–2016.12）

七里沟村

党支部书记　李官仁（2016.01–2016.12）
主　任　李金忠（2016.01–2016.12）
副主任　李官仁（2016.01–2016.11）

大丫口村

党支部书记　刘　璇（2016.01–2016.12）
副　主　任　陶建平（2016.01–2016.12）

树垮村

党支部书记　胡　云（2016.01–2016.10）
主　任　孙善红（2016.01–2016.12）
副主任　黎仕文（2016.01–2016.12）
　　　　吴运平（2016.01–2016.12）

五十亩村

党支部书记　史卫红（2016.01–2016.12）
副　主　任　吴长青（2016.01–2016.12）
　　　　　　史建国（2016.01–2016.12）
　　　　　　史　华（2016.01–2016.12）

擦枪岩村

党支部副书记　潘礼伟（2016.01–2016.12）
主　任　王大龙（2016.01–2016.12）
副主任　汤明发（2016.01–2016.12）
　　　　文正文（2016.01–2016.12）

十三亩村

党支部书记　吕少勇（2016.01–2016.12）
主　任　吕绍荣（2016.01–2016.12）

副主任　吕敬金（2016.01–2016.12）
　　　　朱　勇（2016.01–2016.12）

田坝桥镇

田坝桥村

党支部书记　席　春*（2016.01–2016.10）
　　　　　　邓　洁（2016.10–2016.12）
党支部副书记　林文付（2016.01–2016.12）
主　　任　林　勇（2016.01–2016.12）
副　主　任　林劲松（2016.01–2016.12）
主任助理　胡庆友（2016.01–2016.12）

螃蟹村

党支部书记　阮开华（2016.01–2016.12）
主　　任　邱　胜（2016.12–2016.12）
副　主　任　唐　勇（2016.12–2016.12）
主任助理　邱　胜（2016.01–2016.12）
　　　　　唐　勇（2016.01–2016.12）

十二湾村

党支部书记　王晓青（2016.01–2016.12）

主　任　张周高（2016.01–2016.12）
副主任　张国君（2016.01–2016.12）

高桥村

党支部书记　朱正阳（2016.01–2016.12）
主　　任　吴道云 *（2016.01–2016.11）
　　　　　罗柱方（2016.12–2016.12）
副 主 任　黄　虎（2016.12–2016.12）
　　　　　詹绍怀（2016.12–2016.12）
主任助理　黄　虎 *（2016.01–2016.12）
　　　　　詹绍怀 *（2016.01–2016.12）

臭水井村

党支部书记　李红艳 *（2016.01–2016.09，女）
　　　　　　粟明芬（2016.10–2016.12，女）
党支部副书记　张守康（2016.01–2016.12）
主　　任　张守怀（2016.12–2016.12）
副 主 任　陈　强（2016.01–2016.12）
　　　　　王万祥（2016.12–2016.12）
主任助理　陈　海（2016.01–2016.12）
　　　　　丰达祥（2016.01–2016.12）

硝灰洞村

党支部书记　朱祖奎 *（2016.01–2016.10）
　　　　　　王　琼（2016.10–2016.12）
主　　任　朱　平（2016.01–2016.12，女）
主任助理　朱明勇（2016.01–2016.12）
　　　　　王昭彦 *（2016.01–2016.10）

弯腰树村

党支部书记　彭　艳（2016.03–2016.12，女）
主　　任　王言刚（2016.12–2016.12）
主任助理　赵杰萍（2016.01–2016.12）
　　　　　聂宗友（2016.01–2016.12）

店子上村

党支部书记　黎建祥（2016.01–2016.12）
主　任　黄曜远　（2016.12–2016.12）
副主任　余佩章（2016.01–2016.12）
　　　　黄明军（2016.01–2016.12）
　　　　熊　斌（2016.12–2016.12）

八寨镇

八寨村

党支部书记　刘琼华 *（2016.1–2016.9）
　　　　　　陈文友（2016.9–2016.12）
主　任　吴道远（2016.1–2016.12）
党支部副书记　王维周（2016.1–2016.12）
副主任　陈洪宪（2016.1–2016.12）

大兴村

党支部书记　邵　静（2016.1–2016.12）
主　任　申庆林（2016.1–2016.12）
副主任　翟　全（2016.1–2016.12）

钟寨村

党支部书记　朱克义（2016.1–2016.12）
副主任　张光才（2016.1–2016.12）
　　　　孙　勇（2016.1–2016.12）

新艾村

党支部书记　赖明春（2016.1–2016.12）
主　任　赵琼明（2016.1–2016.12）
副主任　赵卫明（2016.1–2016.12）

劳动村

党支部书记 杨继国（2016.1–2016.12）
副主任 肖 华（2016.1–2016.12）
吴维武（2016.1–2016.12）

茅栗坪村

党支部书记 顾 妮（2016.10–2016.12）
副主任 陈永亮（2016.1–2016.12）
刘应忠（2016.1–2016.12）

华山村

党支部书记 陈启平 *（2016.1–2016.9）
王 勇（2016.10–2016.12）
副主任 燕 斌（2016.1–2016.12）

木樨村

党支部书记 陈文友 *（2016.1–2016.8）
黎秀尧（2016.10–2016.12）
主 任 黎希远（2016.1–2016.12）
副主任 黎代彦（2016.1–2016.12）

瓦窑坪村

党支部书记 章观林（2016.1–2016.12）
主 任 申时禹（2016.1–2016.12）
副主任 申 磊（2016.1–2016.12）

中厂村

党支部书记 吕泽华（201610–2016.12）
主 任 曾在明（2016.1–2016.12）
副主任 周 应（2016.1–2016.12）

金山村

党支部书记 杨洪清（2016.1–2016.12）
副主任 李应福（2016.1–2016.12）
李 丽（2016.1–2016.12）

岩口村

党支部书记 尚国跃（2016.1–2016.12）
副主任 尚永斌（2016.1–2016.12）
洪文香（2016.1–2016.12）

板厂村

党支部书记 陈 曦 *（2016.1–2016.9）
高跃东（2016.10–2016.12）
副主任 谢忠明（2016.1–2016.12）

罗汉山村

党支部书记 赵祥军（2016.10–2016.12）
主 任 李观禹（2016.1–2016.12）
副主任 余洪俊（2016.1–2016.12）
李观德（2016.1–2016.12）

冷水村

党支部书记 申庆祥（2016.1–2016.12）
副主任 谢兴权（2016.1–2016.12）
王 海（2016.1–2016.12）

层台镇

东沟村

党支部书记 周训义 *（2016.01–2016.09）
朱明星（2016.09–2016.12）

主　任　黄　海（2016.01–2016.12）

红岩村

党支部书记　张　挺（2016.01–2016.12）

玉龙村

党支部书记　王荣华 *（2016.01–2016.09）
　　　　　　古典忠（2016.09–2016.12）
主　任　刘玉亮 *（2016.01–2016.09）

层台村

党支部书记　刘方全（2016.01–2016.12）
主　任　刘方全（2016.01–2016.12）

光辉村

党支部书记　朱明星 *（2016.01–2016.09）
　　　　　　陈古达（2016.09–2016.12）
主　任　陈古达（2016.01–2016.12）

幸福村

党支部书记　陈良举（2016.01–2016.12）
主　任　陈堂义（2016.01–2016.12）

向阳村

党支部书记　胡正刚 *（2016.01–2016.07）
　　　　　　雷宣礼（2016.09–2016.12）
主　任　丁永志（2016.01–2016.08）

牛场村

党支部书记　雷宣礼 *（2016.01–2016.09）
　　　　　　王　锐（2016.09–2016.12）
　　　　　　王　锐（2016.01–2016.12）

斯栗村

党支部书记　魏正熙 *（2016.01–2016.09）
　　　　　　胡祥栋（2016.09–2016.12）
主　任　胡祥服（2016.01–2016.09）

官厢村

党支部书记　包家军 *（2016.01–2016.07）
　　　　　　秦　毅（2016.09–2016.12）
主　任　包家金（2016.01–2016.12）

青春村

党支部书记　武　华 *（2016.01–2016.09）
　　　　　　覃　璟（2016.09–2016.12）
主　　任　燕　凯（2016.01–2016.12）

付家沟村

党支部书记　陈　鸿 *（2016.01–2016.10）
　　　　　　孙建碧（2016.10–2016.12）
主　　任　吕绍杰（2016.01–2016.12）

五里桥村

党支部书记　熊和平（2016.01–2016.12）
主　　任　刘　杰（2016.01–2016.12）

小吉场镇

吉兴社区

党支部书记　黄胜利（2016.10–2016.12）
党支部副书记、主任　黄胜利 *（2016.01–2016.10）
副 主 任　燕鹏超（2016.01–2016.12）
主任助理　陈　艳（2016.01–2016.12，女）

罗　东（2016.01–2016.12）
计生主任　熊朝俊（2016.01–2016.12）

吉坪社区

党支部书记　宋仕昌（2016.01–2016.12）
主　　任　李连举（2016.01–2016.12）
副 主 任　唐友谊（2016.01–2016.12）
付绍田（2016.01–2016.12）
主任助理　周礼春（2016.01–2016.12）

吉丰村

党支部书记　高林荣（2016.01–2016.12）
主　　任　谭树忠（2016.01–2016.12）
主任助理　陈平善（2016.01–2016.12）

德胜社区

党支部书记　季　林（2016.10–2016.12）
胡家弟（2016.11–2016.12）
党支部副书记　季　林 *（2016.01–2016.10）
副主任（主持工作）　吴传国（2016.01–2016.12）
主任助理　周剑锋（2016.07–2016.12）
徐仕俊（2016.01–2016.12）

梨子村

党支部书记　陈　志（2016.09–2016.12）
党支部副书记　李汉友 *（2016.01–2016.09）
副 主 任　邓书文（2016.01–2016.12）
主任助理　吴维富 *（2016.01–2016.03）
李　华 *（2016.01–2016.03）
邓书八（2016.07–2016.12）
杨家举（2016.01–2016.12）

新伦村

党支部副书记　陈绍绪（2016.01–2016.12）
主　　任　廖仕祥（2016.01–2016.12）
主任助理　陈原欢（2016.01–2016.12）
罗　春（2016.09–2016.12）
罗昌旭 *（2016.01–2016.08）

四伦村

党支部书记　方绪刚（2016.01–2016.12）
主　　任　王　廷（2016.01–2016.12）
副 主 任　罗　荣（2016.01–2016.12）
主任助理　常吕昌（2016.01–2016.12）

余庆村

党支部书记　韩　国（2016.11–2016.12）
党支部副书记、主任　王瑞平 *（2016.01–2016.11）
副 主 任　杨光远（2016.01–2016.12）
主任助理　王国念（2016.01–2016.12）

永桥村

党支部书记　余富琴 *（2016.01–2016.11，女）
陈文志（2016.11–2016.12）
主　　任　吕敬桥（2016.01–2016.12）
副 主 任　吕开权（2016.01–2016.12）
主任助理　詹　信（2016.01–2016.12）

永兴村

党支部书记　季良刚（2016.01–2016.12）
主　　任　季　鹏（2016.01–2016.12）
副 主 任　张　伟（2016.01–2016.12）
主任助理　李良群（2016.01–2016.12，女）

联丰村

党支部书记　张万方（2016.01–2016.12）
主　　任　王　洪（2016.01–2016.12）
主任助理　王永超（2016.06–2016.12）
杨远运（2016.01–2016.12）

永丰村

党支部书记　高克良（2016.01–2016.12）
副 主 任　刘仕来（2016.01–2016.12）
主任助理　宋良辅（2016.01–2016.12）
宋汉熙（2016.01–2016.12）

永坪村

党支部书记　胡元勤（2016.01–2016.12）
主　　任　洪仕仁（2016.01–2016.12）
主任助理　叶永超（2016.01–2016.12）

河尾村

党支部书记　李洪卫（2016.01–2016.12）
主　　任　李洪普（2016.01–2016.12）
主任助理　陈文付（2016.01–2016.12）
王功勤（2016.01–2016.12）

龙兴村

党支部书记　徐永昌 *（2016.01–2016.04）
付　祥（2016.04–2016.12）
主　　任　李中贵（2016.01–2016.12）
主任助理　李启武（2016.01–2016.12）
付汉周（2016.01–2016.12）

龙岭村

党支部书记　李连胜（2016.01–2016.12）
主　　任　向国六（2016.01–2016.12）
副 主 任　胡景青（2016.01–2016.12）
主任助理　李洪福（2016.01–2016.12）

高兴村

党支部书记　刘仕康 *（2016.01–2016.10）
余　万（2016.10–2016.12）
主　　任　余　万 *（2016.01–2016.10）
副 主 任　郭有平（2016.01–2016.12）
张　军（2016.01–2016.12）
主任助理　余本权（2016.01–2016.12）

岩湾村

党支部书记　何学伟 *（2016.01–2016.03）
向永志（2016.03–2016.12）
主　任　余本武（2016.01–2016.12）
副主任　曾衍信（2016.01–2016.12）

大吉社区

党支部书记　金　磊（2016.01–2016.12）
副 主 任　胡齐祥（2016.01–2016.12）
主任助理　王　琪（2016.01–2016.12）
付继军（2016.01–2016.12）

双林村

党支部书记　李卫国（2016.10–2016.12）
党支部副书记　李开文 *（2016.01–2016.10）
主　任　李卫国 *（2016.01–2016.10）
副主任　赵素萍（2016.01–2016.12，女）

红旗村

党支部书记　罗富荣 *（2016.01–2016.11）
丁　伟 *（2016.01–2016.11）
主　任　杨先福（2016.01–2016.12）
副主任　罗富银（2016.01–2016.12）

中心村

党支部书记　武孔绪（2016.01–2016.12）
副 主 任　李思恩（2016.01–2016.12）
主任助理　张以善（2016.01–2016.12）

新建村

党支部书记 陈　志 *（2016.01–2016.09）
陈　江（2016.10–2016.12）
周光伦（2016.12–2016.12）
主　　任 詹运清（2016.01–2016.12）
副 主 任 刘天超（2016.01–2016.12）
主任助理 周红羽（2016.01–2016.12）

总基村

党支部书记 申时光（2016.01–2016.12）
主　　任 陈余忠（2016.01–2016.12）
副 主 任 李昌华（2016.01–2016.12）
主任助理 李昌学 *（2016.01–2016.08）

南山社区

党支部书记 任　元（2016.03–2016.12）
党支部副书记 封福国 *（2016.01–2016.03）
主　　任 吕　成（2016.01–2016.12）
主任助理 顾祥林 *（2016.01–2016.03）
付　敏（2016.03–2016.12，女）
计生主任 陈祥义（2016.01–2016.12）

南丰村

党支部书记 李　勇（2016.01–2016.12）
主　　任 李祚权（2016.01–2016.12）
副 主 任 王瑞权（2016.01–2016.12）
主任助理 李荣章（2016.10–2016.12）
王瑞坤（2016.01–2016.12）

阿市苗族彝族乡

头庄村

党支部书记 王发平（2016.01–2016.12）
党支部副书记 张齐周（2016.01–2016.12）
副 主 任 刘　欧（2016.01–2016.12）

垭口田村

党支部书记 孔　磊（2016.01–2016.12）
主　　任 孔维举（2016.01–2016.12）
主任助理 李正芬（2016.01–2016.12，女）
李德春（2016.01–2016.12）

中寨村

党支部书记 杜世江（2016.01–2016.12）
党支部副书记 周光材（2016.01–2016.12）
副 主 任 熊天举（2016.01–2016.12）
主任助理 王安军（2016.01–2016.12）
熊天禄（2016.01–2016.12）

团胜村

党支部书记 刘宝珠（2016.01–2016.12）
主　任 吴学明（2016.01–2016.12）
副主任 王彩俊（2016.01–2016.12）

麻窝村

党支部书记 马昭祥（2016.01–2016.12）
副 主 任 申时昌（2016.01–2016.12）
主任助理 马昭华（2016.01–2016.12）

木拉村

党支部书记 雷　寰（2016.01–2016.12）
主　　任 安仁祥（2016.01–2016.12）
副 主 任 陈清元（2016.01–2016.12）
计生主任 廖南京（2016.01–2016.12）

阿市村

党支部书记 杨维海（2016.01–2016.12）

主　　任　谢伍贤（2016.01–2016.12）
主任助理　谢卫贤（2016.01–2016.12）

安然村

党支部书记　张清华（2016.01–2016.12，彝）
党支部副书记　陶发扬（2016.01–2016.12，苗）
副 主 任　陶绍军（2016.01–2016.12，苗）
计生主任　李会义（2016.01–2016.12，彝）

熊跨村

党支部书记　陶发先（2016.01–2016.12，苗）
党支部副书记　李兴斌（2016.01–2016.12，苗）
主　　任　李兴周（2016.01–2016.12，苗）
主任助理　张德友（2016.01–2016.12，苗）

湾子村

党支部书记　郑　佳（2016.01–2016.12）
主　任　鲍天福（2016.01–2016.12）
副主任　曾开俊（2016.01–2016.12，女）

柳湾村

党支部书记　王永洪（2016.01–2016.12）
主　　任　代修珍（2016.01–2016.12，女）
副 主 任　万荣华　（2016.01–2016.12）
计生主任　陈大贤（2016.01–2016.12）

尖山村

党支部书记　李正昌（2016.01–2016.12）
主　　任　彭廷庆（2016.01–2016.12）
主任助理　余照毕（2016.01–2016.12，女）

草坪村

党支部书记　徐毅凯（2016.01–2016.12）
主　　任　周碧贵（2016.01–2016.12）

副 主 任　赵汝全（2016.01–2016.12）
主任助理　张应志（2016.01–2016.12）

普宜镇

宜兴社区

党支部书记　熊朝委（2016.01–2016.12）
副 主 任　吕　勇（2016.01–2016.12）
主任助理　朱才梅（2016.01–2016.12）

老街村

党支部书记　陈大普（2016.01–2016.12）
主　　任　张元龙（2016.01–2016.12）
副 主 任　刘昭龙（2016.01–2016.12）
　　　　　张金伟（2016.01–2016.12）
主任助理　彭廷香（2016.01–2016.12）

新街村

党支部书记　潘发刚（2016.01–2016.12）
党支部副书记　胡仁杰（2016.01–2016.12）
副主任　高吉平（2016.01–2016.12）

摆盖村

党支部书记　腾召军（2016.01–2016.12）
主　　任　周方义（2016.01–2016.12）
党支部副书记　杨泽英（2016.01–2016.12，女，苗）
副 主 任　宗　义（2016.01–2016.12）
主任助理　张铁军（2016.01–2016.12）

道角村

党支部书记　赵文艺 *（2016.01–2016.10）
　　　　　　周　爽（2016.11–2016.12）
主　　任　王　永（2016.01–2016.12）

副 主 任　罗廷文（2016.01–2016.12）
主任助理　吴　娟 *（2016.01–2016.08，女）
　　　　　胡祥辉（2016.01–2016.12，彝）

乐都村

党支部书记　王端贵（2016.01–2016.12）
主　任　余关邦（2016.01–2016.12）
副主任　张泽艳（2016.01–2016.12）
　　　　余清贤（2016.01–2016.12）
　　　　赵温普（2016.01–2016.12）

箐脚村

党支部书记　周庆礼（2016.01–2016.12）
主　　任　冯国恩（2016.01–2016.12）
副 主 任　杨文平（2016.01–2016.12）
主任助理　周遵福（2016.01–2016.12）

冷水村

党支部书记　龙大福（2016.01–2016.12，彝）
主　　任　徐　晃（2016.01–2016.12）
副 主 任　陈光发（2016.01–2016.12，彝）
主任助理　廖清富（2016.01–2016.12）

木窝村

党支部书记　高　林（2016.01–2016.12）
主　任　胡登友（2016.01–2016.12）
副主任　余文祥（2016.01–2016.12）

双河村

党支部书记　刘太志（2016.01–2016.12）
主　任　黄明泽（2016.01–2016.12）
副主任　赵昭平（2016.01–2016.12）
　　　　罗　勇（2016.01–2016.12）

龙家村

党支部书记　周　爽 *（2016.01–2016.10）
　　　　　　陈明友（2016.11–2016.12）
党支部副书记　赵文林（2016.01–2016.12）
　　　　　　　陈亮坤（2016.01–2016.12）
副 主 任　赵德寿（2016.01–2016.12）
主任助理　王兴明（2016.01–2016.12）

大屯彝族乡

烙烘村

党支部书记、主任　赵举忠（2016.01–2016.12）
党支部副书记　任有均（2016.01–2016.12，彝）
副主任　敖正洪（2016.01–2016.12）
　　　　陈章龙（2016.01–2016.12）

大屯村

党支部书记　王清荣（2016.01–2016.12）
副 主 任　赵举鹏（2016.01–2016.12）
主任助理　赵德凤（2016.01–2016.12，女）

长中村

党支部书记　袁依奇（2016.01–2016.12）
主　任　向元品（2016.01–2016.12）
党支部副书记　许远鹏（2016.01–2016.12）
副主任　胡万海（2016.01–2016.12）

青山村

党支部书记　邓忠余（2016.01–2016.12）
主　　任　陈华建（2016.01–2016.12，彝）
副 主 任　张明贵（2016.01–2016.12）
主任助理　李顺喜（2016.01–2016.12）

大河村

党支部书记、主任 蒋家祥（2016.01–2016.12）
副主任 王永忠（2016.01–2016.12）
黄忠乾（2016.01–2016.12）
刘良祥（2016.01–2016.12）

三官村

党支部书记 陈大琰（2016.01–2016.12，彝）
主　任 李定才（2016.01–2016.12）
副主任 陈大楷（2016.01–2016.12，彝）
彭　齐（2016.01–2016.12）

高坡村

党支部书记 单正方（2016.01–2016.12）
副主任 黄昌华（2016.01–2016.12）
陈年栋（2016.01–2016.12）
主任助理 袁依具（2016.01–2016.12）
雅木村
党支部书记、主任 兰亮鑫（2016.01–2016.12）
副主任 潘启忠（2016.01–2016.12）
余兴杰（2016.01–2016.12）
梁榜芬（2016.01–2016.12，女）

龙场营镇

龙场社区

党支部书记 李华阶（2016.01–2016.12）
主　　任 周光泽（2016.01–2016.12）
党支部副书记 李永才（2016.01–2016.12）
副 主 任 张维举（2016.01–2016.12）
计生主任 叶培忠（2016.01–2016.12）
主任助理 张　凯（2016.01–2016.12）

者把村

党支部书记 蔡长旭（2016.01–2016.12）
主　　任 曾锦全（2016.01–2016.12）
党支部副书记 王永祥（2016.01–2016.12）
计生主任 熊灿华（2016.01–2016.12）
主任助理 王培顺（2016.01–2016.12）

卧牛村

党支部书记 彭永华（2016.01–2016.12）
主　　任 彭荣利（2016.01–2016.12）
计生主任 胡　刚（2016.01–2016.12）
主任助理 吴晓勇（2016.01–2016.12）

南坡村

党支部书记 杨光映（2016.01–2016.12）
主　　任 陈文富（2016.01–2016.12）
副 主 任 周训文（2016.01–2016.12）
计生主任 赵　康（2016.01–2016.12）
主任助理 陈　齐（2016.01–2016.12）

上黄村

党支部书记 赵　刚（2016.01–2016.12）
主　任 何忠发（2016.01–2016.12）
副主任 蔡成云（2016.01–2016.12）
计生主任、主任助理 赵举刚（2016.01–2016.12）

黄金村

党支部书记 蔡昌甫（2016.01–2016.12）
主　　任 陈国宏（2016.01–2016.12）
党支部副书记 敖永贵 *（2016.01–2016.04）
副 主 任 李隆兴 *（2016.01–2016.05）
计生主任 李　波（2016.01–2016.12）
主任助理 赵　琴（2016.01–2016.12，女）

川山村

党支部书记　余　洋（2016.01–2016.12）
主　　任　辜汝香（2016.01–2016.12）
副 主 任　陈和举（2016.01–2016.05）
主任助理　顾永奎（2016.04–2016.12）

元岩村

党支部书记　韩世友 *（2016.04–2016.09）
熊英福（2016.09–2016.12）
副 主 任　王志全（2016.01–2016.12）
计生主任　史开富（2016.01–2016.12）
主任助理　王仕益（2016.01–2016.12）

安顶村

党支部书记　王玉春 *（2016.01–2016.11）
宋时清（2016.11–2016.12）
计生主任　陈　健（2016.01–2016.12）
主任助理　钟世林（2016.01–2016.12）
钟世勇（2016.01–2016.12）
安昌富（2016.01–2016.12）

田坎彝族乡

田坎村

党支部书记　罗永琴（2016.01–2016.12，女，彝）
党支部副书记　嬴胜江（2016.01–2016.12）
主　　任　陈洪能（2016.01–2016.12，彝）
副 主 任　龙　获（2016.01–2016.12，彝）
陈　平（2016.01–2016.12，女，彝）
计生主任　高华祥（2016.01–2016.12，彝）

白沙河村

党支部书记　张　芳（2016.01–2016.12，女，彝）
主　　任　熊总亮 *（2016.01–2016.04，彝）
副 主 任　熊宗辉（2016.01–2016.12，彝）
代顺方（2016.01–2016.12）
计生主任　潘科江（2016.01–2016.12）

田坝村

党支部书记　龙林华 *（2016.01–2016.07，彝）
党支部副书记　王寿才（2016.01–2016.12，彝）
主　　任　王超富（2016.01–2016.12）
副 主 任　曾守贵（2016.01–2016.12）
刘　见（2016.01–2016.12）
计生主任　何吉均（2016.01–2016.12）

青杠村

党支部书记　嬴胜端（2016.01–2016.12）
主　　任　嬴胜端（2016.01–2016.12）
副 主 任　嬴世甫（2016.01–2016.12）
陈玉昌（2016.01–2016.12，彝）
计生主任　刘明英（2016.01–2016.12，女）

大元村

党支部书记　汪升隆（2016.01–2016.12）
主　　任　杨　奎（2016.01–2016.12）
副 主 任　任云昌（2016.01–2016.12）
计生主任　罗良宽（2016.01–2016.12）

茨竹村

党支部书记　曾　义 *（2016.01–2016.07，彝）
主　　任　王　章（2016.01–2016.12，彝）
副 主 任　杨时书（2016.01–2016.12）
张启富（2016.01–2016.12）
计生主任　余　勇（2016.01–2016.12）

元山村

党支部书记 陈付能（2016.01–2016.07，彝）
主　　任 张世均（2016.01–2016.12）
副 主 任 任大斌（2016.01–2016.12）
计生主任 尹妍全（2016.01–2016.12，女）

何官屯镇

阿哪寨村

党支部书记 陈继益 *（2016.01–2016.12）
李明昭（2016.12–2016.12）
主　　任 张德义（2016.01–2016.12）
副 主 任 聂祥举（2016.01–2016.12）
计生主任 徐延广（2016.01–2016.12）

大坝村

党支部书记 周光选（2016.01–2016.12）
主　任 聂祥顺（2016.01–2016.12）
副主任 肖世祥（2016.01–2016.12）

坝口社区

党支部书记 聂　菊 *（2016.01–2016.12）
彭启禄（2016.12–2016.12）
党支部副书记 徐　鑫 *（2016.01–2016.12）
主　　任 聂祥兵（2016.01–2016.12）
副 主 任 朱启国（2016.01–2016.12）
计生主任 徐继志（2016.01–2016.12）

新华村

党支部书记 赵建平（2016.01–2016.12）
主　　任 罗定富（2016.01–2016.12）
副 主 任 刘　君（2016.01–2016.12）
计生主任 郎学虎（2016.01–2016.12）

渔洞社区

党支部书记 张成刚 *（2016.01–2016.12）
司德军（2016.12–2016.12）
主　　任 宋邦禹（2016.01–2016.12）
主任助理 司德军（2016.01–2016.12）
张廷慧（2016.01–2016.12）

龙汉村

党支部书记 阮　伦（2016.01–2016.12）
党支部副书记 吴道方 *（2016.01–2016.12）
主　　任 吴道荣（2016.01–2016.12）
副 主 任 何祥成（2016.01–2016.12）
计生主任 刘庆国（2016.01–2016.12）

柳家社区

党支部书记 朱德忠（2016.01–2016.12）
党支部副书记 刘庆武 *（2016.01–2016.12）
主　　任 朱启天（2016.01–2016.12）
副 主 任 刘天胜（2016.01–2016.12）
计生主任 刘庆国（2016.01–2016.12）

利民村

党支部书记 刘　闪（2016.01–2016.12）
党支部副书记 杜开国 *（2016.01–2016.12）
主　　任 吴发跃（2016.01–2016.12）
计生主任 吴长才（2016.01–2016.12）

龙滩社区

党支部书记 王国军（2016.01–2016.12）
副 主 任 张守学（2016.01–2016.12）
主任助理 王　翔（2016.01–2016.12）
计生主任 陈继秀（2016.01–2016.12，女）

猫猫洞社区

党支部书记 熊建辉（2016.01–2016.12，彝）
主　　任 熊国芳（2016.01–2016.12，彝）
副 主 任 熊　华（2016.01–2016.12，彝）
计生主任 聂　伟（2016.01–2016.12，女）

洋塘村

党支部书记 金　鑫（2016.01–2016.12）
主　　任 蒙光跃（2016.01–2016.12）
主任助理 朱正坤（2016.01–2016.12）
计生主任 谢德明（2016.01–2016.12）

大坪子村

党支部书记 张欣怡（2016.01–2016.12，女，彝）
主　　任 邱永顺（2016.01–2016.12）
主任助理 刘应梅（2016.01–2016.12，女）

关口社区

党支部书记 彭斯洪（2016.01–2016.12）
副 主 任 徐家华（2016.01–2016.12）
米士品（2016.01–2016.12）
计生主任 聂　雨（2016.01–2016.12）

后箐社区

党支部书记 刘天平（2016.01–2016.12）
主任助理 陆　雷（2016.01–2016.12）
吉庆福（2016.01–2016.12）
计生主任 刘天平（2016.01–2016.12）

红丰村

党支部书记 汪　彪（2016.01–2016.12）
主　　任 段永刚（2016.01–2016.12）
副 主 任 尹贵洪（2016.01–2016.12）
计生主任 王国华（2016.01–2016.12）

白果社区

党支部书记 陈思海（2016.01–2016.12）
主　　任 陈文渊（2016.01–2016.12）
副 主 任 阮培勇（2016.01–2016.12）
计生主任 张　云（2016.01–2016.12，女）

唐官社区

党支部书记 王永喜（2016.01–2016.12）
主　　任 邹永发（2016.01–2016.12）
主任助理 王定荣（2016.01–2016.12）
计生主任 聂　军（2016.01–2016.12）

官屯社区

党支部书记 王永喜 *（2016.01–2016.12）
赵名庆（2016.12–2016.12）
党支部副书记 赵名庆 *（2016.01–2016.08）
副 主 任 陈寿南（2016.01–2016.12）
计生主任 洪　伟（2016.01–2016.12）

龙官村

党支部书记 成中国（2016.01–2016.12）
主　　任 周训礼（2016.01–2016.12）
副 主 任 刘天珍（2016.01–2016.12，女）
计生主任 刘庆国（2016.01–2016.12）

水箐镇

大湾村

党支部书记 刘天翠（2016.01–2016.12，女）
主　任 刘天荣（2016.01–2016.12）
党支部副书记 刘庆均（2016.01–2016.12）

副主任 王孝洪（2016.01–2016.12）

流水村

党支部书记 胡　敏（2016.01–2016.12，女）
主　　任 张万房（2016.01–2016.12）
主任助理 付业忠（2016.01–2016.12）

干沟村

党支部书记 胡潘贤（2016.01–2016.12）
主任助理 吴道才（2016.01–2016.12）
副 主 任 胡高祥（2016.01–2016.12）
党支部副书记 朱启顺（2016.01–2016.12）

星火村

党支部书记 吴长银（2016.01–2016.12）
副 主 任 朱启领（2016.01–2016.12）
人口主任 周顺勇（2016.01–2016.12）
主任助理 贺春艳（2016.01–2016.12，女）

黄连村

党支部书记 葛　政（2016.01–2016.12）
主　　任 陈　璋（2016.01–2016.12）
党支部副书记 朱启甫（2016.01–2016.12）
主任助理 刘德江（2016.01–2016.12）
朱启红（2016.01–2016.12）
人口主任 吴　勃（2016.01–2016.12）

马鞍村

党支部书记 詹兴龙（2016.01–2016.12）
党支部副书记 吴道贤（2016.01–2016.12）
主　　任 胡　军（2016.01–2016.12）
副 主 任 杨忠清（2016.01–2016.12，苗）
人口主任 王发贵（2016.01–2016.12，苗）

东风村

主　　任 赵高生（2016.01–2016.12）
副 主 任 徐延海（2016.01–2016.12）
徐世刚（2016.01–2016.12）
主任助理 聂宗友（2016.01–2016.12，苗）

梨树村

党支部书记 王德祥（2016.01–2016.12）
主任助理 吴　凤（2016.01–2016.12，女）
朱家洪（2016.01–2016.12）
人口主任 李天伦（2016.01–2016.12）

水箐村

主　任 曹廷官（2016.01–2016.12）
党支部副书记 王明扬（2016.01–2016.12）
副主任 邓生勇（2016.01–2016.12）

新地村

党支部书记 陈绍菊（2016.01–2016.12，女）
党支部副书记 杨忠林（2016.01–2016.12）
主　　任 吴长进（2016.01–2016.12）
主任助理 吴道本（2016.01–2016.12）
人口主任 吴海君（2016.01–2016.12）

燎原村

党支部书记 李连毅（2016.01–2016.12）
主　　任 张贵明（2016.01–2016.12）
人口主任 王华福（2016.01–2016.12，彝）

中营村

党支部书记 周　瑜（2016.01–2016.12，女）
党支部副书记 王孝国（2016.01–2016.12）
主　　任 赵祖祥（2016.01–2016.12）
主任助理 胡仰义（2016.01–2016.12）

对坡镇

法泥村

党支部书记　张义龙（2016.01–2016.12）
主　　任　张荣树（2016.01–2016.12）
党支部副书记　周真顺（2016.01–2016.12）
主任助理　张　帅（2016.01–2016.12）
　　　　　李　亚 *（2016.01–2016.09）

新林社区

党支部书记　范厚吉（2016.01–2016.12）
主　　任　樊炳文（2016.01–2016.12）
副 主 任　范泽友（2016.01–2016.12）
计生主任　付汉均（2016.01–2016.12）

沟脚村

党支部书记　申时良（2016.01–2016.12）
主　　任　肖友陆（2016.01–2016.12）
副 主 任　申时育（2016.01–2016.12）
计生主任　陈卫洪（2016.01–2016.12）

嘎木社区

党支部书记　李　刚 *（2016.01–2016.11）
　　　　　　梁　建（2016.11–2016.12）
副 主 任　张兴华（2016.01–2016.12）
主任助理　雷洪元（2016.01–2016.12）
计生主任　李传前（2016.01–2016.12）

杉寨社区

党支部书记　张道利（2016.01–2016.05）
主　　任　李光付 *（2016.01–2016.11）
副 主 任　聂宗扬（2016.01–2016.12）
计生主任　聂宗志（2016.01–2016.12）
主任助理　吴贵平（2016.01–2016.12）

石板村

党支部书记　范厚科（2016.01–2016.12）
主　　任　肖再顺（2016.01–2016.12）
副 主 任　肖　礼（2016.01–2016.12）
计生主任　谢中福（2016.01–2016.12）

新门社区

党支部书记　周　云（2016.01–2016.12）
副 主 任　项必先（2016.01–2016.12，女，苗）
主任助理　尹大江（2016.01–2016.12）
计生主任　聂凤英（2016.01–2016.12）

大堡社区

党支部书记　谢德敏（2016.01–2016.12，女）
党支部副书记　宋登矩（2016.01–2016.12）
主　　任　余显书（2016.01–2016.12）
主任助理　王琴顺（2016.01–2016.12）

田边村

党支部书记　陈廷兵 *（2016.01–2016.07）
　　　　　　陈　昌（2016.11–2016.12）
主　　任　彭斯俊（2016.01–2016.12）
计生主任　胡国美　（2016.01–2016.12）

乐海村

党支部书记　孙姝轶（2016.01–2016.12）
计生主任　付修胜（2016.01–2016.12）
主任助理　邱生祥（2016.01–2016.12）

建华村

党支部书记　朱启六（2016.01–2016.12）

主　　任　龙跃银（2016.01–2016.12）
计生主任　陈远学（2016.01–2016.12）
主任助理　张永祥（2016.01–2016.12）
　　　　　李　林（2016.01–2016.12）

对坡社区

党支部书记　陈佛忠（2016.01–2016.11）
　　　　　　尹春平（2016.11–2016.12）
党支部副书记　陈　诚（2016.01–2016.12）
主　　任　吴道忠（2016.01–2016.12）
副 主 任　吴万军（2016.01–2016.12）
计生主任　丰志祥（2016.01–2016.12）

中心社区

党支部书记　肖大荣（2016.01–2016.12）
主　　任　清成荣（2016.01–2016.12）
主任助理　余杨会（2016.01–2016.12）
　　　　　胡其明（2016.01–2016.12）
计生主任　清成栋（2016.01–2016.12）

大银镇

尖山村

党支部书记　张中举（2016.01–2016.12）
主　　任　尹孝友（2016.01–2016.12）
副 主 任　李　莽（2016.01–2016.12）
　　　　　郭太荣（2016.01–2016.12）

羊桥村

党支部书记　赵　彪（2016.01–2016.12）
主　　任　汪建华（2016.01–2016.12）
副 主 任　黄福基（2016.01–2016.12）
　　　　　赵　军（2016.01–2016.12）
主任助理　严开平（2016.01–2016.12）

新丰村

党支部书记　宋怀轩（2016.01–2016.12）
主　任　唐志国（2016.01–2016.12）
副主任　范贤祥（2016.01–2016.12）
　　　　范孝志（2016.01–2016.12）

黄糖村

党支部书记　余显泽（2016.01–2016.12）
主　任　李如贵（2016.01–2016.12）

副主任　胡贵遗（2016.01–2016.12）
　　　　陈　兵（2016.01–2016.12）

石营村

党支部书记　吕绍周（2016.01–2016.12）
主　任　范贤文（2016.01–2016.12）
副主任　刘从全（2016.01–2016.12）
　　　　刘应能（2016.01–2016.12）

保旺村

党支部书记　李　洪（2016.01–2016.12）
主　任　张和龙（2016.01–2016.12）
副主任　梁永贵（2016.01–2016.12）
　　　　支国陆（2016.01–2016.12）

半林村

党支部书记　刘祥书（2016.01–2016.12）
主　任　张继玖（2016.01–2016.12）
副主任　陈吉祥（2016.01–2016.12）
　　　　吉永彪（2016.01–2016.12）

木瓦村

党支部书记　范贤江（2016.01–2016.12）

主　任　陈昌华（2016.01–2016.12）
副主任　樊祥华（2016.01–2016.12）
　　　　杨虎钧（2016.01–2016.12）

高峰村

党支部书记　徐德志（2016.01–2016.12）
主　任　薛应旭（2016.01–2016.12）
副主任　宋德军（2016.01–2016.12）
　　　　汪廷会（2016.01–2016.12）

燕子口镇

燕子口社区

党支部书记　李文芳（2016.01–2016.12）
主　任　叶　军（2016.01–2016.12）
党支部副书记　王　林（2016.01–2016.12）
副主任　吴光炯　（2016.01–2016.12，女）

沓苏村

党支部书记　曹天勇*（2016.01–2016.10）
主　　任　曹　杰（2016.05–2016.12）
副 主 任　粟安康（2016.01–2016.12）
人口主任　曹永开（2016.01–2016.12）

大田村

党支部书记　曹廷光*（2016.01–2016.02）
　　　　　　张茂良（2016.08–2016.12）
主　　任　曹天清*（2016.01–2016.02）
副 主 任　曹廷选（2016.01–2016.12）
人口主任　张尚虎*（2016.01–2016.03）
　　　　　谢中军（2016.04–2016.12）

甘沟河村

党支部书记　薛占合（2016.01–2016.12）
主　　任　宋尚学（2016.01–2016.12）
副 主 任　宋时军（2016.01–2016.12）
人口主任　宋尚俊（2016.01–2016.12）

官河村

党支部书记　陈发举*（2016.01–2016.11）
　　　　　　李　晨（2016.11–2016.12）
副 主 任　吴仕军（2016.01–2016.12）
人口主任　吴道志*（2016.01–2016.08）
主任助理　胡关鹏（2016.01–2016.12）

海子社区

党支部书记　何升鳌*（2016.01–2016.11）
　　　　　　石　龙（2016.11–2016.12）
主　　任　孔德芬（2016.01–2016.12，女）
副 主 任　吴长甫（2016.01–2016.12）
人口主任　唐　春（2016.01–2016.12）

黄泥村

党支部书记　叶世根（2016.01–2016.12）
主　　任　向光富（2016.01–2016.12）
人口主任　王显益（2016.01–2016.12）

金竹村

党支部书记　黄　柯*（2016.01–2016.07）
　　　　　　曹　敏（2016.08–2016.12）
主　　任　邵家举（2016.01–2016.12）
副 主 任　邵国高（2016.01–2016.12）
人口主任　邵国顺（2016.01–2016.12）

龙洞社区

党支部书记　余瑞麟（2016.01–2016.12）
主　　任　王丙义*（2016.01–2016.01）
副 主 任　王　成（2016.01–2016.12）
人口主任　向米云　（2016.01–2016.12）

罗福村

党支部书记　邹良权＊（2016.01–2016.01）
宋锡兵＊（2016.02–2016.08）
陈方瑶（2016.12–2016.12）
主　　任　陈明绪＊（2016.01–2016.05）
副 主 任　陈方瑶＊（2016.01–2016.11）
人口主任　陈海平＊（2016.01–2016.12）
主任助理　陈扬景＊（2016.03–2016.12）

沔鱼河村

党支部书记　张　勇＊（2016.01–2016.08）
张　辉（2016.09–2016.12）
主　　任　吴　勇（2016.01–2016.12）
副 主 任　王秉国（2016.01–2016.12）
人口主任　王秉法（2016.01–2016.12）

庆祝村

党支部书记　杨德才＊（2016.10–2016.11）
张桂成（2016.12–2016.12）
主　　任　张祥云（2016.01–2016.12）
副 主 任　张桂成＊（2016.01–2016.11）
主任助理　张呈刚（2016.01–2016.12）
张祥国（2016.04–2016.12）

石街社区

党支部书记　孟祥顺（2016.01–2016.12）
主　　任　黄光兴（2016.01–2016.12）
人口主任　吴法书（2016.01–2016.12，女）
主任助理　吴仕高（2016.01–2016.12）

小堡子村

党支部书记　张永全（2016.01–2016.01）
宋　刚＊（2016.04–2016.07）
张永全（2016.08–2016.12）
副 主 任　陈　余（2016.01–2016.12）
主任助理　陈廷亮（2016.04–2016.12）
人口主任　严洪文（2016.01–2016.12）

小河沟村

党支部书记　邵定学（2016.01–2016.12）
主　　任　邵家胜（2016.01–2016.12）
主任助理　胡　林（2016.01–2016.12）
人口主任　余昌勤（2016.01–2016.12）

小哨社区

党支部书记　吴世银（2016.01–2016.12）
主任助理　陈其湘（2016.01–2016.12）
人口主任　张永宪（2016.01–2016.12）
副 助 理　杨德学（2016.04–2016.12）

新村村

党支部书记　宋　伟（2016.01–2016.12）
主　　任　冯发强（2016.01–2016.12）
副 主 任　余显如（2016.01–2016.12）
人口主任　余志坚（2016.01–2016.12）

新光村

党支部书记　孔维乾（2016.12–2016.12）
主　　任　孔维忠（2016.01–2016.12）
副 主 任　谢安喜（2016.01–2016.12）
人口主任　陈洪连（2016.01–2016.12，女）
主任助理　罗　品（2016.01–2016.12）

雄峰村

党支部书记　穆康俊（2016.01–2016.12）
主　　任　何方科（2016.01–2016.12）
人口主任　吴长军（2016.01–2016.12）
主任助理　穆元发（2016.01–2016.12）

雄狮村

党支部书记　赵高福（2016.01–2016.12）
主　　任　梁树才（2016.01–2016.12）
人口主任　罗勋林（2016.01–2016.12）
副 主 任　王学贵（2016.01–2016.12）

阳光村

党支部书记　吴敬松（2016.01–2016.12）
主　　任　向云刚（2016.01–2016.12）
副 主 任　吴道权 *（2016.01–2016.04）
人口主任　向云禄（2016.01–2016.12）
主任助理　吴学军（2016.05–2016.12）

一心村

党支部书记　邓　江（2016.01–2016.12）
主　　任　宋登远（2016.01–2016.12）
副 主 任　李在辉 *（2016.01–2016.04）
主任助理　穆康洪（2016.01–2016.12）

云台社区

党支部书记　张光辉（2016.01–2016.12）
主　　任　田福国 *（2016.01–2016.11）
副 主 任　何升华（2016.01–2016.12）
人口主任　彭绍锋（2016.01–2016.12）

中沟社区

党支部书记　简训亮 *（2016.01–2016.12）
主　　任　黄绍光（2016.01–2016.12）
副 主 任　简训书（2016.01–2016.12）
人口主任　简先福（2016.01–2016.12）

亮岩镇

飞轮村

党支部书记　王洪武 *（2016.01–2016.12）
　　　　王德睿（2016.12–2016.12）
主　任　张万明（2016.01–2016.12）
副主任　张万祥（2016.01–2016.12）

关沟村

党支部书记　薛朝勋（2016.01–2016.12）
主　任　薛朝勋（2016.01–2016.12）
副主任　张和平（2016.01–2016.12）

合光村

党支部书记　向成贵（2016.01–2016.12）
主　任　李国明（2016.01–2016.12）
副主任　曾　锦（2016.01–2016.12）

合欢村

党支部书记　杨　江 *（2016.01–2016.07）
　　　　龙　腾（2016.12–2016.12）
党支部副书记　龙　腾 *（2016.09–2016.12）
主任助理　张　勇（2016.01–2016.12）
　　　　叶逢清（2016.01–2016.12）

核桃村

党支部书记　汪廷寿（2016.01–2016.12）
主　任　薛朝举（2016.01–2016.12）
副主任　向　凯（2016.01–2016.12）
　　　　薛朝华（2016.01–2016.12）

金华村

党支部书记 向　波（2016.01–2016.12）
主　　任 向炬辉（2016.01–2016.05）
副 主 任 孟天武（2016.01–2016.12）
主任助理 向光前（2016.01–2016.12）

亮岩村

党支部书记 张　培*（2016.01–2016.12）
主　　任 张正全（2016.01–2016.12）
副 主 任 汪毓全（2016.01–2016.12）
蒋明友（2016.01–2016.12，苗）
主任助理 叶学兵（2016.01–2016.12）

三里田村

党支部书记 邵正友（2016.01–2016.12）
主　　任 余良久（2016.01–2016.12）
主任助理 王　巧（2016.01–2016.12，苗）

桥头村

党支部书记 汪　勇（2016.01–2016.12）
主　　任 叶世双（2016.01–2016.12）
主任助理 章国平（2016.01–2016.12）

太极村

党支部书记 赵朝文（2016.01–2016.12）
主　　任 刘　锦（2016.01–2016.12）
副 主 任 康坤银（2016.01–2016.12）
主任助理 田　立（2016.01–2016.12）

裕民村

党支部书记 薛占勇*（2016.01–2016.12）
陆　俊（2016.12–2016.12）
主　任 薛朝兴（2016.01–2016.12）
副主任 付善继（2016.01–2016.12）

裕群村

党支部书记 许绍敏*（2016.01–2016.12，女）
张飞虎（2016.12–2016.12）
党支部副书记 张翼翔（2016.01–2016.12）
主　　任 叶世明（2016.01–2016.12）
副 主 任 王永奎（2016.01–2016.12，苗）
主任助理 叶逢春（2016.01–2016.12）

林口镇

林光村

党支部书记 谢佳邦*（2016.01–2016.11）
丁忠祥（2016.11–2016.12）
副 主 任 陈顺龙（2016.01–2016.12）
谢曰举（2016.01–2016.12）
主任助理 宋成顺（2016.01–2016.12）

年丰村

党支部书记 张再勇（2016.01–2016.12）
副 主 任 朱现彬（2016.01–2016.12）
主任助理 邵万品（2016.01–2016.12）

新庄村

党支部书记 宋　林*（2016.01–2016.11）
史爱华（2016.11–2016.12）
党支部副书记 王秉贵*（2016.01–2016.11）
主　　任 周尚兵（2016.01–2016.12）
副 主 任 龙　义（2016.01–2016.12）
徐　萍（2016.01–2016.12）

中坝村

党支部书记　王成德（2016.11–2016.12）
副主任　陈兆举（2016.01–2016.12）
　　　　刘恩才（2016.01–2016.12）

青山村

党支部书记　聂　磊（2016.11–2016.12）
主　　任　宋德虎（2016.01–2016.12）
主任助理　孙贵勇（2016.01–2016.12）
　　　　　王科英（2016.01–2016.12）

大地村

党支部书记　王成泽（2016.01–2016.12）
主　任　陈清喜（2016.01–2016.12）
副主任　李　平（2016.01–2016.12）

鸡鸣三村

党支部书记　路　翔（2016.01–2016.12）
主　　任　杨　四（2016.01–2016.12）
副 主 任　杨德玺（2016.01–2016.12）
主任助理　刘朝仲（2016.01–2016.12）

林前村

党支部书记　康仁彬（2016.01–2016.12）
党支部副书记　苏再发（2016.01–2016.12）
副 主 任　余光忠（2016.01–2016.12）
　　　　　严宏劝（2016.01–2016.12）
　　　　　王正芬（2016.01–2016.12）
主任助理　刘朝仲（2016.01–2016.12）

白光村

党支部书记　曹兴才（2016.01–2016.12）
副 主 任　蒋安辉（2016.01–2016.12）
　　　　　杨传香（2016.01–2016.12）

高峰村

党支部书记　王林甫 *（2016.01–2016.11）
　　　　　　林茂权（2016.11–2016.12）
党支部副书记　龙纯权（2016.01–2016.12）
副 主 任　杨孝平（2016.01–2016.12）
主任助理　马德友（2016.01–2016.12）

渭河村

党支部书记　严晋宏（2016.01–2016.12）
主　任　陈家文（2016.01–2016.12）
党支部副书记　陈　朝（2016.01–2016.12）
副主任　许在聪（2016.01–2016.12）
　　　　周宗全（2016.01–2016.12）

大塘村

党支部书记　杨　简 *（2016.01–2016.11）
　　　　　　余明权（2016.11–2016.12）
主　　任　黄德松（2016.01–2016.12）
副 主 任　彭　孟（2016.01–2016.12）
主任助理　陶成光（2016.01–2016.12）

川山村

党支部书记　董荣智（2016.01–2016.12）
副 主 任　雷祥文（2016.01–2016.12）
主任助理　杨　涛（2016.01–2016.12）

灯塔村

党支部书记　周奉远（2016.01–2016.12）
主　　任　宋宝芝（2016.01–2016.12）
副 主 任　张定江（2016.01–2016.12）
主任助理　左兴强（2016.01–2016.12）

坪坝村

党支部书记 粟安贵（2016.01–2016.12）
主　　任 田福翠（2016.01–2016.12）
副 主 任 吴道伦（2016.01–2016.12）
胡仁举（2016.01–2016.12）

大寨村

党支部书记 严伟宏（2016.01–2016.12）
主　　任 杨大平（2016.01–2016.12）
副 主 任 张建华（2016.01–2016.12）
严　峰（2016.01–2016.12）
主任助理 黄福举（2016.01–2016.12）
严　杰（2016.01–2016.12）

清水铺镇

橙满园社区

党支部书记 张安福（2016.01–2016.12）
主　任 胡潘祥（2016.01–2016.12）
党支部副书记 胡思玉（2016.01–2016.12）
副主任 张太文（2016.01–2016.12）
周仕务（2016.01–2016.12）

东山社区

党支部书记 宋善友（2016.01–2016.12）
主　任 薛朝军（2016.01–2016.12）
副主任 宋自刚（2016.01–2016.12）

清水社区

党支部书记 唐　毅（2016.01–2016.12）
主　　任 杨德银（2016.01–2016.12）
副 主 任 孟毕英（2016.01–2016.12，女）
郭义祥（2016.01–2016.12）
胡大忠（2016.01–2016.12）
主任助理 王永明（2016.01–2016.12）

后山社区

党支部书记 孟性寿（2016.01–2016.12）
主　　任 谢虎邦（2016.01–2016.12）
主任助理 王毕杨（2016.01–2016.12）

大地村

党支部书记 段习勇（2016.01–2016.12）
主　　任 张坤荣（2016.01–2016.12）
副 主 任 任朝国（2016.01–2016.12）
易开元（2016.01–2016.12）
主任助理 薛　吉（2016.01–2016.12）
王顺祥（2016.05–2016.12）

大坪村

党支部书记 赵朝美（2016.01–2016.12）
副 主 任 彭　毅（2016.01–2016.12）
主任助理 孟从喜（2016.01–2016.12）

晓沟村

党支部书记 薛永川（2016.01–2016.12）
主　任 薛占勇（2016.01–2016.12）
副主任 李青中（2016.01–2016.12）

兰田村

党支部书记 王德级（2016.01–2016.12）
副 主 任 周仕武（2016.01–2016.12）
主任助理 叶逢军（2016.01–2016.12）

小垭村

党支部书记 周运昌（2016.01–2016.07）

主　　任　刘世进（2016.01–2016.12）
副 主 任　傅天贵（2016.01–2016.12）
主任助理　龙　彬（2016.01–2016.12）

红岩沟村

党支部书记　谢曰春（2016.01–2016.12）
主　任　薛朝品（2016.01–2016.12）
副主任　张显发（2016.01–2016.12）

法沙村

党支部书记　欧仕义（2016.01–2016.12）
主任助理　周运高（2016.01–2016.12）
张继兵（2016.02–2016.12）

民族村

党支部书记　李锡高（2016.01–2016.12）
主　任　单中文（2016.01–2016.12）
副主任　彭廷相（2016.01–2016.12）

南沟村

党支部书记　许少邦（2016.01–2016.12）
主　　任　许学义（2016.01–2016.12）
主任助理　许　静（2016.01–2016.12）
彭　虎（2016.01–2016.12）

李家坪村

党支部书记　薛廷义（2016.01–2016.12）
主　　任　孟天淑（2016.01–2016.12）
主任助理　张雨梅（2016.01–2016.12，女）

太平村

党支部书记　刘美兴（2016.06–2016.12）
党支部副书记　刘　闯（2016.01–2016.05）
主任助理　曾开阳（2016.01–2016.12）
杨　闯（2016.01–2016.12）

宁家村

党支部书记　孟　伟（2016.01–2016.12）
副 主 任　李长恩（2016.01–2016.12）
主任助理　孟钰蓉（2016.05–2016.12，女）

生机镇

谢家村

党支部书记　詹会勇（2016.03–2016.12）
主　任　赵朝荣（2016.01–2016.12）
党支部副书记　刘仕美（2016.01–2016.12）
副主任　曾开学（2016.01–2016.12）

耿官社区

党支部书记　杨　旭（2016.01–2016.12）
主　　任　刘　义（2016.01–2016.12）
党支部副书记　徐思元（2016.01–2016.12）
副 主 任　孟祥珍（2016.01–2016.12）
主任助理　徐建伟（2016.01–2016.12）

镇江社区

党支部书记　张　义（2016.01–2016.12）
主　　任　张成顶（2016.01–2016.12）
副 主 任　单正情（2016.01–2016.12）
主任助理　张文举（2016.01–2016.12）
张竞升（2016.09–2016.12）

镰刀湾村

党支部书记　吴言纲 *（2016.01–2016.02）
刘利平（2016.03–2016.12）

主任助理　龙中辉（2016.01–2016.12）
张　剑（2016.01–2016.12）
艾　邮（2016.01–2016.12）

峨峰村

党支部书记　丁中伟（2016.01–2016.12）
主　　任　胡正培（2016.01–2016.12）
副 主 任　丁仁昌（2016.01–2016.12）
胡洪伟（2016.01–2016.12）
主任助理　谢邦品（2016.01–2016.05）
吴娇艳（2016.11–2016.12）

联合社区

党支部书记　胡文开（2016.01–2016.12）
党支部副书记　许定春（2016.01–2016.12）
副 主 任　夏世银 *（2016.01–2016.02）
主任助理　薛廷飞（2016.01–2016.05）

庆坪村

党支部书记　刘　波（2016.01–2016.12）
副 主 任　陆先义（2016.01–2016.02）
主任助理　吴文友（2016.01–2016.05）
王文声（2016.01–2016.05）

大寨村

党支部书记　刘成发（2016.01–2016.12）
主任助理　刘　波（2016.01–2016.05）
孟　职（2016.01–2016.04）

生机社区

党支部书记　刘昭发（2016.01–2016.12）
主　　任　李　刚（2016.01–2016.12）
党支部副书记　龙　宁（2016.01–2016.12）
副 主 任　吴道友（2016.01–2016.12）
主任助理　吴道荣（2016.01–2016.12）
胡　志（2016.01–2016.12）
胡朝凯（2016.09–2016.02）

高流村

党支部书记　陆茂勇（2016.03–2016.12）
党支部副书记　刘洪杰（2016.01–2016.12）
主任助理　刘照波（2016.01–2016.12）
许　登（2016.01–2016.12）
高　健（2016.01–2016.09）

葛铺村

党支部书记　曾　波（2016.03–2016.12）
主　　任　张应才（2016.01–2016.12）
主任助理　胡家伍（2016.01–2016.12）

坡上村

党支部书记　肖启刚（2016.03–2016.12）
主任助理　杨英平（2016.01–2016.01）

团结彝族苗族乡

青林村

党支部书记　龙中泽 *（2016.01–2016.08）
孟　连（2016.12–2016.12）
主　任　孟　连 *（2016.01–2016.11）
陈文品（2016.12–2016.12）

柱中村

党支部书记　单成江 *（2016.01–2016.09，彝）
吴　鑫（2016.12–2016.12）
主　任　陈兴跃 *（2016.01–2016.11）
梅长寿（2016.12–2016.12）

团结村

党支部书记　余安桥 *（2016.01–2016.03）
　　　　　　郑明林 *（2016.04–2016.11）
　　　　　　余安桥（2016.12–2016.12）
主　任　熊　军（2016.12–2016.12）

海嘎村

党支部书记　罗恩平（2016.01–2016.12）
主　任　孔德祥 *（2016.01–2016.11）
　　　　孙远伦（2016.12–2016.12）

营坪村

党支部书记　范厚武 *（2016.01–2016.03）
　　　　　　宋　睿（2016.04–2016.12）
主　任　汤向福 *（2016.01–2016.03，苗）
　　　　汤向福 *（2016.06–2016.11，苗）
　　　　周　广（2016.12–2016.12，苗）

草坝村

党支部书记　聂详琼 *（2016.01–2016.07，女）
　　　　　　文兴乾（2016.12–2016.12）
主　任　文兴乾 *（2016.01–2016.11）
　　　　文志明（2016.12–2016.12）

发都村

党支部书记　郭开奇（2016.01–2016.12）
主　任　刘洪奇 *（2016.01–2016.11）
　　　　刘元喜（2016.12–2016.12）

青龙村

党支部书记　李　超 *（2016.01–2016.11，彝）
　　　　　　葛道相（2016.12–2016.12）
主　任　颜永智（2016.01–2016.12）

青杠村

党支部书记　余安辉 *（2016.01–2016.11）
　　　　　　王　勇（2016.12–2016.12）
主　任　杨传贵 *（2016.01–2016.11）
　　　　肖庆虎（2016.12–2016.12）

安山村

党支部书记　陈　晓（2016.01–2016.12）
主　任　谢国柒（2016.01–2016.12，彝）

新田村

党支部书记　郑祖江（2016.01–2016.12）
主　任　潘　剑（2016.01–2016.12，彝）

新中村

党支部书记　孙家平（2016.01–2016.12）
主　任　孙家平 *（2016.01–2016.11）
　　　　艾宗朝（2016.12–2016.12）

银山村

党支部书记　李发波（2016.01–2016.12，穿青人）
主　任　颜家彦（2016.01–2016.12）

鸭池镇

营中岩村

党支部书记　胡思仲（2016.01–2016.12）
主　任　孔　文（2016.01–2016.12）
副主任　刘正本（2016.12–2016.12）
　　　　刘永清（2016.01–2016.12）
党支部副书记　刘正本 *（2016.01–2016.10）

头步村

党支部书记 罗　峰（2016.01–2016.12）
主　　任 付立华（2016.01–2016.12）
党支部副书记 汪　俊（2016.01–2016.12）
副 主 任 罗顺杰（2016.12–2016.12）
付　燕（2016.12–2016.12，女）
主任助理 付　燕*（2016.01–2016.12，女）

核桃村

党支部书记 张志军（2016.01–2016.12）
主　任 孙　磊（2016.12–2016.12）
孙　跃*（2016.01–2016.07）
副主任 孙　磊*（2016.01–2016.12）
孙爱明（2016.01–2016.12）

庙山脚村

党支部书记 范　刚（2016.01–2016.12）
主　任 陈声远（2016.01–2016.12）
副主任 陈建荣（2016.01–2016.12）
汪义军*（2016.01–2016.12）

赶场坝村

党支部书记 王友恒（2016.01–2016.12）
主　任 夏永平（2016.01–2016.12）
副主任 杨　兴（2016.01–2016.12）
周光高（2016.12–2016.12）
党支部副书记 周光高*（2016.01–2016.10）

蚂蟥村

党支部书记 钱　鑫（2016.09–2016.12）
陈　芳*（2016.01–2016.09，女）
主　任 谢世全（2016.01–2016.12）
副主任 武声才*（2016.01–2016.12）
龙晓霞（2016.12–2016.12，女）

甘海子村

党支部书记 查　艳（2016.09–2016.12，女）
王启义*（2016.01–2016.09）
主　任 范贤卫（2016.01–2016.12）
党支部副书记 路仕举*（2016.01–2016.10）
副主任 陈　静（2016.01–2016.12，女）
梁晓庆（2016.12–2016.12，女）

河坝村

党支部书记 季春虎（2016.09–2016.12）
万杰寿*（2016.01–2016.09）
主　任 王良仁（2016.01–2016.12）
副主任 王玉兰（2016.01–2016.12，女）

岩头村

党支部书记 刘发荣（2016.09–2016.12）
主　　任 傅鄀铖（2016.01–2016.12）
副 主 任 吉庆武（2016.12–2016.12）
主任助理 吉庆武*（2016.01–2016.12）

下坝村

党支部书记 刘　钊（2016.09–2016.12）
徐　鹏*（2016.01–2016.09）
主　　任 邱建平（2016.12–2016.12）
副 主 任 徐智厚（2016.12–2016.12）
徐勇涛（2016.12–2016.12）
党支部副书记 尹　倩（2016.10–2016.12，女）
主任助理 尹　倩（2016.01–2016.10，女）
邱建平*（2016.01–2016.12）
徐勇涛*（2016.01–2016.12）
徐智厚*（2016.01–2016.12）

哈唧村

党支部书记 阮　磊（2016.09–2016.12）

薛占信＊（2016.01–2016.09）
主　任　邱传林（2016.01–2016.12）
副主任　田培俊（2016.12–2016.12）
党支部副书记　杨志凤（2016.10–2016.12，女）

青湾村

党支部书记　张亚周（2016.09–2016.12）
张化敏＊（2016.01–2016.09）
党支部副书记　张亚周＊（2016.01–2016.09）
主　　任　张　雷（2016.12–2016.12）
张金周＊（2016.01–2016.12）
主任助理　张望达＊（2016.01–2016.05）
副 主 任　张　雷＊（2016.01–2016.12）
张金兴（2016.12–2016.12）

八十村

党支部书记　孙　姣（2016.09–2016.12）
季春虎＊（2016.01–2016.09）
主任助理　孙　姣＊（2016.01–2016.09）
魏守龙＊（2016.01–2016.12）
主　　任　孙良云（2016.12–2016.12）
副 主 任　王　春＊（2016.01–2016.12）
魏守龙（2016.12–2016.12）

草堤村

党支部书记　谢正文（2016.10–2016.12）
阮　磊＊（2016.01–2016.09）
主　　任　邓　权（2016.12–2016.12）
谢正文＊（2016.01–2016.10）
党支部副书记　邓　权＊（2016.01–2016.10）
成祯赟（2016.09–2016.12，女）
副 主 任　陈光红（2016.01–2016.12）
成贞注（2016.12–2016.12）
主任助理　成贞注＊（2016.01–2016.12）
成祯赟＊（2016.01–2016.10，女）

干龙滩村

党支部书记　陈　芳（2016.09–2016.12，女）
汪涛文＊（2016.01–2016.09）
主　　任　汪涛文＊（2016.01–2016.09）
汪昌旭（2016.12–2016.12）
副 主 任　张忠静（2016.12–2016.12）
主任助理　汪昌旭＊（2016.01–2016.12）
邱　永＊（2016.01–2016.12）

煤冲村

党支部书记　周　兴（2016.09–2016.12）
党支部书记、主任　陈清荣＊（2016.01–2016.09）
副主任　钱　忠（2016.01–2016.12）
张发军（2016.01–2016.12）

银河村

党支部书记、主任　王　勇＊（2016.01–2016.12）
副主任　林文吉（2016.01–2016.12）
主任助理　糜功礼（2016.01–2016.12）

鸭池村

党支部书记　武　东（2016.09–2016.12）
吴玥谷＊（2016.01–2016.09）
主　任　邱　奎（2016.01–2016.12）
武　东＊（2016.01–2016.09）
副主任　邱　奎＊（2016.01–2016.12）

新坝村

党支部书记　罗会刚（2016.01–2016.12）
主　任　罗才广（2016.01–2016.12）
副主任　赵高菊（2016.01–2016.12）

石桥村

党支部书记　吴玥谷（2016.09–2016.12）
党支部书记、主任　徐国俊 *（2016.01–2016.09）
党支部副书记　吕　刚（2016.09–2016.12）
主　任　葛　华（2016.12–2016.12）
副主任　葛　华 *（2016.01–2016.12）
王万里（2016.12–2016.12）
吕　刚 *（2016.01–2016.09）
主任助理　王万里 *（2016.01–2016.12）

石格村

党支部书记　苏　燕（2016.01–2016.12）
主　任　胡　成（2016.01–2016.12）
党支部副书记　杨顺华 *（2016.01–2016.10）
副主任　吴学洪（2016.01–2016.12）

小寨村

党支部书记　李　刚（2016.06–2016.12）
王　斌 *（2016.01–2016.06）
主　　任　朱光雄（2016.01–2016.12）
副 主 任　谢万英（2016.12–2016.12）
主任助理　谢万英 *（2016.01–2016.12）

上坝村

党支部书记　梁　达（2016.09–2016.12）
聂开全 *（2016.01–2016.09）
主　任　徐忠礼 *（2016.01–2016.12）
副主任　徐长宽（2016.01–2016.12）

干堰塘村

党支部书记　王道洪（2016.01–2016.12）
主　　任　阮国全（2016.01–2016.12）
副 主 任　李　卫（2016.01–2016.12）
主任助理　陈　超（2016.01–2016.12）

营脚村

党支部书记　张如志（2016.01–2016.12）
主　任　杨　瀚（2016.01–2016.12）
副主任　邓光汝（2016.01–2016.12）

王家湾村

党支部书记、主任　邓　勇（2016.01–2016.12）
副主任　罗　英（2016.01–2016.12，女）
邓时建（2016.12–2016.12）
主任助理　邓时建 *（2016.01–2016.12）

朱昌镇

朱昌村

党支部书记　翟德军 *　（2016.01–2016.11）
刘敬华（2016.11–2016.12）
主　　任　郑燕梅（2016.01–2016.12，女）
副 主 任　陈　敏（2016.01–2016.12，女）
主任助理　李　祥（2016.01–2016.12）
翟德军（2016.11–2016.12）

哈啷村

党支部书记　陈　炯（2016.01–2016.12）
主　　任　陈　炯（2016.01–2016.12）
主任助理　陈　贵（2016.01–2016.12）

小屯村

党支部书记　吉剑鸿 *（2016.01–2016.03）
路绍碧 *（2016.03–2016.08，女）
黄　华（2016.09–2016.12）
党支部副书记　熊国祥（2016.01–2016.12）
主　　任　陈鹏翔（2016.01–2016.12）

主任助理　陈政海＊（2016.10–2016.12）

青杠村

党支部书记　罗忠伦（2016.01–2016.12）
主　　任　罗忠伦（2016.01–2016.12）
副 主 任　刘龙云（2016.01–2016.12）
主任助理　刘贵军（2016.01–2016.12）

双堰村

党支部书记　刘　芳＊（2016.01–2016.07，女）
　　　　　　邓　华（2016.09–2016.12）
党支部副书记　邓生芳（2016.11–2016.12）
主　　任　邓　华（2016.01–2016.12）
副 主 任　邓生芳（2016.01–2016.12）
　　　　　查继恒（2016.01–2016.12）
主任助理　李　华（2016.01–2016.12）

宋伍村

党支部书记　邓　军（2016.01–2016.12，彝）
党支部副书记　廖淑琴（2016.11–2016.12，女）
主　任　石明座（2016.01–2016.12）
副主任　廖淑琴＊（2016.01–2016.12，女）
　　　　翟培远（2016.01–2016.12）

八亩村

党支部书记　陈清浪＊（2016.01–2016.09）
　　　　　　聂　衡（2016.09–2016.12）
党支部副书记　陈清浪＊（2016.09–2016.12）
主　　任　聂　衡（2016.01–2016.12）
主任助理　葛传琴（2016.01–2016.12，女）

螺蛳村

党支部书记　路绍碧＊（2016.01–2016.03，女）
　　　　　　吉剑鸿＊（2016.03–2016.08）
　　　　　　陈中才（2016.09–2016.12）
主　　任　陈中才（2016.01–2016.12）
主任助理　聂　兵（2016.01–2016.12）
　　　　　聂宗敖（2016.01–2016.12）

白泥村

党支部书记　陈祖卫（2016.01–2016.12）
主　　任　陈祖卫（2016.01–2016.12）
副 主 任　康　明（2016.01–2016.12）
主任助理　康圣成（2016.01–2016.12）

王家冲村

党支部书记　黎　勇（2016.01–2016.12）
主　任　丁　才（2016.01–2016.12）
副主任　聂绍顶（2016.01–2016.12）

伍坪村

党支部书记　聂祥进（2016.01–2016.12）
党支部副书记　聂开磊（2016.11–2016.12）
主　任　唐　鸿（2016.01–2016.12）
副主任　聂开华（2016.01–2016.12）
　　　　聂开磊＊（2016.01–2016.11）

花厂村

党支部书记　陈孝勇（2016.01–2016.12）
主　　任　汪忠轩（2016.01–2016.12）
副 主 任　李　俊＊（2016.01–2016.08）
　　　　　聂祥旺＊（2016.01–2016.08）
主任助理　聂开华（2016.01–2016.12）
　　　　　熊院明（2016.10–2016.12）
　　　　　陈思文（2016.10–2016.12）

发启村

党支部书记　王友斌＊（2016.01–2016.03）
　　　　　　谢承勇＊（2016.03–2016.08）
　　　　　　成珍勇（2016.09–2016.12）

党支部副书记　王友斌（2016.03–2016.12）
主　　任　成珍勇（2016.01–2016.12）
主任助理　黄建兵（2016.01–2016.12）

山脚村

党支部书记　刘　钊 *（2016.01–2016.07，穿青人）
　　　　　　王　轶（2016.07–2016.12）
党支部副书记　钱明选 *（2016.01–2016.11，白）
主　　任　宋家永（2016.01–2016.12）
副 主 任　罗永庆（2016.01–2016.12）
主任助理　钱明选（2016.11–2016.12，白）
　　　　　胡　泽（2016.01–2016.12）

田坝镇

田坝村

主　　任　王德贤（2016.01–2016.12）
副 主 任　赵继贵（2016.01–2016.12）
　　　　　王　智（2016.01–2016.12）
主任助理　王　储（2016.01–2016.12）

先进村

主任、党支部副书记　周训前（2016.01–2016.12）
副主任　王　伦（2016.01–2016.12）
主任助理　周荣军（2016.01–2016.12）
　　　　　邓建平（2016.01–2016.12）
　　　　　王德伦（2016.01–2016.12）
　　　　　苏噶村
党支部书记　罗昌礼（2016.01–2016.12）
主　任　罗俊昌（2016.01–2016.12）
副主任　罗　勇（2016.01–2016.12）
主任助理　罗昌飞（2016.01–2016.12）

兴旺村

主任、党支部副书记　李　敏（2016.01–2016.12）
党支部副书记、副主任　钟以恒（2016.01–2016.12）
副主任　李寿敏（2016.01–2016.12）
主任助理　刘　训（2016.01–2016.12）

盘挪河村

主任、党支部副书记　朱　勇（2016.01–2016.12）
副主任　杨进海（2016.01–2016.12）
　　　　吉章顺（2016.01–2016.12）
主任助理　张忠华（2016.01–2016.12）

新民村

党支部书记　陈跃林（2016.01–2016.12）
主　任　陈　俊（2016.01–2016.12）
副主任　吕　琼（2016.01–2016.12）
　　　　陈文松（2016.01–2016.12）

沙炭沟村

主　　任　刘　荣（2016.01–2016.12）
党支部副书记　刘秀启（2016.01–2016.12）
副 主 任　罗文勇（2016.01–2016.12）
主任助理　闵　云（2016.01–2016.12）

茨朗村

党支部书记　刘国旺（2016.01–2016.12）
主　　任　陈　艳（2016.01–2016.12）
副 主 任　韦绍潘（2016.01–2016.12）
主任助理　文绍学（2016.01–2016.12）

阴底乡

阴底村

党支部书记　李大明（2016.01–2016.12）
党支部副书记　曾　艳（2016.01–2016.12）

主　　任　邵　卫（2016.01–2016.12）
副 主 任　李　杰（2016.01–2016.12）
人口主任　马超云（2016.01–2016.12）

高潮村

党支部书记　王荣平（2016.01–2016.12）
主　　任　熊家言（2016.01–2016.12）
副 主 任　钱生学（2016.01–2016.12）
人口主任　罗忠伟（2016.01–2016.12）

箐口村

党支部书记　付印修*（2016.01–2016.12）
　　　　　　罗　忠（2016.12–2016.12）
主　　任　周遵领（2016.01–2016.12）
副 主 任　周　蝉　（2016.01–2016.12）
人口主任　付立平（2016.01–2016.12）

对河村

党支部书记　石　巡（2016.03–2016.12）
主　　任　石明勇（2016.01–2016.12）
副 主 任　曾当伦（2016.01–2016.12）
主任助理　李厚品（2016.06–2016.12）
人口主任　李厚虎（2016.01–2016.12）

先锋村

党支部书记　陈　旭（2016.01–2016.12）
主　　任　吴圣华（2016.01–2016.12）
副 主 任　李　坤（2016.01–2016.12）
人口主任　何英海（2016.01–2016.12）

踏石朗村

党支部书记　陈　荣（2016.03–2016.12）
主　任　钱声举（2016.03–2016.12）
副主任　李克中（2016.03–2016.12）

马场村

党支部书记　施维荣（2016.01–2016.12）
主　　任　孙先平（2016.01–2016.12）
主任助理　刘　玲　（2016.01–2016.12）
人口主任　杨易学（2016.01–2016.12）

大丰村

党支部书记　陈龙海*（2016.03–2016.12）
　　　　　　杨汝俊（2016.12–2016.12）
副 主 任　李　兴（2016.12–2016.12）
　　　　　杨　兵（2016.12–2016.12）
人口主任　季　春（2016.01–2016.12）

红星村

党支部书记　顾尚志*（2016.01–2016.12）
　　　　　　孙　银（2016.12–2016.12）
主　　任　王进学（2016.01–2016.12）
人口主任　刘廷毕（2016.01–2016.12）
主任助理　朱祥军（2016.01–2016.12）

治中村

党支部书记　张祥荣*（2016.01–2016.12）
　　　　　　陈圣香（2016.12–2016.12）
主　　任　陈圣香（2016.01–2016.12）
副 主 任　李兴国（2016.01–2016.12）
人口主任　张以龙（2016.01–2016.12）

罗雄村

党支部书记　马开书（2016.01–2016.12）
主　任　罗忠贵（2016.01–2016.12）
副主任　陈黎明（2016.01–2016.12）

路朗村

党支部书记 李忠文＊（2016.01–2016.12）
莫云贵（2016.12–2016.12）
主 任 陈文周（2016.01–2016.12）
副主任 张学友（2016.01–2016.12）

千溪乡

中屯村

党支部书记 李晓成（2016.01–2016.12，彝）
主 任 罗中仁（2016.01–2016.12）
副主任 罗昌福（2016.01–2016.12）
秦 阳（2016.01–2016.12）

兴荣村

党支部书记 朱晓彦＊（2016.01–2016.04）
王成祥＊（2016.04–2016.07）
罗 霄（2016.07–2016.12，彝）
主 任 陈明仁（2016.01–2016.12）
党支部副书记 葛 鉴（2016.01–2016.12，彝）
副主任 葛永学（2016.01–2016.12）
王 琼（2016.01–2016.12，彝）

法朗村

党支部书记 赵传仁＊（2016.01–2016.04）
主 任 樊 春（2016.01–2016.12，彝）
党支部副书记 魏中国（2016.01–2016.12，彝）
副主任 李仕远（2016.01–2016.12）
杨仕顺（2016.01–2016.12）

千朗沟村

党支部书记 陈中友（2016.01–2016.12，彝）
党支部副书记、主任
付武龙（2016.01–2016.12，白）
副主任 付武伦（2016.01–2016.12，白）

沙垮村

党支部书记 葛发清（2016.01–2016.12）
主 任 葛 勇（2016.01–2016.12，白）
副主任 葛枝荣（2016.01–2016.12，白）

长春堡镇

沈家屯村

党支部书记 魏宗品（2016.01–2016.12）
党支部副书记 魏中发（2016.01–2016.12）
主 任 周洪文（2016.01–2016.12）
副 主 任 魏元锋（2016.01–2016.12）
主任助理 魏元兵（2016.01–2016.12）

张官村

党支部书记 周德贵（2016.01–2016.12）
主 任 周吉龙（2016.01–2016.12）
党支部副书记 周 志（2016.01–2016.12）
副 主 任 周礼华（2016.01–2016.12）
主任助理 周礼群（2016.01–2016.12）

三道水村

党支部书记 张学贵＊（2016.01–2016.06）
钱 峨（2016.06–2016.12）
主 任 樊 旭（2016.01–2016.12）
党支部副书记 钱 峨＊（2016.01–2016.06）
副 主 任 徐后军（2016.01–2016.12）
主任助理 王友佳（2016.01–2016.12）

松营村

党支部书记 钱　应（2016.01–2016.12）
主　　任 张祥训（2016.01–2016.12）
主任助理 罗荣碧（2016.01–2016.12）

水营村

党支部书记 张志海（2016.01–2016.12）
主任助理 张贵华（2016.01–2016.12）
杨　琴（2016.01–2016.12）
付　祥（2016.01–2016.12）

王丰村

党支部书记 付　勇（2016.01–2016.12）
主　　任 张以军（2016.01–2016.12）
副 主 任 付立建（2016.01–2016.12）
主任助理 周金娥（2016.01–2016.12）

蔡官村

党支部书记 吴　龑（2016.01–2016.12）
党支部副书记 李其唐（2016.01–2016.12）
主　任 钱　刚（2016.01–2016.12）
副主任 钱声勇（2016.01–2016.12）

下伍村

党支部书记 何　洪（2016.01–2016.12）
主　　任 李国鹏（2016.01–2016.12）
副 主 任 李国银（2016.01–2016.12）
主任助理 李国常（2016.01–2016.12）

宋官村

党支部书记 钟以尧（2016.01–2016.12）
主　　任 钟　华（2016.01–2016.12）
副 主 任 周光领（2016.01–2016.12）
主任助理 钟建友（2016.01–2016.12）

清丰村

党支部书记 卯生甲 *（2016.01–2016.03）
吴　同（2016.03–2016.12）
主　　任 卯亚军（2016.01–2016.12）
副 主 任 郎维群（2016.01–2016.12，女）
主任助理 卯望春（2016.01–2016.12）
魏龙权（2016.01–2016.12）
卯生龙（2016.01–2016.12）

清塘村

党支部书记 杨　贵（2016.01–2016.12）
主　　任 聂开峰（2016.01–2016.12）
党支部副书记 杨仕文（2016.01–2016.12）
副 主 任 杨德泽（2016.01–2016.12）

干堰村

党支部书记 杨顶云 *（2016.01–2016.03）
陆毅霖（2016.03–2016.12）
主　　任 马先玉（2016.01–2016.12）
副 主 任 吉　松（2016.01–2016.12）
主任助理 陆支明（2016.01–2016.12）

犀牛村

党支部书记 卯明华 *（2016.01–2016.02）
尹文陶（2016.02–2016.12）
主　　任 罗昌文（2016.01–2016.12）
主任助理 鲍支友（2016.01–2016.12）

长春村

党支部书记 张志永（2016.01–2016.12）
主　　任 张锦瑜（2016.01–2016.12）
党支部副书记 张忠跃（2016.01–2016.12）
张以收（2016.01–2016.12）

主任助理　张应雪（2016.01–2016.12）

王官村

党支部书记　宋家银（2016.01–2016.12）
主　　任　宋乃佑（2016.01–2016.12）
副 主 任　葛传会（2016.01–2016.12）
主任助理　张道平（2016.01–2016.12）
　　　　　张金荣（2016.01–2016.12）

合桩村

党支部书记　顾敦远（2016.01–2016.12）
主　　任　夏体文（2016.01–2016.12）
主任助理　顾根国（2016.01–2016.12）

裸依村

党支部书记　张玉学（2016.01–2016.12）
主　　任　张胜发（2016.01–2016.12）
副 主 任　扬俊华（2016.01–2016.12）
主任助理　余元辉（2016.01–2016.12）

阳鹊村

党支部书记　吴　同*（2016.01–2016.03）
　　　　　　韦　虎（2016.03–2016.12）
主　　任　刘天平（2016.01–2016.12）
主任助理　顾根林（2016.01–2016.12）
　　　　　张永平（2016.01–2016.12）

垭关村

党支部书记　孙先福（2016.01–2016.12）
主　任　魏中会（2016.01–2016.12）
副主任　张　义（2016.01–2016.12）

滑石村

党支部书记　张家庆（2016.01–2016.12）
党支部副书记　安　朝（2016.01–2016.12）
主　　任　彭祖斌（2016.01–2016.12）
副 主 任　马家林（2016.01–2016.12）
主任助理　马家信（2016.01–2016.12）

撒拉溪镇

撒拉社区

党支部书记　朱珍国（2016.01–2016.12）
主　　任　徐永杰（2016.01–2016.12）
副 主 任　路　旭（2016.01–2016.12）
　　　　　顾　军（2016.01–2016.12）
主任助理　顾怀云（2016.01–2016.12）

水营社区

党支部书记　顾荣华（2016.01–2016.12）
主　　任　朱成全（2016.01–2016.12）
副 主 任　王菊会（2016.01–2016.12）
　　　　　路绍扬（2016.01–2016.12）
　　　　　刘卫国（2016.01–2016.12）
主任助理　周龙云（2016.01–2016.12）

龙凤村

党支部书记、主任　路世谦（2016.01–2016.12）
副主任　罗孝安（2016.01–2016.12）
　　　　刘国明（2016.01–2016.12）
　　　　张孝彭（2016.01–2016.12）
副主任助理　孙善达（2016.01–2016.12）

兴隆社区

党支部书记　刘廷荣（2016.01–2016.12）
主　　任　徐爱林（2016.01–2016.12）
副 主 任　张永兴（2016.01–2016.12）
　　　　　朱珍锋（2016.01–2016.12）

主任助理　徐　华（2016.01–2016.12）

西方村

党支部书记　徐永金（2016.01–2016.12）
主　任　徐　鹏（2016.01–2016.12）
党支部副书记　徐永千（2016.01–2016.12）
副主任　韩艳云（2016.01–2016.12）
　　徐德贵（2016.01–2016.12）
　　吴政委（2016.01–2016.12）

永兴村

党支部书记　郑德学（2016.01–2016.12）
主　　任　张永平（2016.01–2016.12）
副 主 任　刘世国（2016.01–2016.12）
　　杜刚雄（2016.01–2016.12）
　　翟常义（2016.01–2016.12）
主任助理　郑　愿（2016.01–2016.12）

双龙村

党支部书记　郑　扩（2016.01–2016.12）
主　任　顾怀祥（2016.01–2016.12）
副主任　顾怀成（2016.01–2016.12）
　　翟培德（2016.01–2016.12）
　　徐光敏（2016.01–2016.12）

水浸沟村

主　任　贺光菊（2016.01–2016.12）
副主任　郑应平（2016.01–2016.12）

雄嘎村

主　任　顾怀松（2016.01–2016.12）
党支部副书记　顾　旭（2016.01–2016.12）
副主任　顾光林（2016.01–2016.12）

戈座村

主　　任　路言胜（2016.01–2016.12）
党支部副书记　周训毕（2016.01–2016.12）
主任助理　罗忠飞（2016.01–2016.12）

昌营村

党支部书记　周洪江（2016.01–2016.12）
主　任　李如举（2016.01–2016.12）
副主任　陈建周（2016.01–2016.12）

杨柳村

党支部书记　刘洪虎（2016.01–2016.12）
副主任　黄训书（2016.01–2016.12）
　　韩德勇（2016.01–2016.12）
村委负责人　韩德敬（2016.01–2016.12）
副主任　文　虎（2016.01–2016.12）
主任助理　吴长章（2016.01–2016.12）

龙场村

主　　任　顾　坎（2016.01–2016.12）
副 主 任　葛　健（2016.01–2016.12）
主任助理　黄　贵（2016.01–2016.12）

小龙村

党支部书记　张义勇（2016.01–2016.12）
主　　任　周遵启（2016.01–2016.12）
主任助理　周　斌（2016.01–2016.12）

沙乐村

党支部书记　顾尚勤（2016.01–2016.12）
副 主 任　顾光文（2016.01–2016.12）
　　吴道军（2016.01–2016.12）
主任助理　李本军（2016.01–2016.12）

永丰村

党支部书记　罗永洪（2016.01–2016.12）
主　　任　张以太（2016.01–2016.12）
党支部副书记　顾尚贤（2016.01–2016.12）
副 主 任　邓荣辉（2016.01–2016.12）
陈永洪（2016.01–2016.12）
主任助理　汪　奇（2016.01–2016.12）

冲锋村

主　任　韩德举（2016.01–2016.12）
副主任　韩德均（2016.01–2016.12）

朝营村

主　任　胡　江（2016.01–2016.12）
副主任　吴道勇（2016.01–2016.12）

钟山村

主　任　朱少华（2016.01–2016.12）
副主任　吴学金（2016.01–2016.12）

放珠镇

放珠村

党支部书记　刘　跃（2016.01–2016.12）
副 主 任　李绍林（2016.01–2016.12）
主任助理　陈首国（2016.01–2016.12）

邵家村

党支部书记　王成元（2016.01–2016.12）
主　任　杜天勤（2016.01–2016.12）
副主任　王永福（2016.01–2016.12）

毛家屯村

党支部书记　邹思前（2016.01–2016.12）
主　任　张祥周（2016.01–2016.12）
副主任　吉永艾（2016.01–2016.12）

永安村

党支部书记　陈　洪（2016.01–2016.12）
副 主 任　翟培伦（2016.01–2016.12）
主任助理　金先应（2016.01–2016.12）

海螺村

党支部书记　李莲生（2016.01–2016.12）
主　任　顾尚林（2016.01–2016.12）
副主任　艾顺清（2016.01–2016.12）

法桥村

党支部书记　吴常信（2016.01–2016.12）
主　任　杜天平（2016.01–2016.12）
副主任　吴志林（2016.01–2016.12）

木桶沟村

党支部书记　王跃中（2016.01–2016.12）
主　任　金开福（2016.01–2016.12）
副主任　赵　跃（2016.01–2016.12）

播乐沟村

党支部书记　罗中华（2016.01–2016.12）
主　任　顾怀应（2016.01–2016.12）
副主任　罗　琴（2016.01–2016.12）

白泥村

党支部书记　罗彦安（2016.01–2016.12）

主　任　罗学权（2016.01–2016.12）
副主任　金光辉（2016.01–2016.12）

哩东村

党支部书记　李　勇（2016.01–2016.12）
主　任　闵思俊（2016.01–2016.12）
副主任　胡永成（2016.01–2016.12）

曹家村

党支部书记　路　旭（2016.01–2016.12）
主　任　张顺明（2016.01–2016.12）
副主任　高东平（2016.01–2016.12）

碗厂村

党支部书记　周　鸿（2016.01–2016.12）
主　任　朱彬杰（2016.01–2016.12）
副主任　朱家运（2016.01–2016.12）

天桥村

党支部书记　翟科长（2016.01–2016.12）
党支部副书记　胡成富（2016.01–2016.12）
副主任　翟常平（2016.01–2016.12）

长沟村

党支部书记　翟卜常（2016.01–2016.12）
主　任　李文友（2016.01–2016.12）

瓷厂社区

主　任　金　铃（2016.01–2016.12）
副主任　朱　稳（2016.01–2016.12）

杨家湾镇

杨家湾社区

党支部书记、主任　胡　彬（2016.01–2016.12）
副 主 任　龙开福（2016.01–2016.12）
人口主任　周礼中（2016.01–2016.12）
主任助理　邱　勇 *（2016.01–2016.08）

站坡社区

党支部书记　闵世均 *（2016.01–2016.07）
主　　任　李卫星 *（2016.01–2016.7）
人口主任　李　继（2016.01–2016.12）

周驿社区

党支部书记　李厚查（2016.01–2016.12）
主　　任　李白清（2016.01–2016.12）
副 主 任　韩贵菊（2016.01–2016.12，女）
人口主任　周礼书（2016.01–2016.12）

杨箐社区

党支部书记　杨洪毅（2016.01–2016.12）
副 主 任　周礼江（2016.01–2016.12）
人口主任　周礼桃（2016.01–2016.12）

七星村

党支部书记　朱祖林（2016.01–2016.12）
主　　任　谭　孝（2016.01–2016.12）
副 主 任　雷衍军（2016.01–2016.12）
人口主任　金　丽（2016.01–2016.12，女）

三合社区

党支部书记 周遵旅（2016.01–2016.12）
主　　任 杨守海（2016.04–2016.12）
副 主 任 杨洪云（2016.01–2016.12）
人口主任 张　卫（2016.01–2016.12）

大埂子村

党支部书记 金富贵（2016.01–2016.12）
主 任 金　晟（2016.01–2016.12）
副主任 韩德全（2016.01–2016.12）

开林村

党支部书记 周遵云 *（2016.01–2016.08）
主　　任 闵诗群 *（2016.01–2016.08）
副 主 任 金　东（2016.01–2016.12）
主任助理 周尊勇（2016.01–2016.12）

出烟洞村

党支部书记 周礼志（2016.01–2016.12）
主 任 周礼毓（2016.01–2016.12）
副主任 谭太国（2016.04–2016.12）

松山村

党支部书记 翟顺德（2016.01–2016.12）
副 主 任 周遵卫（2016.01–2016.12）
人口主任 翟　奎（2016.01–2016.12）

照壁村

党支部书记 周遵秋（2016.01–2016.12）
主　　任 刘克军（2016.01–2016.12）
主任助理 郑德华（2016.01–2016.12）
人口主任 张　顺（2016.01–2016.12）

戛木营村

副 主 任 穆华祥（2016.01–2016.12）
主任助理 李文忠（2016.01–2016.12）

发达村

党支部书记 黄幼顺 1（2016.01–2016.12）
主　　任 黄　毅（2016.01–2016.12）
副 主 任 黄幼顺 2（2016.01–2016.12）
人口主任 黄付兵（2016.01–2016.12）

塘边村

党支部书记 张明友（2016.01–2016.12）
副 主 任 张同明（2016.01–2016.12）
人口主任 周遵禄（2016.02–2016.12）

营盘村

党支部书记 周占全 *（2016.01–2016.09）
主　　任 周伦书 *（2016.01–2016.09）
副 主 任 周遵银 *（2016.01–2016.03）
人口主任 周训勇（2016.04–2016.12，女）

香炉村

主　　任 郑德轩 *（2016.01–2016.05）
副 主 任 周礼军（2016.05–2016.12）
人口主任 刘廷菊（2016.01–2016.12，女）

茶场社区

党支部书记 罗　燕（2016.03–2016.12）
主 任 周连友（2016.03–2016.12）
副主任 刘庭菊（2016.03–2016.12，女）

青场镇

青场村

党支部书记　吴传斌（2016.01–2016.12）
主　　任　赵　俊（2016.01–2016.12，白）
副 主 任　吴　恒（2016.01–2016.12）
主任助理　吴付刚（2016.01–2016.12）
计生主任　赵　沙（2016.01–2016.12，白）

海寨村

党支部书记　李　艳（2016.01–2016.12，白，女）
主　　任　吴道钧（2016.01–2016.12）
副 主 任　吉庆军 *（2016.01–2016.09）
主任助理　吴孝智（2016.01–2016.12）
计生主任　吴长银（2016.01–2016.12）

木山村

党支部书记　肖贵国（2016.01–2016.12）
主任助理　吴　锟（2016.01–2016.12）
　　　　　邓　群（2016.01–2016.12，女）
计生主任　胡家泽（2016.01–2016.12）

粮都村

党支部书记　胡志军（2016.01–2016.12）
副 主 任　余明香（2016.01–2016.12）
主任助理　吴道菊（2016.01–2016.12，女）
计生主任　赵才书（2016.01–2016.12）

新沟村

党支部书记　杨顺阔（2016.01–2016.12）
主　　任　张祥松（2016.01–2016.12）
主任助理　吴长兵（2016.01–2016.12）
计生主任　李　好（2016.01–2016.12）

上寨村

党支部书记　吴学元（2016.01–2016.12）
主　　任　吴学政（2016.01–2016.12）
副 主 任　文　杰（2016.01–2016.12，彝）
计生主任　安　义（2016.01–2016.12）

渔洞村

党支部书记　吴长军（2016.01–2016.12）
主　　任　王登国 *（2016.01–2016.10）
副 主 任　吴长发（2016.01–2016.12）
计生主任　吴发群（2016.01–2016.12）

鲍家村

党支部书记　吴长付（2016.01–2016.12）
主　　任　吴长勇 *（2016.01–2016.07）
主任助理　朱启国（2016.01–2016.12）
计生主任　王定美（2016.01–2016.12，女）

青松村

党支部书记　钟　键（2016.01–2016.12）
主　　任　刘朝中 *（2016.01–2016.11）
副 主 任　高德成（2016.01–2016.12，彝）
计生主任　王　祝（2016.01–2016.12，彝）
主任助理　吴　献（2016.01–2016.11）

大山村

党支部书记　吴　成（2016.01–2016.12）
主　　任　汪吉华（2016.01–2016.12）
副 主 任　张　跃（2016.01–2016.12）
计生主任　马光毕（2016.01–2016.12）
主任助理　吴发宽（2016.01–2016.12）

青坝村

党支部书记　吴康云（2016.01–2016.12）
主　　任　吴长江（2016.01–2016.12）
副 主 任　吴传军（2016.01–2016.12）
　　　　　陈绍林（2016.01–2016.12）
计生主任　胡　燕（2016.01–2016.12，女）
主任助理　杨　克（2016.01–2016.12）

初都村

党支部书记　李荣成（2016.01–2016.12，彝）
主　　任　段习斌（2016.01–2016.12）
副 主 任　张明亮（2016.01–2016.12）
主任助理　王礼贵（2016.01–2016.12）

火冲村

党支部书记　吴学平（2016.01–2016.12）
主　　任　吴学殿（2016.01–2016.12）
副 主 任　胡永甫（2016.01–2016.12）
计生主任　吴学银（2016.01–2016.12）

大河乡

双桥村

党支部书记　吴学翰（2016.01–2016.12）
主　　任　朱正会（2016.01–2016.12，女）
副 主 任　吉学忠（2016.01–2016.12）
主任助理　吉正旭（2016.01–2016.12）

官房村

党支部书记　康　洪（2016.01–2016.12）
主　　任　常开平（2016.01–2016.12）
副 主 任　常吕朋（2016.01–2016.12）
主任助理　韩仕方（2016.01–2016.12）

官代河村

党支部书记　武孔卫（2016.01–2016.12）
主　　任　武绍忠（2016.01–2016.12）
副 主 任　龙海燕（2016.01–2016.12，彝）
主任助理　龙怀绪（2016.01–2016.12，彝）

拉乐村

党支部书记　吴道忠（2016.01–2016.12）
主　　任　吴　建（2016.01–2016.12）
副 主 任　罗志关（2016.01–2016.12）
主任助理　许兴周（2016.01–2016.12）

青杠村

党支部书记　王　伦（2016.01–2016.12，彝）
主　　任　张树贤（2016.01–2016.12）
副 主 任　张义才（2016.01–2016.12）
主任助理　张孟平（2016.01–2016.12）

下沟村

党支部书记　许绍朋（2016.01–2016.12）
主　任　成忠前（2016.01–2016.12）

鸡姑村

党支部书记　吴义斌（2016.01–2016.12）
主　　任　成绍卫（2016.01–2016.12）
副 主 任　吴　喆（2016.01–2016.12）
主任助理　胡明礼（2016.01–2016.12）

柯乐村

党支部书记　高明刚（2016.01–2016.12，彝）
主任助理　张义勇（2016.01–2016.12）
　　　　　朱绍举（2016.01–2016.12）

野角乡

沙拉槽村

党支部书记　翟长海（2016.01–2016.12）
主　　任　邓书林（2016.01–2016.12）
副 主 任　杨仕仁（2016.01–2016.12）

大麻塘村

党支部书记　翟长军（2016.09–2016.12）
主　　任　翟长军*（2016.01–2016.09）
副 主 任　郑德军（2016.01–2016.12）

郎家塘村

主　任　路喜军（2016.01–2016.12）
副主任　徐世友（2016.01–2016.12）
　　　　许少富（2016.01–2016.12）

西桥村

党支部书记　吴维学（2016.01–2016.12）
副主任　朱启全（2016.01–2016.12）
　　　　吴长甫（2016.01–2016.12）
　　　　杜天文（2016.01–2016.12）

邓家湾村

党支部书记　吴开才（2016.01–2016.12）
主　　任　罗家发（2016.01–2016.12）
副 主 任　吴长万（2016.01–2016.12）
　　　　　吴发现（2016.01–2016.12）

大水村

党支部书记　邓忠南（2016.01–2016.12）
主　　任　李启卫（2016.01–2016.12）
副 主 任　吴长品（2016.01–2016.12）
　　　　　张志书（2016.01–2016.12）

元华村

党支部书记　吴学文（2016.01–2016.12）
主　　任　龚生发（2016.01–2016.12）
副 主 任　吴长举（2016.01–2016.12）
　　　　　吴建忠（2016.01–2016.12）

天星村

党支部书记　张志国（2016.01–2016.12）
主　　任　李　义（2016.01–2016.12）
副 主 任　徐良举（2016.01–2016.12）
　　　　　陈　超（2016.01–2016.12）

茅坪村

副 支 记　王光兴（2016.01–2016.09）
副 主 任　郑德方（2016.01–2016.12）
　　　　　吴长贵（2016.01–2016.12）
主任助理　许　龙（2016.01–2016.12）

北山村

党支部书记　付　业（2016.01–2016.12）
主　　任　刘天发（2016.01–2016.12）
副 主 任　吴长平（2016.01–2016.12，女）
　　　　　成　超（2016.01–2016.12）

白龙村

党支部书记　宋邦宁*（2016.01–2016.09）
　　　　　　宋家乡（2016.09–2016.12）
副 主 任　申时文（2016.01–2016.12）
　　　　　张以松（2016.01–2016.12）